MEYERS GROSSES TASCHEN LEXIKON

Band 11

MEYERS GROSSES TASCHEN LEXIKON

in 24 Bänden

Herausgegeben und bearbeitet
von Meyers Lexikonredaktion
3., aktualisierte Auflage

Band 11:
J – Klas

B.I.-TASCHENBUCHVERLAG
Mannheim/Wien/Zürich

Chefredaktion:
Werner Digel und Gerhard Kwiatkowski

Redaktionelle Leitung der 3. Auflage:
Dr. Gerd Grill M.A.

Redaktion:
Eberhard Anger M.A., Dipl.-Geogr. Ellen Astor,
Dipl.-Math. Hermann Engesser, Reinhard Fresow, Ines Groh,
Bernd Hartmann, Jutta Hassemer-Jersch, Waltrud Heinemann,
Heinrich Kordecki M.A., Ellen Krompharth, Wolf Kugler,
Klaus M. Lange, Dipl.-Biol. Franziska Liebisch, Mathias Münter,
Dr. Rudolf Ohlig, Heike Pfersdorff M.A., Ingo Platz,
Joachim Pöhls, Dr. Erika Retzlaff,
Hans-Peter Scherer, Ulrike Schollmeier, Elmar Schreck,
Kurt Dieter Solf, Klaus Thome, Jutta Wedemeyer, Dr. Hans Wißmann,
Dr. Hans-Werner Wittenberg

CIP-Titelaufnahme der Deutschen Bibliothek
Meyers Großes Taschenlexikon: in 24 Bänden/hrsg. u. bearb.
von Meyers Lexikonred. [Chefred.: Werner Digel
u. Gerhard Kwiatkowski].
Mannheim; Wien; Zürich: BI-Taschenbuch-Verl.
Früher im Bibliograph. Inst., Mannheim, Wien, Zürich.
ISBN 3-411-11003-1 kart. in Kassette
ISBN 3-411-02900-5 (2., neu bearb. Aufl.)
ISBN 3-411-02100-4 (Aktualisierte Neuausg.)
ISBN 3-411-01920-4 (Ausg. 1981)
NE: Digel, Werner [Red.]
Bd. 11. J – Klas. – 3., aktualisierte Aufl. – 1990
ISBN 3-411-11113-5

Als Warenzeichen geschützte Namen
sind durch das Zeichen ⓦ kenntlich gemacht
Etwaiges Fehlen dieses Zeichens bietet keine Gewähr dafür,
daß es sich um einen nicht geschützten Namen handelt,
der von jedermann benutzt werden darf

Das Wort MEYER ist für
Bücher aller Art für den Verlag
Bibliographisches Institut & F.A. Brockhaus AG
als Warenzeichen geschützt

Lizenzausgabe mit Genehmigung
von Meyers Lexikonverlag, Mannheim

Alle Rechte vorbehalten
Nachdruck, auch auszugsweise, verboten
© Bibliographisches Institut & F.A. Brockhaus AG, Mannheim 1990
Druck: Klambt-Druck GmbH, Speyer
Einband: Wilhelm Röck GmbH, Weinsberg
Printed in Germany
Gesamtwerk: ISBN 3-411-11003-1
Band 11: ISBN 3-411-11113-5

J

J, 10. Buchstabe des dt. Alphabets, der (nach griech. Jota) Jot genannt wird; erst im Spät-MA wurde J, insbes. im Wortanlaut, aus I differenziert; die Scheidung in I als Vokalbez. und J als Bez. des stimmhaften palatalen Reibelautes [j] ist nur bis ins 16./17. Jh. zurückzuverfolgen.
◆ (Münzbuchstabe) ↑Münzstätte.

J, chem. Symbol für ↑Jod.

J, Einheitenzeichen für ↑Joule.

j, in den Ingenieurwiss. verwendetes mathemat. Zeichen für die imaginäre Einheit (↑imaginäre Zahlen).

Jabalpur [engl. dʒəˈbælpʊə], ind. Stadt am O-Ende des Narbadagrabens, Bundesland Madhya Pradesh, 402 m ü. d. M., 614900 E. Univ. (gegr. 1957), landw. Univ. (gegr. 1964). Zement-, Metall-, Textil-, Nahrungsmittelu. a. Ind.; Verkehrsknotenpunkt. Abbau von Mangan-, Eisen- und Kupfererzen. - J. wurde 1781 von den Marathen erobert und 1818 an die Briten abgetreten.

Jablonski, Daniel Ernst, * Nassenhuben bei Danzig 20. Nov. 1660, † Berlin 25. Mai 1741, dt. ev. Theologe. - Förderer der innerev. Einigungsbestrebungen. Als Senior und Bischof der Brüdergemeine (ab 1699) ordinierte er N. L. Graf von Zinzendorf (1737) zum Bischof der Brüdergemeine. 1733–40 Präs. der Berliner Akad. der Wiss., deren Stiftung auf Anregungen von ihm und Leibniz zurückgeht.

J., Henryk, * Waliszewo bei Gnesen 27. Dez. 1909, poln. Historiker und Politiker. - Arbeitersohn; 1946–50 Prof. für polit. Wiss. in Warschau; seit 1931 Mgl. der Poln. Sozialist. Partei (PPS), seit 1948 der Vereinigten Poln. Arbeiterpartei (PZPR); 1948–81 Mgl. des ZK der PZPR, 1971–81 Mgl. des Politbüros; 1965/66 Min. für Hochschulwesen, 1966–72 für Volksbildung und Hochschulwesen; 1972–85 als Vors. des Staatsrats fakt. poln. Staatsoberhaupt; zahlr. histor. Schriften.

Jabo, Abk. für: ↑Jagdbomber.

Jabot [ʒaˈboː; frz.], Spitzenrüsche, im Rokoko über dem Verschluß des Herrenhemdes getragen; Teil von Damenblusen.

Jabotinsky, Vladimir [engl. jæbəˈtɪnskɪ], russ. Wladimir Jewgenjewitsch Jabotinski, * Odessa 17. Okt. 1880, † Camp Betar bei Hunter (N. Y.) 3. Aug. 1940, zionist. Politiker russ. Herkunft. - Journalist; 1920 Organisator der Hagana in Palästina; 1925 Gründer und bis 1936 Präs. der Weltunion der Zionisten-Revisionisten (↑Zionismus) in Paris; seit 1937 oberster Kommandeur der Irgun Zwai Leumi.

Jaca [span. 'xaka], span. Stadt, 50 km nnw. von Huesca, 817 m ü. d. M., 10000 E. Kath. Bischofssitz. - Bereits in der Antike Stadt, war nach der Reconquista bis 1096 Hauptstadt des sich bildenden Königreiches Aragonien. - Die Kathedrale (11. und 16. Jh.) ist eine der ältesten roman. Kathedralen Spaniens; Rathaus (1544–46).

Jacht (Yacht) [eigtl. Jachtschiff (zu jagen); Schreibung mit Y in Anlehnung an engl. Yacht], urspr. Bez. für ein schnelles Handelssegelschiff, heute für ein schnelles, für Sport- und Erholungszwecke verwendetes größeres Boot mit Kajüte oder für ein kleineres Schiff, wobei größere J. auch zu Kreuzfahrten oder der Repräsentation dienen. Je nach Antrieb unterscheidet man zw. **Motorjachten,** die durch einen Dieselmotor angetrieben werden, und **Segeljachten,** große seetüchtige Segelboote mit festem Ballastkiel *(Kiel-J.)* und Kajüte – häufig auch mit Hilfsmotor -, die für Übersee- und Küstenfahrten *(Hochsee[segel]-J.)* sowie für Segelregatten *(Renn-J.)* ver-

Hochseesegeljacht

Jáchymov

wendet werden. Im allg. Sprachgebrauch werden auch große, gedeckte Segelboote auf Binnengewässern, in den internat. Wettsegelbestimmungen alle Segelboote als J. bezeichnet.

Jáchymov [tschech. 'jaːximɔf] (dt. Sankt Joachimsthal), Stadt im Erzgebirge, ČSSR, um 700 m ü. d. M., E. Heilbad mit den stärksten bekannten radioaktiven Quellen der Erde, die im aufgelassenen Uranpechbergwerk der Stadt entspringen. - 1516 von den Grafen Schlick gegr.; war 1533 mit 18 000 E eine der größten Städte M-Europas. - Aus der wirtschaftl. Blütezeit der Stadt (Bergbau) sind die Sankt-Joachims-Kirche, das Rathaus und die alte Münze erhalten (alle 16. Jh.).

Jack [engl. dʒæk], engl. männl. Vorname, engl. Form von †Jakob (im angloamerikan. Sprachgebrauch als Koseform von John [engl. Form von †Johannes] gebräuchlich).

Jackbaum [engl. dʒæk] (Jackfruchtbaum, Artocarpus heterophylla), Maulbeergewächs aus Vorderindien; Milchsaft führender Baum mit großen, verkehrt-eiförmigen, längl. Blättern und kopfgroßen, eßbaren Scheinfrüchten (**Jackfrüchte**); als wichtiger Obstbaum der Tropen häufig angebaut.

Jacke [zu altfrz. jacque „Waffenrock, Panzerhemd"], vorne geknöpftes, taillen- oder hüftlanges, meist langärmliges Teil der Oberbekleidung. Im 15. Jh. als Bez. sowohl für †Wams als auch für †Schecke belegt, dann für ein rockartiges Gewand mit Knöpfen.

Jacketkrone ['dʒɛkɪt; zu engl. jacket „Mantel, Umhüllung" und crown „(Zahn)krone"] (Mantelkrone), Zahnhülse aus Porzellan oder Kunststoff.

Jackett [ʒa'kɛt; frz.], Bez. für die seit der Mitte des 19. Jh. als Teil des Herrenanzugs übl. (gefütterte) Jacke.

Jäckh, Ernst, * Urach 22. Febr. 1875, † New York 17. Aug. 1959, dt. Politikwissenschaftler. - Maßgebl. von F. Naumann beeinflußt; entwickelte sich zu einem der besten dt. Balkan- und Orientsachkenner; gründete 1920 in Berlin die Hochschule für Politik, die er bis zu seiner Emigration 1933 leitete.

Jackson [engl. dʒæksn], Andrew, * Waxhaw Settlement (S. C.) 15. März 1767, † auf dem Besitz The Hermitage bei Nashville (Tenn.) 8. Juni 1845, 7. Präs. der USA (1829-37). - Als Generalmajor (1814) wurde J. durch den Sieg über die Briten bei New Orleans (8. Jan. 1815) zum Helden (Beiname „Old Hickory"); seine Popularität wurde durch sein rigoroses Vorgehen gegen das span. Florida noch vergrößert. 1828 wurde er zum Präs. gewählt (Wiederwahl 1832). Als Führer einer von agrar.-kleinbürgerl. Interessen getragenen liberal-demokrat. Bewegung (**Jacksonian democracy**) war J. der Erneuerer des Jeffersonianism. Seine Abneigungen gegen jede Machtkonzentration, insbes. auf dem Wirtschafts- und Finanzsektor, manifestierte sich in seiner Politik gegen die Nationalbank, die 1837 zu einer Finanzkrise führte. Seine entschiedene Haltung gegenüber partikularist. Bestrebungen stärkte Ansehen und Stellung des Präs. trotz umstrittener Regierungsmethoden (Ämterpatronage).

J., Glenda, * Birkenhead 9. Mai 1936, engl. Schauspielerin. - 1957-63 Mgl. der Royal Shakespeare Company. 1969 erster internat. Filmerfolg mit „Liebende Frauen". Bed. darsteller. Wandlungsfähigkeit, bes. in „Tschaikowsky - Genie und Wahnsinn" (1970), „Sunday, Bloody Sunday" (1971), „Maria Stuart, Königin von Schottland" (1972), „Die romant. Engländerin" (1975), „Hedda Gabler" (1976), „Der Fall Sacharow" (1984).

J., John Hughlings, * Green Hammerton (Yorkshire) 4. April 1834, † London 7. Okt. 1911, brit. Nerven- und Augenarzt. - Arzt am London Hospital; wichtige Arbeiten über Gehirnkrankheiten, insbes. über Aphasie; beschrieb die nach ihm benannten Herdanfälle († Epilepsie).

J., Mahalia, * New Orleans 26. Okt. 1911, † Chicago 27. Jan. 1972, amerikan. Sängerin. - Wurde in den 50er Jahren als Interpretin von Gospelsongs weltberühmt. Ihr an den Blues anknüpfender Gesangsstil führte sie bisweilen in die Nähe des Jazz.

J., Milt, eigtl. Milton J., * Detroit 1. Jan. 1923, amerikan. Jazzmusiker (Vibraphonist). - Wurde v. a. als Mgl. des „Modern Jazz Quartet" bekannt, dem er seit 1953 angehört. Gilt als der führende Vertreter seines Instruments im Modern Jazz.

J., Robert Houghwout, * Spring Creek (Pa.) 13. Febr. 1892, † Washington (D. C.) 9. Okt. 1954, amerikan. Jurist. - 1936-39 stellvertretender, 1940/41 Justizmin.; 1945 Hauptankläger der USA bei den Nürnberger Prozessen.

J., Thomas Jonathan, gen. Stonewall J., * Clarksburg (Va.) 21. Jan. 1824, † Fredericksburg (Va.) 10. Mai 1863, amerikan. General. - Im Sezessionskrieg (1861-65) einer der erfolgreichsten Generale der Südstaaten.

J., William Henry, * Keesville (N. Y.) 4. April 1843, † New York 30. Juni 1942, amerikan. Photograph. - Einer der ersten bed. amerikan. Landschaftsphotographen; seine Aufnahmen vom Yellowstone-Gebiet veranlaßten die Reg., dieses 1872 zum Nationalpark zu erklären. Von geschichtl. Bed. sind seine Photographien von Indianersiedlungen und dem Eisenbahnbau im W Nordamerikas.

Jackson [engl. dʒæksn], Hauptstadt des B.-Staates Mississippi, USA, 90 m ü. d. M., 202 900 E. Sitz eines kath. und eines anglikan. Bischofs; Colleges, Kunst-, Staatsmuseum, Staatsbibliothek. Die Ind. verarbeitet u. a. Erdöl und Erdgas, daneben Textilind., Cottonölgewinnung, Holzverarbeitung u. a., Verkehrsknotenpunkt, ⌖, Fernsehsendemast von 609 m Höhe. - 1821 als Hauptstadt gegr; 1822 trat hier die erste gesetzgebende Versammlung des Staates Mississippi zusammen.

Jacksonville [engl. 'dʒæksnvɪl], Ind.- und Hafenstadt in NO-Florida, USA, 62 m ü.d.M., 540 900 E. Anglikan. Bischofssitz; Univ. (gegr. 1934); ⚓. - J. entstand 1822. Etwa 20 km onö. von J. liegt das Nationaldenkmal **Fort Caroline**, das 1564 von ausgewanderten frz. Hugenotten in von Spanien beanspruchtem Territorium errichtet wurde.

Jacob, männl. Vorname, ↑ Jakob.

Jacob, François [frz. ʒa'kɔb], * Nancy 17. Juni 1920, frz. Genetiker und Physiologe. - Leiter der Abteilung Mikrobengenetik am Pariser Institut Pasteur und Prof. am dortigen Collège de France. Für die gemeinsame Entdeckung eines die anderen Gene steuernden Gens [bei Bakterien] erhielten J., A. Lwoff und J. Monod 1965 den Nobelpreis für Physiologie oder Medizin.

J., Georges [frz. ʒa'kɔb], * Cheny (Yonne) 6. Juli 1739, † Paris 5. Juli 1814, frz. Kunsttischler. - Begr. in Paris eine Kunsttischlerei, die für die königl. Schlösser arbeitete; mit einer Atelierinrichtung in antikisierendem Stil für J. L. David 1789/90 maßgeblich für den Stil des ↑ Directoire.

J., Heinrich Eduard ['ja:kɔp], * Berlin 7. Okt. 1889, † Salzburg 25. Okt. 1967, dt. Schriftsteller. - Emigrierte nach 1933 in die USA; setzte sich in seinen frühen Romanen und Novellen mit Problemen der Jugend und zeitkrit. Themen auseinander; bes. erfolgreich wurden das kulturgeschichtl. Darstellungen („Sage und Siegeszug des Kaffees", 1934; „Sechstausend Jahre Brot", engl. 1944, dt. 1954) und seine Musikbiographien.

J., Max [frz. ʒa'kɔb], * Quimper 11. Juli 1876, † KZ Drancy bei Paris 5. März 1944, frz. Dichter und Maler. - Trat 1915 zur kath. Kirche über und zog sich 1921 ins Kloster Saint-Benoît-sur-Loire zurück; wurde 1944 als Jude verhaftet und ins KZ gebracht. Gilt als „Vater" der surrealist. Lyrik; sein umfangreiches und sehr vielseitiges Werk, das nachhaltigen Einfluß auf die frz. Dichtung ausübte, ist nur z. T. veröffentlicht, u. a. „Der Würfelbecher" (Prosagedichte, 1917), „Le laboratoire central" (Ged. 1921), „Ratschläge für einen jungen Dichter" (hg. 1945).

J., Max ['ja:kɔp], * Bad Ems 10. Aug. 1888, † Hamburg 8. Dez. 1967, dt. Puppenspieler. - Baute in Hohenstein eine auf Kinder ausgerichtete Puppenspielgruppe auf (1928 ff.); nach 1945 in Hamburg **(Hohensteiner Puppenspiele)**.

Jacobi, Carl Gustav Jacob, * Potsdam 10. Dez. 1804, † Berlin 18. Febr. 1851, dt. Mathematiker. - Bruder von Moritz Hermann von J.; 1826-44 Prof. in Königsberg, danach an der Preuß. Akademie der Wissenschaften in Berlin. J. war einer der bedeutendsten Mathematiker des 19. Jh., der maßgebl. auf die Entwicklung der Mathematik einwirkte. Er schuf unabhängig von N. H. Abel die Theorie der ellipt. Funktionen und leistete bed. Beiträge zur Lösung partieller Differentialgleichungen, zur Variationsrechnung, zur analyt. Mechanik und zur Algebra.

J., Friedrich Heinrich, * Düsseldorf 25. Jan. 1743, † München 10. März 1819, dt. Schriftsteller und Philosoph. - Zunächst Kaufmann, dann Beamter, schließl. Prof. der Philosophie und 1807-12 Präs. der Bayer. Akademie der Wissenschaften in München. Zentrale Figur des Sturm und Drangs. V. a. gegen Kant vertrat J. einen antiidealist. und gegen die systemat. Philosophie gerichteten Realismus, den er erkenntnistheoret. auf das unmittelbare, Erkenntnis ermöglichende Gefühl und die Gewißheit des Glaubens (= „Vernunft") gründete. - Von literaturwiss. Interesse sind seine beiden Briefromane „Aus Eduard Allwills Papieren" (1775/76) und „Woldemar" (1779).

Weitere Werke: D. Hume über den Glauben, oder Idealismus und Realismus (1787), Über das Unternehmen des Kritizismus „Die Vernunft zu Verstande zu bringen" (1801).

J., Johann Georg, * Düsseldorf 2. Sept. 1740, † Freiburg im Breisgau 4. Jan. 1814, dt. Dichter. - Bruder von Friedrich Heinrich J.; 1766 Prof. für Philosophie in Halle, seit 1769 Kanonikus in Halberstadt; 1774-77 Hg. der Zeitschrift „Iris" (8 Bde.). 1784 Prof. für Ästhetik in Freiburg im Breisgau. Schuf Lyrik im Stil der Anakreontik.

J., Moritz Hermann von (seit 1842), russ. Boris Semjonowitsch Jakobi, * Potsdam 21. Sept. 1801, † Petersburg 10. März 1874, dt. Ingenieur. - Prof. in Petersburg; erfand 1837 die Galvanoplastik.

Jacob-Monod-Modell [frz. ʒa'kɔb-ˌmɔ'no; nach F. Jacob und J. Monod], wichtigste Hypothese zur Regulation der ↑ Transkription.

Jacobsen, Jens Peter [dän. 'jakɔbsən], * Thisted 7. April 1847, † ebd. 30. April 1885, dän. Dichter. - Anhänger Darwins, dessen Ideen er in Dänemark populär machte. Naturalist, verzichtete jedoch ganz auf die soziale Tendenz; beeinflußte mit seinem psych. Regungen und Naturstimmungen differenziert erfassenden Stil den europ. Impressionismus, z. B. in den Romanen „Frau Marie Grubbe" (1876) und „Niels Lyhne" (1880).

Jacobsohn, Siegfried ['ja:kɔpzo:n], * Berlin 28. Jan. 1881, † ebd. 3. Dez. 1926, dt. Journalist. - Gründete 1905 die für das dt. Theaterleben wichtige Zeitschrift „Die Schaubühne" (ab 1918, nach Erweiterung der Themenkreise, „Die Weltbühne"). Schrieb u. a. „Das Theater der Reichshauptstadt" (1904), „Max Reinhardt" (1910), „Das Jahr der Bühne" (10 Bde., 1911-21).

Jacobson-Organ [dän. 'jakɔbsɔn; nach dem dän. Chirurgen L. L. Jacobson, * 1783, † 1843] (Organum vomeronasale), sensor. Riechepithel, das von dem der Nasenhöhle weitgehend abgesetzt ist und ein spezialisiertes Geruchssinnesorgan v. a. für die Aufnahme von Geruchsreizen über die Mundhöhle (ursprüngl. über die Choanen) bei Amphibien, den meisten Reptilien (Züngeln) und vielen Säugetieren (beim Menschen noch embryonal zu beiden Seiten der Nasenscheidewand) dargestellt.

Jacobus a Voragine [vo'ra:gine] (J. de Voragine, J. a [bzw. de] Varagine, Jakob von Voragine, italien. Iacopo da Varazze), sel., *Viraggio (= Varazze) bei Genua zw. 1228 und 1230, †Genua 14. Juli 1298, italien. Dominikaner (seit 1244). – 1292 Erzbischof von Genua; berühmt ist seine zeitgeschichtl. bedeutsame Chronik der Stadt Genua, v. a. aber seine vor 1264 verfaßte ↑„Legenda aurea".

Jacoby [ja'ko:bi], Felix, *Magdeburg 19. März 1876, †Berlin 10. Nov. 1959, dt. Altphilologe. - 1906 Prof. in Kiel, nach Emigration 1939–56 in Oxford. Sein Hauptwerk ist die bis heute nicht abgeschlossene Sammlung „Die Fragmente der griech. Historiker" (seit 1923; Texte und Kommentare).

J., Georg, *Mainz 23. Juli 1882, †München 21. Febr. 1964, dt. Filmregisseur. - Bes. erfolgreich waren die Revuefilme mit seiner Frau M. Rökk, u. a. „Die Czardasfürstin" (1934, Neuverfilmung 1951), „Der Bettelstudent" (1936), „Gasparone" (1937), „Maske in Blau" (1953).

J., Günther, *Königsberg (Pr) 21. April 1881, †Greifswald 4. Jan. 1969, dt. Philosoph. - Seit 1919 Prof. in Greifswald. Begründete, neben N. Hartmann, eine moderne „Ontologie der Wirklichkeit".

J., Johann, *Königsberg (Pr) 1. Mai 1805, †ebd. 6. März 1877, preuß. Arzt und Politiker. - Im Kampf für den bürgerl. Verfassungsstaat im Vormärz und (1848/49) als Mgl. der preuß. Nat.versammlung und des Stuttgarter Rumpfparlaments zweimal des Hochverrats angeklagt, doch freigesprochen. 1866 Gefängnisstrafe für den Aufruf zum Steuerstreik (als Abgeordneter der Dt. Fortschrittspartei im preuß. Abgeordnetenhaus). J. bekämpfte die Reichsgründung „von oben", die Monarchie, die Annexion Elsaß-Lothringens; wurde 1872 Sozialdemokrat.

Jacquard, Joseph-Marie [frz. ʒa'ka:r], *Lyon 7. Juli 1752, †Oullins (Rhône) 7. Aug. 1834, frz. Seidenweber und Erfinder. - J. erfand 1805 die nach ihm ben. ↑Jacquardmaschine.

Jacquardmaschine [frz. ʒa'ka:r; nach J.-M. Jacquard], Vorrichtung an Webstühlen zur Bildung des Fachs, in das der Schußfaden eingetragen wird. Jeder Kettfaden kann einzeln gehoben oder gesenkt (regiert) werden, wodurch beliebige Mustergrößen hergestellt werden können. Das Regieren der Kettfäden erfolgt mit der sog. **Jacquardkarte** *(Musterkarte),* eine dem Muster entsprechende gelochte Pappkarte; sämtl. Karten bilden das *Kartenspiel.* Nach der Fachbildungsart werden *Hochfach-J.* und *Hoch-und-Tieffach-J.,* nach der Zahl der (durch den Messerkasten oder -korb bewirkten) Kettebungen (Hübe) je Kurbel- bzw. Wellenumdrehung der Webmaschine werden *Einhub-* und *Doppelhub-J.* unterschieden. Die Größe der J. ist abhängig von der Zahl der in mehreren Reihen auf dem Platinenboden angeordneten Platinen (bzw. Nadeln im Nadelbrett); J. mit bis zu 800 Platinen werden als *Grobstich-J.,* solche mit über 800 Platinen als *Feinstich-J.* bezeichnet.

In den *Jacquardwebereien* werden u. a. großfigurige Damastgewebe in Blumen- und Ornamentmusterung, reichverzierte Brokatstoffe, Kleider- und Krawattenstoffe, Möbelbezugsstoffe, Stofftapeten, Gobelins, Jacquardfrottierwaren und großgemusterte Drehergewebe hergestellt, wobei kunstvolle webtechn. Gestaltung möglich ist.

Jacqueline [frz. ʒa'klin, ʒa'klin, engl. 'dʒæklı:n], aus dem Frz. übernommener, im angloamerikan. Sprachraum gebräuchl. weibl. Vorname, weibl. Form von Jacques (↑Jakob).

Jacquerie [ʒakə'ri:; frz.; nach Jacques Bonhomme, Spottname für den frz. Bauern], v. a. gegen den Adel gerichteter Bauernaufstand in N-Frankr. vom 28. Mai bis zum 10. Juni 1358.

Jacques [frz. ʒa:k, ʒak], frz. Form des männl. Vornamens ↑Jakob.

Jacques, Norbert [ʒak], *Luxemburg 6. Juni 1880, †Koblenz 16. Mai 1954, dt. Schriftsteller. - Schrieb u. a. Reiseberichte, abenteuerl. Reiseromane wie „Der Hafen" (1910), „Dr. Mabuse der Spieler" (1921), „Dr. Mabuses letztes Spiel" (1950).

jade [frz.], blaßgrün (nach der Farbe des gleichnamigen Schmucksteins).

Jade [frz., zu span. (piedra de la) ijada „(Stein für die) Weiche, Seite" (weil man Jadestücke für ein Heilmittel gegen Nierenkoliken hielt)], Sammelbez. für die mikrokristallinen, feinverfilzten, völlig dicht erscheinenden Aggregate der zu den Augiten zählenden Minerale ↑Jadeit und **Chloromelanit** (dem Jadeit sehr ähnl., eher dunkelgrün) sowie des zu den Hornblenden zählenden Minerals Nephrit. Zahlr. Minerale ähnl. Dichte, Struktur und Farbe werden fälschl. als J. bezeichnet: grüner Aktinolith (**Smaragditjade**), grüner Grossular aus Südafrika (**Transvaaljade**), brauner Vesuvian oder Idokras aus Kalifornien (**Vesuvianjade, Californit**), Serpentin aus China (**Serpentin-J.**), Griechenland (**Verde antique**) u. a., grünl. Sillimanit oder Fibrolith aus Birma und Ceylon (**Sillimanitjade**); sie unterscheiden sich vom echten J. insbes. in Härte, spezif. Gewicht und Lichtbrechung. Vorzügl. J.schnitzereien finden sich in China, bes. im 14.–11. Jh. v. Chr., v. a. Kultgerät und Tierfiguren. In M-Amerika finden sich seit dem frühen 1. Jt. v. Chr. J.figuren, z. B. „Wer-

Jagd

Jaguare" in der La-Venta-Kultur, später aus Teotihuacán, bei Mayas, Zapoteken u. a.

Jadebusen, Nordseebucht in Nds., seit 1887 durch den Ems-Jade-Kanal mit dem Dollart verbunden. Im S-Teil der Bucht mündet die 22 km lange **Jade,** am Ausgang zur Nordsee liegt Wilhelmshaven.

Jadeit [frz.], weißlichgrünes, durchscheinendes Augitmineral, $NaAl[Si_2O_6]$, das in feinverfilzter, völlig dichter, körniger bis fasriger Struktur, sehr selten als Kristall auftritt. Dichte 3,3–3,4 g/cm³, Mohshärte 6,5 bis 7. Verwendung als Schmuckstein (↑Jade) und für Kunstgegenstände.

Jadwiga [poln. jad'viga] ↑Hedwig.

Jaeger, Henry, eigtl. Karl-Heinz J., *Frankfurt am Main 29. Juni 1927, dt. Schriftsteller. - Sein autobiogr. Gefängnisroman „Die Festung" (1962) und der Roman „Die bestrafte Zeit" (1963) sind Anklagen gegen den dt. Strafvollzug; schrieb die Zeitromane „Das Freudenhaus" (1966), „Der Club" (1969), „Jakob auf der Leiter" (1973), „Nachruf auf ein Dutzend Gauner" (1975), „Hellseher wider Willen" (1977), „Ein Mann für eine Stunde" (1979), „Amoklauf" (1982).

J., Lorenz, *Halle/Saale 23. Sept. 1892, †Paderborn 1. April 1975, dt. kath. Theologe. - 1941–73 Erzbischof von Paderborn, 1965 Kardinal. Gründete 1957 das Johann-Adam-Möhler-Institut für Ökumenik; regte die Errichtung des vatikan. „Sekretariats für die Einheit der Christen" an.

J., Richard, *Berlin 16. Febr. 1913, dt. Jurist und Politiker. - 1948–50 (Ober-)Bürgermeister in Eichstätt, 1949–80 MdB (CSU); 1953–56 und 1967–76 Vizepräs. des Bundestags, 1953–65 Vors. des Verteidigungsausschusses, 1965/66 Bundesjustizminister.

J., Werner, *Lobberich (= Nettetal) 30. Juli 1888, †Boston 14. Okt. 1961, dt. Altphilologe. - 1914 Prof. in Basel, 1915 in Kiel, 1921 in Berlin; nach Emigration 1936 in Chicago, ab 1939 an der Harvard University tätig. Bed. Forschungen und Textausgaben bes. zur griech. Philosophie; epochemachend sein Hauptwerk „Paideia. Die Formung des griech. Menschen" (Bd. 1, 1934; Bd. 2, 1944; Bd. 3, 1947).

Jaeggi, Urs ['jɛgi], *Solothurn 23. Juni 1931, schweizer. Soziologe u. Schriftsteller. - 1966–72 Prof. in Bochum, seit 1973 in Berlin (West); wiss. Veröffentlichungen v. a. über gegenwärtige Strukturprobleme der Industriegesellschaft („Macht und Herrschaft in der Bundesrepublik", 1969; „Sozialstruktur und polit. Systeme", 1976). Literar. Arbeiten sind v. a. Erzählungen und Romane wie „Die Komplizen" (1964), „Ein Mann geht vorbei" (1968); die Romane „Brandeis" (1979) und „Grundrisse" (1981) sind krit.-satir. Auseinandersetzungen mit konservativ-restaurativen Tendenzen in der BR Deutschland. Schrieb auch „Fazil und Johanna" (En., 1985).

Jaén [span. xa'en], span. Stadt am S-Rand des Guadalquivirbeckens, 574 m ü. d. M., 96 400 E. Verwaltungssitz der Prov. J.; kath. Bischofssitz. Olivenverarbeitung u. a. Ind. - Die Anfänge J. reichen in vorkarthag. Zeit zurück. Die Römer eroberten den Ort kurz nach Cartagena; unter dem Namen **Flavia** war er Munizipium. In maur. Zeit war die Stadt **Chien** eine bed. Festung und Provinzhauptstadt; 1246 gelang Ferdinand III. von Kastilien die Reconquista. - J. wird von der Kathedrale (16.–18. Jh.) überragt; maur. Castillo de Santa Catalina aus dem frühen 13. Jh.

Jæren [norweg. 'jæːrən], Landschaft im südlichsten W-Norwegen, intensiv landw. genutzt. Größter Ort ist Stavanger.

Jafet ↑Japhet.

Jaffa, Teil von ↑Tel Aviv-Jaffa.

Jaffna [engl. 'dʒæfnə], Stadt in N-Sri Lanka, 118 200 E. College, Zentrum der Fischerei und des Gartenbaus auf Ceylon, daneben Baumwollverarbeitung und Schmuckherstellung. - Aus der Kolonialzeit sind das alte Fort (1680) und die Kirche Groote Kerk (1706) erhalten. Zahlr. neuere Hindutempel.

Jagd (Weidwerk, Waidwerk), Aufspüren, Verfolgen und Erlegen von Wild durch Jäger. Die Ausübung der J. ist heute nur noch unter Berücksichtigung von gesetzl. Vorschriften möglich (↑Jagdrecht), die auch bestimmte Zeiten für die Ausübung der J. festlegen (↑Jagdzeiten). Durch Abschuß von kranken und schwachen Tieren sowie durch Populationsregulierung wird die J. zur Hege und Pflege. - Man unterscheidet ↑hohe Jagd und ↑Niederjagd.

Geschichte: Auf der untersten Stufe der Kulturentwicklung bildete die J. die Hauptbeschäftigung des Mannes. Aus Fossilienfunden (insbes. von Olduwai) geht hervor, daß der Urmenschen schon kleineres Wild erlegten. Anfangs benutzten sie zur J. hölzerne, knöcherne oder steinerne Gegenstände, die von Natur aus scharf oder spitz waren, später

Jade. Chinesische Schale (um 1690). Lissabon, Museu Calouste Gulbenkian

Jagdarten

stellten sie ihre Waffen selbst her. Die Frühmenschen dagegen verwendeten schon Faustkeil und Wurfspeer und erlegten damit v. a. Hirsche, Schweine, Nashörner und Büffel. Die – z. T. noch besser ausgerüsteten – Altmenschen jagten neben Rotwild, Rentieren und Wollnashörnern bereits Bären und Mammuts und zerlegten ihre Beute mit Schabern und Messern. Die ersten Jetztmenschen verfügten auch über Schlingen und Netze. Sie veranstalteten Treib- und Hetz-J., stellten Fallen und hoben Fanggruben aus. V. a. in der Dordogne gibt es auf Höhlenbildern zahlr. Beispiele auch für J.zauber und J.kult des Cro-Magnon-Menschen, so z. B. in Lascaux.

Aus dem Altertum sind künstler. und literar. Darstellungen der J. v. a. von den Kretern, Assyrern, Griechen, Etruskern und Byzantinern bekannt. Bei ma. und neuzeitl. J.motiven stehen Treib- und Hetz-J. mit der Meute im Vordergrund.

In bes. hohem Ansehen stand bis Ende des MA in Deutschland die – vermutl. aus dem Orient stammende – ↑Beizjagd. Sie wurde in Europa zuerst von gall. Kelten, dann von Germanen und Römern betrieben und im 5. Jh. n. Chr. eine eigene Kunst (*Falkenierkunst*), über die Kaiser Friedrich II. (in lat. Sprache) das Werk „Über die Kunst, mit Vögeln zu jagen" (dt. 3 Bde., 1964–70) schrieb. Das Amt des Oberfalkenmeisters war im MA eines der wichtigsten Ämter bei Hof.

Behnke, H.: Hege und J. im Jahreslauf. Mchn. ⁵1983. - Behnke, H.: J.betriebslehre. Hamb. ⁴1983. - J. in aller Welt. Hg. v. A. de Monbrion. Hannover 1975. 2 Bde. - Frevert, W.: Wörterb. der Jägerei. Hamb. u. Bln. ⁴1975.

Jagdarten, Bez. für die verschiedenen wm. Methoden zur Ausübung der Jagd: **Suche,** das Wild (z. B. Federwild, Hasen) wird mit Hilfe eines Hundes gesucht und aufgescheucht; **Pirsch,** das Durchstreifen eines Jagdreviers auf der Suche nach Schalenwild; vom **Ansitz** (Anstand: 2–5 m hohe, getarnte Stelle) aus; **Treibjagd,** das Wild wird von sog. Treibern aufgescheucht und den Schützen zugetrieben; **Fangjagd** mit Netzen und Fallen; ↑Beizjagd; **Hüttenjagd** (auf Krähen aus einer Ansitzhütte, manchmal unter Verwendung eines Uhus als Lockvogel); **Hetzjagd,** das Wild wird mit Hunden gehetzt; **Parforcejagd,** eine Form der ↑Reitjagd, bei der das Wild mit laut bellenden Hundemeuten gehetzt wird. Hetz- und Parforcejagd sind nach dem BundesjagdG in der BR Deutschland verboten.

Jagdaufklärer (engl. Fighter Reconnaissance), Abk. FR oder RF, Flugzeug, das auf Grund seiner konstruktiven Auslegung und seiner Ausrüstung mit Luftbildkameras sowie Radar- und Infrarotsensoren speziell zur Luftaufklärung dient, aber auch als Jagdflugzeug eingesetzt werden kann.

Jagdaufseher, Beauftragter des Jagdausübungsberechtigten zur Ausübung des Jagdschutzes; er bedarf der Bestätigung durch die zuständige Behörde.

jagdbare Tiere, wm. Bez. für Tiere, die nach dem BundesjagdG gejagt werden dürfen.

Jagdbezirk, dasjenige Gebiet, in dem die Jagd ausgeübt werden darf und das rechtl. entweder *Eigenjagdbezirk* oder *gemeinschaftl. J.* ist. Letzterer besteht aus allen zusammenhängenden Grundflächen einer oder (auf Antrag) mehrerer Gemeinden, soweit sie nicht zu Eigenjagdbezirken gehören und mindestens 150 Hektar umfassen.

Jagdbomber (engl. Fighter Bomber), Abk. **FB** oder **Jabo,** Flugzeug, das auf Grund seiner Konstruktion und Bewaffnung sowohl als Jagdflugzeug zur Bekämpfung gegner. Flugzeuge (mit Maschinenwaffen und Luft-Luft-Raketen) als auch zur unmittelbaren Luftunterstützung des Feldheeres (mit Luft-Boden-Raketen, Bomben unterschiedl. Art und panzerbrechender Munition) verwendet werden kann.

Jagdfalken, Bez. für große, kräftige, zur Falkenbeize (↑Beizjagd) abgerichtete Falken, die ihre Beute in der Luft oder am Boden schlagen.

Jagdfasan, svw. Edelfasan (↑Fasanen).

Jagdflugzeug (Jäger, engl. Fighter), Abk. F, schnelles, wendiges, ein- bis zweisitziges Kampfflugzeug, das auf Grund seiner Konstruktion sowie seiner Bewaffnung mit Maschinenwaffen und Luft-Luft-Raketen bes. zur Bekämpfung gegner. Flugzeuge geeignet ist. Bes. Eigenschaften: hohe Steigegeschwindigkeit, Kurvenkampffähigkeit, Triebwerkreserven (Nachbrenner) und hohe Dienstgipfelhöhe. - ↑ auch Abfangjäger.

Jagdfrevel, svw. Jagdwilderei (↑Wilderei).

Jagdgewehr ↑Gewehr.

Jagdglas ↑Fernrohr.

Jagdherr, Eigentümer oder Pächter eines Jagdreviers.

Jagdhorn (italien. corno da caccia), zur Jagd geblasene ↑Horn, ein Signalinstrument, in seiner Geschichte ident. mit dem ↑Waldhorn; heute v. a. das lederumwickelte kleine Pleßhorn in B (nach Herzog Heinrich XI. von Pleß).

Jagdhunde ↑Sternbilder (Übersicht).

Jagdhunde, zur Jagd verwendete Hunde; nach ihrem Einsatzzweck unterscheidet man z. B. Apportierhunde, Bracken, Erdhunde, Stöberhunde, Schweißhunde und Vorstehhunde.

Jagdkunde (Jagdwissenschaft), Wissenschaftszweig, der sich mit der Jagd befaßt. Hierher gehört u. a. neben der Waffentechnik und Ballistik auch die Jagdzoologie, die sich bes. mit Lebens- und Verhaltensweisen der Tiere (Fährtenkunde, Flugbilder, „Ansprechen" von Vogelstimmen) und mit der Bekämpfung von Wildschäden befaßt.

Jagdleopard, svw. ↑Gepard.

Jagdpanzer

Jagdmusik, Bez. für die Jagdsignale, die schon seit der Eiszeit auf einfachen Blasinstrumenten (Knochenflöte, später Olifant, Horn u. a.) erzeugt wurden. Zu der in Antike und MA vielfach beschriebenen J. treten seit dem 17. Jh. Intervallsignale, die i. d. R. unter Verwendung tradierter Rhythmen auf den Naturtönen der Instrumente aufgebaut sind. Diese Signale fanden zur Darstellung der Jagd Eingang in die Kunstmusik. J. im allg. Sinn ist damit auch die Bez. für die Musik, die die musikal. Charakteristika der Jagd verarbeitet.

Jagdpacht, Vertrag über die Überlassung des Jagdausübungsrechts.

Jagdpanzer ↑ Panzer.

Jagd- und Schonzeiten in der Bundesrepublik Deutschland nach der VO über die Jagdzeiten vom 2. 4. 1977

Jagdrecht

Jagdrecht, 1. die Gesamtheit der auf die Jagd bezügl. Rechtsvorschriften; 2. die ausschließl. Befugnis, auf einem bestimmten Gebiet wildlebende Tiere (Wild) zu hegen, sie zu jagen und sich als Beute anzueignen.

Jagdreiten, svw. ↑Reitjagd.

Jagdrennen ↑Hindernisrennen.

Jagdschaden, der dem Grundstückseigentümer oder Nutzungsberechtigten aus mißbräuchl. Jagdausübung entstehende Schaden, für den der Jagdausübungsberechtigte haftet.

Jagdschein, Ausweis, der zur Ausübung der Jagd berechtigt. Die Erteilung eines J. ist von der Ablegung einer Jägerprüfung abhängig.

♦ (einen J. haben) umgangssprachl. Bez. für eine Zurechnungsunfähigkeitserklärung, die bis 1969 nach § 51 StGB z. B. bei krankhafter Störung der Geistestätigkeit erfolgen konnte. Zum geltenden Recht ↑Schuldunfähigkeit.

Jagdschutz, Schutz des Wildes (vor Wilderern, Raubwild, Futternot) sowie die Sorge für die Einhaltung der zum Schutze des Wildes und der Jagd erlassenen Vorschriften. Der J. obliegt den zuständigen öffentl. Stellen, dem Jagdausübungsberechtigten und den Jagdaufsehern.

Jagdsignale, feststehende wm. Signale, meist auf Jagdhörnern geblasen, zur Verständigung der an einer Jagd Beteiligten untereinander (z. B. ↑Halali).

Jagdspinnen, svw. ↑Raubspinnen.

Jagdspringen (Springreiten), im Pferdesport Leistungsprüfung über Hindernisse (u. a. Mauer, Zaun, Wall, Oxer, Wassergraben, Gatter) innerhalb eines Parcours, nach dessen Beschaffenheit der Schwierigkeitsgrad des jeweiligen J. bemessen wird. Sieger ist das Pferd mit den wenigsten Fehlern (in zahlr. Wettbewerben entscheidet das Stechen) oder der schnellsten Zeit.

Jagdstück (Jagdstilleben), v. a. in der fläm. Malerei des 17. Jh. beliebte Bildgattung; dargestellt wird die Jagdbeute, z. T. auch Waffen oder Jagdhunde (u. a. F. Snyders und J. Fyt).

Jagdwaffen, Sammelbez. für alle bei der Jagd verwendeten Waffen zum Erlegen, Abfangen bzw. Abnicken, Aufbrechen und Zerlegen von Wild. Als *Jagdgewehre* werden Büchsen (gezogener Lauf; Kugelgeschosse aus Patronen), Flinten (glatter Lauf; Schrotschuß) und kombinierte Gewehre (für Schrot- und Kugelschuß) verwendet, als *blanke J.* **Saufeder** (kurze, zweischneidige Klinge mit etwa 2 m langer [Parier]stange), **Weidblatt** (bes. starkes und breites Jagdmesser), **Nicker** (feststehendes Jagdmesser) und **Hirschfänger** (kurzes, an der Spitze zweischneidiges Messer).

Jagdwilderei (Jagdfrevel) ↑Wilderei.

Jagdzauber, bestimmte Vorkehrungen wie die Beachtung von Vorzeichen und Tabus, die Verwendung von Amuletten und die Verrichtung von Zauberhandlungen, die das Erlegen des Wildes begünstigen sollen.

Jagdzeiten (Schußzeiten), Zeiten, in denen die einzelnen Wildarten bejagt werden dürfen. Der Rahmen der Jagd- und Schonzeiten ist in einer Bundesverordnung festgelegt. - Übersicht S. 11.

Jagdzoologie ↑Jagdkunde.

Jagello (Jagiełło [poln. jaˈgjɛu̯u̯ɔ]), * um 1351, † Gródek (Woiwodschaft Białystok) 1. Juni 1434, Großfürst von Litauen (seit 1377), als Wladislaw II. König von Polen (seit 1386). - Schloß 1385 mit Polen die Union von Krewo, die durch seine Taufe und die Angliederung des Großft. Litauen an Polen die Voraussetzungen für seine Heirat mit der poln. Thronerbin Hedwig und seine Wahl zum König von Polen schuf. Die gegen den Dt. Orden geführten Kriege (1409–11, 1414, 1422) brachten nach der Schlacht bei Tannenberg (1410) im 1. Thorner Frieden (1411) Polen-Litauen v. a. das 1398 verlorene Schamaiten. J. war in seinem Stammland um die Ausbreitung des röm.-kath. Glaubens bemüht. Die von ihm begr. Dyn. der **Jagellonen** beherrschte bis 1572 Polen-Litauen, 1471–1526 Böhmen sowie 1440–44 und 1490–1526 Ungarn. Ein Interessenausgleich zw. ihnen und den Habsburgern wurde 1515 durch Eheverträge erreicht.

Jagemann, Karoline, * Weimar 25. Jan. 1777, † Dresden 10. Juli 1848, dt. Schauspielerin und Sängerin. - Ab 1897 am Weimarer Hoftheater, Favoritin Herzog Karl Augusts. Ihre Intrigen bewirkten Goethes Rücktritt von der Leitung des Theaters (1817).

Jagen, in der Forstwirtschaft Bez. für die durch Schneisen begrenzte, kleinste Wirtschaftseinheit eines Forstes.

Jäger, Bez. für jeden, der berechtigtermaßen im Besitz eines Jagdscheins die Jagd ausübt.

♦ in der *Bundeswehr* Truppengattung der Kampftruppen; kämpfen auf Grund ihrer Geräte und Waffenausstattung abgesessen unter größtmögl. Geländeanpassung; urspr. Infanterietruppen mit bes. Schießausbildung (Scharfschützen). Die erste stehende J.truppe wurde von Friedrich II. von Preußen errichtet.

Jäger 90, in der Entwicklung befindl. Kampfflugzeug; konzipiert als einsitziges Jagdflugzeug mit 2 Triebwerken (Schub: jeweils 90 kN nominal), Deltaflügel und Entenflügeln; Leermasse: 9,75 t.

Jägerlatein, Bez. für die übertreibende oder erfundene Schilderung von (Jagd)erlebnissen (urspr. Bez. für dem Laien nicht unmittelbar verständl. Sondersprache des Jägers).

Jägerndorf ↑Krnov.

Jägerndorf, ehem. Hzgt. in Schlesien, urspr. Teil des Hzgt. Troppau, das 1377 geteilt wurde; 1523 von Georg dem Frommen von Brandenburg-Ansbach erworben, kam später an Kurfürst Joachim Friedrich von Brandenburg, der es mit Beuthen und Oderberg zusammenfaßte und seinem 2. Sohn, Johann Georg, übergab; dieser verlor seine Gebiete 1621 an Österreich; den nördl. Teil konnte Friedrich II. 1742 zurückgewinnen.

Jägersberg, Otto, *Hiltrup 19. Mai 1942, dt. Schriftsteller und Filmregisseur. - Schreibt realist.-satir. Prosa über seine westfäl. Heimat und das gehobene Kleinbürgermilieu in der BR Deutschland, u. a. „Weihrauch und Pumpernickel" (R., 1964), „Nette Leute" (R., 1967), „Cosa Nostra" (E., 1971, szen. aufgeführt 1974), „Wein, Liebe, Vaterland" (Ged., 1985); auch Reportagen, Hörspiele, Fernsehfilme, z. B. „Die Pawlaks" (1982).

Jägersprache (Weidmannssprache), Fachsprache der Jäger für die Beschreibung des Jagdbetriebs und der jagdbaren Tiere, z. B. *Schweiß* (= Blut), *Licht* (= Auge); Prüfungsstoff bei der Jägerprüfung.

Jäger und Sammler ↑Wildbeuter.

Jagić, Vatroslav [serbokroat. ˈjaːɡitɕ], *Varaždin 6. Juli 1838, †Wien 5. Aug. 1923, kroat. Philologe und Slawist. - Prof. in Odessa, Berlin, Petersburg und Wien; begr. das bed., seit 1876 erscheinende „Archiv für slav. Philologie" und die „Encyklopedija slavjanskoj filologii" (1908 ff.); eigtl. Begründer der modernen Slawistik.

Jagiello (Jagiełło) ↑Jagello.

Jagielski, Mieczysław [poln. jaˈɡjɛlski], *Kołomyja 12. Jan. 1924, poln. Politiker. - 1946-48 Mgl. der Poln. Arbeiterpartei, seit 1948 der Vereinigten Poln. Arbeiterpartei, 1958-81 in deren ZK, 1971-81 Mgl. des Politbüros; seit 1957 Abg. des Sejm, 1959-70 Landwirtschaftsmin., 1970-81 stellv. Vors. des Ministerrates.

Jagoda, Genrich Georgijewitsch, *Łódź 1891, †Moskau 15. März 1938 (hingerichtet), sowjet. Funktionär. - Wurde als Mitarbeiter Stalins 1920 Präsidiumsmitglied der Tscheka; 1924-34 stellv. Vors. der GPU und ab 1930 Chef der Zwangsarbeitslager; 1934-36 Volkskommissar des NKWD; nach seiner Absetzung (Sept. 1936) im 3. Moskauer Schauprozeß zum Tode verurteilt.

Jagow, Gottlieb von [ˈjaːɡo], *Berlin 22. Juni 1863, †Potsdam 11. Jan. 1935, dt. Diplomat. - 1909-12 Botschafter in Rom; betrieb als Staatssekretär des Auswärtigen Amtes (1913-16) eine auf Konflikte angelegte Politik, die von der Unvermeidbarkeit des Krieges angesichts drohender Einkreisung Deutschlands ausging.

Jagst, rechter Nebenfluß des Neckars, Bad.-Württ., entspringt in den Ellwanger Bergen, mündet nördl. von Bad Friedrichshall; 202 km lang.

Jagsthausen, Gemeinde an der Jagst, Bad.-Württ., 212 m ü. d. M., 1400 E. Schloßmuseum in der Götzenburg; Burgfestspiele.

Jaguar [zu Tupí jagwár(a) „fleischfressendes Tier"] (Onza, Panthera onca), vom südlichsten Teil der USA bis S-Amerika verbreitete Großkatze; Größe geograph. stark variierend; Körperlänge etwa 110-185 cm, Schwanz etwa 45-75 cm lang; Fell rötlichgelb mit großen, schwarzen Ringelflecken; letztere meist mit dunklen Innentupfen; gelegentlich auch ganz schwarze Tiere. - Der J. lebt v. a. in Waldgebieten, gern in Gewässernähe; er klettert und schwimmt gut; jagt überwiegend am Boden (v. a. Säugetiere, Vögel, Reptilien, gelegentl. auch Wassertiere). Wegen seines begehrten Pelzes wird er stark bejagt (in vielen Gebieten bereits weitgehend ausgerottet). - Abb. S. 14.

Jahja, Hamid Ad Din, *1876, †Sana 16. Jan. 1948, Imam und König (seit 1918) des Jemen. - Vertrieb 1904 die Türken aus Sana, von diesen 1911 als Imam der Zaiditen anerkannt; erlangte durch den Verzicht auf seine Ansprüche auf Asir im Vertrag mit Saudi-Arabien (1934) auch von dieser Anerkennung als König; von seinen Söhnen ermordet.

Jahn, Friedrich Ludwig (gen. der **„Turnvater"**), *Lanz (Landkr. Ludwigslust) 11. Aug. 1778, †Freyburg/Unstrut 15. Okt. 1852, dt. Pädagoge und Politiker. - Initiator der Turnbewegung in Deutschland. Seit 1810 Lehrer in Berlin, richtete er 1811 auf der Hasenheide den ersten Turnplatz ein und verfaßte mit E. W. B. Eiselen die Schrift „Dt. Turnkunst" (1816). Während der Zeit der napoleon. Herrschaft sah J. die Bed. des Turnens in der vormilitär. Jugenderziehung; rief bereits 1811 zur Volkserhebung, allg. Volksbewaffnung und Errichtung eines dt. Nationalstaats auf; in den Befreiungskriegen kurze Zeit mit der Führung eines Bataillons im Freikorps Lützow betraut. Nach 1815 geriet der zur Volkstümelei neigende J. („Dt. Volkstum", 1810) in Gegensatz zur Restauration, wurde 1819-25 als „Demagoge" (Einfluß auf die Burschenschaften) eingesperrt und bis 1840 unter Polizeiaufsicht gestellt. 1848 Abg. der Frankfurter Nationalversammlung (Erbkaiserpartei).

J., Gerhard, *Kassel 10. Sept. 1927, dt. Politiker. - Rechtsanwalt; seit 1957 MdB für die SPD; 1967-69 parlamentar. Staatssekretär beim Bundesmin. des Auswärtigen; 1969-74 Bundesmin. der Justiz; seitdem (wie 1961-63) parlamentar. Geschäftsführer der SPD-Fraktion.

J., Janheinz, *Frankfurt am Main 23. Juli 1918, †Messel 20. Okt. 1973, dt. Schriftsteller. - Machte nach zahlr. Nachdichtungen, Übersetzungen, Anthologien und literaturgeschichtl. Studien die moderne afrikan. Literatur in der BR Deutschland bekannt; u. a. „Schwarzer Orpheus". Moderne Dichtung afrikan. Völker beider Hemisphären" (1954), „Rumba Macumba. Afrocuban. Lyrik"

Jahnn

(1957), „Negro Spirituals" (1962), „Blues and Work Songs" (1964), „Entflammte Rivalen-Afrikan. Liebesgeschichten" (1969), „Süß ist das Leben in Kumansenu ..." (1971), „Who's who in African literature" (1972; mit U. Schild und A. Nordmann).

Jahnn, Hans Henny, *Stellingen (= Hamburg) 17. Dez. 1894, † Hamburg 29. Nov. 1959, dt. Schriftsteller, Essayist und Orgelbauer. - 1915–18 als Pazifist im Exil in Norwegen; baute rd. 100 Orgeln und verfaßte mehrere musikwiss. Abhandlungen; Musikverleger (seit 1921); nach 1933–50 in der Emigration auf Bornholm. 1919 gelang ihm mit dem Drama „Pastor Ephraim Magnus", das heftige Theaterskandale hervorrief, der literar. Durchbruch. Psychoanalyse, Expressionismus und Naturalismus haben auch die Themen der weiteren Werke beeinflußt. Aus Protest gegen Zivilisation, Konvention, mechanist. Denken propagierte J. einen heidn. Vitalismus. Liebe faßte J. als rein biolog. Vorgang auf und schildert sie in allen, v. a. patholog. Formen, mit kaum zu überbietender Drastik. Sein bedeutendstes Drama ist „Armut, Reichtum, Mensch und Tier" (1948).

Weitere Werke: Der gestohlene Gott (Trag. 1924), Medea (Trag., 1926), Perrudja (1929; Perrudja II. Fragment aus dem Nachlaß, hg. 1968), Fluß ohne Ufer (R.-Trilogie, 1949–61), Thomas Chatterton (Trag., 1955), Die Nacht aus Blei (R., 1956), Die Trümmer des Gewissens (Dr., UA 1961 u. d. T. Der staubige Regenbogen).

Jahr, die Dauer eines Umlaufs der Erde um die Sonne, nach deren Ablauf sich die gleichen Erscheinungen der Tageslängen, der Jahreszeiten usw. wiederholen. Da sich die wirkl. Bewegung der Erde um die Sonne in der scheinbaren Bewegung der Sonne an der Himmelskugel widerspiegelt und nur diese wahrnehmbar ist, kann das J. auch im Hinblick auf den scheinbaren Lauf der Sonne definiert werden. Je nachdem, von welchem Bezugspunkt der Umlauf der Erde gezählt oder die Vollendung eines Umlaufs der Sonne in ihrer scheinbaren Bahn festgestellt wird, unterscheidet man verschiedene J.längen: Das **siderische Jahr (Sternjahr)** umfaßt das Zeitintervall zw. zwei einander folgenden Durchgängen der Sonne durch denselben Punkt der scheinbaren Sonnenbahn, der Ekliptik; der Punkt in der Ekliptik wird dabei in bezug auf einen Fixstern siderisch gemessen; Länge des sider. J.: 365,2565 mittlere Sonnentage (= 365 d 6 h 9 m 9,54 s mittlere Sonnenzeit). Das **tropische Jahr (Sonnenjahr)** ist das meist in der astronom. Praxis benutzte Zeitmaß; als Bezugspunkt dient der mittlere Frühlingspunkt: Das trop. J. ist das Zeitintervall zw. zwei aufeinanderfolgenden Durchgängen der Sonne durch den mittleren Frühlingspunkt auf ihrer scheinbaren Bahn an der Himmelskugel. Durch die rückläufige Bewegung des Frühlingspunktes in der Ekliptik (infolge der Präzession gegenwärtig jährl. um 50,256 [Winkel]sekunden) ist das trop. J. etwas kürzer als das sider. J., es hat 365,2422 mittlere Sonnentage (= 365 d 5 h 48 m 46,98 s mittlere Sonnenzeit). Sieht man von geringfügigen Schwankungen ab, die durch störende

Jaguar

Jahresringe. Waagerechter und senkrechter Schnitt durch einen Kiefernstamm

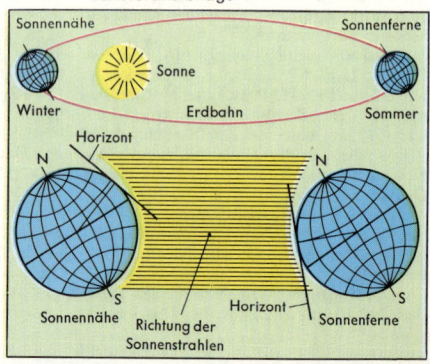

Jahreszeiten. Stellung der Erde zur Sonne im Sommer und im Winter auf der Nordhalbkugel

Jahreszeitenfeldbau

Kräfte anderer Planeten auf die Erdbewegung verursacht werden, spricht man vom mittleren trop. J. Das **bürgerliche Jahr** ist im Kalenderwesen und in der Chronologie der Zeitabschnitt, der in ganzen Tagen etwa dem Umlauf der Erde um die Sonne entspricht (↑ Zeitrechnung).
Geschichte: Um 130 v. Chr. bestimmte Hipparchos von Nizäa die Längen des sider. und des trop. J. mit 365 d 6 h 10 m bzw. 365 d 5 h 55 m 12 s recht genau; für die von ihm entdeckte Präzession gab er den zu geringen Wert von 36″ (1° in 100 Jahren) an. - Fast alle Völker verwendeten in frühen Kulturstufen als Kalender-J. (oder bürgerl. J.) wegen der leichteren Beobachtbarkeit der Mondphasen das *Mondjahr*, bestehend aus 12 synod. Monaten zu insges. 354 oder 355 Tagen. Das Mond-J. war auch bei Griechen und Römern in Gebrauch und wird noch jetzt z. B. von Juden und Mohammedanern benutzt. Dem Julian. bzw. Gregorian. Kalender liegen das *Julian. J.* (Länge 365,25 Tage) und das *Gregorian. J.* (Länge 365,2425 Tage) zugrunde.
📖 *Grotefend, H.:* Tb. der Zeitrechnung des dt. MA u. der Neuzeit. Hannover ¹²1982. - *Kaletsch, H.:* Tag u. Jahr. Die Gesch. unseres Kalenders. Zürich u. Stg. 1970.
Jahrbücher ↑ Ephemeriden.
Jahre der ruhigen Sonne (Internat. Jahre der ruhigen Sonne), Bez. für den von 1963 bis 1964 sich erstreckenden, mit geophysikal. Messungen ausgefüllten Zeitraum, der mit einer Periode relativ schwacher Sonnenaktivität zusammenfiel und daher zur Vertiefung der Erkenntnisse der Internat. Geophysikal. Jahres über alle von der Sonne beeinflußten physikal. Erscheinungen in der Erdatmosphäre beitrug.
Jahresabschluß ↑ Aktiengesellschaft.
Jahresanfang, Beginn des Jahres; im bürgerl. Jahr der 1. Januar. Im *alten Rom* war der J. des bürgerl. Jahres zuerst am 1. März; der 1. Jan. setzte sich im Amtsverkehr seit 153 v. Chr. durch, seit 46 v. Chr. auch im bürgerl. Jahr. Im *MA* gab es 6 verschiedene Jahresanfänge: 1. Jan., 1. März, 25. März (in England bis 1752), Ostern, 1. Sept. (bes. im byzantin. Bereich), 25. Dezember. In *Deutschland* setzte sich der 1. Jan. durch, in *Rußland* ursprüngl. der 1. März, seit dem 13. Jh. der 1. Sept., ab 1701 der 1. Jan., in *Frankreich* z. Z. der Frz. Revolution vorübergehend der 22. Sept. Die Beachtung der verschiedenen Jahresanfänge ist von Bedeutung bei der Datierung histor. Ereignisse.
Jahresringe, jährl. Dickenzuwachszonen im Holzkörper von Baumstämmen (auf dem Querschnitt als konzentr. Ringe erkennbar, im Längsschnitt als Maserung). J. werden durch period. Änderung der Teilungstätigkeit des Kambiums in Gebieten mit temperatur- bzw. feuchtebedingtem Wechsel von Vegetationszeit und -ruhe (Sommer/Winter, Regenzeit/Trockenzeit) verursacht. Sie fehlen daher häufig oder sind undeutl. bei trop. Hölzern. Der Jahreszuwachs beginnt mit der Bildung von großen Zellen *(Frühholz)* und endet im Herbst mit der Ausbildung von kleinen Zellen *(Spätholz).* - Die Bestimmung des Lebensalter von Bäumen oder Baumstämmen aus der Anzahl der J. wird **Jahresringchronologie** genannt, und ist die Grundlage der ↑ Dendrochronologie.

Jahreswirtschaftsbericht ↑ Stabilitätsgesetz.

Jahreszeiten, die Einteilung des trop. Jahres in vier durch die scheinbare Sonnenbahn an der Sphäre gegebene Zeitabschnitte *(Frühling, Sommer, Herbst, Winter),* die durch die Äquinoktien und die Solstitien festgelegt werden. Die unterschiedl. Länge der J. ist bedingt durch die unterschiedl. schnelle Bewegung der Erde in ihrer Bahn um die Sonne; Frühling und Sommer haben auf der Nordhalbkugel der Erde eine Länge von zusammen 186 d 10 h, Herbst und Winter hingegen eine Länge von zusammen 178 d 20 h. Die Dauer der einzelnen Jahreszeiten ist infolge der Apsidendrehung und der Präzession, die eine Verschiebung der Äquinoktialpunkte gegen die Solstitialpunkte verursachen, leicht veränderlich.

Die klimat. Unterschiede der J. beruhen auf der Neigung der Erdbahnebene gegen den Äquator (Schiefe der Ekliptik); die Sonne erreicht deshalb in ihren Solstitialpunkten eine Deklination von $+23°\,27'$ (zur Sommersonnenwende) bzw. von $-23°\,27'$ (zur Wintersonnenwende). Da die Lage des Himmelsäquators über dem Horizont von der geograph. Breite des Beobachtungsortes abhängig und für ein und denselben Ort immer gleich ist, erreicht die Sonne zu verschiedenen J. unterschiedl. Höhen über dem Horizont. Dieser Unterschied der Höhe, der zw. den beiden Extremwerten, der Sommer- und Wintersonnenwende, rund 47° ausmacht, bedingt einen unterschiedl. schrägen Einfall der Sonnenstrahlen auf der Erde. Dazu kommt ein weiterer Effekt: Die Tages- bzw. Nachtlänge eines Tages ist mit der Höhe der Sonne über dem Horizont, d. h. mit der jeweiligen Deklination der Sonne, verbunden. Nur bei einem Durchgang der Sonne durch die Äquinoktialpunkte, die Punkte der Frühlings- und Herbst-Tagundnachtgleiche, sind Tag und Nacht gleich lang (abgesehen von einer Beobachtung vom Erdäquator aus, auf dem alle Tage gleiche Tages- und Nachtlängen haben).
📖 *Adams, R./Hooper, M.:* Die vier J. in der Natur. Dt. Übers. Ffm. 1981.

Jahreszeitenfeldbau, Feldbau, der im Ggs. zum ↑ Dauerfeldbau an die warme bzw. feuchte Jahreszeit gebunden ist; man unterscheidet den *Sommerfeldbau* der gemäßigten Breiten, den *Winterfeldbau* der Winterregen-

15

Jahreszeitenklima

gebiete und den *Regenzeitenfeldbau* der trop. wechselfeuchten Gebiete.

Jahreszeitenklima, Bez. für den jahreszeitl. Wechsel im Klimaablauf außerhalb der Tropen; gekennzeichnet dadurch, daß außerhalb der niederen Breiten die jahreszeitl. Temperaturschwankungen größer sind als die tageszeitl. Die Amplitude der jahreszeitl. Temperaturschwankungen nimmt mit wachsender Breite und Kontinentalität zu. - ↑auch Tageszeitenklima.

Jährling, Bez. für ein im zweiten Lebensjahr stehendes Tier.

Jahrmarkt, i.d.R. in Verbindung mit Volksbelustigungen einmal oder mehrmals im Jahr abgehaltener Krammarkt.

Jahrpläne, für ein Jahr oder für mehrere Jahre (z.B. Fünf-J.) aufgestellte Volkswirtschaftspläne in ↑Planwirtschaften zur Leitung der Volkswirtschaft.

Jahr und Tag, in der alten dt. Rechtssprache Bez. für die Verfahrens- bzw. Einspruchsfrist im Straf- und Lehnsrecht, v.a. bei Liegenschaftserwerb. Im allg. als 1 Jahr, 6 Wochen und 3 Tage verstanden, entsprach J.u.T. der Zeitspanne bis Ablauf eines Jahrs und eines Gerichtstags (3 Tage) nach dem ersten echten Thing (6 Wochen).

Jahrwoche, im alten Israel Bez. für den Zeitraum von sieben Jahren.

Jahwe ['ja:ve], hebr. Name des Gottes Israels. Herkunft und Bed. sind heute noch sehr umstritten. Wahrscheinl. heißt J. urspr.: „Er ist, er erweist sich". - Nach der Landnahme setzte sich J. als der einzige Gott in Israel durch. Dies war jedoch mehr Forderung der Propheten als Wirklichkeit. - In den ersten Jh. v.Chr. begannen die Juden aus Scheu statt J. ↑Adonai („mein Herr") zu lesen und entsprechend zu vokalisieren; daher übersetzen die meisten Bibeln J. mit „der Herr", z.B. die Septuaginta mit ↑Kyrios; aus der Vokalisation entstand die falsche Form „Jehova". Die vier Konsonanten JHWH werden auch als **Tetragramm** bezeichnet.

Jahwist [hebr.], Abk. J., Bez. der Bibelwissenschaft für die älteste zusammenhängende Geschichtserzählung Israels, die neben dem ↑Elohisten und der ↑Priesterschrift eine der Quellenschriften des ↑Pentateuch ist; ben. nach dem häufig gebrauchten Gottesnamen Jahwe; das Werk entstand wahrscheinl. zw. 950 und 900, jedenfalls vor 721 v.Chr.

Jailagebirge [russ. jɪj'la] (Krimgebirge), Gebirge im S der Krim, UdSSR, etwa 150 km lang, bis 50 km breit, im Roman Kosch 1 545 m ü.d.M.; das J. bricht an der S-Küste steil zum Meer ab; der SO-Küste ist ein 28 km breiter Küstenstreifen vorgelagert. Die an seinem S- und SO-Fuß gelegenen Kurorte (Jalta u.a.) haben Mittelmeerklima.

Jaime [span. 'xaɪme, portugies. 'ʒaɪmə], span. und portugies. Form des männl. Vornamens ↑Jakob.

Jainismus [dʒaɪ...] ↑Dschainismus.

Jaipur [engl. 'dʒaɪpʊə], Hauptstadt des ind. B.staates Rajasthan, in der nördl. Aravalli Range, 424 m ü.d.M., 967 000 E. Univ. (gegr. 1947), zahlr. Colleges, Kunstschule; Museen, Kunstsammlungen und Bibliotheken; astronom. Observatorium (1718-34). Kultureller Mittelpunkt von Rajasthan, bekannt für Email-, Ziselier- und Gravierarbeiten sowie für die Bearbeitung von Edelsteinen. - 1728 gegr.; 1949 wurde J. Hauptstadt des B.staats Rajasthan. - J. ist von einer 6 m hohen Mauer mit acht Toren umgeben. Palast des Maharadschas (z.T. 18.Jh.), Palast der Winde mit architekton. interessanter, fünfgeschossiger Fassade (18.Jh.).

Jaisu, jap. Hafenstadt auf Hondo, 104 000 E. Fischereihochschule.

Jajce [serbokroat. ˌja:jtsɛ], jugoslaw. Stadt 100 km nw. von Sarajevo, 341 m ü.d.M. 8 500 E. Fremdenverkehr. 30 m hoher Wasserfall der Pliva; in der Nähe die Plivaseen. - Bis zur osman. Eroberung (1528) war J. Zentrum eines ungar. Banats und, neben Belgrad, die wichtigste Grenzfestung. - In beherrschender Lage die Ruine der ehem. Burg. Felsenkirche (sog. Katakomben, 15.Jh.).

Jak (Yak) [tibet.], (Wildjak, Bos mutus) große, massige Rinderart im zentralasiat. Hochland (bis etwa 6 000 m Höhe); Körperlänge bis etwa 3,25 m, Schulterhöhe bis über 2 m, ♀ sehr viel kleiner und leichter; Rücken auffallend langgestreckt; Haarkleid schwarzbraun, verfilzend, längs den Rumpfseiten mähnenartig verlängert; Hörner beim ♂ knapp 1 m lang, beim ♀ viel kürzer. - ♦ (Hausjak, Grunzochse, Bos mutus grunniens) deutl. kleinere und leichter gebaute, domestizierte Zuchtform des Wildjaks; Schulterhöhe (♂) bis etwa 1,40 m; Hörner klein oder fehlend; Haarkleid braunschwarz bis gelbbraun, grau, auch gescheckt; längere Bauchmähne als beim Wildjak. - Der genügsame und kletterngewandte Hausjak ist ein ideales Haustier (Tragtier, Milch-, Fleisch-, Wollieferant). Er läßt sich mit anderen Hausrinderarten kreuzen.

JAK (YAK), Abk. für: Jakowlew (Flugzeugtypen; ↑Jakowlew, Alexander Sergejewitsch).

Jakarta [indones. dʒa'karta] (Djakarta), Hauptstadt Indonesiens, an der westl. N-Küste Javas, im Rang einer Prov., 6,5 Mill. E. Kath. Erzbischofssitz, staatl. Univ. (gegr. 1950) sowie private Univ., wiss. Inst. und Akad., Goethe-Inst., Nationalarchiv, Bibliotheken, Museen, Theater. Industriezentrum des Landes, v.a. Nahrungs- und Genußmittel-, Textil- und Bekleidungs-, chem., Papier-, Leder-, Gummi-, elektrotechn., Metallind., Kfz.montage, Schiffbau; Hafen Tanjungpriok mit Containerterminal; internat. ⌦.

Geschichte: Vorläufer der heutigen Stadt war die zu Beginn des 16.Jh. an der Flußmündung

Jakob I.

gelegene hinduist. Niederlassung **Sunda Kelapa**. Sie wurde 1527 von islam. Eroberern in **Djajakarta** umbenannt. Neben dieser Pfahlbausiedlung errichteten Niederländer bald nach ihrer Ankunft (1596) eine Handelsniederlassung, die zerstört wurde. 1619 entstanden unter dem niederl. Generalgouverneur J. P. Coen ein starkes Küstenfort sowie eine neue Siedlung, **Batavia**, das Sitz des Generalgouverneurs von Niederl.-Indien wurde. Seit 27. Dez. 1949 Hauptstadt des unabhängigen Indonesien.

Stadtanlage: In der alten, am Ciliwung gelegenen, von Kanälen durchzogenen Unterstadt, dem bevorzugten Wohnviertel der chin. und arab. Händler, konzentriert sich das Geschäftsleben. In der Oberstadt liegen das Regierungs- und Verwaltungszentrum, daneben auch Geschäfts- u. Bankenviertel, von Grünanlagen durchsetzte Wohnkomplexe, schematisch angelegte Neubaubezirke. Jenseits großer Sportanlagen liegt im SW der nach 1945 enstandene Wohnstadtteil Kebayoran. Elendsquartiere am Stadtrand, die sich den dorfähnl. Randsiedlungen (Kampongs) angliedern.

Jakob (Jacob), aus der Bibel übernommener männl. Vorname hebr. Ursprungs; italien. Form Giacomo, span. Formen Jaime und Iago, frz. Form Jacques, engl. Form James, russ. Form Jascha.

Jakob, im A. T. dritter der Erzväter. Nach den Berichten von 1. Mos. übervorteilt J., der Sohn Isaaks und der Rebekka, seinen Bruder Esau, flieht vor ihm zu seinem Onkel Laban, dient ihm, heiratet dessen Töchter Lea und Rahel, kehrt fluchtartig als reicher Mann zurück, versöhnt sich mit Esau, gelangt nach Sichem und Bethel; die Josephsgeschichte (↑Joseph) bringt ihn schließl. mit Ägypten in Verbindung, wo er stirbt. Umbenannt in ↑Israel, gilt er als Vater der zwölf Stammväter Israels.

Jakob, Name von Herrschern:
Aragonien:
J. I., der Eroberer (span. Jaime I el Conquistador), *Montpellier 22. Febr. 1208, †Valencia 27. Juli 1276, König (seit 1213). - Eroberte Mallorca und Ibiza (1229–35) und das maur. Kgr. Valencia (1232–38); ließ die „Fueros de Aragón" sammeln und das erste Seerechtsgesetzbuch redigieren.

J. II., der Gerechte (span. Jaime el Justo), *Montepellier(?) 1264, †Barcelona 2. Nov. 1327, König (seit 1291). - Seit 1285 König auf Sizilien, das er nach dem Vertrag von Anagni 1295 mit Papst Bonifatius VIII. gegen Sardinien und Korsika als päpstl. Lehen tauschte.

England:
J. I., *Edinburgh 19. Juni 1566, †Theobalds Park (Hertford) 27. März 1625, König (seit 1603), als J. VI. König von Schottland (seit 1567). - Sohn Maria Stuarts und Lord Darnleys. War nach der Abdankung seiner Mutter König von Schottland, regierte nach dem Tode der Königin Elisabeth I. England, Schottland und Irland in Personalunion. Gestützt auf die anglikan. Staatskirche war er einer der markantesten Vertreter der Lehre vom „göttl. Recht der Könige". Unter seiner Reg. kam es nach einer anfängl. Blütezeit zu scharfen Auseinandersetzungen mit den schott. Presbyterianern, den Puritanern, den Katholiken und mit dem Parlament.

J. II., *London 14. Okt. 1633, †Saint-Germain-en-Laye 16. Sept. 1701, König (1685–89), als J. VII. König von Schottland. - Als Großadmiral der engl. Flotte siegte er in den Auseinandersetzungen mit Holland, trat 1672 zum Katholizismus über und 1685 die Thronfolge an. Seine Rekatholisierungspolitik führte zur Glorious Revolution und zur Landung Wilhelms von Oranien in England, vor dessen Truppen J. Ende 1688 nach Frankr. fliehen mußte. J. wurde 1689 vom Parlament für abgesetzt erklärt.

Kurland:
J., *Goldingen 7. Nov. (28. Okt. ?) 1610, †Mitau 1. Jan. 1682, Hzg. (seit 1642). - Schwager Friedrich Wilhelms von Brandenburg, strebte Unabhängigkeit von Polen und von den Landständen an, trieb eine merkantilist. Wirtschaftspolitik, baute eine bed. Handels- und Kriegsflotte auf und erwarb Kolonien (1651 Gambia, 1654 Tobago).

Schottland:
J. I., *Dunfermline Juli 1394, †Perth 20. oder 21. Febr. 1437, König (seit 1406). - 1406–24 in engl. Gefangenschaft. In der Außenpolitik zw. Frankr. und England lavierend, suchte er im Innern durch Verwaltungsreformen und eine bes. Wirtschaft und Rechtsprechung be-

Jakobsleiter. Jakobs Traum von der Himmelsleiter (4. Jh. n. Chr.). Rom, Katakombe an der Via Latina

Jakob IV.

treffende Gesetzgebung die königl. Macht zu stärken.
J. IV., *17. März 1473, ✕ Flodden Field 9. Sept. 1513, König (seit 1488). - Von Rebellen auf den Thron gebracht, gelang ihm die endgültige Einigung Schottlands.
J. V., *Linlithgow 10. April 1512, † Falkland 14. Dez. 1542, König (seit 1513). - Vater der Maria Stuart; trat der Ausbreitung der Reformation entgegen. Seine Ehen mit Magdalena, der Tochter Franz' I. von Frankr., und mit Maria (von Schottland) verstärkten die Spannungen mit England, gegen das er 1542 bei Solvey Moss kapitulierte.
J. VI., König, † Jakob I., König von England.
J. VII., König, † Jakob II., König von England.
Jakob von Compostela † Jakobus der Ältere.
Jakob von Molay † Molay, Jacques Bernard de.
Jakob von Viterbo, *Viterbo Mitte des 13. Jh., † Neapel 1307 oder 1308, italien. Theologe. - Augustiner-Eremit; verfaßte mit „De regimine christiano" (= Über die christl. Herrschaft) den ersten systemat. Traktat über die Kirche.
Jakob Ben Chajim Ben Isaak Ibn Adonia, *Tunis um 1470, † Venedig 1538, Hebraist. - Gab die 1524/25 bei D. Bomberg in Venedig erschienene 2. Ausgabe der Rabbinerbibel heraus, die bis ins 20. Jh. hinein allen Bibeldrucken zugrunde lag.
Jakobiner, Mgl. des nach ihrem Versammlungsort, dem Kloster Saint-Jacques in Paris, benannten, im Mai 1789 von breton. Deputierten gegr. wichtigsten polit. Klubs der Frz. Revolution. Den Klub beherrschten zunächst die Girondisten, deren Kriegs- und bürgerl. Klassenpolitik die Gegnerschaft der radikalen Republikaner innerhalb der J. unter Robespierre und Pétion provozierte. Ab Sommer 1791 der Mittelpunkt der radikalen Republikaner, organisierten die J. 1793/94 die Diktatur des Wohlfahrtsausschusses. Am 11. Nov. 1794 wurde der Klub geschlossen.
Jakobinermütze (phrygische Mütze), in der Frz. Revolution seit 1792 als Freiheitssymbol getragene rote Mütze, die beutelförmig verlängert war.
Jakobiten, Anhänger des vertriebenen † Jakobs II. von England, die seine und seines Sohnes Rückkehr nach England erwirken wollten.
Jakob Lebel † Äpfel (Übersicht).
Jakobsegen, eine dem sterbenden Erzvater Jakob in den Mund gelegte, wohl unter David zusammengestellte Sammlung von Sprüchen über die zwölf Stämme Israels (1. Mos. 49, 2-27).
Jakobsgreiskraut † Greiskraut.
Jakobsleiter, (Himmelsleiter) vom Erzvater Jakob auf der Flucht vor Esau im Traum geschautes Symbol einer Theophanie (1. Mos. 28, 12): Engel stiegen auf einer Leiter zum Himmel auf und nieder; beliebtes Motiv der bibl. Ikonographie. - Abb. S. 17.
♦ (Seefallreep) eine meist mit Holzsprossen versehene Strickleiter.
Jakobson, Roman, *Moskau 11. Okt. 1896, † Boston 18. Juli 1982, russ.-amerikan. Sprach- und Literaturwissenschaftler und Slawist. - 1920-39 Prof. in Brünn, emigrierte dann in die USA; seit 1949 Prof. an der Harvard University, seit 1957 auch am Massachusetts Institute of Technology. Vertreter einer strukturalist. Sprachwiss.; Mitbegr. der Prager Schule; wandte erstmals phonolog. Prinzipien auf sprachhistor. Gebiet an. - *Werke:* Kindersprache, Aphasie und allgemeine Lautgesetze (1941), Grundlagen der Sprache (1956), Essais de linguistique générale (1963-73), Questions de poétique (1973), Form und Sinn (1974).
Jakobus, „Bruder des Herrn", hatte nach dem Tod Jesu in der Jerusalemer Urgemeinde eine führende Position.
Jakobus der Ältere, Apostel, Sohn des Zebedäus, Bruder des Evangelisten Johannes (Mark. 1, 19), mit dem er zum Jüngerkreis Jesu gehörte. Herodes Agrippa I. ließ ihn 44 n. Chr. hinrichten. Nach späteren Legenden ist er in Spanien begraben (**Jakob von Compostela**). - Der volkstüml. Jakobustag (25. Juli) markierte vielfach den Erntebeginn und war der Termin des Gesindewechsels.
Jakobus der Jüngere, Apostel; wird im N. T. nur in den Apostellisten erwähnt.
Jakobusbrief, Abk. Jak., erster der † Katholischen Briefe; obwohl als Absender der Herrenbruder Jakobus gen. ist, ist der Verfasser nicht sicher. Der Inhalt des J. besteht aus Sprüchen und Ermahnungen v. a. hellenist.-jüd. Provenienz ohne nennenswerte christl.-theolog. Reflexion; deshalb von Luther weitgehend abgelehnt.
Jakobusevangelium (Protevangelium Iacobi [seit dem 16. Jh.]), apokryphe neutestamentl. Schrift des 2. Jh.; schilderte v. a. das Leben Marias; daher Quelle vieler Marienlegenden.
Jakobusliturgie, in Jerusalem entstandenes Liturgieformular der frühen Kirche; in der antiochen. Kirche verbreitet und in der syr. Kirche in ständigem Gebrauch.
Jakowlew, Alexandr Sergejewitsch, *Moskau 1. April 1906, sowjet. Flugzeugingenieur. - Konstruierte neben Schul-, Sport- und Verkehrsflugzeugen v. a. Jäger (JAK 1, 3 und 9), Bomber und Hubschrauber (u. a. den Tandemhubschrauber JAK 24, „Fliegender Waggon"). Entwarf u. a. das Raketenjagdflugzeug JAK 15, und Überschalljagdflugzeuge (z. B. JAK 28) sowie das Kurzstreckenverkehrsflugzeug JAK 40 mit drei Turboluftstrahltriebwerken am Heck. - † 22. Aug. 1989.
Jaktation (Jactatio) [lat. „das Hin- und Herwerfen"], unwillkürl. Kopf- und Glieder-

zucken, bes. das ruhelose Hin- und Herwälzen des Körpers im Bett bei akuten fieberhaften Erkrankungen.

Jaku, eine der ↑Osumiinseln.

Jakubowska, Wanda [poln. jaku'bɔfska], * Warschau 10. Nov. 1907, poln. Filmregisseurin. - Seit 1929 beim Film; ihre Eindrükke und Erfahrungen als Häftling im KZ Auschwitz verarbeitete sie in dem Film „Die letzte Etappe" (1948), der auch internat. Anerkennung fand; bed. auch „Das Ende unserer Welt" (1964), „150 km/Stunde" (1971), „Ludwik Warynski" (1977).

Jakubowski, Iwan Ignatjewitsch, * Saizewo (Gebiet Mogiljow) 7. Jan. 1912, † Moskau 30. Nov. 1976, sowjet. Marschall (seit 1967). - Oberbefehlshaber der sowjet. Streitkräfte in der DDR 1960/61 sowie 1962–65 und aller Streitkräfte des Warschauer Pakts (seit 1967), 1. stellv. Verteidigungsmin. (seit 1967); Mgl. des ZK der KPdSU (seit 1961).

Jakuten (Eigenbez. Sacha), mongolides Volk in NO-Sibirien, sprechen eine Turksprache. Urspr. Pferde- und Rinderzüchter (Nomaden), heute überwiegt im S der Ackerbau, im N Rentierzucht und Pelztierjagd.

Jakutisch, zu den Turksprachen gehörende Sprache, die von den Jakuten und mehr als Tausend Dolganen in N-Sibirien gesprochen wird. Das J. steht den anderen Turksprachen fern; der Wortschatz ist stark durch das Mongolische beeinflußt.

Jakutische ASSR (Jakutien), autonome Sowjetrepublik innerhalb der RSFSR, in NO-Sibirien, 3 103 200 km², 963 000 E (1984), v. a. Russen und Jakuten, Hauptstadt Jakutsk.
Landesnatur: Im wesentl. Gebirgsland und Hochplateaus; Ebenen mit Dauerfrostboden an der unteren Lena und an der Küste des Nordpolarmeeres. Das Klima ist extrem kontinental. Der überwiegende Teil der J. ASSR wird von Lärchentaiga eingenommen, im N Flechten- und Strauchtundren sowie Gebirgstundren.
Wirtschaft, Verkehr: Die J. ASSR ist reich an Waldbeständen und Bodenschätzen (Stein- und Braunkohle, Eisenerz, Gold, Diamanten, Steinsalz, Erdgas u. a.). Im Mittelpunkt der Ind. steht der Bergbau. Als Verkehrsmittel kommt dem Flugzeug bes. Bed. zu; wichtigster Schiffahrtsweg ist die Lena.
Geschichte: Anschluß an Rußland 1632; v. a. im 19./20. Jh. für Rußland Verbannungsgebiet. Bildung der J. ASSR innerhalb der RSFSR am 27. April 1922.

Jakutsk [russ. jɪ'kutsk], Hauptstadt der Jakut. ASSR an der mittleren Lena, 102 m ü. d. M., 175 000 E. Univ. (gegr. 1956), Inst. für Dauerfrostboden; Kunst-, Heimatmuseum; zwei Theater; Fernsehsender; Bodenempfangsstation für Fernsehsatelliten; holzverarbeitende, Leder-, Baustoff- und Nahrungsmittelind.; Anlegeplatz; ⌕. - 1632 von Jeniseikosaken gegründet.

Alexandr Sergejewitsch Jakowlew, Tandemhubschrauber JAK 24

Jalalabad [dʒalala'ba:t], Stadt in O-Afghanistan, am Kabul, 570 m ü. d. M., 53 900 E. Univ. (gegr. 1963), archäolog. Museum; Handelszentrum eines Gebietes mit Bewässerungswirtschaft. - 8 km sö. von J. wurde eine buddhist. Klosterstadt ausgegraben.

Jalandhar [dʒə'lʌndə] (früher Jullundur), ind. Stadt sö. von Amritsar, B.-Staat Punjab; 405 700 E. Nahrungsmittel-, Holz-, Leder-, Metallind.; Sportartikelherstellung; traditionelles Handwerk. - Seit dem 7. Jh. bekannt, geriet im 11. Jh. unter muslim. Herrschaft.

Jalapa [span. xa'lapa], Hauptstadt des Dep. J., im Hochland des östl. Guatemala, 1 362 m ü. d. M., 14 000 E.

Jalapa Enríquez [span. xa'lapa en'rrikes], Hauptstadt des mex. Staates Veracruz, im zentralen Hochland, 1 370–1 430 m ü. d. M., 212 800 E. Kath. Erzbischofssitz; Univ. (gegr. 1944); archäolog. Museum; Textil-, Tabak-, Nahrungsmittelind. - Kolonialzeitl. Stadtbild; Kathedrale (18. Jh.).

Jalisco [span. xa'lisko], Staat im westl. Z-Mexiko; am Pazifik, 80 137 km², 4,6 Mill. E (1982), Hauptstadt Guadalajara. Das Bergland an der Küste ist bis über 2 700 m hoch. Bed. Agrargebiet. - 1529–41 eroberten die Spanier das Gebiet.

Jalon [ʒa'lõ:; frz.], bei geodät. Vermessungen verwendete Meßfahne oder Stange mit bunten Fähnchen.

Jalousie [ʒalu'zi:; frz., eigtl. „Eifersucht" (da der Durchblick von innen nach außen, aber nicht umgekehrt möglich ist)], Sonnenschutz- und Verdunkelungseinreichtung (Rolladen) an Fenstern und Fenstertüren aus verstellbaren, meist waagerecht angeordneten dünnen Lamellen, Leisten aus Holz, Kunststoff oder Leichtmetall.

Jalta, sowjet. Stadt an der S-Küste der Krim, 41 m ü. d. M., Ukrain. SSR, 81 000 E. Landw.technikum, Forschungsinst. für Weinbau und -bereitung, Inst. für medizin. Klimatologie und Klimatotherapie, hydrogeolog. und geophysikal. Station, Museen, Theater, Philharmonie; Filmstudio; botan. Garten; ganzjährige Kursaison; Hafen. - Gehörte im

Jalta-Konferenz

14./15. Jh. zu Genua; 1475 osman., kam 1783 zu Rußland; seit 1838 Stadt.

Jalta-Konferenz (Krimkonferenz), vom 4. bis 11. Febr. 1945 zw. Churchill, Roosevelt und Stalin in Jalta abgehaltene Gipfelkonferenz, deren Zweck die Vereinbarung polit. und militär. Maßnahmen zur Beendigung des 2. Weltkrieges und zur Gründung der UN war. Die 3 Mächte vereinbarten den Zusammentritt der UN in San Francisco zur Festlegung ihrer Gründungscharta. Die UdSSR verpflichtete sich zum Kriegseintritt gegen Japan nach der 4. Kapitulation und sicherte sich dafür die Kurilen, Südsachalin, den Status quo in der Äußeren Mongolei, Anrechte in der Mandschurei, den Inneren Mongolei und den pazif. Häfen (Geheimprotokoll). Am bedeutsamsten waren die Vereinbarungen für die Neugestaltung Europas: Aufteilung des Dt. Reichs in 4 Besatzungszonen und Mitwirkung Frankr. im Alliierten Kontrollrat; Entmilitarisierung und Entnazifizierung Deutschlands; Einsetzung einer alliierten Reparationskommission und Anerkennung der sowjet. Forderung nach 20 Mrd. Dollar als Verhandlungsgrundlage; Forderung der Oder-Neiße-Linie als W-Grenze und Festlegung der Curzon-Linie als O-Grenze Polens; Bildung einer provisor. poln. Reg. unter Beteiligung der Londoner Exilregierung und des Lubliner Komitees, Bildung einer jugoslaw. Reg. durch Tito und Šubašić. Angesichts des Vormarschs der Roten Armee an allen Fronten und auf Grund illusionärer Vorstellungen (v. a. Roosevelts) über die Politik Stalins zeigten sich die Westmächte zu Konzessionen von großer Tragweite bereit.

Teheran, Jalta, Potsdam. Die sowjet. Protokolle v. den Kriegskonferenzen der „Großen Drei". Hg. v. A. Fischer. Dt. Übers. Köln 1985. - Clemens, D. S.: Jalta. Dt. Übers. Stg. 1972.

Jalu, Grenzfluß zw. der Demokrat. VR Korea und China, entspringt am Tschangpaischan, mündet in die Koreabucht, 790 km.

Jam [engl. dʒæm], engl. Bez. für Marmelade (außer Orangenmarmelade).

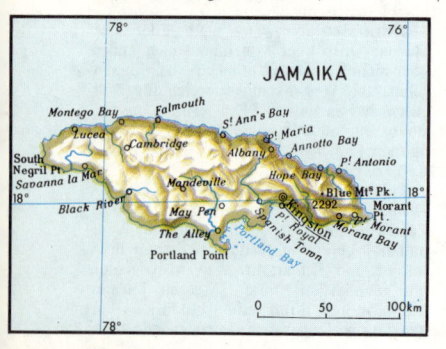

Jama, ind. Gott; bildet im „Weda" mit seiner Zwillingsschwester Jami das erste Menschenpaar.

Jamagata, jap. Stadt im nördl. Hondo, 237 000 E. Verwaltungssitz der Präfektur J.; Univ. (gegr. 1949); Textil- und Metallind., Lackherstellung, Glashütte; ⚒.

Jamagutschi, jap. Stadt im äußersten W der Insel Hondo, 115 000 E. Verwaltungssitz der Präfektur J.; Univ. (gegr. 1949); Seidenverarbeitung, Sakeherstellung. - 1360 in Nachahmung Kiotos angelegt.

Jamaika

(engl.: Jamaica), Staat im Bereich der Westind. Inseln, zw. 17° 45' und 18° 30' n. Br. sowie 76° 15' und 78° 15' w. L. **Staatsgebiet:** Umfaßt die gleichnamige Insel sowie einige kleine vorgelagerte Inseln. **Fläche:** rd. 11 000 km² (die offiziellen Angaben schwanken). **Bevölkerung:** 2,3 Mill. E (1984), 209 E/km². **Hauptstadt:** Kingston. **Verwaltungsgliederung:** 14 Parishes. **Amtssprache:** Englisch. **Nationalfeiertag:** Der 1. Montag im Aug. (Unabhängigkeitstag). **Währung:** Jamaika-Dollar (J$; bis 1969 Jamaika-Pfund) = 100 Cents. **Internat. Mitgliedschaften:** UN, Commonwealth, OAS, GATT, CARICOM, SELA, der EWG assoziiert. **Zeitzone:** Eastern Standard Time, d. i. MEZ −6 Std.

Landesnatur: J. ist die drittgrößte Insel der Großen Antillen. Abgesehen von teilweise versumpften Küstenebenen bestehen etwa ²/₃ der Insel aus Kalksteinplateaus in verschiedener Höhenlage, bis etwa 900 m ü. d. M. Sie sind stark verkarstet. In Karsthohlformen konnte sich Bauxit bilden. Im O liegt das zum Kordillerensystem gehörende Gebirge der Blue Mountains, die im Blue Mountain Peak 2 292 m Höhe erreichen.

Klima: Das Klima ist trop. Die Niederschläge nehmen von N nach S ab.

Vegetation: Die urspr. Vegetation wurde weitgehend vernichtet. An den Küsten wachsen Kokospalmen und Mangroven.

Bevölkerung: 77 % sind Schwarze, 18 % Mulatten, 2 % Inder, 1 % Europäer, 1 % Chinesen und Japaner. Die indian. Urbev. wurde in der frühen Kolonialzeit ausgerottet bzw. vermischte sich mit den negriden Sklaven. Das Christentum überwiegt (Anglikaner, Baptisten, Anhänger der Church of God, Katholiken u. a.), daneben gibt es Hindus, Muslime und Juden. Landflucht, Arbeitslosigkeit und Überbevölkerung führten zu beträchtl. Auswanderung, die in den letzten Jahren v. a. nach N-Amerika gerichtet ist. Neben 7 Lehrerseminaren und einer Landw.schule bestehen das College of Arts, Science and Technology und die University of the West Indies in Mona, am Stadtrand von Kingston.

Wirtschaft: Rd. 300 Plantagen verfügen je

über mehr als 200 ha Fläche. Sie produzieren v. a. Zuckerrohr, Bananen, Zitrusfrüchte, Kakao und Gewürze. Die kleinbäuerl. Betriebe verfügen dagegen nur über je weniger als 10 ha, 78 % von ihnen sogar über weniger als 2 ha Land. Angebaut werden Jams, Mais, Reis, Kartoffeln, Gemüse u. a., doch müssen zusätzlich Grundnahrungsmittel eingeführt werden. Auch die Viehhaltung deckt weder den Fleisch- noch den Milchbedarf. Neben der traditionellen Küstenfischerei wird auch Hochseefischerei betrieben. An Bodenschätzen verfügt J. über reiche Bauxitlagerstätten, daneben wird Gips und Kalkstein abgebaut. Die Ind. verarbeitet Bauxit zu Tonerde. Die Zucker- und Melasseherstellung dominiert in der Nahrungsmittelind. Im Raum Kingston siedelten sich ein Stahlwerk, eine Erdölraffinerie sowie Textil-, Düngemittel- und Kunststoffind. an. Zweitwichtigster Devisenbringer ist der Fremdenverkehr.

Außenhandel: Die wichtigsten Partner sind die USA, die EG-Länder, Kanada, Venezuela, Norwegen u. a. Ausgeführt werden v. a. Bauxit und Tonerde, Zucker, Bananen, Rum, Melasse, Gewürze, Obstkonserven und Fruchtsäfte, Kakao.

Verkehr: 294 km lang ist das Eisenbahnnetz. Es besteht ein Straßennetz von über 17 000 km Länge. Neben dem Importhafen Kingston gibt es mehrere Exporthäfen. Die nat. Air Jamaica bedient den Auslandsflugdienst. J. verfügt über je einen internat. ✈ in Kingston und in Montego Bay.

Geschichte: Um 900 n. Chr. dürften nach den bisher aus J. bekannten Funden Aruak sprechende Gruppen eingewandert sein, die J. auch noch bei Ankunft der Spanier besiedelten. J. wurde am 4. Mai 1494 von Kolumbus entdeckt; die Spanier besiedelten die Insel ab 1509. Die Aruakbev. ging an eingeschleppten Krankheiten, span. Unterdrückung und Stammeskämpfen zugrunde; die Spanier führten schwarze Sklaven ein. Nach Eroberung durch England (1655) trat Spanien 1670 die Insel an England ab; sie diente zunächst nur als Stützpunkt engl. Piraten. Erst im 18. Jh. entwickelte sich auf J. die Plantagenwirtschaft. Nach einem Aufstand der schwarzen Sklaven 1865 wurde J. Kronkolonie (1866). 1938 kam es erneut zu Aufständen. 1944 erhielt J. seine erste Verfassung, die bis 1959 zur vollen Selbstreg. erweitert wurde. Den brit. Plan, J. in eine Westind. Föderation einzubeziehen, lehnte die Inselbev. durch Referendum 1961 ab und entschied sich für die volle Unabhängigkeit im Rahmen des Commonwealth of Nations; 1962 entließ Großbrit. J. in die Unabhängigkeit. Zunehmende Gewalttätigkeiten und Terrorismus führten schließl. nach blutigen Unruhen (Jan.–Juni 1976 mit 162 Toten) zur Verhängung des Ausnahmezustands (Juni 1977 wieder aufgehoben). 1977 erfolgten Teilverstaatlichungen von Bauxitfirmen, die in ausländ. Besitz sind. Nach erneuten Unruhen 1979/80 wurde bei den Parlamentswahlen vom 30. Okt. 1980 die seit 1972 regierende People's National Party unter M. N. Manley in die Opposition verwiesen. Neuer Premiermin. wurde E. Seaga, der Führer der Jamaica Labour Party, der eine Wende im polit. und wirtsch. Kurs einleitete.

Politisches System: Nach der Verfassung von 1962 ist J. eine unabhängige, parlamentar. regierte Monarchie innerhalb des Commonwealth of Nations. Staatsoberhaupt ist die brit. Königin, vertreten durch einen von ihr ernannten Generalgouverneur, dessen Befugnisse jedoch 1962 stark eingeschränkt wurden. Die *Exekutive* besteht aus dem Kabinett unter Vorsitz des vom Generalgouverneur ernannten Premiermin., das in seiner Gesamtheit dem Parlament verantwortl. ist. Organ der *Legislative* ist das Parlament; es besteht aus Senat (21 ernannte Mgl.) und Repräsentantenhaus (60 auf 5 Jahre vom Volk gewählte Abg.). Im Repräsentantenhaus war 1983–89 nur eine *Partei*, die 1943 gegr. Jamaica Labour Party als sozialdemokrat., v. a. Mittelstandsinteressen wahrnehmende Partei, vertreten. Die 1938 gegr. demokrat.-sozialist. People's National Party boykottierte die Wahl 1983 und stellt nach ihrem Wahlsieg 1989 die Regierung. Beide Parteien stehen in enger Verbindung mit den *Gewerkschaftsorganisationen* National Workers' Union of Jamaica (PNP, rd. 150 000 Mgl.) bzw. Bustamante Industrial Trade Union (JLP, rd. 100 000 Mgl.). *Verwaltungsmäßig* ist J. in 14 Parishes (Verwaltungsbezirke mit regionaler Selbstverwaltung) gegliedert. Die *Rechtsordnung* basiert auf dem brit. Common Law. J. unterhält *Streitkräfte* in einer Stärke von rd. 9700 Mann.

   📖 *Floyd, B.: Jamaica. An island microcosm. London; New York 1979. - Hunte, G.: Jamaica. London 1976. - Kuper, A.: Changing Jamaica. London u. Boston (Mass.) 1976. - Foner, N.: Status and power in rural Jamaica. New York 1973. - Hurwitz, S. J./Hurwitz, E. F.: Jamaica, a historical portrait. New York 1971.*

Jamal, Halbinsel [russ. jɪ'mal] (Samojedenhalbinsel), westsibir. Halbinsel an der Karasee, 750 km lang, bis 240 km breit. Seenreiches Tiefland; im N arkt. Tundra, im S Waldtundra; Erdgasvorkommen; Renzucht, Jägerei und Fischerei.

Jamal-Nenzen, Nationaler Kreis der, sowjet. nat. Kreis innerhalb des Gebietes Tjumen, RSFSR, 750 300 km^2, 306 000 E (1984), Hauptstadt Salechard. Umfaßt die N-Teil des Westsibir. Tieflands; Erdöl- und Erdgasförderung. - Am 10. 12. 1930 errichtet.

Jamamoto, Juso, * in der Präfektur Totschigi 27. Juli 1887, † Schisuoka 11. Jan. 1974, jap. Schriftsteller. - Das Hauptthema seiner Arbeiten liegt im Spannungsfeld zw. Idealismus und Realismus, z. B. in dem Drama „Die

21

Kindsmörderin" (1920) und den Romanen „Der rechte Weg" (1935/36) und „Die Wellen" (1928); auch Übersetzer.

Jamani, Scheich Achmed Saki, * Mekka 1930, saudi-arab. Politiker. - 1960–62 Staatsmin., 1962–86 Min. für Öl und Rohstoffe; während zweier Jahrzehnte die beherrschende Stimme in der OPEC.

Jamato-E, Bez. für die nat. jap. Malerei in der Heian- (794–1185) und Kamakurazeit (1192–1333). Höf. histor. und literar. Themen in erzählenden, querformatigen Bilderrollen (Makimono), daneben auch Porträt- und Landschaftsmalerei. Im 17. Jh. im dekorativen Tokugawastil fortgesetzt.

Jambendichtung, lyr. Gattung der antiken Dichtung ion. Ursprungs, vorwiegend Schmäh- und Spottgedichte (meist in jamb. Versmaßen, ↑Jambus), Blütezeit im 7./6. Jh. und im 2. Jh. n. Chr. (v. a. Hipponax Kolophen, Kallimachos). In der röm. Dichtung findet sich J. u. a. bei Catull und Horaz, der seine Epoden als Jamben bezeichnete.

Jambol, Hauptstadt des Verw.-Geb. J. in SO-Bulgarien, 135 m ü. d. M., 86 200 E. Museum, Theater. Handelszentrum eines Agrargebiets; Chemiefaserkombinat.

Jamboree [engl. dʒæmbəˈriː], internat. Pfadfindertreffen.

Jambus [griech.], antiker Versfuß der Form ◡—; als metr. Einheit gilt in der griech. Dichtung jedoch nicht der einzelne Versfuß, sondern die Verbindung zweier Versfüße zu einem Verstakt: x—◡—; mit Auflösungen ◡◡—◡◡◡—. Je nach der Zahl der Wiederholung der einzelnen Versfüße entstehen jamb. Dimeter, Trimeter usw. Wichtigste jamb. Verse der neueren dt. Dichtung sind die Alexandriner und der Blankvers.

Jambuse (Jambose) [Hindi-engl.], eßbare, wohlschmeckende Früchte verschiedener in den Tropen angebauter Arten der Gatt. ↑Syzygium, v. a. von Syzygium jambos (Rosenapfel) und von Syzygium cumini (Wachsjambuse, Jambolanapflaume).

James [engl. dʒɛɪmz], engl. Form des männl. Vornamens ↑Jakob.

James [engl. dʒɛɪmz], Harry, * Albany (Ga.) 15. März 1916, † Las Vegas 5. Juli 1983, amerikan. Jazzmusiker (Trompeter). - Stilist. dem Swing zuzuordnen; gehört zu den techn. brillantesten Trompetern dieser Epoche.

J., Henry, * New York 15. April 1843, † Chelsea (= London) 28. Febr. 1916, amerikan. Schriftsteller. - Lebte überwiegend in Europa und wurde 1915 brit. Staatsbürger. Verf. von Erzählungen und Romanen, deren Struktur von der Benutzung der „Standpunkttechnik" bestimmt wird, die den Leser das Geschehen aus dem Blickwinkel einer Romanfigur erleben läßt; Verwendung des inneren Monologs, bes. in „Bildnis einer Dame" (1881). Die differenzierten Situationsanalysen und Nuancierungen psycholog. Vorgänge beeinflußten die Entwicklung des modernen psycholog. Romans. Schrieb auch Dramen, Reiseberichte und literar. Essays.

Weitere Werke: Der Amerikaner (R., 1877), Prinzessin Casamassima (R., 1885/86), Die Damen aus Boston (R., 1886), Maisie (R., 1897), Die Gesandten (R., 1903), Tagebuch eines Schriftstellers. Notebooks (hg. 1947).

J., William, * New York 11. Jan. 1842, † Chocorua (N. H.) 26. Aug. 1910, amerikan. Philosoph und Psychologe. - Bruder von Henry J.; 1876–1907 Prof. an der Harvard University in Cambridge (Mass.). Von der Position eines extremen Empirismus aus richtungweisender Vertreter des (amerikan.) Pragmatismus („Principles of psychology", 2 Bde., 1890; „Pragmatismus. Ein neuer Name für alte Denkmethoden. Volkstüml. philosoph. Vorlesungen", 1907). Für J. ist Pragmatismus v. a. eine „Methode", die philosoph. Prinzipien, Grundsätze und Aussagen in ihrem Wert und ihrer Bed. an den und für die Handlungen des Menschen nach dem Kriterium ihrer Praktikabilität zu prüfen.

James Bond [dʒɛɪmz], Titelheld der 13 Agentenromane und -stories von I. Flemming. Weltweit bekannt wurde der Geheimagent J. B. mit der geheimnisvollen Nummer 007 durch Verfilmungen mit S. Connery, G. Lazenby, R. Moore und T. Dalton, die das Zuschauerwunschbild des männl., starken und erfolgreichen Alleskönners sowie zärtl.-coolen Verführers und Beschützers zu realisieren hatten und damit die J.-B.-Serie (bisher 15 Filme) zum Klassiker des Agentenfilms machten; u. a. „J. B. 007 jagt Dr. No" (1962), „Goldfinger" (1964), „Feuerball" (1965), „J. B. 007 - Im Geheimdienst Ihrer Majestät" (1969), „Moonraker" (1979), „Im Angesicht des Todes" (1984), „Lizenz zum Töten" (1989).

James Grieve [engl. ˈdʒɛɪmz ˈgriːv; nach dem Namen des brit. Züchters] ↑Äpfel (Übersicht).

Jameson Raid [engl. ˈdʒɛɪmsn ˈrɛɪd], bewaffneter Einfall des Briten L. S. Jameson (* 1853, † 1917) von Betschuanaland nach Transvaal am 29. Dez. 1895, dessen Ziel es war, die Transvaal-Reg. (das Haupthindernis eines brit. Südafrika im Sinne der Kap-Kairo-Linie) zu beseitigen. Der J. R. gehörte mit zu den auslösenden Faktoren des Burenkriegs.

James River [engl. ˈdʒɛɪmz ˈrɪvə], linker Nebenfluß des Missouri, entspringt im östl. North Dakota, mündet bei Yankton, 1143 km lang.

J. R., Fluß in Virginia, entspringt in den Allegheny Mountains (zwei Quellflüsse), mündet in die Chesapeake Bay, 547 km lang; schiffbar im Unterlauf bis Richmond (bis dorthin auch für Seeschiffe befahrbar).

James-Ross-Insel [engl. ˈdʒɛɪmz ˈrɔs], Insel vor der nördl. O-Küste der Antarkt. Halbinsel, 60 km lang, bis 1620 m hoch.

Jamestown [engl. 'dʒɛɪmztaʊn], Hauptort und einziger Hafen der Insel Sankt Helena, an der NW-Küste, 1900 E. Hauptstadt der brit. Kolonie Saint Helena.

J., Stadt am S-Ende des Lake Chautauqua, B.staat New York, 430 m ü. d. M., 35 800 E. Eines der Zentren der Möbelind. in den USA. - Gegr. 1806, seit 1886 City.

J., nat. histor. Gedenkstätte in SO-Va., USA, auf Jamestown Island (6,3 km^2) im Ästuar des James River. - Am 24. Mai 1607 von 120 Siedlern der London Company gegr.; 1619 trafen sich Repräsentanten der ind. Ansiedler in Va. in J. und bildeten die erste Legislativversammlung in den nordamerikan. Kolonien; J. wurde Hauptstadt der Kolonie Va. (seit 1624 engl.). 1698 wurde der Reg.sitz nach Williamsburg verlegt und J. aufgegeben. Seit Beginn des 20. Jh. schützt ein Damm die Insel; J. ist Teil des Colonial National Historical Park und wird seit 1955 archäolog. erforscht.

Jamin, Jules [Célestin] [frz. ʒa'mɛ̃], *Termes (Ardennes) 30. Mai 1818, †Paris 12. Febr. 1886, frz. Physiker. - Prof. in Paris und Mgl. der Académie des sciences. Arbeiten über Probleme der Optik und des Magnetismus; erfand das **Jamin-Interferometer,** eine Vorrichtung zur Messung des Brechungsindex von Gasen und Flüssigkeiten unter Ausnutzung von Interferenzerscheinungen.

Jammerbucht, Bucht des Skagerraks an der N-Küste Jütlands.

Jammes, Francis [frz. ʒam(s)], *Tournay (Hautes-Pyrénées) 2. Dez. 1868, †Hasparren (Pyrénées-Atlantiques) 1. Nov. 1938, frz. Dichter. - Außerhalb der literar. und polit. Strömung seiner Zeit stehender Lyriker und Erzähler, dessen Werk von einem naiven Harmonieempfinden und der Liebe zu aller Kreatur bestimmt ist. Seit der Hinwendung zur kath. Kirche (1905, unter Einfluß von Claudel) setzte sich das religiöse Element in seiner Dichtung stärker durch, z. B. in „Röslein" (Nov. 1904), „Die Gebete der Demut" (Ged. 1911/12), „Der bask. Himmel" (R., 1923).

Jammu [engl. 'dʒæmu:], Winterhauptstadt des ind. B.staates Jammu and Kashmir am S-Rand der Siwalikketten, 205 000 E. Univ. (gegründet 1969), Arzneimittelforschungsinst., Seidenspinnerei, Teppichknüpferei; Kunsthandwerk. Ausgangspunkt der Straße über den †Banihalpaß.

Jammu and Kashmir [engl. 'dʒæmu: ənd kæʃmɪə], ind. B.staat im NW-Himalaja, umfaßt formal den ehem. unabhängigen Fürstenstaat Kaschmir, somit also auch die 1949 unter pakistan. Verwaltung gestellten Teile, 138 995 km^2, 6,0 Mill. E (1981; ohne den pakistan. verwalteten Teil), Sommerhauptstadt ist Srinagar, Winterhauptstadt ist Jammu.

Landesnatur: Das überwiegend gebirgige, schwer zugängl. Gebiet ist nur in den Tälern besiedelt. Wirtschafts- und Siedlungskernraum ist das Tal von Kaschmir.

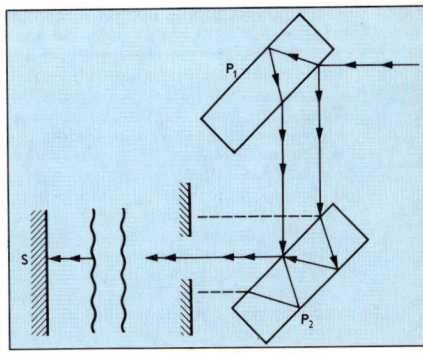

Jamin-Interferometer. Schema des Strahlengangs im Jamin-Interferometer

Bevölkerung, Wirtschaft, Verkehr: Über 80 % der Bev. leben von der Landw., obwohl nur knapp 10 % der Gesamtfläche landw. genutzt werden. Hauptanbauprodukte sind Reis, Mais, Weizen, Raps und Senfsaat. In den Bergen v. a. Almwirtschaft (vorwiegend Ziegen). Die Nutzung der Wälder ist eine wichtige Einnahmequelle. J. and K. ist verkehrsmäßig wenig erschlossen; am wichtigsten sind die Paßstraßen über den Karakorum. ⚒ in Srinagar und Jammu.

Jamnitzer, Wenzel, *Wien 1508, †Nürnberg 19. Dez. 1585, dt. Goldschmied. - 1534 Bürger und Meister in Nürnberg. Naturabgüsse sind die neben an der Antike geschulten Zierformen der wesentl. Dekor seiner der dt. Renaissance zugehörigen Werke. Er führte v. a. kaiserl. Aufträge (Karl V. bis Rudolf II.) aus. Sein Hauptwerk ist der 1578 vollendete Prager Lustbrunnen in Gestalt der Kaiserkrone, der im 18. Jh. zerstört wurde. Der sog. Merkelsche Tafelaufsatz (gegen 1549) befindet sich im Rijksmuseum.

Jams †Jamswurzel.

Jamsbohne [afrikan.-portugies./dt.] (Yamsbohne, Pachyrrhizus erosus), Schmetterlingsblütler aus Mittelamerika; in den Tropen vielfach angebaute Nutzpflanze, v. a. in der Alten Welt eingebürgert. Die stärkereichen, rübenförmigen Wurzelknollen der hochwindenden Staude werden gegessen oder zur Gewinnung von Stärke und Mehl verwendet. Die giftigen Samen sind nur gekocht eßbar. Auch zahlr. andere Arten der Gatt. Pachyrrhizus werden ähnl. genutzt.

Jam Session [engl. 'dʒæm 'sɛʃən, zu to jam „improvisieren" und session „Sitzung"], urspüngl. Bez. für eine zwanglose Zusammenkunft von Jazzmusikern, bei der aus dem Stegreif gespielt wird; später auch organisierter und Programmteil von Jazzkonzerten.

Jamshedpur [engl. 'dʒɑːmʃɛdpʊə], ind. Stadt auf dem sö. Chota Nagpur Plateau,

B.staat Bihar, 438 800 E. Inst. für Hüttenkunde, Stahlwerk. - J. wurde als älteste ind. Ind.-stadt 1909 im Zusammenhang mit dem Bau des ersten ind. Stahlwerkes gegründet.

Jamswurzel [afrikan.-portugies./dt.] (Yamwurzel, Dioscorea), Gatt. der Jamswurzelgewächse mit mehr als 600 Arten in den Tropen und den wärmeren Bereichen der gemäßigten Zone; windende Stauden mit meist knollen- oder keulenartigem Wurzelstock. Mehrere Arten sind wichtige trop. Nutzpflanzen, z. B. *Dioscorea alata, Dioscorea bulbifera* und *Dioscorea batatas* (**Brotwurzel**), deren bis 20 kg schwere, stärkereiche (wegen des Alkaloids Dioscorin ungekocht oft giftige) Knollen (**Jams, Yams**) wie Batate und Kartoffel verwendet werden.

Jamswurzelgewächse (Dioscoreaceae), Pflanzenfam. der Einkeimblättrigen mit 10 Gatt. und rd. 650 Arten, vorwiegend in den Tropen und Subtropen verbreitet; kletternde oder schlingende Kräuter oder Sträucher mit meist knolligem, stärkereichem Wurzelstock.

Jämthund ↑Elchhund.

Jämtland, histor. Prov. im südl. N-Schweden, erstreckt sich von der Fjällregion an der schwed./norweg. Grenze über den Storsjö nach O. Die Siedlungen konzentrieren sich auf das Gebiet um den Storsjö und auf die Täler. - J. war bis ins MA ausschließl. von Lappen bewohnt. Im 12. Jh. kam das Gebiet zu Norwegen, blieb aber kirchl. Uppsala unterstellt. Hauptstadt war seit etwa 1470 Kungsgården. 1645 wurde J. endgültig schwedisch.

Jamud ↑Orientteppiche (Übersicht).

Jan, männl. Vorname, niederdt., fries. und niederl. Form von ↑Johannes; auch im Poln. und Tschech. gebräuchlich.

Jana, Fluß in NO-Sibirien, UdSSR, entspringt im Werchojansker Gebirge (zwei Quellflüsse), mündet in die Laptewsee, 1 492 km lang (mit dem rechten Quellfluß **Sartang**); schiffbar ab Werchojansk, Juni–Sept. eisfrei.

Janáček, Leoš [tschech. 'jana:tʃɛk], *Hochwald (Hukvaldy) bei Příbor 3. Juli 1854, † Ostrau 12. Aug. 1928, tschech. Komponist. - Angeregt durch intensive Volksliedforschung entwickelte er einen eigenen musikal. Stil, dessen Gestaltungsprinzipien auf eine aus seinen Beobachtungen der Umgangssprache abgeleitete Theorie der Sprachmelodie zurückgehen. Kompositionen: u. a. Opern „Jenufa" (1904), „Das schlaue Füchslein" (1924), „Aus einem Totenhaus" (1928); Orchesterwerke, darunter „Taras Bulba" (1915–18) und „Sinfonietta" (1926), zwei Streichquartette und andere Kammermusikwerke, „Glagolit. Messe" (1926), Chöre, Lieder und Volksliedbearbeitungen.

Janco, Marcel, eigtl. M. Iancu, *Bukarest 24. Mai 1895, † Tel Aviv-Jaffa 21. April 1984, rumän. Maler. - Mitbegr. des Dada Zürich 1916, stattete die Aufführungen aus und experimentierte in verschiedenen Richtungen, u. a. zartfarbig bemalte geometr. Gipsreliefs. Lebte seit 1942 in Israel.

Jancsó, Miklós [ungar. 'jantʃoː], *Vác 22. Sept. 1921, ungar. Filmregisseur. - Begann 1964 mit Kurzfilmen; seit 1958 Spielfilme in expressionist. Bildkonzeption, die die Erfahrung des Ausgeliefertseins an repressive Mächte, die plötzl. absurde Umschichtung von Machtverhältnissen spiegeln und dabei die Mechanismen von Korruption, Anpassung, Revolte in existentiellen Situationen wie Krieg, Unterdrückung und Terror schildern. Internat. erfolgreiche Filme: „Stille und Schrei" (1968), „Der rote Psalm" (1971), „Die große Orgie" (1976), „L'aube" (1986).

Jandl, Ernst [...dəl], *Wien 1. Aug. 1925, östr. Schriftsteller. - Begann mit traditionellen Gedichten („Andere Augen", 1956), wandte sich dann dem experimentellen Gedicht (u. a. „Laut und Luise", 1966), v. a. in seinen akust., aber auch visuellen Spielmöglichkeiten zu („Sprechgedichte"). Zusammen mit F. Mayröcker experimentierte er mit der offenen Form des Hörspiels („Fünf Mann Menschen", 1971). J. gilt heute als einer der führenden Vertreter der experimentellen Literatur Österreichs.

Weitere Werke: Sprechblasen (Ged., 1966), der künstl. baum (Ged., 1970), serienfuss (Ged., 1974). für alle (Ged., Prosa, Dr., Essay, 1974), Die bearbeitung der mütze (Ged., 1978), Das Öffnen und Schließen des Mundes. Frankfurter Poetik-Vorlesungen (1985).

Jane [engl. dʒɛin], engl. Form des weibl. Vornamens ↑Johanna.

Jane Grey [engl. 'dʒɛin 'grɛi] ↑Grey, Lady Jane.

Janequin, Clément [frz. ʒanˈkɛ̃] (Jannequin, Jennequin), *Châtellerault um 1485, † Paris vermutl. Ende Jan. 1558, frz. Komponist. - Hauptmeister der weltl. frz. Chansons des 16. Jh. (rund 250 erhalten), bes. bekannt sind seine programmat. Chansons („La guerre", „La chasse"); auch Psalmen, Motetten.

Jane Seymour [engl. 'dʒɛin 'siːmɔː] ↑Johanna, Königin von England.

Jang-schau-Kultur ↑Yangshaokultur.

Jangtsekiang (Yangzijiang) [chin. jaŋdzidʒjaŋ], Fluß in China, mit einer Länge von 6 300 km der längste Fluß Asiens; das Einzugsgebiet umfaßt rd. $^{1}/_{5}$ der Gesamtfläche Chinas. Der J. entspringt im Hochland von Tibet. Sein Oberlauf folgt weitgehend tekton. vorgezeichneten Linien. Er durchbricht die ostibet. Randketten in tiefen Schluchten. Im Mittellauf quert der J. das Becken von Szetschuan; zw. Tschungking und Ichang durchbricht er das östl. Randgebirge des Beckens; auf dieser rd. 650 km langen Strecke finden sich zahlr. Stromschnellen und Schluchten, deren Talwände bei Ichang 500 und 600 m

Janowitz

über dem Strom aufragen. Unterhalb von Ichang mäandriert der Strom in einer breiten Ebene, durchschnittl. 2 km breit. Auf der gesamten unteren Laufstrecke von etwa 1 800 km wird der J. von Deichen eingefaßt. Zahlr. durch Flußarme mit dem J. verbundene Seen bilden natürl. Rückhaltebecken. Bei Nanking beginnt das 350 km lange, bis 80 km breite Delta; bei Schanghai mündet der Strom mit zwei Armen in das Ostchin. Meer. - Der J. ist die wichtigste Binnenschiffahrtsstraße Chinas, insgesamt sind 2 800 km schiffbar.

Janicki, Klemens [poln. ja'nitski], latin. Janicius, * Januszkowo 17. Nov. 1516, † Krakau (?) Ende 1542 oder Anfang 1543 (vor dem 12. Febr. 1543), poln. Dichter. - Studierte und promovierte in Padua; von Papst Paul III. als erster Pole zum Dichter gekrönt. Hervorragendster lat. Dichter der poln. Literatur; schrieb v. a. Elegien, ferner Versviten geistl. und weltl. Würdenträger Polens.

Janiculum (lat. mons Ianiculus), im antiken Rom der auf dem rechten Tiberufer gegenüber dem Marsfeld gelegene, nach einem Janusheiligtum ben. Hügel (im heutigen Stadtteil Trastevere); wegen seiner militär. Bed. früh befestigt.

Janigro, Antonio, * Mailand 21. Jan. 1918, italien. Violoncellist und Dirigent. - Konzertierte seit 1934 in Europa, Amerika und Asien; seit 1939 als Lehrer und Dirigent in Zagreb tätig. 1965-74 Prof. am Düsseldorfer Konservatorium, 1968-73 auch Leiter des Kammerorchesters des Saarländ. Rundfunks. - † 1. Mai 1989.

Janitscharen [zu türk. yeniceri, eigtl. „neue Truppe"], im 14. Jh. gebildete Kerntruppe des osman. Sultans, unter der christl. Jugend der Balkanprov. ausgehoben, zum Islam erzogen und zu lebenslangem Dienst verpflichtet, die sich zu einer immer selbständiger werdenden Macht im Reich entwickelt, im Zuge der Heeresreform 1826 aufgelöst.

Janitscharenmusik (türkische Musik), die Militärmusik der ↑Janitscharen und die dabei verwendeten charakterist. Instrumente wie große und kleine Trommel, Becken, Pauke, Tamburin, Triangel, Schellenbaum. Das bes. durch die Türkenkriege bekannt gewordene Instrumentarium fand Anfang des 18. Jh. Eingang in die europ. Militärorchester.

Janker, Josef W., * Wolfegg bei Ravensburg 7. Aug. 1922, dt. Schriftsteller. – Zimmermannslehre; begann mit dem psycholog.-realist. Kriegsroman „Zw. den Feuern" (1960), bei dem das Kampfgeschehen selbst nur Hintergrund, die Darstellung des Einzelnen, seines Verhaltens und seiner Not jedoch von zentraler Bed. ist. Auch Verf. von Berichten („Der Umschuler", 1971) und Erzählungen („Mit dem Rücken zur Wand", 1964; „Das Telegramm", 1977).

Janker, südclt. und östr. Bez. für Jacke, Trachtenjacke.

Jan Mayen, Insel im Nordatlantik, 380 km², bis 2 277 m hoch. Funk-, Wetter- und Radarstation. - 1607 von H. Hudson entdeckt; seit 1929 zu Norwegen.

Jannäus, Alexander, König von Judäa, ↑Alexander Jannäus.

Jänner, östr. Bez. für Januar.

Jannings, Emil, * Rorschach (Schweiz) 23. Juli 1884, † Strobl am Sankt-Wolfgang-See 2. Jan. 1950, dt. Schauspieler. - Ab 1915 bei Max Reinhardt in Berlin, wo er als Adam im „Zerbrochenen Krug" (1918) seinen ersten großen Erfolg hatte (1937 als Film). Einer der bedeutendsten Charakterdarsteller im dt. Stummfilm, u. a. „Der letzte Mann" (1924), „Variété" (1925); 1926-29 in Hollywood („Der Weg allen Fleisches", 1927). Nach Aufkommen des Tonfilms Rückkehr nach Berlin, wo er u. a. „Der blaue Engel" (1930), „Robert Koch" (1941), „Ohm Krüger" (1941), „Altes Herz wird wieder jung" (1943) drehte. 1940 wurde ihm von der nat.-soz. Reg. die Leitung der UFA übertragen.

Janosch, eigtl. Horst Eckert, * Hindenburg O. S. (= Zabrze) 11. März 1931, dt. Bilderbuchkünstler, Maler und Erzähler. - Bekannt v. a. durch seine zahlr. selbst illustrierten Kinder- und Jugendbücher, deren einprägsame Helden zur Identifikation des betrachtenden und lesenden Kindes motivieren und Alltagsprobleme wie Schulsorgen, Streit mit der Umwelt, Langeweile, Umweltverschmutzung und Kreativität in beengter Wohnwelt auf vielfältige und humorige (zuweilen auch satir.) Weise formulieren. Schrieb auch Märchen, Kurzgeschichten, Comics, Romane („Cholonek oder Der liebe Gott"; 1970; „Sacharin im Salat", 1975) und ein Familienbuch „Die Maus hat rote Strümpfe an" (1978). - Dt. Jugendbuchpreis 1979 für das Kinderbuch „Oh, wie schön ist Panama" (1978).

János [ungar. 'ja:noʃ], ungar. Form des männl. Vornamens ↑Johannes.

Janowitz, Gundula, * Berlin 2. Aug.

Janosch, Illustration zu „Katz und Maus in Gesellschaft" (1972)

1937, östr. Sängerin (Sopran). - Seit 1962 Mgl. der Wiener Staatsoper; singt an zahlr. bed. Opernhäusern der Welt (u. a. Metropolitan Opera, New York); Rollen in Opern von Mozart, Verdi, Wagner, R. Strauss.

Jansen, Hermann, *Aachen 28. Mai 1869, †Berlin 20. Febr. 1945, dt. Städteplaner. - Prof. für Städtebau an der TH Berlin (ab 1920). Entwarf zahlr. Gesamt- und Teilbebauungspläne für die Entwicklung der Großstädte, u. a. für Groß-Berlin (1910), Ankara (1929).

Jansenismus, eine von Cornelius Jansen (Jansenius) d. J. (*Akoy bei Leerdam 3. Nov. 1585, †Ypern 6. Mai 1638) ausgehende religiös-sittl. Reformbewegung, überwiegend im kath. Frankr. des 17./18. Jh., deren Programmpunkte waren: Renaissance augustin. Denkens, religiös-asket. Verinnerlichung, strenge Moralgrundsätze. Jansen vertrat in seinem „Augustinus" eine stark augustin. gefärbte Gnadenlehre, die den menschl. Willen für völlig verderbt und der unüberwindl. Lust zum Bösen (Konkupiszenz) ausgeliefert sah, solange diese nicht durch stärkere Lust zum Guten (Gnade) bezwungen wird (anthropolog. Pessimismus). - Als Folge päpstl. Verurteilungen der jansenist. Ideen (1642 durch Urban VIII.; 1653 durch Innozenz X.; 1705 und 1713 [Bulle „Unigenitus"] durch Klemens XI.) kam es zu heftigen Auseinandersetzungen („jansenist. Wirren"). V. a. staatl. Unterdrükkung und die Unterwerfung des Erzbischofs von Paris trugen zum Niedergang des J. bei. - Der J. fand erhebl. Verbreitung in den Niederlanden (Kirche von Utrecht), einige in Österreich, auch in Italien, geringe in Deutschland.
📖 *Honigsheim, P.:* Die Staats- u. Sozialllehren der frz. Jansenisten im 17. Jh. Darmst. Neuaufl. 1969. - *Orcibal, J.:* Les origines du jansénisme. Paris 1948. 3 Bde.

Janssen, Arnold, sel., *Goch 5. Nov. 1837, †Steyl (Niederlande) 15. Jan. 1909, dt. kath. Theologe. - Gründer (1875 in Steyl) der „Gesellschaft des Göttl. Wortes" (Steyler Missionare) und 1889 der Kongregation der Steyler Missionsschwestern.

J., Heinrich Maria, *Rindern (= Kleve) 28. Dez. 1907, dt. kath. Theologe. - 1957-83 Bischof von Hildesheim. Beauftragter der Dt. Bischofskonferenz für die Flüchtlingsseelsorge und Mgl. der Pastoralkommission der Bischöfe. - †7. Okt. 1988.

J., Horst, *Hamburg 14. Nov. 1929, dt. Zeichner und Graphiker. - Virtuose Zeichnungen und Radierungen, u. a. Selbstbildnisse, Landschaftsdarstellungen, Illustrationen zu literar. Vorlagen und eigenen Texten, Architekturzeichnungen.

Jansson, Sven Birger Fredrik, *Stockholm 18. März 1906, schwed. Philologe und Altertumswissenschaftler. - Bed. Runenforscher, Mithg. von „Sveriges runinskrifter", seit 1966 schwed. Reichsantiquar.

J., Tove, *Helsinki 9. Aug. 1914, finn. Jugendschriftstellerin. - Schreibt in schwed. Sprache phantast. Geschichten mit hintergründigem Humor, so die Muminbücher, die sie auch selbst illustriert, u. a. „Eine drollige Gesellschaft" (1948) „Muminvaters wildbewegte Jugend" (1950), „Sturm im Mumintal" (1954), „Mumins Inselabenteuer" (1965), „Die ehrl. Betrügerin. Ein Märchen für Erwachsene" (1982).

Jantzen, Hans, *Hamburg 24. April 1881, †Freiburg im Breisgau 15. Febr. 1967, dt. Kunsthistoriker. - Schüler von H. Wölfflin und E. Husserl, Prof. v. a. in München (1935-51). Arbeitete insbes. über die Kunst des MA: „Dt. Bildhauer des 13. Jh." (1925), „Über den got. Kirchenraum" (1928), „Dt. Plastik des 13. Jh." (1941), „Die Kunst der Gotik" (1957).

Januar (lat. mensis Ianuarius), der vom Namen des Gottes ↑Janus abgeleitete 11. Monat des altröm. Kalenders; seit der Kalenderreform Cäsars der 1. Monat des Jahres mit 31 Tagen.

Janus, röm. Gott des (örtl. und zeitl.) Eingangs, der Türen und Tore (lat. ianua „Tür"), deren zwei Seiten man in der Doppelgesichtigkeit der J.darstellungen symbolisiert.

Janus [lat., nach dem gleichnam. röm. Gott], innerster Mond des Planeten ↑Saturn.

Janusfarbstoffe, Gruppe bas. Azofarbstoffe; werden zur Färbung von Seide, Viskose, Kokosfaser, Jute u. a. verwendet; auch Mikroskopierfarbstoff.

Januskopf (Janizeps), Doppelmißbildung: die Paarlinge sind am Hinterkopf zusammengewachsen.

Janus-Presse, Privatpresse in Leipzig von C. E. Poeschel und W. Tiemann (1907-23).

Japan

(japan. Nihon Koku; Nippon), parlamentar. Monarchie in Ostasien, zw. 24° und 46° n. Br. sowie 123° und 146° ö. L. **Staatsgebiet:** Umfaßt die zw. Ochotsk. und Ostchin. Meer sich über rd. 3 000 km erstreckende, vor der O-Küste des asiat. Kontinents gelegene Inselkette einschließl. der Riukiuinseln mit den Hauptinseln Hondo, Hokkaido, Kiuschu und Schikoku sowie rd. 3 500 kleineren Inseln. **Fläche:** 372 769 km². **Bevölkerung:** 121,0 Mill. E (1985), 324,7 E/km². **Hauptstadt:** Tokio (auf Hondo). **Verwaltungsgliederung:** 47 Präfekturen. **Amtssprache:** Jap. **Nationalfeiertag:** 29. April (Geburtstag des Kaisers). **Währung:** Yen (¥) = 100 Sen. **Internat. Mitgliedschaften:** UN, ASPAC, OECD, GATT, Colombo-Plan; OAS-Beobachter. **Zeitzone:** Mittlere Japanzeit, d. i. MEZ +8 Std.

Landesnatur: Der jap. Hauptinselbogen, der sich nach S in den Riukiuinseln, nach N in

Japan

den Kurilen fortsetzt, ist die Gipfelreihe eines Gebirgssystems, das über 12 000 m vom Meeresboden aufsteigt und durch das Jap. Meer vom asiat. Festland getrennt wird. Vulkanismus (heute noch 36 aktive Vulkane, zahlr. heiße Quellen) und Bruchtektonik (bis in die Gegenwart anhaltende Aktivität, die sich in rd. 5000 Erdbeben pro Jahr äußert) haben das Großrelief entscheidend geprägt. 80 % der Inseloberflächen sind gebirgig, mehr als 580 Gipfel liegen über 2000 m. Mit 3776 m ü. d. M. ist der Fudschijama (auf Hondo) der höchste Berg des Landes. Große Täler und Ebenen fehlen. Die Küsten sind stark gegliedert.

Klima: Das Klima der im Gebiet des Ostasiat. Monsuns liegenden jap. Inseln reicht vom subpolaren Klima (in N-Hokkaido) bis zum subtrop. Monsunklima im S (Riukiuinseln). Im Winter herrschen nw., im Sommer sö. Luftströmungen vor. Typ. sind Regen im Frühsommer, v. a. im nördl. J., und Herbstregen, die im südl. J. durch Einwirken von Taifunen verstärkt werden. Im mittleren und nördl. J. sind winterl. Schneefälle häufig. Im Mittel liegen die jährl. Niederschlagsmengen über 1000 mm, jedoch nehmen sie von Süden nach Norden ab.

Januskopf auf einer römischen Münze (4. Jh. v. Chr.). Rom, Museo Nazionale Romano (oben)

Vegetation: Rd. 60 % von J. sind mit Wald bestanden. Auf die borealen Nadelwälder N-Hokkaidos folgen sommergrüne Laubwälder, in denen nach S zunehmend Lorbeergehölze vertreten sind. Im südl. J. sind immergrüne Lorbeerwälder verbreitet mit z. T. hohem Anteil an Bambus. Auf den Riukiuinseln wächst immergrüner Regenwald, an den Küsten Mangrove.

Tierwelt: Stark dezimiert wurden in den letzten Jahrzehnten die Braunbären, Wildschweine, Dachse, Füchse, Hirsche und Affen (Makaken). Auf Hondo und Kiuschu ist der Jap. Riesensalamander heimisch. Die Binnen- und Küstengewässer sind fischreich. Über $2/3$ der Vögel sind Seevögel.

Bevölkerung: Sie besteht überwiegend aus Japanern. Auf Hokkaido leben noch rd. 16 000 Ainu, vielfach als Ureinwohner angesehen. Die Mehrzahl der Bev. sind Schintoisten und Buddhisten. Etwa 80 % der Gesamtbev. leben auf Hondo, Ballungsgebiete sind hier Tokio, Osaka und Nagoja. Schulpflicht besteht von 6–15 Jahren. Neben zahlr. Colleges und höheren techn. Fachschulen gibt es 95 staatl., 34 kommunale und 331 private Univ. und Hochschulen.

Wirtschaft: Auf Grund der gebirgigen Landesnatur sind nur rd. 15 % der Gesamtfläche landw. nutzbar. Der Boden wird deshalb intensiv bewirtschaftet, die Hektarerträge gehören zu den höchsten der Welt. Als Folge der Landflucht nach 1946 sank der Beitrag der Landw. zum Bruttosozialprodukt von 50–60 % (vor dem 2. Weltkrieg) auf nur 3,3 % (1984). Eine Änderung der Ernährungsgewohnheiten bedingt neben erhöhten Einfuhren landw. Erzeugnisse eine Strukturveränderung des Anbaus. Es wird mehr Obst und Gemüse, mehr Weizen und Sojabohnen und weniger Reis angebaut als früher. Durch den Mangel an Weideland ist die Vergrößerung der Viehzucht beschränkt. Die Forstwirtschaft kann den hohen Holzbedarf nicht im Lande decken. J. ist eine der bedeutendsten Fischereinationen der Erde. V. a. die Hochseefischerei in fremden Gewässern ist hoch entwickelt. Ein weiterer wichtiger Erwerbszweig ist die Perlenzucht. Seit dem 2. Weltkrieg vollzog sich der beispiellose Aufstieg des Landes zur drittgrößten Wirtschaftsmacht der Erde. Die Ind.betriebe sind in den großen Städten konzentriert, u. a. Tokio, Osaka und Nagoja. Im Schiffbau ist J. seit 1956 führend in der Welt (8 Großwerften). In der Herstellung von Kameras, Rundfunkgeräten, Motorrädern und Zement steht J. ebenfalls an erster Stelle. Nach den USA war J. der größte Automobilhersteller der Welt; seit 1979 steht es an der Spitze.

In der Produktion von Fernsehgeräten, synthet. Fasern und synthet. Kautschuk nimmt es den 2., in der Erzeugung von Rohstahl den 3. Platz ein. Eine Spitzenposition besteht auch in der Herstellung von Nähmaschinen, bei Uhren liegt J. an dritter Stelle. Im Bereich der NE-Metallind. ist neben der Gewinnung von Kupfer, Zink und Blei die Aluminiumind. wichtig. In der Flugzeugind. liegt das Schwergewicht auf Passagier- und Leichtflugzeugen. In der chem. Ind. zählt J. zu den vier größten Produzenten chem. Grundstoffe. Gegenüber der Schwer- und chem. Ind. verzeichnet die

Japan

Leichtind. einen Bedeutungsverlust. Doch zählt die jap. Textilind. nach wie vor zu einer der in der Welt führenden Branchen. J. ist arm an Bodenschätzen. Abgebaut werden Kohle, Blei- und Zinkerze, Kupfer- und Eisenerze sowie Eisensande. Die jap. Elektrizitätserzeugung ist stark von Ölimporten abhängig. Ende 1987 waren 36 Kernkraftwerke in Betrieb (mit einer installierten Leistung von 28 024 MW) und 16 Kernkraftwerke im Bau. Die geotherm. Energiereserven sind hoch, z. Z. arbeiten 9 geotherm. Kraftwerke.

Außenhandel: Für die hochentwickelte Ind. müssen Erdöl und -produkte, Stein- und Kokskohle, Buntmetalle zu mehr als 90 % des Bedarfs eingeführt werden sowie prakt. der gesamte Bedarf an Rohbaumwolle, Rohwolle und Gummi. Daneben werden Rohholz, Ölsaaten und -früchte, Fische, Fleisch, Mais u. a. im Ausland gekauft. Ausgeführt werden elektr. und nichtelektr. Maschinen, Apparate und Geräte, Eisen und Stahl, feinmechan. und opt. Erzeugnisse, Fotoapparate, Blitzlichtgeräte, Plattenspieler, Diktiergeräte, Kfz., Perlen u. a. Wichtigste Partner sind die USA, die EG-Länder (bei denen die BR Deutschland an 1. Stelle steht), Australien, Kanada, die Republik Korea u. a. Stark zugenommen hat der Handel mit China, dessen Erdöllieferungen für J. bes. wichtig sind.

Verkehr: Das Eisenbahnnetz hat eine Länge von 26 908 km. Die Eisenbahntechnologie ist hochentwickelt. Superexpreßzüge verkehren mit Höchstgeschwindigkeiten von 210 km/Std. In den großen städt. Ballungsräumen sind Untergrundbahnen vorhanden oder im Ausbau. Das Straßennetz hat eine Länge von 1,13 Mill. km (3 200 km Schnellstraßen). J. besitzt die drittgrößte Handelsflotte der Welt. Unter den 1 073 Häfen befinden sich 17 große internat. Handelshäfen, die wichtigsten sind Kobe, Jokohama, Nagoja und Osaka. Den Inlandsflugverkehr besorgen drei Fluggesellschaften; die nat. Gesellschaft Japan Airlines bedient den Auslandsflugverkehr. Das 1974 zw. J. und China abgeschlossene Luftverkehrsabkommen ermöglicht Direktflüge Tokio-Schanghai-Peking und sichert J. außerdem die Überflugrechte. Internationale ✈ befinden sich in Tokio und Osaka.

Geschichte: Vor- und Frühgeschichte: Der Zeitpunkt der ersten Besiedlung der jap. Inseln ist nicht bekannt, doch lebten dort zunächst die als Jäger und Sammler lebenden Träger der Dschomon-Kultur (etwa 4500 v. Chr.–etwa 300 v. Chr.). Die sich anschließende Jajoikultur (etwa 300 v. Chr.–300 n. Chr.) wurde von festlandasiat. Einwanderern nach J. gebracht, wo sie eine völlig neue ethn. und technolog. Neuordnung der neolith. Kulturform bewirkte. Bis um 400 n. Chr. hatten sich die jap. Teilstaaten zum Staat Jamato vereinigt, dessen Staats- und Sozialgefüge trotz des Einflusses der chin. Kultur in den folgenden Jh. unverändert blieb und dessen System des Geschlechterverbandes, der Zusammenschluß von Elitefamilien, sowie die Herrschaftsform Jamatos bis zur Neuzeit den Stil der jap. Herrschaftsform kennzeichnet. 538 kam der Buddhismus über Korea nach J., wo er unmittelbare polit. und religiöse Auswirkungen hatte, die zu Machtkämpfen zw. den führenden Adelsparteien (538–587) führten. Der Streit spaltete Jamato, bis die reformbereiten probuddhist. Soga 587 die schintoist. Mononobe besiegten und sich als größte Macht in Jamato etablieren konnten. **Der Absolutismus (etwa 600–1185):** Kronprinz Schotoku (* 574, † 622) setzte den Buddhismus als Staatsreligion ein, übernahm chin. Verwaltungseinrichtungen und verkündete 604 einen Kodex von 17 Reg.artikeln, mit denen er die theoret. Begründung eines „Kaisers" und „Himmelssohnes" als absolutes, göttl. legitimiertes Staatsoberhaupt gab. Sein Tod war u. a. Anlaß für neue Machtkämpfe in Jamato, bis es 644 zu einem Staatsstreich einer Koalition von Fam. kam, die entschlossen waren, die Reform des Schotoku fortzusetzen. Der Führer Fudschiwara no Kamatari (* 614, † 669) beendete die Herrschaft der Soga. 646 erließ die siegreiche Gruppe das Edikt zur Taika-Reform, die eine völlige Neuordnung der polit. und sozialen Verhältnisse brachte: Der Kaiser (Tenno) wurde alleiniger Eigentümer des gesamten Bodens; an die Stelle des lose gefügten Geschlechterverbandes trat ein straff organisierter kaiserl. Beamtenstaat; Rechtsaufzeichnung, Volkszählung, planmäßige Bodenverteilung, Staffelung der Steuern und Aufbau eines Apparats besoldeter Beamter waren die wichtigsten Reformen, die Kronprinz Naka no Oe, der spätere Kaiser Tentschi (* 626, † 671, 38. Tenno ab 662) und dessen Kanzler Fudschiwara no Kamatari durchführten. Kaiser Mommu (* 683, † 707, 42. Tenno ab 697) brachte 701 die Reformen des 7. Jh. mit dem Taiho-Kodex in einem geschlossenen System zum Abschluß. Durch die am chin. Recht orientierten Taiho-Gesetze war die Reg.struktur sowohl auf zentraler wie lokaler Ebene bis ins Detail bestimmt. Dem Großkanzleramt waren 8 Ministerien nachgeordnet, das Reich in 66 Prov. mit 592 Distrikten eingeteilt.

Die Narazeit (710–784): Mit Errichtung der ersten ständigen Hauptstadt Heidscho-Kio (= Nara) begann die Periode, in der die ältesten erhaltenen Denkmäler jap. Literatur entstanden. Der polit. Einfluß buddhist. Priester nahm während dieser Epoche ständig zu. 781 kam mit Kammu (* 737, † 806, 50. Tenno ab 781) ein Kaiser auf den Thron, der unabhängiger von der buddhist. Geistlichkeit regiere und 784 die Hauptstadt zunächst nach Nagaoka und 10 Jahre später nach Haian-Kio (= Kioto) verlegte.

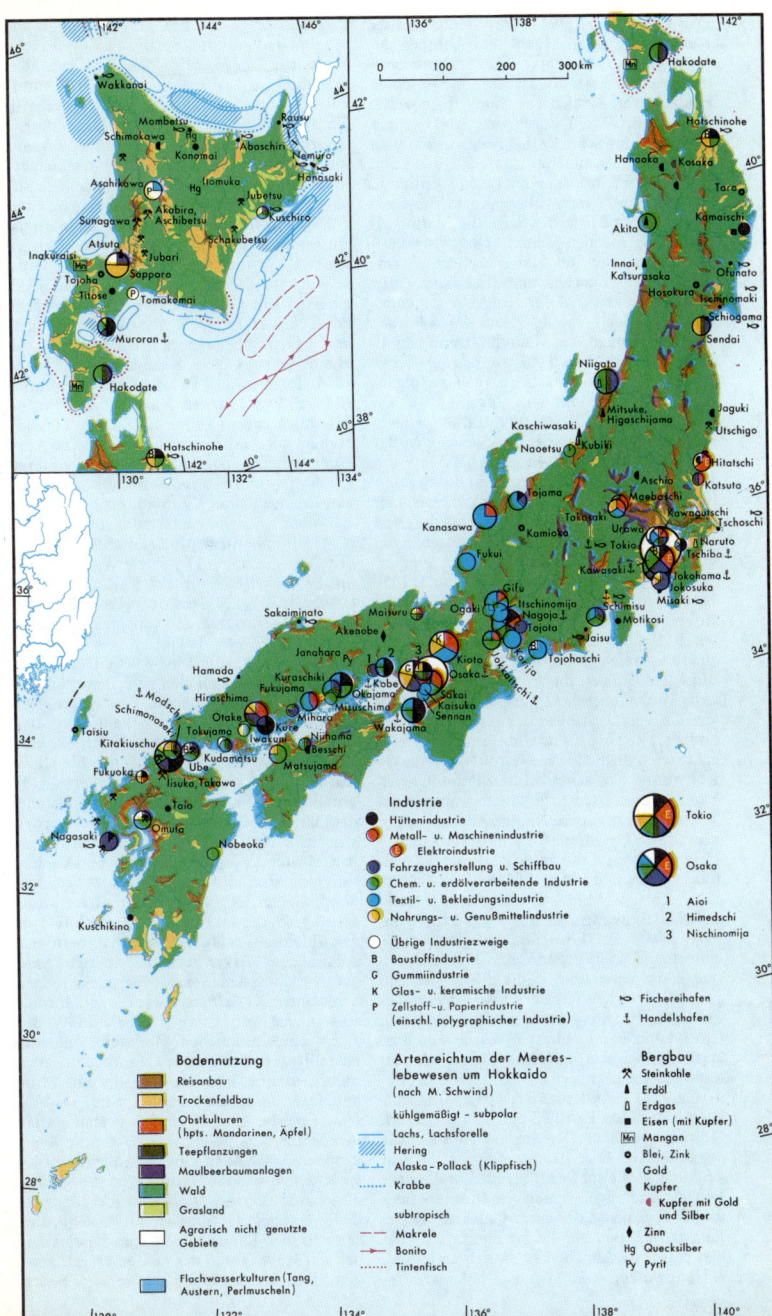

Japan

Die Haianzeit (794–1185): Unter Kaiser Kammu erreichten Macht und Ansehen des Throns ihren Höhepunkt, da er als Innenpolitiker, Reorganisator des Heeres und in seinen Feldzügen erfolgreich war. Bald jedoch wurde die kaiserl. Macht durch den Aufstieg des Hofadels, der seinen erbl. Besitz behaupten konnte und sich zunehmend steuerfreies Land verleihen ließ, in den Hintergrund gedrängt. Als mächtigste Fam. übernahmen die Fudschiwara seit Mitte des 9.Jh. die Vormundschaftsreg. für den Tenno. Der Vormundschaft versuchten die Kaiser sich durch Abdankung zu entziehen und als Exkaiser den Staat zu lenken. Da der Hof kein stehendes Heer unterhielt, mußte schon Fudschiwara no Mitschinaga zur Durchführung staatl. Zwangsmaßnahmen Haustruppen der Kriegergeschlechter heranziehen. Auch die folgenden Kaiser, Exkaiser und Regenten blieben auf die Hilfe der Krieger bei militär. Unternehmungen angewiesen; diese gewannen dadurch an Macht und Ansehen bis Mitte des 12.Jh. die Fam. Taira, begünstigt durch Streitigkeiten im Kaiserhaus, die Vorherrschaft ausübte. Nach Kämpfen zw. den mächtigsten Fam. konnten sich die Krieger durchsetzen und ihre Herrschaft ausüben.

Die Herrschaft der Schogune (1185–1867): Die wichtige Rolle, die die Militäraristokratie aus den Prov. in den Staatsgeschäften zu spielen begann, und das Entstehen einer zentralen Militärbehörde mit weiten Machtbefugnissen im zivilen Bereich (Schogunat) brachten gegen Ende des 12.Jh. grundlegende Veränderungen der jap. Gesellschaft und ihrer Reg.form. Zur Umgehung des Hofes errichteten die Schogune (Kronfeldherren) in Kamakura ein neues Militärhauptquartier. Die Zeit der ersten Schogunate war gekennzeichnet durch innere Auseinandersetzungen und äußere Gefahren (Abwehr der Mongolen 1274, 1281). Erst das Interregnum der Heerführer Nobunaga (*1534, †1582) und Tojotomi Hidejoschi (*1536, †1598) schuf die Basis, auf der Tokugawa Iejasu (*1542, †1616) das Tokugawa- oder Edoschogunat (1603–1867) errichtete. Damit begann eine Friedensperiode, in der Verwaltung und Lehenswesen neu geordnet wurden, Residenz war Edo (= Tokio). Das Christentum, das die Portugiesen in das Land gebracht hatten, wurde bald ausgerottet, doch wurde gleichzeitig der Handel mit christl. Ausländern (ab 1640 v. a. den Niederländern) gefördert. Der wirtschaftl. Aufstieg J. in dieser Zeit ließ eine städt.-bürgerl. Kultur entstehen. Der soziale Aufbau war ständ.-feudal. Die Bev. wurde gegliedert in 4 Stände: 1. die schwerttragenden und einem Lehensstand angehörenden Samurai (Staats- und Kriegsdienst, Priester, Gelehrte, Ärzte, Künstler), 2. Bauern, die ihr Land pachteten und beträchtl. Abgaben zu entrichten hatten, 3. Handwerker, 4. Kaufleute. Die lange Friedensperiode erwies sich für die polit. wirtschaftl. und kulturelle Entwicklung J. sehr förderlich. Um die Mitte des 18.Jh. machten sich als Folge des Übergangs von der Natural- zur Geldwirtschaft finanzielle und wirtschaftl. Verschlechterungen bemerkbar. Die materielle Grundlage des Schogunats wurde langsam unterhöhlt, und es entstand unter den Gelehrten eine krit. Stimmung gegenüber dem Tokugawaregiment, die den Umsturz vorbereiten half, der Mitte des 19.Jh. dem Feudalstaat ein Ende setzte. Den Versuchen auswärtiger Mächte, Zutritt in das Land zu erhalten, hatte J. Widerstand entgegengesetzt. Erst als 1853 ein amerikan. Geschwader in der Tokiobucht erschien, war die jap. Reg. zu Verhandlungen bereit. Dem erzwungenen Freundschafts- und Handelsvertrag von Kanagawa (31. März 1854) folgte ähnl. Verträge mit Großbrit., Frankr., Rußland, den Niederlanden, Portugal und Preußen. Einige Häfen wurden zum Handel mit Ausländern freigegeben, die Ausländer unterstanden der Gerichtsbarkeit ihrer Gesandten und Konsuln. In J. machte sich eine fremdenfeindl. Stimmung breit, die in schweren Auseinandersetzungen gipfelten (1863: Bombardement Kagoschimas durch brit. Kriegsschiffe). Der letzte Schogun trat am 19. Nov. 1867 zurück; Kaiser Meidschi (*1852, †1912, 122. Tenno seit 1867/68) bildete eine provisor. Reg. und verlegte die Hauptstadt nach Edo (= Tokio).

Die Meidschizeit (1868–1914): Der Kaiser und seine Berater führten eine Reihe umfassender Reformen durch, die das staatl. Leben grundlegend änderten. Mit Auflösung der Territorialherrschaften entstand anstelle des Feudalstaates die absolute Monarchie. 1873 wurde durch die Einführung einer Geldgrundsteuer dem privilegierten Samuraistand die materielle Grundlage entzogen. Heerwesen, Justiz und Verwaltung wurden nach europ. Muster umgestaltet, Technik und kapitalist. Organisationsformen in kürzester Zeit übernommen. Die Erfolge dieser „Reform von oben", nach der Jahresdevise Meidschireform gen. (Meidschi „aufgeklärte Reg."), beruhten z. T. auf dem Wirken ausländ. Experten sowie auf Auslandsstudien jap. Spezialisten. Der Schlußstein der Reformen war die Einführung einer neuen Verfassung (11. Feb. 1889), die J. zur konstitutionellen Monarchie machte. Alle Bürger hatten gleiche Grundrechte, aber nur die Männer über 25 Jahre, die eine Mindeststeuer entrichteten, konnten wählen (1890: 1,14 % der Bev.); 1890 wurde das erste Parlament einberufen, doch die parlamentar. Reg.form setzte sich nicht durch. - Außenpolitisch verschärften sich die Spannungen mit China, die zwar im Vertrag von Tientsin (1885) vorläufig beigelegt worden waren, so sehr, daß es zw. beiden Ländern 1894 zum Krieg kam, der von J. auf Grund des moderneren Heeres gewonnen wurde. China mußte im Frieden

Japan

von Schimonoseki (17. April 1895) die Unabhängigkeit Koreas anerkennen, Taiwan und die Pescadoresinseln abtreten und eine Kriegsentschädigung zahlen. 1899 wurden die letzten Exterritorialrechte aufgehoben und J. von den Großmächten als gleichberechtigter Partner akzeptiert. Nach seinem Sieg im russ.-jap. Krieg (1904/05) konnte J. seine Position in O-Asien ausbauen und festigen.
Die Zeit der asiat. Hegemonie (1914–1945): Im 1. Weltkrieg erweiterte J. als Verbündeter Großbrit. seine Außenmärkte, wurde danach Mgl. des Völkerbunds und übernahm ehem. dt. Besitzungen. Größere Bed. als der Beitritt zu internat. Abkommen hatte in den 20er Jahren der steigende Einfluß radikaler Offiziersgruppen. Ausschlaggebend für polit. Entscheidungen waren der Geheime Staatsrat und seit 1903 der Militärsenat, über den der extreme Nationalismus der Militärs und Geheimgesellschaften auf die Reg. einwirkte und durch den Opponenten bald mit Berufsverbot, Entlassung oder Gefängnis bestraft wurden. Nach dem Zwischenfall bei Mukden (18. Sept. 1931) kam es auf Betreiben der Militärs zum Mandschureikonflikt, in dessen Verlauf Mukden, Kirin und Hsinking von J. besetzt wurden. Am 1. März 1932 erfolgte die Konstituierung des Staates Mandschukuo (ab 1. März 1934 Kaiserreich); da der neue Staat nicht anerkannt wurde, trat J. am 27. März 1933 aus dem Völkerbund aus. Ende 1934 kündigte es das Washingtoner Flottenabkommen zum 31. Dez. 1936, erklärte seinen Austritt aus der Londoner Abrüstungskonferenz (15. Jan. 1936) und unterzeichnete am 25. Nov. 1936 den Antikominternpakt mit Deutschland. Die Beziehungen zu China verschlechterten sich ebenfalls ständig, und so nutzten extremist. Offiziere eine Schießerei zw. chin. und jap. Truppen bei Peking (7. Juli 1937), um China den Krieg zu erklären. 1938 und 1939 kam es zu Zusammenstößen zw. jap. und sowjet. Truppen im mandschur.-mongol. Grenzgebiet, die erst im Nov. 1939 beigelegt wurden.
Mit dem Angriff auf Pearl Harbor (7./8. Dez. 1941) und der Kriegserklärung an die USA und Großbrit. erfolgte J. Eintritt in den 2. Weltkrieg. Die jap. Großoffensive wurde jedoch schon im April 1942 gestoppt, als die amerikan. Luftwaffe erstmals die jap. Hauptinseln angriff, und kam in der Seeschlacht von Midway (4.–7. Juni 1942) und bei den Kämpfen auf Guadalcanal (bis Febr. 1943) völlig zum Erliegen. Nach Landungen der Alliierten auf Iwo Jima und Okinawa (Febr.–Juni 1945) war der Krieg für J. verloren. Die Atombomben auf Hiroschima und Nagasaki (6. Aug. bzw. 9. Aug. 1945) sowie die sowjet. Kriegserklärung (8. Aug.) förderten die Kapitulationsbereitschaft. Am 14. Aug. 1945 kapitulierte J. bedingungslos und unterstand einer Militärreg. unter General McArthur.

Die Nachkriegszeit (ab 1945): Die von den USA geforderten Reformen begannen mit einer Rede Kaiser Hirohitos, in der dieser die altjap. Auffassung von der Göttlichkeit des Kaisers verneinte. Der Großgrundbesitz wurde an Kleinbauern aufgeteilt und die Großkapitalgesellschaften entflochten. Am 3. Mai 1947 trat eine neue Verfassung in Kraft; die auf amerikan. Druck durchgeführte Demokratisierung wurde durch die Einführung einer parlamentar. Reg.form vollendet. Bereits 1948 veranlaßte jedoch die Verschärfung des kalten Krieges die USA zu einer Änderung ihrer Haltung gegenüber J.: Mit der Einstellung der Säuberungsgerichte, der Förderung des wirtschaftl. Wiederaufbaus, der Aufkündigung der Reparationsforderungen und dem Eintreten für eine jap. Wiederbewaffnung ergriffen die USA Maßnahmen, um das Land gegen eine mögl. kommunist. Aggression zu stärken. Am 8. Sept. 1951 schlossen 48 Nationen (außer der UdSSR) in San Francisco einen Friedensvertrag mit J., der durch einen Sicherheitsvertrag mit den USA ergänzt wurde.

MINISTERPRÄSIDENTEN

Schidehara, Kidschuro	1945–46
Joschida, Schigeru	1946–47
Katajama, Tetsu	1947–48
Aschida, Hitoschi	1948
Joschida, Schigeru	1948–54
Hatojama, Itschiro	1954–56
Ischibaschi, Tanzan	1956–57
Kischi, Nobusuke	1957–60
Ikeda, Hajato	1960–64
Sato, Eisaku	1964–72
Tanaka, Kakuei	1972–74
Miki, Takeo	1974–76
Fukuda, Takeo	1976–78
Ohira, Masajoschi	1978–80
Suzuki, Zenko	1980–82
Nakasone, Jasuhiro	1982–87
Takeshita, Noboru	1987–89
Uno, Sosuke	1989
Kaifu, Toschiki	seit 1989

Nach Beendigung der Okkupationszeit fanden am 1. Okt. 1952 erste Wahlen zum Parlament statt. Am 19. Okt. 1956 wurde nach langwierigen Verhandlungen eine jap.-sowjet. Erklärung unterzeichnet, die den Kriegszustand zw. beiden Ländern beendete. Im gleichen Jahr wurde J. Mitglied der UN. Am 20. Jan. 1960 wurde durch Premierminister Nobosuke Kischi ein neuer jap.-amerikan. Sicherheitspakt in Washington unterzeichnet (23. Juni 1970 verlängert), wobei es zum Generalstreik und antiamerikan. Massendemonstrationen kam. Am 13. Juli 1971 bekräftigte Min.präs. Eisaku Sato den Willen seines Landes, niemals Kernwaffen herzustellen, zu besitzen oder einzuführen; am 24. Nov. 1971

Japan

wurde im Parlament das Vertragswerk über die Rückgabe von Okinawa mit 285 gegen 73 Stimmen ratifiziert. Im Sept. 1972 nahmen J. und China diplomat. Beziehungen auf, die 1974 zu vorbereitenden Gesprächen über einen Friedensvertrag führten, der am 12. Aug. 1978 in Peking unterzeichnet wurde.

Die Entwicklung des Landes während der 1970er Jahre stand im Zeichen großer wirtschaftl. Schwankungen, die dazu führten, daß die jap. Reg. Ende 1975 den Wirtschaftsnotstand erklären mußte, um geeignete Maßnahmen ergreifen zu können. Die Zerrissenheit der Reg.partei LDP (Liberal-Demokrat. Partei) provozierte immer wieder Reg.krisen, deren Folge war, daß die LDP ihre absolute Mehrheit verlor (Dez. 1976) und sie nur durch die Aufnahme unabhängiger Abg. wiedergewinnen konnte. Die größte innenpolit. Erschütterung dürfte der Lockheed-Bestechungsskandal 1976/77 hervorgerufen haben, in den auch führende Reg.-Mgl. verwickelt waren. Auch die vorgezogenen Unterhauswahlen vom Okt. 1979 änderten nichts an den Mehrheitsverhältnissen. Im Mai 1980 stürzte die Reg. Ohira über ein Mißtrauensvotum im Parlament. Die Neuwahlen vom 22. Juni 1980 brachten der LDP die absolute Mehrheit zurück. Neuer Führer der LDP und Min.präs. wurde Z. Suzuki, der 1982 von J. Nakasone abgelöst wurde. Unter ihm errang die LDP 1986 einen überwältigenden Wahlsieg, den die Partei nicht nutzen konnte, weil Nakasones Nachfolger Takeshita und Uno wegen verschiedener Skandale zurücktreten mußten. Seit Aug. 1989 ist T. Kaifu Min.präs. Trotz der innenpolit. Schwierigkeiten konnte J. seine Stellung dem Ausland gegenüber festigen. Die ASEAN-Konferenz 1977 wurde zu einem diplomat. Erfolg; Min.präs. T. Fukuda konnte die „Fukuda-Doktrin" verkünden: nichtmilitär. freundschaftl. Zusammenarbeit mit den ASEAN-Mitgliedern und positive Beziehungen auch zu den kommunist. Staaten Indochinas. Mit der Verschärfung des Ost-West-Gegensatzes seit dem sowjet. Einmarsch in Afghanistan (Ende 1979) und nach dem sowjet. Abschuß eines korean. Verkehrsflugzeuges (1983) verschlechterten sich die Beziehungen zur Sowjetunion weiter, während mit China 1980 Abkommen über wiss. und techn. Zusammenarbeit geschlossen wurden. Das Verhältnis zu den USA und den EG wird durch die jap. Exportüberschüsse belastet.

Politisches System: J. ist auf Grund der am 3. Nov. 1946 verkündeten und am 3. Mai 1947 in Kraft getretenen Verfassung eine auf dem Gewaltenteilungsprinzip beruhende konstitutionelle Monarchie mit einer aus allg. Wahl hervorgehenden parlamentar. Reg. *Staatsoberhaupt* ist der Kaiser (Tenno) (seit 1989 Akihito). Die Verfassung charakterisiert ihn als Symbol J.s und der Einheit des jap. Volkes. Er nimmt im wesentl. Repräsentationsaufgaben wahr, verkündet Gesetze und zwischenstaatl. Verträge, wirkt formal bei der Ernennung und Entlassung von Min. und bestimmten Beamten, bei der Einberufung des Parlaments und der Auflösung des Unterhauses mit. Die *Exekutive* liegt bei der Reg. unter Führung des Min.präs. Der Min.präs. und die Min. bedürfen des Vertrauens des Parlaments. Der Min.präs. wird vom Parlament gewählt; er ernennt und entläßt die Min., die mindestens zur Hälfte Mgl. des Parlaments sein müssen; er kann das Unterhaus auflösen, womit er Mißtrauensanträgen zuvorkommen und die Abg. der Reg.fraktion zur Abstimmungsdisziplin zwingen kann; er bestimmt die Richtlinien der Politik; er ist Vors. des Min.rats für Wirtschaftsfragen und des Verteidigungsausschusses; ihm unterstehen direkt u.a. die Nat. Sicherheitsbehörde, die Zentrale Verwaltungsbehörde und das Verteidigungsamt. Die *Legislative* liegt beim Zweikammerparlament, bestehend aus dem Unterhaus mit 511 und dem Oberhaus mit 252 Abg. Das Unterhaus wird spätestens alle 4 Jahre gewählt; die Mandate der Mgl. des Oberhauses währen 6 Jahre, wobei alle 3 Jahre die Hälfte der Mgl. neu gewählt wird. Gesetzesvorlagen werden zunächst von den zuständigen Ausschüssen des Unterhauses beraten; wenn die Vorlage vom Unterhaus angenommen worden ist, folgt die Beratung im Oberhaus; bei abweichendem Votum (Änderung oder Ablehnung) kann das Unterhaus das Oberhaus mit $2/3$ Mehrheit überstimmen. Das Parlament wird - bei einigen wahlkreistechn. Abweichungen für die beiden Kammern - auf Grund eines modifizierten Mehrheitswahlrechts gewählt. Das Wahlalter liegt bei 20 Jahren.

Das jap. *Parteiensystem* besteht aus 2 großen polit. Gruppierungen: einer konservativen und einer sozialist.-kommunistischen. Im Parlament vertreten sind die Liberal-Demokrat. Partei (LDP), die Sozialist. Partei (SP), die Demokrat.-Sozialist. Partei (DSP), die Kommunist. Partei (KP) sowie die Partei für eine saubere Reg. Daneben gibt es einige Splitterparteien. Die (konservative) LDP ist seit Mitte der 1950er Jahre ununterbrochen an der Macht. Sie hat kein theoret. untermauertes Programm. Die SP hat eine bis 1901 zurückreichende Tradition, 1947 stellte sie für kurze Zeit die Reg. Ihr marxist.-leninist. Flügel strebt die Diktatur des Proletariats an; er revisionist. Flügel will die SP zu einer für alle Bev.schichten attraktiven Partei umgestalten. Die DSP ging 1960 durch Abspaltung aus der SP hervor. Mit ihrem Programm der „Mitte" wendet sie sich v. a. an Bauern, Handwerker und kleine Gewerbetreibende. Die KP war bis 1945 illegal. Anfang der 1960er Jahre wurde sie in den Sog des sowjet.-chin. Konflikts hineingezogen; 1964 wurde der „Moskauer Flügel" ausgeschlossen. Ihr innenpolit. Nahziel ist die Abschaffung der Monarchie. Die Partei für eine saubere Reg. wurde 1964 gegr., gestützt auf die damals rd. 10 Mill. Erwachsene zählende buddhist. Sekte „Gesellschaft zur Schaffung von Werten". Sie ist paramilitär. organisiert. Ihr Programm ist eine Mischung aus polit. und religiösen Vorstellungen mit dem Ziel einer klassenlosen und konfliktlosen nat. und internat. Gesellschaft. Neben den Parteien gibt es eine nicht unbeträchtl. „außerparlamentar. Opposition" aus vorwiegend rechtsradikalen, aber auch linksradikalen Vereinigungen. Die Parteien zerfallen i. d. R. in zwei oder mehrere Flügel (Faktionen), die sich nach dem Führer-Gefolgschaft-Prinzip um ein durch Erfahrung und Einfluß ausgewiesenes Mgl. bilden, von dem wiederum erwartet wird, daß es seine Klientel mit Posten versorgt. Faktionalismus findet seinen Niederschlag insbes. im Parlament. Der Min.präs. ist, um regieren zu können, auf die Unterstützung der über die Abstimmung im Plenum und in den Ausschüssen entscheidenden Faktionsführer angewiesen.

Hinter den Parteien stehen mächtige *Interessengruppen*. Die langjährige Machtausübung durch die LPD hat Interessen aus Ind. und Handel begünstigt, die im Bund der Wirtschaftsorganisationen, im Bund der Arbeitgeberverbände, im Verband der Industrie- und Handelskammern sowie im Ausschuß für wirtsch. Entwicklung - einer Vereinigung von Einzelunternehmern und Managern - organisiert sind. Auch die Interessen der landw. Genossenschaften werden von der LDP wahrgenommen. Die SP wird weitgehend vom Generalrat der Gewerkschaften beherrscht, hinter der DSP agiert der Allg. Arbeiterverband. Neben einem dritten Dachverband gibt es mehrere Tausend selbständige Gewerkschaften. Die enge Bindung von konträren gesellschaftl. Interessen an jeweils eine Partei behindert die Geschlossenheit der Parteien und begünstigt so gewaltsame Muster der Konfliktaustragung bis hinein ins Parlament, wo die Minderheitsparteien eine Protest- und Obstruktionspolitik betreiben.

Verwaltung: J. ist ein dezentralisierter Einheitsstaat. An der Spitze der Zentralverwaltung stehen die Ministerien und die von Generaldirektoren geleiteten Zentralämter. Zwecks Wahrnehmung von Selbstverwaltungsrechten ist J. in 47 Präfekturen (einschl. Tokio) eingeteilt, die aus Stadtbez., Städten und Landkr. bestehen: letztere umfassen rd. 2 600 Landgemeinden. Die Gouverneure (Präfekten), Landräte und Bürgermeister werden ebenso wie die Volksvertreter auf den 3 Verwaltungsebenen für jeweils 4 Jahre direkt vom Volk gewählt. Die Selbstverwaltung bezieht sich v. a. auf das Bildungs- und Gesundheitswesen, die Polizei, die Energieversorgung und das lokale Verkehrswesen.

Gerichtswesen: Die Judikative besteht aus dem Obersten Gerichtshof (OGH), 8 höheren Gerichten, Präfektur-, Familien- und Schnellgerichten. Der OGH ist letzte Instanz für die Überprüfung der Verfassungsmäßigkeit von Gesetzen, Verordnungen und Verwaltungsakten.

Landesverteidigung: J. hat nach dem Ende des 2. Weltkriegs im Art. 9 der Verfassung auf Streitkräfte und die Führung von Kriegen verzichtet. Auf Drängen der USA wurden Anfang der 1950er Jahre „Selbstverteidigungsstreitkräfte" aufgestellt; dementsprechend verfügt J. über keine Offensivwaffen. Heer, Marine und Luftwaffe sind rd. 250 000 Mann stark; eine Wehrpflicht besteht nicht. Der Oberbefehl über die Streitkräfte liegt beim Min.präs. Ihm untersteht das Verteidigungsamt (anstelle eines Verteidigungsministeriums), dessen Leiter Zivilist sein muß.

📖 *Schwind, M.: J. - Die neue Mitte Ostasiens. Bln. 1986. - J. Geographie - Geschichte - Kultur - Religion - Staat - Gesellschaft - Bildungswesen - Politik - Wirtschaft. Hg. v. M. Pohl. Stg. 1986. - J. - Hdb. Hg. v. H. Hammitzsch. Wsb. ²1984. - Schwind, M.: Das jap. Inselreich Bd. 2: Kulturlandschaft. Bln. 1981. - Kobayashi, H.: Wirtschaftsmacht J. Dt. Übers. Köln 1980. - J. nach 1945. Hg. v. K. Kracht. Wsb. 1979. - Buddhismus u. Nationalismus im modernen J. Hg. v. P. Fischer. Bochum 1979. - Hammitzsch, H.: Die Religionen Japans. Stg. 1979. - Boesch, H.: J. Braunschweig 1978. - Gesellschaft Japans: Soziale Gruppen u. sozialer Prozeß. Hg. v. I. Shimizu u. Y. Tamanoi. Dt. Übers. Opladen 1976. - Piper, A.: Japans Weg v. der Feudalgesellschaft zum Industriestaat. Köln 1976. - Lemper, A.: J. in der Weltwirtschaft. Mchn. 1974. - Kevenhörster, P.: Wirtschaft u. Politik in J. Wsb. 1973. - Dettmer, H. A.: Grundzüge der Gesch. Japans. Darmst. ³1973. - Schwind, M.: Das jap. Inselreich Bd. 1: Die Naturlandschaft. Bln. 1967. - Bersihand, R.: Gesch. Japans v. den Anfängen bis zur Gegenwart. Dt. Übers. Stg. 1963.*

Japanahorn (Fächerahorn, Acer palmatum), strauch- oder baumförmiges Ahorngewächs aus Japan; formenreiche Zierpflanze mit dünnen, roten Zweigen, 5- bis 11lappigen, im Herbst karminroten Blättern und kleinen, purpurroten Blüten.

Japan Air Lines [engl. dʒəˈpæn ˈɛəlaɪnz] ↑Luftverkehrsgesellschaften (Übersicht).

Japaner, das Staatsvolk Japans. Rass. zu unterscheiden sind der durch südsinide und paläomongolide Züge geprägte kleinwüchsige Typ, v. a. in W- und M-Japan, und der tungid und nordsinid geprägte großwüchsige Typ im nördl. Japan.

Japangraben, Tiefseegraben vor der O-Küste der jap. Insel Hondo, bis 8412 m u. d. M.

Japanisch, isolierte Sprache, die keiner Sprachgruppe eindeutig zuzuordnen ist und die auf die Sprache der Ureinwohner der Riukiuinseln zurückgeht; die ältesten schriftl.

japanische Kunst

Japanische Kunst.
Links: Sesschu, Herbstlandschaft
(2. Hälfte des 15. Jh.). Privatbesitz;
rechts: Türwächter (13. Jh.).
Nara, Kloster Kofudschiki;
unten: Goldene Halle des Horiudschi
bei Nara (679)

japanische Kunst

Aufzeichnungen, die dem modernen J. bereits recht nahestehen, stammen aus dem 8. Jh. - Das J. gehört zum Typ der agglutinierenden Sprachen, auch wenn sie formal flexionsähnl. Merkmale bildet. Die Nomina sind ohne Genus, Numerus und Kasusflexion; der Grundwortschatz ist zweisilbig, Zusammensetzungen sind zahlr.; es gibt viele regionale und soziale Dialekte, auch Geschlecht und Alter beeinflussen die Ausdrucksform; Höflichkeits- und Bescheidenheitsformen sind stark differenziert. Zur heutigen standardisierten Verkehrssprache entwickelte sich die Stadtsprache von Tokio. - ↑auch japanische Schrift.

Japanische Alpen, zusammenfassende Bez. für die westl. Randgebirge der Fossa Magna auf der jap. Insel Hondo.

Japanische Anemone (Herbstanemone, Anemone japonica), Bez. für eine Reihe von v. a. aus der Art Anemone hupehensis hervorgegangenen Zuchtformen der Gatt. Anemone; im Herbst blühende Stauden mit dreiteiligen Blättern; Blüten groß (6–7 cm breit), rosafarben oder weiß, an verzweigten, bis 1 m hohen Blütenstielen; beliebte Gartenpflanzen.

japanische Gewerkschaften ↑Gewerkschaften (Übersicht).

Japanische Hirse (Echinochloa frumentacea), v. a. in Japan angebaute Hirseart; etwa 90 cm hoch werdende Pflanze mit kantigen, blattreichen Halmen; der Blütenstand ist aus 2–5 Blüten an langen Scheinähren zusammengesetzt; die Körner reifen schon 45 Tage nach der Aussaat.

Japanische Kirschen, Bez. für eine Gruppe von Zierkirschen, die v. a. von der **Jap. Bergkirsche** (Prunus serrulata var. spontanea) abstammen; meist in Japan gezüchtete, reichblühende Sorten mit weißen bis tiefrosafarbenen, oft gefüllten Blüten; beliebte und viel verwendete Blütenbäume und -sträucher.

japanische Kunst, trotz enger Anlehnung an die - meist über Korea vermittelte - chin. Kunst erhielt die j. K. durch eigene künstler. Konzeptionen und neue Techniken eine durchaus selbständige Ausprägung. Als **früheste Äußerungen** jap. Kultur gelten grobgeformte Tongefäße (Dschomon-Keramik, etwa 4500–300 v. Chr.) mit markantem Dekor (Schnur- und Mattenabdrücke) und bizarre Tonidole der gleichen Epoche. In der ab 300 v. Chr. auftretenden feineren Keramik (Jajoi) sind festländ. Einflüsse unverkennbar. Der neben der Töpferscheibe als Errungenschaft chin. Kultur nach Japan gelangte Bronzeguß zeigt dagegen in den Bronzeglocken (Dotaku) eine eigenständig jap. Entwicklung. Eine interessante Schöpfung der Grabhügel-Periode (Kofun 300–700) sind die nur das Wesentl. herausmodellierenden Grabfiguren (Haniwa).

Einführung des Buddhismus: Erst mit diesem Schritt vollzog sich der eigtl. Anschluß an die überlegene chin. Kunst, doch verrät die in Japan entstandene buddhist. Plastik des 6.–9. Jh. in Bronze oder Ton (und Trockenlack) bereits großes handwerkl. Können und hohen künstler. Rang. Die seit dem 8. Jh. entwickelte Holzplastik wurde bes. von Dschotscho († 1057) durch neue Methoden der Zusammensetzung verschiedener Holzblöcke vervollkommnet und von Unkei (* 1153?, † 1224?) und seiner Schule zu hoher Blüte geführt und die ikonograph. Typen bis ins 17./18. Jh. tradiert. Die in Japan erhaltenen Beispiele buddhist. Malerei zählen zu den bedeutendsten Zeugnissen der in ihrem Ursprungsland größtenteils untergegangenen chin. Figurenmalerei der Han- (Tamamuschi-Schrein des ↑Horiudschi) oder des Stils der Tang-Zeit (Wandmalereien in der Goldenen Halle [Kondo] des Horiudschi, 1949 zerstört). Es entstanden indes auch jap. Sonderformen wie die Kultbilder volkstüml. Schutzgottheiten (Fudo) oder die aus der Amida-Kult hervorgegangenen Totenbilder (Raigo).

Die Malerei seit der Heian-Zeit: Die höf. Kultur der Heian-Zeit (784–1192) legte den Grund zur Ausbildung des nat. jap. Stils (*Jamato-E*), der sich im Hang zum Verfeinerten, Ästhetischen und im besten Sinne Dekorativen darstellt. Neben der profanen Illustration der erzählenden Bilderrollen (Makimono) entwickelte sich in dieser Zeit auch eine realist. Porträtkunst, in der die jap. Vorliebe für die Betonung des Charakteristischen zum Ausdruck kommt. Während das von der Tosa-Schule verwaltete Erbe des Jamato-E eine der Hauptströmungen der jap. K. blieb, setzte sich unter dem Einfluß des Zen eine neue Richtung durch, die sich an der chin. Tuschmalerei der Sung- und Yüan-Zeit orientierte. Die jap. Tuschmalerei (*Suiboku* oder Sumi-E), die in Sesschu (1420–1506) ihren größten Meister fand, bestimmte den akadem. Stil der Kano-Schule bis ins 19. Jh. Mit der Aufgabenstellung der Ausschmückung von Schlössern und Tempeln kristallisierte sich im 16. Jh. aus der Verschmelzung von Suiboku-Technik und der Farbenpracht des Jamato-E der große „dekorative Stil" heraus, der unter Korin (* 1658, † 1716) auf seinen Höhepunkt geführt wurde (Stellschirme). Durch den Aufstieg des wohlhabenden Kaufmannstandes der Tokugawa-Zeit (1603–1867) nahm sich die j. K. des neuen Bürgertums und seiner Vergnügungen an. Die „Bilder der flüchtigen Welt" (*Ukijo-E*) gelangten im jap. **Farbholzschnitt** mit seinen Meistern Utamaro, Hiroschige, Hokusai zu weltweiter Berühmtheit. Seit der Öffnung Japans nach dem Westen in der Meidschi-Ära (1868–1912) sind jap. Maler bemüht, den westl. Stil mit ihrer vom kalligraph. Duktus bestimmten Malerei zu verbinden.

Kunsthandwerk: Auf diesem Gebiet beschritt die j. K. überwiegend eigene Wege. Unüber-

Japanische Kunst. Links oben: Dschotscho, Amida (1053). Udschi, Phönixhalle des Klosters Biodoin; links Mitte: Tori Busschi, Schaka-Trias (623). Pagode des Horiudschi bei Nara; rechts oben: Daigodschipagode (951). Kioto; unten: Kenso Tange, Wettkampfhallen für die Olympischen Spiele 1964 (1961–64). Tokio

japanische Literatur

troffen sind die zahlr. Lackmeister mit ihren zu äußerstem Raffinement gesteigerten Techniken. Bes. Bedeutung kommt auch der jap. Teekeramik zu, die das Ursprüngliche, Naturgewachsene in Form und Material bevorzugt. Jap. Porzellane aus den Öfen von Arita und Kutani wurden in alle Länder exportiert, und der Schmelzfarbendekor des großen Porzellanmalers Kakiëmon (*1595?, †1666?) beeinflußte den Stil des europ. Porzellans. Unter den Metallarbeiten erlangten bes. die kunstvoll verzierten Schwertstichblätter († Tsuba) große Berühmtheit. Für das No-Spiel wurden kostbare Brokate und Seidenstickereien angefertigt sowie expressive Masken geschnitzt.

Baukunst: Die Grundprinzipien: Harmonie der Proportionen und Reinheit der Materialwirkung, die sich schon in den Holzständerbauten der ältesten Zeit andeuten (Schintoschreine auf rechteckigem Grundriß mit umlaufender Veranda und weit überstehendem Dach), äußern sich auch bei der Übernahme des buddhist. Tempelbaus in weitgehendem Verzicht auf Schnitzwerk und Bemalung (Nara, 8. Jh.; Pagode des Horiudschi, Haupthalle des Toschodaidschi) und werden in den vom Zen-Buddhismus und Teekult inspirierten, in kunstvolle Gartenanlagen eingebetteten Pavillonbauten des 14. Jh. (Goldener Pavillon [Kinkakuji], Kioto) sowie dem „Studiostil" des jap. Hauses (Villa Katsura) in vollkommenster Weise verwirklicht. Im 20. Jh. haben jap. Architekten versucht, die bodenständigen jap. Elemente in die westl. moderne Bauweise einzubringen und erlangten damit in der ganzen Welt Beachtung. K. Maekawa, K. Tange und die durch ihre städteplaner. Entwürfe hervorgetretene Gruppe der Metabolisten gehören heute zur internat. Architektenelite.

📖 *Itoh, T./Futagawa, Y.: Alte Häuser in Japan. Stg. 1984. - Violet, R.: Kl. Gesch. der j. K. Köln 1984. - Hempel, R.: Japan zur Heian-Zeit. Kunst u. Kultur. Stg. 1983. - Yashiro, Y./Swann, P. C.: J. K. Dt. Übers. Mchn. u. Zürich 1958. - Moriya, K.: Die jap. Malerei. Wsb. 1953. - Yoshida, T.: Jap. Architektur. Tüb. 1952.*

japanische Literatur, zunächst besaßen die Japaner keine eigene Schrift; Mythen, Ritualgebete, Lieder, Genealogien u. a. wurden von berufsmäßigen Erzählern überliefert. Erst nach Verbreitung der chin. Schrift (bekannt ca. seit dem 5. Jh. n. Chr.) gab man im 8. Jh. in dieser (kambun-)Schrift *Chroniken* („Kodschiki"), *Topographien* („Fudoki") und *Gedichtsammlungen,* deren früheste in der „Manioschu" vor, erhalten. Aus der chin. Schrift entstandene Silbenschriften („hiragana", „kata-kana") ermöglichten ab dem 10. Jh. die Fixierung der eigenen Sprache in Form von *Märchen* („Taketori-monogatari"), *Erzählungen* („Ise-monogatari"), *Tagebüchern* („Tosa-nikki"), *volkstümlichen Geschichten* („Kondschaku-monogatari") oder *Gedichten* („Waka") in offiziell kompilierten *Anthologien* („Tschokusenwakaschu"); die Mehrzahl der Gedichte sind *Kurzgedichte,* sog. „Tanka". Ab dem 11. Jh. traten erste *realist. Erzählungen* auf, die ihre Vollendung im „Gendschimonogatari" erfuhren, dessen Sprache und Stil bestimmend für die weitere Entwicklung des Japan. wurde. Parallel dazu stellte die *Tagebuch-* („nikki") und *Aphorismenliteratur* („suihitsu") weitere Höhepunkte der bes. vom Adel und bes. von den Hofdamen geprägten klass. jap. Dichtung dar. Die Tradition der offiziellen *Geschichtsschreibung* („Rikkokuschi") wurde inoffiziell in den sog. „Kagami" (Geschichtsspiegel) fortgesetzt, in denen histor. Ereignisse sehr frei und individuell wertend dargestellt sind. Die polit. Umwälzungen des 12. Jh. fanden ihren literar. Niederschlag in den romant. *Kriegsepen* („gunki-monogatari"), kennzeichnend steht dafür die Urfassung des „Heike-monogatari" aus dem 13. Jh., in denen höf. Ästhetizismus durch Spannung abgelöst wurde. Buddhist. Weltentsagung und konfuzian. Ideen durchdrangen die Literatur des MA, die zunehmend von *lehrhaftem Schrifttum,* z. B. dem „Jikkinsho" (1252) beherrscht wurde. In der Poesie genoß vom späten 12. bis zum 16. Jh. das *Kettengedicht* („renga") große Verbreitung. Gleichzeitig entwickelte sich im 14. Jh. und 15. Jh. aus rituellen Tänzen und Pantomimen das lyr. No-Spiel. Das Aufkommen eines Stadtbürgertums im 17. Jh. bewirkte eine Literatur, deren vornehml. Thema das Leben dieser Schicht wurde; billige, literar. belanglose, *illustrierte Lesehefte* („soschi"), fast durchweg in Silbenschrift, verherrlichten das bequeme, aufreizende Stadtleben und den Sinnengenuß; sie entwickelten sich gegen Ende des 18. Jh. zu *Lesebüchern* („jomihon") mit belehrend-moralisierenden, histor.-dramat. oder humorist. Inhalten. In der Poesie war das epigrammat. *Haiku* Ausdruck eines neuen Lebensgefühls, das in der Tokugawazeit (1603–1867) zur höchsten Vollendung geführt wurde. *Dramat.* Texte wurden für die Theaterformen Kabuki, Dschoruri und Bunraku verfaßt († auch japanisches Theater).

Die **moderne** j. L. entfaltete sich v. a. seit Mitte des 19. Jh. in der Begegnung mit der Dichtung des Westens; zunächst beherrschten v. a. *Übersetzungen* und *polit. Romane* den literar. Markt, bis Tsubouschi Schojo mit seinem Werk über das „Wesen des Romans" (= Shōsetsu; 1885/86) neue Wertmaßstäbe setzte, die von Futabatei Schimei, Mori Ogai, Natsume Soseki und Akutagawa Rinosuke verwirklicht wurden. Vielfältige internat. Einflüsse (dt. Romantik, frz. Naturalismus, ein Humanismus Tolstoischer Prägung) führten zur „proletar. Literatur" der 1920er Jahre und zur Gegenwartsdichtung, deren Vertreter Kawabata Jasunari, Tanisaki Dschunitschi-

japanische Musik

ro, Ooka Schohei, Mischima Jukio, Inoue Jasuschi und Abe Kobo weltweit bekannt wurden. Ihre Stoffe reichen von typ. jap. Themen, wie der Teezeremonie, bis zu übernat. Problematik, wie Vereinsamung der Menschen in Massengesellschaften oder der Verarbeitung von Kriegserlebnissen. In der Poesie überwiegen noch Tanka und Haiku, jedoch sucht man auch neuere Wege in ungebundener Metrik.

📖 *Neues Hdb. der Literaturwiss. Hg. v. K. v. See. Bd. 23: Ostasiat. Literaturen. Hg. v. G. Debon. Wsb. 1984. - Japan. Hdb. Hg. v. H. Hammitzsch. Wsb. ²1984. - Putzar, E.: Japanese literature. Tucson (Ariz.) 1973.*

japanische Musik, in Japan existiert neben der heute dominierenden europ. Musik noch immer eine eigene Tradition, die durch das im wesentl. pentaton., auf der chin. Zwölftonleiter beruhende Tonsystem, freie Rhythmus, Mikrotonornamentik und Wertschätzung von spieltechn. Nebengeräuschen gekennzeichnet ist. J. M. ist primär als Einheit von Musik, Wort und Tanz zu sehen, umfaßt aber auch reine Instrumental- und Vokalmusik.

1. Periode (bis Ende 6. Jh.): Dokumentiert sind steinerne Kugelflöten und Bronzeglokken; Tonfiguren zeigen Tänzer, Zitherspieler und Trommler; belegt ist auch ein größerer Liederschatz.

2. Periode (7.–10. Jh.): Zusammen mit dem Buddhismus kommt chin., korean., ind., zentralasiat. u. a. Musik nach Japan. Sie wird am Kaiserhof gepflegt. Durch Beschränkung auf zwei Stilrichtungen, Standardisierung des Orchesters und Ausbildung eines festen Repertoires geht daraus im 9. Jh. die ↑Gagaku hervor, ein nach Links-rechts-Schema organisiertes Musiksystem, in dem das chin. Repertoire („to-gaku") mit „links" und das korean. („koma-gaku") mit „rechts" gleichgesetzt ist.

3. Periode (11.–16. Jh.): Unter dem Schutz der Klöster und des Schwertadels reifen weitere Elemente der importierten Musikkultur heran. Der auf der ind. Hymnik beruhende buddhist. Gesang („schomjo") wird zu neuen, spezif. jap. Hymnen („wasan", „goeika") umgeformt. Dem buddhist. Bereich verpflichtet ist auch die außerhöf. Variante der ↑Biwa, die als Vorläufer der beiden südjap. Formen „satsuma-biwa" und „tschikusen-biwa" bis in die Gegenwart nachwirkt. Bis heute lebendig ist das Ende des 14. Jh. entstandene ↑No-Spiel.

4. Periode (17. bis Mitte 19. Jh.): Die Mitte des 16. Jh. von den Riukiuinseln eingeführte dreisaitige Spießlaute ↑Samisen entwickelt sich zum Charakteristikum einer neuen, bürgerl. Musikkultur. Sie führt in der Gesangstradition zur Entstehung zahlreicher ep. wie lyr. Stilrichtungen und zur Vollendung der Rezitationskunst („dschoruri") der Erzähler des Puppenspiels. Auch trägt die Samisen zur Entstehung der berühmten Kabuki-Tanzlieder mit ihren ausgedehnten instrumentalen Zwischenspielen („nagauta") bei. Der typ. Samisenmusik, festen Arrangements aus mehreren kurzen Liedern („kumiuta"), ist auch die neue Kotomusik verpflichtet. Dabei handelt es sich um reine Instrumentalstücke („danmono" bzw. „schirabemono") für Koto allein oder um instrumental begleitete Lieder („dschiuta") mit selbständigen, instrumentalen Zwischenspielen („tegoto"), die meist im Trio aus Koto, Samisen und einer leicht gebogenen Längsflöte („schakuhatschi") gespielt werden.

5. Periode (ab Mitte 19. Jh.): Mit der Öffnung Japans für westl. Einflüsse verliert die traditionelle Musik schnell an Bedeutung. Die heutigen Überreste bestehen aus Elementen verschiedenen Alters.

📖 *Studien zur traditionellen Musik Japans. Hg. v. R. Günther. Kassel Bd. 1 1977, Bd. 2 1984. - Harich-Schneider, E.: A history of Japanese music. Ldn 1973. - Kishibe, S.: The traditional music of Japan. Tokio 1969.*

Japanische Quitte ↑Scheinquitte.

Japanischer Buchsbaum ↑Buchsbaum.

Japanischer Judenfisch ↑Judenfische.

Japanischer Sternanis ↑Sternanis.

japanische Schrift, eine Mischschrift aus chin. Wortzeichen und jap. Silbenzeichen. Wahrscheinl. um 400 n. Chr. wurde die bereits voll entwickelte chin. Schrift in Japan eingeführt und im Laufe der Zeit um etwa 250 gleichartige Ideogramme („kandschi") erweitert. Da das Japan. eine agglutinierende Sprache ist und deshalb nicht angemessen mit chin. Wortzeichen dargestellt werden konnte, behalf man sich, indem man die „kandschi" ungeachtet ihrer Bed. nur zur Wiedergabe jap. Lautwerte phonet. „entlehnt" gebrauchte („kana"). Die häufige Benutzung von Zeichengruppen für bestimmte jap. Silben führte im 9. Jh. zur Herausbildung von z. T. stark kursiv verkürzten Formen; diese Schrift nannte man später „hira-gana" („glatte entlehnte Zeichen"). Ebenfalls im 9. Jh. wurde die zweite Form der „kana" entwickelt, die „kata-kana" („als Teilstück entlehnte Zeichen"). - Die Anzahl der gegenwärtig gebräuchlichsten „kandschi" beträgt rd. 1850; 881 Schriftzeichen sind obligator. Pensum der jap. Elementarschulen. Bei der heute übl. Mischschreibweise werden gewöhnl. die Begriffswörter mit „kandschi" und die morpholog.-syntakt. Elemente (Suffixe, Postpositionen usw.) mit „hira-gana" geschrieben. Der Gebrauch der „kata-kana" ist auf bestimmte Anwendungsbereiche beschränkt (z. B. Fremdwörter, fremde Namen, Telegramme). Geschrieben wird traditionell von oben nach unten, heute i. d. R. waagerecht von links nach rechts.

📖 *Stickel, G., u. a.: J. S., Lautstrukturen, Wort-*

japanisches Theater

	和ワ 和わ	良ラ 良ら	せヤ せや	万マ 末ま	八ハ 波は	奈ナ 奈な	多タ 太た	左サ 左さ	加カ 加か	阿ア 安あ
	wa	ra	ya	ma	ha	na	ta	sa	ka	a
	井ヰ 為ゐ	利リ 利り		三ミ 美み	比ヒ 比ひ	二ニ 仁に	千チ 知ち	之シ 之し	幾キ 幾き	伊イ 以い
	(w)i	ri		mi	hi	ni	chi	shi	ki	i
		流ル 留る	由ユ 由ゆ	牟ム 武む	不フ 不ふ	奴ヌ 奴ぬ	川ツ 川つ	須ス 寸す	久ク 久く	宇ウ 宇う
		ru	yu	mu	fu	nu	tsu	su	ku	u
	慧ヱ 恵ゑ	礼レ 禮れ		女メ 女め	部ヘ 部へ	祢ネ 祢ね	天テ 天て	世セ 世せ	介ケ 計け	江エ 衣え
	(w)e	re		me	he	ne	te	se	ke	e
尓ン 无ん	乎ヲ 遠を	呂ロ 呂ろ	與ヨ 与よ	毛モ 毛も	保ホ 保ほ	乃ノ 乃の	止ト 止と	曽ソ 曽そ	己コ 己こ	於オ 於お
n	(w)o	ro	yo	mo	ho	no	to	so	ko	o

Japanische Schrift. In den einzelnen Feldern steht oben rechts das Zeichen der „kata-kana", oben links das volle chinesische Grundzeichen (aus dem das Zeichen der „kata-kana" entnommen ist), unten rechts das Zeichen der „hira-gana" und unten links die Vollform des chinesischen Zeichens (von dem das Zeichen der „hira-gana" abgeleitet ist). Die freien Felder sind durch das entfallene Zeichen zu erklären

bildung. Hdbg. 1983. - Hadamitzky, W.: Lehrb. u. Lex. der j. S. „Kanji u. Kana". Bln. u.a. 1980.

Japanisches Meer, Randmeer des nw. Pazifiks, zw. den jap. Inseln Hondo und Hokkaido sowie der sowjet. Insel Sachalin, der Halbinsel Korea und dem asiat. Festland; bis 4225 m u. d. M., auf der **Jamatobank** nur 285 m u. d. M.

japanisches Theater, aus schamanist. Tänzen, in Annalen des 8.Jh. erwähnt, gehen unter kontinentalem Einfluß (Bugaku) höf. Zeremonialtänze (Kagura) hervor; parallel dazu kommen auf dem Lande Erntetänze (Dengaku) und ab 12.Jh. akrobat. Tanzschwänke (Sarugaku) zur Belustigung bei Festen auf, die sich zu Tanzspielen (Kowakamai) weiterentwickeln. Aus der Zusammenfassung dieser Vorformen entsteht im 14. Jh. das lyr. ↑No-Spiel, das von Seami Motokijo (* 1363, † 1443) in die noch heute gültige Form gebracht wird. Aus Musik, Schauspiel und Tanz entwickelt sich Anfang des 17.Jh. das dramat. **Kabuki-Theater,** das anfängl. z.T. recht drastisch und in übersteigertem Stil seine Themen dem Samurai- und Großstadtleben entnimmt und von dem Dramatiker ↑Tschikamatsu Monsaemon zu literar. anspruchsvoller Schaukunst geführt wird. Daneben erreicht das **Bunraku-Puppenspiel** (urspr. Dschoruri) große Popularität, die zeitweise die des Kabuki übertrifft. - Lösung von der Formelhaftigkeit und Ästhetik des späten Kabuki führt in der Meidschi-Zeit zum Schim-

Japanisches Theater. Kagura-Maske (um 800). London, British Museum

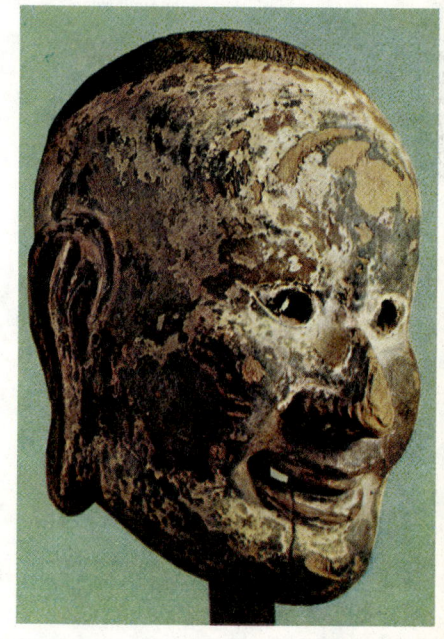

pa-Theater (Neue Richtung) und unter westl. Einfluß 1906 zur Gründung des Schingeki (Neues Theater) und 1909 zum Dschijugekidscho (Freies Theater), in denen neben europ. Klassikern zeitgenöss. europ. und jap. Autoren aufgeführt werden. Seit 1945 finden auch avantgardist. Experimentaltheater (Terajama u. a.) Beachtung.
📖 *Kabuki. Das klass. japan. Volkstheater.* Hg. v. *T. Leims u. a. Bln. 1985.* - *Barth, J.: Japans Schaukunst im Wandel der Zeiten. Wsb. 1973.*

Japanlacke, Bez. für weiße oder farbige, wetterbeständige Öl- oder Emaillacke; der echte J. wird aus den Säften des Lacksumach (Rhus verniciflua) gewonnen und für kunstgewerbl. Arbeiten verwendet.

Japanpapier, svw. ↑Reispapier.

Japanseide (Japon, Pongé), taftbindiges, feines und sehr dichtes Seidengewebe für Blusen, Kleider und Lampenschirme.

Japanwachs, aus den Früchten verschiedener Anakardiengewächse gewonnenes pflanzl. Wachs; zur Herstellung von Kerzen, Firnis u. a. verwendet.

Japanzeder (Sicheltanne, Kryptomerie, Cryptomeria), Gatt. der Sumpfzypressengewächse mit der einzigen Art **Cryptomeria japonica** in Japan und S-China; meist 30–40 m hoher Baum von schlankem, pyramidenförmigem Wuchs; Nadeln 6–12 mm lang, sichelförmig einwärts gekrümmt, steif; Zapfen kugelig, bis 3 cm lang; häufig als Zierbaum in zahlr. Gartenformen angepflanzt.

Japanzeit, in Japan gültige Zonenzeit (MEZ + 8 Std.).

Japetus [nach dem Titanen Iapetos], ein Mond des Planeten Saturn; mittlere Entfernung vom Planeten 3558000 km; Umlaufzeit 79,331 d; Durchmesser 1460 km.

Japhet (Japheth, Jafet), Sohn Noahs (1. Mos. 7, 13), nach der Genealogie des A. T. Stammvater der kleinasiat. oder indogerman. Nordvölker.

Japurá, Rio [brasilian. 'rriu ʒapu'ra], linker Nebenfluß des Amazonas, entspringt in der kolumbian. Zentralkordillere, mündet mit seinem östl. Mündungsarm gegenüber von Tefé (Brasilien), etwa 2500 km lang, ab der brasilian. Grenze schiffbar.

Japyger, Sammelbez. für die illyr. Volksstämme der Daunier, Peuketier und Messapier, der italischen Apuler, Choner, Sallentiner und Kalabrer.

Jaques-Dalcroze, Émile [frz. ʒakdal'kro:z], * Wien 6. Juli 1865, † Genf 1. Juli 1950, schweizer. Musikpädagoge und Komponist. - 1892 Prof. am Genfer Konservatorium, entwickelte seit 1879 ein System der Bewegungsschulung in Verbindung zur Musik, das er rhythm. Gymnastik nannte. Er erstrebte mit seiner Methode die Hinführung zur Fähigkeit körperl. Darstellung musikal. Zeitwerte und zur Vermittlung des Ausdruckgehalts der Musik. Er komponierte u. a. Lieder (Vertonungen eigener Gedichte).

Jara, Victor [span. 'xara], * Chillán 1938, † Santiago de Chile 18. Sept. 1973, chilen. Regisseur, Komponist und Volkssänger. - Mitbegr. des „Neuen chilen. Lieds", das, auf alten Volksweisen basierend, aktuelle polit.-soziale Probleme thematisierte. Unterstützte mit seinen populären Liedern die Volksfrontreg. S. Allende Gossens'; vermutl. nach dem Militärputsch ermordet.

Jargon [ʒar'gõ; frz., eigtl. „unverständl. Gemurmel"], Sondersprache bestimmter durch Beruf, Stand oder Milieu geprägter Kreise (Theater-, Mediziner-, Börsen-J.) mit speziellem Wortschatz, jedoch ohne eigene Gesetze des Satz- und Formenbaus (wie z. B. beim Dialekt). Der J. überschneidet sich oft mit den Berufs- oder Fachsprachen, für die die Bez. J. manchmal abwertend gebraucht wird, bes. für die charakterist. Ausdrucksweisen polit. und philosoph. Richtungen.

Jarisch-Herxheimer-Reaktion [nach dem östr. Dermatologen A. Jarisch, * 1850, † 1902, und dem dt. Dermatologen K. Herxheimer, * 1861, † 1944], heftige Reaktion des Organismus (u. a. mit Fieber) bei Syphilis als Antwort auf eine (wirksame) antisyphilit. Behandlung infolge Zerfalls der Spirochäten und des dadurch bedingten Freiwerdens von Toxinen.

Jarl [altnord.], in Skandinavien Bez. für den Krieger, dann für den Adligen und Heerführer, seit etwa 900 für den königl. Statthalter. Nachweisbar in Norwegen bis 1308, in Dänemark seit etwa 1400, in Schweden im 12./13. Jahrhundert.

Jarmuk, linker Nebenfluß des Jordan, entspringt in SW-Syrien, mündet 10 km südl. des Sees von Genezareth; bildet im Mittellauf die jordan. Grenze gegen Syrien, im Unterlauf die gegen Israel; etwa 80 km lang. 9 km nö. der Mündung wird das Wasser zu 90 % in den **Ost-Ghaur-Kanal** zur Bewässerung des östl. Teils des Jordangrabens nördl. des Toten Meeres (Jordanien) abgeleitet.

Jarnach, Philipp, * Noisy-le-Sec 26. Juli 1892, † Hamburg 17. Dez. 1982, dt. Komponist span. Herkunft. - 1927–49 Kompositionslehrer in Köln, 1949–70 an der Hamburger Musikhochschule. Lehrer u. a. von K. Weill, W. Maler, H. Degen. Von F. Busoni, dessen Oper „Doktor Faust" er beendete, beeinflußtes Werk (Orchester-, Kammer-, Klaviermusik, Lieder).

Järnefelt, Armas, * Wyborg 14. Aug. 1869, † Stockholm 23. Juni 1958, finn. Dirigent und Komponist. - Bruder von Arvid J.; bed. Sibelius- und Wagnerinterpret; vorwiegend lyr. bestimmtes Werk nat. Prägung.

J., Arvid, Pseudonym Hilja Kahila, * Pulkowa 16. Nov. 1861, † Helsinki 27. Dez. 1932, finn. Schriftsteller. - Schrieb Romane und Dramen, in denen er als Verkünder revolutionärer sozialer, eth. und religiöser Vorstellungen und Ideale wirkte, anfangs unter dem Einfluß des ihm persönl. bekannten Tolstoi.

Jaroff, Serge, russ. Sergei Alexejewitsch Jarow, *Gouv. Kostroma 1. April 1896, †Lakewood (N.J.) 5. Okt. 1985, russ. Dirigent. - Gründete, nachdem er Rußland verlassen hatte, 1920 den †Donkosakenchor, mit dem er 1939 in die USA emigrierte.

Jarosław [poln. ja'rɔsu̯af], poln. Stadt am Rande des Karpatenvorlandes, 30 500 E. Regionalmuseum; Nahrungsmittel-, keram. und Bekleidungsind. - 1349 an Polen, erhielt 1323/75 Stadtrechte. Ab 1772 unter östr. Herrschaft; 1919 wieder zu Polen. Urspr. got., im Renaissancestil umgebautes Rathaus;

Jaroslawl [russ. jɪra'slavlj], sowjet. Gebietshauptstadt in der RSFSR, an der Mündung des Kotorosl in die Wolga, 623 000 E. Univ. (gegr. 1969), Hoch- und Fachschulen; Architektur-, Kunstmuseum; Planetarium; ältestes russ. Theater (1750), Puppentheater, Zirkus. Bed. Ind.stadt (über 100 Betriebe); Hafen an der Wolga, Bahnknotenpunkt, ✈. - 1024 von Jaroslaw Mudry gegr.; gehörte zum Kiewer Reich, nach dessen Zerfall zum Ft. Rostow-Susdal; ab 1218 Hauptstadt des Teilfürstentums J.; 1238 Zerstörung durch die Mongolen; 1463 Anschluß an den Moskauer Staat; 1778 Gouvernementsstadt. - Zahlr. Kirchen, u. a. Nikolaus-Nadein-Kirche (1620) mit Wandmalereien (um 1640), Eliaskirche (1647-50) mit Ikonostase (18.Jh.), Johannes-Chrysostomos-Kirche (1649-54, ein Ziegelbau mit Ornamentik aus glasierten Ziegeln), Johannes-der-Täufer-Kirche (1671-87) mit 21 Kuppeln.

Jarosław Mudry (J. der Weise), *978, †Wyschgorod bei Kiew 20. Febr. 1054, Fürst von Kiew (seit 1019). - Seit 1036 Herr des Kiewer Reichs; seiner Reg.zeit wird die älteste Fassung der „Russkaja Prawda" („russ. Recht") zugeschrieben.

Jaroszewicz, Piotr [poln. jarɔ'ʃɛvitʃ], *Nieśwież (= Neswisch, Weißruss. SSR) 8. Okt. 1909, poln. Politiker - Lehrer; ab 1944 Mgl. der Poln. Arbeiterpartei, 1948-81 der Vereinigten Poln. Arbeiterpartei, 1970-80 Mgl. des Politbüros; 1952-70 stellv. Min.präs., 1970-80 Ministerpräsident.

Jarra [engl. 'dʒæra; austral.] (Jarrah, Dscharrabaum, Eucalyptus marginata), bis 40 m hohe Eukalyptusart im SW Australiens, dort oft in Reinkultur (**Jarrawälder**) auftretend; liefert ein rotes, sehr widerstandsfähiges Holz (**Jarraholz**).

Jarres, Karl, * Remscheid 21. Sept. 1874, †Düsseldorf 20. Okt. 1951, dt. Jurist und Politiker. - 1914-23 und 1925-33 Oberbürgermeister von Duisburg; als Mgl. des rechten Flügels der DVP 1923-25 Reichsinnenmin. und Vizekanzler; erreichte 1925 als Kandidat des Rechtsblocks die relative Mehrheit bei der Reichspräsidentenwahl, verzichtete aber zugunsten von Hindenburg; nach 1933 in der Wirtschaft tätig.

Jarring, Gunnar, *Brunnby 12. Okt. 1907, schwed. Diplomat und Turkologe. - 1933-40 Prof. für türk. Sprachen in Lund; 1940-73 im diplomat. Dienst; 1956-58 ständiger Vertreter bei den UN, 1957/58 beim Sicherheitsrat; 1958-64 Botschafter in den USA, 1964-73 in der UdSSR; 1967-71 wiederholt Vermittler der UN zur Beendigung des israel.-arab. Krieges.

Jarry, Alfred [frz. ʒa'ri], *Laval (Bretagne) 8. Sept. 1873, †Paris 1. Nov. 1907, frz. Dichter. - Hatte nach ersten Veröffentlichungen (symbolist. Gedichte und Prosa) 1896 einen Skandalerfolg mit dem Theaterstück „König Ubu", in dem er mit beißender Ironie und derber Sprache die bürgerl. Scheinmoral angriff; die Titelfigur wurde zum Inbegriff des borniertes, opportunist. Bürgers und der Fragwürdigkeit von polit. und sozialer Macht. J. gilt heute als Vorläufer des absurden Theaters. Surrealist. Züge zeigen seine Romane, v. a. „Der Supermann" (1902).
Weitere Werke: Ubu in Ketten (Dr., 1900), Messalina (R., 1901), Heldentaten und Ansichten des Dr. Faustroll, Pataphysiker (R., hg. 1911), Ubu Hahnrei (Dr., hg. 1944), Der Alte vom Berge (Ged., Dramen, Prosa, dt. 1972).

Jaruzelski, Wojciech Witold [poln. jaru'zɛlski], *Kurów (bei Lublin) 6. Juli 1923, poln. General und Politiker. - 1947 Mgl. der Poln. Arbeiterpartei (PPR), 1948-90 der Vereinigten Poln. Arbeiterpartei (PZPR); seit 1957 General; seit 1961 Parlamentsabg.; seit 1962 stellv. Verteidigungsmin., seit 1965 Chef des Generalstabs, 1968-83 Verteidigungsmin.; Mgl. des ZK der PZPR seit 1964, des Politbüros seit 1971; im Febr. 1981 zum Min.präs. gewählt, im Okt. 1981 auch zum 1. Sekretär des ZK (bis 1989). Verhängte im Dez. 1981 (bis Juli 1983) das Kriegsrecht über Polen; seit Nov. 1983 Vors. des Komitees zur Verteidigung des Landes. Nov. 1985 - Juli 1989 Vors. des Staatsrats (= Staatsoberhaupt). Nach Verfassungsänderungen im Juli 1989 zum Staatspräs. gewählt.

Jasd [pers. jæzd], Stadt in Z-Iran, 193 300 E. Hauptstadt des Verw.-Geb. J., kult. Mittelpunkt des Mazdaismus; Handelszentrum; Teppichknüpferei, Kunsthandwerk.

Jasło [poln. 'jasu̯ɔ], poln. Krst. am N-Rand der Beskiden, 235 m ü. d. M., 22 000 E. Erdölforschungsinst., Erdölraffinerie; chem. Ind. - Erhielt 1365 Stadtrecht.

Jasmin [frz. ʒas'mɛ̃], eigtl. Jacques Boé, *Agen 6. März 1798, †ebd. 4. Okt. 1864, gascogn. Mundartdichter. - Urspr. Perückenmacher; schrieb Dichtungen in gascogn. Dialekt, bes. volkstüml. Verserzählungen, die er selbst vortrug.

Jasmin [pers.-arab.-span.], (Jasminum) Gatt. der Ölbaumgewächse mit rund 200 Arten, meist in trop. und subtrop. Gebieten;

Jasminöl

immergrüne oder laubabwerfende, kletternde oder windende Sträucher mit meist kantigen Zweigen; Blüten langröhrig, weiß, rosa oder gelb, z. T. stark duftend, meist in Trugdolden. Mehrere Arten werden als Zierpflanzen kultiviert, z. B. der winterharte, gelbblühende **Winterjasmin** (*Echter J.*, Jasminum nudiflorum) aus N-China, ein ab Jan. blühender, bis 3 m hoher Strauch.
♦ (Falscher J.) svw. ↑Pfeifenstrauch.

Jasminöl, aus Jasminblüten extrahiertes äther. Öl; Verwendung in der Parfüm- und Seifenindustrie.

Jasmon [pers.-arab.-span.], ein im Jasmin- und Orangenblütenöl vorkommendes, nach Jasmin riechendes, hellgelbes, öliges Keton.

Jasmund, Teil der Halbinselkette im NO der Insel ↑Rügen.

Jasna ↑Awesta.

Jasnaja Poljana, Landgut des russ. Schriftstellers L. N. Tolstoi von 1862 bis 1910, 20 km ssw. von Tula, UdSSR; heute Gedächtnisstätte und Museum in dem in ursprüngl. Zustand gehaltenen Haus.

Jasomirgott, Hzg. Heinrich II. von Österreich ↑Heinrich II. Jasomirgott, Hzg. von Österreich und Bayern.

Jason, Held der griech. Mythologie. Führer des Zuges der ↑Argonauten, Gemahl der Medea.

Jason, † Delphi 370 v. Chr. (beim Besuch der Pyth. Spiele ermordet), seit 380 Tyrann von Pherä (Thessalien). - Vereinigte Thessalien unter seiner Herrschaft; ermöglichte 371 den Abzug der bei Leuktra geschlagenen Lakedämonier.

Jaspé [jas'pe:; frz. „jaspisfarben"], farbl. gemustertes Baumwollgarn; aus zwei verschiedenfarbigen Vorgarnen.

Jasper National Park [engl. 'dʒæspə 'næʃənəl 'pɑ:k], kanad. Nationalpark auf der O-Abdachung der Rocky Mountains, Hauptort Jasper; Gletscher, heiße Mineralquellen, Wildschutzgebiet.

Jaspers, Karl, * Oldenburg (Oldenburg) 23. Febr. 1883, † Basel 26. Febr. 1969, dt. Philosoph. - 1916 Prof. für Psychologie in Heidelberg, 1921 für Philosophie ebd. (1935-45 Lehrverbot), seit 1948 in Basel. J. begründete mit seiner „Allg. Psychopathologie" (1913), in der er den Diltheyschen Begriff des ↑Verstehens in die Psychologie einführte, eine hermeneut.-geisteswiss. Psychopathologie. Als Hauptvertreter der ↑Existenzphilosophie sieht J. eine unauflösl. Verbindung zw. der Erfahrung der Existenz und der der Transzendenz als des „Umgreifenden", das in den „Grenzsituationen" (Leiden, Tod, Schuld) bewußt wird. Weder von Existenz als Möglichkeit des Daseins noch von Transzendenz sei ein objektivierbares Wissen mögl.; in der Suche nach Wahrheit in „totaler Kommunikation" mit anderen Menschen, in der die ↑Chiffren des Seins transparent würden, liege die Möglichkeit existentieller Freiheit.
Werke: Psychologie der Weltanschauungen (1919), Die geistige Situation der Zeit (1931), Philosophie (1932), Nietzsche (1936), Von der Wahrheit (1947), Vom Ursprung und Ziel der Geschichte (1949), Hoffnung und Sorge (1965).
📖 *Burkhard, F.: K. J. Würzburg 1985.* - *Carr, G. R.: K. J. as an intellectual critic. Ffm. 1983.* - *Hersch, J.: K. J. Dt. Übers. Mchn. 1980.* - *K. J. in der Diskussion. Hg. v. H. Saner. Mchn. 1973.*

Jaspis [semit.-griech.], als Schmuckstein verwendetes Mineral; undurchsichtiger, intensiv gefärbter, teils gebänderter Chalzedon mit muscheligem Bruch; Mohshärte 7,0; Dichte 2,5-2,6 g/cm³; schön gefärbte Varietäten sind *Hornstein*, *Feuerstein*, *Plasma* (lauchgrün) und *Heliotrop* (grün mit roten Flecken).

Jaß, aus Polen stammendes, v. a. in der Schweiz beliebtes Kartenspiel mit 36 Karten zw. zwei bis vier Personen; zahlr. Varianten.

Jassana [indian.] (Jacana spinosa), rund 20 cm langes, rotbraunes Blatthühnchen auf pflanzenreichen Süßgewässern Mexikos bis Argentiniens; mit schwarzem Kopf und Hals, rotem oder gelbl. Stirnschild und gelben Handschwingen.

Jassy, (Iaşi), Stadt in NO-Rumänien, 298 000 E. Verwaltungssitz des Verw.-Geb. J., kath. Bischofssitz; Univ. (gegr. 1860), PH (gegr. 1937), landw. Hochschule, medizin.-pharmazeut. Hochschule, Konservatorium, mehrere Forschungsinst.; Archiv, Museen, Staatsoper und -philharmonie. Metall-, Kunststoff-, Pharma- u.a. Ind. 🚂. - Siedlungsspuren aus dem Paläolithikum und dem Neolithikum (Cucutenikultur). Das heutige J. geht auf eine Siedlung des 7. Jh. zurück. 1231 wurde der Ort durch Mongolen zerstört. 1565 verlegte Fürst Alexandru Lăpuşneanu seine Residenz von Suceava nach J., das Hauptstadt und wichtiges Kulturzentrum des Ft. Moldau wurde. 1848 kam es hier zum Ausbruch der revolutionären Bewegungen; seit dem späten 19. Jh. bed. als ein Zentrum der Arbeiterbewegung. - Mit dem **Frieden von Jassy** (9. Jan. 1792) beendete Rußland den Türkenkrieg 1787-92. - Kirche Sankt Nikolaus (1493), Kirche Trei Ierarhi (1639), Kulturpalast (20. Jh.).

Jastorfkultur (Jastorfgruppe), nach einem Urnenfriedhof in Jastorf (= Bevensen, Landkr. Uelzen) ben. (als german. anzusprechende) Kulturgruppe der älteren Eisenzeit (etwa 6. Jh. v. Chr. bis um Christi Geburt) in N-Deutschland und S-Jütland.

Jászberény [ungar. ja:sbɛrɛnj], ungar. Stadt an der Zagyva, 100 m ü. d. M., 31 000 E. PH, Museum; Herstellung von Kühlschränken und Metallwaren. - J., der Sage nach die Residenz Attilas, war Hauptort der von den ungar. Königen angesiedelten Jazygen.

Jatagan (Yatagan) [türk.], aus Ostindien stammender, bes. aber dann im Orient verbreiteter Säbel mit S-förmig (teils konvex, teils konkav) gekrümmter Klinge, meist ohne Parierstange; die Hauptwaffe der Janitscharen; im 19.Jh. auch als Bajonett bei einem Teil der frz. Infanterie eingeführt.

JATO [engl. 'dʒeɪ-eɪtiːˈoʊ, 'dʒeɪtoʊ], Abk. für engl.: Jet Assisted Take Off, Sammelbez. für Flugzeug-Starthilfsraketen.

Jatsuschiro, jap. Stadt an der W-Küste Kiuschus, 108 000 E. Kunstfaser-, Papier- und Zementind., Porzellanwarenherstellung (seit dem 16. Jh.).

Jauche [slaw.], der oft mit etwas Kot und Streu vermischte, in Gruben gesammelte Harn der Stalltiere; wichtiger Wirtschaftsdünger; enthält 0,25 bis 0,50 % Stickstoff, 0,50 bis 0,60 % Kalisalze, aber nur 0,01 % Phosphorsäure.

Jauer (poln. Jawor), Stadt am O-Fuß des Bober-Katzbach-Gebirges, Polen▼, 195 m ü. d. M., 17 000 E. Landmaschinenbau, Ofenfabrik, Nahrungsmittelind. - 1241 neben Burg und Siedlung als Stadt gegr.; 1278–92 Hauptort des gleichnamigen Ft., das 1392 böhm., 1474 ungar. und 1742 preuß. wurde. - Got. Kirche Sankt Martin (14. Jh.), ev. Friedenskirche (17.Jh.), Rathaus (19.Jh.) mit Belfried (16.Jh.), Reste der Wehranlagen (14.Jh.).

Jaufen ↑Alpenpässe (Übersicht).

Jaunde (Yaoundé), Hauptstadt von Kamerun, im SW, 730 m ü. d. M., 435 900 E. Auch Prov.- und Dep.hauptstadt, Sitz eines kath. Erzbischofs und des orth. Metropoliten für Westafrika; Univ. (gegr. 1962), Lehrerseminar, Goethe-Inst., Nationalbibliothek, Bundesarchiv; Baustoff-, Metall- und Nahrungsmittelind.; Bahnstation, ✈. - 1888 errichteten die Deutschen einen Militärposten, 1916 wurde J. von frz. Truppen besetzt und als Verwaltungszentrum für Kamerun ausgebaut.

Jaunpur [engl. 'dʒaʊnpʊə], ind. Stadt im Gangestiefland, B.-Staat Uttar Pradesh, 105 000 E. Handelszentrum. - 1359 von Firus Schah Tughluk gegr., war J. 1394–1480 Hauptstadt eines muslim. Staates. 1539 kam J. zum Mogulreich, 1775 wurde es britisch. - J. ist berühmt wegen seiner monumentalen Moscheen, u. a. Dschami Masdschid (1470–78) und Atala Masdschid (1408 vollendet); Alpbaribrücke über die Gumti (1564–68).

Jauntal ↑Drau.

Jaurès, Jean [frz. ʒɔˈrɛs], * Castres (Tarn) 3. Sept. 1859, † Paris 31. Juli 1914, frz. Philosoph und Politiker. - 1883–85 Prof. in Toulouse, vertrat die Linksrepublikaner 1885–89, die Sozialisten 1893–98 und 1902–14 in der Kammer. 1904 Begr. der „L'Humanité", förderte J. den Zusammenschluß der frz. Sozialisten zur Section Française de l'Internationale Ouvrière (SFIO) 1905, in deren Reihen er gegen die marxist. Richtung von J. M. Guesde revisionist. Grundsätze verfocht. Verschärfte soziale Spannungen, Meinungsverschiedenheiten über Sozialgesetzgebung und Streikfrage sowie seine pazifist. Haltung und weitgehende Verständigungsbereitschaft gegenüber dem Dt. Reich führten ab 1907 zu zunehmenden Auseinandersetzungen mit den bürgerl. Parteien und den Reg. Clemenceau und Briand. J. wurde kurz vor Ausbruch des 1. Weltkriegs von einem nationalist. Fanatiker ermordet; 1924 im Panthéon beigesetzt.

Jause [zu slowen. júžina „Mittagessen, Vesper"], östr. Bez. für Zwischenmahlzeit, Imbiß, Vesper; **Jausenstation,** kleine Gaststätte, in der man einen Imbiß einnehmen kann.

Java (amtl. Schreibung Jawa), kleinste, aber bedeutendste der Großen Sundainseln, Indonesien, 1 060 km lang, bis 195 km breit, 89,7 Mill. E (1980). Auf J. liegt Jakarta, die Hauptstadt Indonesiens. Die Insel ist überwiegend gebirgig, im Semeru 3 676 m hoch. Tätige und erloschene Einzelvulkane und Vulkangruppen bilden die zentrale Längsachse der Insel. Beiderseits der Vulkanreihe gliedern sich Berg- und Hügelländer an. Im N sind dem Bergland z.T. versumpfte Schwemmlandebenen vorgelagert. Das Klima ist trop., immerfeucht im westl., monsunalwechselfeucht im mittleren und östl. Teil. Nur noch 23 % der Gesamtfläche werden von Wäldern eingenommen; Teakbestände im O. Die Küsten werden z. T. von Mangroven gesäumt. Die bedeutendsten Bev.gruppen bilden die Javaner in Z-, N- und SO-Java sowie die Sundanesen im W. Von der Insel Madura ausgewanderte Maduresen siedeln v. a. um Besuki und Malang. Chinesen, Inder und Araber zählen zu den Minderheiten. J. ist dicht besiedelt (678 E/km^2).

Als religiös-agrar. Lebensgemeinschaft ist das Dorf die entscheidende Einheit im wirtsch. und sozialen Leben. Die zugehörige Flur besteht aus kleinen block- oder streifenförmigen Parzellen, teils bewässerbar, teils Trockenfelder. Im Fruchtwechsel mit Reis werden u. a. Maniok, Erdnüsse, Sojabohnen, Süßkartoffeln, Tabak angebaut, im Umkreis der größeren Städte Kartoffeln und Gemüse. Die im 17. Jh. begr. Plantagenwirtschaft wurde nach 1870 stark ausgeweitet: Zuckerrohranbaubetriebe entstanden in den Ebenen Z- und O-Javas, Teepflanzungen im westl. Bergland, Chinarindenkultur v. a. um Bandung, Kaffeepflanzungen im O sowie Kautschukpflanzungen auf der ganzen Insel. An Bodenschätzen finden sich Erdöl (u. a. Off-shore-Bohrungen), Phosphate, Mangan-, Eisen-, Silber- u. Kuppererze. Die Fischerei ist für die Eiweißversorgung der Bev. bedeutender als die Viehwirtschaft. Unter niederl. Einfluß haben sich mehrere Höhensiedlungen zu Erholungsorten entwickelt. Neben den Tempelkomplexen in Z-Java sind v. a. Bogor sowie die Fürstensitze Yogyakarta und Surakarta vielbesuchte Touristenziele. Das traditionelle Kunsthandwerk,

Javamensch

bes. Silberschmiedekunst, Batikfärberei und Holzschnitzerei hat weite Verbreitung. - Zur Geschichte ↑Indonesien.
📖 *Maurer, J. P./Maurer, G.: J. Hannover 1981. - Palmier, L. H.: Social status and power in J. London 1960. - Geertz, C. J.: The development of the Javanese economy: a sociocultural approach. Cambridge (Mass.) 1956.*

Javamensch ↑Mensch (Abstammung).
Javanashorn ↑Nashörner.
Javaner, jungmalaiisches Kulturvolk in Z- und O-Java.
Javaneraffe ↑Makaken.
Javanisch, zum südwestindones. Zweig der indonesischen Sprachen gehörende Sprache mit etwa 40 Mill. Sprechern in M- und O-Java und auf Sumatra, Borneo und Celebes (javan. Aussiedler). Die Zeugnisse der altjavan. Sprache gehen bis ins 9. Jh. n. Chr. zurück. Charakterist. Merkmal des J. sind die von der sozialen Stellung usw. bestimmten Höflichkeitssprachen: *Ngoko* (Redeweise von Familienangehörigen und Gleichgestellten); *Krama* (*Kromo;* Respektsprache); *Krama inggil* (nur für bes. hochstehende Personen verwandt); *Madya* (*Krama desa;* unter gesellschaftl. Gleichgestellten gebrauchte Dorfsprache) und *Basa kedaton* (Sprache des Fürstenhofes).
Javari, Rio [brasilian. 'rriu ʒava'ri] (span. Río Yavarí), rechter Nebenfluß des Amazonas, entspringt im ostperuan. Andenvorland, mündet gegenüber von Leticia, über 1 000 km lang; bildet in seinem ganzen Lauf die Grenze zw. Brasilien und Peru.
Javasee, Teil des Australasiat. Mittelmeeres zw. Java, Sumatra, Borneo und Celebes.
Jawara, Sir (seit 1966) Dawda (David) [Kairaba] [engl. dʒɑːˈwɑːrɑː], * Barajally (Maccarthy Island Division) 11. Mai 1924, gamb. Politiker. - Begründer der „People's Progressive Party"; 1962–70 Premiermin., seit 1970 Staatspräs. in Gambia, seit 1982 auch Vizepräs. der Föderation Senegambia.
Jawlensky, Alexej von [...ki], * Torschok (Gouv. Twer) 25. März 1864, † Wiesbaden 15. März 1941, dt.-russ. Maler. - Studierte Malerei in Petersburg (u. a. bei Repin), gab 1896 die Offizierslaufbahn auf und ließ sich in München nieder. Beeinflußt vom Fauvismus; Zusammenarbeit mit der Künstlergruppe „Blauer Reiter". Bildnisse, Stilleben und Landschaft in intensiver, den Eigenwert der Farbe betonender Leuchtkraft. Seit den 20er Jahren konstruktivist. Bildaufbau, v. a. in z. T. bis an die Grenze zur Abstraktion reduzierten Gesichtern, die J. seit 1934 „Meditationen" nennt (u. a. in Hagen, Städt. Karl-Ernst-Osthaus-Museum).
Jawor ↑Jauer.
Jaworski, Stefan [russ. jɪˈvɔrskij], eigtl. Semjon J., * Jaworow bei Lemberg 1658, † Moskau 6. Dez. 1722, Patriarchatsstellvertreter (seit 1702). - Zunächst kath., dann russ.-orth. Mönch des Kiewer Höhlenklosters. Als der Zar 1721 die russ. Kirche dem Staat unterordnete, wurde J. erster Präsident des Heiligen Synod.
Jaworzno [poln. jaˈvɔʒnɔ], poln. Stadt auf der Krakau-Tschenstochauer Höhe, 300 m ü. d. M., 93 900 E. Mittelpunkt des sog. Krakauer Reviers mit Blei- und Zinkerzlagerstätten und Steinkohlenvorkommen; chem. Ind. - 1242 erstmals genannt; gehörte bis 1789 den Bischöfen von Krakau. 1795–1919 mit Unterbrechungen östr.; 1889 wurde J. Stadt.
Jay, John [engl. dʒeɪ], * New York 12. Dez. 1745, † Bedford (N. Y.) 17. Mai 1829, amerikan. Politiker und Jurist. - Unterstützte die Unabhängigkeitsbewegung und entwarf als Mgl. des 1. Kontinentalkongresses die „Adress to the people of Great Britain" (1774). Konzipierte die Verfassung des Staates New York (1777); 1778/79 Präsident des 2. Kontinentalkongresses; 1789–95 erster Oberster Richter der USA. J. schloß 1794 mit Großbrit. den Grenville-J.-Vertrag, der u. a. zur endgültigen Räumung des nw. Grenzgebiets durch die Briten führte.
Jayapura [indones. dʒajaˈpura] (Djajapura; früher Hollandia), Hauptstadt von Irian Jaya, Indonesien, Hafen an der N-Küste der Insel Neuguinea, 150 000 E. Kath. Bischofssitz; Univ. (gegr. 1962); Handelszentrum des agrar. Umlands.
Jayawardene, Junius Richard, * Colombo 17. Sept. 1906, Politiker von Sri Lanka. - 1947–53 Finanz-, 1953–56 Landw.-, 1965–70 Staatsmin., übernahm 1970 die Fraktions-,

Alexej von Jawlensky, Der Buckel (1911). Privatbesitz

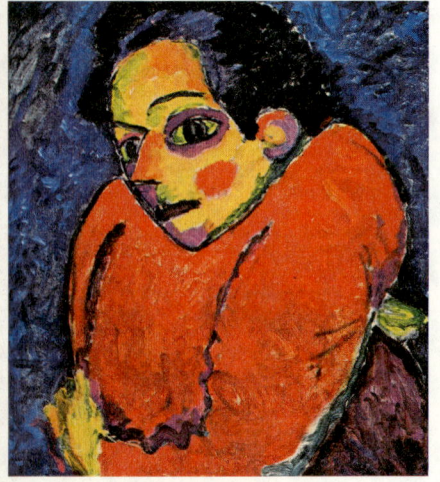

1973 auch die Parteiführung der United National Party; 1977 Min.präs., nach Einführung des Präsidialsystems 1978–88 Staatspräs. (zugleich Min. für Erziehung und weitere Ministerämter).

Jazygen, Stamm der iran. Sarmaten, der im 5. Jh. v. Chr. am Don und Asowschen Meer saß, von dort weiterzog und sich 40–45 n. Chr. zw. Donau und Theiß im heutigen Ungarn niederließ.

Jazz [jats, engl. dʒæz; engl.-amerikan.], eine gegen Ende des 19. Jh. von den Nachfahren der durch Sklavenhandel in die Südstaaten der USA verschleppten Afrikaner entwikkelte Musik. Die Etymologie des seit etwa 1917 gebräuchl. Wortes ist ungeklärt. Der J. bildete sich, bis heute wesentl. geprägt von Schwarzen und Farbigen, in einem kulturellen Verschmelzungsprozeß von Elementen der afroamerikan. Volksmusik (Blues, Worksong, Spiritual) mit solchen der europ.-amerikan. Marsch-, Tanz- und Populärmusik; dabei wurden durch Mischung mit Kulturen bereits entstandene Musikarten (Ragtime; kreol., afro-kuban. Musik) einbezogen. - Der urspr. volkstüml. J. entwickelte sich histor. in drei sich oft überkreuzenden Grundlinien: als Musik zur Unterhaltung und Tanz, als Kunstmusik und als Ausdruck sozialen Protests. Unabhängig von stilist. Umbrüchen und der Verschiedenartigkeit von Personalstilen wird der J. durch Gestaltungsprinzipien charakterisiert, die - zumindest bis zum ↑Free Jazz - als Konstanten angesehen werden können. - *1. Besetzung:* In den kleinen Ensembles (Combos) wie den Orchestern (Bands) sind „Rhythmusgruppe" (Schlagzeug, Kontrabaß, Klavier u. ä.) und „Melodiegruppe" (i. d. R. Blasinstrumente) funktionell geschieden: die eine garantiert v. a. die rhythm. und harmon. Grundlage, die andere die melod. und rhythm. Differenzierung. - *2. Improvisation:* Der J. ist prinzipiell eine improvisierte Musik; Kompositionen geben i. d. R. nur den Rahmen für Improvisationen ab. Improvisiert wird auf der Grundlage harmon.-metr. Schemata, die durch das der Improvisation vorangestellte Thema definiert sind. - *3. Rhythmus:* Bezeichnend sind die aus der Verschränkung europ. und afrikan. Zeitordnung entstandene Spannung zw. dem Fundamentalrhythmus (Beat) und den gegen ihn gerichteten melod.-rhythm. Akzenten (Off-Beat) sowie die Überlagerung verschiedener Rhythmen (Polyrhythmik); sie wird als ↑Swing erlebt. - *4. Tonbildung:* Charakterist. sind die aus der afroamerikan. Volksmusik übernommenen Blue notes (↑Blues), zahlr. Formen der Tonverschleifung und eine an die afrikan. Musik anknüpfende Vokalisierung des Instrumentalklanges (Hot intonation, Growl).

Anknüpfend an die Tradition der Marschkapellen (Brass-Bands) verschmolzen schwarze Musiker Ende des 19. Jh. die verschiedenartigen Einflüsse zum ersten vollausgebildeten Stil des J., nach einem Hauptort seines Entstehens New-Orleans-J. gen.; charakterist. sind Kollektivimprovisationen der melodietragenden Instrumente (Trompete, Klarinette, Posaune). Als Imitation des „schwarzen" New-Orleans-J. durch weiße Musiker entstand um die Jh.wende der Dixieland. Er übernahm hauptsächl. nur die äußeren Merkmale seines Vorbildes. Mit dem Dixieland-J. begann ein Prozeß, der sich in der Geschichte des J. beständig wiederholte: Farbige Musiker schufen einen Stil, weiße Musiker imitierten und glätteten ihn. Zu Anfang der 1920er Jahre begann unter dem Einfluß einer wachsenden Industrialisierung und einer liberaleren Rassenpolitik in den nördl. Staaten der USA ein anhaltender Zuzug von Afroamerikanern in die Städte des Nordens, v. a. nach Chicago, das zum neuen Zentrum des J. wurde. Als zweite „weiße" Variante des „schwarzen" New-Orleans-J. entwickelte sich der Chicagostil, das Bindeglied zw. den sog. klass. J.stilen und dem Swing. Dieser entstand zu Anfang der 1930er Jahre und war v. a. eine Angelegenheit der großen Orchester. Während der Swingepoche vollzog sich die sog. zweite Akkulturation des J.: oft wurden auch bei schwarzen Musikern die afroamerikan. Elemente des J. in den Hintergrund gedrängt. Als Reaktion auf den weitgehend kommerzialisierten Swingstil entwickelten farbige Musiker zu Beginn der 1940er Jahre in New York den Bebop, der durch eine hekt.-nervöse Rhythmik und Melodik gekennzeichnet ist. Im Laufe der 1950er Jahre bildeten sich in der Nachfolge des Bebop zwei unterschiedl. Stile heraus: Cool Jazz und Hardbop. Der erstere, vorwiegend von weißen Musikern gespielt, knüpfte an die harmon. Errungenschaften des Bebop an, glättete aber dessen Rhythmik und Tonbildung zu einer verhaltenen Kühle und paßte sich teilweise der europ. Kunstmusik an. Der Hardbop hingegen betonte die afroamerikan. Wurzeln des J., indem er auf ältere Formen des Blues und der Gospelmusik zurückgriff. Um 1960 kam es zum entscheidenden Bruch in der Geschichte des J. Im ↑Free Jazz, in dem auch ein Protest der Schwarzen gegen europäische, nicht nur musikalisch vermittelte, Traditionen zum Ausdruck kommt, wurden fast alle herkömml. Gestaltungsprinzipien des J. in Frage gestellt: an die Stelle der bis dahin gültigen Formenschemata trat die „offene Form", die funktionsharmon. Abläufe wurden aufgegeben und die tonalen Bezüge verschleiert oder ignoriert; der den Rhythmus regelnde Beat und das gleichbleibende Tempo verloren ihren normativen Charakter. Zugleich beginnen, verstärkt seit den 1960er Jahren, Jazzmusiker die Musiktradition fast aller Kulturen in den J. einzubeziehen oder zu verarbeiten. Der J. der 1970er Jahre wird zum einen be-

Jazz age

stimmt von vielfältigen Bestrebungen um eine Synthese von J. und Rockmusik, zum anderen - in Reaktionen auf die Aggressivität des Free Jazz - durch Bemühungen um Klangschönheit und Harmonie bis zur Adaption romant. Stilelemente aus der ernsten Musik.
📖 *Bausch, A.: J. in Europa. Trier 1985. - Berendt, J. E.: Die Story des J. Bayreuth 1984. - Berendt, J. E.: Das große J.buch. Von New Orleans bis Jazz Rock. Ffm. 1982. - Polillo, A.: J. Gesch. u. Persönlichkeiten. Neuaufl. Mchn. 1982. - Dauer, A. M.: Der J. Seine Ursprünge u. seine Entwicklung. Kassel ²1961.*

Jazz age [engl. 'dʒæz 'ɛɪdʒ], in den USA Bez. für die Zeit zw. dem Ende des 1. Weltkriegs und dem Ende der 1920er Jahre, der Hochblüte des traditionellen Jazz; vielfach auch gleichbedeutend mit „Golden twenties" gebraucht. Die Bez. wurde bes. durch die Kurzgeschichtensammlung „Tales of the jazz age" (1922) von F. S. Fitzgerald populär.

Jazz at the Philharmonic [engl. 'dʒæz ət ðə fiːlˈmɒnɪk], Abk. JATP, Name einer 1944 durch N. Granz begründeten Konzertserie; benannt nach dem „Philharmonic Auditorium" in Los Angeles, wo die ersten Konzerte veranstaltet wurden.

Jazzrock [engl. dʒæz] (Rockjazz), musikal. Strömung der 1970er Jahre, die Elemente von Jazz und Rock zu verschmelzen versucht. Bekannte Gruppen waren „Chicago" und „Blood Sweat & Tears".

Jean [frz. ʒã], frz. Form des männl. Vornamens Johannes.

Jean [engl. dʒɛɪn], engl. Form des weibl. Vornamens Johanna.

Jean [frz. ʒã], * Schloß Berg (Kt. Mersch) 5. Jan. 1921, Großherzog von Luxemburg (seit 1964). - Ältester Sohn der Großherzogin Charlotte und des Prinzen Felix von Bourbon-Parma; 1951 Mgl. des Staatsrats; seit 1953 ∞ mit der Prinzessin Josephine Charlotte, Tochter Leopolds III. von Belgien.

Jean de Jandun [ʒãdʒã'dœ̃] ↑Johannes von Jandun.

Jeanne [frz. ʒɑːn, ʒan], frz. Form des weibl. Vornamens Johanna.

Jeanne d'Albret [frz. ʒandalˈbrɛ] ↑Johanna von Albret.

Jeanne d'Arc [frz. ʒanˈdark] (Johanna von Orléans), hl., gen. Jungfrau von Orléans, * Domrémy-la-Pucelle (Vosges) zw. 1410 und 1412, † Rouen 30. Mai 1431, frz. Nationalheldin. - Aus begüterter Bauernfamilie stammend, glaubte sie sich seit dem 14. Lebensjahr durch „Stimmen" zum Kampf gegen die Engländer im Hundertjährigen Krieg berufen. Mit Erlaubnis des späteren frz. Königs Karl VII. führte sie in Männerkleidung und bewaffnet das frz. Heer, dem die Befreiung des von den Engländern eingeschlossenen Orléans (8. Mai) gelang. Der glänzende Sieg von Patay (18. Juni) machte die Krönung Karls VII. im bis dahin im engl. Einflußbereich gelegenen Reims am 17. Juli 1429 möglich. Am 23. Mai 1430 fiel J. d'A. bei Compiègne in burgund. Gefangenschaft und wurde an die Engländer ausgeliefert. In Rouen wurde sie im Febr. 1431 der Zauberei und Ketzerei angeklagt. Sie verteidigte sich standhaft, unterzeichnete aber angesichts des Feuertodes am 24. Mai eine Abschwörungsformel; daraufhin zu lebenslanger Haft verurteilt, widerrief sie und wurde verbrannt; 1456 in einem neuen Prozeß rehabilitiert. Ihr Auftreten stellt einen Wendepunkt des Hundertjährigen Kriegs dar. 1909 wurde sie selig-, 1920 heiliggesprochen (Tag: 30. Mai).
V. a. in Frankr. schon früh Stoff dichter. Gestaltung (u. a. F. Villon, 1461), in der Neuzeit bed. Thema der Weltliteratur: J. d'A. als betrüger. Buhlerin bei W. Shakespeare („König Heinrich VI.", 1. Teil, 1592), Trägerin des nat. Gedankens in der frz. Literatur des 19. Jh. In F. von Schillers Drama „Die Jungfrau von Orleans" (1802) überwindet die mit übernat. Kräften ausgestattete J. d'A. ihre menschl. Schwäche und stirbt geläutert auf dem Schlachtfeld. Im 20. Jh. Entmythologisierung (u. a. G. B. Shaws Drama „Die hl. Johanna", dt. 1924); B. Brecht (Drama „Die Gesichte der Simone Machard", 1956) aktualisierte den historischen Stoff; J. Anouilh (Drama „Jeanne oder die Lerche", 1953) sah in der Heldin die Personifikation frz. Wesens.
📖 *Cordier, J.: J. d'A. Dt. Übers. Mchn. 1979. - Brettschneider, W.: Die Jungfrau v. Orléans im Wandel der Lit. Hollfeld 1970. - J. d'A. Dokumente ihrer Verurteilung u. Rechtfertigung 1431–56. Dt. Übers. Hg. v. R. Schirmer-Imhoff. Köln 1956.*

Jeanneret-Gris, Charles-Édouard [frz. ʒanrɛˈgri], frz. Architekt, ↑Le Corbusier.

Jeannette [frz. ʒaˈnɛt], frz. Verkleinerungsform von Jeanne (↑Johanna).

Jean Paul [ʒã'paʊl], eigtl. Johann Paul Friedrich Richter, * Wunsiedel 21. März 1763, † Bayreuth 14. Nov. 1825, dt. Dichter. - Nach entbehrungsreicher Jugend ab 1781 Theologie- und Philosophiestudium, das er 1784 aus finanziellen Gründen abbrechen mußte; danach Hauslehrer auf Schloß Töpen bei Hof; 1790 Gründer und bis 1794 Leiter der Elementarschule in Schwarzenbach; 1798–1800 in Weimar, dort Freundschaft mit Herder, während Goethe und Schiller ihm reserviert begegneten; lebte ab 1804 zurückgezogen in Bayreuth. Seine von grotesker Phantasie und liebevollem Humor bestimmten Romane standen außerhalb der literar. Strömungen seiner Zeit, obwohl alle Züge vorhanden sind, die ein roman. Kunstwerk auszeichnen: musikal. Konzeption, Lyrik, Traum, Reflexion, Ironie, starke Kontraste. Auch seine philosoph., religiösen, polit. und sozialen Schriften hoben sich in der Grundeinstellung und Darstellungsform deutl. ab von der zeitgenöss. Klassik sowie vom romant. Ich-Prinzip Fichtes und der Brüder Schlegel, auch von Kants Philosophie. In der realist. Milieuschilderung und der subtilen psycholog. Gestaltung nahm J. P. typ. Elemente der Dichtung des 19. Jh. bereits vorweg. Aus dem umfangreichen Gesamtwerk blieben lebendig v. a. die Erzählung „Leben des vergnügten Schulmeisterlein Maria Wuz in Auenthal. Eine Art Idylle" (1793), in der er erstmals die kleinbürgerl. Welt als (fragwürdige) Idylle, den Rückzug in die Innerlichkeit in einer sozial engen Welt gestaltete, das Romanfragment „Die unsichtbare Logik. Eine Biographie" (1793), in dem sich empfindsame Elemente mit satir. Entlarvung der Wirklichkeit verbinden sowie der humorist. Roman „Blumen-, Frucht- und Dornenstücke oder Ehestand, Tod und Hochzeit des Armenadvokaten F. St. Siebenkäs" (1796/97); in dem Bildungsroman „Titan" (1800–03) setzte J. P. sich krit. mit dem bürgerl. Genie und der höf. Bildung der Weimarer Klassik auseinander; das Romanfragment „Flegeljahre. Eine Biographie" (1804/05) bildet den Übergang zum Spätwerk der Bayreuther Zeit, in dem er den Gegensatz von Idealität und Realität iron.-satir. darstellte. Eine Theorie des Humors u. des humorist. Erzählens entwickelte J. P. in seiner „Vorschule der Ästhetik" (1804), während er in „Levana oder Erziehungslehre" (1807) Überlegungen zu einer Pädagogik der Selbständigkeit niederlegte.

📖 *Ortheil, H.-J.: J. P. Mit Selbstzeugnissen und Bilddokumenten. Rbk. 1984. - Bruyn, G. de: Das Leben des J. P. Friedrich Richter. Ffm.* ²*1984. - Kommerell, M.: J. P. Ffm.* ⁵*1977.*

Jean Paul (1798)

Jeans, Sir (seit 1928) James [Hopwood] [engl. dʒi:nz], * Southport (= London) 11. Sept. 1877, † Dorking (Surrey) 16. Sept. 1946, brit. Mathematiker, Physiker und Astronom. - Prof. in Princeton (N. J.), Cambridge und London. Widmete sich vorwiegend Problemen der Stellardynamik, der Entstehung und des inneren Aufbaus der Sterne sowie der Kosmologie. Breiten Kreisen wurde er durch seine naturphilosoph. Schriften und populären Werke zur Astronomie und Naturwissenschaftsgeschichte bekannt.

Jeans [dʒi:ns], Kurzbez. für ↑ Blue jeans; **Jeansjacke, Jeanskleid, Jeansrock,** Kleidungsstücke aus Jeansstoff (Baumwollköper); **jeansfarben,** ein (verwaschenes) Blau.

Jedermann, Spiel vom reichen Mann, an den plötzl. der Tod herantritt. Freunde und Reichtum verlassen ihn, nur der Glaube und die guten Werke begleiten ihn vor Gottes Richterstuhl. Die zwei ältesten Fassungen des Stoffes, deren Abhängigkeitsverhältnis nicht zweifelsfrei geklärt ist, sind der niederl. „Elckerlijc" (Druck 1495) und das engl. Moralitätenspiel „*Everyman*" (Druck 1509). Zu den im dt. Raum entstandenen Fassungen zählen u. a. H. Sachs', Comedi von dem rechen sterbenden Menschen" (1560) und J. Strickers „Düdescher Schlömer" (1584). Eine Neubearbeitung des „Everyman" schuf W. von Guérard („Wir alle", 1905). H. von Hofmannsthals Neufassung „J." (1911) bildet seit 1920 einen festen Programmpunkt der Salzburger Festspiele.

Jedin, Hubert, * Groß Briesen (Oberschlesien) 17. Juni 1900, † Bonn 16. Juli 1980, dt. kath. Theologe und Kirchenhistoriker. - 1949–65 Prof. in Bonn; Berater des 2. Vatikan. Konzils. Verfaßte bed. Werke über die Reformation und die kath. Reform.

Jedrychowski, Stefan [poln. jɛndrɪˈxɔfski], * Warschau 19. Mai 1910, poln. Politiker. - Jurist; organisierte während des 2. Weltkriegs in der UdSSR die poln. „Kosciuszko"-Division; 1952–75 stellv. Min.-präs.; 1956–71 Mgl. des Politbüros der PZPR; 1968–71 Außen-, 1971–74 Finanzmin.; 1975–78 Botschafter in Ungarn.

Jeep [dʒi:p; amerik., vermutl. nach den (engl. ausgesprochenen) Anfangsbuchstaben von **g**eneral **p**urpose „Mehrzweck"] ®, meist offener, geländegängiger Kraftwagen mit Vierradantrieb; meist für militär. Zwecke.

Jefferies, Richard [engl. ˈdʒɛfrɪz], * Coate (Wiltshire) 6. Nov. 1848, † Worthing (Sussex) 14. Aug. 1887, engl. Schriftsteller und Journalist. - Einer der bedeutendsten Naturschilderer der engl. Literatur; Neigung zum Mystizismus; bed. v. a. „The gamekeeper at home" (Skizzen, 1878), „Wood magic" (R., 1881), „The story of my heart" (Autobiogr., 1883).

Jeffers, Robinson [engl. ˈdʒɛfəz], * Pittsburgh 10. Jan. 1887, † Carmel (Calif.) 21. Jan. 1962, amerikan. Dichter. - Von Nietzsche und Freud beeinflußt; wurde mit dem Gedichtband „Roan Stallion, Tamar, and other poems" (1924) berühmt. Thema seiner philosoph. Dichtungen mit zivilisationsfeindl. Tendenz ist das absurde Dasein in einer für den Menschen bedrohl. Welt.

Jefferson, Thomas [engl. ˈdʒɛfəsn], * Shadwell (Va.) 13. April 1743, † Monticello (Va.) 4. Juli 1826, 3. Präs. der USA (1801–09). - Rechtsanwalt; Mgl. der Bürgerversammlung von Virginia 1769–75 und des Kontinentalkongresses in Philadelphia (1775/76). Mit der Schrift „A summary view of the rights of British America" (1774) wies J. sich als führender Kopf der Unabhängigkeitsbewegung aus, so daß ihn der Kongreß auch zum Verfasser der „Declaration of Independence" vom 4. Juli 1776 bestimmte. 1779–81 Gouverneur von Virginia, 1784 mit B. Franklin und J. Adams zum Bevollmächtigten für den Abschluß von Handelsverträgen in Europa ernannt, 1785–89 Gesandter in Paris, 1789–93 erster Außenmin. der USA im Kabinett G. Washington. In der Auseinandersetzung mit Finanzmin. A. Hamilton wurde er zum Exponenten einer an lokaler Selbstverwaltung und einer agrar. strukturierten Gesellschaft orientierten Gruppe von Einzelstaaten. Die Vertreter dieser polit. Richtung, die auch die Frz. Revolution begrüßten, vereinigten sich unter seiner Führung zur Republikan. Partei (später Demokrat. Partei). Als deren unterlegener Präsidentschaftskandidat war J. 1797–1801 Vizepräs. unter J. Adams, dann dessen Nachfolger. In seine Reg.zeit fiel der Kauf des Louisiana-Gebietes (1803), durch das die Größe der USA mehr als verdoppelt wurde. J. blieb bis zu seinem Tod der polit. Ratgeber seiner Nachfolger Madison und Monroe und beeinflußte das geistige Leben der USA als Gründer (1819) und 1. Rektor der University of Virginia.

Jefferson Airplane [engl. 'dʒɛfəsn 'ɛəplɛɪn], 1965 gegr. amerikan. Rockmusikgruppe; war in der 2. Hälfte der 1960er Jahre führende Gruppe des Acid-Rock. 1970 zerfiel J. A. in die beiden Gruppen Jefferson Starship und Hot Tuna.

Jefferson City [engl. 'dʒɛfəsn 'sɪtɪ], Hauptstadt des Bundesstaates Missouri, USA, am rechten Ufer des unteren Missouri, 170 m ü. d. M., 38 000 E. Kath. Bischofssitz; Univ.; Bekleidungs-, Nahrungs-, Genußmittelind.; Druckereien, Verlage. - Gegr. 1822.

Jehova (Jehovah) ↑Jahwe.

Jehu, bibl. Gestalt; zehnter König von Israel (etwa 845–818); beseitigte in einer Revolution Joram, Isebel und die Baalpropheten.

Jehuda Makkabi ↑Judas Makkabäus.

Jeisk [russ. jejsk], sowjet. Stadt und Kurort an der S-Küste der Bucht von Taganrog (Asowsches Meer), RSFSR, 82 000 E. See- und Schlammheilbad, Mineralquellen; Hafen, Eisenbahnendpunkt. - Gegr. 1848 als Seehafen.

Jejunum [lat.], svw. Leerdarm, ↑Darm.

Jekaterinburg, sowjet. Stadt, ↑Swerdlowsk.

Jelačić (Jellačić) **von Bužim,** Josef Graf (seit 1854) ['jɛlatʃitʃ, 'buʒɪm], * Petrovaradin (= Novi Sad) 16. Okt. 1801, † Zagreb 19. Mai 1859, östr. General kroat. Herkunft. - Bekämpfte die ungar. Revolution (Sieg bei Schwechat) und hatte wesentl. Anteil an der Niederschlagung der Märzrevolution in Wien. Gilt als kroat. Nationalheld.

Jelängerjelieber [nach dem immer angenehmeren Duft] ↑Geißblatt.

Jelenia Góra [poln. jɛ'lɛnja 'gura] ↑Hirschberg i. Rsgb.

Jelez [russ. jɪ'ljɛts], sowjet. Stadt am O-Rand der Mittelruss. Platte, Gebiet Lipezk, RSFSR, 115 000 E. PH; Metallind.; Kunstgewerbe (Spitzen). - J. ist eine der ältesten Städte Rußlands (bereits 1146 erwähnt).

Jelgava (früher dt. Mitau), Stadt an der Kurländ. Aa, Lett. SSR, 69 000 E. Landw.-akad., Musikfachschule; Nahrungsmittelindustrie, Kleinbuswerk. - Die Festung **Mitawa** wurde 1226 durch den livländ. Ritterorden gegr.; 1345 von Litauen erobert; nach Auflösung des Ordens (1561) wurde Mitau Residenz der kurländ. Herzöge; es kam 1621 an Schweden und wurde 1705 von Peter I. erobert; 1795 Anschluß Kurlands und Mitaus an Rußland; 1944 völlig zerstört.

Jelinek, Elfriede, * Mürzzuschlag 20. Okt. 1946, östr. Schriftstellerin. - Lebt in Wien. Sie begreift sich als marxistisch orientierte Feministin; das Thema der gesellschaftl. Unterdrückung der Frau durchzieht v. a. ihre jüngeren Werke, z. B. „Die Liebhaberinnen" (R., 1975). - *Weitere Werke:* Die Ausgesperrten (R., 1980), Die endlose Unschuldigkeit (Prosa, Hörspiel, Essay, 1981), Die Klavierspielerin (R., 1983), Burgtheater (Farce, 1984), Oh Wildnis, oh Schutz vor ihr (R., 1986), Krankheit (Stück, 1986).

J., Hanns, * Wien 5. Dez. 1901, † ebd. 27. Jan. 1969, östr. Komponist. - Konsequenter Vertreter der Zwölftonmusik; komponierte u. a. „Das Zwölftonwerk" (1947–52, für verschiedene Instrumente), „Symphonia brevis" (1948–50), „Zwölftonfibel" für Klavier (1953/54), Operette „Bubi Caligula" (1947) sowie Filmmusiken.

Jellicoe, John Rushworth Earl (seit 1925) [engl. 'dʒɛlɪkoʊ], Viscount J. of Scapa (seit 1918), * Southampton 5. Dez. 1859, † London 20. Nov. 1935, brit. Admiral. - 1914–16 Oberbefehlshaber der Grand Fleet in der Nordsee; Oberstkommandierender in der Schlacht vor dem Skagerrak. Nov. 1916 Erster Seelord, Entlassung Ende 1917; 1919 Admiral; 1920–24 Generalgouverneur von Neuseeland.

Jellinek, Adolph (Aaron), * Drslavice bei Uherský Brod 1820 oder 1821, † Wien 28. Dez. 1893, östr. Rabbiner tschech. Herkunft. - Seine Arbeiten über Talmud, Kabbala und jüdische Philosophie sind von bleibendem Wert.

J., Georg, * Leipzig 16. Juni 1851, † Heidelberg 12. Jan. 1911, dt. Jurist. - Prof. für Staats- und Völkerrecht in Wien (1883), Basel (1889) und Heidelberg (ab 1891); einer der bedeutendsten Vertreter des Rechtspositivismus. Für die dt. Staatsrechtslehre bis 1933 war sein Werk „Allg. Staatslehre" (1900) von beträchtl. Einfluß; bed. auch „Die rechtl. Natur der Staatenverträge" (1880).

J., Hermann, * Drslavice bei Uherský Brod 22. Jan. 1822, † Wien 23. Nov. 1848, östr. Schriftsteller und Journalist tschech. Herkunft. - Bruder von Adolph J.; wurde wegen Beteiligung an polit. und kirchl. Parteikämpfen aus Leipzig, dann aus Berlin ausgewiesen, lebte ab 1847 in Wien; wegen seiner publizist. Tätigkeit während der Märzrevolution als Volksaufwiegler verhaftet und standrechtl. erschossen.

J., Walter, * Wien 12. Juli 1885, † Heidelberg 9. Juni 1955, dt. Jurist. - Enkel von Adolph J.; Prof. für Staats- und Verwaltungsrecht ab 1911 in Kiel, von 1929 bis 1935 und wieder ab 1945 in Heidelberg. - *Werke:* Der fehlerhafte Staatsakt (1908, Nachdr. 1958), Gesetz, Gesetzesanwendung und Zweckmäßigkeitserwägung (1913, Nachdr. 1964), Verwaltungsrecht (1928, Nachdr. 1966), Grenzen der Verfassungsgesetzgebung (1931).

Jelling [dän. ˈjɛlɛŋ] (Jellinge), Ort in Ostjütland, bei Vejle, 5000 E. Gedenksteine der Könige Gorm (über dem Hügelgrab seiner Gattin Thyra) und Harald Blåtand mit Runeninschriften. Die Ornamentik des jüngeren Runensteins wurde namengebend für den **Jellingestil** (10. Jh.) der german. bzw. der nordgerman. Kunst, typ. ist ein oriental. beeinflußtes Fabelwesen mit Greifenkopf.

Jelzin, Boris Nikolajewitsch, * 1. Febr. 1931, sowjet. Politiker. Bauingenieur; seit 1978 Deputierter im Obersten Sowjet; seit 1984 Mgl. des Präsidiums, 1986–88 Kandidat des Politbüros der KPdSU; 1985–87 Stadtparteichef von Moskau; seither 1. Stellvertr. Vors. des staatl. Baukomitees. 1989 in den Kongreß der Volksdeputierten gewählt.

Jemappes [frz. ʒaˈmap], Teil der belg. Stadt ↑ Mons, in der Borinage. - Der Sieg der frz. Revolutionstruppen im 1. Koalitionskrieg bei J. (6. Nov. 1792) leitete die frz. Annexion der östr. Niederlande 1793/94 ein.

Jemdet Nasr [ˈdʒɛmdɛt ˈnasər], Ruinenhügel in Irak, ↑ Dschamdat Nasr.

Jemen (Arabische Republik)

(amtl. Vollform: Al Dschumhurijja Al Arabijja Al Jamanijja), Republik im SW der Arab. Halbinsel, zw. 12° 30′ und 17° 30′ n. Br. sowie 34° 40′ und 46° 15′ ö. L. **Staatsgebiet:** J. grenzt im W an das Rote Meer, im N an Saudi-Arabien, im SO an die Demokrat. VR Jemen. Die Grenze im O und N ist nicht festgelegt. **Fläche:** rd. 195 000 km². **Bevölkerung:** 6,1 Mill. E (1982), 31,2 E/km². **Hauptstadt:** Sana. **Verwaltungsgliederung:** 11 Muhafasa. **Amtssprache:** Arabisch. **Staatsreligion:** Islam. **Währung:** Jemen-Rial (Y. Rl) = 100 Fils. **Internat. Mitgliedschaften:** UN und Arab. Liga. **Zeitzone:** Moskauer Zeit, d. i. MEZ + 2 Std.

Landesnatur: Die Arab. Republik J. nimmt den sw. Hochgebirgserker der Arab. Halbinsel ein. Am Roten Meer liegt die Tihama, eine 40–70 km breite Küstenebene. Es folgt ein Steilanstieg zum jemenit. Hochland (2000–2500 m). An seinem W-Rand liegen hohe Berge, u. a. der Nabi Schuaib, mit 3620 m die höchste Erhebung Arabiens. Der östl., weniger hohe Randabbruch des Hochlands leitet zur Sandwüste der Rub Al Khali über. Ein großer Teil der Landschaft wird von jungvulkan. Trappdecken, die fruchtbare Böden liefern, und schwarzen Lavafeldern mit aufgesetzten Tuffkegeln geprägt.

Klima: Die Tihama ist heiß (Jahresmittel bei 28°C) mit einer Luftfeuchtigkeit von 60–90% und Niederschlägen unter 100 mm jährlich. Der westl. Steilanstieg des Hochlands ist stärker beregnet (Regenzeiten März–Mai und Juli–Sept.). Im Hochland erreichen die Niederschläge nur 400–700 mm/Jahr, in Beckenlagen noch weniger.

Vegetation: In der Küstenebene sind Salzpflanzen verbreitet, in den meist trockenliegenden Wadis wachsen Akazien. Am Gebirgsrand bildet Christusdorn lichte Bestände. Der westl. Gebirgsabfall ist bis in große Höhen zu Anbauflächen terrassiert.

Tierwelt: Von der urspr. in J. beheimateten Tieren kommen noch Leoparden, Füchse, Wildziegen, Hyänen und Schakale sowie verschiedene Reptilien vor.

Bevölkerung: Die Bev. besteht fast ausschließl. aus Arabern, die in der Tihama einen stark negroiden Einschlag aufweisen, der auf die engen Beziehungen zur afrikan. Gegenküste hinweist. In der Ebene und im Gebirgsvorland lebt die Bev. in geschlossenen Dörfern, im westl. Randgebirge wohnen die Bergbauern in mehrstöckigen Wohntürmen. In den städt. Siedlungen, in denen rd. 10 % der Bev. wohnen, sind die bis zu 8 Stockwerke hohen, aus Lehmziegeln erbauten Häuser oft ornamental weiß verziert. Etwa 5 % der Bev. sind Nomaden. Ungefähr 80 % der Bev. sind Zaiditen, 20 % Schafiiten und Sunniten. Etwa 40 % der Jemeniten sind Analphabeten. In Sana besteht eine Univ. (gegr. 1970).

Wirtschaft: Über 70 % der Erwerbstätigen arbeiten in der Landw. in meist kleinbäuerl., 3–5 ha großen Betrieben. Angebaut werden v. a. Hirse, daneben Weizen, Gerste, Mais, Hülsenfrüchte, Gemüse, Tabak, Weinreben; Baumwolle gedeiht auf entsalzten Böden der Küstenebene. Der Kaffeeanbau ging zurück wegen des vermehrten Anbaus von Kathsträuchern. Für die Volkswirtschaft bedeutet der Kathgenuß der Bev. ein ernstes Problem; etwa 90 % sind süchtig und daher nicht voll arbeitsfähig. Im ganzen Land werden Schafe gehalten, im Roten Meer wird Fischfang und Perlenfischerei betrieben. Von Bed. ist das Handwerk. Rd. 2 Mill. Jemeniten arbeiten als Gastarbeiter in Saudi-Arabien.

Jemen (Demokratische Volksrepublik)

Außenhandel: Eingeführt werden Nahrungsmittel und Kath, Maschinen und Geräte, Kfz., Arzneimittel, Metallwaren u. a., ausgeführt Ölkuchen, Baumwolle, Häute und Felle, Kaffee. Wichtige Partner sind die Demokrat. VR Jemen, die EG-Länder, die UdSSR, Japan und China.
Verkehr: Der Straßenbau wurde mit chin., sowjet. und amerikan. Hilfe vorangetrieben, das Straßennetz hat eine Länge von 22 598 km, davon sind 2 086 km befestigt. Al Ahmadi bei Al Hudaida ist der einzige moderne Hafen des Landes (mit sowjet. Hilfe erbaut). Die nat. Yemen Airways Corporation versorgt den Binnenflugdienst sowie den ins benachbarte Ausland. Internat. ✈ haben Sana (mit bundesdt. Hilfe gebaut), Taiss und Al Hudeida.
Geschichte: Das Gebiet des heutigen J. wurde im Altertum wegen seiner fruchtbaren Täler *Arabia felix* („Glückl. Arabien") genannt. Im 5. Jh. v. Chr. entstanden hier die Reiche von Saba, Main und Kataban, im 3. Jh. n. Chr. unter der Führung von Saba vereinigt. Im 6. Jh. n. Chr. war das Land zw. Äthiopien und Persien umkämpft und wurde ab 631 islamisiert. 945 wurde J. unter einer seit 820 herrschenden alid. Dyn. unabhängig vom Kalifenreich. Diese Imame, zaidit. Schiiten, herrschten mit Unterbrechungen bis 1962, seit 1918 als Könige. 1174–98 stand J. unter aijubid., 1538–1630 und 1849–1918 unter osman. Herrschaft (Sana nur 1872–90). In Sana wurde 1962 der Imam vertrieben und die Republik ausgerufen. In dem darauf folgenden Bürgerkrieg (bis Ende 1968) wurden die Republikaner von Ägypten, die Royalisten von Saudi-Arabien militär. unterstützt (bis 1967). Nach Aktionen und Kämpfen zw. der Arab. Rep. J. und der Demokrat. VR J. 1971/72 wurde im Okt. 1972 eine Union zw. beiden Staaten vereinbart, von der aber die Arab. Republik J. 1973 zurücktrat. Auch die Bildung eines gemeinsamen Min.komitees bei der J. Anfang 1977 führte die Vereinigung nicht voran. 1974 fand ein Militärputsch statt. Nach 2 Attentaten 1977/78, denen jeweils der Vors. des Militär. Kommandorats zum Opfer fiel, hat diese Funktion seit Juli 1978 Oberstleutnant Ali Abdallah Saleh inne. Nach erneuten Kämpfen zw. den beiden jemenit. Staaten Febr./März 1979 schlossen die Staatsoberhäupter unter Druck verschiedener arab. Kräfte im März 1979 einen Vertrag, der die Vereinigung beider Länder vorsieht; im Dez. 1981 legte eine gemeinsame Kommission einen Verfassungsentwurf für eine Vereinigte Jemenit. Republik vor. Die Bemühungen um eine Vereinigung sollen auch nach dem Umsturz in der VR J. vom Jan. 1986 fortgesetzt werden. Die ersten Parlamentswahlen fanden im Juli 1988 statt, allerdings durften nur Einzelpersonen, keine Parteien gewählt werden.
Politisches System: Die Verfassung von 1970 wurde nach dem Militärputsch von 1974 außer Kraft gesetzt. Die Übergangsverfassung vom 19. Juni 1974 bezeichnet den Staat als „unabhängige arab. islam. Republik und Teil der arab. Nation". *Staatsoberhaupt* ist der für 5 Jahre gewählte Präs., der mit dem von ihm ernannten Kabinett auch die *Exekutive* ausübt. *Legislativorgan* ist die Volksversammlung, von deren 159 Mgl. 128 gewählt und 31 Mgl. vom Präs. ernannt werden. Ein weiteres Legislativorgan ist der Allg. Volkskongreß, der alle 2 Jahre zusammentritt und dessen Mgl. (700 gewählte, 300 ernannte) für 4 Jahre bestimmt werden. *Parteien* sind verboten. Es gilt islam. *Recht.* Die *Streitkräfte* umfassen rd. 37 000 Mann; daneben bestehen paramilitär. Kräfte in Stärke von rd. 20 000 Mann.
📖 *Kopp, H.:* Agrargeographie der A. R. J. Erlangen 1981. - *Wald, P.:* Der J. Nord- und Süd-J. Köln 1980. - *Wohlfahrt, E.:* Die Arab. Halbinsel. Bln. u. a. 1980. - *Rohr, H. R. v./Rohner, G.:* Yemen. Land am „Tor der Tränen". Wels 1979.

Jemen (Demokratische Volksrepublik)

(amtl.: Al Dschumhurijja Al Jamanijja Ad Dimukratijja Asch Schaabijja), VR im S der Arab. Halbinsel, zw. 12° 38' und 19° n. Br. sowie 43° 25' und 53° ö. L. **Staatsgebiet:** Es grenzt im S an den Golf von Aden, im NW an die Arab. Republik Jemen, im N an Saudi-Arabien (Grenze nicht festgelegt), im O an Oman. Zum Staatsgebiet gehören außerdem die Inselgruppe Kamaran im Roten Meer, die Insel Perim im Bab Al Mandab und die Insel Solotra mit Nebeninseln vor dem Osthorn Afrikas. **Fläche:** rd. 330 000 km². **Bevölkerung:** 2,2 Mill. E (1983), 6,5 E/km². **Hauptstadt:** Aden. **Verwaltungsgliederung:** 6 Muhafasa. **Amtssprache:** Arabisch. **Nationalfeiertag:** 30. Nov. (Unabhängigkeitstag). **Währung:** Jemen-Dinar (YD) = 1 000 Fils. **Internat. Mit-**

gliedschaften: UN und Arab. Liga. **Zeitzone:** Moskauer Zeit, d. i. MEZ. +2 Std.

Landesnatur: An der Küste, soweit sie nicht Steilküste ist, breiten sich z. T. Lavafelder mit aufgesetzten Vulkankegeln aus. In der Gebirgsrandzone steigt das Land steil zum Hochland auf. Die höchsten Erhebungen liegen im kristallinen Bergland im NW, hier werden 2500 m ü. d. M. erreicht. Der nach N einfallende Teil des Hochlands, Dschol gen., ist eine eintönige, von kantigem Schutt überstreute Kalktafel. Der Dschol wird von tief eingeschnittenen Wadis (u. a. das Wadi Hadramaut) zerteilt. Der N und NW des Landes werden von Wüsten eingenommen. Stadt und Hafen Aden liegen in einem aus Schlakken bestehenden Doppelkrater.
Klima: Es ist trop., im Küstengebiet mit hoher Luftfeuchtigkeit. Der Gebirgsrand erhält ab etwa 1 000 m Höhe Steigungsregen. Das innere Bergland ist trocken, es weist große tägl. und jährl. Temperaturschwankungen auf.
Vegetation: An der Küste besteht dürftiger Pflanzenwuchs, v. a. Dornstrauchsavanne, in den Wadis lichte Akazienhaine. Im Berg- und Hochland sind v. a. Dorn- und Sukkulentensavanne verbreitet. In den tief eingesenkten Wadis entwickelten sich Oasen mit großen Dattelpalmhainen.
Tierwelt: Die urspr. Tierwelt wurde stark dezimiert. Steinböcke, Antilopen, Wildziegen und Zibetkatzen kommen noch vor. Die Küstengewässer sind fischreich.
Bevölkerung: 90% der Bev. sind Araber, z. T. mit negroidem und malaiischem Einschlag, rd. 2,5% Inder, rd. 2,2% Somal. Etwa 95% sind Muslime und 5% Hindus. Wie in der Arab. Republik Jemen sind auch hier in den Städten achtstöckige Häuser aus Lehmziegeln typisch. Etwa 80% der Bev. über 15 Jahren sind Analphabeten.
Wirtschaft: Das Ackerland ist vollständig im Besitz von Kleinbauern, nachdem die Sultane u. a. Großgrundbesitzer entschädigungslos enteignet worden sind. Angebaut werden Hirse, Weizen, Gerste, Sesam, Luzerne, Obst, Baumwolle. Bed. hat die Weidewirtschaft der Beduinen. Gehalten werden Ziegen, Schafe, Rinder, Kamele und Esel. Die Salzgärten bei Aden und die Erdölraffinerie in Little Aden sind die einzigen großen Betriebe.
Außenhandel: Ausgeführt werden Erdölprodukte, Garne und Textilien, Baumwolle, Schaf- und Ziegenfelle, Kupferschrott u. a., eingeführt Erdöl, Baumwollgewebe, Reis, Bekleidung, Weizenmehl, Schafe und Ziegen, Tee, Tabak, Kfz. Die wichtigsten Partner sind Großbrit., Japan, Iran, Kuwait, Irak, die Arab. Republik Jemen, Südafrika, Australien u. a.
Verkehr: Das Straßennetz ist rd. 7 000 km lang. Einziger Überseehafen ist Aden, der internat. ⚓ Chormaksar liegt nördl. von Aden.

Geschichte: Auf dem Gebiet des Protektorats Aden bildeten die Briten ab 1962 als Vorbereitung zur Unabhängigkeit die Südarab. Föderation mit anfangs 7, zuletzt 18 Mgl. im Western Aden Protectorate. Ab 1965 kam es zu antibrit. Unruhen, die 1967 zum offenen Aufstand führten. Daraufhin gaben die Briten den Föderationsplan auf und zogen sich vorzeitig zurück. Am 30. Nov. 1967 wurde die VR Südjemen ausgerufen (seit 30. Nov. 1970 Demokrat. VR J.), die Sultane wurden abgesetzt. Nachdem Mitte 1978 der Vors. des Präsidialrates, Salem Rubajji Ali, abgesetzt und hingerichtet worden war, übte diese Funktion vorübergehend Min.präs. Ali Nasir Muhammad aus. Zum Staatsoberhaupt und Vors. des Präsidialrats wurde Ende Dez. 1978 Abdul Fattah Ismail gewählt, dessen Funktion im April 1980 Min.präs. Ali Nasir Muhammad zusätzl. übernahm. Machtkämpfe zw. Mitgliedern des Politbüros und der Jemenit. Sozialist. Partei führten im Jan. 1986 zu blutigen Auseinandersetzungen, die die Hauptstadt verwüsteten. Die Feinde des Präs. errangen die Herrschaft über das ganze Land, Nasir Muhammad floh in die Arab. Republik J. und Haidar Abu Bakr al Attas wurde am 9. Febr. 1986 zum Staatschef ernannt. - ↑ auch Jemen (Arabische Republik), Geschichte.
Politisches System: J. ist eine Volksrepublik. Die derzeitige Verfassung besteht seit dem 30. Nov. 1970. *Staatsoberhaupt* ist der Vors. des zehnköpfigen Präsidiums des Obersten Volksrates, zugleich Oberkommandierender der Streitkräfte. Präsidialrat und Kabinett bilden zus. die *Exekutive*. Die *Legislative* liegt beim Obersten Volksrat. Von seinen 111 Mgl. werden 86 von der Nat. Front, der Armee und den Berufsverbänden, 15 von den Gewerkschaften delegiert. Es ist nur eine *Partei*, die Jemenit. Sozialist. Partei, zugelassen, die eine sozialist. und arab.-nationalist. Politik verfolgt. Die *Rechtsprechung* erfolgt z. T. noch nach muslim. und lokalem Gewohnheitsrecht. Die *Streitkräfte* umfassen rd. 27 500 Mann (Heer 24 000, Luftwaffe 2 500, Marine 1 000). Daneben bestehen paramilitär. Kräfte in Stärke von rd. 15 000 Mann.
📖 *Daum, W.: J. Eine Länderkunde.* Tüb. u. Basel. *1980.* - *Wald, P.: Der J. Nord- u. Süd-J. Köln 1980.*

Jena, Krst. und Stadtkreis im Bezirk Gera, DDR, im Saaletal, 145–385 m ü. d. M., 107 100 E. Univ. (eröffnet 1558), Fachschule für Augenoptik, Institute der Akad. der Wiss. der DDR; Museen, Sternwarte, Planetarium; botan. Garten. Sitz eines der größten feinmechan.-opt.-elektron. Betriebe der Erde, Glaswerk, Pharmaind. - J. entstand aus einer um die Mitte des 9. Jh. bezeugten Siedlung; um 1230 zur Stadt erhoben; ging zw. 1281 und 1331 an die Wettiner über. Bei der ernestin. Landesteilung 1572 blieb die Univ. unter der gemeinsamen Aufsicht aller Ernestin. Li-

Jena

nien. Die Industrialisierung basierte auf der 1846 gegr. opt. Werkstatt Carl Zeiss. - Nach Zerstörungen im 2. Weltkrieg Wiederaufbau der spätgot. Pfarrkirche Sankt Michael (14.–16. Jh.) und des spätgot. Rathauses (1775 barock umgebaut). Reste der Stadtbefestigung; Goethe- und Schiller-Gedenkstätte; Hauptgebäude der Univ. (1905–08, nach Entwürfen von T. Fischer), Ernst-Abbe-Denkmal (1909–11, von H. van de Velde entworfen).

J., Landkr. im Bez. Gera, DDR.

Jenaer Glas ⓦ, gegenüber Temperaturwechsel und chem. Angriffen widerstandsfähiges Glas; Verwendung zur Herstellung von Laborgeräten, Haushaltsgeräten („feuerfestes Glas") und in der opt. Industrie.

JENAer Glaswerk Schott & Gen., dt. Unternehmen der Carl-Zeiss-Stiftung, Sitz Mainz, gegr. 1882 in Jena, nach dem 2. Weltkrieg Enteignung in der damaligen SBZ und Neugründung in der BR Deutschland.

Jenaer Liederhandschrift, Handschriften-Sigle: J, älteste der mittelhochdt. Liederhandschriften, die zum Text meist auch Melodien überliefert; entstanden Mitte des 14. Jh. Enthält vorwiegend Spruchdichtung von 29 Autoren (v. a. mittel- und niederdt. Fahrender, aber auch von Konrad von Würzburg und Frauenlob) in 102 Tönen (mit über 940 Strophen) und 91 Melodien. Die J. L. kam durch Schenkung aus dem Besitz des kursächs. Hauses 1584 an die Univ. Jena.

Jenakijewo [russ. jɪ'nakijɪvɐ], sowjet. Stadt im Donbass, Ukrain. SSR, 117 000 E. Technika für Metallurgie und Bergbau; Steinkohlenbergbau; Eisenhütten-, Kohlechemie-, Hausbaukombinat. - Entstand 1883 mit Beginn des Bergbaus.

Jenatsch, Georg (Jürg) [je'natʃ, 'je:natʃ], * im Engadin 1596, † Chur 24. Jan. 1639 (ermordet), Graubündener Politiker. - Zunächst ref. Pfarrer; verfolgte im Mantuan. Erbfolgekrieg (1628–31) das polit. Ziel der Unabhängigkeit Graubündens. Als Gegner der span.-kath. Partei an der Ermordung Pompejus Plantas (1612) beteiligt; trat nach der Befreiung (1635) Graubündens zum Katholizismus über, erzwang den Abzug der Franzosen und die Abtretung des Veltlin an Graubünden (1639).

Jena und Auerstedt, Doppelschlacht von, Sieg Napoleons I. am 14. Okt. 1806 über die preuß. und sächs. Armee im 4. Koalitionskrieg.

jenische Sprache, im Rotwelsch Bez. für die Gaunersprache; **jenisch kacheln,** in der Gaunersprache reden.

Jenissei [jɪnɪ'se:i, ...'saɪ], Strom in Sibirien, UdSSR, entsteht durch den Zusammenfluß von **Großem Jenissei** (wasserreichster Quellfluß) und **Kleinem Jenissei** an der Tuwin. ASSR, fließt zuerst in ostwestl. Richtung, dann nach N, durchschneidet z. T. in einem cañonartigen Tal den Westl. Sajan, durchfließt das Minussinsker Becken, durchbricht den NW-Teil des Östl. Sajan, fließt dann am W-Rand des Mittelsibir. Berglands entlang. Der im Unterlauf 2–3 km breite Strom verbreitert sich 300 km vor seiner Mündung wesentl. und hat mehrere Nebenarme. Der J. mündet in die J.bucht der Karasee, 4092 km lang, Einzugsgebiet 2,58 Mill. km^2; schiffbar bis in das Minussinsker Becken. Im Unterlauf Mitte Juni–Mitte Okt., im Oberlauf Mai–Anfang Nov. eisfrei. Fischfang v. a. im Unterlauf; Wasserkraftwerke im Oberlauf.

Jenisseibucht [jɪnɪ'se:i, ...'saɪ], Teil der Karasee, 435 km langer Mündungstrichter des Jenissei.

Jenisseirücken [jɪnɪ'se:i, ...'saɪ], bis 1104 m hohes Bergland am O-Ufer des Jenissei, geht nach O in das Mittelsibir. Bergland über.

Jenisseisk [russ. jɪnɪ'sjejsk], sowjet. Stadt am Jenissei, RSFSR, 78 m ü. d. M., 20 000 E. PH, Theater; Schiffsreparatur, Fertighausbau. - 1619 gegr.; spielte eine wichtige Rolle für die Erschließung von Ostsibirien.

Jenkins [engl. 'dʒɛŋkɪnz], Paul, * Kansas City (Mo.) 12. Juli 1923, amerikan. Maler und Graphiker. - Großflächige Farbfeldmalerei mit aquarellartiger Wirkung.

J., Roy Harris, * Abersychan (Gwent) 11. Nov. 1920, brit. Publizist und Politiker. - 1948–76 Unterhausabg. für die Labour Party, seit 1982 für die von ihm 1981 mitgegr. Social Democratic Party (SDP), deren Vors. er seit Juni 1982 ist. Trat früh für den Eintritt Großbrit. in die EWG ein; 1964/65 Luftfahrt-, 1965–67 Innenmin. (Reform des Strafvollzugs); 1967–70 Schatzkanzler; 1974–76 erneut Innenmin.; 1977–80 Präs. der EG-Kommission. Seit 1987 Lord J. of Hillhead.

Jenner, Edward [engl. 'dʒɛnə], * Berkeley (Gloucestershire) 17. Mai 1749, † ebd. 26. Jan. 1823, brit. Arzt. - Erkannte, daß die auch auf den Menschen übertragbaren, aber für ihn ungefährl. Rinderpocken gegen die „richtigen" Pocken immunisieren und führte am 14. Mai 1796 die erste Pockenschutzimpfung mit dem Impfstoff Rinderpockenlymphe durch.

Jenney, William Le Baron [engl. 'dʒɛnɪ], * Fairhaven (Mass.) 25. Sept. 1832, † Los Angeles 15. Juni 1907, amerikan. Architekt. - Sein Home Insurance Building (1883–85) in Chicago ist das erste Hochhaus in Stahlskelettbauweise und durchlaufender Fensterwand.

Jenni (Jenny), Kurzform von Johanna.

Jens, dän. Form von Johannes.

Jens, Walter, * Hamburg 8. März 1923, dt. Schriftsteller, Kritiker und Literaturwissenschaftler. - Seit 1956 Prof. für klass. Philologie und seit 1963 für Rhetorik in Tübingen. Gehörte zur „Gruppe 47"; 1976–82 Präs. des P.E.N.-Zentrums der BR Deutschland. Veröffentlichte zw. 1947 und 1955 antifa-

schist. Literatur gegen restaurative Tendenzen in Westdeutschland, nach 1955 mit deutl. Akzentuierung einer demokrat.-sozialist. Alternative. Problematisiert die Erzählformen, teilweise auf antike Stoffe zurückgreifend, z. B. „Das Testament des Odysseus" (E., 1957), „Herr Meister. Dialog über einen Roman" (R., 1963); bes. wirkungsvoll die Fernsehspiele „Die rote Rosa" (1966), „Die Verschwörung" (1969), „Der tödl. Schlag" (1974); auch (literar.) Essays: „Statt einer Literaturgeschichte" (1957), „Von dt. Rede" (1969), „Fernsehen - Themen und Tabus" (1973), „Zur Antike" (1978); unter dem Pseudonym Momos regelmäßige Fernsehkritiken; übersetzte griech. Klassiker und das Matthäus-Evangelien („Am Anfang der Stall - am Ende der Galgen", 1971). Bed. Beispiele seines rhetor. Engagements sind in „Republikan. Reden" (1976) zusammengefaßt.
Weitere Werke: Nein. Die Welt der Angeklagten (R., 1950), Der Blinde (E., 1951), Vergessene Gesichter (R., 1952), Der Mann, der nicht alt werden wollte (R., 1955), Der Fall Judas (1975), Die Friedensfrau (Dr. 1986).

Jenseits, religiös begründete Vorstellung von einem Lebensbereich, der die sichtbare Welt ergänzt, übersteigt oder ihr als unvergleichbare Gegenwelt gegenübersteht. Die Vorstellungen vom J. reichen von einer grob dingl. Anschauung, die in Analogie zu ird. Verhältnissen steht, bis zu sublimer Vergeistigung. Oft gilt das J. als Aufenthaltsort eines Hochgottes, wobei es meist im Himmel lokalisiert wird, oder als Wohnort von Göttern eines polytheist. Pantheons. In das J. gelangen die auferstandenen Toten oder die Seelen Verstorbener. - Das Leben im J. wird verschieden gedacht. So ist mit der Anschauung eines J. in der *Unterwelt*, die eng mit der Erdbestattung verknüpft ist, im allg. eine erhebl. Verschlechterung gegenüber dem ird. Leben verbunden (z. B. im Schattenreich des griech. Hades, im röm. Orkus, in der hebr. Scheol, im german. Hel). Vielfach entscheidet erst ein dem J. vorgeschaltetes Gericht nach eth. Kriterien über das endgültige Schicksal im J. (z. B. in der ägypt. Religion, im Parsismus, Judentum, Christentum und Islam), das oft in mehrere Bereiche gegliedert ist (Paradies, Elysium, Insel der Seligen; Unterwelt, Hölle). Daneben aber ist häufig nur die Todesart entscheidend für das Leben im J. (z. B. in der altmex. und german. Religion).
📖 *Weiterleben - nach dem Tode? Die Antworten der Weltreligionen.* Hg. v. A. T. Khoury u.a. Freib. 1985. – Ozols, J., u. a.: *Tod u. J. im Glauben der Völker.* Wsb. ²1983. – *Hemleben, J.: Ideen der Menschheit über das Leben nach dem Tode.* Rbk. 1980.

Jensen, Hans, * Struvenhütten (Landkr. Segeberg) 28. Aug. 1884, † Rostock 4. Aug. 1973, dt. Sprachwissenschaftler und Indogermanist. - 1927 Prof. in Kiel, 1943–57 in Rostock; schuf das Standardwerk „Die Schrift in Vergangenheit und Gegenwart" (1935).

J., Hans Daniel, * Hamburg 25. Juni 1907, † Heidelberg 11. Febr. 1973, dt. Physiker. - Prof. in Hannover und Heidelberg; entwickelte 1949 in Zusammenarbeit mit O. Haxel und H. E. Suess das Schalenmodell des Atomkerns. Spätere Untersuchungen galten der Theorie der Kernstruktur, dem Kernphotoeffekt und v. a. der schwachen Wechselwirkung. Nobelpreis für Physik 1963 (mit M. Goeppert-Mayer und E. P. Wigner).

J., Johannes Vilhelm, * Farsø 20. Jan. 1873, † Kopenhagen 25. Nov. 1950, dän. Dichter. - Begann mit dem dekadent-symbolist. Roman „Danskere" (1896), fand jedoch bald zu einem an Volkstum und Heimat gebundenen eigenen Stil, der für die moderne dän. Literatur von großem Einfluß wurde. Darwinist. Auffassungen kennzeichnet die sechsteilige Romanfolge „Die lange Reise" (1908–22), in der er die Entwicklung des nord. Menschen bis ins 15. Jh. schildert. Erhielt 1944 den Nobelpreis.
Weitere Werke: Exot. Novellen (1907–15), Evolution und Moral (Essay, 1925), Dr. Renaults Versuchung (R. 1935).

Jentzsch, Bernd, * Plauen 27. Jan. 1940, dt. Schriftsteller. - 1965–74 Verlagslektor und Übersetzer in Berlin (Ost). Begann mit Gedichten („Alphabet des Morgens", 1961), in denen er unter symbolist. Verwendung von Naturmotiven gegenwärtige Gefährdungen des Menschen darstellt. Seit 1976 in der Schweiz, seit 1977 Verlagslektor, 1978–81 Mit-Hg. der Halbjahreszeitschrift für Literatur „Hermannstr. 14".
Weitere Werke: Jungfer im Grünen (En., 1973), Ratsch und ade! (En., 1977), Quartiermachen (Ged., 1978), Irrwisch (Ged. 1981), Schreiben als strafbare Handlung (Essays, 1985).

Jephthah ['jɛfta] ↑Jiftach.

Jeremia (Jeremias), Prophet Israels und Name des nach ihm benannten Buches des A. T. J. wurde um 650 v. Chr. in einer Priesterfamilie in Anatot bei Jerusalem geboren, 627 zum Propheten berufen, von seinen Gefährten verfolgt, von den Königen und dem Volk kaum gehört, während der Belagerung von Jerusalem 587 als Hochverräter gefangen und nach Ägypten verschleppt, wo er starb. - Das Buch J. ist keine literar. Einheit, sondern eine Sammlung verschiedener Texte.

Jeremiade, wortreiche, stereotyp wirkende Klage, genannt nach den alttestamentl. Klagen des Jeremia (Jer. 12; 15; 18; 20).

Jeremias, aus der Bibel übernommener männl. Vorname hebr. Ursprungs, eigtl. „Gott erhöht".

Jeremias, Joachim, * Dresden 20. Sept. 1900, † Tübingen 6. Sept. 1979, dt. ev. Theologe. - Seit 1935 Prof. in Göttingen; bed. Erforscher der Jesus-Überlieferung, der jüd. Zeitge-

Jerewan

schichte und Umwelt Jesu sowie des Urchristentums.

Jerewan [russ. jɪrɪ'van] (früher Eriwan), Hauptstadt der Armen. SSR, UdSSR, am Rasdan, 850–1300 m ü. d. M., 1,114 Mill. E. Kultureller Mittelpunkt der Armen. SSR. Akad. der Wiss. der Armen. SSR., Univ. (1920 gegr.), weitere Hochschulen; Elektronensynchroton, Planetarium; Staatsbibliothek, Handschriftensammlung, Museen, Gemäldegalerie; 8 Theater, Philharmonie; Zoo; zahlr. Ind.kombinate, u. a. Aluminiumhütte, Maschinenbau, Elektro- und chem. Ind., Weinkombinat. ⚒.
Geschichte: Der Ursprung von J. wird auf die Ende des 8. Jh. v. Chr. erbaute urartäische Festung **Erebuni** im S der Stadt zurückgeführt. Unter König Rusa I. (✠ 730–714) entstand eine zweite Festung im SW, in deren Schutz sich eine große Stadt entwickelte. 1500 wurde J. pers. Festung, wiederholt von den Osmanen erobert. Um 1735 Hauptstadt eines pers. Khanats; 1827 wurde J. von den Russen besetzt und im folgenden Jahr offiziell von Persien abgetreten; seit 1921 ist J. Hauptstadt der Armen. SSR.
Bauten: In den Ruinen der Burgen wurden bei Ausgrabungen bed. Funde gemacht, u. a. die Bronzehelme der Könige Argischti und Sardur von Urartu und der Bronzeschild Sardurs. - Das Stadtbild ist von Verwaltungsbau-

Jericho. Hausfundamente aus der vorkeramischen Stufe des Neolithikum

ten der 1950er Jahre geprägt, aus dem 13. Jh. stammt die Kreuzkuppelkirche Katogike.

Jerez de la Frontera [span. xe'rɛð ðe la frɔn'tera], span. Stadt in Andalusien, 50 m ü. d. M., 176 200 E. Archäolog. Museum, Bibliothek; Zoo. Herstellung von Jerezweinen (Sherry), Weinbrand und Likören; Zuliefeind. - In der sog. **Schlacht am Guadelete**, wahrscheinl. beim heutigen J. de la F., besiegten im Juli 711 berber.-arab. Truppen die Westgoten unter König Roderich. Dieser Sieg hatte den Zusammenbruch des Westgotenreiches und die islam. Unterwerfung des größten Teils der Iber. Halbinsel zur Folge. - Zahlr. Kirchen, u. a. San Salvador (vollendet 1750), San Marcos (15. Jh.), San Miguel (15. und 16. Jh.). Mehrere Herrensitze (16. und 18. Jh.), Reste des Alkazars (11. Jh.).

Jerezweine ['çe:rɛs], svw. ↑ Sherry.

Jerga Aläm, äthiop. Stadt nö. des Abajasees, 19 000 E. Handelsplatz.

Jericho, Oasenstadt in W-Jordanien, im Jordangraben, im Verwalt. Verwaltung, 270 m u. d. M., rd. 7 000 E. J. liegt in einer Ebene mit Bewässerungsfeldbau; Winterkurort. - Das alttestamentl. und prähistor. J. liegt im Schutt eines etwa 16 m hohen Siedlungshügels. J. ist die älteste bekannte „stadtartig" befestigte Siedlung der Erde, deren Entwicklung mit den Salz-, Bitumen- und Schwefelvorkommen am Toten Meer zusammenhängen dürfte. Spuren einer Stadtmauer der Josuazeit (Jos. 6) konnten nicht entdeckt werden, aber Zeugnisse monumentaler Befestigungsanlagen, die wohl vor 7000 anzusetzen sind: in den Fels geschlagener Verteidigungsgraben (9 m breit, 3 m tief), Mauer (2 m dick, 6 m hoch erhalten), massiver Rundturm (9,8 m Durchmesser, 9 m hoch erhalten). Mit gipsartiger Masse übermodellierte menschl. Schädel unter den Fußböden der Häuser sind als Porträts anzusehen. Die keramiklose Besiedlung bricht etwa 5500 ab, neue Siedler um 4500 kennen Keramik. Bis 1550 v. Chr. durchgehend besiedelt, erneut etwa 1400 bis 1325 sowie vom 7. Jh. bis Anfang 6. Jh. v. Chr.

📖 *Röhrer-Ertl, O.: Die neolith. Revolution im Vorderen Orient.* Mchn. 1978. - *Kenyon, K. M.: Archaeology in the Holy Land.* London ³1970. - *Kenyon, K. M.: Excavations at J. The tombs excaved in 1952–1958.* London 1960–65. 2 Tle.

Jeritza, Maria, eigtl. Marie Jedlitzka, * Brünn 6. Okt. 1887, † Orange (N. J.) 10. Juli 1982, östr.-amerikan. Sängerin (Sopran). - Kam 1910 an die Wiener Volksoper, 1912 an die Hofoper, der sie bis 1935 angehörte. 1921-32 war sie Mgl. der New Yorker Metropolitan Opera.

Jermak Timofejewitsch [russ. jɪr'mak tima'fjejivitʃ], † im Irtysch 16. Aug. 1585 (oder 1584), Kosakenführer. - Drang ab 1579 (oder 1581) vom Obgebiet in das westsibir. Tata-

renkhanat ein und leitete damit die russ. Eroberung Sibiriens ein.
Jermilow, Wladimir Wladimirowitsch [russ. jɪrˈmiltʃ], * Moskau 29. Okt. 1904, † ebd. 19. Nov. 1965, sowjetruss. Literaturwissenschaftler. - 1925–32 einer der Vorsitzenden der „Russ. Assoziation proletar. Schriftsteller"; zählt zu den führenden Theoretikern des sozialist. Realismus; verfaßte Arbeiten über Gorki, Majakowski, Tschechow u. a.
Jerne, Nils Kai, * London 23. Dez. 1911, dän. Immunologe. - Wiss. Tätigkeit in Dänemark, in den USA, Genf und Basel auf den Gebieten der biolog. Standardisierung (im Auftrag der Weltgesundheitsorganisation) und der Analyse der Antikörperbildung; erhielt den Paul-Ehrlich- und Ludwig-Darmstaedter-Preis 1981 sowie (zus. mit G. Köhler und C. Milstein) den Nobelpreis für Physiologie oder Medizin 1984.
Jerobeam (in der Vulgata und Septuaginta Jeroboam), Name zweier Könige im Nordreich Israel:
J. I., erster König in dem von Juda getrennten Israel (926–907) [932–911]; löste durch den Bau eigener Heiligtümer und die Kanaanisierung des Kults prophet. Protest aus.
J. II., 13. König in Israel (787–747) [784–753; 784–744]; stellte das Reich in seiner urspr. Größe wieder her; in seiner Reg.zeit traten die Propheten Amos und Hosea auf.
Jérôme [frz. ʒeˈroːm], frz. Form des männl. Vornamens Hieronymus.
Jérôme (J. Bonaparte) [frz. ʒeˈroːm], * Ajaccio 15. Nov. 1784, † Schloß Villegenis bei Paris 24. Juni 1860, König von Westfalen (1807–13). - Kämpfte an der Seite seines Bruders Napoleon (I.), wurde 1807 König des neugeschaffenen Kgr. Westfalen („König Lustig"); das Land wurde unter die Kontrolle Napoleons I. rücksichtslos ausgebeutet. Seit 1816 lebte er als Fürst von Montfort u. a. in Österreich und Italien; 1852 Präsident des Senats; erhielt im 2. Kaiserreich das Thronfolgerecht.
Jersey [frz. ʒɛrˈzɛ, engl. ˈdʒɔːzɪ], größte und südlichste der † Kanalinseln.
Jersey [ˈdʒœrzi, engl. ˈdʒɔːzɪ; nach der gleichnamigen Insel], feinmaschig gewirkter oder gestrickter Stoff für Oberbekleidung aus Wolle, Wollmischgarnen oder Chemiefasern, der durch Walken seine Festigkeit und sein dichtes, fast tuchartiges Aussehen erhält; heute Allgemeinbez. für Kleiderstoffe aus Maschenware.
Jersey City [engl. ˈdʒɔːzɪ ˈsɪtɪ], Stadt im westl. Vorortbereich von New York, Bundesstaat New Jersey, 20 m ü. d. M., 223 500 E. Colleges, Bibliothek mit Kunstmuseum, naturwiss.-histor. Museum. Bed. Handels- und Ind.zentrum sowie Hafen. - Entstand um 1630 an einer niederl. Handelsstation; engl. seit 1664; 1836 J. C. genannt.
Jerseyrind [engl. ˈdʒɔːzɪ], sehr alte, auf der Insel Jersey gezüchtete, heute v. a. in Großbrit., N-Amerika und auf Neuseeland gehaltene Rinderrasse; zierl. gezüchtete Tiere mit gelbbrauner bis hellroter Färbung.
Jerusalem, Karl Wilhelm, * Wolfenbüttel 21. März 1747, † Wetzlar 30. Okt. 1772, dt. Jurist. - 1771 Sekretär beim braunschweig. Kammergericht in Wetzlar, wo ihn Goethe kennenlernte; sein aus Liebeskummer und Schwermut begangener Selbstmord wurde Anlaß für Goethes Roman „Die Leiden des jungen Werthers" (1774).
Jerusalem, Hauptstadt von Israel, O-Teil (Altstadt) im z. Z. von Israel verwalteten W-Jordanien (1967 formal mit dem W-Teil der Stadt vereinigt), 428 700 E. Reg.- und Kulturzentrum des Landes, Sitz des Parlaments (Knesset), von Ministerien, des Obersten Gerichtshofs, einer israel. Distr.- und einer arab. Bez.verwaltung sowie der israel. Militärverwaltung für W-Jordanien; Sitz der Oberrabbiner des aschkenas. und des sephard. Ritus und mehrerer christl. Würdenträger; Sitz der Israel. Akad. der Wiss.; Univ. (gegr. 1925), zahlr. religiöse Inst.; Welt-Akad. für Jüd. Forschung, Nat. Inst. für Verhaltensforschung, archäolog. Schulen, medizin. Akad., Musikakad., Kunstschule, Konservatorium; Hotelfachschule, techn. Berufsfachschule für arab. Jugendliche; zahlr. Bibliotheken und Archive sowie Museen, u. a. Israel-Museum mit Skulpturengarten, Rockefeller-Museum für Archäologie und das prähistor. Museum; Zoo; Planetarium. 75 % der Berufstätigen sind im Verwaltungs-, Erziehungs- und Gesundheitswesen sowie im Fremdenverkehrsgewerbe beschäftigt, nur 17 % in der Ind.
Geschichte: J. ist als **Urusalimmu** schon um 1850 v. Chr. belegt. Um 1000 wurde es unter König David Hauptstadt des Reiches Juda. 597 von den Babyloniern erobert und 587 entvölkert; erst Ende des 6. Jh. von den aus dem Babylon. Exil heimkehrenden Juden neu besiedelt; 63 v. Chr. kam die Stadt unter röm. Oberhoheit. Der vom röm. Senat anerkannte König von Judäa, Herodes I., d. Gr. (⌂ 37–4), baute J. glanzvoll aus. Ein jüd. Aufstand führte 70 zur Zerstörung des Tempels durch den späteren Kaiser Titus (⌂ 79–81), ein weiterer 135 zur Vertreibung der Juden aus der Stadt und deren Umbenennung in **Aelia Capitolina** durch Kaiser Hadrian (⌂ 117–138). Unter Kaiser Konstantin I., d. Gr. (⌂ 306–337), wurde J. eine christl. Stadt und blieb es, es 637 von Kalif Omar I. (⌂ 634–644) unter dem arab. Namen **Al Kuds** („das Heiligtum") dem Kalifenreich eingegliedert wurde. Während des 1. Kreuzzuges 1099 erstürmt, war bis 1187 und 1229–44 im Besitz der Kreuzfahrer und ab 1100 Hauptstadt des Kreuzfahrerstaats J.; 1516–1917 osman. Prov.hauptstadt; wurde 1920 Hauptstadt des brit. Völkerbundsmandats Palästina. Nach dem UN-Plan

Jerusalem

von 1947 sollte J. internationalisiert werden; die Kämpfe im 1. Israel.-Arab. Krieg endeten mit der Teilung der Stadt, die Altstadt und nördl. anschließende Viertel wurden jordan., die Neustadt am 23. Jan. 1950 vom israel. Parlament zur Hauptstadt erklärt. Im Sechstagekrieg von 1967 erfolgte die Besetzung und Annexion des jordan. Teils von J. durch Israel; im Juli 1980 verabschiedete die Knesset das J.-Gesetz und erklärte ganz J. zur Hauptstadt Israels.

Bauten: Älteste Zeugnisse sind Überreste des ehem. Wasserversorgungssystems des 8./7. Jh. sowie der hellenist.-röm. Zeit, darunter Teile der Klagemauer, der Stadtmauer sowie des Davidturms (Palast des Herodes, 23 v. Chr.). Innerhalb der von einer Ringmauer (im wesentl. 16. Jh.) mit 34 Türmen und 8 Toren umschlossenen Altstadt liegen u. a. die ↑Grabeskirche sowie die armen. Kathedrale (11. und 12. Jh., erneuert). Aus röm.-hellenist. Zeit datieren außerdem der Haram Asch Scharif gen. ehem. Tempelbezirk mit dem ↑Felsendom und der ↑Al-Aksa-Moschee. Östl. der Altstadt der Ölberg mit dem Garten Gethsemane und zahlr. Kirchen und Kapellen. Am Fuße des Ölbergs eine jüd.-christl. Nekropole (bis ins 2. Jh. benutzt). Im W der Neustadt das Kreuzkloster (gegr. im 6. Jh., mehrfach erweitert), sonst dokumentiert sich in der Neustadt v. a. ein Stück Architekturgeschichte des 20. Jh.: neue Hebr. Univ. mit Synagoge (1957, von E. Rau), Israel-Museum mit dem „Schrein des Buches" (Kumran-Schriftrollen) und Skulpturengarten (vollendet 1965; mit Beständen des Bezalelmuseum, gegr. 1908), Knesset (1967), davor die Menora (1949, von B. Elkan), Gedenkstätte Yad Vashem für die Opfer der nat.-soz. Judenvernichtung.

📖 *Otto, E.: J. - die Gesch. der Hl. Stadt. Von den Anfängen bis zur Kreuzfahrerzeit.* Stg. u. a. *1980. - Mazar, B.: Der Berg des Herrn. Neue Ausgrabungen in J.* Dt. Übers. Bergisch Gladbach *1979. - Atlas of J.* Bln.; Jerusalem *1973. - Kenyon, K. M.: J. Die hl. Stadt v. David bis zu den Kreuzzügen. Ausgrabungen 1961–1967.* Dt. Übers. Bergisch Gladbach *1968.*

Jerusalem, Kreuzfahrerstaat, reichte z. Zt. seiner größten Ausdehnung von Beirut im N bis Gasa im S und Amman im O; 1100 als Kgr. J. durch Balduin I. errichtet. 1187 von den Sarazenen eingenommen, wurde 1191 das von Richard I. Löwenherz wiedereroberte Akko Hauptstadt des Kgr.; 1229 gewann Kaiser Friedrich II. die Krone des Kgr. J., ohne daß er und seine Nachfolger eine fakt. Herrschaft ausübten. Der Fall Jerusalems 1244 und die Eroberung Akkos 1291 durch die Muslime bedeuteten das Ende des Kgr. Jerusalem.

Jerusalemsfreunde ↑Tempelgesellschaft.

Jervis Bay [engl. 'dʒɑːvɪs 'bɛɪ] ↑Australian Capital Territory.

Jesaja (Isaias), alttestamentl. Prophet Israels und das nach ihm benannte Buch. Berufung zum Propheten im Todesjahr des Königs Ussia (764/40). Hauptätigkeit in den Jahren darauf bis 701. Nach einer apokryphen Legende erlitt er den Märtyrertod. - Innerhalb des Buches J. ist zwischen einem ersten Teil (Kap. 1–39) und einem zweiten (40–66) zu unterscheiden. Der erste ist überwiegend jesajan. Ursprungs, der zweite Teil nachjesajan. (Deutero-J. bzw. Trito-J.). Zu den zentralen Themen der Botschaft des J. gehört das Bekenntnis zur „Heiligkeit" Jahwes und zur sog. Zionstradition. Trotz der polit. Teilung von Nord- und Südreich denkt J. gesamtisraelitisch.

Jeschiwa (Mrz. Jeschiwot) [hebr.], Talmudschule. An der traditionellen J. lernt der junge Mann (Mindestalter 13 Jahre) den Talmud und die Kommentare aus den dt. und nordfrz. Schulen (Raschi).

Jesenice [slowen. jɛsɛˈniːtsɛ] (dt. Aßling), jugoslaw. Stadt am Oberlauf der Wurzener Save, 584 m ü. d. M., 17 500 E. Eisenerzabbau, Schwerind.; Grenzbahnhof am S-Ausgang des Karawankentunnels.

Jesiden (Jeziden, Jezidis), Angehörige einer unter den Kurden im N und W von Mosul verbreiteten synkretist. Religionsgemein-

Jerusalem. Blick auf die Altstadt

schaft, auch Teufelsanbeter genannt, weil im Mittelpunkt ihrer Religion der aus dem Himmel verstoßene und dann wieder in Gnaden aufgenommene Engel steht.

Jespersen, Otto [dän. 'jɛsbərsən], * Randers 16. Juli 1860, † Roskilde 30. April 1943, dän. Sprachwissenschaftler. - Prof. für engl. Sprache und Literatur in Kopenhagen; Arbeiten über Phonetik, Wesen und Entwicklung der Sprache, engl. Sprache und Kindersprache.

Jesreelebene ['jɛsreɛl], von 400 m zu hohen Steilwänden begrenzte Senke im nördl. Israel, trennt Galiläa (im N) von Samaria; fällt von 30–70 m ü. d. M. im W auf 150 m u. d. M. im O ab, 70 km lang, bis zu 20 km breit, Hauptort Afula. Ehem. unbewohntes, malariaverseuchtes Sumpfgebiet, 1920 vom jüd. Nationalfonds erworben und bis 1925 kultiviert.

Jesse ↑ Isai.

Jessen, Landkr. im Bez. Cottbus, DDR.

Jessen/Elster, Krst. an der Schwarzen Elster, Bez. Cottbus, DDR, 70 m ü. d. M., 5 900 E. Verwaltungssitz des Landkr. Jessen; Metallwarenind. - Vor 1350 Stadtrecht. - Frühbarocke Kirche (17. Jh.).

Jessenin, Sergei Alexandrowitsch [russ. jɪ'sjenin], * Konstantinowo (= Jessenino, Geb. Rjasan) 3. Okt. 1895, † Leningrad 28. Dez. 1925 (Selbstmord), russ.-sowjet. Lyriker. - Aus bäuerl., streng altgläubiger Familie; Bekanntschaft mit A. A. Blok; Teilnahme an den Zusammenkünften der Symbolisten; begrüßte die Oktoberrevolution 1917 als myst.-religiöses Ereignis; 1918/19 Mittelpunkt des Kreises der Imaginisten, 1922/23 ∞ mit I. Duncan. Gilt als Bauerndichter der russ. Literatur. Dt. liegen vor: „Liebstes Land, das Herz träumt leise" (dt. 1958), „Trauer der Felder" (dt. 1970).

Jessentuki [russ. jɪssɪntu'ki], sowjet. Stadt und Heilbad im nördl. Vorland des Großen Kaukasus, RSFSR, 600–650 m ü. d. M., 79 000 E. Mineralquellen, Schlammbäder. - Seit 1917 Stadt.

Jessner, Leopold, * Königsberg (Pr) 3. März 1878, † Los Angeles-Hollywood 13. Dez. 1945, dt. Regisseur. - Leitete 1919–30 das Berliner Staatstheater; Emigration 1933 (in die USA). Vertreter des expressionist. Theaters mit bed. Inszenierungen: „Wilhelm Tell" (1919), „Marquis von Keith" von F. Wedekind (1920), „Richard III." (1920), „Hamlet" (1926).

Jesuiten (Gesellschaft Jesu, lat. Societas Jesu, Abk. SJ), allg. übl. Bez. für die von Ignatius von Loyola durch Zusammenschluß von sechs Studiengefährten am 15. Aug. 1534 in Paris gegr. Ordensgemeinschaft zu gemeinsamem Leben in Armut und Ehelosigkeit und zur Palästinamission. Wegen der Undurchführbarkeit der Palästinafahrt unterstellte Ignatius den Orden unmittelbar dem Papst, der die Societas Jesu 1540 bestätigte und ihren Auftrag umschrieb: Ausbreitung des Glaubens durch Predigt, Exerzitien, karitative Werke, Seelenführung und Schultätigkeit. Dieses Programm fügte sich gut in die kirchl. Reformarbeit (kath. Erneuerung). Ausgangspunkt der Lebensordnung der J. blieb der Entwurf von 1539 („Regel"), der durch die „Konstitutionen" (1558 verabschiedet) ergänzt wurde. An der Spitze des Ordens steht der auf Lebenszeit gewählte General, der von (zehn) Assistenten unterstützt und von der Generalkongregation, d. h. von der Versammlung der Generalassistenten, aller Provinzoberen und je zweier Vertreter aus den einzelnen Ordensprovinzen gewählt wird. - Ignatius schuf mit den J. einen neuen Ordenstyp in der kath. Kirche (Verzicht auf Ordenskleidung und gemeinsames Chorgebet, starke Mobilität). Im Zuge der Gegenreformation breitete sich der Orden in ganz Europa aus (seit 1540 in Deutschland); Mission und Schule sind seine wichtigsten Domänen. Anfeindungen führten 1773 zum Verbot der J., das aber 1814 durch päpstl. Entscheid zurückgenommen wurde. - Stand (1985): etwa 27 000 Mgl. in 78 Provinzen; in der BR Deutschland etwa 1 300 Mgl. in drei Provinzen.

    Barthel, M.: Die J. Bln. 1984. - *Ebneter, A.:* Der J.orden. Köln ²1983. - *Becher, H.:* Die J. Gestalt u. Gesch. des Ordens. Mchn. 1951.

Jesuitendrama, das lat. Drama der Jesuiten, Blütezeit etwa 1550–1650. Zunächst Anlehnung an das ↑ Humanistendrama; danach prunkvoll ausgestattete sog. Bekehrungsstücke, in denen der Triumph der Kirche über ihre Feinde gestaltet wird. Hauptvertreter sind v. a. J. Pontanus, J. Bidermann, N. Avancini, A. Fabricius und G. Agricola.

Jesuitenmoral, ein durch die Polemik des Jansenismus eingeführtes Schlagwort, das sich gegen vermeintl. spezif. Züge jesuit. Morallehre richtete, z. B. übertriebene Kasuistik, geheimer Vorbehalt oder Heiligung der Mittel durch den Zweck.

Jesus, in der Septuaginta Bez. für ↑ Josua.

Jesus Christus, Urheber und zentrale Gestalt des Christentums.

Exegetischer Befund: Quellen: Für die geschichtl. Erkenntnis Jesu ist man nahezu ausschließl. auf die Evangelien des N. T. angewiesen, da die spärl. außerbibl. Zeugnisse (Josephus Flavius, Tacitus, Talmud) keine zeitgenöss. oder direkten Quellen sind und zudem inhaltl. kaum mehr - dies jedoch sicher - hergeben als die Bestätigung, daß es den Menschen Jesus als histor. Persönlichkeit gegeben hat.

Methoden der Jesusforschung: Für die Frage nach der geschichtl. Gestalt Jesu hinter den Evangelien haben sich im Verlauf des 19. Jh. zwei Erkenntnisse weitgehend durchgesetzt: 1. das Johannesevangelium setzt eine andere dogmat. Entwicklung voraus als die

Jesus Christus

drei ersten Evangelien und kommt nur z. T. für die Erkenntnis Jesu in Betracht; 2. von den drei ersten Evangelien (Synoptiker) ist Markus die Hauptquelle für Matthäus und Lukas, die außerdem noch eine v. a. aus Jesusworten bestehende Quelle († Logia Jesu) und Sonderüberlieferungen benutzt haben. Diese drei Quellenschichten erlauben, die älteste literar. erreichbare evangel. Überlieferung auszusondern. Im 20. Jh. hat man ferner erkannt, daß die zusammenhängende Einordnung der Erzählungen und Worte Jesu in den Evangelien sekundär ist, so daß eine gesicherte Biographie Jesu nicht mehr geschrieben werden kann († auch Leben-Jesu-Forschung).

Person und Wirksamkeit Jesu: Jesus stammt vermutl. aus dem kleinen Ort Nazareth in Galiläa. Sein Geburtsjahr (vor 4 v. Chr.?) ist unbekannt. Seine Familie rechnete sich zur Davidsippe, sein Vater Joseph war Zimmermann; seine Mutter Maria und die † Brüder Jesu lehnten sein öffentl. Auftreten ab, gehörten aber später zur christl. Gemeinde. Jesus besaß rabbin. Bildung, war aber kein Rabbinenschüler. Wesentl. Bed. für seine Wirksamkeit scheint die Taufe durch Johannes den Täufer gehabt zu haben. Während der kurzen Zeit seiner öffentl. Tätigkeit (etwa drei Jahre) wirkte Jesus ohne festen Wohnsitz v. a. in Galiläa. Er scharte eine Gruppe von „Schülern" (Jünger) um sich, doch bestand seine Tätigkeit nicht nur in Lehre, sondern auch in Krankenheilung, v. a. Dämonenbannung; er suchte Gemeinschaft mit den verachteten Menschen. Histor. gesichert ist seine Hinrichtung unter Pontius Pilatus (26–36 Präfekt der röm. Provinz Judäa), als Todesjahr wird das Jahr 30 oder (wenig wahrscheinl.) 33 angenommen.

Jesu Verkündigung wird sachl. richtig in Mark. 1, 15 zusammengefaßt: „Die Zeit ist erfüllt und die Gottesherrschaft ist nahegekommen; kehrt um und glaubt an die Frohbotschaft." Jesus erwartet, daß Gott seine Macht über diese Welt noch in dieser Generation aufrichten wird, und verkündet, diese Herrschaft Gottes sei schon in der Gegenwart angebrochen. Der traditionellen Auslegung der alttestamentl. Gottesforderung stellt Jesus sein den ganzen Menschen unter Gottes Willen stellendes Verständnis des Gotteswillens entgegen und fordert demgegenüber „Umkehr" (Metanoia) und vollen Gehorsam. In für seine Predigt charakterist. Gleichnissen verkündet Jesus die endzeitl. Liebe Gottes, die er in seinem eigenen Verkehr mit „Zöllnern und Sündern" verwirklicht. Der in solcher Verkündigung und Praxis liegende persönl. Anspruch Jesu mußte auf die Ablehnung der Frommen, v. a. der die Tradition wahrenden Pharisäer stoßen. Die geschichtl. Frage nach dem Selbstverständnis Jesu ist sehr umstritten. Es ist jedoch sehr wahrscheinl., daß Jesus sich mit der Selbstbez. „Menschensohn" († auch Messias) als den Beauftragten Gottes zu erkennen geben wollte. Tod und Auferweckung: Dieser Anspruch und die Bestreitung der alleinigen Gültigkeit der jüd. Tradition führten anläßl. einer Reise Jesu zum Passahfest nach Jerusalem zur Katastrophe. Die Darstellung der Vorgänge in den Evangelien bietet zahlr. Probleme; wahrscheinl. ist aber, daß das stark von der Priesterhierarchie beeinflußte Synedrium Jesus als polit. gefährl. den Römern übergab und daß Pilatus Jesus als Prätendenten zu der röm. Kreuzigungsstrafe verurteilte. Daß mit dieser Hinrichtung Jesu Wirksamkeit nicht zu Ende war, liegt daran, daß bald danach sich bei zahlr. seiner Jünger, aber auch bei anderen, die unerschütterl. Überzeugung durchsetzte, der von Gott wieder erweckte Gekreuzigte sei ihnen erschienen und lebe als Herrscher der Endzeit bereits bei Gott. Dieses „Ostergeschehen" ist dem Historiker nicht zugängl., gehört aber insofern zur Geschichte Jesu, als nur dieser Glaube zur Verkündigung und damit auch zum Bericht über den ird. Jesus geführt hat. - Die theolog. Deutung dieser Berichte und der Person Jesu als des Christus ist Aufgabe der Christologie.

Dogmengeschichtl. Entwicklung der Christologie: Bis zur Reformation: J.C. ist nach dem Zeugnis des N.T. göttl. und menschl. zugleich. Diesem absoluten Glaubensgeheimnis sieht sich die Theologie der jungen Kirche gegenüber. Christi Menschsein und Gottsein sowie die Verbindung beider miteinander sind drei Grundfragen, die sich immer wieder mit den Fragen überschneiden, die die Dreipersönlichkeit Gottes († auch Trinität) aufwirft. Nahezu 700 Jahre dauerten die sog. „christolog. Streitigkeiten" der alten Kirche, in deren Verlauf J.C. teils als bloßer Mensch gesehen wurde, der von Gott als Sohn adoptiert wurde (Adoptianismus), teils als Gottes vornehmstes Geschöpf zum Zweck der Welterschaffung (Arianismus), als die eine fleischgewordene Natur des göttl. Logos (Monophysitismus) oder als Logos, der nur einen Scheinleib hatte (Doketismus). So bestand die Hauptaufgabe der ersten Konzilien in der Klärung der Verbindung zw. göttl. und menschl. Natur in der Person J.C., die schließl. auf dem Konzil von Chalkedon (451) in der bis heute maßgebl. Formel von den zwei Naturen, die „unvermischt und ungetrennt" in der einen Person des Logos vereinigt sind. Unter dem Einfluß der aristotel. Philosophie führt die Tatsache, daß die menschl. Natur in Christus ohne eigene Person existiert, dazu, auch nur einen Willen in Christus anzunehmen (Monotheletismus) und entsprechend auch nur eine Wirkenergie (Monenergetismus). - Erst die Theologie des MA systematisiert die Lehre von J.C. Gegenüber der Auffassung des Thomas von Aquin, das Fehlen einer eigenen Personalität für die

Jesus-People-Bewegung

menschl. Natur Christi werde dadurch ausgeglichen, daß sie die Summe ihrer Merkmale in der Person des Logos subsistieren lasse (Subsistenztheorie), vertritt Duns Scotus eine Konzeption, nach der Person nichts anderes ist als das Fehlen einer seinsmäßigen Abhängigkeit. Christi Menschheit existiert durch ihr eigenes geschaffenes Dasein, nicht durch das ungeschaffene Dasein des ewigen Wortes, denn Dasein ist eine Modalität der Natur und nicht der Person.

Die kath. Christologie vom Tridentinum bis zur Gegenwart: Die Lehre von J. C. wurde nicht zu einem Thema des Tridentinums. Lediglich die span. Scholastik führte die Fragen um das Sein Christi weiter und gelangte in dem System des F. Suárez zu einer Annäherung der skotist. und thomist. Standpunkte, in der weitgehend die Gefahr einer Vergottung der Menschheit Christi überwunden und eine Entleerung des Personbegriffs vermieden wurde. Im wesentl. verblieb die kath. Christologie bis heute innerhalb dieser thomist., skotist. oder suarezist. Theologie.

Die Christologie der reformator. Kirchen ruht auf dem christolog. Dogma der alten Kirche. Nach Luther hat Gott in der Inkarnation vorbehaltlos die Menschheit angenommen; darum hat die menschl. Natur Anteil an göttl. Eigenschaften („communicatio idiomatum"). Christus ist auch nach der menschl. Natur „allenthalben" (Ubiquität), v. a. im Abendmahl (Realpräsenz). Dagegen hat der Kalvinismus im Interesse an der Freiheit Gottes die Ubiquität bestritten und gelehrt, daß die Gottheit nicht restlos in die Menschheit eingehe (sog. Extra-Calvinisticum). - In der Neuzeit stellt die histor.-krit. Erforschung der Bibel und der Dogmengeschichte die traditionelle Christologie fortschreitend in Frage. Der Neuprotestantismus hat in immer neuen Ansätzen nach einer Begründung des Christusglaubens gesucht, die der histor. Erfahrung standhält. Die neuere Theologie setzt zumeist bei dem durch die histor. Forschung herausgestellten einzigartigen Vollmachtsanspruch Jesu an, der die Bed. seiner Gestalt gewissermaßen in sich schließt (sog. implizite Christologie). Durch die Ostererfahrung wird der Glaube genötigt, diese Bed. Jesu mit verschiedenen religiösen und philosoph. Sprachmitteln auszusagen. So kommt es zur expliziten Christologie.

Die Gestalt Jesu in der Literatur: Frühe dichter. Bearbeitungen der Evangelien sind der „Heliand" und das „Evangelienbuch" Otfrids von Weißenburg. Die Gestalt Jesu als. lyr. Motiv findet sich u. a. bei Petrus Abaelardus, in den Kirchenliedern Luthers und P. Gerhardts, bei Bernhard von Clairvaux, Angelus Silesius, G. Tersteegen, Novalis und C. Brentano, als szen. Darstellung in den ma. geistl. Spielen (v. a. in Oster- und Passionsspielen) sowie in barocken Schauspielen. Das berühmteste Epos stammt von F. G. Klopstock („Der Messias", 1751–73). D. F. Strauß und E. Renan gaben mit ihren gleichlautenden Werken „Das Leben Jesu" (1835/36 bzw. 1863) den Anstoß zur Säkularisierung des Stoffes, v. a. für H. Barbusse, E. Schaper und F. Mauriac. Auf ma. Legenden griff S. Lagerlöf zurück. In die Gegenwart übertragen wurde der Stoff u. a. von F. M. Dostojewski („Die Legende vom Großinquisitor" im Roman „Die Brüder Karamasow", 1879/80), F. Timmermans („Das Jesuskind in Flandern", Legende 1919) und R. Huch („Der wiederkehrende Christus", E., 1926). Eine ähnl. Aktualisierung stellt D. Fabbris Drama „Prozeß Jesu" (1955) dar. - Beispiele für die musikal. Bearbeitung des Jesusstoffs sind die Passionen von J. S. Bach, G. F. Händels Oratorium „Der Messias" (1742) und A. Lloyd Webbers Rock-Musical „Jesus Christ Superstar" (1970). - ↑ auch Christusbild.

📖 *Simonis, W.: J. v. Nazareth. Düss. 1985. - Braun, H.: J. - der Mann aus Nazareth und seine Zeit. Stg. 1984. - Kaspar, W.: J. der Christus. Mainz* ⁹*1984. - Bornkamm, W.: J. v. Nazareth. Stg.* ¹³*1983. - Bultmann, R.: J. Tüb. 1983. - Schürmann, H.: Gottes Reich - Jesu Geschick. Freib. 1983. - Storr, C.: J. C. - Gottes Sohn. Marburg 1983. - Rose, L.: Die manichäische Christologie. Wsb. 1979. - Schillebeeckx, E.: Die Auferstehung Jesu als Grund der Erlösung. Dt. Übers. Freib. 1979. - Blank, J.: J. v. Nazaret. Freib.* ⁵*1978. Wer ist J. C.? Hg. v. J. Sauer. Freib.* ²*1978. - Schillebeeckx, E.: J. Die Gesch. v. einem Lebenden. Dt. Übers. Freib.* ⁶*1978. - Dembowski, H.: Einf. in die Christologie. Darmst. 1976. - Pannenberg, W.: Grundzüge der Christologie. Gütersloh* ⁵*1976. - Ben-Chorin, S.: Bruder J. Der Nazarener in jüd. Sicht. Mchn. 1977. - Schnackenburg, R./Schirse, F. J.: Wer war J. v. Nazareth? Düss. 1970. - Blinzler: Der Prozeß Jesu. Regensburg* ⁴*1969. - Noll, P.: J. u. das Gesetz. Tüb. 1968.*

Jesusgebet, Gebet der Ostkirche mit der Formel „Herr Jesus Christus, erbarme dich meiner"; seit dem 4. Jh. bekannt, im 14. Jh. im Mittelpunkt der byzantin. Mystik (↑ auch Hesychasmus).

Jesuskind, Darstellung Jesu als Kind, seit frühchristl. Zeit üblich v. a. bei Mariendarstellungen, Darstellungen der Geburt Christi und der Anbetung der Hl. Drei Könige.

Jesus Nazarenus Rex Judaeorum [...dʒeˈoːrʊm; lat. „Jesus von Nazareth, König der Juden"] ↑ I. N. R. I.

Jesus-People-Bewegung [engl. ˈdʒiːzəsˈpiːpl „Jesusleute, Jesusfreunde"], Teil der modernen, um 1967 in den USA entstandenen jugendl. Sub- bzw. Gegenkultur mit fundamentalist. Bibelverständnis, spontaner Gebetspraxis, moral. Rigorismus und eschatolog. Gestimmtheit; seit 1970 durch spekta-

Jesusprädikate

kuläre Auftritte (Massentaufen) weltweit bekannt.

Jesusprädikate, die im N.T. von der Urgemeinde auf Jesus angewandten christolog. Würdetitel: u. a. Christus (Messias), Sohn Davids, König, Menschensohn.

Jesus Sirach, jüd. Weisheitslehrer und Verfasser des gleichnamigen Buches (auch „Liber Ecclesiasticus" [„Kirchenbuch"]), das zw. 180 und 170 entstanden ist. Den Hauptinhalt bilden Ratschläge für rechtes Verhalten in vielfältigen Situationen.

Jet [engl. dʒɛt], svw. ↑Gagat.

Jet [engl. dʒɛt; eigtl. „Düse, (Gas)strahl", gekürzt aus jet (air)liner, jet plane „Düsenflugzeug"], Flugzeug, das durch Turboluftstrahltriebwerk[e] angetrieben wird; **jetten,** einen Jet benutzen, fliegen.

JET [engl. dʒɛt; Abk. für engl. Joint European Torus], Bez. für die von den EG-Mitgliedstaaten betriebene Kernfusionsanlage (mit torusförmigem Gefäß zur Einschließung des Plasmas, mit der die Forschung nach Möglichkeiten zur techn. Nutzung der Kernfusion (Kernverschmelzung) zur Energiegewinnung vorangetrieben werden soll. Standort Culham bei Oxford.

Jethro Tull [engl. 'jɛθroʊ 'tʌl], 1967 gegr., nach einem 1672 geborenen engl. Musiker, Landwirt und Schriftsteller programmat. ben. brit. Rockmusikgruppe, die von I. Anderson (*1946) als Komponist, Texter, Arrangeur, Sänger und Flötist bestimmt wird; mit ihrem (manchmal zum Classic-Rock tendierenden) Blues-Rock und v. a. mit exzentr. Bühnenshows immer wieder erfolgreich.

Jeton [ʒə'tõː; frz., zu jeter „werfen" (eigtl. „(be)rechnen")], svw. ↑Rechenpfennig.
◆ kleine Medaille.
◆ svw. Spielmarke.

Jet-set [engl. 'dʒɛtsɛt; zu ↑Jet und set „Gesellschaftsschicht"], aus dem Amerikan. übernommene (urspr. für sowjet. Jugendliche mit westl. Tendenzen gebrauchte) Bez. für die internationale Schicht reicher Menschen, die sich in exklusiven (Urlaubs)orten, zu denen sie mit ihrem (Privat)jet reisen, vergnügen.

Jetstream [engl. 'dʒɛt,striːm], svw. ↑Strahlstrom.

Jetztmenschen (Neanthropinen, Neanthropinae), im Unterschied zu den Frühmenschen und Altmenschen die Gruppe der heute lebenden Echtmenschen; zugleich einzige nicht ausgestorbene Unterart *(Homo sapiens sapiens)* der Art Homo sapiens.

Jeu [ʒøː; lat.-frz.], Spiel, Kartenspiel.

Jeune France [frz. ʒœn'frɑ̃ːs „junges Frankreich"], 1936 in Paris gebildete Gruppe der frz. Komponisten Y. Baudrier, A. Jolivet, D. Lesur und O. Messiaen.

Jeune République [frz. ʒœnrepy'blik „junge Republik"], 1912 gegr. christl.-demokrat. Gruppe mit bed. Einfluß auf die polit.-soziale Gedankenwelt des frz. Katholizismus.

Unter Pétain in der Résistance; Teile der J. R. schlossen sich nach dem 2. Weltkrieg dem Mouvement Républicain Populaire an.

Jeunesse dorée [frz. ʒœnɛsdɔ're: „vergoldete Jugend"], in der Frz. Revolution Bez. für die monarch. gesinnte, mod. elegante Jugend von Paris z. Z. des Direktoriums, heute allg. zur begüterten Oberschicht gehörende Jugendl. (die eine sorglose Jugend in Luxus mit Amüsement verbringen).

Jever [...fər, ...vər], Stadt 15 km nw. von Wilhelmshaven, Nds., 5 m ü. d. M., 12 500 E. Nahrungsmittelind.; Großbrauerei. - Als Münzstätte der Billunger vor 1039 erwähnt. Um 1370 Hauptort der Herrschaft Jever. 1536 Neuanlage in Form eines Sechsecks mit 3 Toren. - Schloß (v. a. 15. und 16. Jh.) mit bed. Audienzsaal (Renaissancedecke), Renaissancerathaus (1609–16).

J., ehem. Herrschaft in Friesland. Um 1370 durch den Zusammenschluß der Landschaften Östringen und Wangerland sowie Teilen von Rüstringen entstanden, kam 1575 an Oldenburg und 1667 an Anhalt-Zerbst, 1793 durch Katharina von Zerbst (Katharina II.) an Rußland, 1818 wieder an Oldenburg.

Jewett, Sarah Orne [engl. 'dʒuːɪt], *South Berwick (Maine) 3. Sept. 1849, †ebd. 24. Juni 1909, amerikan. Schriftstellerin. - Vertreterin der „local colour school", die die Besonderheiten der verschiedenen Kulturlandschaften, die Sitten, Bräuche und Lebensstile vergangener Zeit darstellte; in vielen Kurzgeschichten („Das Land der spitzen Tannen", 1896) hielt J. das neuengl. Lokalkolorit in Maine fest.

Jewish Agency [engl. 'dʒuːɪʃ 'ɛɪdʒənsɪ „jüd. Büro"] (J. A. for Palestine), 1922 als Institution der in Palästina ansässigen Juden gegr., um deren Interessen im wirtsch. und sozialen Bereich gegenüber der brit. Mandatsmacht zu vertreten; wirkte bis zur Gründung des Staates Israel (1948) als polit. Vertretung der jüd. Bev.; fördert seitdem unter dem Namen „J. A. for Israel" u. a. die Einwanderung und die wirtsch. Entwicklung des Staates.

Jewlogi [russ. jɪv'lɔgɪj] (Eulogios, Eulogius), eigtl. Wassili Georgijewski, *Somow (Gouv. Tula) 10. April 1868, †Paris 8. Aug. 1946, russ.-orth. Theologe und Metropolit. - 1903 Bischof; nach 1918 Emigration, 1922 vom Patriarchat in Moskau mit der Leitung aller Auslandsgemeinden betraut; 1930 Amtsenthebung wegen seiner Proteste gegen die Kirchenverfolgungen in der UdSSR.

Jewpatorija [russ. jɪfpɐ'tɔrɪjə] (Eupatoria [nach Mithridates VI. Eupator, König von Pontus]), sowjet. Stadt und Schwarzmeerkurort an der W-Küste der Krim, Ukrain. SSR, 95 000 E. See- und Schlammheilbad; Weinkellerei, Fischfabrik. - Im 6./5. Jh. v. Chr. gegr. als griech. Kolonie unter dem Namen **Kerkinitida,** im 2. Jh. v. Chr. von Skythen erobert. Im 16. und 17. Jh. osman.

Jiddisch

Festung. Kam 1784 zus. mit der Krim ans Zarenreich. - Ausgrabungen legten Reste einer griech. Handelsniederlassung frei (4. Jh. v. Chr.); Türme einer skyth. Festung (wohl 2. Jh. v. Chr.).

Jewreinow, Nikolai Nikolajewitsch [russ. jɪv'rejnəf], * Moskau 26. Febr. 1879, † Paris 1953, russ. Regisseur. - 1909–17 experimentierfreudiger Leiter des Theaters „Krummer Spiegel", dann revolutionäres Massentheater (u. a. „Sturm auf das Winterpalais", 1920) in Petersburg; emigrierte 1922 nach Paris.

Jewtuschenko, Jewgeni Alexandrowitsch [russ. jɪftu'ʃɛnkə], * Station Sima (Gebiet Irkutsk) 18. Juli 1933, sowjet. Dichter. - Schreibt seit 1949; machte sich durch betonten Individualismus und seine Auflehnung gegen Parteidogmen zeitweilig mißliebig; seine autobiograph. Versdichtung „Stancija Zima" („Station Sima", 1956) führte 1957 zu vorübergehendem Ausschluß aus dem Komsomol. Das gegen den Antisemitismus gerichtete Gedicht „Babij Jar" (1961) und das Gedicht „Nasledniki Stalina" („Stalins Erben", 1962), mit der Entstalinisierung als Thema, erregten weltweites Aufsehen. Dt. erschienen u. a. „Mir ist folgendes geschehen..." (Ged., 1962), „Der Hühnergott" (En., 1966) „Unter der Haut der Freiheitsstatue/Die Universität von Kasan" (2 Dichtungen, 1973), „Bürger, wenn ihr hören könnt" (Ged., 1978), „Wo die Beeren reifen" (R., 1981), „Mutter und die Neutronenbombe" (Poem, 1982), „Pearl Harbor" (Prosa, dt. Auswahl 1984); Regisseur des Films „Kindergarten" (1984).

Jeziden ↑ Jesiden.

Jezira (Sefer Jezira; hebr. „Buch der Schöpfung"), kabbalist. Text (wohl 3.–6. Jh.) mit myst.-spekulativen Kombinationen über das Schöpfungswerk.

JH, Abk. für: ↑ Jugendherberge.

Jhabvala, R[uth] Prawer, * Köln 7. Mai 1927, angloind. Schriftstellerin poln. Herkunft. - Kam 1939 nach England, lebte 1951–75 in Indien, heute in den USA. Gibt in ihren mit kühler Präzision, oft auch mit trockenem Humor geschriebenen Romanen („Amrita und Hari", 1955; „The householder", 1960; „Hitze und Staub", 1975) und Kurzgeschichten hervorragende Darstellungen der Menschen im heutigen Indien.

Jharia, ind. Stadt am oberen Damodar, Bundesstaat Bihar, 57 400 E. Neben Raniganj Zentrum des Kohlengürtels im Damodartal.

Jhelum ['dʒɛləm], pakistan. Stadt am Austritt des Flusses J. aus der Salt Range in das Pandschab, 68 000 E. Eisenbahn- und Straßenknotenpunkt, Handelsplatz.

J. (antiker Name **Hydaspes**), westlichster der fünf Flüsse des Pandschab, in Indien und Pakistan; entspringt (mehrere Quellflüsse) am oberen Ende des Kaschmirtals, biegt bei Muzaffarabad scharf nach S um, tritt bei der Stadt J. in das Pandschab ein, mündet bei Trimmu in den Chenab; 724 km lang, davon 160 km schiffbar. Mehrere Stauwerke (u. a. bei Mangla, Rasul und Trimmu).

JHWH, im Hebr. die vier Konsonanten (Tetragramm) des Gottesnamens ↑ Jahwe.

Jialingjiang [chin. dʑjalɪŋdʑjaŋ], chin. Fluß, ↑ Kialing-Kiang.

Jiamusi [chin. dʑjamusi], chin. Stadt, ↑ Kiamusze.

Jiangsu [chin. dʑjaŋsu], chin. Provinz, ↑ Kiangsu.

Jiangxi [chin. dʑjaŋɕi], chin. Provinz, ↑ Kiangsi.

Jiang Zemin, chin. Politiker, ↑ Chiang Tse-min.

Jičín [tschech. 'jitʃiːn], Stadt in der ČSSR, 75 km nö. von Prag, 276 m ü. d. M., 16 600 E. Herstellung landw. Maschinen, Nahrungsmittelind. - Erhielt 1438 den Status einer königl. Stadt. Diese kam 1620 in den Besitz Wallensteins, der sie zur Hauptstadt seines Hzgt. Friedland machte. - Ehem. Wallensteinsches Renaissanceschloß (1830–60 umgebaut; heute Gemäldegalerie), Reste der Stadtbefestigung (14. Jh.).

Jiddisch, Sprache der nicht assimilierten aschkenas. Juden, in älterer rabbin. Literatur als „leschonenu" („unsere Sprache") oder „laschon aschkenas" („aschkenas. Sprache"), in manchen wiss. Darstellungen als „Jüdisch-Deutsch" oder „Hebräisch-Deutsch" bezeichnet; eigensprachl. hat „jidisch" oder „mameloschn" („Muttersprache") die ältere Bez. „taitsch" verdrängt. Heute ist damit das Ost-J. gemeint, das in Polen, Litauen, Weißrußland und der Ukraine beheimatet und dort sowie in anderen Teilen der UdSSR, Nord- und Südamerika, Israel, Südafrika und Australien noch mehreren Mill. Sprechern zumindest als Zweitsprache geläufig ist. Das West-J. ging demgegenüber im dt. Sprachraum und angrenzenden Gebieten bereits im vorigen Jh. auf lokale und fachsprachl. Reste zurück. - Schon im MA bewirkte die soziokulturelle Desintegration der Juden sprachl. Besonderheiten, bes. den ausschließl. Gebrauch des hebr. Alphabets. Die jüd. Auswanderung nach Oberitalien, SO- und O-Europa seit den Kreuzzügen und bes. der Pestzeit Mitte des 14. Jh. stärkte den mundartl. Ausgleich im J. Die Aufnahme slaw. Sprachelemente sowie der gelockerte Kontakt zum dt. Sprachgebiet sonderten allmähl. den östl. Sprachzweig vom westlichen. Größe und Geschlossenheit der ostjüd. Sprechergruppe boten die Voraussetzung für die Ausformung des J. zur einheitl. Schriftsprache, der gegenüber die gesprochene Sprache starke Dialektunterschiede bewahrte. Infolge der nach 1880 einsetzenden Massenauswanderung kam es zu einem fortschreitenden Ausgleich dialektaler Besonderheiten und zur Integration von Einflüssen aus den neuen Wirtssprachen, deren Gebrauch sich

61

im übrigen zunehmend durchsetzte. Gleichwohl ist J. nach wie vor die weitestverbreitete jüd. Sprache, die in ihrer modernen Ausprägung gekennzeichnet ist durch die produktive interne Veränderung und untrennbare Verschmelzung des hochdt. Grundbestands mit der semit., slaw. und wohl sehr alten roman. Komponente in Lautstand, Wortschatz, Wort- und Formenbildung sowie Satzbau.
📖 *Birnbaum, S. A.: Grammatik der jidd. Sprache. Hamb. ⁴1984. - Landmann, S.: J. Das Abenteuer einer Sprache. Neuaufl. Mchn. 1979. - Birnbaum, S. A.: Die jidd. Sprache. Hamb. 1974. - Weinreich, M.: Geschichte fun der jidischer sprach. New York 1974. 4 Bde. - Best, O. F.: Mameloschen. Jiddisch - Eine Sprache u. ihre Literatur. Ffm. 1973.*

jiddische Literatur, die seit dem 14. Jh. bekannte, zunächst den Ungebildeten, Unterprivilegierten (bes. Frauen) zugedachte und bis ins 19. Jh. überwiegend religiöse Literatur der aschkenas. Juden in Europa.
Ältere jidd. Literatur: Umfangreichere Texte sind erst in einer Cambridger Handschrift von 1382/83 überliefert; schon hier zeigt sich die Bearbeitung sowohl spezif. jüd. als auch dt. Erzählstoffe: dem „Josef ha-zadik" („Der glaubensfeste Josef") oder „Avroham ovinu" („Unser Vater Abraham") folgten später „Schmuelbuch" (Geschichte Davids), „Melochimbuch" (Salomo und Nachfolger) sowie mehrere „Esther"-Epen, während an den dem dt. „Kudrun"-Epos nahestehenden „Dukus Horant" Heldenepen wie „Hildebrandt" oder „Sigenot" anknüpften. Zur Artusepik gehört „Widuwilt" (dem mittelhochdt. „Wigalois" verwandt), dessen Tradition im 16. Jh. die Ritterromane von E. Levita fortsetzten. Histor. und legendar. Kleinepik enthalten v. a. ein Wormser und ein Regensburger Zyklus („Maaßebuch", 1602). Außer einer Fülle religiöser und histor. Lieder entstanden seit dem 16. Jh. Bearbeitungen dt. Volksbücher und - unter Anlehnung an dt. Fastnachtsspiele - erste jidd. Dramen, die Purimspiele.
Moderne jidd. Literatur: Im Zuge der jüd. Aufklärung (Haskala) entstand im 19. Jh. eine sprachl. und inhaltl. zeitnahe Literatur, in der die Konflikte zw. ostjüd. Traditionalismus und gesellschaftl. Umbruch verarbeitet wurden. Mit sozialpädagog. Intention bekämpften die Aufklärer bes. die myst. gefärbte Volksfrömmigkeit (Chassidismus). Ihre Kritik bediente sich v. a. satir. und grotesker Mittel. Der Verbindung traditioneller Elemente mit rationalist. Lehrhaftigkeit verdanken A. Goldfadens (*1840, †1917) Volksstücke nachhaltigen Erfolg. U. a. mit seinen Romanen erreichte Mendele Moicher Sforim eine realist. Darstellung des ostjüd. Alltags. Scholem Aleichem steigerte die Breitenwirkung mit der 1888 gegr. Reihe „Jidische Folksbibliotek", in der u. a. Jizchak Leib Perez erstmals jidd. publizierte; durch seine formale, stilist. und themat. Vielfalt beeinflußte Perez zahlr. jüngere Autoren. Nach dem 1. Weltkrieg gewann die j. L. an Vielgestalt und Verbreitung. Der Zwang zur Auseinandersetzung mit neuen Lebensumständen in Europa und Übersee sprengte den bisherigen Rahmen und verstärkte die Neigung zur Retrospektive, die bis heute einen Grundzug der jüngeren j. L. ausmacht. Verfolgung und Ausrottung durch den NS spiegeln sich in der teils kämpfer., teils eleg. Ghettoliteratur. Die weitere Entwicklung der j. L. wird durch den schwindenden Gebrauch des Jidd. und die Zerstreuung auf alle Kontinente bestimmt. Seit 1949 erscheint in Israel die literar. Zeitschrift „Di goldene kejt", seit 1961 in der UdSSR „Sowetisch hejmland".
📖 *Zs. für dt. Philologie 100 (1981), Sonderheft „Jiddisch". - Dinse, H./Liptzin, S.: Einf. in die j. L. Stg. 1978. - Dinse, H.: Die Entwicklung des jidd. Schrifttums im dt. Sprachgebiet. Stg. 1974. - Waxman M.: A history of Jewish literature. New York u. London 1960. 5 in 6 Bden. - Leksikon fun der najer jidischer literatur. New York 1956-68. 7 Bde.*

Jiftach (Jiphtach, Jephthah; Vulgata: Jephthe, Jepthe), alttestamentl. Richtergestalt, vom Volk Israel zum Heerführer gegen die Ammoniter bestellt; muß nach dem Sieg Jahwe seine einzige Tochter opfern. Diese Opferung wurde zu einem oft gestalteten Motiv in der Dichtung; G. F. Händel komponierte ein Oratorium (1752), G. Meyerbeer eine Oper (1812) mit diesem Thema.

Jig [engl. dʒɪg], engl. Tanzlied des 16. Jh., Vorläufer der ↑Gigue; vom Ende des 16. bis ins frühe 18. Jh. auch Bez. für eine kurze, derbe Posse mit Gesang und Tanz als Zwischen- oder Nachspiel eines (auch geistl.) Bühnenwerks, Vorläufer der ↑Ballad-opera.

Jigger [engl. 'dʒɪgə; afrikan.], svw. Sandfloh (↑Flöhe).

Jihlava, Stadt in der ČSSR, ↑Iglau.

Jilemnický, Peter [slowak. 'jilemnjitski:], * Letohrad (= Kyšperk) 18. März 1901, † Moskau 19. Mai 1949, slowak. Schriftsteller. - Lehrer und Journalist. Realist, seit 1948 Kulturattaché in Moskau. Gilt als Hauptvertreter des sozialist. Realismus in der slowak. Literatur; bes. bekannt ist sein sozialkrit. Zeitbild über den Nationalaufstand „Der Wind dreht sich" (1947).

Jim [engl. dʒɪm], engl. männl. Vorname, Nebenform von James (↑Jakob).

Jiménez [span. xi'meneθ], Juan Ramón, * Moguer (Prov. Huelva) 24. Dez. 1881, † San Juan (Puerto Rico) 29. Mai 1958, span. Dichter. - Befreundet u. a. mit Rubén Darío; lebte während des Span. Bürgerkriegs in Kuba und in den USA, übersiedelte 1951 nach Puerto Rico. Bedeutendster Vertreter und zugleich Überwinder des Modernismo; zu Beginn der 20er Jahre führender Dichter Spaniens; von wesentl. Einfluß auf span. und lateinameri-

kan. Lyriker der „poésie pure" (reinen Dichtung); erhielt 1956 den Nobelpreis.
Werke: Platero und ich (Prosa, 1914), Herz, stirb oder singe (Ged., dt. Ausw. 1958), La corriente infinita (Prosa, hg. 1961).

J., Marcos Pérez ↑Pérez Jiménez, Marcos.

Jiménez de Cisneros, Francisco [span. xi'menɛð ðe θiz'nerɔs], * Torrelaguna (Prov. Madrid) 1436, † Roa (Prov. Burgos) 8. Nov. 1517, span. Kardinal und Staatsmann. - Franziskaner, Beichtvater Isabellas I. von Kastilien. Seit 1495 Erzbischof von Toledo und Primas von Spanien, seit 1507 Großinquisitor und Kardinal; reformierte die span. Kirche, gründete die Universität Alcalá de Henares und ließ die Complutenser Polyglotte erstellen. 1506 und 1516/17 Regent Kastiliens bzw. Spaniens.

Jinismus [dʒi...] ↑Dschainismus.

Jinja [engl. 'dʒɪndʒə, 'dʒi:ndʒɑ:], zweitgrößte Stadt Ugandas, nahe dem Ausfluß des Victorianils aus dem Victoriasee, 1140 m ü. d. M., 55000 E. Sitz eines kath. Bischofs und einer Distriktverwaltung; Ostafrikan. Forschungsstation für Hydrobiologie und Fischerei. Größtes Ind.zentrum des Landes mit Kupferschmelze, Stahlwerk, chem. Werken, Nahrungs- und Genußmittelind.; Bahn- und Straßenknotenpunkt, Hafen für die Schiffahrt auf dem Victoriasee; ⚓.

Jinnah [engl. 'dʒɪnə] ↑Dschinnah.

Jinotega [span. xino'teɣa], Hauptstadt des Dep. J., in NW-Nicaragua, 14000 E. Zentrum eines Kaffeeanbaugebiets.

Jiphtach ↑Jiftach.

Jitterbug [engl. 'dʒɪtəbʌg; zu to jitter „zappeln" und bug „Käfer"], ein in den 1940er Jahren populär gewordener nordamerikan. Gesellschaftstanz mit Boogie-Woogie-Begleitung und akrobat. Tanzfiguren.

Jiujiang [chin. dʑjoʊdʑjaŋ], chin. Stadt, ↑Kiukiang.

Jiu-Jitsu ['dʒi:u'dʒɪtsu, 'ji:u'jɪtsu; jap., eigtl. „sanfte Kunst"] (Dschiu-Dschitsu), aus China stammendes, in Japan weiterentwickeltes klass. System der waffenlosen Selbstverteidigung auf der Basis von Schocktechniken (Tritte, Schläge, Stöße), Hebeln und Würfen, die sich gegen vitale Körperstellen richten bzw. Prinzipien der Gleichgewichtsbrechung nutzen. Wurde 1906 in Deutschland eingeführt und wird als Vorläufer einiger Budosportarten angesehen. Im J.-J. gibt es keinen Wettkampf, wohl aber Übungsformen, die eine besondere Anwendung der Reflexe und der kontrollierte Anwendung der wirksamen Techniken zulassen.

j-j-Kopplung, eine bei starker Spin-Bahn-Wechselwirkung vorliegende Kopplung [der Drehimpulse] von Elektronen in der Atomhülle (bei Atomen hoher Ordnungszahl) von Nukleonen im Atomkern, bei der die Spin-Bahn-Kopplung sehr viel stäker ist als die Kopplung der Bahnen und Spins unter sich. Es gibt im Falle der j-j-K. keine Gesamtbahndrehimpulsquantenzahl L und keine Gesamtspinquantenzahl S und damit (mit Ausnahme der Einteilchensysteme) keine Klassifikation nach S-, P-, D- usw. Zuständen, wie es bei der L-S-Kopplung der Fall ist.

Joab, bibl. Gestalt, dem David ergebener Heerführer (2. Sam.).

Joachim ['joːaxim, jo'axim], männl. Vorname hebr. Ursprungs, eigtl. „den Gott aufrichtet".

Joachim, Name von Herrschern:
Brandenburg:
J. I. Nestor, * 21. Febr. 1484, † Stendal 11. Juli 1535, Kurfürst (seit 1499). - Begr. 1506 die Univ. Frankfurt/Oder, 1516 das Kammergericht in Berlin als obersten Gerichtshof; bekämpfte die Reformation.
J. II. Hektor, * 9. Jan. 1505, † Köpenick (= Berlin) 3. Jan. 1571, Kurfürst (seit 1535). - Führte 1539 eine de facto prot. Kirchenordnung ein, unterstützte aus außenpolit. Gründen im Schmalkald. Krieg den Kaiser; 1569 Mitbelehnung mit dem Hzgt. Preußen.
Juda:
J., König (608–598), ↑Jojakim.
J., König (598–537), ↑Jojachin.

Joachim, hl., nur in außerkanon. Schriften bekannter Vater Marias, der Mutter Jesu, und Mann der Anna. - Fest 26. Juli.

Joachim von Fiore (Joachim von Floris), sel., * Celico bei Cosenza um 1130, † San Giovanni in Fiore bei Cosenza 1202, italien. Theologe, Mönch und Ordensgründer. - Zunächst Abt des Zisterzienserklosters Corazzo in Kalabrien, bis er um 1190 in Fiore einen eigenen Orden (Florenser oder Floriazenser) im späten 16. Jh. wieder mit dem Zisterzienserorden vereinigt) und ein eigenes Kloster gründete. Bed. und einflußreich ist seine prophet. Geschichtsdeutung (↑Chiliasmus); die Wirkungsgeschichte läßt sich über Hegel und Schelling bis in die polit. Geschichte der Gegenwart nachweisen.

Joachim, Joseph, * Kittsee (Burgenland) 28. Juni 1831, † Berlin 15. Aug. 1907, dt. Violinist und Komponist. - Feierte glänzende Erfolge als Virtuose; setzte sich für die neudt. Schule (F. Liszt), später für seinen Freund J. Brahms ein. Als Komponist schrieb J., der seit 1869 auch ein berühmtes eigenes Streichquartett leitete, Werke für Violine.

Joachimstaler ↑Taler.
Joachin ↑Jojachin.
Joan [engl. dʒoʊn], engl. Form von Johanna.

João Pessoa [brasilian. 'ʒuɐ̃ũm pe'soa], Hauptstadt des brasilian. Bundesstaates Paraíba, am Rio Paraíba do Norte, 20 km oberhalb der Mündung in den Atlantik, 45 m ü. d. M., 330000 E. Kath. Erzbischofssitz; Univ. (gegr. 1955); Buntmetallerzverhüttung, Zement-, Schuhfabrik u. a. Eisenbahnknotenpunkt; ⚓. - Seit 1930 J. P.; gegründet 1585

Joas

als **Philippéa** von dem Deutschen C. Linz. - Die Kirche São Francisco (18.Jh.) gilt als die schönste Rokokokirche Brasiliens.

Joas, Name zweier Könige im A. T.:

J., König des Südreiches Juda (840–801 [836–797]); als Siebenjähriger zum König ausgerufen; bei einer Verschwörung verurteilt.

J., König des Nordreichs Israel (802–787 [799–784]); ihm gelang die teilweise Rückeroberung des Ostjordanlandes.

Joasaph ↑Barlaam und Josaphat.

Job ↑Hiob.

Job [dʒɔb; engl.-amerikan.], vorübergehende Gelegenheitsarbeit; Arbeitsplatz; Beruf; **jobben,** sich mit einem Job Geld verdienen.

♦ in der *Datenverarbeitung* eine bestimmte, in sich abgeschlossene Aufgabenstellung und ihre rechner. Durchführung durch einen Computer.

Jobeljahr [zu hebr. jobel „Widderhorn" (weil es zu Beginn eines solchen Jahres geblasen wird)] (Jubeljahr, Halljahr, Erlaßjahr), im A. T. Bez. für das Hl. Jahr der Juden; nach 7 ↑Sabbatjahren (= 49 Jahren) das 50. Jahr, verbunden u. a. mit Schuldenerlaß, Freilassung der israelit. Sklaven und Rückgabe von verkauftem Boden.

Job-sharing [engl. 'dʒɔbʃæ:rɪŋ „Arbeitsplatzteilung"], neue Form der Teilzeitbeschäftigung, bei der ein Arbeitsplatz nicht nur stundenweise, sondern über die gesamte tarifvertragl. vereinbarte Arbeitszeit besetzt wird, indem zwei oder mehrere Beschäftigte diesen Arbeitsplatz eigenverantwortlich unter sich teilen.

Jobst (Jost, Jodokus), * 1354, † Brünn 18. Jan. 1411, Markgraf von Mähren (seit 1375) und Brandenburg (seit 1397), Röm. König (seit 1410). - Erwarb 1388 als Pfänder des Hzgt. Luxemburg und die Mark Brandenburg, die er 1397 zu Lehen erhielt; 1410 gegen Sigismund zum Röm. König gewählt.

Joch [zu althochdt. joh, eigtl. „Zusammenbindendes"] ↑Geschirr.

♦ (magnet. J.) Verbindungsstück aus Eisen, das den Eisenkern von Elektromagneten in elektr. Maschinen zu einem geschlossenen Kreis aus Eisen schließt; setzt den magnet. Widerstand und damit die Möglichkeit des Verlustes von magnet. Energie durch Streufelder herab.

♦ zw. den Hauptstützpunkten liegender Abschnitt bei Brücken *(Brücken-J.),* Gewölben *(Gewölbe-J.)* usw.

♦ in übertragener Bed. svw. Zwang, Unterdrückung, Knechtschaft.

Jochalgen (Conjugales, Conjugatae), Ordnung der Grünalgen mit drei Fam. (darunter Jochalgen); fast ausschließl. im Benthos oder Plankton des Süßwassers kosmopolit. verbreitet; als Einzeller oder unverzweigte, bisweilen leicht in Einzelzellen zerfallende Fäden (Zönobien) vorkommende Algen, die keine begeißelten Fortpflanzungsstadien ausbilden.

Jochbein, svw. ↑Wangenbein.

Jochblattgewächse (Doppelblattgewächse, Zygophyllaceae), Pflanzenfam. der Zweikeimblättrigen mit 30 Gatt. und rd. 250 Arten in den Tropen und Subtropen; Sträucher und Halbsträucher, seltener Bäume mit meist gegenständigen, gefiederten Blättern; Blüten radiär (z. B. Guajakbaum).

Jochbogen, durch die Knochenfortsätze des Schläfenbeins und des Wangenbeins gebildete Knochenbrücke am seitl. Schädel bei verschiedenen Wirbeltieren (einschließlich Mensch).

Jochen, männl. Vorname, Kurzform von Joachim.

Jöcher, Christian Gottlieb, * Leipzig 20. Juli 1694, † ebd. 10. Mai 1758, dt. Lexikograph. - 1730 Prof. in Leipzig, 1742 auch Universitätsbibliothekar. Verf. des „Allg. Gelehrten-Lexicons" (4 Bde., 1750/51) mit annähernd 50000 Haupteintragungen, das von J.C. Adelung und H.W. Rotermund fortgesetzt und ergänzt wurde (7 Bde., 1784–1897; bis „Romulus").

Jochpilze (Zygomyzeten, Zygomycetales), Klasse der Pilze mit zwei Ordnungen, vorwiegend saprophyt., seltener parasit. auf Pflanzen und Tieren lebende Pilze mit stark entwickeltem Myzel; Zellwände aus Chitin; ungeschlechtl. Vermehrung durch Sporen und Konidien, geschlechtl. Vermehrung durch Gametangiogamie (bestimmte Zellen oder Zellgruppen, in denen die Geschlechtszellen gebildet werden [Gametangium], verschmelzen miteinander).

Jochum, Eugen, * Babenhausen (Landkr. Unterallgäu) 1. Nov. 1902, † München 26. März 1987, dt. Dirigent. - Bruder von Georg Ludwig und Otto J.; war 1934–49 Generalmusikdirektor in Hamburg, 1949–60 Chefdirigent des Sinfonieorchesters des Bayer. Rundfunks, daneben ständiger Gastdirigent der Berliner Philharmoniker, des Concertgebouworkest, der Bamberger Symphoniker, der Dt. Oper Berlin sowie der großen europ. Festspiele.

J., Georg Ludwig, * Babenhausen (Landkr. Unterallgäu) 10. Dez. 1909, † Mülheim a. d. Ruhr 1. Nov. 1970, dt. Dirigent. - Bruder von Eugen und Otto J.; 1940–45 Generalmusikdirektor in Linz, seit 1946 in Duisburg, wo er bis 1958 auch dem Städt. Konservatorium vorstand.

J., Otto, * Babenhausen (Landkr. Unterallgäu) 18. März 1898, † Bad Reichenhall 24. Okt. 1969, dt. Komponist. - Bruder von Eugen und Georg Ludwig J.; hinterließ Motetten, Messen, Oratorien, auch Orchesterwerke sowie Volksliedbearbeitungen.

Jockei ['jɔkeɪ, 'dʒɔki; engl. jockey; Verkleinerungsform von schott. Jock (engl.

Jack) „Jakob" (urspr. Bez. für einen Stalljungen)], berufsmäßiger Rennreiter; muß eine Lizenz der Rennsportbehörde seines Landes besitzen. Weibl. Entsprechung: **Jockette**.

Jod [frz., zu griech. iōdēs „veilchenfarbig"] (Iod), chem. Symbol J (I); nichtmetall. Element aus der VII. Hauptgruppe des Periodensystems der chem. Elemente; Halogen; Ordnungszahl 53; relative Atommasse 126,905, Schmelzpunkt der dunkelgrauen, metall. glänzenden Kristalle 113,5 °C, Siedepunkt 184,35 °C, Dichte 4,93 g/cm³. J. sublimiert bei Zimmertemperatur unter Bildung giftiger, violett gefärbter J.dämpfe. In seinen Verbindungen ist J. überwiegend einwertig (Jodide) und fünfwertig (Jodate). J. kommt im Chilesalpeter in Form von Jodaten vor. Verwendet wird es in der Medizin (↑Jodpräparate) und in der Photographie als lichtempfindl. Silberjodid.

Jodate [griech.] ↑Jodsauerstoffsäuren.

Jöde, Fritz, * Hamburg 2. Aug. 1887, † ebd. 19. Okt. 1970, dt. Musikpädagoge. - Leitete u. a. das Internat. Inst. für Jugend- und Volksmusik in Trossingen; einer der bedeutendsten Pädagogen der Jugendmusikbewegung. Er schrieb u. a. „Jugendbewegung und Jugendpflege" (1917), „Kind und Musik" (1930), „Die Anfänge der Jugendmusikbewegung" (1968).

Jodelet [frz. ʒɔˈdlɛ], eigtl. Julien Bedeau, * Ende des 16. Jh., † Paris 16. März 1660, frz. Schauspieler. - Entwickelte die kom. Figur des Jodelet, eines verschlagen-dümml. Dieners.

Jodeln, eine v. a. im Alpengebiet, vereinzelt auch in anderen Regionen verbreitete Form des Singens, deren Hauptmerkmal in steten Wechsel von Brust- und Kopfstimme liegt. Als „Texte" finden Silbenketten ohne erkennbare Wortbedeutung Verwendung. Urspr. wohl Verständigungsmittel der Hirten von Alm zu Alm, der Waldarbeiter usw., wurde das J. erst in einem Spätstadium zu einer volkstüml. Musikform mit unterhaltendem Charakter.

Jodgorgosäure [griech./dt.], svw. ↑Dijodtyrosin.

Jodhpur, ind. Stadt am SO-Rand der Tharr, Bundesstaat Rajasthan, 493 600 E. Univ. (gegr. 1962); bed. Handels- und Ind.stadt. Führend sind Eisen-, Messing- und Textilind.; Elfenbeinschnitzerei; Bahnstation, Straßenknotenpunkt; ✈. - J. wurde als Hauptstadt des gleichnamigen Radschputenstaates 1459 gegr.; 1948 kam es zu Rajasthan. - Die Altstadt liegt im Schutz einer großen Festung; Stadtmauer mit sieben Toren; in der Festung zahlreiche Palastbauten.

Jodide [griech.], Verbindungen des Jods mit Metallen und Nichtmetallen, z. B. Salze der Jodwasserstoffsäure. Wichtige J. sind Silber-, Natrium- und Kaliumjodid.

Jodismus [griech.], svw. ↑Jodvergiftung.

Joel

Jodjodkaliumlösung (Kaliumpolyjodidlösung), wäßrige Kaliumjodidlösung, in der elementares Jod als Polyjodid gelöst ist.

Jodkohle, gekörnte, jodhaltige Aktivkohle, die Quecksilberdämpfe unter Bildung von Quecksilberjodid bindet.

Jodl, Alfred [ˈjoːdəl], * Würzburg 10. Mai 1890, † Nürnberg 16. Okt. 1946 (hingerichtet), dt. General. - Ab 1939 Chef des Wehrmachtsführungsstabes im OKW (Generaloberst 1944) und strateg. Berater Hitlers; unterzeichnete am 7. Mai 1945 in Reims die Gesamtkapitulation der dt. Wehrmacht; als Kriegsverbrecher 1946 im 1. Nürnberger Prozeß zum Tode verurteilt.

Jodlampe ↑Halogenlampe.

Jodpräparate, zu medizin. Zwecken hergestellte und verabreichte (auch äußerl. angewandte) Zubereitungen, die Jod in elementarer Form oder Jodverbindungen enthalten; u. a. *Jodtinktur* und organ. Jodverbindungen zur Desinfektion und Chemotherapie, auch zur Jodbehandlung bei Schilddrüsenstörungen.

Jodquellen, Heilquellen mit einem Jodidgehalt von mindestens 1 mg/l.

Jodrell Bank [engl. ˈdʒɔdrəl ˈbæŋk], radioastronom. Observatorium der Universität Manchester, in der nordwestengl. Gft. Cheshire, mit einem der größten schwenkbaren Radioteleskope (⌀ 76,2 m); Bodenstation für Funkverbindungen mit Satelliten.

Jodsauerstoffsäuren, Verbindungen des Jods, die saure Eigenschaften zeigen und in denen das Jod als Zentralatom negativ geladener Komplexe auftritt. Die *Jodsäure (I)* (hypojodige Säure), HJO, und ihre Salze, *Jodite (I)* (Hypojodite), sind unbeständig. Die *Jodsäure (V)*, HJO₃, die *Jodsäure (VII)* (Perjodsäure), H₅JO₆, und ihre Salze *Jodate (V)* bzw. *Jodate (VII)* (Perjodate) sind starke Oxidationsmittel.

Jodsilber-Kollodium-Verfahren ↑Photographie.

Jodstärkereaktion, sehr empfindl. Nachweis von elementarem Jod durch Stärkelösung; dabei bildet sich eine blauschwarz gefärbte Einschlußverbindung.

Jodtinktur ↑Jodpräparate.

Jodvergiftung (Jodismus), durch Jod bzw. Jodverbindungen (nach längerem Gebrauch) verursachte Reizerscheinungen wie Fieber, Bindehautentzündung, Durchfall u. a.

Jodwasserstoff, HJ, farbloses, stechend riechendes, giftiges Gas, dessen wäßrige Lösung als Jodwasserstoffsäure bezeichnet wird.

Jodzahl, Abk. JZ, Kennzahl für den Gehalt an ungesättigten Fettsäuren im Fett; wird in Gramm Jod pro 100 Gramm Fett angegeben.

Joel (Ioel), Prophet der nachexil. Gemeinde in Jerusalem und gleichnamiges Buch des A. T., das zu den „kleinen Propheten" zählt

Joensuu

(wohl im 4. Jh. v. Chr. entstanden).
Joensuu [finn. 'jɔɛnsuː], Hauptstadt des Verw.-Geb. Nordkarelien in M-Finnland, 44 000 E. Museum; Handelszentrum; Holzverarbeitung, Nahrungsmittelind.
Joergplateau ['jɔːgplatoː], Hochplateau in der Antarktis, südl. der Antarkt. Halbinsel, bis etwa 2 500 m hoch.
Joest van Kalkar, Jan [niederl. 'joːst vɑn 'kɑlkɑr] ↑ Kalkar, Jan Joest van.
Joffe (Joffé) ↑ Ioffe.
Joffre, Joseph Jacques Césaire [frz. ʒɔfr], * Rivesaltes (Pyrénées-Orientales) 12. Jan. 1852, † Paris 3. Jan. 1931, frz. Marschall (seit 1916). - Chef des Generalstabs ab 1911; führte als Oberbefehlshaber an der N- und NO-Front im Sept. 1914 die Wende in der Marneschlacht herbei; ab Dez. 1915 Oberbefehlshaber aller frz. Truppen; auf Grund mangelnder entscheidender militär. Erfolge und in Ggs. zur Reg. geraten, wurde J. im Dez. 1916 durch R. G. Nivelle abgelöst.
Joga (Yoga) [Sanskrit „Joch" (in welches der Körper gleichsam eingespannt wird)], philosoph.-religiöses Meditationssystem Indiens mit dem Ziel, die Seele von der Materie zu trennen, um sie in einen Zustand der Bewußtlosigkeit jenseits der Welt zu führen. Dazu bedient sich der **Jogi** (auch **Jogin,** der Anhänger der J.) der 8 Glieder des J.: 1. „jama" (Zügelung), Einhaltung bestimmter Gebote wie z. B. Keuschheit, 2. „nijama" (Observanz), Beachtung von Reinheitsvorschriften, 3. „asana" (Sitz), richtige Körperhaltung, 4. „pranajamana" (Beherrschung des Atems), 5. „pratjahara" (Zurückziehung der Sinnesorgane von ihren Objekten), 6. „dharana" (Festhalten), Konzentration, 7. „dhjana" (Meditation), 8. „samadhi" (Versenkung). Der J. hat verschiedene Schulrichtungen ausgebildet. Der *Hatha-J.* („Anstrengungs-J.") ist der grobe, gewaltsame J., der die körperl. Übungen in den Vordergrund stellt. Der *Karma-J.* legt den Nachdruck auf die Tat („Karma") auf sittl. Werte. Im *Radscha-J.* („königl. J.") hat die intuitive Einsicht Vorrang. Der J. wird zuerst in den mittleren „Upanischaden" erwähnt. Grundwerk ist das „Jogasutra" des Patandschali, vielleicht aus dem 2. Jh. v. Chr.
⌑ *Vishundevananda: Das große illustrierte Yoga-Buch. Dt. Übers. Freib.* ³*1985. - Hoare, S.: Yoga. Gesch., Philosophie u. ein komplettes Übungsprogramm. Dt. Übers. Ravensburg* ³*1984. - Feuerabend, S.: Die Macht des Yoga. Deggendorf 1980.*
Jogatschara (Yogācāra) [Sanskrit „Wandel im Joga"], Schulrichtung des Mahajana-Buddhismus, gekennzeichnet durch das Interesse ihrer Anhänger am Joga, den sie als eine Möglichkeit zur Erlangung der Existenz eines Bodhisattwa auffassen. Die J.schule leugnet die Realität aller Dinge, anerkennt jedoch ein individuelles „Selbst" (Sanskrit Atman).

Jogging ['dʒɔgɪŋ; engl., zu to jog „(dahin)trotten"], Trainingsform, bei der man völlig gelöst und bewußt locker in mäßigem Tempo läuft. Ein **Jogger** läuft wöchentl. regelmäßig 4-7mal über selbst festgesetzte Distanzen (empfohlenes tägl. Minimum 1 600 m). Ziel ist, während des Laufs den Puls auf etwa 75 % der Maximalrate zu bringen und zu halten; daraus folgt, daß der gesamte Organismus (von der Muskulatur bis zum Gehirn) mit einem Optimum an Sauerstoff versorgt wird.
Joghurt (Yoghurt) [türk.], aus pasteurisierter, homogenisierter Vollmilch oder entrahmter Trinkmilch durch Eindampfung und Zugabe spezif. wärmeliebender Milchsäurebakterien (Lactobacillus bulgaricus, Streptococcus thermophilus) hergestelltes Nahrungsmittel von feinflockiger, gallertartiger, homogener Struktur und saurem, angenehm aromat. Geschmack, wobei zur Geschmacksverbesserung oft noch Zucker und (beim *Frucht-J.*) Früchte oder Fruchtmark bzw. -saft zugesetzt werden. Die diätet. Wirkung des J. beruht auf seiner guten Verdaulichkeit und der günstigen Beeinflussung der Darmflora durch die Milchsäurebakterien. - J. wurde zuerst in der Türkei und in den südosteurop. Ländern aus Ziegen-, Schaf- oder Büffelmilch zubereitet und ist dort ein Nationalgericht.
Jogjakarta [indones. dʒɔgdʒa'karta] ↑ Yogyakarta.
Johann ['joːhan, jo'han], männl. Vorname, Nebenform von ↑ Johannes.
Johann, Name von Herrschern:
Böhmen:
J. der Blinde, * 10. Aug. 1296, ✕ Crécy-en-Ponthieu 26. Aug. 1346, König (seit 1310). - Sohn Kaiser Heinrichs VII. (Luxemburger); erwarb 1335 das Hzgt. Breslau und die Lehnshoheit über andere schles. Ft. und Masowien, unterstützte die Wahl Ludwigs (IV.) des Bayern (1314). Der Versuch der Gründung eines oberitalien. Kgr. scheiterte. 1346 erreichte er die Wahl seines Sohnes Karl zum Röm. König.
Brandenburg:
J. Cicero, * Ansbach 2. Aug. 1455, † Arneburg (Landkr. Stendal) 9. Jan. 1499, Kurfürst (seit 1486). - Residierte als erster Hohenzoller ständig in Berlin; konzentrierte sich ganz auf die Konsolidierung des Landes.
J. Sigismund, * 8. Nov. 1572, † 23. Dez. 1619, Kurfürst (seit 1608). - Erhielt 1611 von Polen Vormundschaft und Nachfolge in Preußen zugestanden, das 1618 anfiel.
Burgund:
J. ohne Furcht (J. der Unerschrockene, frz. Jean sans Peur), * Dijon 28. Mai 1371, † Montereau-faut-Yonne 10. Sept. 1419, Hzg. (seit 1404). - Sohn Philipps des Kühnen; ließ im Kampf um die Macht am Hof des geisteskranken Karl VI. den Regenten Ludwig von Orléans ermorden (1407).
Dänemark:
J. I., * Ålborg 5. Juni 1455, † ebd. 20. Febr.

Johann II.

1513, König (seit 1481), von Norwegen (seit 1483), von Schweden (als J. II., 1497–1501). - Konnte sich nur kurzzeitig in Schweden durchsetzen; nach seiner Niederlage bei Hemmingstedt gegen die Dithmarscher Bauern vertrieben.

England:
J. I. ohne Land (engl. John Lackland), *Oxford 24. Dez. 1167, † Newark (Nottinghamshire) 18. oder 19. Okt. 1216, König (seit 1199). - Jüngster Sohn Heinrichs II.; Nachfolger seines Bruders Richard I. Löwenherz, verlor bis 1206 die engl. Festlandsbesitzungen nördl. der Loire an den frz. König Philipp II. August. Die Opposition der engl. Barone versuchte er durch Lehennahme Englands vom Papst einzudämmen. Mußte 1215 die Forderungen der Magna Carta libertatum anerkennen.

Frankreich:
J. II., der Gute (frz. Jean le Bon), *Schloß Gué de Maulny bei Le Mans 26. April 1319, † London 8. April 1364, König (seit 1350). - Geriet 1356 in der Schlacht bei Maupertuis in engl. Gefangenschaft, wurde nach Abschluß des Vertrags von Brétigny 1360 freigelassen. Kehrte 1364 nach London zurück, weil sein als Geisel gestellter Sohn entflohen war.

Luxemburg:
J., Großherzog, † Jean, Großherzog von Luxemburg.

Mainz:
J. Philipp, Graf von Schönborn, *Eschbach 6. Aug. 1605, † Würzburg 12. Febr. 1673, Kurfürst (seit 1647). - Lavierte zw. Frankr. und Habsburg, gründete 1658 den 1. Rheinbund, dem auch Frankr. beitrat; J. löste sich später von der Anlehnung an Frankreich.

Pfalz:
J. Kasimir, *Simmern 7. März 1543, † Heidelberg (?) 6. Jan. 1592, Pfalzgraf bei Rhein (seit 1578). - Bekämpfte gegenreformator. Kräfte, brachte die durch Ludwig VI. luth. gewordene Pfalz zur ref. Lehre zurück.

Pfalz-Neuburg:
J. Wilhelm (Jan Wellem), *Düsseldorf 19. April 1658, † ebd. 8. Juni 1716, Kurfürst (seit 1690). - Betrieb als Regent eine aktive gegenreformator. Politik; unterstützte als Schwiegersohn Kaiser Ferdinands III. die Habsburger, v. a. im Span. Erbfolgekrieg; zeichnete sich auch durch sein Mäzenatentum aus; berühmt sein Denkmal von Grupello in Düsseldorf.

Polen:
J. I. Albrecht, *Krakau 27. Dez. 1459, † Thorn 17. Juni 1501, König (seit 1492). - Schuf 1493 die Institution des Reichstages (Sejm).
J. II. Kasimir, *Krakau 21. März 1609, † Nevers 16. Dez. 1672, König (1648–68). - Unter ihm verlor Polen die Ukraine links des Dnjepr und Smolensk an Rußland, im 1. Nord. Krieg (1655–60) Livland an Schweden, das Hzgt. Preußen an Brandenburg. Nach dem gescheiterten Versuch innerer Reformen dankte J. 1668 ab und ging nach Frankreich.
J. III. Sobieski, *Olesko (Ostgalizien) 17. Aug. 1629, † Wilanów bei Warschau 17. Juni 1696, König (seit 1674). - Rettete als Oberbefehlshaber der alliierten Armee Wien vor den Türken in der Abwehrschlacht am Kahlenberg (12. Sept. 1683).

Portugal:
J. I., *Lissabon 11. April 1357, † ebd. 14. Aug. 1433, König (seit 1385). - Begr. die Dyn. Avis; sicherte gegen Johann I. von Kastilien die portugies. Unabhängigkeit; konnte Ceuta 1415 erobern; sein jüngster Sohn war Heinrich der Seefahrer.
J. II., *Lissabon 5. Mai 1455, † Alvor (Algarve) 25. Okt. 1495, König (seit 1481). - Förderte Entdeckungsfahrten und überseeische Ausdehnung; schloß mit Kastilien 1494 den Vertrag von Tordesillas.
J. IV., *Vila Viçosa 19. März 1604, † Lissabon 6. Nov. 1656, König (seit 1640). - Trat 1640 an die Spitze des Aufstandes gegen Spanien.
J. VI., *Lissabon 13. Mai 1769, † ebd. 10. März 1826, König (seit 1816). - Seit 1792 Regent; 1807 Flucht vor Napoleon I. nach Brasilien (Rückkehr 1821); erkannte 1825 die Unabhängigkeit Brasiliens an.

Sachsen:
J. der Beständige, *Meißen 30. Juni 1468, † Schweinitz 16. Aug. 1532, Kurfürst (seit 1525). - Seit 1486 Mitregent seines Bruders Friedrich III.; trat für die Reformation ein und schloß nach dem Bauernkrieg das Gotha-Torgauer Bündnis.
J. Friedrich I., der Großmütige, *Torgau 30. Juni 1503, † Weimar 3. März 1554, Kurfürst (1532–47). - Neben Philipp I. von Hessen Haupt des Schmalkaldischen Bundes; mußte in der Wittenberger Kapitulation (19. Mai 1547) zugunsten von Hzg. Moritz auf Kurwürde und Kurlande verzichten.
J. Friedrich II., der Mittlere, *Torgau 8. Jan. 1529, † Steyr (Oberösterreich) 9. Mai 1595, Hzg. (1554–67). - Verwaltete ab 1547 die ernestin. Restgebiete in Thüringen, verfiel 1566 der Reichsacht wegen seiner Versuche, die Kurwürde zurückzugewinnen.
J. Georg I., *Dresden 5. März 1585, † ebd. 8. Okt. 1656, Kurfürst (seit 1611). - Trat im Dreißigjährigen Krieg auf die Seite des Kaisers, geriet in Abhängigkeit von Gustav II. Adolf, trat nach dessen Tod wieder auf die kaiserl. Seite und erhielt 1635 (endgültig 1648) die Lausitz als erbl. Lehen der böhm. Krone.
J., *Dresden 12. Dez. 1801, † Pillnitz 29. Okt. 1873, König (seit 1854). - Trat seit 1828 als Danteübersetzer hervor; setzte sich für eine Reform des Dt. Bundes zugunsten der Mittelstaaten ein.

Schweden:
J. II., König, † Johann I., König von Dänemark.

Johann III.

J. III., *Schloß Stegeborg 21. Dez. 1537, †Stockholm 27. Nov. 1592, König (seit 1569). - Seit 1563 inhaftiert, 1567 vom Reichsrat befreit und 1569 zum König erhoben.
Spanien:
J. Karl I., König, †Juan Carlos, König von Spanien.
Johann, *Florenz 20. Jan. 1782, †Graz 10. Mai 1859, östr. Erzherzog. - Rousseau-Anhänger mit liberalen Neigungen, wurde volkstüml. durch die Heirat (1827) mit einer Postmeisterstochter aus Aussee, seine bürgerl. Lebensführung, sein Eintreten für den liberalen Nationalgedanken und seine Förderung von Kunst und Wissenschaft. Im Frühjahr 1848 mit den Reg.geschäften in Wien betraut, im Juni 1848 durch die Frankfurter Nationalversammlung zum Reichsverweser gewählt. Trat am 10. Dez. 1849 zurück.
Johann von Brügge, fläm. Buchmaler, †Hennequin de Bruges.
Johann von Leiden (Jan van Leyden, J. Beukelsz., J. Bockelszoon, J. Bockholt, J. Bokkelson), *bei Leiden 1509, †Münster (Westf.) 22. Jan. 1536 (hingerichtet), niederl. Täufer und Schwärmer. - J. schloß sich nach seiner Taufe der seit 1531 bestehenden „Neuen ev. Bewegung in Münster" an; führte in Münster eine grausame, von Orgien begleitete Herrschaft und ließ sich ab 1534 König von Zion (oder des Neuen Jerusalem) nennen. Am 25. Juni 1535 wurde die Stadt von der bischöfl. Armee eingenommen, J. wurde zum Tode verurteilt.
Johann von Neumarkt †Johannes von Neumarkt.
Johann von Soest [zo:st] (auch J. Steinwert von Soest, J. von Grummelkut), *Unna 1448, †Frankfurt am Main 2. Mai 1506, dt. Musiker, Schriftsteller und Arzt. - Schuf 1480 eine Versübertragung (25 000 Verse) des Hein van Aken zugeschriebenen Ritterromans „Van Heinrich en Margriete van Limborch". Kulturgeschichtl. interessant ist seine Autobiographie (1504).
Johann von Würzburg, mittelhochdt. Dichter um 1300. - Vollendete 1314 einen abenteuerreichen Versroman „Wilhelm von Österreich", der in der Zeit des 3. Kreuzzuges spielt.
Johanna, aus der Bibel übernommener weibl. Vorname hebr. Ursprungs, weibl. Form von Johannes; italien. Form Giovanna, span. Juana, frz. Jeanne, engl. Joan, Jane und Jean, ungar. Janka.
Johanna [die Päpstin] (Frau Jutte), angebl. Päpstin; Mädchen aus Mainz, das in Athen studiert, dann in Rom 855 die Papstwürde erhalten haben und während einer Prozession niedergekommen und gestorben sein soll; Legende des 13. Jh.
Johanna, Name von Herrscherinnen:
England:
J. (Jane Seymour), *Wolf Hall (Wiltshire) um 1509, †Hampton Court 24. Okt. 1537, Königin. - 3. Gemahlin Heinrichs VIII.; starb kurz nach der Geburt des Thronfolgers Eduard (VI.).
Kastilien und León:
J. die Wahnsinnige, *Toledo 6. Nov. 1479, †Tordesillas 12. April 1555, Königin (seit 1504). - Tochter Ferdinands II. von Aragonien und Isabellas I. von Kastilien, ∞ mit Philipp dem Schönen von Burgund (1496), Mutter Kaiser Karls V.; fiel nach dem Tode Philipps (1506) in Trübsinn.
Navarra und Frankreich:
J. von Albret (Jeanne d'Albret), *Saint-Germain-en-Laye (Pau?) 7. Jan. 1528, †Paris 9. Juni 1572, Königin (seit 1555). - Seit 1548 ∞ mit Anton von Bourbon; Mutter Heinrichs IV. von Frankr.; ab 1556 Kalvinistin, führte nach dem Tode ihres Gatten (1562) in ihrem Lande die Reformation ein und unterstützte die Hugenotten.
Johanna von Orléans †Jeanne d'Arc.
Johann Capupper †Johann Pupper von Goch.
Johannes, aus der Bibel übernommener männl. Vorname hebr. Ursprungs, eigtl. „Gott ist gnädig"; italien. Form Giovanni, span. Juan, frz. Jean, engl. John, niederl. Jan, dän. Jens, russ. Iwan, ungar. János.
Johannes, Name von Päpsten:
J. VIII., *Rom, †ebd. 16. Dez. 882, Papst (seit 14. Dez. 872). - Krönte 875 Karl den Kahlen, 881 Karl III. zu Kaisern, ohne militär. Hilfe gegen die sizil. Sarazenen zu erhalten. J. schützte den Slawenmissionar Methodius im Streit mit der bayr. Kirche.
J. X., vorher Johannes von Tossignano (Romagna), Papst (März/April 914 bis Mai/Juni 928). - J. einte die zersplitterten Kräfte Italiens gegen die Sarazenen und versuchte, die päpstl. Autorität in der ganzen Kirche zu wahren. Wegen seines Selbständigkeitsstrebens von †Marozia gefangengesetzt, starb er bald (wohl gewaltsam).
J. XII., *Rom 937, †ebd. 14. Mai 964, vorher Octavian, Papst (seit 16. Dez. 955). - Sohn Alberichs II., krönte 962 Otto I. zum Kaiser. Otto I. bestätigte am 13. Febr. 962 Umfang und Rechte des Kirchenstaates, sicherte aber auch das Kaiserrecht bei der Papstwahl. Wegen seiner kaiserfeindl. Politik setzte ihn kaiserl. Synode J. am 4. Dez. 963 ab.
J. XIII., †Rom 6. Sept. 972, Papst (seit 1. Okt. 965). - Gewählt unter dem Einfluß Kaiser Ottos I.; regierte in engem Einvernehmen mit Otto I., krönte Otto II. und dessen Gemahlin Theophano und erhob 968 Magdeburg zum Erzbistum.
J. XV., Papst (Aug. 985 bis März 996). - Vollzog 993 mit der Kanonisierung Ulrichs von Augsburg die erste bekannte päpstl. Heiligsprechung.
J. XIX., †Rom 20. Okt. (?) 1032, vorher Romanus, Papst (seit 19. April [?] 1024). -

Als Laie erhoben; hielt gute Verbindung zu Kaiser Konrad II., den er 1027 krönte.

J. XXI., * Lissabon zw. 1210 und 1220, † Viterbo 20. Mai 1277, vorher Petrus Juliani, gen. Petrus Hispanus, Papst (seit 8. Sept. 1276). - Urspr. Arzt; residierte als Papst in Viterbo, bemühte sich um Vertiefung der Union von 1274 mit Byzanz und um einen neuen Kreuzzug; bed. Gelehrter; einer der Wegbereiter des Nominalismus.

J. XXII., * Cahors 1244, † Avignon 4. Dez. 1334, vorher Jacques Duèse, Papst (seit 7. Aug. 1316). - Ging nach Avignon. Die Verknüpfung der päpstl. Politik mit dem polit. Ziel der frz. Vormachtstellung führte zum letzten großen Kampf zwischen Papsttum und Kaisertum im MA. J. verurteilte Petrus Johannis Olivi und Meister Eckhart, geriet aber seit 1331 selbst in Ketzereiverdacht.

J. XXIII., * Neapel um 1370, † Florenz 22. Dez. 1419, vorher Baldassarre Cossa, Papst (Gegenpapst) vom 17. Mai 1410 bis 29. Mai 1415. - Mußte dem Vorschlag des Röm. Königs Sigismund zustimmen, ein allg. Konzil in Konstanz abzuhalten. J. wurde gefangen, am 29. Mai 1415 nach kurzem Prozeß abgesetzt. Dem Konzil galt er als unwürdiger, aber nicht als unrechtmäßiger Papst.

Papst Johannes XXIII. (um 1960)

J. XXIII., * Sotto il Monte bei Bergamo 25. Nov. 1881, † Rom 3. Juni 1963, vorher Angelo Giuseppe Roncalli, Papst (seit 28. Okt. 1958). - Seit 1925 im päpst. diplomat. Dienst, 1953 Kardinal und Patriarch von Venedig. Seine wichtigste Tat war die Ankündigung, Berufung und Eröffnung (11. Okt. 1962) des 2. Vatikan. Konzils. Sein Pontifikat ist gekennzeichnet durch die Auflockerung des Zentralismus der Kirche (kollegiale Wertschätzung des Episkopats, Begegnung mit den getrennten christl. Kirchen und den anderen Religionen, Sorge um den Weltfrieden aus Verantwortungsbewußtsein für die gesamte Menschheit). Dieser „Öffnung" und Begegnung dienten neben dem Konzil v. a. die Enzykliken ↑ „Mater et Magistra" (Mai 1961) und ↑ „Pacem in terris" (1963).

📖 *Elliott, L.: J. XXIII. Dt. Übers. Freib. 1980.* - *Röhrig, H. G.: Papsttum im Wandel. Bamberg 1979.*

Johannes, Name von Herrschern.

Byzanz:

J. I. Tsimiskes, * in Armenien um 924, † Konstantinopel 10. Jan. 976, Kaiser (seit 969). - Kämpfte erfolgreich gegen Russen und Bulgaren sowie gegen die Araber in Palästina. Bereitete den Friedensschluß mit dem W durch die Heirat seiner Verwandten Theophanu mit dem Röm. Kaiser Otto II. (14. April 972) vor.

J. II. Komnenos, gen. Kalojohannes, * Konstantinopel 1088, † Taurus 8. April 1143, Kaiser (seit 1118). - Bed. Kaiser der Komnenen, stellte die byzantin. Herrschaft in Antiochia wieder her (1137 und 1143). Das Aufblühen der normann. Macht unter Roger II. führte J. zum Bündnis mit den Röm. Kaisern Lothar III. und Konrad III.

J. III. Dukas Batatzes, * Didymoteichon (= Didimotichon) 1193, † 3. Nov. 1254, Kaiser von Nizäa (seit 1222). - Schwiegersohn des Röm. Kaisers Friedrich II. J. konnte nach seinem Sieg über das Lat. Kaiserreich das byzantin. Reich wiederaufrichten. Innenpolit. bed. waren seine wirtsch. und karitativen Maßnahmen (Beiname „der Barmherzige", zum Heiligen erhoben, Fest in der griech. Kirche: 4. Nov.).

J. V. Palaiologos, * Konstantinopel 18. Juni 1332, † ebd. 16. Febr. 1391, Kaiser (1341–76 und seit 1379). - Nahm angesichts innenpolit. Mißstände und der Osmanengefahr Verhandlungen mit der röm. Kirche auf, um sich weström. Hilfe zu versichern.

J. VIII. Palaiologos, * Konstantinopel 16. Dez. 1392, † ebd. 31. Okt. 1448, Kaiser (seit 1425). - Nahm an dem Konzil von Ferrara-Florenz (1439) teil und unterzeichnete die Union mit der röm. Kirche, die aber von der Geistlichkeit und vom Volk nicht akzeptiert wurde.

Johannes de Janduno ↑ Johannes von Jandun.

Johannes der Evangelist (J. der Apostel), hl., Jünger Jesu. - Bruder Jakobus' d. Ä. und Sohn des Zebedäus, in den synopt. Evangelien einer der zuerst berufenen Jünger, deren führender Gruppe er angehörte; leitete zus. mit Petrus die Jerusalemer Gemeinde, wirkte lange in Ephesus und starb wahrscheinl. eines natürl. Todes. Seine Verfasserschaft des ↑ Johannesevangeliums, der ↑ Apokalypse des Johannes und der ↑ Johannesbriefe ist umstritten. - Fest: 27. Dez.

Johannes der Täufer, hl., † wahrscheinl. Machaerus (Palästina) um 28 n. Chr., im N. T. bezeugter Bußprediger. - Die Berichte der Evangelien über J. interpretieren ihn als Vorläufer Jesu und seine Taufpraxis als Vorweg-

Johannes

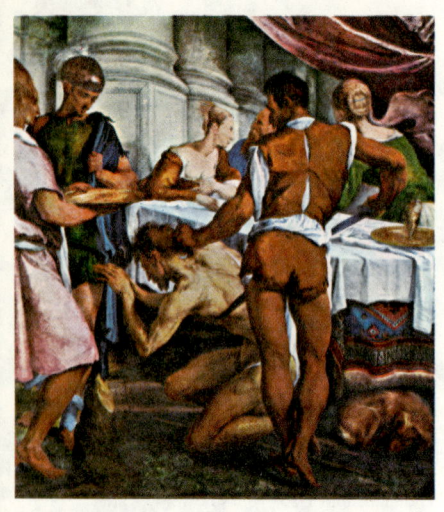

Johannes der Täufer. Iacopo Bassano, Enthauptung Johannes' des Täufers (um 1540). Kopenhagen, Statens Museum for Kunst

nahme der christl. Taufe. Seine Bußpredigt ist von der eschatolog. Naherwartung geprägt: die Verbindung von „Umkehr" (Buße) mit der Wassertaufe verbürgt die Rettung im kommenden Endgericht. J. wurde auf Befehl des Königs Herodes Antipas hingerichtet. - Fest: 24. Juni (Geburt) und 29. Aug. (Enthauptung). - Bereits im N. T. finden sich viele legendäre Züge, die von dem späteren christl. *Volksglauben* in verschiedenen Bräuchen um J. aufgenommen werden; sie sind meist durch die Nähe zur Sommersonnenwende, die dem Geburtsfest des Heiligen vorangeht (**Johannistag**), geprägt, z. B. das seit dem 12. Jh. bezeugte Umtanzen und Überspringen des **Johannisfeuers**.

Die *literar. Behandlung* des Stoffes als Drama erfolgte u. a. durch H. Sachs (1550), L. F. Hudemann (1771), H. Sudermann (1898), O. Wilde („Salome", 1893), als Epos von H. Heine („Atta Troll", 1847), als Novelle von G. Flaubert („Herodias", 1877); Opern schrieben J. Massenet („Herodiade", 1881) und R. Strauss (1905).

Kunst: J. wird v. a. im Zusammenhang mit der Taufe Christi im Jordan dargestellt, auch als Bußprediger und mit dem Lamm als Attribut, in Weltgerichtsbildern (↑Deesis). Grünewald stellt ihn am Isenheimer Altar als Zeugnisgeber für die Gottheit Christi unter das Kreuz. Weitere Motive sind Salome mit seinem Haupt oder auch nur das Haupt in einer Schüssel.

Johannes de Sacro Bosco (John Holywood), engl. Mathematiker der 1. Hälfte des 13. Jh. - Lehrte in Paris und schuf die für den Unterricht im gesamten MA maßgebl. Lehrbücher der Arithmetik („Algorismus"), der Kalenderrechnung („Computus") und der Astronomie („Sphaera").

Johannes Trithemius ↑Trithemius, Johannes.

Johannes von Asien ↑Johannes von Ephesus.

Johannes von Capestrano (Johannes Capestranus, Johannes Kapistran), hl., * Capestrano (Prov. L'Aquila) 24. Juni 1386, † Ilok (Kroatien) 23. Okt. 1456, italien. Mönch. - Als einer der Führer der franziskan. Observanten bed. für die spätma. Kirchenreform; seit 1454 Kreuzzugsprediger gegen die Türken; die Rettung Belgrads im Juli 1456 gilt als sein Werk („Apostel Europas"). - Fest: 23. Okt.

Johannes von Damaskus (Johannes Damascenus), hl., * Damaskus zwischen 650 und 670, † im Kloster Mar Saba bei Jerusalem vor 754, griech. Kirchenlehrer. - Bed. Hymnendichter der griech. Kirche; schuf die theolog. Basis für den Entscheid des 7. ökumen. Konzils zur Bilderverehrung; Verfasser von eth.-asket., exeget. und hagiograph. Schriften. - Fest: 27. März.

Johannes von Ephesus (Johannes von Asien), * Amida (= Diyarbakır) um 507, † Chalkedon 586, monophysit. Missionar und Bischof. - 566–571 Haupt der Monophysiten Konstantinopels und Kleinasiens; 572 durch Kaiser Justin II. vertrieben. Die erhaltenen Teile seiner Kirchengeschichte zählen zu den Hauptquellen der Geschichte des Monophysitismus.

Johannes von Fidanza ↑Bonaventura, hl.
Johannes von Gott ↑Juan de Dios, hl.
Johannes von Jandun [frz. ʒã'dœ̃] (frz. Jean de Jandun, latin. J. de Janduno), * Jandun (Ardennen) um 1286, † Todi vor dem 31. Aug. 1328, frz. Philosoph und Kirchenpolitiker. - Freund des Marsilius von Padua, mit dem er 1324 die Schrift „Defensor Pacis" verfaßte; Vertreter des Averroismus.

Johannes von Montecorvino (J. Pico von Montecorvino), * Montecorvino Rovella bei Salerno 1247, † Peking 1328, italien. Franziskaner, Missionar und Erzbischof. - 1307 erster Erzbischof von Peking.

Johannes von Nepomuk, hl., * Nepomuk (Westböhmen) um 1350, † Prag 1393, Landespatron von Böhmen. - 1380 Priester; nach jurist. Studien in Prag und Padua 1389 Generalvikar des Erzbistums Prag; 1393 von König Wenzel aus unbekannten Gründen gefangengenommen und nach Folterung in der Moldau ertränkt. Durch sein Denkmal auf der Prager Karlsbrücke (1693 errichtet) wurde er zum Brückenheiligen. - Fest: 16. Mai.

Johannes (Johann) **von Neumarkt**, * Hohenmauth (= Vysoké Mýto, Ostböhm. Gebiet) Anfang des 14. Jh., † Leitomischl (= Litomyšl) 24. Dez. 1380, dt. Humanist. - 1344 Pfarrer von Neumarkt bei Breslau, 1352 Bischof von Naumburg und 1353 von Leitomischl, 1353 Hofkanzler, 1364 Bischof von Olmütz. Unternahm mehrere Reisen nach Italien, trat in Beziehung zu Cola di Rienzo und Petrarca und wurde zu einem maßgebl. Mittler zw. der italien. Renaissance und dem dt. Frühhumanismus.

Johannes von Saaz ↑ Johannes von Tepl.

Johannes von Tepl ['te:pəl] (J. von Saaz), *Sitbor oder Tepl (= Teplá bei Marienbed) Mitte des 14. Jh., † Prag 1414, dt. Dichter. - 1378-1411 Stadtschreiber in Saaz (= Žatec), seit 1383 auch Schulrektor, kam 1411 als Protonotar in die Prager Neustadt. Nach dem Tode seiner Frau im August 1400 verfaßte er das berühmte Streitgespräch zw. dem personifizierten Tod und einem Bauern, „Der Ackermann aus Böhmen", die bedeutendste dt. Prosadichtung des Spät-MA. Überliefert sind außerdem ein lat. Begleitschreiben zum „Ackermann" (erhalten sind 16 Handschriften und 17 Drucke des 15./16. Jh.) und mehrere Formelbücher.

Johannes Affligemensis (J. Cottonis, John Cotton), Musiktheoretiker der 1. Hälfte des 12. Jh. - Wahrscheinl. in Flandern (oder Lothringen) beheimatet; sein Traktat „De musica cum tonario", der dem Abt Fulgentius (1089-1121) des Klosters Affligem gewidmet ist, enthält ein bed. Kapitel zur Lehre des ↑ Organum.

Johannesakten, in Fragmenten erhaltene apokryphe Apostelgeschichte über das Wirken des Apostels Johannes (3. Jh. ?).

Johannesapokalypse ↑ Apokalypse des Johannes.

Johannes Baptista de la Salle [frz. dəla'sal] ↑ La Salle, Jean-Baptiste de, hl.

Johannesbriefe, drei ↑ Katholische Briefe. Der 1. J. ist der Form nach ein Mahnschreiben (Verfasserschaft ungeklärt) zur Abwehr von christl. Irrlehrern. Der 2. und 3. J. stammen wohl von einem Verfasser und sind echte Briefe, der 2. warnt vor doket. Irrlehrern, während der 3. zur Unterstützung von Wanderpredigern mahnt.

Johannesburg, größte Stadt der Republik Südafrika, auf den südl. Ausläufern des Witwatersrands, 1 753 m ü. d. M., 1,54 Mill. E. Stadtviertel für Bantu (u. a. Soweto); Sitz eines anglikan. und eines kath. Bischofs sowie eines orth. Metropoliten; zwei Univ. (gegr. 1922, Lehrsprache Engl., bzw. 1966, Lehrsprache Afrikaans), mehrere nat. Forschungsinst., Inst. zum Studium des Menschen in Afrika; techn. College; Africana-Museum (Geschichte und Ethnologie), geolog. u. a. Museen, Kunstgalerie; Observatorium, Planetarium; Bibliotheken; Zoo mit Museum für Felszeichnungen. J. ist das Zentrum der größten Goldfelder der Erde sowie wichtigstes Handels- und Ind.zentrum des Landes, jährl. Ind.- und Handelsmesse. Straßen- und Bahnknotenpunkt, internat. ⚒. - J. wurde im Okt. 1886 als Goldgräberort gegr., die Einwohnerzahl stieg innerhalb von 15 Jahren auf 100000. - J. ist in schachbrettartigem Grundriß angelegt mit Hochhäusern im Zentrum.

Johannes Capestranus ↑ Johannes von Capestrano, hl.

Johannes Cassianus, *um 360, † Marseille zw. 430 und 435, Mönch, Theologe und Schriftsteller. - Kam um 415 nach Marseille; gründete das Kloster Saint-Victor und ein Frauenkloster; einflußreicher Lehrer des südgall. Mönchstums. Schriften über Askese und das Klosterleben; sein Werk spielte im Streit um den Semipelagianismus eine große Rolle.

Johannes I. Chrysostomos [çry...], hl., *Antiochia (= Antakya) zw. 344 und 354, † Komana bei Kayseri 14. Sept. 407, griech. Kirchenlehrer und Patriarch von Konstantinopel. - 386-397 gefeierter Prediger in Antiochia, wurde gegen seinen Willen Bischof von Konstantinopel. Wegen seiner strengen Haltung 404 Absetzung und Verbannung an die armen. Grenze. Sein Schrifttum ist das umfangreichste in der griech. Patristik.

Johannes Damascenus ↑ Johannes von Damaskus, hl.

Johannesevangelium, Abk. Joh., viertes Evangelium im N. T.; für die histor.-krit. Auslegung bis heute das rätselhafteste Buch des N. T. Verfasser, Ort und Zeit der Entstehung sowie die Quellen des Textes sind unsicher; als vermutl. Entstehungszeit wird mehr und mehr das Ende des 1. Jh. bis 150 angenommen. - Zum weitaus größeren Teil weicht das J. von den ↑ Synoptikern ab, so daß eine literar. Abhängigkeit ausgeschlossen scheint. Typisch sind die apodikt.-theolog. Offenbarungsreden. Die Christologie des J. ist geprägt von dualist. Gedanken sowie einem der Gnosis nahestehenden Jesusbild, bei dem Jesus der fleischgewordene Logos ist, der als Offenbarer die Herrlichkeit Gottes in der Welt darstellt und zur Glaubensentscheidung auffordert.

Johannes Fidanza ↑ Bonaventura, hl.

Johannes Gerson [frz. ʒɛr'sɔ̃], frz. Theologe, ↑ Gerson, Jean de.

Johannes Hyrkanos I., jüd. Hoherpriester, ↑ Hyrkanos I.

Johannes Markus ↑ Markus der Evangelist, hl.

Johannespassion, Darstellung der Passion Jesu nach der Schilderung des Evangelisten Johannes. Unter den Vertonungen sind am bekanntesten die von H. Schütz (um 1666) und die von J. S. Bach (Uraufführung am 7. April 1724).

Johannes Paul, Name von Päpsten:
J. P. I., *Forno di Canale (Prov. Belluno) 17. Okt. 1912, † Rom 28. Sept. 1978, vorher

Johannes Paul II.

Albino Luciani, Papst (seit 27. Aug. 1978). - 1958 Bischof von Vittorio Veneto; 1969 Patriarch von Venedig, 1973 Kardinal. Sein Pontifikat zählt zu den kürzesten der Kirchengeschichte.

J. P. II., * Wadowice 18. Mai 1920, vorher Karol Wojtyła, Papst (seit 22. Okt. 1978). -

Papst Johannes Paul II. (1978)

1964 Erzbischof von Krakau; 1976 Kardinal. J. P. ist der erste poln. und seit 1522/23 der erste nichtitalien. Papst. Am 13. Mai 1981 wurde J. P. II. bei einem Attentat auf dem Petersplatz schwer verletzt. Enzykliken: „Redemptor Hominis" (1979) über die Situation der Christen in der heutigen Welt; „Laborem exercens" (1981) betont den Primat menschl. Arbeit gegenüber Kapital und Technik; „Dominum et vivificantem" (1986) über die Bedeutung des Heiligen Geistes im Leben der Kirche und der Welt.

Johannes Scotus Eriugena, * in Irland (Scotia amior) um 810, † in Frankreich um 877, ir. Philosoph. - Wurde von Karl dem Kahlen um 845 an die Hofschule nach Paris berufen. In seinem Hauptwerk „De divisione naturae" (1681) stellt er im Anschluß an neuplaton. Spekulationen die Welt als eine Selbstmanifestation Gottes dar. 1210 und 1225 wurden seine Werke als pantheismusverdächtig von der Kirche verurteilt.

Jōhannesson, Ólafur, * Verw.-Geb. Skagafjördur 1. März 1913, isländ. Politiker (Fortschrittspartei). - Mgl. des Althing seit 1959, Parteipräs. 1968-79, Fraktionsvors. 1969-71, Min.präs. 1971-74 (zugleich Justizmin. und Min. für Kirchenfragen) und 1978/79; Justiz- und Handelsmin. 1974-78; Außenmin. 1980-83.

Johannes vom Kreuz ↑ Juan de la Cruz.

Johạnnisbeere [nach der Reifezeit zur Zeit des Fests des hl. Johannes (24. Juni)], 1. Sammelbez. für alle unbestachelten Arten der Gatt. Stachelbeere, z. B. **Rote Johannisbeere** (Ribes rubrum), 1-2 m hoher Strauch mit langgestielten, handförmig gelappten Blättern; durch Kultur sind zahlr. Formen (z. B. mit gelbl. und grünlichweißen Beeren) entstanden. **Schwarze Johannisbeere** (Aalbeere, Ahlbeere, Ribes nigrum), bis 2 m hoher Strauch mit drei- bis fünflappigen, unterseits gelbdrüsig punktierten Blättern und grünl., innen blaßrötl. Blüten in hängenden Trauben. 2. Bez. für die Beerenfrucht der als Nutzpflanze kultivierten Roten J. und Schwarzen J., die reich an Vitamin C, organ. Säuren und Zucker sind und zur Herstellung von Marmeladen, Säften und Wein verwendet werden. **Geschichte:** Die J. wurde in M-Europa erst um 1400 in Kultur genommen. Die Schwarze J., die in Nordeuropa wild vorkommt, wurde erst seit dem 16. Jh. beachtet und beschrieben.

Johannisbeergewächse, svw. ↑ Stachelbeergewächse.

Johannisbeerglasflügler ↑ Glasflügler.

Johannisbeermotte ↑ Miniersackmotten.

Johannisbrotbaum [nach der Legende soll sich Johannes der Täufer davon ernährt haben] (Karobenbaum, Karrube, Ceratonia), Gatt. der Caesalpiniengewächse im Mittelmeergebiet und in Arabien mit der einzigen Art **Ceratonia siliqua**; immergrüner Baum mit lederartigen Fiederblättern und winzigen Blüten in Trauben; zuckerhaltige, eßbare, geschlossen bleibende, bis zu 20 cm lange Hülsenfrucht (**Johannisbrot**); in subtrop. Ländern eine wichtige Futterpflanze.

Johạnnisfest, höchstes Fest der Freimaurer; jährl. am 24. Juni zu Ehren ihres Schutzpatrons, Johannes des Täufers, gefeiert.

♦ **Johạnniskäfer** ↑ Leuchtkäfer.

◆ (Anoxia) Gattung der Blatthornkäfer in wärmeren, meist sandigen Gebieten Europas, Vorderasiens und N-Afrikas; mit zwei 21-28 mm langen, maikäferähnl. Arten in Deutschland; mit einfarbig gelb- bis rotbraunen Flügeldecken, Bauch hell und lang behaart; an Obstbäumen und in Weinbergen; Larven an Wurzeln (drei Jahre).

Johạnniskraut (Hartheu, Hypericum), Gatt. der Johanniskrautgewächse mit über 300 Arten in gemäßigten und subtrop. Gebieten, in Deutschland etwa 10 Arten; Kräuter oder Sträucher mit häufig durch Öldrüsen punktiert erscheinenden Blättern und gelben Blüten. Die in Deutschland verbreitetste Art ist das **Tüpfeljohanniskraut** (Echtes J., Hypericum perforatum), eine 30-60 cm hohe Staude, deren gelbe Blüten in Trugdolden stehen.

Johạnniskrautgewächse (Hartheugewächse, Hypericaceae), Pflanzenfam. in vorwiegend wärmeren Gebieten; meist holzige Pflanzen; Blüten mit zahlr. in 2-5 Bündeln zusammengefaßten Staubblättern.

Johạnnistrieb, Bez. für das zweite Austreiben mancher Holzgewächse (bes. Buchen und Eichen) im Juni/Juli. Davon abgeleitet scherzhafte Bez. für gesteigertes Bedürfnis nach sexuellen Beziehungen bei älteren Männern.

Johanniswürmchen ↑ Leuchtkäfer.

Johanniterkreuz (Malteserkreuz), achtspitziges Kreuz (Symbol für die 8 Seligpreisungen der Bergpredigt), Abzeichen auf den Ordensmänteln und Grundlage der seit 1852 vereinheitlichten Ordenszeichen des Johanniterordnes und seiner Nachgründungen.

Johanniterorden (Ritterlicher Orden Sankt Johannis vom Spital zu Jerusalem), Ordensgemeinschaft, deren Ursprung in einem alten Hospital für Pilger und Kranke in Jerusalem liegt. Raymund von Puy (*1120, †1160) gab ihr um 1155 eine erste Regel. Rasche Ausbreitung und reicher Besitz v. a. im europ. Mittelmeerraum. Ab 1137 übernahm der J. auch die Aufgabe des bewaffneten Grenzschutzes und wurde damit zum geistl. Ritterorden im eigtl. Sinn. - 1309 übernahm der J. Rhodos und begr. hier einen souveränen Ritterstaat. Die Auflösung des Templerordens brachte weiteren Machtzuwachs. 1522 verloren die Ritter Rhodos (seit Sept. 1976 wieder dort ansässig). Kaiser Karl V. übergab ihnen 1530 die Insel Malta (daher „Malteser"), wo der Ritterstaat eine entscheidende strateg. Funktion in der Abwehr osman. Angriffe hatte. 1798 verlor der J. die Insel Malta.
Der J. ist ein urspr. kath. Ritterorden. In *Deutschland* war jedoch bereits im 16. Jh. das Gebiet der Ballei Brandenburg prot. geworden, und 1811 die Ballei selbst aufgelöst worden. 1852/53 wurde durch die Wiedererrichtung der Ballei Brandenburg der ev. J. gegr.; seitdem ist die Bez. J. weitgehend dem ev. Zweig vorbehalten. Der kath. Zweig führt seit der Gründung (1859) der „Genossenschaft rhein.-westfäl. Malteser-Devotionsritter" die Bez. ↑ Malteserorden.
Der J. in Deutschland konnte nach 1945 in der BR Deutschland (Ordenssitz ist Bonn) und im ev. Ausland an Boden gewinnen.
Organisation: Der J. bestand aus Rittern, die die Ahnenprobe erbringen mußten, aus Priestern und dienenden Brüdern, den Servienten. An der Spitze stand ein Ordensmeister (seit 1267 Großmeister; heute Herrenmeister), der vom Generalkapitel und acht Großwürdenträgern unterstützt wurde. In den Heimatländern war der J. in Zungen organisiert, die in Priorate und Balleien untergliedert waren, diese wiederum in Kommenden. - Dem Orden sind die *Johanniterschwesternschaft e. V.*, die *Johanniter-Unfall-Hilfe e. V.* und die *Johanniter-Hilfsgemeinschaft* (seit 1982 auch ein Unfallfolgedienst) angegliedert.
⊞ *Bradford, E.:* Kreuz u. Schwert. *Der Johanniter/Malteser-Ritterorden. Mchn. 1981.*

Johann Militsch von Kremsier (Jan Milič), *Kremsier (= Kroměříž, Südmähr. Gebiet) um 1325, †Avignon 29. (?) Juni 1374, tschech. Reformtheologe und Prediger. - Seit 1363 Bußprediger. Er sagte für das Jahr 1367 das Ende der Welt voraus und hielt Predigten über den Antichrist; deswegen von der Inquisition verhaftet, jedoch freigesprochen.

Johannot, Tony [frz. ʒɔa'no], *Offenbach am Main 9. Nov. 1803, †Paris 4. Aug. 1852, frz. Zeichner und Maler. - Bed. Buchillustrator der frz. Romantik, schuf über 3000 Vignetten (meist Holzschnitte), illustrierte u. a. „Don Quichotte" (1836/37).

Johann Pupper von Goch, eigtl. Johann Capupper, *Goch um 1400, †Kloster Thabor bei Mecheln 28. März 1475 (?), ndl.-niederl. Reformtheologe. - Anhänger der Devotio moderna. Gründete 1459 das Augustinerinnenkloster Thabor. Seine myst. Schriften wurden von M. Luther bes. geschätzt.

Johannsdorf, Albrecht von ↑Albrecht von Johan[n]sdorf.

Johannsen, Wilhelm, *Kopenhagen 3. Febr. 1857, †ebd. 11. Nov. 1927, dän. Botaniker. - Prof. in Kopenhagen; arbeitete über Fragen der Vererbung und führte die Bez. Gen für die materielle Grundlage der Erbfaktoren ein.

Johansdorf (Johannsdorf), Albrecht von ↑Albrecht von Johan[n]sdorf.

John, niederdt. Form des männl. Vornamens Johannes.

John [engl. dʒɔn], engl. Form des männl. Vornamens Johannes.

John, Elton [engl. dʒɔn], eigtl. Reginald Kenneth Dwight, *Pinner (Middlesex) 25. März 1947, brit. Rockmusiker (Sänger und Pianist). - Machte, seitdem er mit dem Texter Bernie Taupin zusammenarbeitete (1967), eine Blitzkarriere zum Superstar; parodierende Bühnenshows (v. a. als Rock'n'Roll-Star) in z. T. ausgefallenen Kleidungsstücken.

John-Birch-Society [engl. 'dʒɔn 'bə:tʃ sə'saɪətɪ], rechtsradikale Organisation in den USA, 1958 gegr., nach einem 1945 in China ermordeten amerikan. Missionar ben.; vertritt einen militanten Antikommunismus, schuf sich einen Aufbau nach dem Führerprinzip und gewann meinungsbildenden Einfluß.

John Bull [engl. 'dʒɔn 'bʊl „Hans Stier"], von J. Arbuthnot in „History of J. B." (1712) als Verkörperung des typ. Engländers geschaffen; in der Napoleon. Ära Symbol brit. Selbstbehauptungswillens gegenüber frz. Hegemonialstreben.

Johner, Dominicus, eigtl. Franz J., *Bad Waldsee 1. Dez. 1874, †Beuron 4. Jan. 1955, dt. Choralforscher. - Benediktiner; Kantor und Prior der Erzabtei Beuron; veröffentlichte „Neue Schule des gregorian. Choralgesanges" (1906; ⁸1956 u. d. T. „Choralschule" hg. von M. Pfaff) und „Wort und Ton im Choral" (1940).

Johnny (Jonny) [engl. 'dʒɔnɪ], engl. männl. Vorname, Verkleinerungsform von John (Johannes).

Johns, Jasper [engl. dʒɔnz], *Augusta

Jasper Johns, Diver (1962). Privatbesitz

(Ga.) 15. Mai 1930, amerikan. Maler und Graphiker. - Einer der Begründer der Pop-art in den USA. Berühmt mit seinen Flaggenbildern; weitere Motive: Zahlen, Ziffern, Zielscheiben, Landkarten, Suchlampen.
📖 *Kozloff, M.: J. J. New York 1972.*

Johnson, Andrew [engl. dʒɔnsn], * Raleigh (N. C.) 29. Dez. 1808, † Carter's Station (Tenn.) 31. Juli 1875, 17. Präs. der USA (1865–69). - Schneider, 1853–57 demokrat. Gouverneur von Tennessee; 1864 Vizepräs.; um die Unterstützung der Südstaaten für Lincoln zu sichern, rückte er nach dessen Ermordung ins Weiße Haus nach; geriet wegen seiner milden Politik in Konflikt mit der republikan. Kongreßmehrheit; die gegen ihn angestrengte Verfassungsbruchklage scheiterte. Zu seinen Erfolgen gehören der frz. Rückzug aus Mexiko und der Kauf von Alaska.

J., Bunk [engl. dʒɔnsn], eigtl. William Geary J., * New Orleans 27. Dez. 1879, † New Iberia (La.) 7. Juli 1949, amerikan. Jazzmusiker (Kornettist, Trompeter). - Begann seine Laufbahn um 1900 in der Band von Charles („Buddy") Bolden. Nach seinem Rückzug von der Musikszene um 1930 wurde er im Rahmen des New-Orleans-Renaissance wiederentdeckt.

J., Eyvind [schwed. ˌjunsɔn], * Svartbjörnsbyn (Norbotten) 29. Juli 1900, † Stockholm 25. Aug. 1976, schwed. Schriftsteller. - Arbeitersohn; in verschiedenen Berufen tätig; lebte u. a. 1921–23 in Deutschland, danach bis 1929 in Paris; während des 2. Weltkrieges journalist. Engagemant in den dän. und norweg. Widerstand gegen den NS. 1957 Mgl. der Schwed. Akad.; 1974 Nobelpreis für Literatur. Gestaltete in dem autobiograph. Roman „Hier hast du dein Leben" 1934–37) die Lebensverhältnisse der schwed. Arbeiterschaft zu Beginn des 20.Jh. - *Weitere Werke:* Krilon-Trilogie (R., 1941–43), Zeit der Unruhe (Nov., 1944), Die Heimkehr des Odysseus (R., 1946), Träume von Rosen und Feuer (R., 1949), Fort mit der Sonne! (R., 1951), Wolken über Metapont (R., 1957), Eine große Zeit (R., 1960).

J., James Weldon [engl. dʒɔnsn], * Jacksonville (Fla.) 17. Juni 1871, † Darkharbor (Maine) 26. Juni 1938, farbiger amerikan. Schriftsteller. - Lehrer und Rechtsanwalt; 1906–12 Diplomat in Venezuela und Nicaragua. 1916–30 Sekretär der „National Association for the Advancement of Colored People"; ab 1931 Prof. für Literatur in Nashville. Bed. Vorkämpfer der amerikan. Bürgerrechtsbewegung. Verfaßte u. a. den Roman „Der weiße Neger" (1912), Gedichte („Gib mein Volk frei", 1927) sowie Novellen und eine Autobiographie „Along this way" (1933).

J., Jay Jay [engl. dʒɔnsn], eigtl. James Jouis J., * Indianapolis (Ind.) 22. Jan. 1924, amerikan. Jazzmusiker (Posaunist). - Wirkte in den 40er Jahren u. a. in den Orchestern von B. Carter und C. Basie und spielte später in Gruppen des Bebop und Hard-Bop. Bedeutsam wurde sein 2-Posaunen-Ensemble mit K. Winding; Schöpfer des modernen Posaunenstils.

J., Lyndon Baines [engl. dʒɔnsn], * Stonewall (Texas) 27. Aug. 1908, † Austin (Texas) 22. Jan. 1973, 36. Präs. der USA (1963–69). - Urspr. Lehrer; 1937–49 Abg. für die Demokrat. Partei im Repräsentantenhaus; 1949–61 Senator von Texas, ab 1953 als Fraktionsvorsitzender der Demokraten im Senat von bed. Einfluß; 1960 von J. F. Kennedy als Vizepräs. nominiert, nach dessen Ermordung am 22. Nov. 1963 als Präs. der USA vereidigt und 1964 mit großer Mehrheit wiedergewählt. Innenpolit. setzte J. zunächst erfolgreich die Sozial- und Bürgerrechtspolitik Kennedys unter der Parole einer „Great society" fort. Das wachsende Engagement der USA im Vietnamkrieg mit seinen innenpolit. Rückwirkungen (Studentenunruhen, Rassenkrawalle, Dollarkrise) erstickte jedoch die gesellschaftspolit. Reformaktivitäten. Die Unmöglichkeit, den Vietnamkrieg erfolgreich zu beenden, und die wachsende inneramerikan. Opposition ließen J. 1968 auf eine erneute Präsidentschaftskandidatur verzichten und durch die Einstellung des Bombenkriegs gegen Nord-Vietnam den Weg zu Friedensverhandlungen in Paris öffnen.

Lyndon Baines Johnson (1968)

J., Pete [engl. dʒɔnsn], * Kansas City (Mo.) 24. März 1904, † Buffalo (N. Y.) 23. März 1967, amerikan. Jazzmusiker (Pianist). - Wurde in den 30er Jahren als einer der bedeutendsten Boogie-Woogie-Pianisten bekannt.

J., Philip Cortelyou [engl. dʒɔnsn], * Cleveland (Ohio) 8. Juli 1906, amerikan. Architekt. - Begann als Museumsfachmann, veröffentlichte 1932 mit H.-R. Hitchcock „The international style, architecture since 1922". 1940–43 Architekturstudium bei M. L. Breuer. Von dem Einfluß Mies van der Rohes zeugt u. a. J.' Privathaus (ein Glaskubus) in New Canaan (1949). 1956/57 Mitarchitekt an dessen Seagram Building, es folgten zahlr. Aufträge (New York, State Theater für das Lincoln Center, 1964; Bielefeld, Kunsthalle, 1968, I. D. S. Center, Minneapolis, 1973).

J., Samuel [engl. dʒɔnsn], * Lichfield 18. Sept. 1709, † London 13. Dez. 1784, engl. Schriftsteller. - War Lehrer, Verlagsangestellter, Journalist, Hg. moral. Wochenschriften, Kritiker, Biograph und Gelehrter; letzter großer Vertreter des engl. Klassizismus; mit bed. literar. Persönlichkeiten seiner Zeit befreundet (u. a. Burke, Garrick, Goldsmith und Boswell). Beeinflußte die Auffassung von der Dichtung im Sinne der Aufklärung. Bes. Erfolg hatte sein richtungsweisendes Wörterbuch „Dictionary of the English language" (1755); bed. seine „Biograph. und krit. Nachrichten von engl. Dichtern" (10 Bde., 1779–81), die in ihrer Verbindung von treffenden Charakterzeichnungen und Werkanalysen vorbildl. wurden. Als sein bestes dichter. Werk gilt das satir.-philosoph. Lehrgedicht „The vanity of human wishes" (Die Eitelkeit der menschl. Wünsche; 1749).
Weitere Werke: Der Prinz von Abyssinien (R., 1759), Reisen nach den westl. Inseln von Schottland (Reisebericht, dt. 1775).

J., Uwe ['jo:nzɔn], * Cammin 20. Juli 1934, † Sheerness-on-Sea 23 Febr. 1984, dt. Schriftsteller. - Seit 1959 in Berlin (West), lebte seit 1974 in Großbritannien; zentrales Thema seiner frühen Romane wie „Mutmaßungen über Jakob" (1959), „Das dritte Buch über Achim" (1961) und „Zwei Ansichten" (1965) ist die gegensätzl. Entwicklung von BR Deutschland und DDR; die daraus erwachsenden Verständigungsschwierigkeiten werden im andeutenden, labyrinth. Stil Faulkners und des Nouveau roman gestaltet. In „Jahrestage. Aus dem Leben von Gesine Cresspahl" (R., 4 Bde., 1970–83) wird die Frage gestellt, wie ein wahrhaftiges Leben innerhalb dieser Welt mit ihren Systemzwängen und gegensätzl Ideologien mögl. ist. - *Weitere Werke:* Karsch und andere Prosa (1964), Eine Reise nach Klagenfurt (1974), Berliner Sachen (1975), Begleitumstände. Frankfurter Vorlesungen (1980).

Johnston, Edward [engl. 'dʒɔnstən], * Uruguay 11. Febr. 1872, † Witchling (Sussex) 26. Nov. 1944, brit. Schriftkünstler. - Schuf Initialen für die Doves Press und Schriften für die † Cranach-Presse [geschnitten von E. Prince], von internat. Einfluß.

Johnston Island [engl. 'dʒɔnstən 'aɪlənd], unbewohntes Atoll im Pazifik, wsw. von Hawaii. - Seit 1934 unter Verwaltung der USA; diente u. a. Kernwaffenversuchen.

Johnston-Organ [engl. 'dʒɔnstən; nach dem amerikan. Arzt C. Johnston, † 1891] † Chordotonalorgane.

Johnstown [engl. 'dʒɔnztaʊn], Stadt im sw. Pennsylvania, 90 km osö. von Pittsburgh, 360 m ü. d. M., 35 000 E. Eines der Zentren des Kohlenbergbaus und der Stahlerzeugung in Pennsylvania. - J. entstand 1791.

Johor [indones. 'dʒohɔr], Sultanat im S der Halbinsel Malakka, Malaysia, 18 985 km², 1,60 Mill. E (1980); 50 % Malaien, 40 % Chinesen, 8 % Inder; Hauptstadt Johor Baharu. Das von isolierten, bis über 1 000 m hohen Ausläufern des zentralen Gebirgszuges der Halbinsel durchzogene, noch zu ²/₃ bewaldete Gebiet ist vielfach versumpft. Der Erschließung seit Mitte des 19. Jh. durch die Chinesen (Pfefferanbau) folgte ab Anfang des 20. Jh. die Anlegung von Kautschukplantagen. Bauxitabbau.

Johor Baharu [indones. 'dʒohɔr 'baru], Hauptstadt des Sultanats Johor, Malaysia, Hafen an der S-Küste der Halbinsel Malakka, 250 000 E. Lehrerseminar, Bibliothek; Sackfabrik, Nahrungsmittelind.; durch einen Damm (Eisenbahn und Straße) mit Singapur verbunden.

Johore Strait [engl. 'dʒohɔr 'streɪt], Meeresarm, der die Insel Singapur von der Halbinsel Malakka trennt, von einem 1 050 m langen Damm gequert.

Johst, Hanns, * Seerhausen bei Riesa 8.

Joint

Juli 1890, † Ruhpolding (Landkr. Traunstein) 23. Nov. 1978, dt. Schriftsteller. - 1935-45 Präs. der NS-Reichsschrifttumskammer. Begann mit expressionist. Dramen; wurde mit seinen späteren völk.-pathet. Ideendramen, v. a. „Schlageter" (1932), das in der Folge an allen dt. Bühnen gespielt werden mußte, zum repräsentativen Dramatiker des NS.

Joint [engl. dʒɔɪnt], Abk. für: American Joint Distribution Committee („Gemeinsamer amerikan. Verteilungsausschuß"), 1914 gegr. jüd. Hilfsorganisation zur Unterstützung der jüd. Opfer des 1. Weltkriegs; übernahm seit dem 2. Weltkrieg die Rolle einer internat. Zentralorganisation aller jüd. Wohlfahrtsverbände.

Joint [engl. dʒɔɪnt], Bez. für eine selbstgedrehte Zigarette, deren Tabak mit Haschisch oder Marihuana vermischt ist.

Joint-venture [engl. 'dʒɔɪnt'vɛntʃə; etwa „Unternehmensverbindung"], vorübergehender oder länger dauernder Zusammenschluß von selbständigen Unternehmen zum Zweck der gemeinsamen Durchführung von Projekten, z. B. weil sie von einem Unternehmen allein nicht realisiert werden könnten.

Jojachin (Joachim, Joachin), bibl. König in Juda 598/597, Sohn des Jojakim; von Nebukadnezar II. nach Babylon deportiert, dort nach 37 Jahren begnadigt.

Jojakim (Joachim), bibl. König in Juda 608-598, Sohn des Josia; von Pharao Necho II. eingesetzt, dem er Tribut leisten mußte; 604 Vasall von Nebukadnezar II., fiel aber 601 von ihm ab.

Jo-Jo (Yo-Yo) [amerikan.], altes Geschicklichkeitsspiel mit [elast.] Schnur und daran sich auf- u. abwickelnder Holzscheibe

Jókai, Mór [ungar. 'jo:kɔi], * Komárom 18. Febr. 1825, † Budapest 5. Mai 1904, ungar. Schriftsteller. - Aus einer Adelsfamilie; mit Petőfi 1848 einer der Führer der revolutionären Jugend; mit seinen Novellen, Erzählungen, Humoresken und Romanen, z. B. „Ein ungar. Nabob" (1854), bedeutendster und populärster Erzähler der ungar. Literatur.

Jokaste ↑ Iokaste.

Joker ['jo:kɐ, 'dʒo:kɐ; engl., zu lat. iocus „Spaß"], zusätzl. Spielkarte bei Rommé, Canasta und anderen Kartenspielen, mit Abbildung eines Narren; gilt für jede andere Karte.

Jokkaitschi, jap. Hafenstadt auf Hondo, an der W-Küste der Isebucht, 255 400 E. Wichtiger Standort der Petrochemie.

Jokohama, jap. Hafen- und Ind.stadt auf Hondo, an der SW-Küste der Bucht von Tokio, 2,77 Mill. E. J. gehört zur Wirtschaftsregion Keihin; Verwaltungssitz einer Präfektur; kath. Bischofssitz; mehrere Univ., Fachhochschulen und Museen; meteorolog. Observatorium. Der Ind.-, Passagier- und Außenhandelshafen ist das Überseetor Tokios. Die Ind.betriebe (v. a. Metallverarbeitung, Elektrotechnik, Petrochemie) befinden sich fast ausschließl. in Hafennähe. Nach dem jap.-amerikan. Handelsvertrag 1854 geöffnet; 1872 Bau der ersten Eisenbahn Japans von Tokio nach J.; seit 1889 Stadt. - Bed. Tempelanlage (gegr. 1321; 1911 wiederhergestellt), dreistöckige Pagode (15. Jh.); Kulturzentrum für Frauen (1957-61).

Jokosuka, jap. Hafenstadt auf Hondo, an der SW-Küste der Bucht von Tokio, 421 100 E. Marineschule; Kernforschungsinstitut; Metallverarbeitung, Schiffswerften, Nahrungsmittelindustrie.

Jökulsá á Fjöllum [isländ. 'jœ:kylsaʊ aʊ'fjœdlʏm], zweitlängster Fluß Islands, entsteht als Gletscherfluß nördl. des Vatnajökull; im Unterlauf Stromschnellen sowie u. a. Islands größter Wasserfall **Dettifoss** (44 m Fallhöhe), anschließend eine 30 km lange Schlucht, mündet in das Europ. Nordmeer, 206 km lang.

Jokus [zu lat. iocus „Scherz"], Ulk, Jux; **seinen Jokus haben,** Spaß haben.

Joliot-Curie [frz. ʒɔljoky'ri], Frédéric, eigtl. F. Joliot, * Paris 19. März 1900, † ebd. 14. Aug. 1958, frz. Physiker. - Mitarbeiter von M. ↑ Curie am Institut du radium in Paris (1956-58 dessen Direktor); daneben zahlr. andere wiss. Ämter und Funktionen. - J.-C. führte mit seiner Frau Irène J.-C. fundamentale experimentelle Arbeiten zur Kernphysik aus. 1934 gelang ihnen die Entdeckung der künstl. Radioaktivität. Gemeinsam mit H. Halban und L. Kowarski wies J.-C. die Möglichkeit einer Kernkettenreaktion nach. Er führte außerdem zus. mit seiner Frau Arbeiten zur Anwendung radioaktiver Isotope in der Biochemie und Medizin durch. Nobelpreis für Chemie 1935 zus. mit seiner Frau.

J.-C., Irène, * Paris 12. Sept. 1897, † ebd. 17. März 1956, frz. Physikerin. - Tochter von M. und P. Curie; ab 1918 am Institut du radium in Paris tätig (1946-56 als dessen Di-

Frédéric und Irène Joliot-Curie (um 1935)

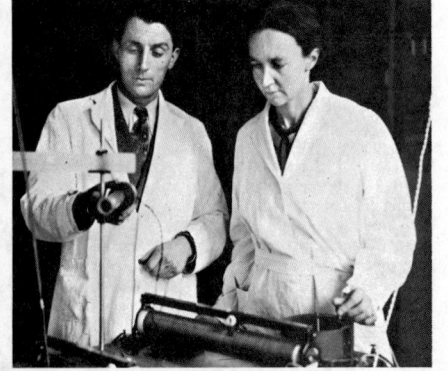

rektor). 1937 Prof. in Paris, 1946–51 Mgl. der frz. Atomenergiekommission (entlassen wegen ihrer kommunist. Tätigkeit). Nach frühen Arbeiten zur Isotopie und zur Alphastrahlung des Poloniums folgte eine Periode enger Zusammenarbeit mit ihrem Mann Frédéric J.-C., mit dem zus. sie 1935 den Nobelpreis für Chemie erhielt.

Jolivet, André [frz. ʒɔli'vɛ], * Paris 8. Aug. 1905, † ebd. 19. Dez. 1974, frz. Komponist. - Erhielt wesentl. kompositor. Anregungen von E. Varèse, gründete 1936 mit O. Messiaen, D. Lesure und Y. Baudrier die Gruppe ↑Jeune France; bekannt durch das „Konzert für Ondes Martenot und Orchester" (1947) und das „Klavierkonzert" (1950).

Jolle [niederdt.], 1. offenes, breit und flach gebautes kleines [Ruder]boot mit Spiegelheck, das auf Schiffen als Bei- oder Arbeitsboot (oft mit Segeleinrichtung oder Außenbordmotor) verwendet wird. - 2. offenes kleines, teilweise gedecktes, einmastiges Sportsegelboot mit Schwert, das im Unterschied zum Kielboot ballastlos und kenterbar ist und deshalb vorwiegend auf Binnengewässern gesegelt wird. Nach Segelfläche und Bauart unterscheidet man verschiedene Klassen (u. a. Finn-Dingi, Flying Dutchman, H-Jolle, Korsar, Olympiajolle, Optimist, Pirat), die z. T. für nat. und internat. Regatten typisiert sind; olymp. J.klassen sind Finn-Dingi, Flying Dutchman und 470er.
◆ seemänn. Bez. für eine fest angebrachte Rolle, um die ein **Jolltau** (Leine, z. B. zum Hochziehen [Heißen] eines Segels) läuft.

Jollenkreuzer, eine größere Jolle mit Kajüte und größerer Segelfläche (früher bis zu 50 m²; bei nat. Klassen 15 und 20 m²; Segelzeichen: schwarzes P bzw. R); für Regatten und Wanderfahrten in Binnengewässern (wegen ihrer Kenterbarkeit).

Jolly, Philipp von [frz. ʒɔ'li], * Mannheim 26. Sept. 1809, † München 24. Dez. 1884, dt. Physiker. - Prof. in Heidelberg und München; Arbeiten zur Osmose und zum Luftthermometer; Messungen des Ausdehnungskoeffizienten von Gasen und Konstruktion der **Jollyschen Federwaage,** einem auf dem hydrostat. Auftrieb beruhenden Gerät zur Messung der Dichte fester Körper.

Jolo [span. 'xolo], eine der Suluinseln, Philippinen, 893 km², bis 812 m ü. d. M., aufgebaut aus vulkan. Gesteinen; Anbau von Reis und Maniok, Bananenkulturen, Kopragewinnung; Küsten- und Perlfischerei; Hauptort ist J. (60 000 E, zu 80% Muslime), Verwaltungssitz der Prov. Sulu; ⚓.

Joly, Maurice [frz. ʒɔ'li], * Lons-le-Saunier 1821, † Paris 16. Juli 1878 (Selbstmord), frz. Schriftsteller. - Verf. der anonym erschienenen „Gespräche in der Unterwelt zw. Machiavelli und Montesquieu ..." (1864), einem Meisterwerk der polit. Publizistik gegen das Zweite Kaiserreich.

Jomini, Antoine Henri Baron de (seit 1807) [frz. ʒɔmi'ni], * Payerne (Kt. Waadt) 6. März 1779, † Paris 23. April 1869, General und Militärschriftsteller schweizer. Herkunft. - Begründer der Petersburger Militärakademie. Themen seiner Schriften waren u. a. Friedrich II. und Napoleon I.

Jom Kippur, hebr. Bez. des 3. Mos. 16 gebotenen Versöhnungstags am 10. Tischri (Sept./Okt.); höchster jüd. Feiertag, ein Tag des Sündenbekenntnisses und der Läuterung.

Jom-Kippur-Krieg ↑Israelisch-Arabischer Krieg.

Jommelli, Niccolò (Jomelli), * Aversa bei Neapel 10. Sept. 1714, † Neapel 25. Aug. 1774, italien. Komponist. - U. a. 1753–69 Hofkapellmeister in Stuttgart. J., dessen Opernschaffen (etwa 60 erhaltene Werke) zur neapolitanischen Schule zählt, ging v. a. in seiner Stuttgarter Zeit über den Operntypus Metastasios hinaus, u. a. durch Einbeziehung von Chören, durch reichere Orchesterbehandlung und den häufigeren Gebrauch des (dramat.) Accompagnato.

Jon, François du [frz. dy'ʒõ] ↑Junius, Franciscus.

Jona (Jonas), alttestamentl. Prophet und Buch (Lehrerzählung) gleichen Namens. Nach dem Buch (entstanden zw. 400 und 200) erhält J. den Auftrag zur Bekehrung Ninives, will sich diesem aber durch die Flucht aufs Meer entziehen. Dort wird er von einem großen Fisch verschlungen und nach drei Tagen wieder an Land entlassen. Er kommt dem Auftrag Jahwes nach und bewahrt Ninive vor dem göttl. Strafgericht.

Jona Ben Ganach, hebr. Name des Abul Walid Marwan Ibn Dschanah, * Córdoba oder Lucena um 990, † Zaragoza um 1050, span.-jüd. Grammatiker und Lexikograph. -

Philipp von Jolly, Jollysche Federwaage

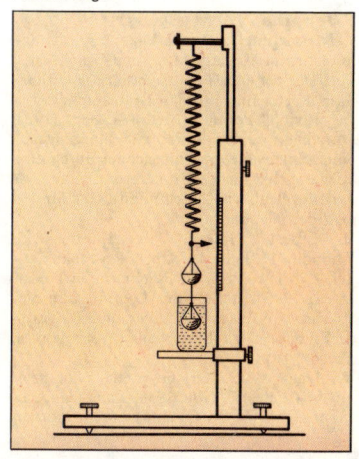

Gilt als einer der bedeutendsten jüd. Sprachgelehrten des MA; seine in arab. Sprache verfaßten Werke zur hebr. Grammatik und Wortkunde wurden später ins Hebräische übertragen.

Jonas, aus der Bibel übernommener männl. Vorname, hebr. „Taube".

Jonas, Franz, * Wien 4. Okt. 1899, † ebd. 24. April 1974, östr. Politiker (SPÖ). - Schriftsetzer; übernahm 1949 die Leitung der Wiener SPÖ, 1950 stellv. Parteivors.; 1951–65 Bürgermeister und Landeshauptmann von Wien; gehörte 1952/53 dem Bundesrat, 1953–65 dem Nationalrat an; 1965–74 östr. Bundespräsident.

J., Hans, * Mönchengladbach 10. Mai 1903, dt. Philosoph und Religionswissenschaftler. - 1933 Emigration nach England, 1935 nach Palästina, Dozent an der Hebr. Univ. in Jerusalem, 1949 Prof. in Montreal, 1950 in Ottawa, 1955 der New School für Social Research in New York. Bed. Arbeiten v. a. zur Entstehung und Wirkungsgeschichte der Gnosis. *Hauptwerke:* Augustin und das paulin. Freiheitsproblem (1930), Gnosis und spätantiker Geist (Bd. 1, 1934, Bd. 2, 1954), The Gnostic religion (1958), Zw. Nichts und Ewigkeit (1963), Technik, Medizin und Ethik (1985). - Friedenspreis des Börsenvereins des Dt. Buchhandels 1987.

J., Justus, eigtl. Jodokus Koch, * Nordhausen 5. Juni 1493, † Eisfeld (Landkr. Hildburghausen) 9. Okt. 1555, dt. Reformator. - Prof. in Wittenberg, Mitarbeiter und Freund Luthers; übersetzte lat. Schriften Luthers und Melanchthons und führte die Reformation in Halle/Saale ein; Verf. mehrerer Kirchenordnungen.

Jonathan, aus der Bibel übernommener männl. Vorname, hebr. „Gott hat gegeben".

Jonathan (Jonatan), bibl. Gestalt; Sohn Sauls, Freund Davids, starb im Kampf gegen die Philister.

Jonathan † Äpfel (Übersicht).

Jones [engl. dʒoʊnz], Allan, * Southampton 1. Sept. 1937, engl. Maler und Graphiker. - Vertreter der engl. Pop-art, pointierte disharmon. Farbgebung, triviale Sexmetaphern.

J., Elvin, * Pontiac (Mich.) 9. Sept. 1927, amerikan. Jazzmusiker (Schlagzeuger). - Seine Spielweise, gekennzeichnet durch eine bewußte rhythm. Desorientierung ohne Aufgabe des Beat, wurde richtungweisend für den Jazz der 60er Jahre.

J., Ernest, * Gower (Wales) 1. Jan. 1879, † London 11. Febr. 1958, brit. Psychoanalytiker. - Ab 1910 Prof. für Psychiatrie in Toronto, ab 1926 Direktor der London Clinic of Psychoanalysis; bed. Schüler und Biograph S. Freuds („Das Leben und Werk von S. Freud", 1954).

J., Dame (seit 1986) Gwyneth, * Pontnewynydd (Wales) 7. Nov. 1936, walis. Sängerin (Sopran). - Mgl. der Covent Garden Opera in London und der Wiener Staatsoper, Gast an den bedeutendsten Opernhäusern der Welt sowie bei Festspielen (u. a. in Bayreuth).

J., Sir (seit 1943) Harold Spencer, * Kensington (= London) 29. März 1890, † London 3. Nov. 1960, brit. Astronom. - Seine Hauptarbeiten betrafen die astronom. Konstanten, insbes. die (photograph.) Bestimmung von Parallaxen.

J., Inigo, * London 15. Juli 1573, † ebd. 21. Juni 1652, engl. Baumeister. - War lange Zeit (nach 1600) in Italien, erneut 1613/14; 1604–40 für die engl. Hofbühne tätig (baute Bühnen und schuf die Dekorationen), 1615 Beginn seiner Arbeit als Generalinspektor des Bauwesens am engl. Hof, führte den Baustil Palladios in England ein. Bauten in Greenwich (Queen's House, 1616–35) und in London (u. a. Banketthalle des Schlosses Whitehall, 1619–22, Marktplatz von Covent Garden, 1631–38, Erneuerungen der Saint Paul's Cathedral, 1633 ff.).

J., James, * Robinson (Ill.) 6. Nov. 1921, † Southampton (N. Y.) 10. Mai 1977, amerikan. Schriftsteller. - Nahm an Kämpfen im Pazifik teil; desertierte 1944. Sein Roman „Verdammt in alle Ewigkeit" (dt. 1951) ist eine realist. Darstellung des Soldatenlebens in einem Ausbildungslager auf Hawaii kurz vor dem jap. Überfall auf Pearl Harbor.
Weitere Werke: Die Entwurzelten (R., 1958), Die Pistole (R., 1958), Kraftproben (R., 1967), Das Messer (En., 1968), Mai in Paris (R., 1970), Das Sonnenparadies (R., 1973), Im Zweiten Weltkrieg. Erlebnisse und Eindrücke. So sah der Soldat den Krieg (1976).

J., Jennifer, eigtl. Phyllis Isley, * Tulsa (Okla.) 2. März 1919, amerikan. Filmschauspielerin. - Erster großer Erfolg mit dem Film „Das Lied von Bernadette" (1943, nach F. Werfel), in dem D. O. Selznick Regie führte, den sie 1949 heiratete. Bekannt durch die Darstellung des Hintergründigen in melodramat. Rollen wie „Duell in der Sonne" (1947), „Alle Herrlichkeit auf Erden" (1955), „Zärtl. ist die Nacht" (1961).

J., Jo, eigtl. Jonathan J., * Chicago 10. Juli 1911, † New York 3. Sept. 1985, amerikan. Jazzmusiker (Schlagzeuger). - Trat 1935–48 im Orchester von „Count" Basie hervor, wo er mit dem Bassisten W. Page und dem Gitarristen Freddie Green eine der berühmtesten Rhythmusgruppen der Jazzgeschichte bildete.

J., LeRoi (Imamu Baraka), * Newark (N. J.) 7. Okt. 1934, afroamerikan. Schriftsteller. - Begründete das „Black Arts Repertory Theatre" in Harlem und das Theater „Spirit House" in Newark; machte sich mit Gedichten (u. a. „Black art", 1966), Romanen (u. a. „Dantes System der Hölle", 1965), Dramen (u. a. „Dutchman", 1964; eine komprimierte Geschichte der Rassenkämpfe in den USA) und Essays („Ausweg in den Haß", 1966) zum literar. Propagandisten der Black Power.

J., Philly Joe, eigtl. Joseph Rudolph J., * Philadelphia 15. Juli 1923, † ebd. 30. Aug. 1985, amerikan. Jazzmusiker (Schlagzeuger). - Beeinflußt durch K. Clarke; zählt zu den bedeutendsten Jazzschlagzeugern der 50er Jahre.

J., Sidney, * London 17. Juni 1861, † ebd. 29. Jan. 1946, engl. Komponist. - Komponierte musikal. Lustspiele und Operetten, von denen „Die Geisha" (1896) am bekanntesten wurde.

J., Sir (seit 1783) William, * London 28. Sept. 1746, † Kalkutta 27. April 1794, engl. Orientalist und Jurist. - Ab 1783 Richter am Obersten Gericht in Kalkutta. J. erkannte als erster die genet. Verwandtschaft des Sanskrit mit dem Griech., Lat., Got. und Kelt.; durch seine Übersetzungen und die Ausgabe des „Ritusamhara" (1792) wurde J. zum Mitbegr. der europ. Sanskritforschung.

Jones Sound [engl. 'dʒoʊnz 'saʊnd], Teil des Nordpolarmeeres im kanad.-arkt. Archipel.

Jong, Adrianus Michael de, * Nieuw-Vossemeer 29. März 1888, † Blaricum 18. Okt. 1943 (von niederl. SS ermordet), niederl. Schriftsteller. - Aus kath. Arbeiterfamilie, zuerst Lehrer; vertrat in seinen Romanen sozialist.-atheist. Ideen, z. B. in „Untergang" (1916), „Mereyntje Geysens Kindheit" (4 Bde., 1925–28; 1955 u. d. T. „Herz in der Brandung"); auch Kinderbücher und Reisebeschreibungen.

J., Erica, * New York 26. März 1942, amerikan. Schriftstellerin. - Lebte 1966–69 in Heidelberg; begann mit Lyrik; hatte internat. Erfolg mit dem autobiograph. bestimmten Roman „Angst vorm Fliegen" (1973); schrieb auch „Rette sich, wer kann" (R., 1977), „Fallschirme und Küsse" (R., 1984).

J., Piet (Petrus Josef Sietse) de, * Apeldoorn 3. April 1915, niederl. Politiker (Kath. Volkspartei). - 1934–59 Marineoffizier; setzte als Verteidigungsmin. (1963–67) die Militärdienstzeit herab und kürzte den Verteidigungshaushalt; 1967–71 Min.präs.; 1971 bis 1974 Mitglied der 1. Kammer der Generalstaaten.

Jongleikanal, zur Erhaltung der Wassermenge des Weißen Nils geplante, 285 km lange Nilumleitung im Sudd zw. dem Dorf Jongleï und der Mündung des Sobat; Baubeginn Herbst 1978. Auswirkungen auf das ökolog. Gleichgewicht ganz Nordafrikas werden nicht ausgeschlossen.

Jongleur [ʒõˈglø:r; frz.; zu lat. ioculator „Spaßmacher"], Geschicklichkeitskünstler (Artist). Seit 1950 wird eine dt. Meisterschaft im Jonglieren ausgetragen (Jonglieren als Sportakrobatik bzw. Kunstkraftsport).

Joni [Sanskrit], symbolisiertes weibl. Geschlechtsteil, Kultsymbol v. a. der ind. Göttin †Durga.

Jonien [...i-ɛn] † Ionien.

Jönköping [schwed. ˌjœntɕøˈpɪŋ], Hauptstadt des schwed. Verw.-Geb. J., am S-Ufer des Vättersees, 106 900 E. Zentralort einer rasch wachsenden Agglomeration mit Landw.- und Ind.messe, Lehrerseminar, Bibliothek; ornitholog. und Zündholzmuseum; Garnison; Holzverarbeitung, Maschinenbau, chem. Industrie; ⌘. - Erhielt 1284 Stadtrecht, wurde nach mehreren Großbränden und völliger Zerstörung durch die Dänen (1612) von Gustav II. Adolf 1614 neu gegr. In J. schloß Schweden 1809 Frieden mit Dänemark. - Zahlr. Bauten des 17. Jh., u. a. Kristinakirche, Altes Rathaus, Landgerichtsgebäude; Freilichtmuseum mit Holzhäusern (15.–18. Jh.).

Jonnart, Célestin Charles [frz. ʒɔˈnaːr], * Fléchin (Pas-de-Calais) 27. Dez. 1857, † Paris 30. Sept. 1927, frz. Politiker und Diplomat. - 1893–1917 mehrfach Min.; Generalgouverneur von Algerien 1900/01, 1903–11, 1918/19; zwang als Hochkommissar der Ententemächte 1917 König Konstantin I. von Griechenland zur Abdankung; 1921–24 Botschafter beim Vatikan.

Jonny [engl. ˈdʒɔnɪ] † Johnny.

Jonone [zu griech. íon „Veilchen"], Gruppe isomerer Terpenketone mit veilchenähnl. Duft, die in der Riechstoffind. verwendet werden. J. sind als Bausteine des Vitamins A und der Karotine von Bedeutung.

Jonson, Ben (auch Benjamin) [engl. dʒɔnsn], * Westminster (?) 11. Juni 1572, † ebd. 6. Aug. 1637, engl. Dichter. - Bes. erfolgreich mit seinen Komödien („Comedies of humours"), humorvollen, realist. Schilderungen von Sitten und Charakteren, mit denen er Mißstände seiner Zeit und menschl. Laster verspottete; z. B.: „Volpone oder der Fuchs" (1607), „Der Alchimist" (1612), „Epicoene, or the silent woman" (Uraufführung 1609, gedruckt 1616; dt. Text nach S. Zweig für die Oper „Die schweigsame Frau" von R. Strauss, 1935).

Joos van Cleve [niederl. ˈjoːs vɑn ˈkleːvə] † Cleve, Joos van.

Joos van Wassenhove [niederl. ˈjoːs vɑn ˈwɑsənhoːvə] † Justus van Gent.

Joos, Georg, * Urach 25. Mai 1894, † München 20. Mai 1959, dt. Physiker. - Prof. in Jena, Göttingen und München; Hauptarbeiten über opt. Eigenschaften und Spektren fester Körper sowie photograph. Elementarprozesse. Verf. eines sehr verbreiteten „Lehrbuches der theoret. Physik" (1932).

Jooss, Kurt, * Wasseralfingen bei Aalen 12. Jan. 1901, † Heilbronn 22. Mai 1979, dt. Tänzer, Choreograph und Ballettdirektor. - Schüler von R. von Laban; gründete 1924 in Münster die neue Tanzbühne und 1928 das Folkwang Tanztheater in Essen, für das er u. a. 1932 die Tanzpantomime „Der grüne Tisch" schuf. 1934 emigrierte J. mit seiner Truppe nach Großbritannien und kehrte 1949 als Leiter der Tanzabteilung der Folkwangschule nach Essen zurück; seit 1968 war er

Joplin

in Stockholm tätig. Als Choreograph zählt J. zu den Vertretern des Ausdruckstanzes.

Joplin [engl. 'dʒɔplɪn], Janis, *Port Arthur (Texas) 19. Jan. 1943, †Los Angeles 5. Okt. 1970, amerikan. Rock- und Bluessängerin. - Galt als eine der expressivsten weißen Interpretinnen des Blues.

J., Scott, *Texarkana (Texas) 24. Nov. 1868, †New York 1. April 1917, amerikan. Pianist und Komponist. - Gilt als einer der Schöpfer des Ragtime. Seine bekannteste Komposition ist der 1899 geschriebene „Maple Leaf Rag".

Joplin [engl. 'dʒɔplɪn], Stadt auf dem Ozark Plateau, Bundesstaat Missouri, USA, 310 m ü. d. M., 40 000 E. Zentrum eines der größten Blei- und Zinkerzbergbaugebiete der Erde. - 1871 gegründet.

Joppe [zu arab. dschubbah „langes Obergewand"], Jacke, Hausjacke.

Joram (Jehoram), Name von bibl. Gestalten: 1. Sohn Achabs, 9. König im Nordreich Israel 851–845 (853–842); sein General Jehu stürzte und tötete ihn. - 2. Sohn des Josaphat, 5. König im Südreich Juda 847–845 ([852] 850–843).

Jörd [altnord.], Gestalt der nord. Mythologie; Personifikation der Mutter Erde.

Jordaens, Jacob [niederl. jɔr'da:ns], *Antwerpen 20. Mai 1593, †ebd. 18. Okt. 1678, fläm. Maler. - Schulte sich nach manierist. beeinflußten Anfängen (P. Aertsen, J. van Hemessen) etwa seit 1617 an Caravaggio, J. Bassano und v. a. Rubens. Seine Kunst steht zw. Barock und der Nüchternheit des Kalvinismus (Übertritt 1645). In seinen zahlr., oft mytholog. motivierten Gastmählern sind der Tod, aber auch Spott mit zu Gast, z. B. als Eule, verlöschende Kerze, Totenkopf.
Werke: Satyr beim Bauern (München, Alte Pinakothek; 1618–20, Kassel, Staatl. Gemäldegalerie), Martyrium der hl. Apollonia (1628, Antwerpen, Augustinerkirche), Verherrlichung des Prinzen Friedrich Heinrich von Oranien (1652; Den Haag, Huis ten Bosch), Das Bohnenfest oder Dreikönigsfest (um 1638, Leningrad; um 1638–40, Louvre; um 1656 Wien).

Jordan, Camille [frz. ʒɔr'dã], *Lyon 5. Jan. 1838, †Paris 21. Jan. 1922, frz. Mathematiker. - Prof. in Paris; 1916 Präsident der Académie des sciences. Grundlegende Arbeiten zur Gruppentheorie und Topologie.

J., Irving Sidney, gen. Duke [engl. dʒɔ:dn], *New York 1. April 1922, amerikan. Jazzmusiker (Pianist). - Trat 1947–49 im Quintett von C. Parker hervor; beeinflußt von B. Powell, zählt zu den führenden Pianisten des Bebop.

J., Pascual [´⁻ ⁻], *Hannover 18. Okt. 1902, †Hamburg 31. Juli 1980, dt. Physiker. - Prof. in Rostock, Berlin und Hamburg; 1957–61 MdB. - J. war maßgebl. am Aufbau der Quantenmechanik beteiligt und lieferte bed. Arbeiten u. a. zur Quantenelektrodynamik, zur Relativitätstheorie und Kosmologie sowie zur Quantenbiologie.

Jordan, größter Fluß Israels, entsteht durch drei von Schmelzwässern des Hermon gespeiste Quellflüsse in der nördl. Hulaebene, durchfließt den Jordangraben und in dessen N-Teil den See von Genezareth, mündet in das Tote Meer; sein Tal ist 252 km, sein Lauf durch Mäander rd. 330 km lang. Die Wasserführung unterliegt starken jahreszeitl. Schwankungen, außerdem entziehen die starke Oberflächenverdunstung im See von Genezareth sowie die Wasserentnahme für die Bewässerung des Negev und der Küstenebene dem J. große Wassermengen.

Jordanbad †Biberach an der Riß.

Jordangraben, in N-S-Richtung verlaufender Grabenbruch in Vorderasien, Teil des Ostafrikan. Grabensystems, am Grund des Toten Meeres bis 829 m u. d. M. Wichtigste Teile sind die Bika († Bika, Al), das Jordantal mit Hulaebene, Ghor, See von † Genezareth sowie das Tote Meer und Wadi Al †Araba.

Jordanien

(amtl. Vollform: Al Mamlaka Al Urdunijja Al Haschimijja; dt. Haschemit. Kgr. J.), Kgr. in Vorderasien zw. 29° 10′ und 33° 20′ n. Br. sowie 35° und 39° 18′ ö. L. **Staatsgebiet:** J. grenzt im W an Israel und an das von Israel besetzte West-J., im N an Syrien, im äußersten NO an Irak, im O und S an Saudi-Arabien. Die SW-Spitze grenzt an den Golf von Akaba. Auf West-J. verzichtete J. im Nov. 1974. **Fläche:** 88 572 km². **Bevölkerung:** 2,6 Mill. E (1985), 29,2 E/km², bezogen auf besiedelbares Land 158 E/km². **Hauptstadt:** Amman. **Verwaltungsgliederung:** 5 Distr. (nachdem J. 1974 auf die 3 seit 1967 von Israel besetzten Distr. verzichtet hatte). **Amtssprache:** Arabisch, Handels- und Verkehrssprache auch Englisch. **Nationalfeiertag:** 25. Mai. **Währung:** Jordan-Dinar (JD) = 1 000 Fils (FLS). **Internat. Mitgliedschaften:** UN, Arab. Liga, Gemeinsamer Arab. Markt; Kooperationsabkommen mit EWG und EGKS. **Zeitzone:** Osteurop. Zeit, d. i. MEZ + 1 Std.

Landesnatur: J. gliedert sich in drei Landschaftsräume: im O liegen ausgedehnte, von Wadis zerschnittene Wüstentafelländer, die im nördl. Teil von Basaltergüssen bedeckt sind, die durch Verwitterung zu großen Blockfeldern aufgelöst wurden, im südl. Teil werden die Tafelländer aus Kalkgestein aufgebaut. Sie gehen nach W allmähl. in das ostjordan. Bergland über. Der höchste Berg ist mit 1 754 m ü. d. M. der Dschabal Ram, der 50 km östl. von Akaba liegt. Die W-Flanke des Berglandes bricht steil ab zum Jordangraben. J. hat einen Anteil von 755 km² am Toten Meer.

Jordanien

Klima: Im weitaus größten Teil des Landes herrscht kontinentales Klima mit geringem Niederschlag (200–250 mm im Jahr), lediglich der Steilabfall des Berglandes zum Jordangraben empfängt Steigungsregen und ermöglicht Regenfeldbau.
Vegetation: In den Trockengebieten haben sich Zwerg- und Dornsträucher ausgebreitet. In den Wadibetten wachsen Tamariske, Schirmakazie und Kapernstrauch. In den Bergländern besteht mediterrane Baum- und Strauchvegetation, Garrigue ist weit verbreitet.
Tierwelt: In J. kommen Geier und Steinadler vor sowie Steinbock, Schakal, Hyäne, Wildkatze, Wolf, Gazelle u. a.
Bevölkerung: Etwa 46 % der Einwohner sind Jordanier, 54 % Palästinenser, daneben leben tscherkess., armen., kurd. und turkmen. Minderheiten im Lande. Etwa 5 % sind Beduinen. Rd. 94 % sind Muslime, 6 % Christen. Die Schulpflicht besteht vom 6. bis zum 15. Lebensjahr. Neben mehreren Lehrerseminaren gibt es Univ. in Amman und Irbid.
Wirtschaft: Landw. ist meist nur mittels künstl. Bewässerung mögl. Angebaut werden im Jordangraben Gemüse, Weizen, Melonen, Bananen, Zitrusfrüchte, im mittleren Teil des ostjordan. Berglands, der genügend Niederschlag erhält, v. a. Getreide, Linsen, Wicken, Tabak, Oliven, Feigen, Granatäpfel u. a. Lebensgrundlage der Halb- und Vollnomaden ist die Viehhaltung (Schafe, Ziegen, Rinder, Esel und Maultiere, Kamele, Pferde, Geflügel), doch deckt sie nicht den Fleischbedarf des Landes. Fischerei wird im Golf von Akaba betrieben. Wichtigster Wirtschaftszweig ist der Phosphatabbau, 15 km nö. und 160 km südl. von Amman. Wichtigste Ind.betriebe sind eine Superphosphatfabrik, ein Zementwerk und eine Erdölraffinerie, gefolgt von Nahrungsmittel-, Bekleidungs- und Schuhind. Im Fremdenverkehr hat sich die Abtrennung von W-Jordanien, in dem die hl. Stätten der Christen und Muslime liegen, negativ bemerkbar gemacht. Zu den verbliebenen Touristenzielen zählen u. a. Petra, Akaba, die Römerstadt Gerasa und die Wüstenschlösser der Omaijadenkalifen.
Außenhandel: Handelspartner sind Saudi-Arabien, die EG-Länder, die USA, Japan und die Schweiz. Ausgeführt werden Obst und Gemüse, Naturphosphat, Zement, Tabak und -waren, Gewebe aus Wolle und Tierhaaren u. a., eingeführt Nahrungsmittel, Garne und Textilwaren, nichtelektr. und elektr. Maschinen und Geräte. Eisen und Stahl, Kfz., Erdöl, Arzneimittel u. a.
Verkehr: Das Eisenbahnnetz ist 618 km lang, das Straßennetz 5200 km. Einziger Hafen ist Akaba. Eine nat. Fluggesellschaft versieht den In- und Auslanddienst. Die internat. ✈ von Amman und Akaba werden von mehreren ausländ. Gesellschaften angeflogen.

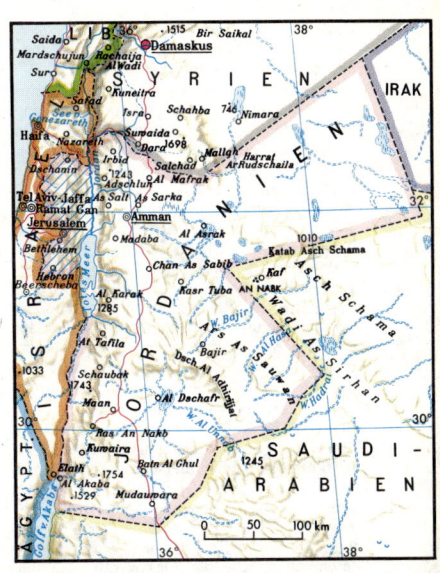

Jordanien. Übersichtskarte

Geschichte: Das schon in vorchristl. Zeit von Arabern besiedelte Ostjordanland wurde unter byzantin. Oberhoheit von arab. Phylarchen aus dem christl. Stamm der Ghassaniden beherrscht. Nach der Eroberung durch die muslim. Araber im 6. Jh. gehörte es zu Syrien und wurde unter den osman. Sultanen (1516–1918) der Prov. Damaskus zugeteilt. Nach dem 1. Weltkrieg kam es zus. mit Palästina unter brit. Mandat. Beim Zusammenbruch des Osman. Reiches wurde das Land der arab. Verwaltung des Haschimidenemirs Faisal in Damaskus unterstellt. Als dieser 1920 frz. Truppen weichen mußte, setzten die Briten seinen Bruder Abd Allah Ibn Al Hussain 1921 in Amman als Emir von **Transjordanien** ein und trennten das Gebiet östl. des Jordans von Palästina ab. 1925 wurde im Abkommen von Hadda die Grenze zu Saudi-Arabien festgelegt, wobei Akaba zu Trans-J. kam. Das ohne Finanzhilfe nicht lebensfähige Land wurde von einem brit. Hochkommissar verwaltet, seine Armee, die Arab. Legion, von Sir J. B. Glubb aufgebaut. 1946 erhielt Trans-J. die nominelle Unabhängigkeit und der Emir nahm den Königstitel an. Im Israel.-Arab. Krieg von 1948 besetzte die Arab. Legion die östl. Teile Palästinas und die Altstadt Jerusalems. Der Landesname wurde in J. geändert. Die offizielle Eingliederung der palästinens. Gebiete (sog. West-J., 1950) stieß bei den arab. Staaten auf Ablehnung. 1951 fiel Abd Allah Ibn Al Husain dem Attentat eines Palästinensers zum Opfer.

Jordanien

Nachdem sein Sohn Talal wegen eines Nervenleidens 1952 abgesetzt worden war, folgte der 17jährige Husain als König nach. Der in der arab. Welt wachsende Nationalismus stärkte die antibrit. Opposition und zwang den König 1956 zur Entlassung Glubbs. Ein Jahr später entmachtete Husain aber die nationalist. Reg. und ging 1958 mit Irak die Arab. Föderation ein. Als der Putsch General Abd Al Karim Kasims in Irak noch im selben Jahr die Föderation beendete, rief Husain brit. Truppen, um ein Übergreifen des Putsches zu verhindern. Die gemeinsame Gegnerschaft gegen Israel zwang Husain, sich 1967 mit dem ägypt. Reg.chef Nasser auszusöhnen und seine Truppen ägypt. Oberbefehl zu unterstellen. Im 3. Israel.-Arab. Krieg verlor J. trotz erbitterter Gegenwehr West-J. Unter den Palästinaflüchtlingen erstarkten die militär. Kommandoorganisationen zu bedrohen. Macht. Die Versuche der jordan. Armee, sie zu kontrollieren, führten im Sept. 1970 und im Juli 1971 zu blutigen Auseinandersetzungen und zur Zerschlagung oder Vertreibung der palästinens. Organisationen in J. Am Israel.-Arab. Krieg vom Okt. 1973 beteiligte sich J. nur indirekt durch die Entsendung einer Panzereinheit an die syr. Golanfront. Auf der arab. Gipfelkonferenz im Okt. 1974 in Rabat mußte sich Husain dem Votum der übrigen Staatschefs beugen und das Alleinvertretungsrecht der PLO für alle Palästinenser anerkennen; J. verzichtete auf das besetzte West-J. zugunsten der Palästinenser (endgültig im Aug. 1988 an die PLO abgetreten). Das Parlament wurde im Nov. 1974 aufgelöst, Parlamentsneuwahlen auf unbestimmte Zeit verschoben. Mit Syrien wurde im Aug. 1976 die Koordinierung der polit. und militär. Aktivitäten vereinbart. Im April 1978 wurde ein Nat. Konsultativrat einberufen, der den König beraten sollte. In dem iran.-irak. Krieg am Pers. Golf unterstützt J. Irak, was zu erneuten Spannungen mit Syrien und zum Abbruch der diplomat. Beziehungen mit Iran (1981) führte. Infolge der Verschärfung des Krieges im Libanon rückte J. 1982 in den Mittelpunkt der Bemühungen um eine Regelung des Nahostkonflikts. Im Okt. 1985 lehnte die Regierung einseitige Friedensgespräche mit Israel ab und beharrte auf einer internat. Friedenskonferenz für den Nahen Osten. Erstmals seit 22 Jahren wurde im Nov. 1989 das Parlament neu gewählt; 22 der 80 Sitze konnte die Muslimbruderschaft erringen.

Politisches System: Nach der Verfassung von 1952 ist J. eine konstitutionelle Monarchie. *Staatsoberhaupt* ist der König, bei dem auch die oberste *Exekutive* liegt. Das Königtum ist erbl. Zwar muß der König einen Eid auf die Verfassung und die Treue zur Nation leisten, er ist jedoch niemandem verantwortlich. Gesetze bedürfen seiner Zustimmung und werden von ihm verkündet. Er erklärt den Krieg, schließt Friedens- und andere Staatsverträge, die der Billigung durch die Nat.versammlung bedürfen, ist Oberbefehlshaber der Streitkräfte, ordnet Wahlen an, beruft das Repräsentantenhaus ein, eröffnet, vertagt und löst es auf, ernennt den Premiermin., den Präs. und die Mgl. des Senats. Der Min.rat, bestehend aus dem Premiermin. und den Min., bildet die Reg. und ist dem Repräsentantenhaus verantwortl. und muß ein Reg.programm aufstellen, das von diesem gebilligt wird. Mündl. oder schriftl. Befehle des Königs entlassen die Min. nicht aus ihrer Verantwortung. Mißtrauensanträge bedürfen der $^2/_3$-Mehrheit des Parlaments. Dieses, die Nat.versammlung, bei dem mit dem König die *Legislative* liegt, besteht aus Repräsentantenhaus (80 für 4 Jahre gewählte Mgl.; 10 Sitze sind der christl., 2 der tscherkess. Minderheit vorbehalten) und Senat (vom König ernannte Notabeln, deren Zahl die Hälfte der Abg. des Repräsentantenhauses nicht übersteigen darf). Gegen den Willen des Königs können Gesetze verabschiedet werden, wenn sie von beiden Häusern mit $^2/_3$-Mehrheit beschlossen werden. Der König hat jedoch seit 1974 das Recht, nach Auflösung des Parlaments 1 Jahr lang ohne Parlament zu regieren. 1976 wurde er ermächtigt, Parlamentswahlen auf unbestimmte Zeit zu vertagen. Die bestehenden *Parteien* wurden 1963 verboten. Die 1971 vom König als Einheitspartei gegr. Jordan. Nat. Union (ab 1972 Arab. Nat. Union) wurde 1976 gesetzl. aufgehoben. Neben dem *Gewerkschafts*dachverband „General Federation of Jordanian Trade Unions", der rd. 33000 Mgl. hat, gibt es mehrere unabhängige Gewerkschaften. J. gliedert sich *verwaltungs*mäßig in 5 Distrikte, nachdem es 1974 auf die seit 1967 von Israel besetzten 3 Distrikte (Nablus, Jerusalem, Hebron) zugunsten der Palästinenser verzichtet hatte. An der Spitze der Distrikte steht jeweils ein vom König ernannter Gouverneur. Obgleich der Islam Staatsreligion ist, ist in den letzten Jahren das *Recht*swesen nach brit. Vorbild reformiert worden. Für das Personenstandswesen gilt jedoch religiöse Gerichtsbarkeit, wobei die nichtmuslim. Minderheiten eigene Kammern haben. Das übrige Gerichtswesen besteht aus den Gerichten erster Instanz, den Berufungsgerichten und dem Kassationsgerichtshof. Für geringfügige Fälle gibt es Magistratsgerichte. Die *Streitkräfte* umfassen rd. 85000 Mann (Heer 74000, Luftwaffe 11000 Mann, Marine 300). Daneben gibt es paramilitär. Kräfte in Stärke von rd. 18000 Mann.

📖 Buchalla, C. E./Meyer, A.: *J. Reiseland und Wirtschaftspartner.* Stg. 1984. - Aresvik, O.: *The agricultural development of Jordan.* New York 1976. - Haas, M.: *Husseins Königreich. Jordaniens Stellung im Nahen Osten.* Mchn. 1975. - Copeland, P. W.: *The land and people of Jordan.* Philadelphia (Pa.) Neuaufl. 1972. - Bender, F.:

Geologie v. J. Bln. 1968. - Bopst, W.-D.: *Die arab. Palästinaflüchtlinge*. Kallmünz 1968. - Vatikiotis, P. J.: *Politics and the military in Jordan. A study of the Arab Legion. 1921–1957*. London 1967.

Jordansmühler Kultur, nach dem niederschles. Fundort Jordansmühl ben. neolith. Kulturgruppe (Mitte 3. Jt. v. Chr.) in Mähren, Böhmen, Sachsen und Schlesien, gekennzeichnet durch (Doppel-)Henkelkrüge, Silexpfeilspitzen und Kupfergegenstände; Einzel-Hockerbestattung.

Jordanus Saxo (Jordanus Nemorarius, Johann von Sachsen), * Borgberge bei Dassel vor 1200, † an der syr. Küste (ertrunken) 13. Febr. 1237, dt. Theologe und Mathematiker. - Seit 1222 Ordensgeneral des Dominikanerordens. Auf seine Anregung geht die Gründung der Universität Toulouse (1229) zurück. Verfasser vieler Schriften zur Arithmetik, Algebra, Geometrie und Mechanik, die lange Zeit als Unterrichtswerke in Gebrauch blieben.

Jores, Arthur, * Bonn 10. Febr. 1901, † Hamburg 12. Sept. 1982, dt. Internist. - Prof. in Hamburg; bed. Arbeiten auf den Gebieten der Endokrinologie, Psychosomatik und biolog. Rhythmusforschung.

Jorf-Lasfar [frz. ʒɔrflas'faːr], marokkan. Phosphatexporthafen am Atlantik, sw. von El-Jadida; ab 1976 erbaut.

Jörg, männl. Vorname, Nebenform von Georg.

Jörgen [dän. 'jœr(j)ən], männl. Vorname, dän. Form von Jürgen.

Jørgensen [dän. 'jœrn'sən], Anker, * Kopenhagen 13. Juli 1922, dän. Gewerkschaftsführer und Politiker. - Urspr. Lager- und Werftarbeiter; 1968–72 Vors. der Gewerkschaft für ungelernte Arbeiter; seit 1964 Mgl. des Folketing (Sozialdemokrat. Partei); Min.präs. 1972/73 und 1975–Sept. 1982.

J., Johannes, eigtl. Jens J., * Svendborg (Fünen) 6. Nov. 1866, † ebd. 29. Mai 1956, dän. Dichter. - Journalist, Zeitschriftenredakteur und -korrespondent; während des 2. Weltkrieges in Schweden. Zunächst wirkungsvolle ästhet.-symbolist. Lyrik; verarbeitete nach seinem Übertritt zum Katholizismus (1896) in Gedichten, Erzählungen und Romanen bes. religiöse Themen.

Jorn, Asger [dän. jɔr'n], eigtl. A. Jørgensen, * Vejrum bei Struer 3. März 1914, † Århus 1. Mai 1973, dän. Maler und Graphiker. - Vorwiegend in Paris ansässig, Mitbegr. der Künstlergruppe ↑ Cobra; mit vehementen Kompositionen, z. T. verdichtet zu (nord.) Fabelgestalten, Vertreter des ↑ abstrakten Expressionismus.

Jörn, männl. Vorname, niederdt. Kurzform von Jürgen.

Jos [dʒɔːs], Hauptstadt des nigerian. B.staats Plateau, auf dem Bautschiplateau, 123 000 E. Kath. Bischofssitz; Zentrum zur Erhaltung des kulturellen und natürl. Erbes Afrikas (gegr. von der UNESCO), Museum (Ethnologie, Archäologie, Nokkultur), botan. Garten, Zoo. Zentrum des Zinnerz- und Kolumbitbergbaus im Bautschiplateau; 🌂.

Josa, Buson, * Kema (Settsu) 1716, † Kioto 17. Jan. 1784, jap. Dichter und Maler. - Er erneuerte das ↑ Haiku; als Maler einer der Begr. der Literatenmalerei.

Josano, Tekkan, eigtl. Jósano Hiroschi, * Kioto 26. Febr. 1873, † Tokio 26. März 1935, jap. Dichter. - Beschäftigte sich mit jap. und chin. Literatur (1920 Prof. für Literatur in Tokio); einer der Schöpfer der neuen jap. Lyrik im klass. Stil; Gründer der Autorengemeinschaft „Tokioschinschischa" (1900).

Josaphat (Joschafat, Jehoschaphat), vierter König von Juda 868–847 (874–849); verheiratete seinen Sohn Joram mit der Schwester des Königs Achab von Israel, und sorgte so für eine Aussöhnung zwischen Nord- und Südreich.

Josaphat (Joasaph), ma. Sagengestalt, ↑ Barlaam und Josaphat.

Joschida, Schigeru, * Tokio 22. Sept. 1878, † Oiso (Präfektur Kanagawa) 20. Okt. 1967, jap. Politiker. - Seit 1906 im diplomat. Dienst; Botschafter in Rom 1930–32, in London 1936–39; 1945/46 Außenmin.; 1946–54 Vors. der (konservativ ausgerichteten) Liberalen Partei; betrieb als Min.präs. 1946/47 und 1948–54 erfolgreich den wirtsch. und polit. Wiederaufbau Japans, schloß den Friedensvertrag von San Francisco und begr. das Bündnis mit den USA.

Joschija ↑ Josia.

Joschkar-Ola [russ. jaʃ'kara'la], Hauptstadt der ASSR der Mari innerhalb der europ. Teils der RSFSR, UdSSR, an der Malaja Kokschaga, 227 000 E. Univ. (gegr. 1972), polytechn. Hochschule, PH, Forschungsinst. für Sprache, Literatur und Geschichte; Heimatmuseum; drei Theater; Maschinen-, Gerätebau u. a. Ind. - 1578 gegr.; nach der Oktoberrevolution Zentrum der gegenrevolutionären Kräfte; 1920 Hauptstadt des neu gegr. Autonomen Gebietes der Mari.

José [span. xo'se, portugies. ʒu'zɛ], span. und portugies. Form des männl. Vornamens Joseph.

José Bonifácio [brasilian. ʒo'zɛ boni'fasju] ↑ Andrada e Silva, José Bonifácio de.

Josef ↑ Joseph.

Josef Ben Isaak Ibn Abitur, * Mérida 10 Jh., † Damaskus 11. Jh., jüd. Gelehrter und Dichter. - Verfaßte Gutachten zur Halacha, einen z. T. erhaltenen Psalmenkommentar sowie für den Pijut wegweisende Dichtungen.

Josefkanal ↑ Nil.

Josefskraut, svw. ↑ Ysop.

Joseph (Josef), aus der Bibel übernommener männl. Vorname hebr. Ursprungs, eigtl. „Er (Gott) möge [die Kinder Jakobs] vermehren"; italien. Form Giuseppe, span. und portugies. José, frz./engl. Joseph, russ. Ossip.

Joseph

Joseph, Name von Herrschern:
Hl. Röm. Reich:
J. I., *Wien 26. Juli 1678, †ebd. 17. April 1711, Kaiser (seit 1705). - Seit 1690 Röm. König; setzte den Spanischen Erbfolgekrieg siegreich fort und restaurierte die kaiserl. Macht (Reichsacht gegen die Kurfürsten von Köln und Bayern; Italienpolitik).
J. II., *Wien 13. März 1741, †ebd. 20. Febr. 1790, Kaiser (seit 1765). - Ältester Sohn Kaiser Franz' I. und Maria Theresias, im Geist der kath. Aufklärung und des modernen Naturrechts erzogen. Seine Reformforderungen und seine zus. mit Kaunitz vertretene expansive Außenpolitik brachten ihn z. T. in scharfen Ggs. zu Maria Theresia, deren Mitregent J. bis 1780 in den östr. Erblanden war. Die östr. Beteiligung an der 1. poln. Teilung 1772 setzte J. ebenso durch wie die osman. Abtretung der Bukowina. Statt des erstrebten Ausgleichs mit Preußen kam es über dem gescheiterten Versuch, Teile Bayerns zu gewinnen, und dem gescheiterten Projekt eines bayr.-niederl. Ländertauschs zur Anlehnung an Rußland. - In seiner Reformpolitik war J. zu sprunghaft, um dauerhafte Erfolge zu haben. Er erstrebte einen zentralist. östr. Gesamtstaat dt. Staatssprache. Trotz erhebl. Förderung des Schul-, Bildungs- und Gesundheitswesens, der Rechtspflege (Josephin. Gesetzbuch mit Abschaffung der Folter) und Fortsetzung der Bauernbefreiung rief seine antiständische und antiföderalist. Reformpolitik wachsenden Widerstand hervor, der zu einer Rücknahme der meisten Reformen nach seinem Tod führte.
📖 *Magenschab, H.: Josef II. Graz 1979. - Mikoletzky, L.: Kaiser J. II. Gött. 1979. - Moerchel, J.: Die Wirtschaftspolitik Maria Theresias u. Josephs II. in der Zeit von 1740 bis 1780. M.chn. 1979.*
Köln:
J. Klemens, *München 5. Dez. 1671, †Bonn 12. Nov. 1723, Kurfürst (seit 1688). - Erwarb 4 Bischofsämter (1684 Freising, 1685 Regensburg, 1694 Lüttich, 1714 Hildesheim) und die Erzdiözese Köln; unterstützte im Span. Erbfolgekrieg Ludwig XIV. von Frankr., verfiel deshalb 1706 der Reichsacht; 1714 rehabilitiert.
Spanien:
J. (J. Bonaparte), *Corte (Korsika) 7. Jan. 1768, †Florenz 28. Juli 1844, König von Neapel (1806–08), König von Spanien (1808–13). - Ältester Bruder Napoleons I.; 1806 setzte ihn Napoleon anstelle der entthronten Bourbonen zum König von Neapel. Seine Einsetzung zum König von Spanien (1808) löste den span. Unabhängigkeitskrieg (1808–14) aus; emigrierte nach dem Sturz seines Bruders.

Joseph (Josef), bibl. Erzvater. J. war der Lieblingssohn ↑Jakobs; durch die Schuld seiner Brüder wurde er nach Ägypten verschleppt, stieg dort als Sklave bis zum Hausverwalter auf, geriet aber durch das falsche Zeugnis seiner ehebrecher. Herrin ins Gefängnis, wo er die Träume königl. Untersuchungsgefangener richtig auslegte. Er deutete auch zwei Träume des Pharao und sagte dabei sieben fruchtbare und sieben unfruchtbare Jahre voraus, in denen er dann den hungernden Ägyptern, aber auch Ausländern, gespeichertes Getreide verkaufte, u. a. auch seinen eigenen Brüdern; er versöhnte sich mit ihnen, und Jakob stellte durch Adoption J.s Söhne (Ephraim und Manasse) seinen eigenen Söhnen gleich. J. starb in Ägypten; seine Gebeine wurden später in Sichem beigesetzt (Jos. 24, 32).

J., (Josef), hl., [gesetzl.] Vater Jesu, Ehemann Marias; von Beruf Zimmermann; lebte in Nazareth. Nach den Stammbäumen Jesu aus dem Geschlecht Davids. - Die kath. Kirche feiert zwei Feste des hl. J., am 19. März und am 1. Mai (J. als Patron der Arbeiter).
In der bildenden Kunst wird J. bis in die Zeit des Barock als Nebenfigur bei der Geburt Christi, bei der Anbetung der Hirten und der Hl. Drei Könige bei der Flucht nach Ägypten und bei der Darstellung Christi im Tempel dargestellt. Erst die Genrebilder der Hl. Familie zeigen ihn als Zimmermann bei der Arbeit (Meister von Flémalle, Dürer).

Joseph von Arimathia (Arimat[h]äa), Anhänger Jesu, Mgl. des jüd. Synedriums. Nahm Jesu Leichnam vom Kreuz und bestattete ihn in seinem eigenen neuen Grab.

Joseph von Calasanza (span. José de Calasanz), hl., *Peralta de la Sal (Lérida) um 1556, †Rom 25. Aug. 1648, span. Ordensstifter. - Errichtete 1597 in Trastevere (Rom) die erste unentgeltl. Volksschule Europas; gründete die ↑Piaristen.

Joseph von Wolokolamsk (Iossif Wolozki), eigtl. Iwan (Ioan) Sanin, *bei Moskau 1439, †1515 oder 1518, russ. Mönch und Kirchenpolitiker. - Begründer und Abt des Klosters bei Wolokalamsk; bestrebt, die weltl. Macht der Kirche zu festigen; damit Wegbereiter des russ. Staatskirchentums.

Joseph, Père [frz. pɛrʒo'zɛf] (Joseph von Paris), eigtl. François Le Clerc du Tremblay, *Paris 4. Nov. 1577, †Rueil bei Paris 18. Dez. 1638, frz. Kapuziner und Diplomat. - 1613 Ordensprovinzial der Touraine; seit 1624 engster polit. Mitarbeiter („Graue Eminenz") A. J. Richelieus; betrieb die Lösung der Hugenottenfrage und verschärfte den Konflikt zwischen Kaiser und Reichsfürsten.

Josepha (Josefa), weibl. Vorname, weibl. Form von Joseph.

Josephine (Josefine), weibl. Vorname (zu Joseph); frz. Form Joséphine.

Joséphine [frz. ʒoze'fin], *Trois-Ilets (Martinique) 23. Juni 1763, †Malmaison 29. Mai 1814, Kaiserin der Franzosen. - Heiratete nach ihrer Scheidung von A. de Beauharnais

Napoléon Bonaparte (9. März 1796), der sie am 2. Dez. 1804 krönte. Die kinderlos gebliebene Ehe wurde 1809 geschieden.

Josephinismus, 1. i.e. S. die reformer. Staatskirchenpolitik Kaiser Josephs II., deren geistige Wurzeln antipäpstl. religiöse Bewegungen und die aus der Naturrechtslehre stammende Idee von der schrankenlosen Souveränität des Staates waren. Die weitreichenden Eingriffe, u.a. Aufhebung von Klöstern und staatl. Besoldung des Weltklerus, blieben nicht ohne Widerstand; 2. i.w.S. die in Österreich von der theresian. Zeit bis weit ins 19. Jh. wirkende Ausprägung des aufgeklärten Absolutismus, die neben dem kirchl. den sozialen und administrativen Bereich betraf (u.a. Zentralisierung der Verwaltung, Abschaffung der Leibeigenschaft, Gründung von Wohlfahrtseinrichtungen).

Joséphine, Kaiserin der Franzosen

Josephsehe, in Kirchenrecht und Aszetik der kath. Kirche eine [gültige] ehel. Verbindung, in der die Gatten aus religiösen Motiven auf den geschlechtl. Vollzug der Ehe verzichten. Nach Joseph, dem [gesetzl.] Vater Jesu, benannt.

Josephson, Brian David [engl. 'dʒoʊzɪfsn], * Cardiff (Wales) 4. Jan. 1940, brit. Physiker. - Prof. in Cambridge; sagte 1962 die beiden heute als †Josephson-Effekte bekannten physikal. Effekte voraus. Nobelpreis für Physik 1973 (zus. mit L. Esaki und I. Giaever).

Josephson-Effekte [engl. 'dʒoʊzɪfsn; nach B. D. Josephson], zwei festkörperphysikal. Effekte: Eine sehr dünne Isolatorschicht in einem supraleitenden Stromkreis wird widerstandslos von einem Strom durchflossen, da ein †Tunneleffekt der in den supraleitenden Bereichen vorhandenen †Cooper-Paare durch diese dünne Schicht möglich ist. Beim sog. *Gleichstrom-J.-Effekt* tritt dabei kein Spannungsabfall auf, wohl aber beim *Wechselstrom-J.-Effekt*. Es besteht eine äußerst empfindl. Abhängigkeit des Tunnelstroms von der angelegten Gleich- oder Hochfrequenzspannung. Die Anwendung der J.-E. in der Meßtechnik führte zu einer beträchtl. Steigerung der Meßgenauigkeit von Spannungsdetektoren.

Josephus Flavius, * Jerusalem 37 oder 38, † Rom um 100, jüd. Geschichtsschreiber. - Führend am jüd. Aufstand (66/70) beteiligt, ging dann zu den Römern über. Schrieb in Rom in griech. Sprache den „Jüd. Krieg", die „Jüd. Archäologie" und „Über das hohe Alter des jüd. Volkes". J. blieb fast ohne Nachwirkung auf das spätere Judentum, obwohl er als erster die Konzeption einer Geschichte des jüd. Volkes von der Erschaffung der Welt bis auf seine Zeit entwickelte. Tradiert wurden seine Werke ausschließl. in christl. Kreisen, die J. zeitweilig fast wie einen Kirchenvater schätzten, seine Schriften z.T. aber auch entstellten.

Josia (Joschija, Vulgata: Josias), im A.T. 16. König des Nordreiches Juda 639–609 (638–608). J. hat den Jahwekult von assyr. und kanaanäischen Einflüssen gesäubert.

Josippon (Sefer Josippon), im 10. Jh. entstandene volkstüml. Geschichte des jüd. Volkes in hebr. Sprache.

Josquin Desprez [frz. ʒɔskɛ̃de'pre] (J. des Prés, Josquin, Jodocus Pratensis), * Beaurevoir bei Saint-Quentin (?) um 1440, † Condé-sur-l'Escaut 27. Aug. 1521 (?), burgund. Komponist. - Wahrscheinl. Schüler von Okkeghem, als Sänger 1459–74 in Mailand, danach im Dienste der Sforza und 1486–99 in der päpstl. Kapelle tätig, 1501–05 Kapellmeister am herzogl. Hof von Ferrara. J. fand schon zu seiner Zeit uneingeschränkte Anerkennung. Zwischen MA und Neuzeit ist er der entscheidende Mittler, der der Musik den Weg zum Barock öffnete. Er komponierte v.a. Messen, Motetten und frz. Chansons.

Jostedalsbre [norweg. ˌjustadaːlsbreː], Plateaugletscher im südl. Norwegen, zw. Nordfjord und Sognefjord, größter Gletscher des europ. Festlands, etwa 100 km lang und 10–15 km breit.

Josua, aus der Bibel übernommener männl. Vorname hebr. Ursprungs, eigtl. „der Herr ist Hilfe (oder Rettung)".

Josua (Vulgata: Josue; Septuaginta: Jesus), Nachfolger des Moses, Führer der Israeliten bei der Landnahme. Im Buch J. (Abk. Jos.) wird auf der Grundlage alter Landnahmesagen (Durchzug durch den Jordan, Fall der Stadt Jericho u.a.) von der Landnahme und Landverteilung berichtet; der Deuteronomist fügte die einzelnen Teile um 500 v. Chr. zusammen und arbeitete sie in das deuteronomist. Geschichtswerk ein.
Bildende Kunst: Berühmt ist die J.rolle, vermutl. die byzantin. Kopie (10. Jh.; Vatikan. Bibliothek) eines spätantiken Originals. Im Bezug zur Kreuztragung Christi wird oft J. und Kaleb (sein Heerführer) dargestellt, die eine riesige Traube tragen (z.B. am Klo-

sterneuburger Altar des Nikolaus von Verdun, um 1181).

Jota (Iota) [griech.], neunter Buchstabe des griech. Alphabets; Lautwert [i]: I, ι.

Jotazismus [griech.], svw. ↑ Itazismus.

Jotham (Jotam, Joatham), Name bibl. Personen: 1. Jüngster Sohn des Gideon; als sein Bruder Abimelech König geworden war, erzählte J. dem Volk die sog. J.fabel (Richter 9, 7–21), mit der er ihn verspottete. 2. Elfter König von Juda (756–741).

Jotunheim, glazial überformtes Gebirgsmassiv in Norwegen, mit etwa 200 Gipfeln über 2 000 m und zahlr. kleinen Gletschern. - ↑ auch Glittertind.

Jouhandeau, Marcel [frz. ʒuã'do], eigtl. M. Provence, * Guéret (Creuse) 26. Juli 1888, † Rueil-Malmaison bei Paris 7. April 1979, frz. Schriftsteller. - Einer der bedeutendsten zeitgenöss. Prosaschriftsteller der frz. Literatur, gehört der literar. Richtung des „Renouveau catholique" an; schildert (fast bis zur exhibitionist. Demaskierung) sein Leben, die Welt, in der er lebt, die Provinz mit ihren Menschen, die J. als scharfer iron. Beobachter, gleichzeitig realist. und phantast., darstellt; seine Personen sind wie er Gottsucher und ringen um Erlösung.

Hauptwerke: Der junge Théophil (R., 1921), Die Pincengrains (R., 1924), Herr Godeau (R., 1926), Herr Godeau heiratet (R., 1933), Chaminadour (En., 3 Bde., 1934–41; dt. Ausw. 1964), Das anmutige Ungeheuer (R., 1938–43), Mémorial (Erinnerungen, 7 Bde., 1948–72), Bausteine. Elemente einer Ethik (1955), Journaliers (Erinnerungen, 20 Bde., 1961–74).

Jouhaux, Léon [frz. ʒu'o], * Paris 1. Juli 1879, † ebd. 29. April 1954, frz. Gewerkschaftsführer. - Generalsekretär der Confédération Générale du Travail (C. G. T.) seit 1909; widersetzte sich 1920/21 dem kommunist. Führungsanspruch in der C. G. T., trat 1936 für die Wiedervereinigung von C. G. T. und der 1921 abgespaltenen kommunist. C. G. T. U. ein; rief gegen das Münchner Abkommen zu einem (erfolglosen) Generalstreik auf; 1941–43 in Frankr., 1943–45 in Deutschland inhaftiert; gründete 1947 gegen die kommunist. Mehrheit im Präsidium der C. G. T. die C. G. T.-Force Ouvrière (1948 deren Präs.); erhielt 1951 den Friedensnobelpreis. - Zahlreiche Veröffentlichungen.

Joule, James Prescott [engl. dʒu:l], * Salford bei Manchester 24. Dez. 1818, † Sale bei London 11. Okt. 1889, brit. Physiker. - Lebte als Brauereibesitzer und Privatgelehrter in Salford. 1840 stellte J. das nach ihm benannte ↑ Joulesche Gesetz auf und bestimmte 1843 das mechan. ↑ Wärmeäquivalent. Gemeinsam mit W. Thomson (Lord Kelvin) entdeckte er 1853 den nach ihnen benannten Drosseleffekt (↑ Drosselung). Aus Experimenten zum Magnetismus resultierte die Entdeckung der ↑ Magnetostriktion (Joule-Effekt).

Joule [dʒu:l; nach J. P. Joule], Einheitenzeichen J, SI-Einheit der Energie, Arbeit und Wärmemenge: 1 J ist gleich der Arbeit, die verrichtet wird, wenn der Angriffspunkt der Kraft 1 Newton (N) in Richtung der Kraft um 1 m verschoben wird. Es gilt: $1 J = 1 N \cdot m$.

Joule-Effekt [dʒu:l; nach J. P. Joule], durch Magnetisierung bewirkte Längenänderung eines ferromagnet. Stoffes (↑ Magnetostriktion).

♦ die Erwärmung eines elektr. Leiters bei Stromdurchgang (↑ auch Joulesches Gesetz).
♦ svw. Joule-Thomson-Effekt (↑ Drosselung).

Joulesches Gesetz [dʒu:l; nach J. P. Joule], Aussage über die Erwärmung eines elektr. Leiters infolge Stromdurchgangs: Die in einer Zeitspanne Δt entstehende Wärmemenge (Stromwärme, Joulesche Wärme) Q ergibt sich [für Gleichstrom] aus der Beziehung: $Q = R \cdot I^2 \cdot \Delta t = U \cdot I \cdot \Delta t$ (R Widerstand des Leiters, I Stromstärke, U Spannung zw. den Enden des Leiters).

Joulesche Wärme [dʒu:l; nach J. P. Joule], die durch einen elektr. Strom in einem Leiter (Widerstand) erzeugte Wärme (↑ Joulesches Gesetz).

Joule-Thomson-Effekt [engl. dʒu:l, tɔmsn; nach J. P. Joule und dem späteren Lord Kelvin] ↑ Drosselung.

Jour fixe [ʒuːr'fiks; frz. „fester Tag"], regelmäßig eingehaltener Zeitpunkt für ein Treffen, zu dem nicht mehr eigens eingeladen wird.

Journaille [ʒʊr'naljə; zu ↑ Journal], abwertende Bez. für die Tagespresse bzw. die verleumderische Hetze betreibenden Journalisten.

Journal [ʒʊr...; frz., zu lat. (acta) diurna „Tagesbericht"], 1. Tageszeitung, bebilderte Zeitschrift; 2. Tagebuch bei der Buchführung; 3. Schiffstagebuch.

Journalismus [ʒʊr...; frz. (↑ Journal)], 1. svw. Pressewesen; 2. Sammelbez. für die aktuell-schriftsteller. Tätigkeit vorwiegend bei den Massenmedien. - Die anfangs nebenberufl. Tätigkeit des Journalisten bildete sich seit dem 19. Jh. zu einem differenzierten Berufsfeld des Umgangs mit Wort, Schrift und Bild aus. Die zu gleicher Zeit entstehende Massenpresse zog auch die gesellschaftl. Unterschichten in den Kommunikationszusammenhang und machte den J. zur Industrie. Durch das Aufkommen von Film, Hörfunk und Fernsehen neben Tagespresse und Illustrierten wurde die Frage noch dringlicher, ob auch unter den Bedingungen einer fortgeschrittenen, arbeitsteiligen Ind.gesellschaft J. als Beruf den für die Demokratie grundlegenden Fluß von Informationen und Meinungen garantieren kann. Da Massenkommunikation ihrer Natur nach eher Distribution (Verteilung) von Nachrichten ist als Kommunikation (Austausch) von Informationen, stehen Sicherung der inneren Pressefreiheit und Regelung der Journalistenausbildung heute als Hauptprobleme des J. in der Diskussion.

Journalist [ʒʊr...; frz. (↑Journal)], Beruf an allen Massenmedien, bei Nachrichtenagenturen, Pressestellen von Institutionen, Firmen, Parteien usw.; als freier Beruf mit unterschiedl. Ausbildung. Zur Durchsetzung ihrer Interessen am Arbeitsplatz (einschl. Lohn- und Gehaltstarifen, Redaktionsstatuten, Aus- und Fortbildung) sind die J. der BR Deutschland überwiegend in 3 **Journalistenverbänden** organisiert: Dt. Journalisten-Verband e. V. (DJV), Dt. Journalisten-Union in der IG Medien (dju), Rundfunk-Fernseh-Film-Union im DGB (RFFU).

Journalistik [ʒʊr...; frz. (↑Journal)], in der BR Deutschland in jüngster Zeit neben Zeitungswiss., Publizistik oder Kommunikationswiss. eingeführtes bzw. geplantes Hochschulfach, dessen Gegenstand die öffentl., mediengebundene Kommunikation und ihre Arbeitsweisen sind und in dem auf journalist. und andere Kommunikationsberufe vorbereitet wird. In der DDR seit 1954 Hochschulfach (Leipzig).

Jouve, Pierre Jean [frz. ʒuːv], * Arras 11. Okt. 1887, † Paris 8. Jan. 1976, frz. Dichter. - 1924 Übertritt zum Katholizismus; anfangs von den Unanimisten beeinflußt, später Anhänger Freuds und der Psychoanalyse. Bed. Lyriker, Literatur- und Musikkritiker. Hauptthema seiner spröden, schwer verständl. Lyrik ist das Spannungsverhältnis zw. weltzugewandter Sinnlichkeit und einer myst. Geistigkeit sowie Sehnsucht nach Erlösung. Bekannt wurde er mit Gedichten, die im 1. Weltkrieg entstanden („Ihr seid Menschen", 1915). Bed. Einfluß auf die junge Dichtergeneration; auch Übersetzer.

Jouvet, Louis [frz. ʒuˈvɛ], * Crozon (Finistère) 24. Dez. 1887, † Paris 16. Aug. 1951, frz. Schauspieler und Regisseur. - 1913 Schauspieler am Théâtre Vieux-Colombier, leitete seit 1922 die Comédie des Champs Elysées und seit 1934 das Théâtre de l'Athénée. J., dessen subtiler neoklassizist. Inszenierungsstil das europ. Theater wesentl. beeinflußte, inszenierte bevorzugt J. Giraudoux sowie Molière. Filmrollen u. a. in „Nachtasyl" (1936), „Hôtel du Nord" (1938).

Jovellanos y Ramírez, Gaspar Melchor de [span. xoβeˈʎanos i rraˈmireθ], * Gijón (Oviedo) 5. Jan. 1744, † Puerto de Vega (Oviedo) 27. Nov. 1811, span. Dichter und Politiker. - 1797 Justizmin.; 1801–08 von Godoy verbannt; für Asturien Mgl. der Junta Suprema Central nach den Franzoseneinfällen. Beziehung zur Dichterschule von Salamanca. Als Vertreter der Aufklärung setzte er sich für die Entwicklung der span. Wirtschaft und Kultur ein. Verf. von histor. Schriften, Essays, Schauspielen, Oden, Satiren; schrieb eines der hervorragendsten Tagebücher der span. Literatur.

jovial [zu lat. iovialis „zu Jupiter gehörend" (der unter dem Sternzeichen des Jupiter Geborene galt als fröhlich)], leutselig, gönnerhaft, wohlwollend; **Jovialität,** joviales Verhalten.

Jovine, Francesco, * Guardialfiera (Campobasso) 9. Okt. 1902, † Rom 30. April 1950, italien. Schriftsteller. - Setzte sich in seinen Romanen (u. a. „Die Äcker des Herrn", 1950) und Erzählungen aus dem Mezzogiorno als Vertreter eines sozialist. orientierten Neoverismus bes. für die sozial Entrechteten ein.

Jowkow, Jordan, * Scherawna bei Kotel 9. Nov. 1880, † Plowdiw 15. Okt. 1937, bulgar. Schriftsteller. - Dorfschullehrer; Teilnahme am Balkankrieg und am 1. Weltkrieg; 1920–27 Diplomat in Bukarest. Einer der bedeutendsten modernen bulgar. Erzähler; stellt in realist., mit romant. Elementen verbundenem Stil moral. Konflikte und soziale Not im Leben der Dobrudschabauern dar, u. a. „Der Schnitter" (E., 1920), „Das Gut an der Schweiz" (R., 1933/34).

Joyce, James [engl. dʒɔɪs], * Rathgar (= Rathmines and Rathgar) 2. Febr. 1882, † Zürich 13. Jan. 1941, ir. Schriftsteller. - 1888–98 Jesuitenschüler; entwickelte schon früh seinen Widerstand gegen engl. Herrschaft, kirchl. Autorität, Kulturprovinzialismus und familiäre Enge. Studierte Philosophie und Sprachen in Dublin, ging 1902 nach Paris und lebte - nach kurzem Heimataufenthalt - seit 1904 in Paris, Triest und Zürich. Nach Gedichten in betont musikal. Sprachgebung („Kammermusik", 1907) und ausdrucksstarken Skizzen („Dublin", 1914) verstärktes Bemühen um radikale Bewußtseinsdarstellung durch inneren Monolog, v. a. in dem autobiograph. Roman „Jugendbildnis" (1916; dramatisiert u. d. T. „Stephen D.", hg. 1961), der mit einer Absage an die herrschenden Mächte schließt; während jedoch in dem Roman „Ulysses" (1922) die Bewußtseinsvorgänge und -inhalte eines Durchschnittsmenschen und zweier ihm nahestehender Personen an einem einzigen Tag in akausaler, synchroner Vielschichtigkeit mit ordnendem Bezug auf Episoden und Motive der „Odyssee" dargestellt sind, wurde das bisher nur ungenügend entschlüsselte Werk „Finnegans wake" (Finnegans Nachtwache; 1939, Teilausg. dt. 1970) zu einer myth. Universallegende der Welt im träumenden Bewußtsein eines aus der ir. Volksballade stammenden Helden und seiner Familie. - Weitere Werke: Giacomo Joyce (Autobiographie, 1914), Verbannte (Dr., 1918), Am Strand von Fontana (Ged., 1927).
📖 *Kenner, H.: Ulysses. London u. a. 1982. - Bolt, S.: A preface to J. J. London u. a. 1981. - Multhaupt, U.: J. J. Darmstadt 1980.*

Joyeuse Entrée [frz. ʒwajøzɑ̃ˈtre „fröhlicher Einzug"] (fläm. Blijde Incomst), eine Urkunde, die von den Herzögen von Brabant von 1356 bis 1792 vor ihrem Einzug in Brüssel beschworen wurde; sie sicherte die Unteilbarkeit des Landes sowie die Rechte der Stände gegenüber dem Landesherrn.

Joystick [engl. 'dʒɔɪstɪk], kleiner Steuerhebel für Computer[spiele].

József, Attila [ungar. 'joːʒɛf], * Budapest 11. April 1905, † Balatonszárszó 3. Dez. 1937 (Selbstmord), ungar. Dichter. – Aus Arbeiterfamilie; schloß sich nach dem Studium der Arbeiterbewegung an; sozial-revolutionärer Dichter der Großstadt; Bitterkeit und Liebe, Rebellion und Resignation beherrschen seine Gedichte, von denen 1960 eine dt. Auswahl erschien („Gedichte"; 1963 u. d. T. „Am Rande der Stadt").

jr., Abk. für lat.: ↑junior.

Ju, Abk. für: **Ju**nkers (Flugzeugtypen; ↑Junkers, Hugo).

Juan [span. xu̯an], span. Form des männl. Vornamens ↑Johannes.

Juan d'Austria, Don [span. 'xu̯an 'dau̯strja] (Juan de Austria), * Regensburg 24. Febr. 1547, † Bouge bei Namur 1. Okt. 1578, span. Feldherr. – Unehel. Sohn Kaiser Karls V. und der Barbara Blomberg; schlug den Aufstand der Morisken in Granada (1569/70) nieder und befehligte die Flotte der Hl. Liga 1571 bei Lepanto. Scheiterte bei der Wiederherstellung der span. Autorität in den Niederlanden.

Juan de Dios [span. 'xu̯an de 'ðjɔs] (João de Deo, Johannes von Gott), hl., * Montemor-o-Novo (Portugal 8. März 1495, † Granada 8. März 1550, span. Ordensgründer. – Gründete 1540 in Granada ein Krankenhaus und begann mit planmäßiger, method. Kranken- und Geisteskrankenpflege. Daraus entstand der Orden der ↑Barmherzigen Brüder. – Fest: 8. März.

Juan de Flandes [span. 'xu̯an de 'flandes] (Jan van Vlaandern), * Flandern, † Palencia (?) vor dem 16. Dez. 1519, fläm. Maler. – Tätig in Spanien. Kleinformatige Bilder und Porträts, v. a. Christus- und Marien-Zyklus von 46 (?) Täfelchen für Königin Isabella I., die Katholische (um 1500). Schuf auch große Hochaltäre (Kathedralen von Palencia, 1506–08, und Salamanca, 1509). Zeigt in seinem bed. Werk Einflüsse von H. van der Goes und der fläm. Buchmalerei.

Juan de la Cruz [span. 'xu̯an de la 'kruθ] (Johannes vom Kreuz), hl., eigtl. Juan de Yepes [y] Álvarez, * Fontiveros (Ávila) 24. Juni 1542, † Úbeda (Jaén) 14. Dez. 1591, span. Mystiker, Kirchenlehrer und Dichter. – Seit 1563 Karmelite; schloß sich unter dem Einfluß Theresias von Ávila bald der strengen Richtung des Ordens an („unbeschuhte Karmeliten"). Seine zahlr. Schriften folgen der Mystik der abendländ. Tradition und stellen das bedeutendste System myst. Theologie der Neuzeit dar. – Fest: 14. Dez.

Juana [span. 'xu̯ana], span. Form des weibl. Vornamens ↑Johanna.

Juana Inés de la Cruz, Sor [span. 'xu̯ana i'nez ðe la 'kruθ], * San Miguel de Nepantla 12. Nov. 1651, † Mexiko 17. April 1695, mex. Dichterin. – Lebte im Kloster; weltl. und myst. Liebe sind die Themen ihrer Dichtung.

Juan Carlos I. [span. 'xu̯an 'karlɔs], * Rom 5. Jan. 1938, König von Spanien (seit 1975). – Sohn des Grafen von Barcelona, Don Juan, Enkel Alfons' XIII.; seit 29. März 1960 erster Thronanwärter; seit 23. Juli 1969 Prinz von Spanien (auf Vorschlag General Francos zu dessen Nachfolger gewählt), am 22. Nov. 1975 zum König proklamiert, unterstützte nachhaltig den Demokratisierungsprozeß in Spanien; seit 1962 ∞ mit Sophia von Griechenland.

Juan de Fuca, Strait of [engl. 'streɪt əv 'hwɑːn də 'fuːkə] ↑Georgia, Strait of.

Juan-Fernández-Inseln [span. 'xu̯anfɛr'nandes], chilen. Inselgruppe im S-Pazifik, 670–830 km westl. von Santiago de Chile, etwa 600 E, die in der Fischersiedlung San Juan Bautista auf der **Isla Robinson Crusoe** leben. Die Inselgruppe ist vulkan. Ursprungs, das Klima ist subtrop.; um die einheim. Flora und Fauna zu erhalten, wurden die J.-F.-I. zum Nationalpark erklärt. – 1574 vom span. Seefahrer J. Fernández entdeckt, seit Anfang des 19. Jh. chilenisch. Die Erlebnisse des 1704–09 auf der Isla Robinson Crusoe lebenden, ausgesetzten schott. Matrosen A. Selkirk regten D. Defoe zu seinem Roman „Robinson Crusoe" an.

Juanita [span. xu̯a'nita], span. weibl. Vorname, Koseform von Juana (Johanna).

Juárez García, Benito [span. 'xu̯ares ɣar'θia], * San Pablo Guelatao (= Guelatao de Juárez) bei Ixtlán de Juárez (Oaxaca) 21. März 1806, † Mexiko 18. Juli 1872, mex. Politiker. – Indian. Herkunft; als Mgl. des Kongresses nahm J. entscheidenden Einfluß auf die Verfassung von 1857. Als Vizepräs. übernahm er 1858 die Reg. und forderte mit den Reformgesetzen von 1859 den bis 1861 dauernden Bürgerkrieg heraus, 1861–71 zum Präs. gewählt und mit diktator. Vollmachten ausgestattet. Die Einstellung der mex. Schuldenzahlungen wurde Vorwand für eine frz.-brit.-span. Intervention; J. konnte sich gegen Kaiser Maximilian durchsetzen und ließ ihn 1867 erschießen.

Juba [engl. 'dʒuːbə], Stadt in der Republik Sudan, am Bahr Al Gabal (Weißer Nil), 15 000 E. Verwaltungssitz der Prov. Equatoria und der autonomen Südregion; landw. Versuchsstation; Handels- und Umschlagplatz; Endpunkt der Schiffahrt von Kusti, Brücke über den Fluß, ✈.

J., Fluß in S-Somalia, entsteht an der Grenze gegen Äthiopien aus dem Zusammenfluß des etwa 600 km langen **Gänale Dorja** und des etwa 580 km langen **Dawa**, die beide im äthiop. Hochland entspringen, mündet nördl.

Judäa

von Kismayu in den Ind. Ozean, 880 km lang.

Jubeljahr ↑Jobeljahr, ↑Heiliges Jahr.

Jubilate [lat. „jubelt"], Name des dritten Sonntags nach Ostern (nach dem ersten Wort des lat. Introitus).

Jubiläum [lat., zu iubilum „das Jauchzen"], festl. begangener Jahrestag eines bestimmten Ereignisses; Gedenktag; **Jubilar,** jemand, der ein Jubiläum begeht.

Jubiläumszuwendungen, auf Grund beamtenrechtl. Bestimmungen vom Dienstherrn gewährte Geldzuwendungen bei 25-, 40- und 50jährigem Dienstjubiläum. - Zuwendungen aus Anlaß von Arbeitnehmer- oder Geschäftsjubiläen an Arbeitnehmer sind Gelegenheitsgeschenke; sie sind bis zu bestimmten Höchstbeträgen steuerfrei.

Jubilee [engl. ˈdʒuːbliː; eigtl. „Jubeljahr"], Bez. für eine religiöse Gesangsform der afroamerikan. Musik (dem Negro Spiritual und dem Gospelsong verwandt).

Júcar [span. ˈxukar], Fluß in O-Spanien, entspringt im Iber. Randgebirge, mündet in den Golf von Valencia, 498 km lang. Der Bewässerung des Gebiets um Valencia und der Energiegewinnung dienen 5 Talsperren.

Jüchser, Hans, * Chemnitz 14. Juli 1894, † Dresden 13. Aug. 1977, dt. Maler und Graphiker. - Mgl. der ↑Asso; Landschaften, Stilleben und Porträts, z.T. mit bibl. Themen.

Juchten [russ.-niederdt., zu pers. ɦuft „Paar" (nach der paarweisen Gerbung)] (Juchtenleder), meist mit Weidenrinden gegerbtes und zur Erhöhung der Wasserdichtigkeit mit Birkenteeröl (gibt den charakterist. J.geruch) eingefettetes Leder.

Jucken, bes. Sinnesmodalität der Haut, die zu typ. Abwehrbewegungen (Reiben, Kratzen) führt. Ähnl. dem Schmerz kann J. durch verschiedene (elektr., mechan. und chem.) Reize ausgelöst werden. Die Juckempfindung fällt bei Durchtrennung des Vorderseitenstrangs des Rückenmarks zus. mit der Schmerzempfindung aus. J. ist im Ggs. zum Schmerz nur in den äußeren Schichten der Oberhaut lokalisiert. Dabei werden möglicherweise chem. Substanzen (wahrscheinl. Histamin) frei, die zu einer Erregung spezif. Rezeptoren führen.

Jud (Judae), Leo, * Gemar (Elsaß) 1482, † Zürich 19. Juni 1542, schweizer. Reformator. - Mitarbeiter Zwinglis und Bullingers; gab die Bibelauslegungen Zwinglis heraus und verfaßte zwei Katechismen (1534 und 1538).

Juda, im A.T. Name 1. des vierten Sohnes des Erzvaters Jakob, 2. eines nach ihm ben. zum Zwölfstämmeverband zählenden Stammes, 3. des aus diesem Stamm bei der Teilung des gesamtisraelit. Reiches (926 v. Chr.) hervorgegangenen (david.) Südreichs. - Der im judäischen Gebirgsland und im südl. anschließenden Negev angesiedelte Stamm J. wählte nach dem Tod Sauls, des ersten Königs der israelit. Stämme, David, der, wie sein Nachfolger Salomo, auch über die Nordstämme regierte. Hauptstadt war Jerusalem. Seit der Reichsteilung in ein Süd- und Nordreich (↑auch Israel) nach dem Tod Salomos (926) blieb das Königtum von J. im „Haus Davids", mit dem das A.T. eine messian. Königsideologie verknüpft. Im Ggs. zu Israel überdauerte J. 722 den Ansturm der Assyrer durch rechtzeitige Unterwerfung, die jedoch nicht ohne heftigen Protest der Propheten blieb, und verlor erst nach der Zerstörung Jerusalems (587) seine Eigenstaatlichkeit an die babylon. Großmacht (↑Babylonisches Exil). Erst im pers. Weltreich wurde J. 445 mit der Ernennung Nehemias zum Statthalter in Jerusalem wieder eine eigene Provinz.

📖 *Noth, M.: Aufs. zur bibl. Landes- u. Altertumskunde.* Neukirchen-Vluyn 1971. 2 Bde.

Judäa [juˈdɛːa] (Iudaea), in der griech.-

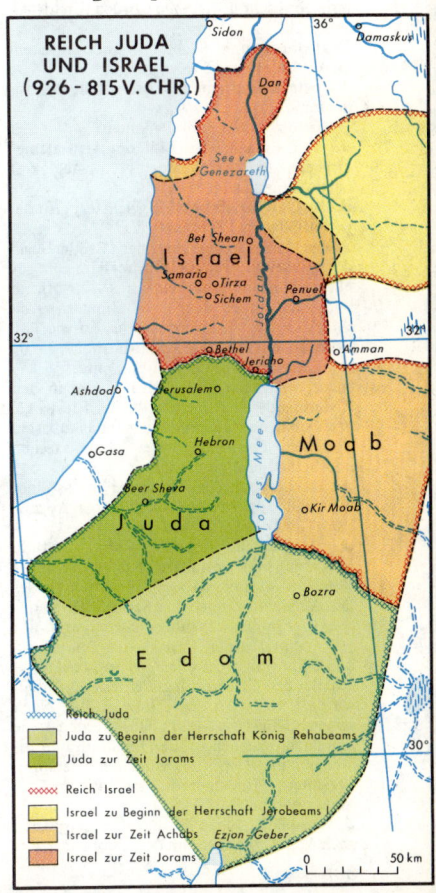

REICH JUDA UND ISRAEL (926-815 V. CHR.)

- Reich Juda
- Juda zu Beginn der Herrschaft König Rehabeams
- Juda zur Zeit Jorams
- Reich Israel
- Israel zu Beginn der Herrschaft Jerobeams I.
- Israel zur Zeit Achabs
- Israel zur Zeit Jorams

Juda Halevi

röm. Antike amtl. Name des südl. Teils Palästinas; nach dem Zusammenbruch des Reiches Juda geriet J. unter pers. Herrschaft und war dann eigenständige pers. Prov. und Auffangbecken für die aus dem Babylon. Exil heimkehrenden Juden. Während des jüd. Krieges erhielt das gesamte Gebiet Palästina den amtl. Namen J.; nach dem Krieg wurde es röm. Provinz.

Juda Halevi (Jehuda Halevi; arab. Abul Hasan), * Tudela um 1075, † in Ägypten 1141, span.-jüd. Dichter und Philosoph. - Arzt in Granada und Toledo; ging 1140 nach Ägypten, um von dort nach Palästina weiterzureisen. Gilt als der größte hebr. Dichter des MA. Von ihm sind etwa 800 Gedichte bekannt, die Themen aus dem profanen (v. a. Liebesdichtung) und religiösen Bereich behandeln. Sein religionsphilosoph. „Buch Kusari" (Buch der Chasaren) ist in arab. Sprache geschrieben und in der 2. Hälfte des 12. Jh. ins Hebräische übertragen worden (Erstdruck 1506).

Judaisten [hebr.] (Judenchristen) ↑ Urchristentum.

Judaistik [hebr.], Wissenschaft des Judentums.

Judas, Name bibl. Personen:

J., gen. Barsab[b]as, Mgl. der Jerusalemer Urgemeinde; überbrachte das ↑ Aposteldekret nach Antiochia.

J. der Galiläer, jüd. Schriftgelehrter; gründete 6 n. Chr. die ↑ Zeloten.

J. der Herrenbruder, einer der ↑ Brüder Jesu.

J. Ischarioth (Judas Iskariot[h]), einziger Nichtgaliläer (wahrscheinl. aus Karioth in Südjudäa) unter den zwölf Jüngern Jesu (Mark. 3, 19). - Er verriet Jesus an die jüd. Behörde und erhängte sich (Matth. 27, 3–10), als er die Folge seiner Tat erkannte. In der bildenden Kunst wird J. v. a. in den Abendmahlszenen dargestellt, meist Jesus gegenübersitzend, außerdem der Judaskuß, sein Tod als Nebenszene vieler Passionsszenen und beim Jüngsten Gericht.

J. Jacobi, nach den Listen bei Lukas einer der zwölf Jünger Jesu (Luk. 6, 16; Apg. 1, 13). - ↑ auch Judas Thaddäus.

J. Makkabäus (Jehuda Makkabi, Juda Makkabi), bibl. Gestalt; nach dem Tod seines Vaters Mattathias (166 v. Chr.) Führer des jüd. Aufstandes gegen den Seleukiden Antiochos IV. Epiphanes; schlug die seleukid. Truppen, nahm 164 den Jerusalemer Tempel ein und weihte ihn neu (seither das Fest ↑ Chanukka). Bei der Niederschlagung des Aufstandes wurde J. 160 v. Chr. bei Elasa getötet. Nach seinem Beinamen Makkabäus werden seine ihm nachfolgenden Brüder Jonathan und Simon und ihr Geschlecht Makkabäer genannt. Berichtet wird hiervon im 1. und 2. Makkabäerbuch.

J. Thaddäus (Judas Lebbäus), hl., Apostel, nach Apg. 1, 14 u. a. Sohn des Jakobus; später mit Judas Jacobi und mit dem Herrenbruder J. identifiziert (?).

Judas, nach Judas Ischarioth abwertende Bez. für einen Verräter.

Judasbaum (Cercis), Gatt. der Caesalpiniengewächse mit sieben Arten, verbreitet von S-Europa bis O-Asien und in N-Amerika; sommergrüne Bäume oder Sträucher mit nierenförmigen Blättern und in Büscheln stehenden, oft auch aus altem Holz hervorbrechenden Schmetterlingsblüten. Ein bekanntes Ziergehölz ist die Art **Cercis siliquastrum** aus S-Europa mit vor den Blättern erscheinenden, rosa- bis purpurroten, 2 cm großen Blüten.

Judasbrief, siebter der ↑ Katholischen Briefe im N. T., Warnschreiben gegen libertinist.-gnost. Irrlehrer; die Verfasserschaft Judas' des Herrenbruders wird bestritten.

Judasgeld ↑ Silberlinge.

Judaskuß, nicht ehrl. gemeinte Freundlichkeit; ben. nach dem Kuß, den Judas Ischarioth Jesus in verräter. Absicht bei der Gefangennahme gab (Mark. 14, 43–45).

Judaslohn, Belohnung für einen Verrat (nach Judas Ischarioth). - ↑ auch Silberlinge.

Judasohr (Holunderschwamm, Auricularia auricula-judae), an alten Holunderstämmen vorkommender Ständerpilz mit bis 10 cm breitem, muschel- bis ohrförmigem Fruchtkörper; Färbung dunkelbraun bis olivrot; ungenießbar.

Judd, Donald [engl. dʒʌd], * Excelsior Springs (Mo.) 3. Juni 1928, amerikan. Bildhauer. - Hauptvertreter der Minimal-art. Meist Objekte aus mehreren ident. [Metall]körpern; auch theoret. Schriften.

Juden (Hebräer), Angehörige des ↑ Judentums.

Juden, Autonomes Gebiet der, sowjet. autonomes Gebiet innerhalb der Region Chabarowsk, RSFSR, am mittleren Amur, 36 000 km², 204 000 E (1984; v. a. Russen, rd. 9 % Juden). Hauptstadt Birobidschan. - Am 7. Mai 1934 errichtet.

Judenabzeichen, vom 13. Jh. bis zur Aufklärung von Juden zur Unterscheidung von der übrigen Bev. in der Öffentlichkeit zu tragende Abzeichen. Unter dem NS in der Form des ↑ Davidsterns wieder eingeführt.

Judenbad [hebr. Mikwe, Mrz. Mikwaot], jüd. Reinigungsstätte zur Beseitigung ritueller Unreinheit im Sinne von 3. Mos. 14 und 15. Das J. des dt. MA ist stets ein zum Grundwasserspiegel hinabführender Schacht mit komplizierten Treppenführungen und kunstvoller Ausstattung. Die letzten J. Deutschlands wurden im 19. Jh. geschlossen.

Judenbart ↑ Steinbrech.

Judenburg, östr. Bez.hauptstadt am W-Rand des J. Beckens, 735 m ü. d. M., 11 000 E. B.-Bildungsanstalt für Kindergärtnerinnen, Handelsakad.; Gußstahlwerke, Kartonagenfabrik, Bekleidungsfabriken; Fremden-

Judentum

verkehr. - Das Gebiet um J. war schon in illyr.-nor. und röm. Zeit stark besiedelt. Aus einer Burg mit Ritterstadt, Handelsniederlassung und Judensiedlung entstand der um 1074 gen. Ort, der, ab 1224 Stadt, dank der Silbererzgruben von Oberzeiring zum bedeutendsten ma. Handelsplatz der Steiermark aufstieg. - Die spätgot. Stadtpfarrkirche wurde 1673 barock umgestaltet. In der Magdalenenkirche (14. Jh.) bed. Fresko von 1415. Kalvarienberg (1719–22). Nahebei die Wallfahrtskirche Maria Buch (um 1455).

Judenburger Becken, inneralpines, von der Mur durchflossenes Becken, Österreich; gliedert sich in das **Aichfeld** im N und die **Murböden** im S; zentraler Ort Judenburg.

Judenchristen, Bez. für Christen, die ihre jüd. Herkunft bejahen, auch für Christen jüd. Herkunft überhaupt. Die ma. Zwangsbekehrungen ließen viele Juden zum Schein das Christentum annehmen († Marranen). Hauptproblem der J. ist das Gefühl der Fremdheit sowohl dem Judentum als auch der christl. Gemeinde gegenüber, dem man anfangs durch die Gründung eigener judenchristl. Gemeinschaften, ab 1865 durch „Allianzen", zu begegnen trachtete, wie sie heute in zahlr. Staaten besteht.

Judeneid, den Juden wahrscheinl. schon in der christl. Spätantike im Rechtsstreit mit Christen aufgezwungene Eidesform, die durch den alttestamentl. Formulierungen enthaltenden Wortlaut die Glaubwürdigkeit des jüd. Eidgebers sicherstellen sollte; erst im 19. Jh. offiziell abgeschafft.

Judenemanzipation, Bez. für die Aufhebung der rechtl. Beschränkungen und der gesellschaftl. Sonderstellung der Juden. Die J. unterblieb im Zarenreich fast völlig, vollzog sich in W- und M-Europa wie in den USA - oft von Rückschlägen unterbrochen - seit dem letzten Drittel des 18. Jahrhunderts.

Judenfische, Bez. für große Zackenbarsche in den Küstengewässern N-Amerikas und Japans; z. B. **Kaliforn. Judenfisch** (Stereolepis gigas; bis 2 m lang und bis 300 kg schwer), **Japan. Judenfisch** (Stereolepis ishinagi; von ähnl. Dimensionen); Sportfische.

Judenfleck, ein Judenabzeichen in Form eines gelben (in Deutschland) oder rotweißen (in Frankreich), auf die Kleidung genähten Flecks.

Judenfrage † Antisemitismus.

Judengesetze, Gesamtheit der Gesetzgebung, die seit dem Altertum das Leben der Juden in nichtjüd. staatl. Gemeinschaften regelte und meist eine mehr oder weniger diskriminierende Sonderstellung der Juden beinhaltete. Zu den insbes. Bez. für die vom nat.-soz. Regime ab 1933 erlassenen Gesetze und Verordnungen, darunter v. a. die Nürnberger Gesetze vom 15. 9. 1935 mit zahlr. Durchführungsverordnungen, zur systemat. Entrechtung und Demütigung der dt., seit 1939 auch aller erreichbaren ausländ. Juden mit dem Ziel ihrer Vernichtung (u. a. Verwehrung des Zugangs zur Beamtenlaufbahn, Entzug des Stimmrechts, Verlust des Reichsbürgerrechts, Verbot von Eheschließungen mit „Ariern"; Ausschluß von der Bestallung als Arzt oder Anwalt, obligator. Führen jüd. Vornamen, Verbot aller kaufmänn. Tätigkeiten, Erlöschen aller Versorgungsbezüge; obligator. Tragen des gelben Davidsterns auf der Brust vom 6. Lebensjahr an, Verbot des Verlassens der Wohngemeinde ohne schriftl. Erlaubnis des zuständigen Polizeikommissariats; Todesstrafen bei Bagatelldelikten, sofortige Vollstreckbarkeit der Urteile; Entzug jeden richterl. Schutzes, ausschließl. Zuständigkeit der Polizei).

Judenhut, trichterförmiger Hut, ma. Judenabzeichen.

Judenkünig (Judenkunig), Hans, * Schwäbisch-Gmünd um 1450, † Wien 4. März 1526, dt. Lautenist. - Verfasser von zwei der frühesten dt. Lautentabulaturwerken (1515–19 und 1523).

Judenschutzgeld, vom MA bis zur Judenemanzipation von den Juden jährl. erhobene Abgabe zum Erwerb eines befristeten und widerrufl. Aufenthaltsrechts.

Judenstern † Davidstern.

Judentum, ethn. und religiöse Gemeinschaft, älteste monotheist. Religion, Mutterreligion des Christentums und des Islams.

Die Begriffe „J." und „Jude": Nach bis zur Aufklärung vorherrschendem Selbstverständnis besteht das J. in der Nachkommenschaft Abrahams über Isaak, Jakob und dessen zwölf Söhne (die † Stammväter der „12 Stämme Israels"). Diese genealog.-volksmäßige Einheit gilt zugleich als Religionsgemeinschaft und schließt daher die † Proselyten ein, die so ebenfalls Mgl. der Volksgruppe werden, also auch als Juden gelten. Im Sinne des aufklärer. und idealist. Religionsbegriffs wurde das J. teils als Religion allein dargestellt, teils - entsprechend dem modernen Nationsbegriff - nur als Nationalität. Die Bez. „Jude" galt urspr. für die Bewohner des Landes † Juda, seit dem 5. Jh. v. Chr. (nach dem Babylon. Exil) i. e. S. für jene, den Reformen des Esra und Nehemia folgten. Als jüd. Selbstbez. aber blieb im religiösen Bereich „Israel"/„Israeliten" vorherrschend. Im 19./20. Jh. kamen vereinzelt auch Bez. wie „mosaisch", „israelit." und „hebr." auf. Im 19. Jh. gewann die Bez. Jude dadurch, daß man sie „rass." verstand, einen - meist antisemit. gefärbten - neuen Aspekt. Dies und das Auseinanderbrechen der traditionellen Einheit zw. Volks- und Religionszugehörigkeit für weite Kreise der modernen J. bedingen die heutige Unsicherheit und Meinungsvielfalt in der Definition von „Jude" und „Judentum".

Jüd. Kultur und Literatur: Religion und Kultur des J. sind in hohem Maß durch die Zer-

Judentum

streuung des jüd. Volks (Diaspora-J.) und die dadurch bedingte Minderheitensituation unter wechselnden örtl. und zeitl. Bedingungen bestimmt. Das J. blieb stets mehr als nur eine Religionsgemeinschaft. Religiös, nat., geschichtsphilosoph. und antisemit. provozierte Solidarität bewirkte, daß die jüd. Kultur als klar artikuliertes jüd. Bewußtsein abgrenzbar ist, aber dennoch weit in die Umweltkulturen hineinreicht. Dies gilt v. a. für die ↑jüdische Literatur. Die hebr. ↑Bibel (Hl. Schrift auch des Christentums) wurde zum Kulturbesitz eines großen Teils der Menschheit. Während das Schrifttum des Früh-J. (Zeit Jesu) und die hellenist.-jüd. Literatur wegen ihrer Aufnahme in die christl. Tradition weit verbreitet sind, ist die rabbin. Literatur ebenso wie die umfangreiche Literatur des ma. J. nur wenig bekannt. In M- und O-Europa entwickelte sich in der Neuzeit ↑Jiddisch als Umgangs- und (im späten 19. Jh.) Literatursprache des J.; ähnl., doch ohne eine so breite Basis, das Judenspan. (↑Ladino) unter den sephard. Juden. Mit der zionist.-neuhebr. Bewegung gewann das Hebr. wieder die Funktion eines die ganze Diaspora verbindenden Mediums.

Religiöse und autoritative Traditionen: Die *religiöse* jüd. Tradition erhebt den Anspruch, daß der einzige und wahre Gott und Schöpfer der Welt (Jahwe) in Abraham das Volk Israel dazu erwählt hat, den Glauben an den einen Gott in der Welt zu bekennen. Zeichen dieses „Abraham-Bundes" ist die ↑Beschneidung. Die Offenbarung des Gotteswillens an das Volk durch Moses am Berg Horeb/Sinai in der ↑Thora verpflichtete als konstitutiver Erwählungsakt das [Gottes]volk kollektiv zu religiöser und sozialer Solidarität. Gehorsam und Ungehorsam des einzelnen gegenüber der Thora werden daher in einem Kausalzusammenhang mit dem Lauf der Volks- und Weltgeschichte gesehen: Histor. Katastrophen gelten als Folge versäumter Thoraerfüllung (Strafe für „Sünde") und als Anlaß zur Umkehr („Buße"). Es gilt also, den Offenbarungsinhalt „rein" zu bewahren, um den Erwählungsauftrag des Volkes als Sendung gegenüber der ganzen Welt zu erfüllen. Die deshalb nötige und für das J. schicksalsbestimmende Abgrenzung wird durch zahlr. Vorschriften und Bräuche garantiert (v. a. Speisevorschriften, Beschneidung, Sabbatfeier). Im Mittelpunkt der Religiosität steht also weniger das persönl. Heil (Seligkeit, Rechtfertigung) als der Beitrag des einzelnen zur Erfüllung des kollektiven Erwählungsauftrags bzw. zur Verwirklichung der Gottesherrschaft. . Religiöse *Autorität* beanspruchen allein die Thora und die darauf fußende ↑Halacha (in gewissem Sinn auch die ↑Haggada). Dogmen kennt das J. nicht. Dennoch können bestimmte Grundvorstellungen als Kriterien der Rechtgläubigkeit angesehen werden: das Bekenntnis zu Jahwe, die Anerkennung der Thora als Offenbarung und die thoragemäße Verwirklichung des Gotteswillens („Orthopraxie"). Seit der Aufklärung haben weite Kreise, v. a. im ↑Reformjudentum, die Frage der Autorität anders akzentuiert. Im Ggs. zur Betonung der „Orthopraxie" sahen sie den eigtl. Offenbarungsinhalt im religiös-eth. Gehalt der Bibel (im Sinne der Aufklärung). Der Akzent verlagerte sich vom „Gesetz" auf die Propheten, aus deren Botschaft man die Grundlagen einer vernunftmäßigen Menschheitsreligion erhob. Dementsprechend traten die Zeugnisse der religiösen Philosophie in den Vordergrund, und man begründete so das Recht zu Reformen, was zur Ausbildung konkurrierender jüd. Denominationen führte, die nur durch die allg. Bedrohung der Juden (z. B. NS, israel.-arab. Konflikt) nicht zu schismat. Spaltungen des J. führte.

JÜDISCHE FESTTAGE

	Datum
Rosch Ha-Schana (Neujahr)	1.–2. Tischri (Sept./Okt.)
Fasten Gedalja	3. Tischri
Jom Kippur (Versöhnungstag)	10. Tischri
Laubhüttenfest (Sukkot)	15.–21. Tischri
Schemini Azeret (Schlußfest)	22. Tischri
Simchat Thora (Gesetzesfreude)	23. Tischri
Chanukka (Tempelweihfest, Lichterfest)	25. Kislew (Nov./Dez.) bis 2. oder 3. Tewet (Dez./Jan.)
Assara Be-Tewet	10. Tewet
Chamischa Assar Be-Schewat	15. Schewat (Jan./Febr.)
Fasten Esther	13. Adar (Febr./März)
Purim	14. Adar
Schuschan Purim (Purim von Susa)	15. Adar
Pessach (Passah)	14./15.–22. Nisan (März/April)
Lag Ba-Omer (33. Tag der Omerzählung)	18. Ijjar (April/Mai)
Schawuot (Wochenfest)	6.–7. Siwan (Mai/Juni)
Schiwa-Assar Be-Tammus	17. Tammus (Juni/Juli)
Tischa Be-Aw	9. Aw (Juli/Aug.)
Chamischa Assar Be-Aw	15. Aw

Institutionen: Eine gesamtjüd. bzw. überregionale autoritative Institution gab es nur zeitweilig, so in der Antike der palästinens. „Sanhedrin" (↑Synedrium) und in der talmud.-gaonäischen Zeit die babylon. Talmudschulen. Im übrigen war bis zur Gründung größerer

Judentum

Gemeindeverbände im 19./20. Jh. die jüd. Ortsgemeinde weitgehend autonom und der einzelne Gesetzesgelehrte (↑Rabbiner) die eigtl. religionsgesetzl. Autorität. Die dennoch erstaunl. hohe Einheitlichkeit beruhte auf der allg. akzeptierten Methodik rabbin. Gelehrsamkeit. - Zentrum der jüd. Ortsgemeinde ist die ↑Synagoge, die von einem Kreis wohlhabender Mgl. geleitet wird. Der synagogale Gottesdienst findet i. d. R. abends, morgens und am späten Nachmittag statt und wird durch den Vorbeter (Chazzan) geleitet. Kernstücke des häusl. wie synagogalen Gottesdienstes sind die Stammgebete (↑Schema Israel, ↑Schemone Esre), im übrigen dominieren Benediktionen und Psalmen und in der Synagoge die Schriftlesung. Im Lauf der Jh. ist die Gebetsordnung durch zwei regional variierende Hauptriten ausgestaltet worden, den durch Babylonien und Spanien bestimmten „sephard." und den palästinens. geprägten europ.-„aschkenas." Ritus. Das traditionelle tägl. Gebetspensum wird in den Gottesdienstordnungen für Sabbat und Festtage (↑jüdische Festtage, Übersicht) noch weit überboten. Benediktionen, im Alltag zu allen mögl. Verrichtungen zu sprechen, verleihen mit zahlr. rituellen Einzelpraktiken dem gesamten Tagesablauf religiös-rituellen Charakter. Erst im Reform-J. des 19./20. Jh. wird - analog zum Christentum - der Gottesdienst eine vom Alltag abgesonderte religiöse Veranstaltung.

Geschichte des Judentums:
Bibl.-frühjüd. Periode: Israels Frühgeschichte ist nur begrenzt rekonstruierbar. Außerbibl. Quellen sind spärl., die bibl. Texte (im A. T.) enthalten weniger zeitgenöss. Material als Geschichtsdeutung. - 538 v. Chr. erlaubte der Perserkönig Kyros II. den Deportierten die Heimkehr und den Wiederaufbau des Jerusalemer Tempels. Die Heimkehrer setzten ihre Auffassung von Religion und Kult nach langem Ringen gegen die nichtdeportierte und z. T. mit Fremden vermischte Landesbevölkerung durch, endgültig mit den Reformen des Esra und Nehemia (2. Hälfte des 5. Jh.) und mit der Anerkennung der Thora durch den Perserkönig als staatl. Gesetz für die „Juden" in einer begrenzt autonomen Provinz, zuerst unter pers. Statthaltern, bald repräsentiert durch den Hohepriester. Der widerstrebende Teil der Landesbevölkerung gründete die Religionsgemeinschaft der ↑Samaritaner mit einem Heiligtum auf dem Berg Garizim. Die „Juden", die Anhänger der Jerusalemer Richtung, orientierten sich nunmehr streng an der Thora. Ab 200 v. Chr. erstrebten in Jerusalem der hellenist. Kultur nahestehende vornehme Kreise im Einvernehmen mit dem Seleukidenkönig eine prohellenist. Reform. In den folgenden Kriegen und Bürgerkriegen setzten sich aber die Verfechter der alten Thoraverfassung und -frömmigkeit durch. Für einige Zeit erlangte Juda unter Führung der ↑Makkabäer (Hasmonäer) nicht nur wieder Religionsfreiheit (164 v. Chr.), sondern auch polit. Souveränität (141 v. Chr.). Die Herrschaft der Makkabäer als Fürsten bzw. Könige und Hohepriester stützte sich auf die reiche, konservative priesterl. Oberschicht der ↑Sadduzäer, während extrem fromme Gruppen mit mehr oder weniger akuter Endzeiterwartung schroff opponierten. Hingegen nahmen die ↑Pharisäer eine vermittelnde Position ein. Sadduzäer und Pharisäer waren im Synedrium vertreten, das als oberste polit., rechtl. und religiöse Instanz unter Vorsitz des Hohenpriesters fungierte. Nach schweren inneren Krisen büßte die Makkabäerdynastie ihre polit. Macht ein. Pompejus eroberte 63 v. Chr. Jerusalem, und nach einer Übergangsphase etablierte sich Herodes I., d. Gr., als röm. Vasallenkönig (37-4 v. Chr.). Unter seiner Herrschaft und unter den röm. Prokuratoren (ab 6 n. Chr.) verschärften sich die polit., sozialen und religiösen Gegensätze, auch die Spannungen zw. Juden und Nichtjuden. Eine der damals aufkommenden Bewegungen war das Christentum. Der Kampf einer anderen Strömung, der ↑Zeloten, um Volk und Land von der röm. Herrschaft zu befreien und die endzeitl. Gottesherrschaft zu verwirklichen, führte 66 n. Chr. zum 1. jüd. Krieg, den die Römer erst 70 mit der Zerstörung Jerusalems und des Tempels entscheiden konnten. Zw. 115

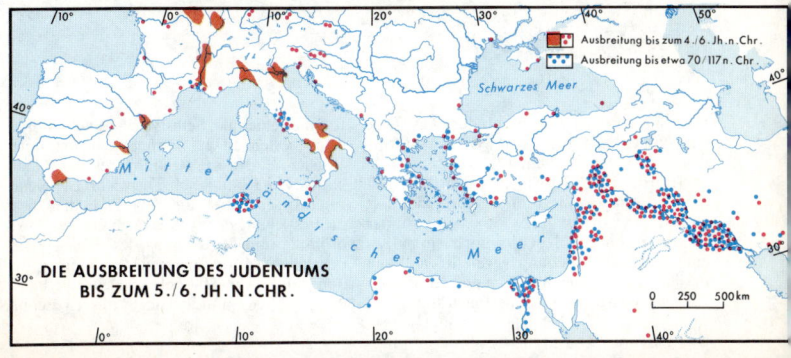

DIE AUSBREITUNG DES JUDENTUMS BIS ZUM 5./6. JH. N. CHR.

- Ausbreitung bis zum 4./6. Jh. n. Chr.
- Ausbreitung bis etwa 70/117 n. Chr.

Judentum

WANDERUNGEN, VERTREIBUNGEN UND VERNICHTUNG VON JUDEN

Die jüdischen Einwohner in der Bevölkerungsstatistik einiger Länder (Zahlen in Tausend)

	1900	1930–33	1934–39	1946–48	1977
Europa					
Belgien		60	100	30	41
Bulgarien		50		46	7
Dänemark			7		7,5
Deutschland		500	240		34*
Großbritannien			340	350	410
Frankreich			320	180	650
Griechenland			75	10	6
Niederlande		112	150	30	30
Italien			51	52	39
Jugoslawien			75	10	6
Österreich		191	60	16	13
Polen			3 300	120	6
Rumänien			900	300	60
Schweden			3	22	16
Schweiz		18	25	35	21
Sowjetunion			3 000 ?	2 000 ?	2 640 ?
Spanien				3	10
Tschechoslowakei			360	55	13
Ungarn			403	200	80
Afrika und Asien					
Ägypten			70	75	0,5
Algerien		110		130	1
Arab. Halbinsel			50		0
Irak			91		0,3
Iran				50	80
Libanon/Syrien			26	27	5
Marokko			162	268	18
Palästina/Israel			475	750	3 076
Südafrika			90		118
Tunesien			60	72	7
Türkei			80	80	27
Amerika					
Nordamerika	1 016		5 130	5 180	6 123
Brasilien				111	150
Argentinien	30		280	360	300
übriges Lateinamerika	35		300	580	587
Judentum insgesamt	10 600		16 700	11 300	14 287

* BR Deutschland: 25
  DDR: 9

und 117 erhoben sich die Juden Ägyptens, der Cyrenaika, Zyperns und Syriens und wurden weitgehend vernichtet.
Talmud. Zeit (70 bis etwa 640): Nach der Niederlage von 70 organisierte sich das palästinens. J. neu. 132–135 kam es unter Führung von Bar Kochba noch einmal zu einer vergebl. Erhebung gegen Rom. Nach dreijähriger Religionsverfolgung wurde dann die pharisäisch-rabbin. Lebensordnung im Rahmen einer jüd. Selbstverwaltung durchgesetzt, bestehend aus dem Synedrium unter Vorsitz des Nasi (Patriarch), des jüd. Oberhauptes im Röm. Reich. Die wichtigste Neuerung dieser frühen Lehrer († Tannaiten) war die Festlegung der synagogalen Gottesdienstordnung und des Kanons des A. T. Das lebenslange Thoralernen wurde religiöses Bildungsideal. Um 200 entstand eine verbindl. Auswahl der „mündl. Thora", die † Mischna.

Judentum

Die auf ihr aufbauende religionsgesetzl. Tradition fand im 5. Jh. im palästinens. und im 6. Jh. im babylon. ↑Talmud ihren schriftl. Niederschlag. Ferner entstanden zahlr. exeget. und erbaul. Schriften (Midraschim) sowie eine religiöse Poesie (↑Pijut), die der Ausschmükkung des Gottesdienstes dienten. Mit seinen großen Talmudschulen gewann vom späten 3. Jh. an das babylon. J. an überregionalem Ansehen und übernahm, da das palästinens. J. unter dem Druck der neuen christl. Staatsreligion bereits 425 Patriarchat und Synedrium verlor, für einige Jh. die Führungsrolle. MA und frühe Neuzeit: Während sich im W die Völkerwanderung und im Byzantin. Reich judenfeindl. Gesetze negativ auswirkten, ging das mesopotam. J. zw. 630 und 640 intakt in das Kalifenreich über. Die Muslime garantierten Christen und Juden als Schriftbesitzern eine begrenzte Duldung (↑Ahl Al Kitab). Durch engen Kontakt zur islam. Umwelt, Benutzung des Arab. und somit durch den Zugang zur islam. Literatur und Wiss. ergaben sich eine an der antiken Philosophie orientierte jüd. Theologie und Philosophie, eine hebr. Sprachwiss. und Poetik. Die von den großen babylon. Schulen repräsentierte und polit. durch den Exilarchen gestützte soziale Ordnung förderte ferner den systemat. Ausbau der rechtl. Überlieferungen. Bahnbrechend wirkte auf allen Gebieten Saadja Ben Joseph, Schulhaupt (↑Gaon) von Sura (882 bis 942), der auch die 9.–11. Jh. aufstrebende innerjüd. Oppositionsbewegung der ↑Karäer eindämmte. - In der christl. Welt ergaben sich für die Juden handelskolonisator. Möglichkeiten. Angesichts der sprachl. Vielfalt ihrer Umwelt waren die Juden hier mehr auf das Hebr. angewiesen. Dem entsprach eine stärkere Bindung an die palästinens. Tradition, die über Italien auf M-Europa einwirkte und diesem „aschkenas." J. seinen Sondercharakter verlieh (↑Aschkenasim). Die kleinen Gemeinden litten mit dem Einsetzen der Kreuzzüge immer wieder unter Verfolgungen und Vertreibungen. Zugleich ging der Fernhandel mehr und mehr in nichtjüd. Hände über. So blieben den Juden v.a. die in der Umwelt verfemten Berufssparten, etwa der Geldhandel („Wucher"), der den Christen kirchl. untersagt war. Somit ist das spätere MA durch einen stetigen sozialen und kulturellen Niedergang des europ. J. gekennzeichnet. - Mit der Vollendung der Reconquista 1492 wurde dem J. Spaniens die Alternative Auswanderung oder Taufe gestellt (↑auch Marranen). Das Schwergewicht des J. verlagerte sich nun nach O-Europa (Polen), wo die Verfolgungen von 1648 (Kosakenaufstand) allerdings einen sozialen und kulturellen Niedergang bei anwachsender Bevölkerungszahl einleiteten. - Im Anschluß an die im Islam aufkommende, an der antiken Philosophie orientierte Theologie und Philosophie suchten bestimmte Kreise auch im J. Tradition und Wiss. der Zeit in Einklang zu bringen, zunächst im Anschluß an den ↑Kalam, dann im Sinne des Aristotelismus (Moses Maimonides). Demgegenüber vertrat Juda Halevi die traditionelle Glaubenswelt. Der „aschkenas. Chassidismus" tat dies auf spekulativ-myst. Weise, noch stärker die ↑Kabbala, die vom Spät-MA an im gesamten J. Anhang fand. Das Hl. Land wurde im 16. Jh. zum Zentrum dieser kabbalist.-messian. Welle, die 1648 (Verfolgung in Polen) weiteren Auftrieb erhielt und 1666 in der Bewegung des Pseudo-Messias Sabbatai Zwi gipfelte, der jedoch, von den Türken gefangen, zum Islam übertrat. Die Enttäuschung der Juden darüber wurde in O-Europa durch die Bewegung des osteurop. ↑Chassidismus aufgefangen, der

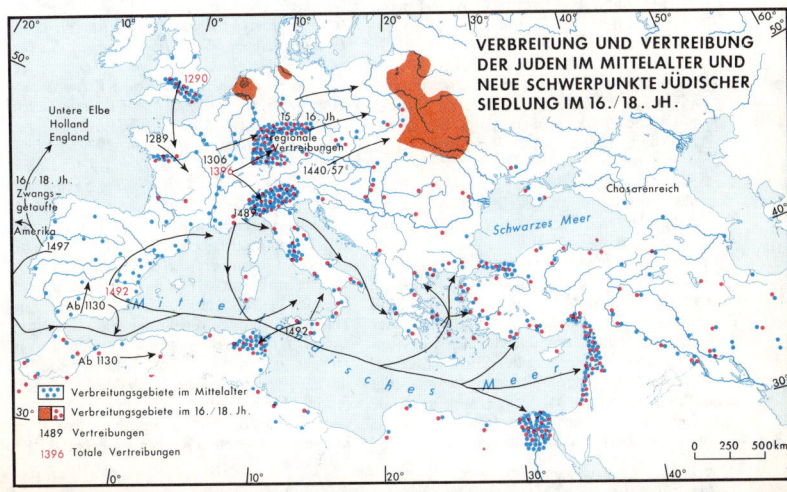

VERBREITUNG UND VERTREIBUNG DER JUDEN IM MITTELALTER UND NEUE SCHWERPUNKTE JÜDISCHER SIEDLUNG IM 16./18. JH.

Judenverfolgungen

zwar zur rabbin. Orthodoxie in einen gewissen Ggs. geriet, doch eine grundsätzl. konservative Strömung blieb.
Seit der Aufklärung: Die Erschütterung durch den ↑Sabbatianismus bereitete im J. M- und W-Europas den Boden für die Aufklärung. Ziel der jüd. Aufklärer, v. a. von Moses Mendelssohn und Naftali H. Wessely, war die Regeneration der hebr. Sprache und Literatur und eine gegenwartsbezogene, für profane Bildungsinhalte offenere Erziehung. Assimilation und Streben nach Emanzipation riefen aber nicht nur Widerstand der Umwelt, sondern auch heftige Kritik in traditionalist.-jüd. Kreisen hervor. Ein reformjüd. Flügel verstand näml. unter J. nur noch die religiöse Bindung, nicht aber mehr die Volkszugehörigkeit, und die bibl.-prophet. Offenbarung - identifiziert mit den Idealen der Aufklärung - als eigtl. Inhalt des J. („eth. Monotheismus"). Die osteurop. Aufklärungsbewegung, die das Hebr. auch als profane Literatursprache mit Erfolg weiterpflegte, kämpfte - gestützt auf die Regierungen - v. a. um eine Reform des Bildungswesens, da die traditionelle jüd. Schule kaum berufsbezogene Kenntnisse vermittelte. Nach den judenfeindl. Pogromen von 1881/82 resignierten die Aufklärer, ihr Erbe trat z. T. die aufkommende palästina-orientierte nat. (zionist.) Bewegung an, die das Hebr. weiterpflegte, z. T. der sozialist. „Bund", der sich von einem radikalen gesellschaftl. Wandel auch die Lösung der Judenfrage erhoffte und gewisse Autonomiehoffnungen hegte, die auch die „Jiddischisten", Verfechter der jidd. Sprache und Kultur, favorisierten. Erfolgreich blieb nur der 1887 durch T. Herzl. begr. ↑Zionismus; denn 1917 sagte der brit. Regierung (↑Balfour-Deklaration) ihre Unterstützung zum Aufbau einer „nat. Heimstätte" in Palästina zu, das 1920 brit. Mandatsgebiet wurde. - In O-Europa blieb nach der russ. Oktoberrevolution von 1917 Polen Schwerpunkt des J.; in den USA wuchs infolge der Zuwanderung aus O-Europa seit 1881 die jüd. Minderheit sprunghaft an (um 1820: 8 000, um 1900: etwa 1 Mill.).
Aufkommen und Herrschaft des NS (↑auch Arisierung, ↑Judengesetze, ↑Kristallnacht) haben den zionist. Weg in den Augen der meisten Juden gerechtfertigt. Die Vernichtung eines Drittels des gesamten J. während der nat.-soz. Herrschaft zeigte ihnen, daß die Diaspora- und Minoritätssituation weder Schutz noch menschenwürdige Existenzbedingungen gewährleistet. Die Pioniergesellschaft des jüd. Palästina und der 1948 nach UN-Beschluß gegr. Staat Israel boten die Möglichkeit der freien Selbstentfaltung und der Selbstbestimmung. Dennoch vermag der Staat Israel nur einen Teil der Juden aufzunehmen und ringt deshalb auch mit der Frage, wer als Jude gelten kann. Ferner bietet Israel nicht, wie man noch nach dem Sechstagekrieg von 1967 glaubte, eine gesicherte Zuflucht, denn ihm steht die wachsende Macht der arab. Welt gegenüber, es muß sich von neuem - als Staat - einer Art Minoritätssituation stellen. So kommt der jüd. Diaspora wieder erhöhte Bed. zu, v. a. dem J. in Amerika, das sich nach dem Vorbild der europ. jüd. Richtungen in geradezu getrennten Denominationen organisierte: 1. die Orthodoxen und Chassidim, 2. die Reformgemeinden („Reformed"), 3. die „Conservatives", die sich von den „Reformed" absetzten, und 4. die Vertreter des „Reconstructionism". Letztere haben seit den 1920er Jahren mit Erfolg der rasch fortschreitenden Assimilation an die Umwelt entgegengewirkt und mit dem Ziel einer Profilierung des J. als „Civilization" indirekt dem Zionismus den Weg bereitet, der unter dem Eindruck der nat.-soz. Politik in Europa immer mehr Anhänger gewann und die getrennten Denominationen auf vielen Gebieten wieder miteinander verband. Zus. mit den Juden Israels und gerade infolge der engen Beziehungen zw. israel. und amerikan. J. bestimmen die Juden der USA heute und in absehbarer Zukunft Erscheinung und Entwicklung des J. insgesamt.

Statistik: Von den über 15 Mill. Juden leben heute rd. 5,7 Mill. in den USA (davon rd. 2,4 Mill. in New York), rd. 3,5 Mill. in Israel, rd. 1,7 Mill. in der UdSSR, 535 000 in Frankreich, 390 000 in Großbritannien, 28 000 in der BR Deutschland.

📖 *Baeck, L.: Das Wesen des J. Bonn ³1985. - Ben-Chorin, S.: Narrative Theologie des J. Tüb. 1985. - Donner, H.: Gesch. des Volkes Israel und seiner Nachbarn. Gött. 1983–85, 2 Bde. - Prijs, L.: Die Welt des J. Mchn. ²1984. - Gesch. der Juden. Hg. v. F. Bautz. Mchn. 1983. - Weber, Max: Ges. Aufs. zur Religionssoziologie. Bd. 3: Das antike J. Tüb. ⁷1983. - Ben-Chorin, S.: Theologia Judaica. Tüb. 1982. - Fohrer, G.: Gesch. Israels. Hdbg. ³1982. - Ringgren, H.: Israelit. Religion. Stg. ²1982. - Safrai, S.: Das jüd. Volk im Zeitalter des Zweiten Tempels. Hg. v. Y. Aschkenasy u. a. Neukirchen-Vluyn ²1980. - Stemberger, G.: Das klass. J. Kultur u. Gesch. der rabbin. Zeit. Mchn. 1979. - Alt, A.: Zur Gesch. des Volkes Israel. Mchn. ²1979. - Jüd. Liturgie. Hg. v. H. H. Henrix. Freib. 1979. - Gesch. des jüd. Volkes. Hg. v. H. H. Ben-Sasson. Dt. Übers. Ffm. 1978ff. 3 Bde.*

Judenverfolgungen, seit der Zeit der jüd. Diaspora (Persien 5. Jh. v. Chr.) bezeugte, bis in die Gegenwart (v. a. in Osteuropa) praktizierte antisemit. Maßnahmen. Neben durch Gesetze begründeten J., die oft mit dem Einzug der Vermögen verbunden waren, standen tumultuar. Exzesse gegen die Juden u. a. in Frankr. und im Hl. Röm. Reich, speziell in der Zeit der Kreuzzüge. Nach der Aufklärung fanden J. im 19. Jh. v. a. noch in Rußland statt. Ihren Höhepunkt erreichten die J. im nat.-soz. beherrschten Europa. Nach den

jüdische Literatur

Nürnberger Gesetzen von 1935 und der Kristallnacht 1938 wurden im Zuge der sog. Endlösung der Judenfrage etwa 5½ Mill. Juden in Konzentrations- und v. a. Vernichtungslagern ermordet.

Judika [zu lat. iudica „richte!"], Name (v. a. in ev. Kirchen) des 5. Sonntags in der Fastenzeit.

Judikarien, italien. Landschaft nw. des Gardasees.

Judikarienlinie ↑ Alpen.

Judikative [lat.], svw. ↑ Rechtsprechung.

jüdische Kunst, im strengen Sinn jüd.-religiöse Kunst jüd. und nichtjüd. Künstler (die Juden waren seit Entwicklung des Zunftwesens in Mitteleuropa bis 1812 vom Handwerk ausgeschlossen), im weitesten Sinne K. der Juden. - Das bibl. Bilderverbot (2. Mos. 20, 4; 5. Mos. 5, 8), oft fälschl. als generelles Verbot der Menschendarstellung aufgefaßt, diente laut Mischna der Abgrenzung vom Götzenkult. Illustrative figürl. Darstellung war erlaubt.

Antike: Neben dem unter Salomo erbauten und im 6. und 1. Jh. v. Chr. wiedererrichteten Tempel in Jerusalem entstehen wohl seit dem 3. Jh. v. Chr. die ersten Synagogen im Röm. Reich, die meisten in Palästina nach der Zerstörung des Tempels 70 n. Chr., Saalbauten auch mit Querhäusern oder dreischiffige Synagogen im röm.-hellenist. Stil. Im 5.–7. Jh. überwiegt der dreischiffige Typus mit Apsis (Thoranische) und Bodenmosaik. Diese zeigen oft figürl. Szenen, die vorher nur in Fresken in Dura Europos (3. Jh. n. Chr.) bezeugt sind. Die Synagogen waren nach Jerusalem orientiert. Erhalten sind ferner Grabsteine, Sarkophage, Siegel, Münzen, Öllampen und Gläser mit jüd. Motiven wie dem siebenarmigen Leuchter (Menora) oder Palmzweig und Etrog (Zitronenart) vom Feststrauß des Laubhüttenfests.

Mittelalter–18. Jh.: Im Synagogenbau Betonung der Mitte durch die Bima (Lesepult) und Sitzanordnung; Frauensitze in Anbauten, später auf Emporen. Seit dem 12. Jh. ist neben Saalbauten der zweischiffige Bau vorrangig, in Deutschland im roman. und got. Stil, in Spanien (12.–14. Jh.) im Mudejarstil. In Polen entwickelt sich seit dem 16. Jh. die Festungs- und Holzsynagoge mit reichen Malereien und Schnitzereien; in Italien, den Niederlanden und Südfrankr. entstehen im 17. und 18. Jh. typ. Barocksynagogen. - Judenbäder sind im MA als Schachtanlagen gebaut, später mit den Synagogen verbunden. - Die seit dem 13. Jh. erhaltene reiche Buchmalerei hebr. Manuskripte aus Spanien, Italien, Frankr. und Deutschland (bes. Bibeln, Machsorim und Haggadoth mit Bildzyklen) weicht seit dem 16. Jh. Buchdruck und Buchillustration (bes. Estherrollen und Heiratsurkunden). - Seit dem 16. Jh. ist z. T. prachtvolle Zeremonialkunst für Synagoge und Haus erhalten, als Textilien (Thoravorhänge, -mäntel, -wimpel) und Metallarbeiten (Thorakronen, -schilde, Rimmonim, Leuchter und Teller), in Keramik (Purimteller) und Holz (Mesusa) mit den jüd. Motiven.

19. und 20. Jh.: Im Synagogenbau Betonung der Längsachse durch Entfernen der Bima aus der Mitte. Reiche Großstadtsynagogen in historisierenden Stilen entstehen in Europa und den USA, moderne bes. in Israel und den USA. Im 20. Jh. die Wiederbelebung des alten Kunsthandwerks in den USA und in Israel. - Abb. S. 98.

📖 *Strauss, H.: Die Kunst der Juden im Wandel der Zeit u. Umwelt.* Tüb. 1972. - *Roth, B. C.: Die Kunst der Juden.* Dt. Übers. Ffm. 1963–64. 2 Bde.

jüdische Literatur, die literar. Werke, die von einem jüd. Autor - soweit er bekannt ist - stammen und deren Thematik jüd. ist, bzw. in jüd. Tradition steht. Demnach ist dieser Begriff umfassender als ↑ hebräische Literatur, da auch Werke, die nicht in hebr. Sprache abgefaßt sind, einbezogen werden.

A T. und apokryphe Werke: Grundlage des jüd. Schrifttums sind die 39 Bücher des A. T., die abweichend vom christl. alttestamentl. Kanon eingeteilt werden in: Thora (1.–5. Mos.); Nebiim (= Propheten), die sog. frühen Propheten: Josua, Richter, 1. und 2. Samuel, 1. und 2. Könige und die sog. späteren Propheten: Jesaja, Jeremia, Ezechiel, Hosea, Joel, Amos, Obadja, Jona, Micha, Nahum, Habakuk, Zephanja, Haggai, Sacharja, Maleachi; Ketubim (= Schriften), Psalmen, Sprüche, Hiob, Hoheslied, Ruth, Klagelieder, Predigten, Esther, Daniel, Esra, Nehemia, 1. und 2. Chronik. Die einzelnen Bücher sind vom 9. bis 2. Jh. v. Chr. entstanden. Daneben gibt es außerkanon. Schriften, die sich nur in der griech. Übersetzung des A. T. (Septuaginta) finden und apokalypt. Werke.

Hellenist.-jüd. Literatur: Seit dem Bestehen größerer jüd. Gemeinden in Gebieten, die unter dem kulturellen Einfluß des Hellenismus standen, gab es eine reiche j. L. in griech. Sprache; jüd. Geschichte in ep. Form verfaßte u. a. Philon der Ältere, in Prosa schrieben u. a. Aristeas („Aristeasbrief") und Josephus; philosoph. Schriften stammen von Philon von Alexandria. Den Großteil dieser Literatur beanspruchte die christl. Kirche als „Vorbereitung auf das Evangelium", so daß das Judentum sich erst wieder in der Neuzeit auf sie als wesentl. Teil seiner Geschichte und Kultur besann.

Rabbin. Literatur: Überlieferungen und religiös-gesetzl. Interpretationen wurden in den tannait. Midraschim, in Mischna und Tosefta zusammengefaßt und kodifiziert. Die Endredaktion des jerusalem. und babylon. Talmuds erfolgte um 500 n. Chr.

Liturg. Dichtung: Vom 5.–9. Jh. entstand - v. a. in Palästina - eine reichhaltige Gebetsly-

jüdische Musik

Jüdische Kunst. Miniaturen und Zierschrift auf einer Seite der Darmstädter Haggada (um 1430). Darmstadt, Hessische Landes- und Hochschulbibliothek (links);
Der Tierkreis (um 525). Mosaik in der Synagoge von Bet Alfa (rechts)

rik und Hymnik. Die Festlegung der synagogalen Liturgie erfolgte im 9. Jahrhundert.
Literatur im MA: Vom 10. Jh. an bildeten sich 2 neue Zentren aus: Im islam. Spanien kam es zu einer arab.-jüd. Symbiose; Sprachwiss., Religionsphilosophie und Dichtung erlebten einen bed. Aufschwung. In Lothringen und im Rheinland erreichte der Talmudismus durch Raschi und seine Nachfolger seinen Höhepunkt. Neue Kodifikationen, Kommentare und die sog. Responsenliteratur herrschten in der Folgezeit vor; daneben entwickelte sich in Spanien und später in Palästina die jüd. Mystik, die Kabbala (Buch Sohar). In Polen, einem bed. literar. Zentrum seit dem 17. Jh., herrschte das talmudist. Schrifttum vor, kabbalist. Einflüsse sind gleichfalls nachzuweisen.

Jidd. Literatur: Seit dem 18. Jh. entstand in Polen eine reichhaltige Literatur in jidd. Sprache, v. a. zum Chassidismus (↑ auch jiddische Literatur).

Moderne Literatur: Mit dem Aufkommen der Aufklärung im 18. Jh. setzten sich endgültig die Bestrebungen durch, zeitnahe literar. Formen zu benutzen, um auch profane Gegenstände zu behandeln (↑ hebräische Literatur). Neue literar. Gattungen, wie Drama, Roman und Kurzgeschichte entstanden, nun nicht mehr nur in hebr., sondern in fast allen [westl.] Kultursprachen; z. T. sind sie auch Bestandteil der jeweiligen Nationalliteraturen geworden.

📖 *Juden in der dt. Lit.* Hg. v. S. Moses u. A. Schöne. Ffm. 1985. - *Hauptwerke der hebr. Lit.* Hg. v. L. Prijs. Mchn. 1978. - Stemberger, G.: *Gesch. der j. L.* Mchn. 1977.

jüdische Musik, die frühesten Quellen zur j. M. finden sich in den Büchern der Bibel und in schriftl. und ikonograph. Quellen. Musik erscheint erstmals (1. Mos. 4, 21 f.) in der Schöpfungsgeschichte: Neben Jabal erscheint Jubal als Vater aller Leier- und Flötenspieler. Hiermit sind die zwei Kategorien der gezupften Saiteninstrumente (hebr. „konnor") sowie der [Rohrflöten]blasinstrumente gegeben (hebr. „ugab"). Dazu weist der Eigenname „Jubal" auf die dritte Kategorie hin, die der heiligen Tierhörner des Widders, auf Schofar, Keren oder Sachar. Diesen drei Gattungen entsprechen die drei Stände der Priester mit Horn und Trompete, der Leviten mit Leier und Harfe und des Laienvolkes mit Flöten und Schalmeien. Hinzu kommen noch Schlagzeuge aus Bronze und Trommeln. - Im Tempel von Jerusalem hatte sich der Vollzug der Riten mit einem festgelegten Musikzeremoniell verbunden. Zur Regierungszeit Da-

vids (um 1000 v. Chr.) waren die Organisation der Tempelorchester und -chöre sowie die Berufsausbildung der Tempelmusiker in einer eigenen Akademie verwirklicht. Nach dem Tode Salomos (926 v. Chr.) zerfiel die Musikergilde des Tempels; der orchestrale Prunkstil wich dem einfachen, unbegleiteten Singen. Nach dem Fall des alten Reiches (70 n. Chr.) entwickelte die jüd. liturg. Monodie die drei Gesangstile der Psalmodie, Lectio und Hymnodik. **Psalmodie:** Das Singen der Psalmen war während der Blütezeit des Tempels offensichtl. mit festl. Chor- und Orchesterbegleitung bedacht worden. Die melod. Linie fügt sich genau dem Parallelismus des Textes. Satzanfang, -mitte und -schluß erhalten ein Melisma, während die verbindenden inneren Satzteile auf einer Eintonlinie rezitiert werden. **Lectio:** Die Bibelkantilation kann durch ihre kunstgerechte Anpassung an den unregelmäßigen Satzbau der Prosabücher im A. T. als eine Ausweitung des formelhaften Psalmsingens angesehen werden. Die um 500 beginnende Systematisierung der Leseakzente ließ in der Praxis die Ausführung noch weitgehend frei, bis im 10. Jh. eine definitive Festlegung erfolgte. Noch in den hebr. Grammatiken von J. Reuchlin (1518) und S. Münster (1524) findet sich die Darstellung der Leseakzente mit musikal. Notierungen. **Hymnodik und Gebetslyrik** gehören dem nachbibl. Zeiten an. Sie entwickelten sich aus Psalmparaphrasen und Akklamationen und zeigten neue Ansätze im †Pijut des Dichters E. Kalir (um 750 in Palästina). Die Wortdeklamation hat akzent., die Melodien behielten ihren freirezitativ. Charakter bei, mindestens bis zum Einbruch der metr. arab. Lyrik (10. Jh.).
Unter span. Einfluß erfolgte, bes. im 15. Jh., eine mehr liedmäßige Gestaltung der Melodien. Von ihnen hebt sich die neuere Gebetslyrik ab, deren stark ornamentale Melodien einen stimmbegabten und bes. ausgebildeten Kantor forderten. Blütezeiten dieser Kantoralmusik waren v. a. das 16. und 18. Jh. Seit der jüd. Emanzipation um 1800 bewirkte die synagogale Reform eine Angleichung der Kantoralmusik an die europ. Kunstmusik mit Melodiebearbeitungen für Orgel und mehrstimmige Synagogenchöre. Ihnen folgten oratorienartige, gottesdienstl. Kompositionen von E. Bloch, D. Milhaud, das „Kol nidre" von A. Schönberg sowie geistl. Kantaten israel. Komponisten wie M. Seter, A. U. Boscovich, K. Salomon, O. Partos, J. Tal, Y. Sadai, M. Schidlowski.
📖 *Sendrey, A.: The music of the Jews in the diaspora (up to 1800). New York 1970. - Sendrey, A.: Music in ancient Israel. London; New York 1969. - Gradenwitz, P.: Die Musikgesch. Israels. Kassel u. a. 1961.*

jüdische Nachfolgeorganisationen (jüd. Rückerstattungsnachfolgeorganisationen) †Wiedergutmachung.

jüdische Philosophie, Bez. für die philosoph. Verarbeitung jüd. Traditionsgutes. - Nach ersten, von der griech. Popularphilosophie übernommenen Elementen in den späten bibl. Büchern (z. B. Prediger) und in der rabbin. Literatur entwickelte sich eine eigtl. Philosophie in breitem Umfang erst im Diasporajudentum, in der †Galuth. Philon von Alexandria entwarf ein jüd. philosoph. System auf der Grundlage platon., stoischer und neupythagoreischer Vorstellungen. Im 10. Jh. begründete Saadja in Anlehnung an den arab. †Kalam eine Lehre von der Einheit von Vernunft und Offenbarung. Durch Übernahme neuplaton. Traditionen (v. a. durch Gabirol) im 11. Jh. lehnte sich die j. P. enger an die abendländ. Philosophie an, was schließl. im 12./13. Jh. zur Ausbildung eines jüd. Aristotelismus durch Maimonides führte. - Im 18. Jh. zählte Moses Mendelssohn zu den führenden Vertretern der Popularphilosophie der dt. Aufklärung. Er identifizierte das Judentum mit der „Religion der Vernunft", wie später - im Anschluß an Schelling und Hegel - auch S. R. Hirsch. Ausgehend von H. Cohen, dem wohl bedeutendsten Vertreter des Neukantianismus der Marburger Schule, entwickelten die an der Existenzphilosophie orientierten Religionsphilosophen M. Buber und F. Rosenzweig eine „dialog. Philosophie", die mittels des Dialogs zu unmittelbarem Verstehen und Einswerden in gedankl. Kommunikation gelangen will, und gewannen so nachhaltigen Einfluß auch auf die Pädagogik und die dialekt. Theologie.
📖 *Seidel, E.: J. P. in nicht-jüd. u. jüd. Philosophiegeschichtsschreibung. Ffm. 1983. - Guttman, J.: Philosophies of Judaism. Engl. Übers. New York Neuausg. 1973.*

jüdische Religion †Judentum.
jüdischer Kalender †Zeitrechnung.
Jüdisch-Palästinensisch †Aramäisch.
Jüdisch-Persisch, die von den in Iran lebenden Juden nach der arab. Eroberung bis heute verwendete Form der persischen Sprache, die in hebr. Buchstaben, z. T. unter Zuhilfenahme diakrit. Zeichen, geschrieben wird.

Judith, weibl. Vorname hebr. Ursprungs, eigtl. „Frau aus Juda" oder „Jüdin".

Judith, Heldin des gleichnamigen, wohl in der Zeit der Makkabäer entstandenen, alttestamentl. Buches. Das Buch J., nur in der griech. Übersetzung erhalten, gilt in der kath. Kirche als Buch des alttestamentl. Kanons, im prot. Verständnis als apokryph. Es berichtet in Form einer Geschichtslegende von der Errettung der Juden im Kampf gegen das Heer des Assyrers Nebukadnezar, dessen General Holofernes von J. durch eine List getötet wird.
Seit dem 16. Jh. wurde die Geschichte der J. häufig dramat. gestaltet (z. B. H. Sachs,

Judo

1551 und 1554). Im 17. Jh. fand der Stoff auch im Musikdrama Eingang. In C. F. Hebbels Drama „J." (1841; Parodie „J. und Holofernes" von J. N. Nestroy, UA 1849; Oper „Holofernes" von E. N. von Rezniček, 1923) tötet die Heldin in Holofernes nicht den Feind ihres Volkes, sondern den Mann, der ihre weibl. Ehre verletzt hat. Diese Interpretation wurde Grundlage für weitere Werke (u. a. J. Giraudoux, Dr., 1931). A. Honeggers Oper (1925, Text von R. Morax) knüpft an die bibl. Stofftradition an.

In der *bildenden Kunst* ist J. v. a. in der Renaissance, im Manierismus und Barock ein bevorzugtes Bildthema (Donatello, Botticelli, L. Cranach d. Ä., C. Allori [Abb. Bd. 1, S. 244]).

Judo (Dschudo) [jap. „sanfter Weg zur Geistesbildung"], urspr. die von den Samurai als *Jujutsu* entwickelte Kunst der Selbstverteidigung ohne Waffen, bestehend aus einem System von Wurf-, Hebel-, Schlag- und Haltetechniken von großer Wirksamkeit (der Unterlegene wurde meist getötet). Die heutige Form des J. wurde von Dschigoro Kano (* 1860, † 1938) entwickelt. Der Angreifer wird dadurch zu Fall gebracht, daß der Verteidiger die Angriffsbewegungen bis zur Gleichgewichtsbrechung weiterführt bzw. diesen Zustand durch aktive Anwendung von „Scheintechniken" erzeugt; danach wird der Partner schwungvoll auf den Boden geworfen und hier entweder mit einem Haltegriff kontrolliert oder durch Hebel- bzw. Würgegriff zur Aufgabe des Kampfes gezwungen. - Die Sportkleidung (**Judogi**) besteht aus einer dreiviertellangen Hose und einer weiten Jacke, die mit dem Gürtel zusammengehalten wird. Die Farbe des Gürtels entspricht dem Leistungsstand des Kämpfers (**Judoka**), eingeteilt in 6 Schülergrade (Kiu) und 10 Meistergrade (Dan). Wettkämpfe werden auf einer festen, jedoch federnden Matte (mindestens 9 × 9 m, höchstens 10 × 10 m) durchgeführt. Ein Kampf dauert je nach Bed. 3–20 Minuten; er wird vorzeitig entschieden, wenn ein klass. Niederwurf gelingt, der Gegner 30 Sekunden am Boden kontrolliert wird oder bei Anwendung einer Hebel- oder Würgetechnik ein Zeichen der Aufgabe gibt. Sonst werden nach Ablauf der Kampfzeit die Summe aller Angriffs- und Verteidigungstechniken, das Verhalten des Kämpfers, der Kampfgeist und die techn. Überlegenheit gewertet. - Seit 1964 erstmals und seit 1972 ständig im Programm der Olymp. Spiele; Weltmeisterschaften seit 1956.

📖 *Weinmann, W.: Das J.brevier. Bln.* ^{22}*1985. - Kimura, M.: J. f. Anfänger u. Kämpfer. Dt. Übers. Mchn.* ^{2}*1978. - Weinmann, W.: Einmaleins des J. Bln.* ^{13}*1978.*

Jud Süß ↑ Süß-Oppenheimer, Joseph.

Jug, rechter Quellfluß der Nördl. Dwina, UdSSR, entspringt in Nordruss. Landrükken, 574 km lang.

Jugend, illustrierte Münchner Kulturzeitschrift, gab der Stilperiode den Namen 1896–1940.

Jugend (Jugendalter), Lebensaltersstufe, deren Definition und altersmäßige Bestimmung meist unterschiedl. und ungenau ist, i. d. R. die Zeit zw. dem 12. und 25. Lebensjahr umfaßt. Im Strafrecht wird zw. dem noch nicht strafmündigen Kind, dem Jugendlichen und dem Heranwachsenden unterschieden. Zivilrechtl. ist der Begriff der Volljährigkeit von Bed. In biolog.-medizin. Sicht versteht man unter J. entweder generell die menschl. Entwicklungsphase zw. Geburt und Erwachsenenalter oder teilt diese in Kindheit und J. und bezeichnet mit J. nun die Zeit zw. dem Beginn der Pubertät, die als eine hormonell gesteuerte Veränderung, verbunden mit einem in Phasen verlaufenden Längen- und Breitenwachstum gekennzeichnet ist, und dem Ende dieser biolog. Reifung. - Die **Jugendpsychologie** weist auf die parallel zur körperl. Entwicklung auftretende seel.-geistige Entwicklung hin. Als wichtige psych. Schwierigkeiten in der J. werden v. a. angesehen: das Vertrautwerden mit dem eigenen Körper, Lernen der richtigen Geschlechtsrolle, Unabhängigwerden von Erwachsenen (v. a. von der elterl. Bevormundung), Erreichung des sozioökonom. Status der Erwachsenen, Entwicklung eines eigenen Wertesystems. Diese Schwierigkeiten ergeben sich sowohl auf Grund der Veränderungen des eigenen Körpers als auch infolge von außen herangetragenen gesellschaftl. Erwartungen und Normen, denen der Jugendliche häufig noch nicht entsprechen kann. - Die **Jugendsoziologie** sieht J. als Phase des Verhaltenswechsels und Rollenübergangs an, wobei Kindheit und Erwachsenenalter meist als sich widersprechende soziale Bereiche verstanden werden u. die J. als Übergangsstadium daher notwendig - v. a. auf Grund jugendl. Verhaltensunsicherheit, aber auch infolge unterschiedl. Rollenerwartungen seitens der Erwachsenen - zahlr. Konflikte für den Jugendlichen bringt. Die gesellschaftl. Abgrenzung zw. J. und Erwachsensein ist deshalb schwierig, weil die Definition gesellschaftl. Reife in einzelnen Bereichen unterschiedl. ist; so ist mit der Volljährigkeit von 18 Jahren zwar die Wehr-, Wahl- und Ehereife verbunden, die Berufsreife aber wird auf Grund der (technolog. bedingten) Verlängerung der schul. und berufl. Ausbildung immer weiter hinausgeschoben; dies aber ist mit wirtsch. Abhängigkeit verbunden. Jugendliche entwickeln in ihrem Streben nach Unabhängigkeit und unter Ablehnung der Normen und Wertvorstellungen der Erwachsenenwelt oft eigene Gesellungsformen (Cliquen, Banden, Klubs u. a.) und eigenständige Verhaltensweisen, so daß J. zur Sub- oder Teilkultur wird. Es gibt jedoch keine bestimmten Altersgruppen angemessenen Verhaltensmuster,

Jugendbewegung

vielmehr sind diese abhängig vom Milieu, von der erfahrenen Erziehung und Sozialisation des einzelnen.

📖 *Interdisziplinäre J.forschung.* Hg. v. *W. Heitmeyer. Weinheim 1986.* - *Rippe, H.-J., u. a.: Entwicklungspsychologie des J.alters. Leverkusen 1986.* - *Lajios, K., u. a.: Ausländ. Jugendliche. Probleme der Pubertät u. der bikulturellen Erziehung. Leverkusen 1984.* - *Berufl. Bildung behinderter Jugendlicher. Hg. v. U. Bleidicke. Stg. 1982.* - *Schurian, W./Horst, K. W. ter: Autorität und J. Mchn. 1976.*

Jugendamt, für alle Angelegenheiten der öffentl. Jugendhilfe zuständige Behörde als Teil der Verwaltung der kreisfreien Städte und Landkreise; meist in enger Verbindung mit den Sozialämtern. *Aufgaben:* Mitwirkung im Vormundschafts- und Pflegekinderwesen, bei der Erziehungsbeistandschaft, der freiwilligen Erziehungshilfe und der Fürsorgeerziehung sowie die Jugendgerichtshilfe. Darüber hinaus sind die J. v. a. zuständig für Erziehungsberatung, für Maßnahmen des ↑Jugendschutzes, polit. Bildung sowie für Hilfen in Beruf und Berufsausbildung.

In *Österreich* erfüllt das J. im wesentl. die gleichen Aufgaben. In der *Schweiz* gibt es J. nur auf kantonaler Stufe.

Jugendarbeit, svw. Jugendpflege (↑Jugendhilfe).

Jugendarbeitslosigkeit, (vorübergehende) Beschäftigungslosigkeit von Jugendlichen. Die amtl. Statistik weist gesondert aus die Altersgruppen „unter 20 Jahre" und „20 bis unter 25 Jahre". In beiden Altersgruppen stieg die Arbeitslosigkeit in der ersten Hälfte der 1970er Jahre überdurchschnittlich an. Betroffen waren zunächst v. a. ungelernte Jugendliche wegen des starken Rückgangs des Angebots an entsprechenden Arbeitsplätzen. Eine weitere Ursache wurde dann in der relativ hohen Geburtenhäufigkeit ab Ende der 1950er Jahre („Babyboom") gesehen. Der abzusehende künftige Mangel an Arbeitskräften infolge des Geburtenrückgangs in der zweiten Hälfte der 1960er Jahre („Pillenknick") machte dagegen jedoch eine über den gegenwärtigen Bedarf der Wirtschaft hinausgehende Ausbildung erforderlich. Um dem erhebl. auch durch steigende Nachfrage vom Numerus clausus betroffener Abiturienten nach Lehrberufen verschärften Mangel an Ausbildungsplätzen zu begegnen, wurden verschiedene Maßnahmen der ↑Ausbildungsförderung ergriffen. Sorge bereitete die Zunahme der J. aber auch wegen der Befürchtung einer Radikalisierung der Jugendlichen und des Entstehens eines gesellschaftsfeindl. Potentials. Im Zusammenhang mit der J. wurden auch Probleme wie Jugendkriminalität und Freizeitgestaltung aktualisiert. - Nach 1975 ging die J. zunächst zurück. Die Arbeitslosenquote der Jugendlichen unter 20 Jahren betrug in der BR Deutschland im Jahresdurchschnitt 1977 4,7%, 1978 4,3%, 1979 3,3%, 1980 3,2%, 1981 4,9%, 1982 7,8%, 1983 9,5%, 1984 8,3%, 1985 8,1% und 1988 4,8%.

Jugendarrest, eine kurzfristige Freiheitsentziehung (Zuchtmittel) im Rahmen des Jugendstrafrechts. Es erfolgt keine Eintragung in das Strafregister, sondern in das Erziehungsregister; der Jugendliche gilt also nicht als vorbestraft. Der J. ist die in der Praxis am häufigsten angeordnete Folge bei Straftaten Jugendlicher und Heranwachsender. Formen des J.: 1. *Dauerarrest* von einer bis zu höchstens vier Wochen; 2. *Freizeitarrest* für die wöchentl. Freizeit (ein- bis viermal); 3. *Kurzarrest,* an Wochenenden oder in den Ferien (bis zu höchstens sechs Tagen). Dem geltenden *östr. Strafrecht* ist der Begriff J. fremd.

Das *schweizer. Jugendstrafrecht* kennt den J. unter der Bez. **Schularrest** als Disziplinarstrafe gegenüber Kindern.

Jugendbande ↑Bande.

Jugendbewegung, um die Jh.wende im dt.sprachigen Raum entstandene neoromant. Bewegung, die v. a. von Teilen der bürgerl. Jugend getragen wurde, in einer antibürgerl. Wendung die zeitgenöss. Kulturkritik (v. a. Nietzsche) aufnahm und im Ggs. zur Ind.gesellschaft bäuerl. Dorfkultur und romant. stilisierte Vorstellungen vom Vagantenleben usw. als Vorbild für ein neues Leben der „Einfachheit" und „Wahrhaftigkeit" sowie für einen radikalen Individualismus proklamierte. Die die widersprüchlichsten Ideen und Formen vereinigende J. hatte ihre organisierten Anfänge 1896/97 in gymnasialen Wandergruppen in Steglitz (= Berlin), die sich 1901 im „Wandervogel" konstituierten („Östr. Wandervogel" 1911). Ein Gegengewicht zu völk. Schwärmertum entstand 1908 mit der „Dt. Akadem. Freischar". In Opposition zu student. Korporationen formierte sich 1913 die Freidt. Jugend auf dem Hohen Meißner (↑Meißnerformel). Parallel dazu bildete sich eine eigene **Arbeiterjugendbewegung:** 1906 schlossen sich die ersten Arbeiterjugendvereine Süddeutschlands zum „Verband junger Arbeiter Deutschlands" in Mannheim, die norddt. zur „Vereinigung der freien Jugendorganisationen Deutschlands" in Berlin zusammen; beide Verbände gingen 1908 in der „Zentralstelle für die arbeitende Jugend Deutschlands" auf. Nach dem 1. Weltkrieg bildete sich 1918 die kommunist. „Freie Sozialist. Jugend (FSJ)", die sich 1920 in „Kommunist. Jugend Deutschlands", 1925 in „Kommunist. Jugendverband Deutschlands" umbenannte. 1919 erfolgte die Gründung der sozialdemokrat. „Sozialist. Arbeiterjugend". Neben der Arbeiter-J. bestand nach dem 1. Weltkrieg die *völk.* J. („Adler und Falken", „Jungnat. Bund"), daneben *christl.* Gruppen (ev.: „Bund der Köngener", „Bibelkränzchen"; kath.: „Quickborn", „Neudeutsch-

Jugendentwicklung

land") sowie polit. und konfessionell unabhängige Bünde („Dt. Freischar", „Dt. Jungenschaft vom 1. Nov.", „Nerother Wandervogel"), seit 1923 zusammenfassend **bündische Jugend** gen. Soweit Verbände der J. nicht in der Hitlerjugend aufgingen, wurden diese 1933 verboten. Eine Reihe von Verbänden wurde nach 1945 wiederbegr., sie blieben i. d. R. jedoch unbedeutend. Als Arbeiterjugendorganisationen entstanden in der BR Deutschland die „Sozialist. Jugend Deutschlands - Die Falken", die „Naturfreundejugend", die „Sozialist. Dt. Arbeiterjugend (SDAJ)" und in der DDR die „Freie Dt. Jugend (FDJ)".

Bondy, C.: Die proletar. J. in Deutschland. Münster 1985. - Krolle, S.: Bündische Umtriebe. Gesch. des Nerother Wandervogels ... Münster 1985. - Fröher, L.: Der weite Weg. Die dt. J. seit Ende des 19. Jh. Heidenheim 1984. - Kneip, R.: Wandervogel ohne Legende. Heidenheim 1984.

Jugendentwicklung ↑Entwicklung (in der Biologie).

Jugendfürsorge ↑Jugendhilfe.

jugendgefährdende Schriften, Schriften, die geeignet sind, Kinder oder Jugendliche sittl. zu gefährden. Dazu zählen v. a. unsittl. u. verrohend wirkende, zu Gewalttätigkeit, Verbrechen oder Rassenhaß anreizende sowie den Krieg verherrlichende Schriften (auch Schallaufnahmen, Abb. oder Darstellungen). J. S. werden durch die ↑Bundesprüfstelle für jugendgefährdende Schriften in Bonn in eine *Liste* aufgenommen. Die Aufnahme in die Liste bewirkt ein Verbreitungsverbot an Kinder und Jugendliche sowie ein Verbot der Verbreitung außerhalb von Geschäftsräumen. Gleichzeitig wird die Werbung eingeschränkt; gegen die Aufnahme ist Klage gegeben. Offensichtl. schwer gefährdende Schriften unterliegen den Beschränkungen auch ohne Aufnahme in die Liste.

Jugendgerichte ↑Jugendgerichtsbarkeit, ↑Jugendstrafrecht.

Jugendgerichtsbarkeit, die Gerichtsbarkeit für Straftaten von Jugendlichen und Heranwachsenden; Teil der ordentlichen Gerichtsbarkeit. Die J. wird durch bes. **Jugendgerichte** ausgeübt: 1. bei den Amtsgerichten durch den *Jugendrichter* und das *Jugendschöffengericht*, 2. bei den Landgerichten durch die *Jugendkammer*. Für das Jugendstrafverfahren gelten gegenüber dem Erwachsenenstrafrecht bes. Vorschriften. - ↑auch Jugendstrafrecht.

In *Österreich* enthält das Jugendgerichtsgesetz bes. Verfahrensvorschriften für das Strafverfahren gegen Jugendliche.

In der *Schweiz* wird mit J. die Ausübung der *Jugendstrafrechtspflege* umschrieben. Sie ist Sache der Kantone.

Jugendgerichtsgesetz, Abk. JGG, BG, das die wichtigsten Vorschriften des Jugendstrafrechts enthält (daneben gelten Vorschriften des Gerichtsverfassungs- und des Jugendwohlfahrtsgesetzes).

Jugendgerichtshilfe, die Hilfe zur Durchführung des Jugendstrafverfahrens, Aufgabe der Jugendämter. Die J. ist im gesamten Verfahren gegen einen Jugendlichen [oder Heranwachsenden] heranzuziehen [§ 38 Abs. 3 JugendgerichtsG [JGG]). Die Vertreter der J. haben im gesamten Verfahren die bestehenden erzieher., sozialen und fürsorger. Gesichtspunkte zur Geltung zu bringen, Gerichte und Behörden bei der Erforschung der Persönlichkeit, der Entwicklung und der Umwelt des Beschuldigten zu unterstützen und zu den zu ergreifenden Maßnahmen Stellung zu nehmen. Sie helfen dem Jugendlichen vor und während des Verfahrens, bleiben während des Vollzugs von Strafen mit ihm in Verbindung und helfen ihm bei der Wiedereingliederung in die Gesellschaft (§ 38 JGG).

Jugendheim, ungenaue Bez. für Begegnungsstätten von Jugendlichen jeder Art (z. B. Heime der offenen Tür, Jugendzentren, Jugendbildungsstätten). - Davon zu unterscheiden sind die Erziehungsheime.

Jugendherbergen, Aufenthalts- und Übernachtungsstätten, insbes. zur Förderung des Jugendreisens. J. haben Schlafräume mit i. d. R. 4-8 Betten, Wasch- und Duschräume, Tagesräume, Küche und Wirtschaftsräume für Vollverpflegung, Hobbyräume, Spiel- und Sportplätze. In der BR Deutschland gibt es z. Z. 537 J. mit 70306 Betten (1988); 1988 wurden rd. 8,5 Mill. Übernachtungen gezählt. - In *Österreich* gibt es z. Z. 208 (einschl. Jugendgästehäuser), in der *Schweiz* 100 Jugendherbergen.

Das **Dt. Jugendherbergswerk (DJH), Hauptverband für Jugendwandern und Jugendherbergen,** Sitz Detmold, und seine rechtl. selbständigen Landesverbände arbeiten anerkannt gemeinnützig. Voraussetzung zur Benutzung einer J. ist eine persönl. oder korporative (Schulen und Jugendgruppen) Mitgliedschaft im DJH. Heute gibt es in 48 Ländern Jugendherbergsverbände, die in der **International Youth Hostel Federation** (gegr. 1932 in Amsterdam) zusammengeschlossen sind.

Geschichte: Gründer des dt. Jugendherbergswerks war der Volksschullehrer R. Schirrmann (* 1874, † 1961), der Volksschülern, v. a. Arbeiterkindern, billige Unterkünfte insbes. beim Wandern schaffen wollte; er gründete 1909 in der Burg in Altena die erste J. und 1910 das DJH.

Jugendhilfe, in der BR Deutschland Gesamtheit der Maßnahmen zur Förderung der *Jugendwohlfahrt* nach dem *Jugendwohlfahrtgesetz (JWG)* in der Fassung vom 25. 4. 1977. J. besteht aus der Jugendfürsorge und der Jugendpflege. Unter **Jugendfürsorge** wird das Bemühen um die schutzbedürftige, gefährdete, geschädigte oder verwahrloste Jugend durch schützende, vorbeugende oder heilende

Jugendpresse

Maßnahmen verstanden. Unter **Jugendpflege** werden sämtl. Maßnahmen zur allg. Förderung der Jugendlichen verstanden. Als dritter Bestandteil der J. wird meist der ↑Jugendschutz angesehen. Nach dem Träger werden unterschieden: 1. die *öffentl. J.;* ihre Organe sind die Jugendwohlfahrtsbehörden (↑Jugendamt); i. w. S. zählen auch Vormundschaftsgerichte, Jugendgerichte, Polizei, Schulen zu den Organen öffentl. J.; wichtigste Aufgaben sind der Pflegekinderschutz, Pflegschaft und Vormundschaft sowie die Heimaufsicht, und als wichtigste gesetzl. Maßnahmen die ↑Erziehungsbeistandschaft, die ↑freiwillige Erziehungshilfe, die ↑Fürsorgeerziehung. Die Jugendwohlfahrtsbehörden wirken u. a. in der ↑Jugendgerichtshilfe, bei der Erziehungsberatung und verschiedenen jugendpfleger. Maßnahmen mit. 2. die *freie J.;* ihre Träger sind freie Verbände der Jugendwohlfahrt, Jugendverbände und sonstige Jugendgemeinschaften, jurist. Personen zur Förderung der J., Kirchen und sonstige Religionsgesellschaften; Schwerpunkt der freien J. ist die *Jugendpflege (Jugendarbeit, Jugendsozialarbeit),* z. B. Freizeithilfen, polit. Bildung, internat. Begegnungen, allg. Kinder- und Jugenderholung, Pflege und Erziehung von Säuglingen, Kleinkindern und Kindern im schulpflichtigen Alter außerhalb der Schule, erzieher. Betreuung von Säuglingen, Kleinkindern, Kindern und Jugendlichen im Rahmen der Gesundheitshilfe. Sammelberufsbez. für die in diesem Bereich tätigen Sozialarbeiter, -pädagogen, Lehrer und Erzieher ist der **Jugendpfleger.** Nach dem Grundsatz der *Subsidiarität* sollen die öffentl. Träger die freien Träger anregen, fördern, unterstützen, zur Mitarbeit heranziehen und eigene Einrichtungen nur schaffen, wenn von freien Trägern nicht geschaffen werden können.
In *Österreich* sind die Grundsätze über Mutterschafts-, Säuglings- und Jugendfürsorge im Jugendwohlfahrtsgesetz des Bundes und Ausführungsgesetzen der Länder geregelt.
In der *Schweiz* ist die J. überwiegend Aufgabe der Kantone, die die Ausführung den Gemeinden übertragen.

Jugendkriminalität, Bez. für die Gesamtheit der Verhaltensweisen von Jugendlichen, die gegen strafrechtl. Normen verstoßen. In der Strafverfolgungsstatistik beträgt die J. etwa 10% der Gesamtkriminalität. Dabei überwiegen Diebstahls- und Unterschlagungsdelikte (etwa 52%); bes. verbreitet ist das Gemeinschaftsdelikt (Bandenkriminalität). - J. kann häufig als Indiz für nicht genügend verarbeitete Konflikte in Kindheit und Jugend gewertet werden; in ihren schweren und dauerhaften Formen ist J. jedoch ein Problem von Unterschichtfamilien, in denen bereits die Persönlichkeitsstruktur der Eltern meist in einem über Generationen hinwegreichenden Prozeß deformiert ist.

Jugendliche, nach dem JugendgerichtsG junge Menschen, die das 14., aber noch nicht das 18. Lebensjahr vollendet haben. Sie nehmen ebenso wie die Heranwachsenden im Strafrecht eine Sonderstellung ein (↑Jugendstrafrecht).
In *Österreich* und der *Schweiz* genießen J. eine ähnl. Sonderstellung.

Jugendliteratur ↑Kinder- und Jugendliteratur.

Jugendmusikbewegung (Singbewegung), musikal. Zweig der Jugendbewegung im dt. Sprachraum. In ihrem Ziel einer Volkserziehung stand die J. in engem Zusammenhang mit parallelen Reformbewegungen, wobei der Pflege des Volksliedes (H. Breuer, „Der Zupfgeigenhansl", 1909, [16]4[1]940, [18]0[1]965) und Volkstanzes programmat. Bedeutung zukam. Die von der neu belebten Gitarre („Klampfe") begleitete Wanderfreude (1906 Gründung des „Altwandervogels") führte die in Bünden (= Gruppen) organisierte neue Gemeinschaft 1913 zum Freideutschen Jugendtag auf dem Hohen Meißner (bei Kassel), wo die Grundlegung der zukünftigen Arbeit erfolgte. Führende Bedeutung gewannen F. Jödes „Musikantengilde" mit ihren offenen Singstunden, der von W. Hensel geleitete „Finkensteiner Bund" und dessen Singwochen (erstmals 1923 in Finkenstein bei Mährisch-Trübau) sowie die von G. Wyneken geführte Schulgemeinde Wikkersdorf bei Saalfeld/Saale mit ihrem vom Bach und Bruckner ausgehenden musikal. Leiter A. Halm. Für die Erfolge der J. war die Zusammenarbeit im „Arbeitskreis für Hausmusik" ebenso förderl. wie die Verbindung mit zeitgenöss., vielfach am histor. Vorbild orientierten Komponisten (u. a. P. Hindemith) und deren Werken der Sing- und Spielmusik, Lehrstücken und Schulopern. Nachdem nach 1933 ein wesentl. Teil der J. sich in den Dienst der nationalsozialist. Ideologie gestellt hatte, erfolgte nach 1945 eine Neuorientierung im „Arbeitskreis für Hausmusik" (1946) und in der „Musikantengilde" (1947/48) von F. Jöde mit der 1952 erreichten Zusammenführung der früheren Bestrebungen.
📖 *Kolland, D.:* Die J. Stg. 1979. - *Adorno, T. W.:* Dissonanzen. Gött. ²1972.

Jugendpflege ↑Jugendhilfe.

Jugendpresse, Gesamtheit der Zeitschriften, die sich an Jugendliche und Kinder wenden. Sie können von Jugendlichen (v. a. die ↑Schülerzeitschriften) oder von Jugendverbänden (als Mitgliederzeitschriften), aber auch nach rein kommerziellen Gesichtspunkten publiziert werden; sie wenden sich an bestimmte Gruppen von Jugendlichen (z. B. Grundschüler, Auszubildende, Studenten) oder bestimmte Altersstufen; kommerzielle Blätter versuchen, ein möglichst breites Publikum zu erreichen.

103

Jugendpsychologie

JUGENDRELIGIONEN (Auswahl)

Name	Children of God	Scientology Kirche	Vereinigungskirche e.V. (Mun-Sekte)	Hare-Krischna-Bewegung
Symbol				
andere Bez.	Familie der Liebe, Kinder Gottes, Gotteskinder	College für angewandte Philosophie, Scientology Organization, Sea Organization. Dianetic Stuttgart e.V.	Neue Mitte, Neue Aktivität, Vereinigte Familie, Föderation für Weltfrieden und Vereinigung, Internat. Föderation zum Sieg über den Kommunismus, Neuerrichtung des „Reich Gottes auf Erden"	Internat. Gesellschaft für Krishna-Bewußtsein (ISKCON)
Gründungsjahr	1969	1954	1954	1966
Gründer/Führer	David „Moses" Berg, gen. „MO"	Lafayette Ronald [Ron] Hubbard	San Myung Mun	Swami Prabhupada († 1977)
Sitz	Montreal, Kanada (Köln)*	Saint Hill Manor, Sussex (England) (München)	Irvington, N. Y. (in der Neumühle bei Camberg)	Mayapur, Indien (Schloß Rettershof im Taunus)
Mgl.	70 000 (200)*	1 Mill. (?) bis 20 Mill. (?) (400–70 000 [?])	2 Mill. (800–2 500)	7 000 (150)
Ziel	Vorbereitung auf Weltende	absolute Freiheit durch Bewußtseinsklärung („clear")	Kampf gegen Kommunismus	Verehrung des Gottes Krischna, Vegetarismus

*Die Angaben in runden Klammern beziehen sich auf die BR Deutschland. Die Angaben über die Zahl der Mgl. unterliegen erheblichen Schwankungen.

Jugendpsychologie, Teilbereich der Psychologie, der sich mit dem Verhalten der ↑Jugend als Auswirkung biolog. Reifeprozesse sowie als Reaktion auf soziale Gegebenheiten beschäftigt.

Jugendrecht, Gesamtheit aller rechtl. Regelungen, die der Förderung und dem Schutz aller jungen Menschen, aber auch der Hilfe für einzelne und Gruppen dienen (↑Jugendhilfe). Hierzu gehören das JugendgerichtsG, das JugendwohlfahrtsG, die Gesetze zum Schutz der Jugend (↑Jugendschutz).

Jugendstil

Transzendentale Meditation (TM)	Divine Light Mission (DLM)
World Plan Executive Council (Weltplanrat), Weltregierung für das Zeitalter der Erleuchtung, Maharashi International University	Divine United Organization (DUO), World Peace Corps., Missionare des göttl. Lichts
1958	1960
Maharischi Mahesch Jogi	Guru Maharaj Ji
Seelisberg, Schweiz (Schledehausen [Landkr. Osnabrück])	Denver, Colo. (Berlin [West])
1,8–2 Mill. (92 000)	100 000 bis 8 Mill. (?) (500–1800)
Errichtung eines Weltzeitalters der Erleuchtung durch TM	Verehrung des Gurus als Herrn des Universums

In *Österreich* enthalten das JugendwohlfahrtsG und das JugendgerichtsG die wichtigsten Bestimmungen. In der *Schweiz* ist das Jugendwohlfahrtsrecht kantonal geregelt.

Jugendreligionen, (neue J.), zw. 1970 und 1975 entstandene Bez. für die religiösweltanschaul. Gruppen und Bewegungen, die seit etwa 1950 weltweit auftreten und ihre Anhängerschaft fast ausschließl. unter Jugendlichen im Alter von 16–25 Jahren finden. Organisation und Ideologie (ein meist unreflektiertes Gemisch aus bibl.-christl. und Elementen östl. Religionen) der J. weisen gemeinsame Züge auf: zentrale Führergestalt mit messian. Anspruch, totalitäre Struktur, totaler Gegenentwurf zu bestehenden Religionen und gesellschaftl. Systemen, strengste Lebens- und Gütergemeinschaft und Elitebewußtsein. – Die J. haben gegenwärtig mehr als 30 Mill. (in der BR Deutschland etwa 100 000) Anhänger.
📖 *Hdb. J.* Hg. v. A. Schöll. Gießen ²1985. – Haak, F.: *Die Neuen J.* Mchn. ⁶1984 ff. 2 Bde.

Jugendrichter ↑Jugendgerichtsbarkeit.
Jugendschöffengericht ↑Jugendgerichtsbarkeit.
Jugendschutz, zusammenfassende Bez. für alle Maßnahmen zum Schutz von Kindern und Jugendlichen gegen negative Einflüsse, die ihrer körperl. und seel. Gesundheit aus dem Arbeitsprozeß, den Massenmedien und öffentl. Veranstaltungen drohen können. Gesetzl. sind sie im JugendarbeitsschutzG, im Gesetz zum Schutz der Jugend in der Öffentlichkeit (u. a. Verbot oder Beschränkung des Aufenthalts von Jugendlichen in Gaststätten, Spielhallen, Abgabeverbot von Alkohol) und in dem Gesetz über die Verbreitung jugendgefährdender Schriften geregelt. Zuwiderhandlungen gegen Vorschriften des J. werden als Straftaten bzw. als Ordnungswidrigkeiten geahndet.
Im *östr. Recht* gilt Entsprechendes. In der *Schweiz* fehlt eine dem dt. Gesetz zum Schutze der Jugend in der Öffentlichkeit entsprechende einheitl. Regelung des J.; Schutzbestimmungen sind in verschiedenen - v. a. kantonalen - Gesetzen enthalten.

Jugendschutzsachen, Strafsachen, die Straftaten Erwachsener gegen Kinder oder Jugendliche (z. B. Sexualdelikte) sowie Verstöße Erwachsener gegen Vorschriften, die dem Jugendschutz oder der Jugenderziehung dienen (z. B. Vernachlässigung von Kindern), zum Gegenstand haben. In J. sind neben den für allg. Strafsachen zuständigen Gerichten auch die Jugendgerichte zuständig.

Jugendsozialarbeit, svw. Jugendpflege (↑Jugendhilfe).

Jugendsoziologie, Teilbereich der Soziologie, der die Verhaltens-, Bewußtseins- und Gesellungsformen der ↑Jugend und die diese beeinflussenden gesellschaftl. Faktoren untersucht.

Jugendsportabzeichen ↑Deutsches Sportabzeichen.

Jugendstil, dt. Bez. einer internat. Stilrichtung von etwa 1890–1914, die in Frankr. Art Nouveau, in England Modern Style, in Österreich Sezessionsstil genannt wird. – Der

Jugendstil

Jugendstil. Links (von oben): Ludwig von Zumbusch, Titelblatt für die Zeitschrift „Jugend", Nr. 40 (1897); Victor Horta, Grand Bazar Anspach (1895/96). Brüssel; rechts (von oben): Gustav Klimt, Der Kuß (Ausschnitt; 1908). Wien, Österreichische Galerie; Henry Clemens van de Velde, Schreibtisch mit Sessel (1898), dahinter Wandteppich (1898) von Paul Ranson. Darmstadt, Hessisches Landesmuseum

J. ist als Bewegung gegen die historisierenden Stile des 19. Jh. entstanden. Er suchte nach neuen Formen, die alle Bereiche der Kunst und des Lebens durchdringen sollten. Die Grenzen zw. den Künsten wurden aufgehoben, das Kunstgewerbe den sog. reinen Künsten ebenbürtig zur Seite gestellt. Die Form eines Gegenstandes wurde aus den Gegebenheiten seines Materials und seiner Funktion entwickelt. Materialgerechtigkeit wurde zur Forderung. Zu den formalen Besonderheiten zählen Flächenhaftigkeit und Betonung der Linie als dynamisch bewegtes Ausdrucksmittel, der sich eine vegetative Ornamentik unterordnet. Mit der bald einsetzenden Massenproduktion wurde die spannungsreiche Linearität mehr und mehr zur bloßen Dekoration. - Vorläufer des J. finden sich in *England*, wo W. Morris und die Präraffaeliten das ma. Handwerk wiederzubeleben suchten. Von bes. Bedeutung für den J. war die engl. Buchkunst, die mit A. Beardsley ihren Höhepunkt erreichte. Eine Variante des engl. J. in Architektur und Kunstgewerbe vertrat u. a. der Schotte C. R. Mackintosh. In *Frankr.* entwickelten in Reaktion auf den Impressionismus É. Bernard und Gauguin, angeregt von japan. Farbholzschnitten, einen umrißbetonten Flächenstil. Durch die Plakate von Toulouse-Lautrec wurde der neue Stil populär. In der Architektur machte sich bes. H. Guimard einen Namen. Ein Bahnbrecher auf dem Gebiet der Glaskunst war É. Gallé. Durch ihn wurde Nancy neben Paris zum wichtigsten Zentrum des Art Nouveau. In *Belgien* trafen die Einflüsse von England und Frankr. zus.; die Vorstellung vom Gesamtkunstwerk hat der zugleich einflußreichste Künstler der Jh.wende, H. van de Velde, am gültigsten vertreten. Bed. Architektur- und Innenarchitekturleistungen stammen auch von V. Horta und P. Hankar in Brüssel. In *Deutschland* erfolgte der Aufbruch in München, wo u. a. F. von Stuck, O. Eckmann, H. Obrist, A. Endell, R. Riemerschmid wirkten. Maler wie Kandinsky, Klee und Marc schufen hier ihre J.werke. Darmstadt wurde durch die Gründung einer Künstlerkolonie, der u. a. H. van de Velde und P. Behrens angehörten, ein weiteres fruchtbares Zentrum. Der *östr.* J. war an Wien gebunden; zentrale Figur war der Maler G. Klimt. Als weitere bedeutende Maler des J. sind v. a. der *Norweger* E. Munch und der *Schweizer* F. Hodler zu nennen. In der *Literatur* bezieht sich der Begriff J. vorwiegend auf die literar. Kleinform, bes. auf die Lyrik (v. a. O. J. Bierbaum, E. von Wolzogen, R. Dehmel, A. Mombert, E. Stukken), um die Jh.wende, jedoch auch auf die Dichtungen von S. George, R. M. Rilke, H. von Hofmannsthal, E. Lasker-Schüler und G. Heym, soweit sie in dieser Zeit entstanden.

📖 *Fichringer, C.: J. Bayreuth 1985. - Architektur des J. Hg. v. F. Russel. Dt. Übers. Stg. 1982. - Thamer, J.: Zw. Historismus u. F. Ffm. 1980. - Bossaglia, R.: Einf. in den J. Dt. Übers. Wsb. 1979. - Hofstätter, H. H.: Gesch. der europ. J.malerei. Köln ³1969.*

Jugendstrafe, die gegenüber Jugendlichen oder Heranwachsenden verhängte, erzieherisch ausgestaltete Freiheitsentziehung in Jugendstrafanstalten. Sie wird nur verhängt, wenn wegen der schädl. Neigungen des Jugendlichen, die in der Tat hervorgetreten sind, Erziehungsmaßregeln oder Zuchtmittel zur Erziehung nicht ausreichen oder wenn wegen der Schwere der Schuld Strafe erforderlich ist. Das Mindestmaß beträgt sechs Monate, das Höchstmaß fünf, bei schweren Verbrechen zehn Jahre. *J. von unbestimmter Dauer* (höchstens vier Jahre) wird verhängt, wenn sich nicht vorhersehen läßt, welche Zeit erforderl. sein wird, um den Jugendlichen zu einem rechtschaffenen Lebenswandel zu erziehen. J. bis zu einer Dauer von zwei Jahren kann zur Bewährung ausgesetzt werden.

In Österreich ist auch gegen Jugendliche die im allg. Strafrecht vorgesehene Freiheitsstrafe zu verhängen; es sind jedoch Rahmenstrafen zulässig, wenn an sich auf eine längere Freiheitsstrafe zu erkennen, aber noch nicht vorauszusehen ist, welche Zeit benötigt wird, um den Verurteilten zu einem rechtschaffenen Lebenswandel zu erziehen. Das *schweizer. Jugendstrafrecht* kennt eine dem dt. Recht entsprechende J. nicht. Soweit dieser Begriff verwendet wird, geschieht dies ganz allg. zur Bez. der Strafen, die das Jugendstrafrecht für den Fall vorsieht, daß der Täter weder erziehungs- noch behandlungsbedürftig ist und deshalb keiner entsprechenden Maßnahmen bedarf.

Jugendstrafrecht, Sonderstrafrecht für die Straftaten Jugendlicher und u. U. auch Heranwachsender.

Erst seit dem letzten Jh. gibt es Ansätze für eine gesonderte Behandlung straffälliger Jugendlicher. Teil der strafrechtl. Reformbewegung in Deutschland war die *Jugendgerichtsbewegung,* die maßgebl. auf die Erziehung, nicht auf die Strafe abstellte. 1924 trat das JugendgerichtsG (JGG) in Kraft, das - i. d. F. von 1974 - noch heute Grundlage des J. ist. Danach ist ein Jugendlicher nur dann strafrechtl. verantwortl., wenn er z. Z. der Tat reif genug ist, das Unrecht der Tat einzusehen und nach dieser Einsicht zu handeln. Auf Heranwachsende ist das J. nur dann anzuwenden, wenn die Gesamtwürdigung ergibt, daß er z. Z. der Tat einem Jugendlichen an Reife gleichstand. Die *Folgen* einer Jugendstraftat sind in erster Linie Erziehungsmaßregeln. Nur wenn diese nicht ausreichen, können Zuchtmittel oder ↑Jugendstrafe angeordnet werden. - Im *Ermittlungsverfahren* sollen die Lebens- und Familienverhältnisse des Be-

Jugendstrafvollzug

schuldigten und alle übrigen Umstände untersucht werden, die seine seel., geistige und charakterl. Eigenart erkennen lassen. - Die *Verhandlung* vor den Jugendgerichten einschl. der Verkündung der Entscheidungen ist nicht öffentl. Wird gegen Heranwachsende verhandelt, so kann die Öffentlichkeit ausgeschlossen werden. Die Urteilsgründe werden dem Angeklagten nicht mitgeteilt, wenn Nachteile für seine Erziehung zu befürchten sind.

In *Österreich* wurde erstmals 1928 ein eigenes J. geschaffen, das in seinen materiellen Grundzügen im wesentl. bis heute Geltung hat. In der *Schweiz* ist das J. im Unterschied zur BR Deutschland nicht in einem bes. Gesetz, sondern im allg. Teil des StGB als Sonderstrafrecht geregelt. Es erfaßt als Kinder die 7-15 und als Jugendliche die 15-18 Jahre alten Minderjährigen und legt für das strafbare Verhalten dieser Altersgruppen die Rechtsfolgen fest. Diese sind entsprechend den das J. beherrschenden Grundsätzen auf die Erziehung und Fürsorge ausgerichtet und deshalb je nach dem Zustand des Täters verschieden gestaltet.

Jugendstrafvollzug, die Durchführung der Freiheitsentziehung Jugendlicher und Heranwachsender i. d. R. in eigenen Jugendstrafanstalten. Der Sühnegedanke spielt in der Praxis immer noch eine Rolle, obwohl der J. nach moderner Auffassung nach rein pädagog. Gesichtspunkten gestaltet werden soll mit schul. und berufl. Ausbildung, Arbeit, Sport und Freizeitgestaltung, wobei soziotherapeut. Erkenntnisse einbezogen werden müssen. Der erste Versuch dieser Art wurde 1920/21 im Hamburger Jugendgefängnis „Hahnöfersand" unternommen. - Vom Verhalten des Jugendlichen hängt die Gestaltung des J. (stufenweise Vergünstigungen und Freiheiten) und die Aussetzung der Jugendstrafe zur Bewährung weitgehend ab.

Jugendtheater ↑ Kinder- und Jugendtheater.

Jugendtourismus, Teil des modernen Tourismus, der jungen Menschen zw. 14 und 29 Jahren die Möglichkeit gibt, ihren Urlaub unter sich zu verbringen, um sich vom Alltag mit seinen Zwängen und v. a. aus den Abhängigkeiten von Erwachsenen im Kreis Gleichaltriger lösen zu können. J. wird von Jugendverbänden, gemeinnützigen Jugendreisediensten sowie von kommerziellen Unternehmen organisiert, die sich um Sondertarife für Schüler, Studenten und berufstätige Jugendliche bemühen.

Jugendverbände, überregionale Zusammenschlüsse von Jugendlichen v. a. zum Zweck der Jugendpflege (↑ Jugendhilfe), der Interessenvertretung sowie der polit. Betätigung. Als *Jugendinteressenverbände* setzen sich in der BR Deutschland u. a. die ↑ Gewerkschaftsjugend, die im „Polit. Arbeitskreis Schule (PAS)" zusammengeschlossenen Schülergruppen und die in den „Vereinigten Dt. Studentenschaften (VDS)" zusammengefaßten Studentenverbände für die Interessen der Jugendlichen in ihrem jeweiligen Lebensbereich ein. Die im ↑ Ring Politischer Jugend (RPJ) organisierten und weitere polit. J. versuchen, Einfluß auf polit. Entscheidungen ihnen nahestehender Parteien zu nehmen sowie polit. Jugendbildungsarbeit zu leisten. Die Bindung der J. an Erwachsenenorganisationen ist unterschiedl.; mit Ausnahme der im RPJ, PAS und in den VDS zusammengeschlossenen J. sind die meisten im Bundesjugendring, andere im Arbeitskreis zentraler J. organisiert. Sie werden mit Mitteln aus dem Bundesjugendplan bzw. aus den Landesjugendplänen gefördert.

Jugendversammlung, die der Betriebsversammlung entsprechende Versammlung der jugendl. Arbeitnehmer eines Betriebes. Sie kann vor oder nach jeder Betriebsversammlung durch die Jugendvertretung im Einvernehmen mit dem Betriebsrat einberufen werden. - ↑ auch Betriebsverfassung.

Jugendvertretung ↑ Betriebsverfassung.

Jugendweihe, 1. seit 1859 von freireligiösen Vereinigungen veranstaltete Feier für schulentlassene Kinder; seit 1954 gesellschaftl. Einrichtung in der DDR: Die Jugendl. werden nach 8jährigem Schulbesuch feierl. in die Reihen der Erwachsenen aufgenommen und bekennen sich in einem Gelöbnis zu ihrem Staat.

Jugendwohlfahrt, amtl. verwendete Bez. für das Wohlergehen der Jugendlichen. J. wird durch die ↑ Jugendhilfe gefördert.

Jugendwohnheim, von öffentl. oder privaten Trägern unterhaltenes Wohnheim für Jugendliche, die in einer Ausbildung stehen oder berufstätig sind, nicht zu Hause wohnen können bzw. kein Zuhause haben. J. haben nach dem Jugendwohlfahrtsgesetz Erziehungs- und Bildungsaufgaben.

Jugendzentren, meist unabhängige, häufig aber kommunal unterstützte Freizeiteinrichtungen für Jugendliche auf weltanschaul. neutraler Grundlage, oft durch Jugendinitiativen gegr. und unter Mithilfe von Sozialpädagogen selbstverwaltet; seit Mitte der 1960er Jahre von Jugendlichen in der BR Deutschland auf Grund der unzureichenden Anzahl, Ausstattung, Programmangebote bestehender Freizeiteinrichtungen gefordert.

Jugoslawien

(amtl. Vollform: serbokroat. und makedon.: Socijalistička Federativna Republika Jugoslavija, slowen.: Socialistična federativna republika Jugoslavija; Sozialist. Föderative Republik Jugoslawien), B.staat in M- und SO-Europa, zw. 40° 51′ und 46° 53′ n. Br. sowie 13° 23′ und 23° 02′ ö. L. **Staatsgebiet:** J. grenzt

Jugoslawien

im NW an Italien, im N an Österreich und Ungarn, im O an Rumänien und Bulgarien, im S an Griechenland und Albanien, im W an das Adriat. Meer. **Fläche:** 255804 km². **Bevölkerung:** 23,0 Mill. E (1984), 90,0 E/km². **Hauptstadt:** Belgrad. **Verwaltungsgliederung:** 6 Republiken. **Amtssprachen:** Serbokroat., Slowen., Makedon. **Nationalfeiertag:** 29. Nov. (Tag der Republik). **Währung:** Jugoslaw. Dinar (Din) = 100 Para (p). **Internat. Mitgliedschaften:** UN, GATT, Balkanpakt; dem COMECON und der OECD assoziiert. **Zeitzone:** MEZ (mit Winterzeit).

Landesnatur: Etwa 75 % von J. werden von Gebirgen und Hochbecken eingenommen. Im NW greifen Ausläufer der Julischen Alpen nach Slowenien über. Hier liegt der Triglav, mit 2863 m ü. d. M. höchster Berg des Landes. Das Hauptgebirgssystem bilden die Dinariden, die den W-Teil von J. entlang der Küste bis zu den Alban. Alpen durchziehen. Sie nehmen von NW nach SO an Breite zu. Ihr höchster Punkt ist der Durmitor im S (2522 m ü. d. M.). Die Dinariden sind stark verkarstet mit Steilabfall zur Adria, mit Längstälern und Becken, die der Küste parallel laufen. Die Neretva ist der einzige Fluß, der die Dinariden quert, ihr Tal wurde daher zu einer bed. Verkehrsleitlinie. Küstenebene sind über 1000 Inseln vorgelagert; im N schließt sich die Halbinsel Istrien an. Die zweite große Landschaftseinheit liegt im N der Dinariden. Dazu gehören das Save-Drau-Zwischenstromland, das von den Kroat.-Slawon. Inselgebirgen überragt wird und die Wojwodina mit Batschka und dem jugoslaw. Anteil am Banat. Der O des Landes wird von stark gekammerten Bergländern eingenommen; Beckenlandschaften, zu denen u. a. das Amselfeld gehört, wechseln mit Gebirgsstöcken ab, die im Massiv des Korab an der Grenze gegen Albanien 2764 m ü. d. M. erreichen. Durch diese Bergländer zieht rd. 500 km lang die Morava-Vardar-Furche von N nach S; sie verbindet das Große Ungar. Tiefland mit dem Ägäischen Meer und ist eine der wichtigsten Verkehrsleitlinien SO-Europas. Der größte Teil von J. liegt im Einzugsbereich der Donau und ihrer rechten Nebenflüsse Save und Morava. Zur Adria entwässert nur ein schmaler Küstenstreifen, abgesehen von der Neretva. Der S wird über den Vardar zur Ägäis entwässert.

Klima: Auf Istrien und im Küstenstreifen des Adriat. Meeres herrscht mediterranes Klima mit sehr milden Wintern und warmen Sommern. Die Niederschläge fallen v. a. im Winter, Crkvice an der Bucht von Kotor ist mit 4626 mm Niederschlag der niederschlagsreichste Ort Europas. Alpines Klima ist auf die Hochgebirge über 2000 m ü. d. M. beschränkt. Das gesamte Binnenland liegt im Bereich des kontinentalen Klimas mit kalten Wintern und sehr heißen Sommern. Charakterist. sind lokale Winde, z. B. die ↑ Bora und der relativ kühle Maestro.

Vegetation: Der größte Teil des Landes gehört zum pannon. Vegetationsbereich, für den Eichen, Hain- und Hopfenbuchen sowie Edelkastanien charakterist. sind. Dorniges, der Trockenheit angepaßtes Buschdickicht wächst in der Übergangszone zur mediterranen Küste. An dieser sind Aleppokiefer, Pinie und Panzerkiefer typ., südl. von Split Macchie, Agaven, Opuntien und immergrüne Wälder.

Tierwelt: Dank der Einrichtung von mehreren Nationalparks wurden Bär, Wolf, Luchs, Schakal, Adler u. a. Tierarten nicht völlig ausgerottet, sondern konnten sich vermehren.

Bevölkerung: 36,2 % sind Serben, 19,7 % Kroaten, 7,8 % Slowenen, 7,7 % Albaner, 6 % Makedonier, 2,6 % Montenegriner, 1,9 % Ungarn (v. a. in der Autonomen Prov. Wojwodina); daneben leben slowak., ruthen., türk., russ., griech., rumän. und italien. Minderheiten im Land, u. a. auch eine als muslim. bezeichnete Volksgruppe. Zur griech.-orth. Kirche bekennen sich 41 % der Gesamtbev., zur röm.-kath. 32 %, zum Islam 12 %. Es besteht achtjährige Schulpflicht. Für die größeren Minderheiten gibt es eigene Schulen oder Schulabteilungen. Von den 18 Univ. des Landes wird die Univ. von Priština zweisprachig geführt. J. verfügt außerdem über zahlr. Hochschulen. Einzelfakultäten und Lehrerbildungsanstalten. Volks- und Arbeiteruniv. dienen der Erwachsenenbildung. Im Vergleich zu M-Europa ist J. dünn besiedelt, insbes. Makedonien und Montenegro (40–70 E/km²). Eine höhere Besiedlungsdichte erreichen v. a. das industriereiche Slowenien (93 E/km²), das Hügelland N-Kroatiens, die nördl. Bosnien, das Donau-Theiß-Tiefland und Serbien, hier v. a. die Autonome Prov. Kosovo (146 E/km²).

Wirtschaft: 1965 trat␣an die Stelle der zentralgelenkten Planwirtschaft eine sozialist. Marktwirtschaft. Etwa 45 % der Erwerbstätigen arbeiten in der Landw. Die landw. Nutzfläche umfaßt rd. 56 % der Landesfläche, davon ist etwa die Hälfte Ackerland, v. a. in den Niederungen der großen Flüsse. Zu den wichtigsten Anbauerzeugnissen gehören Mais, Weizen, Reis, Zuckerrüben, Kartoffeln, Hanf, Obst (u. a. Pflaumen) und Wein. In den nördl. Ebenen werden v. a. Schweine und Rinder gehalten, in den Bergländern Schafe und Ziegen. Etwa 80 % der landw. Nutzfläche sind in der Hand von kleinbäuerl. Betrieben (Durchschnittsgröße 3,3 ha), die etwa zur Hälfte selbst bewirtschaftet werden; auf der anderen Hälfte erfolgt die Erzeugung mit Hilfe gesellschaftl. Produktionsmittel der Allg. Landw. Genossenschaften. Genossenschafts- und Staatsbetriebe befinden sich v. a. in den fruchtbaren Ebenen der Wojwodina. Der

Jugoslawien

VERWALTUNGSGLIEDERUNG

Republik Autonome Provinz	Fläche km²	E (in 1 000) 1981	Hauptstadt
Bosnien und Herzegowina	51 129	4 124	Sarajevo
Kroatien	56 538	4 602	Zagreb
Makedonien	25 713	1 909	Skopje
Montenegro	13 812	584	Titograd
Serbien	88 361	9 314	Belgrad
davon: Kosovo	10 887	1 584	Priština
Wojwodina	21 506	2 035	Novi Sad
Slowenien	20 251	1 892	Ljubljana

Waldbestand (28 % der Gesamtfläche) ist zu fast 70 % in genossenschaftl. oder staatl. Besitz. ⁴/₅ sind Laubwälder. Die Fischerei wurde in den letzten Jahren ausgebaut; nahezu die Hälfte des Gesamtertrags entfällt auf die Binnenfischerei, davon rd. 50 % Karpfen. J. ist reich an Bodenschätzen. Abgebaut werden Stein- und Braunkohle, Kupfererze (J. steht an 3. Stelle in Europa), Eisen-, Mangan-, Zink-, Blei-, Uranerze, Bauxit und Marmor. Die Erdölförderung deckt z. Z. 25 % des Bedarfs. Die Erdgasreserven werden auf 40 Mrd. m³ geschätzt. Knapp die Hälfte des in J. erzeugten Stroms stammt aus Wasserkraftwerken, u. a. aus dem als Gemeinschaftsunternehmen mit Rumänien erbauten Donaukraftwerk am Eisernen Tor. Der Ausbau von Wärmekraftwerken auf Kohlebasis ist geplant. 1981 wurde das erste Kernkraftwerk bei Krško in Betrieb genommen. Bes. nach 1960 hat die verarbeitende Ind. sich rasch entwickelt. Neben der traditionellen Textil- und Bekleidungs-, der Nahrungs- und Genußmittelind. sowie der Holzverarbeitung sind folgende Ind.zweige führend: Eisen- und Stahlind., Verhüttung von Buntmetallerzen, Maschinen- und Schiffbau, Herstellung von Kfz., Traktoren, Eisenbahnwagen und elektrotechn. Artikeln, chem. Ind., Zement-, Papier- und Gummiind. Eine wichtige Einnahmequelle ist der Fremdenverkehr, der sich v. a. auf die Badeorte an der Küste konzentriert, während die Heilbäder v. a. von Inländern aufgesucht werden. Die Rückwanderung von Gastarbeitern sowie Landflucht haben wirtsch. und soziale Probleme aufgeworfen; 1982 betrug die Arbeitslosenquote über 14 %.
Außenhandel: Größter Handelspartner und wichtigstes Abnehmerland ist die UdSSR. Die BR Deutschland ist das wichtigste Lieferland. Sie verkauft nach J. nichtelektr. und elektr. Maschinen und Geräte, Garne, Gewebe und Textilwaren, Kfz., Eisen und Stahl, chem. Grundstoffe, Kunststoffe und -harze, Metallwaren u. a. Sie bezieht aus J. v. a. Bekleidung, elektr. und nichtelektr. Maschinen und Geräte, Obst und Gemüse, NE-Metalle, Schuhe und Möbel.
Verkehr: Wichtigster Verkehrsträger ist die Eisenbahn. Ihr Streckennetz ist 9 389 km lang, davon entfallen 476 km auf die 1976 eröffnete Strecke Belgrad–Bar, die brücken- und tunnelreichste Gebirgsbahn Europas. Das Straßennetz ist 115 174 km lang, davon sind 60 623 km asphaltiert. Unter den Binnenwasserstraßen spielt die Donau die größte Rolle. Wichtige Seehäfen sind Rijeka, Koper, Šibenik, Split, Ploče, Dubrovnik und Bar. Die nat. Luftverkehrsgesellschaft Jugoslovenski Aerotransport und zwei Chartergesellschaften bedienen den In- und Auslandsdienst. J. wird von 15 ausländ. Luftverkehrsgesellschaften angeflogen. Die größten ✈ befinden sich in Belgrad, Zagreb und Dubrovnik.
Geschichte: Die Gebiete des heutigen J. gehörten bis zur Bildung des Kgr. der Serben, Kroaten und Slowenen (1918) zu Österreich-Ungarn, zum Osman. Reich und zum Kgr. Serbien. Der Anschluß der südslaw. Gebiete Österreich-Ungarns zählte seit 1914 zu den Kriegszielen Serbiens. Dieser großserb.-zentralist. Konzeption stand eine kroat.-föderalist. gegenüber. 1917 wurde zw. den emigrierten Südslawen Österreich-Ungarns und der serb. Reg. in der „Erklärung von Korfu" die Errichtung eines demokrat. Kgr. der Serben, Kroaten und Slowenen vereinbart. Am 29. Okt. 1918 erklärte der Agramer Nat.rat die Loslösung Kroatiens von Österreich-Ungarn, der Nat.rat von Bosnien und Herzegowina schloß sich am 30. Okt. an, die montenegrin. Volksversammlung verkündete am 19. Nov. den Anschluß an das Kgr. Serbien. Der serb. Thronfolger Alexander I. Karađorđević proklamierte am 1. Dez. 1918 im Namen König Peters I. das *Kgr. der Serben, Kroaten und Slowenen*, das durch die Pariser Vorortverträge um die südl. Steiermark, das westl. Banat sowie vormals bulgar. Gebiet vergrößert wurde. Dagegen gelangten 1919 Rijeka (italien. Fiume), 1920 Triest und das ehem. östr. Küstenland, das westl. Krain, die dalmatin. Stadt Zadar (italien. Zara) und die Insel Lastovo (italien. Lagosta) an Italien. Der Führungsanspruch der Serben in dem neuen Staat mit mehr als 15 Nationalitäten sowie unterschiedlichen Religions- und Konfessionszugehörigkeiten wurde durch die mit knapper Mehrheit verabschiedete zentralist. Verfassung von 1921 durchgesetzt. Die

Jugoslawien

parlamentar. Obstruktion der kroat. Bauernpartei, die häufigen Reg.wechsel und Neuwahlen, die wirtsch. und sozialen Probleme sowie die Gesetze zum „Schutz des Staates" bezeugen die polit. Instabilität. Die durch das Attentat auf Abg. der kroat. Bauernpartei am 20. Juni 1928 im Belgrader Parlament offen ausgebrochene Staatskrise suchte Alexander (König seit 1921) durch Auflösung des Parlaments, Suspendierung der Verfassung und Übergang zur „Königsdiktatur" zu lösen. Nach Verkündigung der autoritären Verfassung von 1931 - das Land war bereits 1929 in *Kgr. J.* umbenannt worden - rief die kroat. Bauernpartei zum Wahlboykott auf und verkündete ein kroat. Selbstverwaltungsprogramm. Nachdem König Alexander in Marseille 1934 von kroat. und makedon. Nationalisten ermordet worden war, übernahm Prinzregent Paul die Regentschaft für den minderjährigen König Peter II. In der Außenpolitik gelang es J. gegenüber Italien nicht, dessen Vorherrschaft in Albanien, dessen Bündnisse mit Bulgarien und Griechenland sowie dessen polit. und wirtsch. Zusammenarbeit mit Ungarn und Österreich zu verhindern. Einziger Rückhalt gegen die italien. Einkreisungspolitik bildete die jugoslaw. Zugehörigkeit zur Kleinen Entente und der Freundschaftsvertrag mit Frankr. (1927). Die Weltwirtschaftskrise brachte eine engere wirtsch. Zusammenarbeit zw. J. und Deutschland (Handelsvertrag 1934) und eine Aushöhlung des frz. Bündnissystems in SO-Europa, die zum Freundschaftsvertrag mit Bulgarien und zu einem Nichtangriffspakt mit Italien (1937) führten. Die mit Rumänien, Griechenland und der Türkei geschlossene Balkanentente (1934) erwies sich dagegen als relativ wirkungslos. Im Innern erreichte Min.präs. D. Cvetković 1939 eine Verständigung mit den Kroaten. Die neue kroat. Banschaft erhielt weitgehende Autonomie, doch kam die Regelung zu spät, um sich innen- oder außenpolit. im Sinne größerer Bewegungsfreiheit auszuwirken.

Bei Beginn des 2. Weltkriegs neutral, konnte sich J. dem wirtsch. und polit. Gewicht Deutschlands in SO-Europa nicht entziehen. Am 10. Dez. 1940 wurde ein jugoslaw.-ungar. Freundschaftsvertrag unterzeichnet. Auf dt. Drängen hin und mit Aussicht auf den Erwerb Salonikis trat J. am 25. März 1941 dem Dreimächtepakt bei. 2 Tage später wurde die Reg. Cvetković durch General D. Simović gestürzt.

Jugoslawien. Wirtschaftskarte

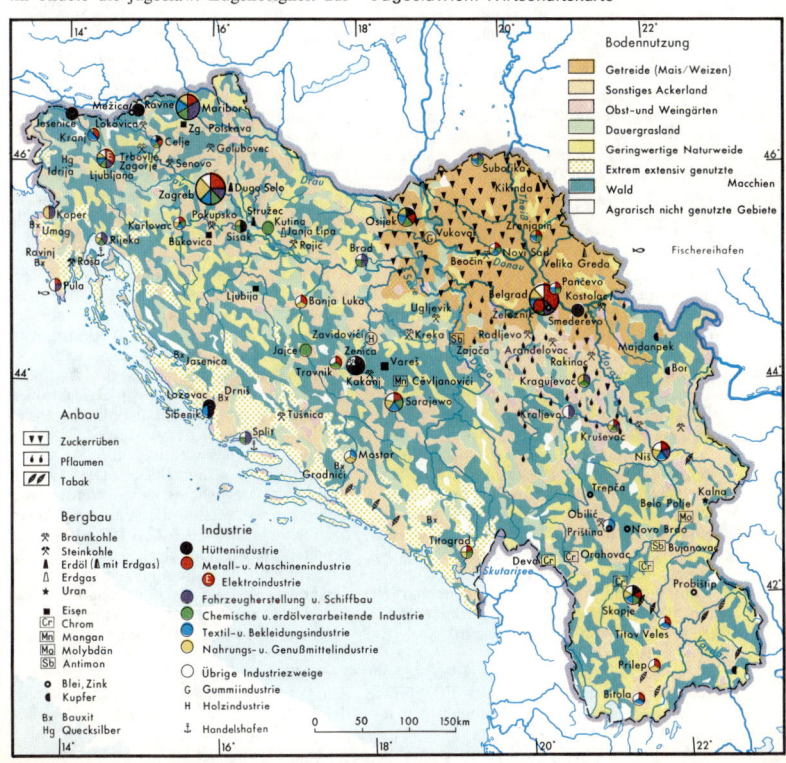

Jugoslawien

Hitler beschloß daraufhin, durch Ausweitung der geplanten Operation gegen Griechenland J. zu zerschlagen. Der Angriff der Achsenmächte begann am 6. April und endete am 17. April mit der Kapitulation der jugoslaw. Armee. Bis auf Serbien, das der dt. Militärverwaltung unterstellt wurde, und den von der rechtsextremen Ustascha am 10. April proklamierten „*Unabhängigen Staat Kroatien*" wurde das jugoslaw. Territorium unter Italien, Deutschland, Ungarn und Bulgarien aufgeteilt. Der Widerstand setzte seitens der Četnici unter D. Mihailović bereits im Mai 1941 ein. Nach dem dt. Angriff auf die UdSSR versuchten die Kommunisten unter Tito, sich an die Spitze des Widerstands zu stellen. Eine Zusammenarbeit zw. Tito und Mihailović scheiterte an den unvereinbaren polit. Konzeptionen. Die Alliierten unterstützten bis 1943 Mihailović, danach den aktiveren Tito.

Der „Antifaschist. Rat der Nat. Befreiung Jugoslawiens" (AVNOJ) bildete im Nov. 1943 eine provisor. Reg. Zw. Tito und dem Chef der jugoslaw. Exilreg. in London, I. Šubašić, kam es zur Einigung über ein Koalitionskabinett (Nov. 1944). Am 10. Aug. 1945 wurde der AVNOJ in ein provisor. Parlament umgewandelt, das durch Gesetze über Bodenreform und Konfiskation „feindl." Vermögens entscheidend in die wirtsch. und gesellschaftl. Struktur eingriff. Die kommunist. Volksfront erreichte am 11. Nov. 1945 88 % der Stimmen bei den Wahlen zur verfassunggebenden Versammlung, die am 29. Nov. die Republik ausrief. Bei der Umgestaltung des Landes - nach der Verfassung vom 31. Jan. 1946 *Föderative Volksrepublik J.* (FVRJ) - kam es zur Verfolgung der Četnici und Ustaschamgl. sowie zur Vertreibung der Deutschen. Die nat. Frage sollte durch die Schaffung von 6 VR, der Autonomen Prov. Wojwodina und des Autonomen Gebiets Kosovo-Metohija gelöst werden. In den Friedensverträgen von Paris (10. Febr. 1947, mit Italien, Ungarn und Bulgarien) wurde das Staatsgebiet von 1941 wiederhergestellt und um die italien. Besitzungen in Istrien und Dalmatien vergrößert. Die Triestfrage wurde 1954 (endgültig 1975) so gelöst, daß die Zone A (Stadt Triest) an Italien, die Zone B an J. fiel.

Obwohl J. zunächst zum Ostblock gehörte, kam es im Frühjahr 1948 wegen sowjet. Einmischungen in die jugoslaw. Innenpolitik zum jugoslaw.-sowjet. Konflikt. Dem ideolog. und polit. Druck der UdSSR setzte J. ein eigenes Sozialismusmodell entgegen (†Titoismus). Durch amerikan. Wirtschaftshilfe, polit. Kontakte zum Westen und Zusammenarbeit mit den blockfreien Staaten (Balkanpakt) suchte J. seine unabhängige Politik nach außen abzusichern.

J., das seit 1963 (neue Verfassung) den Namen *Sozialist. Föderative Republik J.* (SFRJ) führt, wurde nach dem Sturz des langjährigen Innenmin. und Chefs der Geheimpolizei A. Ranković (Juli 1966) zunehmend dezentralisiert; dennoch flammten die nat. Spannungen wiederholt auf. Mit der Verfassung vom 21. Febr. 1974 wurden Selbstverwaltung und Föderalismus weiter ausgebaut. 1977/78 wurden die Beziehungen zu China normalisiert und verstärkt. Nach dem Tode Titos (im Mai 1980), der als weithin anerkannte Integrationsfigur über Jahrzehnte die Einigkeit und Unabhängigkeit des Vielvölkerstaats J. verkörperte, trat erstmals die Verfassungsregelung in Kraft, nach der sowohl der Vorsitz im Präsidium der Republik als auch im Parteivorsitz des BdKJ im jährlichen Turnus wechseln. Seit Beginn der 1980er Jahre hat J. mit erhebl. wirtsch. Problemen zu kämpfen. Nach Konflikten mit den Gläubigerländern unterstellte sich J. einer schärferen Überwachung des Internat. Währungsfonds, um benötigte Kredite zu erhalten. - Seit 1981 löste die Forderung der in der Prov. Kosovo lebenden alban. Bev. nach mehr Autonomie immer wieder Spannungen innerhalb der Teilrep. Serbien aus und führte 1988/89 zu einer Verfassungskrise. Im März 1989 wurde daher die Autonomie von Kosovo zugunsten Serbiens eingeschränkt.

Politisches System: J. ist ein auf der Grundlage der Selbstverwaltung der Bürger rätedemokrat. von unten nach oben aufgebauter Bundesstaat. Gültig ist die Verfassung vom 21. Febr. 1974.

Das Versammlungssystem: Durch die Versammlungen der Bürger als höchsten Organen der Macht in den gesellschaftl.-polit. Gemeinschaften (Kommune, Republik [und Prov.], Bund) soll die Arbeiterselbstverwaltung in die gesellschaftl. Selbstverwaltung integriert und Macht dezentralisiert werden. Auf kommunaler Ebene bestehen die Versammlungen aus dem Rat der assoziierten Arbeit, dem Gesellschaftspolit. Rat und dem Rat der Ortsgemeinschaften. Die Mgl. des Rates der assoziierten Arbeit werden aus der Mitte von Delegationen der Werktätigen in Selbstverwaltungsorganisationen und -gemeinschaften gewählt. Die Mgl. des Gesellschaftspolit. Rates werden von Delegationen der Angehörigen gesellschaftspolit. Organisationen (Bund der Kommunisten J. [BdKJ], Sozialist. Bund des werktätigen Volkes J., Gewerkschaften u. a. m.) delegiert. Die Mgl. des Rates der Ortsgemeinschaften werden von Delegationen aus den Bürgern der Ortsgemeinschaften (Dorf, Stadtbezirke) gebildet werden. Delegierte aus den Räten der Kommunalversammlungen bilden die entsprechenden 3 Räte der Republik- bzw. Prov.versammlung. Die B.versammlung besteht aus dem Rat der Republiken und Prov., der von 12 Delegierten aus jeder der 6 Republiken und je 8 Delegierten aus den beiden Autonomen Prov. gebildet wird, die von deren Versammlungen entsandt werden, und

Jugoslawien

dem B.rat, der sich aus 30 Delegierten der Selbstverwaltungsorganisationen und -gemeinschaften sowie gesellschaftspolit. Organisationen je Republik und 20 je Autonome Prov. zusammensetzt, die von den Kommunalversammlungen einer Republik bzw. Prov. gewählt werden. Die Kandidaten für die Delegationen der Selbstverwaltungsorganisationen und -gemeinschaften werden von deren Mgl. vorgeschlagen und unmittelbar und in geheimer Abstimmung gewählt. Die von den Delegationen in die Versammlungen entsandten Bürger erhalten Richtlinien für ihre Tätigkeit, sind verpflichtet, Rechenschaft abzulegen und können jederzeit abberufen werden. Die *Exekutive* wird von Exekutivräten und Verwaltungsorganen wahrgenommen, die von den Versammlungen auf 4 Jahre gewählt und diesen gegenüber verantwortl. sind. Der B.exekutivrat (Bundesreg.) setzt sich zusammen: aus dem von der B.versammlung auf Vorschlag des Präsidiums gewählten Vors. (Min.präs.), aus - nach dem Grundsatz der gleichberechtigten Vertretung der Republiken und Prov. - gewählten Mgl. sowie B.sekretären (Ressortchefs) und sonstigen Leitern von B.verwaltungsorganen. Das *Staatsoberhaupt*, das ebenfalls von der B.versammlung gewählt wird, ist das Präsidium der Republik („kollektives Staatsoberhaupt"); es setzt sich aus je einem Mitglied aus jeder Republik und aus jeder der beiden Autonomen Provinzen zusammen, das von deren Versammlungen auf 5 Jahre gewählt wird, wodurch in der Staatsspitze die Gleichberechtigung der Republiken und Prov. und die Harmonisierung ihrer Interessen gewährleistet werden sollen; außerdem gehört ihm kraft Amtes der Vors. des BdKJ an. Der Vorsitz im Präsidium wechselt jährl., für Tito galt insoweit eine Ausnahme. Es vertritt den Bund im In- und Ausland, verkündet die Gesetze, ist Oberbefehlshaber der Streitkräfte, kann an Sitzungen des B.exekutivrats teilnehmen und führt dann den Vorsitz. Ihm steht überdies das Recht zu, der B.versammlung Vorschläge zur Innen- und Außenpolitik, Gesetze und sonstige Rechtsakte zu unterbreiten; es kann den B.exekutivrat zu bestimmten Maßnahmen zur Ausführung von Gesetzen auffordern; es kann vor der B.versammlung dem Exekutivrat die Vertrauensfrage stellen; falls im Kriegszustand die Versammlung nicht zusammentreten kann, erläßt Verordnungen mit Gesetzeskraft und kann einzelne Verfassungsbestimmungen, insbes. auch Grundrechte, außer Kraft setzen.
Bund und Republiken: Die einzelnen jugoslaw. Republiken sind selbständige Staaten. Der Bund ist ein Instrument zur Wahrung gemeinsamer Interessen: Außenpolitik, Landesverteidigung, Staatssicherheit, Gewährleistung des Selbstverwaltungssystems und eines einheitl. Marktes. Wenn die Verfassung nichts anderes vorsieht, sind die Republiken für die Ausführung von B.gesetzen verantwortl. und erlassen entsprechende Ausführungsgesetze. Das Verhältnis zw. den Republiken ist auf Grund histor. Gegebenheiten und wegen des steilen Entwicklungsgefälles z. T. äußerst schwierig. Die Forderung der ökonom. höher entwickelten Republiken nach unbeschränkter Verfügung über die Erträge ihrer Wirtschaft hatte wiederholt ernste Spannungen zw. den Republiken zur Folge. Die *Verwaltung* ist weitestgehend dezentralisiert. Die grundlegende Verwaltungseinheit ist die Kommune, die alle Angelegenheiten wahrnimmt, die nicht durch die Verfassung dem Kompetenzbereich einer Republik oder Prov. oder dem Bund zugewiesen sind. Insbes. sind die Kommunen zuständig für wirtsch. Entwicklungsmaßnahmen, das Bildungs-, Gesundheits- und Sozialversicherungswesen, den Wohnungsbau, Dienstleistungen, Arbeitsvermittlung, Umweltschutz, Bodennutzung, Raumplanung, Verwaltung gesellschaftl. Grund und Bodens und seiner Schätze sowie für die Volksverteidigung.
Führende polit. Kraft, die das Rätesystem teilweise überlagert, und einzige polit. *Partei* ist der Bund der Kommunisten Jugoslawiens, ein Zusammenschluß der kommunist. Parteien der 6 Republiken und 2 Prov., die innerhalb der Dachorganisation einen häufig eigenwilligen Kurs verfolgen. Weitere bed. *gesellschaftspolit. Organisationen* sind: der Sozialist. Bund des werktätigen Volkes, dessen Aufgaben v. a. darin bestehen, die Bürger für polit. Aktivitäten zu mobilisieren und anzuleiten, die Verfahren zur Nominierung von Kandidaten für die Delegationen der Werktätigen und Bürger sowie für die Selbstverwaltungsorgane zu organisieren, die Wahlen durchzuführen, den Willensbildungsprozeß in diesen Organen mitzugestalten und zu überwachen; der Gewerkschaftsbund (5 Mill. Mgl.), der Jugendverband, der Bund der Kriegsteilnehmer. Die *Rechtsprechung* wird wahrgenommen von ordentl. Gerichten der Kommunen, Republiken, Prov. und des Bundes, deren Mgl. von den jeweiligen Versammlungen gewählt werden, sowie von Selbstverwaltungsgerichten. Die obersten Gerichte sind das B.gericht sowie das B.verfassungsgericht. Selbstverwaltungsgerichte gibt es in Gestalt von Gerichten assoziierter Arbeit, Schiedsgerichten, Friedensrichtern. Der Schutz der Selbstverwaltungsrechte obliegt darüber hinaus gesellschaftl. Selbstverwaltungsanwälten, die Verfahren vor den Versammlungen der gesellschaftspolit. Gemeinschaften oder Gerichten anstrengen können. Die *Landesverteidigung* ist unter Wiederbesinnung auf die Tradition des Volksbefreiungskrieges seit 1969 Bestandteil der Selbstverwaltung von der Kommune bis hin zum Bund. Es besteht allg. Wehrpflicht. J. unterhält Streitkräfte in einer

jugoslawische Kunst

Gesamtstärke von 239000 Mann (Heer 191000, Luftwaffe 36700, Marine 12000). Reserven und paramilitär. Truppen umfassen insgesamt 1-3 Mill. Mann.

📖 *Büschenfeld, H.: J. Stg. 1981. - Kunstdenkmäler in J. Hg. v. R. Hootz. Mchn. 1981. - J. Aspekte der Gegenwart - Perspektiven der Zukunft. Hg. v. C. Gneuss u. K.-D. Grothusen. Stg. 1979. - Künne, W.: Die Außenwanderungen jugoslaw. Arbeitskräfte. Königstein/Ts. 1979. - Razumovsky, D.: Titos Erbe. Freib. 1978. - Lemân, G.: Das jugoslaw. Modell. Wege zur Demokratisierung. Ffm. 1976. - Furtak, R. K.: J. Politik, Gesellschaft, Wirtschaft. Hamb. 1975. - Südosteuropa-Hdb. Hg. v. K.-D. Grothusen. Bd. I: J. Gött. 1975. - Akzente des sozialen Wandels in J. Hg. v. K. Ruppert u.a. Mchn. 1972.*

jugoslawische Kunst, der kroat. Bildhauer I. Meštrović (Einfluß Rodins, Maillols) übernahm eine Rolle als südslaw. Integrationsfigur. Maler aus Serbien (N. Petrović, P. Dobrović), Kroatien (J. Račić) und Slowenien (R. Jakopič) schulten sich in München und Paris. 1929 gründete K. Hegedušić die sozialkrit. Gruppe „Zemlja", 1930 die Bauernmalschule in Hlebine (I. Generalić). Etwa seit 1950 traten neben den sozialist. Realismus vielfältige avantgardist. Strömungen, z. B. abstrakte Skulptur (D. Džamonja), Op-art (M. Šutej) und konzeptualist. Demonstrationen (M. Abramović, B. Dimitrijević).

Das Kunsterbe auf jugoslaw. Boden gehört sehr unterschiedl. Einflußbereichen an. Bed. Zeugnisse aus **röm. Zeit** sind u. a. der Diokletianspalast in Split, das Amphitheater in Pula und das Aquädukt bei Skopje, zur **byzantin. Kunst** gehört die Basilika von Poreč aus dem 6. Jh. und die Sofija-Kirche in Ohrid (11. Jh.) mit bed. Fresken (Mitte 11. Jh.), nach Italien orientiert ist die **rom. Baukunst** Dalmatiens, das lange unter italien. (venezian.) Herrschaft stand, die auch die got. Bautätigkeit prägte. Zu nennen sind u. a. die roman. Kathedrale in Zadar (12.-13. Jh.) und die Kathedrale von Trogir mit einem eigenwilligen Hauptwerk roman. Plastik (Portal von 1240). Bauwerke im Übergang von der **Spätgotik zur Renaissance** sind u. a. der Dom von Šibenik (1431-1536), der Palais Cipiko in Trogir (15. Jh.), der Rektorenpalast der alten Adelsrepublik Ragusa (1435-41 und 1468) in Dubrovnik. Eine eigene Entwicklung nahm im MA die **serb. Kunst,** die sich etwa 1170 bis Ende des 14. Jh. mit der Entwicklung des (groß)serb. Reiches entfaltete. Die Nemanjiden-Dyn. begünstigte eine höf. und klösterl. Baukunst, in der westl.-roman. Einflüsse die vorherrschenden byzantin. Traditionen überlagerten: Sankt Georg im altserb. Rasa bei Novi Pazar (1170, heute Ruine) und die Grabeskirche der Herrscher, die Muttergotteskirche im Kloster Studenica (nach 1190; mit bed. Bauplastik), vorbildl. u. a. für die Klosterkirchen in Mileševa (1234 ff.) und Dečani (1327-35). Seit der Eroberung Makedoniens durch Serbien verstärkte sich die byzantin. Komponente der serb. Kunst. Verschiedenfarbiger Backstein charakterisiert sowohl die Fünfkuppelkirche des Klosters Gračanica bei Priština (vor 1321) wie die Baukunst im Moravagebiet im NO, deren plast. Dekor zudem sehr reich ist (Ravanica, 1376/77, Kalenić, um 1410). Die serb.-byzantin. Malerei erreichte ihren Höhepunkt in den monumentalen, großfigurigen Fresken der Dreifaltigkeitskirche des Klosters Sopoćani bei Novi Pazar (um 1265). Die paäolog. Renaissance in der serb. Malerei gipfelt in den vielfigurigen, lebendig bewegten Wandmalereien der Klosterkirche von Gračanica (um 1320), das größte Freskenprogramm befindet sich in der Klosterkirche von Dečani (1340-50). Um die Wende des 14./15. Jh. blühte in der Morava-Schule noch einmal die Freskomalerei. Unter türk. Herrschaft wurde das Stadtbild v. a. vieler jugoslaw. Städte von der **islam. Kunst** geprägt, u. a. Sarajewo mit der Husrev-Beg-Moschee (1530), Mostar mit der Brücke von 1566 oder Niš mit der türk. Festung aus dem 18. Jh. - Abb. S. 116.

📖 *Kolarić, M.: Jugoslawien. Seine Kunstschätze u. Naturschönheiten. Eltville 1978. - Nickels, S.: Jugoslawien. Dt. Übers. Stg. 1972.*

jugoslawische Literatur, allgemein Bez. für die Literatur der slaw. Völker Jugoslawiens. Zu unterscheiden ist die montenegrin. und bosn.-herzegow. Traditionen miteinschließende *serb. Literatur* in serbokroat. Sprache, die *kroat. Literatur* auf der Basis der in 2 Varianten gebrauchten serbokroat. Sprache, die *slowen. Literatur* und die *makedon. Literatur* mit dem seit 1944 als Schriftsprache anerkannten Makedon. als Grundlage.

Serb. Literatur: Nach Anfängen im 12. Jh. wurden bed. als eigenständige literar. Gattung altserb. kirchl. Würdenträger- und Herrscher-Biographien des 13. und 14. Jh., die hagiograph. und historiograph. Elemente vereinten; diese Tradition fand durch die osman. Eroberung Serbiens (1459) ihr Ende. Von der europ. Entwicklungen isoliert, schuf allein die Volksdichtung, insbes. die Heldenepik, eine mündl. überlieferte, nat. bestimmte Tradition. Im 18. Jh. entstanden, bedingt durch den orthodoxen Bildungseinfluß Rußlands, v. a. histor. Schriften. Ende des 18. Jh. wurde die Aufklärung (bes. durch D. Obradović) in Serbien wirksam. Eine moderne Literatur konnte sich jedoch erst nach der endgültigen Schaffung einer eigenen Schriftsprache, der †serbokroatischen Sprache, entfalten; einen wichtigen Beitrag leistete die polit.-kulturelle Bewegung des Illyrismus (1830-50) setzten den Beginn der z. T. dt. beeinflußten, v. a. aber nat. bestimmten Romantik, vertreten durch die Lyriker B. Radičević und Peter II. Petrović Njegoš. In den 1870er Jahren erfolgte unter dem Einfluß der russ. zeitgenöss. Literatur und unter Führung des serb. Sozialisten S. Marković die verstärkte Hinwendung zum Realismus, bes. deutl. in den Dorfnovellen von S. Ranković. Der frz. Symbolismus und die Suche nach neuen Formen führten um die Wende zum 20. Jh. zur Abkehr von den durch die Volksdichtung geprägten Mustern und Hinwendung zu einer symbol., futurist. und expressionist. Lyrik in verfeinerter Sprache. Das Ausbleiben der erhofften nat. Gleichberechtigung und Demokratie nach der Errichtung des Königreichs der Serben, Kroaten und Slowenen (1918) sowie die Tendenzen zu einer monarchist. Diktatur (bes. nach 1929) hatten literar. Experimente und Konfrontationen sowie eine erneute themat. Regionalisierung zur Folge; überragender Dichter der Zwischenkriegszeit war I. Andrić. Der nach 1945 zur verbindl. literar. Form erklärte sozialist. Realismus wurde bes. in den 1950er Jahren von modernist. und avantgardist. Lyrikern strikt abgelehnt. Die moderne serb. Prosa zeigt in den Erzählungen und Romanen von M. Bulatović antirealist.-pessimist. Tendenzen; in den Romanen von M. Lalić werden Themen aus dem Partisanenkampf behandelt; neben Andrić ist M. Selimović der bedeutendste Erzähler der Gegenwart. Die Lyrik ist v. a. avantgardist. wie auch experimentell.

Kroat. Literatur: Da die Kroaten jahrhundertelang verschiedenen polit. Machtzentren angehörten, war ihre Literatur überwiegend regionalist. bestimmt. Seit dem 10. Jh. entwickelte sich an der norddalmatin. Küste (Senj) und bes. auf Krk eine kirchenslaw. Übersetzungsliteratur. Im 15./16. Jh. entstand unter dem Einfluß italien. Vorbilder eine bed. volkssprachl. Renaissanceliteratur; im 18. Jh. von Bed. war die Volksdichtung mit Heldenliednachdichtungen und didakt.-aufklärer. Themen. Entscheidend für die Herausbildung der modernen kroat. Literatur in den 1830er Jahren waren Illyrismus und Sprachreform; es entstanden Werke im Stil einer durch die Volkspoesie beeinflußten nationalbewußten Romantik; realist. Einflüsse wurden ab 1870 durch A. Šenoa wirksam. Die Vertreter der Moderne (bes. A. G. Matoš, V. Nazor) setzten auf Grund der Magyarisierungsbestrebungen um 1900 und danach die gesellschaftskrit. Tradition fort; zunächst expressionist. orientiert, gab v. a. M. Krleža der kroat. Literatur eine marxist. gesellschaftskrit. Orientierung. Nach 1945 waren v. a. der Partisanenkampf, der Wandel der Gesellschaftsstruktur im heutigen Jugoslawien sowie eth.-moral. Fragen zentrale Themen, die von jüngeren Autoren aufgegriffen, jedoch von einer skept.-pessimist. Erzählposition aus gestaltet werden.

Slowen. Literatur: Zwar verfügt das Slowen. mit den „Freisinger Denkmälern" (um 1000), einer Übersetzung von 2 Beichtformeln und einer Beichthomilie, über das älteste slaw. Sprachdenkmal überhaupt, die Anfänge einer slowen. literar. Aktivität liegen aber erst im späten 16. Jh., wo im Zuge der Reformationsbewegung die Grundlagen für eine slowen. Schriftsprache und somit Literatur mit vorwiegend kirchl. Thematik gelegt wurden. Erst nach 1770 begann ein säkularisiertes literar. Schaffen, das in der slowen. Romantik mit der Lyrik von F. Prešeren einen Höhepunkt erreichte, in der Erzählprosa bes. durch F. Levstik und J. Jurčič. Russ. und frz. Vorbilder wirkten auf die vorherrschende bürgerl.-liberale Erzählthematik und die künstler. Verfahren des slowen. Realismus und Naturalismus ein, der gegen Ende des 19. Jh. von W-Europa eindringenden zeitgenöss. und modernist. Strömungen abgelöst wurde. Bedeutendste Vertreter dieser „Moderne" sind der Lyriker O. Župančič und der Prosaist I. Cankar. Expressionist. und neorealist. Strömungen bestimmten die Zwischenkriegszeit; in durch die Doktrin des sozialist. Realismus zunächst eingeengten Nachkriegsliteratur dominierte v. a. die patriot. und revolutionäre Thematik des Partisanenkampfes; erst im Laufe der 1950er Jahre wurden in Lyrik und Prosa wieder Allgemeinmenschl. thematisiert. Sprachl. Experiment und Gestaltung sozialer Problematik (sowohl von marxist. wie auch existentialist. Positionen) kennzeichnen die Werke der jüngsten Generation slowen. Autoren.

Makedon. Literatur: Zentrale Gattung der Literatur der slaw. Makedonier, die nach Anläufen in der 2. Hälfte des 19. Jh. erst im Laufe des 20. Jh. und insbes. nach Schaffung einer offiziellen makedon. Schriftsprache (1944) eine bes. Pflege erfuhr, war nach 1945 die Lyrik; sie war in der Volkspoesie orientiert und nahm allmähl. Stilmittel der europ. Moderne auf. In Prosadichtungen wurde der makedon. Widerstandskampf gestaltet; in der heutigen, histor.-gesellschaftl. Themen zugeneigten makedon. Literatur herrscen realist. Stilprinzipien vor.

📖 *Barac, A.: Gesch. der jugoslaw. Literaturen von den Anfängen bis zur Gegenwart. Dt. Übers. Wsb. 1977.*

jugoslawische Musik, von einem reichen Musikleben bei den südslaw. Völkern berichten griech. und byzantin. Schriftsteller. Die ersten musikal. Quellen sind aus dem 10. Jh. in dalmatin. Schlössern und Klöstern erhalten. Die *kirchlich-religiöse Musik,* von der auch starke Einflüsse auf die Volksmusik ausgingen, ist geprägt in Serbien durch den serb.-orth. Ritus, in Slowenien und Kroatien durch den röm.-kath. Ritus in slaw. Sprache und den byzantin.-slaw. Ritus, in Bosnien, der Herzegowina, Montenegro und Mazedonien durch den Islam. Die landschaftl. stark unterschiedl. *Volksmusik* nahm Einflüsse aus dem Orient, aus Byzanz, aus Italien, Tirol und Ungarn auf. Die serbische Volksmusik

jugoslawische Musik

ist zudem gekennzeichnet durch bes. große rhythm. Vielfalt. Von den Streichinstrumenten ist die Gusle hervorzuheben, das Instrument der Guslaren, die ep. Gesänge aus der Volksüberlieferung vortrugen. Bekanntester Volkstanz ist der Kolo. - Die *Kunstmusik* Serbiens, Kroatiens und Sloweniens war bis zum Beginn des 19. Jh. von der jeweils dominierenden europ. Musik geprägt. Die einzelnen Musikkulturen entwickelten sich in den jeweiligen Gebieten relativ isoliert voneinander. Seit der Mitte des 19. Jh. entstanden (bes. auf dem Gebiet der Oper) die ersten Werke einer bewußt nat. Musik. Komponisten dieser Generation waren u. a. V. Lisinski (*1819, †1854), K. Stanković (*1831, †1865), I. Zajc (*1832, †1914), B. Joksimović (*1868, †1955), G. Krek (*1875, †1942), E. Adamič (*1877, †1936). Als bedeutende Komponisten der

Jugoslawische Kunst. Oben: Muttergotteskirche im Kloster Studenica (nach 1190 und 1. Hälfte des 13. Jh.); unten (von links): Greif am linken Gewände des inneren Westportals der Kirche des Klosters Dečani (1327–35); Maria Magdalena küßt die Hand Christi (Ausschnitt aus einer Kreuzabnahme; um 1240). Kloster Mileševa

Zeit zw. 1918 und 1941 sind zu nennen u. a. P. Konjović (*1883, †1970), F. Lhotka (*1883, †1962), S. Hristić (*1885, †1958), J. Gotovac (*1895), J. Slawenski (*1896, †1955), B. Arnič (*1901, †1970), M. Cipra (*1906), B. Papandopulo (*1906), P. Šivic (*1908), M. Lipovšek (*1910). Zur jüngsten Komponistengeneration, die eine Synthese nationaler Elemente mit modernsten Kompositionstechniken anstrebt, zählen u. a. U. Krec (*1922), M. Kelemen (*1924), I. Malec (*1925), M. Miletić (*1925), J. Matičič (*1926), R. Radica (*1931), I. Petrič (*1931), A. Srebotnjak (*1931), V. Globokar (*1934), Z. Hristić (*1938).
📖 *Cvetko, D.: Musikgesch. der Südslawen.* Kassel u. a.; Maribor 1975. - *Andreis, J.: Music in Croatia.* Engl. Übers. Zagreb 1974.

Jugurtha (Iugurtha), *um 160, †Rom 10. Jan. 104, König von Numidien. - 120 von seinem Oheim Micipsa adoptiert und als gleichberechtigter Nachfolger neben dessen eigenen Söhnen eingesetzt, beseitigte J. nach 118 zielstrebig seine Mitregenten. Den **Jugurthin. Krieg** (112) mit Rom führte J. dank der Bestechlichkeit seiner Gegner erfolgreich. 105 wurde J. durch Bocchus I. von Mauretanien an Rom ausgeliefert, im Triumphzug des Marius mitgeführt und anschließend erdrosselt.

Juice [dʒuːs; lat.-engl.], Obst-, Gemüsesaft.

Juilliard, Augustus [engl. ˈdʒuːlɪɑːd], *auf der Überfahrt von Frankr. nach dem USA 19. April 1836, †New York 25. April 1919, amerikan. Baumwollhändler und Mäzen. - Hinterließ bei seinem Tod etwa 20 Mill. Dollar zur Schaffung der *J. Musical Foundation* (gegr. 1920). Die in New York 1924 gegr. **Juilliard School of Music** gehört heute zu den wichtigsten Musikschulen in den USA. Ihr Präs. gründete 1946 das weltbekannte **Juilliard String Quartet.**

Juin, Alphonse [frz. ʒɥɛ̃], *Bône (= Annaba, Algerien) 16. Dez. 1888, †Paris 27. Jan. 1967, frz. Marschall (seit 1952). - Im 2. Weltkrieg u. a. Oberbefehlshaber in N-Afrika; 1944 Generalstabschef; 1947-51 Generalresident in Marokko; 1951 Generalinspekteur der frz. Streitkräfte und Oberbefehlshaber der Landstreitkräfte, 1953-56 der Gesamtstreitkräfte der NATO in Europa-Mitte; 1954 von seinen frz. Ämtern abberufen; ab 1952 Mitglied der Académie française; erregte wiederholt Mißfallen durch polit. Äußerungen, u. a. gegenüber der Gaulles Algerienpolitik.

Juist [jyːst], eine der ↑Ostfriesischen Inseln, 11 km lang, 0,5 km breit. Einziger Ort ist das Nordseeheilbad J., 2400 E. Fähre von Norddeich.

Juiz de Fora [brasilian. ˈʒuiz di ˈfora], brasilian. Stadt im S des B.staats Minas Gerais, 676 m ü. d. M., 284000 E. Kath. Erzbischofssitz; Zentrum der brasilian. Wirkwarenindustrie.

Jujube [griech.-lat.-frz.] (Judendorn, Dornjujube, Ziziphus jujuba), Kreuzdorngewächs O-Asiens, von China bis zum Mittelmeergebiet kultiviert; Strauch oder kleiner Baum mit ungleich langen Nebenblattdornen, längl.-eiförmigen Blättern und achselständigen, gelben Blüten; Früchte (reif) schwärzl., dattelähnl., mit weißl., süßem Fruchtfleisch, eßbar (**chin. Datteln**).

Jujuy [span. xuˈxuj], Prov. in NW-Argentinien, an der Grenze gegen Chile und Bolivien, 53219 km^2, 410000 E, Hauptstadt San Salvador de Jujuy. Die Prov. liegt in der nördl. Puna und Vorpuna. - Landw. und Bergbau (Blei, Zink, Silber) sind gleichermaßen bed.

Jukawa, Hideki, *Tokio 23. Jan. 1907, †Kioto 8. Sept. 1981, jap. Physiker. - Sagte 1935 vor Entdeckung der Mesonen auf Grund theoret. Überlegungen die Existenz eines mittelschweren Elementarteilchens (ident. mit dem 1947 gefundenen ↑Pion) voraus, das als Feldquant die Kernkräfte zw. den Nukleonen vermittelt. Er erhielt dafür 1949 den Nobelpreis für Physik.

Jukebox [ˈdʒuːkbɔks; amerikan., eigtl. „Krachschachtel"], Bez. für einen Musikautomaten, der nach Einwurf von Geldmünzen die durch Tastendruck gewählten Schallplatten abspielt.

Jul (Julfest) [altnord. jol], urspr. heidn. Winterfest der Germanen, dessen Namensbed. unsicher ist und entweder als „Rad" (der Sonne) oder „Besprechung" verstanden wird; zweifelhaft ist auch, ob das Fest im Zusammenhang mit der Wintersonnenwende stand und an diesem Termin begangen wurde. Bräuche des Julfestes sind teilweise vom christl. Weihnachtsfest übernommen worden, z. B. das Aufstellen eines grünen Nadelbaumes; am ausgeprägtesten haben sie sich jedoch in N-Deutschland und Skandinavien erhalten, wo bis heute „J." die übl. Bez. für das Weihnachtsfest ist. Bekannte brauchtüml. Sitten sind der **Julklapp,** ein umständl. verpacktes Scherzgeschenk, das mit dem Ruf „Julklapp!" in das Zimmer geworfen wird, und der **Julbock,** eine Maskengestalt, in Norwegen als Vorgänger des Weihnachtsmannes.

Jules [frz. ʒyl], frz. Form des männl. Vornamens ↑Julius.

Juli (lat. mensis Iulius), urspr. der 5. Monat des altröm. Kalenders mit dem Namen Quintilis (lat. quintus „der fünfte") und 31 Tagen; nach Cäsars Kalenderreform 46 v. Chr. der 7. Monat mit ebenfalls 31 Tagen, der zu Ehren des Diktators **Iulius** genannt wurde.

Julia (Julie), weibl. Vorname lat. Ursprungs (zu ↑Julius); frz. Form Julie.

Julia, *39 v. Chr., †Rhegium 14. n. Chr., Tochter des Kaisers Augustus. - Nach polit. Ehen 11 v. Chr. zur Ehe mit Tiberius gezwungen; wegen ihres Lebenswandels ebd. und nach polit. Intrigen verbannt.

Juliacum, lat. Name von ↑Jülich.

Julian

Julian, männl. Vorname (zu lat. Julianus, †Julius); frz. Form Julien.
Julian (Flavius Claudius Julianus), * Konstantinopel 331, † Maranga am Tigris 26. Juni 363, röm. Kaiser (360 Augustus, 361 Alleinherrscher). - Wurde am 6. Nov. 355 zum Caesar ernannt, bemühte sich in den folgenden Jahren in Gallien erfolgreich (357 Sieg bei Straßburg) um die Konsolidierung der durch Germaneneinfälle gefährdeten Grenze. Als Nachfolger Konstantius' II. führte J. 363 den Perserkrieg fort, in dessen Verlauf er zwar bis Ktesiphon vordrang, jedoch auf dem Rückzug fiel. - Philosoph, hochgebildet, verlor früh den christl. Glauben (Beiname „Apostata" = der Abtrünnige) und wurde Anhänger der neuplaton. Lehre, die er zu einer neuen Reichsreligion umzugestalten suchte. In der Gesetzgebung war J. um Beseitigung wirtschaftl. und sozialer Härten bemüht. Verfaßte u. a. religiös-philosoph. Schriften.
Juliana (Juliane), weibl. Vorname lat. Ursprungs (†Julian); frz. Form Julienne.
Juliana, *Den Haag 30. April 1909, Königin der Niederlande (1948–80). - Einzige Tochter der Königin Wilhelmina; heiratete 1937 Prinz Bernhard von Lippe-Biesterfeld; ging 1940 mit ihrer Familie ins Exil; bereits 1947/48 kurzfristig Regentin; dankte am 30. April 1980 zugunsten ihrer Tochter Beatrix ab.
Juliana von Lüttich (J. von Cornillon), hl., *Rétinne bei Lüttich um 1192, † Fosses (= Fosses-la-Ville) bei Namur 5. April 1258, belg. Augustiner-Chorfrau. - Ihre Visionen führten zur Einführung des Fronleichnamsfestes in der kath. Kirche.
Julian Apostata †Julian (Flavius Claudius Julianus).
Julianehåb [dän. juli'a:nɔhɔ:'b] (Quaquortoq), Stadt an der S-Küste Grönlands, 3 100 E. Hafen, Radiostation; Zentrum des bedeutendsten Schafhaltungsgebiets in Grönland; Fischerei mit Verarbeitungsbetrieben; Bootswerft; ⚒. - Gegr. 1774; nahebei **Brattahlid,** die erste Niederlassung der Wikinger auf Grönland (985, Erich der Rote).
Julianisches Datum [geprägt von J. J. Scaliger nach dem Vornamen seines Vaters Julius C. Scaliger], Abk. J. D., in der Astronomie verwendete Datumsangabe, die mit dem 1. Jan. 4713 v. Chr. (Jahr 0 J. D.) beginnt.
Jülich, Stadt an der Rur, NRW, 83 m ü. d. M., 30 300 E. Fachhochschule Aachen, Abteilung J.; Röm.-german. Museum; Papier-, Zucker-, Textilind.; Kernforschungsanlage. - Röm. Zivilsiedlung **Juliacum** (wichtiger Straßenknotenpunkt); die Siedlung wurde angebl. um 1238 zur Stadt erhoben; nach 1288 als Ringfestung ausgebaut; besaß eine bed. Münzstätte; wurde um 1550 Residenzstadt, unter pfälz. Herrschaft (seit 1614) Hauptstadt von Jülich-Berg; nach dem Stadtbrand von 1547 neu errichtet und zur bastionierten Festung ausgebaut (1549–55); 1860 Schleifung der Festung. - Im 2. Weltkrieg stark zerstört; die Kirche Sankt Mariä Himmelfahrt wurde durch einen Neubau 1952 ersetzt, ihr roman. W-Turm restauriert; Reste der Schloßanlage (1549 ff.) und der Zitadelle.
J., ehem. Gft., hervorgegangen aus dem fränk. J.-Gau, fiel 1207 an die Herren von Hengebach (Heimbach). Unter Wilhelm V. (I.) (1328–61) wurde J. zur Markgft., 1356 zum Hzgt. erhoben. Unter Gerhard I. 1346 kamen die Gft. Ravensberg und 1348 die Gft. Berg hinzu; Ende des 14. Jh. wurden Monschau, Euskirchen und Randerath, Ende des 15. Jh. die Heinsberg. Lande erworben. 1511 wurden die Hzgt. J.-Berg-Ravensberg und Kleve-Mark durch Heirat in Personalunion vereinigt. 1614 fielen J. und Berg an Pfalz-Neuburg, 1777 an Bayern; 1815 erhielt Preußen J.-Kleve-Berg.
Jülicher Börde, fruchtbare Ackerbaulandschaft im W-Teil der Niederrhein. Bucht.
Jülich-Klevescher Erbfolgestreit, Auseinandersetzung zw. Sachsen, Brandenburg, Pfalz-Neuburg und Pfalz-Zweibrücken um das Erbe des letzten Hzg. aus dem Haus Kleve. Religiöse Verflechtungen ließen die Auseinandersetzung zu einem internat. Politikum werden. In dem durch Vermittlung Frankr. und Englands zustande gekommenen Vertrag von Xanten (1614) erhielt Brandenburg Kleve, Mark und Ravensberg, Pfalz-Neuburg erhielt Jülich und Berg; 1666 im Vertrag von Kleve bestätigt.
Julie [frz. ʒy'li], frz. Form des weibl. Vornamens †Julia.
Julien [frz. ʒy'ljɛ̃], frz. Form des männl. Vornamens †Julian.
Julienne [frz. ʒy'ljɛn], frz. Form des weibl. Vornamens †Juliana.
Julier, altröm. Patriziergeschlecht, dessen bedeutendster Vertreter Cäsar war.
Julierpaß †Alpenpässe (Übersicht).
Julikäfer (Weinlaubkäfer, Anomala aenea), 12–14 mm große, meist grün oder blau gefärbte Art der Skarabäiden in M-, S- und im südl. N-Europa, nach N-Amerika verschleppt; erscheint Anfang Juli in Auen, v. a. an Weiden und Birken.
Julikönigtum, Bez. für die Reg.zeit des frz. Königs Louis Philippe (1830–48), der durch die Julirevolution an die Macht gekommen war.
Julikrise (1914), die diplomat., polit. und militär. Krisenspannungen, die nach dem Mord von Sarajevo (28. Juni 1914) in einer fortschreitenden Steigerung zum 1. Weltkrieg führten.
Juliordonnanzen, von Karl X. von Frankr. unterzeichnete verfassungswidrige Verordnungen (u. a. Aufhebung der Pressefreiheit, Wahlrechtsänderung), die zur Julirevolution führten.

Julirevolution, Erhebung der Pariser Bev. (27.–29. Juli 1830), Höhepunkt des Konflikts zw. der bourbon. Restauration und der liberalen Kammermehrheit; führte zum Sturz Karls X. sowie zu revolutionären Erhebungen und verfassungsstaatl. Bestrebungen im übrigen Europa.

Julische Alpen, Teil der Südl. Kalkalpen, im **Triglav,** dem höchsten Berg Jugoslawiens, 2 863 m hoch; das westl. Drittel der J. A. liegt in Italien und erreicht im Montasch (italien. Jof di Montasio) 2 587 m Höhe. Bis 1 300 m herab sind die J. A. stark glazial überformt.

Julius, männl. Vorname lat. Ursprungs, eigtl. „der aus dem Geschlecht der Julier".

Julius, Name von Päpsten:
J. II., *Albissola bei Savona 1443, † Rom 21. Febr. 1513, vorher Giuliano della Rovere, Papst (seit 1. Nov. 1503). - Mäzen und Förderer der Kunst (Grundsteinlegung der Peterskirche 1506); sicherte den zerrütteten Kirchenstaat als Machtgrundlage des neuzeitl. Papsttums; berief 1512 das 5. allgemeine Laterankonzil.
J. III., *Rom 1487, † ebd. 23. März 1555, vorher Giovanni Maria del Monte, Papst (seit 8. Febr. 1550). - 1545 Legat auf dem Konzil von Trient, das er eröffnete. Ziel seines Pontifikats war die Wiederherstellung der Glaubenseinheit und die Türkenabwehr. Erreichte 1554 durch Vermittlung R. Poles die Rekatholisierung Englands unter Maria I., die jedoch nicht anhielt; verhalf der kath. Erneuerung zum Durchbruch.

Julius, Name von Herrschern:
Braunschweig-Wolfenbüttel:
J., *Wolfenbüttel 29. Juni 1528, † ebd. 3. Mai 1589, Hzg. (seit 1568). - Erster Vertreter des staatswirtschaftl. Merkantilismus; führte die luth. Reformation ein; gründete 1576 die Univ. Helmstedt.
Würzburg:
J. Echter von Mespelbrunn, *Mespelbrunn 18. März 1545, † Würzburg 13. Sept. 1617, Fürstbischof (seit 1573). - Wirkte im Sinn der Gegenreformation in seinem Bistum und in den Hochstiften Fulda und Bamberg; begr. die Univ. und das „Juliusspital" (1576) in Würzburg.

Juliusturm, allg. Bez. für vom Staat zurückgelegte Gelder nach einem Turm der früheren Zitadelle in Spandau, in dem bis 1914 ein Teil der von Frankr. an das Dt. Reich nach dem Dt.-Frz. Krieg gezahlten Kriegsentschädigung aufbewahrt wurde; dann auch gebraucht für die 1952–56 angesammelten Kassenreserven des Bundes für Verteidigungsausgaben, die seit 1957 für den Aufbau der Bundeswehr verwendet wurden.

Julklapp [altnord.] ↑Jul.
Jullundur [dʒəˈlʌndə], früherer Name der ind. Stadt ↑Jalandhar.
Jumbo-Jet [ˈjʊmbo ˈdʒɛt; engl. ˈdʒʌm-boʊ; zu jumbo „riesengroß" (eigtl. Elefantenname)], Großraumflugzeug für Passagier- und Frachttransport auf Fernflugstrecken mit hohem Luftverkehrsaufkommen; derzeit mit bis zu 500 Plätzen; speziell das erste Großraumflugzeug Boeing 747.

Jumelage [frz. ʒymˈlaːʒ; zu jumeler „zusammenfügen" (von lat. gemellus „doppelt")], Städtepartnerschaft zw. Städten verschiedener Staaten.

Jumna [ˈdʒʌmnə], Fluß in N-Indien, entspringt im westl. Himalaja, mündet unterhalb von Allahabad in den Ganges, mit 1 376 km Länge dessen wichtigster Nebenfluß.

Jumper [ˈdʒʌmpər; auch ˈdʒæm...; engl.], vorn geschlossene, gestrickte Überziehwesten.

jun., Abk. für lat.: ↑junior.

Junagadh [dʒʊˈnɑːgəd], ind. Stadt auf der Halbinsel Kathiawar, B.-Staat Gujarat, 118 300 E. Nahrungsmittel-, Textil-, Baustoff-, chem., pharmazeut. Industrie. - J. war bis 1947 Hauptstadt eines gleichnamigen Ft. - Die alte Zitadelle im O der Stadt stammt aus der Zeit der Hindufürsten, die 875–1472 in J. residierten.

Juncker, fränk. Bildhauerfamilie, tätig in Aschaffenburg, Miltenberg, Walldürn und Würzburg im 16. und 17. Jh.:
J., Hans, d. Ä., *um 1582, † um 1624. - Schuf v. a. für die Schloßkirche in Aschaffenburg den Hochaltar (1614) und die Kanzel (1618) im Stil der Spätrenaissance.

Jundiaí [brasilian. ʒundʒiaˈi], brasilian. Stadt, 50 km nw. von São Paulo, 750 m ü. d. M., 147 000 E. Kath. Bischofssitz; Forschungsanstalt für Weinbau; Handelszentrum eines Agrargebiets.

Juneau [engl. ˈdʒuːnoʊ], Hauptstadt des B.-Staats Alaska, USA, im Panhandle, 19 500 E. Kath. Bischofssitz; ethnolog.-archäolog. Museum; Fischfang und Fischverarbeitung; eisfreier Hafen. - J. entstand um 1880 nach der Entdeckung von Goldvorkommen; die rasch aufblühende Siedlung wurde 1900 zur Hauptstadt Alaskas bestimmt, ist aber erst seit 1906 Sitz der Regierung.

Jung, Carl Gustav, *Kesswil (Kt. Thurgau) 26. Juli 1875, † Küsnacht (ZH) 6. Juni 1961, schweizer. Psychoanalytiker. - Seit 1900 Psychiater in Zürich, seit 1910 auch ebd. Prof.; zunächst Anhänger S. Freuds, 1912 jedoch Abkehr von dessen Lehre und Begründung einer eigenen tiefenpsycholog. Richtung, die J. *analyt. Psychologie* (später auch *komplexe Psychologie*) nannte. J. erweiterte darin den Freudschen Libidobegriff im Sinn einer generellen psych. Energie bzw. Triebdynamik und stellte neben das (individuell erworbene) *persönl. Unbewußte* das (überindividuell ererbte) *kollektive Unbewußte,* dessen Struktur- bzw. Prägungselementen er wegweisende Bedeutung im jeweiligen Individuationsprozeß zuschrieb. - In der Typenlehre unterschied

Jung

J. zw. dem extravertierten (↑ Extraversion) und dem introvertierten (↑ Introversion) Typ.
Werke: Psycholog. Typen (1921), Die Beziehungen zw. dem Ich und dem Unbewußten (1928), Psychologie und Religion (1940), Psychologie und Erziehung (1946), Gestaltungen des Unbewußten (1950), Von den Wurzeln des Bewußtseins (1954).
📖 *Jaffé, A.: Parapsychologie, Individuation, Nationalsozialismus. Stichworte zu C. G. J.* Zürich 1985. - *Jacobi, J.: Die Psychologie von C. G. J.* Ffm. ⁵1984.

J., Edgar J[ulius], *Ludwigshafen am Rhein 6. März 1894, † Oranienburg 1. Juli 1934 (ermordet), dt. Publizist und Politiker. - Rechtsanwalt; Berater Papens; hoffte nach 1933 auf einen konservativen Staatsstreich gegen Hitler; wegen der von ihm verfaßten Marburger Rede Papens am 25. Juni 1934 verhaftet und im Zusammenhang mit dem sog. Röhm-Putsch erschossen.

J., Franz, *Neisse 26. Nov. 1888, † Stuttgart 21. Jan. 1963, dt. Schriftsteller. - Seit 1912 Mitarbeit an Pfemferts Zeitschrift „Die Aktion"; 1918 Teilnahme an der Revolution, Haft; ging 1937 ins Exil (Ungarn, 1948 USA); 1960 Rückkehr nach Europa. Begann als Expressionist, dann sozialkrit. Prosa; auch Autobiographie „Der Weg nach unten" (1961).

J., Johann Heinrich ↑ Jung-Stilling, Johann Heinrich.

Jungbrunnen, in der ma. Epik, im Schwank und Volksschauspiel verbreitetes mytholog. Motiv vom Brunnen, dessen Wasser eine Verjüngung bewirkt; im Spät-MA und in der Renaissance ein beliebtes Bildthema.

Jungdemokraten ↑ Freie Demokratische Partei.

Jungdeutscher Orden, Abk. Jungdo, 1920 von A. Mahraun gegr., dem Dt. Orden organisator. nachgebildeter nat. Kampfbund, dessen sozialromant. Vorstellungen (v. a. der Volksgemeinschaft) maßgebl. von Kriegserlebnis und Jugendbewegung geprägt waren; zielte innenpolit. auf die Reform, nicht die Vernichtung der Weimarer Republik; 1929 ging aus dem Jungdo die Volksnat. Reichsvereinigung hervor; die Verschmelzung mit der DDP zur Dt. Staatspartei 1930 blieb erfolglos; 1933 zwangsaufgelöst.

Junge Kirchen, ungenaue Sammelbez. für christl. Kirchen außerhalb des abendländ. Kulturbereichs, die hauptsächl. durch westl. Missionstätigkeit entstanden sind. Die J. K. bemühen sich v. a. um tieferes Eingehen auf die sie umgebenden, nichtchristl. geprägten Kulturen.

Junge Nationaldemokraten ↑ Nationaldemokratische Partei Deutschlands.

Junge Pioniere (Pionierorganisation „Ernst Thälmann") ↑ Freie Deutsche Jugend.

Jünger, Ernst, *Heidelberg 29. März 1895, dt. Schriftsteller. - Bruder von Friedrich Georg J. Aus seiner im 1. Weltkrieg gewonnenen Gesinnung eines „heroischen Nihilismus", der Kampf, „Blut", Grauen als Erlebnis feiert („In Stahlgewittern", 1920; „Der Kampf als inneres Erlebnis", 1922), entwickelte J. eine Art Mythos des neuen unbürgerl. Menschen („Der Arbeiter", 1932). J. wurde bes. auf der nationalen Rechten stark beachtet, stand eine Zeitlang aber auch dem Kreis um den Sozialisten E. Niekisch nahe. Seine Erzählung „Auf den Marmorklippen" (1939) wurde vielfach als verkappter Angriff auf das nat.-soz. Regime aufgefaßt. Seit dem 2. Weltkrieg kam in J.s Werken ein individualist., auch religiös getönter Humanismus zum Ausdruck; mehrfach setzte sich J. mit einer utopisch-techn. Welt auseinander. - 1982 wurde J. der Frankfurter Goethepreis verliehen.
Weitere Werke: Afrikan. Spiele (E., 1936), Auf den Marmorklippen (R., 1939), Heliopolis (R., 1949), Strahlungen (Tageb., 1949), Das Sanduhrbuch (Essay, 1954), Gläserne Bienen (E., 1957), An der Zeitmauer (Essay, 1959), Subtile Jagden (Essays, 1967), Die Zwille (E., 1973), Eumeswil (R., 1977), Eine gefährliche Begegnung (R., 1985).

J., Friedrich Georg, *Hannover 1. Sept. 1898, † Überlingen 20. Juli 1977, dt. Schriftsteller. - Bruder von Ernst J.; Verf. klassizist. Lyrik („Der Taurus", 1937; „Die Perlenschnur", 1947) und humanist. geprägter Essays, die zu ästhet., kulturphilosoph. und zeitkrit. Problemen Stellung beziehen; sein Erzählwerk ist z. T. autobiograph. bestimmt.
Weitere Werke: Die Perfektion der Technik (Essay, 1946), Dalmatin. Nacht (E., 1950), Der erste Gang (R., 1954), Zwei Schwestern (R., 1956), Kreuzwege (En., 1960), Sprache und Denken (Essays, 1962), Laura und andere Erzählungen (1970), Jugendgeschichte (hg. 1978).

Jünger [zu althochdt. jungiro „Untergebener, Schüler"], in dt. Bibelausgaben Bez. für die Anhänger (Schüler) eines Lehrers (Meisters), v. a. für die Anhänger Jesu.

Junges Deutschland, seit 1834 Bez. für eine uneinheitl., nicht organisierte literar. Bewegung mit polit.-zeitkrit. Tendenz (etwa 1830–50); ihr zuzurechnen sind K. Gutzkow, G. Kühne, H. Laube, T. Mundt, L. Wienbarg, A. Willkomm (H. Heine und L. Börne nur bedingt). *Polit. Programmatik:* Ablehnung jegl. Dogmatismus, insbes. der moral. und gesellschaftl. Ordnung der Restauration, Eintreten für Liberalismus, Individualismus, Meinungsfreiheit, für staatl. Einheit, Weltbürgertum, Emanzipation der Frau, Propagierung sozialist. und kollektivist. Ideen; im *literar. Bereich:* Forderung nach einer im aktuellen polit.-sozialen Leben stehenden Dichtkunst. Obwohl schon 1835 auf Beschluß der Bundesversammlung die Schriften des J. D. zu verbieten waren, wurde trotz Zensur in Zeitungen und Zeitschriften - erstmals wichti-

Jungferninseln

ges Forum für eine literar. Bewegung - feuilletonist. geschickt verhüllte Zeitkritik geübt. - Im Hinblick auf die Weiterentwicklung der literar. Formen gewannen der umfangreiche Zeit- und Gesellschaftsroman und der emanzipator. Frauenroman als Vorbereiter des realist. Romans große Bedeutung. Die Lyrik behandelte in traditionellen Formen polit.-aktuelle und allg. freiheitl. Themen (G. Herwegh, F. Freiligrath, A. H. Hoffmann von Fallersleben). Im Drama wurde die indirekte Behandlung zeitgenöss. Probleme am Beispiel histor. Situationen in Tendenz- und Geschichtsdramen bevorzugt.

Junges Europa, im April 1834 in Bern gegr. Vereinigung geheimer Verbindungen zur Unterstützung nationaler Befreiungsbewegungen in Europa; bestand nur kurze Zeit.

Junges Irland (Young Ireland), polit.-soziale Protestbewegung gegen die Vorherrschaft Großbritanniens. Höhepunkt und Ende des J. I. war der fehlgeschlagene Aufstand vom Frühjahr 1848.

Junges Polen (Młoda Polska), literar. Bewegung in Polen um 1890–1918, die sich im Zuge des europ. künstler. Modernismus für die völlige Ungebundenheit der Kunst im Sinne des L'art pour l'art einsetzte.

Junge Union ↑ Christlich-Demokratische Union.

Inselgruppe im Bereich der Westind. Inseln, östl. von Puerto Rico. Die meisten Inseln sind gebirgig. Das trop. Klima steht unter dem Einfluß des NO-Passates, der die Temperaturen niedrighält. Die natürl. Vegetation, immergrüne und regengrüne Wälder, ist durch die frühere Plantagenwirtschaft vernichtet worden. Die J. sind polit. zw. den USA und Großbrit. aufgeteilt: Die **Virgin Islands of the United States** umfassen 344 km^2, 100 000 E (1984; ohne Militär), Hauptstadt Charlotte Amalie auf Saint Thomas. 72,5 % der Bev. sind Nachkommen afrikan. Sklaven, die für die Arbeit in Zuckerrohrplantagen eingeführt wurden. Heute ist der Fremdenverkehr (und die damit verbundene Bautätigkeit) der wichtigste Wirtschaftszweig. Zahlr. Ind.-betriebe arbeiten für den Export (Uhrenmontage, Schmuck u. a.). Internat. ⚓ auf Saint Croix und Saint Thomas.

Die **British Virgin Islands** umfassen 153 km^2, 12 000 E (1980), Hauptstadt Road Town auf Tortola. 99 % der Bev. sind Nachkommen afrikan. Sklaven. Wichtigster Wirtschaftszweig ist der Fremdenverkehr und die mit ihm verbundene Bautätigkeit. Exportiert werden Fische u. a. Meerestiere, Fleisch, Kies und Sand; ⚓ auf Beef Island.

Geschichte: Von Kolumbus 1493 auf seiner 2. Reise entdeckt und Las Vírgenes gen.; erst

Carl Gustav Jung   Ernst Jünger   Curd Jürgens (1974)

Jungfer im Grünen, svw. Gretel im Busch (↑ Schwarzkümmel).

Jungfernfahrt, die erste planmäßige Fahrt [eines Schiffes] nach der Probefahrt.

Jungfernfrüchtigkeit (Parthenokarpie), Fruchtentwicklung bei Pflanzen ohne Befruchtung und Samenbildung. J. kann durch Bestäubungsreiz und daraufolgende Wuchsstoffausschüttung ohne Befruchtung der Eizelle (meist genet. bedingte Störung) ausgelöst werden; verbreitet bei Zitrusarten, Bananen, Weintrauben und anderen Kulturpflanzen.

Jungfernhäutchen, svw. ↑ Hymen.

Jungferninseln (engl. Virgin Islands),

1555 konnten die krieger. Kariben von span. Truppen unterworfen werden, 70 Jahre später waren sie ausgerottet, in die Sklaverei verschleppt oder geflohen. 1733 verkaufte Frankr. die 1650 eroberte Insel Saint Croix an die dän. Kompanie, die 1671 Saint Thomas, 1683 Saint John in Besitz genommen hatte. Mit Sklaven aus Afrika legten die Dänen Zuckerrohrplantagen an. 1775 wurden die Inseln dän. Kolonien. Kurz nach den Dänen und Franzosen ließen sich brit. Pflanzer auf Tortola (1672) und Virgin Gorda (1680) nieder; mit schwarzen Sklaven betrieben sie Zuckerrohr- und auch Baumwollpflanzungen. 1773 gestand das Mutterland

Jungfernkranich

den brit. Siedlern die Selbstverwaltung ihrer Inseln zu. Die Sklavenbefreiung ließ die Wirtschaft der J. zusammenbrechen. Die brit. Siedler wanderten größtenteils aus. 1917 verkaufte Dänemark seinen Anteil an den J. an die USA.
Die *British Virgin Islands* sind brit. Kolonie mit innerer Autonomie. Neben dem Gouverneur als Vertreter des Staatsoberhauptes, der brit. Königin, gibt es einen regierenden Exekutivrat unter dessen Vorsitz und einen Legislativrat mit zum größten Teil gewählten Mgl. Die *Virgin Islands of the United States* werden von einem Gouverneur regiert, der seit 1970 direkt vom Volk gewählt wird. Die Legislative übt der 15köpfige, auf 2 Jahre gewählte Senat aus.

Jungfernkranich ↑ Kraniche.

Jungfernrebe (Parthenocissus), Gatt. der Weinrebengewächse mit rd. 15 Arten in N- und M-Amerika sowie S- und O-Asien; sommer- oder immergrüne, z. T. (mit Ranken) kletternde Sträucher mit gefingerten oder gelappten Blättern, trugdoldigen Blütenständen und dunkelblauen bis schwarzen Beeren; Ranken verzweigt, oft mit endständigen Haftscheiben. Mehrere Arten mit auffallend roter Herbstverfärbung werden als Zierpflanzen kultiviert, z. B. der **Wilde Wein** (Parthenocissus quinquefolia), eine formenreiche Art mit fünfzähligen Fiederblättern und großen Haftscheiben, an Mauern und Baumstämmen gezogen.

Jungfernschaft, svw. ↑ Jungfräulichkeit.

Jungfernzeugung ↑ Fortpflanzung.

Jungfrau ↑ Sternbilder (Übersicht).

Jungfrau, Berg in den Berner Alpen. 4158 m ü. d. M. Hochalpine Forschungsstation auf dem **Jungfraujoch,** zu dem die 1896–1912 erbaute Jungfraubahn führt.

Jungfrau ↑ Jungfräulichkeit.

Jungfrauengeburt (Parthenogenese), in der *Religionswissenschaft* Bez. für die in zahlr., v. a. griech. und oriental., Mythen geschilderte natürl. Geburt eines Gottes, Heroen oder Menschen ohne voraufgehende geschlechtl. Zeugung. - Im *Christentum* gilt die Geburt Jesu auf Grund der Berichte Luk. 1, 26–38 und Matth. 1, 18–25 als J., wobei der Begriff J. gegenüber dem religionswiss. noch erweitert wird: Maria sei *vor, während* und *nach* der Geburt Jesu Jungfrau geblieben („Immerwährende Jungfrau"). In der neueren (ev. und kath.) Exegese wird diese biolog.-anatom. Deutung der J. mehr und mehr modifiziert und die J. als ↑ Theologumenon gewertet; sie wird somit zu einer vorwiegend *christolog.* Aussage zur Verstärkung der bibl., daß kraft des Hl. Geistes in Jesus die eschatolog.-soteriolog. Neuschöpfung der Menschheitsgeschichte begonnen hat.

Jungfräulichkeit (Jungfernschaft), medizin. der Zustand einer Frau (**Jungfrau**) vor Ausübung des ersten Geschlechtsverkehrs bzw. vor der dadurch bedingten ↑ Defloration. Bes. Ausprägung und Wertschätzung erfährt die J. in der christl. Kirche (v. a. röm.-kath. und orthodoxe Kirche), die sie entweder funktional (frei für den Einsatz für das Evangelium) oder zeichenhaft (Vorwegnahme des jenseitigen Lebens) begründet. Träger jungfräul. Lebens waren in der alten Kirche asket. Wanderapostel und ehelose Frauen, die in ehelosem Leben einen Weg zu gemeindl. Ansehen fanden. Die Propaganda für die J. geschah dabei weithin auf Kosten der Ehe und einer Unterbewertung des Geschlechtlichen. Seit dem 3. Jh. begann die Kirche, die Jungfrauen als eigenen Stand in der Gemeinde zu organisieren. - ↑ auch Zölibat.

Junggeselle [eigtl. „junger Handwerksbursche"], lediger, (noch) nicht verheirateter Mann.

Junggrammatiker, Bez. für die Vertreter der „Leipziger Schule" der Sprachwiss. um 1880, deren wichtigste method. Grundsätze die Prinzipien der Ausnahmslosigkeit der Lautgesetze und der Formassoziation durch Analogie waren (u. a. K. Brugmann, H. Osthoff, A. Leskien, H. Paul, W. Braune und E. Sievers).

Junghegelianismus ↑ Hegelianismus.

Jungius (Jung, Junge), Joachim, * Lübeck 22. Okt. 1587, † Hamburg 23. Sept. 1657, dt. Naturforscher und Philosoph. - Prof. für Mathematik in Gießen (1609–14) und Rostock (1625–28), danach für Medizin in Helmstedt; seit 1628 in Hamburg. In Rostock gründete J. 1623 nach italien. Vorbild die erste dt. wiss. Gesellschaft. Seine Untersuchungen und Studien erstreckten sich auf nahezu alle damals bekannten Wissensgebiete, wobei er sich auf Beobachtungen, Experimente und mathemat. Überlegungen stützte und sie mit philosoph. Denken verband. Neben bed. (v. a. systemat.) Arbeiten zur Botanik, Zoologie, Astronomie und Physik (insbes. Optik) versuchte er bereits vor R. Boyle, der Chemie eine neue, von atomist. Vorstellungen ausgehende Grundlage zu geben.

Jungk, Robert [jɔŋk], eigtl. R. Baum, * Berlin 11. Mai 1913, dt. Wissenschaftspublizist und Futurologe. - Zunächst Journalist; arbeitete nach seiner Ausbürgerung 1934 u. a. als Auslandskorrespondent in Prag, Zürich und London; seit 1950 amerikan. Staatsbürger; seit 1968 Prof. in Berlin (West); lebt heute in Salzburg. J. behandelt in seinen Werken v. a. die eth. Probleme, die von der „nur scheinbar neutralen" Wiss. und Technik gestellt werden, v. a. in „Die Zukunft hat schon begonnen" (1952), „Heller als tausend Sonnen" (1956); sein Engagement zur Ächtung der Atomwaffen Ende der 1950er Jahre fand literar. Niederschlag in dem Tatsachenbericht über das Nachkriegsleben in Hiroschima („Strahlen aus der Asche", 1959). Befaßt sich heute vorwiegend mit Fragen der Futurologie. Seit 1964 Hg. (zus. mit H. J. Mundt) der Buchreihe „Modelle für eine neue Welt". - *Weitere Werke:* Die große Maschine (1966), Der Jahrtausendmensch (1973), Der Atomstaat (1977), Sternenhimmel statt Giftwolke (1987).

jungkimmerische Phase ↑Faltungsphasen (Übersicht).

Jungkonservative, in der Weimarer Republik antiparlamentar. Bewegung, die ihr Zentrum im Juniklub hatte und stark durch A. Moeller van den Bruck („Das Dritte Reich", 1923) beeinflußt wurde; verfochten die Erneuerung des Konservatismus und die Wiederherstellung der dt. Großmachtposition; enge personelle Verbindungen zum Dt. Herrenklub und zu Teilen der Volkskonservativen Vereinigung.

Jungle-Style [engl. ˈdʒʌŋglˌstaɪl; amerikan. „Dschungelstil"], im Jazz Bez. für einen im Orchester Duke Ellingtons eingeführten Instrumentaleffekt, bei dem auf Blechblasinstrumenten mit Hilfe von Dämpfern Raubtierlaute nachgeahmt werden.

Junglitauen, polit. Gruppierung des preuß. Abg.hauses, ben. nach den im östl. Ostpreußen gelegenen Wahlkreisen einiger Mgl.; begr. zusammen mit Vertretern des Ind.- und Bildungsbürgertums (u. a. H. Schultze-Delitzsch, R. Virchow, W. Siemens) auf der Grundlage eines linksliberalen Programms die Dt. Fortschrittspartei.

Jungpaläolithikum ↑Paläolithikum.

Jungsiedelland, Gebiet, das erst einige Zeit nach der Landnahme (↑Altsiedelland) in den Siedlungsraum einbezogen wurde.

Jungsozialisten ↑Sozialdemokratische Partei Deutschlands.

Jungsteinzeit (jüngere Steinzeit), svw. ↑Neolithikum.

Jüngster Tag, Tag des ↑Jüngsten Gerichts.

Jüngstes Gericht (Endgericht), endzeitl. Gerichtsakt, der einen Ausgleich zw. sittl.-religiöser Lebensführung der Menschen und ihrem ird. Schicksal vollzieht. Diese Glaubensvorstellung ist in vielen Religionen anzutreffen, bes. stark ausgeprägt jedoch im Parsismus, der über das Spätjudentum auch das Christentum und den Islam beeinflußte. Als endzeitl. Weltenrichter scheidet Christus die Gerechten von den Ungerechten.
Bildende Kunst: Figurenreiche Darstellung mit dem thronenden Christus zw. Maria und Johannes dem Täufer, umrahmt von Engelchören und den Aposteln nebst Erzengel Michael als Seelenwäger zw. Seligen und Verdammten. Dieser Bildtypus wurde zuerst in der byzantin. Kunst entwickelt (8. Jh.) und fast unverändert beibehalten. Im europ. MA wird das J. G. zum wichtigsten Thema der Tympana und an den frz. Kathedralen. In der monumentalen Wandmalerei befindet sich das J. G. meist an der Westwand der Sakralbauten. Mit der Renaissance wird die Darstellung der Seligen und Verdammten ausführlicher (Altarbilder). Dramat. Steigerung des Themas bei Michelangelo (Sixtin. Kapelle, Rom) und Rubens.

Jung-Stilling, Johann Heinrich, eigtl. J. H. Jung, * Grund (Landkr. Siegen) 12. Sept. 1740, † Karlsruhe 2. April 1817, dt. Schriftsteller. - Schneiderlehre; bildete sich selbst, wurde Lehrer; studierte 1769–72 Medizin; berühmter Augenarzt (Staroperationen); seit 1787 Prof. für Finanz- und Kameralwiss. in Marburg, seit 1803 Prof. für Staatswiss. in Heidelberg; seit 1806 in Karlsruhe als freier Schriftsteller. Literar. bed. ist seine sechsbändige Autobiographie (1777–1817; v. a. der 1. Bd. „Henrich Stillings Jugend", 1777).

Jungtschechen, 1863 von der nat.konservativen Partei der **Alttschechen** abgespaltene und diese 1890/1900 überflügelnde Partei in Böhmen. Die J. verfochten eine nationalist. Politik; sie gingen nach 1919 in den Nat.demokraten K. Kramářs auf.

Jungtürken, polit. Reformbewegung im Osman. Reich mit liberal-reformer., konstitutionellen und panislam. Zielen; entstanden seit 1860. Die Revolution der J. 1908 beendete das autokrat. Regime Abd Al Hamids II.; die ursprüngl. liberale Politik der J. schlug nach 1909 in Unterdrückung der Minderheiten und expansive Außenpolitik um. Der Putsch Enwer Paschas 1913 brachte die J. endgültig an die Macht.

Jungvolk ↑Hitlerjugend.

Jung-Wien (Wiener Moderne), avantgardist. Dichterkreis um H. Bahr in Wien, etwa 1890–1900; propagierte die internat. Gegenströmungen gegen den Naturalismus, wie Impressionismus, Symbolismus, Décadence; Mgl. waren u. a. H. von Hofmannsthal, A. Schnitzler, F. Salten, K. Kraus.

Juni (lat. mensis Iunius), im altröm. Kalender der Göttin Juno heilige 4. Monat des Jahres mit 29 Tagen; nach Cäsars Kalenderreform 46 v. Chr. der 6. Monat mit 30 Tagen.

Juniaufstand 1953 ↑Siebzehnter Juni 1953.

Junier, Name eines altröm. plebej. Geschlechts seit dem 4. Jh. v. Chr.; angebl. patriz. Vertreter der Frühzeit sind histor. historisch.

Junikäfer, svw. ↑Gartenlaubkäfer.
♦ (Sonnenwendkäfer, Amphimallon solstitialis) häufiger, 14–18 mm großer, dicht behaarter, gelbbrauner Brachkäfer in M- und O-Europa; schwärmt v. a. gegen Sonnenuntergang im Juni und Juli auf Brachfeldern; die engerlingartigen Larven können durch Wurzelfraß an Kulturpflanzen schädl. werden.

Juniklub, 1919 gegr. polit. Organisation und geistiges Zentrum der Jungkonservativen unter Vorsitz von H. Freiherr von Gleichen-Rußwurm; Aufgaben waren v. a. die Verbreitung jungkonservativer Ideologie und die Herausbildung einer entsprechenden Elite (u. a. Einrichtung eines polit. Kollegs); 1924 ging aus dem J. der Dt. Herrenklub hervor.

Junín [span. xu'nin], Dep. in Z-Peru, 32 354 km², 852 200 E (1981), Hauptstadt Huancayo. Reicht von den Gipfeln der Westkordillere bis in den O-Abfall der Anden. J. hat Anteil am zentralperuan. Erzbergbaugebiet. Neben Viehzucht Anbau von Weizen, Gerste und Kartoffeln, im O von Kaffee, Kakao, Zuckerrohr, Koka, Vanille. - Das Dep. besteht seit 1825.

junior [lat.], Abk. jun. oder jr.; der jüngere [Sohn im Verhältnis zum Vater].

Junior [lat.], 1. der Jüngere (der Sohn); 2. Jungsportler (vom 18. bis 23. Lebensjahr, in bestimmten Sportarten).

Junior College [engl. 'dʒu:njə 'kɔlidʒ] ↑College (USA).

Juniormittelgewicht ↑Sport (Gewichtsklassen, Übersicht).

Juniperus [lat.], svw. ↑Wacholder.

Junius, Franciscus, d. J., eigtl. François du Jon, * Heidelberg 1589, † bei Windsor 19. Nov. 1677, dt. Philologe frz. Herkunft. - Erster Hg. des ↑Codex argenteus, bezog das Got. in die Sprachforschung ein; einer der ersten vergleichenden german. Sprachforscher.

Junk-art [engl. 'dʒʌŋk.ɑ:t „Abfallkunst"], seit den 50er Jahren Begriff für „Trödelkunst", bei der Konsumabfall der modernen Zivilisation als Materialien für Assemblagen, Bilder und Environments benutzt wird.

Junker [zu mittelhochdt. juncherre, eigtl. „junger Herr"], veraltete Bez. 1. für jungen Edelmann, 2. für ostelb. Großgrundbesitzer. Das urspr. an der brandenburg.-preuß. Landesreg. beteiligte **Junkertum** wurde bis zum 18. Jh. durch die Kurfürsten auf die Herrschaft über die bäuerl. Bev. reduziert. In den preuß. Reformen Anfang des 19. Jh. sicherte es sich der Vorherrschaft im Staat und konnte mit Hilfe des nach Feudalisierung strebenden Besitzbürgertums diese Stellung halten. Nach dem Zusammenbruch der Monarchie 1918 begünstigten die J. durch ihren fast geschlossenen Widerstand gegen die Weimarer Republik die nat.-soz. Machtergreifung 1933.

Junkerlilie (Asphodeline), Gatt. der Liliengewächse mit rd. 20 Arten im Mittelmeergebiet und Orient; Pflanzen mit Wurzelstöcken, lineal. Blättern und gelben oder weißen Blüten in langen, dichten, aufrechten Trauben. Einige Arten werden als Zierpflanzen kultiviert.

Junkers, Hugo, * Rheydt 3. Febr. 1859, † Gauting 3. Febr. 1935, dt. Flugzeugkonstrukteur und Industrieller. - 1897–1912 Prof. für Wärmetechnik an der TH Aachen; 1907 Patent für einen Doppelkolbenmotor (*J.-Motor*), 1910 für ein Nurflügelflugzeug; 1915 Fertigstellung des ersten Ganzmetallflugzeugs der Welt mit freitragenden Flügeln (J 1); 1919 Gründung der *J.-Flugzeugwerk AG*, Dessau, wo u. a. das erste Ganzmetallverkehrsflugzeug (F 13) entwickelt wurde; 1924 Gründung der *J.-Motorenbau GmbH*, Dessau; 1930 Bau des viermotorigen Großflugzeugs G 38 mit zweistöckigem Rumpf und Fahrgastkabinen in den Tragflächen, seit 1931 der dreimotorigen Ju 52/3 m, das für Jahre in der Welt am weitesten verbreitete dt. Verkehrsflugzeug (typ. Merkmal: Wellblechbeplankung). In den Werken der *J.-Flugzeug- und Motorenwerke GmbH* (seit 1936 im Besitz des Dt. Reichs) wurde in den Jahren vor und während des Zweiten Weltkriegs eine Vielzahl von Militärflugzeugen entwickelt, u. a. der Sturzkampfbomber („Stuka") Ju 87 und die als Bomben-, Jagd- und Tiefangriffsflugzeug eingesetzte Ju 88. - Abb. Bd. 7, S. 146.

Junkertum ↑Junker.

Junkie [engl. 'dʒʌŋki; zu amerikan. junk „Droge"], jargonmäßige Bez. für einen Drogenabhängigen, Rauschsüchtigen.

Junktim [zu lat. iunctim „vereinigt, beisammen"], eine wegen innerer Zusammengehörigkeit notwendige Verknüpfung zweier oder mehrerer vertragl. Abmachungen, Gesetzesvorlagen u. a., die nur alle zus. beschlossen werden oder Gültigkeit haben können.

Junktor [zu lat. iungere „verknüpfen"], in der formalen Logik eine log. Partikel zur log. Zusammensetzung endlich vieler ↑Aussagen zu einer neuen Aussage *(Junktion)*. Zu den J. zählen die durch die Wörter bzw. Wortkomplexe *und* (Zeichen ∧), *oder* (Zeichen ∨), *wenn ..., dann* (Zeichen ⇒ oder →), *genau dann, wenn* (Zeichen ⇔) wiedergegebenen zweistelligen Verknüpfungen sowie die einstellige Negation *nicht* (Zeichen ¬).

Junktorenlogik (Aussagenlogik), derjenige Teil der formalen Logik, in dem nur mit Junktoren log. zusammengesetzte Aussagen behandelt werden.

Juno, römische Göttin. Urspr. bedeutete „iuno" (etymolog. zu iuvenis „junger Mann", also: „junge Frau") den persönl. Schutzgeist der geschlechtsreifen Frau, den Genius des Mannes entsprechend; sie geleitet in den Ehestand, hilft bei der Geburt und ist Schirmerin der Familienmutter (Fest Matronalia am 1. März). Die schon früh erfolgte Gleichsetzung mit Hera stellte J. als königl. Gemahlin (Regina) an die Seite von Jupiter-Zeus und prägte ihr Bild in der röm. Heldensage.

Juno [nach der gleichnamigen röm. Göttin], der dritte, 1804 von K. L. Harding in Göttingen entdeckte Planetoid; Durchmesser mikrometr. 204 km, photometr. 241 km; Masse $1,3 \cdot 10^{22}$ g.

Juno, Name einer Reihe vierstufiger amerikan. Trägerraketen, die bis 1961 zum Start u. a. von Explorer-Satelliten und Pionier-Raumsonden eingesetzt wurden.

Junta ['xunta, 'jonta; lat.-span. „Versammlung, Rat"], auf der Iber. Halbinsel und in Lateinamerika Bez. einerseits meist für Zentralorgane einer Aufstandsbewegung, andererseits für Verwaltungsbehörden, auch für Staatsorgane. In neuerer Zeit wird J. oft mit negativem Akzent v. a. auf Militärreg. angewandt.

Juon, Paul [jɔn], russ. Pawel Fjodorowitsch J., * Moskau 6. März 1872, † Vevey 21. Aug. 1940, russ. Komponist schweizer. Herkunft. - Seit 1897 in Berlin, 1905–34 Kompositionslehrer an der Berliner Musikhochschule; komponierte an Brahms orientierte Orchester-, Kammer-, Klaviermusik und Lieder.

Jupiter (Juppiter), bei den Römern der Name des gemein-indogerman. erhabenen Himmels[licht]- und Wettergottes, dem griech. Zeus gleichgesetzt. - Höchster Garant und Erhalter der kosm. und sittl.-sozialen Ordnung. Alle himml. Naturgewalten und -erscheinungen haben ihn zum Urheber. Die menschl. Ordnung erhält er im öff. Bereich als Bewahrer des röm. Staates, im privaten Bereich als Schwurzeuge und Schützer der Ehe. Als der „Mächtigste und Gewaltigste" (J. Optimus Maximus) wurde der Gott zus. mit seiner Gemahlin Juno und Minerva („kapitolin. Trias") im ältesten und bedeutendsten Staatsheiligtum auf dem Kapitol verehrt.

Jupiter [nach dem röm. Gott], astronom. Zeichen ♃; der größte und massereichste Planet unseres Sonnensystems; er gehört zu den hellsten Objekten am Himmel.
Die scheinbare Bewegung des J. ist wie bei allen oberen Planeten zur Zeit der Opposition rückläufig; diese retrograde Bewegung dauert etwa 3 $\frac{1}{2}$ Monate, in denen der Planet 10° zurücklegt. Je nach der Stellung von J. und Erde auf ihren Bahnen ändert sich der Abstand des Planeten von der Erde zw. 588 Mill. und 967 Mill. km. Schon bei Betrachtung des J. mit kleinen Fernrohren fällt seine starke Abplattung auf, die er infolge seiner schnellen Rotation besitzt. J. rotiert in weniger als 10 h um seine Achse, die fast senkrecht auf seiner Bahnebene steht. Ferner beobachtet man auf der Oberfläche parallel zum Planetenäquator mehrere dunkle und helle wolkenartige Streifen und den seit 1878 ständig beobachteten **Großen Roten Fleck** (ein Wirbelsturm in den oberen Wolkenschichten, Längsausdehnung rd. 21 000 km). - Durch Aufnahmen der *Jupitersonde* „Pioneer 10", die den Planeten am 4. Dez. 1973 in rd. 130 000 km Abstand passierte, konnten in der Atmosphäre spektroskopisch bisher Wasserstoff (etwa 75 %), Deuterium, Helium, Methan und Ammoniak nachgewiesen werden. - Über der sichtbaren Wolkengrenze liegt eine transparente Atmosphäre von mindestens 60 km Höhe. Die Temperatur an der Wolkenobergrenze liegt bei −145 °C. Die Infrarotmessungen zeigen darüber hinaus, daß die hellen Zonen des Planeten um etwa 8° kühler sind als die dunklen Gürtel. Das Wärmereservoir der Atmosphäre ist sehr hoch, Jupiter strahlt etwa 3,5mal so viel Energie ab, wie er von der Sonne empfängt.
Auswertungen von Bildern, die die amerikan. Raumsonden Voyager 1 und 2 im März bzw. Juli 1979 bei ihrem Vorbeiflug an J. übermittelten, haben u. a. ergeben, daß in der vornehmlich aus Wasserstoff und Helium bestehenden J.atmosphäre starke Wolkenströmungen vorkommen. Außerdem ist die hohe J.atmosphäre von starken, den ganzen Himmelskörper einhüllenden Nordlichterscheinungen erfüllt. J. besitzt einen aus Gesteins- und Eisbrocken bestehenden Ring, der sich bis in eine Entfernung von etwa 128 300 km vom Plane-

Jupitermonde Io (über dem Großen Roten Fleck) und Europa (rechts). Aufnahmen von Voyager I (März 1979)

ten erstreckt und maximal 30 km „dick" und etwa 8000 km breit ist. Der Strahlungsgürtel des J. hat die Form einer flachen Scheibe (Strahlungsscheibe) und ist von einem toroidförmigen Magnetfeld umgeben, das sich bis zu 6,5 Mill. km ausdehnt. - Der mit bloßem Auge sichtbare J. wurde bereits im 2. Jt. v. Chr. wegen seiner „ungleichförmigen" Bewegung beobachtet. Eine physikal. deutbare Erklärung der Planetenbewegung wurde erst in der frühen Neuzeit möglich. - J. hat 16 Satelliten. Die von Galilei entdeckten ersten vier J.monde erhielten bereits 1613 die Namen Io, Europa, Ganymed und Callisto. Der 1892 von E. E. Barnard entdeckte fünfte J.mond (J V) wurde Amalthea genannt. Die später entdeckte kleineren J.monde wurden zunächst lediglich numeriert (J VI bis J XIV). Die Internat. Astronom. Union hat nun auch diesen Monden des J. Namen gegeben: Himalia (J VI), Elara (J VII), Pasiphae (J VIII), Sinope (J IX), Lysithea (J X), Carme (J XI), Ananke (J XII), Leda (J XIII) und Andrastea (J XIV). Die Benennungen sind so gewählt, daß die Namen der rechtläufigen Satelliten auf a, die der rückläufigen Satelliten auf e enden. Andrastea wurde erst 1975 von C. T. Kowal entdeckt. Die Auswertung von Aufnahmen der beiden Voyager-Sonden ergab die Existenz zweier weiterer J.monde, Thebe und Metis, mit Durchmessern von etwa 70 km bzw. 40 km und Umlaufzeiten von 16 h bzw. 7 h. - ↑ auch Planeten (Übersicht).

 Rétyi, A.: J. u. Saturn. Ergebn. der Planetenforschung. Stg. 1985. - Hunt, G./Moore, P.: J. Dt. Übers. Freib. 1982.

Jupiter, einstufige amerikan. Mittelstreckenrakete (Flüssigkeitsrakete mit flüssigem Sauerstoff und Kerosin als Propergol).

Jupiterblume ↑ Lichtnelke.

Jupiterlampen [nach dem Planeten Jupiter (wegen der Lichtstärke)], ortsveränderbare, sehr starke Lichtquellen (z. B. Bogenlampen oder Xenonlampen), die auf Bühnen sowie für Film- und Fernsehstudioaufnahmen verwendet werden.

Jupitersäulen, Jupiter und dem röm. Kaiser geweihte Monumente (1.–3. Jh.) im röm. Germanien, am Schaft Götterreliefs, oben Jupiter oder ein über einen „Giganten" hinwegspringender Reiter.

Jura [frz. ʒyˈra], frz. Dep. in Frankreich.

J. [ˈjuːra, frz. ʒyˈra], Gebirge in Frankr. und in der Schweiz, im Crêt de la Neige 1718 m hoch, erstreckt sich bogenförmig, rd. 250 km lang, bis 70 km breit, vom Lac du Bourget (Frankr.) bis östl. von Baden (Schweiz). Ein Teil des J. wurde von der alpid. Gebirgsbildung erfaßt, und bildet den aus dem Schweizer Mittelland aufsteigenden **Kettenjura.** Die Sättel und Mulden der Faltung bilden Bergketten bzw. Längstäler. Enge, schmale Quertäler (Klusen) durchbrechen die Sättel und verbinden die Längstäler. Im W vorgelagert ist der **Plateaujura** mit weiten, verkarsteten Hochflächen; er fällt mit einer Steilstufe zum Saônebecken ab. Im N liegt der **Tafeljura** (z. T. aus Muschelkalk), er fällt zum Hochrhein ab. Der J. ist weitgehend bewaldet; die Waldgrenze liegt bei etwa 1400 m ü. d. M. An sonnenseitigen Hängen des Gebirgsfußes, wie z. B. am Bieler und Neuenburger See, wird Wein angebaut; Holz- und Weidewirtschaft überwiegen den Acker- und Obstbau. Sehr bed. ist die aus dem Hausgewerbe hervorgegangene Uhrenindustrie. Daneben gibt es Zement- und Keramikind., Edelsteinschleifereien, Holzverarbeitung, Abbau von Eisenerz. Das Siedlungsbild bestimmen Einzelhöfe, bes. auf den Hochflächen und Bergrücken, und größere Haufendörfer mit den J.-Einhaus. Im MA entstanden die Städte in den Becken des Gebirgsinneren. Der J. ist kulturell und volkstumsmäßig keine Grenze: die dt.-frz. Sprachgrenze kreuzt ihn auf der Linie Pfirt–Delémont–Biel (BE), die polit. Grenze gliedert ihn in den Französischen und den Schweizer Jura.

J. [frz. ʒyˈra], jüngster Kt. der Schweiz, gebildet aus den drei ehem. zum Kt. Bern gehörenden jurass. Bez. Delémont, Franches-Montagnes und Porrentruy sowie 8 Gemeinden des Bez. Moutier, 837 km², 64400 E (1984), Hauptstadt Delémont. Die frz.-sprachige Bev. ist überwiegend katholisch. In der Landw. dominieren Grünlandwirtschaft und Viehzucht. Wichtigster Ind.zweig ist die Uhrenind., in der mehr als die Hälfte aller in der Ind. Erwerbstätigen arbeiten.

Geschichte: Die Einverleibung der frz.-sprachigen Teile des säkularisierten Bistums Basel in den Kt. Bern 1815 führte seit 1830 zu sprachl., sozial und konfessionell bedingten Konflikten. Die Auseinandersetzung zw. dem 1947 gegr. „Rassemblement Jurassien" und der südjurass. Gegenorganisation „Force démocratique" führten 1959 zu einem Volksentscheid über die Frage der Lostrennung vom Kt. Bern, die von der jurass. Bev. abgelehnt wurde. Doch blieb die Jurafrage weiter aktuell. Am 23. Juni 1974 sprach sich dann der überwiegende Teil der Bev. des Jura (36802 : 34057 Stimmen) für die Lostrennung von Bern aus. In einer Serie von Volksbefragungen wurde geklärt, welche Gemeinden des Bez. Moutier zus. mit den Bez. Delémont, Franches-Montagnes und Porrentruy den neuen Kt. bilden sollten. In der Abstimmung vom 24. 9. 1978 stimmte die Schweizer Bev. der Bildung des neuen Kt. zu. In den Wahlen zum Parlament (Nov. 1978) erreichten u. a.: Christl. Demokraten (PDC) 21 Sitze, Freisinnig-Liberale (PLR) 14, Sozialdemokraten (PS) 11, Unabhängige Christl.-Soziale (PCSI) 8, linksliberale Reformist. Radikale (PRR) 3. In die Reg. wurden Mgl. von PDC (2), PS, PCSI und PRR gewählt.

Verfassung: Nach der Staatsverfassung vom

20. März 1977 liegt die Exekutive bei der vom Volk auf 4 Jahre gewählten Regierung (5 Mgl.). Die Legislative bilden das vom Volk auf 4 Jahre gewählte Parlament (60 Mgl.) und das Volk selbst (obligator., fakultatives, auf Beschluß des Parlaments durchgeführtes Referendum).

J. [engl. ˈdʒʊərə], Insel der Inneren ↑Hebriden, 380 km² (einschließl. kleiner Nachbarinseln), bis 755 m ü. d. M.

Jura [nach dem gleichnamigen Gebirge], geolog. Formation des Erdmittelalters.

Jura [zu lat. iura „die Rechte"], Rechtswissenschaft als Studienfach. Die Verwendung der Pluralform (Einz.: Jus) geht auf das früher miteinander verbundene Studium „beider Rechte", des kirchl. wie weltl., zurück.

jure divino [lat.], Bez. des kath. Kirchenrechts für die Herkunft eines Rechtszustandes aus dem göttl. Recht.

Jürgen, niederdt. Form von Georg.

Jürgens, Curd, * München 13. Dez. 1915, † Wien 18. Juni 1982, dt. Schauspieler. - Spielte u. a. in Berlin, München und Wien; internat. bekannt durch zahlr. Filmrollen, u. a. in „Des Teufels General" (1955), „Jakobowsky und der Oberst" (1958), „Die Dreigroschenoper" (1962), „Der Lügner und die Nonne" (1967), „Steiner. Das eiserne Kreuz" (1. Teil 1977, 2. Teil 1978). - Abb. S. 121.

J., Udo, eigtl. U. Jürgen Bockelmann, * Schloß Ottamanach (Kärnten) 30. Sept. 1934, östr. Schlagersänger und -komponist. - Errang mit seinen in mehreren Sprachen selbst vorgetragenen und verfaßten Songs (u. a. „Jenny", „Merci chéri") internat. Erfolge.

Juri (Jurij), russ. Form des männl. Vornamens Georg.

Juri Wladimirowitsch, gen. Dolgoruki [„Langhand"], † 1157, Fürst von Wladimir-Susdal (seit 1125), Großfürst von Kiew (seit 1149). - Leitete durch erfolgreiche Kämpfe gegen Nowgorod und die Wolgabulgaren, v. a. aber durch Stadtgründungen (Moskau, 1147) die Sonderentwicklung des russ. NO ein.

juridisch [lat.], in Österreich gebräuchl., sonst veralteter Ausdruck für juristisch.

Jurinac, Sena [...nats], eigtl. Srebrenka J., * Travnik 24. Okt. 1921, östr. Sängerin jugoslaw. Herkunft (Sopran). - Seit 1944 Mgl. der Wiener Staatsoper; v. a. Rollen in Opern Mozarts.

Jurisdiktion [lat.], svw. ↑Rechtsprechung.

◆ in der *röm.-kath. Kirche* Bez. für die hoheitl. Hirtengewalt mit den Funktionen Gesetzgebung, Rechtsprechung und Verwaltung.

Jurisdiktionsprimat, Bez. für die oberste Hirtengewalt des Papstes, höchste und volle, ordentl. eigenberechtigte und unmittelbare bischöfl. Leitungsgewalt über die ganze Kirche in Sachen des Glaubens, der Sitte, der Disziplin und der Leitung, die keiner anderen Gewalt unterworfen oder von menschl. Autorität abhängig ist. - Vom 1. Vatikan. Konzil als Dogma definiert, versucht man seit dem 2. Vatikan. Konzil, den J. stärker im Rahmen der Kollegialität der Bischöfe zu sehen.

Jurisprudenz [zu lat. iuris prudentia „Kenntnis des Rechts"], svw. Rechtswissenschaft.

Jurist [zu lat. ius „das Recht"], jemand, der Rechtswissenschaft (Jura) studiert, bzw. ein Jurastudium mit dem Staatsexamen abgeschlossen hat; ein J., der die Referendarzeit absolviert und das anschließende zweite Staatsexamen abgelegt hat, wird als **Volljurist** bezeichnet.

juristische Person, eine Organisation mit eigener ↑Rechtsfähigkeit. Die j. P. ist ein von ihren Mgl. verschiedenes *Rechtssubjekt.* Als solches kann sie eigene Rechte und Pflichten haben, deren Träger sie selbst und nicht die Gesamtheit der in der Gemeinschaft zusammengeschlossenen Personen ist. Anders als die natürl. Person erlangt die j. P. *Rechtsfähigkeit* meist erst durch einen Staatsakt. Sie handelt mangels natürl. Handlungsfähigkeit durch ihre *Organe* (z. B. Mitgliederversammlung, Vorstand, Aufsichtsrat).

Arten: 1. *J. P. des Privatrechts,* nämlich ↑Vereine (rechtsfähige Körperschaften) und ↑Stiftungen. Zu ihrer *Entstehung* sind erforderl. ein *Privatakt* (Gründungsvereinbarung, Stiftungsgeschäft) und ein *Behördenakt,* durch den die Rechtsfähigkeit verliehen oder anerkannt wird. Handelsgesellschaften und Idealvereine werden rechtsfähig durch Eintragung in das Vereins-, Handels- oder Genossenschaftsregister; die Eintragung muß erfolgen, wenn die dafür aufgestellten gesetzl. Voraussetzungen erfüllt sind. 2. *J. P. des öffentl. Rechts:* a) Körperschaften, wie Bund, Länder, Gemeinden, bestimmte Religionsgesellschaften; b) Anstalten (z. B. Landesversicherungsanstalt); c) Stiftungen. - J. P. des öffentl. Rechts erfüllen hoheits- oder gemeinschaftswichtige Aufgaben und beruhen entweder auf Herkommen (wie Staat und Kirchen) oder auf Gesetz, öffentl.-rechtl. Vertrag (Staatsvertrag, Verwaltungsabkommen) oder Verwaltungsakt.

Jurjew, 1893–1918 russ. Name von ↑Dorpat.

Jurjew-Polski, sowjet. Stadt 60 km nw. von Wladimir, RSFSR, 23 000 E. Technikum für Finanzwesen, Textilfabrik. - 1152 von Fürst Juri Wladimirowitsch als Festung des Ft. Susdal gegründet. - Die Bauplastik der Georgskirche bezeichnet den Höhepunkt der Nowgoroder Plastik des 13. Jahrhunderts (Szenen aus dem A. T. und dem N. T.).

Jūrmala, Stadt und Seebad am Rigaischen Meerbusen (Ostsee), Lett. SSR, 62 000 E. Obst- und Gemüsebautechnikum; Papierkombinat, Bau von Sportbooten; Schlammkuren. - J. wurde 1959 aus den Städten **Kemeri** (lett.; russ. Kemeri; dt. Kemmern), **Sloka** (lett. u. russ.; dt. Schlock) und dem Rigaer Stadtteil **Rīgas Jūrmala** gebildet.

Jurte [türk.], rundes mit Filzdecken belegtes Zelt der Hirtennomaden in W- und Z-Asien.

Juruá, Rio [brasilian. ˈrriu ʒuˈrua̯], rechter Nebenfluß des Amazonas in Brasilien, entspringt im ostperuan. Andenvorland, mündet östl. von Fonte Boa, über 3 000 km lang.

Juruena, Rio [brasilian. ˈrriu ʒuˈrue̯na], linker Quellfluß des Rio Tapajós in Z-Brasilien, entspringt im Bergland von Mato Grosso, etwa 1 200 km lang.

Jürük (Yürük) ↑ Orientteppiche (Übersicht).

Jürüken, Stamm türk. Hirtennomaden in O-Anatolien.

Jury [ʒyˈriː, ˈʒyːri, frz. ʒyˈri, engl. ˈdʒʊəri; zu lat. iurare „schwören"], 1. Versammlung der Geschworenen (bei Prozessen gegen Kapitalverbrecher in angelsächs. Ländern); 2. Preisrichterkollegium [bei Wettbewerben]; 3. Kollegium aus Fachleuten, das Werke für eine Ausstellung zusammenstellt und beurteilt.

Jus (Ius) [lat.], im antiken Rom im Ggs. zu ↑ Fas Bez. für alles, was im profanen Raum Rechtens war: 1. die nach Sachgebieten (z. B. Privatrecht, öffentl. Recht) gegliederte Rechtsordnung im Ggs. zu Herkommen und Sitte („mos"); 2. die private Rechtsmacht, der rechtl. Anspruch; 3. Gericht, Gerichtsstätte; 4. seit der Kaiserzeit: das überkommene Recht im Ggs. zu dem von den Kaisern neu gesetzten Recht.
♦ im Rechtsbewußtsein des MA das im Prinzip über Herrscher und Beherrschten stehende göttl. und bewährte, mit der Gerechtigkeit ident. Recht.

Jus [ʒyː; lat.-frz.], aus Knochen und Suppengrün angesetzter Fond; dient, geklärt, als Grundlage für Soßen oder kalt und geliert zum Garnieren; auch (gelierter) Bratensaft, bes. vom Kalb.

Juschno-Sachalinsk, Hauptstadt des sowjet. Gebiets Sachalin, RSFSR, im S der Insel Sachalin, 155 000 E. PH, Forschungsinst. der Akad. der Wiss. der UdSSR; Theater; Eisenbahnausbesserungswerk, Baustoff-, Nahrungsmittel- u. a. Ind., Bahnknotenpunkt, ✈. - 1881 gegründet.

Jus circa sacra [lat.], Bez. für die nach der Reformation in den prot. Territorien dem Landesherrn zustehende staatl. Hoheitsgewalt über die Kirche im Ggs. zum **Jus in sacra,** der inneren Kirchengewalt.

Jus civile [lat.], svw. ↑ bürgerliches Recht.

Jus divinum [lat.] ↑ göttliches Recht.

Jus eminens [lat. „hervorragendes Recht"], den erworbenen Rechten der Bürger übergeordnetes Recht des Staates zur Durchsetzung des Gemeinwohls; diente insbes. der Begründung des staatl. Enteignungsrechts.

Jus gentium [lat.], svw. ↑ Völkerrecht.

Juso, Kurzbez. für: **Ju**ngsozialist (↑ Sozialdemokratische Partei Deutschlands).

Jus positivum [lat.], ausdrückl. festgelegtes, meist geschriebenes Recht.

Jus reformandi [lat.] ↑ Cuius regio, eius religio.

Jus scriptum [lat.], geschriebenes (gesetztes, gesatztes) Recht im Unterschied zum Gewohnheitsrecht.

Jussiv [lat.], imperativisch (auffordernd, befehlend) gebrauchter Konjunktiv. Form des Verbs, svw. ↑ Imperativ.

Just, männl. Vorname, Kurzform von ↑ Justus.

Just, Günther, * Cottbus 3. Jan. 1892, † Heidelberg 30. Aug. 1950, dt. Anthropologe. - Prof. in Greifswald, Würzburg und Tübingen; befaßte sich bes. mit humangenet. und sozialanthropolog. Fragestellungen; gab (mit K. H. Bauer, E. Hanhart und J. Lange) das „Handbuch der Erbbiologie des Menschen" (5 Bde., 1939/40) heraus.

Justaucorps [frz. ʒystoˈkɔːr „eng am Körper"], vorn geknöpfter etwa knielanger taillierter Leibrock der Herrenmode von etwa 1670 bis Ende des 18. Jh.; aus ihm entwickelte sich der Frack.

Justi, Carl, * Marburg a. d. Lahn 2. Aug. 1832, † Bonn 9. Dez. 1912, dt. Kunsthistoriker. - Onkel von Ludwig J.; u. a. Prof. in Kiel und Bonn. Schrieb bed. Biographien, v. a. über Winckelmann, Velázquez und Michelangelo.

J., Johann Heinrich Gottlob von, * Brükken (Kreis Sangerhausen) 28. Dez. 1717, † Küstrin 21. Juli 1771, dt. Kameralist. - 1751–54 Prof. der Kameralwissenschaften in Wien; 1766–68 preuß. Berghauptmann; 1768 Einlieferung in die Festung Küstrin wegen der ungerechtfertigten Anschuldigung unregelmäßiger Geschäftsführung. - *Werke:* Staatswirtschaft oder systemat. Abhandlung aller ökonom. und Cameralwissenschaften (1755), Grundsätze der Polizeywissenschaft (1756), System des Finanzwesens (1766).

J., Ludwig, * Marburg a. d. Lahn 14. März 1876, † Potsdam 19. Okt. 1957, dt. Kunsthistoriker. - Neffe von Carl J.; u. a. Direktor des Städel in Frankfurt am Main, 1909–33 der Nationalgalerie in Berlin, seit 1946 der Ehem. staatl. Museen in Berlin.

justieren [zu mittellat. iustare „berichtigen" (von lat. iustus „gerecht")], [Meß]geräte, Einrichtungen oder Maschinen vor Gebrauch genau einstellen.
♦ das [vorgeschriebene] Gewicht eines Münzrohlings prüfen und an das vorschriftsmäßige Rauhgewicht anpassen.

Justin (Justinus der Philosoph, J. der Märtyrer), hl., * Flavia Neapolis (= Nablus), † Rom um 165, christl. Philosoph, einer der

Apologeten. - Versuchte als einer der ersten eine Verbindung der christl. Offenbarungslehre mit der griech. Philosophie. - Fest: 1. Juni.

Justin I. (lat. Iustinus; Justinus), *Dardanien (Makedonien) um 450, † Konstantinopel 1. Aug. 527, byzantin. Kaiser (seit 518). - Trat für die Beschlüsse des Konzils von Chalkedon ein, unterstützte Äthiopien im Krieg gegen Jemen und wehrte mit Erfolg die Angriffe der Slawen ab.

Justina (Justine), weibl. Vorname lat. Ursprungs (zu † Justinus).

Justinian, Name byzantin. Kaiser:
J. I., d. Gr. (Flavius Petrus Sabbatius Justinianus), *Tauresium 482, † Konstantinopel 11. Nov. 565, Kaiser (seit 527). - Führte als letzter röm. Kaiser in Byzanz zahlr. erfolgreiche Kriege gegen die Vandalen (Ende des Vandalenreiches in N-Afrika), die West- und Ostgoten im W (Vernichtung des Ostgotenreiches in Italien), die Slawen im N und die Perser im O, stellte damit das röm. Weltreich wieder her. Im Kampf gegen das Heidentum schloß J. 529 die Athener Philosophenschule, nahm selbst schriftsteller. an den dogmat. Diskussionen teil und trat kirchenpolit. als Verteidiger der Orthodoxie auf (5. ökumen. Konzil 553), obwohl er mit den Monophysiten sympathisierte. In seiner Regierungszeit entstand der Bau der heutigen Hagia Sophia. Ein bed. Verdienst ist die im † Corpus Juris Civilis zusammengefaßte Sammlung des röm. Rechts.

J. II. Rhinotmetos („der mit der abgeschnittenen Nase"), *Konstantinopel 669, † ebd. 711, Kaiser (685-695 und seit 705). - Bekämpfte erfolgreich die Slawen auf dem Balkan. Innen- und kirchenpolit. bed. durch die Themenverfassung und Einberufung der Trullan. Synode (691/692). 695 abgesetzt und verstümmelt, seit 705 wieder Kaiser.

Justinus (Justin), männl. Vorname lat. Ursprungs, eigtl. „der Gerechte".

Justitia, altröm. Göttin; Personifikation der Gerechtigkeit; bildl. Darstellungen als Matrone mit Zepter und Schale.

Justitia et Pax [lat. „Gerechtigkeit und Friede"], 1967 gegr. päpstl. Studienkommission für Entwicklungshilfe.

Justitiar [lat.], rechtskundiger Mitarbeiter von Unternehmen und Verbänden.

Justiz [zu lat. iustitia „Gerechtigkeit"], im weiteren Sinn Bez. für die neben Legislative und Exekutive stehende rechtsprechende Gewalt († Rechtsprechung), im engeren Sinn zusammenfassende Bez. für Rechtspflege und Justizverwaltung bzw. für deren Organe.

Justizirrtum, Fehlentscheidung eines Gerichts, bes. bei einem Strafprozeß abschließenden Urteil. Die nie völlig auszuschließende Gefahr eines J. ist eines der Hauptargumente gegen die Todesstrafe.

Justizmord, Hinrichtung eines Menschen wegen einer Straftat, die nicht begangen hat, auf Grund eines fehlerhaften Gerichtsurteils.

Justizrat, früherer Titel (höhere Stufen: Ober-J., Geheimer J.), der an Richter, Rechtsanwälte und Notare verliehen wurde.

Justizverwaltung, Tätigkeit der Gerichte, Staatsanwaltschaften und sonstigen Justizbehörden mit Ausnahme der Rechtspflege. Dazu gehören 1. die Schaffung der Voraussetzungen für eine geordnete Rechtspflege, 2. die Führung des Strafregisters, 3. die Durchführung des Strafvollzugs, 4. gewisse Entscheidungen im Gnadenrecht und bezügl. der Auslieferung. *Oberste Behörden* der J. sind die Justizministerien.

Justizvollzugsanstalten, Einrichtungen der Landesjustizverwaltungen, in denen die Freiheitsstrafen vollzogen werden (bis 1. Jan. 1977: Gefängnis). Man unterscheidet geschlossene, halboffene und offene Anstalten. Die sachl. und örtl. Zuständigkeit der einzelnen Anstalten regelt der Vollstreckungsplan. Dabei wird u. a. nach Tat, Strafdauer und Täterpersönlichkeit unterschieden. Jugendstrafen werden in bes. Jugendstrafanstalten vollzogen.
In *Österreich* enthalten das StrafvollzugsG 1969 und das JugendgerichtsG 1961 entsprechende Vorschriften über Strafanstalten. - In der *Schweiz* obliegt die Pflicht zur Errichtung und zum Betrieb der Strafanstalten den Kantonen. - † auch Strafvollzug.

Geschichte: Als Bez. für die Freiheitsentziehung und ihren Ort erscheint das Wort *Gefängnis* (für lat. carcer) seit dem 13. Jh. Bis zum Beginn der Neuzeit spielte die Freiheitsstrafe jedoch kaum eine Rolle, das Gefängnis war nach heutiger Terminologie Untersuchungsgefängnis. Die Verwahranstalten waren äußerst primitiv († Stock), häufig unterird. (Loch, Verließ), ihre Verbesserung wurde schon in Art. 11 der Carolina (1532) gefordert, die das Gefängnis schon als Strafart kannte. Die Wissenschaft des 17. Jh. unterschied die Untersuchungs- (carcer custodiae) von der Strafhaft (carcer poenae) in den Formen der zeitl. (carcer temporalis) oder ewigen Haft (carcer perpetuus) und von der Schuldhaft. Gefängnis war Oberbegriff dieser Arten der Freiheitsentziehung; für die Vollzugsanstalten gab es keine feste Terminologie (Kerker, Turm usw.). Seit dem 17. Jh. entwickelten sich verschiedene Arten und Grade der Freiheitsstrafe, deren eine Gefängnis hieß, im dt. [Reichs]strafgesetzbuch von 1871 waren Freiheitsstrafen Haft, Gefängnis, Zuchthaus.

Justum pretium [lat. „gerechter Preis"], Bez. für die in vorkapitalist. Zeit herrschende Lehre einer objektiven Tauschgerechtigkeit; Leistung und Gegenleistung müssen gleichwertig sein.

Justus, männl. Vorname lat. Ursprungs, eigtl. „der Gerechte".

Justus van Gent [niederl. 'jystys van

Jute

'xɛnt], eigtl. Joos van Wassenhove, *Gent (?) um 1435, † Urbino (?) nach 1480, fläm. Maler. - 1469–75 in Italien (Rom?); seit 1473 in Urbino im Dienst des Herzogs Federigo, schuf 1473/74 eine „Kommunion der Apostel", Grundlage verschiedener Zuschreibungen; sein Anteil an den 1473–78 entstandenen Porträts berühmter Männer (14 davon im Louvre, die anderen in Urbino) ist umstritten.

Jute [Bengali-engl.] (Corchorus), Gatt. der Lindengewächse mit rd. 40 Arten in den Tropen; Kräuter oder Halbsträucher mit einfachen, gezähnten Blättern und gelben, achselständigen Blüten. Die beiden wichtigsten (aus Indien stammenden) Arten, die zur Gewinnung der Jutefasern in Pakistan, Brasilien, Thailand, Vietnam, China, Japan, auf Formosa und im Iran angebaut werden, sind: **Rundkapseljute** (Corchorus capsularis): einjähriges, bis 4 m hohes Kraut mit fast kugeligen Kapselfrüchten; vorwiegend auf sehr feuchten Standorten; **Langkapseljute** (Corchorus olitorius): bis 5 m hohes Kraut mit schotenförmigen Kapseln; vorwiegend an trockenen Standorten; die jungen Sprossen und Blätter werden in vielen Ländern als Gemüse gegessen. Die Ernte der **Jutefasern** erfolgt vom Beginn der Blüte bis zum Eintritt der Samenreife durch Abschneiden der Stengel dicht am Boden. Die Stengel werden in ähnl. Weise bearbeitet wie bei der Flachsfasergewinnung († Flachs). Die Fasern unreif geernteter Stengel („beatings") lassen sich zu feineren Garnen verspinnen als die Fasern der ausgereiften Stengel. - † auch Fasern (Übersicht).

Jüten, nordgerman. Volk an der W-Küste M-Jütlands. Teile der J. zogen in das Gebiet des heutigen Belgien (im 5. Jh. als Euten in Flandern nachweisbar), von wo einige Gruppen 449 mit Angeln und Sachsen nach Britannien übersiedelten.

Jüterbog [...bɔk], Krst. an der nördl. Abdachung des Fläming, Bez. Potsdam, DDR, 72 m ü. d. M., 12 700 E. Metallwaren-, Möbel-, Papier- und Konservenind. - Entstand im 12. Jh. - Erhalten sind drei Stadttore (15. Jh.). Das Rathaus (1380) wurde 1450–1506 umgebaut. Spätgot. Backstein-Hallenkirchen sind Sankt Nikolai u. die Mönchskirche.

J., Landkr. im Bez. Potsdam, DDR.

Jütisches Recht, 1241 von König Waldemar II. erlassenes dän. Rechtsbuch; es wurde in Dänemark 1683 vom dän. Reichsgesetz Christians V. abgelöst, galt aber in Schleswig bis zur Einführung des BGB.

Jutkewitsch, Sergei Iossifowitsch [russ. jut'kevitʃ], *Petersburg 28. Dez. 1904, † Moskau 23. April 1985, sowjet. Regisseur. - Nach der Zusammenarbeit mit S. Eisenstein am Moskauer Proletkult-Theater und der Gründung einer Avantgardegruppe seit 1928 Spielfilme bes. aus der Alltagswelt der Arbeiter, z. B. „Spitzen" (1928) und „Gegenplan" (1932, zus. mit F. M. Ermler); Hauptvertreter des sozialist. Realismus; auch histor.-biograph. Themen („Der Mann mit dem Gewehr", 1930); als kongeniale Verfilmung der „Othello"-Tragödie von Shakespeare gilt „Der Mohr von Venedig" (1955). - *Weitere Filme:* Das Schwitzbad (1961), Lenin in Polen (1965), Majakowski lacht (1975).

Jütland, festländ. Teil Dänemarks zw. Nord- und Ostsee, dessen Landschaft von eiszeitl. Ablagerungen geprägt ist; westl. eines J. längs durchziehenden Endmoränenrückens liegen karge Sandböden (Geest). Der etwa 180 km lange Meeresarm **Limfjord** trennt im NW die Insel **Vendsyssel-Thy** ab. Nach N läuft J. in der 4 km langen Landzunge **Skagens Horn** aus. Die W-Küste ist im S als Watten- und Marschküste ausgebildet, nördl. der Halbinsel Skallingen haben Dünengürtel zahlr. Buchten in Strandseen verwandelt. Die O-Küste ist durch die Halbinsel Djursland und Förden reich gegliedert. - J. ist seit der mittleren Steinzeit besiedelt.

Jutta, weibl. Vorname, alte Koseform zu † Judith.

Jutte, Frau † Johanna [die Päpstin].

Juva, Mikko Einar, *Kaarlela 22. Nov. 1918, finn. Historiker und ev. Theologe. - 1957–62 Prof. für finn. Geschichte in Turku, 1962–73 für finn. u. skand. Kirchengeschichte in Helsinki; dort 1963 Leiter der Vollversammlung des Luth. Weltbundes und 1970–77 dessen Präs.; seit 1978 Erzbischof der Ev.-Luth. Kirche Finnlands; 1965–68 auch Leiter der finn. liberalen Volkspartei.

Juvenal (Decimus Iunius Iuvenalis), *Aquinum zw. 58 und 67, † nach 127, röm. Satiriker. - Seine nach den ersten Jahren des 2. Jh. in 5 Büchern veröffentlichten 16 Satiren in Hexametern kritisieren mit scharfem Witz, leidenschaftl. Entrüstung und rhetor. Pathos den Sittenverfall Roms zur Zeit Domitians.

juvenil [lat.], jugendlich. - Ggs. † senil.

juveniles Wasser, aus dem Magma stammendes Wasser, das noch nicht am allg. Wasserkreislauf teilgenommen hat im Ggs. zum **vadosen Wasser** aus der Atmosphäre.

Juvenilhormon (Larvalhormon, Corpora-allata-Hormon, Neotenin), in Hormondrüsen (Corpora allata) gebildetes Hormon der Insekten, das (nur im Zusammenwirken mit dem Häutungshormon Ekdyson) die Larvenentwicklung einschließl. der Larvenhäutungen bewirkt.

Juventas † Hebe.

Juwel [frz.-niederl., zu lat. iocus „Spaß"], wertvoller Schmuckstein; Schmuckstück.

Juwelier [lat.-frz.-niederl.], Schmuckwarenhändler; **Juwelierarbeit,** Goldschmiedearbeit mit geschliffenen Steinen, Perlen u. a. Der Begriff entstand mit der Erfindung des Schliffs im 15. Jahrhundert.

Jux, Egon, *Königsberg (Pr) 17. Juli 1927, dt. Architekt. - Entwirft seine Hoch- und Verkehrsbauten, Stadtbild- und Landschaftsgestaltungen unter dem Gesichtspunkt der Landschaftsförderung bzw. als akzentuierende Ergänzung des vorhandenen Stadtbilds und versteht das einzelne Bauwerk als Raumprozeß. - *Werke* v. a. in Hamburg: Iga-Bauten (1963), Autobahnbrücken K 6 (1963), Überseezentrum (1964), Köhlbrandtbrücke (1974), Elbtunnel Südportal und Lüftergebäude Süd (1975), auch Hochstraßen in Ludwigshafen (1965–79), mehrere Rheinbrücken (1968–76) sowie Hotel im Arusha-Nationalpark, NO-Tansania (1973).

Jux [entstellt aus lat. iocus „Spaß"], Scherz, Spaß.

Juxtaposition [lat.], in der Sprachwiss. Zusammenrückung der Glieder einer syntakt. Fügung als bes. Form der Wortbildung, z. B. eine *Hand voll: Handvoll;* das Ergebnis einer J. wird **Juxta[kom]positum** genannt.

Juzovka, bis 1924 Name der ukrain. Stadt Donezk.

Jyväskylä [finn. 'jyvæskylæ], Hauptstadt des Verw.-Geb. Mittelfinnland, am N-Ende des Sees Päijänne, 64 000 E. Univ. (seit 1966), PH, Konservatorium; Provinzialmuseum; Landmaschinenbau, Papier- und Möbelind. - Rechtwinklig angelegte Altstadt.

JZ, Abk. für: ↑ Jodzahl.

K

K, elfter Buchstabe des dt. Alphabets (zehnter der lat.), im Griech. κ (Kappa), im Nordwestsemit. (Phönik.) ⋋ (Kaph). Im Semit., Griech., Lat. und Dt. ist „K" Zeichen für den velaren stimmlosen starken Verschlußlaut [k]. Das semit. und griech. Zeichen hat jeweils den Zahlenwert 20.
♦ (Münzbuchstabe) ↑ Münzstätte.

K, chem. Symbol für ↑ Kalium.

K, Einheitenzeichen für die Temperatureinheit ↑ Kelvin.

k, Kurzzeichen:
♦ (Vorsatzzeichen) für ↑ Kilo...
♦ (*k*) (Formelzeichen) für die ↑ Boltzmann-Konstante.

K 2 (Mount Godwin Austen), höchster Berg des Karakorums, mit 8 611 m zweithöchster Berg der Erde. 1954 erstmals bestiegen.

Ka, wichtiger Begriff der altägypt. Religion, etwa „Lebenskraft". Beim Tod verläßt der Ka den Menschen, zur erneuten Vereinigung im Jenseits wird die Ka-Statue als Sitz für den Ka mit ins Grab gegeben.

Kaaba [arab. „Würfel"], zentrale Kultstätte des Islams in Mekka; ein 15 m hohes, 12 m langes und 10 m breites, würfelförmiges Bauwerk aus Stein, an dessen SO-Ecke ein schwarzer Meteorit († Hadschar) eingemauert ist. Außen ist es mit einem schwarzen Stoffbehang („kiswa") verkleidet. Die K. war schon vor dem Islam ein Zentralheiligtum der arab. Stämme; Mohammed übernahm ihren Kult, indem er die Gebetsrichtung („kibla") nach ihr ausrichtete und das siebenmalige Umschreiten der K. in den Mittelpunkt der Pilgerfahrt nach Mekka (des ↑ Hadsch) stellte.

Kaas, Ludwig, *Trier 23. Mai 1881, †Rom 25. April 1952, dt. kath. Theologe und Politiker. - 1918 Prof. in Trier, 1920 Berater des Nuntius Pacelli und 1924 Domkapitular; 1919 Mgl. der Weimarer Nat.versammlung; 1920–23 MdR und 1928–33 Vors. des Zentrums, unterstützte die Reg. Brüning und bekämpfte das Kabinett Papen entschieden; trat 1933 für die Zustimmung zum Ermächti-

Kaaba

Kabale

gungsgesetz ein und wirkte maßgebl. beim Abschluß des Reichskonkordats mit; im röm. Exil einflußreicher Berater Papst Pius' XII., bei dessen Vermittlungsbemühungen zw. der dt. Widerstandsbewegung und der brit. Reg. 1939/40 beteiligt.

Kabale [frz. (zu ↑ Kabbala)], veraltet für: Intrige, böses Spiel.

Kabalewski, Dmitri Borissowitsch, * Petersburg 30. Dez. 1904, † Moskau 17. Febr. 1987, sowjet. Komponist. - Mit Opern (u. a. „Colas Breugnon" 1938), Sinfonien, Konzerten, Kantaten und anderen Werken gehört K. zu den führenden Vertretern der russ. Musik.

Kabardiner, zu den ↑ Tscherkessen zählendes Volk im Großen Kaukasus.

Kabardinisch-Balkarische ASSR, autonome Sowjetrepublik innerhalb der RSFSR, in Kaukasien, 12 500 km^2, 708 000 E (1984; rd. 45 % Kabardiner, 37 % Russen, 9 % Balkaren u. a.), Hauptstadt Naltschik.
Landesnatur: Die K.-B. ASSR umfaßt das Gebirgsland am N-Hang des Großen Kaukasus (im Elbrus 5 633 m). Das Klima ist kontinental; Jahresniederschlag unter 500 mm.
Wirtschaft: Abbau von Molybdän, Wolfram, Blei- und Zinkerzen. Wichtigstes Ind.zentrum ist Naltschik. Im Vordergrund der Landw. steht die Rinder-, Schaf- und Pferdezucht, daneben Getreide-, Obst- und Weinbau.
Geschichte: Das Gebiet der Kabardiner wurde 1921 als Autonomes Gebiet aus der Berg-ASSR des nördl. Kaukasus ausgegliedert und 1922 um das Gebiet der Balkaren zum autonomen Gebiet der Kabardiner und Balkaren erweitert; erhielt durch die Verfassungsreform von 1936 den Status einer ASSR; im 2. Weltkrieg von dt. Truppen erreicht; nach der Rückeroberung durch die Rote Armee wurden die Balkaren der Kollaboration verdächtigt und verfolgt (1957 rehabilitiert).

Kabardinisch, zur westkaukas. Gruppe der kaukas. Sprachen gehörende Sprache mit etwa 275 000 Sprechern, die in der ASSR der Kabardiner und Balkaren, im Autonomen Gebiet der Karatschaier und Tscherkessen, in der Stadt Mosdok, in der Region Krasnodar und im Adygischen Autonomen Gebiet in vier Dialekten gesprochen wird.

Kabarett [zu frz. cabaret, eigtl. „Schenke, Trinkstube"], Form künstler. Darbietung auf der Bühne, bei der mit Sketchs, Songs, Pantomimen, Gedichten und Chansons durch polit.-satir. ausgeprägte gesellschaftl. Zustände oder aktuelle Ereignisse kritisiert sowie allg. menschl. Verhaltensweisen in einer bestimmten Situation parodiert werden; charakterist. ist das themat. meist locker gefügte „Nummernprogramm". Das Publikum bewirtete **Tanz-** oder **Nachtkabaretts** bieten neben Vortragskunst u. a. auch Ballett, Artistik, Magie. Das K. wurde in seiner heutigen Form als **Kleinkunstbühne** aus dem Variété entwickelt; 1881 wurde in Paris das K. „Chat-Noir" (Schwarze Katze) gegr., auf dem junge Chansonsänger ihr Repertoire vorstellten; 1885 übernahm A. Bruant das Lokal unter dem Namen „Le Mirliton", wo u. a. auch Y. Guilbert auftrat. Nach diesen Vorbildern eröffnete E. von Wolzogen 1901 das Berliner K. „Überbrettl", das jedoch auf Grund der preuß. Zensur und zunehmender spießiger Witzeleien bald einging. Größeren Erfolg hatte das Münchner K. „Die elf Scharfrichter" (1901-04), zu dem sich Maler, Musiker, Bildhauer und Schriftsteller, u. a. F. Wedekind und H. Freiherr von Gumppenberg, zusammenschlossen und ein antibürgerl. Programm mit beißender Schärfe realisierten. Weitere K. waren in München „Simplizissimus" (1903 gegr. von K. Kobus), in Berlin „Schall und Rauch" (1901 gegr. von M. Reinhardt). Gegen die nationalist. Stimmung zu Anfang des 1. Weltkriegs agierte das 1916 in Zürich gegr. dadaist. „Cabaret Voltaire" mit antimilitarist. Tendenz. Bes. Ende der 1920er Jahre tendierte das Kabarett zur Revue. Bekannt und erfolgreich waren dennoch „K. der Komiker" (1924), „Katakombe" (1929 gegr. u. a. von W. Finck und R. Platte), „Die Vier Nachrichter" (1931 gegr. u. a. von H. Kästner), bes. auch durch die Vortragskünstler T. Hesterberg, C. Waldoff, G. Holl, R. Valetti. Bed. Volkskomiker dieser Zeit waren K. Valentin, L. Karlstadt, O. Reutter, W. Reichert und Weiß Ferdl. Während des NS wurden viele Kabarettisten verhaftet bzw. ins KZ gebracht.

Die bedeutendsten antifaschist. orientierten Emigranten-K. waren u. a. in Wien „Der liebe Augustin" (1931) und „Literatur am Naschmarkt" (1933) sowie in Zürich „Die Pfeffermühle" (1933). Nach dem 2. Weltkrieg entstanden zahlr. neue K., z. B. in München „Schaubude" (1945 gegr. von E. Kästner, mit U. Herking), in Düsseldorf „Kom(m)ödchen" (1947 gegr. von K. und L. Lorentz), in Berlin (West) das Rundfunk-K. „Insulaner" (gegr. 1947) und „Die Stachelschweine" (gegr. 1949, mit W. Neuss), in Stuttgart und Hamburg „Mausefalle" (1948 gegr. von W. Finck), in München „Münchner Lach- und Schießgesellschaft" (gegr. 1955 von S. Drechsel und D. Hildebrandt) und „Rationaltheater" (gegr. 1965), in Köln „Floh de Cologne" (gegr. 1966). In der DDR entstanden „Die Distel" 1953 in Berlin (Ost), „Die Pfeffermühle" 1954 in Leipzig und die „Herkuleskeule" 1955 in Dresden. In der BR Deutschland profilierten sich seit Mitte der 1960er Jahre als Vertreter des **Einmannkabaretts** v. a. W. Finck, W. Neuss, J. von Manger, H.-D. Hüsch, D. Hildebrandt, D. Hallervorden, D. Kittner, O. Waalkes (gen. „Otto"). Bed. östr. Kabarettisten sind G. Kreisler, H. Qualtinger, für die *Schweiz* F. Hohler und Emil Steinberger (gen. „Emil"). Seit 1976 existiert in Mainz das *Dt. K.-Archiv.*
📖 Kühn, V.: Das K. der frühen Jahre. Bln. 1984. - Greul, H.: Bretter die die Zeit bedeuten.

Köln. 1967. - Budzinski, K.: *Die Muse mit der scharfen Zunge.* Mchn. 1961.

Kabbala [--́-; hebr. „Überlieferung"], Bez. für die jüd. Geheimlehre und Mystik, v. a. zw. dem 12. und 17. Jh. sowie für die esoter. und theosoph. Bewegungen im Judentum überhaupt. Die K. ist kein einheitl. System, vielmehr haben ihre Anhänger (**Kabbalisten**) eine Vielzahl von Lehren und Entwürfen vorgelegt, wobei, anders als in den Schriften des Talmud, auch Einwirkungen aus der Volksreligion nachweisbar sind. - Vom 8. Jh. an gelangt die myst. Bewegung von Palästina nach Europa und zeigt Auswirkungen bei den sog. dt. Chassidim, die vorhandene myst. Vorstellungen aufnehmen und asket. Tendenzen und Bußdisziplinen verschmelzen. - Vom 12. bis 14. Jh. entsteht in Südfrankr. (Provence) und Spanien die Bewegung, die als K. im eigtl. Sinn bezeichnet wird. Ein bed. Dokument dieser Zeit ist das Buch **Bahir**, in dem Begriffe der älteren Esoterik weiterentwickelt werden (Organismus von göttl. Potenzen bzw. Äonen). Zw. 1240 und 1280 entsteht das Hauptwerk der älteren K., das Buch ↑ Sohar, das später zu einem kanon. Text der K. wurde. Als Auswirkung der Vertreibung der Juden aus Spanien (1492) erfährt die K. eine apokalypt. und messian. Vertiefung und wird zu einer geistigen Bewegung, in der die Erfahrungen des Leides und des Bösen vorherrschen. In dem neuen Zentrum Sefat in Palästina systematisiert Mose Cordovero ältere Lehren der K. Die Hauptlehren der v. a. von Isaak Luria geprägten K. sowie viele Riten und Gebräuche des Kreises in Sefat wirkten sich in der messian. Bewegung des Sabbatianismus im 17. Jh. und im Chassidismus in Polen im 18./19. Jh. aus. - Im christl. Raum zeigen G. Pico della Mirandola, J. Reuchlin, J. Böhme u. a. Einflüsse der Kabbala.

Richardson, A.: Einf. in die myst. K. Basel ²1985. - Das Buch Bahir. Hg. v. G. Scholem. Darmst. ³1980. - Scholem, G.: Und alles ist K.! Mchn. 1980. - Scholem, G.: V. der myst. Gestalt der Gottheit. Studien zu Grundbegriffen der K. Ffm. 1977. - Scholem, G.: Zur K. u. ihrer Symbolik. Ffm. 1973. - Scholem, G.: zur K. u. ihrer Symbolik. Ffm. 1973. - Scholem, G.: Ursprung u. Anfänge der K. Bln. 1962. - Reichstein, H.: Prakt. Lehrbuch der K. ... Bln. ⁶1961.

Kabbalistik [hebr.], Lehre von der ↑ Kabbala.

kabbelig [niederdt.], die bewegte See, bei der die Wellen gegeneinander laufen, wird k. genannt; **Kabbelung**, durch das Zusammentreffen verschieden gerichteter Strömungen entstehende unregelmäßige Wellenbewegung auf Wasserflächen.

Kabel [frz., urspr. „Ankertau, Schiffsseil"], svw. Drahtseil.
◆ svw. ↑ Kabellänge.
◆ biegsame, isolierte Leitung zur Übertragung von elektr. Energie (Starkstrom-K.) bzw. Nachrichtensignalen (Schwachstrom-K.). K. bestehen im Ggs. zur Litze aus gegeneinander isolierten Kupfer- bzw. Aluminiumleitern *(K.seele)*, die zum Schutz gegen Feuchtigkeit und mechan. Beschädigung z. B. bei der Verlegung im Boden *(Erd-K.)* vom *K.mantel*, gegebenenfalls auch von einer zusätzl. *Stahlbewehrung* umgeben ist. Beim **Starkstromkabel** hängt die Art der Isolation von der Höhe der Spannung ab und besteht beim Niederspannungs-K. (bis 1 kV) vorwiegend aus PVC, beim Mittelspannungs-K. (1–45 kV) aus Polyäthylen bzw. aus einem mit Öl-Harz-Gemisch getränkten Papier (Masse-K.); beim Hochspannungs-K. (über 60 kV) steht die Papier-Öl-Isolation unter Öl- (Öl-K.) bzw. Stickstoffdruck (Gasdruck-K.). Beim **Schwachstromkabel**, insbes. beim Fernmelde-K. (bis 1200 Doppeladern), sind Leiterquerschnitt und Isolationsdicke geringer als beim Starkstrom-K. Übertragungsverluste werden durch Luft-Hohlraum-Isolation (Papier auf Abstandskordel) oder Kunststoffisolation (Styroflex, Polyäthylen) gering gehalten. Koaxial-K. und Hohl-K. († Hohlleiter) dienen zur verlustarmen Übertragung von Hochfrequenzsignalen. - ↑ auch Glasfaseroptik.

Geschichte: W. von Siemens entwickelte 1847 die Guttaperchapresse zur Herstellung nahtlos umhüllter Leitungen und 1851 das Bleimantelkabel. Das erste Seetelegrafen-K. (Dover–Calais) wurde 1851, das erste Trans-

Kabarett. „Schall und Rauch".
Eröffnungsplakat von Emil Orlik (1901)

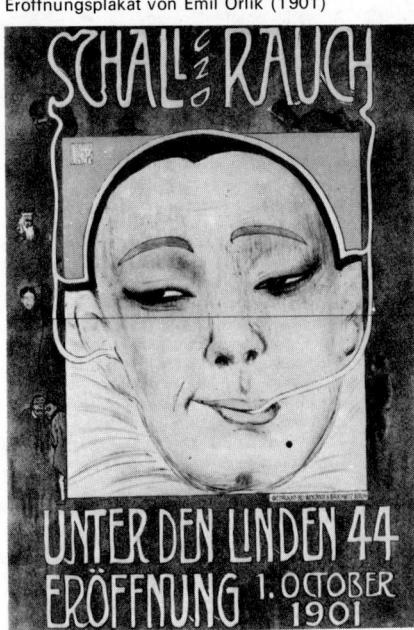

Kabelfernsehen

Kabel. 1 Kunststoffkabel für 1 kV mit konzentrischem Schutzleiter;
2 1-kV-Kunststoffkabel (zum Beispiel für Meßwertübertragung); 3 Einleiter-Aluminiummantelkabel für 20 kV

atlantik-K. (Irland–Neufundland) 1857/58 verlegt.

Kabelfernsehen, Verteilung von Fernsehprogrammen über kabelgebundene Breitbandnetze. Durch die Kabelübertragung werden zusätzl. Programme möglich, da die Limitierung der Frequenzen entfällt. Vorformen des K. sind die Gemeinschafts- bzw. Großgemeinschaftsantennenanlagen in Neubau- und Abschattungsgebieten. Mit einem sog. Rückkanal ausgestattet, ermöglichen Breitbandkabelverteilnetze über ein Zusatzgerät mit Drucktasten beim Empfänger beschränkte Zweiwegkommunikation in Form von Teilnehmerantworten an den Zentralcomputer. - Die Bild- und Tonsignale werden beim K. wie beim übl. Fernsehrundfunk einer Bildträgerfrequenz in Amplitudenmodulation und einer Tonträgerfrequenz in Frequenzmodulation aufgeprägt (↑ Fernsehen, Übertragung der Fernsehsignale), so daß die gleichen Fernsehempfänger wie beim Fernsehfunk verwendet werden können. Der Kabelbetrieb ist jedoch (wegen der Kabeldämpfung) nur im VHF-Bereich, d. h. bis zu 300 MHz möglich, so daß UHF-Sendungen der Fernsehanstalten in VHF-Lage umgesetzt werden müssen. Bei einer Kanalbreite von 7 MHz ist folgende Kanalbelegung realisiert bzw. vorgesehen:

47–68 MHz	Bereich I (Kanäle K 2, K 3 und K 4)
87,5–108 MHz	Bereich II (UKW-Rundfunkkanäle)
111–125 MHz	Satellitenrundfunk (Kanäle S 2 und S 3)
125–174 MHz	unterer Sonderbereich (Kanäle S 4 bis S 10)
174–230 MHz	Bereich III (Kanäle K 5 bis K 12)
230–300 MHz	oberer Sonderbereich (Kanäle S 11 bis S 20)
300–447 MHz	erweiterter oberer Sonderbereich (Kanäle S 21 bis S 41 bzw. S 21 bis S 37 bei einem Kanalraster von 8 MHz)

Bei Nachbarkanalbelegung sind also (ohne den z. Z. noch nicht genutzten erweiterten oberen Sonderbereich) 31 Fernsehkanäle zu 7 MHz Bandbreite verfügbar, jedoch gegenwärtig noch nicht ausnutzbar, da die Eingangsselektion der Tuner der meisten Fernsehempfänger nicht für Nachbarkanalselektion ausgelegt ist. Der Bereich 7–21 MHz ist für sog. Rückkanäle (für Rücksignale der Teilnehmer) vorgesehen.

Rechtl. Problematik: Nach geltendem Recht fällt K. unter den Rundfunkbegriff. Daraus folgt: 1. Netzkompetenz der Dt. Bundespost. Laut Fernmeldeanlagengesetz von 1928 hat allein die Post das Recht, Fernmeldeanlagen zu errichten und zu betreiben. Der Post steht es frei, diese Befugnis im Einzelfall zu verleihen, doch hat 1974 im Hinblick auf Gemeinschaftsantennenanlagen die Bundespost ihren Anspruch ausdrücklich bekräftigt. Die Gesetzgebungskompetenz über das Post- und Fernmeldewesen obliegt laut Art. 73 Abs. 7 GG dem Bund. 2. Die ausschließl. Gesetzeskompetenz bezüglich des Rundfunks obliegt den Bundesländern, die in den jeweiligen Landesrundfunk- bzw. Landesmediengesetzen die näheren Einzelheiten, insbes. auch bezügl. der Beteiligung privater Programmanbieter, festlegen. Unterschiedl. Rechtsauffassungen führten zu einem Entscheid des Bundesverfassungsgerichts (sog. *4. Fernsehurteil* - Niedersachsenurteil - vom 4. 11. 1986), in dem u. a. folgende Leitsätze aufgestellt wurden:
1. a) In der dualen Ordnung des Rundfunks, wie sie sich gegenwärtig in der Mehrzahl der deutschen Länder auf der Grundlage der neuen Mediengesetze herausbildet, ist die unerläßl. „Grundversorgung" Sache der öffentl.-rechtl. Anstalten ..., die zu einem inhaltl. umfassenden Programmangebot in der Lage sind. Die damit gestellte Aufgabe umfaßt die essentiellen Funktionen des Rundfunks für die de-

Kabinentaxi

Durch Kabelfernsehen erreichbare Teilnehmeranschlüsse bundesweiter TV-Satelliten-Anbieter in den Bundesländern (in Tausend); Stand Aug. 1986

Anbieter	Bayern	Bad.-Württ.	Berlin	Bremen	Hamburg	Hessen	Niedersachs.	NRW	Rhld.-Pf.	Saarland	Schl.-Holst.	bundesweit
RTL plus[1]	224	117	243		37	1	168	307	226	324	53	1700
SAT 1	224	117	243		37	1	170	307	100	14	53	1266
Sky Channel	223	108	243		37	1	160	283	100	14	51	1220
KMP-music-box	179	56	243		37		132	207	95		38	987
Music Box	14	109	243		37	1	156	270	43	14	43	930
TV 5	142		243	9	36		66	197	1		26	720
Europa-TV				9	36	45	31	19				140
3SAT	224	117	243	46	37	57	167	307	100	14	53	1365
Eins Plus	199	77	243	9	37	57	114	147	88	10	38	1019
BR 3[2]	224	114	243	9	36	57	100	95	80	10		968
WDR 3[2]		49	243	46	36	8	129	307	12			830

[1] 450 000 Haushalte - im Saarland etwa 310 000 und in Rheinland-Pfalz etwa 140 000 - können RTL plus über terrestrische Frequenzen empfangen.
[2] terrestrische Verbreitung nicht berücksichtigt.
Quelle: Die Neuen Medien 9/86.

mokrat. Ordnung ebenso wie für das kulturelle Leben in der Bundesrepublik ... Die Aufgaben, welche ihm insoweit gestellt sind, machen es notwendig, die techn., organisator., personellen und finanziellen Vorbedingungen ihrer Erfüllung sicherzustellen.
b) Solange und soweit die Wahrnehmung der genannten Aufgaben durch den öffentl.-rechtl. Rundfunk wirksam gesichert ist, erscheint es gerechtfertigt, an die Breite des Programmangebots und die Sicherung gleichgewichtiger Vielfalt im privaten Rundfunk nicht gleich hohe Anforderungen zu stellen wie im öffentl.-rechtl. Rundfunk. Die Vorkehrungen, welche der Gesetzgeber zu treffen hat, müssen aber bestimmt und geeignet sein, ein möglichst hohes Maß gleichgewichtiger Vielfalt im privaten Rundfunk zu erreichen und zu sichern. ...

Kabeljau [niederl.] ↑ Dorsche.
Kabellänge (Kabel, Cable [length]), naut. Längeneinheit; in der dt. und brit. Seefahrt heute auf 1/10 Seemeile (185,2 m) festgelegt, in der US-Marine auf 120 Faden (219 m), in der frz. und span. Seefahrt auf 200 m.
Kabelleger (Kabelschiff), Spezialschiff zum Verlegen von Unterwasserkabeln (bei niedriger Schiffsgeschwindigkeit, 5 bis 8 kn). Die Kabel werden in großen zylindr. Kabeltanks gelagert und mittels der Kabelwinde, die mit einer Einrichtung zur Kontrollierung des Kabelzugs versehen ist, über das Heck ausgefahren. Zum Einholen von Kabeln (zur Instandsetzung u. a.) dient eine am Bug angebrachte große Rolle.

Kabelschlagseil ↑ Drahtseil.
Kabelschuh, durch Schrauben zu verbindende, am Kabelende festgelötete Hülse zum Anschluß elektr. Leitungen.
Kabinda, Stadt 250 km osö. von Kananga, Zaïre, 907 m ü. d. M., 61 000 E. Kath. Bischofssitz; Handelszentrum eines Baumwollanbaugebiets.
Kabine [engl., zu spätlat. capanna „Hütte"], kleiner Raum, Kammer, z. B. Wohnraum [für Passagiere] auf Schiffen, Fahrgastraum [in Flugzeugen]; Umkleide- oder Baderaum.
Kabinentaxi (Kabinenbahn, Taxibahn), Bez. für ein in unterschiedl. Formen und unter

Kabelleger mit dreikehliger Bugrolle (Baujahr 1962)

Kabinett

verschiedenen Bez. (z. B. CAT, ELAN-SIG) in der Entwicklung befindl. Nahverkehrsmittel: Eine große Anzahl kleiner (ein- bis viersitziger), spurgebundener Fahrzeuge mit vollautomat. Antriebs- und Abstandsregelung soll ohne Bindung an einen Fahrplan den Fahrgästen zur individuellen Benutzung zur Verfügung stehen und den innerstädt. Pkw-Verkehr entlasten bzw. ersetzen.

Kabinett [zu frz. cabinet, eigtl. „Nebenzimmer"], seit dem Ende des 16. Jh. Bez. für ein kleines Gemach bzw. Nebenraum, z. B. zur Aufstellung von Sammlungen.

♦ Kasten zur Aufnahme von kleinen Wertgegenständen (16. Jh.), im 17. Jh. gleich zus. mit einem Tisch, entweder als Schreibtisch oder als kleiner Schrank für zierl. Kunstgegenstände u. ä. (**Kabinettschrank**) gearbeitet.

♦ nach urspr. engl. Sprachgebrauch Bez. für die Gesamtheit der Min. einer Reg.; das K. berät in K.sitzungen und kann wichtige Fragen gegenüber dem Staatsoberhaupt oder Parlament zu K.fragen machen, von deren Entscheidung die Entlassung bzw. der Rücktritt des K. oder einzelner Min. abhängig ist. Mit **Kabinettsrang** sind alle Personen versehen, die Sitz und Stimme in der Reg. haben. - Die Bez. K. kam seit dem 17. Jh. für die Räte auf, die an Landesfürsten direkt unterstanden und schließl. ein von den Zentralbehörden unabhängiges Gremium bildeten. Sie waren zunächst untergeordnete Beamte (K.sekretäre), deren Funktion aber allein der Art Doppelreg. führte, da die absolutist. Fürsten das K.system nutzten, um ihre monarch. Selbstreg. gegenüber den Ressortmin. durchzusetzen. **Kabinettspolitik** (die mit diplomat. Mitteln unter dem Gesichtspunkt der Staatsräson betriebene Außenpolitik), **Kabinettsorder** (fürstl. Anordnung mit Gesetzeskraft) und **Kabinettsjustiz** (Eingreifen des K. in den Gang der Rechtspflege) waren Kennzeichen des Absolutismus, in dem auch der Krieg als **Kabinettskrieg** aus der Machtposition des Herrschers im wesentl. aus dynast. Zwecken erklärt und geführt wurde (im Ggs. zum Volkskrieg). In Preußen wurde das K.system 1807/08 durch den Frhr. vom Stein beseitigt und ein Staatsministerium aus einzelnen Fachressorts als oberste Reg.behörde eingerichtet. Ein teilweises Fortleben des K.systems zeigte sich im 19. Jh. darin, daß die Min. mit dem Recht des direkten Zutritts zum Monarchen K.minister hießen im Unterschied zu den Konferenzmin., die ledigl. an den Beratungen des Min.kollegiums teilnahmen.

📖 *Huber, E. R.: Dt. Verfassungsgesch. seit 1789.* Stg. $^{1-2}$1969ff. *Auf mehrere Bde. berechnet. Bis 1986 sind 7 Bde. erschienen.*

Kabinettkäfer (Anthrenus verbasci), 2 bis über 3 mm langer, ovaler, auf schwarzem Grund hellgefleckter Speckkäfer; Larven u. a. schädl. an Woll- und Pelzwaren.

Kabinettscheiben, kleine Glasscheiben mit Email- und Schwarzlotmalerei, bes. mit Wappen (16. und 17. Jh.).

Kabinettsrang ↑ Kabinett.

Kabinettstück, Bez. für einen bes. wertvollen Gegenstand sowie ein bes. geschicktes Vorgehen.

Kabinettwein, urspr. die in bes. Kellerräumen (Kabinetten) gelagerten besten Weine eines Jahrgangs; heute Gütestufe der Qualitätsweine mit Prädikat.

Kabotage (Cabotage) [...'ta:ʒə; frz.], die meist den eigenen Staatsangehörigen eines Staates vorbehaltene Erbringung von Beförderungsleistungen zw. zwei Punkten des Inlandes. Die K. kann sich auf den Land-, See- und/oder Luftverkehr beziehen. Ein K.vorbehalt ist in manchen Gesetzen ausdrücklich ausgesprochen (z. B. im Luftverkehrsgesetz der BR Deutschland).

Kabriolett (Cabriolet) [frz.; zu cabrioler „Luftsprünge machen"], ein leicht gebauter, zweirädriger Gabelwagen (Einspänner), meist mit Verdeck.

♦ (**Kabrio**) Personenkraftwagen mit aufklappbarem bzw. versenkbarem Verdeck.

Kabuki [jap.] ↑ japanisches Theater.

Kabul, Hauptstadt von Afghanistan, in einem vom Kabul durchflossenen Becken, 1 795 m ü. d. M., 1,036 Mill. E (Agglomeration); Sitz aller zentralen Verwaltungsorgane sowie einer Prov.verwaltung; Univ. (gegr. 1932), Polytechnikum, Nationalmuseum; Kulturinstitute, u. a. Goethe-Inst.; Zoo. Wirtsch.zentrum; internat. ✈. - Die schon um 1500 v. Chr. bestehende Siedlung am Fluß K. nahm unter Babur einen bes. Aufschwung. Bis 1738 gehörte K. zum Mogulreich, nach der kurzen Herrschaft Schah Nadirs fiel es 1747 den afghan. Durrani in die Hände und ist seit etwa 1775 Hauptstadt Afghanistans. - Mehrere Moscheen (18., 19., 20. Jh.), Festung Bala Hissar (16. Jh.; 1879 gesprengt, wiederhergestellt), Mausoleum von Schah Nadir (18. Jh.).

K., rechter Nebenfluß des Indus, entspringt im Koh-i-Baba, mündet 60 km östl. von Peshawar, Pakistan, etwa 500 km lang; mehrfach zur Elektrizitätsgewinnung und Bewässerung gestaut.

Kabulisch (Kabuli-Persisch), die in der Gegend von Kabul gesprochene lokale Abart des Persischen, die in Afghanistan neben dem Paschtu Amtssprache ist.

Kabwe [engl. 'ka:bwɛɪ], Prov.hauptstadt in Sambia, an der Bahnlinie von Lusaka zum Kupfergürtel, 1 180 m ü. d. M., 143 600 E. Abbau und Verhüttung von Blei- und Zinkerzen. - 1904 gegründet.

Kabylei, dicht besiedeltes Gebirgsland in N-Algerien, NO-Teil des Tellatlas, im Djebel Djurdjura 2 308 m hoch. Intensive Landnutzung; wichtigster Ort ist Tizi-Ouzou. Der Fluß Oued Soummam teilt die K. in **Große Kabylei** im W und **Kleine Kabylei** im O.

Kabylen, Berberstamm in der Kabylei; v. a. Ackerbau und Ölbaumkulturen.

Kachari (Katschari), Stamm der Bodo in Assam, Indien; etwa 300000 Mgl.; bildete im 13. Jh. ein Reich, das 1830 von der Ostind. Kompanie übernommen wurde.

Kachel [zu althochdt. chachala „irdener Topf" (von griech. kákkabos „Kessel")], glasierte Platte aus gebranntem (reinem oder mit Schamotte gemagertem) Ton. - ↑auch Fliesen.

Kachelofen, aus dem Lehm- oder Ziegelofen hervorgegangene Form der Einzelheizung. Zuerst in der Schweiz und in Tirol nachweisbar. Verkleidet mit urspr. immer farbigen Topfkacheln (mit Vertiefungen zur Vergrößerung der wärmeabstrahlenden Fläche) oder Tafelkacheln. Häufig wurden die Kacheln mit Reliefs verziert (13. Jh. ff.), später auch bemalt. Seit dem 16. Jh. und v. a. im 17. und 18. Jh. architekton. reich gestaltete Kachelöfen.

Kachexie [griech.], svw. ↑Auszehrung.

Kachin ['katʃin], zur tibeto-birman. Sprachgruppe gehörendes, in zahlr. Gruppen gegliedertes Bergvolk in N-Birma, in der chin. Prov. Yünnan und im ind. Bundesstaat Assam; v. a. Ackerbauern.

Kachinstaat ['katʃin], autonomes Sondergebiet des Kachin im äußersten N von Birma, 76 000 km², 904 000 E (1983). Hauptstadt Myitkyina. Der K. wird weitgehend vom dicht bewaldeten **Kachinbergland** eingenommen, das im N in die Himalajazone hineinreicht. Als Brandrodungsfeldbauern wohnen die Kachin v. a. im Gebirge, während die Täler meist von Reisbau treibenden Schan besiedelt sind. Wirtsch. bed. sind Teakholzbestände und Edelsteinvorkommen.

Kaçkar dağı [türk. katʃ'kar da:'i], mit 3 937 m höchster Berg des Pont. Gebirges, Türkei.

Kádár, János, * Rijeka 26. Mai 1912, ungar. Politiker. - Mgl. der illegalen KPU seit 1931; 1942 Mgl., 1943 Sekretär des ZK; 1948-51 Innenmin., jedoch 1951 wegen Titoismus verhaftet; nach Rehabilitierung 1954 hoher Parteifunktionär in Budapest, 1956 ins Politbüro und Sekretariat des ZK gewählt; seit Okt. 1956 Mgl. der Reg. I. Nagy; bildete nach dem ungar. Volksaufstand im sowjet. Auftrag eine neue Reg.; 1956-88 Erster Sekretär des ZK, 1956-58 und 1961-68 zugleich Min.präs.; 1988-89 Parteipräsident. - †6. Juli 1989.

Kadarif, Al, Stadt im O der Republik Sudan, 66 500 E. Zentrum eines Hirse- und Baumwollanbaugebiets; Bahnstation. - Die Briten schlugen 1899 bei Al K. die Mahdisten.

Kadaver [lat.], toter, in Verwesung übergehender Tierkörper, Aas; auch abwertend für: toter menschl. Körper.

Kadavergehorsam, blinder, absoluter Gehorsam; Vorschrift aus den jesuit. Ordensregeln, die von den Angehörigen des Ordens forderte, Gott und den Oberen wie in willenloser Leichnam (lat. „cadaver") zu gehorchen.

Kadaverin [lat.] (Cadaverin, Pentamethylendiamin), biogenes Amin, das durch Decarboxylierung der Aminosäure Lysin entsteht. K. wird von Bakterien (Escherichia coli, Bacterium cadaveris) im Darm und bei der Eiweißzersetzung in Leichen gebildet; es zählt zu den Leichengiften (Ptomainen). Die Substanz ist giftig. Chem. Strukturformel: $H_2N-(CH_2)_5-NH_2$.

Kadelburg, Gustav, * Pest (= Budapest) 26. Juli 1851, † Berlin 11. Sept. 1925, östr. Schauspieler und Bühnendichter. - Verfaßte u. a. erfolgreiche, problemlose Lustspiele, bes. bekannt „Im weißen Rößl" (1898).

Kaden-Bandrowski, Juliusz, * Rzeszów 24. Febr. 1885, † Warschau (während des Aufstandes) 6. Aug. 1944, poln. Schriftsteller. - Sein übersteigerter expressionist. Prosastil übte auf die moderne poln. Literatur starken Einfluß aus; sein z. T. zeitkrit. und satir. Werk schildert das zeitgenöss. poln. Leben.

Kadenz [lat., zu cadere „fallen"], in der *Musik* 1. Akkordfolge, mit der ein Musikstück, ein Abschnitt oder eine Phrase einer Komposition abgeschlossen wird. Die K. als harmon. Schlußformel entwickelte sich im 16. Jh. aus den gemeinsamen Abschnitts- und

Kachelofen (16. Jh.). Zürich, Schweizerisches Landesmuseum

137

Kader

Schlußklauseln der im polyphonen Satz noch primär nach melod. Gesichtspunkten geführten Einzelstimmen. - Seit dem 18.Jh. unterscheidet man **authent.** (vollkommene) **Kadenzen** (1) und **plagale** (unvollkommene) **Kadenzen** (2), letztere im 19. Jh. auch Kirchenschluß genannt. Eine K. auf der I. Stufe (Tonika) heißt **Ganzschluß**, auf der V. Stufe (Dominante) **Halbschluß**. Ein **Trugschluß** führt auf die VI. Stufe, in Durtonarten nach Moll (5), in Molltonarten nach Dur (6). Die authent. K. erhält zusätzl. als charakterist. Intervall die

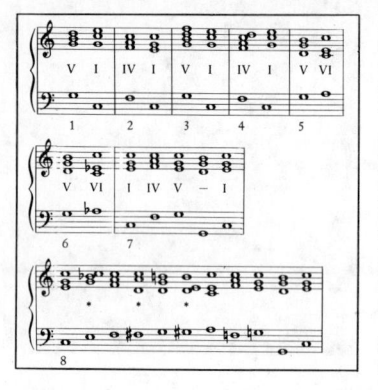

Septime über der V. Stufe (Dominantseptime) (3), die plagale K. die Sexte über der IV. Stufe („sixte ajoutée") (4). - J.-P. Rameau übertrug den K.begriff auf eine abstrakte Akkordfolge. H. Riemann bezeichnete auch die Darstellung einer Tonart durch harmon. Funktionen als K., speziell als „vollständige" K. (7); bei Einfügung von Zwischendominanten (*) entsteht eine „erweiterte" Kadenz (8). 2. improvisierte oder komponierte, reich ausgezierte Schlußwendung der Sätze eines Solokonzerts. Vom Solisten allein ausgeführt, soll sie dessen Virtuosität demonstrieren.

♦ in der *Metrik* rhythm. Gestalt des Versschlusses beim akzentuierenden Versprinzip: die männl. K. (stumpfe K.) ist einsilbig (in der mittelhochdt. Metrik auch zweisilbig und endet auf eine Hebung, die weibl. K. (klingende K.) ist eine zweisilbige Folge von Hebung und Senkung, hinzu kommt die dreisilbige klingende K. mit Hebung, Senkung und Nebenhebung.

Kader [frz., zu lat. quadrus „viereckig"], Stamm[bestand] nat. Streitkräfte (insbes. an Offizieren und Unteroffizieren).
♦ Gruppe von [bes. ausgebildeten oder geschulten] Personen, die wichtige Funktionen in Partei, Wirtschaft, Staat o. ä. haben, auch Bez. des einzelnen Angehörigen.

Kaderheer ↑ Heer.

Kadesch, bed. syr. Stadt des 2. Jt. v. Chr. Die am Orontes etwa 25 km sw. von Homs gelegene Ruinenstätte war 1285 v. Chr. Ort der Entscheidungsschlacht zw. Hethitern und Ägyptern im Kampf um N-Syrien.

Kadett (Cadett) [frz., zu lat. capitellum „Köpfchen"], Zögling der **Kadettenanstalten**, die auf die Offizierslaufbahn vorbereiteten (bis zum Ende des 1. Weltkriegs).

Kadetten (russ. Kadety [russ. ka'djɛti]), aus den Anfangsbuchstaben K und D der russ. Konstitutionellen Demokrat. Partei entstandene Bez. für deren Mitglieder. 1905 als „Partei der Volksfreiheit" gegr., repräsentierte Bürgertum und Intelligenzija radikalliberaler Richtung und hatte ein auch im agrar. Bereich fortschrittl. sozialreformer. Programm. Nach der Oktoberrevolution bzw. nach der Auflösung der Konstituante (Jan. 1918) als konterrevolutionär verfolgt.

Kadhdhafi, Umar Muammar (El Gaddafi), * Sirte 1942, libyscher Offizier und Politiker. - Stürzte gemeinsam mit anderen Offizieren 1969 die Monarchie, wurde Oberbefehlshaber der Streitkräfte und 1969–77 als Präs. des Revolutionsrates Staatsoberhaupt; 1970–72 auch Verteidigungsmin. und Min.-präs.; 1977–März 1979 Staatspräs.; vertritt eine Politik der arab. Einheit auf der Grundlage eines sozialist. Islams.

Kadi [arab.], Richter in arab. Staaten, in islam. Ländern an die Auslegung des Gesetzes durch den Mufti gebunden.

Kadijewka [russ. 'kadijɪfkɐ], bis 1978 Name der sowjet. Stadt ↑ Stachanow.

Kadıköy [türk. kɑ'dikœj], Stadtteil von ↑ Istanbul, auf der asiat. Seite.

Kadmium ↑ Cadmium.

Kadmos, Heros der griech. Mythologie, Ahnherr des theban. Königshauses, Bruder der Europa. Auf Anweisung des Orakels in Delphi gibt er die Suche nach seiner von Zeus entführten Schwester auf, um in Böotien die *Kadmeia*, die Stadtburg des späteren Theben, zu erbauen.

Kadratur (Kadraktur), Steuermechanismus für das Schlagwerk einer Uhr.

Kadscharen, von 1794 bis 1925 herrschende pers. Dyn., begr. von Agha Mohammad, einem Führer des turkman. Stammes der Kadscharen. Die Reg.zeit der K. bedeutete für Persien eine Periode ständigen Niedergangs. Der letzte K.herrscher Ahmad Schah dankte 1925 ab. Sein Nachfolger wurde Resa Khan.

Kaduna [engl. 'kɑːduːnɑː; kəˈduːnɑ], Hauptstadt des nigerian. Bundesstaats K., 202 000 E. Sitz eines kath. Erzbischofs und eines anglikan. Bischofs; Westafrikan. Inst. für Erforschung der Schlafkrankheit; Nationalmuseum, Bibliothek; Rundfunk- und Fernsehsender; Hauptquartier der nigerian. Luftwaffe; Handelszentrum; Textilwerke, Munitionsfabrik, Herstellung von Aluminiumwaren, Kfz-Montagewerk, Erdölraffinerie, Brauerei, Bahnknotenpunkt, ✈. - Gegr. 1913.

Kaffee

Kaegi, Werner, * Oetwil am See bei Rapperswil 26. Febr. 1901, † Basel 15. Juni 1979, schweizer. Historiker. - Prof. in Basel 1936–71; schrieb u. a. „Michelet und Deutschland" (1936), „Histor. Meditationen" (1942–46); sein wiss. Hauptwerk ist eine mehrbändige Biographie J. Burckhardts (1947 ff.).

Kaesong [korean. kɛsʌŋ], Stadt im SW der Demokrat. VR Korea, 240 000 E. Hochschule für polit. Wiss.; Textil-, keram., Nahrungsmittelind.; Marktort für Ginseng. - Entstand im 8. Jh., vom 9.–14. Jh. Hauptstadt Koreas. Die Kaufleute von K. waren durch ihre Geldinstitute und die Erfindung einer eigentüml. doppelten Buchführung berühmt.

Kaestner, Alfred [ˈkɛs...], * Leipzig 17. Mai 1901, † München 3. Jan. 1971, dt. Zoologe. - Prof. in Berlin und München; betrieb hauptsächl. morpholog.-anatom. Studien an Spinnentieren; verfaßte ein „Lehrbuch der Speziellen Zoologie" (2 Bde., 1954–63).

Kafa (Kaffa), Prov. (54 600 km², Hauptstadt Dschimma) und Bergland in SW-Äthiopien mit Steilabfall zum Abessin. Graben, dies etwa 3 300 m hoch. Mit Feuchtwald bestanden, in dem der Kaffeestrauch wild wächst. **K.,** westkuschit. Stamm in SW-Äthiopien; überwiegend Savannenpflanzer. Das von den K. 1390 gegr. Reich verlor erst 1897 seine Unabhängigkeit.

Käfer [zu althochdt. chevar, eigtl. „Nager"] (Koleopteren, Coleoptera), seit dem Perm bekannte, heute mit rd. 350 000 Arten in fast allen Biotopen weltweit verbreitete Ordnung 0,25–160 mm langer Insekten (davon rund 5 700 Arten in M-Europa); Körper mit meist hartem Hautpanzer und stark verhärteten Vorderflügeln, die in Ruhe die gefalteten, häutigen Hinterflügel schützen und meist auch den ganzen Hinterleib bedecken. Zum Flug werden die Flügeldecken abgespreizt und nur die Hinterflügel benutzt. Am Körper sind drei gelenkig miteinander verbundene Abschnitte zu unterscheiden: 1. Kopf mit Augen, Antennen und kauenden Mundwerkzeugen; 2. Halsschild mit einem Beinpaar; 3. mittleres und letztes Brustsegment (mit je einem Bein- und Flügelpaar), starr verschmolzen mit dem Hinterleib. Die meisten K. sind Pflanzenfresser (darunter viele Pflanzenschädlinge wie Kartoffelkäfer, Maikäfer, Borken- und Rüsselkäfer); viele leben räuber. und werden, indem sie Schadinsekten und anderen Kleintieren nachstellen, nützl. (z. B. Marienkäfer, viele Lauf- und Buntkäfer). Verschiedene Arten leben in Aas, Dung oder Mist. - Entsprechend den unterschiedl. Lebensgewohnheiten haben sich die Beine bei manchen K. umgebildet zu Lauf-, Grab- (bei Mistkäfern), Sprung- (bei Flohkäfern) oder Schwimmbeinen. Die Entwicklung ist eine vollkommene † Metamorphose. - Man unterscheidet die beiden Unterordnungen † Adephaga und † Polyphaga.

Käfermilben † Milben.
Käferschnecken (Polyplacophora), Klasse mariner Weichtiere mit rd. 1 000 etwa 0,3–33 cm langen Arten überwiegend in der Brandungszone; fast stets abgeplattet, längsoval, oft bunt gezeichnet; mit meist acht sich dachziegelartig überdeckenden, kalkigen Schalenplatten; Atmung erfolgt durch Fiederkiemen; ernähren sich meist von Algen und können sich vielfach asselartig einrollen; bekannteste Gatt. † Chiton.

Kaffa † Kafa.

Kaffee [türk.-italien.-frz., zu arab. kahwa (mit gleicher Bed.)], svw. † Kaffeepflanze.
♦ die [gerösteten] Samen der † Kaffeepflanze (K.bohnen) bzw. das daraus bereitete Getränk. Der *Röstvorgang,* bei dem das typ. K.-aroma entsteht, erfolgt industriell meist in rotierenden Rösttrommeln bei 200–220 °C (Langröstung 20–30 Min., Schnellröstung 5–10 Min.). Ein spezielles Verfahren ist die sog. Aerotherm- oder Fontänenröstung, durch die bei kurzer Röstzeit (2–3 Min.) ein bes. gutes Aroma erzielt wird. Die K.bohnen werden hier in einem heißen Luftstrom hochgewirbelt und anschließend durch Kaltluft rasch abgekühlt. Zur Verringerung von Aromaverlusten können die Bohnen vor Beendigung des Röstvorgangs kandiert werden (durch Befeuchten mit Zuckerlösung), wodurch sich ein gebräunter Überzug ergibt; auch Glasieren mit Harzen oder Wachsen ist üblich. - Beim Rösten des K. spielen sich komplizierte chem. Umsetzungen ab, bei denen v. a. die Kohlenhydrate verändert werden. Der Röstgrad ist je nach Geschmacksrichtung unterschiedlich.
Zur Herstellung **koffeinfreien Kaffees** werden die mit Wasserdampf vorbehandelten Bohnen einem Extrahierverfahren unterworfen (Lösungsmittel z. B. Di- und Trichloräthylen) und anschließend in Warmluft oder im Vakuum getrocknet. Koffeinfreier K. darf nicht mehr als 0,08 %, koffeinarmer K. höchstens 0,2 % Koffein enthalten.

Kaffee-Extrakte sind hochkonzentrierte wäßrige Auszüge aus geröstetem, gemahlenem K., die durch Instantisieren in pulverige bzw. körnige Form gebracht werden (Instant-K., Pulverkaffee).

Geschichte: Der Brauch des K.trinkens kam zw. dem 13. und 15. Jh. von Äthiopien nach S-Arabien und vermutl. über Mekka (durch Pilger) in die gesamte islam. Welt, im 16. Jh. auch nach Europa. In Wien wurde der K. nach der Belagerung durch die Türken eingeführt, blieb aber bis ins 19. Jh. ein Luxusartikel. Neben Kaffeezubereitung durch Aufbrühen gibt es die Espressoverfahren († Espresso) und Aufkochmethoden (türk. und arab. Mokka). - Abb. S. 140.

📖 *Eckert, G./Eckert, A.:* Das K.brevier. Münster (Westf.) 1979. - *Rothfos, B.:* Weltatlas der K.länder. Hamb. 1972. *Spriesterbach, H.:* Roh-K. v. A–Z. Hamb. ³1963.

Kaffeebaum

Kaffeebaum, svw. ↑ Kaffeepflanze.
Kaffeebohnenkäfer, svw. ↑ Kaffeekäfer.
Kaffee-Ersatz (Kaffeesurrogate), stärke- und zuckerhaltige Pflanzenteile, die geröstet werden und durch Aufkochen oder Überbrühen mit Wasser ein im Geschmack und Geruch dem Kaffee ähnl. Getränke ergeben. Rohstoffe sind u.a.: Gerste, Roggen, Weizen, Eicheln, Roßkastanien, Gemeine Wegwarte. K.-E.-Mischungen werden aus einer Mischung von mehreren Rohstoffen hergestellt und manchmal mit Kaffeebohnen vermischt.

Kaffeehaus, im 18./19. Jh. beliebte Einrichtung; erste Gründungen in Europa in Venedig 1647, London 1652, Den Haag 1664, Marseille 1671, Paris 1672, Hamburg 1677, Wien 1685. Übl. war die Bereitstellung von Zeitungen, Zeitschriften, Billard, Schach. Heute verdrängt vom (kleineren) **Café.**

Kaffeekäfer (Kaffeebohnenkäfer, Araeocerus fasciculatus), etwa 2–4 mm langer Breitrüßler, dessen 5–6 mm lange Larven Vorratsschädlinge (bes. an Kaffee-, Kakaobohnen, Muskatnüssen) sind; weltweit verbreitet.

Kaffeemaschine, elektr. Haushaltsgerät (meist Automat) zur Herstellung trinkfertigen Kaffees; in größerer, abgewandelter Form auch für gewerbl. Zwecke. Das Wasser wird meist nach dem Prinzip des Durchlauferhitzers zum Kochen gebracht und übersprüht das im Filter befindl. Kaffeemehl; der trinkfertige Kaffee fließt dann in die Kaffeekanne, die auf einer Wärmeplatte steht.

Kaffeemühle (Kaffeemahlwerk), ein mit einer Handkurbel oder elektromotor. angetriebenes Haushaltsgerät zur Zerkleinerung gerösteter Kaffeebohnen; in größerer Ausführung für gewerbl. Zwecke. Man unterscheidet zwei Systeme: Die K. mit *Schlagwerk* arbeitet mit einem schnell umlaufenden Schlagmesser, das die in den Mahlraum eingegebenen Kaffeebohnen zerschlägt. Die K. mit *Mahlwerk* mahlt die Bohnen zw. langsam laufenden Mahlscheiben oder -kegeln.

Kaffee. Schematische Darstellung der Rohkaffeeaufbereitung und der Röstkaffeeherstellung

Kaffeepflanze (Kaffee, Kaffeestrauch, Kaffeebaum, Coffea), Gatt. der Rötegewächse paläotrop. Verbreitung (meist afrikan. Herkunft) mit rd. 60 Arten; Sträucher oder 4–6 m hohe Bäume; Blätter gegenständig, lederartig oder häutig; Blüten klein, weiß, oft wohlriechend, zu Büscheln gehäuft in den Blattachseln; Früchte kirschenähnl. Steinfrüchte (**Kaffeekirschen**) mit zwei bohnenförmigen oder einem rundl. Samen (Perlkaffee, Rundbohne), die nach Entfernen der Hornschale (Endokarp) und der Silberhaut (Samenschale) die **Kaffeebohnen** ergeben. Diese enthalten neben Theobromin und Theophyllin u. a. 0,7–2,5 % Koffein, 10–30 % fettes Öl, 0,7 % Zucker und Gerbstoffe. Das eigentl. Aroma entwickelt sich erst beim Rösten. Auch die Blätter und die Rinde der K. enthalten Alkaloide. Wichtigste Arten der K.: **Arab. Kaffee** (Bergkaffee, Coffea arabica), urspr. wohl aus Äthiopien, heute allg. in den Tropen (v. a. in Brasilien) kultiviert; **Liberia-Kaffee** (Coffea liberica), aus dem trop. W-Afrika, heute v. a. in W- und O-Afrika, auf Ceylon und Java angebaut (wegen weniger guten Geschmacks selten im Handel); **Robusta-Kaffee** (Kongo-Kaffee, Coffea canephora), aus dem trop. Afrika, angebaut v. a. in W-Afrika, Indonesien, Indien. Wirtschaft: Die Weltkaffee-Ernte betrug 1987 6,8 Mill. t. Größter Kaffeeproduzent war Brasilien mit 2,58 Mill. t, gefolgt von Kolumbien mit 0,65 Mill. t und Mexiko mit 0,48 Mill. t, ferner Indonesien (0,33 Mill. t), Elfenbeinküste (0,26 Mill. t) und Äthiopien (0,18 Mill. t).

Kaffeesteuer, Verbrauchsteuer, die im Rahmen der Getränkebesteuerung erhoben wird.

Kaffeezichorie, svw. Gemeine Wegwarte († Wegwarte).

Kaffein, svw. † Koffein.

Kaffern, Bantustamm in der Republik Südafrika, † Xhosa.

Kaffernadler (Aquila verreauxi), rd. 90 cm langer, schwarz und weiß gefärbter Adler, v. a. in den Gebirgen O- und S-Afrikas.

Kaffernbrot (Encephalartos caffer), afrikan. Palmfarn mit 2–3 m hohem, knollenartigem Stamm, der von holzigen Schuppen und Blattstielresten bedeckt ist; Wedel paarig gefiedert; Zapfen meist groß, ♂ Zapfen oft zu mehreren. Das Mark liefert Sago.

Kaffernbüffel (Syncerus caffer), bis 2,6 m langes und bis 1,7 m schulterhohes, rotbraunes bis schwarzes Rind in fast jedem Biotop Afrikas südl. der Sahara; mit breit auf der Stirn ansetzenden, geschwungenen Hörnern; meist in kleineren oder größeren Herden lebende Tiere, die gern Wasserstellen aufsuchen. Man unterscheidet 3 Unterarten: **Schwarzbüffel** (Syncerus caffer caffer; größte Unterart; dunkelbraun bis schwarz; O- und S-Afrika); **Grasbüffel** (Sudanbüffel, Syncerus caffer brachyceros; Schulterhöhe bis 1,4 m; rotbraun bis schwarz; W-Afrika bis Äthiopien); **Rotbüffel** (Waldbüffel, Syncerus caffer nanus; kleinste Unterart; leuchtend rotbraun; in Wäldern W- und Z-Afrikas).

Kaffernhirse † Sorghumhirse.

Käfigläufermotor, Drehstrommotor mit kurzgeschlossener, aus Kupfer- oder Aluminiumstäben bestehender, käfigartiger Läuferwicklung (Käfiganker, -läufer).

Kafirsprachen, Gruppe indogerman. Sprachen, die von den Kafiren (heute Nuristani) im Hindukusch gesprochen werden; zu unterscheiden sind vier Hauptdialektgruppen: *Kati, Prasun, Waigali* und *Aschkun.* Die K. sind die spärl. Reste eines mit den indoarischen Sprachen und den iranischen Sprachen eng verwandten dritten Zweiges des Indoiranischen; Hauptkennzeichen ist die Entwicklung von indogerman. (erschlossen) $\hat{k}$, $\hat{g}$ *(h)* zu kafir. *c, j/z.*

Kafka, Franz, * Prag 3. Juli 1883, † Kierling bei Wien 3. Juni 1924, östr. Schriftsteller. - Studierte 1901–06 Jura in Prag (Freundschaft u. a. mit O. Baum und M. Brod); 1908–22 Versicherungsangestellter; seit 1917 Erkrankung (Kehlkopftuberkulose); mehrere Kuraufenthalte; 1920–22 Liebesbeziehung zu Milena Polak (geb. Jesenská) („Briefe an Milena", hg. 1952); kam 1923 nach Berlin, wo er mit Dora Diamant zusammenlebte; 1924 Rückkehr nach Prag. Grundthema seiner sprachl. äußerst präzisen Prosa ist der aussichtslose Kampf des an ein myst., unveränderl. Sein gefesselten Individuums gegen verborgene, doch allgegenwärtige anonyme Mächte, die sich ihm entgegenstellen, z. B. „Vor dem Gesetz" (E., 1916); verdeutlicht wird diese Situation in der aus der Alltagswirklichkeit heraus aufbrechenden Existenzangst, wie z. B. in der Erzählung „Die Verwandlung" (1915) und an einem ungewissen, unterschwelligen Grauen, etwa vor einem seelenlosen autoritären Staatsmechanismus. In dem Romanfragment „Der Verschollene" (bekannt u. d. T. „Amerika", 1927) wird der jugendl. Held allmähl. aus der menschl. Gesellschaft gedrängt, weil er in einer über seine subjektive Schuld hinausgehenden Weise von seinen Eltern und deren Ersatzfiguren immer wieder zurückgestoßen wird. Im Roman „Der Prozeß" (1925) werden Schuld und Selbstverurteilung eines sich den Gemeinschaftsaufgaben Entziehenden dargestellt. Thema des durch das Milena-Erlebnis veranlaßten Romanfragments „Das Schloß" (1926) ist der Kampf des Autors um die Verwurzelung in der menschl. Gesellschaft. - Das Gesamtwerk, zu seinen Lebzeiten kaum beachtet, in der Tschechoslowakei bis 1964 als dekadent abgelehnt, hat seit 1946 - teilweise wegen textl. Unzugänglichkeit, aber auch auf Grund von erzähltechn. Besonderheiten - eine Deutungsflut hervorgerufen, in der religiöse, existentialist., psychoanalyt. und marxist. Ansätze vertreten sind.

Kaftan

Weitere Werke: Brief an den Vater (1919), Ein Landarzt (En., 1920), Ein Hungerkünstler (1922), Forschungen eines Hundes (hg. 1931), Beim Bau der chin. Mauer (En. und Prosa, hg. 1931).
📖 *Pawel, E.: Das Leben F. K.s. Dt. Übers. Mchn. 1986. - Müller, Hartmut: F. K. Düss. 1985. - Brod, M.: Über F. K. Ffm.* [6]*1984. - Wagenbach, K.: F. K. Bln. 1983. - Kraft, H.: K. Bern* [2]*1983. - Binder, H.: F. K. Stg. 1983.*

Franz Kafka (1924)

Kaftan [arab.-türk.], vorne offenes, weites oriental. Obergewand, gelangte auch in den Balkan, nach Rußland und Polen.
◆ Übergewand der orthodoxen Juden, vorne geknöpft.

Kafue [engl. kɑːˈfuːɛɪ], linker Nebenfluß des Sambesi, im zentralen Sambia, entspringt an der Grenze gegen Zaïre, mündet 70 km nördl. des Karibadammes, rd. 950 km lang. Am Mittellauf liegt der K.-Nationalpark, ein etwa 14 000 km^2 großes Wildreservat.

Kagami [jap.], jap. Bez. für Spiegel, oft reich verziert (als kult. Gegenstand); neben Schwert und Juwelenband göttl. Insigne kaiserl. Macht.

Kagan, sowjet. Stadt in der Oase von Buchara, Usbek. SSR, 34 000 E. Baumwollentkörnung, Baustoff- und Nahrungsmittelind.; Bahnknotenpunkt. Nahebei das Erdgasfeld **Dscharkak.** - 1888 gegründet.

Kaganowitsch, Lasar Moissejewitsch [russ. kɐgɑˈnovitʃ], * Kabany (Gouv. Kiew) 22. Nov. 1893, sowjet. Politiker. - Seit 1911 Mgl. der bolschewist. Partei, seit 1922/23 enger Gehilfe Stalins; 1924-57 Mgl. des ZK der KPdSU, 1924/25 und 1928-39 Sekretär der ZK; 1926-30 Kandidat, 1930-57 Mgl. des Politbüros; maßgebl. an den „großen Säuberungen der 1930er Jahre und an der Entfaltung des totalitären Stalinismus beteiligt; 1935-53 Min. in verschiedenen Ressorts; 1953-57 1. stellv. Min.präs., unterlag im inneren Machtkampf um die Stalin-Nachfolge gegen N. S. Chruschtschow; 1957 aller Ämter enthoben; 1961 Parteiausschluß.

Kagel, Mauricio [Raúl] [ˈkaːgəl, span. kaˈxɛl], * Buenos Aires 24. Dez. 1931, argentin. Komponist. - Lebt seit 1957 in Köln, seit 1974 Prof. an der dortigen Musikhochschule. Schrieb neben experimentellen Kompositionen auch Hörspiele, Filme und szen. Stücke. K. strebt nach einer Verbindung klangl.-musikal. und szen./theatral. Dimensionen des Musikmachens („Match", 1964). K. experimentiert mit fremdartigen Schallerzeugern: neben herkömml. alten und exot. Musikinstrumenten („Exotic", 1972) auch Rohre, Hohlräume, Drähte, Stangen, Platten usw. („Der Schall", 1968) sowie phantast. Eigenkonstruktionen („Zwei-Mann-Orchester", 1973) oder elektron. Apparaturen. Neuere Bühnenwerke sind oft mit einer satirisch-krit. Intension verknüpft („Aus Deutschland", 1981; „La trahison orale", 1983).

Kagera, Hauptzufluß des Victoriasees und damit wichtigster Quellfluß des Nils, entsteht aus dem **Nyabarongo,** der in seinem Unterlauf die Grenze von Rwanda gegen Burundi und Tansania bildet, und dem **Ruvubu,** der z. T. die Grenze zw. Burundi und Tansania bildet, 850 km lang. Bildet im Ober- und Unterlauf die Grenze zw. Rwanda und Tansania und 50 km lang die zw. Uganda und Tansania.

Kagoschima, jap. Hafenstadt auf Kiuschu, 505 100 E. Verwaltungssitz der Präfektur K.; Univ. (gegr. 1949), Wirtschaftshochschule; Herstellung von Nahrungsmitteln, Textilien, Zinnwaren und Porzellan; Raketenstützpunkt. - Seit 1871 Präfekturhauptstadt; 1877 Zentrum des letzten großen Samurai-Aufstandes gegen die Modernisierung Japans.

Kagoschimabucht, Meeresbucht an der S-Küste der jap. Insel Kiuschu, durch die bis 1 118 m hohe **Sakurahalbinsel** unterteilt.

Kaguan, svw. ↑Riesengleitflieger.

Kahl, Wilhelm, * Kleinheubach (Unterfranken) 17. Juni 1849, † Berlin 14. Mai 1932, dt. Jurist und Politiker. - Prof. in Rostock (ab 1879), Erlangen (ab 1883), Bonn (ab 1888) und Berlin (ab 1895). 1919/20 Mgl. der Weimarer Nationalversammlung und bis 1932 Abg. der Dt. Volkspartei im Reichstag. Vertreter der klass. Strafrechtsschule und Vors. des Rechtsausschusses des Reichstags mit wesentl. Anteil an den Beratungen über die Strafrechtsreform.

Kahla, Stadt an der Saale, 14 km südl. von Jena, Bez. Gera, DDR, 165 m ü.d.M., 10 000 E. Herstellung von Gebrauchsporzellan. - Im 13. Jh. zur Stadt ausgebaut. - Pfarrkirche Sankt Margareten (Chor nach 1413, Langhaus 17. Jh.); jenseits der Saale die Leuchtenburg (13. Jh.).

Kahl a. Main, Stadt am Untermain, Bay., 110 m ü.d. M., 7 400 E. Herstellung von Elektroinstallationsmaterial; Versuchskernkraftwerk (1958-61 erbaut, 1986 stillgelegt).

Kahlbaum, Karl Ludwig, * Driesen (Pommern) 28. Dez. 1828, † Görlitz 15. April 1899, dt. Psychiater. - Erstellte eine psychiatr. Systematik („Die Gruppierung der psych. Krankheiten und die Einteilung der Seelenstörungen", 1863).

Kahle, Paul Ernst, * Hohenstein i. Ostpr. 21. Jan. 1875, † Bonn 24. Sept. 1964, dt. Semitist und ev. Theologe. - Verfaßte bahnbrechende Werke zur Geschichte und Überlieferung des hebr. Bibeltextes.

Kähler, Martin, * Neuhausen 6. Jan. 1835, † Freudenstadt 7. Sept. 1912, dt. ev. Theologe. - Prof. für N. T. und Systematik in Halle/Saale und Bonn. Konzentrierte sich im Unterschied zur Leben-Jesu-Forschung auf den „geschichtl. Christus" der bibl. Verkündigung.

Kahler Asten, mit 842 m zweithöchster Berg des Rothaargebirges, NRW; Aussichtsturm und meteorolog. Station; Wintersport.

Kahlhechte (Amiiformes), bes. in der Jura- und Kreidezeit weit verbreitete, primitive Fischordnung. Einzige rezente Art ist der **Kahlhecht** (Schlammfisch, Amia calva); bis 60 cm (♂) bzw. 90 cm (♀) lang, in den Süßgewässern der USA; Oberseite oliv- bis graugrün, Unterseite gelbl.; Schnauze und Schwanzflosse abgerundet; ♂ am oberen Teil der Schwanzflossenbasis mit schwarzem, orangefarben umrandeten Fleck.

Kahlhieb † Hiebsarten.

Kahlpfändung † Pfändung.

Kahlwild, wm. Bez. für das geweihlose Mutterwild und die Kälber beiderlei Geschlechts bei Rot-, Dam- und Elchwild.

Kahmhaut, von verschiedenen aeroben Bakterien und Kahmhefen gebildeter, hautartiger Bewuchs auf der Oberfläche von [Kultur]flüssigkeiten aus von dem Organismen ausgeschiedenem Schleim oder Zellulosefibrillen.

Kahmhefen, sauerstoffliebende, eine Kahmhaut bildende Hefen der Gatt. Mycoderma (auch als **Kahmpilze** bezeichnet), Pichia und Hansenula mit geringer Fähigkeit zur alkohol. Gärung. K. können in der Weinkellerei, bei der Essigherstellung und bei der für die Lebensmittelkonservierung eingesetzten Milchsäuregärung schädl. werden.

Kahn, Gustave, * Metz 21. Dez. 1859, † Paris 5. Sept. 1936, frz. Dichter. - Spielte zu Beginn der symbolist. Bewegung eine hervorragende Rolle, bes. als erster Theoretiker des Vers libre und Mitbegr. der Zeitschrift „Le Symboliste"; verfaßte auch Gedichte, Romane und Biographien, u. a. über Boucher (1905) und Rodin (1906).

K., Herman, * Bayonne (N. J.) 15. Febr. 1922, † Chappaqua (N. Y) 7. Juli 1983, amerikan. Kybernetiker. - Gründer und Leiter des *Hudson-Instituts* in White Plains (N. Y.), das auf dem Gebiet der mittel- und langfristigen Planung für Politik und Wirtschaft arbeitet; gilt als Begründer und führender Theoretiker der † Eskalation als militärstrateg. Konzeption und als bed., in seinen wiss. Methoden umstrittener Futurologe.

K., Louis I., * Ösel (Estland) 20. Febr. 1901, † New York 17. März 1974, amerikan. Architekt. - Seit 1957 Prof. an der Pennsylvania University in Philadelphia, für die er das A. N. Richards Medical Research Building (1957-61 und 1964) baute. K. macht Funktionsinhalte ablesbar (hier z. B. die den Außenwänden vorgestellten Installationstürme), zugleich zielt er dabei auf monumentale, dramat. Wirkung, die auch ein Abschirmen des Innenraums bedeutet. - *Weitere Bauten:* Art Gallery der Yale University (1953/54), Salk-Institut für Biologie (La Jolla, Calif., 1959-69), Mikveh Israel Synagoge (Philadelphia, 1961-70), Verwaltungsbau in Ahmedabad (1963 ff.), Regierungszentrum von Dacca (1968-72), Kimbell Museum of Art (Fort Worth, Tex., 1973), Philips Exeter Library (Exeter, N. H., 1973), Paul Mellon Gallery der Yale University (1974); auch Stadtpläne, bes. für Philadelphia.

Kahn [niederdt.], 1. kleines offenes Boot (zum Rudern oder Staken); 2. Binnenschiff ohne eigenen Antrieb zum Befördern von Gütern (Last-, Schleppkahn).

Kahnbein, Knochen der Hand- und der Fußwurzel.

Kahnfüßer (Grabfüßer, Röhrenschaler, Scaphopoda), Klasse in allen Meeren verbreiteter Schalenweichtiere mit rd. 350 etwa 0,2-1,5 cm langen Arten; bilateral-symmetr., langgestreckt, mit röhrenförmiger, meist leicht gekrümmter, an beiden Enden offener Schale; durch Flüssigkeitsdruck schwellbarer Fuß ohne Kriechsohle, mit dessen Hilfe sich die K. im Sand so weit eingraben, daß die hintere Schalenöffnung noch in das Wasser ragt; Kopf ohne Augen und Fühler, mit zahlr. Fangfäden zum Ergreifen sandbewohnender Einzeller (v. a. Foraminiferen); bekannteste Art ist **Dentalium entale** in der Nordsee und im N-Atlantik; mit 4 cm langer, weißer Schale.

Kahnkäfer (Scaphidiidae), weltweit verbreitete Fam. 2-6 mm langer Käfer mit rd. 750 Arten, davon sechs Arten in Deutschland; Körper glatt und kahnförmig, stark gewölbt; mit abgestutzten, das Hinterleibsende freilassenden Flügeldecken.

Kahnorchis [dt./griech.] (Cymbidium), Orchideengatt. mit rd. 50 Arten von Madagaskar bis Australien und Japan; Blätter kurz und schmal; Blüten meist gelb oder weiß mit braunroter Zeichnung in langen Trauben.

Kahnschnabel (Savaku, Cochlearius cochlearius), rd. 50 cm großer, oberseits grauer, am Bauch zimtbrauner, nächtl. lebender Reiher in den Mangrovendickichten M-Amerikas bis S-Brasiliens; mit kahnförmig geformtem Schnabel.

Kahnweiler, Daniel Henry, * Mannheim 25. Juni 1884, † Paris 12. Jan. 1979, frz. Kunsthändler dt. Herkunft. - Seit 1907 als Galerist in Paris, wichtiger Förderer der frz. zeitgenöss. Kunst (Fauvisten und v. a. Kubisten).

Kahr, Gustav Ritter von (seit 1911), * Weißenburg i. Bay. 29. Nov. 1862, † München 30. Juni 1934 (ermordet), dt. Politiker. - 1917–24 Reg.präs. von Oberbayern; 1920/21 bayr. Min.präs.; im Sept. 1923 von der Reg. Knilling zum Generalstaatskommissar eingesetzt; geriet als Inhaber der vollziehenden Gewalt in Ggs. zur Reichsreg. (Inpflichtnahme der bayr. Reichswehreinheiten unter General O. von Lossow); schloß sich am 8. Nov. 1923 zunächst dem Hitlerputsch an, ließ ihn jedoch am 9. Nov. durch Polizei und Reichswehr niederschlagen; 1924–27 Präs. des bayr. Verwaltungsgerichtshofs; im Zusammenhang mit dem Röhm-Putsch ermordet.

Kai [frz.-niederl.] (niederdt. Kaje), Uferabschnitt mit vertikaler Befestigung, an dem Schiffe anlegen können.

Kaifeng, chin. Stadt in der Prov. Honan, nahe dem rechten Ufer des Hwangho, 320 000 E. Chemiefachhochschule; Museum, Bibliothek; Umschlagplatz für Agrarprodukte des östl. Honan; Landmaschinenfabrik, Zinkgewinnung, Kunstdüngerfabrik, Textil- und Nahrungsmittelind.; Bahnstation.; Das im 4. Jh. v. Chr. gegründete K. war etwa 200 Jahre lang während der Fünf Dynastien (907–960) und der nördl. Sungdynastie (960–1126) die Hauptstadt Chinas. - Dreizehnstöckige „Eiserne Pagode" (1049).

Kaifu, Toschiki, * Nagoya 2. Jan. 1931, jap. Politiker (Liberaldemokrat. Partei, LDP). Jurist; seit 1960 Abg. im Unterhaus; 1976–86 Kultusmin.; seit Aug. 1989 Vors. der LDP und Min.präsident.

Kaiinseln, indones. Inselgruppe der S-Molukken, 1 437 km². Hauptort und -hafen (Reede) ist Tual auf Kai Kecil. - Die K. gehörten zum Sultanat Ternate und wurden seit 1645 von den Niederländern kolonisiert.

Kaila, Eino, * Alajärvi 9. Aug. 1890, † Helsinki 31. Juli 1958, finn. Philosoph und Psychologe. - 1921 Prof. in Turku, 1940 in Helsinki. Seine Arbeiten zur Erkenntnistheorie und zur Philosophie der exakten Wiss. sind eng verwandt mit dem log. Empirismus des Wiener Kreises.

Kailas, Uuno, * Heinola 29. März 1901, † Nizza 22. März 1933, finn. Lyriker. - Journalist, Schriftsteller und Übersetzer. Gehörte zu den stärksten lyr. Begabungen der „Feuerträger", deren Modernismus Finnland in den 20er Jahren mit dem Expressionismus bekanntmachte.

Kaimane [indian.-span.], Bez. für verschiedene Arten der Alligatoren im trop. S-Amerika und in M-Amerika; z. B. Brillenkaiman, Breitschnauzenkaiman, Mohrenkaiman und Glattstirnkaimane.

Kaimanfische, svw. ↑ Knochenhechte.

Kain, bibl. Gestalt; erster Sohn Adams und Evas, der seinen Bruder Abel erschlug († auch Kain und Abel).

Kainszeichen, nach 1. Mos. 4, 15 ein von Jahwe gemachtes Schutzzeichen an dem Mörder Kain (auch als Fluchzeichen gedeutet); urspr. wohl eine (später als Kreuz gedachte) Tätowierung der Keniter.

Kain und Abel, bibl. Brüderpaar; häufig verarbeitetes Motiv in Literatur und bildender Kunst. Sie werden schon auf frühchristl. Sarkophagen opfernd dargestellt; die Hand Gottes über Abels Opferfeuer symbolisiert in der ma. Kunst die Annahme der Opfergabe (ein Lamm) des Hirten. Auch der Brudermord selbst wird schon früh dargestellt (z. B. Bernwardstür, 11. Jh., Hildesheim). - Die Erzählung von K. u. A. wurde seit dem MA zu einem oft gestalteten Motiv in der Literatur, wobei K. bes. als Verkörperung des Bösen, als Glaubenszweifler oder als Tyrann (als Gegensatz zum Märtyrer A.) gesehen wurde, z. B. bei J. Stricker, C. C. Dedekind und C. Weise. Im 18. Jh. trat der humanitäre Gedanke in den Vordergrund (in den Werken F. Müllers und in F. G. Klopstocks Drama „Der Tod Adams", 1757). Seit 1900 haben sich bes. P. Heyse („Kain", 1904) und H. E. Nossak („Die Rotte Kains", 1949) mit dem Stoff beschäftigt.

Kainz, Friedrich, * Wien 4. Juli 1897, † ebd. 1. Juli 1977, östr. Philosoph. - Seit 1931 Prof. in Wien; grundlegende Arbeiten zur Sprachpsychologie und zum Problemkreis Sprache und Denken.

K., Joseph, * Moson (= Mosonmagyaróvár) 2. Jan. 1858, † Wien 20. Sept. 1910, östr. Schauspieler. - Engagements u. a. bei den Meiningern, 1880 am Münchner Hoftheater, künstler. Durchbruch als Don Carlos 1883 am Dt. Theater in Berlin, dem er bis 1889 und 1892–99 angehörte. Wechselte, als O. Brahm den Naturalismus durchsetzte, 1899 ans Wiener Burgtheater. Großer Sprachvirtuose mit nervös-sensibler Spielweise.

Kaiphas (Kajafas, Kaiaphas), eigtl. Joseph K., jüd. Hoherpriester (um 18–37). - Spielte eine Rolle beim Auftreten Johannes' des Täufers (Luk. 3, 2) und beim Prozeß Jesu (Matth. 26, 3–57).

Kairo, Hauptstadt Ägyptens, am Nildelta, mit 5,5 Mill. E. (städt. Agglomeration 14,2 Mill. E) größte Stadt Afrikas; polit. kulturelles, Wirtschafts- und Verkehrszentrum Ägyptens; Sitz von Patriarchen und Erzbischöfen verschiedener Kirchen, Sitz aller Zentralbehörden; vier Univ., deren älteste Ende 10. Jh. gegr. wurde; zahlr. Inst., Fachschulen, Bibliotheken sowie Museen, u. a. Ägypt. Museum mit der bedeutendsten Sammlung. Kunstschätze, Kopt. Museum, Museum für Islam. Kunst; Zoo. In K. konzentrieren sich rd. 25 % der Ind.betriebe Ägyptens; Fremdenverkehrszentrum; internat.

Nach der Eroberung Ägyptens durch die Fatimiden wurde K. 969 in einiger Entfernung vom Nil, nö. der Siedlung **Al Fustat**, gegr.; die Siedlung Al Fustat wird heute als **Alt-Kairo** bezeichnet. Im neugegr. K. wurde die mit der Ashar-Moschee verbundene, erste und größte islam. Univ. eröffnet. K. entwickelte sich zum bestimmenden Zentrum der islam. Kultur. 1176 wurde mit dem Bau der Zitadelle am Hang des 200 m hohen Gabal Al Mukkatam begonnen. Nach der osman. Eroberung Ägyptens (1517) setzte ein wirtsch. Niedergang ein, der noch andauerte, als Napoleon I. 1798 während seiner ägypt. Expedition in K. einmarschierte.

Über 500 Moscheen, u. a. Ibn-Tulun-Moschee (876–879) und die † Ashar-Moschee; erhalten sind drei Stadttore aus der Zeit der Fatimiden; Zitadelle (1176ff.) mit zwei Moscheen. Neben den arab. Wohnvierteln mit engen Gassen und Basaren steht das moderne Kairo mit breiten Straßen, Hochhäusern, Luxushotels an der Niluferstraße; 187 m hoher K.-Turm auf der Nilinsel Al Gasira.

📖 *Wald, P.: K.* Köln ⁶*1984. - Volkoff, O. V.: 1000 Jahre K.* Mainz 1984. - *K.* Hg. v. *U. Beyer.* Ffm. 1983. - *Baunerth, E.: Islam. Wallfahrtsstätten Kairos.* Wsb. 1973.

Kairos [griech.], ursprüngl. allg.: Zeit, Zeitpunkt oder -abschnitt, in bibl.-eschatolog. Perspektive und christl. Theologie: erfüllte Zeit, Zeitwende, Endzeit, dann bes. [geschichts]philosoph.: der Augenblick der Entscheidung.

Kairuan, Stadt im östl. Z-Tunesien, 60 m ü. d. M., 72 300 E. Verwaltungssitz des Gouvernements K.; Teppichweberei, Kupfer- und Lederarbeiten; Marktort. K. ist eine der heiligen Städte des Islams und bed. Wallfahrtsort. - 671 n. Chr. gegr.; unter den Aghlabiden und Fatimiden Hauptstadt (9. Jh.–1057). - Zahlr. Moscheen in der ummauerten Altstadt, u. a. Sidi-Moschee (älteste Teile um 700).

Kaisar [griech.], Herrschertitel, † Caesar.

Kaisarion (Cäsarion; Ptolemaios XV.), * 47, † 30 v. Chr., illegitimer Sohn Cäsars und Kleopatras VII. - Von Kleopatra 44 zum Mitregenten erhoben, wurde K. nach der Einnahme Alexandrias von Oktavian hingerichtet.

Kaisen, Wilhelm, * Hamburg 22. Mai 1887, † Bremen 19. Dez. 1979, dt. Politiker (SPD). - Stukkateur, dann Journalist; 1927–33 brem. Senator für Wohlfahrt; lebte 1933–45 nach mehrfachen Verhaftungen zurückgezogen als Siedler und Kleinlandwirt; 1945–65 Senatspräs. und Bürgermeister von Bremen; erwarb sich größtes Ansehen und führte die SPD in Bremen zur absoluten Mehrheit.

Kaiser, Georg, * Magdeburg 25. Nov. 1878, † Ascona 4. Juni 1945, dt. Dramatiker. - Zunächst Kaufmann; emigrierte 1938 über die Niederlande in die Schweiz, wo er bis zu seinem Tode lebte. K. war der produktivste (über 60 Dramen), vielseitigste und meistgespielte Dramatiker des Expressionismus. Seine Bühnenstücke sind durch abstrahierte, skelettartige Handlung, konzentrierte Sprache, starke gedankl. Konstruiertheit und bühnenwirksamen Aufbau gekennzeichnet. V. a. in den Dramen „Die Bürger von Calais" (1914), „Von Morgens bis Mitternachts" (1916) und „Gas" (2 Teile, 1918 und 1920) gestaltete er den individualist. verstandenen Ausbruch aus der bürgerl. Gesellschaft und die Suche nach einem „neuen Menschen".
Weitere Werke: König Hahnrei (Dr., 1913), Der Kongreß (Kom., 1914; 1927 u. d. T. Der Präsident), Rektor Kleist (Dr., 1914), Die Koralle (Dr., 1917), Der Brand im Opernhaus (Dr., 1919), Der gerettete Alkibiades (Dr., 1920), Die Flucht nach Venedig (Dr., 1923), Das Floß der Medusa (Dr., Uraufführung 1945, vollständig hg. 1963).

K., Jakob, * Hammelburg 8. Febr. 1888, † Berlin 7. Mai 1961, dt. Politiker. - Buchbinder; seit 1912 aktiv und führend in der christl. Gewerkschaftsbewegung, 1933 MdR (Zentrum); gehörte zum Gewerkschaftsflügel der Männer des 20. Juli 1944; 1945 Mitbegr. der CDU in der ehem. sowjet. Besatzungszone und Berlin und deren 1. Vors.; 1947 als CDU-Vors. abgesetzt; 1948/49 Mgl. des Parlamentar. Rates; 1949–57 MdB und Min. für gesamtdt. Fragen; bis 1958 stellv. Vors. der CDU, seitdem Ehrenvors.; war als Vors. der Sozialausschüsse Hauptrepräsentant des linken Flügels der CDU.

Kaiser, höchster weltl. Herrschertitel, entstanden aus dem Beinamen *Caesar* der K. des antiken Röm., den die K.titel *Imperator* und *Augustus* führten. Während das antike K.tum, das sich vom Prinzipat zum Dominat entwickelte, in der westl. Reichshälfte 476 erlosch, bestand es im roman.-byzantin. Reich (mit den K.titeln *Autokrator* und *Basileus*) bis 1453 fort (in der 1. Hälfte des 13. Jh. Aufspaltung in das Lat. K.reich und die K.reiche von Trapezunt und Nizäa). Im W schuf Karl d. Gr. 800 in Rivalität zum byzantin. K.tum als Erneuerung des weström. K.tums (,,Renovatio imperii") das abendländ. K.tum. Ein neues Element bildete freilich (entgegen Karls Absicht) das Krönungsrecht des Papstes, verbunden mit der topograph. Bed. Roms. Dem Niedergang der K.würde nach ihrem Übergang an das fränk. Mittelreich und Italien folgte (nach dem Anschluß Italiens an das dt. Regnum 962) die Übertragung des K.tums auf das dt. Regnum durch Otto I. Doch weniger die bis zum Ende des Hoch-MA anhaltende polit. Vormachtstellung des K. durch seine Verbindung mit dem Papst als Schutzherr der Kirche in sakraler Würde und im universalen Führungsanspruch des Abendlandes prägte das Selbstverständnis und die Bed. des K.tums. Die weltl.-geistl. Einheit zer-

Kaiseradler

brach im Investiturstreit; in der bis ins 14. Jh. dauernden Auseinandersetzung zw. K. und Papst um die abendländ. Vorrangstellung verlor der K. an Autorität und Macht (v.a. in Reichsitalien). Parallel dazu wurde jedoch der päpstl. Anspruch auf die Bestätigung des Röm. Königs und auf die K.krönung zurückgewiesen (Marsilius von Padua), und die dt. Königswahl wurde 1338/56 reichsgrundsätzl. festgelegt (Goldene Bulle). Diese Trennung der beiden universalen Mächte zeigte sich auch äußerl.: 1530 wurde Karl V. als letzter K. vom Papst gekrönt, und zwar nicht in Rom, sondern in Bologna; schon 1508 hatte Maximilian I. ohne K.krönung den Titel Erwählter Röm. K. angenommen. Damit schwand endgültig der Universalitätsanspruch des Röm. K.; aber das Streben v. a. der frz. Könige nach dem Röm. K.tum zeigt die fortdauernde Vorrangstellung des Röm. K. im europ. Staatensystem. In Spanien war zur Selbstbehauptung gegenüber dem karoling. K.tum und dem Islam zu Beginn des 10. Jh. eine K.idee entstanden. In Rußland ersetzte Peter I. 1721 offiziell den Titel Zar durch den Titel Kaiser. 1804 schuf Napoléon Bonaparte ein erbl. K.tum der Franzosen (1804–14; 1852–70 Napoleon III.), der letzte Röm. K., Franz II. 1804 im Gegenzug das östr. K.tum (bis 1918). Die Proklamation des preuß. Königs zum Dt. K. 1871 im Zuge der Bismarckschen Reichsgründung (bis 1918) war nur eine äußerl. Anknüpfung an das Röm. K.tum. Abgesehen von der Verwendung des K.titels in der chin. Geschichte 221 v. Chr.–1911 und seiner späteren Übernahme in Annam, Korea, Japan und (seit dem 14. Jh.) Äthiopien sowie Persien/Iran (1925–79), fand der Titel in außereurop. Gebieten v. a. zur Stützung kolonialer Herrschaft Anwendung: in Brasilien (1822–89), Mexiko (1864–67), Indien (1876–1947), Äthiopien (1936–43).

Kaiseradler (Aquila heliaca), bis 84 cm großer, schwarzbrauner Adler, v. a. in Steppen und offenen Landschaften M- und S-Spaniens, Marokkos, SO- und O-Europas und S-Rußlands; mit rostfarbenem Oberkopf und ebensolchem Hinterhals sowie weißl. Schultern; Irrgast in M-Europa.

Kaiseraugst ↑ Augst.

Kaiserbaß, eine weitmensuierte Kontrabaßtuba († Tuba).

Kaiserchronik, älteste mittelhochdt. Geschichtsdichtung in 17 000 Versen aus der Zeit um 1150, mutmaßl. in Regensburg von wohl mehreren unbekannten Autoren verfaßt. Auf eine fabulöse Darstellung der Gründung Roms und der Entstehung des röm. Weltreiches folgt eine Geschichte der röm. Kaiser und der Röm. Kaiser von Karl d. Gr. bis Konrad III. (1147). Nur im letzten Teil von histor. Wert, ist das chronikale Gerüst ausgeschmückt mit Legenden, Sagen, Anekdoten, darunter die ältesten dt.sprachigen Novellen (Lukretia, Crescentia). Die K. wurde zum Vorbild für ma. Reimchroniken.

Kaiserfische (Engelfische, Pomacanthinae), Unterfam. bis 60 cm langer, seitl. stark zusammengedrückter Knochenfische (Fam. Borstenzähner) mit zahlr. Arten in trop. Meeren; äußerst farbenprächtige Korallenfische; Kiemendeckel mit kräftigem Stachel; z. B. **Blaukopfkaiserfisch** (Pomacanthus xanthometopon; gelb mit blauem Kopf) und **Pfauenkaiserfisch** (Pygoplites diacanthus; gelb mit breiten, weiß-schwarzen Querstreifen).

Kaiser-Friedrich-Museum ↑ Museen (Übersicht).

Kaisergans ↑ Gänse.

Kaisergebirge, zwei Gebirgszüge in N-Tirol, östl. von Kufstein; bestehen aus dem **Wilden Kaiser** (im Ellmauer Halt 2 344 m) und dem **Zahmen Kaiser** (in der Pyramidenspitze 1 999 m).

Kaiserjäger, nach der Wiedergewinnung Tirols 1816 aufgestellte östr. Feldjägertruppe (Tiroler K.) bis 1918; ergänzte sich in Friedenszeiten nur aus Tirol und Vorarlberg.

Kaiserkanal (Großer Kanal), Binnenschiffahrtsweg in China, von Peking bis Hangtschou, verbindet die großen Flüsse Haiho, Hwangho, Hwaiho und Jangtsekiang miteinander, 1 782 km lang. - Erste Kanalbauten (6./5. Jh. v. Chr.) westl. des heutigen K.; der eigtl. Ausbau begann im späten 5. Jh. n. Chr., Anfang 15. Jh. vollendet. Nach Verfall seit 1958 modernisiert.

Kaiserkrone (Fritillaria imperialis), Liliengewächs der Gatt. Fritillaria aus dem westl. Himalaja und dem Iran; Zwiebelpflanze mit glänzenden, schmalen Blättern; Blüten glockenförmig, orangefarben, ziegelrot oder gelb, zu mehreren (kronenähnl.) unterhalb eines Blattschopfes auf einem bis 1 m hohen Blütenschaft; beliebte Gartenpflanze.

Kaiserliche Marine, die Kriegsmarine des Deutschen Reichs 1871–1918.

Kaisermantel (Silberstrich, Argynnis paphia), etwa 6 cm spannender, auf orangegelbem Grund schwarz gefleckter Edelfalter, v. a. in lichten Laubwäldern und an Waldrändern Europas, NW-Afrikas und der gemäßigten Regionen Asiens; Raupen dunkelbraun mit gelben Rückenstreifen.

Kaiserpfalz ↑ Pfalz.

Kaiserpinguin ↑ Pinguine.

Kaisersage ↑ Sage.

Kaiserschmarren, östr. Mehlspeise (Eierkuchen mit Rosinen, Mandeln), die während des Backens zerpflückt wird.

Kaiserschnitt [Lehnübers. von mittellat. sectio caesarea nach der von dem röm. Schriftsteller Plinius gegebenen Deutung des Namens ‚Caesar' als ‚der aus dem Mutterleib Geschnittene' (zu lat. caedere „aufschneiden")] (Sectio caesarea, Schnittentbindung), geburtshilfl. Operation, bei der die Gebärmutter nach einem Bauchschnitt eröffnet wird

Kakaobaum

und die Leibesfrucht direkt aus dem Mutterleib entbunden wird. Der K. wird v. a. angewandt, wenn der natürl. Geburtsweg schwer durchgängig oder verlegt ist oder wenn eine lange Geburtsdauer und andere Komplikationen eine rasche Beendigung der Geburt im Interesse des Kindes oder der Mutter erforderl. machen.

Kaiserslautern, kreisfreie und Krst. in der Westpfalz, Rheinland-Pfalz, 233 m ü. d. M., 99 000 E.; Univ. (seit 1975), Fachhochschule des Landes Rheinland-Pfalz, Abteilung K.; Kunstmuseum, Pfalztheater. Wirtsch. Bed. haben v. a. Maschinenbau und Textilind. sowie Fertigung von Autozubehör u. a. - Das zu Beginn des 9. Jh. erstmals erwähnte K. liegt an der seit der Römerzeit bed. Ost-West-Verbindung vom Rhein nach Lothringen (Via imperatoris), die als „Kaiserstraße" zu Beginn des 19. Jh. von Napoleon I. ausgebaut wurde. 1276 zur freien Reichsstadt erhoben. Die Handels- und Handwerkerstadt gehörte seit 1375 zur Kurpfalz. - Der Chor der ev. Pfarrkirche (13./14. Jh.) ist das bedeutendste frühgot. Baudenkmal der Pfalz; Teile des Schlosses (16. Jh.) sind in das Burgmuseum (1936/37) einbezogen.

K., Landkr. in Rhld.-Pf.

Kaiserstuhl, im südl. Oberrheingraben östl. des Rheins liegendes Bergland, Bad.-Württ., im Totenkopf 557 m hoch. Unter bis 30 m mächtigen Lößdecke liegen sedimentäre Schichten im O, vulkan. Gesteine v. a. im W. Im Zentrum erhebt sich der aus Karbonatit bestehende Badberg. Mildes, trockenes Klima; Weinbau seit dem 2. Jh. n. Chr.

Kaiserstühler Weine, Weine vom Kaiserstuhl (Ruländer, Gewürztraminer, Silvaner, Riesling und Spätburgunder), bekannte Weinorte: Achkarren, Bickensohl, Bischoffingen, Ihringen und Oberrotweil.

Kaiserswerth, seit 1929 Stadtteil von ↑ Düsseldorf.

Kaiserwald, Bergland zw. Marienbad und Karlsbad, ČSSR, im Lesný 983 m hoch.

Kaiser-Wilhelm-Gesellschaft zur Förderung der Wissenschaften e. V., Abk. KWG, 1911 gegr. [natur]wiss. Gesellschaft. Nachfolgeorganisation ist die ↑ Max-Planck-Gesellschaft zur Förderung der Wissenschaften e. V.

Kaiserzikade ↑ Singzikaden.

Kaiwurm, Bez. für die Larve des Apfelblütenstechers.

Kajak [Eskimoisch], ein im arkt. Bereich NO-Sibiriens und N-Amerikas verwendetes schmales, einsitziges Männerboot der Eskimo, das bis auf ein Mannloch vollständig geschlossen ist und mit einem Doppelpaddel vorangetrieben wird. Die Bespannung des etwa 3–4 m langen, bis 0,5 m breiten K. besteht aus wasserdichten Seehundsfellen über einem Gerüst aus Holz und Walknochen.

♦ ↑ Kanusport.

Kajeputöl [indones./dt.], aus ↑ Myrtenheide gewonnenes Öl.

Kajetan [ˈkajeta:n, kajeˈta:n], männl. Vorname, der auf den hl. Cajetan („der aus Gaeta") zurückgeht.

Kajüte [niederdt.], Wohn-, Aufenthaltsraum an Bord eines Schiffes.

kak..., Kak... ↑ kako..., Kako...

Kakadus [malai.-niederl.] (Cacatuinae), Unterfam. meist dohlen- bis rabengroßer, meist weißer, schwarzer oder rosaroter Papageien in Australien, auf Celebes, Neuguinea und den Philippinen; mit aufrichtbarem Federschopf auf dem Oberkopf. Bekannt sind: **Gelbhaubenkakadu** (Cacatua galerita), bis 50 cm lang, v. a. in offenen Landschaften Australiens, Tasmaniens, Neuguineas und der benachbarten Inseln; Gefieder überwiegend weiß, gelbe, aufrichtbare Kopfhaube ist; **Inkakakadu** (Cacatua leadbeateri), bis 40 cm lang, in buschigen Landschaften Australiens, unterseits rosafarben, oberseits weiß mit rot-gelbweißer Federhaube; **Molukkenkakadu** (Rothaubenkakadu, Cacatua moluccensis), etwa 50 cm groß, weiß, häufig lachsfarben schimmernd, längste Federn der Haube sind rot gefärbt, auf den Molukkeninseln.

Kakao [span., zu aztek. cacauatl „Kakaokern"], svw. ↑ Kakaobaum.

♦ aus den aufbereiteten Früchten des ↑ Kakaobaumes (K.bohnen), Milch oder Wasser und Zucker zubereitetes Getränk. Die Grundlage ist stark entöltes K.pulver. Zur Gewinnung des K.pulvers werden die Samen des K.baums im allgemeinen zunächst einem Fermentierungsprozeß unterworfen („Rotten"). Nach einem Reinigungs- und Sortierprozeß folgt das 20–50 Min. dauernde Rösten, meist bei Temperaturen zwischen 100 und 120 °C, oder (für bestimmte Geschmacksrichtungen) Darren bei 75–100 °C. Die so gewonnenen K.kerne bzw. der K.bruch werden in Spezialmühlen zur sog. K.masse vermahlen, einem feinen Pulver mit Teilchengrößen von etwa 25–30 μm, das zu ↑ Schokolade weiterverarbeitet werden kann. Zur Herstellung von K.pulver als Grundlage für Trink-K. ist ein bes. Aufschlußverfahren erforderlich. Anschließend wird ein Teil des Fettes († Kakaobutter) abgepreßt. „Schwach entöltes" K.pulver enthält 20–22 % K.butter, „stark entöltes" K.pulver weniger als 20 %, jedoch (in der BR Deutschland durch Verordnung festgelegt) mindestens 10 %.

Wirtschaft: Die K.welternte erreichte 1987 2 Mill. t. Davon stammen mehr als 60 % aus Afrika, darunter 185 000 t aus Ghana, 635 000 t von der Elfenbeinküste und 128 000 t aus Kamerun; aus Brasilien stammen 329 000 t. - Am 30. Juli 1973 trat ein internat. K.abkommen in Kraft, das zw. den Erzeuger- und den Verbraucherländern ausgehandelt worden war und u. a. der Marktregulierung dient.

Kakaobaum (Kakao, Kakaopflanze,

Kakaobutter

Theobroma), Gatt. der Sterkuliengewächse im nördl. S-Amerika mit 20 Arten; im Unterholz der Regenwälder wachsende, immergrüne Bäume und Sträucher. Die wichtigste Art ist *Theobroma cacao* mit einer großen Anzahl von Zuchtformen (z. B. *Criollo, Amazonasforastero* und *Trinitaro*): bis 10 m hoher Baum mit knorrigem Stamm und breiter Krone; Blüten in Büscheln aus dem Stamm und aus den Ästen erscheinend (↑ Kauliflorie), klein, gelblichweiß oder rötl.; Früchte gurkenförmig, 10–20 cm lang, gelb oder rotbraun, mit 30–50 weißl. Samen (**Kakaobohnen**). Die Samen enthalten 40–53 % Fett, 15 % Eiweiß, 8 % Stärke, 7 % Gerbstoffe und die Alkaloide ↑ Theobromin (1–2 %) und ↑ Koffein (0,2–0,3 %).

Geschichte: Der K. wurde schon in prähistor. Zeit in M- und im nördl. S-Amerika von den Indianern kultiviert. Die Samen waren sowohl Nahrungs- als auch Zahlungsmittel. Nach der Entdeckung Amerikas kamen die Samen nach Spanien. Seit Ende des 19. Jh. wird der K. auch in Afrika angebaut.

Kakaobutter (Kakaofett), bei 33 bis 35 °C schmelzendes Pflanzenfett, das v. a. aus Palmitin-, Stearin- und Ölsäureglyceriden besteht. Die K. wird aus den Samenkernen des Kakaobaumes durch Auspressen bei erhöhter Temperatur gewonnen. Sie wird als Zusatz zu Schokoladen und Konditoreiwaren, zu Hautpflegemitteln und in der pharmazeut. Industrie verwendet.

Kakaofett, svw. ↑ Kakaobutter.

Kakaomotte (Heumotte, Tabakmotte, Ephestia elutella), durch den Menschen weltweit verbreiteter, 1,5–2 cm spannender, grauer Kleinschmetterling (Fam. Zünsler); Vorderflügel mit zwei hellen Querstreifen; Raupen weißl., bis 12 mm lang, werden schädl. an gespeicherten Vorräten (bes. Kakao, Getreidekörnern, Sämereien, getrockneten Früchten, Tabak).

Kakaopflaume ↑ Goldpflaume.

Kakemono [jap.], ostasiat. hochformatiges Rollbild.

Kakerlak [niederl.], svw. Küchenschabe (↑ Schaben).

Kakibaum, svw. ↑ Kakipflaume.

Kakipflaume [jap./dt.] (Chin. Dattelpflaume, Kakibaum, Diospyros kaki), Ebenholzgewächs, verbreitet in China und Japan; bis 14 m hoher, in vielen Sorten kultivierter Obstbaum der Tropen und Subtropen; Blätter länglichoval, glänzend; Blüten gelbl. bis weiß; Frucht tomatenähnl., gelb bis orange, sehr saftig und süß. Das Holz (**Dattelpflaumenholz**) wird in der Kunsttischlerei verwendet.

kako..., Kako... (kak..., Kak...) [zu griech. kakós „schlecht"], Bestimmungswort von Zusammensetzungen mit der Bed. „schlecht, übel, miß...".

Kakodylverbindungen [zu griech. kakódēs „übelriechend" und hýlē „Stoff"], giftige Alkylverbindungen des Arsens, gemeinsamer Strukturteil: $(CH_3)_2As-$.

Kakophemismus [griech.], Bez. für den Gebrauch eines verächtl. Namens, um den Neid von Dämonen abzuwehren. - Ggs. ↑ Euphemismus.

Kakophonie [griech.], Mißklang einer Silben- oder Wortfolge in der Rede, einer Tonfolge in der Musik. - Ggs. ↑ Euphonie.

Kakteen [griech.], Bez. für die Fam. der ↑ Kaktusgewächse.

Kaktus [griech.], allg. Bez. für sukkulente Arten der ↑ Kaktusgewächse.

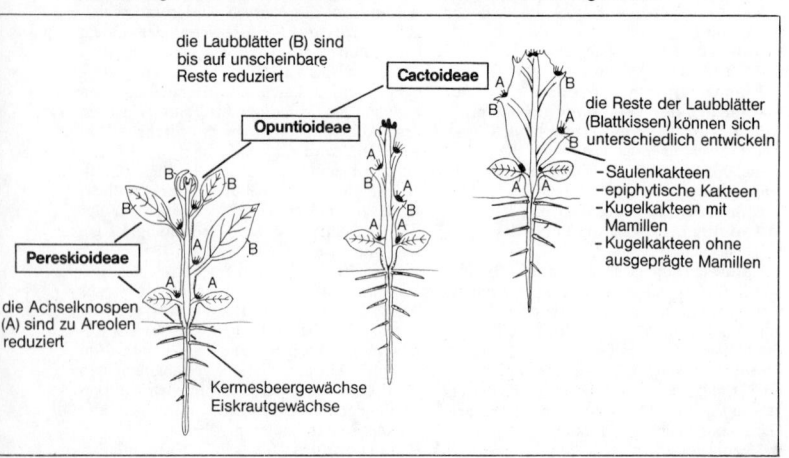

Kaktusgewächse. Systematische Gliederung und entwicklungsgeschichtliche Zuordnung der drei Unterfamilien

Kalam

Kaktusgewächse (Kakteen, Cactaceae), Pflanzenfam. mit rd. 200 Gatt. und über 2 000 Arten in den trop. und subtrop. Wüsten und Steppen Amerikas; fast ausschließl. Stammsukkulenten (↑Sukkulenten) mit dornigen, borstigen oder behaarten reduzierten Kurztrieben (Areolen); Blüten meist einzeln, werden von Insekten, Vögeln oder Fledermäusen bestäubt; Stämme bzw. Sprosse vielgestaltig, z. B. schlangenförmig (Schlangenkaktus), rutenförmig (Rutenkaktus), säulenförmig (Säulenkaktus), kugelig (Goldkugelkaktus), abgeflacht (Opuntie) oder gegliedert (Gliederkaktus). Einige K. sind Nutzpflanzen, z. B. der Feigenkaktus und der Riesenkaktus. Viele K. sind als Zier- und Treibhauspflanzen beliebt und weit verbreitet.

Kala-Azar [Hindi] (Kala-Azar-Krankheit, schwarzes Fieber, schwarze Krankheit, Dumdumfieber), schwere trop. ↑Leishmaniose mit Schwellung von Leber und Milz.

Kalabahi, Hauptort von ↑Alor.

Kalabarbeule [nach der nigerian. Stadt Calabar] (Kamerunschwellung), juckendes Hautödem als Frühsymptom einer ↑Loa-Loa-Infektion.

Kalabarbohne [nach der nigerian. Stadt Calabar] (Gottesurteilbohne, Physostigma venosum), Schmetterlingsblütler im trop. Afrika; die dunkelroten, bohnenförmigen Samen enthalten giftige Alkaloide (bes. Physostigmin).

Kalabreser (Karbonarihut), spitz zulaufender Filzhut mit breiter, seitl. hochstehender Krempe und Feder (Hut der kalabres. Unabhängigkeitskämpfer); als **Heckerhut** (nach F. Hecker) mit weicher Krempe 1848 getragen; „Künstler"- oder „Malerhut"; vielfach auch als Damenstrohhut.

Kalabrien, die sw. Halbinsel Unteritaliens, zugleich Region, 15 080 km², 2,117 Mill. E (1985), Hauptstadt ist Catanzaro. Überwiegend Gebirgscharakter mit Senken und tiefeingeschnittenen Tälern, die Raum für Siedlungen, Getreidefluren, Weingärten und Ölbaumhaine geben. Der wirtsch. schwach entwickelte Raum wird durch Bev.abwanderung nach N-Italien weiter geschwächt. - Der Name **Calabria** bezeichnete bis ins 7. Jh. die im SO Italiens gelegene Halbinsel (heute Apulien). Erst dann wurde der Name im Zuge der byzantin. Verwaltungsgliederung auch auf das frühere Bruttium übertragen und bezeichnete später nur noch die sw. Halbinsel Unteritaliens. Nach dem 2. Pun. Krieg errichteten hier die Römer Kolonien. Im 6. Jh. fiel das Gebiet an die Byzantiner. Durch die Langobarden wurde es gespalten, der nördl. Teil kam an das Hzgt. Benevent, in der Mitte des 9. Jh. an das Ft. Salerno. Zu Beginn des 10. Jh. erfolgte eine Wiedervereinigung. Die in den 40er Jahren des 11. Jh. begonnene normann. Eroberung K.s wurde durch Robert Guiscard vollendet. - Zur weiteren Geschichte ↑Sizilien, ↑Neapel.

Kalach, altorientalt. Stadt (heute Ruinenhügel Nimrud), am O-Ufer des Tigris etwa 40 km sö. von Mossul in N-Irak gelegen; im 13. Jh. v. Chr. gegr., wurde von Assurnasirpal II. 879 v. Chr. als neue Hauptstadt Assyriens aufgebaut (Kalchu). Ab 1845 brit. Ausgrabungen. Bed. Reliefffunde der assyr. Kunst sowie zahlr. Elfenbeinschnitzereien, offenbar Importware in syr.-ägyptisierendem Stil.

Kalahari, abflußlose Beckenlandschaft mit trockenem Savannenklima im südl. Afrika (W-Botswana, O-Namibia, nördl. Kapprov. Südafrikas); etwa 1 500 km N–S und 800 km W–O-Erstreckung; Rückzugsgebiet der Buschmänner und einiger Bantustämme.

Kalais und Zetes ↑Boreas.

Kalam [arab. „Rede, Disput, Erklärung"], Bez. für die arab. scholast. islam. Theologie des MA, die v. a. von den islam. Theologenschulen der Mutasiliten und des Al Aschari geprägt wurde. Der K. hatte beachtl. Einfluß auch auf die Entwicklung der jüd. Philosophie v. a. der Karäer und Rabbinen.

Kakaobaum. Blüte, Frucht und Kakaobohnen in einer geöffneten Frucht

Kalamä

Kalamä (Kalamata), griech. Hafenstadt an der S-Küste der Peloponnes, am inneren Ende des Messen. Golfes, Hauptstadt des Verw.-Geb. Messenien, 41 900 E. Sitz eines griech.-orth. Metropoliten; Handelsplatz und Ausfuhrhafen für die Erzeugnisse des Hinterlands; Schiffbau; Eisenbahnendpunkt; ⚓. - 1821 ein Zentrum des griech. Freiheitskampfes.

Kalamata ↑Kalamä.

Kalambofälle, Wasserfälle des Kalambo, eines südl. Zuflusses des Tanganjikasees, auf der Grenze zw. Tansania und Sambia, 10 km lange Schlucht mit 915 m Gefälle. Oberhalb der K. eine der bedeutendsten prähistor. Ausgrabungsstätten Afrikas.

Kalamis, griech. Bildhauer aus der Mitte des 5. Jh. v. Chr. - Stammte wohl aus Böotien. Ein Hauptmeister des strengen Stils und der Frühklassik. Zugeschrieben wird ihm der Gott aus dem Meer vom Kap Artemision.

Kalamität [zu lat. calamitas „Schaden, Unglück"], Verlegenheit, Übelstand, Notlage.

Kalamiten [griech., zu kálamos „Rohr"] (Calamites), seit dem Karbon und Perm ausgestorbene Gatt. der Schachtelhalmgewächse; baumförmige Pflanzen, bis zu 30 m hoch, mit 1 m Stammdurchmesser sowie Holzkörper.

Kalanchoe [...ço-e; griech.], Gatt. der Dickblattgewächse mit über 200 Arten in den Tropen der Alten Welt, v. a. auf Madagaskar; aufrechte Stauden oder Halbsträucher; Blätter gegenständig, fleischig; Blüten vierzählig, in vielblütigen Trugdolden, weiß, gelb oder rot. Zahlr. Arten und Sorten werden als Topfpflanzen und Schnittblumen kultiviert.

Kalander [frz.], Walzmaschine mit übereinander angeordneten, gegenläufigen Walzen zur Be- und Verarbeitung von Textilien, Papier und Folien. Moderne K. haben Einzelantrieb der Walzen, um mit unterschiedl. Geschwindigkeiten Friktionseffekte im Walzenspalt erzielen zu können (**Friktionskalander**), **Riffelkalander** haben beheizte Stahlwalzen mit feinen Rillen, um z. B. seidenartigen Glanz auf Geweben zu erzeugen (*Seidenfinish-K.*). **Gaufrierkalander** sind *Präge-K.* mit einer beheizten Prägewalze und elast. Gegenwalze zur Herstellung von erhabenen Musterungen im Erzeugnis. **Wasserkalander** dienen in der Textilind. zur Entwässerung von Geweben. **Satinierkalander** bestehen aus einer Anzahl von übereinander im Wechsel angeordneten Stahl- und Papierwalzen; durchlaufendes Papier erhält dadurch eine glattere Oberfläche und erhöhten Glanz.

Kalanderlerche ↑Lerchen.

Kalatosow, Michail Konstantinowitsch, eigtl. M. K. Kalatosischwili, * Tiflis 23. Dez. 1903, † Moskau 28. März 1973, sowjet. Filmregisseur. - Internat. erfolgreich mit Filmen wie „Verschwörung der Verdammten" (1950), „Reise mit Hindernissen" (1954), „Wenn die Kraniche ziehen" (1957), „Ein Brief, der nie ankam" (1959), „Das rote Zelt" (1969).

Kalat Siman, Ruinenstätte in N-Syrien, Wallfahrtsheiligtum (dort hatte Symeon Stylites d. Ä. [†459] 30 Jahre auf einer Säule gelebt). Ende des 5. Jh. entstand eine ausgedehnte Klosteranlage, das bedeutendste Denkmal der nordsyr. christl. Architektur.

Kalauer, erstmals 1858 in Berlin bezeugte Bez. für „billiger Wortwitz"; vermutl. in Anlehnung an frz. *calembour* („Wortspiel") nach der Stadt Calau.

Kalb, Charlotte von, geb. Marschalk von Ostheim, * Waltershausen bei Königshofen im Grabfeld 25. Juli 1761, † Berlin 12. Mai 1843, dt. Schriftstellerin. - Ab 1783 ∞ mit dem in frz. Diensten stehenden Offizier Heinrich von K., der zwar getrennt von ihr mit einer anderen Frau zusammenlebte, sich aber einer Scheidung widersetzte und sich 1806 erschoß; lernte 1784 in Mannheim Schiller kennen, später mit Hölderlin befreundet, ab 1796 Freundschaft mit Jean Paul. Verfaßte Memoiren („Charlotte", hg. 1879) und einen Roman „Cornelia" (hg. 1851).

Kalb, Bez. für ein noch nicht geschlechtsreifes Jungtier vieler Huftiere, v. a. vom Rind (bis zum Alter von drei Monaten).

Kalb, Nahr Al (in der Antike Lycus), Fluß in Libanon, entfließt 20 km nö. von Beirut aus der **Dschaitagrotte,** einer z. T. (mit Boot) zugängl. Tropfsteinhöhle, mündet nnö.

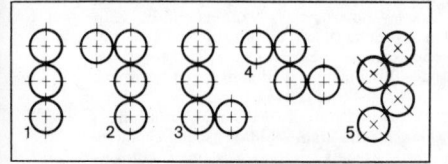

Kalander. Benennung nach der Walzenanordnung (von links nach rechts): 1 I-, 2 F-, 3 L-, 4 Z-, 5 S-Kalander

Kalander. S-Kalander zur Herstellung von Kunststoffolien

Kalender

von Beirut in das Mittelmeer, durchfließt kurz vor der Mündung eine Schlucht, durch die seit dem 13. Jh. v. Chr. Straßen führen.

Charlotte von Kalb

Kalbe/Milde, Krst. in der Altmark, Bez. Magdeburg, DDR, 3100 E. Viehhandel. - Ende des 12. Jh. planmäßig ausgebaut, im 19. Jh. Stadt. - Barocke Pfarrkirche (18. Jh.).

K./M., Landkr. im Bez. Magdeburg, DDR.

Kalben, (Abkalben) Bez. für den Geburtsvorgang beim Rind.
◆ Bez. für das Abbrechen großer Eisschollen von Gletscherzungen oder Inlandeismassen, die im Meer oder in einem Binnengewässer enden.

Kälberkropf (Kälberkern, Chaerophyllum), Gatt. der Doldengewächse mit rd. 35 Arten, verbreitet von Europa bis M-Asien, wenige Arten in N-Amerika. In Deutschland kommen fünf Arten vor, v. a. in feuchten Wäldern, in Unkrautgesellschaften und an Ufern; z. B. der häufige **Rauhhaarige Kälberkropf** (Chaerophyllum hirsutum) mit rauhhaarigen Stengeln und borstigen Blättern, ferner der giftige **Taumelkerbel** (Taumel-K., Hecken-K., Chaerophyllum temulum) mit meist violett gefleckten oder schmutzigrot überlaufenen Stengeln und der bis 2 m hohe **Knollenkerbel** (Erdkastanie, Knolliger K., Chaerophyllum bulbosum) mit walnußgroßer Knolle (wurde früher wie Kartoffel gegessen).

Kalbsmilch, svw. ↑ Bries.

Kalbsnuß, rundes Fleischstück von der Kalbskeule ohne Knochen.

Kalchas, Gestalt der griech. Mythologie, berühmter Seher im Heer des Agamemnon.

Kalchedon ↑ Chalkedon.

Kalchu, assyr. Name von ↑ Kalach.

Kaldarium (Caldarium) [lat., zu caldus „warm"], altröm. Warmwasserbad.

Kaldaunen [mittellat.] (Gekröse, Kutteln, Kuttelfleck, Flecke), Bez. des ↑ Mesenteriums bzw. des Gerichts aus dem feingeschnittenen Fettdarm (meist vom Rind; Gekröse bes. vom Kalb).

Kaldor, Nicholas [engl. 'kɔːldə], * Budapest 12. Mai 1908, † Cambridge 30. Sept. 1986, engl. Nationalökonom ungar. Herkunft. - Wichtige Beiträge v. a. auf den Gebieten der Gleichgewichtsanalyse („The equilibrium of the firm", 1934), der Verteilungstheorie („Alternative theories of distribution", 1955/56) und der Wachstumstheorie („A new model of economic growth", 1962; „Capital accumulation and economic growth", 1968).

Kalebasse [span.-frz.], Gefäß aus den Früchten des Flaschenkürbisses oder des Kalebassenbaums, oft verziert (Asien, Afrika, Südamerika). Abb. S. 152.

Kalebassenbaum (Crescentia), Gatt. der Bignoniengewächse mit fünf Arten im trop. Amerika; Bäume mit trichterförmigen, von Fledermäusen bestäubten Blüten und großen, hartschaligen Früchten, die zur Herstellung von Kalebassen verwendet werden.

Kaledonische Faltungsära [nach Caledonia, dem lat. Namen für Schottland] ↑ Faltungsphasen (Übersicht).

Kaledonisches Gebirge, im Altpaläozoikum aufgefaltetes Gebirge in NW-Europa.

Kaleidoskop [engl., zu griech. kalós „schön", eĩdos „Gestalt" und skopeĩn „betrachten"], opt. Spielzeug; durch mehrfache Spiegelung von Gegenständen in einer Röhre (oft farbige Glasstücke hinter einer im Rohr angebrachten Mattscheibe) erscheinen zentralsymmetr., sternförmige, bei Bewegung wechselnde Figuren; auch übertragen gebraucht im Sinne von „lebendig-bunte Bilderfolge".

Kaléko, Mascha [ka'lɛko], eigtl. Golda Malka K., geb. Engel, * Chrzanów (Woiwodschaft Kraków) 7. Juni 1907, † Zürich 21. Jan. 1975, Lyrikerin. Lebte nach 1918 in Berlin, emigrierte als Jüdin 1938 in die USA. - *Werke:* Das lyr. Stenogrammheft (Ged., 1933), Der Stern, auf dem wir leben (Ged., hg. 1984).

Kalemie, Stadt in Zaïre, am W-Ufer des Tanganjikasees, 81 000 E. Handels- und Umschlagplatz (Schiff/Bahn): Hafen, Eisenbahnendpunkt, ⚓. - 1891 gegründet.

Kalenberg, Pfarrer vom ↑ Frankfurter, Philipp.

Kalendarium [lat.], mit den Kalenden beginnendes Zins- oder Schuldbuch privater und öffentl. Kassen (von der röm. Kaiserzeit bis ins lat. und byzantin. MA).
◆ Verzeichnis der kirchl. Gedenk- und Festtage; heute werden Kalendarien von den Bistümern unter der Bez. „Direktorium" herausgegeben.

Kalenden (Mrz.; lat. calendae), Abk. K, erster Monatstag im antiken Rom.

Kalender [mittellat., zu lat. calendae „erster Tag des Monats"], die Einteilung großer Zeitabschnitte mit Hilfe astronom. definierter Zeiteinheiten. Natürl. astronom. Zeiteinheiten sind der Tag, der Monat, das Jahr. Da der Monat und das Jahr keine ganzzahligen Vielfachen der Grundeinheit Tag sind, erge-

Kalendergeschichte

Kalebassen mit Schmuckbemalung
in Kamerun

Abreiß-K., Umlege-K. oder Wand-K., als Taschen-K. u. a. in Buch- oder Heftform. Erster Beleg für den einjährigen K. ist wohl der von Gutenberg als Einblatt-K. 1455 hg. Türken-K. Bekanntester dt. K.macher des 17. Jh. war Grimmelshausen. Erst im Laufe des 18. Jh. gab es Differenzierungen und Spezialisierungen hinsichtl. Thema und Personenkreis.

Kalendergeschichte, kurze, volkstüml. Erzählung, oft unterhaltend und stets didakt. orientiert; sie vereinigt mit wechselnder Gewichtung Elemente aus Anekdote, Schwank, Legende, Sage, Tatsachenbericht und Satire; urspr. (seit dem 16. Jh.) Bestandteil von Kalendern, seit dem 19. Jh. selbständige Sammlungen; bed. u. a. J. P. Hebels „Schatzkästlein des rhein. Hausfreundes" (1811) und B. Brechts „Kalendergeschichten" (1949).

Kalesche [slaw.], leichte Kutsche mit Faltverdeck.

Kalette [italien.] ↑ Brillant.

Kalevala [finn. „Land des Kaleva" (einer myth. Gestalt)], finn. Nationalepos, das [in der endgültigen Fassung von 1849] aus 50 Gesängen mit 22 795 Versen besteht. Sein Verf. ist E. Lönnrot, der das Material (finn.-karel. Volkslieder, Sagen und Zaubersprüche) meist selbst bei karel. Volkssängern sammelte.

ben sich in der allg. Zeitrechnung verschiedene Einteilungsmöglichkeiten, die zu den unterschiedl. K. führten. - ↑ Zeitrechnung.

♦ *Verzeichnis* der nach Wochen und Monaten geordneten Tage eines Jahres, oft mit Angaben über Himmels-, Erd- und Wetterkunde, prakt. Hinweisen, Merksätzen, Rezepten, Lebens- und Gesundheitsregeln, wichtige Adressen usw. K. sind entweder an eine bestimmte Zielgruppe gerichtet oder behandeln ein bes. Sachgebiet in Text und Bild; es gibt sie als

EWIGER KALENDER (nach Theodor Wagner)

Tabelle I Tage						Monate (Januar und Februar für Schaltjahre *kursiv* gedruckt)								Tabelle II Jahrhunderte							
						Januar, Oktober	Januar, April, Juli	Febr., März, Nov.	Februar, August	Mai	Juni	September, Dez.	julianisch	0	1	2	3	4	5	6
														7	8	9	10	11	12	13
														14	15	16	17	18	19	20
														21	22	23	24	25	26	27
Sonntag	1	8	15	22	29	6	5	2	1	7	3	4	gregorianisch							
Montag	2	9	16	23	30	7	6	3	2	1	4	5								
Dienstag	3	10	17	24	31	1	7	4	3	2	5	6		17	—	18	—	15	16	—
Mittwoch	4	11	18	25		2	1	5	4	3	6	7		21	—	22	—	19	20	—
Donnerstag	5	12	19	26		3	2	6	5	4	7	1		25	—	26	—	23	24	—
Freitag	6	13	20	27		4	3	7	6	5	1	2		29	—	30	—	27	28	—
Sonnabend	7	14	21	28		5	4	1	7	6	2	3						31	32	—

Jahre im Jahrhundert

0	6	—	17	23	28	34	—	45	51	*56*	62	—	73	79	*84*	90	—
1	7	12	18	—	29	35	40	46	—	57	63	68	74	—	85	91	96
2	—	13	19	24	30	—	41	47	52	58	—	69	75	*80*	86	—	97
3	8	14	—	25	31	36	42	—	53	59	64	70	—	81	87	92	98
—	9	15	20	26	—	37	43	48	54	—	65	71	76	82	—	93	99
4	10	—	21	27	32	38	—	49	55	60	66	—	77	83	*88*	94	
5	11	16	22	—	33	39	44	50	—	61	67	72	78	—	89	95	

7	6	5	4	3	2	1
1	7	6	5	4	3	2
2	1	7	6	5	4	3
3	2	1	7	6	5	4
4	3	2	1	7	6	5
5	4	3	2	1	7	6
6	5	4	3	2	1	7

Die Benutzung des Kalenders wird am besten durch einige Beispiele erläutert: 1. Für den 24. Mai 1543 alten Stils (julianisch) findet man in Tabelle I an der Stelle (rechts), wo die den 24. Monatstag enthaltende Zeile sich mit der zum Mai gehörenden Spalte schneidet, die Zahl 2; Tabelle II enthält im Schnittpunkt der beiden letzten Ziffern der Jahreszahl 1543, nämlich 43, enthaltenden Zeile (links) mit der die julianische Jahrhundertzahl 15 enthaltenden Spalte (oben) die Zahl 3 (unten rechts); die Summe der gefundenen Zahlen 5 (2 + 3) steht in Tabelle I (links) in der Zeile des gesuchten Wochentags: Donnerstag. – 2. Für den 1. April 1815 neuen Stils (gregorianisch) gibt Tabelle I: 5, Tabelle II: 2, und 5 + 2 = 7 entspricht der Sonnabend. In Schaltjahren, die kursiv gedruckt sind, ist für den Januar in Tabelle I nicht die erste, sondern die zweite, und für den Februar die vierte Spalte zu benutzen; man findet so für den 12. Februar 1908: 5 + 6 = 11: Mittwoch; 4. für den 1. Januar 1900 alten Stils: 5 + 2 = 7: Sonnabend, während sich 5. für den 1. Januar 1900 neuen Stils, da dieses Jahr nach dem Gregorianischen Kalender kein Schaltjahr ist, 6 + 3 = 9: Montag ergibt.

Kalf (Kalff), Willem, * Rotterdam 3. Nov. 1619, † Amsterdam 31. Juli 1693, niederl. Maler. - Etwa 1645-50 in Frankr., ab 1653 in Amsterdam. Streng gebaute Stilleben mit kostbarem Geschirr in feiner Helldunkelmalerei.

Kalfaktor (Kalfakter) [zu mittellat. cal(e)factor „Heizer, Hausmeister"], jemand, der allerlei Arbeiten und Besorgungen verrichtet; Gefangener, der im Strafvollzug den Wärtern bei der Arbeit hilft; landschaftl. abwertende Bez. für jemand, der andere verleugnet, für einen Zuträger.

kalfatern [zu gleichbed. arab. kalfata], die Plankennähte der Außenhaut und des Decks eines Schiffes mit Werg und Teer abdichten.

Kalgan [ˈkalgan, kalˈgaːn] ↑Changkiakow.

Kali ↑Durga.

Kali [arab. (rückgebildet aus Alkali, ↑Alkalien)], unpräzise Sammelbez. insbes. für kaliumsalzhaltige Düngemittel.

Kaliber [frz., zu arab. kalab „Form, Modell" (von griech. kalopódion „Schusterleisten")], in der *Metallbearbeitung* ↑Lehre (Meßgerät).
◆ in der *Uhrentechnik* Bez. für die Form des Uhrwerks (rund, quadratisch usw.), auch für den Gehäusedurchmesser (angegeben in Pariser Linien [Abstand jeweils 2,256 mm]).
◆ in der *Waffentechnik* die als innerer Durchmesser des Laufes oder Rohres einer Feuerwaffe oder als äußerer Durchmesser eines Geschosses definierte Größe, meist angegeben in mm, cm oder Zoll.

Kalidasa [Sanskrit „Sklave der Kali"], ind. Dichter um 400 (?). - Über die Lebensumstände des Lyrikers, Dramatikers und Epikers ist nichts bekannt; führte die klass. ind. Dichtung auf einen Höhepunkt und die brahman. Welt zu dichter. Vollendung. Meister einer kunstvollen, jedoch von rhetor. Künsteleien freien Sprache. K. schuf das bedeutendste Werk der dramat. ind. Literatur, das siebenaktige Drama „Schakuntala", die Legende von der heiml. Liebe eines Königs mit der Tochter eines Einsiedlers (dt. 1790 u. d. T. „Sakontala oder der verhängnisvolle Ring").

Kalif (Chalif, Chalifa) [arab. „Stellvertreter, Nachfolger"], Bez. für den Nachfolger des Propheten Mohammed als Oberhaupt der muslim. Gemeinschaft und des Kalifenreichs, der die Pflicht hatte, den Bestand des islam. Herrschaftsgebiets zu bewahren, es zu erweitern und die islam. Rechtsordnung zu sichern. Im Glaubenskrieg (Dschihad) führte er den Oberbefehl, hatte jedoch keine Autorität in Glaubens- und Rechtsfragen. Das Amt des K. heißt **Kalifat**.

Kalifeldspat ↑Feldspäte.

Kalifenreich, Bez. für das von Mohammed und seinen Nachfolgern, den Kalifen, geschaffene Reich, das mit Mohammeds Flucht von Mekka nach Medina 622 (Hedschra) entstand. Bei seinem Tod 632 hatte er die Stämme der arab. Halbinsel geeint. Unter Omar I. (634-644) und Othman (644-656) eroberten die Araber den Vorderen Orient (u. a. 636 Vernichtung des byzantin. Heeres am Jarmuk, 636/637 Niederlage der Perser bei Kadisijja in Irak, 642 bei Nahawand in Iran). 656 zeichneten sich die ersten inneren Machtkämpfe ab. Mit Muawija kam 661 die Dyn. der Omaijaden an die Macht (Residenz Damaskus), die die arab. Expansionspolitik fortsetzte: 670-683 eroberte Okba Ibn Nafi das westl. N-Afrika, 711 landete Tarik in Spanien und unterwarf die Pyrenäenhalbinsel, bis Karl Martell dem Vordringen der Araber 732 bei Tours und Poitiers Einhalt gebot. Im O stießen die Araber bis an den Indus und an den Amur vor. Da die großangelegten Versuche, Konstantinopel zu erobern (674-678 und 717/718 [?]) erfolglos blieben, wurde der Taurus zur Grenze zw. dem K. und Byzanz. Als die Abbasiden 749/750 die Omaijaden ablösten, verlagerte sich der Schwerpunkt des K. nach Irak (Residenz seit 762 Bagdad), was die Abspaltung des westl. Reichsteils zur Folge hatte: Spanien wurde 756 unter dem Omaijaden Abd Ar Rahman I. unabhängig und bildete später das Kalifat von Córdoba. In Marokko fand 789 ein Alide Anerkennung als Imam (Idrisiden). Schon zur Reg.zeit Harun Ar Raschids (786-809), der als Symbolgestalt der geistigen und wirtschaftl. Blütezeit des K. gilt, begann das K. in Teilstaaten zu zerfallen, in denen der Kalif nur noch nominell anerkannt wurde: Ab 800 herrschten die Aghlabiden in N-Afrika, ab 821 die Tahiriden in Chorasan, ab 868 die Tuluniden in Ägypten, ab 871 die Saffariden in Persien, ab 892 die Samaniden in Buchara und ab 934 die Hamdaniden in N-Syrien und Mosul. 945 nahmen die Bujiden Bagdad ein und machten den Kalifen zum Spielball ihrer polit. Interessen. 969 wurde Ägypten von den ismailit. Fatimiden erobert, die selbst das Kalifat beanspruchten. Mit Hilfe der im 11. Jh. erstarkenden Seldschuken konnten die Kalifen wieder ein Fürstentum um Bagdad aufbauen, das aber mit der mongol. Eroberung 1258 ein Ende fand. Das dann von den Mongolen in Kairo errichtete (machtlose) Scheinkalifat erlosch 1517 mit der Eroberung Ägyptens durch die Osmanen, deren Sultane auch den Titel des Kalifen übernahmen. - 1924 wurde unter dem Einfluß Kemal Atatürks das Kalifat durch die türk. Nationalversammlung abgeschafft.

📖 *Konzelmann, G.: Die großen Kalifen. Das goldene Zeitalter des Islam. Mchn. 1977. - Bosworth, C. E.: The Islamic dynasties. A chronological and genealogical handbook. Edinburgh 1967.*

Kalifornien (engl. California), Staat im W der USA, am Pazifik und an der mex.

Kalifornien

Grenze, 411012 km², 25,17 Mill. E (1983), Hauptstadt Sacramento.
Landesnatur: K. hat Anteil an mehreren großen Landschaftsräumen. An der Küste erheben sich die Ketten der Coast Ranges. Sie sind im Thompson Peak (im N) bis 2 744 m hoch, nach S nimmt die Höhe ab. An der Küste liegen nur drei Naturhäfen, im N Eureka, im mittleren Teil die Buchten von San Francisco, deren schmaler Eingang, das Golden Gate, von einer Brücke überspannt wird, und im S San Diego. Erdbeben sind häufig, da der Küstenbereich in der den Pazifik umspannenden Schwächezone liegt († auch San Andreas Fault). Westl. der Küstengebirge erstreckt sich in der nördl. Hälfte von K. der tekton. Grabenbruch des Kaliforn. Längstals, wichtigstes Agrargebiet des Landes. Sein nördl. Teil wird vom Sacramento River, sein südl. Teil vom San Joaquin River durchflossen, die zus. in einem Delta in die San Francisco Bay münden. Westl. dieser Bruchzone liegt die Sierra Nevada. Ihre höchste Erhebung ist der Mount Whitney (4 418 m). Nach N geht sie in die Cascade Range über. K. hat im SO Anteil am Great Basin mit dem Death Valley. Im S liegt das südkaliforn. Tiefland mit einer Reihe von Bergketten und den Trokkengebieten der Mojave Desert und Colorado Desert.
Klima: K. liegt im Bereich subtrop. Winterregen mit trockenen Sommern. Das Kaliforn. Längstal, das gebiet östl. der Sierra Nevada und Süd-K. sind wüstenhaftes Trockengebiet. Die Küste steht unter dem Einfluß des kalten Kaliforn. Stromes.
Vegetation: Der pazif. Koniferenwaldgürtel greift auf den N über. Das Kaliforn. Längstal war urspr. offenes Grasland. In der Sierra Nevada gibt es noch Bestände des Mammutbaums, u. a. im Yosemite National Park und im Sequoia National Park. Im Küstengebiet wächst der Riesenmammutbaum. Im SW ist der Chaparral, der der mediterranen Macchie entspricht, weit verbreitet, im SO Busch- und Schopfgrassteppe.
Bevölkerung: K. ist der volkreichste Staat der USA. Neben Weißen, die z. T. mex. Abstammung sind, leben Neger und Mischlinge in K. sowie indian., jap., chin. und philippin. Minderheiten. Neben den großen christl. Kirchen sind zahlr. konfessionelle Gruppen und Sekten vertreten. K. gehört zu den Staaten mit den besten Schulverhältnissen in den USA. Berühmt sind u. a. die Univ. von Berkeley und Los Angeles (mit zahlr. Zweiguniv.) und das California Institute of Technology in Pasadena.
Wirtschaft: Führend ist die Landw.; neben Großbetrieben gibt es viele auf Sonderkulturen spezialisierte Kleinbetriebe. Etwa ³/₄ des Farmlands wird künstl. bewässert. Angebaut werden Weizen, Mais, Hirse, Kartoffeln, Zuckerrüben, Baumwolle, Reis, Stein- und Kernobst, Zitrusfrüchte, Wein. Die Waldnutzung ist ein wichtiger Wirtschaftsfaktor. Die Fischerei spielt eine bed. Rolle. Mittel- und Süd-K. ist reich an Erdöl und Erdgas. Abgebaut werden u. a. Quecksilber, Chrom-, Zink-, Kupfer-, Eisenerze, Wolfram sowie Gips. Gold, dessen Gewinnung nach 1848 zur Besiedlung des Landes führte, hat nur noch untergeordnete Bed. Neben Nahrungs- und Genußmittelind. gibt es Flugzeug-, Raumfahrt-, Kfz.ind. sowie holzverarbeitende und chem. Ind., Hollywood ist Zentrum der Filmind.; bed. ist auch der Fremdenverkehr (u. a. in San Francisco, Disneyland, Nationalparks).
Verkehr: Auto und Flugzeug sind die bevorzugten Verkehrsmittel. K. verfügt über ein Autobahnnetz von rd. 22 000 km Länge. Das Schienennetz ist dagegen nur 7 200 km lang. Wichtigste Häfen sind Los Angeles-San Pedro (Erdölhafen und einer der größten amerikan. Fischereihäfen) und San Francisco (v. a. Stückgut). San Diego ist v. a. Marine- und Fischereihafen. K. verfügt über mehr als 1 200 ✈, darunter die internat. ✈ von San Francisco und Los Angeles.
Geschichte: Die kaliforn. Küste wurde 1542 von dem Portugiesen J. R. Cabrilho entdeckt, jedoch erst später besiedelt. 1769 entstand in San Diego ein Versorgungshafen für die span. Galeonen. Als Mexiko 1821 seine Unabhängigkeit von Spanien erlangte, wurde K. mex. Prov.; Mittelpunkt der amerikan. Besiedlung (seit 1826) wurde Fort Sutter. Von hier gingen auch die von den USA begünstigten Bestrebungen aus, sich der mex. Herrschaft zu entziehen. Mit Unterstützung amerikan. Kriegsschiffe und unter der militär. Führung J. C. Fremonts erklärte K. sich 1846 zum unabhängigen Staat. Im Frieden von Guadalupe Hidalgo (2. Febr. 1848) trat Mexiko seine Ansprüche auf Ober-K. an die USA ab. Die Aufnahme in die Union als sklavenfreier, 31. Staat erfolgte am 9. Sept. 1850. – Kurz bevor K. Mgl. der Union wurde, entdeckte man im heutigen Sacramento Gold. Innerhalb weniger Jahre stieg die Bev., die 1846 noch 10 000 E zählte, sprunghaft auf 250 000 an. In der Präsidentschaftswahl 1860 entschied sich K. für A. Lincoln. Die heute bestehende Verfassung gilt seit 1879.
Schmidt-Brümmer, H./Wasmuth, G.: K. Köln 1982. – Bancroft, H. H.: History of California. San Francisco 1884–90. 7 Bde. New York Neuausg. 1967.

Kalifornien, Golf von (span. Mar de Cortés), Bucht des Pazifiks in NW-Mexiko, durch Niederkalifornien vom offenen Ozean getrennt, etwa 1 100 km lang und bis über 200 km breit, größte Tiefe 3 127 m (im S); zahlr. Inseln. Südlichster Teil der den W-Rand des nordamerikan. Kontinents durchziehenden Grabenzone; im N ist er durch das Delta des Colorado von der Colorado Desert abgeschnürt; er setzt sich nach N im

Kalium

Kaliforn. Längstal, nach S im Mittelamerikan. Graben fort. Die schon durch Jahrhunderte betriebene Perlenfischerei hatte im 19. Jh. ihren Höhepunkt. Heute werden v. a. Fische, Garnelen, Austern und Schildkröten gefangen. Die wichtigsten Häfen sind La Paz (im SO von Niederkalifornien), Guaymas und Mazatlán am östl. Ufer.

Kalifornischer Kondor ↑ Geier.

Kalifornischer Seelöwe ↑ Seelöwen.

Kalifornischer Strom, kalte, südwärts gerichtete Meeresströmung im N-Pazifik vor der SW-Küste Nordamerikas.

Kalifornisches Längstal, kaliforn. Teil der Grabenzone, die sich entlang der Pazifikküste vom Golf von Kalifornien bis Alaska erstreckt, über 700 km lang, im Durchschnitt 80 km breit, begrenzt von Sierra Nevada und Cascade Range im O, den Coast Ranges im W, den Klamath Mountains im N sowie kleineren Gebirgszügen im S., durchflossen vom Sacramento River nördl. der San Francisco Bay und dem San Joaquin River im S. Die Jahresniederschläge bleiben unter 500 mm, im südl. Teil sogar unter 250 mm und fallen als Winterregen. Das K. L. ist eines der wichtigsten Agrargebiete der USA dank fruchtbarer Böden und künstl. Bewässerung. Angebaut werden v. a. Obst, Wein und Gemüse, daneben auch Baumwolle, Reis, Zuckerrüben, Futterpflanzen, Getreide; neben Geflügelhaltung z. T. auch Rinderzucht (Milcherzeugung).

Kalifornium ↑ Californium.

Kaliko (Kalikot) [engl., nach der ind. Stadt Calicut], feinfädiges, dichtes leinwandbindiges Gewebe aus Baumwolle oder Zellwolle, durch Appreturmasse versteift; als Bucheinband verwendet.

Kalilauge, Lösung von Kaliumhydroxid, KOH, in Wasser; farblose, stark bas., ätzende Flüssigkeit; v. a. in der Waschmittel- und Farbenindustrie verwendet.

Kalimantan, indones. für ↑ Borneo.

Kalimnos, griech. Insel des Dodekanes, nw. der Insel Kos, 111 km^2, gebirgig (bis 678 m ü. d. M.), Hauptort ist die Hafenstadt K. (10 100 E) an einer Bucht der S-Küste; Sitz eines griech.-orth. Bischofs. Die ehem. bed. Schwammfischerei wird heute von K. aus vor der afrikan. Küste betrieben.

Kalinin, Michail Iwanowitsch, * Werchnjaja Troiza (Gebiet Kalinin) 19. Nov. 1875, † Moskau 3. Juni 1946, sowjet. Politiker. - Spielte in der Revolution von 1905 als Bolschewik (seit 1903) eine aktive Rolle; ab 1912 Kandidat des ZK und Redakteur der „Prawda"; Vertrauensmann Lenins (u. Stalins) in der Oktoberrevolution 1917; 1919–46 Mgl. des ZK, 1926–46 auch des Politbüros der KPdSU; außerdem 1919–46 nominelles Staatsoberhaupt der UdSSR.

Kalinin (bis 1931 Twer), sowjet. Gebietshauptstadt in der RSFSR, an der Mündung der Twerza in die Wolga, 437 000 E. Univ., polytechn. und medizin. Hochschule, Gemäldegalerie, Museen; Philharmonie; Maschinenbau, Textil- und polygraph. Kombinat; Kernkraftwerk; Wolgahafen. - 1134/35 in Urkunden erwähnt; seit Mitte des 13. Jh. Hauptstadt des Ft. Twer. Im 14. und 15. Jh. eines der bedeutendsten Handwerks- und Handelszentren und hartnäckigster Konkurrent Moskaus im Kampf um die Vorherrschaft in M-Rußland; seit 1775 Hauptstadt des Gouvernements Twer. - Leninplatz mit frühklassizist. Magistratsgebäude (1770–80) und dem ehem. Haus des Adels (1766–70).

Kaliningrad ↑ Königsberg (Pr).

Kalinowski, Horst Egon, * Düsseldorf 2. Jan. 1924, dt. Bildhauer, Graphiker und Maler. - Lebte seit 1950 in Paris; seit 1968 Prof. in Karlsruhe; zunächst Collagen und Bildobjekte unter Verwendung von Packpapier; seit 1960 großformatige Lederskulpturen bzw. lederumspannte Objekte, die keiner stilist. Richtung verpflichtet sind; auch Radierungen, Lithographien und großformatige Bilder (auf Leinwand geklebte bemalte Packpapiere).

Kalisalpeter, Kaliumnitrat, KNO_3; Kaliumsalz der Salpetersäure, wird zur Herstellung von Feuerwerkskörpern und als Stickstoffdünger verwendet.

Kalisalze, chem. Sediment, Doppelsalze und Gemische von Chloriden und Sulfaten des Kaliums, Natriums, Calciums und Magnesiums. Die leicht lösl. K. finden sich in Salzlagerstätten über dem früher ausgefällten Steinsalz. Sie sind von großer wirtsch. Bed. als Düngemittel und Rohstoff der chem. Ind.; Hauptproduzenten sind die UdSSR, Kanada, die BR Deutschland, die DDR, die USA und Frankreich.

Kalisch, David, * Breslau 23. Febr. 1820, † Berlin 21. Aug. 1872, dt. Schriftsteller. - Gründete 1848 mit R. Hofmann die polit.-satir. Zeitschrift „Kladderadatsch"; schrieb zahlr. Possen, bes. Berliner Lokalstücke und Couplets.

Kalisz [poln. 'kaliʃ] (dt. Kalisch), poln. Ind.stadt an der Prosna, 110 m ü. d. M., 102 900 E. Hauptstadt des Verw.-Geb. K., Museum; bed. Textilindustrie. - Als **Kalisia** im 2. Jh. erwähnt (älteste urkundl. Erwähnung einer poln. Stadt), 1253–60 nach Neumarkter Stadtrecht neu gegr. - Mehrere bed. Kirchen, u. a. Sankt Nikolaus (1253 ff.), Kollegiatskirche (1353 und 1790), Franziskanerkirche (13./14., 17. Jh.), Jesuitenkirche (1583).

Kalium [arab.], chem. Symbol K, metall. Element aus der I. Hauptgruppe der Periodensystems der chem. Elemente, Ordnungszahl 19, mittlere Atommasse 39,098, Schmelzpunkt 63,65 °C, Siedepunkt 774 °C, Dichte 0,86 g/cm^3. K. ist sehr reaktionsfreudig und kann deshalb nur in reaktionsträgen Flüssigkeiten

Kaliumaluminiumsulfat

wie Petroleum aufbewahrt werden. In seinen zahlr. Verbindungen ist K. immer einwertig. K. kommt in gesteinsbildenden K.mineralen und als ↑ Kalisalz vor. K. wird durch Schmelzelektrolyse aus K.hydroxid hergestellt.

Kaliumaluminiumsulfat (Kalialaun) ↑ Alaune.

Kalium-Argon-Methode, Methode zur Bestimmung des Alters von Mineralien unter Ausnutzung der radioaktiven Umwandlung des Kaliumisotops ^{40}K in das Argonisotop ^{40}Ar (↑ auch Altersbestimmung).

Kaliumchlorat, $KClO_3$, bildet weiße Kristalle, kann in Gegenwart oxidierbarer Substanzen bei Erwärmung, Reibung, Stoß oder Schlag explodieren. K. wird zur Herstellung von Sicherheitszündhölzern und Sprengstoffen verwendet.

Kaliumcyanid (Zyankali), KCN, Kaliumsalz der Blausäure; bildet ein weißes, in Wasser leicht lösl. Pulver. K. ist hochgiftig; die Giftigkeit beruht wie bei der Blausäure auf der Blockierung des Eisens der Atmungsfermente durch die CN-Gruppe.

Kaliumhalogenide, Verbindungen des Kaliums mit Halogenen (Kaliumsalze der Halogenwasserstoffsäuren), bilden leicht wasserlösliche, weiße Kristalle. Techn. Bedeutung hat das **Kaliumchlorid,** KCl, das zur Herstellung von Kalidüngemitteln und vieler Kaliumverbindungen dient.

Kaliumhexacyanoferrat ↑ Blutlaugensalz.

Kaliumhydrogentartrat, svw. ↑ Weinstein.

Kaliumhydroxid (Ätzkali), KOH, durch Elektrolyse von Kaliumchloridlösungen gewonnenes Hydroxid; bildet eine harte, weiße Masse, die sich in Wasser zur stark alkalisch reagierenden ↑ Kalilauge löst; ruft auf der Haut starke Verätzungen hervor.

Kaliumnatriumtartrat, svw. ↑ Seignettesalz.

Kaliumnitrat ↑ Kalisalpeter.

Kaliumperchlorat ↑ Perchlorate.

Kaliumpermanganat, Kaliummanganat (VII), $KMnO_4$, bildet tief violette, metall. glänzende Kristalle; ein starkes Oxidationsmittel. K. wird als Bleich- und Desinfektionsmittel verwendet.

Kaliumphosphate, farblose Kristalle bildende Kaliumsalze der Phosphorsäuren; *Kaliumdihydrogenphosphat (primäres Kaliumphosphat),* KH_2PO_4, wird als Düngemittel verwendet; *Dikaliumhydrogenphosphat (sekundäres Kaliumphosphat),* K_2HPO_4, bildet beim Erhitzen *Kaliumdiphosphat (Kaliumpyrophosphat),* $K_4P_2O_7$; *Trikaliumphosphat (tertiäres Kaliumphosphat),* K_3PO_4, und die *Kaliummeta-* oder *-polyphosphate,* $(KPO_3)_n$, werden in der Waschmittelindustrie verwendet.

Kaliwasserglas ↑ Wasserglas.

Kalixt (Calixtus), Name von Päpsten:

K. I. (Callistus), hl., † Rom 222, Papst (seit 217). - Urspr. Sklave; schloß in den christolog. Streitigkeiten den Monarchianer Sabellius aus der Kirche aus. Sein Martyrium ist seit der Wiederauffindung des Grabes 1960 (in der Calepodius-Katakombe) gesichert.

K. II., † Rom 13. Dez. 1124, vorher Guido, Papst (seit 2. Febr. 1119). - Beendete im ↑ Wormser Konkordat (23. Sept. 1122) den Investiturstreit.

K. III., * Játiva bei Valencia 31. Dez. 1378, † Rom 6. Aug. 1458, vorher Alonso de Borgia, Papst (seit 8. April 1455). - Unter ihm wurde durch Nepotismus der Kirchenstaat weithin den ↑ Borgia und den Katalanen ausgeliefert.

Kalixtiner (Calixtiner, Utraquisten) ↑ Hussiten.

Kalk [zu lat. calx „Spielstein, Kalkstein, Kalk"], Bez. für das in der Natur weitverbreitete Calciumcarbonat, den Kalkstein sowie die daraus durch „Brennen" und „Löschen" gewonnenen Produkte. *Roh-K.* geht beim Erhitzen auf 1000 °C *(K.brennen)* unter Abgabe von CO_2 in *Brannt-K. (gebrannter K.,* ↑ Calciumoxid, CaO) über, dieser bildet beim Vermischen mit Wasser *Lösch-K. (gelöschter K.,* ↑ Calciumhydroxid, $Ca(OH)_2$). K. wird v. a. im Baugewerbe verwendet (Baukalk, Beton, Mörtel, Zement).

Kalkalgen, Bezeichnung für verschiedene Arten der Blau-, Rot- und Grünalgen, die als Strukturbestandteil der Zellwand (bes. Rot- und Grünalgen) oder an deren Oberfläche (Blau- und Grünalgen) Calciumcarbonat ablagern. Marine K. waren und sind maßgebl. am Aufbau der Korallenriffe beteiligt; K. des Süßwassers sind Kalktuffbildner.

Kalkalkaligläser (Alkalikalkgläser), Sammelbez. für Glas, das starke Anteile von Alkalimetalloxiden und Calciumoxid enthält.

Kalkar, Jan Joest van, * Wesel um 1455, † Haarlem 1519, niederrhein.-niederl. Maler. - Genannt nach seinem Hauptwerk in Kalkar, 20 Hochaltartafeln der Nikolaikirche (1505-08). Von den Niederländern (G. David) angeregte Raum- bzw. Lichtwirkungen; z. T. porträtnahe Köpfe.

Kalkar, Stadt auf der linksrhein. Niederterrasse, NRW, 20 m ü. d. M., 11 200 E. Museum, histor. Archiv; Kernkraftwerk (schneller Brüter; Betriebsbeginn ausgesetzt). - 1230-42 planmäßig angelegt; Stadtrecht 1242-46; Blütezeit im 14./15. Jh. - 1598 durch span. Truppen erobert; im 17. Jh. mehrfach zur Festung ausgebaut (1674 Schleifung der Anlagen). - Spätgot. Pfarrkirche (1409 ff.); Rathaus (Backsteinbau, 15. Jh.; im 2. Weltkrieg zerstört, wieder aufgebaut).

Kalkbeinigkeit, Geflügelkrankheit, hervorgerufen durch die Krätzmilbe *Knemidocoptes mutans;* Symptome: Bildung dicker Borken an den Beinen, Lahmen.

Kalkdrüsen, Kalk als erhärtendes Sekret ausscheidende Drüsen, v. a. bei Reptilien und

Vögeln (münden in die Geschlechtswege und liefern Kalk für die tertiären Eihüllen) sowie bei Muscheln und Schnecken (münden an der Hautoberfläche und liefern die Substanz für die Kalkschale).

Kalkeifel ↑Eifel.

Kalkfarben, Anstrichmittel, die gelöschten Kalk und kalkbeständige anorgan. oder organ. Pigmente enthalten; wasserlösl. tier. oder pflanzl. Leime können als Bindemittel zugesetzt werden.

Kalkflieher ↑Kalkpflanzen.

Kalkgesteine, zusammenfassende Bez. für Kalksteine, Kalktuffe (Kalksinter), Kreide, Dolomite und Marmore.

Kalkkaseinmalerei, Wandmalereitechnik (mit Kaseinfarben), die die alte Freskotechnik ablöste.

Kalkmilch ↑Calciumhydroxid.

Kalkpflanzen, Pflanzen, die vorzugsweise auf kalkreichen, warmen, trockenen Böden mit alkal. Reaktion verbreitet sind. Echte K. sind z. B. Rittersporn, Aronstab, Akelei, Bingelkraut und viele Orchideen. - **Kalkflieher** sind Pflanzen, die auf kalkarmen, feuchten, kühlen, sauren Böden wachsen, z. B. Sauerampfer, Heidel-, Preiselbeere, Heidekraut und alle Hochmoorpflanzen.

Kalksandstein, durch kalkiges Bindemittel verkitteter ↑Sandstein.
◆ aus Quarzsand und [Weiß]kalk hergestellter Mauerstein; K. werden nach intensivem Mischen der Bestandteile in Pressen geformt und unter Dampfdruck gehärtet.

Kalkschwämme (Calcarea), Klasse rein mariner Schwämme mit rd. 50 meist sehr kleinen, um 1 cm langen, selten bis 15 cm großen Arten in Flachwassergebieten; Wuchsform meist flach ausgebreitet oder tönnchenartig, Skelett fast stets aus einzeln im Gewebe liegenden Kalknadeln (Skleriten).

Kalkseife (Calciumseifenfett), Reaktionsprodukt von höheren Fettsäuren und Calciumverbindungen; sie entstehen z. B. als Ablagerungen („Ränder") bei Waschvorgängen mit calciumhaltigem Wasser und den übl. Alkaliseifen.

Kalkseifenstuhl (Seifenstuhl), Kalkseifen enthaltender, graugelber, trockener Stuhl bei Säuglingen infolge von einseitiger Kuhmilchernährung mit Kohlenhydratmangel.

Kalksinter, svw. ↑Kalktuff.

Kalkstein, überwiegend aus Calciumcarbonat bestehendes, weit verbreitetes Sedimentgestein, das durch chem. und/oder biogene Vorgänge im Meer und auf dem Festland (von Sickerwasser in Höhlen, an Quellaustritten, in Seen) abgelagert wurde.

Kalkstickstoff, in reiner Form Calciumcyanamid, $CaCN_2$, als techn. Produkt durch Gehalt an fein verteiltem Kohlenstoff ein graues bis schwarzes Pulver. K. ist der wichtigste Stickstoffdünger.

Kalksucht (Kreidesucht, Myzelkrankheit, Starrsucht), tödl. Erkrankung der Seidenraupe und vieler Insektenarten durch Befall mit dem Deuteromyzeten Botrytis bassiana. Der Körper ist zunächst mit einem schimmelartigen Flaum, ab 8. oder 9. Tag mit braunen Flecken bedeckt. Die Raupe stirbt 12-14 Tage nach der Infektion und schrumpft mumienartig zusammen.

Kalktuff (Kalksinter, Süßwasserkalk), aus kalkhaltigem fließendem Wasser durch Entweichen von Kohlensäure ausgefällter poröser Kalkstein; dabei bilden sich steinerne Rinnen, Kaskaden und Terrassen, in Höhlen auch Tropfsteine. Etwas dichterer K. wird **Travertin** genannt, der ebenso wie der K. vielfach in der Bauwirtschaft verwendet wird. - ↑auch Sinter.

Kalkül [frz., zu lat. calculus „Steinchen, Rechenstein, Berechnung"], allg. svw. Berechnung; in der *Wissenschaftstheorie* und *Logik* ein System von Zeichen und Figuren (↑Alphabet [Wissenschaftstheorie]) sowie deren Herstellungsverfahren aus Grundfiguren und den zugehörigen Operationsregeln, die sich ausschließl. auf die Form und nie auf den Sinn dieser Zeichen beziehen.
In der *Mathematik* bezeichnet man als K. eine durch ein System von Regeln festgelegte formale Methode, mit deren Hilfe gewisse Klassen mathemat. Probleme systemat. behandelt („automat. gelöst") werden können (z. B. die Methoden der Grundrechenarten); bes. zum Einsatz von programmgesteuerten Rechenmaschinen geeignet.

Kalkulation [lat., zu calculare „mit Rechensteinen rechnen" (vgl. Kalkül)], auf der Betriebsbuchhaltung (↑Buchhaltung) aufbauende Ermittlung der Kosten für die Einheit der Leistung. Zwecke: 1. Preisermittlung, 2. Ermittlung der Preisuntergrenze, 3. Betriebsanleitung, 4. Ermittlung des Betriebserfolgs, 5. Ermittlung der Wertansätze für Halb- und Fertigerzeugnisse in der Bilanz.

kalkulieren [zu lat. calculare „mit Rechensteinen rechnen"], 1. kaufmänn.: Kosten im voraus berechnen, veranschlagen; 2. eine Situation schnell zu überblicken suchen; **kalkulierbar**, berechenbar.

Kalkutta (Calcutta), Hauptstadt des ind. Bundesstaats West Bengal, am linken Ufer des Hugli, 6 m ü. d. M., 3,292 Mill. E (städt. Agglomeration: 9,17 Mill. E). K. weist eine Bev.dichte von 30 497 E/km^2 auf, jedoch leben 33% der Bev. in Slums auf nur 9% der Stadtfläche, schätzungsweise sind 30 000–40 000 Menschen obdachlos. Neben Verwaltungsfunktionen Kultur- und Wiss.zentrum; kath. Erzbischofssitz, mehrere Univ., Institute für Management, Lepraforschung, Kernforschung, Medizin, Technik, Naturwiss., Kunstgeschichte, Goethe-Inst., meteorolog. Observatorium, Museen (u.a. Ind. Museum), Staatsbibliothek, botan. Garten, Zoo. Zentrum von Großhandel, Banken, Versicherun-

Kállai

gen, Wirtschaftsverbänden, Gewerbe und Ind.; Filmstudios, Druckereien und Verlage; Überseehafen (225 km vom offenen Meer entfernt), v. a. Export von Jute und Tee. 12 km nö. der City liegt der internat. ✈ Dum Dum. K. bildet mit der am Gegenufer des Hugli gelegenen Stadt Haora (Eisenbahn- und Straßenbrücke) das Kerngebiet der städt. Agglomeration **Hooghlyside,** die sich über 76 km lang beiderseits des Hugli erstreckt und 74 Städte umfaßt. Sie ist auf Grund der günstigen Verkehrslage und der im Hinterland vorhandenen Bodenschätze das bedeutendste Ind.gebiet Indiens. - Das heutige K. wurde 1690 gegr. und war ab 1707 Verwaltungssitz, von 1773 bis 31. März 1912 Sitz des Generalgouverneurs der Ostind. Kompanie, der ab 1858 zugleich das neugeschaffene Amt des Vizekönigs innehatte. Seit 1947 ist K. die Hauptstadt des Bundesstaates West Bengal. - Im Stadtzentrum liegt die Parkanlage Maidan im Vorfeld des Fort William (1781), nahebei das Victoria Memorial (1921 vollendet) und die neugot. Saint Paul's Cathedral (19. Jh.).
📖 *Moorhouse, G.:* Calcutta. New York 1972. - *Bose, N. K.:* Calcutta, 1964; a social survey. Bombay 1968.

Kállai, Gyula [ungar. 'ka:lloi], * Berettyóújfalu (Bezirk Hajdú-Bihar) 1. Juni 1910, ungar. Politiker. - Seit 1931 Mgl. der ungar. KP, ab 1945 Mgl. des ZK. 1949–51 Außenmin.; 1951 verhaftet, 1954 rehabilitiert, seit 1956 wieder ZK-Mgl., 1965–67 Min.präs., 1967–71 Präs. der Nationalversammlung.

Kallaiker, großer kelt. oder keltiber. Stamm in Gallaecia (Galicien) im NW Spaniens, von Augustus 26–19 unterworfen.

Kallait [griech.], svw. ↑Türkis.

kalli..., Kalli... ↑kalo..., Kalo...

Kalliasfriede (fälschl. auch Kimon. Friede), Vertrag zw. dem Att.-Del. Seebund und Persien (449/448 v. Chr.), ausgehandelt von dem Athener Kallias; sah Autonomie der kleinasiat. Griechenstädte, Begrenzung der pers. Interessensphäre und athen. Verzicht auf weitere Angriffe gegen Persien vor.

Kalligraphie, Schönschreibkunst (v. a. China, Japan); sie unterliegt nicht rein dekorativer Gesetzmäßigkeit, sondern wird nach ihrem individuellen Ausdruck und ihren graphol. Qualitäten bewertet.

Kallikrates, griech. Baumeister des 5. Jh. v. Chr. - Leitete 447–438 zus. mit Iktinos die Bauausführung des Parthenon, entwarf 448 den Niketempel der Akropolis (erst nach seinem Tod erbaut), anscheinend noch zahlr. weitere Aufträge.

Kallikrein [griech.], zu den Gewebshormonen zählende Protease (sog. Kininogenase) der Bauchspeicheldrüse und des Blutplasmas, die aus den *Kininogenen* die gefäßerweiternden ↑ Kinine freisetzt. Im Körper sind natürl. K.inhibitoren vorhanden.

Kallimachos, griech. Bildhauer gegen Ende des 5. Jh. v. Chr. - Nur literar. überliefert, anscheinend Vertreter einer archaisierenden manierierten Kunst, deshalb Zuschreibung der Venus Genetrix (Louvre).

K., * Kyrene im letzten Jahrzehnt des 4. Jh. v. Chr., † Alexandria um 240, griech. Dichter. - Enge Beziehungen zum Herrscherhaus der Ptolemäer (Prinzenerzieher). Aus seinem wiss. Werk ragen die „Pínakes" (Katalog aller griech. Schriftsteller und ihrer Werke), die erste Bibliographie der griech. Literatur, heraus; zahlr. enzyklopäd., nur fragmentar. überlieferte Schriften; sein dichter. Werk ist z. T. erhalten (6 Hymnen, mehr als 60 Epigramme, daneben fragmentar. das Hauptwerk „Aitía" [Ursache], eine Fülle mytholog. Ursprungs-

Kalkutta. Straßenszene

Kalmückische ASSR

sagen; fest datierbar ist die Elegie „Locke der Berenike" [246/245]).
Kallio, Kyösti, *Ylivieska bei Kokkola 10. April 1873, † Helsinki 19. Dez. 1940, finn. Politiker. - Ab 1904 als Mgl. der Bauernpartei Abg. im finn. Landtag (später Reichstag); 1917/18 Landwirtschaftsmin.; 1922–24, 1925/26, 1929/30 und 1936/37 Min.präs.; setzte 1922 eine Bodenreform durch; 1937–40 Staatspräsident.
Kalliope, eine der † Musen.
Kalliopolis, antike Städte, † Gallipoli, † Gelibolu.
Kallisthenes, *Olynthos um 370, † Baktra (heute Balkh) 327, griech. Geschichtsschreiber. - Großneffe und Schüler des Aristoteles; Hofschriftsteller Alexanders d. Gr.; wegen angebl. Teilnahme an einer Verschwörung gegen Alexander hingerichtet.
Kallisto, Gestalt der griech. Mythologie, Gefährtin der Artemis. Als sich Zeus ihr nähert, bricht sie ihr Keuschheitsgelübde, wird von Artemis verstoßen und in eine Bärin verwandelt. Zeus versetzt sie als Arktos (Großer Bär) unter die Gestirne.
Kallose [lat.(† Kallus)], wasserunlösl., zelluloseähnl. Polysaccharid; verschließt während der winterl. Vegetationsruhe vorübergehend und in älteren Geweben für dauernd die Poren der Siebplatten in den Leitbündeln der höheren Pflanzen.
Kallus (Callus) [lat. „verhärtete Haut, Knochengeschwulst"], Heilungsgewebe von Knochenwunden.
◆ bei Pflanzen Wund- und Vernarbungsgewebe, das nach Verletzungen von den Wundrändern her durch Zellwucherungen bzw. -teilungen gebildet wird und die Wunde überwallt und verschließt.
Kalma, Douwe, Pseud. Hero Cammingha, *Bocksum 3. April 1896, † Leeuwarden 18. Okt. 1953, westfries. Dichter. - 1915 Gründer der Jungfries. Bewegung. Sein Werk umfaßt Lyrik, Epik, Dramatik, wiss. Abhandlungen und Übersetzungen.
Kálmán [ungar. 'ka:lma:n], König von Ungarn, † Koloman I.
Kálmán, Emmerich [ungar. 'ka:lma:n], *Siófok 24. Okt. 1882, † Paris 30. Okt. 1953, ungar. Komponist. - Hatte bis in die jüngste Gegenwart Welterfolge als Operettenkomponist; u. a. „Herbstmanöver" (1909), „Der Zigeunerprimas" (1912), „Die Csárdásfürstin" (1915), „Das Hollandweibchen" (1920), „Gräfin Mariza" (1924), „Die Zirkusprinzessin" (1926), „Das Veilchen vom Montmartre" (1930), „Arizona Lady" (1954).
Kalmar, Hauptstadt des südschwed. Verw.-Geb. K., an der engsten Stelle des 140 km langen, 3–22 km breiten **Kalmarsunds,** der die Ostseeinsel Öland vom schwed. Festland trennt, 53 500 E. Zentralort für das östl. Småland und Öland, Stadtbibliothek, Museum. U. a. Bau von Eisenbahn- und Straßenbahnwagen, Automobilind.; Elektroapparatebau, Werft, Hafen, Straßenbrücke zur Insel Öland. ⌘. - K. bestand schon um 1000 als Handelsplatz; 1389 Stadtrechte. K. wurde 1611–13 im sog. Kalmarkrieg zw. Schweden und Dänemark zerstört. - Bed. Schloß (12. Jh. und 16. Jh.) mit Schloßkirche im Renaissancestil. Aus dem 17. Jh. stammen die Domkirche und das Rathaus.
Kalmare [frz., zu griech.-lat. calamarius „zum Schreibrohr gehörig"] (Teuthoidea), Unterordnung bis fast 7 m körperlanger, zehnarmiger, torpedoförmiger Tintenfische mit rd. 375 Arten in allen Meeren; schnell und gewandt schwimmende, oft in Schwärmen auftretende Hochseetiere mit kräftig entwickelten Flossen am Körperende, mit stark rückgebildeter innerer Schale und Haken an den Saugnäpfen. - Zu den K. gehören die Gatt. **Segelkalmare** (Histioteuthis), (einschließl. Fangarme) bis 65 cm lang; obere drei Armpaare durch segelförmige Häute zu einem großen Fangschirm verbunden; im westl. Mittelmeer und anschließendem Atlantik kommt der purpurrote **Europ. Segelkalmar** (Histioteuthis bonelliana) vor. Bis 1,5 m lang (einschließl. Fangarme) und bis 15 kg schwer wird der violette bis hellbraune **Pfeilkalmar** (Ommatostrephes sagittatus); mit pfeilförmigem Flossensaum am Hinterende. Die Gatt. **Riesenkraken** (Riesen-K., Architeuthis) hat mehrere sehr große, am Meeresboden lebende Arten; größte nachgewiesene Körperlänge 6,6 m bei 1,2 m Rumpfdurchmesser und rd. 10 m Armlänge. Der **Gemeine Kalmar** (Loligo vulgaris) ist etwa 20 cm lang, überwiegend karminrot und kommt im Mittelmeer und in großen Teilen des Atlantiks der nördl. Halbkugel vor.
Kalmarer Union, Vereinigung der drei skand. Reiche (samt Nebenländern von Grönland bis Finnland), 1397 auf einer Ständeversammlung in Kalmar bestätigt; begr. durch die Heirat Margaretes I. von Dänemark mit Håkon VI. von Norwegen, bestand bis 1523.
Kalmarsund † Kalmar.
Kalmen [italien.-frz., zu griech. kaûma „Sommerhitze"] (Calmen, Doldrums, Mallungen), Windstillen; als *K.gürtel* bezeichnet man das Gebiet der Windstillen in der Äquatorzone (reich an Niederschlägen).
Kalmit, mit 673 m höchste Erhebung des Pfälzer Waldes, sw. von Neustadt an der Weinstraße.
Kalmücken, westmongol. Volk in der UdSSR, v. a. in der Kalmück. ASSR. Ehem. Nomaden und Halbnomaden, die nach 1928 seßhaft wurden.
Kalmückische ASSR, autonome Sowjetrepublik innerhalb der RSFSR, in der westl. Kasp. Senke, 75 900 km², 315 000 E (1984), Hauptstadt Elista. - Die ASSR wird überwiegend von einem flachen Halbwüsten- und Wüstenland eingenommen, im W von

159

Kalmus

der Jergenihöhe (bis 221 m). Es herrscht trokkenes Kontinentalklima. - Regenfeldbau und künstl. Bewässerung sind nur im äußersten W mögl.; Schafzucht; Fischfang im Kasp. Meer.
Geschichte: Nach der Oktoberrevolution Bildung eines Kalmück. Autonomen Gebietes (4. Nov. 1920); 1935 Umwandlung in eine ASSR innerhalb der RSFSR, die 1943 wieder aufgelöst wurde; 1957 erneute Bildung eines Autonomen Gebietes, das 1958 wieder zur Kalmück. ASSR wurde.

Kalmus [zu griech. kálamos „Rohr"] (Acorus), Gatt. der Aronstabgewächse mit zwei Arten in den gemäßigten und subtrop. Gebieten der N-Halbkugel; Sumpf- oder Wasserpflanzen. Bekannteste Art ist der aus Asien und Amerika stammende, in fast ganz Europa eingebürgerte **Echte Kalmus** (Dt. Ingwer, Acorus calamus) an Ufern von Teichen, Seen und Flüssen; mit oft über 1 m langen, schwertförmigen Blättern; Blütenkolben 10–20 cm lang, frei hervorragend; Hüllblatt blattartig grün.

Kálnoky von Köröspatak, Gusztáv Zsigmond Graf, * Letovice (Südmähr. Gebiet) 29. Dez. 1832, † Brodek u Prostĕjova (Südmähr. Gebiet) 13. Febr. 1898, östr.-ungar. Politiker. - 1881–95 Außenmin., versuchte, einen Krieg mit Rußland zu vermeiden und die östr. Großmachtstellung zu erhalten.

kalo..., Kalo..., kalli..., Kalli... [zu griech. kalós „schön"], Bestimmungswort von Zusammensetzungen mit der Bed. „schön".

Kalocsa [ungar. ˈkɔlotʃɔ], ungar. Stadt 100 km südl. von Budapest, 19 000 E. Kath. Erzbischofssitz; Observatorium; Zentrum des zweitwichtigsten Paprikaanbaugebiets Ungarns. - Seine histor. Bedeutung erhielt K., eine der ältesten ungar. Städte, mit der Gründung des Erzbistums zu Beginn des 11. Jh. durch König Stephan I. - Dom im italien. Barockstil (1735 ff.), erzbischöfl. Palais (18. Jh.).

Kalokagathia [zu griech. kalòs kaì agathós „schön und gut"], griech. Erziehungsideal, ↑ Paideia.

Kalol, ind. Stadt in der nördl. Gujaratebene, Bundesstaat Gujarat, 69 800 E. Mittelpunkt eines Erdölfelds.

Kalong [malai.] ↑ Flederhunde.

Kalorie [frz., zu lat. calor „Wärme, Hitze, Glut"], Einheitenzeichen cal, gesetzl. nicht mehr zulässige Einheit der Energie, speziell der Wärmeenergie (Wärmemenge). Mit dem ↑ Joule, der SI-Einheit der Energie, hängt die K. wie folgt zusammen:
1 cal = 4,187 J bzw. 1 J = 0,239 cal.

Kalorik [lat.], die Lehre von der Wärme.

Kalorimeter [lat./griech.], gegen Wärmeaustausch mit der Umgebung isoliertes Gefäß zur Bestimmung der Wärmemenge, die bei einem physikal. oder chem. Prozeß erzeugt oder verbraucht wird, sowie der spezif. Wärme von Körpern bzw. Stoffen.

Kalorimetrie [lat./griech.], die [Lehre von der] Messung der einer Stoffmenge bei physikal. oder chem. Vorgängen zugeführten oder von ihr abgegebenen Wärmemengen, z. B. die Messung der zum Schmelzen oder Verdampfen eines Stoffes erforderl. bzw. beim Verbrennen eines Stoffes freiwerdenden Wärmemengen.

Kalotte [italien.-frz.], svw. Kugelkappe (↑ Kugel).
♦ flache Kuppel.
♦ (Calotte, Kalva, Calva) in der *Anthropologie* Bez. für das knöcherne Schädeldach (ohne Schädelbasis).
♦ ↑ Haube.
♦ (Pileolus) kleines Käppchen (höherer) kath. Geistlicher: weiß (Papst), rot (Kardinäle), violett (Bischöfe, Äbte, Prälaten) und schwarz.

Kalottenmodelle, stark vergrößerte Modelle von Molekülen, in denen Atome durch Kugelteile (Kalotten) dargestellt werden; Valenzwinkel bleiben erhalten, Kernabstände werden maßstabgerecht dargestellt.

Kalotypie ↑ Photographie (Geschichte).

Kaltarbeitsstähle, legierte oder unlegierte Werkzeugstähle für Kaltarbeitswerkzeuge (spanabhebende Werkzeuge, Scheren, Meißel u. a.).

Kaltblut (Kaltblutpferd), Bez. für sehr kräftige und schwere Hauspferderassen und -schläge mit ruhigem Temperament. Bekannte K.rassen sind z. B. Belgier, Noriker und Schleswiger.

Kaltblüter (Wechselwarme, Poikilotherme), Tiere, die ihre Körpertemperatur nicht oder nur äußerst unvollkommen (v. a. durch Muskeltätigkeit) regulieren können, so daß ihre Körpertemperatur der Temperatur der Umgebung weitgehend entspricht. Zu den K. zählen alle Tiere mit Ausnahme der Vögel und Säugetiere. - Ggs. ↑ Warmblüter.

Kaltblutpferd, svw. ↑ Kaltblut.

Kälte, eine gegenüber Normalbedingungen [stark] herabgesetzte Temperatur bzw. durch solche Temperatur gekennzeichnete [Wärme]zustand.

Kälteadaptation (Kälteadaption, Kälteakklimatisation), Anpassung der Organismen an eine Temperaturabsenkung durch bestimmte Schutzmechanismen wie Steigerung der Wärmeproduktion (Erhöhung des Grundumsatzes, Kältezittern, Bewegung), Verminderung der Wärmeabgabe (Isolation des Körpers durch Haar- und Federkleid, Fettschichten) oder, wie bei Pflanzen, Erhöhung des osmot. Drucks des Zellsaftes.

Kälteanästhesie ↑ Anästhesie.

Kältechirurgie (Kryochirurgie), gezieltes örtl. Zerstören oder Entfernen von Gewebe durch Einfrieren unter Verwendung von bes. mit flüssigem Stickstoff ($-196\,°C$) gekühlten Operationsinstrumenten. Vorteil u. a. geringe Blutungsneigung.

kalte Ente, alkohol. Getränk aus Weiß-

wein, Sekt, Zitrone, Zucker und Zimt.
Kälteerzeugung ↑ Kältetechnik.
Kältehoch, flaches ↑ Hochdruckgebiet kalter Luftmassen.
Kälteleistung, die Kältemenge, die eine Kältemaschine stündlich leistet. Die *spezif.* oder *theoret. K.* ist das Verhältnis der K. zur erforderl. Antriebsleistung des Kompressors; die *volumetr. K.* bezieht sich auf das spezif. Volumen (m^3/kg) des Kältemittels im Ansaugzustand (vor dem Kompressor).
Kältemaschinen ↑ Kältetechnik.
Kältemischung, eine Mischung von Salzen, die eine negative Lösungswärme besitzen, mit Wasser oder Eis. Beim Mischen mit Wasser bzw. Eis sinkt die Temperatur ab; die Temperaturerniedrigung hängt vom Mengenverhältnis der gemischten Stoffe ab.

KÄLTEMISCHUNGEN			
Bestandteile	Gewichtsteile	Temperaturabfall von °C	auf °C
Wasser	16		
Salmiak	5	+10	−12
Salpeter	5		
Wasser	1		
Natriumcarbonat	1	+10	−22
Ammoniumnitrat	1		
Schnee	2	0	−20
Kochsalz	1		
Schnee	3	0	−46
Kaliumcarbonat	4		

Kaltemission, svw. ↑ Feldelektronenemission.
Kältemittel, Stoff, der den thermodynam. Kreisprozeß einer Kaltdampf- oder Kaltgaskältemaschine durchläuft (bei Kaltgaskältemaschinen auch Arbeitsmittel genannt). Die wichtigsten K. sind Ammoniak und halogenierte Kohlenwasserstoffe; in der Klimatechnik spielt Wasser ein bed. Rolle.
Kaltenbrunner, Ernst, * Ried im Innkreis 4. Okt. 1903, † Nürnberg 16. Okt. 1946 (hingerichtet), östr.-dt. Jurist und Politiker. - Wurde 1932 Mgl. der NSDAP und SS in Österreich, 1934 wegen Hochverrats verurteilt; 1938 zum Staatssekretär für Sicherheit in Wien ernannt; 1943-45 als Nachfolger Heydrichs Chef der Sicherheitspolizei und des SD sowie Chef des Reichssicherheitshauptamtes; maßgebl. Mitwirkung an der Vernichtung der europ. Juden.
Kältepol, Stelle auf der Erde mit der niedrigsten gemessenen Temperatur. Auf der Südhalbkugel liegt sie in der O-Antarktis, wo in der Station Wostok −88,3 °C, in der Nähe des Südpols −94,5 °C gemessen wurden, auf der Nordhalbkugel in Oimjakon in Ostsibirien mit −70 °C.

kalter Abszeß ↑ Abszeß.
Kalterer See, See in Südtirol, Italien, Seespiegel 216 m ü. d. M., 1,48 km^2, Mittelpunkt einer der bekanntesten Weinbaulandschaften Italiens, daneben Obstbau und Fremdenverkehr. - Früheste urkundliche Erwähnung des Weinbaus im 11./12. Jh.
Kalterer See, urspr. Bez. für den im weiteren Umkreis des gleichnamigen Sees ange-

Kältetechnik. Oben: Arbeitsschema einer Kompressionskältemaschine; unten: Schnitt durch einen Kühlschrank mit Abtauautomatik

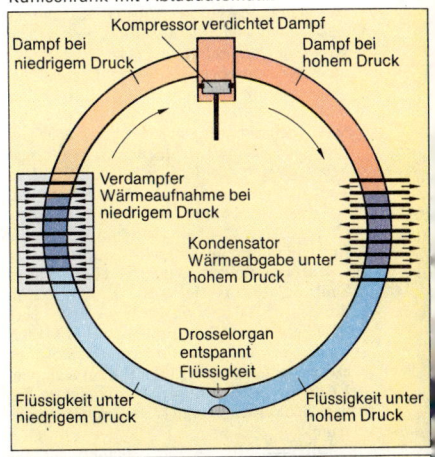

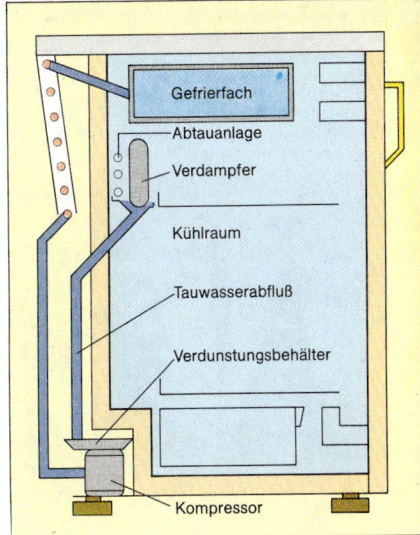

Kälteresistenz

bauten Rotwein aus der Vernatschtraube (Trollingertraube).

Kälteresistenz, Widerstandsfähigkeit zahlr. Pflanzen und Tiere gegenüber länger dauernder Kälteeinwirkung. K. ist mit bestimmten, noch nicht völlig aufgeklärten Veränderungen im Zellplasma verbunden, die u. a. eine Eiskristallbildung und Denaturierung der Plasmaeiweiße verhindern. K. unter 0 °C wird auch als **Frostresistenz** bezeichnet.

kalter Krieg, Bez. für eine nichtkrieger. Konfrontation zweier Staaten oder Staatenblöcke, wobei ideolog. und propagandist. Unterwanderung, wirtsch. Kampfmaßnahmen (Embargo), Wettrüsten, Begründung und Ausbau von Bündnissen mit polit. Offensiven und Kriegsdrohungen bis zum Rande eines Kriegsausbruches führen können. Als Schlagwort zuerst von B. M. Baruch gebraucht, seit 1947 geläufige Bez. für den Ost-West-Konflikt, der aus den Interessengegensätzen der Siegermächte des 2. Weltkriegs hervorging, in der Berliner Blockade und im Koreakrieg seine Höhepunkte erreichte und seit dem Tode Stalins (1953) mit Unterbrechungen (u. a. Kubakrise 1962) durch die Entspannungspolitik abgelöst wurde.

Kaltern (italien. Caldaro), Gemeinde in Südtirol, 15 km südl. von Bozen, 523 m ü. d. M., 5 700 E. - Seit dem MA bed. Weinhandel; im 17. Jh. Erhebung zum Markt. Viele südtt. und östr. Bürger und v. a. Adlige errichteten hier Ansitze (u. a. Schloß Kampan, 13. Jh.). - An der Straße zum Kalterer See liegt Schloß Ringberg (17. Jh.) mit Weinmuseum.

kaltes Licht, Bez. für Leuchterscheinungen, die nicht durch hohe Temperaturen hervorgerufen werden; k. L. liefern z. B. die Leuchtstoffröhren.

Kältestarre, durch Absinken der Temperaturen verursachte Körperstarre bei Tieren, hauptsächl. bei ↑Kaltblütern, aber auch bei manchen Warmblütern; v. a. während des Winterschlafs, auch während der Nachtkühle (z. B. bei Kolibris).

Kältetechnik, techn. Disziplin, die sich mit der Erzeugung und Anwendung tiefer Temperaturen sowie mit der Konstruktion aller dazu erforderl. Maschinen, Apparate, Steuer- und Regeleinrichtungen befaßt. Die Verfahren der **Kälteerzeugung** beruhen entweder auf der direkten Anwendung von Kältemischungen oder auf der Verwendung von **Kältemaschinen,** Vorrichtungen, mit deren Hilfe unter Arbeitsaufwand Wärmeenergie von einem kälteren (und dabei noch kälterwerdenden) Körper auf einen wärmeren Körper übertragen wird; sie beruhen im wesentl. auf der Anwendung und Durchführung thermodynam. Kreisprozesse und verschiedenen anderen physikal. Effekten (Peltier-Effekt, Joule-Thomson-Effekt u. a.). Der wichtigste Kreisprozeß ist der **Kaltdampfprozeß,** bei dem die zur Verdampfung eines flüssigen Kältemittels benötigte Wärmemenge (Verdampfungswärme) dessen Umgebung entzogen wird, wodurch sich diese abkühlt. Bei der **Kompressionskältemaschine** (↑auch Absorptionskältemaschine) befindet sich das siedende Kältemittel in einem Verdampfer, wo es dem Kälteträger oder dem zu kühlenden Stoff (direkte Verdampfung) Wärme entzieht (d. h. Kälte erzeugt). Der dabei freigesetzte Dampf wird von einem Kompressor abgesaugt, der den Dampf komprimiert. Der nun stark überhitzte Dampf gelangt in den Kondensator, wo zunächst die Überhitzungswärme und dann die Kondensationswärme abgeführt wird; das Kältemittel wird flüssig. Das flüssige Kältemittel wird nun durch einen Drosselvorgang wieder auf den Ausgangszustand entspannt, womit der Kreislauf geschlossen ist. Beim **Kaltgasprozeß** bleibt das Kältemittel trotz der tiefen Temperaturen stets gasförmig. Als Kältemittel werden Wasserstoff, Helium, Luft u. a. verwendet. Die Kälte wird entweder bei [annähernd] konstanter Temperatur (isotherme Expansion) oder bei veränderl. Temperatur (isobare Zustandsänderung) erzeugt. Es gibt verschiedene Kreisprozesse, die eine Kaltgasmaschine angewandt werden (z. B. ↑Carnot-Prozeß). Offene Kaltgasprozesse (↑Linde-Verfahren) werden zur Luftverflüssigung benutzt. Für sehr tiefe Temperaturen in der Nähe des absoluten Nullpunktes (−273,15 °C) werden bes. physikal. Effekte angewandt (↑Tieftemperaturphysik).

Das Hauptanwendungsgebiet der K. ist die Lebensmitteltechnik; hinzu kommen Entwicklung und Bau von Kühlmöbeln mit einer relativ kleinen Kälteleistung. In der chem. Ind. werden tiefe Temperaturen in zahlr. Pro-

Kältetechnik. Carl von Linde, Modell der ersten Kältemaschine (1874–76). Links der Kompressor, rechts die Kühlschlangen von Verdampfer und Kondensator

Kaltwalzen

zeßabläufen benötigt (↑ auch Gasverflüssigung). Ein Spezialgebiet der K. ist die ↑ Klimatechnik. Im Bereich des Wintersports hat sich die Anwendung „künstl. Kälte" beim Bau von Eisbahnen, Bob- und Rodelbahnen und bei der Herstellung von künstl. Schnee durchgesetzt. In den 1870er Jahren wurde die (1859/60 von F. Carré erfundene) Ammoniakabsorptionsmaschine erfolgreich auf Gefrierschiffen eingesetzt, 1883 die erste Kühlanlage mit Ammoniakkompressionsmaschinen nach C. von Linde (1874) im Schlachthof von Wiesbaden; sie war Ausgangspunkt ähnl. großtechn. Anlagen. Schnellgefrierverfahren im Kältebad wurden in Großbritannien seit 1842 mehrfach patentiert (insbes. zur Fischkonservierung angewendet). Aus ihnen wurden die automat. Schnellgefrierverfahren für küchenfertige Packungen entwickelt. - Abb. auch S. 161.
📖 *Veith, H.: Grundkurs der K. Karlsruhe* ⁴*1982. - Berliner, P.: K. Würzburg 1979. - Hdb. der K. Hg. v. R. Plank. Bln. u. a. 1952ff. Auf 12 Bde. berechnet.*

Kältetod, in der *Medizin* ↑ Erfrieren.

Kältewüste ↑ Wüste.

Kältezittern, bei Warmblütern und beim Menschen reflektor. gesteuertes rhythm. Muskelzittern zur Steigerung der Wärmebildung (Erhöhung des Grundumsatzes); Teilvorgang der Temperaturregulation.

Kaltformung (Kaltverformung), bei Raumtemperatur erfolgende plast. Formung metall. Werkstoffe. **Kaltformverfahren** dienen u. a. zum Richten gekrümmter Teile und zur Herstellung bestimmter Profile; sehr häufig bilden sie den Abschluß einer vorhergegangenen Warmformung. Beim **Stauchen** wird die Formung unter dem Druck eines Stempels mittels entsprechend geformter Hohlformen bewirkt, z. B. beim **Kaltstauchen** von Gewinden, Schraubenköpfen, Bolzen und Nieten. **Kaltwalzen** dient u. a. dem Auswalzen von Blechen und Bändern, der Reduzierung von Profilen auf entsprechend kalibrierten Walzen, der Reduzierung und Aufweitung von Rohren. **Kalthämmern** ist eine Umformung durch örtl. Werkstoffverdrängung. Weitere K.verfahren sind Prägen, Drahtziehen, Rohrziehen, Kaltziehen und die Verfahren der Blechverarbeitung.

Kaltfront, in der *Meteorologie* die Trennfläche zweier verschieden dichter Luftmassen am Erdboden, bei die wärmere Luftmasse von der kälteren verdrängt wird. Beim Durchgang einer K. spielt sich zumeist folgender Wetterverlauf ab: Zunächst fällt aus Schichtwolken gleichförmiger Niederschlag; plötzlich setzen dann Böen ein; die Schichtbewölkung geht in Quellbewölkung über, aus der Regenschauer fallen; danach setzt wieder Wetterbesserung ein. - Abb. S. 164.

kaltgemäßigte boreale Zone, nur auf der Nordhalbkugel vorkommende Klimazone mit kalten Wintern und mäßig warmen Sommern. Ihre Nordgrenze bildet die polare Waldgrenze.

Kalthämmern ↑ Kaltformung.

Kaltkaustik, svw. ↑ Elektrokoagulation.

Kaltkleber ↑ Metallkleben.

Kaltleim ↑ Leime.

Kaltleiter, ein elektr. Leiter, dessen elektr. Widerstand mit steigender Temperatur größer wird. Zu den K. zählen u. a. alle Metalle. Anwendung u. a. als Temperaturmesser, Übertemperaturschutz, Flüssigkeitsstandanzeiger.

Kaltlufteinbruch, rasch einsetzende Zufuhr kalter Luftmassen aus dem Polargebiet oder (im Winter) aus kontinentalen Hochdruckgebieten; im Frühjahr auch als **Kälterückfall** bezeichnet.

Kaltluftsee (Frostloch), Ansammlung von Kaltluft (infolge ihrer Schwere) in abgeschlossenen Tälern und Mulden; in windstillen Nächten mit klarem Himmel bes. ausgeprägt.

Kaltmetall, Legierung mit geringer Wärmeleitfähigkeit, z. B. Nickel-Stahl-Legierungen.

Kaltnadelarbeit (Kaltnadelradierung), Kupferdruckverfahren, bei dem die Zeichnung nicht eingeätzt wird wie bei der Radierung, sondern mit einer „kalten Nadel" (aus Stahl oder Diamant) eingeritzt, wobei das Metall an den Rand der Einritzung geschoben wird (beim Kupferstich wird es herausgehoben). K. schufen u. a. der Hausbuchmeister, Dürer, Rembrandt, Munch, Corinth, Picasso. Radierungen werden nicht selten mit der Kaltnadel überarbeitet.

Kaltron ⓦ [Kw.], halogenierte Kohlenwasserstoffe, die als Sicherheitskältemittel und als Treibgas (für Aerosole) Verwendung finden.

Kaltsiegeln (Haftkleben), Verbinden verformbarer Stoffe durch Druck (ohne Wärmezufuhr).

Kaltstart, das Anlassen eines kalten Motors; die erhöhte Viskosität bzw. Zähflüssigkeit des Motoröls und die dadurch verringerte Schmierfähigkeit führt zu erhöhtem Verschleiß. Der K. erfordert ein fetteres Kraftstoff-Luft-Gemisch als das Anlassen oder Betrieb eines [betriebs]warmen Motors, da sich ein Teil des Kraftstoffes auf dem Weg bis zum Zylinder an den kalten Wandungen niederschlägt.

Kaltstauchen ↑ Kaltformung.

Kaltverstreckung, Verfahren zur Verbesserung der mechan. Eigenschaften (Festigkeit) von Kunststoffen, insbes. von Chemiefasern, mit kristallinen Bereichen (z. B. Polyäthylen, Polyester): Durch mechan. Zugbeanspruchung über die Fließgrenze hinaus tritt eine irreversible Verstreckung ein, durch die Moleküle und Kristallite weitgehend parallel orientiert werden. - Abb. S. 164.

Kaltwalzen ↑ Kaltformung.

Kaltwelle

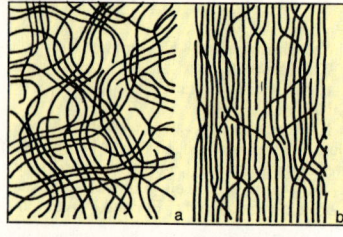

Kaltverstreckung. Lage der Moleküle vor (a) und nach (b) dem Verstrecken

Kaltwelle ↑Dauerwelle.

Kaltzeichner ↑photographische Objektive.

Kaltzeit, Bez. für geolog. Zeiträume mit kühlem Klima, i. w. S. mit ↑Eiszeit gleichgesetzt, i. e. S. ein der Eiszeit entsprechender Zeitabschnitt der Erdgeschichte in Gebieten, in denen Temperaturabsenkung und Niederschlagsmenge nicht für eine Vereisung ausreichten.

Kaluga, sowjet. Gebietshauptstadt in der RSFSR, im N der Mittelruss. Platte, 291 000 E. PH; mehrere Museen, u. a. Raumfahrtmuseum; Theater. U. a. Metall-, Elektroind., Akkordeon- und Pianofabrik. - Erstmals 1371 erwähnt. Bis zum 17. Jh. wichtiger strateg. Punkt während der Auseinandersetzungen des Moskauer Staates mit Litauen und den Krimtataren.

Kalumet (Calumet) [frz., zu spätlat. calamellus „Röhrchen"], geschmückte Tabakspfeife nordamerikan. Indianer, die bei feierl. Anlässen von allen Anwesenden geraucht wurde. Der Pfeifenkopf war meist aus Catlinit, das Rohr aus Holz oder Knochen gefertigt.

Kaltfront. Wolkenbild bei Durchzug einer aktiven Kaltfront von stabilem Typ (Schichtbewölkung; links) und von labilem Typ (Quellbewölkung; rechts)

In der populären Indianerliteratur als **Friedenspfeife** bezeichnet.

Kalundborg [dän. kalon'bor'], dän. Hafenstadt auf Seeland, an einer Bucht des Großen Belts, 19 400 E. U. a. Erdölraffinerie mit eigenem Hafen. - Entwickelte sich seit dem 12. Jh. zur Stadt. - Fünftürmige Frauenkirche (Backstein, 12. Jh.).

Kalva (Calva) [lat.], svw. ↑Kalotte.

Kalvaria (Calvaria) [lat.], in der *Anatomie* ↑Calvaria.

◆ in der *Anthropologie* Bez. für den Hirnschädel (↑Schädel).

◆ in der *Theologie* svw. ↑Golgatha.

Kalvarienberg [zu spätlat. calvariae (locus) „Schädel(stätte)" (= Golgatha)] (Kreuzberg), Hügel oder Berg mit plast. Darstellung einer Kreuzigungsgruppe, zu der Kreuzwegstationen hinaufführen; Ziel von Wallfahrten. Auch Anlagen im Flachland, z. B. in der Bretagne (Calvaires) vor Kirchen.

Kalvinismus, zusammenfassende Bez. für die Vielzahl ref. Kirchen, die auf J. Calvin zurückgehen. Die im „Consensus Tigurinus" (1549) festgelegte Form des ref. Glaubens verbreitete sich rasch, verlor jedoch nach Calvins Tod ihre Einheitlichkeit. Weltbedeutung erlangte der K. v. a. durch den in England, Schottland und N-Amerika sich ausbreitenden Puritanismus, der die presbyterialsynodale Verfassung als eine von Gott geforderte Einrichtung gegen das anglikan. Staatskirchentum durchsetzen wollte und seine Anhänger bes. auf wirtschaftl. Gebiet zu rastloser Tätigkeit anspornte. - Allen Formen des K. gemeinsam ist die dauernde Beschäftigung mit dem Problem der Prädestination und der persönl. Erwählung jedes einzelnen.

⌑ *Aland, K.: Die Reformatoren. Luther, Melanchthon, Zwingli, Calvin.* Gütersloh ³1983.

Kalwitz, Seth ↑Calvisius, Sethus.

Kalwos, Andreas, eigtl. A. Ioannidis, *Zante (= Sakinthos) April 1792, †Keddington bei Louth 3. Nov. 1869, neugriech. Dichter. - Mit D. Solómos bedeutendster Vertreter

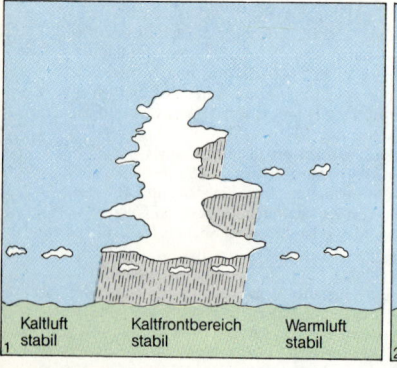

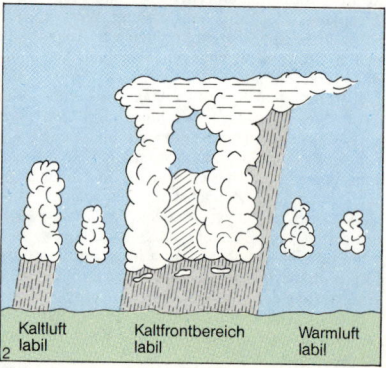

| Kaltluft stabil | Kaltfrontbereich stabil | Warmluft stabil | Kaltluft labil | Kaltfrontbereich labil | Warmluft labil |

der neugriech. Dichtung im 19. Jh.; schrieb v. a. patriot. Oden.
Kalydon, antike Stadt im ätol. Küstengebiet am Euenos (nahe dem heutigen Mesolongion); Zentrum des Ätol. Bundes.
Kalydonische Jagd ↑Meleagros.
Kalypso [griech. „die Hüllende, Bergende"], Nymphe der griech. Mythologie, die den schiffbrüchigen Odysseus, da sie ihn zum Gemahl begehrt, sieben Jahre festhält.
Kalyptra [griech. „Hülle, Decke"], svw. Wurzelhaube (↑Wurzel).
Kalzinieren (Calcinieren) [lat.], Erhitzen eines festen Stoffes, meist zur Abspaltung von Kristallwasser (z. B. zur Gewinnung von kalzinierter Soda aus Kristallsoda).
Kalzit ↑Calcit.
Kalzitonin, svw. ↑Calcitonin.
Kalzium ↑Calcium.
Kalziumstoffwechsel ↑Stoffwechsel.
Kama [Sanskrit „Verlangen"], der ind. Liebesgott; neben Artha, Dharma und Mokscha eines der vier Lebensziele eines Hindu.
Kama, linker und größter Nebenfluß der Wolga, UdSSR, entspringt im bis 337 m hohen **Kamabergland,** mündet in den Kuibyschewer Stausee; 1 805 km lang, wichtige Binnenwasserstraße; Ende April bzw. Mai–Nov. eisfrei. -
Kamafuchs [lat./dt.] ↑Füchse.
Kamakura, jap. Stadt auf Hondo, an der Sagamibucht, 172 600 E. Museen, Pendlerwohngemeinde von Jokohama, Kawasaki und Tokio; Seebad. - Ab 1184 (bis zum 14. Jh.) das polit.-militär. Zentrum Japans und für 150 Jahre („K.zeit") auch kultureller Mittelpunkt. - Zahlr. buddhist. Tempel und Schintoschreine (12.–14. Jh.); Kolossalbuddhafigur (vermutl. 1252 gegossen).
Kamaldulenser (Camaldulenser), 1 012 vom hl. Romuald in Camaldoli gegr. Ordensgemeinschaft, die Benediktinerregel und Einsiedlerleben verbindet. Der Orden breitete sich über Italien, Spanien, Frankr. und Deutschland aus und wirkte bei der Christianisierung Polens und Ungarns mit.
Kamaran, Inselgruppe im südl. Roten Meer, unmittelbar vor der Küste der Arab. Republik Jemen, gehört aber zur Demokrat. VR Jemen; 57 km².
Kamaresvasen, Gatt. minoischer Keramik (1. Hälfte des 2. Jt. v. Chr.), ben. nach einem Fundort auf Kreta. Die scheibengedrehten Gefäße sind ornamental (weiß, gelb und rot) bemalt.
Kamarilla [...'rɪlja; lat.-span., eigtl. „Kämmerchen"], Bez. für eine Hof- bzw. Günstlingspartei, die ohne verfassungsmäßige Befugnis oder Verantwortung unkontrollierbaren Einfluß auf einen Herrscher ausübt.
Kamasutra [Sanskrit „Leitfaden der Liebe"], von Watsjajana (vermutl. 4./6. Jh.) verfaßtes Werk in 7 Kapiteln; es ist das älteste erhaltene Lehrbuch der Erotik aus Indien; wichtige Quelle zur ind. Kulturgeschichte.
Kamba, Bantustamm in S-Kenia, etwa 1,2 Mill. Angehörige. Überwiegend Savannenpflanzer (Hirse, Mais) mit Viehhaltung (Rinder, Schafe, Ziegen).
Kamban (Camban), Guðmundur, eigtl. Jansson Hallgrímson, * Álftanes bei Reykjavík 8. Juni 1888, † Kopenhagen 5. Mai 1945, isländ. Schriftsteller. - Sozialkrit. Romancier und Dramatiker in isländ. und dän. Sprache. Verfaßte u. a. „Wir Mörder" (Dr., 1919), „Ragnar Finsson" (R., 1922), „Der Herrscher auf Skalholt" (R., 1934).
Kambium (Cambium) [zu lat. cambiare „wechseln"], teilungsfähiges Bildungsgewebe im peripheren Bereich von Sproß und Wurzel der mehrjährigen Nacktsamer (Nadelhölzer) und der Zweikeimblättrigen sowie einiger baumförmiger Liliengewächse (z. B. Drachenbaum), bei denen das K. Ausgangspunkt des sekundären ↑Dickenwachstums ist. Durch tangentiale Teilungen (parallel zum Sproß- bzw. Wurzelumfang) gibt das K. nach innen und außen neues Gewebe ab, das sich im Leitbündelbereich nach innen zu Holz, nach außen zu Bast differenziert. Entsprechend verlängern sich durch Parenchymbildung die Markstrahlen, wodurch eine gleichmäßige Verdickung von Sproß bzw. Wurzel erreicht wird.

Kambodscha

(Kampuchea), Staat in Südostasien, zw. 10° und 15° n. Br. sowie 103° und 108° ö. L. **Staatsgebiet:** Umfaßt einen Teil des südl. Hinterindien, der im W und NW an Thailand, im NO an Laos, im O und SO an Vietnam, im SW an den Golf von Thailand grenzt. **Fläche:** 181 035 km². **Bevölkerung:** 6,23 Mill. E (1985), 34,4 E/km². **Hauptstadt:** Phnom Penh. **Verwaltungsgliederung:** 18 Prov., 2 Städte. **Amtssprache:** Khmer. **Währung:** Riel (₣) = 100 Sen. **Internat. Mitgliedschaften:** UN. **Zeitzone:** MEZ +6 Std.

Landesnatur: Kernraum des Landes ist ein Tiefland, das von Mekong und Tonle Sap als Hauptflüssen durchflossen wird. Es besteht im wesentl. aus dem oberen Mekongdelta, das 5–20 m hoch liegt, und der Zentralebene mit dem flachen See Tonle Sap im Zentrum. Während des sommerl. Mekonghochwassers sind große Teile überflutet und daher von period. überschwemmten Sumpfgebieten eingenommen. Das Tiefland wird im N abgeschlossen von der Landstufe der bis 696 m hohen Chaîne Dangrek, im SW gegen die Küste von der bis 1 744 m hohen Chaîne des Cardamomes und der südl. anschließenden, bis 1 075 m hohen Chaîne de l'Éléphant. Östl. des Mekong erfolgt nahe der Grenze gegen Laos und Vietnam ein allmähl. Anstieg zur Küstenkette von Annam.

Kambodscha

Klima: Es wird vom trop. Monsun bestimmt. Im Jahresmittel fallen 2300 mm, an den Außenflanken der Gebirge mehr als 5000 mm Niederschlag. Auf eine feucht-schwüle Regenzeit (Juni–Anfang Okt.) folgt eine kühlere Jahreszeit bis Febr., darauf eine trocken-heiße Jahreszeit vor Monsunbeginn.

Vegetation: Die Außenflanken der Gebirge sind mit trop. Regenwald bewachsen, im Landesinneren finden sich laubabwerfende monsunale Trockenwälder (in feuchten Teilen mit Teakbeständen), im Tiefland Überschwemmungswälder und sumpfige Savannen. An der Küste ist Mangrove verbreitet.

Tierwelt: In K. kommen Elefanten, Tiger, Leoparden, Tapire, Affen und [Gift]schlangen vor. Unter den zahlr. Vogelarten befinden sich Papageien, Pelikane, Reiher, Fasane, Wildenten u. a.

Bevölkerung: Sie besteht vermutl. fast ganz aus Angehörigen des Khmervolks, da alle anderen ethn. Gruppen nach 1975 entweder umgebracht, vertrieben oder, in Genossenschaften von den Khmer abgesondert, in den NW umgesiedelt wurden. Rd. 200 000 Flüchtlinge konnten sich nach Thailand retten. Vor 1975 waren 90 % der Bev. Anhänger des Hinajana-Buddhismus, die Cham und Malaien waren Muslime, die meisten im Lande lebenden Vietnamesen Christen. Bei den in den Gebirgen lebenden primitiven Bergstämmen hatten sich Stammesreligionen erhalten. Innerhalb des Landes fand nach 1975 eine starke Umgruppierung der Bev. statt. Da sie zur Bewirtschaftung der Reisfelder herangezogen wurde, kam es zu einer Zwangsevakuierung der Stadtbev. Die Einwohnerzahl der Hauptstadt wurde bei Kriegsende auf 2,5 Mill. geschätzt, 1978 sollen nur noch rd. 100 000 Menschen dort gelebt haben, 1983 wieder 500 000.

Wirtschaft: Nach dem Sieg der Roten Khmer 1975 fiel das Land in die Tauschwirtschaft zurück. Hauptziel war die Erzeugung von Nahrungsgetreide. Für den Reisanbau sollte ein umfangreiches Deich- und Kanalsystem angelegt werden. Die Kautschukgewinnung in den verstaatlichten Plantagen wurde wieder aufgenommen. Privaten Grundbesitz gab es nicht mehr. Das Land gehört dem Staat bzw. den Genossenschaften. Mit sowjet. Hilfe wurde unter der neuen Regierung eine Reihe der im Bürgerkrieg zerstörten Industriebetriebe wiederhergestellt.

Verkehr: Über die Verkehrsverhältnisse lassen sich z. Z. keine Angaben machen. Ehem. war die Binnen- und Seeschiffahrt der wichtigste Verkehrsträger. Das Straßennetz war weitmaschig und z. T. nur in der Trockenzeit befahrbar.

Geschichte: Das erste indisierte Kgr. auf dem Territorium des heutigen K., im 1. Jh. n. Chr. histor. greifbar, ist das nur unter seinem chin. Namen Fu-Nan bekannte „Reich des Berges", im 6. Jh. von dem (ebenfalls nur unter chin. Bez. überlieferten) Vasallenstaat Chenla erobert. Aus der Vereinigung beider Reiche 598 entstand der Staat der Khmer, der Anfang des 8. Jh. in 2 rivalisierende Staaten zerfiel, aber zu Beginn des 9. Jh. erneut zum Kgr. geeint wurde. V. a. im 12. Jh. und Anfang 13. Jh. erlebte das Khmerreich mit Angkor als Zentrum die größte Ausweitung seiner polit., militär. und territorialen Macht und zugleich eine Zeit höchster kultureller Blüte. Nach wiederholten Eroberungen und der Zerstörung Angkors durch die Thai wurde Mitte 15. Jh. die Hauptstadt nach Phnom Penh verlegt. Bedrängt von den Thai und den Vietnamesen, die abwechselnd die Oberherrschaft über K. ausübten, sah sich König Norodom I. (1859–1904) gezwungen, dem Druck der frz. Expansion in Indochina nachzugeben. 1863 wurde ein Freundschaftsvertrag geschlossen, 1884 übernahm Frankr. die vollständige Kontrolle über die Verwaltung von K., 1887 wurde es Indochina einverleibt. Nach der Besetzung durch Japan und Thailand (1941) erhob sich 1942 die kambodschan. Widerstandsbewegung (Khmer Issarak) gegen die Franzosen, denen die jap. Besatzungsmacht die Zivilverwaltung überlassen hatte. Unter dt.-jap. Druck trat Frankr. die 3 Verw.-Geb. Battambang, Siem Reap und Sisophon an Thailand ab. Nachdem die Japaner die frz. Streitkräfte in Indochina entwaffnet und interniert hatten, proklamierte König Norodom Sihanuk (⌒ seit 1941) am 12. März 1945 die Unabhängigkeit und annullierte sämtl. frz.-kambodschan. Verträge, unterstellte K. aber nach der jap. Kapitulation (Sept. 1945) und der Besetzung Phnom Penhs durch brit. Truppen erneut Frankr. als Schutzmacht. 1946 wurde K. als autonomer Staat der Frz. Union eingegliedert. Erst die Genfer Indochinakonferenz 1954 gewährte K. staatl. Unabhängigkeit und territoriale Integrität. Angesichts der dem Bestand des Staates drohenden Gefahr, die von der für ein republikan. K. kämpfenden Khmer-Issarak-Bewegung und dem vom Vietmin unterstützten kommunist. „Komitee zur Befreiung des kambodschan. Volkes" ausging, löste Norodom Sihanuk die Nat.versammlung auf, dankte 1955 ab, ließ sich nach dem Sieg der von ihm organisierten Volkssozialist. Partei zum Min.präs. ernennen und legte sich nach dem Tode seines Vaters 1960 den Titel eines Staatspräs. zu. Inmitten der polit. und militär. Auseinandersetzungen in Vietnam und Laos verfolgte er eine die Unabhängigkeit seines Landes bewahrende Neutralitätspolitik. Mit der Ausweitung des Indochinakonflikts durch das militär. Engagement der USA verschlechterten sich die amerikan.-kambodschan. Beziehungen. 1970 wurde Norodom Sihanuk durch Staatsstreich eine proamerikan.-antikommunist. Gruppe unter Führung General Lon Nols entmachtet und ging ins Exil nach

Kambodscha

Peking. Seine Anhänger und die kommunist. orientierten Roten Khmer führten einen erbitterten Bürgerkrieg gegen die Reg. Lon Nol, der mit der Einnahme von Phnom Penh durch die Truppen der Roten Khmer am 17. April 1975 entschieden war. Norodom Sihanuk, vom Außerordentl. Nat.kongreß der Roten Khmer als Staatspräs. bestätigt, kehrte erst im Sept. 1975 nach K. zurück und trat nach einer radikalen Umgestaltung von Staat und Gesellschaft (neue Verfassung vom Jan. 1976) im April 1976 zurück. Nachfolger wurde Khieu Samphan, Min.präs. Pol Pot (1976/77 zeitweilig außer Amt). Die nach der Machtübernahme der Roten Khmer etablierte Schreckensherrschaft hat durch Hunger und Exekutionen nach Schätzungen etwa 1 Mill. Menschen das Leben gekostet. Nachdem im Rahmen von Grenzstreitigkeiten zw. K. und Vietnam Ende 1977 vietnames. Streitkräfte nach Ost-K. eingedrungen waren, kam es zu einem für beide Länder verlustreichen Krieg. Im Verlauf einer neuen Offensive, die von Exilkambodschanern und starken vietnames. Streitkräften seit Ende 1978 vorgetragen wurde, fiel am 7. Jan. 1979 Phnom Penh. Eine vietnamfreundliche provisorische Reg. der Vereinigten Nat. Front zur Rettung K. wurde eingerichtet, die von Khieu Samphan und von Pol Pot mit Truppen der Roten Khmer in einem Guerillakrieg aus dem Dschungel bekämpft wird. Die UN-Vollversammlung erkannte 1980 die Reg. Pol Pot als rechtmäßig an. Im Juni 1982 bildete Norodom Sihanuk in Kuala Lumpur eine Exilreg. unter Einschluß der Roten Khmer. In die Kämpfe zw. von vietnames. Streitkräften unterstützten Reg.truppen und Guerillakämpfern wurde in steigendem Maße Thailand verwickelt. Ende 1988 leitete Vietnam den Abzug seiner Truppen aus

Kambodschanische Kunst. Angkor Wat (1. Hälfte des 12. Jh.)

Kambodschanische Kunst. Relief der Göttin Dewata an der Fassade des Heiligtums in Banteay Srei (967)

K. ein (Beginn des Abzugs im Sept. 1989). Die für 30. Juli 1989 nach Genf einberufene internat. Indochina-Konferenz blieb erfolglos und vertagte sich auf 1990. – In einer Verfassungsänderung vom 1. Mai 1989 benannte sich K. von Sozialist. VR K. um in Staat K.; gleichzeitig erklärte es sich zum blockfreien neutralen Land.

Politisches System: Die Verfassung von 1981 wurde zum 1. Mai 1989 geändert; seither ist K.

Kambodschanisch

keine Sozialist. VR mehr. Kollektives *Staatsoberhaupt* ist der Staatsrat (7 Mgl.). Die *Exekutive* bildet der 17köpfige Min.rat. Die Nat.-versammlung als *Legislative* wählt den Vors. des Min.rats und den Staatsrat. Einzige *Partei* ist die Revolutionäre Volkspartei von Kampuchea. *Verwaltungs*mäßig ist K. in 18 Prov. und zwei provinzfreie Städte untergliedert. *Rechts*quelle war neben dem hergebrachten Recht der Khmer frz. Recht. Über seine Weitergeltung sowie die Justizorganisation ist nichts bekannt. Die *Streitkräfte* sind rd. 39 000 Mann stark; die bewaffnete Opposition ist etwa 65 000 Mann stark.

📖 *Shawcross, W.:* Schattenkrieg. *Kissinger, Nixon u. die Zerstörung Kambodschas.* Dt. Übers. Bln. 1980. - *Ponchaud, F.: Cambodge, année zéro.* Paris 1977. - *Weggel, O.: K. 1975/1976.* Hamb. 1977. - *Migozzi, J.: Cambodge. Faits et problèmes de population.* Paris 1973.

Kambodschanisch (Khmer) ↑Mon-Khmer-Sprachen.

kambodschanische Kunst, auf dem künstler. Erbe des Kgr. Fu-Nan (1.–6. Jh.) und Indiens fußend, entwickelten sich im 7. Jh. (Sambor Prei Kuk) eigene charakterist. Formen der Khmerarchitektur: das über quadrat. oder rechteckigem Grundriß errichtete Turmheiligtum (Prasat) mit einer von Kraggewölbe abgedeckten Cella; an den Außenwänden Reliefdarstellungen. Auch die Rundplastik erlebt im 7. Jh. eine Blütezeit (Prasat Andet). Im 9. Jh. entsteht die angkorian. Kunst, von der indones. offenbar angeregt. Um 800 wird vermutl. erstmals eine (dreistufige) Pyramide errichtet, als Meisterwerk gilt der fünfstufige Bakong (geweiht 881) in Roluos; in der Pyramide wird die Idee des Tempelbergs (der Berg Meru der ind. Kosmologie) verwirklicht. Im späteren ↑Angkor entsteht 893 das ebenfalls fünfstufige Heiligtum Phnom Bakheng. Nach einer Übergangsphase (u. a. Tempelberg Baphuon mit gestaffelten Galerien u. Eingangspavillons, Mitte des 11. Jh., mit höchst verfeinerter Ornamentik) entstand unter Surjawarman II. (⚰ 1113–50) das bedeutendste sakrale Bauwerk der klass. Kunst, der Tempel Angkor Wat. Der architekton. Kunst dieses Meisterwerks perspektiv. Aufbaus entspricht eine Blüte der Reliefkunst (in den offenen Galerien) und Ornamentik. Die letzte Periode der angkorian. Kunst beginnt 1181 mit dem Wiederaufbau des zerstörten Angkor durch König Dschajawarman VII. und endet 1200–1220 im schnellen Aufbau von Angkor Thom ihren Abschluß, von dessen Bauten der Bajon mit seinen Gesichtertürmen alle an Bedeutung und Symbolik überragt. - Abb. S. 167.

📖 *Giteau, M.: Khmer, Kunst u. Kultur.* Dt. Übers. Stg. ³1978. - *Das, R. R.: Art traditions of Cambodia.* Kalkutta 1974. - *Auboyer, J.: Die Kunst der Khmer. Propyläen Kunstgesch.* Bd. 16, Bln. 1971.

Kambrisches Gebirge, Bez. für das den Großteil von Wales umfassende Bergland.

Kambrium [nach Gesteinsvorkommen in N-Wales (mittelalt. Cambria)], älteste Formation des Erdaltertums; ↑Geologie (Formationstabelle).

Kambyses, Name altpers. Könige:
K. I., † 559 v. Chr., König (seit etwa 600). - Sohn von Kyros I. und Vater von Kyros II.; Vorfahre der jüngeren Dyn. der Achämeniden.
K. II., † 522 v. Chr., König (seit 529). - Sohn Kyros' II.; seit 529 König in Babylonien; ermordete seinen Bruder Bardija, eroberte 525 Ägypten, unterwarf Kyrene und machte Nubien steuerpflichtig.

Kamee [italien.-frz.], Schmuckstein mit erhaben geschnittener figürl. Darstellung.

Kamel [semit.-griech.] (Zweihöckriges K., Trampeltier, Camelus ferus), etwa 3 m körperlange Art der Fam. Kamele in den Wüsten und Steppen Kleinasiens und Z-Asiens; Haarkleid im Sommer kurz, dicht, hellbraun, im Winter länger, dunkelbraun. Aus dem **Wildkamel** (noch kleine Bestände in der Wüste Gobi und in NW-China) wurde - vermutl. im 4.–3. Jt. v. Chr. - das **Hauskamel** domestiziert. Dieses dient v. a. als Last- und Reittier, auch als Milch-, Fleisch- und Dunglieferant (für Brennstoff); daneben wird die Wolle (Kamelhaar) wirtsch. genutzt.

Kamele (Camelidae), Fam. wiederkäuender, hochbeiniger, langhalsiger Paarhufer, v. a. in wüsten- und steppenartigen Landschaften N-Afrikas, SW- und Z-Asiens und des westl. S-Amerikas; Körperlänge etwa 1,3–3,5 m, Schulterhöhe 70–230 cm; Fell dicht und wollig, oft an bestimmten Körperstellen mähnenartig verlängert; Nasenlöcher verschließbar (Schutz bei Sandstürmen); Magen dreikammerig, in der Magenwand große, zur Wasserspeicherung befähigte Zellen; z. T. mit Rückenhöcker, der als Fettspeicher, vermutl. auch als Schutz gegen die Sonnenstrahlung dient. K. sind äußerst genügsam und widerstandsfähig. Die Geschlechtsreife erlangen K. erst mit fünf Jahren; sie werfen höchstens alle drei Jahre ein Junges. Sie sind Paßgänger (↑Fortbewegung), die mit dem letzten Glied der dritten und vierten Zehe auftreten (übrige Zehen völlig rückgebildet). Die Sohlen sind durch dicke Schwielen gepolstert. - Man unterscheidet vier Arten: Dromedar, Kamel, Guanako (mit Lama und Alpaka) und Vikunja.

Kamelhaar, Gewebe aus Woll- und Deckhaaren des Kamels; Wollhaare werden in der Naturfarbe zu K.decken und K.mänteln, Deckhaare als Garnen für Teppiche und Pferdedecken verarbeitet.

Kamelhalsfliegen (Raphidides), Unterordnung 1–2 cm langer Insekten (Ordnung Netzflügler) mit rd. 100 Arten, v. a. an Waldrändern der nördl. Halbkugel (in M-Europa zwölf Arten); erstes Brustsegment der Imagines halsartig verlängert, stark verjüngt; Flügel groß; Larven und Imagines leben räuberisch von kleinen Insekten.

Kamelie (Kamellie, Camellia) [...i-ε; nach dem dt.-mähr. Botaniker G. J. Camel, * 1661, † 1706], Gatt. der Teestrauchgewächse mit rd. 80 Arten in O-Asien; immergrüne Sträucher oder Bäume; Blüten weiß, rosafarben, rot oder bunt; Früchte holzige Kapseln. Bekannteste Arten sind der ↑Teestrauch und die häufig als Zierpflanze kultivierte **Chinarose** (Camellia japonica), ein Strauch oder ein bis 15 m hoher Baum, verbreitet in Korea, Japan und N-China.

Kamen, Stadt im nö. Ruhrgebiet, NRW, 60 m ü. d. M., 44 600 E. Früher bed. Steinkohlenbergbau; Eisen- und Metallverarbeitung, Kunststoff- und Bekleidungsind. - Um 1050 erstmals belegt, wurde zw. 1243 und 1248 Stadt. - Spätroman. Pfarrkirche des Ortsteils Methler (13. Jh.).

Kamenew, Lew Borissowitsch [russ. 'kamınıf], eigtl. L. B. Rosenfeld, * Moskau 22. Juli 1883, † ebd. 25. Aug. 1936 (hingerichtet), sowjet. Politiker. - Enger Mitarbeiter Lenins in Rußland und in der frz. Emigration; 1917-26 Mgl. des ZK, 1919-26 auch des Politbüros; bekämpfte nach Lenins Tod zunächst mit Stalin und Sinowjew L. Trotzki, bildete dann aber mit Sinowjew und Trotzki die „Vereinigte Opposition" gegen Stalin; verlor 1925/26 alle Partei- und Reg.ämter; 1936 im 1. Moskauer Schauprozeß zum Tode verurteilt; 1988 rehabilitiert.

Kamenez-Podolski [russ. kəmı'njɛtspa'dɔljskij], sowjet. Stadt am S-Rand der Wolyn.-Podol. Platte, Ukrain. SSR, 86 000 E. Landw.hochschule, PH, Theater; Werkzeugmaschinenbau, holzverarbeitende u. a. Ind. - K.-P. ist eine der ältesten Städte der Ukraine (gegr. Ende 11./Anfang 12. Jh.).

Kamenski, Wassili Wassiljewitsch [russ. ka'mjɛnskij], * auf einem Schiff auf der Kama in der Nähe von Perm 17. April 1884, † Moskau 11. Nov. 1961, russ.-sowjet. Schriftsteller. - Mitbegr. des Futurismus; mit Majakowski auf Vortragsreisen, die er in einer autobiograph. Studie (1940) schilderte; zu seinen Hauptwerken zählen die avantgardist. Verserzählungen über russ. Rebellenführer der Vergangenheit.

Kamensk-Uralski [russ. 'kamınsku'raljskij], sowjet. Stadt im östl. Vorland des Mittleren Ural, RSFSR, 198 000 E.; Fachhochschule für Metallurgie; Aluminiumhütte, Buntmetallverarbeitungs-, Röhren- und Elektrowerk. - Entstand Ende des 17. Jh.

Kamenz, Krst. an der Schwarzen Elster, Bez. Dresden, DDR, 200 m ü. d. M., 18 300 E. Offiziershochschule; Lessingmuseum; Maschinenbau. - Die Siedlung K. ist 1225 bezeugt. - Spätgot. Stadtkirche (15. Jh.). Einen Teil der Stadtbefestigung bilden die Katechismuskirche (14. Jh.) sowie die Klostermauern des Franziskanerklosters.

K., Landkr. im Bez. Dresden, DDR.

Kamera [gekürzt aus lat. ↑Camera obscura], Aufnahmegerät in der Photographie (↑photographische Apparate, ↑Filmkamera) und beim Fernsehen.

Kameraauge, Bez. für die nach dem Prinzip einer Kamera arbeitenden und daher zum Bildsehen geeigneten Augentypen mit oder ohne Linse, wie sie das Loch-K. und das Linsenauge darstellen (↑Auge).

Kamerad [frz., zu lat.-italien. camerata „Stubengemeinschaft; Gefährte"], Gefährte, Genosse (aus der Soldatensprache übernommen für Schule, Spiel, Sport und ähnl.).

Kameradschaft, zw. Mgl. einer meist überschaubaren Gruppe bestehende soziale, stärker sachbezogene als emotional bestimmte Beziehung, die sowohl durch ein gemeinsames Ziel als auch durch das Eintreten für die Interessen der Kameraden und für deren Schutz gekennzeichnet wird.

Kameralismus (Kameralwissenschaften) [zu lat. camera „Kammer", (später:) „die für den fürstl. Haushalt zuständige Behörde"], dt. Sonderprägung des ↑Merkantilismus, die wie dieser v. a. ein System wirtschafts- und finanzpolit. sowie regierungswissenschaftl. Kenntnisse im Interesse des absolutist. Staates (↑Absolutismus) zu entwickeln suchte. Entsprechend den - v. a. im Vergleich zu Frankr. - zurückgebliebenen wirtsch. und polit. Verhältnissen in Deutschland mit seinen wenig entwickelten Kleinstaaten standen im K. Verwaltungslehre und Regierungswiss. mehr im Vordergrund des Interesses als die Untersuchung ökonom. Zusammenhänge. Vorrangige Zielsetzung war die Sicherung der Staatsfinanzen, wobei der K. im Unterschied zum Merkantilismus - als effektivstes Mittel der Förderung eigenständiger Produktivkräfte der Agrikultur, Textil- und Metallindustrie in großgewerbl. Betriebsformen unter voller Nutzung des Absatzes auf dem Binnenmarkt und weniger in einer aktiven Handelsbilanz sah. - Die wichtigsten Vertreter des K. waren J. J. Becher, J. H. G. von Justi, V. L. von Seckendorff, J. von Sonnenfels und G. H. Zincke (* 1692, † 1769). - In der Geschichte der ökonom. Lehrmeinungen wurde der K. bzw. Merkantilismus abgelöst vom Physiokratismus bzw. von der klass. Nationalökonomie. Als Bez. für die Wiss. von Wirtschaft und Finanzpolitik hielt sich der Begriff Kameralwissenschaften in Deutschland bis in die 1930er Jahre. Abgelöst wurde er durch die Bez. Nationalökonomie und Volkswirtschaftslehre.

Kameramann, urspr. der eigtl. Filmschaffende, der Regie führte, aufnahm, kopierte und vorführte. Da die Entwicklung des Films als Bildsprache eine opt. Gestaltung der Ausdrucksformen erforderte und die Her-

Kamerlingh Onnes

ausbildung des Studiosystems eine zunehmende Arbeitsteilung notwendig machte, erhielt der K. die Bed. eines rein photograph. registrierenden Aufnahmetechnikers. Bei modernen Spielfilmen wird die *Kameraarbeit* von einem *Kamerateam* bewältigt; der hauptverantwortl. *Chef-K.* hat die Vorstellungen des Regisseurs bildmäßig zu konkretisieren, d. h. Ausleuchtung, Position und Weg der Kamera zu bestimmen; die eigtl. *Kameraführung* erledigt sein *Kameraassistent*, der auch Bildausschnitt und Schärfe überwacht.

Kamerlingh Onnes, Heike, * Groningen 21. Sept. 1853, † Leiden 21. Febr. 1926, niederl. Physiker. - Prof. in Leiden; gründete dort 1894 ein Kältelaboratorium, das für Jahrzehnte zum Zentrum der Tieftemperaturphysik wurde. K. O. widmete sich vorwiegend der Physik tiefer Temperaturen. Seine größten Leistungen sind die erstmalige Verflüssigung von Helium (1908) und die Untersuchung von Materialeigenschaften bei den so erreichten Temperaturen nahe dem absoluten Nullpunkt. Dabei entdeckte er 1911 das Phänomen der ↑ Supraleitung. Nobelpreis für Physik (1913).

Kamerun

(amtl.: République Cameroun, Republic of Cameroon), Republik in Z-Afrika, zw. 2° und 13° n. Br. sowie 8° und 16° ö. L. **Staatsgebiet:** K. reicht vom Golf von Biafra bis zum Tschadsee, es grenzt im W an Nigeria, im NO an Tschad, im O an die Zentralafrikan. Republik, im S an die Demokrat. VR Kongo, an Gabun und Äquatorialguinea. **Fläche:** 475 442 km². **Bevölkerung:** 9,8 Mill. E (1985), 20,5 E/km². **Hauptstadt:** Jaunde. **Verwaltungsgliederung:** 10 Prov. **Amtssprachen:** Französisch und Englisch. **Nationalfeiertage:** 1. Jan. (Unabhängigkeitstag) und 1. Okt. (Tag der Vereinigung). **Währung:** CFA-Franc = 100 Centimes (c). **Internationale Mitgliedschaften:** UN, OAU, UDEAC, UMOA; der EWG assoziiert. **Zeitzone:** MEZ.

Landesnatur: K. liegt im Bereich der Niederguineaschwelle. Die bis 130 km breite Küstenebene am Golf von Biafra wird durch den noch tätigen Vulkan Kamerunberg geteilt. Er liegt auf einer nach NNO verlaufenden Störungszone, der sog. Kamerunlinie, der noch weitere Vulkane aufsitzen und ist mit 4070 m der höchste Berg des Landes. Landeinwärts folgen Hochländer in Höhenlagen zw. 600 und 1200 m Höhe. Im N hat K. Anteil am Benuebecken und am Tschadbecken.
Klima: K. liegt in der Zone des äquatorialen Regenklimas, im S ist das Klima ausgesprochen trop. Die Niederschläge nehmen nach N ab; der äußerste N ist ein Trockengebiet. Die W-Seite des Kamerunberges gehört mit

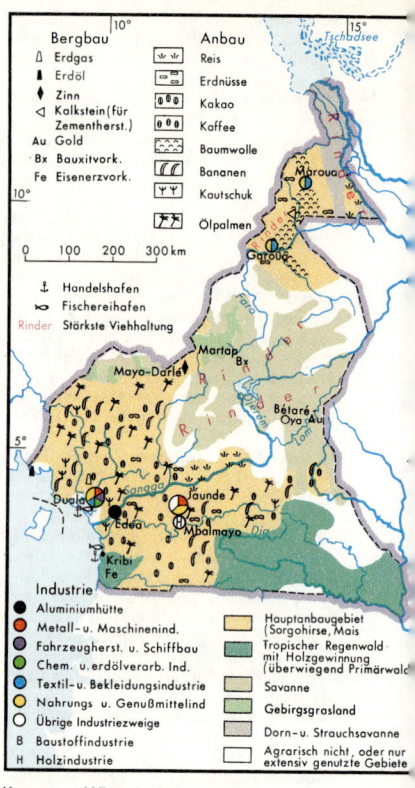

Kamerun. Wirtschaftskarte

10 000–11 000 mm Niederschlag/Jahr zu den niederschlagreichsten Gebieten der Erde.
Vegetation: Der trop. Regenwald der Küstenebene geht in Feuchtsavanne über, die wiederum von Trockensavannen abgelöst wird, der sich nach N weite Grasfluren anschließen.
Tierwelt: In den Wäldern leben mehrere Affenarten, Nagetiere und zahlr. Vögel. Im N des Landes wurde ein Wildreservat zum Schutz von Giraffen und Antilopen geschaffen. Hier kommen auch Löwen und Leoparden vor.
Bevölkerung: Die Bev. besteht überwiegend aus Völkern und Stämmen der Bantu und Sudaniden; im SO leben noch Pygmäen. Rd. 50% sind Anhänger traditioneller Religionen, rd. 30% Christen und 20% Muslime. Etwa 30% der Bev. leben in Städten. Neben Grundschulen bestehen weiterführende und berufsbildende Schulen, in Jaunde eine Univ. (gegr. 1962).
Wirtschaft: Wichtigster Zweig ist die Landw. In kleinbäuerl. Betrieben werden Nahrungs-

Kamerun

mittel für den Eigenbedarf angebaut (Mais, Hirse, Reis, Maniok, Süßkartoffeln, Bohnen, Erdnüsse u. a.). Wichtig für den Export sind die Produkte der Kaffee-, Kakao- und Kautschukplantagen sowie der Anbau von Baumwolle. Neben Rindern werden Ziegen, Schafe, Schweine, Esel, Pferde und Geflügel gehalten. An Bodenschätzen sind Bauxit, Eisenerze, Erdöl und Erdgas nachgewiesen, sie werden erst z. T. abgebaut. Die Ind. verarbeitet v. a. landw. Produkte (Nahrungs- und Genußmittel, Baumwollentkörnung, Textilind.), daneben bestehen eine Aluminiumhütte und einige größere holzverarbeitende Betriebe.

Außenhandel: Ausgeführt werden Kaffee, Kakaobohnen, Holz, Aluminium, Baumwolle, Kautschuk u. a., eingeführt Kfz., Maschinen und Geräte, mineral. Brennstoffe, Eisen und Stahl, Papier, Arzneimittel, Tonerde, Reis u. a. Neben den afrikan. Nachbarländern, mit denen K. die Zentralafrikan. Wirtschafts- und Zollunion bildet, sind die EG-Länder, die USA, Japan und Spanien wichtige Handelspartner.

Verkehr: Das Eisenbahnnetz ist 1 115 km lang, das Straßennetz 64 000 km, doch sind ein Großteil davon Pisten, die in der Regenzeit nicht befahrbar sind. Wichtigste Binnenwasserstraße ist der Benue. Überseehäfen sind Duala, Kribi Tiko und Victoria. Eine nat. Fluggesellschaft bedient den In- und Auslandsverkehr. Neben 35 ✈ besteht in Duala ein internat. ✈.

Geschichte: Bis zum Beginn des 19. Jh. war die Insel Fernando Póo das Zentrum der Sklavenhändler; nach der Unterdrückung des Sklavenhandels blieben für die Europäer Ölpalmprodukte und Elfenbein als Waren interessant. Von Fernando Póo aus wurde das Festland besiedelt (1856 Gründung Victorias). Seit Beginn der 1850er Jahre ließen sich brit. und niederl. Kaufleute am Wouriästuar nieder. 1884 schloß der dt. Konsul in Tunis, G. Nachtigal, im Auftrag der Reichsreg. mit den Häuptlingen dieses Gebietes Verträge ab und stellte K. unter den Schutz des Dt. Reiches. Die dt. Verwaltung wurde wirksam, als man ab 1890 das Land mit einem Netz von Militär- und Verwaltungsposten überzog, aus denen sich Städte (Jaunde, Ebolowa, Kumba u. a.) entwickelten; im gesamten N beschränkte sich die Verwaltung darauf, das Land indirekt mit Hilfe der traditionellen Herrscher zu kontrollieren. Die Abgrenzung der Hinterlandes zum brit. Gebiet war 1906 vollzogen, 1911 regelten im Zuge des Marokkoabkommens Deutschland und Frankr. ihre gemeinsamen Grenzen in Äquatorialafrika. Während des 1. Weltkriegs mußte die dt. Schutztruppe im Febr. 1916 nach Span.-Guinea ausweichen. Am 14. März schlossen Frankr. und Frankr. einen ersten Teilungsvertrag: unter brit. Besetzung blieb der westl. Teil von K.; Frankr. gliederte sofort die erst 1911 an Deutschland abgetretenen Gebiete seinen Kolonien ein. Der endgültige Teilungsvertrag wurde 1919 abgeschlossen, der Völkerbund bestätigte diese Grenzen 1922 und sprach K. als B-Mandat Großbrit. und Frankr. zu. Frankr. errichtete in K. eine von seinen übrigen Territorien unabhängige Verwaltung; Großbrit. gliederte West-K. seiner Kolonie Nigeria an. Frankr. bemühte sich, sein unter Aufsicht des Völkerbundes stehendes Mandatsgebiet zu einem Muster frz. Kolonialpolitik zu entwickeln. 1946 erhielten die Kameruner von Frankr. das Wahlrecht zugesprochen und konnten Abg. in die frz. Nat.versammlung entsenden, obwohl K. nicht der Frz. Union angehörte; im selben Jahr stellten die UN das gesamte K. unter ihre Treuhandschaft und erteilten Großbrit. und Frankr. die Auflage, das Land auf die volle Unabhängigkeit vorzubereiten. Am 1. Jan. 1960 wurde in Jaunde die unabhängige Republik K. ausgerufen. Unter UN-Aufsicht fand in Brit.-K. eine Volksabstimmung statt, bei der sich der N-Teil für den Verbleib bei Nigeria, der S-Teil für die Vereinigung mit der Republik K. aussprach. Am 1. Okt. 1961 wurde die Bundesrepublik K. ausgerufen. Das Hauptanliegen der Innenpolitik ist seither die Angleichung der verschieden entwickelten Landesteile. Am 20. Mai 1972 wurde der Staat in die Vereinigte Republik K. umgewandelt. K. erhielt eine neue Verfassung, die die zuvor bestehende bundesstaatl. Ordnung abschaffte und dem Präs. (1961–82 A. Ahidjo) verstärkte Rechte einräumte. Nach dem Rücktritt Ahidjos im Nov. 1982 wurde der bisherige Min.präs. P. Biya (* 1933) sein Nachfolger. Im Sept. 1983 übernahm Biya auch den Vorsitz der UNC. Durch eine 1984 beschlossene Verfassungsänderung wurde das Amt des Premiermin. abgeschafft und der Staatsname von Vereinigte Republik K. in Republik K. geändert.

Politisches System: Nach der Verfassung vom 2. Juni 1972 (geändert am 9. Mai 1975) ist K. eine parlamentar. Republik mit Präsidialsystem. *Staatsoberhaupt* und Reg.chef ist der Präsident. Er wird in direkter und geheimer Wahl für 5 Jahre gewählt; Wiederwahl ist zulässig. Der Präs. ernennt die Minister und Staatssekretäre, die nur ihm verantwortl. sind, die Beamten, Richter und Offiziere und ist Oberbefehlshaber der Streitkräfte. In der *Exekutive* bildet ein Staatsministerium, das dem Präs. direkt untersteht und gegenüber den Ressortmin. Weisungsbefugnis hat, das eigtl. Zentrum der polit. Entscheidungen. Der Präs. kann in ihm wichtig erscheinenden Fragen eine Volksabstimmung herbeiführen. Die *Legislative* liegt beim Einkammerparlament (Nat.versammlung) mit 150 gewählten Abg. und beim Präs., der das Recht zu Gesetzesvorlagen und Verfassungsänderungen hat sowie die Möglichkeit, für einen festgelegten Zeitraum und in bestimmten Bereichen durch

Erlasse mit Gesetzeskraft und im Falle des allein von ihm proklamierten Notstandes ohne jede Kontrolle zu regieren. Seit 1966 besteht als Einheits*partei* der Rassemblement démocratique du peuple Camerounais (RDPC); Vors. und Leiter des Politbüros, das u. a. auch die Kandidaten für die Parlamentswahlen bestimmt, ist der Präs. Von der UNC wird die Einheits*gewerkschaft*, die „Union Nationale des Travailleurs du Cameroun" (UNTC), beherrscht. *Verwaltung:* K. ist in 7 Prov. gegliedert, an deren Spitze unmittelbar dem Präs. verantwortl. Gouverneure stehen, und in 39 von Präfekten geleitete Departements. Die *Rechts*prechung ist nach frz. Muster aufgebaut. Die *Streitkräfte* haben eine Stärke von rd. 12 000 Mann, hinzu kommen noch rd. 5 000 Mann paramilitär. Kräfte.

📖 *Eyinga, A.: Introduction à la politique camerounaise. Paris 1978. - K.: Grundl. zu Natur- und Kulturraum. Hg. v. R. Baumgartner. Bern 1978. - Illy, H. F.: Politik u. Wirtschaft in K. Mchn. 1976. - Oberbeck, G.: Die siedlungs-, verkehrs- u. wirtschaftsgeograph. Struktur Kameruns. Hamb. 1975. - Mandeng, P.: Auswirkungen der dt. Kolonialherrschaft in K. Hamb. 1973. - Mveng, E.: Histoire du Cameroun. Paris 1964.*

Kamerunberg, höchstes Gebirgsmassiv Westafrikas, an der NO-Küste des Golfs von Guinea, Kamerun. Urspr. eine vulkan. Insel, die durch Flußaufschüttungen landfest wurde. Der Hauptgipfel **Fako** ist 4 070 m hoch; sein Nebengipfel, der Kleine K., erreicht 1 744 m. Der SW-Hang ist das niederschlagreichste Gebiet Afrikas. - Die letzten Ausbrüche des Vulkans fanden 1922, 1954 und 1959 statt.

Kamerunberge, zusammenfassende Bez. für das Gebirgsland, das sich vom Kamerunberg bis südl. des Tschadsees erstreckt (Kamerun und Nigeria).

Kames [engl.], durch fließendes Wasser zw. Gletscher- oder Inlandeisresten aufgeschüttete Rücken und Hügel aus Sanden und Kiesen mit ebener Oberfläche.

Kami [jap.], Zentralbegriff des jap. ↑ Schintoismus; Bez. für alles religiös Verehrungswürdige.

Kamienna Góra [poln. kaˈmjɛnna ˈgura] ↑ Landeshut i. Schles.

Kamień Pomorski [poln. ˈkamjɛjm pɔˈmɔrski] ↑ Cammin i. Pom.

Kamikaze [jap., eigtl. „göttl. Wind"], jap. Freiwilligen-Fliegerverbände (1944/45); unter Selbstaufopferung versuchten die K., sich mit ihren Flugzeugen oder lenkbaren Bomben auf feindl. Kriegsschiffe zu stürzen und so die drohende amerikan. Invasion zu verhindern.

Kamilavkion (Kamilawkion) [neugriech., zu griech. kálymma „Verhüllung"], zylindr. Kopfbedeckung der orth. Geistlichen.

Kamilla, weibl. Vorname, ↑ Camilla.

Kamille [über mittellat. camomilla zu griech. chamaí „am Boden" und mēlon „Apfel" (nach dem apfelähnl. Duft der Blüten)] (Matricaria), Gatt. der Korbblütler mit rd. 50 Arten, v. a. im Mittelmeergebiet, aber auch in Asien und S-Afrika; ein- bis mehrjährige Kräuter mit weißen oder gelben Blüten und fiederartig zerteilten Blättern. Bekannteste Art ist die aus dem O-Mittelmeergebiet eingebürgerte **Echte Kamille** (*Feldkamille,* Matricaria chamomilla), ein einjähriges, aromat. duftendes Kraut mit weißen Zungenblüten und gelben Röhrenblüten. - Auf Grund der Inhaltsstoffe (u. a. äther. Öl, Chamazulen, Harz und verschiedene Glykoside) finden die getrockneten Blütenköpfchen vielseitige medizin. Verwendung.

Kamillianer, von Camillo de Lellis 1582 gegr. Krankenpflegeorden. Von den K. inspiriert sind die Frauengemeinschaften der Kamillianerinnen.

Kamin [zu griech. káminos „Schmelz-, Bratofen"], offene, meist mit einem bes. Rauchfang versehene, mit dem Schornstein verbundene Feuerstätte [in Innenräumen].
◆ svw. ↑ Schornstein.
◆ enge, steile Felsspalte.

Kaminsegler ↑ Stachelschwanzsegler.

Kamiński, Heinrich,* Tiengen 4. Juli 1886, † Ried bei Benediktbeuern 21. Juni 1946, dt. Komponist. - Von der Spätromantik ausgehende, stark polyphon bestimmte Kompositionen, u. a. Opern, Orchesterwerke, Kammer-, Klavier- und Orgelmusik, Chorwerke und Lieder.

Kamisarden (frz. camisards), Bez. für die Hugenotten der Cevennen und des Languedoc, die sich nach dem Erlaß des Revokationsedikts von Fontainebleau (1685) in bewaffneten Aufständen erhoben. Der Einsatz königl. Truppen gegen sie führte zum Cevennenkrieg (1701–04); erst 1710 konnten die K. endgültig unterworfen werden.

Kamlah, Wilhelm, * Hohendorf an der Bode 3. Sept. 1905, † Erlangen 24. Sept. 1976, dt. Philosoph. - Seit 1954 Prof. in Erlangen; Arbeiten v. a. zur Geschichtstheologie des (frühen) MA, philosoph. Anthropologie, Entstehung des neuzeitl. Denkens, zur log. Propädeutik und zur Sprachphilosophie.

Kamm, ein einseitig, seltener zweiseitig gezähntes Gerät aus unterschiedlichstem Material (u. a. Horn, Schildpatt, Elfenbein, Knochen, Holz, Metall, Kunststoff), urspr. zum Ordnen und Reinigen, später auch zum Feststecken der Haare und - als Einsteck-K. - als Haarschmuck.
◆ meist fleischige Auffaltung der Rücken- oder Kopfhaut, auch hochstehende Hornoder Knochenbildung aus der Haut bei manchen Tieren (z. B. bei manchen Amphibien, Reptilien, Vögeln; u. a. Kammhühner).
◆ aus dem Nacken von Schlachtvieh geschnittenes Fleischstück.
◆ langer, scharf abgesetzter Gebirgsrücken.

Kammbarsche (Crenicara), Gatt. kleiner, schlanker, bunter südamerikan. Buntbarsche; ♂ häufig mit lang ausgezipfelten Flossen; Warmwasseraquarienfische.

Kämmen, Arbeitsgang in der Woll- und Baumwollspinnerei. In der *Kämmaschine* durchkämmen mehrere, an einer sich drehenden Walze angebrachte Kämme den aus der sog. Zange herausragenden Faserbart und ziehen die kurzen (nicht von der Zange festgehaltenen) Fasern heraus. Das durch einen weiteren festen Kamm *(Fixkamm)* hindurchgelaufene Faserband, der **Kammzug,** wird in der Kammgarnspinnerei verarbeitet, die ausgekämmten kurzen Fasern, die **Kämmlinge,** in der Streichgarnspinnerei.

◆ das Ineinandergreifen der Zähne zweier Zahnräder.

Kammer [lat., zu griech. kamára „Gewölbe"], urspr. Bez. für das fürstl. Privatgemach, Gericht, Verwaltungsbehörde, Schatzkammer. Seit dem 12. Jh. im Sinne von Finanzverwaltung nachweisbar; im Absolutismus Bez. für die von einem Kämmerer geleitete Finanzbehörde.

◆ (Apostol. K., Camera Apostolica) für die Verwaltung des Vermögens und der Rechte des Apostol. Stuhles während der Sedisvakanz zuständige Behörde der röm. Kurie.

◆ staatsrechtl. Bez. für das Parlament bzw. für dessen Teile, wenn sich das Parlament aus 2 oder mehreren K. zusammensetzt.

◆ richterl. Spruchkörper bei den Land- und Verwaltungsgerichten.

◆ berufsständ. Selbstverwaltungskörperschaften, wie Industrie- und Handels-K., Rechtsanwaltskammer.

Kämmerer, urspr. eines der alten Hofämter, Erzämter mit dem Wappen des Reichszepters) und Reichserbämter mit der Aufsicht über die Kammer und den Schatz. Der K. sorgte für die Einkünfte des Königs und für Wohnung und Kleidung des Hofes. So wurde er zum Leiter des Finanzwesens. In den großen europ. Höfen verlor er diese Funktion an den Schatzmeister und behielt mit den ihm unterstellten **Kammerherren** nur die Aufsicht über die Gemächer und den Dienst beim Monarchen selbst. - Der **Stadtkämmerer** ist Leiter der Finanzverwaltung einer Stadt.

Kammerflimmern ↑Herzkrankheiten.

Kammergericht, Bez. für das Oberlandesgericht in Berlin (West), das sich aus dem K. für Brandenburg (14. Jh.) entwickelt hat.

Kammergut, urspr. der land- und forstwirtschaftl. nutzbare Grundbesitz sowie nutzbare Hoheitsrechte des Landesherrn; fielen später dem Staat zu.

Kammerherr ↑Kämmerer.

Kammerjäger, Schädlingsbekämpfer. Die Bez. trugen zunächst nur fürstl. Bedienstete, die die herrschaftl. Gemächer von Ungeziefer, Mäusen, Ratten usw. freihielten.

Kammerlinge, svw. ↑Foraminiferen.

Kammermeister, Joachim, dt. Humanist, ↑Camerarius, Joachim.

Kammermusik, die Instrumental- und Vokalmusik für kleine, solist. Besetzung im Unterschied zur Orchester- und Chormusik. Zu ihr zählen Werke für Streicher-, Bläser- und gemischte Ensembles, ferner für klavierbegleitete Soloinstrumente (z. B. Violinsonate) oder Gesang (z. B. Klavierlied). Der um 1600 in Italien geprägte Begriff („musica da camera") umfaßte urspr. alle für die höf. „Kammer" bestimmten weltl. Musikarten in Abgrenzung zu Kirchen- und Opernmusik. Frühe Zeugnisse der K. waren das Ricercar und die Kanzone; die meistgepflegten Formen der Barockzeit waren die generalbaßbegleitete Triosonate, die Solosonate, das Concerto grosso und das Solokonzert. An ihre Stelle traten im 18. Jh. die K. mit obligatem Klavier und das von Haydn, Mozart, später von Beethoven und Schubert auf einen gattungsstilist. Höhepunkt geführte Streichquartett. Die K. war bis Ende des 18. Jh. vorwiegend Gegenstand des privaten Musizierens, danach wurde sie in die Konzertsäle eingeführt und im häusl. Bereich von der weniger anspruchsvollen Hausmusik abgelöst. Hieraus erklärt sich kompositor. die Neigung zu größeren Ensembles (Sextett bis Nonett) und die klangl. Ausweitung der romant. K. ins Orchestrale. Die im 20. Jh. erkennbare Bevorzugung des Kammerstils von den Formen der großen Orchestermusik hatte eine neue Blüte der K. und die Pflege von Zwischengattungen wie Kammersinfonie (z. B. Schönberg op. 9), Kammerkonzert (z. B. A. Berg) und Kammeroper (z. B. R. Strauss „Ariadne auf Naxos", Hindemith „Cardillac") zur Folge.

📖 *Schumann, O.:* Hdb. der K. Herrsching 1983. - *Renner, O.:* Reclams K.führer. Stg. ⁹1980.

Kammerofen, Industrieofen, der eine oder mehrere Kammern zur Aufnahme von zu erhitzendem Material enthält, z. B. zum Brennen von keram. Stoffen oder zur Erzeugung von Koks.

Kammersänger (Kammermusiker), von staatl. oder städt. Institutionen verliehener Titel an verdiente Musiker (entsprechend **Kammersängerin**).

Kammersäure ↑Schwefelsäure.

Kammersee ↑Attersee.

Kammersonate (italien. Sonata da camera) ↑Sonate.

Kammerspiele, Bez. A. Strindbergs für Stücke mit wenigen Personen; im 20. Jh. Bez. für einen engeren Kontakt mit dem Zuschauer ermöglichendes kleines, intimes Theater, „kleines Haus"; bed. die „K." des Dt. Theaters Berlin, 1906 von M. Reinhardt eröffnet, die „Münchner K.", gegr. 1913, 1917-44 unter O. Falckenberg, und als eines der wichtigsten Theater der 1920 Jahre die

Kammerspielfilm

1916 gegr. „Hamburger K." unter E. Ziegler.
Kammerspielfilm ↑Film.
Kammerton, der 1885 auf eine Frequenz von 435 Hz, seit 1939 (auf der Internat. Stimmtonkonferenz) auf 440 Hz festgelegte ↑Stimmton a' zum Einstimmen von Musikinstrumenten. Der örtl. und zeitl. unterschiedl. hohe K. differierte auch vom tieferen Opernton sowie vom höheren Chorton und vom noch höheren Kornetton (dem Stimmton der Stadtpfeifer und Feldtrompeter).
Kammerwasser (Humor aquosus), die hintere und vordere Augenkammer füllende, eiweißarme Flüssigkeit. Das K. versorgt bes. Hornhaut und Linse mit Nährstoffen und trägt auf Grund seines Drucks von 20 bis 26,6 mbar zur Formgebung des Augapfels bei. Krankhafte Erhöhung des Drucks hat Glaukom (↑Starerkrankungen) zur Folge.
Kammfinger (Ctenodactylidae), Fam. 16–20 cm körperlanger, kurzschwänziger, plumper Nagetiere mit sechs Arten, v. a. in sandigen und steinigen Trockengebieten N-Afrikas; eine oder mehrere Hinterzehen tragen über der Kralle kammartig angeordnete Borstenbüschel, die zur Fellpflege und zum Graben benutzt werden.
Kammgarn, feines, glattes, langfaseriges [Woll]garn. K. unterscheiden sich von Streichgarnen durch größere Gleichmäßigkeit und glattere Oberfläche infolge des Parallelisierens beim Kämmen; sie enthalten kein kurzes Fasermaterial.
Kammgebirge ↑Gebirge.
Kammgras (Cynosurus), Süßgräsergatt. mit acht Arten in Europa und im mediterranen Gebiet. Die in M-Europa häufigste Art ist das **Wiesenkammgras** (Cynosurus cristatus), ein bis 60 cm hohes Horstgras; Ähren mit stielen kammartigen Ährchen.
Kammhühner (Gallus), Gatt. der Hühnervögel mit 4 Arten in S-Asien und auf den Sundainseln; Gesicht fast nackt, rot, mit fleischigen Kehllappen und einem Kopfkamm; letzterer bes. beim ♂ stark entwickelt (*Hahnenkamm*). - Hierher gehören: **Bankivahuhn** (Gallus gallus), ♂ im Ruhekleid schwarz, Körperseiten und Schwanz metall. glänzend, Rückenmitte und die Flügeldecken rotbraun, ♀ unauffällig braun; **Gabelschwanzhuhn** (Gallus varius), v. a. in den Savannen Javas und benachbarter Inseln; 70 cm (♂) bzw. 45 cm (♀) lang, ♂ mit grünglänzendem Gefieder, goldrot gesäumten Schwanzfedern, ♀ unscheinbar gefärbt; **Lafayettehuhn** (Gallus lafayetti), mit gelbem Fleck im roten Kamm, goldfarbener Ober- und Unterseite mit schwarzen Längsflecken und schwärzl.-violetten Schwung- und Schwanzfedern, **Sonnerathuhn** (Gallus sonneratii), bis 80 cm lang, in den Wäldern Indiens, ♀ unscheinbar braun, ♂ ähnelt dem Bankivahuhn.
kammkeramische Kultur (Kammkeramik), nach der Verzierungstechnik (Eindrücke kammförmiger Stempel) der Keramik ben. neolith. Kulturgruppe N-Eurasiens; gekennzeichnet durch rund- und spitzbodige, mit Kamm- bzw. Grübcheneindrücken verzierte Tongefäße.
Kammkiemen ↑Kiemen.
Kämmlinge ↑Kämmen.
Kammolch (Triturus cristatus), etwa 13–16 cm großer, oberseits braunschwarzer, unterseits gelber, schwarz gefleckter Molch in oder an stehenden Gewässern, v. a. der gemäßigten und kühlen Regionen Europas und in SW-Asien; geht zur Paarungszeit ins Wasser; ♂ mit hohem gezackten Rückenkamm.
Kammquallen, svw. ↑Rippenquallen.
Kammschmiele ↑Schillergras.
Kammspinnen (Ctenidae), Fam. etwa 0,5–5 cm langer Giftspinnen mit über 400 Arten, v. a. in den Tropen und Subtropen; Vorderbeine mit paarigen Reihen starker ventraler Stacheln.
Kammücken ↑Schnaken.
Kammuscheln (Pectinidae), mit rd. 300 Arten in allen Meeren lebende Fam. 0,5–15 cm langer Muscheln; auffallend fächerförmig gerippt; Mantelrand häufig mit Tentakeln und 10–40 farbig glänzenden Linsenaugen. Viele Arten können schwimmen, indem sie durch Auf- und Zuklappen der Schalen einen Rückstoß erzeugen. - Zu den K. gehören v. a. die **Pektenmuscheln** (Pecten) mit zahlr. Arten in europ. Meeren, darunter die etwa 12 cm große **Pilgermuschel** (Jakobspilgermuschel, Pecten jacobaeus) im Mittelmeer: linke Schale flach, bräunl.; rechte Schale gewölbt, weißl. bis blaßrosa.
Kammwolle ↑Wolle.
Kammzähner, svw. ↑Grauhaie.
Kammzug ↑Kämmen.

Kamow, Nikolai Iljitsch [russ. 'kaməf], * Irkutsk 14. Sept. 1902, † Moskau 24. Nov. 1973, sowjet. Hubschrauberkonstrukteur. - K. konstruierte zahlr. Hubschrauber, u. a. Ka 8, Ka 10, Ka 15, Ka 18 (mit koaxialen Rotoren) sowie den Kombinationsflugschrauber Ka 22 „Wintokryl".

Kamp, linker Nebenfluß der Donau in Niederösterreich, entspringt (2 Quellflüsse) im westl. Waldviertel, mündet östl. von Krems an der Donau, 134 km lang; wird zum Ottensteiner, Dobra- und Tiefenbacher Stausee gestaut.

Kampagne [...'panjə; frz., zu lat. campania „flaches Land"], zeitl. begrenzte, gemeinschaftl. durchgeführte Unternehmung polit., werbetechn., wiss. oder wirtsch. Art; veraltet für: Feldzug.

Kampala, Hauptstadt von Uganda, nahe dem N-Ufer des Victoriasees, 1 220 m ü. d. M., 458 400 E. Sitz eines kath. Erzbischofs und des anglikan. Erzbischofs von Uganda, Rwanda und Burundi; Univ. (seit 1970), Polytechnikum, Lehrerseminar, landw. Forschungsstation, Nationalmuseum, Bibliotheken. Wirt-

Kampffische

schafts- und Verkehrszentrum des Landes. Der Hafen von K., **Port Bell,** liegt 10 km östl. der City. - 1890 errichtete die British East Africa Company in K. einen Stützpunkt, der 1893 in einen Verwaltungsposten der Protektoratsverwaltung umgewandelt wurde. Seit 1962 ist K. die Hauptstadt der Republik Uganda.

Kampanien (italien. Campania), Region und Großlandschaft im westl. Süditalien, 13 595 km^2, 5,61 Mill. E (1985), Hauptstadt Neapel. Erstreckt sich von der golfreichen Küste bis in den verkarsteten Neapolitan. Apennin. Intensive Landnutzung in den Küstenebenen und Tälern, v. a. Tabak- und Gemüsebau. Die Ind. ist im Raum Neapel konzentriert.

Geschichte: Das antike K. (**Campania**) umfaßte das ebene, vulkanreiche, fruchtbare Gebiet um den Golf von Neapel. Geriet seit Mitte des 4. Jh. v. Chr. immer mehr in den Einflußbereich Roms. Nach dem Ende des Weström. Reichs (476) unter got., dann byzantin. Herrschaft, bis die Langobarden um 570 das Kampan. Binnenland zum Hzgt. Benevent schlugen. Erst nach der Einigung Italiens im 19. Jh. erhielt die heutige Region den alten Namen K. wieder.

Kampanile (italien. Campanile) [zu spätlat.-italien. campana „Glocke"], freistehender Glockenturm, v. a. in der italien. Kirchenbaukunst (seit dem 9. Jh.).

Kampen (Campen), Jakob van, * Haarlem 2. Febr. 1595, † Randenbroek bei Amersfoort 13. Sept. 1657, niederl. Baumeister. - Nach seiner Italienreise (1617–24) erbaute er in streng klassizist. Stil u. a. das Mauritshuis in Den Haag (1633–44), die Nieuwe Kerk in Haarlem (1645–49) und das königl. Palais (heute Rathaus) in Amsterdam (1648 ff.).

Kampen [niederl. 'kampə], niederl. Stadt 4 km oberhalb der Mündung des IJssel in das IJsselmeer, 32 200 E. Theolog. Hochschule der Niederl. Ref. Kirche, Johannes-Kalvin-Akad., Militärakad., Handelszentrum; Wassersportzentrum. - Got. Kirchen, u. a. Onze-Lieve-Vrouwe-Kerk (14./15. Jh.) und Bovenkerk (14.–16. Jh.), Broederkerk (1473–90); Rathaus (15./16. Jh.).

Kampen (Sylt), Nordseeheilbad an der W-Küste der Insel Sylt, Schl.-H., 30 m ü. d. M., 1 000 E.

Kampescheholz [nach dem mex. Bundesstaat Campeche], svw. ↑Blauholz.

Kämpevise (Kaempevise) [dän. „Heldenweise"], die skand., v. a. dän. Volksballade (Folkevise) des MA mit Stoffen aus der german.-dt. Heldensage und aus der nord. Heldensage der Wikingerzeit.

Kampf, in bestimmten myth. (v. a. dualist.), natur- und geschichtsphilosoph. Vorstellungen Grundbestimmung, Grundbefindlichkeit bzw. Grundsituation jedes Werdens, speziell des menschl. Lebens in allen seinen (polit., gesellschaftl., wirtsch.) Bereichen. Bei Heraklit ist der K. metaphys. Prinzip des Werdens, das u. a. eine hierarch. Ordnung konstituiert. Hobbes bestimmt den K. als Naturzustand, der durch den Trieb zur Selbsterhaltung und Lustgewinnung bedingt ist („homo homini lupus"). Für Hegel ist die Dialektik als K. zu sehen, aus dem die höhere Einheit entsteht. Bei Marx und im Marxismus wird der K. als Klassenkampf in die Theorie der gesellschaftl. Entwicklung eingefügt. Darwin ordnet ihm als „K. ums Dasein" eine wichtige Funktion in seiner Selektionstheorie zu., Nietzsche sieht den K. als einzig mögl. Ausdruck des „Willens zur Macht". Die Frage nach Ursache und Funktion des K. wird in moderner wiss. (psycholog.) Sicht v. a. unter dem Stichwort ↑Aggression diskutiert.

♦ militär. allg. Bez. für die Auseinandersetzung feindl. Truppen; der zeitl. und örtl. begrenzte K. der verbundenen Waffen wird als Gefecht, größere K.handlungen werden als Schlacht bezeichnet; eine bes. schwere K.handlung wird als **Großkampf** bezeichnet.

Kampfer (Campfer) [Sanskrit-arab.], bicycl., zur Gruppe der Terpene gehörendes Terpen, wird synthet. oder durch Destillation von Spänen des Kampferbaums gewonnen. Die weiße, durchscheinende Masse von charakterist. starkem Geruch wird in der Medizin als Anregungsmittel für Herz und Atmung sowie (als alkohol. Lösung) für Einreibungen verwendet; in der Technik dient es zur Herstellung von Zelluloid.

Kampferbaum (Cinnamomum camphora), Art der Gatt. Zimtbaum in China und Japan; bis 40 m hoher Baum mit langgestielten, lederartigen, glänzenden, beim Zerreiben stark nach Kampfer riechenden Blättern; Hauptlieferant des natürl. Kampfers; wird v. a. in Taiwan, O-Afrika und auf Ceylon kultiviert.

Kämpfer, in der *Architektur* Bez. für die meist vorspringende Platte auf einem Pfeiler oder einer Säule, auf der Gewölbe oder Bögen aufliegen. Der **Kämpferaufsatz** kommt über Kapitellen vor.

♦ waagerechter, feststehender Riegel zw. den oberen und unteren Flügeln eines Fensters.

Kampffische (Betta), Gatt. etwa 5–10 cm langer Labyrinthfische mit zwölf Arten in pflanzenreichen, stehenden oder langsam fließenden Süßgewässern SO-Asiens; Körper langgestreckt; Afterflosse lang und oft wimpelartig ausgezogen; ♂♂ oft sehr farbenprächtig, meist viel bunter als die ♀♀; ♂♂ treiben Brutpflege als Maulbrüter oder Schaumnestbauer; Warmwasseraquarienfische. Am bekanntesten ist der **Kampffisch** (Betta splendens) aus Malakka und Thailand: bis etwa 6 cm lang; ♀ unscheinbar bräunl. mit bläul. Schimmer; ♂ stahlblau und karminrot. Die ♂♂ können wegen ihrer Aggressivität meist nur einzeln gehalten werden.

Kampfflugzeug

Kampfflugzeug, Flugzeug zur Bekämpfung anderer Flugzeuge (Jagdflugzeug) und zum Einsatz gegen Bodenziele mit Bordwaffen und Bomben (Bombenflugzeug).

Kampffront Schwarz-Weiß-Rot, nach den Nat.farben des Dt. Reiches (1871–1918) ben. Wahlbündnis zw. DNVP und Stahlhelm in der Märzwahl 1933.

Kampfgase, gasförmige chem. Kampfstoffe (↑ ABC-Waffen, ↑ Gaskrieg).

Kampfgericht, Verfahrensart des ma. dt. Prozesses, meist nur für Adlige. Wenn der Kläger den Reinigungseid des Beklagten bestritt, ging das Verfahren in einen Zweikampf über, dessen Ausgang als Beweismittel im Prozeß diente.
◆ Organisations-, Leitungs-, Wertungs- und Aufsichtsinstitution bei Wettkämpfen mit unterschiedl. Zusammensetzung je nach Sportart; zum K. zählen: Kampf- bzw. Schiedsrichter (Mattenleiter, Ringrichter, Punktrichter), Linienrichter, Torrichter, Starter, Bahnrichter, Zeitnehmer, Zielrichter, Listenführer.

Kampfgruppen, Bez. für aus verschiedenen Truppenteilen für bes. Aufgaben bzw. in bes. Lage gebildete militär. Großverbände.
◆ (Betriebskampfgruppen) 1952 in der DDR aus Werktätigen gebildete paramilitär. Verbände; u. a. mit Schützenpanzerwagen und schweren Granatwerfern bewaffnet.

Kampfläufer (Philomachus pugnax), etwa 30 cm langer Schnepfenvogel, v. a. auf feuchten Wiesen und in der Tundra N-Eurasiens; ♂ im Brutkleid braun mit weißl. Bauch und abspreizbarer, sehr variabel gefärbter Halskrause; ♀ unscheinbar gefärbt. - Zugvogel, der bis nach S-Afrika zieht.

Kampfpreis, ein unter dem marktübl., evtl. auch unter den Selbstkosten liegender Preis. K. sind an sich legal, können aber u. U. gegen das Kartellgesetz oder das Gesetz gegen den unlauteren Wettbewerb verstoßen. - Eine Art von K.en im Außenwirtschaftsverkehr sind Dumpingpreise (↑ Dumping).

Kampfrichter ↑ Kampfgericht.

Kampfschrift ↑ Streitschrift.

Kampfspiele, vorwiegend mit körperl. Einsatz in unmittelbarem Kontakt mit dem Gegner (gemäß den Regeln) geführte sportl. Spiele, z. B. Fußball, Eishockey, Hockey, Rugby, Handball, Basketball.

Kampfstoffe, Sammelbez. für radioaktive Materialien, giftige chem. Substanzen sowie krankheitserregende Mikroorganismen zur Bekämpfung des Gegners als Mittel der Kriegführung (↑ ABC-Waffen, Gaskrieg).

Kampftruppen, ↑ Truppengattungen des Heeres der Bundeswehr.

Kampf ums Dasein ↑ Sozialdarwinismus.

Kampfunterstützungstruppen, ↑ Truppengattungen des Heeres der Bundeswehr.

Kampfwachteln, svw. ↑ Laufhühnchen.

Kampfwagen ↑ Panzer.

Kamphen ↑ Camphen.

Kamphirsch, svw. Pampashirsch (↑ Neuwelthirsche).

Kamphoevener, Elsa Sophia Baronin von, * Hameln 14. Juni 1878, † Traunstein 27. Juli 1968, dt. Schriftstellerin. - Bedeutendste dt. Märchenerzählerin der Gegenwart; bes. populär wurde ihr alttürk. Märchen- und Geschichtenbuch „An Nachtfeuern der Karawan-Serail" (1956/57).

kampieren [frz., zu lat. campus „Feld"], [im Freien] lagern, übernachten; umgangssprachl. svw. wohnen, hausen.

Kamp-Lintfort, Stadt 20 km nördl. von Krefeld, NRW, 30 m ü. d. M., 37 500 E. Steinkohlenbergbau, Elektro- und Verpackungsind. - 1123 wurde Kamp, das erste dt. Zisterzienserkloster, gegründet. Die bei dem Kloster (1802/03 säkularisiert) entstandene Siedlung wurde mit der 1907 entstandenen Gemeinde Lintfort 1934 zu K.-L. zusammengeschlossen. - Ehem. Abteikirche (1683–1700) mit got. Chor (1410–15) und barocker Innenausstattung.

Kampmann, Viggo [dän. 'kambman'], * Kopenhagen 21. Juli 1910, † ebd. 3. Juni 1976, dän. Politiker. - 1950 und 1953–60 Finanzmin., seit 1953 Mgl. des Folketing; 1960–62 Min.präs. und Vorsitzender der sozialdemokrat. Partei.

Kampong [malai.], in Südostasien Bez. für ein Dorf oder einen dorfähnl. Bezirk im Randbereich einer Stadt.

Kamptodaktylie [griech.], svw. ↑ Krummfingrigkeit.

Kamptozoa [griech.], svw. ↑ Kelchtiere.

Kampuchea [...'tʃea] ↑ Kambodscha.

Kamsin [arab. „(Wind von) 50 (Tagen)"], trocken-heißer, staub- und sandhaltiger Wüstenwind aus südl. Richtungen in Ägypten.

Kamtschatka, Fluß auf der Halbinsel K., mündet bei Ust-Kamtschatsk in den K.golf, 758 km lang, schiffbar; Anfang/Mitte Mai-Anfang Nov. eisfrei.

Kamtschatka, Halbinsel, asiat. Halbinsel zw. Beringmeer und Ochotsk. Meer, UdSSR, 1 200 km lang, bis 450 km breit; überwiegend gebirgig (in der Kljutschewskaja Sopka 4 750 m ü. d. M.); von den 160 Vulkanen der H. K. sind 28 noch tätig. Kühle Sommer, sehr kalte Winter. Dem Klima entspricht die natürl. Vegetation: Fichten-Lärchen-Taiga, die in 380–400 m Höhe in Birkenwald übergeht; in 900–1 200 m folgen alpine Matten. Die westl. Küstenebene ist stark versumpft. Der Reichtum an Pelztieren gab den Anstoß zur russ. Besitznahme (Ende des 17. Jh.).

Kamtschatkafuchs ↑ Füchse.

Kamtschatkagolf, Bucht des Pazifiks an der mittleren O-Küste der Halbinsel Kamtschatka, UdSSR. An seiner N-Küste liegt der Hafen Ust-Kamtschatsk.

Kamyschin [russ. kaˈmiʃin], sowjet. Stadt am W-Ufer des Wolgograder Stausees der Wolga, RSFSR, 115 000 E. Technikum für die Mechanisierung in der Landw.; Kranbau, Glaswaren-, Farbenfabrik, Hafen. - 1607 gegründet.

Kana, bibl. Ort in der Nähe von Nazareth, im N.T. immer „K. in Galiläa" genannt; Schauplatz der ersten Wunder Jesu („Hochzeit zu Kana").

Kanaan, Gebiet im Raum Syrien-Palästina der vorbibl. und bibl. Zeit, etwa seit 1500 v. Chr. literar. erwähnt. Wichtigste Quelle für die Kenntnis von Kultur und Religion in K. sind außer dem A. T. die Tontafeln von Ugarit (klass. Zeit: 15./14. Jh.). Die Religion wird bes. durch die Vorstellung von ↑El als dem höchsten Vatergott und dem kämpfer. Vegetationsgott ↑Baal geprägt.

kanaanäische Sprachen, Sammelbez. für die hebr. Sprache, das Phönik. und Pun. sowie das Moabit.; gehören zum nw. Zweig der semit. Sprachen.

Kanaaniter, im A.T. die gesamte ethnolog. verschiedenartige Bevölkerung des Gebietes Kanaan.

Kanada

(amtl. Canada), Bundesstaat in Nordamerika, zw. 41° 41' und 83° 7' n. Br. sowie 52° 37' und 141° w. L. **Staatsgebiet:** K. umfaßt den N des nordamerikan. Festlands samt vorgelagerter Inseln (außer Saint-Pierre-et-Miquelon) sowie im Nordpolarmeer den Kanad.-Arkt. Archipel. **Fläche:** 9 922 330 km², davon Landfläche: 9 221 200 km². **Bevölkerung:** 25,4 Mill. E (1985), 2,6 E/km². **Hauptstadt:** Ottawa. **Verwaltungsgliederung:** 10 Prov. und 2 Territorien. **Amtssprachen:** Englisch und Französisch. **Nationalfeiertag:** 1. Juli. **Währung:** Kanad. Dollar (kan $) = 100 Cents (c). **Internationale Mitgliedschaften:** UN, OECD, NATO, GATT, Commonwealth; Beobachterstatus bei der OAS. **Zeitzonen:** von O nach W 6 Zonen, von MEZ -4½ Std. bis MEZ -9 Std.

Landesnatur: Fast die Hälfte von K. wird vom Kanad. Schild eingenommen. Im O Landes liegen Ausläufer der Appalachen, die durchschnittl. 400–600 m hoch sind, z. T. auch 1 000–1 200 m Höhe in K. erreichen. Im Zentrum folgen die kanad. Interior Plains, die in weit auseinanderliegenden Stufen vom Manitobatiefland, das 300 m hoch liegt, nach O bis zur Vorgebirgszone der Rocky Mountains auf 1 500 m ansteigen. Die Rocky Mountains steigen steil auf, sie erreichen im Mount Robson 3 954 m ü.d. M. Nach W folgt eine in 1 000–1 500 m Höhe liegende Plateaulandschaft, zu der u. a. das vom Fraser River durchflossene Fraser Plateau gehört. Die Küstenketten des nordamerikan. Kordillerensystems werden in K. von den Coast Mountains im S gebildet, die z. T. als Inseln aus dem Pazifik aufragen, im N gehören zu ihnen die Saint Elias Mountains, in denen der höchste Berg von K., der Mount Logan, liegt (5 950 m ü. d. M.). Die Inselwelt des im Nordpolarmeer liegenden Kanad.-Arkt. Archipels gehört im S und O noch zum Kanad. Schild, im N wird sie von Gebirgen bis 2 900 m Höhe beherrscht.

Klima: K. hat überwiegend kontinentales Klima mit langen, kalten Wintern und warmen bis heißen Sommern. Der Kanad.-Arkt. Archipel und das nö. Festland liegen in der arkt., der zentrale und westl. N des Landes in der subarkt. Klimaregion. Das Klima des SO ist gemäßigt. Im W schützen die Kordilleren die Küstengebiete vor arkt. Kaltlufteinbrüchen. Der Pazifik sorgt für ausgeglichene Temperaturen. Westwinde bringen hier hohe Niederschläge, doch herrscht bereits im Regenschatten der Coast Range starke Trockenheit.

Vegetation: Ein artenreicher Laubwald, z. T. auch Nadelwald, wächst im atlant. geprägten SO. Natürl. Grasland kennzeichnet die Prärieregion. An sie schließt sich nach N die boreale Waldzone, meist Nadelwald, an, die in die offene Tundra mit inselhaftem Baumwuchs übergeht. Die Gebirge im W werden weitgehend von Nadelwald bedeckt, wogegen in der ozean. geprägten küstennahen Zone Zedernarten, Kanad. Hemlocktannen, Douglasien, Sitkafichten u. a. vorherrschen. Die niederschlagsärmeren südl. Plateaus dagegen weisen Gras- und Buschformationen (Artemisia) auf.

Tierwelt: In den westl. Gebirgen und der subarkt. Klimaregion leben Grizzly-, Schwarz- und Braunbär, Karibu, Büffel, Elch, Wapiti, Schneeziege, Biber, Hermelin, Eichhörnchen, Wildenten, Wildgänse u. a., im arkt. Bereich Moschusochse, Schneehase, Polarwolf, Polarfuchs, Eisbär. Im Polarmeer gibt es Walroß und Robben.

Bevölkerung: Bei der Landnahme der Europäer rivalisierten Briten und Franzosen. Heute sind 43,4% der Kanadier brit., rd. 29% frz. Abkunft, daneben 5,1% dt., 3,4% italien., 2,4% ukrain. und 1,8% niederl. Herkunft; 1,5% der Bev. sind asiat. und 0,5% afrikan. Abstammung. Die urspr. Bev. waren Indianer und Eskimo. Die kanad. Indianer umfassen heute 568 Gruppen, sie leben in 2 230 Reservaten. Seit 1976 besitzen sie bei den UN den Beobachterstatus. Die kanad. Eskimo, die im arkt. Bereich leben, haben 1976 formell Anspruch auf ein größeres Landgebiet und Teile des Atlantiks angemeldet. Dichter besiedelt sind v. a. die südl. Gebiete an der Grenze gegen USA, bes. die Räume Toronto und Montreal, im W ist es der Raum Vancouver, in den Prärieprov. die Achse Winnipeg-Edmonton. Rd. 40% der Bev. sind Protestanten, sie gehören z. T. der Vereinigten Kirche

Kanada

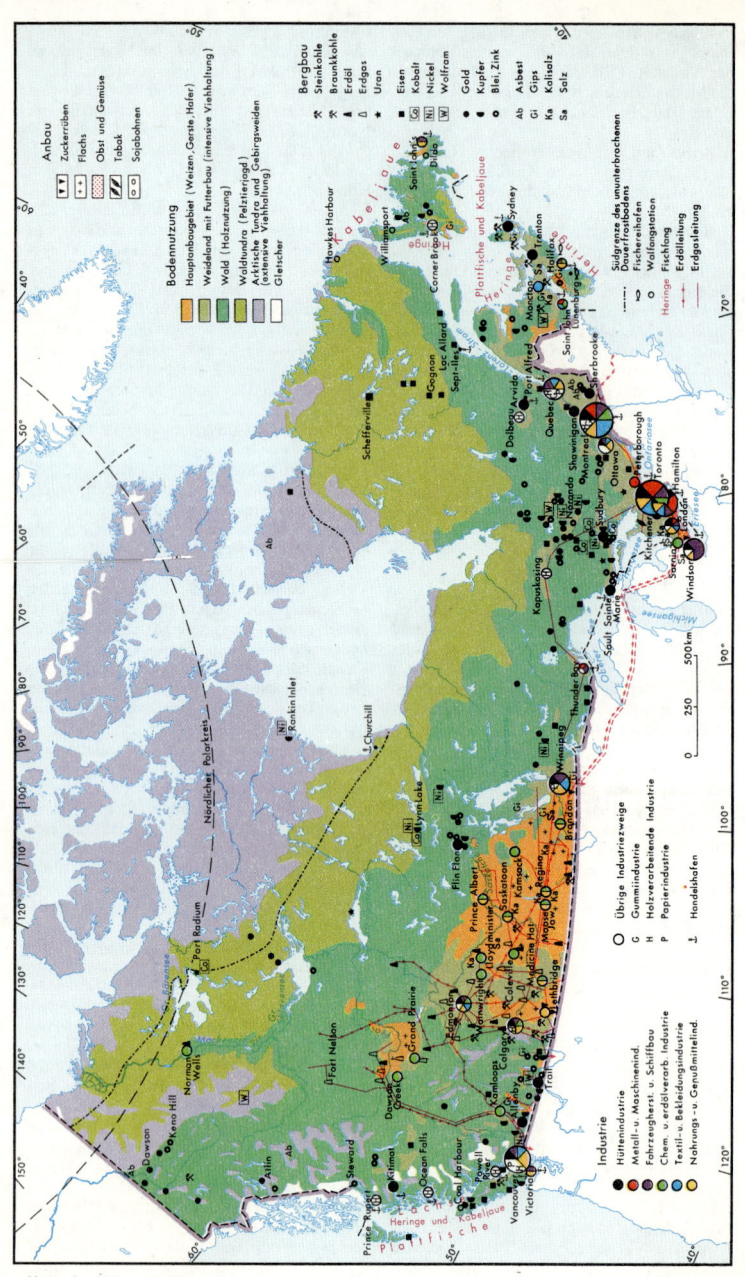

Kanada. Wirtschaftskarte

Kanada

VERWALTUNGSGLIEDERUNG (Stand 1984)

Provinzen	Fläche (km²)	E (in 1000)	Hauptstadt
Alberta	661 185	2 349	Edmonton
Brithish Columbia	948 596	2 871	Victoria
Manitoba	650 087	1 057	Winnipeg
New Brunswick	73 436	713	Fredericton
Newfoundland	404 517	580	Saint John's
Nova Scotia	55 491	870	Halifax
Ontario	1 068 582	8 937	Toronto
Prince Edward Island	5 657	125	Charlottetown
Quebec	1 540 680	6 549	Quebec
Saskatchewan	651 900	1 006	Regina
Territorien			
Northwest Territories	3 379 684	49	Yellowknife
Yukon Territory	482 515	22	Whitehorse

von K. an. Rd. 50 % sind röm.-kath. Jede Prov. hat ihr eigenes Schulsystem, Quebec je eines für Katholiken und für Protestanten. Die Volksschule umfaßt 8, die Oberschule 4 oder 5 Jahre. K. verfügt über 65 Univ. und techn. Hochschulen.

Wirtschaft: Im Sankt-Lorenz-Tiefland wird v. a. Milchwirtschaft, Gartenbau und Kartoffelanbau betrieben, in den Prärien wird in vollmechanisierten Großbetrieben Getreide, v. a. Weizen, angebaut. Kleinere Betriebe, die auf Sonderkulturen spezialisiert sind, wie Obst, Wein u. a., finden sich v. a. im S von Ontario, Quebec und Brit. Columbia. Viehwirtschaft wird v. a. in den Prov. Saskatchewan und Alberta sowie in Ontario und Quebec betrieben. Die Holzwirtschaft spielt eine bed. Rolle. Forstwirtsch. nutzbar sind 56 % der Waldflächen. Die besten Bestände finden sich in der Prov. Brit. Columbia. Fischerei wird im Atlantik, Pazifik sowie auf Flüssen und Seen betrieben. K. ist reich an Bodenschätzen. Erdöl und Erdgas werden v. a. in Alberta, aber auch in Brit. Columbia und im SO von K. gefördert. Wichtig sind die Vorkommen von Ölsanden am Athabasca River. An Erzen verfügt K. über reiche Eisen-, Uran-, Kupfer- und Nickelerzlagerstätten. In Saskatchewan befinden sich die größten Kalisalzvorkommen der Erde. Das Schürfen nach Gold, das im 19. Jh. zum Goldrausch am Quesnel River (Brit. Columbia) und v. a. am Klondike River (Yukon Territory) führte, spielt nur noch eine untergeordnete Rolle. Eine wesentl. Grundlage der kanad. Ind. ist die preisgünstige Energiegewinnung, v. a. durch Wasserkraft. Im wesentl. findet sich die verarbeitende Ind. in den dicht besiedelten Gebieten im S entlang der Grenze zu den USA. Hier werden wertmäßig etwa 75 % der Produktion erzeugt. Der Fremdenverkehr konzentriert sich auf die histor. Stätten und die ausgedehnten Nationalparks.

Außenhandel: Ausgeführt werden Kfz., Maschinen und Geräte, Erze und Metalle, Holz, Erdöl, Zeitungspapier, Weizen u. a., eingeführt Kfz., Nahrungsmittel, chem. Erzeugnisse, Eisen und Stahl, feinmechan. und opt. Geräte, Kunststoffe und -harze, Glas u. a. An erster Stelle der Handelspartner stehen die USA, gefolgt von den EG-Ländern (hier ist Großbrit. vor der BR Deutschland wichtigster Partner), Japan, Venezuela, der UdSSR und China.

Verkehr: Das Eisenbahnnetz hat eine Länge von 99 444 km, das Straßennetz von 884 000 km. Wichtigste O–W–Verbindung ist der 7 820 km lange Trans-Canada-Highway. Wichtigste Schiffahrtsstraße ist der Sankt-Lorenz-Seeweg, auf dem Seeschiffe mit bis zu 9 m Tiefgang 3 770 km landeinwärts bis in die Großen Seen fahren können. Bed. Seehäfen sind Vancouver, Montreal und Thunder Bay. Alle größeren Städte besitzen ✈, im N sind kleine Siedlungen und Forschungsstationen z.T. auf die Versorgung aus der Luft angewiesen. Die wichtigsten internat. ✈ befinden sich in Montreal und Vanvouver.

Geschichte: Zur Vor- und Frühgeschichte † Nordamerika. Die O-Küste von K. wurde, teilweise schon um das Jahr 1000 norweg. Seefahrern bekannt, Ende des 15. Jh. neu entdeckt. 1534/35 und 1541 nahm J. Cartier das Gebiet des Sankt-Lorenz-Stroms für die frz. Krone in Besitz. Mit dem wirtsch. Aufbau des ab 1603 kolonisierten „Neufrankr." wurde eine Kronverwaltung errichtet. Die frz.-brit. Auseinandersetzungen um Interessensphären in K. fanden ihren Höhepunkt im Siebenjährigen Krieg. Durch den Frieden von Paris waren 1763 alle Gebiete des heutigen östl. K. in brit. Besitz. Die zunehmende Unruhe in ihren alten Kolonien veranlaßte 1774 die brit. Reg. durch die Quebec Act die neuerworbene Kolonie als Prov. zu organisieren. Mit der Gewährung von Religionsfreiheit und Anerken-

Kanada

nung der frz. Verfassungsstrukturen gewann Großbrit. die Loyalität der Frankokanadier im Nordamerikan. Unabhängigkeitskrieg. Infolge dieses Krieges wanderten etwa 40 000 sog. Loyalisten, der brit. Krone treu gebliebene Amerikaner, in die Prov. Quebec und Nova Scotia ein, von wo aus sie die Besiedlung der heutigen Prov. Ontario und New Brunswick begannen. Der Friede von Versailles (1783) regelte die Grenze zw. den brit. Prov. und den USA. Großbrit. teilte 1791 die Prov. Quebec in Ober-K. und Unter-K.; in beiden neuen Prov. begann mit der Gewährung einer Legislative der Weg zur Autonomie. 1812–14 scheiterte der Versuch der USA, die brit. Besitzungen in Nordamerika zu erobern, am Widerstand auch der frz.-sprachigen brit. Untertanen. Dieser Erfolg förderte das Selbst- und Zusammengehörigkeitsgefühl der Prov.; daraus erwuchs die Forderung nach größerer Autonomie, die 1836/37 zu Unruhen führte und zum Versuch frankokanad. Radikaler, eine Republik zu errichten. Daraufhin vereinigte Großbrit. Ober- und Unter-K. zur Prov. K., die eine dem Parlament verantwortl. Reg. erhielt. Bis zu dieser Zeit waren die nicht zur Prov. K. gehörenden Gebiete von Brit.-Nordamerika noch kaum besiedelt; sie wurden von der Hudson's Bay Company verwaltet, die auch den Auftrag erhielt, an der Pazifikküste und der brit. Besitz sichernde Siedlungen anzulegen; aus diesen entstand 1858 die Kronkolonie British Columbia. Um der wachsenden wirtsch. und polit. Anziehungskraft der USA zu begegnen, schuf Großbrit. mit der British North America Act von 1867 das Dominion K., in dem die Prov. Quebec, Ontario, Nova Scotia und New Brunswick vereinigt waren. Bis 1873 schlossen sich die Prov. Manitoba, British Columbia und Prince Edward Island an. 1869 trat die Hudson's Bay Company ihre Territorien an K. ab; daraus wurden bis 1912 die Prov. Alberta und Saskatchewan gebildet, Manitoba, Ontario und Quebec beträchtl. nach N vergrößert und das Yukon Territory sowie die Northwest Territories geschaffen. Die kanad. Beteiligung am 1. Weltkrieg auf brit. Seite verstärkte das Streben nach voller polit. Unabhängigkeit, die zus. mit den anderen Dominien in den Empirekonferenzen von 1926 und 1930 erreicht wurde (Statut von Westminster, 1931). Die Weltwirtschaftskrise traf K., dessen Rohstoff- und Nahrungsmittelexport stark zurückging, in den 1930er Jahren sehr hart. Während der ersten Jahre des 2. Weltkrieges war K. eine der Hauptstützen des um seine Existenz kämpfenden Mutterlandes. K. war 1945 Gründungsmgl. der UN und 1949 der NATO. 1949 schloß sich das Dominion Newfoundland K. als 10. Prov. an.
Seit Anfang der 1950er Jahre machte die Lockerung der Commonwealth-Bindungen die kanad. Außenpolitik immer unabhängiger. Mit dem Vertrag über die nordamerikan. Luftverteidigung (NORAD) von 1958, der 1986 um 5 Jahre verlängert wurde, wurde die militär. Zusammenarbeit mit den USA fortgesetzt, deren wirtsch., aber auch polit. und kultureller Einfluß die kanad. Außenpolitik in immer stärkere Abhängigkeit von Washington brachte. Nach den Wahlen von 1956 wurden die seit 1934 regierenden Liberalen von den Konservativen unter J. G. Diefenbaker abgelöst, die trotz des wirtsch. Aufschwungs (1961–67) auf Grund polit. Schwierigkeiten 1963 den Liberalen unter L. B. Pearson wieder weichen mußten. Nach dessen Rücktritt wurde P. E. Trudeau Parteivors. und Premierminister. Die Übernahme der Reg. in der Prov. Quebec 1976 durch die Parti Québécois, die die Unabhängigkeit Quebecs anstrebt, stellte die Einheit Kanadas auf eine schwere Belastungsprobe. Dem zunehmenden Eigenbewußtsein der übrigen, v. a. der westl. Prov. will die Zentralreg. durch eine Verfassungsreform Rechnung tragen. Nach 11 Jahren liberaler Reg. setzten sich die Konservativen in den Wahlen vom Mai 1979 durch; P. E. Trudeau wurde von J. Clark als Premiermin. abgelöst. Bei vorzeitigen Neuwahlen im Febr. 1980 erreichten jedoch die Liberalen unter Trudeau mit einem Stimmenanteil von rd. 48 % die absolute Mehrheit. Im Mai 1980 lehnten die Wähler der Prov. Quebec in einer Volksabstimmung mit großer Mehrheit den Vorschlag ihres Min.präs. R. Lévesque ab, ihn zu Verhandlungen über die Loslösung Quebecs aus dem kanad. Staatsverband zu ermächtigen. Im Dez. 1981 verabschiedete das kanad., im März 1982 auch das brit. Parlament eine neue Verfassung, die auf die völlige Unabhängigkeit von Großbritannien zielt und eine Charta der Bürgerrechte umfaßt. Die Unterstützung für die liberale Reg. ließ angesichts der Wirtschaftskrise bald nach. Im Juni 1984 trat Premiermin. Trudeau zurück. Sein Nachfolger (auch als Parteivors.) wurde J. Turner, der für Sept. 1984 Neuwahlen ansetzte. Sie brachten einen überwältigenden Sieg der Konservativen; die Liberalen erhielten nur noch 40 Sitze (vorher 147) im Parlament. Nachdem die konservative Reg. unter Min.präs. Mulroney bei den Wahlen im Sept. 1988 bestätigt worden war, schloß K. mit den USA ein Handelsabkommen, das die Errichtung einer Freihandelszone vorsieht.

Politisches System: K. ist eine bundesstaatl. geordnete parlamentar. Monarchie innerhalb des brit. Commonwealth. Die Verfassung vom 17. April 1982 trat an die Stelle der British North America Act von 1867. *Staatsoberhaupt* ist der brit. Monarch, z. Z. Elisabeth II., die durch einen von ihr auf Vorschlag des kanad. Kabinetts ernannten Generalgouverneur vertreten wird. Abgesehen von Repräsentationsaufgaben und der Unterzeichnung von Gesetzen wird der Generalgouver-

kanadische Literatur

neur bei der Ernennung und Entlassung von Min. oder bei der Auflösung des Parlaments nur tätig auf Vorschlag des Premiermin. und entsprechend den parlamentar. Mehrheitsverhältnissen. Die *Exekutive* liegt beim Premiermin. (seit Sept. 1984 M. B. Mulroney) und seinem Kabinett, dessen Mgl. i. d. R. dem Parlament angehören. Das Kabinett ist dem Unterhaus verantwortlich. Verliert der Premiermin. das Vertrauen des Unterhauses, muß er zurücktreten, wenn der Generalgouverneur einen neuen Premiermin. ernennt, oder - dies ist der übl. Weg - es werden Neuwahlen ausgeschrieben. Seinerseits kann der Premiermin. innerhalb der Wahlperiode von 5 Jahren Neuwahlen verlangen. Die *Legislative* liegt formal gemeinsam beim Staatsoberhaupt, das jedes Gesetz unterzeichnen muß, um ihm Gültigkeit zu geben, und den Repräsentativkörperschaften: Unterhaus und Senat. Entscheidend ist jedoch das direkt (nach Mehrheitswahl) gewählte Unterhaus, dem der Premiermin. verantwortl. ist und wo allein Finanzgesetze eingebracht werden können. Es besteht aus 282 Abgeordneten. Der Senat, der jedes Gesetz nach der 3maligen Lesung im Unterhaus passieren muß, besteht aus 104 Mgl., die als Vertreter der Prov. vom Generalgouverneur auf Vorschlag des Premiermin. ernannt werden: je 24 für Ontario und Quebec, je 10 für Nova Scotia und New Brunswick, 4 für Prince Edward Island, je 6 für British Columbia, Manitoba, Alberta, Saskatchewan und Newfoundland, sowie je 1 für Yukon und die Northwest Territories. *Parteiwesen:* Die Liberale Partei (National Liberal Federation of Canada) hat ihre Programmschwerpunkte in umfassender sozialer Sicherung sowie in außen- und wirtschaftspolit. Autonomiebemühungen. Die Fortschrittl. Konservative Partei (The Progressive Conservative Party of Canada) verteidigt das bestehende Wirtschaftssystem und votiert für die Mitarbeit in der NATO und im Commonwealth. Die Neue Demokrat. Partei (The New Democratic Party) vertritt einen gemäßigten Sozialismus. Die im neuen Parlament nicht mehr vertretenen Kreditisten (Ralliement des Créditistes) verstehen sich als Partei der durch die Industrialisierung benachteiligten sozialen Schichten. *Gewerkschaften:* Die wichtigsten Gewerkschaftsverbände sind der Canadian Labour Congress (CLC) mit 2,3 Mill. Mgl. und die Confédération du Syndicats Nationaux mit 200 000 Mgl. *Verwaltung:* K. ist in 10 Prov. und 2 Territorien unterteilt. Die Prov., die in inneren Angelegenheiten weitgehend selbständig sind, werden jeweils von einem Premiermin. und einem Parlament regiert; Vertreter der Zentralgewalt ist ein vom Generalgouverneur auf Vorschlag des Premiermin. ernannter Vizegouverneur. Die beiden Territorien unterstehen der Zentralgewalt. Das unabhängige *Gerichtswesen* entspricht in seinem Aufbau der Verwaltungsgliederung. Mit Ausnahme der höchsten Bundesgerichte ist die Gerichtsverwaltung mit Unter- und Obergerichten Angelegenheit der Provinz. Das Strafrecht ist 1955 für ganz K. einheitl. neu gefaßt worden, das Zivilrecht beruht in Quebec auf dem frz. Code Civil, in den übrigen Prov. auf dem brit. Common Law.

Die *Streitkräfte,* die nur aus Freiwilligen bestehen, haben eine Stärke von 83 000 Mann; die organisator. Trennung in Heer, Luftwaffe und Marine wurde 1968 aufgehoben.

📖 *Canadian Encyclopedia. Edmonton 1985. 3 Bde. - Heartland und Hinterland: A geography of Canada. Hg. v. L. D. McCann. Scarborough. u. Ontario 1982. - Schöllmann, T./Buckmiller, H.: K. Freib. 1981. - K. Naturraum und Entwicklungspotential. Hg. v. A. Pletzsch u. C. Schott. Marburg 1979. - Schultze, R.-O.: Politik u. Gesellschaft in K. Meisenheim 1977. - K. Von Neufundland zu den Rocky Mountains. Hg. v. W. Weiss. Bern; Mchn. u. a. 1976.*

Kanadabalsam, Harz der ↑ Balsamtanne; hat den gleichen Brechungsindex wie Kronglas und wird daher in der opt. Technik als Kitt für Linsensysteme sowie zum Einschließen mikroskop. Präparate verwendet.

Kanadagans ↑ Gänse.

Kanadier, Wettkampfboot mit U-förmigen Spanten (↑ Kanusport).

Kanadisch-Arktischer Archipel, die dem nordamerikan. Festland im N vorgelagerten kanad. Inseln im Nordpolarmeer, zus. etwa 1,3 Mill. km^2; z. T. vegetationsloses Gebiet, z. T. Tundra. Der Dauerfrostboden taut im kurzen Sommer kaum 1 m tief auf. Die Besiedlung der Eskimo, die v. a. von der Jagd auf Robben und Weißwale leben, beschränkt sich auf den SO.

Kanadische Hemlocktanne ↑ Hemlocktanne.

kanadische Literatur, die in Kanada in frz. und engl. Sprache verfaßte Literatur. Voraussetzung für eine eigenständige k. L. in *frz. Sprache* war die Loslösung Kanadas von Frankr. (1763), als Kanada engl. Kolonialbesitz wurde und Engl. Amtssprache. Seit der 1. Hälfte des 19. Jh. verwendete man das Frz. als Literatursprache; unter Einbeziehung landeseigener Traditionen entwickelte sich dabei ein (frankokanad.) Nationalgefühl. Die zunehmende starke Orientierung der Frankokanadier am frz. Mutterland in der 2. Hälfte des 19. Jh. hatte das Aufgreifen der entsprechenden Strömungen der frz. Literatur wie Realismus, Naturalismus und Symbolismus, u. a. durch den Romancier L. Hémon, zur Folge. In neuerer Zeit hat sich die k. L. in frz. Sprache engagiert und experimentell geäußert, blieb jedoch, bedingt auch durch polit. und soziale Kontexte, durchwegs konservativer als die frz. Literatur. - Die k. L. in *engl. Sprache* weist im wesentl. nur Werke aus Lyrik und Epik auf: histor. Romane (M. de la Roche), Heimatschilderungen und realist. Auseinandersetzungen mit den nat. Problemen; Themen der Prosa sind die Gegensätze zw. der frz. und engl. Bev., Integration der Eskimos, Judenfrage. In der Lyrik werden nach anfängl. idyll. Schilderungen des Kleinstadtlebens, Natur- und Liebeslyrik, auch religiöse und soziale Probleme behandelt.

Kanadischer Schild (Laurentischer Schild), geolog. der Kern des nordamerikan. Kontinents und der ihm im N vorgelagerten Inseln sowie eines Teiles von Grönland; besteht aus präkambr. Grundgebirge, wurde als ganzes gehoben und am Rand aufgewölbt. Der K. S. nimmt fast die Hälfte des kanad. Staatsgebiets ein, erstreckt sich im SW bis nach Minnesota und Wisconsin, im SO sind das Sankt-Lorenz-Tiefland bzw. die Adirondack Mountains die Grenze. Dieses riesige Gebiet ist eine sanft gewellte Fastebene mit wenigen überragenden Hügeln und Bergrücken, es erreicht in den am stärksten gehobenen Rändern auch Gebirgscharakter. Das heutige Relief ist im wesentl. der pleistozänen Vereisung zu verdanken; zahlr. Seen entstanden als Abtragungsformen oder als Eisstauseen. Das größtenteils zur Hudsonbai orientierte Gewässernetz ist noch jung (mit Stromschnellen, Flußerweiterungen). Weite Gebiete sind versumpft. Das Klima ist kontinental, im N polar. Der äußerste N ist vegetationslos, auf die Tundra folgen Nadelwälder, die am S-Rand des K. S. in Mischwälder übergehen. Der an Erzen und Holz reiche K. S. ist nur im S dichter besiedelt; im Zentrum und N sind Bergbauorte, Pelzhandels- und Polizeistationen die einzigen Ansiedlungen in dem urspr. nur von Indianern und Eskimo bewohnten Raum.

Kanaille [ka'naljə; italien.-frz., zu lat. canis „Hund"], abwertend: Schurke, Schuft; veraltet für: Gesindel.

Kanaken [polynes. „Menschen"], abwertende Bez. für die Einwohner der Südseeinseln.

Kanal [lat.-italien., zu griech.-lat. canna „kleines Rohr, Röhre"], künstl. Wasserlauf. *Be- und Entwässerungskanäle* sowie *Abwasserkanäle* sind entweder offene Wasserläufe oder geschlossene Rohrleitungssysteme mit Gefälle, ebenso *Werkkanäle*, die Industrieanlagen mit Brauch- und Kühlwasser versorgen. Größere Kanäle dienen der Schiffahrt *(Schiffahrtskanäle);* Schleusen und Schiffshebewerke dienen zur Überwindung von Höhenunterschieden; die Streckenabschnitte mit gleichmäßig hohem Wasserstand werden als *K.haltungen* bezeichnet. - *Seekanäle* dienen der Hochseeschiffahrt; sie verbinden als offene Durchstiche oder als Schleusenkanäle Meere miteinander. *Binnenkanäle* verbinden Flußnetze und Seen miteinander und mit dem Meer. K.bauten werden in künstl. angelegten Geländeeinschnitten oder zw. Dämmen geführt. Bei wasserdurchlässigem Boden (K.sohle oberhalb des Grundwasserspiegels) muß das K.bett durch Ton-, Asphalt- oder Betonschichten abgedichtet werden.

Geschichte: Schon in alten Hochkulturen (Mesopotamien, Ägypten, China) waren Kanäle mit zuweilen einer Länge von mehreren hundert Kilometern bekannt. Der Versuch Karls d. Gr., die Donau über den Main mit dem Rhein zu verbinden, scheiterte an den beträchtl. Höhenunterschieden, da Kammerschleusen erst Ende des 14. Jh. aufkamen. Diese Schleusen ermöglichten dann den Bau großer K.systeme, wie sie seit dem 15. Jh. in Belgien, den Niederlanden, seit dem 16. Jh. in Frankreich, seit dem 17. Jh. in Preußen und seit dem 18. Jh. in Großbrit. und Rußland entstanden. Kanäle als Transportwege für Massengüter wurden erst vom Ende des 19. Jh. an ausgebaut bzw. neu angelegt (in Deutschland u. a. der Dortmund-Ems-Kanal und der Mittellandkanal).

◆ in der *Nachrichtentechnik* Bez. für ein Frequenzband bestimmter Bandbreite; die sog. *Kanalbreite* beträgt in der Fernsprechtechnik 3,1 kHz, in der Rundfunktechnik bei Amplitudenmodulation (AM) 9 kHz, im UKW-Bereich (Frequenzmodulation, FM) 300 kHz, beim Fernsehen im VHF-Bereich 7 MHz, im UHF-Bereich 8 MHz.

Kanal, Der (Ärmelkanal, engl. English Channel, frz. La Manche), Meeresstraße zw. der N-Küste von Frankr. und der S-Küste Englands; erstreckt sich über 560 km von den Scilly-Inseln bzw. Ouessant bis zur Straße von Dover, die die Verbindung zur Nordsee herstellt. Bes. starke Gezeitenwirkung, v. a. an der frz. Küste. Der K. weist die größte Verkehrsdichte aller internat. Seewege auf; bis zu 70 Fährschiffe überqueren den K. pro Tag. Seit dem 19. Jh. bestehen Pläne, den K. zu untertunneln. 1986 haben Frankr. und Großbrit. den Bau eines Eisenbahntunnels vereinbart; geplante Bauzeit 1987–93.

Kanalinseln (engl. Channel Islands, frz. Îles Normandes), Inselgruppe im Kanal vor der frz. Küste, westl. der Halbinsel Cotentin, besteht aus den der brit. Krone zugehörigen Selbstverwaltungsgebieten Jersey und Guernsey einschließl. der Inseln Alderney, Sark u. a. sowie aus den zu Frankr. gehörenden Roches Douvres und Îles Chausey; zus. mit zahlr. Eilanden und Felsen 195 km². Die Bev. lebt überwiegend auf Guernsey und Jersey; ständig bewohnt sind ferner Alderney und Sark; in Jersey ist Frz., in Guernsey Engl. Amtssprache. Das Klima ist ozean., fast frostfrei. Die Vegetation weist zahlr. mediterrane Arten auf. Die Landw. ist spezialisiert auf Milchwirtschaft, Anbau von Tomaten, Frühkartoffeln und Blumen, die Fischerei auf Hummer- und Krabbenzucht. Die Ind. verarbeitet landw. Produkte und stellt Wollstoffe her; bed. Fremdenverkehr.

Kanalisation

Geschichte: Die K. wurden Anfang des 11. Jh. von Normannen besiedelt. Grundherren waren im MA die Vizegrafen von Cotentin, von Bessin, das Kloster Mont-Saint-Michel und die Herzöge der Normandie, unter deren Hoheit die K. standen. Der heute der brit. Krone verbundene Teil der K. blieb 1204 als letzter Teil des Hzgt. Normandie im Besitz des Königs von England. Seit Ende 15. Jh. gibt es einen Gouverneur für diese K., deren Ständeversammlung 1771 die Gesetzgebungskompetenz erhielt. 1940–45 waren die K. von dt. Truppen besetzt.

Verfassung: Soweit die K. nicht zu Frankr. gehören, haben sie einen verfassungsrechtl. Sonderstatus. Staatsoberhaupt ist die brit. Königin in ihrer Eigenschaft als „Herzogin der Normandie". Sie besitzen weitgehende Autonomie in inneren Angelegenheiten und eine eigene Legislative, die aber der formalen Sanktion einer königl. „Order in Council" bedarf. Die Gesetzgebung des brit. Parlaments ist nur bindend, wenn sie ausdrückl. auf die K. bezogen wird. Verwaltungsmäßig bilden die K. 2 autonome Amtsbezirke („bailiwick"), Jersey und Guernsey, in dem die brit. Krone je einen Amtmann („bailiff") ernennt, der in Personalunion Präs. des Inselparlaments („states"), Verwaltungschef und Vors. des Königl. Gerichts ist; die brit. Krone wird durch einen Gouverneur, den Lieutenant-Governor, repräsentiert.

📖 *Rink, B.: Die K. u. die Insel Wight. Köln 1983.*

Kanalisation [lat.-italien.], Anlage zur Ableitung des Regenwassers und der häusl. und gewerbl. (kommunale Entwässerung) sowie der Ind.abwässer durch ein meist unterird. Kanalnetz, das als *Misch-K.* (gemeinsame Ableitung von Regen- und Abwasser zu einer Kläranlage; Mischverfahren) oder als kostspieligere *Trenn-K.* (getrennte Ableitung des Regenwassers in den Vorfluter und des Abwassers in die Kläranlage; Trennverfahren) ausgeführt sein kann. Für die Bemessung der K. ist die Ermittlung der anfallenden Wassermenge wesentlich. Von Bed. ist in erster Linie der *Trockenwetterabfluß*, diejenige Abwassermenge des Einzugsgebietes der K., die sich aus dem Wasserverbrauch der Haushalte, der gewerbl. Betriebe und aus gegebenenfalls eindringendem Grundwasser ergibt (Wasserverbrauchsmittelwerte: bis 200 l je Einwohner und Tag). Da die Abwässer Verunreinigungen (z. B. Sand, feste Abfälle) mit sich führen, muß in jedem Falle in der K. eine solche Fließgeschwindigkeit herrschen, daß sich die Verunreinigungen nicht ablagern können (sog. *Schwemm-K.*). Gestalt und Bebauung der Erdoberfläche beeinflussen die Anordnung und Führung des Kanalnetzes. Hausanschlußkanäle (Gefälle nicht unter 1:50) sind mit dem Straßenkanal verbunden. Die Straßenkanäle münden in *Nebensammler*, die mit dem Hauptsammler verbunden sind, der das Abwasser zur Kläranlage oder zum Vorfluter (Sammelbecken zur vorübergehenden Aufnahme großer Wassermengen, z. B. nach starken Regenfällen) führt. In regelmäßigen Abständen sind zur Kontrolle und Reinigung des Kanalsystems Einstiegschächte vorhanden.

Geschichte: Abwässerkanäle und Senkgruben gab es bereits im 3. Jt. v. Chr. in den Städten Mesopotamiens (vermutl. unterird. verlegte Tonröhren). Auch die großen Städte Ägyptens besaßen vorbildl. K.anlagen. In Rom begannen bereits die Etrusker mit dem Bau einer K., die nach und nach bis auf 4 m Höhe und über 4 m Breite ausgebaut, gepflastert und mit einem Gewölbe überdeckt wurde. An diese Cloaca maxima waren später alle Abwasserleitungen Roms angeschlossen. Umfangreiche K.netze sind auch aus altamerikan. Kulturen bekannt, etwa aus Tiahuanaco. Im MA und zu Beginn der Neuzeit geschah in Europa nur wenig für die Städtereinigung. Abwässer flossen meist in offenen Gräben oder Rinnen in die nächstgelegenen Bäche. Erst nach der Mitte des 19. Jh. begannen die großen Städte systemat. mit dem Bau

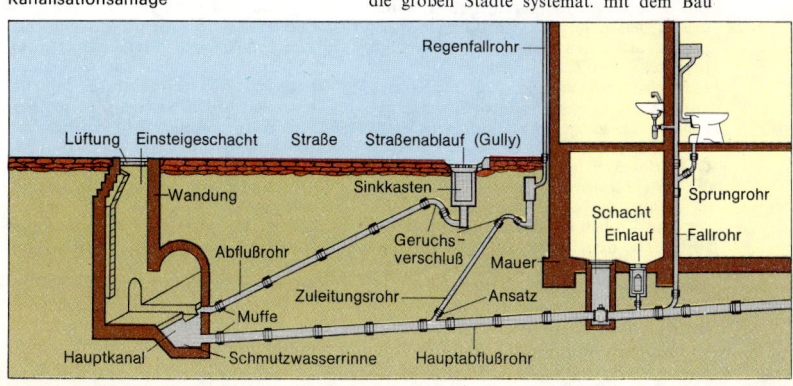

Kanalisation. Schema einer Kanalisationsanlage

Kanalstrahlen

von K.anlagen, nachdem der Ausbruch verheerender Epidemien die Notwendigkeit einer Verbesserung der allgemeinen Hygiene und insbes. der Abwasserbeseitigung deutl. gemacht hatte.

📖 *Imhoff, K./Imhoff, K. R.: Tb. der Stadtentwässerung. Mchn.* ^{26}*1985. - Bischof, W.: Abwassertechnik. Stg.* ^{8}*1984. - Lautrich, R.: Der Abwasserkanal. Hamb.* ^{4}*1980.*

Kanalstrahlen, positive Ionenstrahlen, die bei der selbständigen Gasentladung entstehen und rückwärts aus der Öffnung einer durchbohrten Kathode austreten.

Kananga, Stadt im W von Zaïre, am mittleren Lulua, 634 m ü. d. M., 704 000 E. Hauptstadt einer Prov., kath. Erzbischofssitz; Handelszentrum eines Baumwollanbaugebietes; Textil- und Nahrungsmittelind.

Kanapee [frz., zu griech. könöpeīon „feinmaschiges Mückennetz, Bett mit einem solchen Netz"], gepolsterte Sitzbank mit Rükken- und Seitenlehnen.

♦ (Canapé) Appetithäppchen.

Kanarenbecken, Tiefseebecken im N-Atlantik, zw. Nordatlant. Rücken und nordwestafrikan. Kontinentalrand, maximal 6 750 m tief.

Kanarenstrom, kalte, südwärts gerichtete Meeresströmung im N-Atlantik vor der W-Küste N-Afrikas.

Kanaresisch (Kannada), zu den drawidischen Sprachen gehörende Amtssprache des ind. Bundesstaates Karnataka mit über 20 Mill. Sprechern und eigener Schrift.

Kanaribaum [malai./dt.] (Canarium), Gatt. der Balsambaumgewächse mit rd. 80 Arten in S-Asien und Afrika; teilweise riesige Bäume, die ↑Elemi, ↑Kopal und gutes Holz liefern; einige Arten haben stark ölhaltige Früchte und Samen.

Kanariengras [...i-ɛn...] ↑Glanzgras.

Kanarienvogel (Serinus canaria), etwa 12 cm langer Finkenvogel in offenen, von Bäumen und Büschen bestandenen Landschaften der Kanar. Inseln, Azoren und Madeiras; lebt gesellig in kleinen Schwärmen. Das ♀ legt vier bis fünf Eier je Brut (bei domestizierten Formen jährl. drei bis vier Bruten), aus denen nach etwa zwei Wochen Junge schlüpfen. Zuchtformen sind z. B.: *Harzer Roller* (einfarbig gelb; bes. gute Sänger), *Roter K.* (orangefarbig; durch Einkreuzung von Kapuzenzeisigen entstanden), *Hauben-K.* (mit verlängerten Hauben).

Geschichte: Der domestizierte K. stammt von der etwas kleineren, grünbraunen Wildform ab, die auf den Kanar. Inseln heim. ist. Nach der span. Eroberung entwickelte sich (bereits zu Beginn des 16. Jh.) ein schwungvoller K.handel. Über Italien kamen die K. nach Imst im Inntal, wo gegen Ende des 17. Jh. die damals bedeutendste K.zucht entstand. Vermutl. brachten Tiroler Bergleute die K. in den Harz. Hier begann im 19. Jh. (bes. in Sankt Andreasberg) die Zucht des berühmten Harzer Rollers.

Kanaris, Konstandinos, * auf Psara um 1790, † Athen 14. Sept. 1877, griech. Admiral und Politiker. - Schlug im griech. Aufstand 1821–27 wiederholt die osman. Flotte; nach 1843 mehrmals Marinemin. und Min.präs.

Kanarische Inseln (span. Islas Canarias; Kurzform: Kanaren), zu Spanien gehörende Inselgruppe im Atlantik, 100 km vor der nordwestafrikan. Küste, 7 273 km², 1,37 Mill. E (1981). Die K. I. bilden eine autonome Region. Hauptstadt der die Inseln Teneriffa, La Palma, Gomera und Hierro umfassenden Prov. ist Santa Cruz de Tenerife, Hauptstadt der Prov., die von den Inseln Gran Canaria, Fuerteventura, Lanzarote sowie den vorgelagerten kleinen Inseln (u. a. Graciosa, Aleganza) gebildet wird, ist Las Palmas de Gran Canaria. Die überwiegend gebirgigen Inseln sind vulkan. Ursprungs. Höchste Erhebung ist mit 3 718 m der Pico de Teide auf Teneriffa. Die niedrigen östl. Inseln sowie die Küstenzonen der höher aufsteigenden Inseln besitzen trocken-heißes Klima. Auf Teneriffa und La Palma herrscht oberhalb von 2 000 m Höhe trockenkaltes Hochgebirgsklima. In der Küstenzone sind v. a. Wolfsmilchgewächse typ., ebenso Sukkulenten, Kanar. Dattelpalme, Tamariskenarten und Drachenbaum. Die mittl. Zone ist Waldland, gefolgt von einem Gürtel, der fast nur von der Kanar. Kiefer bestimmt wird. Auf Teneriffa und La Palma folgt Hochgebirgsflora. Auf den östl. Inseln finden sich auch Pflanzen, die aus der Sahara stammen.

Die Bev. besteht im wesentl. aus der Vermischung von Guanchen, den Ureinwohnern, mit zugewanderten Spaniern. In La Laguna auf Teneriffa besteht eine Univ. (gegr. 1701). Wichtigster Wirtschaftszweig einiger Inseln ist der Fremdenverkehr, daneben ist der Export von Bananen, Tomaten und Frühkartoffeln von großer Bed. Der Verkehr zw. den Inseln wird von Schiffen und Flugzeugen bewältigt. Internat. ✈ befinden sich auf Gran Canaria und Teneriffa.

Geschichte: Die wahrscheinl. schon den Phönikern bekannten Inseln gerieten im Früh-MA in Vergessenheit und wurden um 1000 zunächst von den Arabern, dann im 14. Jh. von Genuesen, Spaniern, Portugiesen und Franzosen aufgesucht. Im Frieden von Alcáçovas (1479) kam ein Teil der Inselgruppe an Spanien, das sich auch die restl. Inseln eroberte, die dann zur Basis für die Amerikafahrt wurden.

📖 *Baumli, O./Rother, A.: Die K. I. Luzern 1981. - Kunkel, G.: Die K. I. u. ihre Pflanzenwelt. Stg. 1980.*

Kanasawa, jap. Stadt auf Hondo, 417 700 E. Univ. (gegr. 1949), Hochschule für Medizin, Kunsthochschule; Zentrum der Seidenweberei und der Lackfabrikation. - K. entstand Ende des 15. Jahrhunderts.

Kanat [arab.] ↑Foggara.

Kancheepuram [kænˈtʃiːpʊrəm], ind. Stadt in der Koromandelküstenebene, Bundesstaat Tamil Nadu, 131 000 E. Eine der 7 hl. Städte des Hinduismus, Zentrum der brahman. Kultur; Sanskritschulen. - Hauptstadt des Pallawareiches (4.–10. Jh.); im 11. Jh. ging es in den Besitz des Tscholareiches über. 1752 von Robert Clive für die Ostind. Kompanie erobert. - Die Tempel in und um K. zählen zu den ältesten Zeugnissen südind. Architektur.

Kandahar, Oasenstadt in S-Afghanistan, 1 000 m ü. d. M., 178 400 E. Prov.hauptstadt, Handelszentrum, Straßenknotenpunkt. Wollaufbereitungswerk, Obstkonservenfabrik; internat. ✈. - K. entwickelte sich nach 1150 zur Stadt; 1747 bis um 1775 Hauptstadt Afghanistans. - Eindrucksvollster Bau ist das Mausoleum von Ahmad Schah Durrani († 1773).

Kandaharrennen (Arlberg-Kandahar-Rennen), ältestes alpines Skirennen der Welt, benannt nach dem Stifter des Pokals (1911) Sir F. S. Roberts of Kandahar; der aus Slalom, Riesenslalom und Abfahrt bestehende Kombinationswettbewerb wird, seit 1928 erstmals in Sankt Anton am Arlberg durchgeführt, alljährl. im Wechsel in verschiedenen Orten der Alpen ausgetragen.

Kandare [zu ungar. kantár „Zaum, Zügel"], zum Zaumzeug des Pferdes gehörende Gebißstange mit Hebelwirkung zum schärferen Zügeln des Pferdes; **an die Kandare nehmen,** scharf zügeln, straff halten, streng vornehmen.

Kandaules, nach Herodot letzter König der lyd. Heraklidendyn.; nach 17jähriger Herrschaft durch Gyges gestürzt.

Kandavu ↑Fidschiinseln.

Kandel, Stadt im Vorhügelland der Haardt, Rhld.-Pf., 128 m ü. d. M., 7 300 E. Herstellung von landw. Spezialmaschinen, Elektrogeräten u. a. - 1150 erstmals genannt; 1330 an Kurpfalz verpfändet; 1937 Stadt. - Neugot. ev. Pfarrkirche (1836–40) mit spätgot. Chor (1468–75), barockes Rathaus (1773–83).

K., Gipfel im S-Schwarzwald bei Waldkirch, 1 241 m hoch.

Kandelaber [lat.-frz.], säulenartiges Gestell mit schwerem Fuß zum Tragen von Kerzen, Lampen oder Räucherschalen; Sonderform ist der siebenarmige Leuchter.

Kandelaberwolfsmilch (Kandelabereuphorbie) ↑Wolfsmilch.

◆ Bez. für verschiedene sukkulente Arten der Gatt. Wolfsmilch, die v. a. im Alter eine kandelaberartige Verzweigung der Äste aufweisen.

Kandelit [engl.], svw. ↑Kännelkohle.

Kandern, Stadt im Markgräfler Land, am W-Rand des südl. Schwarzwaldes, Bad.-Württ., 352 m ü. d. M., 6 500 E. Ton- und Töpfer- sowie Textilind. - Als Hauptort der Herrschaft Sausenberg fiel K. 1503 an Baden; 1810 Stadt.

Kandersteg, schweizer. Gem. im oberen Kandertal, Kt. Bern, 1 176 m ü. d. M., 960 E. Sommerfrische, Wintersportplatz; Autoverladung am N-Ende des Lötschbergtunnels. - 1352 erstmals erwähnt.

Kandidamykose [lat./griech.], svw. ↑Soor.

Kandidat [zu lat. candidatus „Amtsbewerber, bekleidet mit der toga candida" (↑Toga], [Amts]bewerber, Anwärter.

◆ Student nach Erwerb einer Vorprüfung oder in der Abschlußprüfung, Abk. cand., z. B. cand. med., cand. phil.

◆ nach dem Organisationsrecht kommunist. Parteien Bez. für einen Anwärter auf die Mitgliedschaft. Vor der vollen Mitgliedschaft ist meist eine einjährige K.zeit vorgesehen.

Kandidatenturnier, seit 1950 im Abstand von 3 Jahren vom Weltschachbund veranstaltetes internat. Schachturnier (8 Teilnehmer); der Sieger ist berechtigt, den amtie-

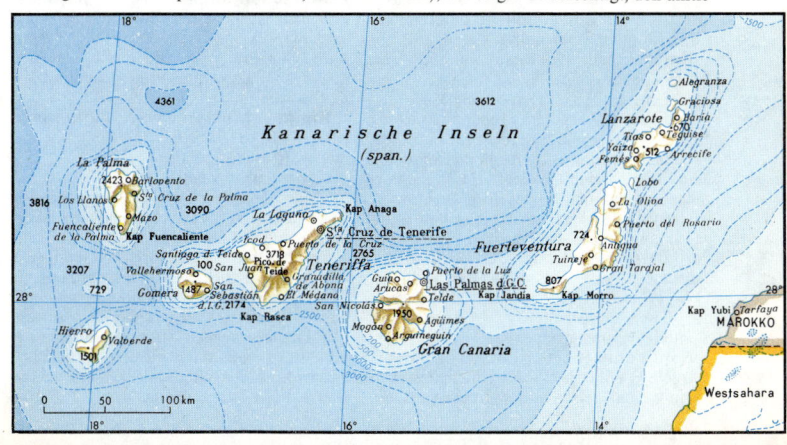

Kandidatur

renden Schachweltmeister herauszufordern.
Kandidatur [lat.-frz.], Aufstellung als Kandidat für eine Wahl; **kandidieren,** sich als Kandidat für eine Wahl aufstellen lassen.
Kandidose [lat.], svw. ↑Soor.
Kandieren [italien.-frz., zu arab. kand „Rohrzucker"], Überziehen v. a. von Früchten mit einer dünnen, vor Austrocknung schützenden Zuckerschicht.
Kandinsky, Wassily [...ki], *Moskau 4. Dez. 1866, † Neuilly-sur-Seine 13. Dez. 1944, russ. Maler und Graphiker. - Nach Jurastudium in Moskau seit 1896 Kunststudium in München (u. a. Schüler von F. von Stuck). 1909 Mitbegr. der „Neuen Künstlervereinigung" (bis 1911), mit F. Marc Gründung des ↑Blauen Reiters. 1914 Rückkehr nach Rußland. 1921 ließ K. in Deutschland nieder; 1922-32 Lehrer am Bauhaus. 1924 bildete er mit P. Klee, L. Feininger und A. von Jawlensky die Gruppe der „Blauen Vier"; 1933 Übersiedlung nach Paris. - Im Frühwerk deutl. Orientierung an russ. Volkskunst und am Jugendstil. 1908–10 v. a. Landschaften (in Murnau), allmähl. Übergang zu freier Behandlung der Realität; 1910 erstes abstraktes Aquarell. Gleichzeitig theoret. Grundlegung seiner Kunst („Über das Geistige in der Kunst", 1912). Fortsetzung der Arbeit an ungegenständl. Bildformen, Betonung des Eigenwerts der Farbe. Seit 1921 Beginn einer strengen Geometrisierung seiner Werke. Als Graphiker bevorzugte K. zunächst den Holzschnitt, später die Radierung (zykl. Werke: „Klänge", 1912; „Kleine Welten", 1922). Die Schrift „Punkt und Linie zur Fläche: Beitrag zur Analyse der maler. Elemente" (1926) ist das grundlegende Werk zum Schaffensprozeß abstrakter Kunst. - Abb. Bd. 1, S. 53.
⌑ *Zweite, A.: W. K. Ffm. 1985. - Roethel, H. K./ Benjamin, J. K.: K. Werkverzeichnis Mchn. 1982–84. 2 Bde.*

Kandis [italien., zu arab. kand „Rohrzucker"] (Kandiszucker), in großen Stücken auskristallisierter Zucker; oft in ungereinigter Form (brauner Rohkandis).

Kandla, ind. Hafenstadt am Golf von Kutch, Bundesstaat Gujarat, 24 000 E. Überseehafen New K. (v. a. Importgüter); ✈.

Kändler (Kaendler), Johann Joachim, *Fischbach (Landkr. Dresden) 15. Juni 1706, † Meißen 18. Mai 1775, dt. Porzellanmodelleur. - Eigtl. Steinbildhauer; 1731 an die Porzellanmanufaktur nach Meißen berufen. K. ist der Erfinder der Porzellanplastik in Europa, anfängl. v. a. Großplastiken (Tiere) und Porträts sowie prächtige Service (u. a. das Schwanenservice für den Grafen Brühl, 1737–41), seit 1742 v. a. figürl. Kleinplastik als Tischschmuck (Tier-, Genre- und Komödienfigurengruppen).

Kandschur [„Übersetzung der Vorschriften"], eine 689 Einzelwerke umfassende Sammlung hl. Schriften des ↑Lamaismus, die zus. mit dem ↑Tandschur den buddhist. Kanon Tibets bildet (Anfang des 14. Jh.).

Kandy [ˈkændɪ], Stadt in Sri Lanka, im zentralen Hochland, 504 m ü. d. M., 97 900 E. Verwaltungssitz des Distr. K.; zwei landw., ein veterinärmedizin. Forschungsinst., Univ. (gegr. 1942). - Im 14. Jh. gegr., war 1592–1815 Hauptstadt Ceylons. - Ehem. singhales. Königspalast (16. Jh. und 19. Jh.); Wallfahrtsziel ist der Tempel Dalada Maligawa in einem Schrein einen Zahn Buddhas birgt.

Kaneelbaumgewächse (Canellaceae), Pflanzenfam. mit sechs Gatt. und rd. 20 baumförmigen Arten in den Tropen und Subtropen N-Amerikas; die bekannteste Art ist der auf den Westind. Inseln heim. **Zimtrindenbaum** (Canella winterana), dessen weißlichgelbe Rinde (Kaneelrinde) den wie Zimt verwendeten sog. weißen Kaneel (Ceylonzimt) liefert.

Kanem-Bornu, ehem. Reich im Z-Sudan, umfaßte u. a. das Gebiet der Kanembu am Tschadsee und das der Kanuri in der Landschaft Bornu. Durch die Islamisierung (1085) verschmolzen die zu einer gewissen Einheit. Im 13. Jh. hatte das Reich eine Blütezeit; wirtsch. Grundlage war der Handel mit N-Amerika und Ägypten, v. a. der Sklavenhandel mit Tunis. Unter dem Druck der Fulbe und arab. Eroberer zerfiel das Reich.

Kanembu, Stamm der Sudaniden am W-Ufer des Tschadsees, Savannenpflanzer mit Viehhaltung.

Kanephoren [griech.], jungfräul. Teilnehmerinnen an altgriech. Prozessionen; auf dem Kopf trugen sie Körbe, meist mit Opfergerät.

Kanevas [frz.; zu griech. kánnabis „Hanf"], loses, gut abzählbares, leinwandbindiges Gewebe für Stickereien.

Kangar [indones. ˈkaŋar], Hauptstadt des Sultanats Perlis, W-Malaysia, nahe der thailänd. Grenze, Hafen am Perlis (10 km landeinwärts), 13 000 E. Reisanbau.

Kangchenjunga [kæntʃɛnˈdʒʌŋɡə], dritthöchster Berg der Erde, im Himalja, an der Grenze zw. Nepal und Sikkim, 8 598 m hoch; Erstbesteigung 1955 durch eine brit.-neuseeländ. Expedition (unter Leitung von C. Evans).

Känguruhratten, svw. ↑Rattenkänguruhs.
◆ svw. ↑Taschenspringer.

Känguruhs [austral.-engl.] (Springbeutler, Macropodidae), Fam. der Beuteltiere mit rd. 50 Arten von etwa 25–165 cm Körperlänge in Australien (einschließl. Tasmanien), auf Neuguinea und einigen vorgelagerten Inseln; Körper häufig dicht behaart; Kopf klein, oft ziemL. langschnauzig; Schwanz lang und kräftig; Vorderbeine kurz und schwach entwickelt; Hinterbeine meist stark verlängert; Körperhaltung oft aufrecht; Fortbewegung überwiegend auf den Hinterbeinen hüpfend (bei Riesen-K. bis 10 m weite und 3 m hohe Sprünge). Der Schwanz dient den K. beim Sitzen als Stütze, beim Springen zum Ausbalancieren und Steuern. K. sind mit Ausnahme der †Baumkänguruhs Bodenbewohner. Sie sind überwiegend Pflanzenfresser mit nagetierähnl. Gebiß. Die ♀ gebären meist jährl. nach kurzer Tragzeit (30–40 Tage) einen daumengroßen, blinden Embryo, der (von Geruchsreizen geleitet) in den Beutel der Mutter kriecht und sich an einer Zitze festsaugt (langes Verweilen im Beutel, bei Riesen-K. etwa 235 Tage). Zu den K. gehören u. a. Ratten-K., Fels-K., Wallabys, Riesen-K.

Kania, Stanisław, * Wrocanka (bei Jasło) 8. März 1927, poln. Politiker. - Ab 1945 Mgl. der Poln. Arbeiterpartei ab 1948 der Vereinigten Poln. Arbeiterpartei PZPR; ab 1964 Kandidat, ab 1968 Mgl. des ZK der PZPR, 1971–81 auch Sekretär des ZK (verantwortl. für Sicherheit und Militärangelegenheiten); seit Dez. 1971 Kandidat, seit 1975 Mgl. des Politbüros; seit 1972 Parlamentsabg., Sept. 1980–Okt. 1981 Nachfolger E. Giereks als 1. Sekretär des ZK, ab 1982 Mgl. des Staatsrats.

Kanin, Halbinsel, sowjet. Halbinsel zw. dem Weißen Meer und der Tschoschabucht (Barentssee), überwiegend sumpfige Tundraebene; im N erstrecken sich die bis 242 m hohen **Kaninberge.**

Kaninchen [letztl. zu lat. cuniculus mit gleicher Bed.] (Karnickel), zusammenfassende Bez. für Wildkaninchen und Hauskaninchen.

Kaninus [lat.], svw. Eckzahn († Zähne).

Kanisfluh, Berg im Bregenzerwald, isolierter Kalkklotz, höchste Spitze 2 044 m; Wintersportgebiet.

Kanister [engl., zu griech.-lat. canistrum „aus Rohr geflochtener Korb"], tragbarer Behälter für Flüssigkeiten (aus Blech oder Kunststoff).

Kankan [frz. kã'kã], Bez.hauptstadt in O-Guinea am Milo, 380 m ü. d. M., 85 000 E. Sitz des Regionalministers für Oberguinea; PH; Handelszentrum; Endpunkt der Bahnlinie von Conakry.

Kanker, svw. †Weberknechte.

Kankiang (Ganjiang) [chin. gandzjaŋ], Fluß in der südchin. Prov. Kiangsi, entspringt im Kiulinschan, mündet unterhalb von Nantschang in den Poyang Hu, rd. 700 km lang; Hauptwasserstraße der Prov. Kiangsi.

Kannabinol †Cannabinol.

Kannada, drawid. Sprache, †Kanaresisch.

Kännelkohle [engl./dt.] (Candelkohle, Cannelkohle, Gasschiefer, Kandelit, Kerzenkohle), sehr gasreiche, streifige, mattglänzende Fettkohle von hohem Bitumengehalt.

Kanneluren [lat.-frz.], senkrechte Hohlkehlen im Schaft von Säulen, Pfeilern und Pilastern.

Kannenbäckerland, ein von Keramikind. und -gewerbe geprägtes Gebiet im sw. Westerwald, Rheinland-Pfalz.

Kannenpflanze (Nepenthes), einzige Gatt. der zweikeimblättrigen Pflanzenfam. **Kannenstrauchgewächse** (Nepenthaceae) mit über 70 Arten, v. a. im trop. Asien und in Australien; fleischfressende, kletternde, teilweise epiphyt. Sträucher, häufig mit Blattranken; Blätter (ausgewachsen) meist in einen blattartigen Blattgrund, einen Blattstiel (Ranke) und eine der Spreite entsprechende Kanne mit Deckel gegliedert. In der Kanne befindet sich eine von Drüsen ausgeschiedene, wäßrige (enthält v. a. eiweißspaltende Enzyme) Flüssigkeit, in der die in die Kanne geglittenen Tiere ertrinken und zersetzt werden.

Kannibalismus [zu span. canibal, caribal (nach dem Stammesnamen der Kariben)] (Menschenfresserei, Anthropophagie), rituellkult. Verzehren von verstorbenen bzw. getöteten Menschen. Erstes Ziel des K. ist die Aneignung der Macht bzw. Kraft des Opfers durch dessen Verzehr, v. a. im **Endokannibalismus,** bei dem nur Mgl. des eigenen Stammes (als Repräsentanten göttl. Macht) verzehrt werden, dann aber auch die totale Vernichtung eines besiegten Feindes (**Exokannibalismus,** Verzehr von Fremden). Der K. ist seit dem Paläolithikum v. a. bei Ackerbauvölkern nachweisbar, aber auch in manchen Hochkulturen (z. B. Azteken) anzutreffen.

◆ bei Tieren das Auffressen von Angehörigen der eigenen Art; tritt häufig auf bei Überbevölkerung und Nahrungsmangel.

Kano, jap. Malersippe und -schule. Begründer: K. Masanobu (* 1434, † 1530); Hauptvertreter: K. †Motonobu, K. †Eitoku, K. Sanraku (* 1559, † 1635), K. Taniu (* 1602, † 1674). Bis ins 19. Jh. waren die u. a. an den chin. Sunglandschaften orientierten K. meister offizielle Hofmaler der Schogune.

Kano, größte Stadt N-Nigerias, 507 m ü. d. M., 399 000 E. Hauptstadt des Bundesstaates K.; Handels- und Kulturzentrum der Haussa, Sitz eines Emirs; Fakultät für arab. und islam. Studien; meteorolog. Station; Verarbeitung landw. Erzeugnisse (Erdnüsse, Baumwolle, Häute u. a.), Ausgangsort der Viehtriebe und -transporte in den Süden. - 999 erstmals erwähnt. K. war viele Jh. lang als Endpunkt der Transsaharakarawanen einer der Haupthandelsplätze des Sudan; 1903 durch brit. Truppen erobert.

Kanoldt, Alexander, * Karlsruhe 29. Sept. 1881, † Berlin 24. Jan. 1939, dt. Maler. - Hauptvertreter der Neuen Sachlichkeit; betont plast., scharfkantige, oft kubische, getürmte Formen; vornehml. Stilleben und Architekturlandschaften von äußerster Kühle.

Kanon [griech.-lat., letztl. zu griech. kánna „Rohr"] (Canon), *allg.* svw. Regel, Richtschnur, Leitfaden.

◆ in der *Musik* die strengste kontrapunkt. Form mit dem Prinzip einer noten- und intervallgetreuen Imitation, bei der zwei oder mehr Vokal- oder Instrumentalstimmen nach-

Kanonade

einander in vorgeschriebenem Abstand einsetzen und so eine einzige Melodielinie zum mehrstimmigen Satz ausweiten. Der Stimmeneinsatz kann in gleicher Lage erfolgen, aber auch auf jeder anderen Stufe, wobei dann die Setzung der Halbtöne freier gehandhabt wird, um das Nebeneinander mehrerer Tonarten zu umgehen. Der K. endet entweder in einem freien, nichtkanon. Schlußteil oder er mündet (beliebig wiederholbar) in seinen Anfang und wird nach Vereinbarung beendet (Kreis- oder Zirkel-K.). Die K.kunst entfaltete sich v. a. in der franko-fläm. Schule des 15./16. Jh. und hielt sich bis in das Spätwerk J. S. Bachs; danach wurde der K. vorwiegend noch als gesellige Musik gepflegt. Bes. Formen des K. sind: der K., dessen spätere Stimmeinsätze auf einer anderen Stufe erfolgen (K. in der Sekunde, K. in der Terz usw.); der K. mit rhythm. veränderten Einsätzen (z. B. erste Stimme im Zweier-, zweite im Dreiermetrum); der K. mit rhythm. vergrößerten (Augmentations-K.) oder verkleinerten Stimmeinsätzen (Diminutions-K.); die zweite Stimme kann als ↑Krebs, ↑Umkehrung oder Spiegelbild (Noten auf den Kopf gestellt) der ersten auftreten; im Misch.-K. werden mehrere dieser Möglichkeiten kombiniert.

◆ in der *Literatur* Bez. für eine Liste mustergültiger Autoren, wie sie in der Spätantike von alexandrin. und byzantin. Gelehrten zusammengestellt wurde.

◆ in der *bildenden Kunst* die auf Polyklet zurückgehende Regel für die ideale Proportionierung des menschl. Körpers; seine Proportionslehre war für die Antike grundlegend. Einen anderen K. verwendete Vitruv, der die menschl. Proportionen auf Bauten bzw. die Säulenanordnungen anwandte. Wieder aufgegriffen wurde der urspr. Begriff in der Renaissance (Leonardo da Vinci, A. Dürer).

◆ in der *Theologie* Bez. für die Sammlung der für den Glauben maßgebenden bibl. Bücher.

◆ in der *Liturgie* das Hochgebet der röm. und ambrosian. Messe. Der Text wurde im 4. Jh. in lat. Sprache verfaßt und seither nur wenig verändert. Der urspr. laute Vortrag oder Gesang wurde vom 8. Jh. bis zur Liturgiereform des 2. Vatikan. Konzils durch ein kaum vernehml. Sprechen (K.stille) abgelöst; seit der Reform Pauls VI. steht eine wachsende Anzahl offizieller und privater eucharist. Hochgebete zur Verfügung.

◆ im *Kirchenrecht* Bez. für die einzelnen kirchenrechtl. Normen („canones"), auch für die kirchenrechtl. Normen insgesamt (daher kanon. Recht).

◆ ↑Schriftgrad.

Kanonade [frz.; zu canon „Geschütz"], anhaltender Beschuß mit Geschützen; schweres Geschützfeuer.

Kanone [italien., eigtl. „großes Rohr" (zu griech.-lat. canna „Rohr")] (Flachfeuergeschütz) ↑Geschütze.

Kanonenboot (Monitor), kleines Kriegsschiff für den Einsatz im Küsten- und Hafenbereich sowie auf Flüssen und Binnengewässern. K. sind meist leicht gepanzert und mit mehreren Geschützen, Maschinenwaffen und Flugabwehrkanonen bewaffnet.

Kanonenofen, einfacher, runder Zimmerofen ohne Züge.

Kanonenschußweite, nach älterem Völkerrecht Maß zur Festlegung der Grenze des äußeren Küstenmeeres, das drei Seemeilen (= 5556 m) entspricht.

Kanonenstiefel ↑Stiefel.

Kanonier [lat.-frz.], in der Bundeswehr einer der untersten Mannschaftsdienstgrade des Heeres.

Kanonierblume (Kanonierpflanze, Pilea), Gatt. der Nesselgewächse mit rd. 200 Arten in den Tropen, außer Australien; Kräuter mit gegenständigen Blättern; Blüten getrenntgeschlechtig, in achselständigen Trugdöldchen. Bei Benetzung mit Wasser öffnen sich die kurz vor dem Aufblühen stehenden Blütenknospen, wobei sich die Staubfäden auseinanderbiegen und dabei den Blütenstaub fortschleudern.

Kanoniker (Canonicus) [griech.-lat.], 1. Bez. für die Mgl. von Kollegiatkapiteln (Stifts- oder Domkapitel, bei letzteren meist Domkapitulare oder Domherren genannt); ihr Amt heißt **Kanonikat**. 2. ↑Chorherren.

Kanonisation [griech.-lat.], svw. ↑Heiligsprechung.

kanonisch, dem ↑Kanon gemäß; danach svw. mustergültig.

kanonisches Alter, im kath. Sprachgebrauch den Vorschriften (canones) des Kirchenrechts orientierte Sammelbez. für die zur Wahrnehmung bestimmter Rechte bzw. Funktionen (Mündigkeit, Heiratsfähigkeit, Weihefähigkeit u. a.) jeweils erforderl. Mindestalter.

Kanonisse (Canonissa) [griech.-lat.], 1. die früher ohne lebenslängl. Gelübde in religiöser Gemeinschaft lebende Frau; 2. weibl. Mgl. der Kanonikerorden (z. B. Augustinerchorfrauen und Prämonstratenserinnen). - Die ersten **Kanonissenstifte** (Klöster der K.) entstanden im 6. Jh., wurden von Äbtissinnen geleitet und waren meist reichsunmittelbar. Die meisten wurden nach Reformation und Säkularisation aufgelöst oder in ↑Damenstifte umgewandelt.

Kanonist [griech.-lat.], Lehrer und Wissenschaftler des Kirchenrechts.

Kanonistik [griech.-lat.] (Kirchenrechtswissenschaft), Bez. für die wiss. Behandlung des ↑Kirchenrechts, das sich mit den kirchl. Normen (↑Kanon) unter rechtsdogmat., -geschichtl., -polit., -philosoph., -theolog. Aspekten befaßt.

Kanontafeln, in der lat. Liturgie seit dem

16. Jh. gebräuchl. Tafeln mit den feststehenden Texten (Kanon) der Eucharistiefeier; als Gedächtnisstütze auf dem Altar aufgestellt; heute nicht mehr verwendet.

Kanopen [nach der altägypt. Stadt Kanobos (lat. Canopus)], die vier Krüge, in denen die Ägypter seit Mitte des 3. Jt. die aus der Mumie entfernten Eingeweide beisetzten. Seit dem Mittleren Reich (seit 2040 v. Chr.) erhielten die Deckel die Form von Menschenköpfen, seit dem 13. Jh. (19. Dyn.) je einen Menschen-, Affen-, Falken- und Schakalkopf (vier Horussöhne als Schutzgeister).
♦ ausschließl. im etrusk. Clusium (= Chiusi) im 7./6. Jh. gebräuchl. tönerne Aschenurnen mit menschl. Kopf (Deckel) und Rumpf, z. T. mit angedeuteten Armen und auf [Thron]sesseln. In der 2. Hälfte des 6. Jh. weitergebildet zu unterlebensgroßen steinernen Statuen, im 5./4. Jh. zu Sitz- oder Liegefiguren.

Känophytikum [griech.] (Angiospermenzeit), die mit der Unterkreidezeit beginnende Neuzeit der Pflanzenwelt, in der sich die Bedecktsamer entwickelten.

Kanossa (Kanossagang), Bez. für eine jemandem schwerfallende, aber von der Situation geforderte tiefe Selbsterniedrigung (nach dem Bußgang Heinrichs IV. nach ↑Canossa).

Kanovitz, Howard [engl. 'kænəvɪts], * Fall River (Mass.) 9. Febr. 1929, amerikan. Maler und Graphiker. - Vertreter eines illusionist. Realismus; verwendet z. T. photograph. Vorlagen und isoliert Einzelemente.

Känozoikum [griech.], svw. ↑Neozoikum. - ↑auch Geologie (Tabelle).

Kanpur, ind. Industriestadt am rechten Ufer des Ganges, Bundesstaat Uttar Pradesh, 1,53 Mill. E. Univ. (gegr. 1960), Indian Institute of Technology (Abteilung K.), landw. Versuchsanstalt. U. a. Woll- und Baumwollind., Lederverarbeitung, Metallind., Zuckerraffinerien, Stickstoffdüngemittelfabrik; Eisenbahn- und Straßenknotenpunkt; ✈.

Kansas [engl. 'kænzəs], Bundesstaat im zentralen Bereich der USA, 213 063 km², 2,33 Mill. E (1983), Hauptstadt Topeka.
Landesnatur: K. liegt zw. den Zentralen Tiefland und den High Plains. Dieser Übergangsbereich ist als flachgewellte Ebene ausgebildet, die vom 250 m im O auf über 1 200 m im W ansteigt. Arkansas River, K. River und ihre Nebenflüsse haben sich bis 100 m tief in diese Ebene eingeschnitten. Im östl. Landesteil haben sich N-S streichende Schichtstufen herausgebildet. Der NO ist glazial überformt. Das Klima ist gemäßigt kontinental. Der O ist niederschlagsreicher als der W.
Bevölkerung, Wirtschaft, Verkehr: Rd. 70% der Bev. leben in Städten. Die ersten Siedler kamen aus den östl. Staaten der USA. Nach dem Sezessionskrieg und mit dem Bau der Eisenbahnen zogen Neuansiedler aus allen europ. Ländern nach K. sowie zahlr. Schwarze aus den Südstaaten. Die Bev. ist überwiegend prot., doch sind auch die kath. Kirche sowie zahlr. Sekten vertreten. K. verfügt über 6 Univ., eine techn. Hochschule sowie 20 private Colleges. Wichtigster Wirtschaftszweig ist die Landw., hierbei dominiert die Rinder- und Schweinezucht (Grünlandwirtsch.); angebaut wird in erster Linie Weizen, gefolgt von Hirse. An Bodenschätzen kommen Erdöl und Erdgas, Kalkstein, Ton u. a. vor. Die Ind. verarbeitet landw. Produkte, daneben gibt es Flugzeugind., Zementfabriken, Druckereien u. a. K. ist der wichtigste Heliumproduzent der USA. - Das Eisenbahnnetz, das in vom N nach S orientiert ist, ist rd. 11 700 km lang, das Landstraßennetz 216 000 km. K. verfügt neben zahlr. privaten über 168 staatl. ✈, darunter den internat. ✈ in Wichita.
Geschichte: Nach 1700 stießen frz. Pelzhändler in das Gebiet vor, 1762 fiel es an Spanien; 1803 gelangte es an die USA, die es 1817 in das Indianerterritorium eingliederten; 1854 wurde nach Abtrennung Nebraskas das Territorium K. geschaffen. Nach der Verfassungsänderung 1859 (Verbot der Sklaverei) wurde K. am 29. Jan. 1861 als 34. Staat in die Union aufgenommen.
📖 *Socofsky, H. E./Self, H.: Historical atlas of K. Norman (Okla.) 1972. - Isely, B./Richards, W. M.: The K. story. Oklahoma City 1961.*

Kansas City [engl. 'kænzəs 'sɪtɪ], Stadt an der Mündung des Kansas River in den Missouri, Bundesstaat Kansas, USA, 236 m ü. d. M., 161 100 E. Kath. Erzbischofssitz; medizin. Fakultät, College, 2 theolog. Seminare; Zentrum eines Agrargebiets. K. C. hat einen der größten Viehhöfe der USA; Herstellung von Fleischkonserven, Molkereierzeugnissen, Seife u. a. - 1804 Bau eines Militärlagers; 1843 Ansiedlung der Wyandot-Indianer aus Ohio, die das Land jedoch 1855 an die Reg. verkauften; 1857 Errichtung der ersten Niederlassung weißer Siedler 1869 die Gründung von K. C. als Stadt folgte. Bildet mit K. C. in Missouri eine Wirtschaftseinheit.

K. C., Stadt im nw. Missouri, USA, Nachbarstadt von K. C. in Kansas, 220 m ü. d. M., 443 100 E. Kath. Bischofssitz; Teile der Univ. of Missouri (gegr. 1933), Lehrerseminar, Colleges, Werkkunstschule, Konservatorium. Führend ist die Nahrungsmittelind., außerdem Sprengstoff- und Munitionsfabriken, Flugzeug- und Autobau, Aluminiumgießerei, Diamantenschleiferei. Handelsplatz für Saaten und Vieh, Getreide, Obst und Gemüse. Verkehrsknotenpunkt, internat. ✈. - 1821 von frz. Pelzhändlern gegründet.

Kansas River [engl. 'kænzəs 'rɪvə], rechter Nebenfluß des Missouri, entsteht durch Zusammenfluß des Smoky Hill River und des Republican River bei Junction City, mündet bei Kansas City, 274 km lang.

Kansk

Kansk, sowjet. Stadt im K.-Atschinsker Kohlenbecken, RSFSR, 100 000 E. 4 Technika; Theater; Baumwollkombinat; Bahnstation. - Gegr. 1640.

Kansk-Atschinsker Kohlenbecken, Kohlenbecken im südl. Sibirien, erstreckt sich zu beiden Seiten des Jenissei auf etwa 700 km.

Kansu (Gansu) [chin. gansu], chin. Prov. am O-Rand des Hochlands von Tibet, 487 000 km², 20 Mill. E (1982, darunter Minderheiten in 8 autonomen Verwaltungseinheiten), Hauptstadt Lantschou. Der Hwangho gliedert die Prov. in zwei Teile. Der sö. Teil wird von einem niederschlagsreichen Bergland und einem tief zerschnittenen trockenen Lößhochland eingenommen. Der nw. Teil wird von den Ketten des Nanschan und dem am N-Fuß des Nanschan sich erstreckenden Kansukorridor geprägt, einem rd. 1 000 km langen und durchschnittl. 80 km breiten, SO-NW verlaufenden Längstal (900–1 600 m ü. d. M.), das von alters her eine bed. Verkehrsader mit zahlr. Oasenorten ist. Angebaut werden Getreide, in den Oasen auch Wein und Obst, im westl. K.korridor Baumwolle. Bed. Seidenraupenzucht. Viehwirtschaft dominiert im Bergland von S-K. und in den unteren Regionen der Nanschanketten. Neben Eisenerzen, Kohle, Kupfer-, Blei-, Zinn- und Uranerzvorkommen v. a. Erdölgewinnung.

Kant, Hermann, * Hamburg 14. Juni 1926, dt. Schriftsteller. - Seit 1978 Präs. des Schriftstellerverbandes der DDR. Schrieb Erzählungen „Ein bißchen Südsee" (1962), „Eine Übertretung" (1976), „Der dritte Nagel" (1977), „Bronzezeit" (1986) sowie die Romane „Die Aula" (1965; auch von K. dramatisiert) und „Das Impressum" (1969), „Der Aufenthalt" (1976).

K., Immanuel, * Königsberg (Pr) 22. April 1724, † ebd. 12. Febr. 1804, dt. Philosoph. - Aus pietist. Elternhaus, Sohn eines Sattlers; 1740–45 Studium, 1746–55 Hauslehrer, 1755 Privatdozent, 1766–72 Unterbibliothekar an der königl. Schloßbibliothek, seit 1770 Prof. für Logik und Metaphysik in Königsberg. In seiner philosoph. Entwicklung werden, orientiert an seinen Hauptwerken „Kritik der reinen Vernunft" (1781), „Kritik der prakt. Vernunft" (1788) und „Kritik der Urteilskraft" (1790), eine vorkrit. und eine krit. Periode unterschieden.

In der *vorkrit. Zeit* gelingt K. in seinen an Newton orientierten Schriften zu Mathematik, Physik und Kosmologie eine Theorie der Entstehung astronom. Systeme sowie eine neue Definition des Wesens der Materie als „Kraft" (Energie). Philosoph. steht K. zunächst ganz in der Tradition des Rationalismus (Leibniz, C. Wolff), der die ohne Zuhilfenahme der Erfahrung entstehenden Sätze der Vernunft über die Welt dogmat. für wahr und somit Metaphysik für mögl. hält. Um 1760 beginnt bei K. unter dem Einfluß der entgegengesetzten Position des engl. Empirismus (Locke, Hume: allein die Erfahrung [der Sinne und des Bewußtseins] ist Quelle der Erkenntnis; Metaphysik ist also unmögl.) eine beiden Systemen skept. gegenüberstehende Neuorientierung des Denkens, die sich in der Frage nach der Möglichkeit von Metaphysik, d. h. nach den Grenzen der menschl. Vernunft, zusammenfassen läßt und die schließl. 1770 in die krit. Philosophie mündet, mit der K. die Aufklärung philosoph. vollendete und zugleich überwand.

Krit. Zeit: In transzendentaler Analyse („Kritik") erkenntniskonstitutiver Handlungen des menschl. Erkenntnisvermögens („reine Vernunft") gewinnt K. bei Erörterung seiner Grundfrage nach der Möglichkeit von Metaphysik als Wiss., d. h. nach der Möglichkeit von ↑synthetischen Urteilen a priori (↑a priori/a posteriori) die Einsicht, daß Erkenntnis aus einer anschaul.-rezeptiven („Anschauung", „Sinnlichkeit") und einer gedankl.-spontanen („Denken", „Verstand") Komponente besteht. K. verweist darauf, daß „Gedanken ohne Inhalt leer" seien und verlangt einen Bezug „gegenständl." Erkenntnis auf die „Anschauung" als der durch die sinnl. Wahrnehmung vermittelten Präsenz von „Gegenständen". Die ↑Anschauung allein stellt noch keine wirkl. Erfahrung oder einen naturgesetzl. Zusammenhang her („Anschauungen ohne Begriffe sind blind"). Jede Anschauung ist als bereits durch die „reinen Anschauungsformen" Raum und Zeit und die aprior. Bedingungen jeder Erfahrung, die ↑Kategorien, bestimmt aufzufassen. Das Problem der Verbindlichkeit der synthet. Urteile a priori („Anwendung" der Kategorien „auf Erscheinungen") löst K. durch die in „transzendentalen Schemata" zu leistende Vermittlung, d. h. in der Angabe von Regeln oder Konstruktionsverfahren in der „reinen Anschauung". Kants konstruktive Theorie der Erfahrung läßt die Rede von Gott, Welt, Seele als von diesen Orientierungsmitteln unabhängigen Gegenständen („Ding an sich") der theoret. Erfahrung nicht mehr zu. Gott, Welt, Seele haben als „Ideen" nur einen regulativen und prakt. Charakter als Aufforderungen, die systemat. Einheit theoret. Überlegungen herzustellen. Als „Postulate der prakt. Vernunft" führen sie zur Sicherung der Existenz Gottes, der menschl. Freiheit und der Unsterblichkeit der Seele.

In seiner „Kritik der Urteilskraft" untersucht K. die Folgerungen aus der Einführung der Begriffe „Zweck" bzw. „Zweckmäßigkeit" (z. B. in der Kunst und in der organ. Natur) in die theoret. Philosophie. Die Rede von „objektiven" Zwecken ist nach der Kritik der reinen Vernunft im Bereich theoret. Erfahrung nicht mögl., da dieser Bereich als durchgehend kausal determiniert konstituiert wurde. Aber im Sinne der „Kritik der reinen

Vernunft" ist der durch die „teleolog. Urteilskraft" vermittelte finale Naturzusammenhang eine „regulative Idee". So leistet die Urteilskraft eine Vermittlung des mechanist. bestimmten Erfahrungsbereichs mit dem vernünftige Zwecke aus sich setzenden Bereich des menschl. freien Willens.

Immanuel Kant (1786)

In der *prakt. Philosophie* versucht K., ein oberstes Begründungsprinzip für Handlungen bzw. Normen aufzustellen. Er geht dabei von einer Analyse der Unterscheidung zw. Seins- und Sollenssätzen aus: daß etwas ist, heißt nicht, daß es auch sein soll. Das Prinzip der Handlungs- oder Normbegründung kann daher nicht „empir." sein, d.h. das Bestehen von Normen ist kein Grund für ihre Befolgung. Ferner ist zu unterscheiden zw. Zweck und Mittel: Das oberste moral. Begründungsprinzip soll kein Prinzip der besten Mittelwahl bei gegebenen Zwecken, sondern das Prinzip der besten Zwecksetzung sein. Es kann daher nicht „hypothet.", sondern muß „kategor." sein in dem Sinne, daß die Handlungen oder Zwecke „an sich", d.h. nicht als Mittel, als begründet beurteilt werden können. Daraus ergibt sich für K. als oberstes Begründungsprinzip der Moral den † kategorische Imperativ, den er auch zur Aufstellung eines Systems von Rechts- und Tugendpflichten benutzt. Zusätzl. behandelt K. die Vorstellung von der Existenz Gottes und der Religion als Hilfen bei der Befolgung des Prinzips und der Pflichten. Der Glaube an Gott als Garanten wie die Unsterblichkeit der Seele und die Freiheit motivieren zur Befolgung des kategor. Imperativs.
Weitere Werke: Allg. Naturgeschichte und Theorie des Himmels (1755), Phys. Monadologie (1756), De mundi sensibilis atque intelligibilis forma et principiis (1770), Prolegomena zu einer jeden künftigen Metaphysik, die als Wiss. wird auftreten können (1783), Die Religion innerhalb der Grenzen der bloßen Vernunft (1793).
📖 *Vorländer, K.: I. Kants Leben.* Hamb. ^{4}1986. - *Baumgartner, H. M.: Kants „Kritik der reinen Vernunft".* Freib. 1985. - *Horster, D.: K. zur Einf.* Hamb. ^{2}1985. - *Jaspers, K.: K. Leben, Werk, Wirkung.* Mchn. ^{3}1985. – *Daniel, C.: K. verstehen.* Ffm. 1983. - *Schmid, Karl Christian Erhard: K.-Lexikon.* Nachdr. Darmstadt. 1980. - *Körner, S.: K. Dt. Übers.* Gött. ^{2}1980. - *Funke, G.: Von der Aktualität Kants.* Bonn 1979. - *Heidegger, M.: K. u. das Problem der Metaphysik.* Ffm. ^{4}1973.

kantabile ↑cantabile.

Kantabrer, vorindogerman. iber. oder ligur. Volk im Mitteilteil der N-Küste Spaniens.

Kantabrisches Gebirge (span. Cordillera Cantábrica), Gebirgszug in N-Spanien, zw. der Nordmeseta und der span. N-Küste, etwa 470 km lang, bis 65 km breit; erstreckt sich vom Bask. Bergland, das im O den Übergang zu den Pyrenäen bildet, bis zum nordgalic. Bergland im W. Überwiegend Mittelgebirge, nur im westl. Teil, der auch **Asturisches Gebirge** gen. wird, Hochgebirge, das in den Picos de Europa 2 648 m ü. d. M. erreicht. Das K. G. ist in mehrere küstenparallel verlaufende Ketten gegliedert mit Steilabfall zur Küste und flacherer Abdachung zur Meseta. Das Klima ist ozean., im S mit kontinentalen Einflüssen. Die Baumgrenze liegt im allg. bei rd. 1500 m, in Astur. Gebirge bei 1900 m Höhe, darüber alpine Matten. Die relativ hohe Bev.dichte (50–100 E/km^2) beruht auf Bergbau (Kohle, Erze) und Ind. (v. a. in den Hafenstädten im Raum Oviedo).

Kantabrisches Meer ↑Biskaya, Golf von.

Kantar [arab., zu lat. centenarium „Hundertpfundgewicht"] (italien. Cantaro), altes Gewichtsmaß im Mittelmeerraum; je nach Region zw. 33,907 kg und 256 kg.

Kantate [zu lat. cantate „singet (dem Herrn ein neues Lied)!"], Name des vierten Sonntags nach Ostern.

Kantate (Kantatemesse), Bez. der alten ↑Leipziger Buchmesse, die am Sonntag K. begann.

Kantate [zu lat. cantare „singen"], Bez. für eine urspr. solist., später auch mit Duetten, Terzetten und Chorsätzen versehene Vokalkomposition mit instrumentaler Begleitung, eine der Hauptformen des 17. und 18. Jh. Aus den in der ↑Monodie realisierten Bestrebungen entstand die K. neben der Oper um 1600 in Italien (erste Verwendung des Begriffs: A. Grandi „Cantade et arie", 1620–29) als mehrteiliges, generalbaßbegleitetes Sologesangstück mit Rezitativ und Arie. Während bei das Hauptgewicht auf der weltl. K. lag, wurde in Deutschland die K. im ausgehenden 17. Jh. zu einer die Motette und das geistl. Konzert ablösenden Hauptform der ev. Kirchenmusik. Für alle Sonn- und Festtage des Jahres entstanden z. T. ganze Zyklen von Kirchen-K. (u. a. 4 oder 5 vollständige Jahreszyklen von J. S. Bach, davon nur ein Teil erhalten). Als

Kante

Texte wurden vorrangig das Bibelwort (Psalm-, Evangelien-, Epistel-K.) und das Kirchenlied (bis zu den sog. Choral-K. von J. S. Bach) herangezogen. Prosatexte und gereimte Strophen verbinden sich zu einem Aufbau, in dem ein Chorsatz dem Wechsel von Rezitativ und Arie vorangestellt ist und ein mehrstimmiger Choral den Abschluß bildet. Dem Niedergang der Form im ausgehenden 18. und im 19. Jh. folgte im 20. Jh. eine Wiederbelebung der Kirchen-K. (u. a. K. Marx, H. Distler) wie auch der vielfach vom Volkslied ausgehenden (u. a. C. Bresgen) oder polit. Themen gestaltenden weltl. K. (u. a. H. Eisler).
📖 *Jakoby, R.: Die K. Köln 1968.*

Kante [niederdt., zu griech.-lat. cantus „Rad(schiene)"], in der *Mathematik* die Schnittlinie (Schnittgerade) zweier aneinanderstoßender Begrenzungsflächen eines Körpers, z. B. eines Würfels.
◆ (Leiste, Salband, Salleiste) in der *Textiltechnik* der Längsrand eines Gewebes.

Kantel, Holzstück mit quadrat. oder rechteckigem Querschnitt und unterschiedl. Länge.

Kantele [finn.], nationalfinn. Musikinstrument, eine Zither in Flügelform mit urspr. 5, heute 30 Saiten.

Kanteneffekt ↑ photographische Effekte.

Kantersieg [zu engl. canter „leichter Galopp"], müheloser, hoher Sieg bei Wettkampfspielen (v. a. beim Fußball).

Kant-Gesellschaft, von H. ↑ Vaihinger 1904 gegr. philosoph. Gesellschaft zur Intensivierung der Kant-Forschung, später allg. der philosoph. Forschung. 1938 Auflösung; 1969 Neugründung.

Kanthaken, Holzstange mit Eisenhaken zum Bewegen („Kanten") von Baumstämmen.

Kanthariden [griech.], svw. ↑ Weichkäfer.

Kantharidin (Cantharidin) [griech.], $C_{10}H_{12}O_4$, Anhydrid der *K.säure*, einer nicht beständigen Cyclohexandicarbonsäure. Es findet sich als Inhaltsstoff bei in Mittel- und Südeuropa beheimateten Käfern der Familien Weich- und Ölkäfer, in der Span. Fliege. Die Substanz ist hochgiftig, führt zu Verdauungsbeschwerden, Atemnot, Nierenschädigungen. Die eintretenden Entzündungen der Harnwege führen zu schmerzhaften Dauererektionen, was dem Mittel den Ruf eines Aphrodisiakums eingetragen hat. Im Altertum und MA wurde K. als Allheilmittel angewandt; heute wird es, von der Tierheilkunde abgesehen, medizin. nicht mehr verwendet.

Kantholz, Schnittholz von quadrat. oder rechteckigem Querschnitt mit Querschnittseiten von mindestens 6 cm; wenn die größte Querschnittseite 20 cm und mehr beträgt, als Balken bezeichnet.

Kantianismus, Sammelbez. für an der Philosophie Kants orientierte philosoph. Richtungen in der ersten Hälfte des 19. Jh. Zum K. i. w. S. zählen die Philosophie des ↑ deutschen Idealismus, die Sprachphilosophie W. von Humboldts, die Theologie Schleiermachers, die philosoph. Systeme C. F. Krauses und Schopenhauers, i. e. S. die Wegbereiter der Kantrezeption in Deutschland. Als **Halbkantianismus** werden gelegentl. krit. Weiterführungen des Kantischen Denkens und die sog. realist. Wende der Kantischen Philosophie († Realismus) bezeichnet.

Kantilene [lat.-italien.], getragene, sangbare Melodie (vokal oder instrumental).

Kantilenensatz, von der Musikwiss. gebrauchte Bez. für die im 14. und 15. Jh. verbreitete Satzform der weltl. Liedkunst, bei der eine gesungene Oberstimme (Cantus) von einem bis drei Instrumenten begleitet wird.

Kantillation [lat.], bei der Bibellesung in der Synagoge gebrauchter solist. Sprechgesang, aus dem die Psalmtöne der christl. Liturgie hervorgingen.

Kantine [zu frz. cantine „Soldatenschenke" (von italien. cantina „Keller")], Speise- und Aufenthaltsraum in Betrieben und Kasernen; z. T. auch mit Warenverkauf.

Kant-Laplacesche Theorie [frz. la-'plas] (Nebularhypothese), Bez. für zwei verschiedene Theorien zur Entstehung des Planetensystems. Nach I. Kant (1755) bildeten sich die Planeten aus einem rotierenden Urnebel unter Wirkung der Gravitation. Nach P. S. de Laplace (1796) wurden von der schnell rotierenden Sonne Gasmassen weggeschleudert, die später zu Planeten erstarrten.

Kantoebene, mit etwa 14 700 km² größtes Tieflandsgebiet Japans. Liegt an der Pazifikküste Z-Hondos.

Kantogebirge, NNW–SSO verlaufendes Gebirge auf Hondo, Japan, westl. der Kantoebene, 80 km lang, bis 2 483 m hoch.

Kanton (Guangzhou) [chin. gu̯aŋdʐoʊ̯], Hauptstadt der südchin. Prov. Kwangtung, am N-Rand des Perlflußdeltas, 3,12 Mill. E. Zwei Univ. (gegr. 1924 bzw. 1958), TU, Fachhochschulen für Maschinenbau, Landw. u. a., Sporthochschule, Inst. für Botanik und angewandte Chemie sowie ein landw. Forschungsinst. der Chin. Akad. der Wiss.; Handelszentrum mit Frühjahrs- und Herbstmesse. Der innerhalb der Stadtgrenze gelegene Außenhafen **Whampoa** (für Seeschiffe bis 10 000 t) hat große Bed. für den Außenhandelsverkehr Chinas; Schiffe bis 4 000 t erreichen K. selbst, das Zentrum des Binnenfahrtsverkehrs der Prov. Kwangtung und Kwangsi; Fischereistützpunkt, bedeutendster Ind.standort S-Chinas. Endpunkt der Eisenbahnstrecke von Peking; Bahnverbindung mit Kaulun (Hongkong); internat. ✈.

Geschichte: In der Ch'inzeit entst.; seit dem 8./9. Jh. das Zentrum des v. a. von arab. Kaufleuten getragenen chin. Überseehandels; über K. wickelte sich, nachdem es der Ostind.

Kompanie 1684 gelungen war, hier eine Faktorei zu gründen, in der ersten Phase des Chinahandels der gesamte chin.-europ. Warenaustausch ab; 1760–1842 war K. die einzige Hafen, in dem es einer kleinen, privilegierten Gruppe chin. Kaufleute gestattet war, mit Ausländern zu handeln.
Bauten: Histor. Bauwerke sind u. a. das Kloster Kuang-Hsiao (gegr. 4. Jh.; mehrfach restauriert), das „Kloster zu den Sechs Feigenbäumen" mit der oktogonalen, neunstöckigen „Geschmückten Pagode" Huata (537; mehrfach zerstört und wiederaufgebaut) sowie die „Fünfstockpagode" (1380; 1686 erneuert). An die jüngste Geschichte erinnern das „Grabmal der 72 Märtyrer" (1918), die Sun-Yat-sen-Gedächtnishalle (1925).

Kanton [zu italien.-frz. canton „Ecke; Bezirk"], Distrikt, kleinere Verwaltungseinheit, früher auch Rekrutierungsbezirk († Kantonsystem) und Unterteilung der drei Kreise der Reichsritterschaft (Ritterkantone).
◆ in der *Schweiz* gemäß Art. 1 BV die 23 Gliedstaaten der Eidgenossenschaft. Die Verfassungen der K. bedürfen der Zustimmung des Bundes, werden aber andererseits vom Bund gewährleistet (Art. 6 BV). Die K. haben alle staatl. Befugnisse, die ihnen nicht durch die BV verwehrt oder dem Bund übertragen sind. - †auch Schweiz (politisches System).

Kantonsbürgerrecht, in der Schweiz der Inbegriff der öffentl.-rechtl. Zugehörigkeit einer natürl. Person zu einem Kanton. Erst das K. zieht (als Folge der histor. Priorität der Kt. gegenüber dem Bund] das Schweizer Bürgerrecht nach sich (Art. 43 BV, wonach jeder Kantonsbürger Schweizer Bürger ist). Der Erwerb der K. kann ein ursprüngl. (Erwerb kraft Gesetzes als Folge bestimmter Tatsachen [insbes. der Erwerb durch Abstammung]) oder ein abgeleiteter sein (Erwerb durch behördl. Hoheitsakt, je nach Kt. Naturalisation, Einbürgerung oder Aufnahme in das Bürgerrecht genannt). Der abgeleitete Erwerb steht Ausländern (in der Praxis selten) und Trägern eines anderen K. (Doppelbürger) offen.

Kantonsgericht, in der Schweiz i. d. R. die Bez. für das höchste ordentl. Gericht eines Kantons; in einigen Kantonen auch *Obergericht* oder *Appellationsgericht* genannt.

Kantonsrat † Großer Rat.

Kantonsystem (Kantonverfassung), Militärverfassung und System zur Rekrutierung in Brandenburg-Preußen 1733–1814. Durch das Kantonreglement Friedrich Wilhelms I. 1733 wurde der Staat in Bezirke (Kantone) aufgeteilt, die je einem Regiment zur Aushebung zugeordnet waren.

Kantor, Tadeusz, * Wielopole Skrzyńskie (Krakowskie) 16. April 1915, poln. Theaterregisseur. - Eigtl. Maler; machte modern beeinflußte Bühnenausstattungen und begr. 1956 in Krakau ein avantgardist. Theater („Wiscot" 2); auch Gastinszenierungen, Happenings.

Kantor (Cantor) [lat.], 1. Bez. für den die †Schola cantorum leitenden Vorsänger bei den liturg. Gesängen der kath. Kirche; 2. im ausgehenden MA und in der Renaissance Sänger in den mit der Ausführung mehrstimmiger Musik betrauten kirchl. oder weltl. Kapellchören; 3. im prot. Bereich seit dem 16. Jh. der dem Schul- (Lateinschule) und Kirchendienst verpflichtete Musiker, der mit seiner † Kantorei sowohl den einstimmigen liturg. Gesang als auch die mehrstimmige Musik auszuführen hatte.

Kantorei [lat.], Sängervereinigung, im MA als Gesangschor der Kloster- und Domschulen wie auch als Singbruderschaft eingerichtet. Wesentl. Bed. für das Musikleben der Städte gewannen seit dem 16. Jh. die Schul-K. (z. B. Thomasschule in Leipzig, Kreuzschule in Dresden), die gegen Ende des 17. Jh. vielfach in die Collegia musica übergingen. Nach der Neubelebung durch die Jugendmusikbewegung bestehen heute K. v. a. als kirchl. Laienchöre.

Kantorowicz, Alfred [...vɪts], * Berlin 12. Aug. 1899, † Hamburg 27. März 1979, dt. Literarhistoriker u. Schriftsteller. - 1931 Mgl. der KPD; emigrierte 1933 nach Frankr.; 1938/39 Offizier im Span. Bürgerkrieg; während des 2. Weltkrieges in den USA; fast alle Mgl. seiner in Europa zurückgebliebenen Familie wurden Opfer der Judenverfolgung; seit 1946 in Berlin (Ost); seit 1949 Prof. für neueste dt. Literatur, Direktor des „Heinrich-Mann-Archivs"; kam 1957 in die BR Deutschland, wo ihm die Behörden bis 1966 die Anerkennung als polit. Flüchtling versagten.
Werke: In unserem Lager ist Deutschland (Essays, 1936), Span. Tagebuch (En., 1948), Dt. Schicksale (En., 1949), Meine Kleider (En., 1956), Dt. Tagebuch (1959–61), Exil in Frankr. (1971), Politik und Literatur im Exil. Deutschsprachige Schriftsteller im Kampf gegen den Nationalsozialismus (1978).

Kantorowitsch, Leonid Witaljewitsch [russ. kəntɐˈrovitʃ], * Petersburg 19. Jan. 1912, † Moskau 7. April 1986, sowjet. Mathematiker und Wirtschaftswissenschaftler. - Seit 1934 Prof. in Leningrad; veröffentlichte v. a. Bücher über numer. Mathematik, zur Funktionalanalysis und zur linearen Algebra. Danach untersuchte er lineare Optimierungsprobleme. Erhielt 1975 (zus. mit T. C. Koopmans) den sog. Nobelpreis für Wirtschaftswiss. für seinen Beitrag zur Theorie der optimalen Allokation der Ressourcen.

Kantschile [malai.], svw. Maushirsche († Zwergmoschustiere).

Kanu [zu karib. can(a)oa „Baumkahn"], ein leichtes, kielloses Boot der nord- und mittelamerikan. Indianer, aus Baumrinde oder Tierhäuten hergestellt, die über einen

Kanüle

Holzrahmen gespannt wurden; heute Bez. für alle mit Paddeln gefahrenen Sportboote (↑ Kanusport).

Kanüle [frz., zu lat. cannula „kleines Rohr"], (Injektions-K.) Hohlnadel unterschiedl. Kalibers an Injektionsspritzen.
◆ (Tracheal-K.) Röhrchen zum Einlegen in die operativ eröffnete Luftröhre.

Kanuri, Stamm sw. des Tschadsees, Nigeria, etwa 2 Mill. K.; Savannenpflanzer (v. a. Hirse) mit Viehhaltung; ihre Sprache *(Kanuri)* gehört zur saharan. Gruppe der nilosaharan. Sprachen.

Kanusport, in Kajaks, Kanus (im dt. Sprachgebrauch meist „Kanadier") und Faltbooten betriebener Wassersport; die Fahrer sitzen mit dem Gesicht in Fahrtrichtung. Neben den 4 internat. Leistungsdisziplinen Kanurennsport, Kanuslalom, Wildwasserrennsport und Kanusegeln gibt es noch das nat. Kanupolo. - Der *Kajak* ist ein geschlossenes, ein-, auch mehrsitziges Boot (starr oder zusammenlegbar), das im Sitzen mit Doppelpaddeln vorangetrieben wird und im Kanurennsport über eine Steuereinrichtung verfügt. Das in Deutschland seit etwa 1905 gebaute *Faltboot* eignet sich bes. zum Wasserwandern in ruhigen Gewässern; im Kanuslalom und im Wildwasserrennen wurde es später durch das Kunststoffboot verdrängt. Das *Kanu (Kanadier)* ist meist offen und wird in halbkniender Stellung mit einem Stechpaddel gefahren.

Kanusport. Einerkanus (Einerkanadier)

Im **Kanurennsport** werden seit 1919 dt. Meisterschaften, seit 1933 Europa- und seit 1938 Weltmeisterschaften ausgetragen; seit 1936 stehen Wettbewerbe im olymp. Programm. Die Boote bei **Kanuslalom** und **Wildwasserrennen** haben keine Steuereinrichtung; die Cockpits werden durch Spritzdecken wasserdicht abgeschlossen. Die Slalomstrecke ist bis 800 m lang und muß den Charakter eines Wildwassers haben; dazu kommen 25–30 Tore mit einer Breite zw. 1,20 m und 3,50 m, die vorwärts, aufwärts (gegen die Strömung) und rückwärts (mit dem Heck zuerst) durchfahren werden müssen. Wildwasserrennen werden auf einem mindestens 3 km langen Flußabschnitt ausgetragen. **Kanusegeln** wird mit einem starren Kleinsegelboot betrieben (Geschwindigkeit bis zu 26 Knoten). Im **Kanupolo** bilden 6 Feld- und 3 Auswechselspieler eine Mannschaft. Die Regeln sind ähnl. wie beim Polospiel; der Ball darf mit Paddeln, mit Händen oder mit dem Boot gespielt werden.

Kanute [karib.], Bez. für Kanufahrer.

Kanyabutter ↑ Butterbaum.

Kanzel [zu althochdt. kancella von lat. cancelli „Schranken, Einzäunung"], erhöhter Standort für den Prediger im kirchl. Raum, seit dem späten MA meist im Langschiff an einem Pfeiler angelehnt; oft überdacht von einem Schalldeckel. Sie entwickelte sich seit dem 13. Jh. v. a. unter dem Einfluß der Bettelorden, in Italien aus den Altar- bzw. Chorschranken (Cancelli) und ↑ Ambo, in Mittel- und W-Europa entstand ein Platz für Lesungen und Predigt auf dem ↑ Lettner. Führend in der Gestaltung der italien. K. wurden die Pisaner Bildhauer mit Stein-K. (Pisa, Siena, Pistoia), später v. a. Holz-K. mit reichem Schnitzwerk und im Barock und Rokoko auch mit Stuck. Eine Sonderform ist der prot. Kanzelaltar, die Vereinigung von K. und Altar zu einer Form.
◆ svw. ↑ Cockpit.

Kanzellen [zu lat. cancelli „Schranken"], bei der Orgel die den Wind zuteilenden Abteilungen der Windlade; bei Harmonium, Hand- und Mundharmonika die die Zungen enthaltenden Kanäle.

Kanzel- und Abendmahlsgemeinschaft, Bez. für den gegenseitigen Austausch von Predigern und die gegenseitige Zulassung zum Abendmahl zw. verschiedenen christl. Konfessionen.

kanzerogen [lat./griech.], svw. ↑ karzinogen.

Kanzerologie [lat./griech.], svw. ↑ Karzinologie.

Kanzerose [lat.], svw. ↑ Karzinose.

Kanzerostatika [lat./griech.], in der Krebstherapie eingesetzte ↑ Zytostatika.

Kanzlei [zu lat. cancelli „Schranken" (mit denen die Diensträume oft versehen waren)], im [Rechts]sprachgebrauch 1. die Geschäftsräume eines Rechtsanwalts, Notars, Steuerberaters u. a.; 2. in Wortverbindungen, wie Staatskanzlei, eine Behörde oder eine bes. Organisationseinheit eines Gerichts.
◆ Behörde eines Fürsten oder einer Stadt, der die Ausfertigung der Urkunden und die Durchführung des Schriftverkehrs oblagen. Vorstand der königl. K. war in merowing.

Zeit der „referendarius", später der Kanzler; die Schreiber hießen „cancellarii" oder „notarii". Bis 1806 fungierte der Kurfürst von Mainz als „Erzkanzler". - In den Fürstenstaaten wurde seit dem Spät-MA die K. die wichtigste Fachbehörde, der Kanzler zum ersten jurist. gebildeten Fachbeamten.

Kanzleisprachen, Formen der dt. Sprache im geschäftl. Schriftverkehr (auch „Geschäftssprachen") seit der 1. Hälfte des 13. Jh., bes. in Urkunden, Akten und Rechtsvorschriften. Die K. hatten maßgebl. Einfluß auf das Mitteldeutsche (bes. durch die kursächs. K.), das, u. a. gefördert durch Luthers Bibelübersetzung, zur Grundlage der dt. Schriftsprache wurde.

Kanzler [lat. († Kanzlei)], im frühen MA Bez. für einen in der Urkundenausfertigung tätigen Hofgeistlichen. Der K. wurde unter den sächs. Kaisern der eigtl. Leiter der Reichskanzlei. Auch die landesherrl. Kanzleien des späteren MA wurden von einem K. geleitet. In Frankr. war der Leiter der königl. Kanzlei der Chancelier, in England/Großbrit. entwickelten sich aus dem K.amt die Ämter des Lord High Chancellor und des Chancellor of the Exchequer. In Preußen war 1747–1810 *Groß-K.* der Titel des Leiters der Justizverwaltung.

♦ im *Völkerrecht* Bez. des mit der Abwicklung der administrativen Angelegenheiten einer diplomat. Vertretungsbehörde betrauten Beamten.

♦ Kurzbez. für Reichskanzler und für Bundeskanzler.

♦ leitender Beamter in der Verwaltung einer Hochschule.

Kanzlerdemokratie, Bez. für den von K. Adenauer geprägten Regierungsstil in der BR Deutschland, dessen Grundlage die starke Stellung des Bundeskanzlers nach dem GG (Richtlinienkompetenz), Adenauers persönl. Führungsstil und die bei ihm bes. gelungene Personalisierung einer bestimmten polit. Richtung war.

Kanzlerprinzip ↑ Bundesregierung.

Kanzone [italien. „Lied" (zu lat. canere „singen")], in der *Literatur* als **klass. Kanzone** Bez. für eine lyr. Gedichtform, die seit dem 12. Jh. in der provenzal. und nordfrz. Dichtung, seit dem 13. Jh. bes. in Italien gepflegt wurde; feste Gliederung in gleichgeformte Strophen *(Kanzonenstrophen)*, meist 5–10, denen oft ein kürzeres „Geleit", ov ähnl. Bau wie der 2. Teil der Strophe, folgt (v. a. Dante und Petrarca). Ende des 17. Jh. mit freien Strophen **(freie Kanzone);** A. W. Schlegel verwendete für seine Petrarca-Übersetzung die K.; in der dt. Literatur nachgebildet im 19. Jh. u. a. von F. Rückert und A. von Platen.

♦ in der *Musik* im 15./16. Jh. die meist im Stil der ↑ Frottola vertonte Gedichtform gleichen Namens; im 16./17. Jh. in Italien ein aus dem frz. Chanson hervorgegangenes Instrumentalstück. Seit dem 18. Jh. Bez. für ein lyr. Musikstück sowohl in der Vokal- als auch in der Instrumentalmusik.

Kanzonenstrophe, lyr. roman. Strophenform aus 2 Perioden, deren 1. (Aufgesang) stets in 2 symmetr. gebaute Teile (Stollen) zerfällt, denen jeweils auch dieselbe Melodie zugeordnet ist, deren 2. (Abgesang, Gebände) dagegen frei gestaltet sein kann und einem neuen Melodiemodell folgt.

Kanzonette (Canzonetta) [italien., eigtl. „Liedchen" (zu ↑ Kanzone)], italien. Chorlied des späten 16. u. 17. Jh., im Charakter eines Tanzliedes (Strophenform aa b cc). Meister der K. waren u. a. G. G. Gastoldi, L. Viadana, C. Monteverdi, H. L. Haßler und T. Morley. - Heute auch Bez. für ein kleines Gesangs- oder Instrumentalstück.

Kaohsiung (Gaoxiong) [chin. gau̯ɕi̯uŋ], Hafen- und Ind.stadt an der SW-Küste Taiwans, 1,04 Mill. E. Techn., medizin. Fachhochschule, wichtigster Hafen des Inselstaates (Frachtumschlag, Fischerei- und Passagierhafen) mit Freihandelszone.

Kao K'o-kung (Gao Kegong), * 1248, † 1310, chin. Maler. - Die berühmte Hängerolle „Nebel in bewaldeten Bergen" (signiert 1333; Taipeh, Palastsammlung) wurde offenbar von Schülern vollendet.

Kaokoveld [ka'o:kofɛlt], Tafelgebirgslandschaft im nw. Namibia, verläuft am O-Rand der Namib etwa 400 km lang; Eisen- und Kupfererzlagerstätten.

Kaolack, Regionshauptstadt in Senegal, am Saloum, 115 700 E. Kath. Bischofsitz; Handelszentrum für Erdnüsse; Ölmühle, Salinen; Hochseehafen (80 km landeinwärts), ⚓.

Kaolin [nach dem Berg Kaoling, einem Fundort in China] (Porzellanerde), feinerdiges Tongestein, das durch Verwitterung silicat. Gesteine im feuchtwarmen Klimabereich entstanden ist; besteht v. a. aus dem Tonmineral Kaolinit. Reiner K. ist der Rohstoff für die Porzellanherstellung und wird auch als Füllstoff in der Papier- und Kautschukind. verwendet. Durch Eisen, Quarz u. a. verunreinigter K. ist gelbl., rot oder grau gefärbt und findet in der Schamotte-Ind. Verwendung.

Kaolinit, monoklines Tonerdesilicat der strukturellen Zusammensetzung $Al_4[(OH)_8|Si_4O_{10}]$; wesentlichster Bestandteil des Kaolins. Mohshärte 1; Dichte 2,58–2,6 g/cm³.

Kaon ['ka:ɔn, ka'o:n; Kw.] (K-Meson, Kappa-Meson), ein Elementarteilchen aus der Gruppe der Mesonen, das als positives (K^+; Masse 493,67 MeV), negatives (K^-; 493,67 MeV) und neutrales (K^0; 497,67 MeV) Teilchen vorkommt, wobei das K^- Antiteilchen des K^+ ist. Es hat den Spin 0, den Isospin ½, die Strangeness 1, das magnet. Moment 0 und eine mittlere Lebensdauer von $1{,}237 \cdot 10^{-8}$ s.

Kaonde, Bantustamm in Zaïre und NW-Sambia; Savannenpflanzer mit etwas Viehhaltung.

Kap [niederdt., letztl. zu lat. caput „Kopf, Spitze"], vorspringender Teil einer Felsenküste.

Kapaun [lat.-frz.] (Kapphahn), zur besseren Mastfähigkeit durch Kastrieren unfruchtbar gemachter Hahn.

Kapazitanz [lat.] (kapazitiver Widerstand), Bez. für den ↑Wechselstromwiderstand $1/\omega C$ eines die Kapazität C besitzenden elektr. Schaltungselements (z. B. eines Kondensators) gegenüber einem Wechselstrom der Kreisfrequenz ω. - ↑auch Impedanz.

Kapazität [zu lat. capacitas „Fassungsfähigkeit"], Aufnahmefähigkeit, [geistiges] Fassungsvermögen; hervorragender Fachmann.
◆ (elektr. K.) eine physikal. Größe, Formelzeichen C; bei gegeneinander isolierten elektr. Leitern, insbes. bei Kondensatoren, ein Maß für die elektr. Ladung Q, die bei einer vorgegebenen Spannung U gespeichert wird: $C = Q/U$. Die aufgenommene Ladung ist also der angelegten Spannung proportional. Einheit der K. ist das ↑Farad. - ↑auch Kondensator.

Kapazitätsdiode (Kapazitätsvariationsdiode, Varactor, Varicap), in der *Elektronik* eine (in Sperrichtung geschaltete) Halbleiterdiode, bei der die Spannungsabhängigkeit der Sperrschichtdicke und damit die Kapazität der Sperrschicht genutzt wird. Die Sperrschicht zw. p- und n-leitender Schicht entspricht dem Dielektrikum zw. den Platten eines Kondensators, dessen Kapazität mit wachsendem Plattenabstand geringer wird. Verwendung anstelle von Drehkondensatoren in Rundfunk- und Fernsehgeräten.

Kapazitätseffekt, in der Wachstumstheorie die Erhöhung der volkswirtschaftl. Produktionskapazität, die sich aus der Nettoinvestition ergibt.

Kapazitätsvariationsdiode ↑Kapazitätsdiode.

kapazitiver Widerstand [lat./dt.], svw. ↑Kapazitanz.

Kapbecken, Tiefseebecken im sö. Atlantik vor der W-Küste Südafrikas, bis 5 457 m tief.

Kap der Guten Hoffnung ↑Kaphalbinsel.

Kapela, zur Halbkarstzone gehörender Gebirgszug der Dinariden in Kroatien, durch einen Paß (888 m ü. d. M.) in die 1 533 m hohe **Große Kapela** und die 1 280 m hohe **Kleine Kapela** unterteilt.

Kapelle [zu mittellat. capella „kleines Gotteshaus", eigtl. „kleiner Mantel" (nach dem Betraum der fränk. Könige, in dem der Mantel des hl. Martin von Tours als Reliquie aufbewahrt wurde)], kleiner Sakralraum, oft für bes. Zwecke (Tauf-, Toten-K. usw.). Die Bez. ging von der K. des fränk. Königspalastes auf die Beträume von Pfalzen und Burgen über, dann auch auf selbständige kleinere sakrale Bauwerke (Tauf-, Friedhofs-K.) sowie mit größeren Anlagen verbundene Anbauten (Chor-K., die sich z. T. zum **Kapellenkranz** am Chorumgang entwickelten). Sie wurden vielfach gestiftet. Die Marien-K. der engl. Kathedralen (Lady Chapel) wurde als Teil des ↑Retrochors errichtet.

Kapelle [nach der Schloßkapelle als dem Ort musikal. Aufführungen] (Cappella), in der *Musik* ursprüngl. Bez. für den Sängerchor, dem die ein- und später mehrstimmige Vokalmusik (↑a cappella) übertragen war; seit dem 16. Jh. Bez. für die in einem Ensemble vereinigten Vokalisten und Instrumentalisten. Mit dem Aufstieg der Instrumentalmusik ging seit dem 17. Jh. die Bez. K. zunehmend auf das Orchester über.

Kapellen ↑Moers.

Kapellmeister, der Leiter einer ↑Kapelle, mit deren geschichtlicher Entwicklung seine Stellung eng verbunden war. Zunächst (seit dem 11. Jh.) war K. (lat. Magister cappellae) Bez. für den obersten Hofgeistlichen, dem auch die Ausführenden der Kirchenmusik unterstanden. Blieb in Italien und Frankr. der Titel K. auf die Kirchenmusik beschränkt, wurde er in Deutschland seit dem 16. Jh. auch auf den Leiter der Hofmusik (Hof-K.), seit dem 19. Jh. auf jeden Leiter eines musikal. Ensembles übertragen. Heute v. a. gebraucht für den [General]musikdirektor oder [Chef]dirigenten nachgeordneten 2. oder 3. Dirigenten eines großen Sinfonie- oder Opernorchesters.

Kaperei [niederl., wohl zu altfries. käp, „Kauf" (verhüllend für Seeraub)], nach älterem Völkerrecht die einer Privatperson im Kriegsfall durch einen der kriegführenden Staaten erteilte Befugnis zur Kriegführung gegen feindl. Handelsschiffe. Über diese Ermächtigung wurde vom Staat (bis 1815) ein Dokument, der **Kaperbrief,** ausgestellt.

Kapern [griech.], grünlichbraune Blütenknospen des K.strauches, die zunächst in Salzlake und dann in Essig gelegt werden. Gewürz bes. für Soßen und Salate. **Kapernersatz** sind Blütenknospen von Sumpfdotterblumen, Besenginster, Kapuzinerkresse.

Kapernaum [...na-ŭm] (Kafarnaum), histor. Ort am NW-Ufer des Sees von Genezareth; nach dem N. T. Wirkungsstätte Jesu.

Kapernstrauch (Capparis), Gatt. der Pflanzenfam. Kapperngewächse (Capparaceae; 46 Gatt. mit rd. 800 Arten) mit rd. 250 Arten in den Tropen und Subtropen; Bäume oder kletternde, dornige Sträucher mit einfachen Blättern und meist weißen Blüten. Die bekannteste Art ist der im Mittelmeergebiet heim. **Echte Kapernstrauch** (Capparis spinosa), ein dorniger, bis 1 m hoher Strauch mit rundl., blaugrün bereiften Blättern und großen, weißen Blüten mit langen, violetten Staubblättern; aus den Blütenknospen werden die ↑Kapern hergestellt.

Kapersburg, Limeskastell bei der Stadt ↑Rosbach v. d. Höhe, Hessen.

Kapetinger, frz. Königsgeschlecht rheinfränk. Herkunft. 987 lösten die K. mit der Wahl Hugo Capets die karoling. Dyn. ab. Die Hauptlinie der K. behauptete die frz. Krone bis 1328, danach ihre Nebenlinien: das Haus Valois bis 1589, das Haus Bourbon bis 1792 und 1814–30, das Haus Orléans 1830–48.

Kapfenberg, östr. Stadt in der Steiermark, an der Mürz, 500 m ü. d. M., 27 000 E. Höhere techn. Bundeslehranstalt, höhlenkundl. Museum; Metallind. - Die Burg K. wird 1173 erstmals urkundl. genannt. Seit 1924 ist K. Stadt. - Spätgot. Pfarrkirche (1490; 1752–55 umgestaltet); nahebei die spätgot. Wallfahrtskirche Frauenberg (15. Jh.).

Kapgoldmull ↑Goldmulle.

Kaphalbinsel, schmales Vorgebirge südl. von Kapstadt, Republik Südafrika, W-Begrenzung der False Bay, im S das **Kap der Guten Hoffnung** und Cape Point mit Leuchtturm.

Kaphase ↑Hasen.

Kapholländisch, alte Bez. für die Sprache der niederl. Kolonisten im S Afrikas.

kapieren [zu lat. capere „fassen"], umgangssprachl. für: begreifen, verstehen.

Kapillaren [zu lat. capillaris „zum Haar gehörend"] (Haarröhrchen), *allg.* Röhrchen oder langgestreckte Hohlräume mit sehr kleinem Innendurchmesser. In der *Biologie* die zw. Arterien und Venen eingeschalteten, dem Stoffaustausch zw. Blut und Gewebe dienenden, außerordentl. dünnwandigen, feinsten Blutgefäße der Wirbeltiere (einschließl. Mensch), auch bei manchen Wirbellosen (Blutkapillaren, Kapillargefäße, Haargefäße). Die Länge der K. beträgt rund 1 mm, ihr Durchmesser 5–20 μm. - ↑auch Blutkreislauf.

Kapillarität [lat.], Bez. für das durch die Oberflächenspannung bestimmte Verhalten von Flüssigkeiten in Kapillaren, engen Spalten und Poren. Beim Eintauchen einer engen Röhre in eine benetzende Flüssigkeit, z. B. Wasser, steigt die Flüssigkeit in dem Kapillarrohr empor *(Kapillaraszension, Kapillarattraktion);* handelt es sich jedoch um eine nichtbenetzende Flüssigkeit, z. B. Quecksilber, so sinkt sie im Kapillarrohr ab und steht dort tiefer als außerhalb *(Kapillardepression).* Die K. beruht auf den zwischenmolekularen Kräften der Kohäsion und der Adhäsion: Sind die Kohäsionskräfte zw. den Molekülen der Flüssigkeit größer als die Adhäsionskräfte zwischen Flüssigkeit und Rohrwand, so tritt eine Kapillardepression ein, sind dagegen die Adhäsionskräfte größer als die Kohäsionskräfte, so kommt eine Kapillaraszension zustande. Eine bed. Rolle spielt

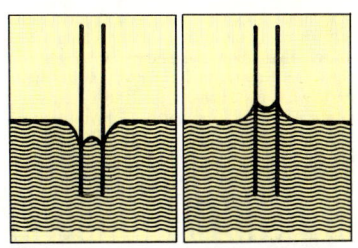

Kapillardepression   Kapillaraszension

die K. des Bodens für die Wasserversorgung der Pflanzen. Das Aufsteigen des *Kapillarwassers* ermöglicht es, daß Bodenwasser auch in Trockenzeiten aus größerer Tiefe bis zu den Pflanzenwurzeln gelangt.

Kapillarwellen (Kräuselwellen, Riffeln), Wellen auf Flüssigkeitsoberflächen, die bei Störungen des Gleichgewichts (z. B. bei Einwirkung eines schwachen Windes auf eine vorher ruhige Wasseroberfläche) unter dem Einfluß der Oberflächenspannung entstehen; Wellenlänge in der Größenordnung von Zentimetern.

Kapisa ↑Bagram.

Kapistran, Johannes ↑Johannes von Capestrano.

kapital [zu lat. capitalis „hauptsächlich"], alles Vergleichbare übersteigend; außerordentlich groß (bes. in der Jägersprache).

Kapital [zu mittellat. capitale „Grundsumme" (von lat. capitalis „hauptsächlich")], in der *Betriebswirtschaftslehre* der dem Vermögen eines Unternehmens auf der Passivseite in gleicher Höhe gegenüberstehende Bilanzposten, der Auskunft über die Herkunft der dem Unternehmen in Form von Geld oder Sachwerten zur Verfügung stehenden Mittel gibt. Nach der Rechtsstellung der K.geber wird in Eigen- und Fremd-K. unterschieden. Das **Eigenkapital** wird auch als Aktien-K. (bei der AG), Stamm-K. (bei der GmbH) oder Geschäftsguthaben (bei Genossenschaften) ausgewiesen, wobei jeweils die Rücklagen bzw. Reserven hinzuzurechnen sind. Das **Fremdkapital** wird nach der Dauer der Überlassung in kurz- und langfristiges K. unterteilt. V. a. aus Rückstellungen für die betriebl. Altersversorgung ergibt sich außerdem das sog. **Sozialkapital,** das eine Mittelstellung zwischen Eigen- und Fremd-K. einnimmt. - Eine weitere betriebswirtschaftl. Unterscheidung erfolgt nach der Form der Bindung des K. in Sach- oder Real-K. (z. B. Barmittel, Wertpapiere).

In der *Volkswirtschaftslehre* wird unter K. der Bestand einer Volkswirtschaft an sachl. Produktionsmitteln (Sach-K.) und Forderungen (**Geldkapital**) verstanden. Das **Sachkapital** wird unterteilt in Anlage-K. (v. a. Produktionsmittel) und Betriebs-K. (Vorprodukte,

Kapitalanlagegesellschaft

Vorräte). Häufig wird auch von **„human capital"** als dem Stand der menschl. Fähigkeit (durch Erziehung, Ausbildung u. ä.) gesprochen. Der **Kapitalstock** einer Volkswirtschaft, bestehend aus Sach- und Geld-K., entsteht durch Akkumulation der Nettoinvestitionen. Die Höhe des K.stocks ist ein wichtiger Bestimmungsfaktor des Wirtschaftswachstums (↑ auch Wachstumstheorie). - Die **Kapitaltheorie** befaßt sich mit Begriff, Entstehung, Funktionen und Entlohnung des K. (Zins). Der Zins im Verhältnis zum eingesetzten K. ist die **Kapitalrendite.** Das Verhältnis zw. eingesetztem K. und Sozialprodukt, der **Kapitalkoeffizient,** gibt an, wieviel K.einsatz im Durchschnitt je Produktionseinheit erforderl. war. Der reziproke Wert, die **Kapitalproduktivität,** zeigt das Produktionsergebnis je eingesetzter K.einheit. Das Verhältnis von eingesetztem K. zur eingesetzten Arbeit, die **Kapitalintensität,** zeigt die durchschnittl. Ausstattung eines Arbeiters mit Produktionsmitteln. Wegen der mit dem Eigentum an K. verbundenen ökonom. (und damit z.T. auch polit.) Macht wird - v. a. im Marxismus - eine durch Privateigentum an Produktionsmitteln gekennzeichnete Gesellschaft ↑ Kapitalismus genannt.

📖 *Ausgewählte Lesestücke zum Studium der Polit. Ökonomie. K. u. Kapitalismus.* Hg. v. K. Diehl u. P. Mombert, Bln. 1979. - Bachl, H.: *Funktionen des Geld-K.* Gräfelfing bei München 1975. - Hirshleifer, J.: *K.theorie. Dt. Übers.* Köln 1974.

Kapitalanlagegesellschaft (Kapitalverwaltungsgesellschaft), eine Kapitalgesellschaft, deren Ziel der Erwerb, die Verwaltung und Veräußerung von Wertpapieren anderer Kapitalgesellschaften ist.

Kapitalanteil, derjenige Anteil, mit dem ein Gesellschafter einer Personengesellschaft des Handelsrechts an dieser beteiligt ist.

Kapitalband, Zierband am Kopf des Buchrückens.

Kapitalbewegungen ↑ Kapitalflucht.

Kapitalbilanz ↑ Zahlungsbilanz.

Kapitalbuchstabe, Großbuchstabe, ↑ Majuskel. - ↑ auch Kapitalis.

Kapitälchen [zu ↑ Kapitalis], Buchstaben einer Antiquaschrift von der Form der Groß- und der Höhe der kleinen Buchstaben.

Kapitale, svw. ↑ Kapitalis.

Kapitalerhaltung (Substanzerhaltung), Begriff, der sich auf die Erhaltung der Leistungskraft einer Unternehmung bezieht. *Nominelle K.* liegt vor, wenn das urspr. eingesetzte Geldkapital dem Betrage nach erhalten bleibt. *Reale K.* ist erst dann erreicht, wenn das urspr. eingesetzte Kapital in Einheiten gleicher Kaufkraft erhalten bleibt.

Kapitalerhöhung, die Erhöhung des Aktienkapitals einer AG bzw. des Stammkapitals einer GmbH entweder durch Zuführung neuer Mittel von außen (**Beteiligungsfinanzierung**) oder durch eigene Mittel der AG bzw. GmbH (**Selbstfinanzierung**). K. erfolgen v. a. bei Betriebserweiterung und zur Ablösung von Fremd- durch Eigenkapital (↑ Kapital). Von bes. Bedeutung ist die K. bei der AG, wo sie entweder durch Zufluß neuer Mittel und Ausgabe junger Aktien oder durch Umwandlung freier Rücklagen (Aufstockung) und Ausgabe von Gratisaktien erfolgt.

Kapitalertragsteuer ↑ Einkommensteuer.

Kapitalflucht, Übertragung von Vermögen, insbes. liquiden Mitteln ins Ausland bzw. in eine ausländ. Währung, wobei im Unterschied zu normalen Kapitalbewegungen das Motiv der Sicherung des Kapitals maßgebend ist. Die K. ist auch zu unterscheiden von der **Steuerflucht,** bei der die Übertragung des Vermögens v. a. durch eine Verlagerung des Wohnsitzes in einen Staat mit niedrigerer Besteuerung erfolgt, um Steuern zu vermeiden oder zu mindern. Bes. Maßnahmen gegen K. und Steuerflucht in Gestalt einer Besteuerung des Fluchtkapitals durch eine „Fluchtsteuer" bestehen in der BR Deutschland nicht. Jedoch müssen nach dem Außensteuergesetz Inländer auch das im Ausland erzielte Vermögen offenlegen.

Bei normalen privaten **Kapitalbewegungen** steht der Ertragsgesichtspunkt im Vordergrund. Zu unterscheiden ist nach der Laufzeit der Anlage zw. kurzfristigen (bis zu einem Jahr) und langfristigen Kapitalbewegungen, nach der Art der Anlage in *Direktinvestitionen* (Gründung oder Erwerb von Unternehmen), *Portfolioinvestitionen* (Käufe von langfristigen Wertpapieren), *Kredite* und *Darlehen* sowie Erwerb von *Grundbesitz.* Bei den öffentl. Kapitalbewegungen stehen Beteiligungen an internat. Organisationen sowie Kredite und Darlehen an Entwicklungsländer im Vordergrund.

Kapitalgesellschaft, Gesellschaft mit eigener Rechtspersönlichkeit (↑ juristische Person), bei der die Kapitalbeteiligung der Gesellschafter im Vordergrund steht und nicht die persönl. Mitarbeit wie bei den ↑ Personengesellschaften (Beispiele: AG, KGaA, GmbH). Für die Verbindlichkeiten der K. haftet nur das Gesellschaftsvermögen.

Kapitalherabsetzung, die Verminderung des Aktienkapitals einer AG oder KGaA oder des Stammkapitals einer GmbH. Erfolgt eine *nominelle K.*, werden die entstandenen Verluste durch Herabsetzung des Aktienbzw. Stammkapitals buchtechn. beseitigt; bei der *effektiven K.* wird ein Teil des Grundbzw. Stammkapitals zurückgezahlt bzw. den Rücklagen zugeführt.

Kapitalis (Capitalis, Kapitale) [lat. „hauptsächl. (Schrift)"], im 7. Jh. v. Chr. von den Römern übernommene, urspr. griech. Majuskelschrift (nur Großbuchstaben): *Capitalis monumentalis* für Inschriften auf Stein;

als Buchschriften: *Capitalis quadrata* (oder *elegans*), ebenfalls streng geomert. stilisiert, und die flüchtigere *Capitalis rustica*; Grundlage der Großbuchstaben der ↑Antiqua.

Kapitalisierung [lat.], Rückführung von laufenden Zahlungen, insbes. von Erträgen, Renten und Annuitäten, auf einen bestimmten Zeitpunkt. Durch die K. werden diese kontinuierl. Wertflüsse auf einen Barwert diskontiert, um z. B. den Wert eines Unternehmens (bei Verkauf oder Abfindung) oder einer Rente (bei Ablösung) zu erhalten.

Kapitalismus [lat. zu (↑Kapital)], Bez. für eine Wirtschaftsform, die durch Privateigentum an Produktionsmitteln und Steuerung des Wirtschaftsgeschehens über den Markt gekennzeichnet ist. Der Begriff K. begegnet seit Beginn des 19.Jh., wurde dann aber v. a. durch Marx in seiner Bed. geprägt. Für Marx ist der K. in gesetzmäßiger histor. Abfolge die Produktionsweise zw. Feudalismus und Sozialismus/Kommunismus. Danach reifte der K. bereits im Schoße des Feudalismus durch die Entwicklung von Handelskapital, ↑Verlagssystem und Manufakturen heran und setzte sich im Prozeß der sog. ↑ursprünglichen Akkumulation endgültig durch. Zentrales Resultat dieser urspr. Akkumulation und konstituierendes Merkmal des K. ist die Entstehung des Lohnarbeiters, der „frei" ist in dem doppelten Sinne der Freiheit von feudalen Fesseln und des Freiseins von Eigentum an Produktionsmitteln. Er ist damit in der Lage und gezwungen, seine Arbeitskraft an den Eigentümer der Produktionsmittel, den Kapitalisten, zu verkaufen. Dabei ist die Arbeitskraft selbst eine Ware, d. h. im Marxschen Sinne, daß sie auf den [Arbeits]markt wie jede andere Ware auch zu ihrem Tauschwert, der letztlich durch die gesellschaftl. durchschnittl. notwendige Arbeitszeit zur Erhaltung der Ware Arbeitskraft (durch Lebensmittel, für Kleidung, „Kinderaufzucht" etc.) bestimmt ist, gekauft wird, um ihren Gebrauchswert zu nutzen, der für den Kapitalisten darin besteht, daß die Arbeitskraft durch ihre Entäußerung im Produktionsprozeß Wert schafft (↑auch Arbeitswertlehre), und zwar einen größeren als sie selbst als Tauschwert hat. Damit erklärt Marx die Entstehung und Aneignung von **Mehrwert** als im Einklang mit den ökonom. Gesetzen. Die so erzeugte, als „Eigentum" des gedachten Gesamtkapitals vorzustellende Mehrwertmasse eignen sich die einzelnen Kapitalisten in Form des Profits bzw. in abgeleiteten Formen als Zins und (die Grundeigentümer) als Rente an. Gemäß dem der K. eigenen Zwangsgesetz der Konkurrenz muß der größte Teil davon akkumuliert, also zur Erweiterung der Produktion eingesetzt werden. Aus diesem ökonom. Zwang erklärt Marx sowohl die Entfesselung der Produktivkräfte (durch die ↑industrielle Revolution) als auch die zu-

Kapitalis. Capitalis rustica in einer Handschrift aus dem 6. Jh.

nehmende Polarisierung der Gesellschaft in die Klassen der Kapitalisten und Lohnarbeiter, da durch die Konkurrenz bestehende Zwischenschichten kleiner Warenproduzenten und selbst kleine Kapitalisten zu Lohnarbeitern degradiert werden, schließlich die Entwicklung der Lebensbedingungen der Lohnarbeiter selbst (↑auch Verelendungstheorie). Diese Phase des Konkurrenz-K., in der die ökonom. Gesetze des K. weitgehend ungehemmt wirken, führt für Marx vermöge dieser ökonom. Gesetze selbst zum Zusammenbruch der Existenzgrundlagen des K., die sich durch die Entwicklung der Produktivkräfte der den K. kennzeichnende **Grundwiderspruch** zw. gesellschaftl. Produktion als Produktion im Rahmen einer gesamtgesellschaftl., jedoch erst im nachhinein über den Markt vermittelten Arbeitsteilung und privater Aneignung der Ergebnisse der Produktion durch die Kapitalisten verschärft bis zu seiner revolutionären Aufhebung. In diesem Sinne ist für Marx der K. Voraussetzung des Sozialismus/Kommunismus, dieser unvermeidl. Resultat der Entwicklung des Kapitalismus.

Weitere Kennzeichen des K. im marxist. Sinne sind, entsprechend der Grundauffassung des dialekt. und histor. Materialismus, daß letzten Endes das Sein das Bewußtsein, die (ökonom.) Basis den Überbau (Ideologie, Staat etc.) bestimme, die aus der ökonom. Macht resultierende polit. Macht der Bourgeoisie und die sich aus dem Charakter der ökonom. Gesetze als hinter den Rücken der Beteiligten wirkende Zwangsgesetze, die das Verhältnis zw. den Menschen durch Sachen vermitteln, ergebende ↑Entfremdung.

Zur Erklärung des Ausbleibens des Sozialismus/Kommunismus trotz des Verschwindens des klass. Konkurrenz-K. wurden in der marxist. Theorie zahlreiche Versuche unternommen. Der durch das Bestehen von Monopolen gekennzeichnete ↑Imperialismus wurde als „höchstes Stadium des K." (Lenin), als „organisierter K." (Hilferding), später auch als Staats-K. und ↑staatsmonopolistischer Kapitalismus bezeichnet. Dabei wird als Erklärung, warum der K. fortbestehe und dies in Einklang mit den Marxschen Thesen zu bringen sei, bei zahlr. Differenzen im einzelnen v. a. der Staat als außerökonom. Faktor, der in dieser Eigenschaft in der Lage ist, die Wirkung der ökonom. Gesetze des K. zu modifizieren und/oder zumindest partiell außer Kraft zu setzen, herangezogen.

Außerhalb des Marxismus blieb die Tauglichkeit des Begriffs K. umstritten. Teilweise durchsetzen konnte er sich v. a. durch die Untersuchungen von M. Weber und W. Sombart, die - teilweise in Anlehnung an Marx - v. a. die Rechenhaftigkeit und Rationalität als Kennzeichen des K. in den Vordergrund stellten. So charakterisierte M. Weber den K. als „an Profitchancen rational orientiert". Weitere Verbreitung fand der Begriff des K. als Kategorie zur Periodisierung in der Einteilung von W. Sombart in die Phasen des Früh-K. (im wesentl. die Zeit des Merkantilismus), Hoch-K. (etwa entsprechend der Phase des klass. Konkurrenz-K.) und Spät-K. (ab dem 1. Weltkrieg). V. a. der Begriff des Spät-K., der z. T. auch von marxist. Autoren aufgegriffen wurde, blieb wegen seiner impliziten Bedeutung, letzte Phase vor einem neuen (höheren) System zu sein, stark umstritten.

Gegen die Tauglichkeit des Begriffs für wiss. Analyse wird meist seine übliche Verwendung als polit. Schlagwort eingewandt. Die Vertreter und Anhänger der v. a. von Eucken entwickelten Ordnungstheorie halten Epochenbegriffe wie den des K. für vollends entbehrlich, da das zu allen Zeiten stets gleiche Problem des Wirtschaftens mit knappen Ressourcen sowie der Leitung und Verteilung auch stets zwei grundsätzlich verschiedene Lösungsmöglichkeiten, entweder durch eine zentrale Planung (Planwirtschaft) bzw. Zentralverwaltungswirtschaft) oder eine dezentrale Planung, wie sie für die ↑ Marktwirtschaft typisch ist, habe.

📖 *Koslowski, P.: Ethik des K. Tüb. ²1984. - Weber, Max: Die prot. Ethik u. der Geist des K. Hg. v. J. Winckelmann. Gött.* ⁴⁻⁷*1982-84. 2 Bde. - Schumpeter, J. A.: K., Sozialismus u. Demokratie. Bern u. Mchn.* ⁵*1980. - Gesellschaft in der industriellen Revolution. Hg. v. R. Braun u. a. Köln 1973. - Pross, H.: K. u. Demokratie. Ffm. 1973. - Sombart, W.: Der moderne K. Bln. u. Mchn. Nachdr. 1955-70. 3 Bde.*

Kapitalist [lat.], Person, deren Einkommen überwiegend oder ausschließl. aus Kapitalerträgen besteht und/oder die über Produktionskapital verfügt. I. w. S. auch Bez. für Personen, die (gegen Bezahlung) Kapitalinteressen vertreten (z. B. Manager).

Kapitalkonto, Konto auf der Passivseite der Bilanz, der ausweist: 1. Eigenkapital bei Einzelkaufmann und Personengesellschaft, 2. Grundkapital bei der AG, 3. Stammkapital bei der GmbH.

Kapitalmarkt, Markt für langfristige Geldforderungen. Von bes. Bed. ist der *organisierte K.*, der v. a. den Börsenverkehr, aber auch die Vermittlung von Angebot und Nachfrage durch die Kreditinstitute umfaßt. Dieser auch als K. i. e. S. bezeichnete Teilbereich wird in die beiden Sondermärkte Aktien- und Rentenmarkt unterteilt, je nachdem, ob Beteiligungs- oder Forderungsrechte gehandelt werden. - Ggs. ↑ Geldmarkt.

Kapitalstruktur, die Zusammensetzung des Kapitals eines Unternehmens nach den Schuldnern und nach der Fristigkeit, speziell das absolute und relative Verhältnis des Eigenkapitals zum Fremdkapital.

Kapitalverbrechen, besonders schwere Straftat, z. B. Mord oder schwerer Raub.

Kapitalverflechtung, wechselseitige Kapitalbeteiligung von Unternehmen.

Kapitalverkehr, die im internat. Handel zw. verschiedenen Ländern entstehenden Forderungen (Kapitalexport) und Verbindlichkeiten (Kapitalimport) privater und öffentl. Stellen; man unterscheidet zwischen dem kurzfristigen K. (bei urspr. vereinbarter Laufzeit bis zu einem Jahr) und dem langfristigen K. (für Laufzeiten über ein Jahr). Die statist. Erfassung des K. erfolgt in der Kapitalverkehrsbilanz (↑ Zahlungsbilanz).

Kapitalverkehrsteuer, Sammelbez. für die Gesellschaftsteuer, die Börsenumsatzsteuer und die frühere Wertpapiersteuer. Die **Gesellschaftsteuer** wird bei der Gründung und einer Kapitalerhöhung von Kapitalgesellschaften erhoben. Der **Börsenumsatzsteuer** unterliegen alle Anschaffungsgeschäfte über Wertpapiere, wenn die Geschäfte im Inland oder unter Beteiligung eines Inländers im Ausland abgeschlossen werden.

Kapitalverwaltungsgesellschaft, svw. ↑ Kapitalanlagegesellschaft.

Kapitän [italien. und frz., zu lat. caput „Haupt"], Führer eines Handelsschiffes; ↑ Schiffsoffizier.

◆ seit dem 16. Jh. - zunächst in Frankr. - der Führer einer Kompanie; noch heute Dienstgradbez. in den Heeren verschiedener Länder.

Kapitänleutnant, militär. Dienstgrad der Bundesmarine (↑ Dienstgradbezeichnungen).

Kapitän zur See, militär. Dienstgrad der Bundesmarine (↑ Dienstgradbezeichnungen).

Kapitel [zu lat. capitulum „Köpfchen; Hauptabschnitt"], urspr. die einem Textabschnitt vorangestellte Überleitungsformel oder Inhaltsangabe (Lemma, Rubrik, Summarium), dann Bez. für den Abschnitt selbst.

◆ *ordensrechtl.:* eigtl. ein Abschnitt der Ordensregel, der der Klostergemeinschaft vorgetragen wird; K. bezeichnet sowohl den Ort des Vortrages (**Kapitelsaal**) als auch die Versammlung der Klostergemeinde auf allen Ebenen: Konvents-K., Provinz-K., Generalkapitel. - Später auch Bez. für die Kleriker

Kapitulation

an Dom- und Stiftskirchen (**Kapitulare**).

Kapitell [zu lat. capitellum „Köpfchen"], der oberste Teil (Kopf) bei Säulen, Pfeilern, Pilastern als Zwischenglied zw. Stütze und Last. - K. sind u. a. schon in der alten ind. sowie der assyr. und pers. Kunst bekannt. Bei den Griechen sind zu unterscheiden: **dor. Kapitell** (mit Wulst [Echinus] und Deckplatte [Abakus]), **ion. Kapitell** (Voluten-K.) und **korinth. Kapitell** (Akanthus-K.), aus denen die Römer das Komposit-K. bildeten. **Weitere Formen:** In der byzantin. Kunst *Kämpfer-, Korb-, Trapez-, Falten-K.* u. a., im frühen MA *Würfel-K.* und *Figuren-K.* (v. a. in der Romanik), in der got. Baukunst *Kelch-, Kelchblock-, Knospen-* und *Blattkapitell*.

Kapitelsaal ↑ Kapitel.

Kapitelsvikar, svw. ↑ Kapitularvikar.

Kapitol, der kleinste der sieben Hügel Roms, unmittelbar am Tiber; urspr. nur Bez. der südl. Kuppe. Auf der nördl. Kuppe stand die Burg (Arx), hier befand sich u. a. das „Auguraculum" zur Beobachtung des Vogelfluges (↑ Auspizien) und der Tempel der Iuno Moneta (4. Jh. v. Chr.; hier wurden seit 249 v. Chr. die Silberdenare geprägt). Auf der südl. Kuppe befand sich seit dem 6. Jh. v. Chr. die Kultstätte der Trias Jupiter-Juno-Minerva, das religiöse Zentrum Roms. Hier opferten die Konsuln, die Feldherren, endeten die Triumphzüge, fanden die Eröffnungssitzungen des Senats sowie Volksversammlungen statt; von hier ging die jährl. Festspielprozession aus. Der gewaltige Podiumtempel des Jupiter Optimus Maximus Capitolinus (53 × 62 m) soll 509 v. Chr. geweiht worden sein (Podiumsrest unter dem heutigen Konservatorenpalast). Daneben weitere Tempel, Götter- und Ehrenstatuen, Altäre, Trophäen sowie öffentl. Gebäude. Verfall seit dem 5. Jh. n. Chr.

K., Bez. für das Parlamentsgebäude der USA in Washington (erbaut 1793 ff., Flügel und Kuppel 1850 ff.). Nach ihm wurden auch die in den Bundesstaaten entstehenden Parlamentsgebäude K. genannt.

Kapitolinische Wölfin, Bronzestatue vom Kapitol; Wahrzeichen Roms, eine italisch-etrusk. Arbeit (um 500). In der Renaissance wurden die Zwillinge Romulus und Remus hinzugefügt (von A. Pollaiuolo).

Kapitular [lat.] ↑ Kapitel.

Kapitularien (Capitularia) [lat. (nach der Einteilung in Kapitel)], Bez. für die Königsgesetze des Fränk. Reiches unter den Karolingern in lat. Sprache. Sie galten für das ganze Reich oder für einzelne Reichsteile als Ergänzung der Stammesrechte oder stellten Anweisungen an Königsboten und Grafen dar.

Kapitularvikar (Kapitelsvikar), interimist. Verwalter einer Diözese, der bei Sedisvakanz vom Domkapitel innerhalb von 8 Tagen gewählt sein soll. Seit dem 2. Vatikan. Konzil soll ein Weihbischof zum K. bestellt werden.

Kapitulation [frz., zu mittellat. capitulare „über einen Vertrag verhandeln"], *allg.* svw. Unterwerfung, insbes. militär.; übertragen: das Zugeständnis der (geistigen) Unterlegenheit; **kapitulieren,** sich für besiegt erklären, nachgeben.

◆ nach dem *Völkerrecht* ein Vertrag, in dem sich ein Vertragsteil den Anordnungen eines anderen Vertragsteiles unterwirft. K. *nach Friedensrecht* haben nur noch histor. Bedeutung, sie wurden meist im 19. Jh. zw. europ. Staaten und afrikan. oder asiat. Staaten abgeschlossen. Die *K. nach Kriegsrecht* ist ein Vertrag, bei dem sich der Unterlegene dem Sieger ergibt. Zum Abschluß der K. ist nur

Kapitell. 1 dorisches, 2 ionisches, 3 korinthisches, 4 byzantinisches Falten-, 5 romanisches Würfel-, 6 gotisches Kelchblock-, 7 gotisches Knospen-, 8 gotisches Blattkapitell

der Befehlshaber einer größeren selbständigen Einheit, z. B. der Kommandant einer Festung, einer Flotte oder einer Division, berechtigt. Auch bei der sog. **bedingungslosen Kapitulation** unterwirft sich der Verlierer nicht der Willkür des Gegners, vielmehr bleiben allg. Normen des Kriegsvölkerrechtes in Kraft.

Kapiza, Pjotr Leonidowitsch (Peter Kapitza), * Kronstadt 8. Juli 1894, † Moskau 8. April 1984, sowjet. Physiker. - 1921–34 Mitarbeiter von E. Rutherford in Cambridge. Zählt zu den bedeutendsten sowjet. Physikern. Er untersuchte den Einfluß extrem starker Magnetfelder auf die Spektrallinien von Atomen sowie auf die elektr. und magnet. Eigenschaften von Metallen und Halbleitern. 1938 entdeckte er die Suprafluidität des Heliums. Er war maßgebl. an der Entwicklung der sowjet. Wasserstoffbombe beteiligt. Nobelpreis für Physik 1978 (zus. mit A. A. Penzias und R. W. Wilson) für seine Arbeiten auf dem Gebiet der Tieftemperaturphysik.

Kaplan, Mordecai Menahem [engl. 'kæplən], * Švenčionys (Litauische SSR) 11. Juni 1881, † New York 8. Nov. 1983, amerikan. Rabbiner und Religionsphilosoph. - Lehrte 1909–63 am Jewish Theological Seminary of America in New York v. a. Homiletik und Religionsphilosophie und ist der Begründer des ↑ Reconstructionism.

K., Viktor [´-], * Mürzzuschlag 27. Nov. 1876, † Unterach (Oberösterreich) 23. Aug. 1934, östr. Ingenieur. - Erfand 1912 die nach ihm benannte *K.-Turbine* und die *K.-Pumpe,* deren gemeinsames Konstruktionsmerkmal eine verstellbare Laufradschaufel ist.

Kaplan [lat.-mittellat.], urspr. Bez. für Priester an der fränk. Hofkapelle, dann allg. für den Priester an einer Kapelle, heute v. a. für einen den Gemeindepfarrer unterstützenden kath. Priester.

kapländisches Florenreich (Capensis), kleinstes, an der S-Spitze Afrikas gelegenes, mit über 6 000 Blütenpflanzenarten und vielen Endemiten außergewöhnl. artenreiches Florenreich. Charakterist. Pflanzenfam. sind Silberbaum-, Rauten-, Seidelbastgewächse, Korbblütler und Liliengewächse, dazu die Gatt. Pelargonium, Glockenheide und Sauerklee. An Sukkulenten kommen Wolfsmilchgewächse und Arten der Gatt. Mittagsblume und Lebende Steine vor, daneben zahlr. einjährige Pflanzen.

Kapodistrias, Ioannes Antonios Graf, * Korfu 11. Febr. 1776, † Nafplion 9. Okt. 1831 (ermordet), griech. Politiker. - Ab 1809 russ. Diplomat; vertrat Alexander I. 1815 auf dem Wiener Kongreß; 1827 zum Regenten Griechenlands gewählt.

Kapok [malai.] (Ceibawolle, vegetabil. Wolle, Pflanzendunen), rein weiße, graue oder gelbl., seidig glänzende Faserwolle aus dem 1–4 cm langen, glatten, wasserabstoßenden Haaren der inneren Kapselfruchtwand des Echten ↑ Kapokbaums. Wird als Polster-, Füll- und Isoliermaterial, außerdem in der Papierherstellung verwendet.

Kapokbaum (Baumwollbaum, Wollbaum, Ceiba), Gatt. der Wollbaumgewächse mit rd. 20 Arten in den Tropen; hohe Bäume mit meist gelben oder weißen Blüten. Bekannteste Art ist der heute allg. in den trop. Regenwaldgebieten verbreitete **Echte Kapokbaum** (Ceiba pentandra): bis über 50 m hohe Bäume (im Alter oft mit mehrere Meter hohen Brettwurzeln); Frucht: eine bis 15 cm lange Kapsel, deren innere Fruchtwand mit glatten, weißen bis gelbl. Haaren besetzt ist, die als ↑ Kapok verwendet werden. Die etwa 24 % Öl enthaltenden Samen liefern das zu techn. und Speisezwecken verwendete *Kapoköl.*

Kaposvár [ungar. 'kɔpoʃvaːr], ungar. Stadt 48 km nw. von Pécs, 74 000 E. Verwaltungssitz, Wirtschafts- und Kulturzentrum des Bez. Somogy; Nahrungsmittelind., Baumwollkombinat. - Um 1900 entstanden.

Kapotasto (Kapodaster) [italien.], bei Lauten und Gitarren ein bewegl. Sattel, der, auf das Griffbrett aufgesetzt, die Grundstimmung der Saiten verändert.

Kapotthut [frz./dt.], urspr. ein hoch auf dem Kopf sitzender Damenhut mit Bändern *(Kapotte),* umgangssprachl. auch Bez. für den typ. Hut alter Frauen.

Kapowahöhle [russ. 'kapɐvɐ] (Kapovajachöhle), Höhle im Südl. Ural, Baschkir. ASSR, UdSSR, am rechten Ufer der Belaja. In der seit 1959 untersuchten Höhle wurden 1960/61 Wandmalereien vom Ende des Paläolithikums entdeckt: in Rot aufgetragene Silhouetten von 7 Mammuten, Wildpferden und Nashörnern.

Kapp, Wolfgang, * New York 24. Juli 1858, † Leipzig 12. Juni 1922, dt. Jurist und Politiker. - Gründete 1917 die rechtsradikale Dt. Vaterlands-Partei und unternahm im März 1920 gemeinsam mit General W. Freiherr von Lüttwitz einen erfolglosen Putschversuch gegen die Reichsreg. († Kapp-Putsch).

Kappa [griech.], 11. Buchstabe des urspr., 10. des klass. griech. Alphabets: K, κ.

Kappadokien, antiker Name einer im N vom Schwarzen Meer und im S vom Taurus begrenzten Landschaft Kleinasiens. Seit Mitte des 17. Jh. v. Chr. unter hethit. Herrschaft, 547/546 pers. Satrapie, 322 von Perdikkas erobert, fiel schließl. an die Seleukiden, 18/19 n. Chr. unter Tiberius zus. mit Kommagene röm. Prov. (Hauptstadt Caesarea, heute Kayseri). Im 4. Jh. wurde das Land Mittelpunkt der Christianisierung.

Kappadokier, Gruppe von Theologen des späten 4. Jh.; durch die K. Gregor von Nyssa und Gregor von Nazianz wurde die altkirchl. Trinitätslehre abgeschlossen.

Kappe [zu spätlat. cappa „Mantel (mit Kapuze)"], krempenlose Kopfbedeckung,

Kapselfrucht

halbkugelförmige und topfartige Formen (oft aus Leder), früher auch mit Zipfel; von der Mütze nicht immer abgrenzbar (meist fester im Material). In Spätantike und MA war K. (cappa) auch Bez. für einen Mantel mit Kapuze. **Käppi**, kleine, meist in der Mitte gefaltete K. (**Schiffchen**) der Uniform.
◆ in der *Technik* Bez. für einen meist gewölbten [Bau]teil als Abdeckung, als [obere] Schutz- oder Haltevorrichtung.

Kappeln, Stadt am W-Ufer der Schlei, Schl.-H., 10 m ü. d. M., 11 800 E. Zentraler Ort für das südl. Angeln und nördl. Schwansen; Bekleidungs- und Fischind.; Hafen. - Entstand im 14. Jh. - Spätbarocke ev. Kirche (1789–93).

kappen [niederl.-niederdt.], seemänn.: ein Tau (in Notfällen) mit dem dafür vorgesehenen *Kappbeil* durchschlagen; allg. auch svw. abschneiden, verkürzen.

Kappenmuskel, svw. ↑ Kapuzenmuskel.

Kappenstendel (Calypso), Orchideengatt. mit der einzigen Art **Calypso bulbosa** in N-Amerika, N-Europa und N-Asien, in feuchten Birken- und Tannenwäldern; Staude mit eiförmigen Bulben und einem einzelnen Blatt; Blüte bis 3 cm breit, mit pantoffelförmiger, rosagelber Lippe.

Kappes (Kappus) [zu lat. caput „Kopf"], 1. mundartl. Bez. für Weißkohl; 2. umgangssprachl. svw. Unsinn.

Kapphahn, svw. ↑ Kapaun.

Käppi ↑ Kappe.

Kapp-Putsch, vom 13. bis 17. März 1920 dauernder, nach W. Kapp ben. rechtsradikaler Umsturzversuch. Der K.-P., den die Auflösungsorder für die Brigade Ehrhardt auslöste, zwang die Reichsreg. zur Flucht nach Dresden und Stuttgart, scheiterte aber schon nach wenigen Tagen infolge Generalstreiks.

Kapprovinz, größte Prov. der Republik Südafrika, 656 500 km², 5,04 Mill. E (1985), Hauptstadt Kapstadt, im Innern von Gebirgsrandstufen eingefaßte, z. T. halbwüstenhafte Hochländer; im SW dem Mittelmeerklima ähnl. Klima mit artenreicher Flora. Akkerbau und Viehzucht; Bergbau (Mangan, Eisen, Asbest, Kupfer); ind.reiche Städte. - Als holländ. Kolonie 1652 gegr., 1795–1803 und seit 1806 brit., seit 1910 Teil der Südafrikan. Union (heute Republik Südafrika).

Kapriccio [ka'prɪtʃo] ↑ Capriccio.

Kaprice [ka'priːsə; frz., zu italien. capriccio „Laune"], Grille, verspielter Eigensinn, Laun. Einfall; **sich kaprizieren,** eigensinnig auf etwas bestehen; **kapriziös,** launisch, eigenwillig.

Kapriole [zu lat.-italien. capriola „Bocksprung"], drolliger Luftsprung, übermütiger Streich.
◆ Sprung der ↑ Hohen Schule.

Kaprow, Allan [engl. 'kæproʊ], * Atlantic City (N. J.) 23. Aug. 1927, amerikan. Künstler. - Studierte 1956–58 bei J. Cage und wurde zum Schöpfer des ↑ Happenings.

Kaprun, östr. Ort im Unterpinzgau, Bundesland Salzburg, 786 m ü. d. M., 2 800 E. Ausflugsort (wegen der beiden Stauseen der Tauernkraftwerke im Kapruner Tal); außerdem Wintersportort (auch Sommerski).

Kapsel [lat.], (Arznei-K.) in der *Pharmazie:* Umhüllung (z. B. Gelatineüberzug) eines Arzneimittels.
◆ in der *Botanik* svw. ↑ Kapselfrucht.

Kapselfrucht (Samenkapsel, Kapsel, Capsula), im Reifezustand meist trockenhäutige, aus zwei oder mehreren miteinander verwachsenen Fruchtblättern gebildete Streufrucht. Spaltet sich die Fruchtwand der Länge nach ganz oder teilweise auf, spricht man von **Spaltkapseln** (Iris, Tulpe, Herbstzeitlose). Springt ein Teil des Gehäuses als Deckel ab, nennt man sie **Deckelkapsel** (Gauchheil), werden in der Fruchtwand Löcher gebildet, **Porenkapsel** (Mohn). - ↑ auch Fruchtformen.

Echter Kapokbaum.
a blühender Zweig, b offene Kapsel

Kapselfrucht. 1 Spaltkapsel
(a einer Orchideenart,
b der Gartentulpe),
2 Deckelkapsel (des Bilsenkrauts),
3 Porenkapsel (des Klatschmohns)

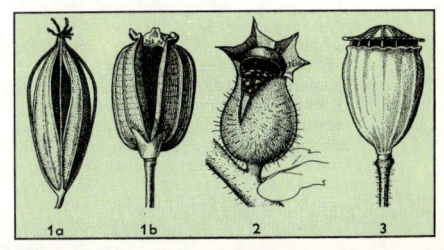

Kapseltierchen

Kapseltierchen ↑Schalamöben.
Kapsid [lat.], besondere Proteinhülle, die die Nukleinsäure bei Viren einschließt. K. und Nukleinsäure zus. bezeichnet man als **Nukleokapsid**.
Kapspur, Eisenbahnspurweite von 1 067 mm; urspr. nur in Südafrika, heute bei 7,5 % des Welteisenbahnnetzes.
Kapstadt, zweitgrößte Stadt der Republik Südafrika, am Fuß des Tafelbergs, an der Tafelbucht des Atlantiks, 1,1 Mill. E. Hauptstadt der Kapprov. und Sitz des Parlaments der Republik Südafrika sowie eines anglikan. und eines kath. Erzbischofs; Univ., TH, Lehrerseminar, Fischereiforschungsinst.; Bibliotheken; Südafrika-Museum, Nationalgalerie, astronom. Observatorium; mehrere Theater, Sinfonieorchester; botan. Garten. Wichtiges Ind.zentrum, u. a. Lokomotiven- und Eisenbahnwaggonbau, Werft, Erdölraffinerie, bed. Hafen; ⚓. - K. wurde am 6. April 1652 von Jan van Riebeeck als Proviantstation für die Schiffe der niederl. Ostind. Kompanie gegründet. - K. hat ein gewachsenes Stadtbild mit zahlr. alten Gebäuden, u. a. das Fort (1666; heute Nationaldenkmal) und die Niederl.-Ref. Kirche (1699 begonnen). Gebäude im holländ. Kolonialstil: Koopmans-de-Wet-Haus (spätes 18. Jh.), Martin-Melck-Haus (1782), altes Rathaus (1755) und außerhalb der Stadt Groot Constantia (1685; heute Museum). Im 19. Jh. entstanden die großen Kirchen und das Parlamentsgebäude (1886). Etwa 150 ha Neuland wurden im Hafengebiet gewonnen („Foreshore"), dort stehen moderne Hochhäuser.
Kaptaube ↑Sturmvögel.
Kapteyn, Jacobus Cornelius [niederl. kɑp'tɛin], * Barneveld 19. Jan. 1851, † Amsterdam 18. Juni 1922, niederl. Astronom. - Wegbereiter der modernen Stellarstatistik; entdeckte die beiden „Sterndriften" parallel zur Milchstraßenebene.
Kapuas, Fluß in Borneo, Indonesien, entspringt im W der Insel, mündet sw. von Pontianak in das Südchin. Meer, etwa 1 100 km lang, davon über 900 km schiffbar.
Kapuze [zu italien. cappuccio „Haube"], Kopfbedeckung, die bis über den Hals reicht und meist fest mit einem Übergewand (Mantel, Umhang usw.) verbunden ist.
Kapuzenmuskel (Kappenmuskel, Trapezmuskel, Musculus trapezius), beim Menschen im Bereich des Nackens und der oberen Rückenpartie ausgebildeter, oberflächl. liegender, paariger Muskel; ermöglicht ein Hochheben des Arms über den Kopf durch Drehung des Schulterblatts.
Kapuzennatter ↑Trugnattern.
Kapuzinade, svw. ↑Kapuzinerpredigt.
Kapuziner (lat. Ordo Fratrum Minorum Capuccinorum, Abk. OFMCap), neben Franziskanern und Konventualen der dritte selbständige Zweig des Ersten Ordens des Franz von Assisi; im frühen 16. Jh. als Reform der Franziskanerobservanten (strenge Armut und Betonung des Eremitenlebens) gegr.; rasche Ausbreitung; bed. in der kath. Gegenreformation; rd. 12 000 Mitglieder.
Kapuzineraffen (Cebinae), Unterfam. etwa 30-55 cm körperlanger Neuweltaffen mit 8 Arten in den Urwäldern M- und S-Amerikas; gesellig lebende Baumbewohner mit mindestens körperlangem, am Ende einrollbarem Schwanz (wird nur selten als Greiforgan benutzt), vorwiegend braunem bis schwärzl. Fell und häufig hellem bis weißl. Gesicht, von dem sich die schwarze Oberkopfbehaarung kapuzenartig abhebt. - K. ernähren sich vorwiegend von Kleintieren und Früchten. Zu den K. gehören ↑Totenkopfäffchen und die größeren **Kapuziner** (Rollschwanzaffen, Cebus) mit 4 Arten, darunter der dunkel rostbraune, weißschulterige **Weißschulteraffe** (Eigentl. Kapuziner, Cebus capucinus; M-Amerika, nördl. S-Amerika) und der **Apella** (Faunaffe, Cebus apella; Brasilien) mit schwarzer „Bürstenfrisur".
Kapuzineraffenartige (Kapuzinerartige, Greifschwanzaffen, Cebidae), Fam. der Neuweltaffen in M- und S-Amerika; Körperlänge etwa 25-90 cm, Schwanz mit Ausnahme der 3 Arten umfassenden Gatt. **Kurzschwanzaffen** (Uakaris, Cacajao; das nackte Gesicht ist leuchtend scharlachrot oder schwarz) lang, oft als Roll- oder Greifschwanz entwickelt; überwiegend Baumbewohner der Regenwaldregion; mit Ausnahme des etwa 35 cm langen **Nachtaffen** (Aotes trivirgatus; mit dichtem, wolligem, oberseits braungrauem bis olivgrünem, unterseits orangefarbigem oder weißl. Fell; Gesicht schwarz, weißl. umrandet) tagaktiv. Zu den K. gehören u. a. Kapuzineraffen, Brüllaffen, Klammeraffen, Spinnenaffen, Wollaffen, Springäffchen und Schweifaffen.
Kapuzinerinnen, zwei kath. Schwesterngemeinschaften (*Klarissen-K.* und *Kapuziner-Terziarinnen*), die in der geistl. Betreuung den Kapuzinern angeschlossen sind.
Kapuzinerkresse (Blumenkresse, Tropaeolum), Gatt. der Pflanzenfam. **Kapuzinerkressengewächse** (Tropaeolaceae; 2 Gatt. mit rd. 80 Arten) mit 80 Arten in S-Amerika, v. a. in den Anden; meist kletternde, ein- oder mehrjährige Kräuter; Blüten einzeln in den Blattachseln, in verschiedenen Farben. Die am häufigsten kultivierte und bekannteste Art ist die **Große Kapuzinerkresse** (Tropaeolum majus) aus S-Amerika: mehrjährige (in Europa nur einjährig kultivierte) Pflanze; meist kriechend bzw. bis 3 m hoch kletternd; Blätter schildförmig; Blüten orangefarben bis goldgelb; gehört zu den beliebtesten Zierpflanzen.
Kapuzinerpredigt (Kapuzinade), strafende oder tadelnde Ansprache, wie sie bei den Kapuzinern übl. war. Bekannt sind die K. des Abraham a Sancta Clara und das Beispiel in Schillers „Wallensteins Lager".

Kap Verde

(amtl. República do Cabo Verde), Republik im Atlantik zw. 14° 48' und 17° 12' n. Br. sowie 22° 40' und 25° 22' w. L. **Staatsgebiet:** Umfaßt die vor der W-Küste Afrikas gelegenen Kapverd. Inseln, insgesamt 10 Inseln und 5 Eilande; sie werden gegliedert in die beiden Gruppen Barlavento (Santo Antão, São Vicente, Santa Luzia, São Nicolau, Sal und Boa Vista) und Sotavento (São Tiago, Fogo, Maio und Brava). **Fläche:** 4033 km^2. **Bevölkerung:** 308 000 (1985), 76,4 E/km^2. **Hauptstadt:** Praia (auf São Tiago). **Verwaltungsgliederung:** 12 Kreise. **Amtssprache:** Portugiesisch. **Währung:** Kap-Verde-Escudo (KEsc) = 100 Centavos. **Internat. Mitgliedschaften:** UN; der EWG assoziiert. **Zeitzone:** Südatlantikzeit, d. i. MEZ−3 Std.

Landesnatur: Die in einer nach W hufeisenförmig geöffneten Gruppe liegenden Inseln sind vulkan. Ursprungs und überwiegend aus Basalten und Phonoliten aufgebaut. Auf Fogo ist die vulkan. Tätigkeit noch nicht erloschen. Die Inseln sind teilweise gebirgig, auf Fogo bis 2829 m ü. d. M. Tief eingeschnittene Täler durchziehen die Inseln, z. T. sind sie von mehr als 100 m hohen Steilküsten begrenzt. Auf den östl. Inseln finden sich auch Dünen und Salzsumpfgebiete, ausgedehnte marine Terrassen auf São Tiago und São Nicolau.

Klima: Den größten Teil des Jahres liegen die Inseln im Einflußbereich des NO-Passats, nur von Ende Juli-Anfang Nov. bringen südl. Luftmassen Regen. In den Küstengebieten fallen um 200 mm Jahresniederschlag, in hohen Lagen bis über 1 000 mm; hier sind die Luvseiten fast ständig von Nebel umhüllt. Gelegentl. kommt es zu mehrjährigen Perioden fast völliger Niederschlagslosigkeit.

Vegetation: Typ. für die Küstenstufe ist Judendorn (Jujube), in Höhen bis zu 600–800 m wachsen Wolfsmilch-, Beifuß- und Lavendelarten. In den Dünen sind v. a. Tamarisken verbreitet. Über 1 200 m ist steppenartige Vegetation vertreten. Das durch Einschleppen fremder Arten veränderte heutige Vegetationsbild wird von Akazien, Agaven und Wandelröschen geprägt.

Bevölkerung: 90 % der fast ausschließl. kath. Bev. sind Mulatten, daneben leben Europäer und Schwarze auf den Kapverd. Inseln. Es besteht Schulpflicht von 7–11 Jahren, doch ist die Zahl der Analphabeten v. a. in ländl. Gebieten noch sehr hoch.

Wirtschaft: Führend ist die Landwirtschaft. Zur Eigenversorgung werden in Trockenfeldbau v. a. Mais, Bataten, Maniok, Kartoffeln und Hülsenfrüchte angebaut, für den Export Kaffee. In Bewässerungskulturen, die v. a. auf São Tiago und Santo Antão mögl. sind, werden v. a. Zuckerrohr und Bananen angebaut. Neben Rindern werden Ziegen, Schweine, Esel und Schafe gehalten. Der Fischfang hat sich v. a. auf Thunfisch spezialisiert. An Bodenschätzen wird vulkan. Tuff (Rohstoff für die Zementindustrie) abgebaut, in Salzgärten Salz gewonnen. Die Industrie stellt Fischkonserven und Fischmehl her sowie Zuckerrohrmelasse u. a.

Außenhandel: Wichtigster Handelspartner ist Portugal, gefolgt von Großbrit., den Niederlanden und USA. Ausgeführt werden Lebendvieh, Fisch und -konserven, Kaffee, Bananen, Salz, Häute und Textilwaren, eingeführt Nahrungs- und Genußmittel, Textilwaren, Bergbauprodukte, Maschinen, Apparate, Geräte, chem. Erzeugnisse, Fahrzeuge u. a.

Verkehr: K. V. verfügt über 2 250 km Straßen. Wichtigster Hafen ist Porto Grande bei Mindêlo auf São Vicente. Der Schiffsverkehr zw. den Inseln wird mit Motorschiffen und -seglern betrieben. Auf Sal dient ein internat. ✈ als Zwischenlandungsplatz von Europa nach Südamerika und Südafrika.

Geschichte: 1455/56 und 1460 wurden die Kapverd. Inseln entdeckt, seit 1461 besiedelt. Wirtschaftsgrundlage war weitgehend der Sklavenhandel, der erst 1876 endgültig abgeschafft wurde. 1951 erhielt die Inselgruppe den Status einer Überseeprov.; nach der Revolution in Portugal (1974) erhielten die Inseln im Dez. 1974 die Autonomie. Für die Wahlen zur Verfassungsgebenden Versammlung (30. Juni 1975) kandidierten ausschließl. Mgl. der Befreiungsorganisation PAIGC (Partido Africano da Independência de Guiné e Cabo Verde), deren kapverd. Flügel 1981 den Namen PAICV (Partido Africano da Independência de Cabo Verde) annahm. Die Unabhängigkeit wurde am 5. Juli 1975 proklamiert; im Dez. 1980 fanden die ersten Wahlen seit der Unabhängigkeit (nach einer Einheitsliste) statt.

Politisches System: Die Verfassung wurde am 5. Sept. 1980 verabschiedet. Alle Bestimmungen, die sich auf eine mögl. Vereinigung mit Guinea-Bissau bezogen, wurden im Febr. 1981 zurückgenommen. *Staatsoberhaupt* ist der von der Nat. Volksversammlung auf fünf Jahre gewählte Staatspräs. (seit 1975 A. Pereira). Die *Exekutive* hat die Reg. unter Führung des Min.präs. (seit 1975 P. V. R. Pires) inne, der Nat. Volksversammlung verantwortl. ist. Die *Legislative* liegt bei der Nat. Volksversammlung, deren 83 Abgeordnete auf fünf Jahre gewählt werden. *Einheitspartei* ist die Partido Africano da Independência de Cabo Verde (PAICV), die 1981 durch Umbildung der Partido Africano da Independência de Guiné e Cabo Verde (PAIGC) entstanden ist. An der Spitze des *Gerichtswesens* steht der Oberste Gerichtshof. Auf lokaler Ebene bestehen Volksgerichte. Die *Streitkräfte* umfassen rd. 1 200 Mann.

Kap-Verde-Becken, Tiefseebecken im östl. Atlantik vor der W-Küste Afrikas, bis 7 292 m tief.

Kapverdische Inseln

Kapverdische Inseln, Inselgruppe im Atlantik, vor der W-Küste Afrikas, ↑ Kap Verde.

Kap-York-Halbinsel, Halbinsel in NO-Australien, östl. des Carpentariagolfs mit dem nördlichsten Punkt des austral. Festlands.

Kar [zu althochdt. char „Schüssel, Gefäß"], nischenartige Hohlform am ehem. vergletscherten Hängen mit wannenförmigem **Karboden,** der talwärts durch die z. T. mit Moränen überdeckte **Karschwelle** abgeschlossen ist. Kare können auch heute noch kleine **Kargletscher** oder **Karseen** enthalten. Mehrere übereinander auftretende K. bilden eine **Kartreppe.**

Karabiner [frz.], Gewehr mit relativ kurzem Lauf.

Karabinerhaken, [Metall]haken mit federndem Verschlußstück.

Kara-Bogas-Gol, Bucht am O-Ufer des Kasp. Meeres, eine annähernd runde Lagune (12 000 km²), die mit dem Kasp. Meer durch die nur 120–300 m breite **Kara-Bogas-Straße** verbunden ist. Größte Tiefe 3,5 m. Hoher Salzgehalt des Wassers (etwa 300‰) dank starker Verdunstung. Die sommerl. Wassertemperaturen (35 °C) sinken im Winter an den Ufern auf unter 0 °C ab. Der K.-B.-G. enthält große Mengen Glaubersalz, Magnesium-, Bor- und Kochsalz (Abbau).

Karabük, türk. Stadt im westl. Pont. Gebirge, 85 000 E. Eisen- und Stahlwerk.

Karachanidisch (Chakanidisch), im 10.–12. Jh. ausgebildete Literatursprache der islamisierten Türken Turkestans; wurde in uigur. oder arab. Schrift geschrieben.

Karađorđe [serbokroat. 'karadzɔ:rdzɛ], eigtl. Dorđe Petrović, gen. Kara [„der Schwarze"] (Karageorg), * Viševac bei Rača Kragujevačka (Šumadija) um 1768, † Radovanje bei Smederevo 25. Juli 1817. - Führte den serb. Aufstand gegen die osman. Herrschaft, eroberte 1806 Belgrad, 1811 zum Obersten Führer gewählt. Den Bukarester Friedensschluß vom 28. Mai 1812 lehnte er ab und emigrierte 1813 nach Österreich und Rußland. Bei einem heiml. Aufenthalt in Serbien ermordet.

Karađorđević [serbokroat. kara,dzɔ:rdzɛvitɕ], serb. Dyn., Nachkommen des Karađorđe, die, nachdem Alexander K. 1842 zum Fürst von Serbien gewählt worden war, zunächst im Wechsel mit dem rivalisierenden Hause Obrenović, als Könige seit 1903 ununterbrochen in Serbien, seit 1. Dez. 1918 in Jugoslawien regierten.

Karadsch [pers. kæ'rædʒ], iran. Stadt am S-Fuß des Elburzgebirges, 50 000 E. Landw. Hochschule, forstwiss. Fakultät der Univ. Teheran; Verwaltungszentrum; u. a. chem. Ind.; unmittelbar nö. der Stadt wird der Fluß K. Rud gestaut (Kraftwerk, Wasserversorgung von Teheran).

Karäer [hebr., wahrscheinl. „Leute der Schrift"], Anfang des 8. Jh. von Anan Ben David in Persien gegr. jüd. Sekte, die im Ggs. zu den Juden nur die Bücher des A. T., nicht aber das in Mischna und Talmud gesammelte Traditionsgut als Glaubensgrundlage anerkannte und verschärfte Bestimmungen u. a. zur Sabbatruhe, zur rituellen Reinheit und zur Beschneidung einführte. Sie zerfielen bald in mehrere Gruppen. Seit dem 17. Jh. lebten die meisten K. in Litauen und auf der Krim (1930 etwa 10 000 [auch *Karaimen* gen.]).

Karaffe [italien.-frz., zu arab. gharafa „schöpfen"], geschliffene, bauchige Glasflasche, meist mit Glasstöpsel.

Karaganda, sowjet. Gebietshauptstadt in der Kasach. SSR, im Bereich der Kasach. Schwelle, 608 000 E. Univ. (gegr. 1972), 3 Hochschulen; Steinkohlenbergbau; bedeutendste Ind.stadt der Kasach. SSR (Schwerind.). - 1934 als Stadt in Verbindung mit dem Bau eines Kohlezentrums gegründet.

Karaganda-Kohlenbecken, zum großen Teil im Tagebau abgebaute Kohlevorkommen in der Kasach. Schwelle; geschätzte Gesamtvorräte 51,3 Mrd. t.

Karagijesenke, tiefstgelegene festländ. Depression der UdSSR, im W der Halbinsel Mangyschlak (Kasp. Meer), 132 m u. d. M., 85 km lang, bis 25 km breit; extrem trocken.

Karaginskigolf, Bucht des Beringmeeres an der nördl. O-Küste der Halbinsel Kamtschatka.

Karagöz [...'gø:s] (Karagös) [türk. „Schwarzauge", türk. Figurenspiel mit bewegl., farbig auf einen Schirm projizierten Figuren aus Pergament, benannt nach der Hauptfigur, einem gewitzten und listigen Repräsentanten des türk. Volkscharakters.

Karaimisch, zur NW-Gruppe der Turksprachen gehörende Sprache, die noch von etwa 14 % der Karaimen (↑ Karäer) gesprochen wird; die Schrift ist hebräisch.

Karajan, Herbert von ['ka:rajan, 'kar...], eigtl. Herbert K., * Salzburg 5. April 1908, östr. Dirigent. - Kam über Ulm und Aachen 1938 nach Berlin (Staatsoper, Staatskapelle), 1947 nach Wien (Dirigent der Philharmoniker, 1956–64 künstler. Leiter der Staatsoper). 1955 wurde er Chefdirigent der Berliner Philharmoniker, 1964 Mitglied des Direktoriums der Salzburger Festspiele. 1967 gründete er die Osterfestspiele in Salzburg. Die 1969 begründete H.-v.-K.-Stiftung fördert junge Dirigenten durch alle 2 Jahre durchgeführte Wettbewerbe in Berlin. - † 16. Juli 1989.

Karakal ['karakal, kara'kal; türk., eigtl. „Schwarzohr"] (Wüstenluchs, Caracal caracal), etwa 55–75 cm lange, luchsartige Katzenart, v. a. in Steppen, Savannen und Wüsten Afrikas und SW-Asiens; Fellfärbung meist graugelb bis einfarbig; Ohren groß, mit langen Haarpinseln; ernährt sich vorwiegend von Nagetieren oder Vögeln.

Karakalpaken, eine Turksprache spre-

chendes Volk; die K. leben v. a. in der Karakalpak. ASSR als Viehzüchter, Ackerbauern und Fischer.
Karakalpakische ASSR, autonome Sowjetrepublik innerhalb der Usbek. SSR, 164 900 km², 1,044 Mill. E (1984; davon 325 000 Karakalpaken), Hauptstadt Nukus. Liegt westl. und südl. des Aralsees im Wüsten- und Halbwüstenbereich mit abflußlosen Senken und Salzseen, Dünen und Flugsandfeldern; im O hat die K. ASSR Anteil an der Sandwüste Kysylkum, im W am Ust-Urt-Plateau. Das kontinentale Klima ist trockenheiß. Mit künstl. Bewässerung wird v. a. Baumwolle im Fruchtwechsel mit Luzerne angebaut, im Delta des Amu-Darja Reis. Die Viehzucht umfaßt Schafe, Rinder, Pferde und Kamele; außerdem Seidenraupen- und Pelztierzucht. Neben der Verarbeitung landw. Produkte gibt es Baustoff- und metallverarbeitende Ind., am Aralsee ein Fischkonservenkombinat.
Geschichte: Die K. ASSR wurde am 11. Mai 1925 zunächst als autonomes Geb. innerhalb der damaligen Kasach. ASSR gegr.; den Status einer ASSR innerhalb der RSFSR erhielt sie am 20. März 1932, im Zuge der Verfassungsreform von 1936 wurde sie der Usbek. SSR angeschlossen (zur Frühgeschichte und vorsowjet. Geschichte ↑ Choresmien).

Karakelong, größte der ↑ Talaudinseln.
Karakorum [karako'rʊm, kara'ko:rʊm], 1220 gegr. erste Hauptstadt des Mongolenreichs. Sowjet.-mongol. Ausgrabungen haben 1948/49 Teile des Palastes Ögedei Khans mit buddhist. Tempelfresken freigelegt.
K., etwa 500 km langer, NW-SO verlaufender, stark vergletscherter Gebirgszug zw. Pamir und Transhimalaja (China, Indien, Pakistan), im K 2, dem zweithöchsten Berg der Erde, 8611 m hoch. Der K. bildet die Wasserscheide zw. oberem Indus und dem Tarimbecken und wird von drei Paßstraßen gequert, u. a. dem von China und Pakistan gemeinsam gebauten K. Highway über den Khunjerapaß (4934 m).
Karakul [russ. kɐra'kulj], abflußloser Salzsee im nördl. Pamir, UdSSR, 3914 m ü. d. M., 380 km², bis 236 m tief.
Karakulschaf, heute über die ganze Erde verbreitetes Fettschwanzschaf aus Vorderasien; wirtsch. Bed. haben die lockigen Lammfelle, die zur Gewinnung von ↑ Persianern verwendet werden.
Karakum, Sandwüste im S des Tieflands von Turan, Turkmen. SSR, etwa 350000 km², z. T. als Weide (Schafe, Kamele) genutzt. Oasen liegen v. a. an den Flußläufen. Im S Bewässerung durch den schiffbaren, z. Z. 960 km langen **Karakumkanal,** der nach seiner Fertigstellung (1985) 1400 km lang durch die Turkmen. SSR vom Amu-Darja bis zum Kasp. Meer führen wird.
Karamai (Kelamayi [chin. kʌlama-i]), chin. Stadt in der westl. Dsungarei, 50000–100000 E. Zentrum mehrerer Erdölfelder; Erdölraffinerie, ⚒.
Karaman, türk. Stadt 100 km sö. von Konya, 1014 m ü. d. M., 52000 E. Archäolog. Museum; Gebirgsfußoase mit Ackerbau und Schafzucht. - K. ist das antike **Laranda,** das in frühchristl. Zeit Bischofssitz war und im 13. Jh. Hauptstadt des armen. Staates Karamania. - Festung (13. Jh.), Moscheen und Mausoleen (14. und 15. Jh.).
Karamanlis, Konstantinos, * Proti bei Serrä 23. Febr. 1907, griech. Politiker. - Rechtsanwalt; 1935/36 und 1946–63 Abg., mehrmals Min.; entwickelte aus der Bewegung des Marschalls Papagos 1956 die Ethniki Risospastiki Enosis; 1955–63 mit Unterbrechungen Min.präs.; 1963–74 im Exil in Paris; 1974–80 Min.präs., 1980–85 Staatspräsident.
Karambolage [...'la:ʒə; frz., eigtl. „Zusammenstoß der roten Billardkugeln" (frz. carambole)], umgangssprachl. für: Zusammenstoß (von Fahrzeugen); heftige Auseinandersetzung.
Karambolagebillard [...'la:ʒəbɪljart] ↑ Billard.
Karamel [frz., zu span. und portugies. caramelo „Zuckerrohr, gebrannter Zucker" (zu lat. calamellus „Röhrchen")] (Zuckercouleur), durch trockenes Erhitzen (200 °C) von Zucker oder Zuckerlösungen (**Karamelisieren**) entstehende Röstprodukte; Verwendung z. B. in der Süßwaren- und Spitituosenind. als Geschmacks- und Farbstoffe.
Karami, Raschid (arab. Karama), * Tripoli 30. Dez. 1921, libanes. Politiker. - Führer der sunnit. Volksgruppe; seit 1951 mehrmals Min., zw. 1955 und 1970 mehrfach Min.präs., erneut Mai 1975 bis Dez. 1976 und seit April 1984. - † 1. Juni 1987 (ermordet).
Karamsin, Nikolai Michailowitsch, * Michailowka 12. Dez. 1766, † Petersburg 3. Juni 1826, russ. Schriftsteller. - 1803 Historiograph des Zaren und 1816 Staatsrat. Hauptvertreter der empfindsamen Dichtung Rußlands, die zur Romantik überleitete. Seine Erzählung „Die arme Lisa" (1792) gilt als Hauptwerk des russ. Sentimentalismus. Verfaßte die erste wiss. Darstellung der russ. Geschichte (11 Bde., 1816–29).
Karancho [ka'rantʃo; indian.] ↑ Geierfalken.
Karantaner ↑ Slowenen.
Karaosmanoğlu, Yakup Kadri [türk. ka'raɔsmanɔ:,lu], * Kairo 27. März 1889, † Ankara 14. Dez. 1974, türk. Schriftsteller. - Polit. und diplomat. Tätigkeit; bed., psycholog. angelegte Romane, u. a. „Flamme und Falter" (1922), „Der Fremdling" (1932).
Karasee, Randmeer des Nordpolarmeeres zw. Sewernaja Semlja im O und Nowaja Semlja im W, größte Tiefe 620 m; die meiste Zeit des Jahres eisbedeckt.
Karastraße, 33 km lange, 45 km breite

Karat

Meeresstraße zw. Nowaja Semlja und der Waigatschinsel, verbindet die Barents- und die Karasee.

Karat [arab.-frz., zu griech. kerátion „kleines Horn", „Same des Johannisbrotbaumes" (den man früher zum Wiegen von Gold und Edelsteinen benutzte)], (metr. K.) Einheitenzeichen **Kt** (auch **c, k**), nur bei Edelsteinen verwendete Masseneinheit; 1 Kt = 0,2 g.
◆ Maß für den Feingehalt (Goldgehalt) einer Goldlegierung; eine Legierung, die zu $^1/_{24}$ aus Gold besteht, hat 1 K., reines Gold 24 K. (24karätiges Gold).

Karatau, nw. Ausläufer des Tienschan im S der Kasach. SSR, 420 km lang, bis 2176 m hoch; Abbau von Phosphorit und Erzen (u. a. Bleierze).

Karate [jap., eigtl. „leere Hand"], zu den Budosportarten zählende moderne waffenlose Zweikampfsportart sowie Selbstverteidigungssystem auf der Basis von Schlag-, Stoß- und Trittechniken. Die Kämpfer (**Karateka**) sind mit dem **Kategi** (Hose, Jacke, Tiefschutz und Gürtel) bekleidet. Der Kampf dauert zw. 2 und 10 Minuten; alle Angriffe werden mit optimaler Kraftkonzentration gegen vitale Körperstellen geführt und kurz vor dem Ziel gestoppt. Ein **Tschimei** (im Ernstfall ein tödl. Stoß bzw. Tritt) entscheidet den Kampf, bei dem jede Verletzung des Gegners durch Disqualifizierung bestraft wird. Reine Abwehrtechniken (**Uke-Wasa**) werden nicht bewertet. Das spektakuläre Zertrümmern von Gegenständen (**Tameschiwara**) dient nur zur Kontrolle der Schlag- bzw. Trittkraft. - Weltmeisterschaften seit 1970.

Karatepe, Ruinenstätte in S-Anatolien, über dem Ceyhan nehri, 80 km önö. von Adana; heute. späthethit. Stadt **Asitawaddija,** gegr. im 8. Jh. v. Chr., wahrscheinl. 680 v. Chr. zerstört. Die Funde ermöglichten die Entzifferung der hethit. Hieroglyphen.

Karatschaier, islam. Volk im westl. Großen Kaukasus, v. a. Viehzüchter.

Karatschaier und Tscherkessen, Autonomes Gebiet der, sowjet. autonomes Gebiet innerhalb der Region Stawropol, RSFSR, beiderseits des oberen Kuban, 14100 km², 384000 E (1984; davon 47 % Russen, 28 % Karatschaier, 9 % Tscherkessen sowie Abchasen, Nogaier, Ukrainer, Osseten u. a.), Hauptstadt Tscherkessk. Gebirgsland am N-Abhang des Großen Kaukasus; Anbau von Weizen, Mais, Sonnenblumen, Zuckerrüben, Kartoffeln und Gemüse, im Gebirgsvorland Obst- und Weinbau; Schafhaltung im Gebirge, Rinderzucht; Bergbau auf Kohle, Blei-, Zink- und Kupfererze. - Gegr. 1922; 1926 geteilt in das Autonome Gebiet der Karatschaier und den Nat. Kreis (seit 1928 Autonomes Gebiet) der Tscherkessen; 1957 wieder vereinigt, nachdem 1943/44 das Autonome Gebiet der Karatschaier liquidiert und die Karatschaier nach Kasachstan und Mittelasien verbannt worden waren.

Karatschaiisch-Balkarisch, zur nw. Gruppe der Turksprachen gehörende Sprache mit etwa 78000 Sprechern im Autonomen Gebiet der Karatschaier und Tscherkessen und etwa 41 000 in der ASSR der Kabardiner und Balkaren; Schriftsprache seit 1916.

Karatschi, pakistan. Hafenstadt an der Küste des Arab. Meeres, nw. des Indus-Mündungsdeltas, 5,1 Mill. E. Verwaltungssitz der Prov. Sind, kath. Erzbischofssitz; Univ. (gegr. 1951), medizin. Akad., Polytechnikum, Krebsforschungs- u. a. Inst., Nationalmuseum, Kunstgalerie; Fachbibliotheken; Zoo. Über K. läuft nahezu der gesamte Außenhandel von Pakistan. K. ist einziger Ein- und Ausfuhrhafen für Afghanistan und versorgt auch die angrenzenden südostpers. Gebiete. - Werft, Trockendocks; Herstellung bzw. Verarbeitung von Nahrungsmitteln, Fischöl und -mehl, Seife, Textil-, Leder-, Gummi- und Plastikwaren, Glas, Zement, Eisenbahnwaggons, Elektro- und Dieselmotoren, Nähmaschinen; Automontage, Erdölraffinerien; internat. ✈. - Bis zur brit. Annexion des Sind (1843) ein wenig bed. Fischerort mit einem kleinen Fort (gegr. 1795) und einem natürl. Hafen; die strateg. Bed. als Ausweichhafen für Bombay, die Nähe zum neu eröffneten Sueskanal und die rasch steigenden Exporte des Pandschab und des Sind begünstigten die Entwicklung von K. während der brit. Herrschaft; 1947-59 Hauptstadt Pakistans und einziger Seehafen des Landes.

Karausche [litauisch] (Bauernkarpfen, Boretsch, Breitling, Carassius carassius), bis 50 cm langer Süßwasserfisch (Gatt. *Karauschen* [*Carassius*]) in stehenden, pflanzenreichen Gewässern Europas und der gemäßigten Regionen Asiens; Körper meist hochrückig, mit großen Schuppen, olivgrünem Rücken, goldbraunen Seiten und schwärzl. Schwanzwurzelfleck; Flossen rötlich. - Die K. ist ein wohlschmeckender Nutzfisch, der auch in Teichen gezüchtet wird; kann Trockenperioden durch Eingraben im Schlamm wochenlang überstehen.

Karavelle [roman.-niederl., zu lat. carabus „Kahn aus Flechtwerk"], Segelschiffstyp des 14.–16. Jh. (50–150 t Größe), mit 2–3 Masten, meist Lateinerbesegelung, später auch mit einzelnen Rahsegeln, Rumpf in Kraweelbauweise. Die großen Entdeckungsreisen der Spanier und Portugiesen wurden z. T. mit diesen Schiffen unternommen.

Karawane [pers.], Reisegesellschaft von Kaufleuten oder Pilgern in verkehrs- und siedlungsfeindl. Gebieten, bes. im Orient. An den Karawanenstraßen entstanden Rast- und Übernachtungsstationen, sog. **Karawansereien,** mit meist um einen Innenhof gruppierten Räumlichkeiten für Menschen, Waren und Tiere.

Karawanken, Gebirge der Südl. Kalkalpen, über das die Grenze zw. Österreich und Jugoslawien verläuft. Die äußerste SW-Ecke gehört zu Italien. Die K. sind im Hochstuhl 2238 m hoch.

karb..., Karb... ↑karbo..., Karbo...

Karbala, Stadt in Irak, am O-Rand der Syr. Wüste, 107 500 E. Hauptstadt des Verw.-Geb. K.; Handelszentrum; bed. schiit. Wallfahrtsort (Grab Husains); Endpunkt einer Stichbahn.

Karbatsche [türk.], aus Lederriemen geflochtene Peitsche.

Karben, hess. Stadt im nördl. Einzugsbereich von Frankfurt am Main, 18 100 E. - K. entstand 1970 durch Zusammenschluß mehrerer Gemeinden. - In Groß-K. spätbarockes Schloß und Rathaus (beide 18. Jh.), in Klein-K. got. ev. Pfarrkirche (14./15. Jh.) mit roman. Krypta (13. Jh.). In Kloppenheim ehem. Deutschordensschloß (nach 1659 ff.).

Karbid, svw. ↑Calciumcarbid.

karbo..., Karbo..., karb..., Karb... (in der Chemie carb[o]..., Carb[o]...) [zu lat. carbo „(Holz)kohle"], Bestimmungswort von Zusammensetzungen mit der Bed. „Kohle" bzw. „Kohlenstoff".

Karboden ↑Kar.

Karbolineum (Carbolineum) [zu lat. carbo „(Holz)kohle" und oleum „Öl"], braunrotes, teerartig riechendes Öl; es enthält u. a. Anthracen, Phenole, Kresole, Phenanthren, Naphthalin und wird wegen seiner fäulnishemmenden und desinfizierenden Wirkung als Holzschutzmittel bzw. (emulgiert mit Wasser) zur Bekämpfung von Obstbaumschädlingen verwendet.

Karbon [zu lat. carbo „(Holz)kohle"], zweitjüngste Formation des Erdaltertums.

Karbonade [lat.-frz.], svw. ↑Kotelett.

Karbonado (Carbonado) [lat.-span.] ↑Diamant.

Karbonari (Carboneria) [lat.-italien.], Bez. für einen polit. oder pseudoreligiösen Geheimbund, dessen Zeremoniell dem Brauchtum der Köhler (italien. carbonaio) entlehnt war; entstanden um 1807 in Kalabrien, dann in ganz Italien verbreitet mit dem Ziel der Unabhängigkeit und freiheitl. Verfassung Italiens (Devise: ↑I.N.R.I.).

Karbonate ↑Carbonate.

Karbonatit [lat.], v. a. aus Carbonaten, daneben Silicaten bestehendes magmat. Gestein, das oft mit seltenen Erden, Niob, Titan, Strontium u. a. Elementen angereichert ist.

Karbondruck, Verfahren zum ganzflächigen Bedrucken z. B. der Rückseite von Vordrucken mit Spezialdruckfarben (enthalten Wachs als Bindemittel); dadurch entfällt das Kohlepapier bei der Durchschrift.

Karbonisation [lat.] ↑Verbrennung.

Karbonisieren (Carbonisieren) [lat.], allg. svw. Verkohlen, Umwandlung in Kohlenstoff oder Carbonate, auch Anreichern bzw. Aufnehmen von Kohlendioxid; speziell die Beseitigung pflanzl. Verunreinigungen aus Wollwaren (Lumpen, Reißwolle), u. a. mit verdünnten Säuren, Aluminium- bzw. Magnesiumchloridlösungen.

Karbonyl... ↑Carbonyl...

Karborund, svw. ↑Carborundum.

Karbunkel [zu lat. carbunculus „Geschwür" (eigtl. „kleine Kohle")], Ansammlung dicht beieinanderstehender, ineinanderfließender Furunkel; bes. an Nacken, Rücken und Gesicht. - Die Behandlung besteht in Bettruhe, feuchtheißen Umschlägen, Antibiotika, bei sehr tiefen Nekrosen u. U. Operation.

Karburieren [lat.], das Erhöhen von Heizwert und Leuchtkraft von Gasen durch Zusatz von Kohlenwasserstoffen oder Kohlenstaub.

Karche [pers. kær'xe] (in der Antike Choaspes), Fluß in SW-Iran, entsteht aus zwei Quellflüssen 110 km nw. von Desful, verliert sich nahe der irak. Grenze im Sumpfgebiet des Tigris; mit seinem rechten Quellfluß etwa 560 km lang.

Kardamom [griech.] (Malabar-K., Echtes K., Elettaria cardamomum), Ingwergewächs aus Vorderasien und Ceylon; dort und auf Java, in Westindien und Guatemala kultiviert; Stauden von 2–4 m Höhe mit fleischigem Wurzelstock; Blätter lanzenförmig, bis 70 cm lang; Blüten an bis 60 cm langen Sprossen, zu drei bis sechs in den Achseln von Tragblättern, gelb-weiß; Frucht eine bräunl. Kapsel. Die Samen enthalten ein würzig riechendes, äther. Öl und werden als Gewürz für Lebkuchen und Spekulatius verwendet, auch Bestandteil von Curry.

Kardangelenk [nach G. Cardano], Maschinenelement zur Übertragung von Drehmomenten zw. Wellen, die nicht miteinander fluchten oder in einem bestimmten Winkel zueinander stehen (z. B. zw. der Getriebeabtriebswelle und dem Differential bei einem Kfz.): Zwei um 90° gegeneinander gedrehte Gabeln sind durch einen Kreuzstab, dessen vier Enden in den Gabeln drehbar gelagert sind, miteinander verbunden.

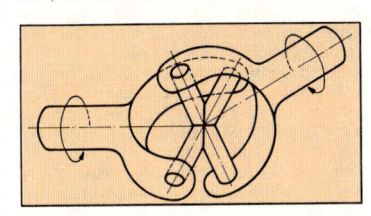

Kardangelenk

kardanische Aufhängung [nach G. Cardano], Aufhängevorrichtung, bei der ein Körper allseitig drehbar gelagert ist; besteht aus drei Ringen, von denen jeder um jeweils eine der drei senkrecht aufeinanderstehenden

Kardanwelle

Achsen im Raum bewegl. ist: Der im innersten Ring aufgehängte Körper (z. B. Schiffskompaß) kann deshalb trotz Lageänderung der k. A. die durch seine Schwerpunktslage [oder durch Kreiselwirkung] vorgegebene Stellung im Raum beibehalten.

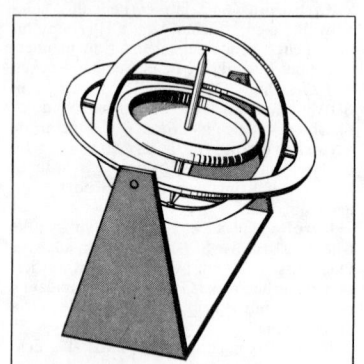

Kardanische Aufhängung

Kardanwelle [nach G. Cardano], durch ein oder mehrere Kardangelenke unterteilte [Antriebs]welle, bes. bei Kfz. mit Hinterradantrieb.

Kardätsche [lat.-italien.], scharfe Bürste, v. a. zum Reinigen des Pferdes.

Karde [lat.] (Dipsacus), Gatt. der Kardengewächse mit 15–20 Arten im Mittelmeergebiet, in W-Asien und im trop. Afrika, einige Arten auch in M-Europa; oft distelartige Pflanzen mit großen, verlängerten Köpfchen und starren Spreublättern. In Deutschland kommen v. a. die **Behaarte Karde** (Dipsacus pilosus; in Auwäldern; mit gelblichweißen Blüten) und die **Wilde Karde** (Dipsacus silvester; an Ufern, Dämmen und Wegrändern; mit lila Blüten) vor. Die voll entwickelten, vor dem Aufblühen geernteten Blütenköpfe der nur als Kulturform bekannten **Weberkarde** (Kardendistel, Dipsacus sativus) werden getrocknet in Kardenrauhmaschinen zum Aufrauhen von Stoffen verwendet.

Karde, svw. ↑ Krempel.

Kardelj, Edvard, * Ljubljana 27. Jan. 1910, † ebd. 10. Febr. 1979, jugoslaw. Politiker. - Seit 1928 Mgl. der KP, 1937 Mgl. des ZK, 1938 des Politbüros der illegalen KPJ. Seit 1941 Führer der slowen. Partisanenverbände. Maßgebl. an der Ausarbeitung der jugoslaw. Verfassung von 1946 beteiligt. Nach 1945 Inhaber zahlr. Partei- und Reg.ämter, als Außenmin. 1948–53 Verfechter der Politik des Titoismus; seit 1974 Mgl. des Staatspräsidiums.

karden (kardieren) [lat.], ein Textilgewebe aufrauhen.

Kardengewächse (Dipsacaceae), Pflanzenfam. mit zehn Gatt. und rd. 270 Arten v. a. im Mittelmeerraum und in Vorderasien; meist ausdauernde Kräuter, selten Halbsträucher mit gegenständigen Blättern; Blüten in von Hochblättern umhüllten Köpfchen. In Deutschland kommen v. a. die Gatt. Skabiose, Knautie, Karde vor.

Kardi... ↑ Kardio...

Kardia (Cardia) [griech.], svw. ↑ Herz.
◆ (Mageneingang) bei Säugetieren (einschließl. Mensch) die Einmündungsstelle der Speiseröhre in den Magen.

Kardiaka [griech.], svw. ↑ Herzmittel.

kardial [griech.], das Herz betreffend.

Kardialgie [griech.], svw. ↑ Herzschmerzen.
◆ v. a. durch Krampf des Mageneingangs (Kardia) verursachter Schmerz im Oberbauch.

kardieren, svw. ↑ karden.

Kardinal [zu kirchenlat. cardinalis episcopus „wichtigster, Rom am nächsten stehender Geistlicher" (von lat. cardinalis „zur Türangel (cardo) gehörig", „an wichtiger Stelle stehend")], Mgl. des K.kollegiums der röm.-kath. Kirche, das nach geltendem Kirchenrecht den Senat des Papstes bildet und dessen vornehmste Aufgabe die Papstwahl ist. Die hauptamtl. in der röm. Kurie tätigen K. werden Kurien-K. genannt. Der **Kardinalat** ist die höchste kirchl. Würde mit zahlr. Privilegien. Seit den Reformen durch Johannes XXIII. und Paul VI. sind alle K. Bischöfe, die Gliederung des K.kollegiums in K.bischöfe, K.priester und K.diakone bezeichnet also lediglich einen internen Rang. Die Rechte der K. sind seit 1971 eingeschränkt: Sie verlieren mit Vollendung des 80. Lebensjahres das aktive Papstwahlrecht und demzufolge das Recht, am Konklave teilzunehmen, sowie die Mgl.schaft in den Behörden der röm. Kurie und der Vatikanstadt. Nach **Völkerrecht** kommen einem K. die Vorrechte der Exterritorialität zu, wenn er sich als persönl. Vertreter des Papstes ins Ausland begibt. Er darf nach dem Lateranvertrag ohne jede Beschränkung durch italien. Gebiet reisen, um sich zum Papst, zu einem Konklave oder zu einem Konzil zu begeben.

Kardinal... [lat.], Bestimmungswort von Zusammensetzungen mit der Bed. „Haupt..., Grund...".

Kardinalat [lat.] ↑ Kardinal.

Kardinale [lat.] (Remedium cardinale), wirksamer Bestandteil eines Arzneimittels.

Kardinäle (Cardinalinae), Unterfam. etwa finken- bis starengroßer, durch Rot, Gelb oder Blau bes. gekennzeichneter ↑ Tangaren mit rd. 45 Arten, v. a. in buschigen Landschaften und in Wäldern N- und S-Amerikas; mit finkenartigem Schnabel; beliebte Stubenvögel, z. B. ↑ Graukardinäle und **Roter Kardinal** (Virgin. Nachtigall, Cardinalis cardinalis); etwa 20 cm lang, in den sö. USA;

Karelische ASSR

♂ rot mit schwarzer Gesichtsmaske; ♀ bräunl., rotschnäbelig.

Kardinalpunkte, in der Biologie Bez. für die drei, durch Außenfaktoren (z. B. Temperatur, Nährstoffangebot) bestimmten Hauptpunkte (Minimum, Maximum und Optimum) der biolog. Aktivität (z. B. Stoffwechsel, Wachstum) von Organismen.

Kardinalskollegium ↑ Kardinal.

Kardinalskongregationen ↑ Kurienkongregationen.

Kardinalstaatssekretär, Leiter des päpstl. Staatssekretariats, der seit 1967 wichtigsten Kurienbehörde mit umfassender Kompetenz. Der K. ist dem Papst direkt zugeordnet und leitet neben dem Staatssekretariat auch den Rat für die öffentl. Angelegenheiten der Kirche und die Präfektur (Verwaltung) der Vatikanstadt.

Kardinaltugenden, die vier Haupttugenden der christl. Sittenlehre: Klugheit, Gerechtigkeit, Mäßigkeit und Tapferkeit. Alle übrigen Tugenden sind den K. zugeordnet.

Kardinalvikar (Vicarius Urbis), Generalvikar des Papstes für die Diözese Rom.

Kardinalzahl, Bez. für eine natürl. Zahl, wenn mit ihr die Anzahl der Elemente einer Menge angegeben wird (eins, zwei, drei ...); im Unterschied dazu gibt die **Ordinalzahl** die Reihenfolge der Elemente einer Menge an (erster, zweiter, dritter ...).

Kardio..., Kardi... (Cardio..., Cardi...) [zu griech. kardía „Herz"], in der Medizin und Biologie Bestimmungswort von Zusammensetzungen mit den Bedeutungen: das Herz bzw. den Mageneingang betreffend.

Kardiographie [griech.], elektr. oder mechan. Aufzeichnung von Herzbewegungen, z. B. Elektro-K. (↑ Elektrokardiogramm).

Kardioide [griech.] (Cardioide, Herzkurve), spezielle ↑ Epizykloide; Kurve, die ein fester Punkt *P* eines Kreises mit Radius *r* beim Abrollen auf der Außenseite eines zweiten Kreises mit demselben Radius *r* beschreibt.

Kardiologie [griech.], Teilgebiet der inneren Medizin, das sich mit den Erkrankungen des Herzens (und des Kreislaufs) befaßt.

Kardiomegalie [griech.], Herzvergrößerung infolge ↑ Herzhypertrophie und/oder ↑ Herzerweiterung.

Kardiopathien, allg. Bez. für Herzleiden, Herzerkrankungen.

Kardioplegie [griech.], krankhaft verursachter oder künstl. herbeigeführter Herzstillstand.

Kardiosklerose [griech.] (Myokardifibrose), bindegewebige Durchwachsung des narbig veränderten Herzmuskels infolge chron. Entzündung oder Minderdurchblutung.

Kardiospasmus (kardioton. Ösophagusdilatation, Megaösophagus), Krampf der Mageneingangsmuskulatur.

Kardiothymie [griech.], svw. Herzneurose (↑ Herzkrankheiten).

Kardiotokographie [griech.], geburtshilfl. Methode, bei der gleichzeitig die mütterl. Wehentätigkeit und die kindl. Herzfrequenz elektron. registriert werden.

Kardiotonika [griech.] ↑ Herzmittel.

kardiovaskulär, Herz und Gefäße betreffend.

Kardioversion (Elektroversion), Behandlung von Herzarrhythmien mit kurzen Gleichstromstößen; eine ↑ Defibrillation vornehmen.

Karditis [griech.], entzündl. Herzkrankheit (z. B. Herzbeutelentzündung, Herzinnenhautentzündung, Herzmuskelentzündung).

Kardone [lat.-italien.] (Cardy, Gemüseartischocke, Span. Artischocke, Cynara cardunculus), in S-Europa und N-Afrika stammender Korbblütler der Gatt. Cynara; bis 2 m hohe Pflanze mit spinnwebig behaartem Stengel, sehr großen, fiederspaltigen Blättern und einzelnen, bis 12 cm langen und breiten Köpfchen.

Kardorff, Wilhelm von, * Neustrelitz 8. Jan. 1828, † Wabnitz bei Oels 21. Juli 1907, preuß.-dt. Rittergutsbesitzer, Industrieller und Politiker. - 1866–76 und ab 1888 Mgl. des preuß. Abg.hauses, 1868–1906 MdR. Unterstützte als einer der Führer der Freikonservativen die Politik Bismarcks, v. a. in der Frage der Schutzzölle für Ind. und Landwirtschaft.

Kardschali [bulgar. 'kərdʒali], Hauptstadt des bulgar. Verw.-Geb. K., in den östl. Ausläufern der Rhodopen, 55 800 E. Verarbeitungs- und Handelszentrum für Tabak; Metallverarbeitung.

Karelien, histor. Gebiet im östl. N-Europa, zw. dem Weißen Meer und dem Finn. Meerbusen. - Das Gebiet war im 12. Jh. Streitobjekt zw. Schweden und Nowgorod; 1323 wurde es geteilt; 1721 gewann Peter I. auch den schwed. Teil vertragl. für Rußland; 1811 Vereinigung West-K. mit Finnland. 1920 Bestätigung der polit. Autonomie K., da sie jedoch nicht wirksam wurde, brach ein Aufstand gegen Sowjetrußland aus, der niedergeschlagen wurde und zur Errichtung der ↑ Karelischen ASSR (25. Juli 1923) führte. Zu Finnland gehören rd. 23 500 km² von Karelien.

Karelier, finn. Volksstamm in der UdSSR und in O-Finnland.

Karelische ASSR, autonome Sowjetrepublik innerhalb der RSFSR, 172 400 km², 778 000 E (1985; Russen, Karelier, Weißrussen, Ukrainer, Finnen), Hauptstadt Petrosawodsk. Von der Eiszeit geformte kuppige, z. T. versumpfte Ebene zw. Ladogasee und Weißem Meer mit Höhenzügen und zahlr. Seen, die durch stromschnellenreiche Flüsse (Holzflößerei) untereinander verbunden sind. Kühles und feuchtes Klima. Rd. 60 % der K. ASSR sind bewaldet. Neben Eisen- und

211

Karelische Landenge

Buntmetallerzen werden Glimmer, Marmor u. a. Gesteine abgebaut. Holzverarbeitende Ind., Maschinen-, Traktoren- und Schiffbau, Aluminiumerzeugung, Fischverarbeitung. Bei der Landw. steht die Milchviehhaltung im Vordergrund. Die wichtigsten Verkehrswege sind die Murmanbahn und der Weißmeer-Ostsee-Kanal. - Die K. ASSR wurde 1923 errichtet. Während des 2. Weltkriegs (1940) Annexion auch des westl. Karelien durch die UdSSR; Rückeroberung des Gebietes durch Finnland (auch eines Teils des östl. Karelien) bis 1944; 1947 vertragl. Regelung und Einschränkung Finnlands auf die Grenzen von 1940; 1940–56 bestand die Karelo-Finn. SSR.

Karelische Landenge, 43 km breite Landenge zw. Finn. Meerbusen und dem Ladogasee, UdSSR.

Karelischer Bärenhund, finn. Jagdhundrasse; schäferhundgroße, robuste, spitzartige Hunde mit über dem Rücken getragener Ringelrute; Fell dicht, stockhaarig, schwarz mit deutlich abgegrenzten weißen Abzeichen an Kopf, Hals, Brust und Läufen.

Karen, weibl. Vorname, Nebenform von ↑Karin.

Karen, Bergvolk im birman.-thailänd. Grenzgebiet, das eine tibetobirman. Sprache spricht; überwiegend Ackerbauern, die v. a. Trockenreis anbauen.

Karenstaat, nat. Sondergebiet im sö. Birma, überwiegend entlang der Grenze gegen Thailand, 28 726 km², 1,06 Mill. E (1983), Hauptstadt Pa-an. Der K. hat Anteil an den südl. Randbereichen des Schanhochlandes und geht im S in die Küstenebene von Tenasserim über. In der Landw. überwiegt Reisanbau, gefolgt von Obst-, Kautschuk- und Tabakkulturen; Zinn- und Wolframerzlagerstätten.

Karenz [lat.], Enthaltsamkeit, Verzicht (z. B. auf Nahrungsmittel).

Karenzzeit, im *Recht* die ↑Wartezeit, z. B. als Leistungsvoraussetzung in der Rentenversicherung.
◆ im *Pflanzenschutz* die amtl. festgesetzte Wartezeit von der letzten Anwendung eines Pflanzenschutzmittels bis zur Weitergabe der pflanzl. Produkte an den Handel bzw. Verbraucher.

Karersee, Bergsee in Südtirol, 1 530 m ü. d. M., am N-Fuß des Latemar.

Kares [pers.] ↑Foggara.

Karettschildkröte [span.-frz./dt.] ↑Meeresschildkröten.

Karezza [lat.-italien.], Sonderform des Beischlafs, bei der das Glied zwar in die Scheide eingeführt wird, Orgasmus und Ejakulation jedoch durch Vermeidung von Koitusbewegungen ausbleiben. Der Sinn dieser vom Tantrismus hergeleiteten Jogapraktik ist sexologisch umstritten.

Karfiol [zu italien. cavolfiore „Kohlblume"], südd. und östr. Bez. für Blumenkohl.

Karfreitag [zu althochdt. chara „Wehklage, Trauer"] (Stiller Freitag), der dem Gedächtnis des Kreuzestodes Jesu gewidmete Freitag der Karwoche, der in der christl. Liturgie urspr. mit einem nicht-eucharist. Lese- und Gebetsgottesdienst, später zusätzl. durch

Karikatur. Links: Olaf Gulbransson, Der Letzte Mann. Dem Andenken Hugenbergs! (1930); rechts: Karl Arnold, Sein Marsch nach Rom. „Ja, wer tommt denn da?" (1932). Simplicissimus

Karikatur

eine Kreuzesverehrung begangen wurde. Der röm. Ritus feiert den K. heute durch einen Wortgottesdienst und eine Kommunionfeier, die byzantin. K.liturgie durch die dramat. Beisetzung einer Stoffikone der Grablegung Jesu. In der ev. Kirche ist der K. ein hoher Feiertag, an dem von vielen Gläubigen das Abendmahl genommen wird.

Karfunkel [zu lat. carbunculus „kleine Kohle"], alte Bez. für roten Granat oder für Rubin. In Märchen ein feuerroter, im Dunkeln leuchtender Stein, der den Träger unsichtbar macht.

Karg-Elert, Sigfrid, * Oberndorf am Neckar 21. Nov. 1877, † Leipzig 9. April 1933, dt. Komponist. - Wurde v. a. mit Orgelwerken (stilist. M. Reger vergleichbar) bekannt und setzte sich - auch mit Kompositionen - nachhaltig für das Harmonium ein.

Kargletscher ↑ Kar, ↑ Gletscher.

Kargo (Cargo) [engl., zu lat. carrus „Wagen"], Ladung von Schiffen.

Karibadamm, 120 m hoher Staudamm mit Straße im mittleren Sambesi, auf der Grenze zw. Sambia und Simbabwe, staut den Fluß zum 275 km langen, 32–48 km breiten fischreichen **Karibasee.** Auf simbabw. Seite von Sambia und Simbabwe verwaltetes Großkraftwerk.

Kariben, Völker einer indian. Sprachfamilie im nördl. Südamerika und auf den Kleinen Antillen.

Karibik, im allg. Sprachgebrauch Bez. für die das Karib. Meer säumenden Inseln und Küstenbereiche Zentral- und Südamerikas.

Karibische Inseln, svw. ↑ Westindische Inseln.

Karibische Kiefer ↑ Kiefer.

Karibisches Meer, Nebenmeer des Atlantiks, Teil des Amerikan. Mittelmeers, zw. Zentralamerika, dem nördl. Südamerika und den Antillen, 2,7 Mill. km^2, mittlere Tiefe 2 174 m, größte Tiefe 7 680 m; steht unter dem Einfluß des trop. Passatklimas.

Karibu [indian.] ↑ Ren.

kariert [zu lat. quadrare „viereckig machen"], 1. (von Stoffen:) gewürfelt, mit Karos gemustert; 2. (von Papier:) durch aufgedruckte waagrechte und senkrechte Linien in gleichmäßige Quadrate gegliedert; 3. (umgangssprachl.:) wirr, verständnislos.

Karies [...i-ɛs; lat. „Fäulnis"] (Caries), (Knochenfraß, Knochenbrand), entzündl. Erkrankung des Knochens mit Zerstörung von Knochengewebe.
◆ svw. ↑ Zahnkaries.

Karikatur [zu italien. caricatura, eigtl. „Überladung", von caricare „überladen", „übertrieben kom. darstellen" (letztl. zu lat. carrus „Wagen")], übertreibende, witzige Darstellung meist als gesellschaftl. oder polit. Kritik. In der K. wird sowohl einleuchtend Typisches als auch subjektiv Empfundenes augenfällig gemacht. Die Antike kennt die Freude am Grotesken und Derb-Komischen. Im MA begegnen phantast. K. auf menschl. Laster und burleske und groteske Charakterisierungen des Bösen. Mit Erfindung der Druckgraphik im 15. Jh. finden auch K. in Form von Flugblättern und Bildzyklen Verbreitung. J. Callot erhebt im Dreißigjährigen

Karikatur. Honoré Daumier, Das Verhör (1835). Lithographie

Karimataße

Krieg mittels der K. polit.-soziale Anklage („Misères de la guerre", 1633–35). Im Barock blüht die K. v. a. in nichtabsolutist. Ländern: in den Niederlanden C. Dusart (* 1660, † 1704), in Italien A. Carracci, G. L. Bernini. W. Hogarth ist als polit. Karikaturist dem Genrebild nahe. In der Revolutionszeit sowie der Napoleon. Ära ist die K. polit. Kampfmittel (J. Gillray, „Pitt und Napoleon teilen sich die Welt", 1805). Wichtig wird der begleitende Bildkommentar. Mit Goya beginnt die Reihe bed. Karikaturisten des 19. Jh. In Frankr. arbeiten H. Monnier, Grandville, P. Gavarni, H. Daumier für C. Philipons (* 1806, † 1862) satir. Zeitschriften („La Caricature", „Charivari"). Es folgen A. Grévin (* 1827, † 1892), G. Doré, A. Gill (* 1840, † 1885), später T. A. Steinlen; H. de Toulouse-Lautrecs Kunst ist auch eine K. der Lebe- und Halbwelt des Pariser Fin de Siècle. Neben dem um 1800 tätigen J. Gillray sind in England T. Rowlandson, später G. Cruikshank, J. Leech (* 1817, † 1864) u. a., die v. a. für den „Punch" arbeiten, hervorgetreten, In den USA T. Nast (* 1840, † 1902). Der dt. Illustrator der Goethezeit, D. Chodowiecki, ist zugleich polit. Karikaturist; in der 2. Hälfte des 19. Jh. arbeitet W. Scholz für den „Kladderadatsch", A. Oberländer für die „Fliegenden Blätter". W. Buschs Bildgeschichten zeigen karikaturist. Elemente. Am Beginn des 20. Jh. stehen die gesellschaftskrit. K. von H. Zille sowie von K. Arnold, R. Blix (* 1882, † 1958), O. Gulbransson, T. T. Heine, E. Thöny u. a. (alle im „Simplicissimus"). A. P. Weber zeichnet apokalypt. K. Heute ist die K. allg. in Zeitungen und Zeitschriften, die phantast. und kom. K. auch durch Anthologien und in Bildgeschichten (Cartoons) verbreitet. Schulbildend für einen rein aus der graph. Linie wirksamen K.-Stil wurde S. Steinberg. Weitere bekannte zeitgenöss. Namen: C. Addams, Bosc, Chaval, J. Effel, R. Peynet, R. Searle, Sempé, Siné, T. Ungerer, P. Flora, K. Halbritter († 1978), H. E. Köhler, E. M. Lang, Loriot, F. K. Waechter, R. Topor, H. Traxler, Frans de Boer (efbé), Marie Marcks u. a.

📖 *Hollweck, L.: K. Von den fliegenden Blättern zum Simplizissimus. Herrsching 1980. - Sailer, A.: Die K. Ihre Stilformen u. ihr Einsatz in der Werbung. Mchn. 1969. - Ragon, M.: Le dessin d'humour. Paris 1960.*

◆ in der *Literatur* werden die Mittel der K. insbes. in ↑Parodie und ↑Satire verwendet.

Karimạtastraße, Meeresstraße im Australasiat. Mittelmeer, zw. Belitung und Borneo, verbindet das Südchin. Meer mit der Javasee, etwa 200 km breit.

Karin, aus dem Nord. (schwed. und dän. Karin [Karen]) übernommener weibl. Vorname, Kurzform zu ↑Katharina.

Karina, Anna, eigtl. Hanne Karin Bayer, * Kopenhagen 22. Sept. 1940, frz. Filmschauspielerin dän. Herkunft. - 1961–67 ∞ mit J. L. Godard, der mit ihr verschiedene Filme drehte (u. a. „Der kleine Soldat", 1960; „Eine Frau ist eine Frau", 1961; „Die Geschichte der Nana S.", 1962; „Lemmy Caution gegen Alpha 60", 1965). Bes. Erfolg hatte sie mit J. Rivettes „Die Nonne" (1966); spielte auch in „L'île au trésor" (1986).

Anna Karina

kariös [lat.], von Karies befallen.

Karisch, Sprache der antiken Karer im SW Kleinasiens, die aus über 150 Inschriften in karischer Schrift (noch nicht völlig entzifferte Buchstabenschrift) bekannt ist; die meisten dieser Texte stammen aus Ägypten und Nubien und sind zum größten Teil Einritzungen kar. Söldner in Tempelwänden (z. B. Abu Simbel und Abydos) und an Felsen (etwa 8.–4. Jh.); vermutl. gehört das K. zur hethit.-luw. Gruppe der indogerman. Sprachen.

Kạritas (Caritas) [lat.], 1. die christl. motivierte Liebe zu den Armen und Hilfsbedürftigen und die Sorge um sie; 2. Kurzform für jede organisierte, sozial-karitative Tätigkeit der kath. Kirche (z. B. ↑Deutscher Caritasverband). Die kath. Kirche betrachtet ihre K. als eine ihrer unabdingbaren Wesensäußerungen. Die K. gründet auf Christus und die Apostel und kann der Kirche von keiner menschl. Instanz gegeben oder genommen werden. K. fordert soziale Gerechtigkeit, ergänzt sie und ist bisweilen ihr Korrektiv. Seit der Reformation gehen Protestanten und Katholiken auch auf dem Gebiet der christl. Nothilfe getrennte Wege. Im ev. Raum wird die K. meist **Diakonie** genannt.

karitativ [zu ↑Karitas], von Nächstenliebe geleitet, wohltätig.

Karjalainen, Ahti, * Hirvensalmi (Prov. Mikkeli) 10. Febr. 1923, finn. Politiker (Zentrumspartei). - 1957/58 Finanzmin., 1959–61 Ind.- und Handelsmin.; 1961/62, 1964–70 und 1972–75 Außenmin.; 1962/63 und 1970/71 Staatsmin.; 1976–77 Wirtschaftsmin., und stellv. Ministerpräsident.

Karkamış (Karkemisch, Gargamisch), altoriental. Stadt an der türk. SO-Grenze bei

Karl

Dscharabulus (Syrien) am rechten Euphratufer, im 14./13. Jh. Sitz eines hethit. Unterkönigs, nach 1200 bis zur assyr. Eroberung 717 v. Chr. späthethit. Ft.; brit. Ausgrabungen ab 1908, Funde u. a. späthethit. Skulptur und Reliefs.

Karkasse [zu frz. carcasse „Gerippe, Gestell"] ↑ Reifen.

Karl (Carl), alter dt. männl. Vorname, eigtl. „freier Mann" (zu althochdt. karal „Mann, Ehemann"). Italien. Carlo, span. und portugies. Carlos, frz. und engl. Charles, niederl. Karel, schwed. Karl, poln. Karol, tschech. Karel, ungar. Károly, Károlyi.

Karl, Name von Herrschern:

Röm. Kaiser:

K. der Große (lat. Carolus Magnus, frz. Charlemagne), * 2. April 747, † Aachen 28. Jan. 814, König der Franken (seit 768) und Langobarden (seit 774), Röm. Kaiser (seit 800). - Ältester Sohn Pippins III., d. J.; 754 Königssalbung (gemeinsam mit seinem Bruder Karlmann) durch Papst Stephan II., zugleich Verleihung des Titels Patricius Romanorum an Pippin, K. und Karlmann; 768 Herrschaftsteilung zw. K. (Gebiet von den Pyrenäen bis Thüringen) und Karlmann (Gebiet vom Mittelmeer bis Alemannien). K. isolierte seinen Bruder polit. durch Verbindung mit dem Langobardenkönig Desiderius (770-771 Ehe mit dessen Tochter), der das Papsttum bedrohte. Nach Karlmanns Tod (771) stellte K. unter Mißachtung des Nachfolgerechts der Söhne seines Bruders die Einheit des Fränk. Reiches wieder her und wandte sich 773/774 auf Ersuchen Papst Hadrians I. gegen Desiderius, der den Papst zwingen wollte, die zu ihrer Mutter an den langobard. Hof geflohenen Söhne Karlmanns zu fränk. Königen zu salben. Nach der Eroberung Pavias nahm K. selbst den Titel Rex Langobardorum an. 787 zwang er den Hzg. von Benevent zur Anerkennung seiner Oberhoheit. Obwohl die 774 erneuerte Pippinische Schenkung dem Papst 781 als eigenes Herrschaftsgebiet bestätigt wurde, stand auch das Patrimonium Petri (↑ Kirchenstaat) unter fränk. Einfluß, so daß K. Italien bis auf die byzantin. Gebiete im S beherrschte. Im SW sicherte und erweiterte er das Fränk. Reich trotz Rückschlägen (778 Niederlage Rolands gegen die Basken, der Sage nach bei Roncesvalles) gegen die Araber in Spanien (Errichtung der Span. Mark). - Das noch weitgehend unabhängige Bayern wurde 778 dem Reich voll eingegliedert (Absetzung des Stammeshzg. Tassilo III.). Gegen den letzten noch heidn. Germanenstamm, die Sachsen, führte er 772-804 zahlr. Kriegszüge, beginnend mit der Zerstörung der Irminsul. Trotz der fast jährl. sächs. Aufstände (778-785 unter Widukind) und fränk. Gegenschläge, die mit Härte und Grausamkeit geführt wurden, bemühte sich K. schon bald um die Einbeziehung Sachsens in die kirchl. und administrative Organisation des Fränk. Reiches. Der Sicherung der N- und O-Grenze dienten ein Bündnis mit den Obotriten, der Friedensschluß mit den Dänen (810), die Tributpflichtigkeit der Liutizen, Sorben und Böhmen und schließl. die Ausschaltung der Awaren und die Errichtung der Awar. Mark.

Die Kaiserkrönung durch Papst Leo III., Weihnachten 800 in Rom, die offenbar seit der durch eine Adelserhebung erzwungenen Flucht Leos zu K. erörtert wurde, bedeutete die Erneuerung des Kaisertums im W (Renovatio Imperii). Der Kaisertitel verband sich in amtl. Sprachgebrauch Italiens seit dem 6. Jh. übl. Form des Kaisertitels mit dem gentilen Königstitel und ließ in dieser kunstvollen Verknüpfung den Personenverband der Franken und Langobarden als das eigtl. Reichsvolk erscheinen. Im Ausgleich (812) mit dem mit universalem Geltungsanspruch auftretenden byzantin. Kaiser verzichtete K. gegen Anerkennung seiner Kaiserwürde auf deren Bez. als römische. - Seine Nachfolge regelte K. gemäß der fränk. Praxis der Herrschaftsteilung (781 Salbung der jüngeren Söhne Pippin und Ludwig [des Frommen] zu Unterkönigen von Italien bzw. Aquitanien, 806 testamentar. Festlegung einer Herrschaftsteilung). Über die Kaiserwürde entschied K. nicht. Als durch den frühen Tod seiner Söhne Karl und Pippin diese Regelung hinfällig wurde, erhob er Ludwig 813 in Aachen unter Ausschaltung des päpstl. Anspruchs auf die Krönung zum Mitkaiser.

Der Größe des Reiches konnte die innere Organisation trotz aller Bemühungen nicht ganz gerecht werden. Die 788 abgeschlossene Beseitigung der Stammeshzgt. steigerte zugleich die Bed. der Grafenwürde, deren Amtscharakter jedoch noch voll gewahrt blieb. Die german. Stämme behielten trotz des Verlustes ihrer herzogl. Spitze ihre rechtl. Besonderheit (Abschluß der Aufzeichnung des Stammesrechte); doch wurden sie in die Kapitulariengesetzgebung (↑ Kapitularien) einbezogen, die durch K. einen bed. Aufschwung erfuhr und deren Ausführung die Königsboten überwachten. Die Vergabe von Ämtern und Lehen im ganzen Fränk. Reich an die führenden Adelsfam. bewirkte im Interesse dieser Reichsaristokratie an der Erhaltung der Reichseinheit, wenngleich auf lange Sicht die zentrifugalen Kräfte überwogen. Auf die Dauer unzuverlässiger bewährte sich die Kirche als Trägerin des Reichsgedankens; K. zog sie stärker als zuvor in den Dienst des Reiches und förderte sie dafür u. a. durch Schenkungen, Festigung des Zehntgebots und Sorge für kirchl. Reformen. Seine Bemühungen um eine bessere Ausbildung der Geistlichen und um eine Erneuerung des monast. Lebens trugen entscheidend zum Aufschwung der Wiss., der Kunstpflege und der Bildung ganz allg. bei.

Karl II.

Um K. entstand im 9. Jh., seit dem 11. Jh. bes. in frz. Sprache literarisiert, ein weitverzweigter Sagenkreis (**Karlssage**), dessen Kernstück die Erzählung um seinen Neffen Roland ist; der Kaiser ist Zentralfigur in jenen Sagen, die sich um seine Kriege ranken bzw. die histor. nicht belegbare Vasallenkämpfe zum Inhalt haben. Schließl. entstanden Sagen um das Privatleben von K. und seiner Familie, seiner Frauen und Töchter (Fastra, Hildegard, Bertha, Emma). Die frz. K.-Epen (Chanson de geste) wurden im Spät-MA in fortlaufenden Zyklen zusammengefaßt. In mittelhochdt. Sprache finden sich nur wenige dichter. Ausprägungen, so das „Rolandslied" (12. Jh.), ein darauf aufbauendes Karlsleben vom Stricker (13. Jh.), der „Karlmeinet" (14. Jh.) und das Volksbuch von den Haimonskindern (16. Jh.). Auch in den übrigen europ. Literaturen finden sich Stoffe aus der Karlssage.

 Wies, E. W.: K. der G. Mchn. 1986. - Wahl, R.: K. der G. Berg. Gladbach 1980. - Zum Kaisertum Karls des G. Beitr. u. Aufs. Hg. v. G. Wolf. Darmst. 1972. - Bullough, D.: K. d. G. u. seine Zeit. Dt. Übers. Wsb. 1966. - K. d. G. Lebenswerk u. Nachleben. Hg. v. W. Braunfels u. a. Düss. $^{1-3}$1966–68. 4 Bde.

Karl der Große (Reiterstatue; 9. Jh.).
Paris, Louvre

K. II., Röm. Kaiser, † Karl II., der Kahle, König von Frankreich.

K. III., der Dicke, *839, † Neudingen (= Donaueschingen) 13. Jan. 888, König des Ostfränk. (876–887) und des Westfränk. Reiches (885–887), Kaiser (881–887). - Erhielt 876 Alemanien; als Erbe seiner Brüder Karlmann und Ludwig III. († 880/882) sowie der westfränk. Karolinger (885) vereinigte K. noch einmal das Reich Karls d. Gr. (mit Ausnahme Niederburgunds). Seine Schwäche bei der Abwehr von Normannen, Sarazenen und Slawen führte zu seiner Absetzung.

Hl. Röm. Reich:

K. IV., eigtl. Wenzel, *Prag 14. Mai 1316, † ebd. 29. Nov. 1378, Röm. König (seit 1346), König von Böhmen (seit 1347), Kaiser (seit 1355), König von Burgund (seit 1365). - Luxemburger; Sohn König Johanns von Böhmen. 1346 in Rhens von 5 Kurfürsten im Einvernehmen mit Papst Klemens VI. zum Röm. König gegen Ludwig IV., dem Bayern, erhoben. K. bezwang den Gegenkönig Günther von Schwarzburg; den Wittelsbachern machte er Zugeständnisse (u. a. Verzicht auf Tirol) und schloß mit den Habsburgern 1364 einen Erbvertrag. Im Mittelpunkt seiner Politik stand das Streben nach Erweiterung seiner Hausmacht. Von Böhmen, das er durch ein Gesetzbuch („Majestas Carolina") neu zu ordnen versuchte, griff er bes. nach N (Schlesien, Lausitz, Brandenburg), aber auch zur Oberpfalz und zum Main hin aus. K. machte Prag (seit 1344 Erzbistum, 1348 Univ.) zum Mittelpunkt des Reiches, der bed. Künstler (Parler) und Gelehrte (Petrarca, Rienzo) anzog. K. war selbst literar. tätig (Vita, Wenzelslegende, Fürstenspiegel). Von seiner Kanzlei gingen frühhumanist. Impulse aus. In der Reichspolitik erstrebte K. Stabilität (zahlr. Landfriedenseinungen, Goldene Bulle 1356). In Reichsitalien und Burgund überließ K. den dort bestehenden Mächten das Reichsvikariat. - Das Abendländ. Schisma von 1378 konnte K. nicht mehr verhindern, ebensowenig konnte er den Ggs. zw. den Ständen dauerhaft überbrücken, so daß seine Leistungen ohne nachhaltige Wirkung blieben.

 Spěváček, J.: K. IV. Wien u. a. 1978. - Seibt, F.: K. IV. Mchn. 1978.

K. V., *Gent 24. Febr. 1500, † beim Kloster San Jerónimo de Yuste (Estremadura) 21. Sept. 1558, als K. I. span. König (1516–56), Röm. König (1519–56), Kaiser (1530–56). - Sohn Philipps I., des Schönen, und Johannas der Wahnsinnigen, Enkel Kaiser Maximilians I.; in den Niederlanden bei Margarete (von Österreich) aufgewachsen, 1516 zum span. König proklamiert, bewarb sich K. in Konkurrenz zu Franz I. von Frankr. um die Nachfolge im Hl. Röm. Reich; als letzter Kaiser von einem Papst (1530 in Bologna) gekrönt. 1521/22 überließ K. seinem Bruder Ferdinand I. die Reg. in den Erblanden und die Stellvertretung im Reich (bis 1530 2. Reichsregiment). In vier dynast. Kriegen gegen Franz I. (1521–26, 1527–29, 1534–36, 1542–44) entschied K. 1544 das Ringen um das burgund. Erbe und um Italien zu seinen Gunsten. Gegen die osman. Bedrohung der Reichsgrenze

Karl II.

(Wien 1529) konnte er Ferdinand nur unzureichend unterstützen und scheiterte auch in seiner Mittelmeerstrategie. Persönl. entscheidend war für K. als Vertreter einer universalist. Kaiseridee das Scheitern in der Religionsfrage: Nach Anhörung Luthers in Worms 1521 entschied sich K. endgültig gegen die Reformation; er konnte zwar die Vollstreckung des Wormser Edikts nicht erzwingen, betrieb aber die Berufung eines allg. Konzils. Seit dem Augsburger Reichstag 1530 mußte er den prot. Reichsständen mehrmals „Stillstand" gewähren. Erst im Schmalkald. Krieg (1546/47) konnte er sie niederwerfen, provozierte aber 1552 die Fürstenverschwörung. Nach deren Sieg und dem Augsburger Religionsfrieden dankte er 1556 ab: in den burgund. Erblanden und Spanien zugunsten seines Sohnes Philipp II., im Hl. Röm. Reich zugunsten Ferdinands I.
 Brandi, K.: Kaiser K. V. Ffm. ⁸1986. - *Lahnstein, P.: Auf den Spuren von K. V. Mchn. 1979.*

K. VI., *Wien 1. Okt. 1685, †ebd. 20. Okt. 1740, Kaiser (seit 1711). - 1703 zum König von Spanien ausgerufen (als Karl III.), mußte, nachdem er die östr. Erblande und die Kaiserwürde erlangt hatte, den Bourbonen Philipp V. als König von Spanien anerkennen; erwarb nach Beendigung des Spanischen Erbfolgekriegs die span. Niederlande, die Lombardei, Neapel und Sizilien. Hauptziel seiner Politik war es, die Unteilbarkeit der Union der habsburg. Länder und die Thronfolge seiner Tochter Maria Theresia zu sichern, insbes. durch die Pragmatische Sanktion von 1713. K. scheiterte jedoch mit seiner Territorialpolitik und mußte in den Friedensschlüssen nach dem Poln. Thronfolgekrieg (1735/38) und im Frieden von Belgrad (1739) auf einen Großteil seiner Erwerbungen verzichten.

K. VII. Albrecht, *Brüssel 6. Aug. 1697, †München 20. Jan. 1745, Kurfürst von Bayern (seit 1726), König von Böhmen (seit 1741), Kaiser (seit 1742). - Unter Mißachtung der Pragmat. Sanktion von 1713 mit Unterstützung Frankr. und Preußens zum Kaiser gewählt, jedoch ohne breite territoriale Basis.

Baden:
K. Friedrich, *Karlsruhe 22. Nov. 1728, †ebd. 10. Juni 1811, Markgraf (1738–1803, bis 1746 unter Vormundschaft), Kurfürst (1803–06), Großhzg. (seit 1806). - Vertreter des aufgeklärten Absolutismus.
K. Ludwig Friedrich, *Karlsruhe 8. Juni 1786, †Rastatt 8. Dez. 1818, Großhzg. (seit 1811). - Er gab Baden am 22. Aug. 1818 eine Verfassung, die als die freisinnigste im damaligen Deutschland galt.

Bayern:
K. Albrecht, Kurfürst, †Karl VII. Albrecht, Kaiser des Hl. Röm. Reiches.

Burgund:
K. der Kühne, *Dijon 10. Nov. 1433, ⚔ Nancy 5. Jan. 1477, Graf von Charolais, Hzg.

(seit 1467). - Sohn Philipps des Guten; erstrebte ein einheitl., zentral organisiertes Kgr. Burgund unter Einschluß von Lothringen und der Champagne. Durch die Heirat seiner Tochter Maria mit Maximilian I. fiel der Großteil der burgund. Länder an das Reich.

England/Großbritannien:
K. I., *Dunfermline 19. Nov. 1600, †London 30. Jan. 1649, König (seit 1625). - Versuchte absolutist. zu regieren, mußte aber 1628 die Petition of Right annehmen und regierte daraufhin 1629–40 ohne Parlament. Seine Religionspolitik führte zu Unruhen in Schottland (1639/40) und Irland. Zur Finanzierung ihrer Bekämpfung berief K. 1640 das Lange Parlament ein, das in der „Triennial Act" sowie in der Grand Remonstrance und den Nineteen Propositions einschneidende Einschränkungen der königl. Macht beschloß. Die Differenzen zw. Krone und Parlament führten zur Puritanischen Revolution, die das Parlament für sich entscheiden konnte. 1648 wurde K. vom engl. Heer gefangengenommen und 1649 auf Betreiben O. Cromwells verurteilt und hingerichtet. - Abb. Bd. 6, S. 17.

K. II., *London 29. Mai 1630, †ebd. 6. Febr. 1685, König (seit 1660). - Wurde bei seinem Versuch, das Königtum wiederherzustellen, von Cromwell bei Worcester (1651) besiegt, gelangte 1660 auf den Thron; versuchte erfolglos, die maritime Vorherrschaft für England zu erringen; mußte dem Parlament die Durchsetzung der Testakte (1673) und der Habeaskorpusakte (1679) zugestehen.
K. Eduard, *Rom 31. Dez. 1720, †ebd. 30. Jan. 1788, Thronprätendent. - Enkel Jakobs II.; versuchte mit frz. Hilfe den brit. Thron zu erlangen; konnte 1745 in Edinburgh einziehen, wurde jedoch 1746 bei Culloden Muir geschlagen und floh nach Frankreich.

Fränk. Reich:
K. Martell [„Hammer"], *um 688/689, †Quierzy (Aisne) 22. Okt. 741, Hausmeier (seit 714). - Setzte sich in der Nachfolge Pippins II. im ganzen Reich durch, zwang die rechtsrhein. Stämme zur Anerkennung der fränk. Oberhoheit und wehrte 732 den Arabersturm bei Tours und Poitiers ab. Er bereitete den Aufstieg der karoling. Dyn. und des Fränk. Reiches vor, ohne die entscheidenden Schritte zu vollziehen (seit 737 Alleinherrschaft, jedoch ohne Königstitel).

Frankreich:
K. II., der Kahle, *Frankfurt am Main 13. Juni 823, †Avrieux (Brides-les-Bains?) (Savoie) 6. Okt. 877, König (seit 843), Röm. Kaiser (seit 875). - Erhielt 829 entgegen der Erbfolgeordnung von 817 Schwaben, bekämpfte im Bündnis mit Ludwig dem Deutschen Kaiser Lothar I. und sicherte sich im Vertrag von Verdun 843 das Westfränk. Reich (Frankr.). 869 besetzte er Lothringen, mußte es aber im Vertrag von Meerssen 870 mit Ludwig dem Deutschen teilen.

Karl V.

K. V., der Weise, * Vincennes 21. Jan. 1338, † Schloß Beauté bei Paris 16. Sept. 1380, König (seit 1364). - Seit 1356 Regent für Johann II., den Guten, schuf durch Reformen der Finanzverwaltung und des Wehrsystems das Fundament für die neuzeitl. Staatsentwicklung Frankreichs.

K. VI., der Wahnsinnige, * Paris 3. Dez. 1368, † ebd. 21. Okt. 1422, König (seit 1380). - Sohn Karls V., verlor die Reg., als er 1392 dem Wahnsinn verfiel. Die inneren Wirren infolge des Ggs. zw. Orléans und Burgund nutzte Heinrich V. von England zur Wiederaufnahme des Hundertjährigen Krieges aus (Sieg bei Azincourt 1415).

K. VII., * Paris 22. Febr. 1403, † Mehun-sur-Yèvre (Cher) 22. Juli 1461, König (seit 1422). - 1418 aus Paris vertrieben, 1420 von Karl VI. enterbt, konnte sich gegenüber den Engländern südl. der Loire halten, erreichte aber durch die Siege der Jeanne d'Arc 1429 seine Krönung in Reims und vertrieb bis 1453 die Engländer aus fast ganz Frankreich.

K. VIII., * Amboise (Indre-et-Loire) 30. Juni 1470, † ebd. 7. oder 8. April 1498, König (seit 1483). - Letzter Herrscher der Valois, ∞ (1491) mit Anna von Bretagne, provozierte damit eine engl.-aragones.-dt. Intervention, der er mit den Verträgen von Étaples und Senlis Einhalt gebot. Unternahm den Italienzug, mußte sich aber vor der 1495 geschlossenen Hl. Liga von Venedig aus Italien zurückziehen.

K. IX., * Saint-Germain-en-Laye 27. Juni 1550, † Vincennes 30. Mai 1574, König (seit 1560, bis 1563 unter Vormundschaft). - Sohn Heinrichs II. und Katharinas von Medici. Schwankte in der Hugenottenfrage. Zwar zeigte er unter dem Einfluß Colignys größere Selbständigkeit, doch gab er 1572 seiner Mutter nach, so daß es zur Bartholomäusnacht kam.

K. X., * Versailles 9. Okt. 1757, † Gorizia 6. Nov. 1836, Graf von Artois, König (1824-30). - Bruder Ludwigs XVI., seine reaktionäre Innenpolitik führte zu seinem Sturz in der Julirevolution.

Hessen-Kassel:

K., * Kassel 3. Aug. 1654, † ebd. 23. März 1730, Landgraf (seit 1670). - Zus. mit dem Großen Kurfürsten wichtigster Exponent des Protestantismus und der antifrz. Politik; nahm zahlr. Hugenotten auf.

Mainz:

K. Theodor, Reichsfrhr. von Dalberg, * Herrnsheim (= Worms) 8. Febr. 1744, † Regensburg 10. Febr. 1817, Kurfürst (1802-13). - 1802 Erzbischof von Mainz, blieb durch Anschluß an Napoleon (I.) 1803 Kurfürst und Reichserzkanzler, wurde 1806 Fürstprimas des Rheinbundes, 1810 Großhzg von Frankfurt, mußte 1813 abdanken.

Neapel-Sizilien:

K. I. von Anjou, * März 1226, † Foggio 7. Jan. 1285, König von Sizilien (1265-82) und Neapel (seit 1265). - Erhielt 1246 von seinem Bruder Ludwig IX. von Frankr. die Gft. Anjou und erwarb die Provence. Setzte der Stauferherrschaft mit seinen Siegen über Manfred (1266) und Konradin (1268) ein Ende. Durch die Sizilianische Vesper verlor K. das Kgr. Sizilien an Peter III. von Aragonien.

K. III. (K. von Durazzo), * 1345 (?), † Visegrád (Bezirk Pest) 24. (27.?) Febr. 1386, König (seit 1381), als König von Ungarn K. II. (seit 1385). - Johanna I. von Neapel wählte ihn zum Nachfolger. 1381 eroberte K. Neapel, als Johanna ihre Politik änderte; kurz nach seiner Krönung zum König von Ungarn ermordet.

Österreich-Ungarn:

K. I., * Persenbeug (Niederösterreich) 17. Aug. 1887, † Funchal (Madeira) 1. April 1922, Kaiser von Österreich (1916-18), als K. IV. König von Ungarn. - Suchte als „Volkskaiser" nach Friedensmöglichkeiten, scheiterte aber an alliierten Gegenforderungen. Unsicher in den entscheidenden Nationalitätenfragen, wich K. einer fundamentalen Reform des Vielvölkerstaates aus, sein Völkermanifest zur föderativen Neugliederung des Staates (16. Okt. 1918) kam wegen der militär. Zusammenbruchs zu spät. Abdankung am 11. Nov. 1918 in Österreich, am 13. Nov. in Ungarn. Nach 2 vergebl. Restaurationsversuchen (1921) nach Madeira verbannt.

Pfalz:

K. Ludwig, * Heidelberg 1. Jan. 1618, † bei Heidelberg 28. Aug. 1680, Kurfürst (seit 1648). - Erhielt im Westfäl. Frieden die Unterpfalz und die für ihn neugeschaffene 8. Kurwürde; kämpfte trotz eines Bündnisses mit Ludwig XIV. gegen Frankr., das nach dem Frieden von Nimwegen große Teile der Pfalz annektierte.

K. Theodor, * Drogenbos bei Brüssel 11. Dez. 1724, † München 16. Febr. 1799, Kurfürst (seit 1743), Kurfürst von Bayern (seit 1777). - Vereinigte 1777 Bayern mit der Pfalz und löste durch geplante Abtretungen an Österreich den Bayer. Erbfolgekrieg aus. Den geplanten Tausch Bayerns gegen die östr. Niederlande verhinderte der Fürstenbund (1785).

Rumänien:

K. I. (Carol I.), eigtl. Karl Eitel Friedrich Zephyrin von Hohenzollern, * Sigmaringen 20. April 1839, † Schloß Peleş bei Sinaia 10. Okt. 1914, Fürst (1866-81) und König (seit 1881). - 1866 mit Zustimmung Bismarcks und Napoleons III. zum Fürsten von Rumänien gewählt; bemühte sich erfolgreich um die Modernisierung des Landes, schloß sich wegen russ. Drucks dem Dreibund an.

K. II. (Carol II.), * Sinaia 15. Okt. 1893, † Estoril (bei Lissabon) 4. April 1953, König (1930-40). - Mit Hilfe der Regierung I. Maniu zum König gewählt, hob 1938 die Verfassung von 1925 auf, verbot alle Parteien, mußte

Karl II.

nach dem 2. Wiener Schiedsspruch (1940) zugunsten seines Sohnes Michael zurücktreten.
Sachsen-Weimar-Eisenach:
K. August, *Weimar 3. Sept. 1757, †Graditz bei Torgau 14. Juni 1828, Hzg. (seit 1775), Großhzg. (seit 1815). - V. a. von Wieland erzogen, schloß 1774 Freundschaft mit Goethe, unter dessen Einfluß Weimar und Jena zu Zentren des dt. Geisteslebens wurden. Baute sein Hzgt. nach Prinzipien des Wohlfahrtsstaates aus, führte schon am 5. Mai 1816 eine landständ. Verfassung ein.
Sardinien:
K. Emanuel I., *Turin 27. April 1701, †ebd. 20. Febr. 1773, König (seit 1730), Hzg. von Savoyen (als Karl Emanuel III.). - Konnte im Poln. Thronfolgekrieg und im Östr. Erbfolgekrieg Novara und Tortona (1738) sowie Vigevano und das Gebiet um Novara und Pavia (1748) erwerben.
K. Albert, *Turin 2. Okt. 1798, †Porto 28. Juli 1849, König (seit 1831). - Unterhielt als Regent zunächst gute Beziehungen zu den liberalen Untergrundbewegungen, enttäuschte aber als König durch eine reaktionäre Innenpolitik; verkündete 1848 eine Verfassung und rief den „Hl. Krieg" gegen Österreich aus. Nach den Niederlagen bei Custoza (1848) und Novara (1849) dankte er ab und ging ins Exil.
Savoyen:
K. Emanuel I., der Große, *Rivoli 12. Jan. 1562, †Savigliano 26. Juli 1630, Hzg. (seit 1580). - Besetzte 1588 die frz. Markgft. Saluzzo, deren Besitz ihm im Vertrag von Lyon 1601 gegen Gebietsabtretungen garantiert wurde. 1619 Kandidat für die Kaiserwahl.
Schweden:
K. VII. Sverkerson, †Visingsö 12. April (?) 1167, König (seit 1156/61). - Erster histor. nachweisbarer König dieses Namens; repräsentierte die kirchl. Reformkräfte, erreichte 1164 die Errichtung der Kirchenprovinz Uppsala.
K. IX., *Stockholm 4. Okt. 1550, †Nyköping 30. Okt. 1611, Hzg. von Södermanland, Värmland, Närke (seit 1560), König (seit 1604). - Unterstützte 1568 zunächst seinen Bruder Johann (III.) gegen Erich XIV., sicherte in Schweden die Reformation. Seit 1594 wiederholt als Reichsverweser anerkannt, konnte Sigismund 1598 besiegen und wurde 1600 nach der Hinrichtung seiner adligen Gegner vom Reichstag als König bestätigt. Verwickelte sein Land in Kriege mit Polen, Rußland und Dänemark.
K. X. Gustav, *Nyköping 8. Nov. 1622, †Göteborg 13. Febr. 1660, König (seit 1654). - 1648 Generalissimus der schwed. Heere in Deutschland; wurde 1649 zum Thronfolger, 1650 zum Erbfürsten ernannt, 1654 König. Ziele seiner Reg. waren: Sanierung der Staatsfinanzen und Behauptung der schwed. Vormachtstellung im Ostseeraum. Im Krieg gegen Dänemark konnte er das heutige Südschweden gewinnen.
K. XI., *Stockholm 24. Nov. 1655, †ebd. 5. April 1697, König (seit 1660). - Konnte verlorene Besitzungen in den Friedensschlüssen von Nimwegen, Saint-Germain-en-Laye und Lund größtenteils wiedergewinnen. Brach durch Einziehung aller der Krone entfremdeten Güter die Adelsvorherrschaft, reorganisierte Armee und Verwaltung, erhielt mit dem alleinigen Gesetzgebungsrecht fast absolutist. Machtfülle.
K. XII., *Stockholm 27. Juni 1682, †bei Frederikshald 11. Dez. 1718, König (seit 1697). - Bekämpfte zunächst erfolgreich die Koalition aus Dänemark, Polen-Sachsen und Rußland im 2. Nord. Krieg (1700–21); erklärte 1702 August den Starken als poln. König für abgesetzt und ließ Stanislaus Leszczyński zum poln. König wählen. Beim Nachzug Rußlands wurde seine Armee vom Nachschub abgeschnitten und verlor die entscheidende Schlacht bei Poltawa (28. Juni 1709). K. mußte auf türk. Gebiet fliehen und kehrte erst 1714 nach Schweden zurück. In der schwed. Dichtung als Held und Märtyrer gezeichnet; die übrige europ. Literatur charakterisiert ihn als krieger. Abenteurer.
K. XIII., *Stockholm 7. Okt. 1748, †ebd. 5. Febr. 1818, König (seit 1809), von Norwegen (seit 1814). - 1772 Hzg. von Södermanland, 1792–96 Regent für seinen Neffen Gustav IV. Adolf; adoptierte 1810 den Marschall Jean-Baptiste Bernadotte, den späteren Karl XIV. Johann.
K. XIV. Johann, urspr. Jean-Baptiste Bernadotte, *Pau (Pyrénées-Atlantiques) 26. Jan. 1763, †Stockholm 8. März 1844, König von Schweden und Norwegen (seit 1818). - Marschall unter Napoleon I., vom schwed. Reichstag 1810 zum Thronfolger gewählt; 1811 Regent. In den Befreiungskriegen verbündet mit Rußland, Großbrit. und Preußen, erzwang von Dänemark 1814 im Vertrag von Kiel die Personalunion Norwegens mit Schweden. Durch die Opposition im Reichstag erhebl. Einschränkung der Rechte des Königs.
K. XV., *Stockholm 3. Mai 1826, †Malmö 18. Sept. 1872, König (seit 1859). - Unter seiner Reg. wurde Schweden zum bürgerl.-liberalen Verfassungsstaat; sein Plan einer skand. Drei-Staaten-Union scheiterte.
K. XVI. Gustav, *Schloß Haga bei Stockholm 30. April 1946, König (seit 1973). - Am 19. Sept. 1973 als schwed. König vereidigt. Durch die Verfassungsänderung (1975) sind seine Rechte und Pflichten auf Repräsentationsaufgabe beschränkt.
Spanien:
K. I., König, †Karl V., Röm. Kaiser.
K. II., *Madrid 6. Nov. 1661, †ebd. 1. Nov. 1700, König (seit 1665). - Mußte im Devolutionskrieg (1667/68) und Niederl.-Frz. Krieg (1672–78) die Franche-Comté und Teile der

Karl III.

span. Niederlande an Ludwig XIV. von Frankr. abtreten; setzte Philipp (V.) von Anjou zum Nachfolger ein.

K. III., * Madrid 20. Jan. 1716, † ebd. 14. Dez. 1788, als Karl IV. König von Neapel-Sizilien (1735–59), span. König (seit 1759). - 1732 Hzg. von Parma-Piacenza und 1735 König von Neapel-Sizilien, folgte 1759 seinem Halbbruder Ferdinand VI. in Spanien; reformierte Verwaltung und Militär, förderte Wirtschaft, Handel und Kultur; außenpolit. konnte K. Kriege mit Großbrit. nicht verhindern.

K. IV., * Portici bei Neapel 11. Nov. 1748, † Rom 20. Jan. 1819, König (seit 1788). - Überließ die Herrscheraufgaben seiner Gattin und ihrem Günstling Godoy; dankte nach dem Staatsstreich von Aranjuez ab; 1808 zwang Napoleon I. die span. Bourbonen zum Thronverzicht:

Ungarn:

K. I. Robert, * Neapel 1288, † Visegrád 16. Juli 1342, König (seit 1307). - Trat gegenüber Andreas III. mit päpstl. Unterstützung als Thronprätendent auf; nach langen Kämpfen gewählt; reformierte Finanz- und Heerwesen.

Württemberg:

K. Eugen, * Brüssel 11. Febr. 1728, † Hohenheim (= Stuttgart) 24. Okt. 1793, Hzg. (seit 1737, bis 1744 unter Vormundschaft). - Gewalttätiger, verschwender. Herrscher, regierte absolutist. in dauerndem Konflikt mit den Ständen (bes. wegen der Abwälzung von Militärlasten durch einseitige Steuererhöhung).

Karla (Carla), Vorname, weibl. Form von †Karl.

Karla, bed. buddhist. Höhlentempel im ind. Bundesstaat Maharashtra, Bez. Puna. Felsentempel aus dem 1. Jh. n. Chr. (37,90 m lang, 13,80 m hoch), durch zwei Säulenreihen in Haupt- und Seitenschiffe gegliedert.

Karle, Jerome [engl. 'ka:li], * New York 18. Juni 1918, amerikan. Chemiker. - Erhielt zus. mit H. A. Hauptman für die Entwicklung neuer Methoden zur Strukturanalyse von Molekülen den Nobelpreis für Chemie 1985.

Karlgren, Bernhard, * Jönköping 5. Okt. 1889, † Stockholm 20. Okt. 1978, schwed. Sinologe und Orientalist. - Prof. für ostasiat. Sprachen und Kultur in Göteborg, seit 1939 Direktor des Museums für ostasiat. Kunst in Stockholm. Bed. Veröffentlichungen auf dem Gebiet der chin. Sprache und Sprachgeschichte sowie der chin. Kunst.

Karling, allseitig durch Kare zugespitzter, isolierter Berg (z. B. Matterhorn).

Karlisten, Bez. für die Anhänger des Thronanwärters Don Carlos (* 1788, † 1855); Verfechter des „Carlismo" oder „Tradicionalismo" in Spanien, sahen die Grundlage des polit. und sozialen Lebens in der Rückkehr zur absolutist. Monarchie und in klerikalen Formen der Kirche. Die Bewegung wurde in den 3 **Karlistenkriegen** (1833–39, 1847–49, 1872–76) besiegt, hielt sich aber, wenn auch mit modifizierter Ideologie, bis heute. Im April 1937 zwangsweise mit der Falange vereinigt; lehnen einen Nachkommen Alfons' XIII. als König ab und treten für Carlos Hugo von Bourbon-Parma ein.

Karll, Agnes, * Embsen 25. März 1868, † Berlin 12. Febr. 1927, dt. Krankenschwester. - Generaloberin, Gründerin (1903) und 1. Vors. der „Berufsorganisation der Krankenpflegerinnen Deutschlands", Ehrenpräs. des „International Council of Nurses", trat für die Hebung des Berufstandes der Krankenschwestern ein.

Karl Ludwig Johann, * Florenz 5. Sept. 1771, † Wien 30. April 1847, Feldmarschall, Erzhzg. von Österreich, Hzg. von Teschen (seit 1822). - 1793 (nach Erfolgen gegen das frz. Revolutionsheer) Generalstatthalter in den östr. Niederlanden. 1796 Oberbefehlshaber der Koalitionstruppen am Rhein, mußte mit Napoleon (I.) den Vorfrieden von Leoben schließen. 1801 Präs. des Hofkriegsrats, reformierte das östr. Heerwesen; 1806 Generalissimus und Kriegsmin., schlug 1809 Napoleon I. bei Aspern und trat nach der Niederlage bei Wagram zurück.

Karlmann, Name von Herrschern:

Fränk. Reich:

K., * vor 715 (?), † Vienne (Isère) 17. Aug. 754, Hausmeier (741–747). - Ältester Sohn Karl Martells, Hausmeier von Austrien und den östl. Reichsteilen; förderte das Werk des hl. Bonifatius; unterwarf die Alemannen 746; zog sich 747 ins Kloster zurück.

K., * 751 (?), † Samoussy (Aisne) oder Chaumuzy (Marne) 4. Dez. 771, König (seit 768). - 754 mit seinem Bruder Karl d. Gr. von Papst Stephan II. gesalbt, erhielt 768 als Reichsteil Burgund, Alemannien und die Mittelmeerküste; geriet in Gegensatz zu Karl.

K. (von Bayern), * um 830, † Ötting (= Altötting) Sept. 880, König (seit 876). - 876 König in Bayern und in den Marken; vertrat die Ansprüche der ostfränk. Karolinger auf Italien und auf das Kaisertum gegen Karl II., den Kahlen; trat 879 Italien an seinen Bruder Karl III., den Dicken, ab.

Karl Marx, Pik, vergletscherter Berg im sw. Pamir, Tadschik. SSR, 6 726 m hoch.

Karl-Marx-Stadt (bis 1953 Chemnitz), Hauptstadt des Bez. K.-M.-S., DDR, im Erzgebirge. Becken an der Chemnitz, um 300 m ü. d. M., 317 200 E. TH mit pädagog. Inst., Hochschulen für Maschinenbau und Werkzeugtechnik, Museen, Oper und Theater. Vielseitiger Maschinen-, Fahrzeug- und Motorenbau, chem. und Textilind.; ⚒. - In den 1160er Jahren wurde in der Nähe des wohl 1136 gestifteten Benediktinerklosters (1143 Marktrecht) die Stadt Chemnitz gegr. (1216 als Stadt bezeichnet), zunächst Reichsstadt, kam 1254/1308 unter die Herrschaft der Wettiner (1485 Albertin. Linie); im 16. Jh. rege Montanwirtschaft; ab 1770 entwickelte sich

Karlsbader Beschlüsse

eine blühende Textilind., nach der Erschließung naher Steinkohlenreviere Maschinen-, Werkzeugmaschinen-, schließl. Automobilfabrikation. Die große Zahl der Arbeiter machte Chemnitz seit Mitte des 19. Jh. zu einem Zentrum der dt. Arbeiterbewegung. Seit 1952 Bez.hauptstadt. - Erhalten bzw. wieder aufgebaut u. a. die Schloßkirche (15./16. Jh.), das Alte Rathaus (15.-17. Jh.), der Rote Turm (12. Jh.). Modernes Stadtzentrum; Karl-Marx-Monument (1971).

K.-M.-S., Landkr. im Bez. K.-M.-S., DDR.
K.-M.-S., Bez. im S der DDR, 6009 km², 1,89 Mill. E (1984), Hauptstadt Karl-Marx-Stadt. Im S liegt das Erzgebirge (im Fichtelberg 1214 m ü. d. M.), das nach N in das Erzgebirgsvorland mit dem Erzgebirg. Becken sowie in das Mittelsächs. Lößlehmgebiet beiderseits der Mulde um Rochlitz übergeht. Im SW hat der Bez. Anteil am Vogtland. Das Klima ist feuchtgemäßigt. Im Gebirge finden sich ausgedehnte Fichtenwälder. Die Landw. betreibt hier v. a. Grünlandwirtschaft und Viehhaltung, im Gebirgsvorland werden Roggen, Hafer, Kartoffeln u. a. angebaut, im fruchtbaren Gebiet um Rochlitz und Hainichen Weizen und Zuckerrüben. Weit bedeutender als die Landw. ist die Ind. Am wichtigsten ist der Maschinen- und Fahrzeugbau, gefolgt von Textil-, Leder-, Nahrungsmittel- und Elektroind. Es bildeten sich verschiedene Standorte heraus: Webereien im Raum Glauchau-Meerane-Reichenbach, Spitzen-, Gardinen- und Teppichherstellung im Gebiet Auerbach-Oelsnitz-Plauen, Strumpf- und Trikotagenind. um K.-M.-S. (das ehem. Chemnitz) sowie in den Krs. Stollberg und Zschopau, Metallind. v. a. in den Städten K.-M.-S., Zwickau u. a., Bürsten, Besen und Pinsel werden im Raum Schönheide-Stützengrün hergestellt, Papier- und Kartonageind. konzentriert sich in den Erzgebirgstälern, Musikinstrumente werden im Gebiet Klingenthal-Markneukirchen gefertigt. Der im MA blühende Erzbergbau beschränkt sich heute v. a. auf Nickelerze nö. von Glauchau; die Förderung von Kohle im Steinkohlenrevier Zwickau wurde Ende 1977 eingestellt. Fremdenverkehr v. a. in den Gebirgen und in Badeorten wie Bad Elster. Verkehrsmäßig ist der Bez. durch Eisenbahn und Autobahnen sehr gut erschlossen.

Karlmeinet [aus mittellat. Carolus Magnitus „der junge Karl d. Gr."], mittelfränk., 35 000 paargereimte Verse umfassende sagenhafte Lebensgeschichte Karls d. Gr. vom Anfang des 14. Jahrhunderts.

Karloff, Boris [engl. 'kɑlɔf], eigtl. William Henry Pratt, * London, 23. Nov. 1887, † Midhurst bei Portsmouth 3. Febr. 1969, amerikan. Schauspieler engl. Herkunft. - Seine roboterähnl. Darstellung des künstl. Menschen bzw. Monsters in „Frankenstein" (1931) und „Die Mumie" (1932) gilt als stilbildend für den Horrorfilm. Seine schauspieler. Wandlungsfähigkeit bezeugen die Rolle als Indianerhäuptling in „Die Unbesiegten" (1947) und der Part in „Bewegl. Ziele" (1967), wo K. als er selbst auftritt, sich und die Rolle des Horrors reflektierend.

Karlowitz, Friede von, in Karlowitz (= Sremski Karlovci) am 26. Jan. 1699 nach dem Ende des Türkenkrieges (1683-99) geschlossener Friede, der die Osmanen endgültig nach SO-Europa zurückwarf und den Aufstieg Österreichs zur europ. Großmacht vorbereitete.

Karlowitzer Synode, oberstes Kirchenleitungs- und Verwaltungsorgan der wegen der russ. Revolution vertriebenen oder emigrierten russ.-orth. Gläubigen; tagte seit 1921 im alten serb. Patriarchat in Karlowitz (= Sremski Karlovci). Sitz der K. S. ist heute New York, wo sie die russ.-orth. Auslandskirche leitet.

Karlsbad (tschech. Karlovy Vary), Stadt und Heilbad an der Mündung der Teplá in die Eger, ČSSR, 374 m ü. d. M., 59 200 E. Stadtmuseum, Gemäldegalerie; jährl. Filmfestwochen. 12 alkal. Glaubersalzquellen mit 42-73 °C (Erkrankungen von Leber, Galle, Magen und Darm). Zentrum der westböhm. Keramikind.; Oblatenbäckerei, Export von Karlsbader Salz; ⌘. - Die warmen Quellen von K. waren wahrscheinl. schon den Römern bekannt. Der Ort, der bis ins 16. Jh. **Warmbad** hieß, erhielt 1370 Stadtrecht. Ab 1711 setzte die Entwicklung zum Badeort ein. - Barocke Maria-Magdalena-Kirche (1732-35); Kuranlagen und Hotels (19. Jh.).

Karlsbader Beschlüsse, auf den Karlsbader Konferenzen (6.-31. Aug. 1819) durch Österreich und Preußen vorbereitete und von der B.versammlung in Frankfurt am Main einstimmig beschlossene Maßnahmen

Boris Karloff in „Frankenstein" (1931)

zur Unterdrückung der nat. und liberalen Bewegung aus Anlaß der Ermordung A. von Kotzebues; leiteten mit einem Univ.- und Preßgesetz die Demagogenverfolgung ein und galten bis 1848.

Karlsbader Salz, Eindampfungsprodukt des stark glaubersalzhaltigen Karlsbader Mineralwassers; auch künstl. hergestellt.

Karlsburg ↑ Alba Iulia.

Karlshafen ↑ Bad Karlshafen.

Karlshamn, Stadt in S-Schweden an der Ostsee, 32 000 E. Speisefettfabrik, Textilind.; Hafen. - Erhielt 1664 Stadtrecht (urspr. Bodekull, seit 1666 heutiger Name).

Karlshöhle ↑ Höhlen (Übersicht).

Karlskoga [schwed. karl,sku:ga], Ind.-stadt in M-Schweden, am Möckelnsee, 36 000 E. Herstellung von Geschützen, Sprengstoffen, Lacken, Kunstharzen und Chemikalien. - 1586 gegründet. - Bed. Holzkirche (16. Jh.).

Karlskrona [schwed. karls,kru:na], Hauptstadt des schwed. Verw.-Geb. Blekinge, 59 700 E. Werftmuseum. Marineschule, Werft für Kriegsschiffe; Textil-, Porzellan-, Holzind.; Fischexporthafen. - K. wurde 1679 von Karl XI. als Flottenstützpunkt angelegt (seit 1680 Stadtrecht). - Dreifaltigkeits-, Frederikskirche, Rathaus (alle 18. Jh.).

Karlspreis, (Internat. K.) von der Stadt Aachen seit 1950 i. d. R. jährl. für bes. Verdienste um die europ. Einigung verliehener Preis, verbunden mit einer Dotation von 5 000 DM und einer Medaille mit dem Bild Kaiser Karls d. Gr.
Bisherige Preisträger: Richard Graf Coudenhove-Kalergi (1950), Hendrik Brugmans (1951), Alcide De Gasperi (1952), Jean Monnet (1953), Konrad Adenauer (1954), Winston S. Churchill (1955), Paul Henri Spaak (1957), Robert Schuman (1958), George C. Marschall (1958), Joseph Bech (1960), Walter Hallstein (1961), Edward Heath (1963), Antonio Segni (1964), Jens Otto Krag (1966), Joseph Luns (1967), Die Kommission der Europ. Gemeinschaften (1969), François Seydoux de Clausonne (1970), Roy Jenkins (1972), Salvador de Madariaga (1973), Leo Tindemans (1976), Walter Scheel (1977), Konstantin Karamanlis (1978), Emilio Colombo (1979), Simone Veil (1981), Juan Carlos I. von Spanien (1982), 1983 nicht verliehen, Karl Carstens (1984), 1985 nicht verliehen, das Volk von Luxemburg (1986), H. Kissinger (1987), F. Mitterrand und H. Kohl (1988), Frère R. Schutz (1989), Gyula Horn (1990).

◆ (Europ. K.) von der sudetendt. Landsmannschaft 1958 gestifteter, jährl. verliehener Preis für Verdienste um die Verständigung zw. Deutschland und seinen östl. Nachbarn; ben. nach Kaiser Karl IV.

Karlsruhe, Stadt auf der rechten Niederterrasse des Oberrheins, Bad.-Württ., 116 m ü. d. M., 268 400 E. Verwaltungssitz des Reg.-Bez. K., der Region Mittlerer Oberrhein und des Landkr. Karlsruhe. Kernforschungszentrum, B.forschungsanstalt für Lebensmittelfrischhaltung, B.anstalt für Wasserbau, chem. Landesuntersuchungsanstalt, Staatl. Münzprägeanstalt, Univ. (gegr. 1825 als TH), Hochschule für Musik, Staatl. Akad. der bildenden Künste, Verwaltungs- und Wirtschaftsakad., mehrere Museen, Generallandesarchiv, Bad. Landesbibliothek, Staatstheater, Schauspielhaus; B.gerichtshof, B.verfassungs- u. a. Gerichte, Landesanstalt für Arbeitsmedizin, Immissions- und Strahlenschutz, Rechnungshof Bad.-Württ., Staatl. Landesdenkmalamt, Versorgungsanstalt des Bundes und der Länder, botan. Garten, Zoo. Urspr. reine Residenz-, Verwaltungs- und Garnisonstadt; die gewerbl. Wirtschaft nahm nach Eröffnung des Rheinhafens (1901) zu. Nach dem 2. Weltkrieg Ansiedlung von Betrieben der Fernmelde- und Elektrotechnik, Elektronik, Feinmechanik und Chemie. Durch Ausbau der Pipeline Marseille-K. und Errichtung eines Ölhafens wurde K. Raffineriezentrum. Wichtig sind ferner Brauereien, Druckereien, Verlage, Lederverarbeitung, Textil- und Bekleidungsind., Herstellung von Gablonzer Schmuck. Bed. als Kongreß- und Messestadt.

Geschichte: Die älteste german. Siedlung ist das um 790 erstmals erwähnte Knielingen. Die Stadt **Durlach,** gegr. Ende 12. Jh., war ab 1565 Residenz der Ernestin. Linie der bad. Markgrafen, die sich seitdem von Baden-Durlach nennt; 1689 von den Franzosen völlig niedergebrannt. 1717 löste K. als Neugründung des Markgrafen Karl Wilhelm von Baden-Durlach die ältere Residenz ab. Um das Schloß wurden Zuwanderer aus ganz Deutschland angesiedelt. 1771 wurde K. nach Vereinigung der Linien Baden-Durlach und Baden-Baden Residenz der vereinigten Markgrafschaft, ab 1803 des Kurfürstentums, 1806 des Großherzogtums Baden.

Bauten: Ab 1715 wurde die barocke Fürstenstadt erbaut. Mittelpunkt ist der Schloßturm, von dem 32 Straßen strahlenförmig ausgehen; nur der Bereich um die neun südl. Straßen wurde bis 1738 bebaut. Hier ergab sich ein Fächer als Stadtgrundriß. Ehem. Markgräfl., später großherzogl. Schloß (1715; ab 1749 umgebaut; Wiederaufbau nach dem 2. Weltkrieg; jetzt Bad. Landesmuseum). Klassizist. sind die kath. Stadtpfarrkirche (1810–14), und die ev. Stadtkirche (1807–11). Aus den 1950er Jahren stammen die Schwarzwaldhalle, das Gebäude der Karlsruher Lebensversicherung und die Neubauten der Univ. von dem nicht fertiggestellten Schloß in K.-Durlach blieb der O-Trakt (1698/99) erhalten; ev. Stadtkirche (1698–1700). Ausgedehnte Grünanlagen und große Waldflächen lockern das Siedlungsbild auf.

K., Landkr. und Reg.-Bez. in Bad.-Württ.

Karlsschule, 1770 von Herzog Karl Eugen von Württemberg zunächst als „Militär. Pflanzschule" auf Schloß Solitude gegr. Waisenhaus, 1773 zu einer „Herzogl. Militärakademie" erweitert, 1775 nach Stuttgart verlegt, 1781 als „Karls Hohe Schule" (Hohe K.) Univ. (1794 aufgehoben). Zu ihren Zöglingen gehörte 1773–80 Schiller.

Karlstad, Hauptstadt des schwed. Verw.-Geb. Värmland, an der Mündung des Klarälv in den Vänersee, 73 900 E. Luth. Bischofssitz; Univ. (seit 1967), Lehrerhochschule; Stadt- und Zentralbibliothek, Museen; Garnison; Metall-, Nahrungsmittel- und Textilind., Munitionsfabrik; wichtigster schwed. Binnenhafen, ⚓. - Erhielt 1584 Stadtrecht; 1647 wurde K. Bischofssitz, 1779 königl. Residenz. Die **Karlstader Konvention** von 1905 beendete die schwed.-norweg. Union. - Brände zerstörten den alten Baubestand; erhalten u. a. die Domkirche, das Gamlagymnasium und eine Zwölfbogenbrücke (alle 18. Jh.).

Karlstadt, eigtl. Andreas [Rudolf] Bodenstein, * Karlstadt um 1480, † Basel 24. Dez. 1541, dt. Theologe. - Zunächst Dozent der thomist. Philosophie; schloß sich 1517 Luther an und bestand mit diesem 1519 die ↑Leipziger Disputation. Wegen unterschiedl. Auffassungen zum Abendmahl kam es zum Bruch mit Luther. 1534 wurde K. als Prediger und Professor für A. T. nach Basel berufen. Im Kreis der Reformatoren ist K. eine umstrittene Gestalt.

K., Liesl, eigtl. Elisabeth Wellano, * München 12. Dez. 1892, † Garmisch-Partenkirchen 27. Juli 1960, dt. Schauspielerin. - Bayr. Volksschauspielerin; Partnerin K. ↑Valentins in München.

Karlstadt, Stadt am rechten Mainufer, Bay., 167 m ü. d. M., 14 000 E. Zementfabrik u. a. Ind.zweige. - Bischof Konrad von Querfurt ließ K. um 1200 erbauen (regelmäßige Stadtanlage) und verlieh ihm Stadtrecht. - Spätgot. Pfarrkirche (um 1350–1512/13), spätgot. Rathaus (1422); Ruine Karlburg (12. Jh.).

Karlstein, Burg sw. von Prag, ČSSR, von Karl IV. 1348–65 errichtet, diente als Aufbewahrungsort der ↑Reichskleinodien (heute in Wien, Hofburg) und des böhm. Kronschatzes (heute im Prager Dom). Berühmt ist die mit Gold, Tafel- und Wandbildern sowie Halbedelsteinen reich verzierte Kreuzkapelle.

Karlweis, Oskar, * Hinterbrühl (Niederösterreich) 10. Juni 1894, † New York 24. Jan. 1956, östr. Schauspieler. - Spielte u. a. in Wien und Berlin (M. Reinhardt), nach 1938 in Paris und am Broadway. Nach 1945 Gastspiele. Iron.-wehmütiger Charmeur; auch Filme.

Karma (Karman) [Sanskrit], ind. Bez. für „Tat, Werk". Das Fortwirken des K., der guten und bösen Taten des Menschen, bestimmt dessen Schicksal im gegenwärtigen Leben und in zukünftigen Geburten. Alle Wesen, auch die Götter, unterliegen dem Karma. Als Träger des K. von Geburt zu Geburt wird meistens ein feinstoffl. Körper angenommen, der bei der Zeugung in den Mutterleib eingeht. - Die Lehre vom K. gilt als Grundlage für Buddhismus, Dschainismus und Hinduismus.

Karmal, Babrak, * 1929, afghan. Politiker. - Wurde im April 1978 stellv. Staatschef, später auch stellv. Min.präs.; im Juli 1978 auf den Posten eines Botschafters in Prag abgeschoben. Wurde nach militär. Intervention der Sowjetunion in Afghanistan am 27. Dez. 1979 Staats- und Min.präs. sowie Oberbefehlshaber der Streitkräfte. Im Mai 1986 verlor K. zunächst seine Position als Parteichef an M. Nadschibulla und wurde im Nov. völlig entmachtet.

Kármán, Tódor (Theodore von K.), * Budapest 11. Mai 1881, † Aachen 7. Mai 1963, amerikan. Physiker und Aerodynamiker ungar. Herkunft. - 1913–29 Prof. in Aachen, 1930–49 Direktor des Guggenheim Aeronautical Laboratory am California Institute of Technology in Pasadena; führender Vertreter der theoret. Aerodynamik; grundlegende Arbeiten u. a. über Turbulenz und Grenzschichtverhalten, insbes. an Tragflügelprofilen und Flugkörpern.

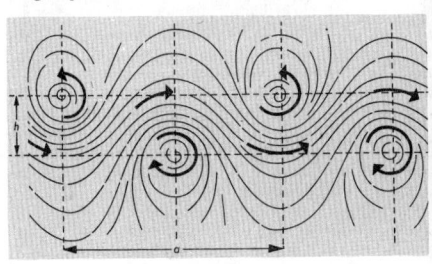

Kármánsche Wirbelstraße (h Abstand der parallelen Reihen, a Wirbelabstand)

Kármánsche Wirbelstraße [nach T. Kármán], zwei parallele Reihen von Wirbeln mit entgegengesetztem Drehsinn. Eine K. W. kann u. a. bei der Umströmung zylindr. Objekte entstehen und dabei Schwingungen erregen (Singen von Telegraphendrähten im Wind).

Karmel, Gebirgszug in N-Israel, bis 546 m hoch, begrenzt die Bucht von Haifa im SW.

Karmeliten (lat. Ordo Fratrum Beatae Mariae Virginis de Monte Carmelo, Abk. OCarm), kath. Bettelorden, der als Eremitengemeinschaft unter Führung des frz. Kreuzfahrers Berthold († 1195) am Berge Karmel entstand. Papst Honorius III. bestätigte 1226 die erste Regel, die ein strenges Einsiedlerleben vorschrieb, das auch bei der Übersiedlung des Ordens nach Europa zunächst beibehal-

Karmelitergeist

ten wurde. Eine Regeländerung (1247) glich die K. den Franziskanern und Dominikanern an; Pflege und Verbreitung der Marienverehrung. - Nach den Reformen der Theresia von Ávila († 1582) und Johannes' vom Kreuz († 1591) entstand der eigene Orden der **Unbeschuhten Karmeliten** (seit 1593 Ordo Fratrum Discalceatorum Beatae Mariae Virginis de Monte Carmelo, Abk. OCD). Beide Orden wirken seither nebeneinander auf allen Gebieten der Seelsorge, auch in der Mission. Nach der fast vollständigen Zerschlagung der Orden um 1800 erfolgte im 19. Jh. ein Neubeginn. 1988 zählten die K. etwa 3 000 Mgl., die Unbeschuhten K. etwa 16 500 Mgl. - Die **Karmelitinnen** wurden vom Ordensgeneral Johannes Soreth († 1471) gegr. Ihre Klöster folgen den beiden männl. Observanzen. Die mehr als 1 300 Klöster der Unbeschuhten Karmelitinnen sind der größte beschauliche Orden der kath. Kirche.

Smet, J./Dobhan U.: Die K. Freib. 1981. - Mesters, G.: Gesch. des K.ordens. Mainz 1958.

Karmelitergeist, svw. ↑Melissengeist.

Karmesin [arab.-italien.] (Karmesinrot, Kermesrot), Bez. für einen leicht bläul. Rotfarbton.

Karmin [arab.-italien.-frz.] (Cochenillerot), ein brillantes mittelhelles Rot ergebender Farbstoff. Wird aus den Koschenille- bzw. Nopalschildläusen gewonnen. Der eigtl. färbende Bestandteil ist die Karminsäure. Wird zum Färben von Lebensmitteln und in der Histologie zum Färben von Zellkernen benutzt.

karmosieren (karmoisieren) [arab.], einen Edelstein beim Fassen mit kleineren Edelsteinen umranden.

Karnak. Teil der Tempelanlage des Reichsgottes Amun (begonnen um 1900 v. Chr.) ist der Tempel des Königs Thutmosis III. (erbaut um 1450 v. Chr.)

Karnafuli, Fluß in den Chittagong Hill Tracts, Bangladesch, 270 km lang, mündet in den Golf von Bengalen. Bed. Verkehrsweg zw. Bergland und Küste.

Karnak, Ort in Oberägypten, am rechten Nilufer, 11 000 E. K. liegt (mit ↑Luxor) über der Wohnstadt mit 3 Tempelbezirken im O des antiken ↑Theben. Von den Ruinen stellt der Tempelkomplex des Reichsgottes Amun eines der bedeutendsten Bauunternehmen der ägypt. Kunst dar; die Bautätigkeit begann während der 12. Dyn. (es wurde eine Kapelle Sesostris' I. zusammengesetzt). Es bauten hier fast alle Pharaonen, bes. der 18. Dyn., u. a. Sethos I. und Ramses II. (u. a. Großer Säulensaal), Ramses III., Thutmosis I. und III., Hatschepsut, Amenophis II., so daß eine vielfältige Folge von Säulenhallen und Höfen mit 10 Pylonen entstand.

Karnali, Oberlauf der ↑Gogra.

Karnallit (Carnallit) [nach dem dt. Geologen R. v. Carnall, *1804, †1874], farbloses, weißl. oder gelbl. Mineral der chem. Zusammensetzung $KCl \cdot MgCl_2 \cdot 6H_2O$; meist auch Brom und Rubidium enthaltend. Der orthorhomb. K. (Mohshärte 1-2, Dichte 1,6 g/cm^3) ist stark hygroskop. und kommt in Steinsalz und Anhydrit vor; er ist das wichtigste der primären Kalisalze auf den Kalisalzlagerstätten Norddeutschlands. K. dient v. a. zur Herstellung von Kalidüngemitteln.

Karnataka (bis 1973 Mysore), südind. Bundesstaat, 191 773 km², 37,1 Mill. E (1981), Hauptstadt Bangalore. K. hat Anteil an drei Landschaftsräumen. An den schmalen Küstensaum der nördl. Malabarküste schließt sich der bewaldete Steilabfall der Westghats an, nach O folgt (rd. $^9/_{10}$ des Staates einnehmend) der flach gewellte Dekhan, der durch Flüsse stark zertalt wird. Die Niederschläge variieren stark zw. der vom Sommermonsun reich beregneten Küste und den Westghats sowie dem im Regenschatten gelegenen

Dekhan. Dem Klima entsprechend umfaßt die Vegetation Regenwald und trockene Parklandschaft. Wichtigster Wirtschaftszweig ist die Landw.; angebaut werden Reis, Hirse, Erdnüsse, Baumwolle, Zuckerrohr, Tabak, in den Westghats Kaffee, Tee, Kautschuk, Kardamom und Pfeffer. Bed. sind die Vorkommen von Gold, Mangan- und Eisenerz. Bedeutendster Ind.zweig ist die Textilind., gefolgt von Maschinen-, Elektro- und Zementind. Hinzu kommt die traditionelle Heimind., u. a. Seidenherstellung. K. ist bis auf die Küste und die Westghats verkehrsmäßig gut erschlossen.

Karnaubawachs [indian.-portugies.; dt.] (Carnaubawachs, Cearawachs), Wachs der Blattoberseite der im trop. S-Amerika wachsenden, bis 12 m hohen **Karnaubapalme** (Copernicia cerifera); Hauptbestandteile sind Wachsester, Alkohole, Paraffine, Harze und Säuren. K. wird in der Kerzen-, Schuhcreme- u. Bohnerwachsherstellung sowie als Lederappretur verwendet.

Karneol (Carneol) [lat.-italien.] ↑ Chalzedon.

Karner [lat.], svw. ↑ Beinhaus.

Karneval [zu italien. carnevale, dessen Herkunft umstritten ist] ↑ Fastnacht.

Karniphagen (Carniphaga) [lat./griech.], Fleischfresser; Tiere, v. a. Raubtiere, die sich hauptsächl. von Fleisch ernähren.

Karnis ↑ Darna.

Karnische Alpen, Teil der Südl. Kalkalpen, über deren Kamm die öst.-italien. Grenze verläuft, in der Hohen Warte 2 780 m hoch.

karnivor [lat.], fleischfressend, sich hauptsächl. von Fleisch ernährend; auf Tiere und Pflanzen bezogen.

Karnivoren (Carnivora) [lat.], (Fleischfresser) Sammelbez. für sämtl. hauptsächl. von tier. Nahrung lebenden Tiere (v. a. Raubtiere) und Pflanzen (fleischfressende Pflanzen); auch auf den Menschen bezogen.
◆ svw. ↑ Raubtiere.

Kärnten, südl. Bundesland von Österreich, 9 533 km², 537 700 E (1983), Hauptstadt Klagenfurt.
Landesnatur: K. bildet eine in sich geschlossene Beckenlandschaft zw. Karawanken und Karn. Alpen im S, Hohen Tauern im NW, Gurk- und Seetaler Alpen sowie Stubalpe im N und der Koralpe im O mit nur wenigen natürl. Durchlässen. Es gliedert sich in das gebirgige Hoch-K. und das meist flachwelligere Nieder-K., dessen Kernraum das Klagenfurter Becken ist. In K. liegen vier große und etwa 200 kleinere Seen.
Das Klagenfurter Becken hat kontinental, der NW ozean. geprägtes Klima.
Bevölkerung: Die Bev. ist zu 94 % deutschsprachig, südl. der Drau und im Untergailtal wohnen Slowenen. Am dichtesten besiedelt sind das Klagenfurter Becken und das Lavanttal.

Wirtschaft: Rinder- und Pferdezucht haben große Bed. In Nieder-K. ist der Anteil der Ackerfläche relativ hoch, angebaut werden neben gängigen Getreidearten Mais, Buchweizen, Hirse, Obst. Die Holzwirtschaft nimmt einen führenden Platz ein. Bed. Bergbau auf Magnesit, Eisenerz, Blei-Zink-Erze und Braunkohle. Wichtig sind die holzverarbeitende, chem., Metall-, Textil-, Leder- und Nahrungsmittelind., die Herstellung von Leichtbauplatten und Jagdwaffen. Die Wasserkraftwerke an der Drau liefern rd. $^1/_3$ des elektr. Stromes im östr. Verbundnetz. Der Fremdenverkehr ist ein bed. Wirtschaftsfaktor. - Verkehrsmäßig ist K. durch Bahn und Straße gut erschlossen.
Geschichte: Das Gebiet des heutigen K. wurde um 590 von Slawen erobert und besiedelt, die in der 2. Hälfte des 7.Jh. das Reich **Carantana** errichteten, aber um 750 unter bayr. Oberherrschaft gerieten. 828 traten bayr. Grafen an die Stelle der slaw. Stammesfürsten. 976 wurde K. von Bayern abgetrennt und selbständiges Hzgt., dem auch die Marken in der Steiermark, an Drau und Save sowie Krain, Friaul, Istrien und Verona unterstanden, das aber in den folgenden Jh. zerfiel. Kam 1269 an König Ottokar II. von Böhmen, 1286 an Meinhard II. von Tirol, seit 1335 an die Habsburger. 1816-49 gehörte K. zum Kgr. Illyrien, danach war es östr. Kronland. 1920 wurde das Mießtal an Jugoslawien und das Kanaltal an Italien abgetreten. Am 1. Jan. 1973 wurde die im Juli 1972 beschlossene Gebietsreform rechtswirksam.
⌑ *Paschinger, H.: K. Stg. 1985. - Fräss-Ehrfeld, C.: Gesch. Kärntens. Bd. 1: Das MA. Klagenfurt 1983.*

Karnuten (lat. Carnutes), kelt. Stamm zw. Seine und Loire (Hauptorte Cenabum [= Orléans] und Autricum [= Chartres]), von dessen Gebiet 52 v.Chr. die allg. gall. Erhebung gegen Cäsar ausging.

Karnyx [kelt.-griech.], kelt. Trompeteninstrument, mit einem Schallstück in der Form eines Tierkopfes.

Karo, Joseph (Josef Ben Efraim), *wahrscheinl. Toledo 1488, †Safed (heute Zefat, Galiläa) 24. März 1575, Kodifikator des jüd. Religionsgesetzes. - Wirkte seit 1536 in Safed, dem damaligen Zentrum jüd. Gelehrsamkeit und der Kabbala, als Oberhaupt eines Lehrhauses. Sein Hauptwerk ist der „Schulchan Aruch" (1565), der auch heute noch in orth. Kreisen nach dem Talmud als höchste Autorität gilt (in der Fassung mit den Ergänzungen des Moses Isserles).

Karo [frz., zu lat. quadrum „Viereck"], auf der Spitze stehendes Viereck, Raute (insbes. als Stoffmuster und als Spielkartenfarbe).

Karobenbaum [arab.-mittellat./dt.], svw. ↑ Johannisbrotbaum.

Karol, poln. Form des männl. Vornamens Karl.

Karola

Karola [-'--, '---] ↑Carola.
Karoline (Caroline), weibl. Vorname, Weiterbildung von ↑Carola.
Karoline Henriette Christiane, *Bischweiler 9. März 1721, † Darmstadt 30. März 1774, Landgräfin von Hessen-Darmstadt. -∞ seit 1741 mit dem Landgrafen Ludwig IX., wirkte ab 1772 mit dessen Min. Moser im aufklärer. Sinn auf die Verwaltung und Reg. Ihre Kontakte u. a. zu Friedrich d. Gr., Goethe, Gluck, Grimm und Wieland machten Darmstadt zu einem kulturellen Zentrum in Süddeutschland.
Karolinen, Gruppe von 963 Inseln im westl. Pazifik, nördl. des Äquators, z. T. vulkan. Ursprungs, z. T. Atolle, Landfläche 1 200 km², von Mikronesiern bewohnt. Die K. gliedern sich in die *West-K.* mit den Palauinseln und den Yap Islands sowie die *Ost-K.* mit den Truk Islands und den Senyavin Islands. Sie gehören zum amerikan. Treuhandgebiet ↑Pazifische Inseln.
Karolinger (Karlinger), fränk. Adels- und europ. Herrschergeschlecht aus dem Mosel-Maas-Raum, benannt nach Karl d. Gr.; hervorgegangen aus einer Verbindung zw. Arnulfingern und Pippiniden. Über das Amt des Hausmeiers stiegen die K. 751 mit Pippin III. unter Ausschaltung der Merowinger zum Königtum auf. Ihr Hineinwachsen in eine abendländ. Vorrangstellung dokumentierte sich 800 in der Kaiserkrönung Karls d. Gr. Sowohl die Zeit der Einheit als auch die der Teilungen des Fränk. Reiches durch die nachfolgenden Generationen (843, 870, 880) prägten die Gestalt Europas entscheidend. Die K. erloschen in der lothring. Linie 869, in der italien. 875, in der ostfränk. 911 und in der westfränk. 1012.
⊕ *Faber, G.: Das erste Reich der Deutschen. Gesch. der Merowinger u. K. Mchn. 1980.*

karolingische Kunst, die Kunst in dem von Karl d. Gr. geschaffenen Reich. Zentrum war sein Hof in Aachen, an den er Künstler zog, die der röm. oder byzantin., aber auch der angelsächs., merowing. und langobard. Tradition entstammten. Durch sein Bemühen um eine Erneuerung (Renovatio) des röm. Imperiums entstand aus diesen verschiedenartigen Strömungen der karoling. Stil, der für die erste Stufe der abendländ.-ma. Kunst ist. In der **Baukunst** wurden verschiedenartige Anlagetypen übernommen: der Zentralbau (Pfalzkapelle in Aachen, nach 786–um 800), die Basilika (Einhardsbasilika in Steinbach, 827 vollendet) und die Saalkirche (Müstair, Graubünden). Neu ist die Einführung eines festen Maßsystems (Bauplan für Sankt Gallen), die türmereiche Silhouette und die Schaffung des Westwerks (Corvey, 873–885). Die Verschmelzung unterschiedl. Wurzeln zu einem neuen Stil zeigt bes. deutl. die Torhalle des Klosters Lorsch (774). - Während zu den wichtigsten Leistungen der k. K. die Einführung des monumentalen Steinbaus zählt, spielt in der Plastik Stein keine große Rolle. Hohe Bed. hatte die **Goldschmiedekunst,** von der jedoch nur wenige Werke erhalten sind (u. a. Goldaltar in Sant' Ambrogio, Mailand) und bes. die **Elfenbeinschnitzerei,** die v. a. Buchdeckel für Prachthandschriften hervorbrachte; bed. Werke entstanden in der „Hofschule" Karls d. Gr., aus der auch eine Gruppe von **Buchmalereien** hervorging, die sich durch ihre Schmuckfreudigkeit auszeichnen (Godescalc-Evangeliar, zw. 781/783; Evangeliar von Soissons, Anfang des 9. Jh., beide Paris, Bibliothèque Nationale). Weitere Buchmalereien gruppieren sich um das Wiener Krönungsevangeliar, die sich wie die Elfenbeinschnitzerei bes. eng an die spätantike Tradition anschlossen. Ein anderes Zentrum war die Reimser Schule, charakterisiert durch einen bewegten erzählfreudigen Stil (Utrecht-Psalter, um 830).
⊕ *Mütherich, F./Gaehde, J. E.: Karoling. Buchmalerei. Mchn. 1976. - Messerer, W.: K. K. Hg. v. E. Grassi u. W. Hess. Köln 1973.*

karolingische Minuskel, Schrift des 8.–11./12. Jh., v. a. aus der ↑Halbunziale gebildete klare Minuskelschrift, die sich in fast ganz W- und Mitteleuropa durchsetzte. Erneuerung der k. M. in der Humanistenschrift, Vorbild für die ↑Antiqua.

karolingische Münzordnung, von den Karolingern etwa 755–759 schrittweise verwirklichte Münzordnung, bahnbrechend für die weitere europ. Entwicklung: reine Silberwährung, geprägt wurden nur Pfennige (auch Denar); 12 Pfennige = 1 Schilling, 20 Schillinge = 1 Pfund.

karolingische Reform, Reformbewegung der Kirche im Fränk. Reich seit Beginn des 8. Jh.; in ihren Anfängen v. a. von angelsächs. Missionaren (Bonifatius, Willibrord), später von den bedeutendsten Theologen der Zeit (Hrabanus Maurus, Johannes Scotus Eriugena) getragen und von den karoling. Herrschern unterstützt: u. a. Neuordnung der Kirchenverfassung und des Lebens des Weltklerus durch eine Kanonikerregel, regelmäßige Synoden. Grundlegend für die k. R. war die Revision der liturg. und kirchenrechtl. Texte.

karolingische Renaissance [rənɛ-'sãːs], zusammenfassende Bez. der für die Karolingerzeit kennzeichnenden Rückgriffe auf antike und spätantik-christl. Form- und Stofftraditionen, die im weiteren Rahmen des polit. Programms Karls d. Gr. stehen. Auf der Grundlage einer Bildungsreform (Bemühungen um reines Latein, Reform der Schrift) erreichten die abendländ. Dichtung und Geschichtsschreibung einen ersten Höhepunkt.

Karolus, August, *Reihen bei Sinsheim 16. März 1893, †Zollikon 1. Aug. 1972, dt. Physiker. - Prof. in Leipzig und Freiburg im Breisgau; entwickelte 1923 die nach ihm

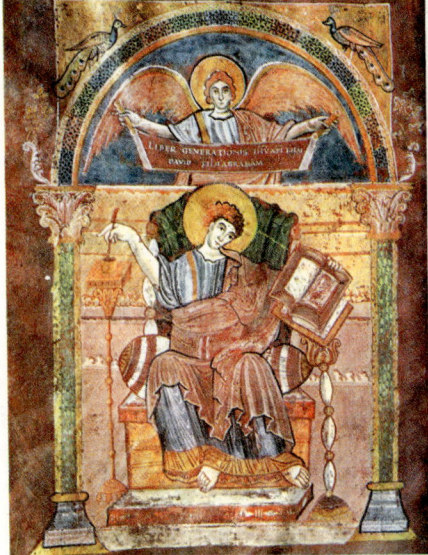

Karosserie

Karolingische Kunst. Oben (von links): ehemalige Klosterkirche Sankt Peter bei Mistail in Graubünden (2. Hälfte des 8. Jh.; Turm um 1397); Obergeschoß des Westwerks der ehemaligen Abteikirche in Corvey (Innenansicht; 873–85); rechts: Miniatur des heiligen Matthäus aus dem Evangeliar von Saint-Riquier (um 800). Abbeville, Bibliothèque Municipale

benannte *K.-Zelle* (↑Kerr-Effekt) zur trägheitslosen Lichtmodulation, mit der er u. a. Messungen der Lichtgeschwindigkeit vornahm und die er für die Bildfunk-, Film- und Fernsehtechnik nutzbar machte.

Károly (Károlyi) [ungar. 'ka:roj ('ka:roji)], ungar. Form des männl. Vornamens ↑Karl.

Károlyi, Julian von [ungar. 'ka:roji], *Lučenec (Mittelslowak. Gebiet) 31. Jan. 1914, dt. Pianist ungar. Herkunft. - Schüler u. a. von J. Pembaur, M. von Pauer und A. Cortot; weltweite Konzertreisen v. a. als Chopin-Interpret; seit 1972 Lehrer am Bayer. Staatskonservatorium in Würzburg.

Károlyi von Nagykárolyi, Mihály Graf [ungar. 'ka:roji 'nɔtjka:roji], *Budapest 4. März 1875, †Vence (Alpes-Maritimes) 19. März 1955, ungar. Politiker. - 1913 Vors. der Unabhängigkeitspartei; am 31. Okt. 1918 Min.präs., nach Ausrufung der Republik deren Präs.; konnte die Radikalisierung nicht verhindern, trat am 21. März 1919 zurück und ging ins Exil; kehrte 1946 nach Ungarn zurück; 1947–49 Botschafter in Frankr., wo er um Asyl nachsuchte.

Karosse [italien.-frz., zu lat. carrus „Wagen"], Prunkwagen, Staatskutsche.

Karosserie [italien.-frz. (zu ↑Karosse)], Aufbau eines Kraftfahrzeugs. Die *nicht selbst-*

Karotin

tragende K., die auf einen tragenden Fahrzeugrahmen aufgesetzt ist, wird hauptsächl. für Lastwagen verwendet. Moderne Personenwagen (Pkw) weisen dagegen keinen von der K. getrennten Rahmen auf; Motor und Radaufhängung sind an der *selbsttragenden K.* befestigt, die sich durch geringes Gewicht bei höherer Festigkeit und Steifigkeit auszeichnet und die nach zwei unterschiedl. Prinzipien aufgebaut sein kann: Bei der *Skelett-* oder *Gerippebauweise* (meist bei Omnibussen) ist ein System stabartiger, miteinander verschweißter Teile mit einer nichttragenden Außenbeplankung versehen. Bei der *Schalenbauweise*, einer bei Pkw verbreiteten Bauart, bildet die durch Sicken, Rippen und Spanten verstärkte Außenhaut das Traggerüst. Die selbsttragende K. kann auch aus einer rahmenähnl., leichten Bodengruppe bestehen, die mit dem Aufbau verschweißt ist. Die K.form ist stark dem oft rasch wechselnden Geschmack unterworfen, soll sich aber zur Erreichung hoher Fahrleistung des Fahrzeugs durch einen möglichst geringen Luftwiderstand auszeichnen. Die K. von Pkw müssen eine große Fahrgastzelle, ausreichenden Gepäckraum bei kompakten Außenabmessungen aufweisen und eine gute Rundumsicht gewähren. Sie haben eine stabile, gestaltfeste Fahrgastzelle (passive Sicherheit), während die Bug- und Heckpartie als sog. **Knautschzone** verformbar (mit zum Fahrgastraum hin zunehmender Steifigkeit) ausgeführt ist. Durch Verformung und Zusammenfalten des Bugs oder Hecks bei einem Aufprall wird so ein Teil der kinet. Energie in Formänderungsarbeit umgewandelt.

📖 *Wahl, J. H.: K.- u. Fahrzeugtechnik Tb. 1986. Stg. 1986.*

Karotin (Carotin) [lat.], zur Gruppe der ↑Karotinoide gehörende, tiefrote Substanz, die als wichtiges Provitamin A im Pflanzen- und Tierreich weitverbreitet ist (verursacht u. a. Rotfärbung der Karotte; in tier. Organismen kommt es z. B. im Blutserum, im Fett und in der Milch vor).

Karotinoide [lat.] (Carotinoide, Lipochrome), umfangreiche, im Pflanzen- u. Tierreich weit verbreitete Gruppe meist gelber bis roter Naturfarbstoffe, die jedoch immer pflanzl. Herkunft sind. K. sind als Vorstufen des Vitamin A wichtig; in den Seitenketten des Chlorophylls wirken sie als Sensibilisatoren bei der Photosynthese. Der tier. und menschl. Organismus kann sie nicht selbst aufbauen, er nimmt sie mit der Nahrung auf und deponiert sie in verschiedenen Geweben. Zu den K. gehören das Karotin, das Krozin, die Xanthophylle und das ↑Astaxanthin.

Karotis (Carotis) [griech.], Kurzbez. für Arteria carotis communis (↑Halsschlagader).

Karotissinusreflex (Karotissinusdruckversuch, Vagusdruckversuch), durch Druck auf die Halsschlagader ausgelöster Reflex, der eine Verminderung des Herzschlags (Bradykardie) bzw. einen Herzstillstand und eine Absenkung des Blutdrucks hervorruft.

Karotte [frz.-niederl., zu griech. *karōtón* (mit gleicher Bed.)] (Gelbe Rübe, Gartenmöhre, Mohrrübe, Daucus carota ssp. sativus), Kulturform der Möhre mit orangegelber, rübenförmiger Wurzel, die in eine hellere Innenzone (Holzkörper) und dunklere Außenzone (sekundäre Rinde) untergliedert ist; wichtige Gemüsepflanze mit hohem Gehalt an ↑Karotin.

Karpasia, Halbinsel, die sich nach NO erstreckende gebirgige Halbinsel der Insel Zypern, rd. 60 km lang, rd. 9 km breit.

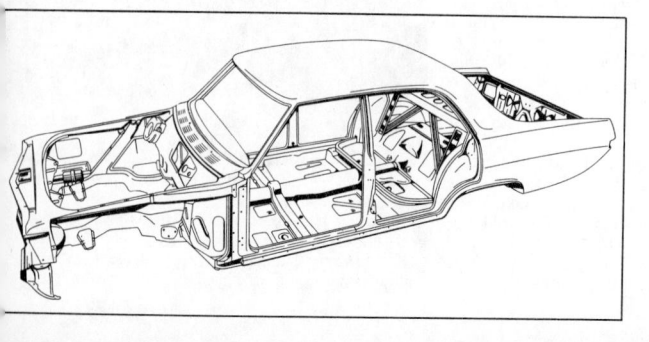

Karosserie. Skelettbauweise (oben) und Schalenbauweise

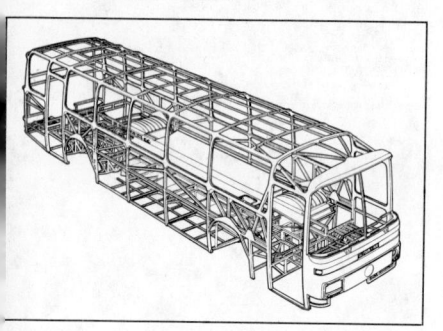

Karpaten, Gebirge im sö. M-Europa, erstreckt sich in einem 1 300 km langen und 50–150 km breiten, nach W geöffneten Bogen von der Donau bei Preßburg bis zum Paß Porta Orientalis in W-Rumänien. Die K. werden in mehrere Teile gegliedert: Die **Westkarpaten** liegen in der ČSSR und Polen. In ihrer Zentralzone erheben sich in der Hohen Tatra die höchsten Berge des K.bogens mit Hochgebirgscharakter (Gerlsdorfer Spitze 2 655 m ü. d. M.). Am Duklapaß liegt die Grenze zu den auch Ostbeskiden gen. **Waldkarpaten,** die sich nach O bis zum Prisloppaß erstrecken. Sie gehören zum größten Teil zur UdSSR, kleinere Anteile haben die ČSSR, Polen und Rumänien. Sie erreichen 2061 m Höhe. Die folgenden zu Rumänien gehörenden **Ostkarpaten** erstrecken sich zw. dem Siebenbürg. Hochland im W und dem Moldaugebiet im O bis zum Predealpaß. Sie erreichen im Pietrosul 2 305 m ü. d. M. Die auch Siebenbürg. oder Transsilvan. Alpen gen. **Südkarpaten** bilden den S-Flügel des K.bogens zw. Siebenbürg. Hochland im N und Walachei im S. Hier liegt mit 2 543 m die höchste Erhebung Rumäniens. Das Klima ist gemäßigt kontinental. Die K. sind größtenteils bewaldet: in tieferen Lagen Buche und Fichte, in höheren Tanne und Lärche. Die Waldgrenze steigt von 1 500 m in den West-K. auf 1 700 m in den Wald- und Ost-K. und auf 1 800–1 900 m ü. d. M. in den Süd-K. an. Oberhalb einer Knieholzstufe folgen alpine Matten mit Almwirtschaft. - ↑ auch Beskiden, ↑ Tatra.

Karpathos, langgestreckte griech. Insel zw. Kreta und Rhodos, 301 km², bis 1 220 m hoch; Hauptort Pighadia.

Karpfen (Cyprinus), Gatt. der K.fische mit der einzigen Art *Teichkarpfen (Fluß-K.,* Flußgründling, Cyprinus carpio); urspr. verbreitet im Gebiet des Schwarzen, Kasp. und Asowschen Meers sowie in China und Japan, heute fast weltweit eingebürgert, v. a. in warmen, flachen, nährstoffreichen, stehenden bis langsam fließenden Gewässern; Körper ziem. hochrückig, durchschnittl. 30–50 cm lang; Höchstgewicht über 30 kg; Rücken meist blau- bis braungrün, Körperseiten blaugrün bis goldgelb glänzend; Oberlippe mit 4 Barteln. - Der K. ist ein raschwüchsiger, wertvoller Nutzfisch von großer wirtschaftl. Bedeutung. Er wird oft in Teichen gezüchtet. Stammform der verschiedenen Zuchtformen ist der *Schuppen-K.* (mit gleichmäßiger Beschuppung). Man unterscheidet hochrückige Formen (z. B. Aischgründer Karpfen), Rassen mit gestrecktem Körper *(z. B. Lausitzer K., Böhm. K., Fränk. K.)* und Zuchtformen mit starker Schuppenreduzierung wie beim *Zeil-K.* (Zeilen-K.; mit großen „Spiegelschuppen" in einer oder mehreren Längsreihen), *Spiegel-K.* (mit wenigen großen, unregelmäßig verteilten Schuppen) und *Leder-K. (Nackt-K.;* fast völlig schuppenlos).

Geschichte: Die älteste schriftl. Nachricht über den K. stammt aus einem Rundschreiben des Cassiodor (6. Jh. n. Chr.). Da der K. eine beliebte Fastenspeise war, wurde die K.zucht v. a. in den Klöstern betrieben.

Karpfenfische (Cyprinidae), Fam. der Knochenfische mit rd. 1 000 Arten, v. a. in den Süßgewässern der nördl. Halbkugel; meist allesfressende Schwarmfische von sehr unterschiedl. Körperform und mit unbezahntem Maul; Schlundknochen mit artspezif. Bezahnung (Schlundzähne). - Zu den K. zählen die meisten einheim. Fische, z. B. Karpfen, Karausche, Schleie, Barbe, Elritze, Bitterling, Gründling, Nase, Döbel, Plötze, Rotfeder, Aland, Schneider, Moderlieschen.

Karpfenläuse (Argulidae), Fam. bis 3 cm langer, meist rundl., platter Krebse (Unterklasse Kiemenschwänze) mit rd. 75 Arten, die als Außenparasiten v. a. an Süß- und Meerwasserfischen leben. In M-Europa kommt bes. die 8–9 mm lange **Karpfenlaus** (Argulus foliaceus) an Karpfenfischen, Hechten und Flußbarschen vor.

Karpfenrücken, v. a. beim Pferd Bez. für einen stark nach oben gewölbten Rücken.

Karpolith [griech.], in der Paläontologie Bez. für eine versteinerte (fossilisierte) Frucht.

Karposoma [griech.], svw. ↑ Fruchtkörper (Pilze, Flechten).

Karpow, Anatoli Jewgenjewitsch, * Slatoust (Ural) 23. Mai 1951, sowjet. Schachspieler. - Internat. Großmeister seit 1970; Weltmeister 1975 (kampflos gegen B. Fischer), 1978 und 1981 (gegen W. L. Kortschnoi); verlor 1985 den Titel an G. Kasparow, der ihn 1986 und 1987 gegen K. verteidigte.

Karree [lat.-frz.], svw. Viereck.

Karren (Karre) [zu lat. carrus „Wagen"], Bez. für verschiedene Lastentransportmittel: 1. zweirädriger Wagen mit Gabeldeichsel; 2. ein- bis dreirädriges, von Hand fortbewegtes Transportmittel *(Hand-K.)* für Stück- oder Schüttgut (z. B. *Schub-K., Sack-* oder *Stech-K., Hub-K.)* für Paletten; 3. vierrädriger Flurförderer mit Motorantrieb, z. B. *Elektro-K.,* Plattformkarren.

Karren (Schratten), durch Lösungsverwitterung v. a. in Kalkgesteinen entstandene, bis mehrere Meter tiefe, meist parallele Rillen. Sie können auf bloßliegenden Gesteinsoberflächen große, schwierig begehbare Karrenfelder bilden.

Karrer, Paul, * Moskau 21. April 1889, † Zürich 18. Juni 1971, schweizer. Biochemiker. - 1912–18 Mitarbeiter von P. Ehrlich in Frankfurt am Main, danach Prof. für organ. Chemie in Zürich. K. arbeitete über Polysaccharide, 1937 (zus. mit W. N. Haworth) Nobelpreis für Chemie.

Karriere [zu frz. carrière „Lauf-, Rennbahn" (letztl. zu lat. carrus „Karren")], Abfolge der verschiedenen Stationen (Rollen) eines sozialen (berufl.) Aufstiegs.

Karrierismus

◆ Renngalopp, schnellste Gangart des Pferdes.

Karrierismus, abwertend für: rücksichtsloses Streben nach Erfolg; **Karrierist,** Bez. für jemand, der nur auf eine möglichst rasche Karriere bedacht ist.

Karriole [frz., zu lat. carrus „Wagen"], leichtes, zweirädriges Fuhrwerk mit Kasten (früher häufig ein Briefpostwagen).

Kars, türk. Stadt im nördl. Ostanatolien 1750 m ü. d. M., 59 000 E. Hauptstadt des Verw.-Geb. K.; Garnison; Zentrum eines Milchwirtschaftsgebiets; Trockenmilchfabrik. - Die ehem. armen. Kirche (930–937) war später Moschee; heute Museum; Zitadelle (16. und 19. Jh.).

Karsamstag [zu althochdt. chara „Wehklage, Trauer"], der dem Gedächtnis der Grabesruhe Christi geweihte Tag vor Ostern. Tag der Trauer und der Ostererwartung. In allen vorreformator. Kirchen voller Fasttag und daher eucharistielos.

Karsawina, Tamara, * Petersburg 9. März 1885, † Beaconsfield bei London 26. Mai 1978, engl. Tänzerin russ. Herkunft. - Tanzte 1902–18 in Petersburg, war seit 1909 Primaballerina von Diaghilews Ballets Russes, bed. Vertreterin des klass. Balletts; verkörperte zahlreiche Hauptrollen in Balletten von M. M. Fokin, W. Nijinski und L. Massine.

Karsch, Anna Luise, geb. Dürbach, gen. die **Karschin,** * bei Schwiebus (= Świebodzin) 1. Dez. 1722, † Berlin 12. Okt. 1791, dt. Dichterin. - Urspr. Dienstmagd; kam 1760 nach Berlin, wo sie mit ihren natürl. Gelegenheitsdichtungen als „preuß. Sappho" die Gunst des Hofes und der höheren Gesellschaft gewann; an dieser fremden, bildungsmäßig ihr unzugängl. Umgebung zerbrach jedoch ihr eigenschöpfer. Talent.

K., Joachim, * Breslau 20. Juni 1897, † Groß Gandern bei Crossen/Oder 11. Febr. 1945 (Selbstmord), dt. Bildhauer. - Das Thema seiner von Lehmbruck beeinflußten figürl. Plastik ist Einsamkeit und menschl. Solidarität im Leid.

Karschi, Hauptstadt des sowjet. Gebietes Kaschkadarja im SO der Usbek. SSR, 129 000 E. PH, Theater; Baumwollentkörnung, Bekleidungsfabrik, Teppichherstellung. - Seit 1926 Stadt.

Karschwelle ↑ Kar.

Karsee ↑ Kar.

Karsh, Yousuf [engl. kɑ:ʃ], * Mardin 23. Dez. 1908, kanad. Photograph türk. Herkunft. - Zählt mit seinen über 15 000 Aufnahmen von Persönlichkeiten der Weltöffentlichkeit zu den bedeutendsten Porträtphotographen der Gegenwart; veröffentlichte u. a. „Faces of our time" (1971).

Karst (slowen. und serbokroat. Kras, italien. Carso), Landschaft zw. der Wippach u. dem Golf von Triest, Jugoslawien und Italien.

Karst [nach der gleichnamigen Landschaft], Bez. für alle Formen, die durch Lösungsverwitterung (Korrosion) in Kalk- und Gipsgesteinen entstehen. Klüfte und Schichtfugen im Gestein werden erweitert, das Wasser versickert. An der Oberfläche herrscht Wasserarmut, es bilden sich regelrechte Steinwüsten, das entsprechende Gebiet verkarstet. Die Entwässerung erfolgt unterirdisch; Wiederaustrittsstellen heißen Karstquellen. Ihre Schüttung spiegelt den Niederschlagsablauf verzögert wider. Oberird. gehören Karren, Dolinen, Poljen, Uvalas zum Formenschatz des K., unter Tage sind Höhlen und Höhlensysteme, oft mit Tropfsteinbildung und Seen, sowie unterird. Gewässernetze charakteristisch. Typ. für die Verkarstung in den Tropen und sommerfeuchten Subtropen ist die Bildung von K.randebenen an der Grenze von Kalkgestein zu undurchlässigem Nebengestein. Dabei bleiben vielfach steilwandige Kuppen oder Türme als Reste einer höhergelegenen Landoberfläche erhalten (**Kegelkarst, Turmkarst**).

Karst, zwei- bis dreizinkige Handhacke, v. a. in Weinbergen und zum Kartoffelroden benutzt.

Karstadt AG, größter Warenhauskonzern der BR Deutschland, Sitz Essen; gegr. 1920. Wichtigste Beteiligungen: Kepa Kaufhaus GmbH, Neckermann Versand AG. - ↑ Unternehmen (Übersicht).

Karsten (Carsten), männl. Vorname, niederdt. Form von Christian.

Karsten, Karl Johann Bernhard, * Bützow 26. Nov. 1782, † Berlin 22. Aug. 1853, dt. Mineraloge. - Ab 1819 Geheimer Oberbergrat im Berliner Innenministerium. K. errichtete die erste dt. Anlage zur Steinkohlenteergewinnung. Bei Untersuchungen der Begleitstoffe des Zinkoxids entdeckte er das Cadmium. K. verfaßte ein „Handbuch der Eisenhüttenkunde" (1816) sowie ein fünfbändiges „System der Metallurgie" (1831/32).

Karsthöhle ↑ Höhle.

Karsunke, Yaak, * Berlin 4. Juni 1934, dt. Schriftsteller. - Mitbegr. und Leiter (1965–68) der Münchner literar.-polit. Zeitschrift „kürbiskern"; verfaßt zeitbezogene gesellschaftskrit. Lyrik wie „Kilroy & andere" (1967), „reden & ausreden" (1969), Textmontagen, Libretti, Theaterstücke („Die Bauernoper, Szenen aus dem schwäb. Bauernkrieg von 1525"; 1973), Hörspiele, Kinderbücher und Gedichte: „Guillotine umkreisen" (1984).

Kartätsche [zu italien. cartaccia „grobes Papier" (als Hülle für eine Pulverladung)], 1. bis Ende 19. Jh. gebräuchl. Geschütz mit mehreren Rohren, das aus den ma. Orgel- und Salvengeschützen entwickelt wurde; 2. veraltete Bez. für ↑ Schrapnell.

◆ im *Bauwesen* Brett mit Handgriff zum Glattreiben („Abziehen") des Wandputzes.

Karta Tuba ↑ Córdoba.

Kartellrecht

Kartaune [italien.], schweres Vorderladergeschütz des 16./17. Jh.

Kartause, aus der italien. Bez. *Certosa* für die frz. Voralpenlandschaft *Grande Chartreuse* abgeleitete Bez. für eine Niederlassung der ↑Kartäuser.

Kartäuser (lat. Ordo Cartusiensis, Abk. OCart), kath. Eremitenorden, 1084 in der Grande Chartreuse bei Grenoble durch Bruno von Köln (* etwa 1030, † 1101) gegründet. 1176 wurden die Konstitutionen des K.ordens vom Papst bestätigt. Danach ist der K.orden ein streng beschaul. Orden, der Einsiedler- und Gemeinschaftsleben miteinander verbindet. Die einzelne Kartause wird vom Prior geleitet; der Prior der Grande Chartreuse ist gleichzeitig Generalprior des ganzen Ordens. Im 14. und 15. Jh. entstanden zahlr. neue Kartausen, die sich der spät-ma. Mystik, der Devotio moderna und auch dem Humanismus öffneten. Durch die Säkularisation fast vernichtet, gibt es (1988) 23 Kartausen mit 550 K.; von den seit 1145 bestehenden **Kartäuserinnen** gibt es heute noch vier Klöster.

Kartäuserkatze, Rasse schwerer, stahl- bis mittelblauer Hauskatzen mit breitem Kopf, relativ großen Ohren und kurzem Schwanz.

Kartäusernelke ↑Nelke.

Karte [lat.-frz., zu griech. chártēs „Blatt der ägypt. Papyrusstaude", „daraus hergestelltes Papier"], rechteckiges, meist genormtes Blatt aus festem Karton, z. B. Kartei-K., Loch-K., Postkarte.

◆ Bez. für eine verebnete, maßstäbl. verkleinerte und generalisierte Abbildung der Erdoberfläche oder eines Teils von ihr, anderer Weltkörper oder des Weltraums. Bei der Abbildung der Erdkugel in eine Ebene treten unterschiedl. Verzerrungen auf je nach Wahl des ↑Kartennetzentwurfs. Großmaßstäbige Karten oder Pläne sind die nicht im Handel erhältl. **Katasterkarten** (bis 1:5000), die über Eigentumsverhältnisse informieren. Großmaßstäbig sind auch die **topograph.** Karten mit Grundrißdarstellung, Gewässerzeichnung, Relief und Kennzeichnung der Vegetation. Dazu gehören u. a. die **Grundkarte** in der BR Deutschland 1:5000, in der DDR 1:10000) und das **Meßtischblatt** (1:25000). Zu den Karten mit mittleren Maßstäben zählt u. a. die **Generalstabskarte** (1:100000). Kleinmaßstäbig dargestellt werden Weltkarten, z. B. die Internat. Weltkarte 1:1 Mill. und z. T. auch themat. Karten; letztere befassen sich mit speziellen Sachverhalten, die lagerichtig eingezeichnet werden.

Kartei [zu ↑Karte] (Kartothek), nach Stichworten geordnete Sammlung von Aufzeichnungen auf Karten gleichen Formats. Bei sog. **Blind-K.** werden die Karten in K.kästen stehend oder hängend aufbewahrt, bei *Sicht-K.* schuppenartig übereinanderliegend.

Kartell [zu italien. cartello „kleines Schreiben", dann „Vereinbarung (der Kampfbedingungen im Turnier)" (vgl. ↑Karte)], in der *Wirtschaft* der entweder vertragl. geregelte oder auch durch mündl. Absprache (sog. **Frühstückskartell**) hergestellte Zusammenschluß von rechtl. selbständigen Unternehmen zur Beschränkung oder Ausschaltung des Wettbewerbs auf einem bestimmten Markt durch koordiniertes Handeln. In der wettbewerbstheoret. Diskussion heben die Befürworter von K. ihre marktordnende Wirkung hervor, die z. B. zur Verhinderung und/oder Beseitigung von strukturellen Fehlentwicklungen beitragen könne, wogegen die K.gegner eine Förderung bzw. Aufrechterhaltung solcher Fehlentwicklungen durch K. befürchten, da dies nur durch ungehinderten Wettbewerb vermieden werden könne. In der Praxis der staatl. K.politik kommt keine dieser Extrempositionen rein zum Tragen; das ↑Kartellrecht der BR Deutschland läßt bei grundsätzl. K.verbot zahlr. K.formen unter bestimmten Voraussetzungen zu.

Die K.formen können danach unterteilt werden, welche Aktionsparameter der Absprache unterliegen. Beim *Konditionen-K.* werden Geschäfts-, Lieferungs- und Zahlungsbedingungen festgelegt. Das *Rabatt-K.* gehört jedoch als Sonderform zu den *Preis-K.* Die *Rationalisierungs-K.* werden (auch im K.recht) unterschieden in Rationalisierungs-K. i. e. S. (einheitl. Anwendung von Normen oder Typen), *Spezialisierungs-K.* (ein wesentl. Wettbewerb bleibt erhalten) und *Kooperations-K.* (zwischenbetriebl. Zusammenarbeit zur Förderung der Leistungsfähigkeit). Bei den Marktaufteilungs-K. ist wichtigste Form die räuml. Aufteilung von Absatzmärkten *(Gebiets-K.).* Bei der Kartellierung von Produktions- bzw. Absatzmengen *(Mengen-K.)* ist zu unterscheiden zw. der Festlegung von Produktionsquoten und von Anteilen am Gesamtabsatz *(Absatz-K.).* Wird von den K.-Mgl. eine gemeinsame Stelle gebildet, die nach außen das Kartell vertritt (z. B. gemeinsame Verkaufsstelle), wird diese **Syndikat** genannt.

📖 Mirow, K. R.: *Die Diktatur der K.* Rbk. 1978. - Enke, H.: *K.theorie.* Tüb. 1972. - *Theorie u. Praxis der K.* Hg. v. H. H. Barnikol. Darmst. 1972.

◆ früher in der *Politik* ein von mehreren Parteien geschlossenes befristetes Bündnis für eine Wahl bzw. im Parlament zur Erreichung bestimmter polit. Ziele; Vorläufer der Koalition.

Kartellparteien, Bez. für die 1887 zum Wahlbündnis und dann bis 1889/90 zur regierungstreuen Mehrheit im Reichstag (**Kartellreichstag**) als Kartell zusammengeschlossenen Parteien: Deutschkonservative Partei, Dt. Reichspartei, Nationalliberale Partei.

Kartellrecht, das zur Verhinderung der Bildung von ↑Kartellen erlassene Recht, geregelt im Gesetz gegen Wettbewerbsbeschrän-

Kartellverband ...

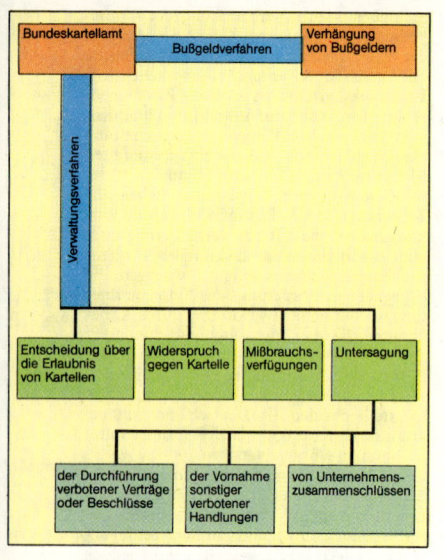

Kartellrecht. Eingriffsmöglichkeiten des Bundeskartellamts (schematisch)

kungen i. d. F. vom 4. 4. 1974. Danach sind Kartelle zwar grundsätzl. unzulässig, doch regelt das Gesetz eine Reihe von Ausnahmefällen. So sind u. a. erlaubt: Konditionenkartelle; Rabattkartelle; *Strukturkrisenkartelle*, wenn eine planmäßige Rückführung der Kapazitäten wegen nachhaltiger Änderung der Nachfrage notwendig ist und unter Berücksichtigung des Gemeinwohls erfolgt; *Rationalisierungskartelle* sowie Ausfuhr- und Einfuhrkartelle, wenn durch die Sicherung und Förderung der Ausfuhr nur die Auslandsmärkte betroffen sind, bzw. wenn die dt. Importeure nur unwesentl. Wettbewerb der ausländ. Anbieter gegenüberstehen; nicht erlaubt ist jedoch die Aufteilung inländ. Absatzgebiete *(Gebietskartell)*. Darüber hinaus läßt das Gesetz allg. Kartelle zu, wenn die Beschränkung des Wettbewerbs aus Gründen der Gesamtwirtschaft und des Gemeinwohls ausnahmsweise notwendig ist (**Sonderkartelle**).
Die Bildung von Kartellen ist beim **Bundeskartellamt** anzumelden, dessen Erlaubnis in den meisten Fällen erforderlich ist. Das Bundeskartellamt führt auch das Kartellregister. Verfahren wegen Verstößen kann das Bundeskartellamt von Amts wegen einleiten. Sie können zur Verurteilung wegen Ordnungswidrigkeit zu Geldbuße führen.
📖 Emmerich, V.: K. Mchn. ⁴1982. - Langen, E., u. a.: *Kommentar zum Kartellgesetz*. Neuwied ⁶1982.

Kartellverband katholischer deutscher Studentenvereine, Abk. KV, nicht farbentragender Verband kath. Studentenverbindungen, gegr. 1863, wiedergegr. 1947.

Kartenhaus, Bez. für den Raum auf der Kommandobrücke eines Schiffes, in dem die Seekarten aufbewahrt und für die Navigation benutzt werden.

Kartenkunst, Kartenkunststücke mit Spielkarten mit Hilfe bes. Fingerfertigkeit, auch von Falschspielern angewandt, wie das **Filieren** (Auswechseln von Karten), das **Palmieren** (Verstecken einer Karte in der Handfläche), das **Forcieren** (beeinflußte Ziehung bestimmter Karten), die ein- und zweihändige **Volte** (verdecktes Abheben einer Karte).

Kartenlegen (Kartenschlagen), seit der 2. Hälfte des 14. Jh. verbreitete Form der Wahrsagerei mit der Behauptung, aus der Aufeinanderfolge von gemischten Spielkarten zukünftige Ereignisse voraussagen zu können. K. ist in den meisten Ländern ein anmeldepflichtiges Gewerbe.

Kartenlotterie, Glücksspiel mit 2 Kartenspielen zu je 52 Blatt. Der 1. Satz wird teils verteilt, teils versteigert. Die Zahl der aus dem 2. Satz verdeckt entnommenen Karten entspricht der Anzahl der Gewinne. Dabei kommt es auf die Übereinstimmung zw. gezogenen und gesetzten Karten an. Beim **Kartenlotto** gilt die neunte Gewinnkarte als das „große Los".

Kartennetzentwurf (Kartenprojektion), Darstellung der Erde oder von Teilen von ihr in einer Ebene. Da alle Punkte der Erde mit Hilfe des Gradnetzes bestimmt werden können, wird bei einem K. das Gradnetz in eine Ebene projiziert und dabei verzerrt, da eine Kugelfläche nur so auf einer Ebene dargestellt werden kann. Es gibt also keine verzerrungsfreie Darstellung der Erde in einer Ebene. Mit Hilfe mathemat. Berechnungen kann die Erde entweder längentreu (abstandstreu), flächentreu oder winkeltreu abgebildet werden. Eine Ausnahme bildet der vermittelnde K., bei dem versucht wird, die flächenhafte Darstellung der Erde annähernd so wie auf dem Globus wiederzugeben. Eine solche Darstellung ist weder längen-, noch flächen-, noch winkeltreu. Es gibt drei grundsätzl. Möglichkeiten, die Erde auf eine Fläche zu projizieren. Hierfür kommen die Projektionsflächen des Zylinders, des Kegels und der Ebene in Frage. 1. die **Zylinderprojektion:** Hierbei wird um die Erde ein Zylinder gelegt, der verschiedene Achsenlage haben kann. Der Zylinder kann z. B. die Erde am Äquator, also an einem Großkreis, berühren, er kann aber auch durch die Erde hindurchstoßen, wie es z. B. bei der **Mercatorprojektion** der Fall ist. Bei ihr schneiden sich Längen- und Breitenkreise senkrecht; sie ist weder abstands- noch flächentreu; nach den Polen zu nimmt die Verzerrung sogar überhand, weshalb Mercatorprojektionen meist nur bis 70° oder 80° nördl. oder

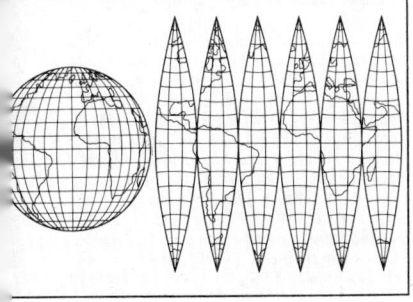

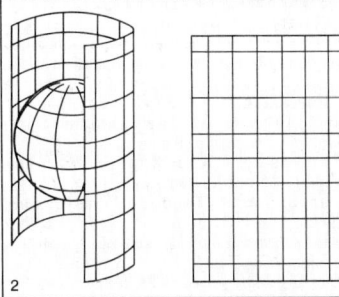

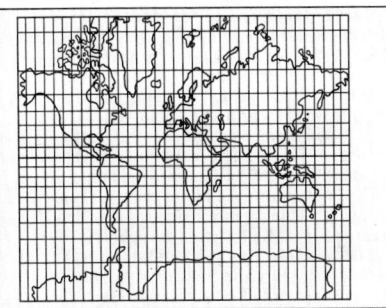

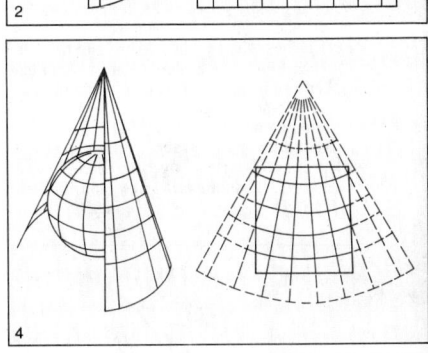

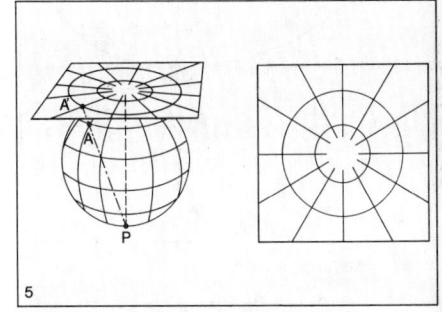

Kartentechnik

Kartennetzentwurf. 1 Globus (verzerrungsfrei) und in die Ebene transponierte Globusoberfläche; 2 Prinzip der Zylinderprojektion; 3 Mercators Zylinderprojektion; 4 Prinzip der Kegelprojektion; 5 Prinzip der Azimutalprojektion. P-A-A' = Projektion des Punktes A von der Erdkugel auf eine Fläche durch eine Lichtquelle im gegenüberliegenden Pol

südl. Breite reichen. Wegen ihrer Winkeltreue ist sie aber noch heute für die Navigation von Bedeutung.

2. Die **Kegelprojektion:** Bei ihr wird ein Kegel über die Erde gestülpt, wobei die Achsenlage unterschiedl. sein kann. Im Normalfall wird die Kegelachse entweder mit einer Erdachse oder mit der Äquatorebene zusammenfallen.

3. Die **Azimutalprojektion:** Bei ihr ist die Projektionsfläche eine Ebene, die die Erde in einem Punkt berührt. Sie wird überwiegend als polständiger K. angewandt; ein Pol bildet dann den Mittelpunkt der Projektion. Eine solche Projektion kann daher nur eine Halbkugel der Erde abbilden.

Je nach der Lage der Projektionsachse zur Erdachse bezeichnet man Kartennetzentwürfe als **polständig, äquatorständig** oder **schiefachsig.**

Kartennull, der Höhenbezugspunkt (z. B. Normalnull [NN]), der die Niveaufläche bestimmt, auf die sich die Höhen- und Tiefenangaben in Karten beziehen.

Kartenprojektion, svw. ↑Kartennetzentwurf.

Kartenschlagen, svw. ↑Kartenlegen.

Kartenskizze, bei der Kartierung angefertigte nicht maßstabsgetreue Geländeskizze.

Kartenspiele, Spiele mit ↑Spielkarten verschiedenen Wertes und verschiedener Zusammenstellung nach unterschiedl. Spielregeln für 2 oder mehr Spieler.

Kartentechnik, Arbeitsbereich der prakt. Kartographie. Sie befaßt sich mit Herstellung, Vervielfältigung und Aktualisierung von Karten.

Kartenzeichen

Kartenzeichen ↑Signatur.

Kartesianismus, die an Descartes (latinisiert Cartesius) orientierte philosoph. Richtung des 17. und 18. Jh., die bes. die Kartes. Methodologie und Physik weiterführte.

kartesisch (cartesisch, kartesianisch), von R. Descartes (latinisiert Cartesius) eingeführt oder nach ihm benannt.

kartesische Koordinaten, svw. rechtwinklige ↑Koordinaten.

kartesischer Taucher (kartesianischer Taucher), zur Demonstration von Schwimmen, Schweben und Sinken eines Körpers in einer Flüssigkeit dem ↑Archimedischen Prinzip gemäß verwendetes hohles [Glas]figürchen, das gerade noch an der Flüssigkeitsoberfläche schwebt, hingegen sinkt, wenn durch Erhöhen des äußeren Luftdrucks Flüssigkeit in eine unten im Taucher befindl. feine Öffnung eindringt und dadurch der Auftrieb vermindert wird.

Kartesisches Blatt (Folium Cartesii, Blatt des Descartes), algebraische Kurve 3. Ordnung. Gleichung im kartes. Koordinatensystem: $x^3 + y^3 = 3axy$ (a=const.).

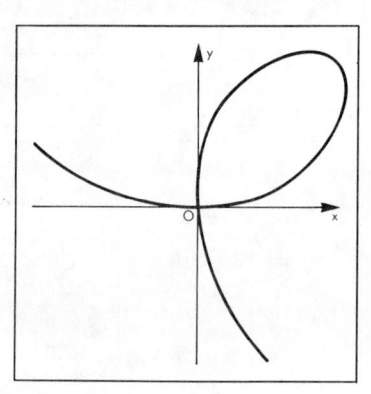

Kartesisches Blatt

kartesisches Produkt, svw. ↑Produktmenge.

Karthago (lat. Carthago, heute Carthage), Ruinenstadt in N-Tunesien, am Golf von Tunis. Von Tyrus gemäß antiken Angaben 814/813, nach archäolog. Befund um 750 v. Chr. gegr., phönik. Kolonie, Vorort des phönik. Herrschafts- und Einflußbereiches im Westen. Der Sage nach von der Königin Elissa gegr. (an die Stelle des Königtums traten etwa im 6. Jh. die Suffeten); K. war Stützpunkt und Versorgungsbasis für den Handel mit den Gold, Silber und Zinn fördernden Gebieten des Westens. Auf Grund seines hervorragenden Hafens und der strateg. günstigen Lage überflügelte K. bald die übrigen phönik. Kolonien und übernahm den Schutz der Phönikerstädte Siziliens (Panormos [= Palermo]; Motye, nw. von Selinunt; Soloeis [= Castello di Solanto]) gegen die Griechen (480 Niederlage Hamilkars bei Himera). In dieser Zeit wurde die karthag. Herrschaft in N-Afrika vom Golf von Sidra (Große Syrte) bis zur Straße von Gibraltar ausgedehnt (wichtigste Städte: Leptis Magna [= Al Chums], Thapsus [beim Vorgebirge Ras el Dimas], Hadrumetum [= Sousse], Utica, Hippo Regius [= Annaba]). Die Phöniker Spaniens dürften K. um 450, die Sardiniens zw. 392 und 382 botmäßig geworden sein. In erneuten Kämpfen in Sizilien (409–395, 383–374, 343–341) wurde der Fluß Halykos (= Platani) als Grenze des karthag. Herrschaftsbereiches festgelegt. Zum Schicksal der Stadt wurden die ↑Punischen Kriege mit Rom. Im 1. Pun. Krieg (264–241) verlor K. seine sizilischen Besitzungen, für die es sich ab 237 in Spanien zu entschädigen suchte (Gründung von Carthago Nova [= Cartagena]). Die Verletzung des 226 von Hasdrubal mit Rom geschlossenen Ebrovertrags, der den Fluß als Grenze der karthag. und röm. Interessensphäre festlegte, durch Hannibal führte zum 2. Pun. Krieg (218–201), der mit der militär. Entmachtung von K. endete. Als sich K. 149 gegen den numid. König Masinissa zur Wehr setzte, sah Rom darin einen Vertragsbruch und erklärte den 3. Pun. Krieg (149–146), in dem K. zerstört wurde (Deportation der Bev., Annexion des karthag. Gebiets als röm. Prov. Africa). - Innerhalb des Ausgrabungsgebietes liegen ein Freilichtmuseum mit den Ruinen der Thermen des Antonius und zwei Museen mit Ausgrabungsstücken (Museé National de Carthage und Antiquarium). In dem unmittelbar südl. von K. gelegenen Ort Salambo befinden sich die antiken Hafenanlagen von K. und eine pun. Nekropole, außerdem ein ozeanograph. Museum.

Religion: Die Karthager hatten, nachdem sie vom phönik. Mutterland abgeschnitten waren, ihr religiöses Erbe eigenständig weiterentwickelt. An der Spitze ihres Pantheons stand Baal-Chammon. Er galt als Geber reicher Ernten. Die karthag. Göttin nordafrikan. Ursprungs Tinnit stand in enger Beziehung zum Mond. Sie wurde ferner als Muttergottheit verehrt. In K. wurden an Kindern grausame Menschenopfer vollzogen, v. a. zu Ehren des Baal-Chammon.

📖 *Charles-Picard, G./Charles-Picard, C.:* K. *Leben u. Kultur.* Ditzingen 1983. - *Meier-Welcker, H.:* K., *Syrakus u. Rom.* Göttingen 1978.

Kartierung, in der *Kartographie* im Ggs. zur photograph. Aufnahme die lagetreue, kartograph. Zeichnung von vermessenen geograph. Objekten.

kartilaginär (kartilaginös) [lat.], in der Medizin svw. knorpelig.

Kartoffel [urspr. Tartüffel von italien.

Kartoffelerntemaschine

tartufolo „Trüffel" (mit deren knollenartigem Fruchtkörper die Wurzelknollen der Kartoffel verwechselt wurden)] (Solanum tuberosum), wirtschaftl. wichtigste Art der Gatt. Nachtschatten aus S-Amerika; mehrjährige (in Kultur einjährige) krautige Pflanze mit kantigen Stengeln, unterbrochen gefiederten Blättern, weißen oder blaßvioletten Blüten und grünen, giftigen Beerenfrüchten. Die unterird. Ausläufer bilden Sproßknollen (Kartoffeln, Erdäpfel, Erdbirnen, Grundbirnen) aus. Diese speichern Reservestoffe, insbes. Stärke (10–30%). Außerdem enthalten sie 65–80% Wasser, 2% Rohprotein sowie Rohfett, Zucker, Spurenelemente und verschiedene Vitamine. Anbaugebiete sind die subtrop. und gemäßigten Regionen aller Erdteile; Hauptanbaugebiete liegen in der UdSSR sowie in M- und O-Europa. Je nach Verwendungszweck unterscheidet man zw. Speise-, Futter-, Wirtschafts- und Saat-K. (Pflanz-K.); nach der Reifezeit zw. Früh-, Mittel- und Spätkartoffel. - Die Vermehrung erfolgt i.d.R. vegetativ; Anzucht aus Samen im Frühbeet ist möglich. In unseren Breiten werden K. etwa Ende April/Anfang Mai in Reihen in den vorbereiteten Boden gelegt. Jede dazu verwendete Knolle muß mindestens eine Knospe (Auge) haben, denn diese wachsen dann zu Laubtrieben aus. Nachdem diese Laubtriebe den Boden durchbrochen haben, werden die K. angehäufelt um ein stärkeres Ausläuferwachstum anzuregen. Die Ausläufer wachsen zuerst in die Länge, dann folgt ein primäres Dickenwachstum, und die Knollenbildung beginnt. Gegen Ende der Vegetationsperiode sterben die oberird. Laubtriebe ab. An den Knollen reißt nun die Epidermis auf und löst sich in Stücken ab. Auch die unterird. Ausläufer sterben ab, und die Knollen lösen sich von der Pflanze. Nun beginnt das Ernten oder Roden.
Wirtschaft: Die Welternte an K. betrug 1987 284,1 Mill.t. K.ernte in einigen Ländern (in Mill.t.): BR Deutschland 6,8, DDR 12,2, Italien 2,5, Frankr. 7,2, UdSSR 75,9, Polen 36,3, USA 17,5, China 28,1, Indien 12,7.
Geschichte: Bei den Indianern der Nazca- und Mochekultur war die K. Hauptnahrungsmittel. Die span. Eroberer brachten sie im 16. Jh. nach Spanien. Die älteste botan. Beschreibung stammt von 1585 und wurde von J. T. Tabernaemontanus verfaßt. Während des 30jährigen Krieges wurde die K. gelegentl. angebaut. Im Siebenjährigen Krieg befahlen einige Landesfürsten den Anbau. Seit den Napoleon. Kriegen ist die K. in Europa eines der Hauptnahrungsmittel.
Tier. Schädlinge: Das etwa 1 mm lange, kugelförmige (♀) bzw. langgestreckte (♂) **Kartoffelälchen** (K.nematode, Heterodera rostochiensis) schädigt das Wurzelgewebe und ruft Wachstumsstörungen, Absterben der Blätter hervor und verhindert den Knollenansatz. Eine Bekämpfung ist durch Fruchtwechsel möglich. Ebenfalls an den Wurzeln fressen die Larven des etwa 2–3 mm großen, braungelben **Kartoffelerdflohs** (K.flohkäfer, Psylliodes affinis). Die etwa 1,5 cm spannende, zu den Tastermotten gehörende **Kartoffelmotte** (Phthorimaea operculella) hat gelbe Längslinien auf den Vorderflügeln. Ihre Raupen minieren unter der Schale von gelagerten K. - ↑ auch Kartoffelkäfer.
Pflanzl. Schädlinge: Anzeigepflichtig ist der durch den Pilz Synchytrium endobioticum hervorgerufene **Kartoffelkrebs**. Die Sporen dringen durch die Knospen der Knollen ein und verursachen tumorartige Zellwucherungen. Die im Endstadium blumenkohlartigen Wucherungen faulen und zerfallen, wodurch die nächste Sporengeneration den Boden verseucht. Bekämpfung durch Anbau resistenter Sorten. Durch den Strahlenpilz Streptomyces scabies hervorgerufen wird der **gewöhnl. Kartoffelschorf**. Der Pilz dringt in das Schalengewebe ein und verursacht rauhe, korkige bis blättrige Schorfstellen und einen unangenehmen Geschmack. Der Schleimpilz Spongospora subterranea verursacht den **Pulverschorf**. Zunächst treten helle Knötchen, später aufreißende, mit bräunl. Sporen gefüllte Pusteln an Knollen, Wurzeln und Ausläufern auf. Die **Kraut-** und **Knollenfäule** wird durch den Falschen Mehltaupilz Phytophthora infestans hervorgerufen. Erste Anzeichen sind Blattflecken, dann stirbt das Kraut ab. Die Sporangien gelangen bei Regen von den Blättern in den Boden und infizieren die Knollen.
Viruskrankheiten: Diese auch als Abbauerscheinungen bezeichneten, durch Viren hervorgerufenen Infektionskrankheiten haben viele Krankheitsbilder (↑Virosen). - Abb. S. 236.
📖 *Putz, B., u.a.: Veredelung der K. Hamb. u. Bln. 1976. - Adler, G.: K. und K.erzeugnisse. Bln. 1971. - Salaman, R.N.: The history and social influence of the potato. Cambridge 1949. Neudr. 1970.*

Kartoffelälchen ↑ Kartoffel.
Kartoffelbofist (Kartoffelbovist, Scleroderma aurantium), giftiger, kartoffelknollenähnl., schmutzig weißgelber, 3–10 cm großer Bauchpilz mit lederartiger, gekörnter, grob beschupperter oder rissiger Hülle; in Wäldern, auf Heiden, bes. auf torfigem Untergrund; widerlicher, stechender Geruch beim Durchschneiden.
Kartoffelerdfloh ↑ Kartoffel.
Kartoffelerntemaschine, landw. Maschine zum Roden (auch Abschütteln, Auflesen und Sammeln) der Kartoffeln. K. aller Bauarten unterfahren den Kartoffeldamm, der durch Anhäufeln von Erde entstand, mit einer muldenförmigen Schar. Der **Schleuderroder** hat kurzstielige Gabeln, die den aufgenommenen Damm samt Kartoffeln zur Seite werfen. **Vorratsroder** erleichtern das Aufsammeln, indem sie die Kartoffeln in Reihen ab-

Kartoffelkäfer

Kartoffel. Blüten (links) und Wurzelknollen

Kartoffelkäfer

legen. **Siebradroder** haben dafür ein schräg zum Schleuderstern arbeitendes Rad aus Stahlzinken. - Eine verbesserte K. ist der **Siebkettenroder**, der den lockeren Boden gut absiebt. Der **Sammelroder** fördert die grob abgesiebten Kartoffeln mit einem Hubrad oder einer Siebtrommel auf ein Verleseband. Auf diesem werden von Hand oder mechan. Steine, Erdklumpen und Stengelteile ausgelesen. Beim **Kartoffelvollernter** gelangen die Kartoffeln am Ende des Verlesebandes in Säcke oder in einen Sammelbunker.

Kartoffelkäfer (Coloradokäfer, Leptinotarsa decemlineata), etwa 1 cm langer, breit ellipt., gelber Blattkäfer; mit 10 schwarzen Längsstreifen auf den Flügeldecken; Larven rötl., mit je zwei Seitenreihen schwarzer Warzen. Imago und Larve sind gefürchtete Kartoffelschädlinge, die die Pflanze völlig kahl fressen können; Eiablage (etwa ab Mai) an der Blattunterseite in mehreren (bis 20 Eier umfassenden) Eiplatten (♀ legt jährl. bis 800 orangegelbe Eier ab); Verpuppung im Boden, Imagines der neuen Generation schlüpfen im Juli; in M-Europa jährl. nur eine Generation, in wärmeren Ländern bis zu drei Generationen. - Der K. wurde aus N-Amerika (Colorado) 1877 über Frankr. nach M-Europa eingeschleppt (erstes starkes Auftreten am Rhein 1938/39). Er ist heute bis nach W-Rußland vorgedrungen. Seine Bekämpfung erfolgt durch Kontaktinsektizide.

Kartoffelknödel (Kartoffelklöße), aus gekochten und/oder rohen Kartoffeln zubereitete Knödel.

Kartoffelkrebs ↑ Kartoffel.

Kartoffelmotte ↑ Kartoffel.

Kartoffelnematode [dt./griech.], svw. Kartoffelälchen (↑ Kartoffel).

Kartoffelschorf ↑ Kartoffel.

Kartogramm [griech.], kartograph. Darstellung von geograph. und statist. Sachverhalten auf stark vereinfachter topograph. Kartengrundlage.

Kartographie [griech.], Wiss. und Technik von der Herstellung und Vervielfältigung von Karten und verwandten Darstellungen (Blockbild, Globus u. a.) auf der Grundlage unmittelbarer Beobachtung und Auswertung der Forschungsergebnisse einzelner Fachwiss. Die heutige Entwicklung der K. ist durch das starke Hervortreten der themat. K. gekennzeichnet.

Geschichte: Die früheste erhaltene kartograph. Aufzeichnung findet sich auf einer Tontafel (um 3 800 v. Chr.) im Zweistromland. Aus Nubien ist die älteste Bergwerkskarte überliefert (13. Jh. v. Chr., auf Papyrus). Die griech. Geographen führten Maßstab und Gradnetzzeichnung ein. Ptolemäus' (etwa 150 n. Chr.) Anleitung zum Kartenzeichnen ist in spät-ma. Handschriften übernommen worden. Die röm. K. war nach prakt. Gesichtspunkten ausgerichtet. Die Peutingersche Tafel ist die ma. Abschrift einer röm. Straßenkarte (12. Jh.). Die kartograph. Renaissance begann Anfang des 15. Jh. Neben Erd-, Länder- und Landschaftskarten wurden Seekarten gezeichnet (M. Waldseemüller, M. Behaim, P. Apian, S. Münster). Später ging die Führung in der K. auf Gelehrte und Kupferstecher des Niederrheingebietes und der Niederlande über (Ortelius, Mercator). Letzterer gab der systemat. geordneten Kartensammlung den Namen Atlas (1585). Im 17. Jh. wurden niederl., im 18. Jh. v. a. frz. Gelehrte in der K. führend, im 19. Jh. auch Deutschland, u. a. mit J. Perthes (Gotha) und dem Bibliograph. Inst. (Hildburghausen/Leipzig).

⌑ *Der vermessene Planet. Bilderatlas zur Gesch. der K. Hamb. 1986.* - *Wilhelmy, H.: K. in Stichworten.* Kiel ⁴1981. - *Witt, W.: Lex. der K.* Wien 1979. - *Jensch, G.: Die Erde u. ihre Darst. im Kartenbild.* Braunschweig ²1975.

Karton [kar'tɔ̃ː; frz. (zu ↑ Karte)], Steifpapier oder Feinpappe (↑ Papier).

◆ Schachtel aus Pappe.

◆ für die Ausführung bestimmter, letzter Entwurf für Wandmalereien, Mosaiken, Glasgemälde, Bildteppiche in Originalgröße auf starkem Papier (mit Kohle, Kreide oder Bleistift).

Kartonage [karto'naːʒə; frz.], Papp- oder Kartonverpackung.

kartonieren [frz.], in der *Buchbinderei* den Broschürenblock in einen Kartonumschlag einhängen.

Kartothek [griech.], svw. Kartei, Zettelkasten.

Kartreppe ↑ Kar.

Kartusche [frz., zu italien. cartoccio „Papprolle", „zylindr. Behälter mit Pulverladung"], in der *Ägyptologie* svw. ↑ Königsring.
◆ aus einer Fläche (zur Aufnahme von Inschriften, Wappen, Initialen o.ä.) und einem reich dekorierten Rahmen bestehendes Ziermotiv, das in Architektur, Buchkunst, bei Epitaphien und im Kunstgewerbe von Renaissance und Barock ein wichtiges Schmuckmotiv war.

Kartusche

◆ in Metallhülsen *(Hülsen-K.)* oder Stoffbeuteln *(Beutel-K.)* untergebrachte Treibladung von „getrennter" Munition.

Kartwelsprachen, svw. südkaukasische Sprachen (↑ kaukasische Sprachen).

Karun, Fluß in SW-Iran, entspringt im Sagrosgebirge, mündet bei Chorramschahr in den Schatt Al Arab, etwa 800 km lang, einziger schiffbarer Fluß des Landes.

Karunkel (Caruncula) [lat. „kleines Stück Fleisch"], in der *Anatomie:* warzenähnl. Vorsprung an Weichteilen; z.B. *Caruncula lacrimalis* (Tränenwärzchen).

Karunsee ↑ Faijum, Becken von Al.

Karussell [frz., zu italien. carosello, eigtl. „Reiterspiel mit Ringelstechen"], vom Ende des 18. Jh. an Bez. für die auf Rummelplätzen beliebten Drehbahnen. Diese wurden früher mit herabhängenden Ringen versehen, die in einer Art Wettspiel herauszustechen bzw. herauszugreifen waren (daher auch **Ringelspiel**). Heute motorgetriebene, um die Hochachse bewegl. Vorrichtung mit hängenden Sitzen oder am Boden befestigten Sitzgelegenheiten (Pferde, Kutschen, Raketen, u.a.).

Karusselldrehbank (Karusselldrehmaschine) ↑ Drehbank.

Karviná (dt. Karwin), Bergbaustadt in der ČSSR, nahe der poln. Grenze, 252 m ü. d. M., 77 700 E. Nach Ostrau die wichtigste Stadt im Steinkohlenrevier von Ostrau-K.; Walzwerk.

Karweelbauweise ↑ Klinkerbauweise.

Karwendelgebirge, Gebirgsgruppe der Tirol.-Bayer. Kalkalpen zw. dem Seefelder Sattel im W, der Isar im N, dem Achensee im O und dem Inn im S (BR Deutschland und Österreich), in der Birkkarspitze bis 2 756 m hoch; dünn besiedelt, zum größten Teil Naturschutzgebiet.

Karwin ↑ Karviná.

Karwoche [zu althochdt. chara „Wehklage, Trauer"] (Heilige Woche), Bez. für die Woche vor Ostern mit Palmsonntag, Gründonnerstag, Karfreitag und -samstag unter Ausschluß der Ostervigil. Die K. war urspr. die Zeit vorbereitenden Osterfastens, später wurde sie außerdem zur Woche des Gedächtnisses der Passion Jesu. Diese Entwicklung ging von Jerusalem aus (im 4. Jh.). - Die Kirchenglocken der kath. Kirchen schweigen vom Gründonnerstag bis zum „Gloria" in der Osternacht. Sie fliegen nach verbreitetem Volksglauben nach Rom, um den Segen oder die Weihe des Papstes zu erhalten. Ihr Läuten wird im Brauchtum durch Klappern oder Ratschen ersetzt (heute weitgehend abgeschafft). Von diesen Klappern rührt die Bez. der Rumpel- oder Pumpermette her.

Karyatiden [griech.], (antike) weibl. Statuen, die an Stelle von Säulen das Gebälk eines Bauwerks tragen (z.B. Koren des Erechtheions in Athen, spätes 5. Jh. v. Chr.).

karyo ..., Karyo ... [zu griech. káryon „Nuß, Kern"], Bestimmungswort in Zusammensetzungen mit der Bed. „Zellkern".

Karyogamie [griech.] ↑ Befruchtung.

Karyoide [griech.] (Nukleoide), bei Bakterien und Blaualgen in bestimmten Zytoplasmabereichen liegende DNS-haltige Partikel, die dem Zellkern der höheren Organismen entsprechen. Sie sind stab- oder fadenförmig, bei Bakterien meist ringförmig geschlossen.

Karyokinese, svw. ↑ Mitose.

Karyologie, Wiss. und Lehre vom Zellkern.

Karyolyse [griech.], in der Genetik: 1. das scheinbare Verschwinden des Zellkerns zu Beginn einer Kernteilung als Folge der Auflösung der Kernmembran; 2. der physiolog. Vorgang der Auflösung des Zellkerns, z.B. bei der Bildung der kernlosen Erythrozyten; 3. die patholog. Auflösung des Zellkerns durch schädl. Einflüsse bzw. Substanzen, z.B. bei Virusinfektionen.

Karyon [griech.], svw. Zellkern (↑ Zelle).

Karyopse [griech.], Nußfrucht der Gräser, bei der die hautartige Fruchtwand mit der festen Samenschale verwachsen ist. - ↑ auch Fruchtformen.

Karyotyp

Karyotyp, in der Genetik Bez. für die durch Chromosomenzahl, -größe und -form festgelegte, graph. darstellbare Gesamtheit der Chromosomen einer Zelle oder eines Lebewesens.

Karzer [zu lat. carcer „Umfriedung, Kerker"], in der Zeit der akadem. Gerichtsbarkeit (bis 1879) das Univ.gefängnis. Früher auch Bez. der Arresträume in Gymnasien.

karzinogen [griech.] (kanzerogen), krebsauslösend.

Karzinogenese [griech.], die Entstehung bösartiger Tumoren (↑ Krebs).

Karzinoid [griech.] (enterochromaffiner Tumor), gutartige Geschwulst im Dünndarm-, Blinddarm- und Magenbereich.

Karzinoidsyndrom (Flushsyndrom), Krankheitszeichen bei bösartigem, in die Leber absiedelndem Karzinoid; v. a. mit ↑ Flush und heftigen Durchfällen.

Karzinologie [griech.] (Kanzerologie), die Lehre von den Krebskrankheiten.

Karzinom (Carcinoma) [zu griech. karkínos „Krebs"], Abk. Ca, bösartige epitheliale Geschwulst, ↑ Krebs.

karzinomatös [griech.] (kankrös, kanzerös), auf ein Karzinom bezogen.

Karzinomatose [griech.], svw. ↑ Karzinose.

Karzinosarkom [griech.], seltene bösartige Mischgeschwulst aus entartetem Epithel- und Bindegewebe.

Karzinose [griech.] (Karzinomatose, Kanzerose), die Durchsetzung des Körpers oder von Organen mit bösartigen Tochtergeschwülsten bei ↑ Krebs.

Karzinostatika [griech.], in der Krebsbehandlung verwendete ↑ Zytostatika.

Kasachen, mongolides Volk in der UdSSR, China, Mongol. VR und Afghanistan; überwiegend Hirtennomaden und Jäger, z. T. auch Ackerbauern.

Kasachisch, zu den Turksprachen gehörende Sprache der Kasachen mit fast 6 Mill. Sprechern; Dialekte sind Karakalpakisch und Nogaiisch; wird seit der 2. Hälfte des 19. Jh. literar. verwendet.

kasachische Literatur, die kasach. Volksdichtung (v. a. Epen der Volkssänger) nimmt unter den Turksprachenliteraturen einen bes. Rang ein. Die moderne Literatur wurde durch den Lyriker Abai Kunanbajew (* 1845, † 1904) begründet. In der sowjet. Zeit entwickelte sich vor allem Prosa- und Bühnenliteratur im Zeichen des sozialist. Realismus. Über die UdSSR hinaus fand Muchtar O. Auesow Beachtung.

Kasachische Schwelle, Berg- und Hügelland mit kontinentalem Klima im O der Kasach. SSR, im W durchschnittl. 300–500 m, im O 500–1 000 m hoch. Im N gehört die an Bodenschätzen reiche K. S. zur Steppe, im S zur Halbwüste.

Kasachische SSR (Kasachstan), Unionsrepublik der Sowjetunion in Mittelasien, 2 717 300 km², 15,86 Mill. E (1985), Hauptstadt Alma-Ata.

Landesnatur: Zw. Kasp. Senke und Aralsee hat K. Anteil am wüstenhaften Ust-Urt-Plateau, östl. der Mugodscharberge (657 m) am Westsibir. Tiefland, das von 80 auf 200 m ü. d. M. ansteigt. Das Tiefland von Turan im S des Tafellandes von Turgai bestimmt einen großen Teil des S (überwiegend Wüste). Im N des Mittelgebirges Karatau erstreckt sich die größtenteils tischebene Hungersteppe, im O die Kasach. Schwelle. Im SW, S und SO vom Balchasee ziehen sich Sandwüstenbecken bis zum Tienschan. Im ganzen O und SO wird K. von z. T. stark vergletscherten Hochgebirgen begrenzt. - Das Klima ist stark kontinental. Die Niederschlagsmengen betragen im N 300–350 mm, in den Vorgebirgsebenen und Beckenlagen des S 400–500 mm, im Hochgebirge 700–1 000 mm und mehr. - An die Waldsteppe im äußersten N schließt sich südl. die Steppenzone an, die etwa $1/3$ der Fläche einnimmt. Sie geht im S in Halbwüste und in die Wüstenzone über, die die größte Landschaftseinheit der K. SSR darstellt.

Bevölkerung, Wirtschaft, Verkehr: Die Bev. besteht aus Russen, Kasachen, Ukrainern, Tataren, Usbeken, Weißrussen, Uiguren u. a. Amtssprachen sind Russ. und Kasachisch. Die K. SSR verfügt über 55 Univ. und sonstige Hochschulen. Die Akad. der Wiss. der K. SSR (1946 gegr.) unterhält 31 Inst. - In der Viehhaltung dominieren im gesamten Wüstensteppenbereich Schafe und Ziegen. Im N werden daneben Rinder, Schweine, Pferde und Geflügel gehalten. Kasachstan ist der bedeutendste sowjet. Fleischlieferant östl. des Ural. Der Schwerpunkt des Ackerbaus liegt beim Weizenanbau. Bed. ist der Abbau von Kupfer- und Eisenerzen. Dank der Bodenschätze dominiert die Schwerind. - Das Eisenbahnnetz hat eine Länge von rd. 14 310 km; von den 117 400 km Straßen haben 89 400 km eine feste Decke.

Geschichte: Nach der Oktoberrevolution erfolgte die Errichtung der Sowjetmacht 1917/18, in einigen Gebieten erst nach erbitterten Kämpfen; im folgenden Bürgerkrieg fanden in W- und NW-Kasachstan Auseinandersetzungen mit dem Tschech. Korps und v. a. mit der Armee Koltschaks statt. 1920 wurde die Autonome Kirgis. Sozialist. Sowjetrepublik innerhalb der RSFSR geschaffen (erste Verfassung 1924). Nach den 1924/25 in M-Asien vorgenommenen Grenzfestlegungen kamen die Gebiete Syr-Darja und Siebenstromland, die v. a. von Kasachen bewohnt sind und bis dahin zur Turkestan. ASSR gehörten, zur Kirgis. ASSR. 1925 wurde die Kirgis. ASSR in Kasach. ASSR umbenannt, 1936 in eine Unionsrepublik umgewandelt. - ↑ auch Turkestan.

Kasachstan ↑ Kasachische SSR.

Kasack, Hermann, *Potsdam 24. Juli 1896, †Stuttgart 10. Jan. 1966, dt. Schriftsteller. - Mitbegr. des dt. PEN-Zentrums, 1953–63 Präs. der Dt. Akademie für Sprache und Dichtung. Bes. Einflüsse Kafkas und des Surrealismus kennzeichnen den Roman „Die Stadt hinter dem Strom" (1947), in dem K. unter dem Eindruck des Kriegsgeschehens die beängstigende Vision eines schemenhaften Zwischenreichs, Abbild einer totalen, seelenlosen Diktatur und mechanisierten Bürokratie, schildert. - *Weitere Werke:* Das ewige Dasein (Ged., 1943), Der Webstuhl (E., 1949), Das große Netz (R., 1952), Fälschungen (E., 1953), Aus dem chin. Bilderbuch (Ged., 1955), Wasserzeichen (Ged., 1964).

Kasack [pers.-frz.], sportl. hüftlange Damenbluse; auch Kittel.

Kasai, linker Nebenfluß des Kongo, im Unterlauf **Kwa** genannt; entspringt im Hochland von Angola, mündet 170 km nö. von Kinshasa, in Zaïre, über 1 900 km lang; bildet im Mittellauf für etwa 400 km die Grenze zw. Angola und Zaïre.

Kasakow, Juri Pawlowitsch, *Moskau 8. Aug. 1927, †ebd. 1. Dez. 1982, russ.-sowjet. Schriftsteller. - Behandelt in seinen Erzählungen („Der Duft des Brotes", 1961, „Larifari und andere Erzählungen", dt. Auswahl 1966) u. a. moral.-philosoph. Probleme.

K., Matwei Fjodorowitsch, *Moskau 1738, †Rjasan 7. Nov. 1812, russ. Baumeister. - Seine klassizist. Werke prägten das Bild Moskaus im 18. Jh. (u. a. Senatsgebäude im Kreml 1776–87).

Kasama, Hauptort der Nordprov. von Sambia, 1 330 m ü. d. M., 38 100 E. Kath. Bischofssitz, Lehrerseminar; landw. Handelszentrum.

Kasan, Hauptstadt der Tatar. ASSR, RSFSR, UdSSR, am NW-Arm des Kuibyschewer Stausees der Wolga, 80 m ü. d. M., 1 Mill. E. Univ. (1804 gegr.), Hochschulen, u. a. für Luftfahrttechnik; Zweigstelle der Akad. der Wiss. der UdSSR; Staatsmuseum der Tatar. ASSR, Kunst-, Lenin-, Gorkimuseum; Theater, Philharmonie, Zirkus; Fernsehzentrum; metallverarbeitende Ind., Leder-, Schuh-, Pelzkombinat u. a.; ⚒. - Mitte des 13. Jh. gegr.; Hauptstadt eines bulgaro-tatar. Fürstentums; im 15. und 16. Jh. Residenz des Khanats K. und Festung; 1552 durch Iwan IV. erobert und Rußland angeschlossen. Im 17. Jh. bed. Handelsstadt; seit 1708 Gouvernementshauptstadt; seit 1920 Hauptstadt der Tatar. ASSR. - Die Bauten des Kreml stammen v. a. aus dem 16. und 17. Jh.; neben zwei Kathedralen des 16. Jh. sind Moscheen des 18. und 19. Jh. erhalten.

Kasandsakis (Kazantzakis), Nikos, *Iraklion (Kreta) 18. Febr. 1887, †Freiburg im Breisgau 26. Okt. 1957, neugriech. Schriftsteller. - Einer der bedeutendsten Vertreter der neugriech. Literatur; gestaltet in seinen Romanen vorwiegend einfache Menschen aus seiner kret. Heimat in ihrer kraftvollen, urspr. und unverfälschten Vitalität und Ungebundenheit, z. B. „Alexis Sorbas" (1946), „Freiheit oder Tod" (1953), „Griech. Passion" (1954), „Brudermörder" (1965). Schrieb auch lyr. und ep. Gedichte, Tragödien und Reiseberichte; bed. Übersetzer (Nietzsche, Homer, Goethe).

Kasanlak [bulgar. kazan'lək], bulgar. Stadt am S-Fuß des östl. Balkan, 59 600 E. Zentrum der bulgar. Rosenölgewinnung. - Wurde zu Beginn des 15. Jh. zur militär. Sicherung des Schipkapasses gegründet. - Nahebei ein thrak., mit Fresken ausgemaltes Kuppelgrab (um 310–290).

kasantatarische Literatur, svw. ↑tatarische Literatur.

Kasatschok [russ.] (Kosak), ukrain. Kosakentanz im $^2/_4$-Takt, mit immer schneller werdendem Tempo und variierter Wiederholung eines kurzen Themas.

Kasawubu, Joseph, *bei Tshela 1910, †Boma 24. März 1969, kongoles. Politiker. - Seit 1955 Führer des kongoles. Partei ABAKO; 1960–65 Staatspräs. der Republik Kongo-Léopoldville (heute Zaïre); durch einen Staatsstreich der Armee unter Mobutu abgesetzt.

Kasba [arab.], v. a. in nordafrikan. Städten die an der höchstgelegenen Stelle der Stadtmauer gelegene Burg, die dem Schutz gegen äußere Feinde und der Beherrschung der Stadt diente; auch Bez. für die Altstadt.

Kasbek [russ. kaz'bjɛk], vergletscherter Berg (erloschener Vulkan) im mittleren Großen Kaukasus, 5 033 m hoch.

Kaschan ↑Orientteppiche (Übersicht).

Kaschau, Stadt in der ČSSR, ↑Košice.

Kaschauer, Jakob, *vor 1463, östr. Bildhauer. - Aus Kaschau (Košice, Slowakei) stammend. Bedeutendstes Werk ist der Hochaltar für den Freisinger Dom (1443), dessen plast.-realist. Schnitzfiguren sich heute in München (Bayer. Nationalmuseum) und Stuttgart (Württemberg. Landesmuseum) befinden.

Kaschgar, chin. Oasenstadt am W-Rand des Tarimbeckens, 1 235–1 300 m ü. d. M., 140 000 E. Handelsplatz, Karawanenstützpunkt, Zentrum eines ausgedehnten Bewässerungsgebiets; ⚒.

kaschieren [lat.-frz.], verdecken, verbergen.

◆ (für das Bühnenbild) plast. Teile aus Papier, Leinwand, Leim u. ä. nachbilden.

◆ mehrere [gleichgroße] Folien zu einer stärkeren Folie zusammenpressen oder -kleben; bzw. das Aufbringen (**Aufkaschieren**) von Folien auf Papierbahnen, Kartons und Gewebebahnen (z. B. Bilder oder Plakate auf Karton, Kunststoff- oder Alufolie auf Papier für Lebensmittelpackungen). Das K. von Buchoder Broschürenumschlägen mit Transparentfolie wird oft als **Laminieren** bezeichnet.

Kaschmir

Kaschmir, ehem. selbständiger Staat in Vorderindien, 227 797 km², liegt in den Gebirgsketten des Himalaja und Karakorum. Neben der schmalen Fußzone am W- bzw. SW-Rand ist v. a. das zw. dem Vorder- und Hohen Himalaja gelegene Tal von K.; Wirtschafts- und Bev.zentrum. Das Tal ist eine rd. 130 km lange, 40 km breite fruchtbare Aufschüttungsebene des oberen Jhelum und seiner zahlr. Nebenflüsse in rd. 1 500–1 900 m ü. d. M. Es wird landw. intensiv genutzt: Anbau von Reis, Mais, Weizen, Gerste, Obst sowie Sonderkulturen in schwimmenden Gärten auf den Seen. In höheren Bereichen Almwirtschaft. Die Schafhaltung liefert den Rohstoff für eine bed. Wollindustrie. Zentrum des Fremdenverkehrs ist Srinagar.

Geschichte: Nach wechselnder Herrschaft von Hindu- und Muslimfürsten 1586 unter Akbar dem ind. Mogulreich angegliedert; seit 1756 unter afghan. Herrschaft, 1819 Teil des Sikhreiches im Pandschab. Nach dem Sieg der Briten über die Sikhs (1846) annektiert und an den orth. Hinduherrscher Gulab Singh verkauft, obwohl fast 80 % der Bev. Muslime sind. Die Teilung von Brit.-Indien 1947 hatte den **Kaschmirkonflikt** zw. der Ind. Union und Pakistan zur Folge (seit Okt. 1947), der 1949 durch einen von den UN vermittelten Waffenstillstand vorläufig entschärft wurde: Der größere südl. Teil (138 995 km²) wurde Indien unterstellt, das 1957 formal das gesamte Gebiet von K. unter dem offiziellen Namen **Jammu and Kashmir** zum 16. ind. Bundesstaat erhob, der nördl. Teil (83 241 km²), bestehend aus dem als **Azad Kaschmir** (sog. Freies K., Hauptstadt Muzzafarabad) bezeichneten Distrikten von Muzzafarabad, Punch und Mirpur (die beiden letzteren nur z. T.) sowie Baltistan und Gilgit (einschl. Hunza), die auf eigenen Wunsch seit 1947 unter pakistan. Obhut standen, kam an Pakistan. Die 1949 beschlossenen Volksabstimmungen über die polit. Zukunft von K. haben nicht stattgefunden. Der Konflikt wurde durch zahlr. Zwischenfälle immer wieder verschärft. Hinzu kam der chin. Anspruch auf Randbereiche von Ladakh in Nordost-K. (1959 und 1962), aus dem die chin. Besetzung eines an China (Sinkiang) grenzenden Gebietes von N-Ladakh resultiert; ebenso halten die Chinesen einen Streifen im nö. Baltistan besetzt, den Pakistan 1963 an China abtrat.
□ *Chaudhry, M. S.: Der K.konflikt.* Mchn. 1977. 3 Bde. - *Bamzai, P. N. K.: A history of Kashmir.* Delhi 1962.

Kaschmir, aus feinfädigem Kammgarn hergestelltes, dichtes Köpergewebe; wird v. a. für Modestoffe, Schals und Talare verwendet. **Echter** oder **ind. Kaschmir** wird aus der Wolle der K.ziege hergestellt, **Seidenkaschmir** enthält (in der Kette) Organsin.

Kaschmiri, zu den indoarischen Sprachen (↑ indische Sprachen) gehörende Sprache mit über 2 Mill. Sprechern in Kaschmir. Die Überlieferung beginnt im 13. Jh. und ist in einen hinduist. und einen muslim. Zweig aufgespalten. K. wird in Dewanagari (von den Hindus) bzw. arab. Schrift geschrieben.

Kaschmirziege, etwa 60 cm schulterhohe, weiße, braune oder schwarze Hausziegenart mit sehr feinem, weichem, flaumartigem Haar, das zur Herstellung sehr feiner Gewebe (↑ Kaschmir) verwendet wird. V. a. in Tibet, Bengalen sowie in der Kirgis. Steppe gezüchtet.

Kaschnitz, Marie Luise, * Karlsruhe 31. Jan. 1901, † Rom 10. Okt. 1974, dt. Schriftstellerin. - Urspr. Buchhändlerin; seit 1925 ∞ mit dem dt.-östr. Archäologen Guido Freiherr von K.-Weinberg (* 1890, † 1958). Ihre stark autobiograph. geprägte, christl.-humanist. Dichtung umfaßt neben Lyrik, Erzählungen und Romanen auch Essays und Hörspiele. - *Werke:* Liebe beginnt (R., 1933), Elissa (R., 1937), Totentanz und Gedichte zur Zeit (1947), Zukunftsmusik (Ged., 1950), Das Haus der Kindheit (Autobiogr., 1956), Lange Schatten (En., 1960), Dein Schweigen – meine Stimme (Ged., 1962), Wohin denn ich (Autobiogr., 1963), Ein Wort weiter (Ged., 1965), Ferngespräche (En., 1966), Orte. Aufzeichnungen (1973), Der alte Garten. Ein Märchen (hg. 1975).

Kaschubien, N-Teil von ↑ Pomerellen.

Kaschubisch, zur westl. Gruppe der slaw. Sprachen gehörende Sprache in Kaschubien (rd. 150 000–200 000 Sprecher); starke Ähnlichkeiten mit dem Polnischen.

Kaschunuß, svw. ↑ Cashewnuß.

Käse [zu lat. caseus (mit gleicher Bed.)], aus Kuh-, Schaf- oder Ziegenmilch hergestelltes, durch Zusatz von Milchsäurebakterien und/oder Labferment aus der Molke abgeschiedenes, unter Einwirkung von Pilz- und Bakterienkulturen gereiftes Milchprodukt.

Herstellung: Die Milch wird unter Zugabe von Milchsäurebakterien mehr oder weniger stark gesäuert. Die Fettgehaltsstufe kann durch Zufügen von Magermilch oder Rahm beeinflußt werden.

Fettgehaltsstufe	Fettgehalt in der Trockenmasse (Fett i. Tr.)	
Doppelrahmstufe	höchstens	85 %
	mindestens	60 %
Rahmstufe	mindestens	50 %
Vollfettstufe	mindestens	45 %
Fettstufe	mindestens	40 %
Dreiviertelfettstufe	mindestens	30 %
Halbfettstufe	mindestens	20 %
Viertelfettstufe	mindestens	10 %
Magerstufe	weniger als	10 %

Um aus der gesäuerten Milch den Käseteig *(Bruch)* zu erhalten, läßt man die Milch durch Zugabe von Milchsäurebakterien und/

oder Lab *(einlaben)* gerinnen, d. h. das Milcheiweiß (Kasein) fällt als dickflüssige Masse aus. Im ausgefällten Kasein ist noch ein großer Teil der Molke enthalten. Durch Zerkleinern des Bruchs wird der Austritt der Molke erleichtert. Der Bruch wird dann in Formen oder Tücher gegeben und „wächst" unter Molkeaustritt zu einer festen Masse (Roh-K.). Dieser Vorgang wird bei Hart-K. durch Pressen unterstützt. Zum Haltbarmachen, zur Beeinflussung der Beschaffenheit und der Rindenbildung wird der Roh-K. durch Aufstreuen von Kochsalz oder Eintauchen in eine 16–22 %ige Kochsalzlösung gesalzen. Durch Einhalten best. Bedingungen (Temperatur, Luftfeuchtigkeit) und durch die Tätigkeit von Bakterien, Hefe- und Schimmelpilzen reift der Käse. Die Eiweißstoffe werden aufgeschlossen und spezif. Aromastoffe dadurch gebildet. Der aus dem restl. Milchzucker entstehende Milchsäure wird u. a. zu Kohlendioxid abgebaut, was zur Bildung von Löchern im K. führt.

Käsesorten: *Hartkäse*sorten sind z. B. der Emmentaler mit den charakterist. großen Löchern und der Greyerzer mit kleineren Löchern. Der sehr feste Parmesan-K. benötigt eine Reifungszeit von mindestens 3 Jahren. Der engl. Chester-K. besitzt fast keine Löcher und wird mit einer gewachsten Gaze umgeben in den Handel gebracht. *Schnitt-K.* ist etwas weicher als Hart-K., z. B. die mit einer roten Wachsschicht umgebenen Sorten Gouda und Edamer sowie der Tilsiter. *Edelpilz-K.* entsteht durch Impfung mit eßbaren Blauschimmelpilzen (z. B. Penicillium roqueforti) vor der Reifung, z. B. der aus Schafmilch hergestellte Roquefort; ähnl. ist der aus Kuhmilch hergestellte Gorgonzola. *Weich-K.* sind z. B. der aus der belg. Provinz Limburg stammende Limburger mit einem rötl. Bakterienbelag und die an der Oberfläche mit Weißschimmelpilzen wie Penicillium camemberti geimpften Sorten Camembert und Brie. Läßt man den Käse nicht reifen, so entsteht *Frischkäse* (z. B. Speisequark) mit säuerl. Geschmack und feinflockiger Struktur. Schicht-K. besteht aus zwei Lagen Magerquark, zwischen denen eine fettreichere Quarkschicht liegt. Aus Sauermilchquark werden *Sauermilch-K.*, z. B. Harzer K. hergestellt. Durch Erhitzen von Sauermilchquark erhält man Koch-K. Schmelz-K. entsteht durch Zusatz von Schmelzsalz zu zerkleinertem und erhitztem Roh-K. (meist Hart-K.), wobei sich eine plast. Masse bildet. **Geschichte:** Die K.herstellung läßt sich seit etwa 2000 v.Chr. nachweisen. Die Gewinnung von Quark ist u. a. von den Sumerern und Ägyptern überliefert. Bei den Römern gab es eine Vielzahl von K.sorten. Die Haltbarkeit wurde durch Salzen, Trocknen und später auch Räuchern so erhöht, daß ein Handel mit K. über größere Entfernungen mögl. war. Tacitus und Cäsar berichten, daß auch die Germanen die Käserei betrieben. Im MA gelang die Herstellung von haltbarem Hartkäse. Großen Anteil an dieser Entwicklung hatten die Klöster (K. war eine Fastenspeise). ◫ *Kielwein, G./Luh, H. K.: Internat. K.-Kunde. Essen 1981. - Deck, H.: K.lex. Mchn. 1979. - Schoeller, H.W.A.: Rund um den K. K.-Sorten, K.-Spezialitäten u. Kochen mit K. Mchn.* [7] *1972.*

Käsefliegen (Fettfliegen, Piophilidae), mit rd. 70 Arten weltweit verbreitete, vorwiegend auf der Nordhalbkugel vorkommende Fam. bis 7 mm großer, metall. schwarz oder blau schillernder Fliegen; halten sich meist in der Nähe von faulenden Stoffen, Kadavern, Exkrementen, Pilzen, Käse u. a. auf, in denen sich ihre Larven entwickeln. Am bekanntesten ist die weltweit verschleppte, 4–5 mm große **Käsefliege** (Piophila casei), deren Larven als Vorratsschädlinge an Käse, fettem Fleisch, Schinken, Fisch u. a. fressen.

Kasein (Casein) [zu lat. caseus „Käse"], wichtigster, zu den Phosphorproteinen zählender Eiweißbestandteil der Milch (in Kuhmilch zu etwa 3 Gew.-% enthalten), in der er überwiegend als kolloidales Calciumsalz (Calciumcaseinat) vorliegt. Bei Ansäuerung oder Einwirkung bestimmter Enzyme (Pepsin, Labferment) fällt das K. als wasserunlösl. Para-K. aus (Milchgerinnung). Es ist ein hochwertiger Nahrungsstoff, wird aber auch als Bindemittel für Anstrichfarben (↑ Kaseinfarben), für Holzleime, Appreturmittel u. a. verwendet.

Kaseinfarben, Anstrichmittel, die Kasein als Bindemittel enthalten; als Pigmente werden Barytweiß, Kreide, Umbra u. a. verwendet. Durch Zusatz von Kalkmilch ergeben sich die wetterfesten **Kalkkaseinfarben.**

Kasel [zu lat. casula „Mantel mit Kapuze"], liturg. Obergewand des kath. Priesters bei der Eucharistiefeier.

Käsemann, Ernst, *Bochum 12. Juli 1906, dt. ev. Theologe. - Seit 1959 Prof. für N. T. in Tübingen. In krit. Auseinandersetzung mit R. Bultmann stellt K. einige der wichtigsten Probleme der neutestamentl. Forschung in den Mittelpunkt des Interesses, so z. B. die Frage nach dem histor. Jesus, der Theologie des Johannesevangeliums und des Römerbriefs.

Kasematte [italien.-frz. zu griech. chásma „Spalte, Kluft"], in der Militärtechnik ein Geschützstand unter einer gepanzerten Decke; in Festungen früher z. B. ein durch starken Erdaufwurf geschütztes Gewölbe aus dickem Mauerwerk; auf Kriegsschiffen ein geschlossener, gepanzerter Raum zur Aufstellung von Geschützen, deren Rohre durch die *K.pforten* nach außen ragen.

Käsepappel, svw. Wegmalve (↑ Malve).

Kaserne [frz., zu provenzal. cazerna „Wachhaus (für vier Soldaten)" (von lat. quaterni „je vier")], Gesamtanlage einer ständigen Truppenunterkunft bzw. zur dauernden

Kasernierte Volkspolizei

Einquartierung von Truppen bestimmtes Gebäude.
Kasernierte Volkspolizei ↑Nationale Volksarmee.
Kasim (Kassem), Abd Al Karim, * Bagdad 1914, † ebd. 9. Febr. 1963, irak. General und Politiker. - Führer des Militärputsches gegen König Faisal II. im Jahre 1958; regierte als Min.präs. und Verteidigungsmin. diktator., unterdrückte den arab. Nationalismus und suchte Anlehnung an die UdSSR; nach dem Staatsstreich vom 8. Febr. 1963 erschossen.
Kasimir, aus dem Slaw. übernommener männl. Vorname, eigtl. etwa „Friedensstifter".
Kasimir, Name poln. Herrscher:
K. I., der Erneuerer, * 25. Juli 1016, † 28. Nov. 1058, Hzg. (seit 1034 bzw. 1039). - Stellte 1039 mit Hilfe Kaiser Heinrichs III. die kirchl. Hierarchie und der Fürstenherrschaft wieder her; Rückeroberung Masowiens (1047) und Schlesiens (1050).
K. II., der Gerechte, * 1138, † 5. Mai 1194, Hzg. (seit 1177). - 1173 zunächst Teilherrscher im östl. Kleinpolen; usurpierte 1177 das Seniorat über ganz Polen mit Krakau und erlangte 1180/81 dessen Aufhebung zugunsten der vollen Vererbbarkeit seiner Herrschaftsgebiete.
K. III., der Große, * Kowal (Kujawien) 30. April 1310, † Krakau 5. Nov. 1370, König (seit 1333). - Letzter König aus dem Haus der Piasten; überließ Böhmen für dessen Verzicht auf alle poln. Kronansprüche Schlesien (1335/39), dem Dt. Orden für dessen Herausgabe Kujawiens und des Dobriner Landes Pomerellen und das Culmer Land (1343), erwarb dafür die ostgaliz. bzw. rotreuß. Ft. Halitsch-Wladimir (1349, 1352, 1366), gliederte Masowien (1351–56) und Chelm (1366) Polen als Lehns-Ft. an. Die innere Entwicklung förderte K. durch Neugründung von Städten, durch Vereinheitlichungen im Münz- und Rechtswesen und die Errichtung der Univ. Krakau (1364), v. a. aber durch die Aufsplitterung der (großpoln.) Adelsopposition.

Kaskadengenerator mit Kaskadenschaltung (Q Ionenquelle, B Blendensystem, E an die Hochspannungen gelegte rohrförmige Metallelektroden zur Beschleunigung der Ionen, St Ionenstrahl)

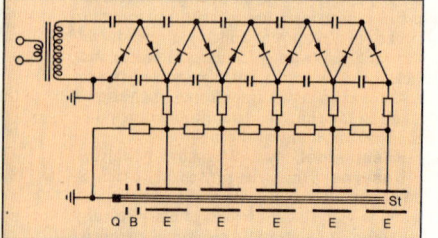

K. IV. Andreas, * Krakau 30. Nov. 1427, † Grodno 7. Juni 1492, Großfürst von Litauen (seit 1440), König (seit 1447). - Konnte die Kronen Böhmens (1471) und Ungarns (1490) für seinen Sohn Wladislaw gewinnen. Sein Sieg über den Dt. Orden im Städtekrieg (1454–66) brachte im 2. Thorner Frieden (1466) der poln. Krone Pomerellen und das Ermland sowie die Lehnsabhängigkeit des Hochmeisters. Konnte seine Stellung gegenüber dem Adel nur durch bed. Zugeständnisse behaupten.

Kasino (Casino) [italien., eigtl. „kleines Haus"], Speiseraum für Offiziere; Speiseraum in einem Betrieb; (veraltet:) Bez. für Räume für gesellige Zusammenkünfte.
◆ (Spiel-K.) öffentl. Gebäude, in dem Glücksspiele stattfinden.

Kaskade [italien.-frz., zu italien. cascare „fallen" (von lat. cadere)], stufenförmiger, oft auch künstl. angelegter Wasserfall.
◆ (K.schaltung) in der *Elektrotechnik* eine Gruppe von mindestens zwei elektr. Maschinen, die, in bestimmter Weise hintereinandergeschaltet, eine Kette bilden, in der jede von ihnen einen Teil der aufzunehmenden Leistung an die nachgeschaltete weitergibt.
◆ in der *Hochenergiephysik* starke Vermehrung von energiereichen Elementarteilchen, hervorgerufen durch die Wechselwirkung von anfängl. nur wenigen (aber eine sehr hohe Energie besitzenden) Teilchen mit Bausteinen der Materie. Derartige K. sind v. a. in der Höhenstrahlung zu beobachten.

Kaskadengenerator (Cockcroft-Walton-Generator), Gerät zur Erzeugung elektr. Hochspannung bis etwa 3 MV durch geeignete Schaltung von Kondensatoren und Gleichrichtern (*Kaskadenschaltung* nach H. Greinacher), wobei beim sog. *Dynamitron* die Leistung durch Hochfrequenz in das Gleichrichtersystem eingekoppelt wird. Der K. war das Gerät, mit dem Sir J. D. Cockcroft und E. T. S. Walton 1932 die erste durch künstl. beschleunigte Teilchen (Protonen) verursachte Kernumwandlung gelang.

Kaskadenschaltung ↑Kaskade, ↑Kaskadengenerator.
Kaskadenschauer ↑Schauer.
Kaskadenstrahlung, Bez. für die Komponente der ↑Höhenstrahlung, die sich kaskadenartig vergrößert. Sie besteht aus energiereichen Elektronen, Positronen, Photonen und Nukleonen und bildet oberhalb von 7 km mit einem Maximum zwischen 15 und 20 km Höhe einen Hauptbestandteil der Höhenstrahlung.
Kaskadenverstärker ↑Verstärker.
Kaskarillrinde [span./dt.] ↑Croton.
Kasko [zu span. casco „Scherbe, Kopf"], Transportmittel, v. a. Schiff[srumpf], im Gegensatz zur Ladung (Kargo).
◆ (Obscur) beim L'hombre das Ablegen aller 8 bzw. 9 Karten, dafür Kauf der 8 oder 9

obersten bzw. untersten Blätter des Talons.
Käsmark, Stadt in der ČSSR, ↑Kežmarok.
Kaspar (Caspar), männl. Vorname, der auf K., einen der Hl. Drei Könige, zurückgeht.
Kaspar-Hauser-Versuch (Isolierversuch) ↑Hauser, Kaspar.
Kasparow, Gari, * Baku 13. April 1963, sowjet. Schachspieler. - 1981 Jugendweltmeister, gewann 1985 die Schachweltmeisterschaft gegen A. Karpow, gegen den er sie 1986 und 1987 verteidigte.
Kasperltheater [nach Kaspar, einem der Hl. Drei Könige in den ma. Dreikönigsspielen, der später zur Figur des lustigen, oft etwas tölpelhaften Schelms wurde], volkstüml. [Hand]puppenspiel (seit dem 19. Jh.), Hauptperson ist die lustige Figur des Kasperl; mit recht derbem Mutterwitz und Humor verhilft er in einem Spiel mit einfacher Fabel und naiver Typik dem Guten zum Sieg, die Bösen werden drastisch bestraft. Weitere Personentypen sind z. B. Hexe, Prinzessin, König, Polizist, Tod, Teufel. - Die Gestalt des Kasperl war urspr. die lustige Person des Wiener Volkstheaters, u. a. in der Tradition des Hanswurst, geprägt durch J. La Roche (* 1745, † 1806).
Kaspischer Kaukasus ↑Kaukasus.
Kaspische Senke, Tiefland am N-Ufer des Kasp. Meeres, bis 28 m u. d. M.
Kaspisches Meer (in der Antike **Mare Caspium** und **Mare Hyrcanium**), größter abflußloser See der Erde, im SW der UdSSR, der südlichste Teil gehört zu Iran; erstreckt sich über 1 200 km in N–S-Richtung bei einer mittleren Breite von 320 km; die größte Tiefe beträgt 994 m, der Salzgehalt 11–13‰. Der durch Bewässerungswirtschaft verringerte Zufluß und durch Verdunstung sinkende Wasserspiegel liegt bei 28 m u. d. M. (1969). Hauptzufluß ist die Wolga. Im Winter friert der nördl. Teil des K. M. für 2–3 Monate zu. Fischfang auf Stör (82 % des Weltfangertrags stammen aus dem K. M.), Hering, Plötze, Karpfen u. a., auch Robbenfang. Große Verkehrsbed.; Haupthäfen sind Baku, Krasnowodsk, Astrachan und Machatschkala in der UdSSR sowie Bandar e Ansali und Nau Schahr in Iran. Bed. untermeer. Erdölförderung bei Baku und an der O-Küste, Abbau von Salzen in der Bucht Kara-Bogas-Gol.
kaspisch-iranische Dialekte, zu den iranischen Sprachen gehörende Gruppe schriftloser nordwestiran. Lokalmundarten in den Prov. Gilan und Masandaran.
Kasprowicz, Jan [poln. kas'prɔvitʃ], * Szymborze bei Hohensalza 12. Dez. 1860, † Harenda (Tatra) 1. Aug. 1926, poln. Dichter. - Hauptvertreter des „Jungen Polen", wandte sich nach der pessimist. Lyrik seiner symbolist. Schaffensperiode humanitärer, philanthrop. Thematik zu; bed. Übersetzer (griech., frz., engl. und dt. Literatur).

Kassageschäft [zu italien. cassa, eigtl. „Behältnis" (von lat. capsa mit gleicher Bed.)], Wertpapiergeschäft an der Börse, bei dem die Erfüllung unverzügl., in der Regel am 2. Börsentag zu erfolgen hat (Ggs. ↑Termingeschäft); an den Warenbörsen entspricht dem K. das **Lokogeschäft.**
Kassák, Lajos [ungar. 'kɔʃʃaːk], * Ersekújvár (= Nové Zámky) 21. März 1887, † Budapest 22. Juli 1967, ungar. Schriftsteller und Maler. - Urspr. Schlosser; mit seinen Gedichten in freien Rhythmen erster ungar. avantgardist. Literat; verfaßte auch Romane.
Kassala, Prov.hauptstadt im O der Republik Sudan, 529 m ü. d. M., 98 800 E. Zollstation, Handels- und Verkehrszentrum, ✈. - K. wurde 1840 von Ägypten zur Kontrolle des äthiop. Grenzgebietes gegründet. 1885 fiel K. in die Hand der Mahdisten. 1894 eroberten die Italiener mit brit. Billigung K.; sie gaben K. 1897 an den anglo-ägypt. Sudan zurück.
Kassandra, Gestalt der griech. Mythologie. Tochter des Priamos und der Hekabe, Schwester u. a. von Hektor und Paris. Aus Zorn über die Zurückweisung seiner Liebe wendet Apollon die der K. verliehene Sehergabe zum Fluch: K. soll immer die Wahrheit prophezeien, doch niemals Glauben finden (**Kassandrarufe**).
Kassandra, westlichste der drei Halbinseln der ↑Chalkidike, Griechenland.
Kassandros (Cassander, Kassander), * um 350, † 297, Diadoche, König von Makedonien (seit 305). - Hatte wesentl. Anteil an den Koalitionskriegen gegen Antigonos I. (315–311, 310–301); begr. um 316 Thessalonike.
Kassation [italien.], im 18. Jh. Bez. für ein mehrsätziges, suiten- oder sonatenartiges Musikstück für mehrere Instrumente, ähnl. dem Divertimento und der Serenade.
Kassation [zu lat. cassare „zunichte machen, für ungültig erklären"], Rechtsmittel, durch das rechtsfehlerhafte Urteile von einem übergeordneten Gericht (*K.gericht*) aufgehoben werden können. In der dt. Rechtstradition hat sich die K., die v. a. im roman. Rechtsgebiet vorkommt, nicht durchgesetzt. Im östr. *Recht* stand und steht im Strafprozeß die Kassator. Entscheidung im Vordergrund; der Oberste Gerichtshof entscheidet anläßl. einer Nichtigkeitsbeschwerde nur ausnahmsweise in der Sache selbst. Ein als K. bezeichnetes Rechtsmittel kommt jedoch nicht vor.
Kassationsbeschwerde (Nichtigkeitsbeschwerde), in der schweizer. Zivil- und Strafprozeßordnungen außerordentl. Rechtsmittel, welches – ähnlich wie die Revision des dt. Rechts – gegen gerichtet. Entscheidungen, die nicht mehr mit einem ordentl. Rechtsmittel angefochten werden können, eingelegt werden kann.
Kassatkin, Nikolai Alexejewitsch, * Moskau 25. Dez. 1859, † ebd. 17. Dez. 1930,

Kassave

russ. Maler. - Mgl. der ↑Peredwischniki; Schilderer des Bergarbeiterelends; u. a. „Die Arestantinnen erhalten Besuch" (1899, Reval, Kunstmuseum).

Kassave [indian.-span.], svw. ↑Maniok.

Kasse [italien., zu lat. capsa „Behältnis"], 1. Bestand an Bargeld; 2. Bez. für die das Bargeld verwaltende Abteilung; 3. svw. K.raum; 4. in Zusammensetzungen Bez. für bestimmte Kreditinstitute (z. B. Spar-K.); 5. Geldbehälter, Kassette; 6. Bareinnahmen in einem Zeitraum; 7. Barzahlung.

Kassel, hess. Stadt an der Fulda, 131–615 m ü. d. M., 184 500 E. Verwaltungssitz des Reg.-Bez. und des Landkr. K.; Gesamthochschule (eröffnet 1971); Lehr- und Versuchsanstalt für Gartenbau; Sitz des Bundesarbeits- und des Bundessozialgerichtes sowie des Hess. Verwaltungsgerichtes; Bibliotheken, Museen, u. a. Staatl. Kunstsammlungen, Dt. Tapetenmuseum, Brüder-Grimm-Museum; jährl. Musiktage, ↑Documenta (alle 4 Jahre); botan. Garten. Kultureller und wirtsch. Mittelpunkt N-Hessens. Maschinen-, Motoren- und Fahrzeugbau, Betriebe der Elektrotechnik, NE-Metallverarbeitung, Meß- und Regeltechnik, feinmechan.-opt. und Textilind.; Bahnknotenpunkt; ✈.

Geschichte: Das 913 bezeugte K. (meist abgeleitet vom lat.-fränk. castella) entstand in Anlehnung an einen befestigten fränk. Königshof. Die vor Mitte 12. Jh. entstehende Marktsiedlung war bald nach 1150 im Besitz der Landgrafen von Thüringen und erhielt vor 1189 Stadtrecht. K. fiel nach 1247 an die hess. Landgrafen und wurde 1277 deren Residenz. Am rechten Fuldaufer entstand in planmäßiger Anlage die „Unterneustadt" (Stadtrecht 1283), die mit der Altstadt und der im 14. Jh. weiter nördl. angelegten - ebenfalls selbständigen - „Freiheit" nach 1373 eine einheitl. Stadtgemeinde bildete. 1523 Ausbau von K. zu einer starken Festung (Schleifung ab 1767). Für die nach 1685 aufgenommenen Hugenotten (um 1700 rd. 10 % der Bev.) wurde außerhalb der Festungsmauern die „frz. Neustadt" („Oberneustadt") angelegt. 1807–13 Hauptstadt des Kgr. Westfalen, ab 1866 des preuß. Prov. Hessen-Nassau.

Bauten: Wiederaufbau nach schweren Zerstörungen im 2. Weltkrieg, u. a. Martinskirche (14./15. Jh.) mit Renaissance-Grabmal Philipps des Großmütigen († 1567) und seiner Frau, ev. Brüderkirche (1292–1367), Karlskirche (1689–1706). Erhalten sind Marmorbad und Küchenpavillon (beide 18. Jh.) des ehem. Orangerieschlosses. Der Park Karlsaue wurde 1954 für die Bundesgartenschau umgestaltet. Moderne Paul-Gerhardt-Kirche (1963–65). *K.-Wilhelmshöhe* ist eine seit Ende des 17. Jh. geschaffene Anlage mit dreiflügeligem Schloßneubau (1768 ff.) und dem über einer Wasserkaskade aufragenden Oktogon (1718), gekrönt von der Statue des Herkules (1713–17), dem Wahrzeichen der Stadt. Der Park wurde im 18. Jh. zum engl. Landschaftsgarten umgestaltet. 1793–1801 wurde die Löwenburg, eine künstl. Burgruine, erbaut.

📖 *Wegner, K. H.: K. Ein Stadtführer. Kassel 1981. - Heidelbach, P.: K. Ein Jt. hess. Stadtkultur. Kassel u. Basel 1957. Neudr. 1973.*

K., Landkr. in Hessen.

K., Reg.-Bez. in Hessen.

Kasseler Braun [nach der Stadt Kassel] (Kasseler Erde, Van-Dyk-Braun), dunkel- bis tiefbraunes organ. Malpigment; eine feinstgemahlene, Mangan und Huminsäuren enthaltende Erde aus Braunkohlenlagern.

Kasseler Rippenspeer, gepökeltes und geräuchertes Fleischstück aus dem Schweinerücken; **Kasseler Rippchen** sind gepökelte und geräucherte Rippchen.

Kassenarzt, Arzt mit der Berechtigung und Verpflichtung, Mgl. einer gesetzl. Kran-

Kassel. Löwenburg

kenkasse gegen Vorlage eines Krankenscheins zu behandeln.

Kassenärztliche Vereinigung, Körperschaft des öffentl. Rechts, die die im Bereich eines Bundeslandes zu den gesetzl. Krankenkassen zugelassenen Ärzte zwangsweise erfaßt; untersteht der für die Sozialversicherung zuständigen obersten Verwaltungsbehörde des jeweiligen Landes. Hauptaufgabe ist die Sicherstellung der ärztl. Versorgung der Sozialversicherten. Entsprechendes gilt für die **Kassenzahnärztlichen Vereinigungen.** Auf Bundesebene sind die K. V. als Körperschaft des öffentl. Rechts in der **Kassenärztlichen Bundesvereinigung** zusammengeschlossen, die der Aufsicht des Bundesmin. für Arbeit und Sozialordnung untersteht.

Kasserolle [frz.], Schmortopf (mit Deckel).

Kassette [italien.-frz., eigtl. „kleine ↑ Kasse"], verschließbares Kästchen für Wertsachen.

♦ Feld einer ↑ Kassettendecke.

♦ lichtdichter Behälter für photograph. Materialien (Platten, Filme), der in der Kamera zur Belichtung geöffnet wird bzw. das Material zur Belichtung freigibt.

♦ Behälter für Magnetbänder mit Ton- und/oder Bildaufzeichnungen, die in Kassettenoder Videorecordern und Diktiergeräten verwendet werden.

Kassettendecke, durch sich kreuzende Rippen (Träger) gebildete Decke mit kastenförmigen, vertieften Feldern, aus Holz, Stein oder Stuck; v. a. Antike und Renaissance kannten die mit Schnitzwerk, Vergoldung und Malerei ausgestaltete Kassettendecke.

Kassettenfilme, in speziellen Kassetten untergebrachte Kleinbild- oder Schmalfilme für Amateurkameras, die samt Kassette nur in die Kamera eingelegt, nicht aber in den Transportmechanismus eingefädelt zu werden brauchen.

Kassettenrecorder (Cassettenrecorder), ↑ Tonbandgerät, das in Kunststoffgehäusen konfektioniertes Eisenoxid-, Chromdioxid-, Ferrochrom- oder Reineisenband verwendet (Bandbreite 3,81 mm, Bandgeschwindigkeit 4,75 cm/s). Gegenüber Spulentonbandgeräten vereinfachte Handhabung und kompaktere Abmessungen. K. für Batterie- oder Netzbetrieb (Mono/Stereo) sind mit Verstärker und Lautsprecher ausgerüstet, eventuell auch mit Empfangsteil (**Radiorecorder**). Stereo-K. für höhere Klangqualität (↑ High-Fidelity) arbeiten gewöhnl. mit Netzbetrieb und besitzen ein ↑ Dolby-System. Meist haben sie weder Endstufe noch Lautsprecher (Kassettendeck).

Kassew, Roman [frz. ka'sɛf], frz. Schriftsteller, ↑ Gary, Romain.

Kassiaöl [griech./dt.] (Cassiaöl, chin. Zimtöl), aus den Blättern und den Rindenabfällen des Chin. Zimtbaums (↑ Zimtbaum) gewonnenes, zu etwa 90 % aus Zimtaldehyd bestehendes äther. Öl, das als Gewürz und zur Seifenherstellung verwendet wird.

Kassiber [zu jidd. kessaw „Brief"], heiml. übermittelte schriftl. Nachricht von Häftlingen.

Kasside [arab.], bedeutendste dichter. Form der arab. Wüstenstämme in der Zeit vor Mohammed; als Form des Zweckgedichtes wie das Ghasel durch quantitierende Metren, stichische Anordnung der Zeilen und Monoreim charakterisiert, jedoch umfangreicher (zw. 25 und 100 Zeilenpaare).

Kassie [...i-ɛ; griech.] (Cassia), Gatt. der Caesalpiniengewächse mit rd. 500 Arten in N- und S-Amerika, Afrika, im trop. S-Asien und in Australien; Bäume, Sträucher oder Kräuter mit paarig gefiederten Blättern und gelben Blüten; Frucht eine röhrenförmige oder flache Hülse. In den Tropen häufig kultiviert wird die **Röhrenkassie** (Cassia fistula), deren bis 60 cm lange, eßbare Früchte als Manna bezeichnet werden. In der Volksmedizin werden die getrockneten, sennosidhaltigen Blätter (**Sennesblätter**) und Früchte (**Sennesschoten**) von zwei weiteren K.arten als Abführmittel verwendet.

Kassiodor, ↑ Cassiodor.

Kassiopeia, ↑ Andromeda.

Kassiopeia ↑ Sternbilder (Übersicht).

Kassiten (Kossäer), seit dem 17. Jh. v. Chr. aus dem Sagrosgebirge nach Babylonien eingedrungenes altorientral. Volk; nach dem Ende der ersten Dyn. von Babylon hielten die K. Babylonien als gleichberechtigte Macht neben Ägypten, dem Hethiterreich und dem aufstrebenden Assyrien bis etwa 1160 v. Chr.

Kassiterit [griech.], svw. ↑ Zinnstein.

Kassitisch, zu den altkleinasiatischen Sprachen gehörende, nur in wenigen Resten erhaltene Sprache der Kassiten, über deren Stellung zu anderen Sprachen kein sicheres Urteil abgegeben werden kann.

Kastagnetten [kastan'jɛtən; zu span. castañeta, eigtl. „kleine Kastanie"], Rhythmusinstrument aus zwei muschelförmigen Hartholzschalen, die, zusammengebunden, mit einer Hand gegeneinander geschlagen werden; in Spanien zur Begleitung von Bolero, Fandango u. a. gewöhnl. paarweise gespielt.

Kastanie [...i-ɛ; griech.] (Castanea), Gatt. der Buchengewächse mit 12 Arten in der nördl. gemäßigten Zone; bekannteste Art ist die ↑ Edelkastanie.

♦ allg. Bez. für die Arten der ↑ Roßkastanie und die Edelkastanie sowie für deren Früchte.

Kaste [portugies., zu lat. castus „rein, keusch"], i. w. S. jede durch eigene Entscheidung oder gesellschaftl. Diskriminierung relativ streng abgeschlossen lebende Gesellschaftsschicht, heute auch Benennung unterprivilegierter Gruppierungen in Ind.gesell-

kasteien

schaften und sozialkrit. Bez. für soziale Gruppen, die sich als „Stand" fühlen. - l. e. S. soziale Kategorie der Hindugesellschaft. Im Hinduismus versteht man unter K. eine Gruppe, die sich nach außen durch Endogamie und Kommensalität, d. h. durch das Gebot, nur mit Mgl. der eigenen K. zus. zu essen, abgrenzt. Die Zugehörigkeit zu einer K. wird durch die Geburt bestimmt. Eine K. wird durch gemeinsame Sitten und Gebräuche sowie durch kastenspezif. Verpflichtungen, die jeder einzelne zu erfüllen hat (Dharma), zusammengehalten. Zur Entwicklung des K.systems scheint das Bestreben der nach Indien einwandernden Arier beigetragen zu haben, gegenüber der unterworfenen Urbevölkerung ihre Reinheit zu bewahren. Dafür spricht die Einteilung in 4 „warna" (der ind. Ausdruck für K.), was „Farbe" bedeutet: Brahmanen (Priester), Kschatrija (Krieger), Waischja (Bauern und Handwerker), Schudra (Knechte). Die Angehörigen der 3 oberen „warna" stehen als „Zweimalgeborene", d. h. als diejenigen, die durch eine religiöse Zeremonie in das Studium des Weda eingeführt sind, den Schudras gegenüber, denen die Kenntnis des Weda verschlossen bleibt. Im Laufe der Zeit bildeten sich immer neue K. heraus, die „jati" (Geburt) gen. werden (im heutigen Indien etwa 3 000). Außerhalb des K.systems stehen die K.losen, „outcasts" oder Parias. Reformsekten versuchten, das K.system abzuschaffen; moderne Reformer wie Gandhi bekämpften seine Auswüchse. Nach der ind. Verfassung sind kastenbedingte Vorrechte und Benachteiligungen beseitigt, das K.system ist jedoch auch heute noch in Indien, v. a. in ländl. Gebieten, einflußreich.

📖 Brinkhaus, H.: Die altind. Mischkastensysteme. Wsb. 1978. - *Dumont, C. M.: Gesellschaft in Indien. Die Soziologie des K.wesens.* Dt. Übers. Wien 1976.

◆ bei sozial lebenden Insekten (z. B. Termiten, Ameisen, Bienen, Honigbienen) Bez. für verschiedene Individuengruppen eines Staatsgebildes, die sich in Körperbau und Lebensweise voneinander unterscheiden.

kasteien [zu lat. castigare „züchtigen"], sich zur Buße Schmerzen zufügen; enthaltsam leben.

Kaštela [serbokroat. ˌkaʃtɛla] (dt. Sieben Kastelle), zusammenfassende Bez. für die Orte an der jugoslaw. Adria zw. Split und Trogir, die auf sieben im 15. und 16. Jh. zum Schutz gegen die Türken angelegte Kastelle zurückgehen.

Kastęll, in der röm. Militärsprache (lat. castellum) Bez. für kleines, befestigtes Truppenlager, bes. zur Aufnahme von Verbänden in Kohorten- und Alenstärke an der Grenze.

Kastellan [lat.], im MA Kommandant einer Burg, Burggraf; heute Bez. für Aufseher von Burgen und Schlössern.

Kasten, rechteckiger Behälter.

◆ in der Höhe vielfach verstellbares Turngerät mit ledergepolsterter Oberfläche, das längs- und seitgestellt übersprungen wird.

Kastenfelge ↑ Felge.

Kastental ↑ Tal.

Kastilien (span. Castilla), histor. Reich in Spanien. Der schon in spätröm. Zeit belegte Name Castella des Gebietes am oberen Ebro stammte von den dort in großer Zahl errichteten festen Plätzen. Seit dem späten 8. Jh. war das urspr. K., das heutige Altkastilien, eine zum Kgr. Asturien-León gehörige Gft.; Burgos war Hauptstadt. 1029 erbte König Sancho III., d. Gr., von Navarra die Gft.; sein Sohn wurde 1035 als Ferdinand I. erster König von K.; er konnte erstmals 1037–65 León mit K. vereinigen (endgültige Angliederung 1230). Auf der Grundlage dieser Vormachtstellung über die christl. Reiche der Iber. Halbinsel dominierte K. bei der Reconquista. Nach der Eroberung des maur. Teilreiches Toledo, des späteren Neukastilien (1085), verlegte Alfons VI. seine Residenz in die Stadt Toledo. Nachdem Alfons VIII. 1212 durch den Sieg bei Las Navas de Tolosa die Macht des Almohadenreiches gebrochen hatte, konnte Ferdinand III. mit der Eroberung der maur. Teilreiche Córdoba (1236), Murcia (1243) und Sevilla (1248) die größten Erfolge der gesamten Reconquista erringen. 1403 kamen die Kanar. Inseln an K. - Unter Alfons X., dem Weisen (⚰ 1252–84), galt der kastil. Hof auch als kultureller Mittelpunkt der Halbinsel, und aus dem Kastilischen entwickelte sich die span. Literatursprache (Castellano; ↑ Spanisch). Im späten 13. und im 14. Jh. erschütterten mit Adelsaufständen verbundene dynast. Streitigkeiten das Reich. 1412 gelangte mit Ferdinand I. (von Antequera) das kastil. Haus in Aragonien an die Macht. Den Grundstein der neuzeitl. Spanien legte 1469 die Heirat der kastil. und aragon. Thronfolger Isabella und Ferdinand, der Kath. Königspaares. Im **Kastil. Erbfolgekrieg** (1474–79) um die Thronfolge des letzten Burgund-Trastámara, Heinrich IV., behaupteten sie sich gegen Portugal und Frankr.; beide Kronen wurden in Personal- bzw. Matrimonialunion verbunden.

Kastilisches Scheidegebirge (Cordillera Central), die N- und S-Meseta überragende Gebirgskette in Z-Spanien, Teil des Iber. Hauptscheidegebirges, erstreckt sich in WSW-ONO-Richtung, 365 km lang, bis 50 km breit, im Almanzor bis 2 592 m ü. d. M. Das K. S. wird durch Längsgräben sowie durch das große Querbruchsystem des Corredor de Béjar gegliedert. Die Flüsse fließen in ihrem Oberlauf weitgehend in Längstälern und durchbrechen im Mittellauf in Engtälern das Gebirge. Die Waldgrenze liegt bei 1 850–2 150 m ü. d. M., die Siedlungsgrenze bei 1 550 m. Angebaut werden Roggen, Gerste und Hülsenfrüchte, bis 1 000 m ü. d. M. auch

Kasualien

Öl-, Feigen- und Maulbeerbäume. Auf den Bewässerungsfeldern am SW-Hang wachsen Tabak, Baumwolle, Obst, Zitrusfrüchte. Im Innern des K. S. bilden Rinderzucht und Schafhaltung die wirtsch. Grundlage. Die Orte mit Zentralfunktion liegen meistens am Gebirgsrand.

Kastler, Alfred, * Gebweiler 3. Mai 1902, † Bandol (Var) 7. Jan. 1984, frz. Physiker. - Prof. in Bordeaux und Paris. Entwickelte v. a. das Verfahren des ↑optischen Pumpens, das die Grundlage der Lasertechnik bildet. Nobelpreis für Physik (1966).

Kastner, Johann Georg ['kastnər, frz. kast'nɛːr], * Straßburg 9. März 1810, † Paris 19. Dez. 1869, frz. Komponist und Musikschriftsteller. - Begründete die Instrumentationslehre („Traité général d'instrumentation", 1837), komponierte v. a. Opern und sinfon. Dichtungen.

Kastner (Kästner), auf dem ma. Fronhof der Aufseher über den Getreidespeicher (Getreidekasten).

Kästner, Erhart, * Schweinfurt 13. März 1904, † Staufen im Breisgau 3. Febr. 1974, dt. Schriftsteller. - 1936-38 Sekretär G. Hauptmanns; verfaßte sehr persönl. Erlebnisbücher, die vom Eindruck der Mittelmeerlandschaft und der antiken Welt geprägt sind, z. B. „Zeltbuch von Tumilad" (1949), „Die Stundentrommel vom hl. Berg Athos" (1956), „Die Lerchenschule" (Tageb., 1964), „Aufstand der Dinge. Byzantin. Aufzeichnungen" (1973), „Der Hund in der Sonne. Miniaturen aus dem Nachlaß" (hg. 1975).

K., Erich, Pseud. Melchior Kurtz, * Dresden 23. Febr. 1899, † München 29. Juli 1974, dt. Schriftsteller. - Ab 1927 freier Schriftsteller in Berlin, wo er v.a. aktuelle, zeitkrit., polit.-satir. Gedichte und Texte für das Kabarett sowie die ätzende Satire „Fabian" (R., 1931) schrieb, mit rücksichtsloser Kritik und treffsicherem Witz gegen spießbürgerl. Moral, Militarismus und Faschismus. Obwohl 1933 seine Bücher verbrannt und verboten wurden, emigrierte K. nicht; publizierte seitdem im Ausland. Internat. bekannt v. a. als Kinderbuchautor: „Emil und die Detektive" (1928), „Pünktchen und Anton" (1931), „Das fliegende Klassenzimmer" (1933), „Das doppelte Lottchen" (1949).
Weitere Werke: Herz auf Taille (Ged. 1928), Gesang zw. den Stühlen (Ged. 1932), Drei Männer im Schnee (R., 1934), Bei Durchsicht meiner Bücher (Ged. 1946), Als ich ein kleiner Junge war (Erinnerungen 1957), Der kleine Mann (Kinderbuch, 1963).

Kastor, einer der ↑Dioskuren.

Kastoria, griech. Stadt in Westmakedonien, 17 100 E. Hauptort des Verw.-Geb. K., Sitz eines griech.-orth. Metropoliten. Pelzhandel und -verarbeitung. - Geht auf das 200 v. Chr. röm. gewordene **Celetrum** zurück, das in der Völkerwanderungszeit als **Diokle**tianopolis bekannt war. 1386-1913 gehörte K. zum Osman. Reich. - Zahlr. ma. Kirchen mit z. T. bed. byzantin. Fresken des 12.-16. Jh.

Kastoröl, svw. ↑Rizinusöl.

Kastraten [lat.], bereits in der Jugend kastrierte Sänger (bes. des 16.-19. Jh.). Ihr durch die Brustresonanz und Lungenkraft des Erwachsenen verstärkter Knabenalt oder -sopran ergab ein faszinierendes Timbre.

Kastration [lat.], Ausschaltung der Keimdrüsen (Hoden, Eierstöcke) durch deren operative Entfernung oder durch Röntgen- oder radioaktive Strahlen *(Röntgen-K.* bzw. *radiolog. K.).* Die K. vor der Pubertät hat das Ausbleiben der sekundären Geschlechtsmerkmale, bei Knaben u. a. auch Fortbestehen der hohen Kinderstimme als sog. Kastratenstimme, Hochwuchs durch verzögerte Epiphysenverknöcherung und psychosexuelle Retardierung, K. danach neben Zeugungsunfähigkeit den Rückgang von Libido und Potenz, auch psych. Veränderungen, häufig mit depressiver Tönung zur Folge. - Als *Eunuchismus* wird die Gesamtheit der charakterist. Veränderungen im Erscheinungsbild eines Mannes nach der K. bezeichnet. In der *landw. Tierzucht* erfolgt die K. zumeist aus züchter, oder wirtsch. Gründen, z. B. zur leichteren Mastfähigkeit, um unerwünschte Paarungen zu vermeiden und um ruhigere, fügsamere Arbeitstiere zu erhalten. Bei Schweinen wird die K. als *Gelzen,* bei Geflügel die K. der Hähne als *Kapaunisieren* bezeichnet. - In der *Pflanzenzüchtung* ist K. Bez. für das Entfernen der Staubgefäße, um eine Selbstbestäubung vor geplanten Kreuzungen zu vermeiden.
Geschichte: In China, Mesopotamien und Ägypten gab es schon früh die K., entweder als Bestrafung bzw. Rachehandlung oder um Eunuchen zu erhalten. In semit. Religionen und in den Kulten mit zentralen Muttergottheiten war die Selbst-K. ein kult. Akt, im frühen Christentum (trotz kirchl. Verbotes seit dem Konzil von Nizäa) und noch bei den Skopzen war sie ebenfalls religiös motiviert. Bei den Juden war die K. verboten. - Die K. galt auch als nützl. Maßnahme gegen Krankheiten: in röm. Zeit gegen Lepra und Epilepsie, im 17. Jh. gegen Gicht und Wahnsinn. Außerdem diente sie seit der Spätantike und hauptsächl. im 16.-19. Jh. der Erhaltung der Knabenstimme (↑Kastraten).

Kastrationskomplex, in der psychoanalyt. Literatur Bez. für neurot. verfestigte Angst, kastriert zu werden (als Knaben) oder bereits kastriert zu sein (als Mädchen). Diese sog. **Kastrationsangst,** eine Folge negativer Sexualzeichung, wird mit dem Kinder von sich aus unerklärl. Phänomen der unterschiedl. Genitalausstattung in Zusammenhang gebracht.

Kasualien [zu lat. *casualis* „zufällig"], die im Bedarfsfall vorgenommenen kirchl. Amtshandlungen (u. a. Taufe, Trauung).

Kasuare

Kasuare [malai.] (Casuariidae), Fam. großer flugunfähiger, straußenähnl. Laufvögel mit drei Arten in den Urwäldern N-Australiens, Neuguineas und einiger vorgelagerter Inseln; Körper strähnig befiedert, dunkelbraun bis schwarz, mit nacktem, meist leuchtend rot, blau oder gelb gefärbtem Kopf und Oberhals, helmartigem Knochenhöcker auf dem Kopf und lappenförmigen Anhängen am Hals; ernähren sich hauptsächl. von Früchten. Am bekanntesten ist der bis 1,5 m hohe (Rückenhöhe 90 cm) **Helmkasuar** (Casuarius casuarius) mit helmartigem Hornaufsatz auf dem Kopf und zwei nackten, roten Hautlappen am blauen Hals.

Kasuarine [malai.], svw. ↑Keulenbaum.

Kasuistik [zu lat. casus „Fall, Vorkommnis"], wiss. Methode der Anwendung eth. und religiöser Normen auf Einzelfälle und der Erfassung des Allgemeingültigen im konkreten Einzelfall. - K. kommt urspr. aus dem röm. *Recht*, das vom „casus" aus die Regel gewinnt, die dann Maßstab für ähnl. Fälle wird. In diesem Sinn ist auch das heutige engl. Recht „case law", Fallrecht. Unter dem Einfluß des formalist. Naturrechts der Aufklärung und des Rechtspositivismus des 19. Jh. entwickelte die K. sich jedoch im kontinentaleurop. Recht - abgesehen von dem kasuist. Gesetzgebungsverfahren nach dem ↑Enumerationsprinzip - zu einer rein rationalen Deduktion aus abstraktem Normativismus und gewann deshalb bald die abwertende Bed. von „Haarspalterei". - In nahezu allen *Religionen* ist K. ein integrierender Bestandteil, sei es im Zusammenhang mit in Tabus wurzelnden rituellen Vorschriften (v. a. über „rein" und „unrein") der Naturreligionen oder in der Differenzierung der Heilswege und der eth. bzw. asket. Vorschriften in den östl. Erlösungsreligionen. Geradezu charakterist. ist die K. für die Gesetzesreligion des *Judentums*, wo sie bei der Auslegung des Gesetzes (Thora) anhand konkreter, in den Disputen der rabbin. Akademien aber meist konstruierter Fälle, sowohl um einen Ausgleich zw. Thora, Mischna, Gemara und anderen gesetzl. Traditionen bemüht ist als auch um Erleichterung der Gesetzeserfüllung. - Über jüd.-alttestamentl. Vorstellungen im N. T. fand die K. Eingang in die *christl.*, v. a. die spätere *kath. Theologie*, und beeinflußte zunächst durch die stark schematisierten Bußbücher (Sündenkataloge für den Gebrauch der Beichtväter) die rechtl. ausgerichtete Bußpraxis des MA, um sich dann jedoch - trotz theoret. Rückbindung an systemat. Theologie und Mystik - im 17./18. Jh. in der „Moraltheologie" (↑auch Probabilismus), v. a. unter dem Einfluß der Jesuiten, zu einem System der Feststellung des eth. Minimums (des eben noch Erlaubten) zu verselbständigen. - In die *philosoph. Ethik* wurde die K. von der mittleren Stoa (Zenon von Kition) eingeführt, hat jedoch hier seit Kants Hinweis, daß die Normierung der Anwendung von Normen auf der jeweils höheren Stufe wiederum Normierungen erfordert und somit zu einem sich selbst auflösenden Begründungsregreß führt, an Bed. verloren.

📖 *Hofmann, R.:* Moraltheolog. Erkenntnis u. Methodenlehre. Mchn. 1963. - *Hippel, F. v.:* Richtlinie u. K. im Aufbau v. Rechtsverordnungen. Marburg 1942.

Kasus [lat.] (Mrz.: Kasus [ka'zu:s]; Fall), in der *Sprachwiss.* Bez. derjenigen grammat. Kategorie, die bei den deklinierbaren Wortarten zur Kennzeichnung der Rolle im Satz und der syntakt. Beziehungen dient; formal wird der K. durch morpholog. (z. B. „Endungen", Ablaut), lexikal. (Artikel, Präpositionen) und/oder syntakt. (Wortstellung) Merkmale gekennzeichnet. Die Zahl der K. der einzelnen Sprachen ist verschieden; für die indogerman. Grundsprache wird ein System von 7 K. ange-

Katakombe Priscilla. Rom (Galerien)

katalanische Literatur

nommen: 1. Nominativ, der das grammat. Subjekt des Satzes, also den Träger des Verbalgeschehens bezeichnet; 2. Akkusativ, der das direkte Objekt, Richtung, Ziel sowie räuml. und zeitl. Erstreckung des Verbalgeschehens nennt; 3. Genitiv, der den Bereich, dem etwas zugehört, oder das Betroffensein durch das Verbalgeschehen angibt; 4. Dativ, der das nicht unmittelbar betroffene Objekt bezeichnet, dem sich das Verbalgeschehen zuwendet; 5. Ablativ, der den Ausgangspunkt, die Entfernung oder Trennung angibt; 6. Instrumental, der die Gemeinschaft, das Zusammenwirken, Mittel und Werkzeug bezeichnet; 7. Lokativ, der den Ort nennt, an dem sich das Verbalgeschehen vollzieht. Im Dt. haben sich die ersten 4 K. erhalten; es gibt jedoch auch Sprachen, die 15 (z. B. in finn.-ugr. Sprachen) und mehr K. aufweisen. Die Sprachentwicklung vieler german. und roman. Sprachen führt vom reinen K. (direkter K.) zum Präpositional-K. (indirekter K.), der infolge konkreter Lage- bzw. Richtungsbezeichnung der Präpositionen größere Deutlichkeit besitzt.

Kasussynkretismus, Zusammenfall verschiedener Kasus und deren Funktionen in einem einzigen sog. „synkretist. Kasus".

kata..., Kata..., kat..., Kat... [griech.], Vorsilbe mit der Bed. „von–herab, abwärts; gegen; über–hin; gänzlich".

katabatisch [griech.], absteigend, abfallend, z. B. **katabatischer Wind.**

Katabolismus [griech.], Bez. für Stoffwechselvorgänge, bei denen durch Abbau von Kohlenstoffverbindungen Energie frei wird.

Katachrese [zu griech. katáchrēsis „Mißbrauch"], urspr. uneigentl. Gebrauch eines Wortes für eine fehlende Benennung einer Sache (z. B. Tisch-*bein*). In der *Rhetorik* der sog. **Bildbruch,** d. h. die Kombination nicht zueinander passender bildl. Wendungen, z. B. „laß nicht des Neides Zügel umnehmen deinen Geist".

Katafalk [italien.-frz.], schwarz verhängtes Gerüst, auf dem der Sarg bei Trauerfeierlichkeiten steht.

Katajew [russ. ka'tajɪf], Jewgeni Petrowitsch, russ.-sowjet. Schriftsteller, †Petrow, Jewgeni Petrowitsch.

K., Walentin Petrowitsch, * Odessa 28. Jan. 1897, † Peredelkino bei Moskau 12. April 1986, russ.-sowjet. Schriftsteller. - Bruder von J. P. Petrow; wurde bekannt durch Erzählungen, die v. a. Eindrücke aus der Zeit des 1. Weltkriegs und des Bürgerkriegs wiedergeben. Mit dem Roman „Die Defraudanten" (1926) und der Komödie „Die Quadratur des Kreises" (1928) wandte er sich der satir.-humorvollen Darstellung der nachrevolutionären Gesellschaft zu. - *Weitere Werke:* Es blinkt ein einsam Segel (R., 1936), In den Katakomben von Odessa (R., 1949), Das Kraut des Vergessens (Memoiren, 1967), Kubik (R., 1969).

Katakaustik †Kaustik.

Kataklase [griech.], durch Druck erfolgte Umwandlung von Mineralien, die bis zu deren Zerbrechen führen kann. Wird das gesamte Gestein zerbrochen, dann entsteht ein **Mylonit.**

Kataklysmentheorie [griech.], svw. †Katastrophentheorie.

Katakomben [lat.-italien.], unterird. Begräbnisstätten im Mittelmeerraum, z. B. in Neapel oder Rom, wo sich seit dem 2. Jh. n. Chr., ausgehend vom griech. Kleinasien, die Körperbestattung ausbreitete; charakterist. für das frühe Christentum. Die Bez. wurde vom „Coemeterium ad catacumbas" in Rom mit dem Grab des hl. Sebastian auf alle Anlagen dieser Art übertragen. Es handelt sich meist um weitverzweigte unterird. Anlagen mit langen Gängen (Galerien) und mehreren Stockwerken. Die Bestattung erfolgte in den in die Wand gearbeiteten, mit einem Bogen geschmückten Senkgräbern („arcosolia"). in größeren Grabkammern („cubicula") oder in Grabnischen („loculi"). Kunstgeschichtl. bedeutsam sind die in den röm. K. des 2.–4. Jh. erhaltenen Wand- und Deckenmalereien, mit denen die Grundlage der christl. Ikonographie geschaffen wurde (↑auch frühchristliche Kunst).

Katalanen, die Bev. im NO Spaniens, bei der sich durch geschichtl. Entwicklung eine eigenständige Sprache und Literatur sowie ein spezif. Brauchtum entwickelte.

Katalanisch, zu den roman. Sprachen gehörende Sprache, die in mehreren Dialekten in Katalonien, Teilen Aragoniens und der Prov. Valencia, auf den Balearen, in Andorra, im Roussillon sowie in Alghero auf Sardinien gesprochen wird. Das K. geht auf das Vulgärlatein zurück, Einflüsse anderer roman. Sprachen sowie des Arab. sind nachweisbar. Nachdem Anfang des 18. Jh. das Span. zur Amtssprache erhoben wurde, blieb das K. bis zur Mitte des 19. Jh. Unterrichtssprache; Ende 1975 wurde es wieder als span. Regionalsprache (u. a. in der lokalen Verwaltung) anerkannt.

katalanische Literatur, die k. L. des MA und der Renaissance kennzeichnet eine Fülle von lyr., ep., moral.-didakt., philosoph.-religiösen, historiograph. und satir. Texten (ältestes Beispiel ist die „Homilies d'Organyà", um 1200). Der hervorragenden Rolle entspricht die Übernahme der provenzal. Dichtungstheorie in den „Flors del gay saber" (1393). Herausragende Gestalt dieser Zeit war Raimundus Lullus. Der vom 16. Jh. an auf Grund der kastil. Hegemonie zu beobachtende Niedergang des literar. Lebens in Katalonien wurde im 19. Jh. durch die Renaixença-Bewegung beendet, die nat., histor. und philolog. am katalan. MA orientiert, eine dem zeitgenöss. Kenntnisstand entsprechende Wiederbelebung der k. L. anstrebte. Diesen

Katalasen

Zielen kommen in gleicher Weise neoklassizist. und modernist. Autoren entgegen (J. Maragall; E. d'Ors y Rovira, C. Riba Bracóns).

Katalasen [griech.], bei fast allen Sauerstoff benötigenden (aeroben) Organismen vorkommende Enzyme, die das bei der Gewebsatmung anfallende Zellgift Wasserstoffperoxid (H_2O_2) in Wasser und Sauerstoff spalten und damit eliminieren.

Katalaunische Felder [nach Catalaunorum Civitas, heute Châlons-sur-Marne] (Maurikan. Felder), Ebene in der Gegend des heutigen Troyes an der Heerstraße nach Sens; berühmt durch die Niederlage Attilas 451 n.Chr. gegen Flavius Aetius bei Maurica *(Hunnenschlacht)*.

katalektisch [griech.] ↑akatalektisch.

Katalepsie [griech.], svw. ↑Akinese.

Katalog [griech.-lat.; zu griech. katalégein „hersagen, aufzählen"], allg. ein systemat. Verzeichnis (z. B. Schallplatten-, Versandhauskatalog); insbes. Übersicht über eine Sammlung oder Ausstellung von Gegenständen (u. a. Bücher, Bilder, Handschriften, Münzen). Im Bibliothekswesen wird der Bücherbestand mit Hilfe der ↑Dezimalklassifikation verzeichnet.

Katalonien, autonome Region und histor. Prov. in NO-Spanien, 31 930 km², 6,0 Mill. E (1981). K. greift über die Grenzen des etwa 250 km langen, bis 60 km breiten, bis 1 676 m hohen **Katalonischen Berglandes** hinaus und umfaßt Teile des sö. Pyrenäenvorlandes sowie Randgebiete des Ebrobeckens. Im O wird K. vom Mittelmeer begrenzt. Das Klima ist mediterran mit kontinentalen Einflüssen. Die urspr. Vegetation wird von Eichengemeinschaften in niedrigen Lagen, z. T. als Garigue ausgebildet, Flaumeichen und Buchen in höheren Lagen und mitteleurop. Kiefern und Pinien in der Gipfelregion gebildet.
Kleinbäuerl. Betriebe und Mittelbesitz herrschen vor, v. a. im 8–10 km breiten Katalon. Längstal, wo Ackerbau (Getreide, Kartoffeln u. a.) meist auf Terrassen betrieben wird. Intensiver Gemüsebau im Umland von Barcelona dient ausschließl. der Versorgung von Barcelona und anderer naher Ind.städte. Große wirtsch. Bed. kommt dem Weinbau im SW des Katalon. Längstales und an der Küste zu. Ölbaumpflanzungen sowie Obstbau, Haselnußstrauch- und Mandelbaumkulturen finden sich in niederen Lagen, v. a. aber an der Küste. Die in den niederschlagsreicheren nördl. Teilen des Katalon. Berglandes überwiegend als Stallviehhaltung betriebene Rinderhaltung dient v. a. der Milchversorgung. Die Siedlungsgrenze liegt bei 1 200 m. An Bodenschätzen finden sich v. a. Kalisalze, Braunkohle, Blei-, Zink-, Mangan-, Eisen- und Kupfererze sowie Bauxit. K. ist das bedeutendste Ind.gebiet Spaniens. Die Ind. konzentriert sich im wesentl. auf das Küstengebiet um die Hafenstädte Barcelona und Tarragona. Wirtsch. bed. ist der Fremdenverkehr, v. a. an der Costa Brava und Costa Dorada.

Geschichte: K. war urspr. von Iberern besiedelt; später lag das Küstengebiet im Einflußbereich Karthagos. Ende des 3.Jh. v.Chr. gewann Rom die Vorherrschaft, 19 n.Chr. kam das Land zur röm. Prov. Hispania Tarraconensis. 409 drangen Alanen ein, die 415 den Westgoten weichen mußten; aus dem Namen beider Völker entstand der Name K. (Got-Alanien). Nach der arab. Invasion (711) wurde K. von den Franken erobert (um 800 Einrichtung der Span. Mark, 801 Eroberung Barcelonas). Durch Heirat kam die im 12.Jh. mit K. weitgehend ident. Gft. Barcelona 1137 zu Aragonien; seither stehen die Katalanen in Opposition zur jeweiligen Zentralgewalt. Seine Sonderrechte verlor K. 1714 nach dem Span. Erbfolgekrieg. Erst nach dem Sturz der Monarchie erhielt K. 1932 Autonomie. Während des Span. Bürgerkrieges kämpfte es auf der Republikan. Seite; mit seiner Eroberung (Jan./Febr. 1939) war der Krieg entschieden, K. verlor die Autonomie wieder. Ab 1969 kam es zur Bildung polit. Organisationen gegen die Zentralregierung. Nach Protestdemonstrationen 1976 gewährte die span. Reg. der Region K. 1977 beschränkte Autonomie mit der Errichtung einer provisor. „Generalität" („Reg."), der schrittweise die Verwaltung der 4 Prov. Barcelona, Tarragona, Lérida und Gerona übertragen wurde. Im Frühjahr 1980 wurde nach den Wahlen zum Regionalparlament auf Grund des span. Autonomiegesetzes für K. von 1979 eine reguläre Reg. gebildet.
◫ *Allemann, F. R./Bahder, X. v.: K. u. Andorra.* Köln ³1985. - *Hina, H.: Kastilien u. Katalonien in der Kulturdiskussion 1714–1939.* Tüb. 1978. - *Faber, G.: Spaniens Mitte u. Katalonien.* Mchn. 1977.

Katalpa [indian.], svw. ↑Trompetenbaum.

Katalysator [griech.], Stoff, der auch in sehr kleinen Mengen die Geschwindigkeit einer chem. Reaktion verändert, meist beschleunigt, ohne dabei verbraucht zu werden (↑Katalyse). - Wichtige K. sind u. a. Vanadiumoxid, Platin, Nickel, Peroxide, Aktivkohle, metall.-organ. Komplexverbindungen (↑Ziegler-Natta-Katalysatoren) und Ionenaustauscher. In der Technik werden meistens Gemische von K. (Misch-K.) eingesetzt, die erhöhte Aktivität bzw. Selektivität besitzen; K. werden oft auf stabile Gerüststoffe aufgetragen, wodurch Träger-K. wie z. B. Platinasbest entstehen. - auch ↑Abgaskatalysator.

Katalysatorgifte, chem. Stoffe, die die Wirkung eines ↑Katalysators aufheben; K. sind z. B. oft organ. Schwefelverbindungen.

Katalyse [griech. „Auflösung"], die Änderung der Reaktionsgeschwindigkeit einer chem. Umsetzung durch ↑Katalysatoren. Durch K. wird nicht die Gleichgewichtslage einer chem. Reaktion (Thermodynamik), sondern nur die Geschwindigkeit der Einstellung des Gleichgewichts (Kinetik) beeinflußt. Bei der **homogenen Katalyse** ist der Katalysator im Reaktionssystem gelöst. Bei der **heterogenen Katalyse** (Oberflächen-K.) findet die Umsetzung an der Grenzfläche zw. festem Katalysator und gasförmigem bzw. in einer Flüssigkeit gelöstem Reaktionsmittel statt. In der Biochemie und bei fast allen chem.-techn. Verfahren spielt die K. eine wichtige Rolle, z. B. in der Erdölverarbeitung, beim Haber-Bosch-Verfahren zur Ammoniakgewinnung, beim Schwefelsäurekontaktverfahren, bei der Niederdruckpolyäthylensynthese, bei der Fetthärtung und der Abgasentgiftung.

katalytisches Isomerisieren [griech.] ↑ Erdöl.

katalytisches Kracken [ˈkrɛkən; griech./engl.] ↑ Erdöl.

Katamaran [Tamil-engl.], 1. in SO-Asien gebräuchl. Boot aus zwei Einbäumen, die starr miteinander verbunden sind und Segel tragen. 2. Sportboot aus 2 miteinander durch ein Tragdeck verbundenen Rümpfen, das Geschwindigkeiten über 50 km/h erreichen kann. Aus Länge, Breite und Segelfläche errechnet sich die Zugehörigkeit zu einer der 4 Divisionen, von denen die Division „Tornado" seit 1976 olymp. Bootsklasse ist. 3. In neuester Zeit werden u. a. wegen der besseren Stabilität und der größeren Nutzladefläche K. auch in der Handelsschiffahrt gebaut, bes. für die Fischerei und für den Transport sperriger Güter (z. B. Fährschiffe).

Katamnese [griech.], abschließender krit. und umfassender Krankenbericht des Arztes nach Ablauf einer Erkrankung. - ↑ auch Anamnese.

Katanga, ehem. Name der Prov. ↑ Shaba.

kataplektischer Anfall [griech./dt.] (Kataplegie, Kataplexie), kurzdauernder, affektiver Verlust des Spannungszustands (Tonus) der Muskulatur, z. B. das „Weichwerden" der Knie, das Gelähmtsein vor Schreck.

Katappenbaum (Katappaterminalie, Ind. Mandelbaum, Terminalia catappa), Art der Gatt. Almond, verbreitet in den Tropen; meist an Stränden wachsender Baum mit etagenförmigem Aufbau der Äste. Die eßbaren Samen der spindelförmigen Früchte schmecken mandelartig; die Rinde ist reich an Gerbstoffen.

Katapult [griech.-lat.], schon im alten Orient, bei Griechen, Römern und im MA übl. Wurfmaschine; schwere, nach dem Prinzip der Armbrust arbeitende, die Geschosse horizontal schleudernde Kriegswaffe; Vorläufer der Geschütze.

♦ (Flugzeugschleuder) mit Druckluft oder Dampf betriebene Schleudervorrichtung [bes. auf Flugzeugträgern], mit der Flugzeuge zusätzl. zu ihren eigenen Vortriebseinrichtungen mindestens auf Abhebegeschwindigkeit beschleunigt werden können.

Katapultsitz, svw. ↑ Schleudersitz.

Katar

(amtl. Daulat Al Katar), Emirat am Pers. Golf, zw. 24° 30′ und 26° 15′ n. Br. sowie 50° 40′ und 51° 35′ ö. L., bzw. 52° 30′ ö. L. (Insel Halul). **Staatsgebiet:** K. liegt auf einer Halbinsel; im S grenzt es an Saudi-Arabien, die Grenze ist nicht festgelegt. **Fläche:** etwa 11 000 km². **Bevölkerung:** 287 000 E (1985), 26 E/km². **Hauptstadt:** Ad Dauha. **Amtssprache:** Arabisch; Geschäftssprache auch Englisch. **Staatsreligion:** Wahabit. Schule der sunnit. Richtung des Islams. **Währung:** Katar-Riyal (QR) = 100 Dirham. **Internat. Mitgliedschaften:** UN, Arab. Liga, OPEC, OAPEC. **Zeitzone:** MEZ + 3 Std.

Katamaran. Links Fährschiff und rechts Sportboot „Tornado"

Katarakt

Landesnatur: Die Halbinsel ist überwiegend eine flachgelagerte Kalksteinebene. Das Grundwasser ist wegen seines hohen Salzgehalts selbst für die Landw. ungeeignet, so daß Trink- und Brauchwasser durch Meerwasserentsalzung gewonnen werden muß.
Klima: Es herrscht heißes Halbwüsten- bis Wüstenklima mit hoher Luftfeuchtigkeit.
Vegetation: Trotz der ungünstigen Bodenverhältnisse und der geringen Niederschläge gedeihen in Oasen Zitrusfrüchte, Datteln, Granatäpfel, Feigen, Gemüse und Luzerne.
Bevölkerung: In K. leben v. a. Araber, daneben Inder, Pakistani und Nachkommen schwarzer Sklaven. Etwa $2/3$ der Bev. wohnen in der Hauptstadt, wo seit 1985 eine Univ. besteht.
Wirtschaft: Wichtigste Wirtschaftsfaktoren sind Erdöl und Erdgas, die an der W-Küste sowie in einem Off-shore-Feld bei der Insel Halul von einer staatl. Gesellschaft gefördert werden. Die Erdölwirtschaft erbringt fast die gesamten Einnahmen des Staates. In den letzten Jahren entstanden neben einer Raffinerie ein Stickstoff- und ein Stahlwerk sowie eine Zementfabrik und eine chem. Fabrik, die Kunstdünger, Ammoniak u. a. herstellt.
Außenhandel: Wichtigstes Exportgut ist Erdöl. Auch ein Teil der landw. Produkte wird ausgeführt. Eingeführt werden Nahrungsmittel, Kfz., Baumaterial, elektr. Geräte, Hausrat, Bekleidung u. a. Großbrit. ist das wichtigste Lieferland, gefolgt von Japan, den USA, Frankr. und der BR Deutschland.
Verkehr: K. verfügt über 1 287 km Straßen, rd. 200 km Pipelines und den internat. ✈ bei der Hauptstadt.
Geschichte: In K. gründeten die Utub von Kuwait 1766 ein Scheichtum mit der Hauptstadt Subara. 1810/11 von Oman zerstört, stand dann unter der Hoheit von Bahrain; 1868 als selbständiges Scheichtum anerkannt; 1872–1913 unter osman. Herrschaft, 1916–71 brit. Protektorat. K. erklärte am 1. Sept. 1971 seine Unabhängigkeit; es ist mit Großbrit. durch einen Freundschaftsvertrag weiterhin verbunden. Mit Saudi-Arabien wurde 1982 ein Sicherheitspakt geschlossen.
Politisches System: Nach der vorläufigen Verfassung vom Juli 1970 ist K. eine absolute Monarchie; der Emir ist Staatsoberhaupt und zugleich oberster Inhaber von Exekutive und Legislative (seit 1972 Chalifa Ben Hamad Ath-Thani). Dem von ihm ernannten Min.rat steht er selbst als Premiermin. vor. Daneben gibt es eine beratende Versammlung (30 Mgl.). Ein Parlament oder polit. Parteien bestehen nicht. Die Rechtsprechung erfolgt nach kodifiziertem Recht, daneben gibt es Gerichtshöfe für die traditionelle (Scharia-)Rechtsprechung (nach dem „Hl. Gesetz"). Die Streitkräfte umfassen rd. 6 000 Mann.
📖 *Die kleinen Golfstaaten.* Hg. v. F. Scholz. Stg. 1985. - Sadik, M. T./Snavely, W.: *Bahrain, Qa-tar and the United Arab Emirats. Colonial past, present problems, and future prospects.* Lexington (Mass.) 1972.

Katarakt [griech.-lat.], svw. ↑Stromschnelle; niedriger Wassersturz.
◆ svw. grauer Star (↑Starerkrankungen).
Katarrh [zu griech. katárrhus, eigtl. „Herabfluß"], einfachste Schleimhautentzündung mit serösen und/oder schleimigen Absonderungen; z. B. bei ↑Bronchitis.
katarrhalisch [griech.], mit einem ↑Katarrh verbunden.
Kataster [italien.], Grundstücksverzeichnis, geführt von den K.ämtern oder Vermessungsämtern.
Katasterkarte ↑Karte.
Katasterparzelle (Plan-Nr., Flurstück), Vermessungseinheit der ↑Kataster. Die K. ist nur eine Bodenfläche, die vermessungstechn. erfaßt ist, darf aber nicht mit einem ↑Grundstück im sachenrechtl. Sinne verwechselt werden.
Katastrophe [zu griech. katastrophḗ, eigtl. „Umkehr, Wendung"], allg. svw. Unheil, schweres Unglück, Zusammenbruch; **katastrophal**, verhängnisvoll, entsetzlich.
◆ Begriff der *Dramentheorie* für den letzten Teil eines Dramas, in dem dessen dramat. Konflikt seine Lösung findet. Die Bez. geht zurück auf die „Poetik" von Aristoteles.
Katastrophenalarm ↑Alarm.
Katastrophennotstand, die Gefährdung mindestens eines Teiles der BR Deutschland durch eine Naturkatastrophe oder einen bes. schweren Unglücksfall; Unterfall des ↑inneren Notstands. Bei einem K. kann ein Land Polizeikräfte anderer Länder, Kräfte und Einrichtungen anderer Verwaltungen sowie des Bundesgrenzschutzes und der Bundeswehr zur Hilfeleistung anfordern. Bei überregionalen Gefahrenherden kann die Bundesregierung den Landesregierungen die Weisung erteilen, Polizeikräfte anderen Ländern zur Verfügung zu stellen sowie Bundesgrenzschutz und Bundeswehr zur Unterstützung der Polizei einsetzen. - ↑auch Ausnahmezustand.
Katastrophentheorie (Kataklysmentheorie), von G. Baron de Cuvier vertretene (und schon wenig später wieder aufgegebene) Theorie, nach der die Lebewesen period. durch universale Katastrophen vernichtet und danach durch Neuschöpfung oder außerird. Einwanderung wieder entstanden sein sollen.
◆ Forschungsgebiet der *Mathematik*, in dem Methoden entwickelt werden, mit denen sich sprunghaft auftretende Phänomene systemat. und rechner. behandeln lassen.
Katatonie [griech.] (Spannungsirresein), Verlaufsform der ↑Schizophrenie.
Katawert (Abkühlungsgröße, Kühlstärke), Maß für die Kühlwirkung der Umgebungsluft, die sich aus Lufttemperatur und Luftgeschwindigkeit ergibt. Die Messung des

Kater

K. erfolgt mit dem **Katathermometer**.
Katazone ↑ Metamorphose.
Katchen, Julius [engl. ˈkætʃən], *Long Branch (N. J.) 15. Aug. 1926, † Paris 29. April 1969, amerikan. Pianist. - Internat. erfolgreicher Interpret der Klavierwerke von Mozart, Beethoven und v. a. Brahms; bildete seit 1968 ein Duo mit J. Suk.

Katchinas, bei den Puebloindianern Bez. für übernatürl. Wesen, die zw. Menschen und Göttern vermitteln. Der Begriff wurde übertragen auf die Maskentänzer, die diese Wesen verkörpern, und auf kleine bemalte Holzpuppen, die zur religiösen Erziehung der Kinder dienen.

Kate [niederdt.], kleines, einfaches Haus;
Kätner, Bewohner einer Kate.

Käte ↑ Käthe.

Katechese [zu griech. katḗchēsis „mündl. Unterricht"], Unterrichtseinheit zur Vermittlung des christl. Glaubens, in der ein Stoff aus der Bibel oder aus der christl. Tradition dargeboten und der Lerneffekt durch Fragen kontrolliert wird; spielt v. a. im Kindergottesdienst eine wichtige Rolle.

Katechet [griech.], christl. Religionslehrer im vorbereitenden Taufunterricht (↑ Katechumenen), in der Christenlehre und im schul. Religionsunterricht.

Katechetik [griech.], wiss. Lehre von der unterrichtl. Vermittlung des christl. Glaubens (Katechese); klass. Teildisziplin der ↑ prakt. Theologie, heute weithin Teilgebiet der ↑ Religionspädagogik.

katechetische Institute, Bez. für kath. Einrichtungen (außerhalb der Hochschulen) zur Fortbildung der Katecheten und zur Erarbeitung einer zeitgemäßen Katechetik. Für die BR Deutschland besteht in München das „Institut für Katechetik und Homiletik des Dt. Katechetenvereins". Den k. I. entsprechen im ev. Bereich die ↑ religionspädagogischen Institute.

Katechismus [zu griech. katēchismós „Unterricht, Lehre"] (Mrz. Katechismen), allg. Bez. für ein Lehrbuch in Frage- und Antwortform; im christl. Altertum und MA Formeln für mündl. Unterweisung in christl. Lebensführung und Glaubenslehre, bes. im Zusammenhang mit der Taufe. Dann auch Bez. für die bei der christl. Unterweisung gebräuchl. Verfahrensweise in Frage- und Antwortform („katechisieren").

Katechist [griech.], einheim. Helfer in den Missionsgebieten der kath. Kirche. Aufgaben: Unterweisung, Gottesdienst, Leitung der Gemeinden.

Katechu [malai.] (Catechu, Cachou), getrockneter, dunkelbrauner Extrakt aus dem Kernholz verschiedener Akazienarten; enthält verschiedene Gerbstoffe und wird medizin. als Mittel gegen Durchfall, Ruhr und zum Gurgeln verwendet.

Katechumenat [griech.], i. e. S. Bez. für die Vorbereitungszeit der ↑ Katechumenen sowie ihre rechtl. Stellung in der Kirche; i. w. S. Bez. für kirchl. Glaubensunterricht.

Katechumenen [griech.], in der alten Kirche Bez. für die Taufbewerber. Mit der Ablösung der Erwachsenentaufe durch die Kindertaufe verschwand das Katechumenat. Heute werden in einigen ev. Landeskirchen bei zweijährigem Konfirmandenunterricht die Konfirmanden des ersten Jahres K. genannt.

kategorial [griech.], die ↑ Kategorien betreffend bzw. von ihnen bestimmt.

Kategorie [zu griech. katēgoría, eigtl. „Grundaussage"], allg.: [Grund]begriff, Typ, Klasse, Sorte.
◆ in der *Philosophie* bei Aristoteles sprachkrit.-log. die Grundbestimmungen und dann auch die Seinsweisen des ↑ Seienden: Substanz, Quantität, Qualität, Relation, Ort, Zeit, Lage, Zustand, Tun, Leiden. Bei Kant „reinen Verstandesbegriffe" a priori, die die Regeln zur Ordnung der empir. Daten mögl. Erfahrung angeben: Einheit, Vielheit, Allheit als Quantitäten; Realität, Negation, Einschränkung als Qualitäten; Substanz, Ursache, Gemeinschaft als Relationen; Möglichkeit, Dasein, Notwendigkeit als Modalitäten.
◆ *sprachwiss.* Einteilungs- bzw. Zuordnungsbegriff. In der neueren Linguistik wird unterschieden zwischen syntakt. (Kasus), deiktischen (Person, Numerus, Tempus) und semant. K.; in der generativen Grammatik unterscheidet man grammat., lexikal., formale, substantielle und syntakt. Kategorien.

kategorisch, [unbedingt] behauptend; mit Nachdruck, bestimmt.

kategorischer Imperativ, von Kant aufgestelltes Prinzip zur moral. Begründung des Handelns: „Handle so, daß die Maxime deines Willens jederzeit zugleich als Prinzip einer allg. Gesetzgebung gelten könne". Kritik ist bes. seit Hegel v. a. daran geübt worden, daß der k. I. nur ein formales Prinzip sei, mit dem man keine materialen Begründungen, d. h. Begründungen bestimmter Zwecksetzungen oder Maximen, hinreichend leisten könne.

Katene (Catene) [zu lat. catena „Kette"], seit dem 6. Jh. beliebte Aneinanderreihung ausgewählter Stellen v. a. aus den Bibelkommentaren der Kirchenväter. Durch die K. wurden viele alte Lesarten der Bibel erhalten.

Katenoid [lat./griech.] (Catenoid, Kettenfläche), eine Rotationsfläche, deren Meridiane ↑ Kettenlinien sind; die Fläche hat eine mittlere Krümmung Null, sie ist also eine Minimalfläche.

Kater, Bez. für die ♂ Hauskatze.

Kater, umgangssprachl. Bez. für eine schlechte seel. und körperl. Verfassung nach [über]reichlichem Alkoholgenuß (aus der Studentensprache, vermutl. Verballhornung von Katarrh).

Katergole

Katergole [griech./arab.], Raketentreibstoffe, die mit Hilfe von Katalysatoren zur Reaktion gebracht werden (z. B. Wasserstoffperoxid mit wäßriger Calciumpermanganatlösung).

Katerloch, 1,5 km lange Tropfsteinhöhle 7 km nw. von Weiz, Österreich; 500 m erschlossen, unterird. See.

katexochen [griech.], schlechthin, im eigtl. Sinn.

Katfisch [engl.] (Kattfisch) ↑Seewölfe.

Katgut [ˈkatgʊt, engl. ˈkætgʌt; zu engl. catgut, eigtl. „Katzendarm"], chirurg. Nahtmaterial aus Schaf- oder Ziegendünndarm, das innerhalb von 1–3 Wochen im Körper verflüssigt und aufgenommen wird.

kath., Abk. für: ↑katholisch (im konfessionellen Sinn).

Katharer [zu griech. katharós „rein"], größte Sekte des MA, oft ungenau ↑Albigenser genannt. Vom Balkan verbreitete sich um 1143 die Bewegung der K. über M-, W- und S-Europa. Durch apostol. Wanderpredigt und strenge Askese wirkte die Armutsbewegung der K. bes. auf Laien. In Anlehnung an die Bogomilen entwickelte sich ein manichäisch-dualist. strukturierte Lehre („Neumanichäer"): Der Teufel, der böse Gott des A. T., liege in ständigem Kampf mit dem guten Gott des N. T. und seinem reinen Engel Christus. Die Trennung in „Vollkommene" („perfecti") und „Gläubige" („credentes") zeigt hierarch. Tendenzen. Nur die Reinen haben Heilsgewißheit. - Die kath. Kirche kämpfte mit Kreuzzügen gegen ihren Einfluß. Erst die Armutsbewegung der Dominikaner und Franziskaner konnte dem K. wirksam entgegentreten, die seit etwa 1230 begannen, ihre Lehre scholast. abzuschwächen, und deshalb bald an Bed. verloren. Kleine Gruppen hielten sich noch in S-Frankr. (bis 1330) sowie in Sizilien und S-Italien (bis 1412).

Katharina, weibl. Vorname griech. Ursprungs, eigtl. „die Reine". Italien. Form Caterina, span. Catalina, frz. Catherine, engl. Katherine (Catherine) und Kathleen (Cathleen), russ. Jekaterina.

Katharina, Name von Herrscherinnen:
England:

K. von Valois [frz. vaˈlwa], *Paris 27. Okt. 1401, †Bermondsey Abbey (London) 3. Jan. 1437, Königin. - 1420 auf Grund des Vertrags von Troyes ∞ mit Heinrich V. von England († 1422), dem nach dem Tod ihres Vaters die frz. Krone zufallen sollte. Durch ihre heiml. Heirat mit Owen Tudor (1428 [?]) wurde sie zur Stammutter des Hauses Tudor.

K. von Aragonien, *Alcalá de Henares 15. Dez. 1485, †Kimbolton 7. Jan. 1536, Königin. - Nach dem Tod ihres 1. Gatten Arthur Tudor ∞ mit seinem Bruder Heinrich VIII. (1509), der ab 1526 die Annullierung der Ehe betrieb. Da Papst Klemens VII. ablehnte, ließ der König die Annullierung 1533 vom Erzbischof von Canterbury (T. Cranmer) vornehmen und K., die die Entscheidung nicht anerkannte, bis zu ihrem Tode inhaftieren.

K. (Catherine Howard), *1521 (1522?), †London 13. Febr. 1542, Königin. - Seit 1540 5. Gemahlin Heinrichs VIII., der sie wegen (unbewiesenen) Ehebruchs hinrichten ließ.

K. (Catherine Parr), *1512, †Sudeley Castle (Gloustershire) 7. Sept. 1548, Königin. - Die 6. Gemahlin Heinrichs VIII. (seit 1543), suchte dessen Politik zugunsten der Protestanten zu beeinflussen.

Frankreich:

K. von Medici, *Florenz 13. April 1519, †Blois 5. Jan. 1589, Königin, Regentin (1560–63). - 1533 ∞ mit Heinrich II. von Frankr., gewann nach dessen Tod als Mutter der drei letzten Valoiskönige (Franz II., Karl IX., Heinrich III.) bed. Einfluß. Ihre Politik verfolgte das Ziel, die Krone den Valois zu bewahren und die Einheit des Staates trotz der Hugenottenkriege zu retten. Anfangs suchte sie einen Weg zw. den Konfessionsparteien, näherte sich zeitweise dem Hugenottenführer G. de Coligny, arrangierte sich aber auch mit Philipp II. von Spanien, verbündete sich schließl. gegen Coligny mit Henri I. de Lorraine, Herzog von Guise, und trug die Verantwortung für die Bartholomäusnacht.

Rußland:

K. I. (russ. Jekaterina I Alexejewna), *15. April 1684, †Petersburg 17. Mai 1727, Kaiserin (seit 1725). - Litauische Bauernmagd; Geliebte von A. D. Menschikow und ab 1703 von Peter d. Gr., der sie 1712 heiratete und 1724 zur Kaiserin krönen ließ. Nach Peters Tod (1725) dessen Nachfolgerin.

K. II., die Große (russ. Jekaterina II Alexejewna), geb. Sophie Friederike Auguste Prinzessin von Anhalt-Zerbst, *Stettin 2. Mai 1729, †Zarskoje Selo (= Puschkin) 17. Nov. 1796, Kaiserin (seit 1762). - Seit 1745 ∞ mit Peter III., Selbstherrscherin nach dessen Sturz und Ermordung durch einen von ihr gelenkten Offizierspustsch (9. Juli 1762). Das Aufklärungsideal der Vernunft war für K. Mittel zur Leistungs-, Macht- und Prestigesteigerung des Staates, der mit der Autokratie identif. blieb. In der Innenpolitik dienten diesen Zwecken eine Reorganisation der Zentralbehörden (1763) und der lokalen Verwaltung (1775) sowie die Kolonisationspolitik an der Wolga (mit Ansiedlung dt. Bauern ab 1764) und in den neuerworbenen südruss. Gebieten. Zugleich aber verschärfte K. mit Rücksicht auf den grundbesitzenden Adel die bäuerl. Leibeigenschaft und dehnte sie auf die Ukraine aus. Nach der Niederschlagung des dadurch ausgelösten Bauern- und Kosakenaufstandes des Pugatschow unterdrückte K. alle vorgesehenen Reformvorschläge rigoros. - Außenpolit. erreichte K. durch die Poln. Teilungen (1772–95) für Rußland einen bed. Gebietszuwachs sowie durch zwei Türkenkriege

Kathodenstrahloszillograph

(1768–74, 1787–92) u. a. den Zugang zum Schwarzen Meer, die Krim und das Küstenland am Schwarzen Meer bis zum Dnjestr. Insgesamt machte K. Rußland zur Hegemonialmacht, sich selbst zur Schiedsrichterin in der kontinentaleurop. Politik und den Petersburger Hof zu einem kulturellen Mittelpunkt in Europa.
📖 *Oldenbourg, Z.: K. die Große. Mchn. 1981.* - *Haslip, J.: Politik u. Leidenschaft. K. II. v. Rußland. Stg. 1978.*

Katharina von Alexandria, hl., legendäre Märtyrerin. Die Verehrung der als histor. Persönlichkeit nicht faßbaren K. geht zurück auf einen im 6./7. Jh. geschriebenen romanhaften Bericht über ihr Martyrium. - Die ma. Frömmigkeit nahm sie unter die 14 Nothelfer auf. Bes. zwei Legendenmotive, das philosoph. Streitgespräch und das Folterrad mit Messern, begründeten zahlr. Patronate. - Der K.tag (25. Nov.) war Stichtag für den Schluß der Vieh- und Bienenweide, für den Beginn der Schafschur und letzter Termin für Festlichkeiten vor der Adventszeit. - Im Abendland seit der italien. Renaissance zahlr. bildl. Darstellungen der Legende und des Motivs ihres Verlöbnisses mit Jesus, u. a. von Masolino, Cranach, Altdorfer, Corregio. Symbole: Palme, Buch, Rad und Schwert.

Katharina von Siena (Caterina da Siena), hl., eigtl. Caterina Benincasa, * Siena um 1347, † Rom 29. April 1380, italien. Dichterin und Mystikerin, Dominikanerterziarin. - K. ist typ. Vertreterin der verinnerlichten spät-ma. Passionsfrömmigkeit, verbindet diese jedoch mit weitreichenden polit. und kirchl. Aktivitäten (u. a. Rückführung des Papsttums von Avignon nach Rom). Ihre 381 erhaltenen Briefe gelten als wichtiges Dokument der italien. Sprache. - Fest: 29. April.

Katharinenkloster ↑ Sinai.
Katharinenstadt, ehem. Name der Stadt ↑ Marx.
Katharobionten (Kartharobien) [griech.], Bez. für in völlig sauberem (**katharobem**) Wasser lebende Organismen. - Ggs. Saprobionten.

Katharsis [griech. „Reinigung"] ↑ Drama.
◆ in der *Psychotherapie* die Abreaktion verdrängter Affekte. - Der Begriff K. taucht bereits bei Hippokrates auf und bezieht sich auf die Reinigung des Körpers. Bei Platon dagegen ist K. zugleich auch auf die Seele gerichtet. An die platon. Idee anknüpfend, entwickelte J. Breuer in Zusammenarbeit mit S. Freud die **kathart. Methode** zur Behandlung neurot. Krankheitssymptome. Breuer erkannte, daß das Aussprechen hyster. Halluzinationen in Hypnose die Symptome der Hysterie verschwinden läßt. Heute zählt die vom Therapeuten provozierte K. v. a. in Form vertieften Sichaussprechens zu den wichtigen Methoden der Psychotherapie.

Käthe (Käte), weibl. Vorname, Kurzform von Katharina.
Katheder [griech.-lat.], Pult, Kanzel; ↑ auch Cathedra.
Kathedersozialisten, urspr. polem. Bez. für eine polit. Gruppierung der dt. Nationalökonomie, den Kern des (1872 gegr.) Vereins für Socialpolitik. Ziel der K. war die Integration der Arbeiter in den bestehenden konstitutionellen Rechtsstaat durch Sozialreform und Staatsintervention. Einflußreichste Richtung war die Schule G. Schmollers. Der linke Flügel (L. Brentano, W. Sombart) beeinflußte entscheidend den sozialdemokrat. Revisionismus.

Kathedrale [zu mittellat. ecclesia cathedralis „zum Bischofssitz gehörige Kirche" (↑ Cathedra)], Bez. für die Bischofskirche, v. a. in Frankr., Spanien und Großbrit. (in Deutschland und Italien meist: Dom); als Bautyp herrschte zunächst die Basilika vor, in der Spätgotik die Hallenkirche, im Barock Zentralbauten. - ↑ auch Kirchenbau.

Kathedralentscheidungen, Lehrentscheidungen des Papstes „ex cathedra" (↑ Cathedra).
Kathei (Catay, Chatai, Kitai), vom Namen der ↑ Kitan abgeleitete Bez. des nördl. China.
Kathepsine [griech.], Sammelbez. für eiweißspaltende Endoenzyme (Endopeptidasen), die bes. in den Lysosomen der Milz, Niere u. a., aber auch im Magensaft vorkommen.

Katheten [zu griech.-lat. cathetus „senkrechte Linie"], die beiden die Schenkel des rechten Winkels bildenden Seiten in einem rechtwinkligen Dreieck.
Kathetensatz, svw. ↑ Euklidischer Lehrsatz.
Katheter [griech., zu kathiénai „hinablassen"], röhrenförmiges medizin. Instrument aus Metall, Glas, Gummi oder Kunststoff mit einer Öffnung (seitl. oder am Ende) zur Einführung in Körperhohlorgane (z. B. Harnblase); angewendet zur Entleerung, Füllung, Spülung oder Untersuchung der betreffenden Organe. - ↑ auch Herzkatheterismus.

Kathleen (Cathleen) [engl. 'kæθli:n], engl. (urspr. ir.) Form des weibl. Vornamens Katharina.
Kathode [griech.] ↑ Elektroden.
Kathodenstrahlen, Bez. für gebündelte Strahlen freier Elektronen. K. gehen z. B. bei der selbständigen Gasentladung von der Kathode aus und bewegen sich in Richtung Anode. Sie werden von elektr. und magnet. Feldern abgelenkt, schwärzen photograph. Schichten und regen verschiedene Stoffe zur ↑ Fluoreszenz an. K. finden vielfache techn. Verwendung, u. a. in Fernseh- und Röntgenröhren, in Elektronenopt. Sichtgeräten und im Elektronenmikroskop.
Kathodenstrahloszillograph ↑ Oszilloskop.

Kathodenstrahlröhre

Kathodenstrahlröhre, i.e.S. svw. ↑Elektronenstrahlröhre, insbes. die Braunsche Röhre; i.w.S. jede mit energiereichen, gebündelten Kathodenstrahlen (Elektronenstrahlen) arbeitende Elektronenröhre.

Kathodenzerstäubung, in einer ↑Glimmentladung auftretende Ablösung von Atomen des Kathodenmaterials durch aufprallende Ionen. Der so entstehende Metalldampf schlägt sich z.T. an den Wänden des Entladungsgefäßes nieder. Techn. wird die K. zur Herstellung dünner Schichten (z.B. Verspiegelungen, dielektr., halbleitende oder metall. Schichten) genutzt.

Katholieke Volkspartij [niederl. kato:'li:kə 'vɔlkspartɛj] (Katholische Volkspartei), niederl. Partei; trat 1945 die Nachfolge der Roomsch-Katholieke Staatspartij an, nimmt grundsätzl. auch Nichtkatholiken auf, war an den meisten niederl. Reg. seit 1945 beteiligt; verfolgt programmat. eine soziale Gesellschaftspolitik, tritt für die europ. Integration ein, verficht die Mitgliedschaft der Niederlande in der NATO, stützt die monarch.-parlamentar. Regierungsform. 1976 schloß sich die K. V. mit der Anti-Revolutionaire Partij und der Christelijk-Historische Unie zum ↑Christen Democratisch Appèl zusammen.

Katholikentag, Bez. für die Versammlung (Kirchentag) der dt. Katholiken, findet seit 1848 jährl. (mit Unterbrechungen), seit 1950 alle zwei Jahre statt und dient der Erörterung aktueller religiöser, polit. und sozialer Fragen. Der 89. K. fand 1986 in Aachen statt. Abweichend vom zweijährigen Rhythmus wird der 90. K. erst 1990 in Berlin abgehalten.

Katholikos [griech.], kirchl. Titel, svw. allg. Bischof, allg. Oberhaupt. Zunächst Vertreter des Patriarchen von Antiochia, später Oberhaupt der selbständig gewordenen Kirche; auch heute als Titel von verschiedenen Oberhäuptern oriental. Kirchen gebraucht.

katholisch [zu griech. katholikós „alle betreffend, allgemein"], in der griech. Philosophie der Antike wird ein allgemeiner [Lehr]satz k. genannt; seit dem 2.Jh. erstmals von Ignatius von Antiochia auf die von Jesus Christus „für alle" gestiftete Kirche bezogen. In der Geschichte der Konfessionskunde umstrittener Begriff, da die anderen christl. Kirchen die Einschränkung der ↑Katholizität auf die röm.-kath. Kirche ablehnen.

Katholisch-Apostolische Gemeinden, pfingstler.-eschatolog. relig. Gruppen, aus einer apokalypt. orientierten Erweckung innerhalb Schottlands und Englands hervorgegangen; im Mittelpunkt steht der Glaube an die Ausgießung des Hl. Geistes und an die baldige Wiederkunft Christi. Von 1832 bis 1835 wurden zwölf Männer (unter ihnen E. Irving [*1792, †1834; nach ihm auch **Irvingianer** genannt]) als Apostel Jesu Christi für die Gesamtkirche berufen.

katholische Akademien, seit 1945 entstandene Erwachsenenbildungseinrichtungen der kath. Kirche, die den Dialog zw. den wiss. Disziplinen, weltanschaul. Positionen und polit. Auffassungen fördern sollen. Z.Z. bestehen in der BR Deutschland 22 k. A., die im Leiterkreis der k. A. zusammengefaßt sind:

Katholische Aktion, Bez. für die Aktivitäten der Laien in der kath. Kirche. Von Papst Pius XI. organisiert; zunächst einheitl. Bewegung, später nach Berufs- und Lebensständen spezialisiert.

Katholische Arbeitervereine ↑Arbeitervereine.

Katholische Arbeitnehmer-Bewegung ↑Arbeitervereine.

Katholische Briefe, Bez. für 7 Briefe im N. T., die im Unterschied zu den Paulin. Briefen nicht nach dem Adressaten, sondern nach dem vermeintl. Verfasser benannt werden: Jak.; 1. und 2. Petr.; 1., 2. und 3. Joh., Judasbrief. Der urspr. Sinn des Wortes „kath." ist wohl als „für die Allgemeinheit bestimmt" aufzufassen.

katholische Erneuerung (katholische Reform), Bez. für die innere Erneuerung der kath. Kirche im 16. und 17.Jh., die ihre Anfänge bereits in den Reformbestrebungen einiger Orden im 15.Jh. (v.a. Dominikaner, Kartäuser) und der sog. Reformkonzilien hat. Das Tridentinum, das wichtige Reformdekrete (u.a. Residenzpflicht der Bischöfe, Errichtung von Priesterseminaren, Verpflichtung zu Provinzial- und Diözesansynoden sowie zu bischöfl. Visitationen) verabschiedete, gab der k. E. im „Röm. Katechismus" eine Grundlage für die kirchl. Lehrverkündigung. Für die k. E. waren das Wirken der Jesuiten und die Tätigkeit der Nuntien wichtig.

katholische Jugend, Sammelbez. für die im „Bund der Dt. Kath. Jugend" (BDKJ) zusammengeschlossenen kath. Jugendverbände, deren Ziele in Förderung der Gemeinschaft, Apostolat, mus.-kultureller und polit.-staatsbürgerl. Erziehung bestehen; 1986 etwa 500 000 Mitglieder.

katholische Kirche, im eigtl. Wortsinn mögl. Bez. für jede christl. ↑Kirche, die mit dem Anspruch der ↑Katholizität auftritt, i. e. S. konfessionelle Selbstbez. der vom Papst in Rom zentralist. geleiteten Volkskirche röm.-kath. Bekenntnisses. Um den Anspruch der Katholizität nicht an eine Kirche zu verlieren, wird die k. K. von nichtkath. Christen meist *röm.-kath. Kirche* genannt.
Nach dem Selbstverständnis ihrer Mgl. ist die k. K. die von Jesus Christus gestiftete Gemeinschaft der Gläubigen mit dem Bischof von Rom (Papst) als ihrem [stellv.] Oberhaupt, dem in Fragen des Glaubens und der Sittenlehre eine unfehlbare Lehrautorität (↑Unfehlbarkeit) und in jurisdiktionellen Angelegenheiten die oberste Leitungsgewalt zu-

KATHOLISCHE KIRCHE
Die katholischen Bistümer in Deutschland, Österreich und der Schweiz
(statist. Daten: Stand 31. Dez. 1984)

Bistum	Gesamt-bevölkerung	Katho-liken	Seelsorge-stellen	Seel-sorger**	Bischof (seit ...)
Deutschland					
Kirchenprovinz Bamberg					
Bamberg	2 000 000	825 000	569	657	Elmar Maria Kredel (Juli 1977)
Eichstätt	815 000	441 000	310	473	Karl Heinrich Braun (Juni 1984)
Speyer	1 437 024	700 908	358	548	Anton Schlembach (Okt. 1983)
Würzburg	1 199 927	926 666	623	868	Paul Werner Scheele (Aug. 1979)
Kirchenprovinz Freiburg im Breisgau					
Freiburg im Breisgau	4 150 000	2 244 404	1 133	1 765	Oskar Saier (März 1978)
Mainz	2 600 000	940 025	345	620	Karl Lehmann (Okt. 1983)
Rottenburg-Stuttgart	5 200 000	2 050 068	1 013	1 487	Walter Kasper (April 1989)
Kirchenprovinz Köln					
Köln	4 995 239	2 467 284	815	1 887	Joachim Meisner (Dez. 1989)
Aachen	1 850 000	1 314 000	561	1 051	Klaus Hemmerle (Nov. 1975)
Essen	2 698 603	1 169 317	353	872	Franz Hengsbach (Nov. 1957)
Limburg	2 502 090	933 498	531	680	Franz Kamphaus (Juni 1982)
Münster	3 693 037	2 114 378	709	1 547	Reinhard Lettmann (Jan. 1980)
Osnabrück	6 015 000	889 998	372	747	Ludwig Averkamp (Sept. 1987)
Trier	2 506 360	1 802 723	978	1 474	Hermann Josef Spital (Febr. 1981)
Kirchenprovinz München und Freising					
München und Freising	2 900 000	2 200 000	754	1 620	Friedrich Wetter (Dez. 1982)
Augsburg	1 662 000	1 365 000	1 018	1 293	Josef Stimpfle (Okt. 1963)
Passau	573 257	533 082	307	540	Franz Xaver Eder (Nov. 1984)
Regensburg	1 552 933	1 317 536	771	1 287	Manfred Müller (Juni 1982)
Kirchenprovinz Paderborn					
Paderborn	5 080 000	1 940 957	971	1 500	Johannes Joachim Degenhardt (April 1974)
Fulda	1 368 631	475 000	245	445	Johannes Dyba (Juni 1983)
Hildesheim	6 000 000	733 478	602	597	Josef Homeyer (Nov. 1983)
*Berlin	4 701 783	418 761	264	457	Georg Sterzinsky (Sept. 1989)
*Dresden-Meißen	5 130 000	270 000	179	261	Joachim Reinelt (Febr. 1988)
Österreich					
Kirchenprovinz Salzburg					
Salzburg	579 941	525 579	224	451	Georg Eder (Febr. 1989)
Feldkirch	315 588	276 872	145	242	Klaus Küng (März 1989)
Graz-Seckau	1 187 512	1 032 415	412	694	Johann Weber (Sept. 1969)
Gurk	536 179	462 638	552	383	Egon Kapellari (Dez. 1981)
Innsbruck	476 600	443 900	281	537	Reinhold Stecher (Jan. 1981)
Kirchenprovinz Wien					
Wien	2 300 000	1 623 435	901	1 374	Hermann Groër (Aug. 1986)
Eisenstadt	269 771	227 654	312	185	Stefan László (Okt. 1960)
Linz	1 270 164	1 113 993	478	977	Maximilian Aichern (Dez. 1981)
Sankt Pölten	631 864	592 875	424	614	Franz Žak (Sept. 1961)
Schweiz					
*Basel	2 700 000	1 100 000	683	1 227	Otto Wüst (Sept. 1982)
*Chur	1 547 215	687 635	407	841	Johannes Vonderach (Jan. 1962)
*Lausanne-Genf-Freiburg	1 317 000	587 000	298	880	Pierre Mamie (Dez. 1970)
*Lugano	272 206	232 000	252	321	Eugenio Corecco (Aug. 1986)
*Sankt Gallen	457 000	264 700	141	334	Otmar Mäder (Mai 1976)
*Sitten	241 000	209 700	172	382	Henri Schwery (Sept. 1977)

*exemtes Bistum; gehört keiner Kirchenprovinz an, sondern untersteht Rom unmittelbar.
**Welt- und Ordenspriester

katholische Kirche

kommt (zur geschichtl. Entwicklung der kirchl. Zentralgewalt ↑Papsttum). Mgl. der k. K. ist jeder, der gültig getauft ist, sich zum Glauben der k. K. bekennt, durch die Gemeinschaft der ↑Sakramente mit allen anderen kath. Christen verbunden und nicht wegen eines (vom Kirchenrecht umschriebenen) Verstoßes aus ihr ausgeschlossen ist. Dabei ist zu beachten, daß der Ausschluß aus der k. K. lediglich ein Ausschluß von Rechten und Pflichten innerhalb der Kirche ist, da die Mgl.schaft in der k. K. durch die Einmaligkeit und Unwiederholbarkeit der sie konstituierenden Taufe im theolog. Sinn von keiner Seite kündbar ist (theolog. ist ein ↑Kirchenaustritt also unmögl.), so daß jeder „Ausgeschlossene" bzw. „Ausgetretene" einen unverlierbaren Rechtsanspruch auf Wiedereingliederung besitzt (↑Exkommunikation). Die k. K. versteht sich als die einzige Kirche Christi und deshalb als für alle Menschen heilsnotwendig (↑auch alleinseligmachend, ↑extra ecclesiam nulla sus salus). Dementsprechend führt der eigtl. Weg zum Heil nur über den Eintritt in die k. K., wenn auch das 2. Vatikan. Konzil die ergänzende Funktion der anderen christl. Kirchen im Blick auf die Einheit der Kirche Christi (↑Ökumenismus) betont. Nach neuerem Verständnis können demnach auch die nichtchristl. Religionen ein Heilsweg sein. Nach ihrem eigenen Verständnis kennzeichnen die k. K. vier Merkmale (seit der Gegenreformation **Notae ecclesiae** [„Kennzeichen der Kirche"] gen.), die sie als Kirche Jesu Christi ausweisen: Einheit (im Glauben, in den Sakramenten, Einheit ihrer Glieder, die in der Einheit der Leitung begründet wird), Heiligkeit (durch ihre Stiftung durch Jesus Christus und ihr Ziel, auf Christus hin zu wirken), Katholizität und ↑Apostolizität (zum dogmat. Selbstverständnis der k. K. ↑auch Kirche). - Den Aussagen des 2. Vatikan. Konzils (v. a. in der dogmat. Konstitution über die Kirche von 1964) entsprechend unterscheidet die k. K. zwei Bereiche ihrer Tätigkeit und Wirksamkeit: nach innen die von zahlr. hierarch., territorial und nach Ständen gegliederten Organisationen getragene Seelsorge an den Gläubigen auf der Ebene der Pfarrei, in den Laienorganisationen, durch die Stände der Vollkommenheit (↑Religiosen, ↑Säkularinstitute usw.); nach außen die vom der röm. ↑Kurie geführten Beziehungen zu den nichtkath. christl. und den nichtchristl. Religionen, die ↑Mission, die kirchl. Öffentlichkeitsarbeit in den Bereichen, die zugleich weltl. und kirchl.-theolog. Fragen berühren, und die Mitarbeit in zahlr. internat. Organisationen. Dieser Arbeit dienen neben den schon vor dem 2. Vatikan. Konzil bestehenden Kardinalskongregationen (↑Kurienkongregationen), neben dem Rat für die öffentl. Angelegenheiten und dem Staatssekretariat eine Reihe von neu gegr. Sekretariaten (für die Einheit der Christen,

für die Nichtchristen, für die Nichtglaubenden), Räten (↑Laienrat) und Kommissionen (u. a. für die soziale Kommunikation, für Lateinamerika, für die Seelsorge an Auswanderern) und der päpstl. Rat „Cor unum" („ein einziges Herz") zur Koordinierung der sozialen Werke der Kirche.

Gemäß ihres im ↑Kirchenrecht (↑auch Codex Iuris Canonici) festgelegten Charakters einer Rechtskirche (*Societas perfecta* [„vollkommene Gesellschaft"]) und gemäß ihrer hierarch. Ordnung ist die k. K. eine nach ständ. Prinzipien (Klerus und Laien) gegliederte Gemeinschaft. Dem Papst stehen Kardinäle als Berater zur Seite (Kurie). Innerhalb der Staaten ist die k. K. nach Diözesen unter der Leitung eines Bischofs (dem oft Hilfsbischöfe [Weihbischöfe] und neuerdings Bischofsvikare zur Seite stehen) gegliedert. Mehrere Diözesen sind i. d. R. in einer Kirchenprovinz unter einem Metropoliten (Erzbischof oder Patriarch) vereinigt. Die Diözesen gliedern sich entsprechend den örtl. Gegebenheiten nach Pfarreien (außerdem gibt es sog. Personalpfarreien wie Studentengemeinden, Militärseelsorge, Pfarreien in Strafanstalten, Krankenhäusern usw.) mit dem i. d. R. auf Lebenszeit bestellten Pfarrer und gegebenenfalls sog. Hilfgeistlichen wie Kaplan, Vikar zur Ausübung der Seelsorge. In den Missionsgebieten, die noch keine selbständige Volkskirche mit einer einheim. Hierarchie gebildet haben und deshalb der direkten Leitung Roms unterstehen, gibt es bes. Organisationsformen wie Apostol. Vikariate, Apostol. Präfekturen, unabhängige [bistumsartige] Prälaturen (**Praelatura nullius),** Missionsgebiete und Apostol. Administraturen.

Die heutige regionale Struktur der **katholischen Kirche in Deutschland** ist im wesentl. eine Folge der polit. Wirren nach der Frz. Revolution und der damit zusammenhängenden ↑Säkularisation kirchl. Gebiete und Güter: Die geistl. Fürstentümer (z. B. Köln, Mainz, Trier) wurden aufgelöst, Preußen trat 1796 im Berliner Vertrag seine linksrhein. Gebiete an Frankr. ab, seinem Vorbild folgten 1801 im Frieden von Lunéville Baden, Württemberg, Bayern und Österreich. Die dt. Staaten kämpften auf Kosten urspr. kirchl. Gebiete um territorialen Zugewinn. Diese polit. Lage führte auch zur völligen Desorganisation der k. K., so daß z. B. 1817 in Deutschland nur drei Bischöfe residierten. Erst mit den nach dem Wiener Kongreß (1815) einsetzenden Verhandlungen des Hl. Stuhles mit den dt. Staaten kam es zu einer Neuorganisation der k. K. in Deutschland, die u. a. folgende Neubeschreibung der Kirchenprovinzen zur Folge hatte: 1817 wurden im Konkordat mit Bayern die Kirchenprovinzen *München und Freising* (Sitz München) mit den Suffraganen Augsburg, Regensburg und Passau und *Bamberg* mit den Bistümern Würzburg, Eichstätt

258

und Speyer errichtet; 1821 im preuß. Konkordat die Kirchenprovinzen *Köln* mit den Suffraganen Münster, Paderborn und Trier und *Gnesen-Posen* mit Kulm; 1821 durch Konventionen mit den südwestdt. Staaten die *Oberrhein. Kirchenprovinz* (Sitz Freiburg im Breisgau) mit Fulda, Limburg, Mainz und Rottenburg (Limburg, Mainz und Rottenburg waren Neugründungen); 1824 wurden durch Konvention mit dem neuentstandenen [unter engl. Krone stehenden] Kgr. Hannover die alten karoling. Bistümer Hildesheim und Osnabrück für seine Gebiete für zuständig erklärt; sie blieben *exemt*, unterstanden also unmittelbar dem Papst. - Auf der Grundlage dieser Kirchenprovinzen beruht (nach Ergänzungen, Umgruppierungen und Neugründungen v. a. in den Jahren 1921–30 und nach dem 2. Weltkrieg) die heutige Gliederung der k. K. in Deutschland in fünf Kirchenprovinzen mit insgesamt 21 Bistümern und zwei exemten Bistümern. - In Deutschland gibt es zur Zeit rd. 26 Mill. Katholiken. Gegenwärtig ist die Frage einer Neuumschreibung der dt. Bistümer, die den Grenzen zw. der BR Deutschland und der DDR sowie zw. der DDR und Polen Rechnung tragen soll, sehr umstritten.
In *Österreich* gibt es die Erzbistümer Salzburg und Wien mit insgesamt 9 Bistümern und rd. 6,5 Mill. Katholiken. - In der *Schweiz* bestehen 6 exemte Bistümer mit rd. 3,2 Mill. Katholiken.
Insgesamt hat die k. K. 1987 rd. 860 Mill. Mgl., davon etwa 340 000 Priester; es bestehen 2 375 Bischofssitze, organisiert in 13 Patriarchaten, 431 Metropolitansitzen, 65 Erzbistümern und 1 866 Bistümern.

📖 *Küng, H.: Die Kirche. Mchn.* ³*1985. - Knauft, W.: K. K. in der DDR. Mainz* ³*1982. - K. K. Schweiz heute. Hg. v. Joachim Müller. Freib. 1981. - Kirche im Wandel. Hg. v. G. Alberigo u. a. Düss. 1981. - K. K. u. Europa. Hg. v. J. Schwarz. Mchn. u. Mainz 1980. - Sandfuchs, W.: Die Kirche. Würzburg 1978. - Klostermann, F.: Kirche - Ereignis u. Institution. Wien 1976. - Kehrl, M.: Kirche als Institution. Ffm. 1976.*

Katholische Könige ↑ Katholisches Königspaar.

Katholische Majestät ↑ Katholisches Königspaar.

Katholische Nachrichten-Agentur GmbH ↑ Nachrichtenagenturen (Übersicht).

katholische Presse, ihre Anfänge im 16. Jh. liegen kaum später als die der period. Presse überhaupt. Im 19. Jh. nahm die k. P. durch zahlr. Neugründungen von Zeitungen und Zeitschriften um 1848/49, 1871–75 (Kulturkampf) und 1886–90 den für ihr heutiges Potential entscheidenden Aufschwung. Heute erscheinen in der BR Deutschland im Rahmen der k. P. Publikationen mit einer Gesamtauflage von über 9,6 Mill. Exemplaren (Ende 1986), darunter 22 Bistumszeitungen. Bekannte dt. kath. Blätter sind: „Dt. Tagespost", „Neue Bildpost", „Weltbild", als gescheitertes Unternehmen „Publik" 1968 bis 1971.
Das offizielle amtskirchl. Informationsorgan des Hl. Stuhls heißt „Acta Apostolicae Sedis", während „L'Osservatore Romano" traditionell als halbamtl. vatikan. Tageszeitung gilt. Die k. P. ist in der UCIP (Union Catholique Internationale de la Presse) internat. organisiert.

Katholischer Akademikerverband, Abk. KAV, 1913 in Maria Laach gegr. Vereinigung; 1938 von den Nationalsozialisten verboten; 1947 Neugründung; seit 1948 Mgl. der Pax Romana.

katholische Reform, svw. ↑ katholische Erneuerung.

Katholisches Bibelwerk, 1933 gegr. erste kath. Bibelgesellschaft; veröffentlicht neben theolog. und bibl. Fachbüchern die Zeitschriften „Bibel und Kirche" und „Bibel heute"; 40 000 Mgl.; Sitz Stuttgart.

Katholisches Königspaar (Kath. Majestät, Allerkatholischste Majestät, Kath. Könige), Titel der span. Könige, verliehen 1496 als „Los Reyes Católicos" vom Papst Alexander VI. an Isabella I. von Kastilien und Ferdinand II. von Aragonien.

katholische Soziallehre, im 19. Jh. in Auseinandersetzung mit der sozialen Frage, mit Liberalismus und Marxismus entstandene theolog. Systematisierung gesellschaftl. Normen und Strukturen. Als Zusammenfassung der aus Naturrecht, Offenbarung und Sozialphilosophie stammenden Normen des wirtschaftl., staatl. und gesellschaftl. Lebens ist das Ziel der k. S. die „Wiederherstellung" bzw. „Vollendung" der menschl. Welt. Dieser Aufgabe dienen v. a. päpstl. ↑Sozialenzykliken. Inhaltl. ist die k. S. durch drei Prinzipien bestimmt: 1. Personprinzip (der Mensch ist Träger, Schöpfer und Ziel aller gesellschaftl. Einrichtungen); 2. Solidaritätsprinzip (einzelner und Gemeinschaft haben gegenseitige Verpflichtungen); 3. Subsidiaritätsprinzip (von der menschl. Selbstverantwortung ausgehend).

Katholische Volkspartei (Niederlande) ↑ Katholieke Volkspartij.

katholische Wahrheiten, wichtiger Begriff in der theolog. Erkenntnis- und Methodenlehre; bezeichnet: 1. alle Wahrheiten, zu deren Annahme die kath. Kirche ihre Mgl. verpflichtet; 2. die theolog. Schlußfolgerungen, die mit einer Offenbarungswahrheit in einem inneren Zusammenhang stehen.

Katholizismus [zu griech. katholikós „alle betreffend, allgemein"], svw. ↑ katholische Kirche; v. a. Bez. für die geistesgeschichtl. oder geschichtl. wirksame Weltanschauung oder Haltung, die von der kath. Kirche inspiriert ist oder sich an ihr orientiert.

Katholizität [zu griech. katholikós „alle betreffend, allgemein"], i. e. S. eine der 4 Ei-

Kathstrauch

genschaften der christl. Kirche. Neben den Begriffen Einheit, Heiligkeit und Apostolizität bezeichnet K. das Selbstverständnis der christl. Kirche, in ihrer räuml.-zeitl. universalen Sendung Kirche der ganzen Welt zu sein. I.w.S. kann K. zur Charakterisierung einer an der kath. Kirche orientierten Geisteshaltung dienen.

Kathstrauch [arab./dt.] (Kath, Catha), Gatt. der Spindelbaumgewächse mit der einzigen, vom S der Arab. Halbinsel bis zum Kapland verbreiteten Art **Catha edulis**; Strauch mit ledrigen, kerbig gesägten Blättern und kleinen Blüten in kurzen, blattachselständigen Blütenständen. Die Triebe und Blätter enthalten anregende Alkaloide.

Kation [griech.], positiv geladenes Teilchen (↑Ion), das beim Anlegen einer elektr. Gleichspannung zum negativ geladenen Pol (Kathode) wandert. - ↑auch Elektrolyse.

Katja, aus dem Russ. übernommener weibl. Vorname, Koseform von Jekaterina (↑Katharina).

Katkracken [...krɛkən], svw. katalyt. Kracken (↑Erdöl).

Katmandu [kat'mandu, katman'du:], Hauptstadt von Nepal, im K.tal, 1340 m ü.d.M., 235 200 E. Univ. (gegr. 1958), zahlr. Colleges; Königl. Nepales. Akad.; Bibliotheken; Nationalmuseum von Nepal; oberster Gerichtshof. Die Ind. beschränkt sich auf Holzverarbeitung, Schuh- und Lederherstellung, Nahrungsmittelindustrie und Ziegeleien. Straßenanschluß nach Indien und Tibet; Seilbahn (nur für Lasten) nach Hetauda; internat. ✈. - K. wurde wahrscheinl. im 8. Jh. n. Chr. unter dem Namen **Kantipura** gegründet; der Name K. ist seit dem 15. Jh. nachweisbar. Seit 1768 ist K. die Hauptstadt des von der Gurkhadynastie vereinten Nepal. - Zahlr. Tempel, Paläste und Klöster prägen das Stadtbild, u.a. der vollständig erhaltene Königspalast (v.a. 17.Jh.) und der Talejutempel (1549). Westl. der Stadt auf einem Hügel eine der ältesten buddhist. Tempelanlagen der Erde (vermutl. Mitte 1. Jh. v. Chr.) mit einem berühmten Stupa.

Katmandutal [kat'mandu, katman'du:], fruchtbare Kernlandschaft von Nepal, in der östl. Landeshälfte, in ca. 1340 m Höhe, von einem rd. 2000 m hohen Gebirgsring eingefaßt.

Katöken [griech.], Sammelbez. für die Bewohner griech. Städte mit Wohnrecht, aber ohne volles Bürgerrecht.

Kato Sakros, Ruinenstätte einer großen minoischen Hafenstadt an der O-Küste Kretas, sö. von Sitia; Ausgrabungen seit 1962.

Katowice [poln. katɔ'vitsɛ], poln. für ↑Kattowitz.

Katrina, Gabal, mit 2637 m ü.d.M. höchste Erhebung der Halbinsel Sinai.

Katschalow, Wassili Iwanowitsch [russ. ka'tʃaləf], * Wilna 11. Febr. 1875, † Moskau 30. Sept. 1948, sowjet. Schauspieler. - Spielte v.a. unter K. S. Stanislawski (Helden)rollen in Stücken von Tschechow, Ostrowski, Gorki.

Katschari, Stamm in Indien, ↑Kachari.

Katschberg ↑Alpenpässe (Übersicht).

Katsina [engl. kɑː'tʃiːnɑː], Stadt im äußersten N Nigerias, 122 000 E. Sitz eines Emirs; Landw.schule; landw. Handelszentrum. - Im 17. und 18.Jh. ein bed. Kultur- und Handelszentrum der Haussa, Anfang des 19. Jh. von Fulbe erobert, 1903 von brit. Truppen besetzt. - Moschee (17.Jh.).

Katta [lat.] ↑Lemuren.

Kattarasenke, größte Depressionszone in der Libyschen Wüste, in NW-Ägypten, rd. 250 km lang, bis 140 km breit, bis 133 m u.d.M.; größtenteils von Salzsümpfen erfüllt.

Katte, Hans Hermann von, * Berlin 28. Febr. 1704, † Küstrin 6. Nov. 1730, preuß. Offizier. - Jugendfreund Friedrichs II., d. Gr., wurde als Mitwisser der Fluchtpläne des Kronprinzen nach deren Aufdeckung verhaftet und auf Befehl König Friedrich Wilhelms I. hingerichtet.

Kattegat, Meeresteil der Ostsee zw. Jütland und der schwed. Küste, im S über den Sund, den Großen und Kleinen Belt Verbindung mit der eigtl. Ostsee, im N ins Skagerrak übergehend.

Kattowitz (poln. Katowice), Stadt in S-Polen, am W-Rand der Oberschles. Platte, 260-285 m ü.d.M., 361 300 E. Verwaltungssitz der Woiwodschaft K., wichtigste Stadt des Oberschles. Ind.gebiets; kath. Bischofssitz; Univ. (gegr. 1968), Hochschulen für Pädagogik, Musik, bildende Künste sowie Wirtschaft; medizin. Akad.; Sitz des Ministeriums für Bergbau- und Hüttenwesen; Planetarium, Observatorium; Bergbau-, Freilichtmuseum; Zoo. Wirtsch. von Bed. sind neben dem Steinkohlenbergbau v.a. Elektroind., Maschinenbau, Stahlwerke und Zinkhütten. - 1598 erstmals erwähnt. Die Entwicklung zur Ind.siedlung setzte in der ersten Hälfte des 19. Jh. mit dem Ausbau der Hüttenwerke und Gruben ein. Nach dem 1. Weltkrieg gehörte K. zum Abstimmungsgebiet in Oberschlesien, 1922 fiel es an Polen.

Kattun [arab.-niederl.], baumwollenes, heute auch aus Chemiefasern hergestelltes Gewebe in Leinwandbindung; mittelfein, unterschiedlich dicht.

Katull ↑Catull.

Katurigen (Caturiges), gall. Volksstamm in SO-Frankr.; 16-14 v.Chr. von Augustus unterworfen.

Katuvellauner (Catuvellauni), kelt. Völkerschaft in SO-England, 54 v.Chr. durch Cäsar besiegt.

Katyn [poln. ka'tin] (russ. Katyn), sowjet. Ort am oberen Dnjepr, 20 km westl. von Smolensk, Gebiet Smolensk, RSFSR. Im Wald von K. entdeckten dt. Soldaten Ende Febr. 1943 in Massengräbern über 4000 Leichen poln. Offiziere, die im Sept. 1939 in O-Polen in sowjet. Kriegsgefangenschaft geraten und im Lager Kozelsk festgehalten worden waren. Auf Grund verschiedener Untersuchungen (u. a. während des Kriegs und in den 1950er Jahren) wird die damalige sowjet. Reg. für die Morde verantwortl. gemacht. Die von der UdSSR nach der Räumung K. durch die dt. Truppen 1944 erhobene Beschuldigung, das Verbrechen sei 1941 von dt. Seite verübt worden, wurde nicht als erwiesen betrachtet.

Katz [engl. kæts], Sir (seit 1969) Bernard, *Leipzig 26. März 1911, brit. Biophysiker dt. Herkunft. - Leitet seit 1952 das Departement of Biophysics des London University College. Er untersuchte hauptsächl. das † Acetylcholin als Transmitterstoff im Organismus. Für die weitgehende Aufklärung des Mechanismus, der zur Freisetzung dieses Informationsüberträgers in den Synapsen führt, erhielt er 1970 (mit J. Axelrod und U. S. von Euler-Chelpin) den Nobelpreis für Physiologie oder Medizin; seit 1982 Mgl. des Ordens Pour le Mérite für Wiss. und Künste.

K., Jerrold Jacob, *Washington 14. Juli 1932, amerikan. Sprachwissenschaftler. - Seit 1961 Prof. am Massachusetts Institute of Technology; neben N. Chomsky wichtigster Vertreter der † generativen Grammatik, um deren semant. Komponente er sich bes. bemüht.

K., Richard [⁻] *Prag 21. Okt. 1888, † Muralto 8. Nov. 1968, dt. Schriftsteller. - Journalist; als Berichterstatter u. a. in Ostasien und Australien; emigrierte 1933 in die Schweiz, 1941 nach Brasilien, 1945 Rückkehr in die Schweiz. K. schrieb erfolgreiche Reisebücher, Erzählungen, Jugend- und Tierbücher.

Katzbach, linker Nebenfluß der Oder, entspringt im Bober-Katzbach-Gebirge, durchfließt das nördl. Sudetenvorland, mündet östl. von Liegnitz, 89 km lang.

Kätzchen † Blütenstand.

Katzen (Felidae), Fam. nahezu weltweit verbreiteter Raubtiere (fehlen in der austral. Region, auf den Südseeinseln, auf Madagaskar sowie in der Antarktis und in der Arktis nördl. der Baumgrenze); 36 Arten von rd. 35–280 cm Körperlänge; Kopf kurz, rundl.; in jedem Kiefer ein Paar stark verlängerte, spitze Eckzähne (Fangzähne), mit denen Beutetiere gefaßt und getötet werden; Zehengänger; Fußsohlen mit Ausnahme der Ballen (zur geräuschlosen Fortbewegung) behaart; Krallen in Ruhestellung in eine häutige Krallenscheide eingezogen (Ausnahme: Gepard); Gesichts-, Gehör-, Geruchs- und Tastsinn (Tasthaare v. a. an der Schnauze, auch über den Augen und am Unterarm) gut entwickelt; hinter der Netzhaut des Auges eine reflektierende Schicht, die den K. auch bei geringer Lichtmenge ein hervorragendes Sehen im Dunkeln ermöglicht und das Aufleuchten der K.augen bei auffallendem Licht in der Dunkelheit hervorruft; im Hellen Pupillen meist schlitzförmig (senkrecht) verengt; außer bei Löwen fehlen äußere Geschlechtsunterschiede. - K. sind außerhalb der Paarungszeit meist Einzelgänger. Sie sind fast ausschließl. Fleischfresser, jagen ihre Beute im Ansprung oder durch kurze Verfolgung (Ausnahme: Gepard). Kleinere und mittelgroße Beutetiere werden durch Nackenbiß, große nach Prankenschlag durch Kehlbiß getötet. Die K. gliedern sich in † Kleinkatzen, † Großkatzen und † Gepard.

Katzenauge, in der *Edelsteinindustrie* Bez. für weiße bis graue, durch eingelagerte dünnste Hornblendeasbestfasern auch grüne bis braungrüne, undurchsichtige, parallelfaserige Quarzaggregate, die [bei gewölbtem Schliff] einen lebhaften Lichtschein und streifigen Asterismus zeigen.
◆ † Rückstrahler.

Katzenbär, svw. † Kleiner Panda.

Katzenbuckel, mit 626 m höchster Berg des Odenwalds.

Katzenelnbogen, ehem. Gft. am Mittelrhein. Das Territorium der Grafen von K. (seit 1138) reichte schließl. vom Odenwald bis an die untere Lahn, zerfiel aber in die Obere Gft. um Darmstadt und die Nieder-Gft. am N-Hang des Taunus. Nach Aussterben des Hauses K. in männl. Linie (1479) fiel die Gft. an Hessen. Die Nieder-Gft. gehörte 1816–66 zu Nassau.

Katzenfloh † Flöhe.

Katzenfrett (Cacomixtl, Bassariscus astutus), bis 50 cm langer, kurzbeiniger Kleinbär, v. a. in felsig zerklüfteten, baumbestandenen Hochebenen der sw. N-Amerika (einschließl. Mexiko); geschickt kletterndes, nachtaktives Raubtier mit fuchsartig zugespitztem Kopf mit weißen Zeichnungen; Schwanz etwa körperlang, buschig, schwarz und weiß geringelt.

Katzengold, Bez. für fälschl. für Gold gehaltene Minerale, wie mineralisch glänzenden Glimmer oder Pyrit.

Katzenhaie (Hundshaie, Scyliorhinidae), Fam. kleiner, schlanker Haifische mit rd. 50, für die Menschen ungefährl. Arten, v. a. in den Küstenregionen trop. und gemäßigter Meere; meist wohlschmeckende Speisefische. An den europ. Küsten kommen drei Arten vor, darunter der **Kleingefleckte Katzenhai** (Kleiner K., Scyliorhinus caniculus; im Mittelmeer und O-Atlantik; etwa 60 bis 80 cm lang, rötlichgrau mit zahlr. kleinen, dunkelbraunen Flecken) und der **Großgefleckte Katzenhai** (Großer K., Scyliorhinus stellaris; ähnl. Verbreitung; etwa 1 bis maximal 1,5 m lang; gräul.- bis rötlichbraun; mit großen, dicht stehenden, dunkelbraunen Flecken).

Katzenkraut, svw. † Katzenminze.

Katzenmakis (Cheirogaleinae), Unterfam. kleiner Halbaffen (Fam. Lemuren) auf Madagaskar; mit sechs Arten von etwa 12–25 cm Körperlänge, etwa ebenso langer Schwanz; überdauern Trocken- und Kältepe-

Katzenminze

rioden schlafend, wobei im Hinterkörper oder Schwanz gespeichertes Fett verbraucht wird. Zu den K. gehören neben der Gatt. **Zwergmakis** (Microcebus) mit 2 Arten (davon ist der **Mausmaki** mit 11–13 cm Körperlänge das kleinste Herrentier) u. a. auch die **Echten Katzenmakis** (Cheirogaleus; 3 Arten; flinke, eichhornähnl. Baumbewohner).

Katzenminze (Katzenkraut, Nepeta), Gatt. der Lippenblütler mit rd. 150 Arten in den gemäßigten Bereichen Eurasiens und in den Gebirgen des Orients; meist ausdauernde Kräuter mit end- oder achselständigen Blüten. In Deutschland kommen nur 2 Arten vor, davon häufiger in wärmeren Gebieten die **Echte Katzenminze** (Nepeta cataria) mit gelblich- oder rötlichweißen Blüten.

Katzennatter ↑Trugnattern.

Katzenpest ↑Katzenstaupe.

Katzenpfötchen (Antennaria), Gatt. der Korbblütler mit rd. 50 Arten weltweiter Verbreitung (außer Afrika). Die bekannteste einheim. Art ist das **Gemeine Katzenpfötchen** (Antennaria dioica) mit silbrig behaarten Blättchen und rosafarbenen ♀ sowie gelblichweißen ♂ oder zwittrigen Blütenköpfchen.

Katzenstaupe, Viruskrankheit bei Hauskatzen; Verlauf ähnl. wie bei der Hundestaupe, nur ohne Erkrankungen des Nervensystems und der Haut.
◆ (Katzentyphus, Katzenpest, Enteritis infectiosa) ansteckende, durch ein Virus hervorgerufene Magen-Darm-Entzündung bei Hauskatzen (bes. Jungtieren); gekennzeichnet durch Freßunlust, Erbrechen, blutigen Kot.

Katzenwelse (Ictaluridae), Fam. bis 1,5 m langer Welse mit rd. 50 Arten in den Süßgewässern N- und M-Amerikas; Kopf abgeflacht und breit, mit vier langen Bartelpaaren, von denen eines nach oben weist. Zu den K. gehören u. a. der **Gewöhnl. Katzenwels** (Zwergwels, Ictalurus nebulosus; bis 40 cm lang; oberseits dunkel olivbraun, unterseits heller; Speisefisch) und die **Blindwelse** (Trogloglanis, Satan) in unterird. Höhlengewässern (↑ auch. Körper).

Katzer, Hans, *Köln 31. Jan. 1919, dt. Gewerkschafter und Politiker. - Mitbegr. der CDU-Sozialausschüsse, 1963–77 deren Vors.; 1957–80 MdB, seit 1960 Mgl. des Parteivorstandes der CDU, seit 1969 stellv. Vors. der Bundestagsfraktion; 1965–69 Bundesmin. für Arbeit und Sozialordnung.

Katzir, Ephraim, *Kiew 16. Mai 1916, israel. Biophysiker und Politiker. - Seit 1949 am Weizmann-Institut in Rehovot, dort 1957–73 Leiter der Abteilung für Biophysik, seit 1978 Prof.; 1973–78 israel. Präsident.

Kauai [engl. kaʊˈwaɪ] ↑Hawaii.

Kaub, Stadt am rechten Ufer des Mittelrheins, Rhld.-Pf., 79 m ü. d. M., 1 300 E. Blüchermuseum; Fremdenverkehr; Weinbau; Lotsenstation. - 983 erstmals erwähnt, erhielt 1324 Stadtrecht und 1327 eine Pfalz als Zollburg; 1289 an die Pfalzgrafen bei Rhein, 1803 an Nassau. - In der Neujahrsnacht 1813/14 überquerte hier Blücher mit preuß. und russ. Truppen den Rhein. - Burg Gutenfels (v. a. 13. Jh., im 19. Jh. ausgebaut); auf einer Rheininsel die „Pfalz" (Pfalzgrafenstein; 1326/27 ff.). Ma. Stadtbild mit Stadtmauer (13. Jh.), Türmen und Toren.

Kauderwelsch, verworrene, unverständl. Sprache; urspr. Bez. für die rätoroman. („welsche") Sprache im Gebiet von Chur (mundartl. „Kauer").

Kaudinische Pässe, nicht sicher lokalisierbarer Paß nahe der samnit. Stadt Caudium, wo 321 v.Chr. das röm. Heer eine schwere Niederlage gegen die Samniten erlitt und, um sich zu retten, waffenlos durch ein aus Speeren gebildetes Joch (**Kaudin. Joch**) schreiten mußte.

Kauen, beim Menschen und bei vielen Tieren die Zerkleinerung der Nahrung mit Hilfe bestimmter Kauorgane. Der beim Menschen willkürl. eingeleitete und ablaufende, z. T. reflektor. gesteuerte Kauakt durch Betätigung des **Kauapparates** (Gebiß, Unterkiefer, Kaumuskulatur, Lippen, Wangen, Zunge) führt zur Formung eines durchfeuchteten, schluckfähigen Bissens. Die Bewegungen des bezahnten Unterkiefers gegen die Zahnreihe des Oberkiefers setzen sich dabei v. a. zus. aus der *Schneidbewegung* (Beißen), der *Schlittenbewegung* (Vor- und Rückbewegungen) und der *Mahlbewegung* (Verschiebungen nach den Seiten), wobei Wangenmuskulatur und Zunge den Bissen immer wieder zw. die Zahnreihen schieben und die entsprechend spezialisierten Mahlzähne zur Wirkung kommen.

Kauf, der Austausch von Rechten, Sachen oder einer Gesamtheit von Sachen und Rechten gegen Geld; häufigstes Umsatzgeschäft. Der K. vollzieht sich durch den Abschluß eines *K.vertrages* (§§ 433 ff. BGB) und dessen Abwicklung. Käufer und Verkäufer müssen sich über K.gegenstand und K.preis einigen. Durch den K.vertrag wird der Verkäufer verpflichtet, dem Käufer die Sache zu übergeben und das Eigentum daran zu verschaffen. Die ↑Eigentumsübertragung wird also erst durch das folgende Erfüllungsgeschäft bewirkt. Der Käufer ist verpflichtet, den Verkäufer des K.preis zu zahlen und die gekaufte Sache abzunehmen. Ist die K.sache mit einem Mangel behaftet, so greift die ↑Mängelhaftung ein. Die Vorschriften über den K. regeln auch die Frage, wie lange der Verkäufer und ab wann der Käufer das Risiko trägt († auch Gefahr). - Man unterscheidet *K. auf Probe*, bei dem der K.vertrag unter der aufschiebenden Bedingung geschlossen wird, daß der Käufer die K.sache billigt, *K. nach Probe*, bei dem die Eigenschaften einer vorgelegten Probe als zugesichert gelten und den *K. unter Eigentumsvorbehalt*.

Nach östr. *Recht* ist K. definiert als die Überlassung einer Sache gegen eine bestimmte Summe Geldes an einen anderen (§ 1053 ABGB). - Im *schweizer. Recht* besteht eine dem dt. Recht entsprechende Regelung.

Kaufbeuren, kreisfreie Stadt an der Wertach, Bay., 678 m ü. d. M., 41 700 E. Staatl. Fachschule für Glas und Schmuck; Ostallgäuer Volkskundemuseum. Gablonzer Glas- und Bijouteriewarenind. (mit eigenem Museum) im Stadtteil K.-Neugablonz; feinmechan. und Textilind., Brauereien. - K. entstand aus einem karoling. Königshof, es war um 1167 im Besitz der Welfen und ab 1191 im Besitz der Staufer, die den Ort vor 1240 zur Stadt erhoben und systemat. ausbauten. Im Spät-MA beruhte die wirtsch. Grundlage von K. auf der Leinen- und Barchentweberei, der Papierherstellung und der Waffenschmieden. 1803 kam K. zu Bayern. - Die urspr. spätroman. Pfarrkirche wurde spätgot. und neugot. umgestaltet; got. Sankt-Blasius-Kapelle (15.Jh.). Die Stadtmauer (15.Jh.) ist größtenteils erhalten.

Käufermarkt, Markt, auf dem die Käufer auf Grund eines Angebotsüberschusses das Marktgeschehen entscheidend bestimmen können. - Ggs. ↑Verkäufermarkt.

Kauffmann, Angelica, * Chur 30. Okt. 1741, † Rom 5. Nov. 1807, schweizer. Malerin. - 1766–81 in London, 1782 bis zu ihrem Tode in Rom. Von Rokoko und Empfindsamkeit geprägte idealisierende Porträts (u. a. Winckelmann [1764; Zürich, Kunsthaus], Selbstbildnis [1787; Florenz, Uffizien]), auch neoklassizist. Kompositionen, die den Einfluß Winckelmanns und R. Mengs bezeugen.

K., Leo Justinus, * Dammerkirch (Elsaß) 20. Sept. 1901, † Straßburg 29. Sept. 1944 (beim Luftangriff), elsäss. Komponist. - Lehrte seit 1929 in Köln, seit 1940 am Konservatorium in Straßburg; komponierte Opern, u. a. „Die Geschichte vom schönen Annerl" (1942), „Das Perlenhemd" (1944), Orchesterwerke, Kammer- und Klaviermusik, Vokalwerke.

Kaufheirat (Frauenkauf, Brautkauf), Heiratsform, bei der der Ehemann seinen Schwiegervater als Ausgleich für den Verlust des Mädchens mit Geld oder anderen materiellen Gütern, den durch Brauch festgelegten **Brautpreis,** entschädigt.

Kaufhof Holding AG [engl. - 'haʊldɪŋ -], Dachgesellschaft eines v. a. im Warenhausgeschäft tätigen Handels- und Dienstleistungskonzerns; gegr. 1879, seit 1905 AG, seit 1989 heutiger Name; Sitz Köln. Beteiligungen u. a. an Kaufhalle GmbH.

Kaufkraft, Wert des Geldes: 1. bezogen auf eine Währungseinheit, d. h., die K. entspricht der Gütermenge, die für eine Währungseinheit erworben werden kann; 2. bezogen auf eine Person oder Personengruppe, d. h., die K. entspricht der Gütermenge, die eine Person bzw. Personengruppe erwerben kann.

Kaufkraftparität ↑Wechselkurs.

Kaufmann, Oskar, * Sankt Anna (= Sîntana, Siebenbürgen) 9. Febr. 1873, † Budapest 8. Sept. 1956, Theaterarchitekt. - Baute in Berlin u. a.: Hebbeltheater (1907), Volksbühne (1914), Krolloper (1923, Umbau), in Wien das Neue Stadttheater (1913), in Königsberg (Pr) das Neue Schauspielhaus (1927). Emigrierte 1933 nach Tel Aviv; nach 1945 in Ungarn tätig.

K., Walther (Walter), * Elberfeld (= Wuppertal) 5. Juni 1871, † Freiburg im Breisgau 1. Jan. 1947, dt. Physiker. - Prof. in Königsberg (Pr); führte 1896/97 Präzisionsmessungen der spezif. Ladung des Elektrons durch und fand 1901 die Zunahme der Elektronenmasse mit wachsender Geschwindigkeit, wodurch er wesentl. zur Vorbereitung der Relativitätstheorie beitrug.

Kaufmann, nach § 1 Abs. 1 HGB derjenige, der ein ↑Handelsgewerbe betreibt. Zu unterscheiden ist zwischen K. kraft Gewerbetriebs, kraft Eintragung und Formkaufmann. **Kaufmann kraft Gewerbebetrieb** ist, wer ein Grundhandelsgewerbe betreibt. Er ist *Muß-K.* auch ohne Eintragung ins ↑Handelsregister im Ggs. zum **Kaufmann kraft Eintragung** *(Soll-K.);* dieser erhält seine K.eigenschaft erst durch die vorgeschriebene Eintragung ins Handelsregister. Voraussetzung ist, daß der Soll-K. ein handwerkl. oder sonstiges gewerbl. Unternehmen betreibt, das nach Art und Umfang einen in kaufmänn. Weise eingerichteten Gewerbebetrieb erfordert. Beim *Kann-K.* (z. B. Unternehmen als Nebengewerbe eines Land- oder Forstwirtschaftsbetriebs)

Kaub mit dem Pfalzgrafenstein

kaufmännische Berufsfachschulen

ist die Eintragung ins Handelsregister freigestellt. **Formkaufmann** sind diejenigen Handelsgesellschaften, denen die K.eigenschaft kraft Gesetzes zukommt. Der *Minder-K.* betreibt ein Handelsgewerbe, das nach Art oder Umfang einen in kaufmänn. Weise eingerichteten Gewerbebetrieb nicht erfordert (Ggs. Vollkaufmann).

kaufmännische Berufsfachschulen ↑ Handelsschulen.

Kaufmannsgehilfenprüfung, in den kaufmänn. Ausbildungsberufen der Ind. und des Handels abzulegende Prüfung nach dreijähriger Lehre vor der Industrie- und Handelskammer; die häufigsten Abschlüsse sind: Bank-, Büro- (Ausbildung auch im Handwerk), Industriekaufmann, Kaufmann im Groß- und Einzelhandel. Zusätzl. Fachschulbesuch qualifiziert zum *Fachschulkaufmann.*

Kaufunger Wald, weitgehend bewaldetes Gebirge im Hess. Bergland, im N von Fulda und Werra, im S von Losse und Gelster begrenzt, im Hirschberg bis 643 m hoch.

Kaugebiß ↑ Zähne.

Kaugummi, feste, durch Kauen gummiartig werdende Masse aus Chiclegummi oder synthet. Gummistoffen unter Zusatz von Zucker und Aromastoffen. Die Gummimasse kann nicht verdaut werden.

Kaukasien, stark gegliedertes Gebirgsland im S der UdSSR, zw. Asowschem und Schwarzem Meer im W, Kasp. Meer im O, Manytschniederung im N und der türk. und iran. Grenze im S.

kaukasische Sprachen (ibero-kaukas. Sprachen), diejenigen Sprachen im Kaukasusgebiet, die nicht zu den indogerman, semit. oder den Turksprachen gehören; sie werden heute von rd. 5 Mill. Sprechern innerhalb der UdSSR gesprochen (etwa 50 000 in der Türkei). Gewöhnl. werden die k. S. in 3 Gruppen eingeteilt, wobei angenommen wird, daß jede Gruppe auf je eine gemeinsame Grundsprache zurückgeht.

Die ostkaukas. Sprachen werden v. a. im Bergland der Dagestan. ASSR gesprochen; die etwa 30 Einzelsprachen, die z. T. nur geringe Sprecherzahlen aufweisen, werden wiederum in eine *wejnachische* und eine *dagestan.* Untergruppe gegliedert; zur wejnach. (auch zentralkaukas.) Untergruppe gehören Inguschisch und das eng verwandte Tschetschenisch; zur dagestan. Untergruppe gehören u. a. Andisch, Awarisch (wichtig als Verkehrssprache), Lakkisch und Darginisch sowie die sog. *Samursprachen* (mit Lesgisch, Tabassaranisch, Agulisch und Rutulisch).

Die westkaukas. Sprachen mit den Einzelsprachen Abchasisch, Abasinisch, Adygisch, Kabardinisch und Ubychisch werden in der westl. Hälfte des Kaukasusgebiets gesprochen; Ausnahme ist das Ubychische, deren Sprecher 1864 in die Türkei auswanderten (heute auf wenige Sprecher reduziert). Typolog. weisen die westkaukas. Sprachen ein persönl. Verb sowie Präverbien zum Ausdruck syntakt. Beziehungen auf, ihnen fehlen jedoch Nominalklassen und Kasussystem, die wiederum bei den ostkaukas. Sprachen vorhanden sind.

Die **südkaukas. Sprachen** (Kartwelsprachen) werden südl. der Hauptkette des Großen Kaukasus gesprochen; zu ihnen gehört die größte (2,6 Mill. Sprecher) und einzige Literatursprache der k. S., die ↑ georgische Sprache (mit eigener Schrift), außerdem Swanisch, Lasisch (im äußersten NO der Türkei) und Mingrelisch. Versuche, eine genet. Verwandtschaft zw. den südkaukas. und den übrigen k. S. nachzuweisen, sind bisher nicht gelungen. Typolog. nehmen die südkaukas. Sprachen eine vermittelnde Position zw. den westkaukas. und den indogerman. Sprachen ein.

Für alle k. S. charakterist. sind der Konsonantenreichtum und ein agglutinierendes Flexionssystem. Außer dem Georgischen haben 11 k. S. den Rang von Schriftsprachen; als Grundlage dient dabei meist das russ. Alphabet, das die arab., georg. oder lat. Schrift abgelöst hat.

📖 *Klimov, G. A.:* Die k. S. Dt. Übers. Hamb. 1969. - *Geiger, B., u. a.:* Peoples and languages of the Caucasus. Den Haag 1959.

kaukasische Teppiche ↑ Orientteppiche (Übersicht).

Kaukasus, System von Gebirgszügen im S der UdSSR. Im N liegt der über 1 100 km lange, bis 180 km breite **Große Kaukasus,** der im zweigipfeligen Elbrus 5 642 bzw. 5 621 m ü. d. M. erreicht. In seiner Längserstreckung erfolgt der Übergang vom mediterranen Waldgebiet über die Steppe zon asiat. Wüstengebiet. Der Große K. ist stark gegliedert. Die nördlichste Kette bilden die um 600 m hohen, stärker bewaldeten **Schwarzen Berge,** nach S folgt der 1 200–1 500 hohe **Weidekamm,** danach der **Felsenkamm,** der bis 3 629 m Höhe erreicht. Südl. dieser drei Ketten gliedert sich der Große K. von W nach O in mehrere Abschnitte: Der **Westliche** oder **Pontische Kaukasus** hat eine Höhenlage zw. 600–1 000 m Höhe, im vergletscherten Hochgebirgs-K. liegen u. a. die erloschenen Vulkane Elbrus und Kasbek (5 047 m). Nach O hat der Große K., hier **Kaspischer Kaukasus** gen., wieder Mittelgebirgscharakter mit Höhen von 500–1 000 m. Er läuft gegen die Halbinsel Apscheron aus. Im mittleren Teil des Großen K. besteht durch das bis 1 926 m hohe **Suramigebirge** eine Verbindung zum **Kleinen Kaukasus.** Dieser setzt sich aus mehreren Gebirgszügen am N-Rand des Hochlands von Armenien zus., mit Steilabfall zur Kolchis und Kura-Arax-Niederung. Sein höchster Berg ist der Gjamysch mit 3 724 m ü. d. M.

Kaulbach, Wilhelm von, *Arolsen bei

Kausalität

Kassel 15. Okt. 1805, † München 7. April 1874, dt. Maler. - Einer der erfolgreichsten dt. Maler des 19. Jh.; Schüler von P. von Cornelius; ab 1826 in München. V. a. effektvolltheatral. Decken- und Wandgemälde histor., allegor. und myth. Inhalts. Zu den besten Leistungen gehören seine Bildnisse und Illustrationen (u. a. zu Goethes „Reineke Fuchs", 1840-46).

Kaulbarsch (Stur, Rotzbarsch, Acerina cernua), bis etwa 25 cm langer, relativ schlanker Barsch im mittleren und nördl. Europa sowie in Asien (mit Ausnahme des S); oliv- bis graugrün mit dunkler Fleckung, Bauchseite grünlichweiß; Kiemendeckel mit spitzem Dorn; Speisefisch.

Kauliang [chin.] ↑Sorghumhirse.

Kauliflorie [lat.] (Stammblütigkeit), Blütenbildung aus spät austreibenden, „schlafenden" Knospen in bereits verholzten Teilen des Stamms; z. B. beim Kakaobaum und Judasbaum.

Kaulquappe, die im Wasser lebenden Larven der ↑Froschlurche.

Kaulun ↑Hongkong.

Kaumagen, der Zerkleinerung der Nahrung dienender Abschnitt des Darmtrakts bei manchen Tieren, z. B. bei Insekten, bei denen er im Innern Chitinzähnchen und -leisten trägt. Funktionell als K. wirkt auch der aus Muskelmagen ausgebildete Pylorusteil des Magens der körnerfressenden Vögel, in dem aufgepickte Steinchen als Mahlsteine fungieren.

Kaum Umbu, ägypt. Ort 40 km nördl. von Assuan, Kern eines neu erschlossenen Siedlungsgebietes für 45 000 Nubier aus dem Überschwemmungsgebiet des Nassersees. - K. U. ist das antike **Ombos,** von dem am Nilufer ein Doppelheiligtum aus dem 2./1. Jh. gut erhalten ist (mit bed. Reliefschmuck).

Kaun, Hugo, * Berlin 11. März 1863, † ebd. 2. April 1932, dt. Komponist. - Komponierte Opern, Orchester- und Kammermusik und war seinerzeit bes. mit Männerchören in spätromant. volkstüml. Stil erfolgreich.

Kaunas [lit. 'kaunas], Stadt an der Mündung der Neris in die Memel, Litau. SSR, 400 000 E. Polytechn., Sport-, medizin. Hochschule, Veterinärakad.; Museen; drei Theater. Bau von Turbinen, Werkzeugmaschinen, Elektromotoren u. a.; Hafen an der Memel, ⚓. - K. ist eine der ältesten litauischen Städte. Erstmals im 13. Jh. erwähnt; im 13. und 14. Jh. strateg. wichtiger Punkt in den Kämpfen mit dem Dt. Orden. 1569 wurde K. polnisch; 1795 (dritte Teilung Polens) Rußland angegliedert; 1812 stark zerstört.

Kaunda, Kenneth [ka:'onda], * Lubwe (Sambia) 28. April 1924, samb. Politiker. - Lehrer; schloß sich 1949 dem Afrikan. Nationalkongreß an, dessen Generalsekretär 1953-58; Gründer und Präs. der radikalen United National Independence Party (UNIP); 1964 Premiermin. von N-Rhodesien, dann Präs. Sambias; betreibt eine Politik der Konfrontation mit Rhodesien; wandelte 1972 Sambia in einen Einparteienstaat um.

Kaunertal, rechtes Seitental des Oberinntals, Tirol, mit dem Gepatsch-Stausee.

Kaunitz, Wenzel Anton Graf (seit 1764 Fürst von K.-Rietberg), * Wien 2. Febr. 1711, † ebd. 27. Juni 1794, östr. Staatsmann. - 1742-44 Gesandter in Turin, dann Kaiserl. Min. beim Gouverneur der östr. Niederlande, 1748 Kaiserl. Gesandter auf dem Friedenskongreß zu Aachen. Setzte sich für ein Bündnis mit Frankr. ein, um Friedrich II. Schlesien wieder abzunehmen. Als Gesandter in Paris (1750-53) wirkte er in diesem Sinne, konnte dieses Ziel trotz Abschluß des frz.-östr. Bündnisses (1756/57) und Festigung des östr.-russ. Bündnisses nicht erreichen. Mit Unterstützung des Mitregenten Joseph II. (ab 1765) gelang es K., in der 1. Poln. Teilung das Territorium Österreichs zu vergrößern.

Kaurifichte [polynes./dt.], svw. ↑Kopalfichte.

Kaurischnecken [Hindi/dt.] (Kauri, Caorischnecken, Monetaria), Gatt. bis 25 mm langer Porzellanschnecken mit nur einigen Arten, v. a. an indopazif. Korallenstöcken; Gehäuse eiförmig, porzellanartig glänzend, mit enger, schlitzförmiger, gezähnter Mündung. Die **Geld-Kaurischnecke** (Monetaria moneta; Gehäuse weißl., bis 2,5 cm groß) und die **Ring-Kaurischnecke** (Monetaria annulus; Gehäuse graubläul., orangefarben umsäumt, 2 cm lang) wurden etwa ab 1500 v. Chr. bis ins 19. Jh. zunächst in S- und SO-Asien (später auch in trop. W- und Z-Afrika) als Zahlungsmittel verwendet. - Abb. S. 266.

Kaus, Max, * Berlin 11. März 1891, † ebd. 5. Aug. 1977, dt. Maler. - Ausdrucksstarke Landschaften, Figurenkompositionen und Stilleben.

kausal [lat.], ursächl., das Verhältnis Ursache-Wirkung betreffend, dem Kausalitätsprinzip († Kausalität) entsprechend.

Kausaladverb ↑Adverb.

kausales Rechtsgeschäft ↑Rechtsgeschäft.

Kausalgie [griech.], die nach der Verletzung eines peripheren Nervs innerhalb von Tagen bis Wochen auftretenden starken Schmerzen. Die Behandlung besteht in kühlenden feuchten Umschlägen oder in der Durchtrennung der ursächl. beteiligten sympath. Nervenbahnen.

Kausalität [zu lat. causalitas „Ursächlichkeit"], in der *Philosophie* das Vorliegen eines [gesetzmäßigen] Wirkungszusammenhangs zw. Ereignissen bzw. Erscheinungen in der Weise, daß ein Ereignis *A* (= *Ursache*) unter bestimmten Bedingungen ein bestimmtes Ereignis *B* (= *Wirkung*) [mit Notwendigkeit] hervorbringt (verursacht), wobei die Ursache *A* der Wirkung *B* zeitl. vorausgeht und

265

Kausalprinzip

Kaurischnecken. Geld-Kaurischnecke (rechts) und Ring-Kaurischnecke

B niemals eintritt, ohne daß vorher *A* eingetreten ist. Die universelle Gültigkeit der K. behauptet das **Kausalprinzip** (K.prinzip), wonach jedes Geschehen seine [materielle] Ursache hat und es keine ursachelosen, „akausalen" Dinge, Erscheinungen, Abläufe usw. gibt. Dieses in elementarer Form bereits von Aristoteles formulierte Kausalprinzip entspricht der Interpretation des **Satzes vom zureichenden Grund:** „nihil fit sine causa" („nichts geschieht ohne Ursache"). - Im 19. und bis ins 20. Jh. hinein wurde die K. systemat. vorwiegend im Rahmen der Logik behandelt, wobei sich allerdings ineinanderfließende Einflüsse der Erkenntnistheorie, des Empirismus und des Rationalismus geltend machten, wie z. B. Kants Verständnis der K. deutl. macht: für Kant ist K. eine Kategorie, die er im Rahmen seiner Ableitung aller Kategorien aus der Urteilstafel mit dem hypothet. Urteil verband, so daß auch ihm das K.gesetz zwar a priori, also „vor" aller Erfahrung gültig ist, jedoch gleichzeitig auf den Bereich mögl. Erfahrung, auf Natur als Erscheinung eingeschränkt bleibt. Mit der Entwicklung der Logik zu einer reinen Formalwiss. verschwand das Problem der K. fast völlig aus der log. Diskussion und wird erst wieder in neuerer Zeit v.a. im Rahmen der allg. *Wiss.theorie* erörtert. Sie geht aus von der klass. Physik, die die Kausalgesetze als beobachtbare Abhängigkeiten in geschlossenen Systemen versteht. Sie interpretiert und formuliert deshalb die K. und die Geltung des K.prinzips in Anlehnung an die Deutung der Kausalgesetze, die durch funktionelle Beziehungen innerhalb der durch die Quantentheorie beschriebenen mikrophysikal. Meßprozesse bestimmt ist. Die Frage nach der Möglichkeit einer Theorie mikrophysikal. Meßprozesse, in der das Kausalgesetz a priori gilt (als Handlungsnorm für Erklärungen), ist kontrovers. Für eine solche Theorie sollen nicht schon funktionale Erklärungen eines Vorgangs als Kausalurteile angesehen werden, sondern erst „kausale Erklärungen" i. e. S., nach denen Vorgänge, die zu einer Situationsbeschreibung mit Hilfe von Meßergebnissen und einer bereits akzeptierten Theorie (System log. Allsätze) „unerwartet" sind, auf „Ursachen" zurückgeführt werden.

⌘ Kelsen, H.: *Vergeltung u. K.* Wien 1982. - Wuketits, F. M.: *Biologie u. K.* Bln. 1981. - Wuketits, F. M.: *K.begriff u. Evolutionstheorie.* Bln. 1980. - Sachsse, H.: *K. - Gesetzlichkeit - Wahrscheinlichkeit.* Darmst. 1979. - Cassirer, E.: *Zur modernen Physik.* Darmst. ⁴1977. - Hummell, H. J./Ziegler, R.: *Korrelation u. K.* Stg. 1976.

♦ im *Recht* die ursächl. Verknüpfung einer menschl. Handlung mit einem bestimmten Ergebnis, z. B. einem (schädl.) Erfolg in der Außenwelt. Kausal (ursächl.) für den Erfolg ist die Handlung dann, wenn sie nicht weggedacht werden kann, ohne daß der Erfolg entfiele (Conditio-sine-qua-non-Formel), z. B. die Abgabe eines Schusses mit dem Erfolg einer Körperverletzung. Ein bes. Problem stellt die K. bei den ↑Unterlassungsdelikten dar; es ist im Einzelfall z. B. oft nicht zu entscheiden, ob ein bei einem Unfall Verletzter wegen unterlassener Hilfeleistung gestorben ist oder ohnehin gestorben wäre. Im *Zivilrecht* ist die K. v. a. auf dem Gebiet des Schadenersatzes von Bedeutung. Im *Strafrecht* lassen sich Tätigkeitsdelikte und Erfolgsdelikte (↑Delikt) unterscheiden.

⌘ Kindhäuser, U. K.: *Intentionale Handlung.* Bln. 1980. - Kahrs, H. J.: *K. u. überholende K. im Zivilrecht.* Bln. 1969.

Kausalprinzip ↑Kausalität.

Kausalsatz (Begründungssatz), ↑Adverbialsatz, der eine Begründung angibt. Man unterscheidet den reinen K., im Dt. mit *da* und *weil* eingeleitet, den Finalsatz, Konditionalsatz, Konsekutivsatz, Konzessivsatz und den Instrumentalsatz.

Kausativ (Kausativum) [lat., zu causa „Ursache, Grund"], Verb, das das Veranlassen einer Handlung beim Objekt ausdrückt: z. B. *säugen* „veranlassen, daß (das Kalb) saugt".

Kausch (Kausche) [niederdt.], seemänn. Bez. für einen Metall- oder Kunststoffring von rinnenförmigem Querschnitt, der an einem Tauende in einen Augenspleiß zum Bilden einer reibungssicheren Öse eingespleißt wird.

Kaustik [zu griech. *kaustikós* „brennend"], (Brennfläche) bei einer Sammellinse oder einem Hohlspiegel diejenige Fläche, auf der sich (bei Berücksichtigung der Randstrahlen) die Schnittpunkte benachbarter Parallelstrahlen nach der Brechung bzw. nach der Reflexion befinden. Die Schnittkurve der K. mit einer durch die opt. Achse gelegten Ebene wird als *kaustische Linie* oder *Brennlinie* bezeichnet. Die bei Hohlspiegeln entstehende K. wird als **Katakaustik**, die bei Linsen entstehende als **Diakaustik** bezeichnet.

◆ svw. †Kauterisation.
Kaustika [griech.], svw. †Ätzmittel.
Kaustobiolithe [griech.] †Biolithe.
Kautabak (Priem), rollen-, würfel- oder stangenförmig gepreßtes Tabakprodukt aus stark gesoßtem Rauchtabak, häufig mit Zusatz von Rum und anderen Geschmacksstoffen.
Kauter [griech. „Verbrenner, Brenneisen"], chirurg. Instrument in Form eines Glüheisens oder von verschiedengestalteten Elektroden (**Elektrokauter**) zur Durchführung einer Kauterisation. - †auch Elektrochirurgie, †Kältechirurgie.
Kauterisation (Kaustik) [griech.], chirurg. Gewebszerstörung, auch Blutstillung unter Verwendung eines Kauters oder von Ätzmitteln.
Kaution [kaʊˈtsjoːn; zu lat. cautio „Behutsamkeit, Vorsicht"] †Sicherheitsleistung.
Käutner, Helmut, * Düsseldorf 25. März 1908, †Castellina (Prov. Chianti) 20. April 1980, dt. Schauspieler und Regisseur. - Mitbegr. des Kabaretts „Die vier Nachrichter" in München (1933–35); danach Drehbuchautor; 1939 führte er zum ersten Mal Regie (v. a. Unterhaltungsfilme). Seit Anfang der 1960er Jahre arbeitete er v. a. für Theater und Fernsehen. Internat. bekannt wurde er durch die Filme „Kleider machen Leute" (1940), „Romanze in Moll" (1943), „Große Freiheit Nr. 7" (1944), „Unter den Brücken" (1944), „In jenen Tagen" (1947), „Die letzte Brücke" (1953), „Des Teufels General" (1955), „Der Hauptmann von Köpenick" (1956), „Schinderhannes" (1958), „Der Rest ist Schweigen" (1959).

Helmut Käutner (1978)

Kautokeinoelv [norweg. ˌkœỹtokɛi̯noɛlv], Oberlauf des †Alteelvs.
Kautschuk [indian.-span.-frz.], makromolekularer Stoff, der sich unter nur geringer Wärmeentwicklung schnell und beträchtl. strecken läßt und bei Wegfall der Zugkraft weitgehend in die urspr. Form zurückgeht (†Naturkautschuk, †Synthesekautschuk).

Kautschukbaum (Gummibaum), Bez. für mehrere Kautschuk liefernde Pflanzen.
Kautschukhilfsmittel, Komponenten, die dem Kautschuk bei der Herstellung von Gummi zur Erzielung bestimmter Produkteigenschaften beigemischt werden.
Kautsky, Karl, *Prag 16. Okt. 1854, †Amsterdam 17. Okt. 1938, östr. Sozialist. - 1875 Mgl. der östr. Sozialdemokratie. Begr. 1883 und leitete bis 1917 das theoret. SPD-Organ „Die Neue Zeit"; lebte 1885–90 als enger Mitarbeiter von F. Engels in London und vertrat nach dessen Tod gegenüber dem Revisionismus den orthodoxen Marxismus; bestimmte maßgebend das Erfurter Programm. Seine Auslegung des Marxismus („Kautskyanismus") war stark vom Sozialdarwinismus geprägt. Wandte sich seit 1905 zunehmend gegen die radikalen Marxisten (v. a. R. Luxemburg), später gegen den Bolschewismus; vertrat im 1. Weltkrieg eine pazifist. Position, wechselte 1917 zur USPD, kehrte 1922 in die SPD zurück; 1925 Mitverfasser des Heidelberger Programms; lebte seit 1924 in Wien; emigrierte 1938 in die Niederlande. *Werke:* Karl Marx's ökonom. Lehren (1887), Die Vorläufer des neueren Sozialismus (mit P. Lafargue, 1849/95), Die Diktatur des Proletariats (1918), Die materialist. Geschichtsauffassung (1927).
Kautzsch, Emil, *Plauen (Vogtland) 4. Sept. 1841, †Halle/Saale 7. Mai 1910, dt. ev. Theologe. - Prof. für A. T. in Basel, Tübingen und Halle. Als Anhänger †Wellhausens war er literarkrit. tätig; bed. als Mithg. des Werkes „Die Apokryphen und Pseudepigraphen des A. T." (2 Bde., 1899/1900).
Kauz †Käuze.
◆ (übertragen): seltsamer Mensch, Sonderling.
Käuze, Bez. für †Eulenvögel mit dickem, rundem Kopf ohne Ohrfedern; in M-Europa v. a. Steinkauz, Waldkauz, Rauhfußkauz, Habichtskauz.
Kavalier [italien.-frz., zu lat. caballus „Pferd"], um 1600 aus dem Frz. entlehntes Wort, das zunächst den Angehörigen des ritterl. Ordens bezeichnete, bald allg. jeden adligen Herrn. Schon im 17. Jh. wurde K. zum gesellschaftl. Leitbild des taktvollen, feinen und gebildeten Mannes.
◆ (engl. Cavalier) im England des 17. Jh. Anhänger des Königs im Ggs. zu den †Rundköpfen.
Kavalierperspektive, Verfahren zur perspektivischen Darstellung von Körpern in einer Ebene, bei dem die zur Zeichenebene parallelen Strecken in wahrer Größe und Richtung erscheinen; die zur Zeichenebene senkrechte Strecken sind dagegen unter 45° gegen die Horizontale geneigt und um die Hälfte verkürzt.
Kavaliersdelikt, strafbare Handlung, die von der sozialen Umwelt als nicht ehren-

Kavalkade

rührig angesehen wird. In diesem Sinne bagatellisiert werden v. a. Steuerbetrug und Trunkenheit am Steuer.

Kavalkade [lat.-italien.-frz.], prachtvoller Reiteraufzug; Pferdeschau.

Kavallerie [zu italien. cavaliere „Reiter" (von lat. caballus „Pferd")] (Reiterei), die zu Pferde kämpfende Truppe; ihr Wert lag v. a. in der Kraft und der Schnelligkeit der Pferde. Bewaffnung: Säbel bzw. Degen, Karabiner, z. T. Lanze. K. wurde schon in den Heeren des Altertums eingesetzt. Die Unterscheidung zw. leichter K. (Dragoner, Husaren, Jäger zu Pferde) und schwerer K. (Kürassiere, Ulanen) wurde nach dem 1. Weltkrieg aufgehoben, die teils unterschiedl. Bewaffnung und Ausbildung vereinheitlicht *(Einheitskavallerie).* Infolge der techn. Entwicklung nach 1919 wurde die K. nach und nach durch motorisierte und Panzertruppen ersetzt und nach dem 2. Weltkrieg in fast allen Heeren aufgelöst.

Kavangoland, Bantuheimatland der Okawango, im N von Namibia, 41 700 km^2, 98 000 E (1982), Verwaltungssitz Runtu. K. erhielt 1970 einen Gesetzgebenden Rat und 1973 lokale Selbstverwaltung.

Kavatine (Cavatine) [italien.], kürzeres solist. Gesangstück in der Oper und im Oratorium des 18./19. Jh. von einfachem, liedmäßigem Charakter; im 19. Jh. auch arioser Instrumentalsatz.

Kaventsmann [letztl. zu lat. cavere „bürgen"], 1. ein durch seine Größe beeindruckendes Exemplar, Prachtexemplar; 2. Wellenberg, der aus zwei sich kreuzenden Wellen entsteht; kann für Schiffe gefährlich sein, da der K. rd. 60 % höher sein kann als die Wellen, aus denen er entsteht.

Kaverne [zu lat. caverna „Höhle"], (Hohlgeschwür, Caverna) durch krankhafte Gewebeinschmelzung entstandener Hohlraum im Körpergewebe; bes. in der Lunge bei schwerer Lungentuberkulose.

♦ künstl. angelegter, ausgebauter bzw. erweiterter unterird. Hohlraum, z. B. zum Einbau eines Kraftwerks *(K.kraftwerk),* zur Lagerung von radioaktiven Abfallstoffen oder als Erdöl- bzw. Erdgasvorratslager.

Kaviar [türk.], gesalzener Rogen der störartigen Fische, die hauptsächl. im Schwarzen und Kasp. Meer gefangen werden. Nach der Art des Störs unterscheidet man: 1. **Beluga,** der 15–20 kg K. von grobkörniger Struktur liefert; 2. **Schip** liefert 2–12 kg mittelgroß gekörnten K.; 3. **Ossiotr** ähnelt dem Schip; 4. **Sewruga** liefert 1–5 kg K., der bes. kleinkörnig ist. - Frischer K. ist hell und durchsichtig. Durch Zusatz von Salz und handelsübl. Konservierungsmitteln nimmt er eine schwärzl. Färbung an. - **Kaviarzubereitungen:** *Malossol:* mild gesalzen, am natürlichsten; *Faß- oder Salz-K.:* stark mit Salz gemischt, von einfacher Qualität (meist Sewruga). - **Deutscher Kaviar** ist K.ersatz, der aus dem gesalzenen, gefärbten, mit Binde- und Würzmitteln behandelten Rogen von Seehasen (oder anderen Seefischen) hergestellt wird. **Roter Kaviar** (Ketakaviar) stammt vom Rogen des Ketalachses, hat guten Geschmack, ist grobkörnig und vom roter Farbe.

Kavitation [zu lat. cavitas „Höhlung"] (Hohlsog), Bildung und nachfolgende schlagartige Kondensation von Dampfblasen in strömenden Flüssigkeiten, hervorgerufen durch Geschwindigkeitsänderungen. Die K. äußert sich in erhebl. Schallabstrahlungen (z. B. knatterndes Geräusch in Wasserleitungen); in der Nähe der K.stelle kann es zur mechan. Zerstörung der Maschinen- oder Rohrteile kommen.

Kawa [polynes.], Bez. für eine Pflanze aus der Gatt. des Pfeffers sowie für das aus ihren Wurzeln gewonnene, leicht berauschende Getränk. Zubereitung und Darreichung sind in Polynesien zeremoniell geregelt.

Kawabata, Jasunari, * Osaka 11. Juni 1899, † Kamakura 16. April 1972 (Selbstmord), jap. Schriftsteller. - 1948–65 Präs. des jap. PEN-Clubs. Einsamkeit, Heimatlosigkeit und Vergänglichkeit sind die Leitmotive seiner psycholog. nuancierten, realist. Prosa. Erhielt 1968 den Nobelpreis. - *Werke:* Die kleine Tänzerin von Izu (Nov., 1926), Schneelandschaft (R., 1947), Tausend Kraniche (R., 1949), Ein Kirschbaum im Winter (R., 1949).

Kawagutschi, jap. Stadt auf Hondo, nördl. an Tokio angrenzend, 379 400 E. Geolog. Forschungsinst.; Metallverarbeitung, elektrotechn. und Textilindustrie.

Kawala, griech. Hafenstadt in Ostmakedonien, 56 400 E. Hauptort des Verw.-Geb. K.; Umschlagplatz für Tabak; Fährverkehr nach Thasos; ⚓.

Kawalerowicz, Jerzy [poln. kavaleˈrɔvit͡ʃ], * Gwoździec 19. Jan. 1922, poln. Filmregisseur. - Seine bekanntesten Filme sind „Unter dem phryg. Stern" (1954), „Nachtzug" (1959), „Mutter Johanna von den Engeln" (1960), „Pharao" (1965), „Magdalena" (1971), „Der Tod des Präsidenten" (1978), „Austria - Das Haus an der Grenze" (1982).

Kawasaki, jap. Hafenstadt auf Hondo, zw. Jokohama und Tokio, 1,04 Mill. E. Kernforschungszentrum; bed. Standort der eisenschaffenden und -verarbeitenden Ind.; Erdölraffinerien. - Vom 17. Jh. an entwickelte sich K. als wichtige Poststation (Furt über den Tama) am Tokaido, außerdem Wallfahrtsort. K. ist mit Tokio und Jokohama zu einem geschlossenen Industriegebiet zusammengewachsen. - Buddhist. Tempel, u. a. der Osendschitempel (917) und der Heigendschitempel (1128).

Kawaß [arab.-türk.], früher Bez. für: oriental. [bewaffneter] Polizist, Ehrenwache (für Diplomaten).

Kawerau, Gustav, * Bunzlau 25. Febr.

1847, † Berlin 1. Dez. 1918, dt. ev. Theologe. - Onkel von Siegfried K.; Prof. in Kiel und Breslau; arbeitete v. a. auf dem Gebiet der Reformationsgeschichte und über Luther; Mithg. der Weimarer und der Braunschweiger Lutherausgabe.

K., Siegfried, * Berlin 8. Dez. 1886, † ebd. 16. Dez. 1936, dt. Pädagoge. - Neffe von Gustav K.; Mitbegr. des †Bundes entschiedener Schulreformer; leitete ab 1927 den Ausbau des Kölln. Gymnasiums und der Kaemphschule in Berlin zur Einheitsschule mit Schülerselbstverwaltung. - *Werke:* Weißbuch der Schulreform (1920), Soziolog. Pädagogik (1921).

Kawerin, Weniamin Alexandrowitsch [russ. ka'vjerin], eigtl. W. Silber, * Pleskau 19. April 1902, russ.-sowjet. Schriftsteller. - Gehörte der Gruppe der „Serapionsbrüder" an; verfaßte zunächst histor., phantast. und Kriminalerzählungen; sein Abenteuerroman „Zwei Kapitäne" (1938–44) gehört zu den populärsten sowjet. Jugendbüchern. Internat. Beachtung fand der Künstlerroman „Vor dem Spiegel" (1971); schrieb auch „Der abendl. Tag" (1980). - † 4. Mai 1989.

Kawi, altjavan., mit Sanskritwörtern bereicherte höf. Literatursprache, in der Werke der altjavan. Literatur aufgezeichnet sind.

Kawja [Sanskrit], bes. an ind. Fürstenhöfen gepflegte Kunstdichtung; als klass. Höhepunkt des K. in Sanskrit, dessen Stoff meist den Epen entnommen wurde, gilt das Schaffen Kalidasas.

Kayahstaat, nat. Sondergebiet der Kayah, eines Hauptstammes der Karen, im östl. Birma, an der Grenze gegen Thailand, 11 670 km², 168 000 E (1983), Hauptstadt Loikaw. Der K. wird vom südl. Schanhochland eingenommen. Die Hochlagen werden, soweit mögl., landw. genutzt. Bed. Teakholzbestände; Abbau von Zinn- und Wolframerzen.

Kaye, Danny [engl. kɛı], eigtl. David Daniel Kaminski, * New York 18. Jan. 1913, † Los Angeles 3. März 1987, amerikan. Schauspieler russ. Abstammung. - Bes. Erfolg hatte er mit tragikom. Rollen, z. B. in den Filmen „Und Kinder lächeln wieder" (1954), „Der Hofnarr" (1955), „König der Spaßmacher" (1957), „Jakobowsky und der Oberst" (1958), „Die Irre von Chaillot" (1968).

Kayes [frz. kaj], Regionshauptstadt im äußersten W der Republik Mali, am Senegal, 46 m ü. d. M., 44 700 E. Einer der heißesten Punkte der Erde. Kath. Bischofssitz; landw. Versuchsstation; Rinder- und Schafmarkt; Bahnstation, ⚒. - K. wurde Ende des 17. Jh. gegründet; 1892–1907 Verwaltungssitz des frz. Gebietes Soudan von Frz.-Westafrika.

Kayser, Christian Gottlob, * Priester bei Eilenburg 21. Dez. 1782, † Leipzig 16. Nov. 1857, dt. Verleger und Bibliograph. - Schuf ein „Vollständiges Bücher-Lexicon, enthaltend alle von 1750 ... in Deutschland und in den angrenzenden Ländern gedruckten Bücher" (36 Bde., 1834–1911).

K., Emanuel, * Königsberg (Pr) 26. März 1845, † München 29. Nov. 1927, dt. Geologe. - Bruder von Heinrich K.; Prof. in Marburg; arbeitete über die Geologie des Rhein. Schiefergebirges, trug wesentl. zur Kenntnis des Devons bei. Sein Hauptwerk ist das „Lehrbuch der Geologie" (1891–93).

K., Heinrich, * Bingen 16. März 1853, † Bonn 14. Okt. 1940, dt. Physiker. - Prof. in Hannover und Bonn; untersuchte und registrierte die Spektren zahlr. Elemente und gab zus. mit C. Runge und H. Konen das „Handbuch der Spektroskopie" (8 Bde., 1900–34) heraus.

K., Wolfgang, * Berlin 24. Dez. 1906, † Göttingen 23. Jan. 1960, dt. Literaturwissenschaftler. - 1941 Prof. in Lissabon, seit 1950 in Göttingen; zahlr. richtungweisende Arbeiten zur Poetik. In seinem Hauptwerk „Das sprachl. Kunstwerk" (1948) definiert er Dichtung als strukturelle Einheit, deren Einzelelemente in der Gesamtinterpretation als Synthese von Beziehungen auftreten.

Kayseri [türk. 'kɑjsɛri], türk. Stadt am Fuß des Erciyas Dağı, 1 043 m ü. d. M., 273 000 E. Hauptstadt des Verw.-Geb. K.; Handelszentrum mit Textilind., Zucker- und Zementfabrik, Herstellung von Leder- und Metallwaren; Bahnstation, ⚒. - K. ist die Nachfolgesiedlung des alten **Mazaka,** der Hauptstadt Kappadokiens, das von Ariarathes V. (2. Jh. v. Chr.) in **Eusebia,** von Archelaos um 12 v. Chr. in **Caesarea** umbenannt wurde. - Zitadelle (seldschuk. und osman.) mit 19 Türmen; zahlr. Moscheen, u. a. Bleimoschee (1580). Medresen und Mausoleen.

Kaysone Phomvihan, * Ban Na Séng (Prov. Savannakhet) 13. Dez. 1920, laot. Politiker. - Wurde 1950 Verteidigungsmin. in der Gegenreg. des Pathet Lao, 1955 Oberbefehlshaber der Pathet-Lao-Streitkräfte; seit 1955 Generalsekretär der Laot. Revolutionären Volkspartei; seit 1975 Min.präs. der Demokrat. VR Laos.

Kayssler, Friedrich, * Neurode (Prov. Niederschlesien) 7. April 1874, † Kleinmachnow bei Berlin 24. April 1945, dt. Schauspieler. - Begann in Berlin und spielte unter M. Reinhardt Heldenrollen, später expressiver Charakterdarsteller. Theaterdirektor (u. a. an der Volksbühne 1918–23). Schrieb u. a. Gedichte, Aphorismen und Memoiren.

Kazan, Elia [engl. kə'zɑːn], eigtl. E. Kasanioglus, * Konstantinopel 7. Sept. 1909, amerikan. Regisseur und Schriftsteller griech. Herkunft. - Zunächst Schauspieler und Theaterregisseur in New York, wo er 1948 die Schauspielschule „Actors' Studio" mitbegründete. Als Filmregisseur (seit 1945) internat. bekannt wurde er mit psycholog. und sozialkrit. Filmen wie „Endstation Sehnsucht" (1951), „Viva Zapata" (1951), „Die Faust im Nacken" (1954), „Jenseits von Eden"

(1955). Schrieb auch Romane „Amerika, Amerika" (1963, verfilmt 1963), Das Arrangement" (1967, verfilmt 1969), „Dieses mörder. Leben" (1972), „Der Schlußakt" (1974), „Der letzte Tycoon" (1975), „Wege der Liebe" (1978).

Kazantzakis, Nikos ↑Kasandsakis, Nikos.

Kazenelson, Jizchak, *Korelitschi (Weißruss. SSR) 1886, † KZ Auschwitz 1944, jidd. Dichter. - Verfaßte in Hebräisch und Jidd. Schauspiele, Gedichte und Kinderlieder; bed. v. a. durch die Dichtungen („Das Lied vom gemordeten jüd. Volk"), in denen er das Grauen und die Unmenschlichkeit der NS-Zeit in erschütternder Weise festhielt.

Kazike [indian.], Bez. für Stammes- und Dorfhäuptlinge der Indianer in M- und S-Amerika.

KBit (kbit), svw. Kilobit (↑Bit).

KByte (kByte), svw. Kilobyte (↑Byte).

KBW, Abk. für: Kommunistischer Bund Westdeutschlands (↑K-Gruppen).

kcal, Einheitenzeichen für Kilokalorie (↑Kalorie).

KdF, Abk. für: Kraft durch Freude (↑Deutsche Arbeitsfront).

Kea, griech. Insel der Kykladen, vor der SO-Küste von Attika, 131 km², Hauptort Kea.

Kea [polynes.] ↑Nestorpapageien.

Keaton, Buster [engl. 'kiːtən], eigtl. Joseph Francis K., *Pickway (Kansas) 4. Okt. 1896, † Los Angeles-Hollywood 1. Febr. 1966, amerikan. Schauspieler und Regisseur. - Zunächst Zirkusartist; ab 1912 beim Film; ab 1919 Hauptdarsteller und Regisseur zahlr. Stummfilmkomödien, z. B. „Sherlock Holmes jr." (1924), „B. K., der Cowboy" (1925), „Der Killer von Alabama" (1926), „Der General" (1926). Seine Komik rührt bes. aus dem Gegensatz ernster Gelassenheit („der Mann, der niemals lachte") und die herausfordernden

Buster Keaton im Film „Buster Keaton, der Cowboy" (1925)

Widerwärtigkeiten, die er auf Grund unerwarteter Einfälle meistert. Bekannte Tonfilme sind „Boulevard der Dämmerung" (1950), „Rampenlicht" (1952).

Keats, John [engl. kiːts], *London 29. oder 31. Okt. 1795, † Rom 23. Febr. 1821, engl. Dichter. - Als Vertreter der 2. Generation der engl. Romantik gehört K. zu den hervorragendsten engl. Odendichtern. Bes. Bed. hatte für ihn die antike Mythologie. Seine leidenschaftl., sensualist. Dichtung zeugt von hoher Wortkunst; der bildhafte, ornamentale Stil und die Bemühung um Euphonie sind kennzeichnend für K.' Ideal poet. Schönheit; Wirkung auf die Präraffaeliten. - *Weitere Werke:* On first looking into Chapman's Homer (Sonett, 1815), Endymion (Dichtung, 1818), Isabella (Vers-E., 1820), Hyperion (ep. Fragment, 1820), Sankt Agnes Vorabend (Romanze, 1820).

Kebab (Kebap), türk. Bez. für gebratenes Fleisch, gebeiztes Hammel- oder Lammfleisch, das (in der Pfanne oder) am Spieß gebraten wird.

Kebnekajse [– – ́ –], mit 2123 m höchstes Gebirgsmassiv Schwedens im NW der Großgemeinde Kiruna; zahlr. Gletscher.

Kebse [zu althochdt. kebis(a), eigtl. „Sklavin, Dienerin"], früher für: Konkubine, Nebenfrau, deren Kinder als unehelich galten.

Kecskemét [ungar. 'kɛtʃkɛmeːt], ungar. Stadt 80 km sö. von Budapest, 96 000 E. Ingenieurschule; ehem. typ. Agrarstadt, die sich seit 1950 zum Ind.zentrum entwickelte. - Franziskanerkirche (13. Jh.), ref. Kirche (17. Jh.), röm.-kath. Barockkirche (Ende des 18. Jh.), Rathaus, neubarockes Stadttheater (beide Ende des 19. Jh.), Hotel Aranyhomok (1963).

Kedah, Gliedstaat Malaysias, im NW der Halbinsel Malakka, 9 425 km², 1,102 Mill. E (1980), Hauptstadt Alor Setar. Nur das Küstentiefland des im N und O von hohen, dichtbewaldeten Gebirgsketten (bis 1 860 m hoch) abgeschlossenen Gebietes ist stärker erschlossen. Es ist eines der wichtigsten Reisanbaugebiete Malaysias. Im binnenwärts ansteigenden Hügelland und im S Kautschukpflanzungen; für den Eigenbedarf werden Kokospalmen kultiviert, Maniok und Tabak angebaut. - Das 1909 von Thailand an Großbrit. abgetretene, 1943-45 wieder von Thailand annektierte Sultanat schloß sich 1948 dem Malaiischen Bund an und ist seit 1963 Teil von Malaysia.

Keder, Randverstärkung aus Leder, Gummi oder Kunststoff.

Kédia d'Idjil [frz. kedjadid'ʒil] ↑F'Derik.

Kędzierzyn-Koźle [poln. kɛnˈdzɛʒɪn ˈkɔzlɛ], Stadt in Polen', 68 000 E; ↑Cosel, ↑Heydebreck O. S.

Keeler, James Edward [engl. 'kiːlə], *La Salle (Ill.) 10. Sept. 1857, † San Francisco 13. Aug. 1900, amerikan. Astronom. - Leiter des

Lick Observatory auf dem Mount Hamilton (Calif.); photographierte zahlr. Galaxien und zeigte, daß deren Spiralform die häufigste ist. Spektroskop. gelang ihm der Nachweis, daß das Ringsystem des Saturns aus kleinen Partikeln besteht.

Keelinginseln [engl. 'kiːlɪŋ] ↑ Kokosinseln.

Keelung (Jilong) [chin. dzilʊŋ], Stadt an der NO-Küste Taiwans, 351 000 E. Fachhochschule für Meerestechnologie, staatl. Fischereiforschungsinst.; Fischerei- und zweitwichtigster Handelshafen Taiwans; Schiff- und Maschinenbau, chem. Ind.; Endpunkt einer Bahnlinie von Taipeh.

Keene, Charles Samuel [engl. kiːn], * London 10. Aug. 1823, † ebd. 4. Jan. 1891, engl. Karikaturist. - Wurde mit Illustrationen zu Defoes „Robinson Crusoe" bekannt; 1847 Mitarbeiter der „Illustrated London News", ab 1851 von „Punch", seit 1859 auch von „Once a Week".

Keep [engl. kiːp] ↑ Donjon.

Keeper ['kiːpə; engl. „Hüter, Wächter"], bes. östr. für: Torwart, Torhüter.

Keep smiling [engl. 'kiːp 'smaɪlɪŋ „nimm (es) lächelnd"], Bez. für eine Haltung, bei der Optimismus zur Schau getragen wird.

Kees, svw. ↑ Gletscher.

Keesom, Wilhelmus Hendrik, * Texel 21. Juni 1876, † Leiden 3. März 1956, niederl. Physiker. - Prof. in Utrecht und Leiden; K. lieferte bed. Arbeiten zur Tieftemperaturphysik; 1926 gelang ihm der Herstellung festen Heliums; 1932 entdeckte er die zwei Phasen Helium I und II und stellte bei Helium II die Suprawärmeleitung fest.

Keetmanshoop, Distrikthauptstadt im südl. Namibia, 1 001 m ü. d. M., 10 500 E. Zentrum eines Karakulschafzuchtgebiets; Eisenbahnwerkstätten; ⚔. - 1866 als Missionsstation (Kirche von 1769) gegr.; Stadt seit 1909.

Kef, Le (El-Kef), tunes. Stadt 35 km vor der alger. Grenze, 700–850 m ü. d. M., 27 900 E. Verwaltungssitz des Gouvernements Kef; Eisenbahnendpunkt. - Le K. ist das antike **Sicca Veneria.**

Kefe ↑ Feodossija.

Kefallinia, größte der Ion. Inseln, Griechenland, vor dem Golf von Patras, 781 km², bis 1 620 m hoch, Hauptort Argostolion an der SW-Küste. - Bis zur Kolonisierung durch Korinth (7./6. Jh.) von Achäern besiedelt; die wichtigsten Städte waren Pale, Same, Pronoi und Krane; um 809 n. Chr. mit den übrigen Ion. Inseln zum Thema K. vereint; im Spät-MA von den italien. Dyn. der Orsini (1194–1323) und der Tocchi (1357–1479) beherrscht, 1500 von Venedig (bis 1797) annektiert.

Kefermarkter Altar, in der Pfarrkirche zum hl. Wolfgang in der oberöstr. Marktgemeinde Kefermarkt (im Mühlviertel; 1 800 E) befindl. Flügelaltar. Einer der größten erhaltenen Schnitzaltäre der dt. Spätgotik.

Um 1495 wahrscheinl. in einer Passauer Werkstatt entstanden. Die drei Heiligen Petrus, Wolfgang und Christophorus stammen wohl von Martin Kriechbaum.

Kefir [russ.] (Kapir), kohlensäurehaltiges dickflüssiges gesäuertes Milchgetränk; urspr. aus den Kaukasusländern.

Keflavík [isländ. 'kjɛblaviːk], isländ. Hafenstadt 24 km wsw. von Reykjavík, 6 700 E. Fischverarbeitende Ind., internat. ⚔, NATO-Stützpunkt.

Kegel, in der *Mathematik* im weitesten Sinne eine Fläche, die von der Gesamtheit der Geraden (der *Erzeugenden* des K.) gebildet wird, die einen Punkt S des Raumes (den *Scheitel,* die *Spitze* des K.) mit den Punkten einer Kurve k (der *Leitlinie*) verbinden. I. e. S. versteht man unter einem K. einen Körper, der entsteht, wenn man jeden Punkt am Rand einer ebenen Fläche (*Grundfläche* des K.) mit einem außerhalb dieser Fläche liegenden Punkt S (*Spitze* des K.) durch ein Geradenstück (*Mantellinie* des K.) verbindet. Die Menge aller Mantellinien bildet den *K.mantel.* Je nach Art der Grundfläche unterscheidet man *Kreis-K., ellipt. K.* und andere K.formen; hat die Grundfläche einen Mittelpunkt und liegt die Spitze senkrecht darüber, so spricht man von einem *geraden K.,* anderenfalls von einem *schiefen Kegel.* Für das Volumen V des K. gilt: $V = \frac{1}{3} G \cdot h$ (G Grundfläche, h Höhe). Wird die Spitze eines K. durch einen parallel zur Grundfläche geführten Schnitt abgetrennt, so bleibt ein *K.stumpf* zurück.

◆ im *Maschinenbau* verwendetes Bauelement in Form eines K.stumpfs mit geraden Mantellinien; Anwendung z. B. als *Werkzeug-K.* (*Morse-K.* [Abk. MK] und metr. K.) zur Befestigung von Werkzeugen in Werkzeugmaschinen, als *Ventil-* oder *Dicht-K.* zum Erzielen einer einwandfreien Abdichtung.

◆ in der *Drucktechnik* ↑ Schriftkegel.

Kegel. a gerader Kreiskegel, b schiefer Kreiskegel, c Kegelstumpf

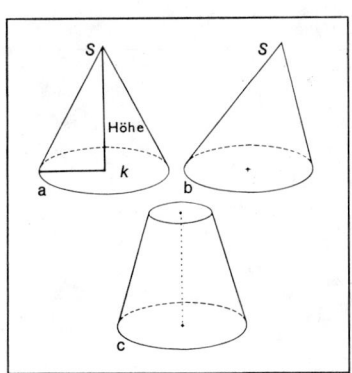

Kegelbienen

Kegelbienen (Coelioxys), mit rd. 300 Arten weltweit verbreitete Gatt. 6–20 mm langer Bienen (davon in M-Europa 15 Arten); Brutschmarotzer bei anderen nicht staatenbildenden Bienen; ♀ mit kegelförmig nach hinten zugespitztem Hinterleib, ♂ mit starken Dornen am Körperende; der Kopf ist verhältnismäßig groß.

Kegeldach ↑ Dach.
Kegelfrisur ↑ Haartracht.
Kegelkarst ↑ Karst.
Kegeln ↑ Kegelsport.
Kegelprojektion ↑ Kartennetzentwurf.
Kegelradgetriebe ↑ Getriebe.
Kegelrobbe ↑ Seehunde.
Kegelschnecken (Conus), Gatt. der ↑ Giftzüngler in den Küstenbereichen subtrop. und v. a. trop. Meere; rd. 400 Arten mit etwa 1–30 cm langer, starkwandiger, kegelförmiger Schale; oft bunt und kontrastreich gezeichnet. Im Mittelmeer kommt die ungefährl., etwa 2–4 cm lange Art *Conus ventricosus* (graugrün bis rötl., mit wechselnder Zeichnung) in der oberen Felsenküstenzone zw. Algen vor.

Kegelschnitte, ebene Schnittfiguren eines geraden Kreiskegels K (Spitze S) mit einer Ebene E. Folgende Fälle sind möglich:
1. E geht durch S und
a) hat nur diesen Punkt mit K gemeinsam,
b) berührt K längs einer Mantellinie,
c) schneidet K in zwei Mantellinien.
Die K. sind dann: a) ein Punkt, b) eine Gerade, c) ein Geradenpaar.
2. E geht nicht durch S und ist parallel zu einer Ebene durch S, die
a) nur diesen Punkt mit K gemeinsam hat,
b) K längs einer Mantellinie berührt,
c) K in zwei Mantellinien schneidet,
Die K. sind dann: a) ↑ Ellipsen (eventuell ↑ Kreise), b) ↑ Parabeln, c) ↑ Hyperbeln.
In den ersten Fällen spricht man von *entarteten (singulären)* K., in den letzten von eigtl. *(nichtentarteten* oder *regulären)* K. oder kurz von Kegelschnitten. Die K. werden auch als *Kurven zweiter Ordnung* bezeichnet, da sie in einem x, y-Koordinatensystem durch Gleichungen zweiten Grades beschrieben werden können.

Kegelspiel ↑ Billard.
Kegelschraubgetriebe, svw. ↑ Hypoidgetriebe.
Kegelsport (Kegeln), als Leistungs- und Ausgleichssport betriebene Sportart (1157 erstmals erwähnt), bei der es gilt, vom einen Ende der *Kegelbahn* eine Holz- oder Kunststoffkugel ins Rollen zu bringen und die am anderen Ende der Bahn aufgestellten 9 bzw. 10 (Bowling) Kegel umzuwerfen. Gespielt wird auf der *Asphaltbahn*, wobei im Direktwurf die Kegel umgeworfen werden sollen, auf der *Bohlenbahn*, bei der in das volle Kegelbild gespielt wird; auf der *Scherenbahn* wird zur Hälfte in die Vollen, zur anderen Hälfte auf Abräumen gespielt sowie auf der *Bowlingbahn*, auf der man auf das volle Kegelbild, im zweiten Wurf auf die nicht getroffenen Kegel spielt. Für alle Bahnarten werden beim Sportkegeln Wettbewerbe im Einzel- und Mannschaftskampf (Mannschaftsstärke: Klubmannschaft 5, Vereinsmannschaft 6 Teilnehmerinnen bzw. Teilnehmer) unterschieden. Als Gesellschaftsspiel wird auf allen Bahnarten jede nur denkbare Spielart mit Kegel und Kugel durchgeführt. Weltmeisterschaften für Bowling wurden erstmals 1926, auf Asphalt 1953 durchgeführt.

Kegelstumpf ↑ Kegel.
Kehl, Stadt am Oberrhein, Bad.-Württ., gegenüber von Straßburg (Frankr.), 139 m ü. d. M., 29 200 E. Fachhochschule für öff. Verwaltung. Rheinhafen; Stahlwerk, Holz- u. a. Ind.; Rheinbrücke (Grenzübergang). - Das 1299 erwähnte Fischerdorf gewann durch die 1388 erbaute Rheinbrücke als Handelsplatz für Straßburg an Bedeutung. Frz. besetzt, wurde K. 1676–79 durch Vauban zur Festung ausgebaut. 1679 erhielt Markgraf Ludwig Wilhelm von Baden-Baden K., 1774 wurde K. Stadt.

Kehle, (Gula) bei Wirbeltieren (einschließl. Mensch) vorderer, oberer Teil des Halses an der Umbiegungsstelle zum Kinn (Gurgel).
♦ Ausrundung an der Schnittkante zweier zusammenstoßender Flächen, z. B. zw. Decke und Wand eines Raums.

Kehlkopf (Larynx), oberster, von Knorpelstücken gestützter Teil der Luftröhre bei den oberen atmenden Wirbeltieren. Bei Fröschen, Kröten, einigen Eidechsen und v. a. bei den Säugetieren (einschließl. Mensch) ist er durch die Ausbildung eines [Stimm]faltenpaars (mit den Stimmbändern zur Verengerung der Stimmritze) auch zu einem Organ für die Laut- bzw. Stimmerzeugung geworden. Das am Zungenbein aufgehängte *K.skelett des Menschen* besteht aus drei unpaaren und einem paarigen Knorpel. Sie werden von

Kegelschnitte. a Ellipse, b Parabel, c Hyperbel

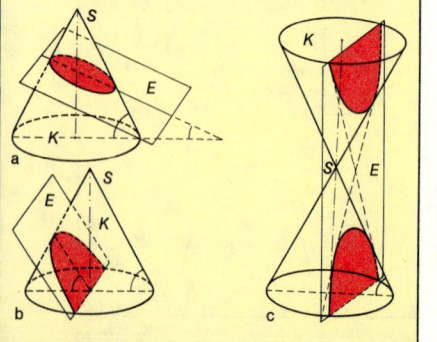

Bändern zusammengehalten und sind innen von Flimmerepithel mit Schleimdrüsenzellen ausgekleidet. Auf dem unteren Ringknorpel sitzen hinten die beiden Stellknorpel drehbar auf; vorn liegt der Schildknorpel darüber. Sein oberes Ende ist leicht nach vorn gekippt und beim erwachsenen Mann als Adamsapfel außen am Hals erkennbar. Vor dem Schildknorpel liegt die Schilddrüse. Innen liegt der knorpelige Kehldeckel dem Schildknorpel an. Zw. Schild- und Stellknorpel sind die aus elast. Fasern bestehenden Stimmbänder (Ligamenta vocialia) aufgespannt, die die *Stimmritze* als Stimmorgan *(Glottis)* bilden, durch die der Luftstrom vom Schlund aus in den Kehlkopf bzw. die Luftröhre gelangt und umgekehrt († auch Stimme). - Den oberen Abschluß des K. bildet der elast. (an seinem unteren Ende am Schildknorpel, in der Mitte am Zungenbein angeheftete) *Kehldeckelknorpel*, das Skelettelement für den fahrradsattelförmigen *Kehldeckel (Epiglottis)*, dessen freie Hälfte sich beim Schluckakt abbiegt und den Kehlkopfeingang gegen den Nahrungsbrei abschirmt. Die Wandung des K. ist bei manchen Säugetieren an verschiedenen Stellen zw. den K.knorpeln unter Bildung von unpaaren oder paarigen *Kehlsäcken* (als schallverstärkende Resonatoren) ausgestülpt.

Kehlkopfentzündung (Kehlkopfkatarrh, Laryngitis), Entzündung der Kehlkopfschleimhaut infolge Infektionen, von Überbeanspruchung, Reizung durch Fremdstoffe; Symptome: Heiserkeit, Husten, Auswurf, v.a. bei Erkältungskrankheiten.

Kehlkopferkrankungen † Kehlkopfentzündung, † Stimmritzenkrampf, † Kehlkopfkrebs.

Kehlkopfkrebs (Larynxkarzinom), mit Heiserkeit und Schluckbeschwerden einhergehende bösartige Geschwulstbildungen im Kehlkopfbereich; Dauerheilung bei frühzeitiger Operation und Bestrahlung.

Kehlkopflähmung (Rekurrenslähmung), durch Schädigung des Kehlkopfnervs (Nervus laryngeus recurrens) bedingte Lähmung der inneren Kehlkopfmuskeln; Symptome: Heiserkeit, Stimmlosigkeit.

Kehlkopfmikrophon, direkt an den Kehlkopf angelegtes kleines Mikrophon, das nur dessen Schwingungen (ohne die Geräusche der Umgebung) aufnimmt.

Kehlkopfpfeifen (Pfeiferdampf, Hartschnaufigkeit, Rohren), Erkrankung des Kehlkopfes oder der Luftröhre bei Pferd, Esel, Maulesel und Maultier; pfeifende oder röchelnde Geräusche beim Einatmen; Beseitigung durch operativen Eingriff möglich.

Kehlkopfspiegelung (Laryngoskopie), Betrachtung des Kehlkopfs mit einem **Laryngoskop.** Dieses wird für die indirekte K. als Planspiegel (**Kehlkopfspiegel**), für die direkte K. als **Kehlkopfspatel** mit Beleuchtungsein-

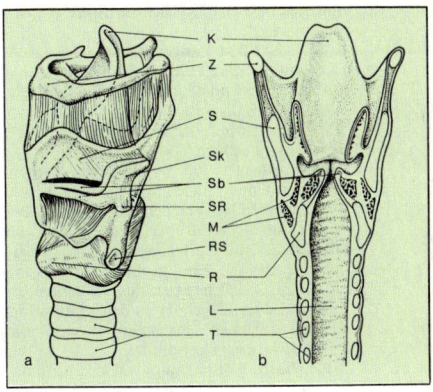

Kehlkopf des Menschen. a linke Seite, b Frontalschnitt (K Kehldeckel, L Luftröhre, M Muskulatur, R Ringknorpel, RS Ringknorpel-Schildknorpel-Gelenk, S Schildknorpel, Sb Stimmbänder, Sk Stellknorpel, SR Stellknorpel-Ringknorpel-Gelenk, T Trachealknorpel der Luftröhre, Z Zungenbein)

richtung oder als **Bronchoskop** († Endoskope) verwendet.

Kehlsäcke † Kehlkopf.

Kehr, Paul Fridolin, * Waltershausen 28. Dez. 1860, † Wässerndorf bei Ochsenfurt 10. Nov. 1944, dt. Historiker. - 1893 Prof. in Marburg, 1895 in Göttingen; 1903 Leiter des Preuß. Histor. Instituts in Rom, 1915–29 Generaldirektor der preuß. Staatsarchive, 1919–34 Präs. der Zentraldirektion der Monumenta Germaniae historica.

Kehrreim, meist am Strophenende wiederkehrender Vers oder Versteil, analog der Bez. „Refrain".

Kehrwert (reziproker Wert), der Wert eines Bruches, der aus einem anderen Bruch durch Vertauschung von Zähler und Nenner entsteht; so ist z.B. $5/36$ der K. von $36/5$, 3 der K. von $1/3$ und $1/5$ der K. von 5. Allg. ist der K. einer beliebigen Zahl a die Zahl $1/a$ oder a^{-1}.

Keihin [jap. ke:'hin], jap. Ind.gebiet auf Hondo, umfaßt den Bereich der westl. Kantoebene mit Tokio, Kawasaki und Jokohama. Ein Ausläufer des K., das Ind.gebiet **Keijo,** erstreckt sich von Tokio bis Itschihara; hier v.a. Stahlind., Schiffbau und Petrochemie.

Keil, Birgit, * Kowarschen (= Kovářov, Westböhm. Gebiet) 22. Sept. 1944, dt. Tänzerin. - Seit 1961 in Stuttgart engagiert, wo sie Hauptrollen u.a. in J. Crankos „Opus 1" (1965), „Brouillards" (1970) und „Initialen R. B. M. E." (1972) kreierte. Zu ihren ständigen Repertoire gehören u.a. Hauptrollen in den

Keil

Balletten „Giselle", „Schwanensee", „Der Nußknacker".

K., Ernst, * Bad Langensalza 6. Dez. 1816, † Leipzig 23. März 1878, dt. Buchhändler und Publizist. - Gründete 1846 das für den vormärzl. Journalismus wichtige Monatsblatt „Der Leuchtturm", 1853 „Die Gartenlaube", die er bis zu seinem Tod leitete.

Keil, prismat. Körper mit zwei ebenen, sich unter einem spitzen Winkel, dem *K.winkel,* schneidenden Flächen (die sog. *K.flanken*); dient als Kraftübertragungsmittel, da mit verhältnismäßig kleiner Kraft in Längsrichtung des K. eine große Kraftwirkung *(K.wirkung)* senkrecht zu den K.flanken erzielt wird. Der K. gehört zu den kraftumformenden einfachen Maschinen; er wird u. a. als Spaltwerkzeug verwendet.

Keilbein, 1. (Sphenoidale, Os sphenoidale) quer in der Mitte der Schädelbasis zw. den Augenregionen gelegener „wespenähnl." gestalteter Knochen bei einigen höheren Säugetieren (einschließl. Mensch). 2. (Os cuneiforme) Bez. für drei keilförmige Fußwurzelknochen des Menschen.

Keilberg, mit 1 244 m höchster Berg des Erzgebirges (ČSSR).

Keilberth, Joseph [...bɛrt], * Karlsruhe 19. April 1908, † München 20. Juli 1968, dt. Dirigent. - 1940–45 Leiter der Dt. Philharmonie in Prag, seit 1949 der Bamberger Symphoniker; 1945–51 Generalmusikdirektor in Dresden, dann in Hamburg, seit 1959 an der Bayer. Staatsoper in München.

Keiler, wm. Bez. für das männl. Wildschwein vom zweiten Lebensjahr an.

Keilriemen, endloser Riemen aus Gummi mit Gewebeeinlagen; trapezförmiger Querschnitt. Dient z. B. beim Kfz. zum Antrieb von Lichtmaschine, Wasserpumpe, Ventilator, als *Zahn[keil]riemen* mit Zähnen an der Innenseite auch zum Nockenwellenantrieb.

Keilschrift, Schrift v. a. in Babylonien und Assyrien, ben. nach dem keilförmigen Eindruck des Rohrgriffels in den weichen Ton der später getrockneten oder gebrannten Schreibtafel. Um 3000 v. Chr. entstand in Uruk eine Bilderschrift, die durch kombinierte Zeichen (z. B. „Kopf" + „Brot" = „essen; Essen") und grammat. Elemente erweitert wurde; aus diesen urspr. etwa 2 000 Zeichen entwickelte sich die eigtl. K. mit etwa 500 gebräuchl. Zeichen, bei der v. a. die Kurven der Ritzzeichen in senkrechte, waagerechte und schräge Striche vereinfacht und mit dem Griffel nur noch eingedrückt wurden. Die K. wurde außer für das Sumerische v. a. für das Akkadische benutzt, in Assyrien bis ins 6. Jh., in Babylonien bis ins 1. Jh., in astronom. Texten noch im 1. Jh. n. Chr. Sie fand über Mesopotamien hinaus Verbreitung: In Elam verdrängte sie die protoelam. Schrift, in N-Syrien und Kleinasien diente sie im 2. Jt. auch zur Schreibung der churrit., hethit., protohatt., luw. und palaischen Sprache sowie im 1. Jt. v. Chr. zur Schreibung der Sprache der Urartäer. Vom 7. Jh. v. Chr. an wurde die K. auch in Mesopotamien zunehmend von der aram. Buchstabenschrift verdrängt. Die babylon. K. wurde Ausgangspunkt anderer Schriften, die nur äußerl. die Keilform der Zeichenbestandteile übernahmen: Die K. von Ugarit mit 30 Zeichen leitet sich von einer frühen Alphabetschrift N-Syriens ab; die aram. Schrift regte im 6. Jh. v. Chr. die Schaffung der altpers. Schrift mit 42 Zeichen an. Die Entzifferung der [altpers.] K. gelang erstmals G. F. Grotefend (1802). - † auch Abb. Bd. 9, S. 246.

📖 Pope, M.: *Die Rätsel alter Schrr. Hieroglyphen, K., Linear B. Dt. Übers.* Bergisch Gladbach 1978. - Meissner, B.: *Die K.* Bln. ³1967.

Keilschwanzadler (Aquila audax), etwa 80–100 cm langer, schwärzl. Adler in offenen Landschaften und in Wäldern Australiens (einschließl. Tasmanien) und S-Neuguineas; mit rotbraunem Nacken und keilförmig zugespitztem Schwanz.

Keilschwanzsittiche (Araini), Gattungsgruppe der Papageien mit über 80 Arten in N- und S-Amerika mit meist keilförmig

Keilschrift. Entwicklung von Bildzeichen zur Keilform

ursprüngliche piktographische Schrift	piktographische Schrift der späteren Keilschriftzeit	Frühbabylonisch	Assyrisch	ursprüngliche oder abgeleitete Bedeutung
				Vogel
				Fisch
				Esel
				Ochse
				Sonne, Tag
				Korn, Getreide
				Obstgarten
				pflügen, ackern
				Bumerang werfen, umwerfen
				stehen gehen

Keimesentwicklung

zugespitztem Schwanz. Zu den K. gehören die Gatt. *Nandayus* mit dem 35 cm langen **Nandaysittich** (Nandayus nenday) als einziger Art; grün mit bräunlichschwarzem Kopf, bläul. Brustfleck, roten Schenkeln, blauen Schwungfedern und blauer Schwanzspitze; kommt in dichten Wäldern Paraguays und N-Argentiniens vor. Blaue Flügel hat der bis 30 cm lange **Mönchssittich** (Myiopsitta monachus); oberseits grün, unterseits graubraun; v. a. in Savannen und im Kulturland Boliviens bis S-Brasiliens. In den Wäldern der sö. USA kam der bis 35 cm lange, oberseits grüne, unterseits hellere **Karolinasittich** (Conuropsis carolinensis) vor; mit gelbem Kopf, hornfarbenem Schnabel und orangerotem Gesicht; Anfang des 20. Jh. ausgerottet. Als Stubenvogel gehalten wird der etwa 30 cm (mit Schwanz) lange **Jendajasittich** (Aratinga jandaya) aus O-Brasiliens; mit grüner Oberseite und teilweise blauen Schwingen; Kopf, Hals und Bauch orangefarben. Zur Gatt. *Schmalschnabelsittiche* (Brotogeris) gehört u. a. der bis 23 cm lange, grüne **Goldflügelsittich** (Kanarienflügelsittich, Brotogeris versicolorus chiriri); mit gelben Flügeldecken und hell hornfarbenem Schnabel; in lichten Wäldern N- und O-Brasiliens, O-Perus und Boliviens; wird auch als Käfigvogel gehalten. Zu den K. gehören auch die †Aras.

◆ befruchtete Eizelle und Embryo (v. a. während der frühesten Entwicklungsstufen; Mensch: bis 3. Schwangerschaftswoche).
◆ in der *medizin.* Mikrobiologie Bez. für Krankheiten verursachende Mikroorganismen.
◆ in der *Physik* Bez. für ein meist mikroskop. kleines Teilchen in einem Gas oder in einer Flüssigkeit, an dem die Kondensation bzw. die Erstarrung einsetzt.

Keimbahn, bei Vielzellern die Zellfolge, die in der Embryonalentwicklung eines jeden Lebewesens von der befruchteten (oder parthenogenet. sich weiterentwickelnden) Eizelle über die †Urgeschlechtszelle direkt zu den Keimzellen (Gameten) des geschlechtsreifen Organismus führt. Auf der Kontinuität dieser K. zellen beruht die Kontinuität des Lebens.

Keimbläschen (Blastozyste), aus dem Maulbeerkeim (Morula) hervorgehendes Entwicklungsstadium der plazentalen Säugetiere (einschließl. Mensch).

Keimblatt, Gewebsschichten noch wenig differenzierter Zellen im tier. und menschl. Keim, die während der Embryonalentwicklung gebildet werden und aus denen später i. d. R. bestimmte Organsysteme hervorgehen. Man unterscheidet: **Ektoderm** (äußeres Keimblatt); aus ihm gehen u. a. die Epidermis mit Hautdrüsen und Hornbildungen (z. B.

Keimblatt. Entwicklung von Ektoderm, Endoderm und Mesoderm: Die befruchtete Eizelle (Zygote) erreicht durch fortlaufende Furchung das Stadium der Blastula, einer Hohlkugel mit einfacher Zellschicht. Durch anschließende Einstülpung (Invagination) und Urdarmabfaltung erfolgt die Bildung der drei Keimblätter

| Zygote | Furchungen | Morula | Blastula | Gastrulationsbeginn durch Einstülpung |

| Ektoderm Entoderm Gastrula | Urdarmabfaltung | Mesoderm |

Schuppen, Federn, Haare, Nägel, Krallen) hervor, ferner das Nervensystem mit Sinneszellen. Aus dem **Entoderm** (inneres Keimblatt) geht das Epithel des Mitteldarms (Magen-, Zwölffingerdarm, Dünndarm) und seiner Anhangsdrüsen (Speicheldrüsen, Bauchspeicheldrüse und Leber), der Schilddrüse, der Nebenschilddrüsen und der Harnblase hervor. Zu diesen beiden K. entsteht als mittleres Keimblatt des **Mesoderm**. Aus ihm entwickeln sich v. a. Binde- und Stützgewebe, Skelett-, Darm- und Herzmuskulatur, Blutgefäße, Blut- und Lymphzellen, Nieren, Ei- und Samenleiter.
◆ in der *Botanik* svw. †Kotyledonen.

Keimdrüsen, svw. †Geschlechtsdrüsen.

Keimesentwicklung, svw. †Embryonalentwicklung.

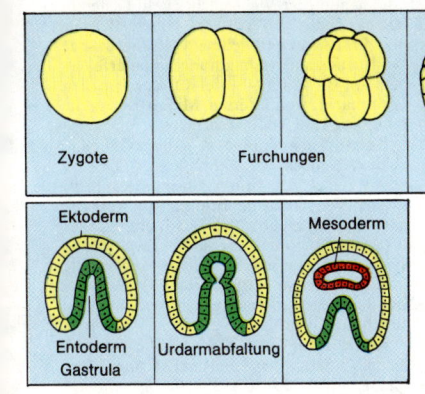

Keilwelle, mit einer Anzahl Längsnuten versehene Welle bes. in Wechselgetrieben. Beim Schalten werden Zahnräder auf der K. verschoben.

Keim, in der *Botanik* erster aus dem Samen oder der Wurzel einer Pflanze sich entwickelnder Trieb, aus dem eine neue Pflanze entsteht.

Keimfleck

Keimfleck (Keimpunkt, Macula germinativa), das Kernkörperchen (Nukleolus) im Zellkern einer reifen [menschl.] Eizelle.

keimfreies Tier ↑Gnotobiologie.

Keimgifte, die Geschlechtszellen schädigende chem. Substanzen, die als ↑Mitosegifte die Kernteilung behindern und als ↑Mutagene die Erbmasse verändern. In der Medizin werden K. als ↑Zytostatika v. a. zur medikamentösen Behandlung von Krebs eingesetzt.

Keimling, svw. ↑Embryo.

Keimschädigung (Blastophthorie), Schädigung der Geschlechtszellen des Embryos, die nicht erbbedingt ist und vorwiegend durch exogene Keimgifte, z. B. Medikamente, Alkohol, Röntgenstrahlen, radioaktive Strahlung, verursacht wird, so daß die normale Entwicklung gehemmt oder verhindert wird.

Keimscheibe, der kleine, scheibenförmige Plasmabezirk aus Bildungsdotter, der bei dotterreichen Eiern am animalen Pol liegt und den Zellkern umschließt.
♦ der bei der Entwicklung dotterreicher Eier durch Furchung entstehende, dem Dotter am animalen Pol scheibenartig aufliegende Zellkomplex, aus dem sich der Embryo entwickelt.

Keimung, Bez. für die ersten Entwicklungsvorgänge bei Pflanzen nach mehr oder weniger langen Ruhezeit *(Keimruhe)*. Der Wiederaufnahme des Wachstums des Embryos nach dem Samenruhe geht eine Wasseraufnahme unter Quellung des Samenunhaltes und Sprengung der Samenschale voraus. Die im Nährgewebe bzw. in den Keimblättern gelagerten Reservestoffe (z. B. Stärke) werden nun durch enzymat. Hydrolyse mobilisiert. Es folgt die Streckung der Keimwurzel des Embryos, die positiv geotrop in den Boden einwächst, Wurzelhaare ausbildet und sich verzweigt. Damit ist die Keimpflanze verankert und die Aufnahme von Wasser und Nährstoffen aus dem Boden gewährleistet. Bei der Entwicklung des Sproßsystems durchbricht die sich stark streckende Keimachse (Hypokotyl) bogenförmig die Erdoberfläche und bringt schließl. die Keimblätter (Kotyledonen) ans Tageslicht, wo sie ergrünen und die ersten Assimilationsorgane darstellen *(epigäische K.;* bei vielen Zweikeimblättrigen). In anderen Fällen *(hypogäische K.;* z. B. bei vielen Schmetterlingsblütlern, Eiche, Walnuß, Roßkastanie) bleiben Hypokotyl und die als Nährstoffspeicher dienenden Keimblätter mit der Samenschale im Boden; dafür streckt sich das erste Sproßglied (Epikotyl) mit der Sproßknospe, durchbricht die Bodenoberfläche und bildet die ersten Laubblätter aus. Die K. ist abgeschlossen, wenn die Reservestoffe des Samens aufgebraucht sind und die junge Pflanze nach Ausbildung funktionsfähiger Wurzeln und Blattorgane zu selbständiger, autotropher Lebensweise übergeht.

Keimzahl, in der Mikrobiologie die Anzahl der Mikroorganismen (Keime) pro Milliliter bzw. Quadratmillimeter Substrat.

Keimzellen, svw. ↑Geschlechtszellen.

K-Einfang, Bez. für einen speziellen ↑Einfangprozeß, bei dem ein instabiler Atomkern zur Beseitigung seines Protonenüberschusses bzw. Neutronenmangels ein Elektron aus der innersten oder K-Schale seiner Atomhülle absorbiert (einfängt) und dabei ein Proton unter Emission eines Neutrinos in ein Neutron verwandelt. Hierdurch verringert sich die Kernladungszahl um eins, es entsteht ein neues Nuklid.

Keiser, Reinhard, ≈ Teuchern bei Weißenfels 12. Jan. 1674, † Hamburg 12. Sept. 1739, dt. Komponist. - Lebte in Braunschweig, Hamburg, als Kapellmeister am Mecklenburg. Hof, in Stuttgart, Kopenhagen und schließl. als Domkantor wieder in Hamburg. Seine Werke, die v. a. von melod. Begabung zeugen, umfassen etwa 80 Opern (zuerst „Basilius", 1693), Kammermusik und zahlr. Kirchenwerke (Passionen, Motetten).

Keïta, Modibo, * Bamako 4. Juni 1915, † ebd. 16. Mai 1977, malischer Politiker. - Wurde 1956 Abg. des Soudan in der frz. Nat.-versammlung, in der 1959 gebildeten Föderation Mali Min.präs., nach dem Zerfall der Föderation 1960 Staats- und Reg.chef von Mali; 1968 gestürzt.

Keitel, Wilhelm, * Helmscherode (Harz) 22. Sept. 1882, † Nürnberg 16. Okt. 1946 (hingerichtet), dt. General. - Seit 1935 Leiter des Wehrmachtsamts; 1938 Chef des Oberkommandos der Wehrmacht; 1940 Generalfeldmarschall; gab kritiklos Hitlers Befehle und Erlasse weiter; leitete 1940 die dt.-frz. Waffenstillstandsverhandlungen; unterzeichnete am 8. Mai 1945 die Kapitulation der Wehrmacht; vom Internat. Militärtribunal in Nürnberg zum Tode verurteilt.

Keith, Sir Arthur [engl. ki:θ], * Old Machar (Aberdeen) 5. Febr. 1866, † Downe (Kent) 7. Jan. 1955, brit. Anthropologe. - Prof. in Aberdeen; führender brit. Paläanthropologe (u. a. Arbeiten über den Fundkomplex von Karmel). Er wurde bes. durch seine Rekonstruktionen menschl. Frühformen bekannt.

Kékes [ungar. 'ke:kɛʃ], mit 1 016 m höchster Berg dés Matragebirges, zugleich höchste Erhebung Ungarns.

Kekkonen, Urho Kaleva, * Pielavesi bei Kuopio 3. Sept. 1900, † Helsinki 31. Aug. 1986, finn. Politiker. - Jurist; 1936-56 Abg. der Bauernpartei im Reichstag; 1936/37 Justiz-, 1937-39 Innenminister; zw. 1950/56 mehrfach Min.präs.; 1954 Außenmin.; 1956-81 Staatspräs.; Vertreter einer Politik der guten Nachbarschaft gegenüber der Sowjetunion.

Keks [zu engl. cakes „die Kuchen"], trokkenes, haltbares Kleingebäck.

Kekulé von Stradonitz, [Friedrich] August, * Darmstadt 7. Sept. 1829, † Bonn

13. Juli 1896, dt. Chemiker. - 1858–65 Prof. in Gent, danach in Bonn. Er postulierte 1857 (gleichzeitig mit A. S. Couper) die Vierwertigkeit des Kohlenstoffs und 1865 die Ringstruktur des ↑ Benzols.

Kelantan, Sultanat in W-Malaysia, auf der Halbinsel Malakka, im N an Thailand grenzend, 14 931 km², 878 000 E (1980), Hauptstadt Kota Baharu. Umfaßt im wesentl. das Einzugsgebiet des fast 250 km langen Flusses K. und ist im W, S und O von über 2 000 m hohen Gebirgen begrenzt. Reisanbau, Kautschuk- und Kokospalmenpflanzungen; Fischerei. - Das von Javanern seit dem 14. Jh. kolonisierte, 1909 von Thailand an Großbrit. abgetretene, 1942–45 von Thailand annektierte Sultanat schloß sich 1948 dem Malaiischen Bund an; seit 1963 Teil von Malaysia.

Kelch [zu lat. calix mit gleicher Bed.], allg. Trinkgefäß, insbes. liturg. Gefäß (↑ Ziborium). Der K. ist ein Edelmetallgefäß (aus Silber oder Gold), bestehend aus Fuß, Schaft mit einem Knauf (Nodus) und der Trinkschale (Cuppa). Urspr. fehlte der Schaft (z. B. Tassilo-K., um 780; Kremsmünster, Benediktinerstift). - Abb. Bd. 8, S. 287.
◆ in der *Botanik* ↑ Blüte.

Kelchblatt, eines von mehreren die Blüte umgebenden, grünen Hüllblättern; dienen im Knospenstadium als Schutzorgane für die inneren Blütenteile und bleiben häufig bis zur Fruchtreife erhalten.

Kelchen ↑ Blechverarbeitung.

Kelchkommunion ↑ Laienkelch.

Kelchtiere (Kelchwürmer, Kamptozoa), Stamm meist stockbildender, mit wenigen Ausnahmen meerbewohnender Wirbelloser (Gruppe Protostomier); rd. 60 Arten, bes. in Küstengewässern; Einzeltiere höchstens 5 mm lang, festsitzend, mit gestieltem, glockenförmigem Körper und endständigem Kranz von 8–30 bewimperten Tentakeln; Strudler.

Kelemen, Milko ['kɛːlemɛn, ungar. 'kɛlɛmɛn], * Podravska Slatina (Kroatien) 30. März 1924, jugoslaw. Komponist. - Studierte in Zagreb, dann in Paris (O. Messiaen, D. Milhaud) sowie Freiburg im Breisgau (W. Fortner); gründete 1960 die bed. avantgardist. „Musikbiennale Zagreb"; seit 1973 Prof. für Komposition in Stuttgart. Nach folklorist. Anfängen verwendet K. seit 1958 eine persönl. geprägte serialist. Technik. K. komponierte v. a. [absurde] Bühnenwerke, u. a. „König Ubu" (1965; nach A. Jarry), „Der Belagerungszustand" (1970; nach A. Camus), „Opéra bestial" (1975; nach F. Arrabal/E. Kieselbach); ferner Orchester-, Kammer-, Klavier-, Vokal-, Film- und elektron. Musik („Judith", 1969); schrieb „Klanglabyrinthe" (1981).

Kéler, Béla [ungar. 'keːlɛr], eigtl. Adalbert von Keller, * Bardejov 13. Febr. 1820, † Wiesbaden 20. Nov. 1882, östr.-ungar. Komponist. - Komponierte v. a. Tanz- und Unterhaltungsmusik, „Lustspiel-Ouvertüre" op. 73 und „Ungar. Lustspiel-Ouvertüre" op. 108.

Kelheim, Krst. an der Mündung der Altmühl in die Donau, Bay., 354 m ü. d. M., 14 000 E. Stadtmuseum; chem., Textilind., Herstellung opt. und medizin. Geräte, von Elektromotoren u. a. - 1151 besaßen die Wittelsbacher die Burg K., bei der sie um 1206 die Stadt mit rechtwinkligem Straßenkreuz und rechteckiger Ummauerung anlegten (wittelsbach. Stadtgründungstyp). Im 15./16. Jh. war K. bekannt für seinen Salzhandel und seinen Schiffbau. - Spätgot. Pfarrkirche (15. Jh.); Türme und Tore der Stadtummauerung; oberhalb der Stadt liegt die 1842–63 erbaute Befreiungshalle.

K., Landkr. in Bayern.

Kelim [türk.], gewebter Teppich or Wandbehang, dessen Schußfäden auf beiden Seiten das gleiche Muster bilden (Kaukasusgebiet, Iran, Kleinasien und Balkan). Auch für Taschen, Satteldecken u. a. verwendet.

Kelimstickerei, Stickerei, bei der mit dickem Arbeitsfaden Flachstiche *(Kelimstich, Sumakstich)* schräg in jeweils entgegengesetzt gerichteten Reihen gearbeitet werden.

Kelle, als Schöpf-K. meist halbkugelförmiges Schöpfgerät mit längerem Stiel.
◆ Maurerwerkzeug; ein dreieckiges oder trapezförmiges Stahlblech mit S-förmigem Stiel mit Holzgriff zum Auftragen des Mörtels und zum Glätten *(Maurer-K.),* auch spatelförmig *(Fugen-K.)* zum Ausfüllen der Fugen.

Keller, Augustin, * Sarmenstorf (Kt. Aargau) 10. Nov. 1805, † Lenzburg (Kt. Aargau) 8. Jan. 1883, schweizer. Politiker und Pädagoge. - Schulpolitiker liberal-kath. Prägung; Initiator der Klosteraufhebung (1841) im Aargau, Vorkämpfer der Antijesuitenbewegung. Mitbegr. der altkath. (christkath.) Kirche der Schweiz.

K., Gottfried, * Zürich 19. Juli 1819, † ebd. 15. Juli 1890, schweizer. Dichter. - Stammte aus kleinbürgerl.-bäuerl. Milieu; wollte urspr. Maler werden, aber seine Versuche, sich u. a. in Zürich und München als Maler auszubilden, scheiterten. In die Schweiz zurückgekehrt, beteiligte er sich dort in den 1840er Jahren an den polit. Kämpfen während der sog. Regeneration. In dieser Zeit veröffentlichte er einen Band vorwiegend weltanschaul.-polit. Gedichte (1846). Von der Regierung gefördert, konnte K. 1848–55 Heidelberg und Berlin besuchen, wo er enge Kontakte u. a. mit L. Feuerbach knüpfte, der seine Weltanschauung entscheidend prägte. In seinem ersten, wesentl. an Goethes „Wilhelm Meister" orientierten Bildungsroman „Der grüne Heinrich" (1. Fassung 1854/55, 2. Fassung 1879/80) gelangten sowohl autobiograph. als auch charakterist. zeitgenöss. Züge zur Darstellung. K. fand damit seinen eigenen poet.-realist. Stil in der Auseinandersetzung

Keller

Gottfried Keller (Gemälde von Karl Stauffer-Bern, 1886). Zürich, Kunsthaus

mit der Spätromantik. Bed. sind seine Novellenzyklen. „Die Leute von Seldwyla" (1856–74) und die „Sieben Legenden" (1872) beschreiben die kleinbürgerl. Alltagswelt; die „Zürcher Novellen" (1878) und „Das Sinngedicht" (1882) behandeln histor. Stoffe. Gegenwartskrit.-realist. ist sein später Roman „Martin Salander" (1886). Seine lyr. Dichtungen gab er 1883 als „Gesammelte Gedichte" heraus; als Dramatiker blieb K. ohne Erfolg.

K., Hans Peter, *Rosellerheide (bei Neuss) 11. März 1915, dt. Schriftsteller. – Seine Lyrik kennzeichnen freie Rhythmen, ein sarkast.-lapidarer Ton und eine präzise Bildsprache, die in zeitkrit.-pessimist. Haltung vorgegebene Anschauungsweisen ihrer scheinbaren Moralität entkleidet; u. a. „Die wankende Stunde" (1958), „Auch Gold rostet" (1962), „Stichwörter, Flickwörter" (1969), „Extrakt um 18 Uhr" (1975). – †11. Mai 1989.

K., Helen, *Tuscumbia (Ala.) 27. Juni 1880, † Westport (Conn.) 1. Juni 1968, amerikan. Schriftstellerin und Sozialreformerin. – Seit dem 2. Lebensjahr blind und taubstumm; Schulausbildung und erfolgreiches Sprachen- und Literaturstudium am Radcliff College mit Hilfe ihrer Lehrerin A. S. Macy; veröffentlichte autobiograph. Bücher, u. a. „Geschichte meines Lebens" (1902) sowie Schriften über Blindenerziehung; weltweite Vortragsreisen, auf denen sie sich für ein internat. Einheitssystem der Blindenschrift einsetzte.

Keller, teilweise oder ganz unter der Erde liegendes Geschoß eines Gebäudes. Die K.räume von Wohnhäusern dienen u. a. als Vorrats-, Aufbewahrungs- oder Wohnräume (Souterrain[wohnung]), Schutzraum (Luftschutz-K.), Heiz- oder Hobbyraum. Wasserundurchlässige Sperrschichten oder Anstriche verhindern Eindringen von Feuchtigkeit; falls der Grundwasserspiegel knapp unterhalb der K.sohle liegt, wird der K. als wasser-

Ausbreitung der Kelten

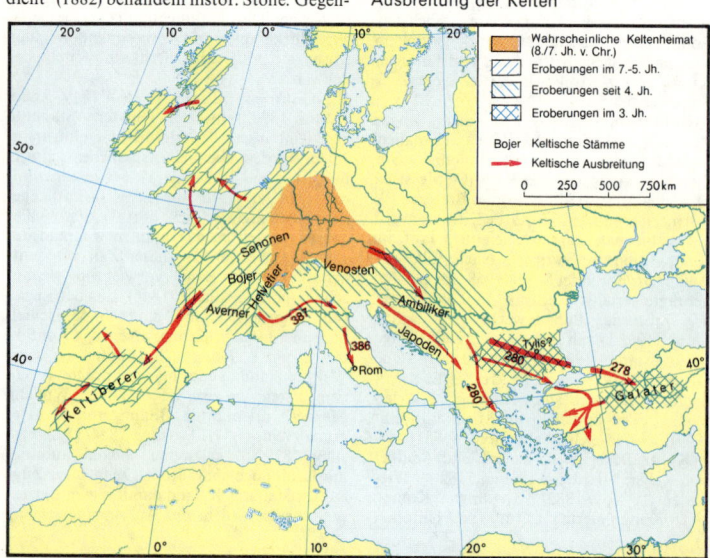

dichte, schwimmende Wanne mit verstärktem, biegungssicherem Boden erstellt. Fenster oder Lichtschächte führen ins Freie.

Kellerassel (Porcellio scaber), fast weltweit verschleppte, bis 18 mm große, schiefergraue Assel; in M-Europa neben der ↑Mauerassel die häufigste Assel; lebt oft an feuchten, dunklen Stellen in Gebäuden, Gewächshäusern und Gärten; Pflanzenfresser.

Kellerei, Weingut mit großen Kellern, in denen Wein oder Sekt entwickelt, behandelt und gelagert wird (↑auch Wein, ↑Schaumwein).

Kellerhals ↑Seidelbast.

Kellermann, Bernhard, *Fürth 4. März 1879, †Klein-Glienicke (= Potsdam) 17. Okt. 1951, dt. Schriftsteller. - Begann mit impressionist.-neuromant. Romanen; Welterfolg hatte sein techn.-utop. Roman „Der Tunnel" (1913); daneben zeitkrit. Themen; auch Reiseberichte, Dramen, Essays.

Kellerschnecke (Limax flavus), etwa 8–10 cm lange Egelschnecke; gelbl. bis orangefarben mit dunklerer Netzzeichnung; Schale äußerl. nicht sichtbar; gibt gelben Schleim ab; in M-Europas bes. in Kellern, wo sie durch Fraß an Wurzelgemüse, Kartoffeln und Blumenzwiebeln schädl. werden kann.

Kellerschwamm (Brauner K., Warzenschwamm, Coniophora cerebella), im Freien auf verbautem Holz lebender Ständerpilz; Fruchtkörper mit warziger Oberfläche, krustenartig das Holz überziehend; Holzschädling.

Kellersee, 5,6 km² großer, über 4 km langer und 28 m tiefer See in der Holstein. Schweiz; am W-Ufer liegt Malente.

Kellerwald, dicht bewaldetes Bergland zw. Eder und Schwalm, Teil des Rhein. Schiefergebirges, bis 675 m hoch.

Kellgren, Johan Henrik [schwed. 'tçɛlgreːn], *Floby (Västergötland) 1. Dez. 1751, †Stockholm 20. April 1795, schwed. Dichter. - Führend in der Aufklärung; stark von den frz. Enzyklopädisten und Voltaire beeinflußt. In Gedichten stellte er sich gegen die Vorurteils der Zeit. Bed. auch als Journalist, der Partei für die Frz. Revolution ergriff.

Kellogg, Frank Billings, *Potsdam (N. Y.) 22. Dez. 1856, †Saint Paul (Minn.) 21. Dez. 1937, amerikan. Jurist und Politiker. - 1917–23 republikan. Senator für Minnesota; 1924/25 Botschafter in London; suchte als Außenmin. 1925–29 die hegemonialen Interessen der USA in Lateinamerika durchzusetzen; erhielt 1929 wegen seiner Verdienste um den Briand-Kellogg-Pakt den Friedensnobelpreis.

Kelly, Ellsworth, *Newburgh (N. Y.) 31. Mai 1923, amerikan. Maler. - Mit großen, auf geometr. Formen und Farbflächen aufbauenden Bildern einer der Hauptvertreter der ↑Farbfeldmalerei und des ↑Hard edge.

K., Gene, *Pittsburgh 23. Aug. 1912, amerikan. Tänzer, Schauspieler und Regisseur. - Wurde internat. bekannt durch seine für den amerikan. Musikfilm richtungweisenden Filme „Ein Amerikaner in Paris" (1951), „Du sollst mein Glücksstern sein" (1952), „Einladung zum Tanz" (1956), „Girls" (1957), an denen er teilweise auch als Choreograph und Regisseur mitarbeitete.

K., Grace ↑Gracia Patricia.

Kelmscott Press [engl. 'kɛmskət 'prɛs], erste und berühmteste der neuzeitl. Privatpressen, 1890–98, gegr. in Hammersmith (= London) von W. ↑Morris.

Keloid [griech.], gutartige Bindegewebswucherung, z. B. Narben-K. der Haut.

Kelsen, Hans, *Prag 11. Okt. 1881, †Berkeley (Calif.) 19. April 1973, östr.-amerikan. Jurist. - 1919–29 Prof. in Wien; maßgebl. am Entwurf der demokrat. Verfassung Österreichs von 1920 beteiligt. 1930–33 Prof. in Köln, 1933–40 in Genf; seit 1940 in den USA. K. vertrat einen strengen Rechtspositivismus, der in der *reinen Rechtslehre* gipfelte, einer Lehre, die frei von allen psycholog. und soziolog. Elementen sein sollte. In seinen letzten Jahren widmete sich K. hauptsächl. völkerrechtl. Fragen.

Kelsterbach, hess. Stadt im Einzugsbereich von Rüsselsheim und Frankfurt am Main, 92–106 m ü. d. M., 13 500 E. Herstellung von Chemiefasern, Autozubehör und Spielwaren. - 880 bezeugt; neben dem Dorf 1699 Gründung einer Industriesiedlung mit Stadtrecht; Verlust des Stadtrechts 1827, Neuverleihung 1952. - Porzellanmanufaktur (1761–68 und 1789–1802); Fayence- und Steingutfabrik (1758–88).

Kelten (lat. Celtae, Galli; Gallier), nach den frühesten (6./5. Jh.) schriftl. Nachrichten in Gallien, W-Spanien und S-Deutschland ansässig. Die K. bildeten sich wahrscheinl. im Bereich der westl. Urnenfelderkultur heraus und siedelten im 8./7. Jh. in ein Gebiet von Champagne und Saar über Mittelrhein und Bayern bis Böhmen. Vom heutigen Frankr. aus siedelten sie vermutl. schon im 7./6. Jh. nach der Iber. Halbinsel und Britannien über, die große Ausbreitung der K. begann jedoch erst mit der La-Tène-Zeit (5. Jh.). Um 400 drangen sie nach Oberitalien und siedelten nach Einnahme der etrusk. Orte Melpum (= Mailand) und Felsina (= Bologna) nördl. und südl. des Po, von wo aus sie 387/386 über Etrurien nach S vorstießen und 7 Monate lang Rom ([386] mit Ausnahme des Kapitols) besetzten. Die K. fielen bis 283 noch sechsmal in M-Italien ein und konnten von Rom erst 222 endgültig besiegt werden. Im 4. Jh. drangen K. vermutl. vom Gebiet des heutigen Bayern und Böhmen aus über das Gebiet des heutigen Mähren und Ungarn bis ins Gebiet des heutigen Siebenbürgen und über Noricum nach Dalmatien vor; hier entstan-

Kelter

den kelt.-illyr. Mischvölker (u. a. Breuner, Venosten [heutiges Tirol], Ambiliker [Draugebiet] und Japoden [N-Dalmatien]). 280/279 stießen K. aus dem Drau-Save-Becken und von der Donau nach Makedonien und Griechenland vor und plünderten 279 Delphi. 278/277 setzte eine Gruppe von K. auf Ersuchen des bithyn. Königs Nikomedes I. nach Kleinasien über und siedelte nach Kämpfen mit den Seleukiden in Großphrygien, das nach ihnen den Namen Galatien (Galater) erhielt. So reichte Anfang des 3. Jh. der kelt. Kulturraum von Britannien bis Anatolien, ohne daß dabei Staaten oder Stammesbünde gebildet worden wären (Ausnahme: das von etwa 277 bis etwa 212 blühende K.reich von Tylis [= Tilios] in Thrakien mit dem Schwerpunkt am Tonzos [= Tundza]). Der Rückgang der kelt. Macht begann in Italien. Im N wurden die K. seit 300 von den Germanen eingeengt und auf die Mainlinie zurückgedrängt; die Defensivsituation gegenüber den Germanen und die mediterrane Stadtzivilisation beeinflußten die Entstehung der kelt. Oppidakultur (1. Jh. v. Chr.), die Eroberung Galliens durch Cäsar (58–51) und die röm. Unterwerfung Noricums, Vindelikiens und Pannoniens bedeuteten das Ende der letzten K.länder auf dem Festland.
  Kruta, V./Forman, W.: Die K. Luzern 1986. - Duval, P. M., u. a.: Die K. Freib. 1979. - Werner, J.: Spätes K.tum zw. Rom u. Germanien. Mchn. 1979.

Kelter [zu lat. calcatura „das Keltern", eigtl. „das (mit den Füßen) Treten"] ↑ Keltergeräte.

Kelterborn, Rudolf, * Basel 3. Sept. 1931, schweizer. Komponist. - Seit 1960 Lehrer (1963 Prof.) an der Musikakad. in Detmold, seit 1968 Kompositionslehrer in Zürich. Komponierte Opern („Kaiser Jovian", 1967), Orchesterwerke, Kammermusik und Vokalwerke.

Keltergeräte, Maschinen zum Auspressen des Saftes aus Obst, v. a. aus Weintrauben; entweder *Obst-* oder *Traubenmühlen*, die mit einer mit Stiften besetzten Walze arbeiten, oder kontinuierl. arbeitende *Abbeermaschinen*, in denen sich eine schneckenförmige Stachelwalze innerhalb eines liegenden, in Gegenrichtung rotierenden Zylinders dreht und die Trauben von den „Kämmen" trennt; die Trauben werden zw. Gummiwalzen gequetscht und zerrieben. *Obst-* und *Traubenpressen (Keltern)* sind meist Spindelpressen oder sog. Willmes-Pressen, bei denen ein durch Preßluft aufgeblasener Gummischlauch die Maische an der Wand einer Trommel drückt und den Most auspreßt.

Keltertrauben, die zur Weinbereitung geeigneten Weintrauben.

Keltiberer [kɛlt-i...] ↑ Iberer.

Keltiberisch [kɛlt-i...], von den im Altertum im nördl. Z-Spanien ansässigen Keltiberern gesprochene keltische Sprache, die aus etwa 80 Inschriften des 3.–1. Jh. und zahlr. überlieferten Namen bekannt ist.

keltische Kunst, umfaßt in der Mehrzahl hochentwickelte kunstgewerbl. Arbeiten der ↑La-Tène-Kultur. Unter Einwirkung etrusk. und skyth. Elemente entstand sie unvermittelt im 5. Jh. v. Chr. entlang der Mittelgebirge vom Marnegebiet bis nach Böhmen. Die aus fürstl. Bestattungen bekannten Beigaben zeigen Merkmale des *frühen Stils*. Am Mittelrhein und in Zentralfrankr. sind pflanzl., dem mittelmeer. Bereich entlehnte Motive vorherrschend (Palmetten, Lotosblüten, Leiern), während im O von Bayern bis Österreich abstrakt geometr., kurvolineare, auf älteren Motiven fußende Muster vertreten sind. Es kommen Einlagen aus Koralle, Bernstein und Email vor. Der im 4. Jh. folgende *Waldalgesheim-Stil* führte nur bedingt den frühen Stil fort und knüpfte an die griech. Rankenornamentik an. Er ist v. a. auf Arbeiten der südlichen gelegenen sog. Flachgräberzone von Frankr. bis Ungarn verbreitet. Aus ihm entwickelten sich im 3. Jh. sowohl der v. a. durch Waffenfunde aus Schweizer Gewässern und aus Gräbern in Ungarn und Jugoslawien bekannte *sog. Schwertstil* als auch der *plast. Stil*, für den es im gesamten kelt. Bereich Zeugnisse gibt. Auf beide Stile, die bis an die Wende zum 1. Jh. reichten, folgte auf dem Kontinent kein neuer Kunstimpuls mehr, da die spätkelt. Oppidazivilisation des 2./1. Jh. zu einer industriell-technisierten Fertigung überging. Seit der Mitte des 1. Jh. v. Chr. wurde die k. K. von der provinzialröm. Kultur assimiliert. Sie lebte lediglich in Britannien und v. a. in Irland weiter.

Britannien: Vom 4. bis 1. Jh. traten - nach Übernahmen kontinentaler Motive im 5. Jh. - eine eigenständige Flechtwerk- und Kreisornamentik, aber auch Vogelmotive und fließende plast. Muster auf. Unter wachsendem röm. Einfluß werden sie gegen Ende des 1. Jh. v. Chr. allmähl. strenger symmetrisch konzipiert (u. a. Battersea-Schild, London, British Museum).

Irland: Ohne Berührung mit der röm. Zivilisation bildeten sich hier gegen Ende des 1. Jh. v. Chr. eigenständige Merkmale in der Metallkunst (Goldhalsring von Broighter, Dublin, Museum) und eine eigentüml. Steinbildhauerei heraus, deren Entwicklung im 3. Jh. v. Chr. einsetzt hat (Turoe-Stein, Gft. Galway). Nach dem 6. Jh. traten in der ir. Kunst zu den kelt. Motiven german., wie verschlungene Bänder oder Tiere, und bis Ende des 7. Jh. auch christl. Bilddarstellungen. Aus dieser Synthese entstand ein hervorragender neuer Kunststil, der sich in der Buchmalerei, im Metallgewerbe und in der Bildhauerei niederschlägt. Zur kelt.-german. Ornamentik der Metallkunst (8. Jh.: Tara-„Fibel", Kelch von Ardagh, beide Dublin, Museum) trat in der

keltische Kunst

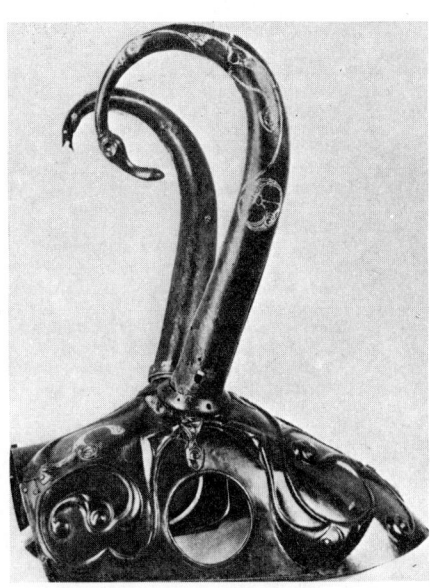

oben links: Halsring aus Snettisham (Norfolk) (1. Jh. v. Chr.). London, British Museum; darunter: Eber aus Gutenberg, Liechtenstein (3./1. Jh. v. Chr.). Vaduz, Historische Sammlung; oben rechts: Kappe mit Hörnerzier aus Torrs, Schottland (3./2. Jh. v. Chr.). Edinburgh, National Museum of Antiquities of Scotland; unten (von links): menschengestaltige Maskenfibel aus Manětín-Hrádek (2. Hälfte des 5. Jh. v. Chr.). Prag, Archäologisches Institut der Tschechoslowakischen Akademie der Wissenschaften; Tänzerin aus Neuvy-en-Sullias (1. Jh. v. Chr.). Orléans, Historisches Museum; Prunkschild aus der Themse bei London. London, British Museum

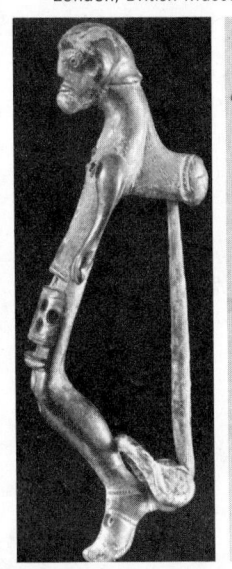

keltische Religion

vom ir. Mönchtum getragenen ir. Buchmalerei offenbar auch syr.-kopt. Einfluß hinzu. Die frühesten erhaltenen Beispiele (Book of Durrow, Mitte des 7. Jh.; Book of Kells, Mitte des 8. Jh.) waren zugleich Höhepunkte der Buchmalerei. Im 9. und 10. Jh. lag die Blütezeit der großen steinernen Hochkreuze, z. T. mit reicher ornamentaler und figürl. Verzierung (u. a. in Ahenny-Kilclispeen, Castledermot, Clonmacnoise, Monasterboice). Die anglonormann. Eroberung setzte der eigenständigen ir. Kunst dann ein Ende.
📖 *Hatt, J.-J.: Kelten u. Galloromanen. Dt. Übers. Mchn. 1979. - Duval, P. M.: Universum der Kunst. Die Kelten. Mchn. 1978. - Finlay, I.: Celtic art. Park Ridge (N. J.) 1973. - Moreau, J.: Die Welt der Kelten. Stg. ³1958.*

keltische Religion, die nur spärl. und nie authent. überlieferte Religion und Mythologie der Kelten, die deshalb nur unvollständig v. a. aus Berichten der röm. Eroberer, aus erst in christl. Zeit schriftl. festgehaltenen ir. Sagen und Märchen sowie aus Bräuchen und archäolog. Befunden erschlossen werden kann. - Die kelt. (gall.) Götter wurden meist mit griech. und röm. Göttern in Verbindung gebracht, ohne jedoch in jedem Fall mit ihnen identifiziert zu werden; auch ihre Hierarchie war nicht die der klass. röm. Zeit. Die Hauptgötter waren Merkur (wahrscheinl. der ir. **Lug**), Apollon (**Grannus, Belenus** u. a. Beinamen), Mars (**Esus, Teutates**; beide auch in Verbindung mit Merkur), Jupiter (**Taranis**) und Minerva. Der gall. Minerva entsprach wohl eine britann. Göttin Brigantia, die ir. Brigit, die später ganz von der ir. Nationalheiligen ↑ Brigid verdrängt wurde. Weitere Entsprechungen zw. lat. Benennungen und kelt. Gottheiten beruhen auf bloßer Vermutung, z. B. zw. Vulcanus und **Goibniu** (Gott der Schmiedekunst), zw. Neptun und **Manannán mac Lir** (Gott des Meeres), zw. Herkules (Mars?) und **Ogma** (Gott des Krieges, der Gelehrsamkeit und Schreibkunst, dem die Erfindung der ↑ Oghamschrift zugeschrieben wird), zw. Dispater und **Donn** (Gott der Toten und der Unterwelt), zw. Bellona und **Morrígan** (Kriegsgöttin) u. a. - Die hohe soziale Stellung der Frau bei den Kelten spiegelte sich in einer großen Zahl weibl., v. a. Muttergottheiten wider, z. B. die Pferdegöttin Epona und die drei ir. Göttinnen *Fódla, Banba und Ériu* (letztere ist noch im heutigen Namen Irlands „Éire" enthalten). Neben den vielen Götterpaaren und -triaden war das häufige Auftreten von Göttern in Tiergestalt für die k. R. charakterist.: *Epona, Cernunnus, Cúchulainn* (Hund) u. a. - Träger der k. R. waren die ↑ Druiden, nach deren Lehre ein Weiterleben nach dem Tod im Jenseits, einem Land der Glückseligkeit gab. Über einen Kult der k. R. ist wenig bekannt. Es gab v. a. vier große rituell gefeierte agrar. Feste, die das Jahr aufteilten: Imbolc (1. Febr.) und Samhain (1. Nov.) bezeichneten den Anfang von Sommer- und Winterhalbjahr, dazwischen lagen Beltene (1. Mai) und Lugnasad (1. Aug.).
📖 *Young, E.: Kelt. Mythologie. Dt. Übers. Stg. ³1985. - Lengyel, L.: Das geheime Wissen der Kelten. Dt. Übers. Freib. ³1985. - Vries, J. de: K. R. Stg. 1961.*

keltische Renaissance [rɔnɛ'sã:s], 2 Bewegungen in der engl.-sprachigen Literatur im Rahmen einer nat. Selbstbesinnung: 1. die k. R. im *18. Jh.* im Gefolge der präromant. Rückwendung zu Geschichte, Sage und Mythos (MacPherson, Percy); 2. die k. R. *(ir.-kelt. R.)* als Teil der nationalir. Unabhängigkeitsbewegung *Ende des 19. Jh.;* bedeutendster literar. Vertreter war W. B. Yeats.

keltische Sprachen, Zweig der idgm. Sprachfamilie, der vom 5. Jh. v. Chr. bis zum 5. Jh. n. Chr. über weite Teile Europas verbreitet war, heute jedoch nur noch etwa 1,5 Mill. Sprecher hat. Das **Festlandkeltische** erstreckte sich über ein Gebiet, das von der Pyrenäenhalbinsel (Keltiberisch) über Gallien (Gallisch), die Alpen (Lepontisch) und die Balkanhalbinsel bis Kleinasien (Galatisch) reichte. Alle noch lebenden k. S. (einschließl. der ↑ bretonischen Sprache) gehören zum **Inselkeltischen;** es wird in die Gruppe der *goidel. Sprachen* (Irisch, Schottisch-Gälisch und Manx) und in die der *britann.* Sprachen (Walisisch, Kornisch und Bretonisch) unterteilt. Die Zugehörigkeit des Piktischen ist ungeklärt. Dieser Einteilung entspricht auf der lautl. Seite eine Einteilung in *q-Keltisch* und *p-Keltisch;* Unterscheidungsmerkmal ist die Entwicklung des indogerman. Lautes (erschlossen) k^u, der, in archaischem Irisch noch unverändert erhalten, in den goidel. Sprachen zu *k*, in den britann. zu *p* geworden ist: lat. *quinque,* ir. *cúig,* breton. *pemp* (fünf), lat. *quis,* ir. *cé,* breton. *piv* (= wer?). Eine grammatikal. Besonderheit aller k. S. sind die sog. Anlautsmutationen (Wechsel der Anfangskonsonanten), z. B. walis. *tad* „Vater", *fy nhad* „mein Vater", *ei dad* „sein Vater", *ei thad* „ihr Vater". Weitere gemeinsame Eigenschaften sind u. a. komplizierte Phonetik, flektierte Präpositionen und verschiedene syntakt. bedingte Konjugationstypen.
📖 *Indogerman. u. Kelt. Hg. v. Karl H. Schmitz. Wsb. 1977. - Pedersen, H.: Vgl. Grammatik der kelt. Sprache. Gött. Nachdr. 1976. 2 Bde.- Lewis, H./Pedersen, H.: A concise comparativ Celtic grammar. Gött. ³1974.*

Kelvin, William Lord K. of Largs (seit 1892) [engl. 'kɛlvɪn əv 'lɑ:gz], vorher Sir (seit 1866) William Thomson [engl. 'tɔmsn], * Belfast 26. Juni 1824, † Nethergall bei Largs (Ayr) 17. Dez. 1907, brit. Physiker. - Prof. in Glasgow; bed. Arbeiten v. a. zur Thermodynamik und Elektrizitätslehre; entwickelte fast gleichzeitig mit R. J. E. Clausius den zweiten Hauptsatz der Thermodynamik und erstellte die nach ihm ben. ↑ Temperaturskala.

Kelvin [nach Lord Kelvin], Einheitenzeichen K, SI-Einheit der durch die thermodynam. †Temperaturskala (**Kelvin-Skala**) festgelegten absoluten Temperatur (bisher Grad Kelvin, °K). Es ist folglich 0K die Temperatur des absoluten Nullpunktes ($-273,15$ °C); der Temperatur 0 °C des Eispunktes entspricht die absolute Temperatur 273,15 K.

Kemal Atatürk, eigtl. Mustafa Kemal Pascha, * Saloniki 12. März 1881, † Istanbul 10. Nov. 1938, türk. Politiker. - Offizier; Teilnahme an der jungtürk. Revolution 1908/09; Armeebefehlshaber im 1. Weltkrieg, vereitelte den Landungsversuch der Alliierten an der Dardanellen; organisierte als Führer der nat. Bewegung ab Mai 1919 den Widerstand gegen die alliierte und griech. Okkupation; 1920 zum Vors. der Großen Nationalversammlung gewählt. Vertrieb 1922 im Griech.-Türk. Krieg die Griechen aus Kleinasien. Nach dem Frieden von Lausanne setzte er den Sultan ab und rief am 29. Okt. 1923 die Republik aus. Als Staatspräs. (seit 1923) formte er - mit diktator. Vollmachten regierend - die Türkei nach den Prinzipien des †Kemalismus zu einem modernen Nationalstaat westeurop. Prägung. Der Beiname Atatürk („Vater der Türken") wurde ihm 1934 verliehen.

Kemal Bey Ismail [türk. kɛˈmɑl ˈbɛj ismɑːˈiːl], * Valona 25. Febr. 1844, † Perugia 1916, alban. Politiker. - Proklamierte am 28. Nov. 1912 die Selbständigkeit Albaniens; 1912-14 Staatspräsident.

Kemalismus, von Kemal Atatürk begr. polit. Bewegung mit dem Ziel der polit. und kulturellen (u. a. Einehe, Lateinschrift) Anlehnung der Türkei an Europa. Das Programm des K. ist bestimmt durch die Prinzipien Nationalismus, Säkularismus und Modernismus, wonach der Islam als „ideolog." Grundlage des Staates abgelehnt wird, sowie durch die Prinzipien Republikanismus, Popularismus und Etatismus, wonach die Staatspartei alle Gruppen der Bev. repräsentieren und deren Interessen ausgleichen soll.

Kemantsche [pers.] (arab. Kamangah), im Vorderen Orient und in N-Afrika verbreitetes arab. Streichinstrument mit langem griffbrettlosem Hals und kleinem, meist rundem Korpus mit einer Decke aus Haut oder Fell und 2-4 Saiten.

Kemenate [zu lat. caminare „mit einem Kamin versehen"], urspr. heizbarer Wohnraum (meist als Frauengemach), speziell Bez. des [Breit]wohnturms auf ma. Burgen.

Kemény [ungar. ˈkɛmeːnj], Zoltan, * Banica (Siebenbürgen) 21. März 1907, † Zürich 14. Juni 1965, schweizer. Bildhauer ungar. Herkunft. - Lebte ab 1930 in Paris, ab 1942 in Zürich. Schuf Assemblagen (Reliefs) aus zahlr. Elementen (z. B. Röhrenstücke, Klötzchen), u. a. Wandgestaltung der Hochschule Sankt Gallen (1964).

K., Zsigmond Baron, * Vinţu de Jos 12. Juni 1814, † Pusztakamarás 22. Dez. 1875, ungar. Schriftsteller. - Setzte sich für den Ausgleich mit Österreich ein. Schrieb bes. von Balzac beeinflußte, zeitbezogene histor. Romane und aktuelle Gesellschafts- und Sittenromane.

Kemeri, ehem. selbständige Stadt, seit 1959 Teil von †Jūrmala, Lettische SSR.

Kemerowo [russ. ˈkjemɪrɛvɐ], sowjet. Gebietshauptstadt in der RSFSR, in W-Sibirien, 502 000 E. Univ. (gegr. 1974), polytechn., medizin. Hochschule, Heimatmuseum; drei Theater; Bodenempfangsstation für Fernmeldesatelliten; Steinkohlenbergbau; chem. u. a. Ind. - Entstand 1918 durch Zusammenschluß der Dörfer **Schtscheglowo** (gegr. 1720) und **Kemerowo** (gegr. 1863); seit 1925 Stadt.

Kemi, finn. Hafenstadt an der Mündung des Kemijoki in den Bottn. Meerbusen, 26 700 E. Zentrum der nordfinn. Holzindustrie.

Kemijoki, Fluß in Nordfinnland, entspringt unweit der finn.-sowjet. Grenze, mündet bei Kemi in den Bottn. Meerbusen, mit 520 km längster finn. Fluß; Holzflößerei.

Kemmern, ehem. selbständige Stadt, seit 1959 Teil von †Jūrmala, Lettische SSR.

Kemp, Paul, * Bad Godesberg (= Bonn) 20. Mai 1899, † ebd. 13. Aug. 1953, dt. Schauspieler. - Bed. Komiker am Theater, seit 1930 auch im Film (u. a. „Charleys Tante", 1934; „Amphitryon", 1935).

Kempe, Rudolf, * Niederpoyritz (= Dresden) 14. Juni 1910, † Zürich 11. Mai 1976, dt. Dirigent. - Seit 1949 Generalmusikdirektor in Dresden, 1952-54 bei der Bayer. Staatsoper, 1961-63 und seit 1965 Leiter des Royal Philharmonic Orchestra in London sowie seit 1965 des Tonhalle-Orchesters in Zürich, seit 1967 auch Chefdirigent der Münchner Philharmoniker.

Kempen, Thomas von †Thomas a Kempis.

Kempen, Stadt auf der linksrhein. Mittelterrasse, NRW, 30-65 m ü. d. M., 30 800 E. Seiden-, Elektro-, Werkzeugmaschinen-, elektrochem. u. a. Ind. - Seit etwa 890 belegt; 1294 Stadt, im 14. bis 16. Jh. Blütezeit. - Spätgot. ausgebaute Pfarrkirche Sankt Maria, barock ausgestattete Rektoratskirche Sankt Katharina (17. und 18. Jh.). Die ehem. kurköln. Burg (1396-1400) wurde im 19. Jh. neugot. restauriert. Reste der Stadtmauer (14. Jh.), barocke Bürgerhäuser; modernes Rathaus (1964-67).

Kempenland (niederl. Kempen, frz. Campine), histor. Landschaft in NO-Belgien und den südl. Niederlanden zw. Maas und Schelde. Ehem. weithin von Heiden bedeckt, heute stark industrialisiert.

Kempf, Wilhelm, * Wiesbaden 10. Aug. 1906, † ebd. 9. Okt. 1982, dt. kath. Theologe. - 1949-81 Bischof von Limburg, Mgl. der päpstl. Kommission für die Mittel der sozialen Kommunikation.

Kempff, Wilhelm, *Jüterbog 25. Nov. 1895, dt. Pianist und Komponist. – V. a. Interpret klass. und romant. Werke, auch Organist und Improvisator; als Komponist schuf er Werke fast jeder Gattung.

Kempner, Alfred, urspr. Name des dt. Theaterkritikers und Schriftstellers Alfred † Kerr.

K., Friederike, *Opatów (Posen) 25. Juni 1836, † Friederikenhof bei Reichthal (Bez. Breslau) 23. Febr. 1904, dt. Dichterin. - Ihre in ernster Absicht verfaßten „Gedichte" (1873) hatten wegen der ungewollten Komik großen Erfolg; schrieb auch Novellen und Dramen. Setzte sich, z. T. auch in ihrer Lyrik, für Reformen in der Krankenpflege ein.

Kempo [jap.] (Schaolin), traditionelle Art des chin. Boxens, bei dem Fußtritte erlaubt waren; gilt als Vorläufer des † Karate.

Kempowski, Walter, *Rostock 29. April 1929, dt. Schriftsteller. - 1948–56 wegen angebl. Spionage im Zuchthaus Bautzen; lebt heute als Lehrer in Nartum (= Gyhum bei Rotenburg [Wümme]); bekannt durch seine aus eigenen Erlebnissen entstandene Romanchronik einer bürgerl. Familie unter dem NS und in der Nachkriegszeit „Tadellöser & Wolff" (1971), „Uns geht's ja noch gold" (1972), „Ein Kapitel für sich" (1975), „Aus großer Zeit" (1978). - *Weitere Werke:* Im Block (Bericht, 1969), Haben Sie Hitler gesehen? Dt. Antworten (1973; Hg.), Unser Herr Böckelmann (E., 1979), Herzlich Willkommen (1984).

Kempten (Allgäu), Stadt an der mittleren Iller, Bay., 672 m ü. d. M., 57 300 E. Milchwirtsch. Untersuchungs- und Lehranstalt, Allgäuer Heimatmuseum; wirtsch. Mittelpunkt des Allgäus mit Süddt. Butter- und Allgäuer Käsebörse, wichtiger Ind.standort. - Die an der Stelle des spätkelt. Oppidums **Cambodunum** angelegte, seit Tiberius mit Forum, Tempelbezirk, Kurie und Thermen versehene städt. Siedlung wurde im 3. Jh. von den Alemannen zerstört. 752 gründete das Kloster Sankt Gallen ein Benediktinerkloster, das karoling. Reichsunmittelbarkeit 1062 bestätigt, das 1360 zum Fürststift erhoben (1419–1626 exemt) und 1803 durch Bayern säkularisiert wurde. - Die Siedlung K. wurde 1289/1361 freie Reichsstadt und lag seitdem mit dem Fürststift in Streit um die Grundherrschaft. 1525 sagte sich die Stadt davon los und trat der Reformation bei. - Kirche Sankt Lorenz der ehem. Benediktinerabtei (1652 ff.) mit barockem Chorgestühl; die ehem. fürstäbtl. Residenz (1651–74, jetzt Landgericht) ist eine vierflügelige Binnenhofanlage; Rathaus (15.–17. Jh.); zahlreiche alte Wohnhäuser (z. T. noch spätgotisch).

Kenadsa, alger. Ort am N-Rand der Sahara, 20 km wsw. von Béchar, 7 500 E. Zentrum des alger. Kohlenbergbaus.

Kenai Peninsula [engl. 'ki:naɪ pɪ'nɪnsjʊlə], etwa 250 km lange, bis 200 km breite, gebirgige Halbinsel an der S-Küste Alaskas. Größte Siedlung und wichtigster Hafen ist Seward an der SO-Küste.

Kendal [engl. kɛndl], engl. Stadt 30 km nördl. von Lancaster, Gft. Cumbria, 23 400 E. Museum; traditionelle Wollind. - K., seit dem 12. Jh. Markt, bekam 1472/1575 Stadtrechte. - Got. Pfarrkirche (ältester Teil 1200); Ruinen des normann. K. Castle.

Kendall [engl. kɛndl], Edward Calvin, *South Norwalk (Conn.) 8. März 1886, † Princeton (N. J.) 4. Mai 1972, amerikan. Biochemiker. - 1914–51 Leiter der Abteilung für Biochemie an der Mayoklinik in Rochester, ab 1921 dort auch Prof.; ab 1952 Prof. in Princeton. K. entdeckte 1916 das Schilddrüsenhormon Thyroxin und 1935 das † Kortison; 1950 Nobelpreis für Physiologie und Medizin (mit P. S. Hench und T. Reichstein).

K., Henry, *Kirmington bei Ulladulla (Neusüdwales) 18. April 1839, † Redfern bei Sydney 1. Aug. 1882, austral. Dichter. - Gilt als Begr. der austral. Nationaldichtung; schrieb bes. heimat- und naturverbundene eleg. Gedichte.

Kendo [jap. „Weg des Schwertes"], urspr. bei den Samurai übl. jap. Schwertkampf, die ihre Waffe mit beiden Händen führten. Beim sportl. Wettkampf wird heute ein aus 4 elast., etwa 1,05 m langen Bambuslatten zusammengebundenes Schwert *(Schinai)* verwendet. Die über dem *Gi* (Baumwolljacke und Hosenrock) getragene Rüstung *(Bogu* bzw. *Kendogu)* schützt Kopf und Hals, Brust, Unterleib und Handgelenke, da alle nur auf diese Körperteile zugelassenen Hiebe und Stöße voll ausgeführt werden. K. wird seit 1967 auch in der BR Deutschland betrieben.

Kendrew, John [Cowdery] [engl. 'kɛndru:], *Oxford 24. März 1917, brit. Molekularbiologe. - Arbeitet am Laboratorium für Molekularbiologie in Cambridge. K. ermittelte 1960 durch Röntgenanalyse die Struktur des Myoglobins und erhielt (zus. mit M. F. Perutz) 1962 den Nobelpreis für Chemie.

Kenia

(amtl.: Jamhuri ya Kenya), Republik in Ostafrika beiderseits des Äquators, zw. 4° 40' n. Br. und 4° 40' s. Br. sowie 34° und 42° ö. L. **Staatsgebiet:** K. grenzt im SO an den Ind. Ozean, im S an Tansania, im W an Uganda, im N an die Republik Sudan und Äthiopien, im O an Somalia. **Fläche:** 582 646 km². **Bevölkerung:** 19,5 Mill. E (1985), 33,5 E/km². **Hauptstadt:** Nairobi. **Verwaltungsgliederung:** 7 Prov., Distrikt von Nairobi. **Amtssprache:** Swahili. **Nationalfeiertag:** 12. Dez. (Unabhängigkeitstag). **Währung:** Kenia-Schilling (K. Sh.) = 100 Cents (cts). **Internationale Mitgliedschaften:** UN, OAU; der EWG assoziiert. **Zeitzone:** Moskauer Zeit, d. i. MEZ + 2 Std.

Kenia

Landesnatur: Im westl. Teil wird K. von N nach S vom Ostafrikan. Graben durchzogen, der bis 80 km breit ist und in dessen N der Turkanasee liegt. Östl. und westl. seiner 2 000–3 900 m hoch aufragenden Randschwellen liegen Hochländer, die von großen Vulkanen überragt werden, u. a. dem vergletscherten Mount Kenya (5 194 m ü. d. M.). Nach O senkt sich das Hochland zum Küstentiefland am Ind. Ozean ab. Im W hat K. noch Anteil am Victoriasee.
Klima: Der größte Teil des Landes hat trocken-heißes Klima. Im Hochland verteilt sich der Niederschlag auf zwei Regenzeiten (Okt.–Dez., März–Mai). Oberhalb von 2 000 m ü. d. M. treten häufig Nebel auf, hier sind 9–12 Monate humid. Die W-Abdachung des Hochlands erhält auch in tieferen Lagen fast ganzjährig Niederschlag. Die Temperaturen im Hochland sind dank der Höhenlage gemäßigt, es entwickelte sich zum wirtsch. Kernraum des Landes. Im Küstengebiet fallen reichl. Niederschläge.
Vegetation: Im Hochland wächst laubabwerfender Feuchtwald, in den höheren Lagen immergrüner Nebelwald mit einem hohen Anteil an Bambusbeständen. An der Küste gedeihen Feucht- und Trockenwälder. Der Hauptteil des Landes wird jedoch von Savannen eingenommen.
Tierwelt: K. ist reich an afrikan. Großwild, bes. an Huftieren. An den abflußlosen Salzseen des Ostafrikan. Grabens leben zahlr. Wasservögel. Dem Schutz der Tierwelt dienen mehrere Nationalparks.
Bevölkerung: Rd. 98 % sind Afrikaner, deren größte Gruppe die Bantu stellen (unter ihnen v. a. die Kikuyu), gefolgt von Niloten, Nilotohamiten und Osthamiten. Daneben leben in K. Asiaten (z. T. mit brit. Pässen), Europäer und Araber. Rd. 58 % sind Christen (v. a. prot.), rd. 4 % Muslime, rd. 1,5 % Hindus. Schulpflicht besteht von 7–15 Jahren. Eine Univ. besteht in Nairobi.
Wirtschaft: $^3/_4$ der Bev. lebt von der Landw., doch kann sie den Eigenbedarf nicht völlig decken. Angebaut werden Mais, Getreide, Bohnen, Bataten, auch Erdnüsse, Sesam, Bananen u. a. Für den Export werden v. a. Kaffee, Tee und Sisal kultiviert. Die Viehwirtschaft wird von altersher von den Massai betrieben, später auch im Hochland von europ. Farmern. An Bodenschätzen werden Blei- und Silbererze sowie Flußspat abgebaut. Die Ind. verarbeitet v. a. landw. Produkte. Daneben bestehen Textilind., Aluminiumwalzwerke, je eine Erdölraffinerie, Zement- und Papierfabrik. Bed. Fremdenverkehr.
Außenhandel: Ausgeführt werden Kaffee, Erdölprodukte, Tee, Spinnstoffe und Abfälle, pflanzl. Rohstoffe, Obst und Gemüse, Häute und Felle u. a., eingeführt Erdöl, nichtelektr. Maschinen, Eisen und Stahl, Kfz., Garne, Gewebe, Kunstdünger, Kunststoffe und -harze. Wichtige Partner sind neben Uganda und Rwanda die EG-Länder (bei denen die BR Deutschland an 2. Stelle steht nach Großbrit.) sowie Japan, Saudi-Arabien und die USA.
Verkehr: Das Eisenbahnnetz hat eine Länge von 3 221 km, das Straßennetz von rd. 53 600 km, davon sind über 6 500 km asphaltiert. Wichtigster Seehafen ist Mombasa, wichtigster Binnenhafen am Victoriasee Kisumu. Die Fluggesellschaft Kenya Airways bedient den Inlandsverkehr und mehrere Auslandslinien. Für den inländ. Touristenverkehr fliegt die African Safari. Der internat. ✈ Embakasi bei Nairobi wird von 28 ausländ. Gesellschaften angeflogen, der internat. ✈ Mombasa v. a. von Charterflugzeugen.
Geschichte: Die alten Handelsplätze des Küstenstreifens bestanden wohl schon im klass. Altertum (Funde röm. und ägypt. Münzen). Etwa seit dem 7. Jh. n. Chr. läßt sich eine arab., etwa seit dem 10. Jh. eine pers. Besiedlung nachweisen. 1505 besetzten die Portugiesen Malindi und Mombasa, konnten sich aber auf Dauer nicht halten. Nach langen Kämpfen mit den Arabern von Oman räumten sie 1729 mit Mombasa ihren letzten Stützpunkt nördl. des Rovuma. Im 19. Jh. kamen die Küstenstädte unter die Herrschaft des Sultanats Sansibar (1837 Anerkennung durch Großbrit.). 1848/49 begann die Erforschung des Landesinneren durch die Europäer. Das Interesse der europ. Mächte an K. erwachte erst, als geograph. Forschungen ergaben, daß dieses Land die sicherste und bequemste Zugang nach Uganda, dem Tor zum oberen Nil, bot. 1886/90 einigten sich Großbrit. und Deutschland über ihre Interessensphären in O-Afrika; die Deutschen gaben ihre Erwerbungen in K. (seit 1885) und Uganda (seit 1889) auf und beschränkten sich auf Tanganjika mit Ruanda und Urundi; Großbrit. - in K. zunächst nur durch die British East Africa Company vertreten - erhielt K. und Uganda. Die brit. Reg. proklamierte 1895 in Mombasa das Protektorat Ostafrika, das 1920 in die Kronkolonie K. umgewandelt wurde; der Küstenstreifen, der nach wie vor dem Sultan von Sansibar formell unterstand, behielt den Status eines Protektorats. 1924 erhielten die Stämme eine Art Selbstverwaltung, mit der die traditionellen Häuptlinge betraut blieben. Eine grundlegende Wandlung des polit. Systems in K. bewirkte der Aufstand der Mau-Mau (1952–56). 1954 wurde ein mehrrassiger Min.rat geschaffen. 1960 gründete J. Kenyatta die „Kenya African National Union" (KANU), als eine neue Verfassung den Einwohnern aller Rassen gleiches Zensuswahlrecht zusicherte. Im Juni 1963 erhielt K. die innere Selbstreg. nach Neuwahlen mit uneingeschränktem Wahlrecht, die der KANU eine überwältigende Mehrheit in beiden Häusern des Parlaments einbrachten. J. Kenyatta übernahm das Amt des Premiermin. Nach

Kenilworth

Fertigstellung der Unabhängigkeitsverfassung erhielt K. am 12. Dez. 1963 die volle Unabhängigkeit und blieb, zunächst als Monarchie, seit 12. Dez. 1964 als Republik mit J. Kenyatta als Staatspräs. im Commonwealth of Nations. Mit der Erlangung der Unabhängigkeit erhielt K. auch den Küstenstreifen als Prov. zugesprochen. Unter dem Druck der oppositionellen „Kenya Peoples Union" (KPU) verschärfte die Reg. ihre Afrikanisierungspolitik in Wirtschaft und Verwaltung. Davon war v. a. die asiat. Bev. betroffen, die in steigendem Maße nach Großbrit. einwanderte, wodurch das sonst gute Verhältnis zw. K. und Großbrit. vorübergehend gestört wurde. Nach Ausschaltung der KPU 1969 (Verhaftung Ogirga Odingas, 1971 wieder freigelassen) wurde K. Einparteienstaat. Opposition innerhalb der KANU führte schließl. 1974 zur Auflösung des Parlaments. Nach Kenyattas Tod 1978 wurde D. A. Moi am 10. Okt. 1978 zum Staatspräs. ausgerufen und in der Präsidentschaftswahl im Nov. 1979 im Amt bestätigt. Nach einem blutigen Putschversuch von Teilen der Luftwaffe im Aug. 1982 wurde diese aufgelöst.
Politisches System: Nach der mehrfach (1964, 1966, 1968) geänderten und ergänzten Verfassung von 1963 ist K. eine präsidiale Republik innerhalb des Commonwealth. *Staatsoberhaupt*, als Reg.chef oberster Inhaber der *Exekutive* und Oberbefehlshaber der Streitkräfte ist der Staatspräs. (z. Z. Daniel Arap Moi [* 1924]). Er ernennt den Vizepräs. und die anderen Mgl. des Kabinetts, die formal der Nationalversammlung verantwortl. sind, einem Einkammerparlament (seit 1966; früher Repräsentantenhaus und Senat). Dem Parlament, bei dem die *Legislative* liegt, gehören 188 Abg. an, von denen nur 172 besetzt sind (158 gewählte, 12 vom Präs. ernannte sowie ex officio der Speaker und der Attorney-General). K. ist seit 1982 Einparteienstaat; herrschende *Partei* ist die „Kenya African National Union" (KANU) unter dem Vorsitz von Staatspräs. Moi. Die föderalist. orientierte Oppositionspartei „Kenya African Democratic Union" (KADU) hatte sich 1964 aufgelöst, die 1966 von der KANU abgespaltene sozialist. orientierte „Kenya Peoples Union" (KPU) wurde 1969 verboten. Der „Central Organization for Trade Unions" als einziger föderativer *Gewerkschafts*vereinigung sind 25 Gewerkschaften angeschlossen. K. ist *verwaltungs*mäßig in 8 Prov. gegliedert. Die *Recht*sprechung erfolgt in Straf- und Zivilprozessen, soweit Europäer beteiligt sind, nach engl. Recht, in Zivilprozessen unter Afrikanern nach Stammes- oder islam. Recht. Die *Streitkräfte* umfassen rd. 13 650 Mann. Daneben gibt es paramilitär. Kräfte in Stärke von rd. 2 000 Mann innerhalb der Polizei.
📖 *Language and dialect atlas of Kenya.* Hg. v. B. Heine u. W. J. G. Möhlig. Bln. 1981 ff. - *Diesfeld, H. J./Hecklau, H. K.: Kenya.* Bln. u. a. 1978. - *K. Geographie, Vorgesch. Gesch., Gesellschaft, Kultur, Erziehung, Gesundheitswesen, Wirtschaft, Entwicklung.* Hg. v. W. Leifer. Tüb. u. Basel 1977. - *Heyer, J., u. a.: Agricultural development in Kenya.* London 1976. - *Arnold, G.: Kenyatta and the politics of Kenya.* London 1974.

Kenilworth [engl. ˈkɛnɪlwəːθ], engl. Ind.-siedlung, 8 km sw. von Coventry, Gft. Warwick, 19 300 E. Sitz der Royal Agricultural Society; Herstellung von Wohnwagen, Autoteilen u. a. - K., im Domesday Book als **Chinewrde** erwähnt, kam um 1200 an den engl. König und im 13. Jh. an Simon Montfort. Der Ort K. hat seit Heinrich I. Stadtrecht. - Got. Kirche Saint Nicholas mit normann. Bauteilen; Ruinen der Augustinerpriorei (gegr. 1122) und einer Burg (12.–16. Jh.).

Kénitra, marokkan. Prov.hauptstadt am Oued Sebou, 188 200 E. Textil-, chem. und fischverarbeitende Ind.; Hafen (für mittlere Seeschiffe erreichbar).

Kennan, George Frost [engl. ˈkɛnən], * Milwaukee 16. Febr. 1904, amerikan. Diplomat und Historiker. - Seit 1926 im diplomat. Dienst der USA in Europa tätig, u. a. in Ber-

Kenia. Wirtschaftskarte

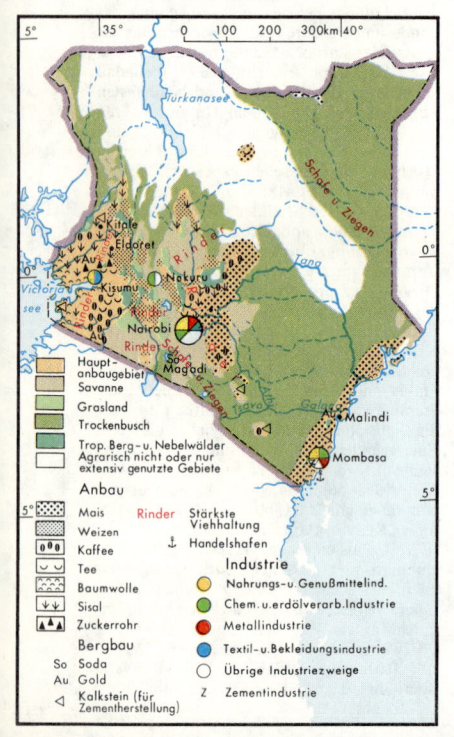

lin; Botschaftsrat in Moskau 1944–46; konzipierte unter dem Eindruck des kalten Krieges als Chef eines außenpolit. Planungsausschusses (1947–49) die Politik des ↑Containment gegenüber der UdSSR; 1952 Botschafter in Moskau; 1961–63 Botschafter in Belgrad; lehrte danach (wie bereits 1950–52 und 1953–61) in Princeton; erhielt 1982 den Friedenspreis des Börsenvereins des Dt. Buchhandels.

Kennedy [engl. 'kɛnɪdɪ], Edward Moore, * Brookline (Mass.) 22. Febr. 1932, amerikan. Politiker. - Bruder von John F. und Robert F. K.; seit 1963 demokrat. Senator für Massachusetts; 1969–71 stellv. Fraktionsvors. der Demokrat. Partei; lehnte nach dem Tode seines Bruders Robert F. K. und erneut 1974 eine Präsidentschaftskandidatur ab; scheiterte 1980 mit seiner Bewerbung um die Präsidentschaftskandidatur der Demokrat. Partei.

K., John Fitzgerald, * Brookline (Mass.) 29. Mai 1917, † Dallas 22. Nov. 1963 (ermordet), 35. Präs. der USA (1961–63). - Aus wohlhabender Familie ir. Herkunft stammend; im 2. Weltkrieg Marineoffizier, für die Demokraten 1947–53 Mgl. des Repräsentantenhauses, 1953–61 des Senats; gewann 1960 gegen R. M. Nixon knapp die Präsidentschaftswahlen. Suchte als Präs. die Grundwerte der amerikan. Demokratie neu zu beleben und gewann mit dem Appell, die Herausforderungen einer veränderten Welt als Chance einer „New Frontier" (Neue Grenze) anzunehmen, Anhang unter der Jugend und den Intellektuellen (auch außerhalb der USA). Seine weitreichenden innen- und außenpolit. Programme blieben jedoch größtenteils unerfüllt. Der vorwiegend konservative Kongreß lehnte seine Pläne zur Verbesserung des Bildungswesens, der Sozialversicherung und der Krankenfürsorge, zur Städtesanierung und zur Bürgerrechtsfrage ab. In der Außenpolitik bemühte sich K., den kalten Krieg abzubauen. Nach der Kubakrise entwickelte er neue zweiseitige Beziehungen zw. den USA und der UdSSR. Er verkündete - unter Abkehr vom System des Dollarimperialismus - eine Allianz für den Fortschritt mit Lateinamerika (1961) und revidierte die ablehnende Haltung von J. F. Dulles gegenüber dem Neutralismus der Dritten Welt, engagierte aber die USA zur Sicherung ihres Einflusses in SO-Asien im Vietnamkrieg. Seine Ermordung (wohl durch einen polit. Einzelgänger, L. H. Oswald) ist noch nicht restlos aufgeklärt.

📖 Borch, H. v.: *John F. K.* Mchn. 1986. - Schlesinger, A. M.: *Die tausend Tage Kennedys.* Dt. Übers. Mchn. ⁴1967.

K., John Pendleton, * Baltimore 25. Okt. 1795, † Newport (R. I.) 18. Aug. 1870, amerikan. Schriftsteller. - Vermittelte in „Swallow barn" (1832) ein skizzenhaftes Bild des Landlebens im aristokrat. S Nordamerikas und korrigierte in dem Roman „Hufeisen-Robinson" (1835) das von Cooper geprägte einseitige Bild des amerikan. Grenzers.

K., Margaret, * London 23. April 1896, † Banbury 31. Juli 1967, engl. Schriftstellerin. - Schrieb populäre Romane, die oft Probleme künstler. Existenz in der bürgerl. Umwelt zum Thema haben, u. a. „Die treue Nymphe" (1924) und „Zwei Seelen" (1952).

K., Robert Francis, * Boston 20. Nov. 1925, † Los Angeles 6. Juni 1968, amerikan. Politiker. - Bruder von Edward M. und John F. K., dessen engster Berater er war; Jurist; 1961–64 Justizmin.; kritisierte als demokrat. Senator für New York (ab 1964) heftig die Vietnampolitik Präs. L. B. Johnsons; in aussichtsreicher Position für die demokrat. Präsidentschaftskandidatur ermordet.

Kennedy, Kap [engl. 'kɛnɪdɪ] ↑Canaveral, Kap.

Kennedyrunde [engl. 'kɛnɪdɪ] ↑GATT.

Kennelly, Arthur Edwin [engl. 'kɛnlɪ], * Colaba bei Bombay 17. Dez. 1861, † Boston 18. Juni 1939, amerikan. Ingenieur brit. Herkunft. - 1902–30 Prof. an der Harvard University. K. entwickelte u. a. Seekabel, führte die Darstellung von Wechselstromgrößen durch komplexe Variable ein und postulierte 1902 (unabhängig von O. Heaviside) die Existenz einer elektr. leitenden Schicht in der ↑Ionosphäre (**Kennelly-Heaviside-Schicht**).

Kenning [altnord. „Kennzeichnung"] (Mrz. Kenningar), in der altnord. und angelsächs. Dichtung die Technik der Umschreibung eines Begriffs durch eine zweigliedrige nominale Verbindung (Nomen + Nomen im Genitiv) oder ein zweigliedriges Kompositum (z. B. „fleina brak" [Das Tosen der Pfeile] oder „fleinbrak" [Pfeilgetöse] als K. für „Kampf").

Kennleuchte, opt. Verkehrswarngerät an speziellen Fahrzeugen, die sich nicht an alle Verkehrsregeln zu halten brauchen, zu schnell, zu langsam, zu breit oder zu lang sind. Meist als Rundum-K. ausgeführt, strahlt sie ein umlaufendes oder blinkendes Lichtbündel ab, das durch Filter blau, gelb oder rot gefärbt wird.

Kennlinie, eine bei graph. Darstellung eines Zusammenhanges zw. techn. wichtigen Größen eines Systems sich ergebende Kurve. Dazu wird eine bes. interessierende Größe als Funktion einer (oder mehrerer) anderen dargestellt, so daß jedem durch äußere Bedingungen festgelegten Wert der unabhängigen Variablen mindestens ein Wert der abhängigen und damit ein Punkt der K. *(Arbeitspunkt)* entspricht. So zeigt z. B. die Belastungs-K. die Klemmenspannung einer elektr. Energiequelle in Abhängigkeit vom entnommenen Strom.

Kennung, bei einem Leuchtfeuer charakterist. Folge, Dauer oder Farbe von abgestrahlten Lichtsignalen, beim Funkfeuer oder Sender bestimmtes, im Morsealphabet ausge-

Kennzahl

sendetes Rufzeichen, im Sprechfunk Namens- oder Stationsangabe. Bei Telexanschlüssen besteht die K. aus Telexnummer und Namen bzw. einer abgekürzten Namensform.

Kennzahl, als Variable in *physikal. Gesetzen* (insbes. der Strömungslehre) auftretende Größe, die das Verhältnis bestimmter physikal. Kräfte oder Wirkungen zueinander kennzeichnet und bei ähnl. verlaufenden Vorgängen († Ähnlichkeitsgesetze) gleich ist (z. B. † Mach-Zahl).

◆ in der *Chemie* definierter Analysenwert von Stoffen (z. B. † Oktanzahl von Benzinen), der den Zustand und die Zusammensetzung eines Stoffes oder Stoffgemisches und damit dessen Eigenschaften kennzeichnet.

◆ in *Wählvermittlungsnetzen* die Zahl vor der Rufnummer eines Teilnehmers, durch deren Wahl die Vermittlungsstelle außerhalb des eigenen Netzbereiches, an die der gewünschte Teilnehmer angeschlossen ist, gekennzeichnet wird.

Keno II., ostfries. Häuptling, † Brok, tom.

Kenosis (Kenose) [griech. „Entleerung"], Bez. für die Selbstentäußerung der göttl. Natur Christi nor Phil. 2,5–11: Verzicht auf die göttl. Eigenschaften (Allmacht, Allgegenwart), um „Knechtsgestalt" anzunehmen. Die Vertreter dieser Theologie im 19. Jh. heißen **Kenotiker.**

Kenotaph [zu griech. kenotáphion „leeres Grab"], Bez. für ein Gedächtnismal für einen Verstorbenen, dessen Gebeine an anderer Stelle beigesetzt sind.

Kensan, Ogata, * Kioto 1663, † Edo (= Tokio) 1743, jap. Maler und Keramiker. - Bruder von Ogata Korin. Dekorierte Keramik in der spontanen abgekürzten Manier der Tuschemaler; auch Tuschebilder (Hängerollen).

Kensett, Johann Frederick [engl. 'kɛnzɪt], * Cheshire (Conn.) 23. März 1818, † New York 16. Dez. 1872, amerikan. Maler. - Bereiste Europa und kehrte 1847 nach New York zurück. Mit weiten Landschaften mit Bergen und Wasser in feinem, diffusem Licht bed. Vertreter der † Hudson River School.

Kensington and Chelsea [engl. 'kɛnzɪŋtən ənd 'tʃɛlsɪ], Stadtbezirk im westl. Z-London, England. - Kensington, in sächs. Zeit *Chenesitun* oder *Kenesitune,* kam Ende des 11. Jh. in den Besitz des Grafen von Oxford. 1888 kam es zur Grafschaft London und erhielt 1901 Stadtrecht. Große Gartenanlagen (K. Gardens). - Chelsea, 785 als *Cealchithe* genannt, kam 1536 von der Abtei Westminster in den Besitz des Königs. Es wurde 1888 Stadtteil von London.

Kensington Gardens [engl. 'kɛnzɪŋtən 'gɑdənz] † Hydepark.

Kent, William, * Bridlington 1686 (?), † London 12. April 1748, engl. Maler, Baumeister und Gartengestalter. - 1709–19 in Rom. Malte 1721–27 Räume im Kensington Palace aus. K. führte die engl. Gartenkunst wieder zum Naturgarten zurück (u. a. in den Kensington Gardens). Er baute u. a. in strengem palladian. Stil mit reicher Innendekoration Landhäuser, das Schatzhaus (1734–36) und Horse Guards (1750–58 nach seinen Plänen erbaut) in Whitehall.

Kent, Gft. in SO-England.

Kentauren, Fabelwesen der griech. Mythologie; die mischgestaltigen (ein menschl. Torso sitzt auf einem Pferdeleib), mit Ausnahme des weisen † Cheiron meist heimtück. K. vergreifen sich an den Frauen der thessal. **Lapithen,** deren Gäste sie waren, und es kommt zum Kampf (**Kentauromachie**), der schließlich von Theseus zugunsten der Lapithen entschieden wird. - Beliebtes Motiv der griech. Kunst, später der Renaissance, des Barock und erneut Picassos.

Kenteigebirge, Gebirge im N der Mongol. VR, Ausläufer der transbaikal. Gebirge der UdSSR, mittlere Höhe 2 200–2 400 m, ein westl. Ausläufer erreicht 2 751 m ü. d. M.

Kentern, das seitl. Umschlagen von Schiffen oder Booten infolge ungenügender dynam. oder stat. Stabilität durch innere (falsch gestaute Ladung, freie Oberflächen bei Flüssigkeiten) oder äußere Kräfte (Winddruck, Stabilitätsverlust durch Seegang).

◆ das Wechseln von Strömungsrichtungen, z. B. beim Gezeitenstrom von Flut zu Ebbe.

Kenton, Stan, eigtl. Stanley Newcomb K., * Wichita (Kans.) 19. Febr. 1912, † Los Angeles 25. Aug. 1979, amerikan. Jazzmusiker (Orchesterleiter, Komponist, Pianist). - Sein Orchesterstil, der an die moderne europ. Konzertmusik anknüpfte, blieb als sog. Progressive Jazz auf die stilist. Entwicklung des Jazz bezogen unfruchtbar.

Kentucky [engl. kɛn'tʌkɪ], Bundesstaat der USA, 104 623 km², 3,72 Mill. E (1984), Hauptstadt Frankfort.

Landesnatur: K. erstreckt sich vom Ohio im N bis zum Bundesstaat Tennessee im S, vom Mississippitiefland im W bis zu den Höhenzügen der Cumberland Mountains im O. Hier liegt mit 1 265 m der höchste Punkt des Landes. Im NO liegt die fruchtbare Bluegrass Region, die hufeisenförmig von einer Hügelzone umrahmt wird. Zentral-K. ist stark verkarstet mit zahlr. Dolinen und Höhlen, u. a. der riesigen Mammoth Cave. - Das Klima ist gemäßigt kontinental.

Vegetation, Tierwelt: Urspr. war K. zu $^3/_4$ von Wald bedeckt, doch wurde er durch Rodung stark zurückgedrängt. Die Bluegrass Region ist überwiegend Grasland. Auch die urspr. Tierwelt wurde sehr dezimiert. Im äußerste NW wird von Zugvögeln aufgesucht.

Bevölkerung, Wirtschaft, Verkehr: Neben der weißen Mehrheit leben rd. 7 % Neger sowie asiat. und indian. Minderheiten in K.; rd. 52 % der Bev. wohnen in Städten. Neben zahlr. Colleges verfügt K. über 8 Univ., deren

288

Kephisodot

älteste, 1780 als College gegr., seit 1798 in Lexington besteht. - Führend in der Landw. ist der Tabakanbau, u. a. in der Bluegrass Region. Daneben werden Getreide, Mais, Gemüse, Sojabohnen, Kartoffeln u. a. angebaut. Die Grünlandwirtschaft ist eine der Voraussetzungen für die Rinderzucht (Milchwirtschaft und Schlachtvieh), daneben werden Schweine, Schafe und Geflügel gehalten. Über 350 Farmen sind auf Pferdezucht spezialisiert. Im Abbau von Kohle steht K. an 2. Stelle der USA. Daneben werden Erdöl und Erdgas gewonnen. Die Ind. stellt Maschinen, Metallwaren, Chemikalien, Bekleidung, Nahrungsmittel, Tabakwaren und Whiskey her. - K. hat ein Eisenbahnnetz von rd. 5 200 km Länge, ein Straßennetz von rd. 112 000 km Länge. Wichtigste Binnenwasserstraße für den Güterverkehr ist der Ohio. K. verfügt über 69 ⚐. **Geschichte:** Noch im 17. Jh. nur von wenigen Indianern bewohnt; etwa ab 1670 frz. und engl. Erkundungsvorstöße; seit Mitte 18. Jh. machte die Erforschung des Landes Fortschritte, fast gleichzeitig drangen Trapper und Händler nach K. vor. Seit den 1770er Jahren wurde das Gebiet von North Carolina und von Virginia aus besiedelt. K. wurde Virginia als County angegliedert. Während des Unabhängigkeitskrieges hatte K. ab 1778 stark unter Kriegszügen der mit den Briten verbündeten Indianer zu leiden. 1792 als 15. Staat in die USA aufgenommen. Im Sezessionskrieg versuchte K. neutral zu bleiben, gehörte jedoch seit 1862 zur Union.
📖 *Zimmer, D. M.: Die Industrialisierung der Bluegrass Region v. K. Hdbg. 1970. - Clark, T. D.: K., land of contrast. New York 1968.*

Kentucky [engl. kɛn'tʌki], schwere Tabaksorten aus dem amerikan. Bundesstaat K.; werden mit feuchten Sägespänen geräuchert und 6 Wochen getrocknet. Verwendung als Kau-, Schnupf- und Rauchtabak.

Kentucky Lake [engl. kɛn'tʌki 'leɪk], größter Stausee der †Tennessee Valley Authority im Unterlauf des Tennessee River nahe der Mündung in den Ohio (Kentucky und Tennessee); 296 km lang, bis 4 km breit.

Kentucky River [engl. kɛn'tʌki 'rɪvə], linker Nebenfluß des Ohio, entsteht im O des Cumberland Plateau (3 Quellflüsse), mündet nö. von Louisville, 410 km lang; zahlr. Schleusen.

Kentumsprachen [zu lat. *centum* „hundert"], Bez. für die Gruppe der indogerman. Sprachen, die die palatalen Verschlußlaute (erschlossen) $\hat{k}$, $\hat{g}$, $\hat{g}h$ der indogerman. Grundsprache zunächst als Verschlußlaute erhalten haben: Aus indogerman. (erschlossen) $\hat{k}mtóm$ „100" entwickelte sich tochar. *känt*, griech. *he-katón*, lat. *centum* (daher der Name K.), altir. *cét*, got. *hund*, im Gegensatz zu den sog. †Satemsprachen.

Kenya, Mount [engl. 'maʊnt 'kiːnjə], mit 5 194 m zweithöchster Berg Afrikas, in Z-Kenia, ein stark vergletscherter, erloschener Vulkan.

Kenyatta, Jomo [kɛn'jata], eigtl. Johnstone Kama Ngengi, * Ichaweri (Z-Kenia) 20. Okt. 1891 (?), † Mombasa 22. Aug. 1978, kenian. Politiker. - Lebte 1929–46 (mit Unterbrechungen) in Großbrit.; 1947 Präs. der Kenya African Union, 1953 als angebl. Führer des Mau-Mau-Aufstandes zu 7 Jahren Haft verurteilt. 1960 zum Präs. der Kenya African National Union (KANU) gewählt; 1961 aus der Haft entlassen; seit 1963 Reg.chef Kenias, seit 1964 auch Staatspräs.; verfolgte einen polit. gemäßigten, an den Westen angelehnten Kurs.

Kenyon, Sir (seit 1912) Frederic George [engl. 'kenjən], * London 15. Jan. 1863, † Oxted (Grafschaft Surrey) 23. Aug. 1952, engl. klass. Philologe und Papyrologe. - 1909–30 Direktor des Brit. Museums. Bed. Editionen neu aufgefundener neutestamentl. und klass. griech. Texte, z. B. „Aristoteles. De re publica Atheniensium" (1891), „Hyperides. Orationes et Fragmenta" (1907).

Kephaline [griech.], Gruppe von besonders im Nervengewebe und in der Hirnsubstanz vorkommenden Glycerinphosphatiden (†Phospholipide), die sich aus Glycerin, Fettsäuren und Phosphorsäure zusammensetzen. Ist die Phosphorsäure mit †Kolamin verestert, so liegen die den †Lezithinen ähnlichen *Kolamin-K. (Phosphatidyläthanolamine)* vor, tritt an die Stelle des Kolamins die Aminosäure Serin, handelt es sich um *Serin-K. (Phosphatidylserine).* Chem. Strukturformel (R_1, R_2 Alkylreste, X^+ Kolamin- bzw. Serinrest):

$$H_2C - O - \overset{O}{\underset{}{C}} \diagdown R_2$$
$$R_1 - \overset{O}{\underset{}{C}} - O - CH$$
$$H_2C - O - \overset{O}{\underset{\underset{O^-}{|}}{P}} - O - X^+$$

Kephalos (Cephalus), Gestalt der griech. Mythologie, Sohn des Hermes, Gemahl der Prokris, schöner Jäger aus Attika, den Eos entführt hat, um ihn dann in verwandelter Gestalt zu Prokris zurückzuschicken. K. tötet seine Gemahlin irrtüml. mit einem Speer, als diese ihn heiml. in die Berge gefolgt war. - Das Thema wurde in Literatur und Musik vielfach bearbeitet (u. a. von Lope de Vega und Calderón).

Kepheus †Andromeda

Kephisodot, Name von att. Bildhauern: **K. d. Ä.,** 1. Hälfte des 4. Jh. v. Chr. - Wahrschein. Vater des †Praxiteles. In Marmorkopien erhalten ist seine in ihrer statuar. Ruhe und menschl. Wärme bed. Eirene mit dem Plutoskind (um 375 v. Chr.).
K. d. J., spätes 4. Jh. und frühes 3. Jh. - Einer der Söhne des Praxiteles; schuf v. a. Porträts, wohl auch Altarstatuen.

Kepler

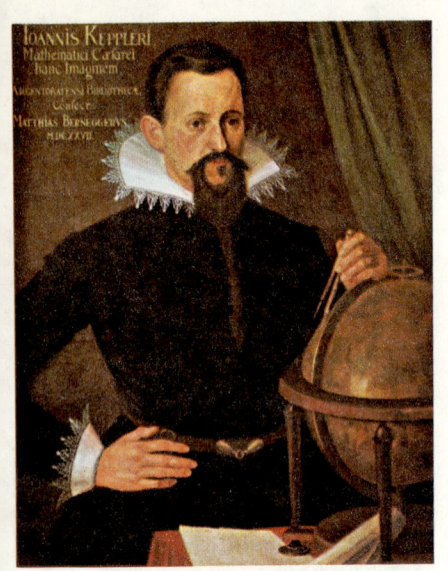

Johannes Kepler (anonymes Ölgemälde; 1619/20). Straßburg, Fondation Saint Thomas, Collegium Wilhelmitanum

Kepler, Johannes, * Weil (= Weil der Stadt) 27. Dez. 1571, † Regensburg 15. Nov. 1630, dt. Astronom. - K. studierte in Tübingen ev. Theologie. Ab 1594 war er Mathematiker in Graz. Mit 24 Jahren veröffentlichte K. sein erstes (noch spekulatives) kosmolog. Werk „Mysterium cosmographicum". Er siedelte 1600 nach Prag über, wurde dort im folgenden Jahr T. Brahes Nachfolger als Astronom Rudolfs II.; 1605 kam er zu der bedeutsamen Erkenntnis, daß die Marsbahn kein Kreis, sondern eine Ellipse ist. K. fand die drei (später nach ihm ben.) ↑ Keplerschen Gesetze (1609 in der „Astronomia nova", 1619 „Harmonice mundi ..."). K. leistete auch in der Optik Bahnbrechendes (1604 „Astronomiae pars optica", 1611 „Dioptrice"). Er entwickelte darin die Theorie der Linsen und des Fernrohrs (mit zwei Konvexlinsen). – Nach dem Tod Rudolfs II. erarbeitete K. als Mathematiker in Linz einen umfassenden „Abriß der kopernikan. Astronomie" (1618–22) und veröffentlichte 1627 die Rudolphinischen Tafeln. Um Obligationszinsen einzutreiben, begab sich K., der ab 1628 in Wallensteins Diensten in Sagan stand, 1630 auf die Reise nach Linz. Er erkrankte in Regensburg, wo er kurz nach seiner Ankunft starb.

📖 *Gerlach, W./List, M.: J. K. Leben u. Werk. Mchn. Neuaufl. 1980. - Hemleben, J.: J. K. Rbk. Neuaufl. 1976.*

Keplersche Faßregel, die von J. Kepler (1615) urspr. zur Inhaltsbestimmung von Fässern angegebene Näherungsformel zur Berechnung eines bestimmten Integrals $\int_a^b f(x)\,dx$; die Funktion $f(x)$ wird dabei durch eine Parabel $y = c_0 + c_1 x + c_2 x^2$ angenähert, die für wenigstens drei Argumentwerte (a, b und $(a+b)/2$) mit $f(x)$ zusammenfällt; man erhält dann die Näherungsformel

$$K = \frac{b-a}{6}\left[f(a) + 4f\left(\frac{a+b}{2}\right) + f(b)\right].$$

Keplersche Gesetze, die von J. Kepler aus dem von T. Brahe stammenden Beobachtungsmaterial hergeleiteten drei Gesetze der Planetenbewegung: 1. Die Planeten bewegen sich auf Ellipsen *(Kepler-Ellipsen),* in deren einem Brennpunkt die Sonne steht. 2. Die von der Sonne zu einem Planeten gezogene Verbindungslinie *(Fahrstrahl)* überstreicht in gleichen Zeiten gleiche Flächen (**Flächensatz**). 3. Die Quadrate der Umlaufzeiten der Planeten verhalten sich wie die dritten Potenzen der großen Halbachsen ihrer Bahnellipsen. Die K. G. gelten nur näherungsweise. Sie wären nur dann exakt gültig, wenn die Massen der Planeten gegenüber der Sonnenmasse als vernachlässigbar klein betrachtet und die Anziehungskräfte der Planeten untereinander vernachlässigt werden könnten.

Kerabau [polynes.-span.] ↑ Wasserbüffel.

Kerala, Bundesstaat an der äußersten SW-Küste von Indien, 38 864 km², 25,5 Mill. E (1981), Hauptstadt Trivandrum. K. besteht aus einem 550 km langen Tieflandstreifen und den nach W exponierten Flanken der südl. Westghats. Landessprache ist Malajalam. Reis und Kokospalmen sind die führenden Nutzpflanzen, ergänzt durch Ananas, Zuckerrohr, Baumwolle und Erdnüsse sowie die traditionellen Gewürze der Malabarküste. In den Bergen überwiegen Kautschuk- und Teeplantagen. Die Regenwälder besitzen Teak- und Ebenholzbestände. Die Ind. verarbeitet v. a. landw. Produkte, daneben Textil-, chem., Glas-, Papier- und Elektroindustrie. Die Küstenfischerei auf Sardinen und Garnelen ist nur von lokaler Bedeutung. Wichtigster Hafen ist Cochin. - Der Bundesstaat K. wurde am 1. Nov. 1956 gebildet. Sein Kernland bilden die beiden ehem. Fürstenstaaten Cochin und Travancore.

Kerameikos [griech. „Töpfermarkt"], das Töpferviertel im NW des antiken Athen am Aufweg zur Akropolis, in der Nähe der vor der Mauer an den Hängen der Eridanossenke gelegene „Friedhof am K." (auch „Friedhof am Dipylon") mit zahlr. Grabungsfunden von myken. Zeit bis ins 4. Jh. n. Chr., bes. der att. Keramik des 11.–8. Jh. sowie der Bildhauerkunst (u. a. Grabreliefs).

Keramik [zu griech. keramikế (téchnē) „Töpferkunst"], Bez. für Erzeugnisse aus gebrannten ton- bzw. kaolinhaltigen Massen und sog. sonderkeram. Werkstoffen sowie für

Keramik

die Kunst bzw. Technik ihrer Herstellung. Eine Einteilung der K. nach tonkeram. und sonderkeram. Werkstoffen liegt nahe, doch ist heute noch die traditionelle Einteilung in Grob- und Fein-K. üblich. Hinsichtlich der Verwendung wird zw. Bau-, Geschirr- (bzw. Haushalts-), Sanitär-, Kunst-, Dental- und Schneid-K. sowie techn. K. unterschieden.

Grobkeramik

Grobsteinzeug ist durch einen glasierten oder unglasierten, dichten, im allg. farbigen Scherben charakterisiert mit hoher mechan. Festigkeit, geringer Wasseraufnahme und Säurebeständigkeit. Als Rohstoffe dienen Steinzeugtone, Quarzsand und flußmittelhaltige Rohstoffe wie Feldspäte oder feldspathaltige Gesteine. Grobsteinzeugerzeugnisse werden bei Temperaturen zw. 1 100 und 1 400 °C gebrannt. Sofern die Erzeugnisse glasiert werden, werden sie vor dem Brennen meist durch Tauchen oder Spritzen mit einer feldspatreichen Glasur überzogen. **Baukeramik** ist die Sammelbez. für alle aus Lehm, Ziegelton oder tonigen Rohstoffen unter Verwendung von Ziegelmehl, Aschen und Sand hergestellten grobkeram. Baumaterialien; dazu gehören Ziegel- oder Mauersteine, Klinker, Dachziegel, Wand- und Bodenplatten, Abflußrohre. Feuerfeste *Baustoffe* werden verwendet, wo im Dauerbetrieb Temperaturen über 1 000 °C auftreten; Herstellung durch Formen, Gießen, Pressen oder Stampfen, Brennen bei Temperaturen zw. 1 300 und 1 700 °C. *Silikasteine* (93 % SiO_2) werden aus Quarzit hergestellt. Ausgangsstoffe für *Schamottesteine* (*Tonerdesilicatsteine*; 50–70 % SiO_2, 12–44 %

Keramik. Grobkeramik: schematische Darstellung der Ziegelherstellung (oben); Feinkeramik: schematische Darstellung der industriellen Fertigung (unten)

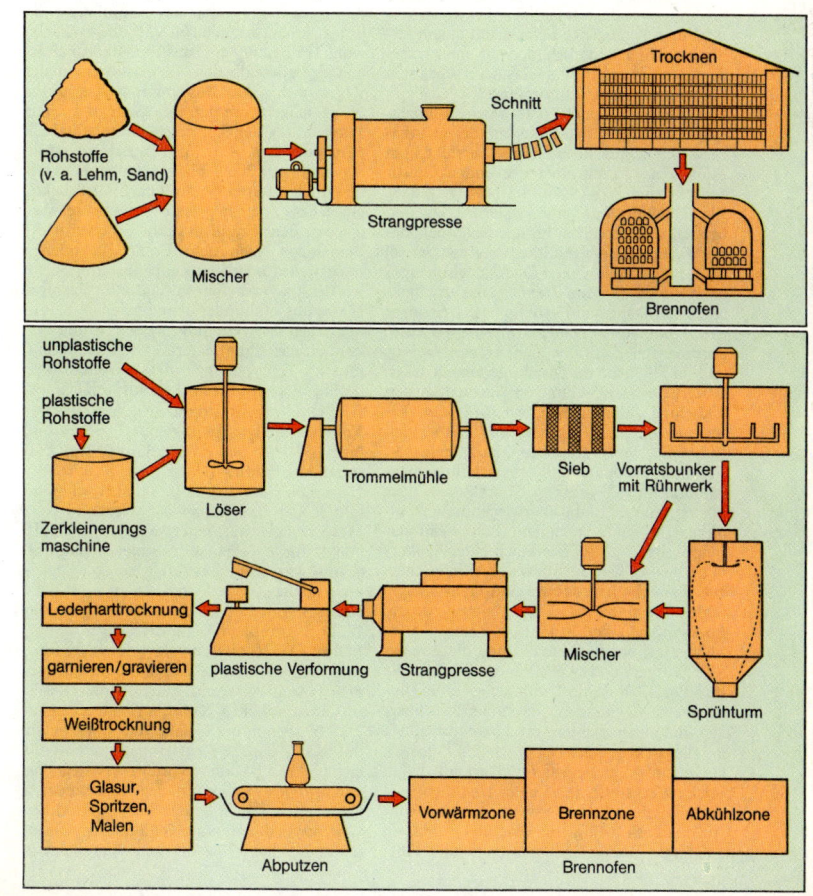

Keramik

Al_2O_3) sind tonmineralhaltige Rohstoffe, wie feuerfeste Tone oder Schiefertone, Roh- und Schlämmkaoline. Für die Fertigung wird Ton mit einem vorgebrannten Ton (Schamotte) gemischt und unter Zusatz von Wasser in die formfertige Masse überführt.

Feinkeramik

Für die Herstellung künstler. Erzeugnisse ist die Formgebung von Hand unter Benutzung der Töpferscheibe, für figürl. Erzeugnisse auch das Ausformen von Hand noch üblich. Für die Formgebung werden Gipsformen benutzt. Feinkeram. Erzeugnisse werden meist mit einer Glasur versehen, die teilweise in einem Brand, zum Teil aber in einem zweiten Brand auf den vorgebrannten Scherben aufgeschmolzen wird. Eine Bemalung mit keramischen Farben kann vor dem Auftragen der Glasur (Unterglasurmalerei) oder nach dem Einbrennen der Glasur (Aufglasurmalerei) erfolgen, woraufhin ein weiterer Brand erforderlich ist. Unter der Sammelbez. **Tonwaren** versteht man keram. Erzeugnisse mit einem farbigen porösen Scherben, der mit einer transparenten oder getrübten Glasur versehen sein kann; Brenntemperatur unter 1 100 °C. Typische Tonwaren sind Töpferwaren, Blumenvasen, kunstgewerbl. Gegenstände, Ofenkacheln u. a. Unter **Schmelzware** versteht man Tonwaren, die mit einer deckenden Glasur bedeckt sind (z. B. Majolika bzw. Fayence). Als **Terrakotta** werden unglasierte Tonwaren bezeichnet. Der gelbl.-braune Scherben des sog. **Feuertons** (für sanitärkeram. Erzeugnisse) wird dann z. B. mit einer Deckschicht (Engobe) versehen, die beim Brennen eine gleichmäßige Oberfläche und Färbung liefert. **Steingut** ist ein feinkeram. Erzeugnis mit einem weißen, porösen Scherben, der nicht transparent ist und im allg. eine durchsichtige Glasur trägt. Es wird zur Herstellung von Haushaltswaren (Geschirr), Wandfließen, sanitärkeram. Erzeugnissen, Kunstgegenständen verwendet. Rohstoffe: Tone, Kaoline, Quarz, Feldspat, Erdalkalicarbonate und wasserhaltige Magnesiumsilicate (Talk). Charakterist. für Steingutmassen ist die überwiegende Verwendung von weißbrennendem Ton. **Feinsteinzeug** besitzt einen gesinterten, dichten, hellfarbigen bis weißen, nichttransparenten Scherben. Typische Erzeugnisse sind Haushaltsgeschirr, chem.-techn. Geräte, Sanitärwaren, Bodenfliesen. Die frühhistor. chin. „Porzellane" gehören in diese Gruppe, desgleichen z. B. Böttger- und Wedgwoodsteinzeug. Die Bez. **Porzellan** ist ein Sammelbegriff für feinkeram. Erzeugnisse mit u. ohne Glasurüberzug, die einen dichten, transparenten sowie im allg. weißen Scherben aufweisen (↑ Porzellan). Unter den Begriff **Oxidkeramik** fallen solche Werkstoffe, die in einer Hochtemperaturbehandlung verfestigt werden, deren Rohstoffe jedoch völlig frei von SiO_2 sind, so daß keine glasige Bindephase entsteht. Ausgangsmaterialien sind z. B. die Oxide des Aluminiums, des Magnesiums, des Berylliums oder Oxidmischungen. Die techn. genutzten Eigenschaften der Oxid-K. sind z. B. Temperaturbeständigkeit, Isoliervermögen, Härte und Korrosionsbeständigkeit. Die Ausgangsmaterialien werden gemahlen, mit organ. Bindemitteln versetzt und nach dem Formen bei 1 650–1 850 °C gesintert. **Sonderkeramische Werkstoffe** bilden keine einheitl. Stoffklasse. Lediglich der „keram. Charakter", d. h. hoher Schmelzpunkt, Härte, gute elektr. Isoliereigenschaft, ist ihnen gemeinsam. Neuere Entwicklungen der K. sind z. B. ↑ Glaskeramik und hochtemperaturbeständige Werkstoffe aus keram. und metall. Bestandteilen *(Cermet);* Verwendung u. a. für Schneidwerkzeuge.

Geschichte der Töpferkunst:

Vorgeschichte: Wohl schon im Jungpaläolithikum (↑ Dolní Věstonice) bekannt, wurde die keram. Technik im Neolithikum im 8./7. Jt. erneut erfunden in Vorderasien zuerst wohl Tonfiguren, in Ostasien Gefäße, bei denen es außerhalb der Hochkulturen in der Regel blieb). Das Ausgangsmaterial mußte oft „gemagert" werden (mit Sand u. a.). Die Verwendung der Töpferscheibe (erstmals in Mesopotamien, 4. Jt., Fußantrieb zuerst in Ägypten, um 3000) blieb auf den Umkreis der Hochkulturen beschränkt. Eingedrückte, eingeritzte oder aufgelegte Ornamente wurden vor dem Brand angebracht, ebenso die Bemalung. Nach dem Brand (in offenen Feuerstellen oder überkuppelten Brennöfen) wurden die Vertiefungen häufig mit farbiger Masse ausgefüllt oder überzogen. Die K. bildet wegen ihrer vielfältigen Formen und Dekore oft das Hauptmaterial für die zeitl. und räuml. Gruppierung der Frühkulturen (Band-, Becher-, Schnurkeramik u. a.).

Frühe Hochkulturen und Antike:
Vorderasien: Die Anfänge der Töpferei sind für das 7. Jt. belegt (W-Iran), in N-Irak entstand Mitte des 6. Jt. die feine *Samarra-K.*, v. a. weibl. Gesichtsgefäße, Schalen, während in 5. Jt. die *Halaf-K.* in N-Syrien und ganz Mesopotamien verbreitet war. Im 4. und 3. Jt. erlebte die K. eine hohe Blüte in SW-Iran (Elam). **Ägypten:** Eine Blüte erlebte die Gefäßkunst in der *Negadekultur* (Anfang 4. Jt.), die K. des 3. Jt. wurde bereits glasiert. Unter der 18. Dyn. grünblaue Keramik.
Indien: Die *Harappakultur* (4.–2. Jt. v. Chr.) verwendete gebrannte Ziegel und produzierte neben Gefäß-K. Terrakottastatuetten. **Kreta:** In der minoischen Kultur drückte man im 2. Jt. Muster in die Gefäße und überzog sie mit Kalk, daneben entstanden prachtvolle farbige K. (↑ Kamaresvasen). Neben bis mannshohen Vorratsgefäßen und anderen Haushaltswaren entfaltete sich im antiken **Griechenland** eine hohe Gefäßkunst; Glasuren sind selten (↑ auch Vasenmalerei); auch

Keramik

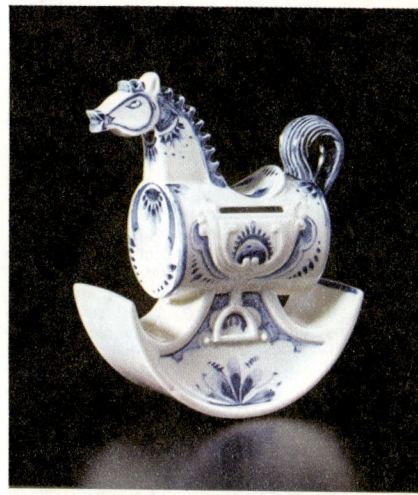

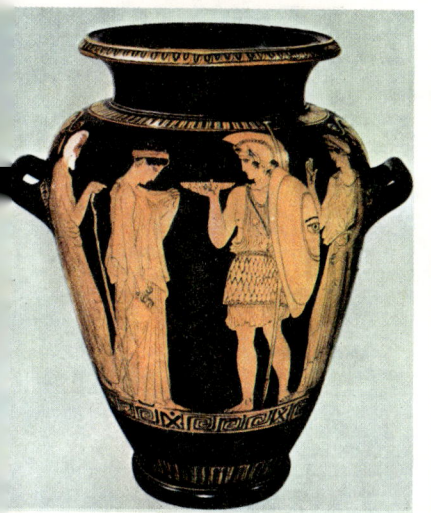

Keramik. Links (von oben):
Krug (gebrannter Ton) aus Can Hasan (1. Hälfte des 5. Jahrtausends v. Chr.). Ankara, Archäologisches Museum;
Kleophon-Maler, Kriegerabschied (um 430 v. Chr.).
Rotfigurige Malerei auf einem Stamnos aus Vulci.
München, Staatliche Antikensammlung; rechts (von oben):
Björn Wiinblad,
Schaukelpferd als Sparbüchse (1977);
Kensan, Steinzeugschale mit Blumendekor (um 1735). Privatbesitz

bemalte Terrakottafigürchen (Tanagra-Statuetten). Bes. die **Etrusker** schufen Terrakottaplastiken (Sarkophagfiguren, Statuen, Bauplastik). Die **Römer** entwickelten die ↑Terra sigillata.

Islamische Kunst: In **Bagdad** wurde in Anknüpfung an pers. Traditionen im 9. Jh. die *Lüster-K.* erfunden, der Lüsterdekor (aus Kupferoxid u. a.) wurde auf das bereits glasierte und gebrannte Gefäß aufgemalt und dieses noch einmal gebrannt. Zuerst für Geschirre, wurde die Technik dann auch für Fliesen angewandt. Zahlr. Funde aus dem 9. Jh. in Samara.

Europa, MA und Neuzeit: Durch Kontakt mit den Arabern kam die Lüsterglasur bzw. zinnglasierte Tonware schließl. nach Europa. In Italien erhielten sie im 14./15. Jh. den Namen „Majolika" (nach Mallorca), in Frankr. nach Faenza ↑Fayence. Sie setzte sich in Deutschland erst im 17. Jh. gegen ↑Hafnerkeramik und Steinzeug durch und wich im 18. Jh. dem Porzellan und auch dem Steingut. Erst Jugendstil und Bauhaus erweckten die Handwerkerkunst der K. wieder, berühmt die K. Picassos. Kunsthandwerkl. Arbeiten in schlichten modernen Formen unter Ausnutzung der Möglichkeiten der Oberflächenbehandlung gibt es heute in ganz Europa.

Ostasien: China: Zeugnisse einer bis ins 3. Jt. v. Chr. zurückreichenden keram. Betätigung sind in den roten bemalten Töpferwaren der Yangshao- und in den schwarzen, auf Töpferscheiben gedrehten und glasierten der Lungshanstufe erhalten. Die K. der Shang- (1766–1122) sowie der Hanzeit (206 v. Chr.– 220 n. Chr.) zeigte bereits Bleiglasuren. Die T'angzeit (618–907) produzierte neben weißen Porzellanen (Hsing-chou) kostbare grünglasierte Seladongattungen (Yüeh-chou) und Steinzeug mit Überlaufglasur. In der Sungzeit zeigten die Tz'u-chou-Typen kühnes Eisenoxid-Dekor, eine braunschwarze Ware wurde meist als Temmoku bezeichnet (jap.) und ein dünnes „schattenblaues" (Yin-ch'ing) weißes Porzellan kann als Vorläufer des ↑Porzellans i. e. S. gelten. In **Korea** zeigten die Töpfer, Schüler der Chinesen, ein hohes Maß an Unabhängigkeit. Höhepunkt bildeten die mit skizzenhaftem Dekor geschmückten Koryostücke. In **Japan** lehnten sich die Töpfer nach der prähistor. K. der Dschomon-Jajoistufe („Haniwa"-Grabfiguren) an chin. Vorbilder an. Um 1600 wurden korean. Töpfer nach Japan umgesiedelt. Berühmt wurde die Oribe- und Rakuware (Steinzeug) mit rauhen Glasuren.

📖 *Clark, K.: Dumont's Hdb. der keram. Techniken. Dt. Übers. Köln 1985. - Litzow, K.: Keram. Technik. Mchn. 1984. - Weiss, G.: K.-Lex. Prakt. Wissen griffbereit. Bln. 1984. - Salmang, H./Scholze, H.: K. Bln. u.a. ⁶1982/83. 2 Tle. - Klein, A.: K. aus 5 000 Jahren. Düss. ²1979.*

Keramikfasern, anorgan. Chemiefasern, die aus einer Schmelze von Aluminium- und Siliciumoxid mit einem Zusatz von Boroxid hergestellt und für hochhitzebeständige, gegenüber den meisten Chemikalien unempfindl. Isoliermaterialien verwendet werden.

keramische Farben, anorgan. Verbindungen zum Färben und Verzieren von Keramik. Meist Oxide, Silicate, Aluminate und Borate von Metallen wie Eisen, Mangan, Kobalt, Nickel, Chrom, Uran sowie bestimmte Mischoxide. *Unterglasurfarben* werden eingebrannt; die darüber aufgebrachte Glasur entwickelt den sehr beständigen Farbton. *Inglasurfarben* werden auf die Glasur aufgebracht und sinken beim Brennen in die erweichende Glasur ein *(Einsinkfarben)* oder werden zusammen mit der Glasur eingebrannt *(Scharffeuerfarben). Aufglasurfarben (Schmelz-, Emailfarben)* entstehen durch Zugabe der Farbkörper zu Blei-, Alkali- und Boratgläsern.

Kerargyrit [griech.], svw. ↑Chlorargyrit.

Keratine [zu griech. kéras „Horn"] (Hornsubstanzen), zu den Gerüsteiweißen (Skleroproteinen) zählende Proteine in der Hornhaut, den Haaren, Schuppen, Federn, Nägeln, Klauen, Hufen, Hörnern und Geweihen bei Wirbeltieren einschließl. Mensch. Bezügl. der molekularen Struktur werden zwei Gruppen von K. unterschieden: die α-Keratine bestehen aus schraubig gewundenen Peptidketten (α-Helix-Struktur; z. B. in der Schafwolle), die β-Keratine besitzen Faltblattstruktur (z. B. im Seidenfibroin). Die K. enthalten einen hohen Anteil der Aminosäure Cystein, die durch Ausbildung von Disulfidbrücken zw. den Peptidketten die Festigkeit der K. bewirkt. Sie sind in Wasser, Säuren und Basen unlösl. und werden durch die meisten eiweißspaltenden Enzyme nicht angegriffen, d. h. sie sind für die meisten Tiere und den Menschen unverdaulich. Die Disulfidbrücken können durch Erwärmen oder durch Thioglykolsäurederivate aufgespalten und die K. dadurch verformbar werden, was in der Haarkosmetik (z. B. bei der Dauerwelle) ausgenutzt wird.

Keratitis [griech.], svw. ↑Hornhautentzündung.

Kerato ... [zu griech. kéras „Horn"], Bestimmungswort in Zusammensetzungen mit der Bed. „Horn...", „Hornhaut".

Keratodermatosen, zusammenfassende Bez. für Verhornungsstörungen der Haut.

Keratolyse [griech.], die Ablösung der Hornschicht der Oberhaut; physiolog. oder patholog. bedingt, bzw. als therapeut. Maßnahme.

Keratometer (Hornhautmesser), opt. Meßinstrument zur Bestimmung des Durchmessers und Krümmungsgrades der Augenhornhaut.

Keratosa [griech.], svw. ↑Hornschwämme.

Keratoskop (Placido-Scheibe), opt. Instrument (Hohlspiegel mit konzentr. schwarzen Ringen und zentraler Beobachtungsöffnung) für die Bestimmung der regelmäßigen Krümmung der Augenhornhaut (**Keratoskopie**); bei Astigmatismus sind die konzentr. Ringe im Spiegelbild verzerrt.

Keratozele [griech.] (Hornhautbruch, Descemetozele), Vorwölbung der sehr widerstandsfähigen hinteren Begrenzungsmembran der Augenhornhaut (**Descemet-Membran**; bed. für die Klarheit der Hornhaut.

Kerbel [griech.-lat.] (Anthriscus), Gatt. der Doldengewächse mit 13 Arten in Europa und im Orient; ein-, zweijährige oder ausdauernde Kräuter mit fiederschnittigen Blättern und gelblich- oder grünlichweißen Blüten in Dolden. In Deutschland kommen drei Arten vor, häufig davon nur der weiß blühende **Wiesenkerbel** (Anthriscus silvestris); 60–150 cm hoch, mit kantigem, gefurchtem Stengel und 2- bis 3fach gefiederten Blättern. Einige Arten werden als Gewürzpflanzen kultiviert, v. a. der **Gartenkerbel** (Anthriscus cerefolium), mit bis 60 cm hohen, geriltem Stengel und weißen Blüten.

Kerbenblattkaktus ↑ Blattkaktus.

Kerberos ↑ Zerberus.

Kerbholz ↑ Kerbzahlen.

Kerbschnitt, Flächenverzierung mit dem Schnitzmesser (Balleisen und Hohleisen) in Holz. Alte, schon vorgeschichtl. Technik.

Kerbtal ↑ Tal.

Kerbtiere, svw. ↑ Insekten.

Kerbzahlen, in Hölzer eingeschnittene oder eingeritzte Zahlensymbole. K. finden sich bei allen Völkern. Die K. (bes. Schulden) wurden in ein **Kerbholz** eingeritzt. Um Betrug auszuschließen, benutzte man neben dem einfachen Zählstock das Doppelholz, von dem jeder Geschäftspartner eine Hälfte bekam.

Kerellos [amhar.], äthiop. Kompendium dogmat.-patrist. Texte, nach Kyrillos von Alexandria († 444) ben.; in der aksumit. Periode (↑ äthiopische Literatur) aus dem Griech. ins Gees übertragen; Polemik gegen den Nestorianismus.

Kerenski, Alexandr Fjodorowitsch [russ. 'kjerɪnskij], * Simbirsk (= Uljanowsk) 4. Mai 1881, † New York 11. Juni 1970, russ. Politiker. - Rechtsanwalt; seit Mai 1917 Kriegsmin. und seit Juli Min.präs., setzte sich für eine von den westl. Alliierten verlangte, nach ihm ben. Offensive gegen die Mittelmächte ein, die rasch zur militär. Katastrophe und zum inneren Chaos führte; konnte die Besetzung des Winterpalais durch die Bolschewiki am 7. Nov. (25. Okt.) als Auftakt der Oktoberrevolution nicht verhindern; ab 1918 in W-Europa in Emigration, ab 1940 in den USA.

Kerényi, Karl [ungar. 'kɛre:nji], * Temesvar (= Timişoara) 19. Jan. 1897, † Zürich 15. April 1973, ungar. klass. Philologe und Religionswissenschaftler. - 1936 Prof. für Religionswissenschaft in Pécs (Fünfkirchen) und Szeged; lebte seit 1943 in der Schweiz; seit 1948 Forschungsleiter des C.-G.-Jung-Instituts in Zürich. Seine zahlr. Werke gelten der Erforschung v. a. der griech. Mythologie.

Keres [engl. 'kɛərɛɪs], Stammes- und Sprachfamilie der östl. Puebloindianer im Tal des oberen Rio Grande (USA).

Kerfe [niederdt. „Kerbe"], svw. ↑ Insekten.

Kerguelen [kɛrˈgeːlən], Inselgruppe im südl. Ind. Ozean, Teil des frz. Überseeterritoriums ↑ Terres Australes et Antarctiques Françaises. - 1772 von Y. J. de Kerguelen de Trémarec entdeckt.

Kericho [engl. kəˈriːtʃoʊ], Ort in Kenia, östl. des Victoriasees, 1 800 m ü. d. M., 30 000 E. Zentrum des bedeutendsten Teeanbaugebiets des Landes, Teeforschungsinstitut.

Kerinci, mit 3 805 m höchster Berg des Barisangebirges auf Sumatra, tätiger Vulkan.

Kerkennainseln, tunes. Inselgruppe im Mittelmeer. Die bewohnten Inseln **Chergui** und **Gharbi** sind durch einen Straßendamm verbunden.

Kerker [zu lat. carcer mit gleicher Bed.], 1. veraltete Bez. für Gefängnis; 2. nach früherem östr. Strafrecht Bez. für Freiheitsstrafe.

Kerkira, griech. Insel, ↑ Korfu.

K., Hauptstadt der Insel Korfu, an der O-Küste, 33 600 E. Sitz eines griech.-orth. Metropoliten und eines kath. Erzbischofs; Militärakad.; Museum; Fremdenverkehr; Fischerei- und Passagierhafen. - K. war eine der wichtigsten korinth. Kolonien (angebl. 734 v. Chr. gegr.) und selbst Ausgangspunkt für Koloniegründungen auf dem gegenüberliegenden Festland; wurde im 7. Jh. von Korinth unabhängig und war im 4. Jh. Mgl. des 2. Att.-Del. Seebundes; unterstellte sich 229 v. Chr. dem Schutz Roms. Im Früh- und Hoch-MA gehörte K. zum Byzantin. Reich, schloß sich jedoch 1356 an die Republik Venedig an; war wegen seiner Bed. für den Adriazugang wiederholt Ziel osman. Angriffe. - Orth. Kathedrale, Sankt-Spiridon-Kirche (beide 16. Jh.), Rathaus (1663; 1693 zum Theater umgestaltet), klassizist. ehem. Gouverneurspalast (1816; jetzt Museum), venezian. Neue Festung am Haupthafen (16. Jh.), Alte Festung (14. und 16. Jh.). Nahebei Schloß ↑ Achilleion.

Kerkovius, Ida [...viʊs], * Riga 31. Aug. 1879, † Stuttgart 8. Juni 1970, dt. Malerin. - Studium bei A. Hoelzel und 1920–23 am Bauhaus. Landschaften, Figurenbilder und Blumenstilleben; auch Wandteppiche und Glasfenster.

Kerll, Johann Kaspar von, * Adorf 9. April 1627, † München 13. Febr. 1693, dt. Komponist. - Schüler von Carissimi und Frescobaldi; seit 1656 Kapellmeister in München; komponierte Opern, das Jesuitendrama „Pia et fortis mulier" (1677), Orgel- und Klaviermusik sowie geistl. Vokalwerke.

Kermadecgraben [engl. kəˈmædɛk], Tiefseegraben im Pazifik, nö. von Neuseeland, bis 10 047 m u. d. M. (Witjastiefe III).

Kermadecinseln [engl. kəˈmædɛk], zu Neuseeland gehörende Inselgruppe im sw. Pazifik, auf **Raoul Island** (29 km², bis 525 m ü. d. M.) seismolog., meteorolog. und Radiostation.

Kerman, iran. Stadt in den Ausläufern des Kuhrudgebirges, 1 700 m ü. d. M., 238 800 E. Hauptstadt des Verw.-Geb. K., Garnison, Herstellung von Teppichen, Messing- und Silberwaren; Bahnstation. - K. besitzt einen großen Basar und mehrere Moscheen, u. a. die Malikmoschee (11. Jh.) und die Frei-

tagsmoschee (11. und 12. Jh.). - In der Umgebung bed. Kupfererzabbau.
Kermanschah (heute Bachtaran), Stadt im nördl. Sagrosgebirge, Iran, 1630 m ü. d. M., 531 400 E (u. a. Kurden). Hauptstadt des Verw.-Geb. Bachtaran; Inst. für Bodenkultur; Erdölraffinerie, Webereien.

Kermesbeere [arab./dt.], (Phytolacca) Gatt. der Fam. *Kermesbeergewächse* (Phytolaccaceae) mit rd. 35 Arten, meist in den Tropen und Subtropen; Kräuter und Holzpflanzen mit kerzenartigen Blütenständen und meist saftigen, beerenähnl., dunkelroten bis schwarzen Früchten; Samenschale glänzend schwarz. In Weinbaugebieten wird vielfach die bis 3 m hohe **Amerikan. Kermesbeere** (Phytolacca americana) kultiviert. Der dunkelrote Saft der Beeren wird im Mittelmeergebiet und in W-Asien als Färbemittel, z. B. für Rotwein und Zuckerwaren, verwendet.
♦ ↑ Kermesschildläuse.

Kermeseiche [arab./dt.] (Scharlacheiche, Quercus coccifera), strauchig wachsende Eichenart an der Mittelmeerküste.

Kermesschildläuse [arab./dt.] (Färberschildläuse), Bez. für zwei Arten (Kermes ilicis, Kermes vermilio) der Eichenapfelschildläuse, die in S-Europa und Kleinasien bes. an der Kermeseiche vorkommen. Die bis erbsengroßen, überwinternden ♀♀ wurden früher abgesammelt *(Kermesbeeren, Karmesinbeeren)* und getrocknet. Ihre Umhüllungen enthalten einen kräftigen, roten, seit dem Altertum verwendeten Farbstoff (**Kermesrot, Karmesinrot**).

Kern, Arthur, *Hartheim bei Konstanz 7. März 1902, dt. Pädagoge. - Prof. an der PH in Freiburg im Breisgau. Neben Wittmann Begründer der ganzheitl. Unterrichtsmethode. Entwickelte u. a. den „Grundleistungstest zur Ermittlung der Schulreife" (1957).
Werke: Die Praxis des ganzheitl. Lesenlernens (1949), Sprachschöpfer. Unterricht (1951), Rechtschreiben in organ.-ganzheitl. Schau (1952), Muttersprache, Mutterlaut (1952), Lesen und Lesenlernen (1952), Das rechtschreibschwache Kind (1961), Rechtschreiben als Funktion des Sprachunterrichts (1973).

K., Jerome [engl. kə:n], * New York 27. Jan. 1885, † ebd. 11. Nov. 1945, amerikan. Komponist. - Hatte große Erfolge als Komponist der Musicals, v. a. „Show boat" (1927; darin „Ol' man river").

K., Johann Konrad, *Berlingen (Thurgau) 11. Juni 1808, † Zürich 14. April 1888, schweizer. Politiker. - 1832 Mgl. im Großen Rat von Thurgau; Leiter der Verfassungsrevision von 1848; 1854 Präs. des eidgenöss. Schulrats; 1857–83 bevollmächtigter Minister in Paris.

K., Leonhard, *Forchtenberg (Hohenlohekreis) 22. Nov. 1588 oder 1585, † Schwäbisch Hall 4. April 1662, dt. Bildhauer. - Lernte bei seinem Bruder Michael K., 1609–13 in Italien. Beginn mit Großplastik (Portalskulpturen für das Nürnberger Rathaus 1618/19; German. Nationalmuseum, Nürnberg), es folgt barocke Kleinplastik (Buchsbaum- und Elfenbeinarbeiten).

K., Michael, *Forchtenberg (Hohenlohekreis) 1580, † ebd. 31. Aug. 1649, dt. Bildhauer. - Bruder von Leonhard K.; manierist. Werke, v. a. in Mainfranken (u. a. Kanzel im Würzburger Dom 1609/10).

Kern, svw. Zellkern (↑ Zelle).
♦ (Nervenkern) Anhäufung von Nervenzellen bestimmter Funktion im Zentralnervensystem.
♦ (Atomkern) der im Zentrum befindl. positiv geladene Teil eines ↑ Atoms. Er besitzt einen Durchmesser von der Größenordnung 10^{-14} m, das ist nur $1/10\,000$ des gesamten Atomdurchmessers von ca. 10^{-10} m. Trotz seiner geringen Ausdehnung enthält der K. nahezu die gesamte Masse eines Atoms (99,95 bis 99,98 %); seine Massendichte, die sog. **Kerndichte** ist daher extrem groß (ca. $1{,}4 \cdot 10^{14}$ g/cm^3). Mit Ausnahme des K. von gewöhnl. Wasserstoff (= Proton) setzen sich die K. aus den eine positive Elementarladung tragenden *Protonen* und den ungeladenen *Neutronen* zusammen. Für diese beiden Elementarteilchensorten ist auch die Sammelbez. *Nukleonen* (lat. nucleus „Kern") gebräuchlich. Da die Protonen gleichnamig geladen sind, stoßen sie sich gegenseitig ab. Diesen abstoßenden Coulombkräften wirken jedoch sehr starke *Kernkräfte* entgegen, auf denen der Zusammenhalt des K., die *Kernbindung* beruht. Die **Kernbindungsenergie** (Bindungsenergie innerhalb des K.) ist etwa 1 Mill. mal so groß wie die Bindungsenergie zw. K. und Atomhülle. Deshalb ist für das Herauslösen eines Nukleons aus dem K. ebenfalls etwa 1 000 000 mal soviel Energie erforderl., wie zum Herauslösen eines Elektrons aus der Hülle. Dies ist einer der Gründe, weshalb die K. bei chem. Reaktionen nicht verändert werden. Die Gesamtzahl der Nukleonen in einem K. wird als **Massenzahl** A bezeichnet. Die Anzahl der Protonen eines K. legt die Zahl der positiven Elementarladungen in ihm, die sog. **Kernladungszahl** Z fest; diese ist gleich der Ordnungszahl des betreffenden Elements. Die Anzahl N der Neutronen im K. (**Neutronenzahl**) ergibt sich aus der Beziehung $N = A - Z$. K. mit gleicher Kernladungszahl können sich sehr stark in ihrer Neutronenzahl und damit in der Massenzahl unterscheiden; sie bilden dann die ↑ Isotope des Elements. K. mit gleicher Massenzahl werden als **Isobare**, solche mit gleicher Neutronenzahl als **Isotone** bezeichnet. K. des gleichen Isotops können sich in ihrem Energieinhalt unterscheiden; sie werden als **Kernisomere** bezeichnet, die Möglichkeit ihres Auftretens als *Kernisomerie*. Die Kurzbez. eines K. erfolgt in der Weise, daß

Kernenergie

neben das Symbol seines chem. Elements links oben die Massenzahl *A*, links unten die Protonenzahl *Z* und rechts unten die Neutronenzahl *N* geschrieben wird:
^A_ZElementsymbol$_N$.
So steht z. B. $^{238}_{92}U_{146}$ für einen Uran-K., der aus 238 Nukleonen besteht, von denen 92 Protonen und 146 Neutronen sind. Meist wird die Neutronenzahl *N* weggelassen, gelegentlich fehlt auch die Protonenzahl *Z*; es wird dann nur z. B. ^{238}U oder auch U 238 geschrieben. Außer Masse und Ladung besitzt jeder K. einen mechan. Drehimpuls bzw. einen ↑Spin, den sog. *Kernspin*, sowie ein als *Kernmoment* bezeichnetes magnet. Moment. Infolge der Isotopie gibt es weit mehr verschiedene *Kernarten* als chem. Elemente. Bei diesen verschiedenen Kernarten hat man zw. *stabilen K.* und *instabilen, radioaktiven K.* zu unterscheiden. Instabile K. wandeln sich ohne äußeren Anlaß spontan in andere K. um (↑ Radioaktivität). Alle K. lassen sich durch Einwirkung von außen, insbes. durch Beschießen mit energiereichen Teilchen, in andere K. umwandeln bzw. zerlegen.

📖 *Mayer-Kuckuk, T.: K.physik. Eine Einf. Stg.* ^{4}*1984. - Kleine Enzyklop. Atom- u. K.physik. Ffm. 1983. - Schröder, H.: K.physik. Ffm. u. Aarau 1983. - Bucka, H.: Nukleonenphysik. Bln. u. New York 1981.*

◆ beim Gießen von Metallformgußstücken ein in die fertige Form eingelegter Körper zur Erzeugung von Durchbrüchen, Hohlräumen oder Aussparungen am Gußstück.

Kernabstand (Atomabstand), Abstand der K. zweier Atome im Molekül oder Kristallgitter; die K. sind von der Größenordnung einiger Ångström (10^{-10} m).

Kernausrichtung, die Parallelausrichtung der Spins bzw. magnet. Momente von Atomkernen in einem Magnetfeld. Da die K. durch die Wärmebewegung der Atome stark gestört wird, tritt sie nur bei sehr tiefen Temperaturen merkbar in Erscheinung.

Kernbatterie, svw. ↑Isotopenbatterie.

Kernbausteine, die einen Atomkern aufbauenden Nukleonen (↑Kern).

Kernbeißer, svw. ↑Kirschkernbeißer.

Kernbindung, durch Kernkräfte bewirkter Zusammenhalt der Kernbausteine *(Nukleonen)* eines Atomkerns. Der ↑Massendefekt (Masse des Kerns ist kleiner als die Summe der Massen seiner Bausteine) ist ein Maß für die K.energie und berechnet sich auf Grund der Äquivalenz von Masse und Energie (↑Einstein-Gleichung). Nach der heute gültigen Theorie beruhen die Kernkräfte auf dem Austausch von Pionen (π-Mesonen) zw. den Nukleonen. - ↑auch Kern.

Kernbindungsenergie ↑Kern.

Kernbohren ↑Bohren.

Kernbrennstoff (Spaltstoff), ein Material, das spaltbare Atomkerne bzw. Isotope enthält (z. B. Uran U 233 und U 235 und Plutonium Pu 239) und in einem Kernreaktor zur Aufrechterhaltung einer kontrollierten Kettenreaktion geeignet ist. Da in den natürl. Uranvorkommen der Anteil der spaltbaren Atome (0,7 % U 235) zu gering ist, wird er durch Anreicherungsverfahren (↑ Isotopentrennung) erhöht (übl. Anreicherungsgrad des K. für Leichtwasserreaktoren ca. 3 %). Die K. werden verwendet 1. in rein metall. Form; 2. in Form einer Legierung; 3. in Keramikform (keram. K.), z. B. Sinterkörper oder verdichtetes Pulver aus Urandioxid, Urancarbid oder -nitrid; 4. in Cermetform, etwa Urandioxid in einer Aluminium- oder Zirkonmatrix; 5. in Lösungsform, z. B. Uranylnitrat in Wasser; 6. in Form einer Salzschmelze, z. B. aus Natrium-, Zirkonium- und Uranfluorid. - Die in Leistungsreaktoren verwendeten keram. K. haben gegenüber den metall. K. u. a. den Vorteil, daß sie erst bei höheren Temperaturen schmelzen sowie weniger reaktionsfreudig (u. a. beständiger gegenüber dem verwendeten Kühlmittel) sind. Da Uranvorkommen ebenso wie fossile Primärenergieträger (Kohle, Öl, Gas) begrenzt sind, versucht man neben einer verbesserten Nutzung der Uranvorräte (Wiederaufarbeitung, Verwendung von Brutreaktoren) das Thoriumisotop Th 232 einzusetzen. Bisher wurde es nur in geringem Maße verwendet, da sich der entsprechende Reaktortyp (Thorium-Hochtemperatur-Reaktor) noch im Versuchsstadium befindet. Die in verschiedenen Teilen der Welt, insbes. in Kanada und Indien vorhandenen bekannten Reserven an Thorium sind von der gleichen Größenordnung wie die Reserven an Uran.

Kernchemie, Teilgebiet der *Kernphysik*, das sich mit den Kernreaktionen (v. a. mit den Kernumwandlungen), mit den Methoden zur Erzielung von Kernreaktionen (z. B. Beschuß von Atomkernen mit hochbeschleunigten anderen Atomkernen, Elektronen und Positronen sowie mit Neutronen und Mesonen) und den Eigenschaften der entstehenden Endprodukte (meist „künstl." Elemente und Isotope) befaßt. - Der Begriff K. ist durch die formale Ähnlichkeit der Kernreaktionen mit chem. Reaktionen begründet.

Kernenergie, allg. die Bindungsenergie eines Atomkerns, i. e. S. die bei Kernreaktionen freiwerdende bzw. nutzbar gemachte Energie. - Die gesamte Bindungsenergie schwankt zw. 2,2 MeV beim Deuteron und 1,8 GeV bei schweren Kernen (zum Vergleich, die Energiebeträge bei Vorgängen in der Elektronenhülle liegen in der Größenordnung von Elektronenvolt). Die bei Kernreaktionen freiwerdende Energie läßt sich über den ↑Massendefekt abschätzen. Freigesetzt wird die Kernenergie bei der Kernspaltung und bei der Kernfusion, d. h. der Verschmelzung leichter Atomkerne. Großtechn. ist bis heute nur die Kernspaltung realisiert. Bei diesem Prozeß werden spaltbare Isotope (U 233,

Kernenergie

U 235, Pu 239) mit thermischen, d. h. langsamen Neutronen beschossen. Die Kerne zerfallen in zwei Bruchstücke und einige Neutronen, die nun ihrerseits weitere Atomkerne spalten (Kettenreaktion). Die Regelung der Kernspaltungsreaktionen erfolgt mit neutronenabsorbierenden Stoffen (aus Bor oder Cadmium). Die freiwerdende Energie tritt v. a. als Wärme auf. Sie wird militärisch als Atombombe (unkontrollierte Kettenreaktion) und im Rahmen der Energietechnik im Reaktor (kontrollierte Kettenreaktion) genutzt. - ↑auch Atomenergie, ↑Kernspaltung, ↑Kernfusion.

Geschichte: J. Elster und H. Geitel erkannten 1899, daß die Energie radioaktiver Strahlen aus dem Inneren der Atome selbst stammt. 1905/07 postulierte A. Einstein die ↑Masse-Energie-Äquivalenz, die den Energieumsatz bei der 1938 von O. Hahn und F. Straßmann entdeckten Kernspaltung bestimmt. Nachdem F. Joliot die Möglichkeit einer Kettenreaktion bei der Kernspaltung nachgewiesen hatte, gelang am 2. Dez. 1942 E. Fermi in Chicago die Inbetriebnahme des ersten Kernreaktors. Die weitere Entwicklung wurde wesentl. durch die angestrebte militär. Nutzung der K. bestimmt. Am 16. Juli 1945 brachten die USA in Alamogordo (New Mexico) die erste Atombombe zur Explosion, bald gefolgt von der militär. Anwendung in Hiroschima und Nagasaki (Aug. 1945). Die polit. Nachkriegssituation führte zur Entwicklung der Wasserstoffbombe (Erprobung: USA 1952, UdSSR 1953, Großbrit. 1957, China 1967, Frankr. 1968), bei deren Explosion die durch Kernfusion freiwerdende K. (1937/38 von H. Bethe und C. F. von Weizsäcker als Quelle der Sonnen- und Fixsternstrahlung erkannt) ihre erste und bisher einzige Anwendung findet. - Die Forschung zur friedl. Anwendung der K. setzte in größerem Umfang erst nach dem Kriege ein. Sie führte zur Entwicklung einer Vielzahl von Reaktortypen und zum Bau erster Kernkraftwerke: 1954 Inbetriebnahme des ersten Leistungsreaktors in der UdSSR bei Moskau, 1956 erstes Großkraftwerk in Calder Hall in Großbrit.; in der BR Deutschland wurde der erste Reaktor 1957 in Garching, das erste Kernkraftwerk 1961 in Kahl am Main in Betrieb genommen.

Problematik: Jede Form der Energiegewinnung ist mit Risiken verbunden, deren Vergleich und Einschätzung eine der schwierigsten Aufgaben der Politik in modernen Industriestaaten bildet. Für sich genommen lassen sich bei der K.nutzung Risiken techn., gesellschaftl. und polit. Art unterscheiden.

Techn. Risiken der K.nutzung ergeben sich im Normalbetrieb einerseits, wie bei jeder Energiegewinnung, aus der Wärmeabgabe an Wasser und Luft, andererseits aus radioaktiven Emissionen. Die Möglichkeit der Frischwasserkühlung ist wegen der steigenden Abwärmemengen bei weiterer Kraftwerkszubau eng begrenzt, Naß- und Trockenkühltürme können zumindest das lokale Klima in der Nähe eines Kraftwerkes beeinträchtigen. Das Strahlenrisiko von Kernkraftwerken im Normalbetrieb liegt hinsichtlich der abgegebenen Dosis erheblich unter der durchschnittl. Strahlenbelastung jedes Menschen, die durch natürl. Strahlung und medizin. Behandlung gegeben ist (ca. 170 mrem/a). Für zusätzl. künstl. Belastungen sind Grenzwerte und Auflagen festgelegt. Wenn diese beim unfallfreien, kontrollierten Normalbetrieb eines Kernkraftwerkes eingehalten werden, ist das zusätzl. Strahlenrisiko gegenüber dem spontanen Krebs-, Mutations- und Mißgeburtsrisiko gering und statistisch nicht signifikant. Anders steht es mit (schweren) Unfällen. Die Sicherheitsvorkehrungen in nuklearen Anlagen übertreffen zwar i. d. R. die Sicherheitsstandards, wie sie in anderen Industriezweigen gefordert sind. Aber selbst für den Normalbetrieb sind bislang unbekannte Langzeitschäden nicht gänzlich auszuschließen (z. B. synergist. Wirkungen von radioaktiver Strahlung und anderen Umwelteinflüssen), und insbes. die Möglichkeit schwerer Unfälle bis hin zum ↑GAU, bei dem der Reaktorkern durchschmelzen könnte, ist nie vollständig zu beseitigen, auch wenn die Wahrscheinlichkeit auf ein geringes „Restrisiko" verringert werden kann. V. a. aber wächst das Strahlenrisiko durch die Möglichkeit von Unfällen und Sabotage, wenn die Kraftwerke der zweiten Generation eingeführt werden, also schnelle Brutreaktoren mit der dann erforderl. integrierten Entsorgungsanlage.

Nach dem schweren Reaktorunfall im Kernkraftwerk von Tschernobyl am 26. April 1986, der zu einer erhöhten Strahlenbelastung weiter Teile Ost- und Mitteleuropas führte, hat sich die Anzahl der kritischen Stimmen erhebl. erhöht (Ablehnung des Baues neuer Kernkraftwerke, Forderungen nach einem allmähl., möglichst raschen oder auch sofortigen „Ausstieg" aus der Nutzung der Kernenergie).

Die fehlende Bereitschaft großer Teile der Bev., eine weitere Ausdehnung der nuklearen Energiegewinnung hinzunehmen, führt zu den *gesellschaftl. Risiken* der Kernenergie. Sie ergeben sich aus den erforderl. Sicherheitsvorkehrungen, denn für einen optimal störungsfreien Betrieb eines Reaktors und der zugehörigen Anlagen bedarf es notfalls die Möglichkeit, bürgerl. Rechte einzuschränken. Häufig kollidieren die Belange des Individualrechtsschutzes mit den Erfordernissen weitgreifender Nuklearplanung. Und schließlich gebietet die erforderl. Vorsorge gegen Terror und Sabotage eine nicht unerhebl. Überwachung des Bedienungspersonals nukleartechn. Anlagen. Zusätzlich müßten bei einem schweren Unfall Katastrophenschutzmaßnahmen (freiwillige und Zwangsevakuierung, Sperrung ganzer

Kernenergieantrieb

Landstriche für längere Zeit) ergriffen werden, die sonst nur aus Kriegen bekannt sind.
Schließlich bergen die außenpolit. Auswirkungen der friedl. Nutzung der K. *polit. Risiken.* In einem Land wie der BR Deutschland kann eine eigene Nuklearind. nur bestehen, wenn sie sich Exportmärkte erschließt. Doch stets birgt die zivile K.gewinnung verschiedene Möglichkeiten, waffenfähiges Material aus dem Brennstoffzyklus abzuzweigen, welches in der Hand von Diktatoren oder Terroristen unabsehbaren Schaden hervorrufen könnte. Auch wenn internat. nukleartechn. Zusammenarbeit womöglich besser von derartigen Risiken schützt als eine äußerst restriktive Proliferationspolitik, so scheint es in diesen Belangen nach wie vor ernste polit. Differenzen zw. den USA und anderen Nuklear-Export-Nationen zu geben. Die genannte Problematik trifft in verstärktem Maß auch auf die Wiederaufbereitung (↑Kernreaktor) und die Zwischen- bzw. Endlagerung von Kernbrennstoffen (↑radioaktiver Abfall) zu.

📖 *Rausch, L.: Mensch u. Strahlenwirkung.* Mchn. [2]1986. - *Winkler, W./Hintermann, K.: K. Grundll., Technologie, Risiken.* Mchn. 1983. - *Tatsachen über K.* Hg. v. E. Münch. Essen [3]1983. - *K. u. Kerntechnik.* Hg. v. E. Lüscher. Wsb. 1982. - *Michaelis, H.: Hdb. der K.* Mchn. 1981. 2 Bde. - *Kitschelt, H.: K.politik.* Ffm. 1980. - *Weish, P./Gruber, E.: Radioaktivität u. Umwelt.* Stg. [2]1979.

Kernenergieantrieb (Atomantrieb), Antriebsart für Schiffe, die prakt. unbegrenzte Dauerhöchstleistung ermöglicht, ohne Raumbedarf für Brennstofflagerung; nachteilig ist der große Raum- und Gewichtsaufwand für die Sicherheitseinrichtungen (u. a. Abschirmung). Beim K. übernimmt der Reaktor mit dem Primärkreislauf die Aufgaben des Brenners eines konventionellen Dampfschiffs. Das zu hochgespanntem Dampf aufgeheizte Wasser des Sekundärkreislaufes treibt dann die Antriebs- oder Generatorturbine an. Da dieser Antrieb von außenluft-(sauerstoff)-unabhängig ist, bot er sich bes. für U-Boote an.

Erstes mit K. angetriebenes Schiff war das amerikan. U-Boot „SSN 571 Nautilus" (Stapellauf 21. 1. 1954). Inzwischen haben die USA und die UdSSR je über 150 U-Boote mit K. bis zu einer Größe von 17 000 ts gebaut, meist als Träger von Interkontinentalraketen; auch England und Frankreich besitzen einige Atom-U-Boote. Darüber hinaus betreiben die USA noch einige Fregatten, Raketenkreuzer und Flugzeugträger mit K. Deren erster, der Flugzeugträger „CVN 65 Enterprise" (89 600 ts, 280 000 WPS, 400 000 sm Aktionsradius bei 20 kn) benötigte noch 8 Reaktoren, während die neuere „Nimitz"-Klasse etwa dieselbe Leistung mit nur 2 Reaktoren erbringt. Erstes Überwasserschiff mit K. war der Eisbrecher „Lenin" der UdSSR (Stapellauf 5. 12. 1957), seit 1973 gefolgt von der etwas größeren „Arktika"-Klasse (25 000 ts, 36 000 PS, 2 Reaktoren). Von 1962–72 war das amerikan. Fracht- und Passagierschiff „Savannah" (13 599 BRT, 22 000 WPS, 1 Reaktor) im Dienst. Das jap. Atomschiff „Mutsu" (8 214 BRT, 1 Reaktor) wurde 1974 zwar abgeliefert, kam aber wegen verschiedener Defekte bisher noch nicht in Fahrt. Das

Kernenergieantrieb. Querschnitt durch das Forschungsfrachtschiff „Otto Hahn".
1 Steuerstäbe, 2 Reaktor,
3 Sicherheitsbehälter,
4 Primärabschirmung, 5 Kollisionsschutz,
6 Dampferzeuger, 7 Druckbehälter,
8 Reaktorkern mit Brennelementen,
9 Sekundärabschirmung,
10 Grundberührungsschutz

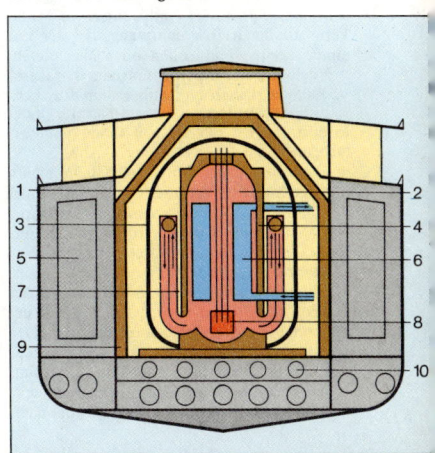

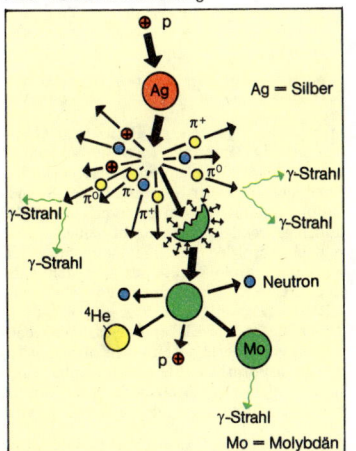

Kernexplosion. Schematische Darstellung einer Kernzertrümmerung

dt. Forschungsfrachtschiff „Otto Hahn" (Stapellauf 13. 6. 1964, erste Fahrt 11. 10. 1968, 16870 BRT, 11000 WPS, 1 Reaktor) wurde nach unfallfreier Fahrt im März 1979 außer Dienst gestellt.

Kerner, Justinus, * Ludwigsburg 18. Sept. 1786, † Weinsberg (Landkr. Heilbronn) 21. Febr. 1862, dt. Dichter. - Lebte seit 1819 als Oberamtsarzt in Weinsberg, wo er Friederike Hauffe, eine Somnambule, die „Seherin von Prevorst", pflegte (1826–28), und das „Kernerhaus" literar. Mittelpunkt wurde. Einer der bedeutendsten Lyriker der schwäb. Romantik. Bed. Prosa sind der satir. Roman „Reiseschatten" (1811) und der Roman „Die Seherin von Prevorst" (1829).

Kerner, Theobald, * Gaildorf 14. Juni 1817, † Weinsberg 11. Aug. 1907, dt. Dichter. - Sohn von Justinus K.; Arzt; schrieb u. a. Gedichte und „Das Kernerhaus und seine Gäste" (1894).

Kerner [nach J. Kerner], seit 1969 sortengeschützte neue Rebsorte, gezüchtet aus blauem Trollinger und weißem Riesling; ergibt frische Weißweine.

Kernexplosion, die durch den Aufprall eines extrem energiereichen Teilchens hervorgerufene Zerlegung eines Atomkerns entweder in seine sämtl. Bestandteile (Nukleonen) oder z. T. in Nukleonen, z. T. in mehrere leichte Kernfragmente (z. B. Alphateilchen). Ein Teil der bei einer K. umgesetzten Energie wird durch zusätzl. entstehende Mesonen sowie durch Gammastrahlung abgeführt. - K. werden insbes. bei der Wechselwirkung der Primärteilchen der ↑ Höhenstrahlung mit Materie beobachtet; sie wurden erstmals 1937 in Kernspurplatten entdeckt. Bei einer **Kernzertrümmerung** wird der Kern nicht so vollständig in Einzelteile zerlegt wie bei einer K.; es bleiben hier unter Emission von Nukleonen und Alphateilchen meist ein oder zwei größere Kernbruchstücke übrig. Die schwächste Form der Auflösung eines Atomkerns ist die **Kernverdampfung,** bei der nur einige wenige Nukleonen oder Nukleonengruppen (Deuteron, Alphateilchen) den Kernverband verlassen und außer dem Restkern selbst keine weiteren schweren Kernfragmente auftreten. I. w. S. gehört zu diesen Formen auch die ↑ Kernspaltung. - Abb. S. 299.
◆ Explosion einer Kernwaffe (↑ ABC-Waffen).

Kernfarbstoffe, meist bas. Farbstoffe, die den Inhalt von Zellkernen, d. h. das Chromatin, anfärben; z. B. Hämatoxylin, Karminessigsäure, Methylgrün, Orceinessigsäure.

Kernfäule, Zersetzung des Kerns lebender Bäume durch parasit. Pilze (v. a. Arten der Porlinge), deren Sporen durch die Wurzeln oder an Wundstellen eindringen. Der Splint wird meist nicht angegriffen, so daß eine Aushöhlung des Baumstamms erfolgt. Je nach Verfärbung unterscheidet man v. a. bei Fichten auftretende **Rotfäule** (wobei nach Zellulosezersetzung rot gefärbtes, sich später zersetzendes Lignin verbleibt), und **Weißfäule** bei Laubbäumen, wobei die Kernholzreste durch Zelluloserückstände grauweiß erscheinen.

Kernfeld, das die Wechselwirkung der Nukleonen untereinander in einem Atomkern vermittelnde Kraftfeld, dessen Quellen die einzelnen Nukleonen selbst sind; auch Bez. für das Kraftfeld eines Nukleons.
◆ das Coulomb-Potential eines Atomkerns.

Kernfusion (Fusionsreaktion, thermonukleare Fusion), die Verschmelzung zweier leichter Atomkerne zu einem neuen, stabilen ↑ Kern, wobei Energie und zusätzl. ein oder mehrere Nukleonen, Elektronen (bzw. Positronen) oder Gammaquanten frei werden. Die freiwerdende Energie ist etwa eine Million mal so groß wie die bei chem. Reaktionen, z. B. bei der Verbrennung, auftretende Wärmetönung. Damit zwei Atomkerne miteinander verschmelzen können, müssen sie einander sehr nahe gebracht werden, weil die Reichweite der zw. den Nukleonen wirksamen und zu einer Bindung führenden Kernkräfte nur etwa 10^{-13} cm beträgt. Diese gegenseitige Annäherung wird aber durch die elektrostat. Coulomb-Kräfte erschwert, mit denen sich die geladenen Kerne abstoßen. Um diese Abstoßungskräfte und damit den ↑ Coulomb-Wall zu überwinden, müssen die beiden Atomkerne mit ausreichend hoher Geschwindigkeit aufeinandertreffen. Nach der kinet. Gastheorie nimmt die Geschwindigkeit der Atome bzw. Atomkerne mit der Temperatur zu. Um die für eine K. erforderl. Geschwindigkeiten zu erreichen, sind Temperaturen von etwa 100 Mill. Grad Celsius erforderlich. Beispiele für Kernverschmelzungsprozesse und die dabei freiwerdende Energie sind:

(1)	p + p	→	D	+ e^+	+ 1,4 MeV
(2)	p + D	→	^{3}He	+ γ	+ 5,5 MeV
(3)	^{3}He + ^{3}He	→	^{4}He	+ 2p	+ 12,8 MeV
			T	+ p	+ 4,0 MeV
(4)	D + D	⇄	^{3}He	+ n	+ 3,3 MeV
(5)	D + T	→	^{4}He	+ n	+ 17,6 MeV
(6)	^{6}Li + D	→	2^{4}He	+ γ	+ 22,4 MeV
(7)	^{6}Li + n	→	^{4}He	+ T	+ 4,8 MeV

(n Neutron, p Proton, e^+ Positron, γ Gammaquant, D Deuterium, T Tritium). Wie man seit Anfang der 1930er Jahre weiß, wird der Energiebedarf vieler Sterne, z. B. der Sonne, hauptsächl. durch Kernverschmelzungsreaktionen gedeckt, die sich im sehr heißen Sternzentrum abspielen. Dabei laufen mehrere der oben angeführten Reaktionen gleichzeitig ab, so daß ganze *Reaktionszyklen* entstehen, wie z. B. der *Proton-Proton-Prozeß* (1) bis (3) (↑ auch Bethe-Weizsäcker-Zyklus). Während die unkontrollierte, techn. nicht nutzbare K. bereits in Form der Wasserstoffbombe realisiert wurde, ist gegenwärtig die kontrollierte K. und damit die kontrollierte Energiegewin-

Kernmodelle

nung Gegenstand intensiver internat. Forschung. Ihr Ziel ist die Erstellung eines Fusionsreaktors, in dem aus einem Plasma, das aus den Wasserstoffisotopen Deuterium und Tritium zusammengesetzt ist, Kernverschmelzungsenergie gewonnen und in elektr. Energie umgewandelt wird. Ein Fusionsreaktor dieser Art würde gegenüber einem herkömmlichen, auf der Kernspaltung beruhenden Reaktor folgende Vorteile bieten: 1. Es entstehen keine langlebigen radioaktiven Rückstände. 2. Der Brennstoff Deuterium ist zu 0,016 % im normalen Wasser enthalten und somit fast unbegrenzt verfügbar. 3. Tritium kann aus dem Element Lithium, wenn es sich in einem das eigentl. Reaktionsgefäß umgebenden Mantel befindet, durch Neutronenbestrahlung im Fusionsreaktor selbst erzeugt („gebrütet") werden. Ein sehr wichtiges Problem ist die Aufheizung des Plasmas. Eine Möglichkeit ist die Ohmsche Aufheizung, indem die Elektronen des Plasmas durch ein zusätzl. elektr. Feld beschleunigt werden und ihre Bewegungsenergie z. T. auf die Ionen übertragen. Eine weitere Methode ist die magnet. Kompression, bei der ein Plasma durch sehr rasche Erhöhung der Feldstärke des einschließenden Magnetfeldes zusammengedrückt und erhitzt wird. Seitdem Lichtquellen extrem hoher Strahlungsflußdichte in Form von Lasern zur Verfügung stehen, versucht man, das Plasma durch Bestrahlung kleiner Kügelchen aus einem gefrorenen Deuterium-Tritium-Gemisch mit Laserstrahlimpulsen herzustellen (**Laserkernfusion**). Neben den Problemen, die die Erzeugung extrem hoher Temperatur und Dichte des Plasmas mit sich bringen, sind noch eine Reihe weiterer Probleme beim Fusionsreaktor zu lösen. Ein K.plasma muß einen extremen Grad von Reinheit besitzen, der nur erreicht werden kann, wenn alle aus der materiellen Innenwand des Vakuumgefäßes befreiten Verunreinigungen das Plasma nicht erreichen können (die Energieverluste steigen durch Verunreinigungen enorm stark an). Weiter ist der Einfluß der intensiven Strahlung energiereicher Neutronen auf die Festigkeitseigenschaften der umgebenden Materialien bzw. auf die supraleitenden Magnete noch nicht hinreichend bekannt. Schließlich wäre eine möglichst effektive Methode zur Umwandlung der Energie der Neutronen in elektr. Energie gefunden werden. - Abb. S. 302.
📖 *Raeder, J., u. a.: Kontrollierte K. Stg. 1981. - Laser interaction and related plasma phenomena. Hg. v. J. Schwarz u. H. Hora. New York 1970–72. 2 Bde.*

Kernholz ↑ Holz.

Kernholzkäfer (Kernkäfer, Platypodidae), weltweit verbreitete Käferfam. mit rd. 800 kleinen, meist trop. und subtrop. Arten (in M-Europa kommt nur eine Art vor); bohren Gänge bis ins Kernholz von Laubbäumen.

Kernig-Zeichen [nach dem russ. Arzt W. Kernig, *1840, † 1917], Unvermögen, bei gebeugter Hüfte das Knie zu strecken (charakterist. Zeichen für eine Hirn-Rückenmarks-Entzündung).

Kerninduktion ([para]magnet. Kernresonanz, magnet. Kernresonanzabsorption, Kernspinresonanz), eine Methode der ↑ Hochfrequenzspektroskopie zur Präzisionsmessung magnet. Kerndipolmomente in diamagnet. Flüssigkeiten und Kristallen.

Kernisomerie, in der *Kernphysik* ↑ Kern.

Kernit [nach dem Kern County (Calif.)] (Rasorit), weißes, monoklines Mineral $Na_2B_4O_7 \cdot 4 H_2O$; Dichte 1,91 g/cm³, Mohshärte 2,5; wichtiges Bormineral; Hauptvorkommen in Kalifornien.

Kernkäfer, svw. ↑ Kernholzkäfer.

Kernkettenreaktion, eine Folge von Kernspaltungen, bei der die freiwerdenden Neutronen jeweils weitere Kernspaltungen bewirken, so daß die Reaktion, einmal in Gang gebracht, von selbst weiterläuft, bis der Kernbrennstoff aufgebraucht ist. - ↑auch Kernreaktor.

Kernkörperchen, svw. Nukleolus (↑Zelle).

Kernkräfte ↑ Kern (Atomkern).

Kernkraftwerk ↑Kraftwerke. - ↑auch Kernreaktor.

Kernladungszahl ↑ Kern (Atomkern).

Kernleder, Leder aus dem beiderseits der Rückenlinie liegenden *Kernstück* einer [Rinds]haut.

Kernmagneton, universelle physikal. Konstante zur Angabe des magnet. Moments (↑ Kernmoment) von Atomkernen; Formelzeichen μ_K oder $\mu_N \cdot$
$1\mu_K = 5,0508 \cdot 10^{-27} A \cdot m^2$.

Kernmasse, die Ruhemasse eines Atomkerns; man erhält sie aus der absoluten ↑ Atommasse durch Subtraktion der Masse sämtl. Hüllenelektronen *(absolute K.)*; mißt man sie in atomaren ↑ Masseneinheiten, so ist der sich ergebende Zahlenfaktor die *relative Kernmasse.*

Kernmaterie, Bez. für die im Innern von Atomkernen sowie in bestimmten Sternen (Neutronensternen) vorliegende, nur aus Nukleonen bestehende homogene Materie sehr hoher Teilchendichte ($1,7 \cdot 10^{38}$ Nukleonen pro cm³). In der Astrophysik bezeichnet man als K. auch eine in den Weißen Zwergen vorkommende, im Plasmazustand befindl. Materie hoher Dichte (etwa 10^5 g/cm³), bestehend aus nackten Atomkernen und Elektronen.

Kernmodelle, von experimentellen Befunden ausgehende, auf vereinfachenden Annahmen beruhenden anschaul. Modellvorstellungen vom Atomkern (↑ Kern) und seinem inneren Aufbau, die mehr oder weniger umfassend die beobachteten Eigenschaften des Kerns wiedergeben und zu deuten bzw. zu

Kernmodelle

berechnen erlauben. Man muß zw. solchen K. unterscheiden, denen anschaul., aus der klass. Physik stammende Vorstellungen und Begriffe zugrunde liegen, und solchen rein quantenmechan. Natur, in denen die nichtrelativist. *Schrödinger-Gleichung* des Systems von Z Protonen und N Neutronen für ein empir. Wechselwirkungspotential mit quantenmechan. Näherungsmethoden gelöst wird. Zu den ersteren gehört das **Tröpfchenmodell** (auch **Flüssigkeitsmodell**), ein anschaul. K., in dem der Atomkern in Analogie zum Wassertropfen als Tröpfchen einer inkompressiblen, wirbel- und reibungsfreien Flüssigkeit aus Protonen und Neutronen behandelt wird. Das Tröpfchenmodell leistet überall da gute Dienste, wo die freie Beweglichkeit der Nukleonen und der Ggs. von Oberfläche und Kerninnerem wichtig ist, wie z. B. bei der Erklärung der Kernspaltung. Es versagt bei der Beschreibung der inneren Struktur der Kerne, z. B. bei der Erklärung angeregter Kernenergieniveaus. Ein gebräuchl. quantenmechan. Modell ist das **Schalenmodell**, ein Kernmodell, das dem Atom(hüllen)modell gleichen Namens ähnl. ist. Es basiert auf der Annahme, daß sich die Bewegung eines Nukleons im Kern trotz des Fehlens eines dominierenden Kraftzentrums näherungsweise als Bewegung in einem mittleren, aus der Wechselwirkung mit allen übrigen Nukleonen resultierenden Potential beschreiben läßt. Man nimmt also ein Einteilchensystem aus $A = Z+N$ unabhängigen Nukleonen an. Die mathemat. Be-

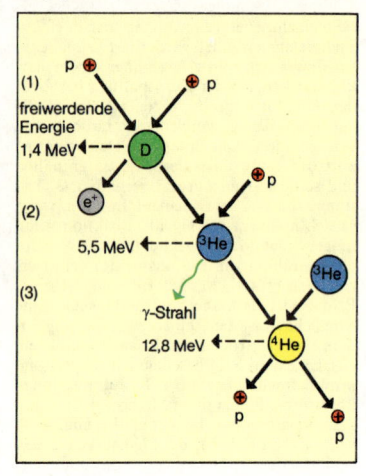

Kernfusion. Schema des Proton-Proton-Prozesses

Kernreaktor. Sicherheitstechnische Einrichtungen einer Druckwasserreaktoranlage.
1 Reaktordruckbehälter mit Kern, 2 Dampferzeuger, 3 Hauptkühlmittelpumpe,
4 Reaktorschild, 5 Schutzzylinder, 6 Brennelementbecken, 7 Unterdruckhaltung,
8 Notstromsystem, 9 Lüftung, 10 Materialschleuse, 11 Sicherheitsbehälter,
12 Betonhülle, 13 Borwasser-Flutbehälter, 14 Sicherheitseinspeisepumpe,
15 Nachkühlpumpe, 16 Nachwärmekühler, 17 Druckspeicher, 18 Vorratsbehälter
für Reaktorkühlmittel, 19 Einspeisepumpe, 20 Reaktorschnellabschaltung

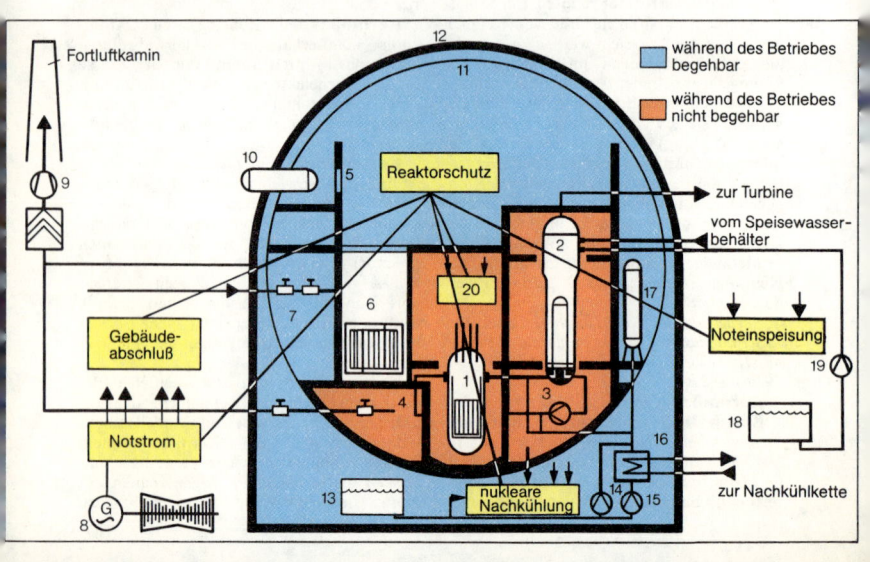

Kernreaktion

handlung erfolgt ähnl. der des entsprechenden Atommodells. Die Erklärung und Berechnung der Gammastrahlen gelingt mit dem Schalenmodell hervorragend. Bei bestimmten Protonenzahlen Z und Neutronenzahlen N, den magischen Zahlen, ist eine Schale gerade vollständig besetzt. Ist eine Schale abgeschlossen, so muß das nächste Proton oder Neutron in die nächsthöhere Schale eingeordnet werden, in der es schwächer als die übrigen Nukleonen gebunden ist. Die leichte Abtrennbarkeit solcher Nukleonen und die bes. Stabilität der Kerne mit magischer Neutronenbzw. Protonenzahl war schon vor Einführung des Schalenmodells beobachtet worden. Dies gab den Anstoß dazu, die dem Schalenmodell der Atomhülle zugrunde liegenden Vorstellungen wenigstens teilweise auf den Atomkern zu übertragen. - ↑auch Kernphysik.

📖 *Donner, W.: Einf. in die Theorie der Kernspektren. Mannheim 1971. 2 Bde. - Eisenberg, J. M./Greiner, W.: Nuclear models. Amsterdam 1970.*

Kernmoment, das aus dem magnet. Moment der Nukleonen und der nicht kugelsymmetr. Ladungsverteilung im Atomkern herrührende magnet. Moment eines Kerns; es beträgt etwa $^1/_{2000}$ des ↑Atommoments.

Kernniveaus [ni'vo:s], die Energieniveaus (bzw. Energien) der quantenmechan. Zustände eines Atomkerns.

Kernobst, Bez. für Obstsorten aus der Fam. der Rosengewächse (z. B. Apfel, Birne, Quitte), deren Frucht eine Sammelbalgfrucht ist. Das Fruchtfleisch wird von der krugförmigen Blütenachse gebildet, die mit den pergamentartigen oder mit den von einer steinartigen Fruchtwand umgebenen Fruchtblättern *(Kernhaus)* fest verwachsen ist.

Kernphasenwechsel, der Wechsel vom diploiden zum haploiden Chromosomensatz und umgekehrt bei den Zellkernen eines Lebewesens im Verlauf seiner Entwicklung und Fortpflanzung, d. h. der Wechsel von der Diplophase zur Haplophase und umgekehrt.

Kernphotoeffekt, durch harte Röntgen- oder Gammastrahlung ausgelöste Kernreaktion, bei der eine oder mehrere Nukleonen emittiert werden und in der Regel ein radioaktiver Kern zurückbleibt.

Kernphysik, Teilgebiet der Physik, in dem die Eigenschaften der Atomkerne sowie die Wechselwirkungen der Kernbausteine untersucht werden. Zur experimentellen Erforschung der Atomkerne werden v. a. Streuexperimente mit atomaren und nuklearen Teilchen, natürl. und künstl. Kernumwandlungen herangezogen. Eine zusammenhängende theoret. Beschreibung der Atomkerne, die alle bekannten Tatsachen wiedergibt, fehlt noch. Es gibt jedoch eine Reihe von ↑Kernmodellen, die jeweils bestimmte experimentelle Ergebnisse erklären.

Geschichte: Mit der Entdeckung der Radioaktivität (A. H. Becquerel, 1896) wurden die ersten physikal. Phänomene bekannt, bei denen sich Eigenschaften der Atomkerne direkt bemerkbar machten. Aus den Arbeiten von E. Rutherford, H. Geiger und E. Marsden zum Durchgang von Alphateilchen durch Materie folgerte Rutherford 1911 die Existenz eines Atomkerns. E. Rutherford gelang 1919 die erste künstl. Kernumwandlung. 1932 entdeckten J. Chadwick, W. Heisenberg und D. Iwankow einen weiteren Kernbaustein: das Neutron. In der Folgezeit wurden verschiedene Kernmodelle entwickelt, u. a. von G. Gamow (Compoundkern, Tröpfchenmodell) und von J. H. D. Jensen, O. Haxel und H. E. Suess sowie M. Goeppert-Mayer (Schalenmodell). - Die Entdeckung der Kernspaltung 1938 durch O. Hahn und F. Straßmann zog einen erneuten Aufschwung der K. nach sich. H. Jukawa postulierte 1935 Feldquanten, die die Kräfte zw. den Nukleonen vermitteln, die Pionen wurden 1947 durch C. M. G. Lattes, G. P. S. Occhialini und C. F. Powell entdeckt. Die Kernphysik entwickelt sich seitdem in enger Wechselwirkung mit der Elementarteilchenphysik.

Kernreaktion, natürlicher oder künstlich hervorgerufener Umwandlungsprozeß von Atomkernen. Die K. lassen sich einteilen in Zerfallsprozesse instabiler Kerne (↑Radioaktivität) und Stoßreaktionen *(erzwungene K.)*. Dabei kann der Stoß eines Elementarteilchens oder Kerns, im folgenden durch x symbolisiert, mit einem Kern (durch X symbolisiert) entweder *elastisch* oder *unelastisch* verlaufen. Im unelast. Falle, und nur bei ihm liegt eine K. vor, kann eines der Teilchen durch den Stoß in einen angeregten Zustand (durch X^* symbolisiert) übergehen. Man schreibt hierfür $x + X \rightarrow X^* + x$ (unter späterem Zerfall von X^*). Es kann sich jedoch auch die Teilchenart oder -anzahl durch den Stoß ändern: $x + X \rightarrow Y + y$ (+ weitere Teilchen). Kürzer schreibt man für einen solchen Umwandlungsprozeß $X(x, y)Y$ und spricht von einer (x, y)-Reaktion, z. B. von einer (α, n)-Reaktion, bei der in den Kern mit einem Alphateilchen beschossen wurde und daraufhin ein Neutron emittierte. Die erste künstl. K. wurde 1919 von E. Rutherford beobachtet, als er Stickstoff (N) mit Alphateilchen ($^4_2$He) beschloß, wobei sich Stickstoffkerne ($^{14}_7$N) in Isotope des Sauerstoffisotops $^{17}_8$O umwandelten und außerdem bei jedem Prozeß ein Proton (p) entstand:

$$\alpha + {}^{14}_7 N \rightarrow {}^{17}_8 O + p$$

(eine (α, p)-Reaktion).
Ist die Summe der Massen auf der linken Seite einer Reaktionsgleichung (Ausgangskern und Stoßteilchen) größer als die Summe der Massen auf der rechten Seite (Endkern und emittiertes Teilchen), so wird wegen der

Kernreaktor

Äquivalenz von Masse und Energie ein bestimmter Energiebetrag frei. Man bezeichnet eine solche K. als *exotherm*. Ist die Summe der Massen auf der linken Seite der Reaktionsgleichung kleiner als die der Massen auf der rechten Seite, so bezeichnet man diese K. als *endotherm*.

Kernreaktor (Atomreaktor, Atomkraftwerk), eine Anlage, in der eine geregelte, sich selbst erhaltende Kettenreaktion von Kernspaltungen (↑ Kernkettenreaktion) zur Gewinnung von ↑ Kernenergie genutzt wird. Dazu muß die Anlage eine genügende Menge ↑ Kernbrennstoff (Spaltstoff) enthalten, so daß eine (kontrollierte) Kernkettenreaktion aufrechterhalten werden kann. Die dabei in Form von Wärme anfallende Kernenergie wird (in sog. Leistungsreaktoren) zur Zeit noch überwiegend in elektr. Energie umgewandelt (der K. übernimmt die Rolle der Feuerung des Dampfkessels von konventionellen Kraftwerken) oder dient zur Erzeugung von mechan. Antriebsenergie (↑ Kernenergieantrieb); sie soll aber in Zukunft auch als ↑ Prozeßwärme genutzt werden. In den als Forschungs- bzw. Prüfreaktoren bezeichneten K. wird die anfallende Wärme ungenutzt abgeführt und nur der hohe Neutronenfluß zu Forschungs- und Prüfzwecken (u. a. zur Materialprüfung) verwendet. K. sind gleichzeitig auch Großerzeuger von ↑ Radionukliden, die sich im Kernbrennstoff ansammeln und aus diesem nach einiger Zeit chem. abgetrennt werden.

Prinzip des Reaktoraufbaus und Reaktorarten: Bei der Kernspaltung durch Neutronen bricht der Spaltstoffkern nach Einfang eines Neutrons unter Freigabe von Bindungsenergie auseinander; die dabei außerdem freiwerdenden Neutronen, die ebenso wie die anderen Spaltprodukte mit großer Geschwindigkeit davonfliegen (ihre Geschwindigkeit entspricht im Mittel einer kinet. Energie von 1 bis 2 MeV), leiten ihrerseits wieder Spaltvorgänge ein. Kernspaltungen können durch therm. (langsame), epitherm. (mittelschnelle) oder schnelle Neutronen bewirkt werden; je nachdem, welche Neutronenart die Kernspaltungen im K. vorwiegend bewirkt, spricht man von therm., epitherm. oder schnellen Reaktoren. Neben dieser Unterscheidung und der durch den Verwendungszweck (als Forschungs-, Leistungs- oder Prüfreaktor) bestimmten Unterteilung werden K. klassifiziert nach dem verwendeten Kernbrennstoff, nach dem Arbeitsprinzip des zur Abführung der erzeugten Wärme dienenden Kühlsystems bzw. -mittels (z. B. Druckwasser-, Siedewasser- oder gasgekühlter Reaktor), nach den erzeugten Temperaturen (u. a. Hochtemperaturreaktor), nach der Struktur (heterogener

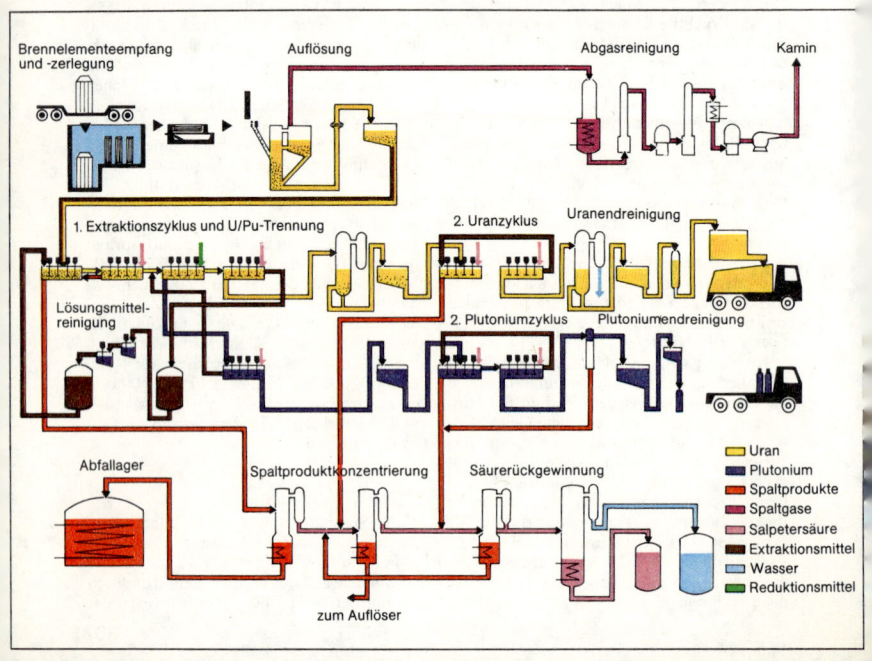

Kernreaktor. Schematische Fließbilddarstellung der Wiederaufbereitungsanlage Karlsruhe

Kernreaktor

oder homogener K.) und nach dem Moderator (Leichtwasser-, Schwerwasser- oder Graphitreaktor); nach dem Grad der Gewinnung neuen Spaltstoffs unterscheidet man Brutreaktoren (Brüter) und Konverter (↑ Konversion).
Die ersten in der Welt gebauten K. waren

Kernreaktor. Fertiggestellte (in Betrieb genommene) und im Bau befindliche Kernreaktoren in der Bundesrepublik Deutschland, in der Deutschen Demokratischen Republik und in der Schweiz sowie im deutsch-französischen Grenzbereich

therm. Reaktoren. Bei diesen müssen die durch die Kernspaltung entstehenden Neutronen (ausschließlich schnelle Neutronen) auf therm. Energien abgebremst, „thermalisiert" werden, damit sie im Brennstoff zu weiteren Spaltungen führen können. Dies geschieht durch einen zusätzl., als Moderator bezeichneten Stoff, der den Brennstoff umgibt: Die schnellen Neutronen, die sich als elektr. neutrale Teilchen in der Materie weitgehend ungehindert bewegen können, verlassen den Brennstoff, geraten in den Moderatorbereich und werden dort durch mehrfaches Zusammenstößen mit Moderatorkernen abgebremst, bis sie im Mittel deren mittlere

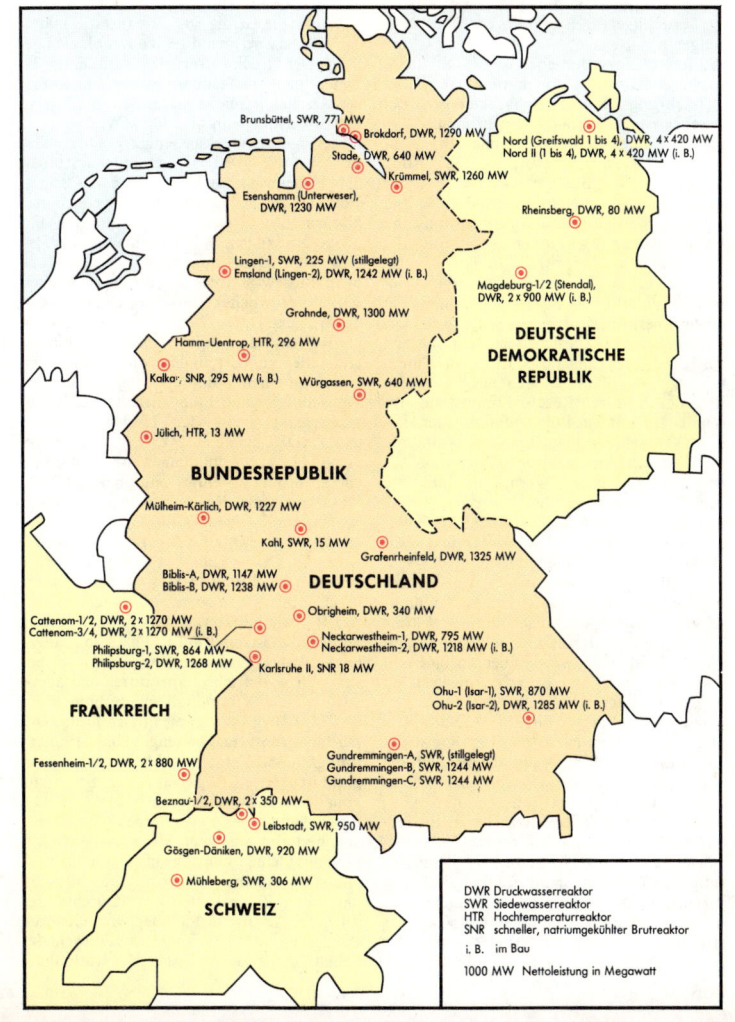

Brunsbüttel, SWR, 771 MW
Brokdorf, DWR, 1290 MW
Nord (Greifswald 1 bis 4), DWR, 4 × 420 MW
Nord II (1 bis 4), DWR, 4 × 420 MW (i. B.)
Stade, DWR, 640 MW
Krümmel, SWR, 1260 MW
Esenshamm (Unterweser), DWR, 1230 MW
Rheinsberg, DWR, 80 MW
Lingen-1, SWR, 225 MW (stillgelegt)
Emsland (Lingen-2), DWR, 1242 MW (i. B.)
Magdeburg-1/2 (Stendal), DWR, 2 × 900 MW (i. B.)
Grohnde, DWR, 1300 MW

DEUTSCHE DEMOKRATISCHE REPUBLIK

Hamm-Uentrop, HTR, 296 MW
Kalkar, SNR, 295 MW (i. B.)
Würgassen, SWR, 640 MW
Jülich, HTR, 13 MW

BUNDESREPUBLIK

Mülheim-Kärlich, DWR, 1227 MW
Kahl, SWR, 15 MW
Grafenrheinfeld, DWR, 1325 MW
Biblis-A, DWR, 1147 MW
Biblis-B, DWR, 1238 MW

DEUTSCHLAND

Cattenom-1/2, DWR, 2 × 1270 MW
Cattenom-3/4, DWR, 2 × 1270 MW (i. B.)
Obrigheim, DWR, 340 MW
Neckarwestheim-1, DWR, 795 MW
Neckarwestheim-2, DWR, 1218 MW (i. B.)
Philipsburg-1, SWR, 864 MW
Philipsburg-2, DWR, 1268 MW
Karlsruhe II, SNR 18 MW

FRANKREICH

Ohu-1 (Isar-1), SWR, 870 MW
Ohu-2 (Isar-2), DWR, 1285 MW (i. B.)
Fessenheim-1/2, DWR, 2 × 880 MW
Gundremmingen-A, SWR, (stillgelegt)
Gundremmingen-B, SWR, 1244 MW
Gundremmingen-C, SWR, 1244 MW
Beznau-1/2, DWR, 2 × 350 MW
Leibstadt, SWR, 950 MW
Gösgen-Däniken, DWR, 920 MW
Mühleberg, SWR, 306 MW

SCHWEIZ

DWR Druckwasserreaktor
SWR Siedewasserreaktor
HTR Hochtemperaturreaktor
SNR schneller, natriumgekühlter Brutreaktor
i. B. im Bau
1000 MW Nettoleistung in Megawatt

Kernreaktor

kinet. Energie, d. h. therm. Energie (etwa 0,025 eV) besitzen. Bes. wirksame Moderatoren sind normales (leichtes) Wasser, schweres Wasser, Graphit und Beryllium. Brennstoff und Moderator zusammen bilden den Reaktorkern, das sog. Core. Zur Verringerung der durch Ausfluß aus dem Core bewirkten Neutronenverluste wird um das Core herum ein Reflektor aus Materialien angeordnet, die eine große Streuung der Neutronen bewirken und zugleich geringe Neutronenabsorption aufweisen (im wesentl. die gleichen Stoffe wie der Moderator). Dadurch wird dafür gesorgt, daß viele der Neutronen, die das Core verlassen, nach einigen Zusammenstößen mit den Reflektoratomen wieder in den Kernbrennstoff zurückgelangen und dort weitere Spaltungen auslösen.

Während seines Betriebes ist der K. durch seinen effektiven Multiplikationsfaktor oder Vermehrungsfaktor k_{eff} charakterisiert, der die effektive ↑ Neutronenvermehrung pro Generation unter Berücksichtigung aller Neutronenverluste durch Absorption und Ausfluß aus dem K. angibt. Wenn $k_{eff} = 1$ ist, ist der K. kritisch, die Neutronenzahl im K. und damit auch seine Leistung bleiben konstant. Ist k_{eff} kleiner bzw. größer als 1, so ist der K. unter- bzw. überkritisch. In einem unterkrit. K. nehmen Neutronenzahl (bzw. der Neutronenfluß) und Leistung ständig ab, in einem überkrit. K. dagegen ständig zu. Die Leistungsregelung besteht darin, k_{eff} während des K. betriebes je nach Bedarf zu verkleinern oder zu vergrößern. In den meisten Fällen wird der K. durch Regel-, Trimm- und Abschaltstäbe z. B. aus Bor, Cadmium oder Hafnium geregelt, die beim Ein- und Ausfahren im K. durch ihre Neutronenabsorption k_{eff} verkleinern oder vergrößern. Zur Abführung der in Wärme umgewandelten Energie muß der Reaktorkern gekühlt werden. Als Kühlmittel werden Gase, Flüssigkeiten und niedrigschmelzende Metalle mit geringer Neutronenabsorption und guten Wärmeübertragungseigenschaften verwendet. Das Kühlmittel gibt entweder die aufgenommene Wärme in einem Wärmeaustauscher an einen sekundären Kreislauf ab, wo sie über Turbine und Generator in elektr. Energie umgewandelt wird (indirekter Kreislauf), oder das aufgeheizte Kühlmittel wird direkt zur elektr. Energieerzeugung verwendet (direkter Kreislauf). Es besteht jedoch auch die Möglichkeit, die entwickelte Wärme unmittelbar zur Erzeugung des elektr. Stromes (Thermionikreaktor, ↑ auch Thermionikelemente) oder als Prozeßwärme (Prozeßwärmereaktor, ↑ auch Prozeßwärme) auszunutzen. Die bei der Kernspaltung entstehenden Spaltprodukte sind normalerweise nicht stabil, sondern wandeln sich unter Aussendung von Beta- und Gammastrahlung in stabile Endprodukte um. Der K. wird deshalb mit einer u. a. die Strahlen absorbierenden Schutzwand umgeben und entsprechend abgeschirmt. In der Praxis haben sich Beton, Schwerspat, Wasser, Eisen und Blei als Abschirmaterial bewährt.

Der **Druckwasserreaktor** (engl.: Pressurized water reactor; Abk. PWR) ist ein therm. K., in dem leichtes oder schweres Wasser bei Drücken von 120 bis 160 bar als Kühlmittel und zugleich als Moderator dient. Der hohe Druck im Primärkreislauf und die dadurch verursachte Siedepunktserhöhung verhindern eine Dampfbildung im Core. Als Brennstoff wird leicht mit U 235 (im Mittel auf 3 %) angereichertes Uran (in Form von Urandioxid) verwendet, das sich in gasdicht verschlossenen Metallrohren befindet u. zusammen mit diesen die sog. Brennstäbe bildet; die Wärme wird im indirekten Kreislauf abgeführt. Der Druckwasserreaktor gilt in der BR Deutschland als Standardreaktor. Ein K. dieser Art liefert im Kernkraftwerk Biblis eine elektr. Leistung von rd. 1 300 MW.

Der **Siedewasserreaktor** (engl.: Boiling water reactor, Abk. BWR) ist in seinem Aufbau dem Druckwasserreaktor ähnlich. Als Brennstoff wird wie bei diesem leicht angereichertes Naturuan verwendet, als Kühlmittel und Moderator zugleich dient leichtes Wasser. Im Ggs. zum Druckwasserreaktor kommt es beim Siedewasserreaktor, der bei Drücken um 70 bar arbeitet, jedoch zu einem Sieden des Wassers. Der im Reaktor erzeugte Dampf wird direkt zur Turbine (direkter Einkreislauf) oder zur Erzeugung von sekundärem Dampf in einen Dampfumformer (indirekter Kreislauf) geleitet. Eine Variante des Siedewasserreaktors ist der **Heißdampfreaktor** (Abk. HDR), bei dem der erzeugte Sattdampf dem Core zur Aufnahme weiterer Wärmeenergie erneut zugeführt und überhitzt wird. Der **Gas-Graphit-Reaktor** ist ein gasgekühlter K., bei dem Kohlendioxid (CO_2) als Kühlmittel und Graphit als Moderator verwendet wird (z. B. Calder-Hall-Reaktor in Großbrit.). Beim **fortgeschrittenen Gas-Graphit-Reaktor** (engl.: Advanced gas-cooled reactor, Abk. AGR) wird gesintertes Urandioxid (UO_2), dessen U-235-Gehalt auf 1,47 bis 1,76 % angereichert ist, als Brennstoff verwendet; er besitzt höhere Betriebstemperaturen und damit auch höhere Kühlmitteltemperaturen (über 600 °C; z. B. in Dungeness in Großbrit.). Der **Hochtemperaturreaktor** (engl.: High temperature gas-cooled reactor, Abk. HTGR) ist ein graphitmoderierter, gasgekühlter, therm. K. hoher Leistungsdichte (etwa 10 MW/m^3). Die Brennelemente sind kugel- oder blockförmig und bestehen aus einer Mischung von Graphit und kleinen kugelförmigen, mit einer 0,2 mm starken Schicht aus pyrolyt. Kohlenstoff umhüllten Brennstoffteilchen (Durchmesser 0,4 mm). Als Brennstoff dient ein Gemisch aus Uran- und Thoriumcarbid. Wegen der hohen Temperaturen besteht die Umhüllung

Kernreaktor

der Brennelemente nicht aus Metall, sondern aus keram. Materialien, die auch (neben den Kohlenstoffumhüllungen der Brennstoffteilchen) eine weitere Barriere gegen die Freisetzung der meisten Spaltprodukte bilden. Die Brennelemente werden vom Kühlgas (Helium) umströmt; die Kühlgastemperaturen liegen über 750 °C, wodurch der Einsatz moderner Turbogeneratoren (530 °C Heißdampftemperatur) ermöglicht wird. Beispiele sind der K. in Fort Saint Vrain (Colo.) und die dt. K. in Jülich und Hamm-Uentrop. Der **Schwerwasserreaktor** ist ein mit schwerem Wasser (D_2O) moderierter K. Wegen der guten Moderationseigenschaften des schweren Wassers (geringe Neutronenabsorption) kann dieser K. mit Natururan als Brennstoff arbeiten. Der **Natrium-Graphit-Reaktor** ist ein mit flüssigem Natrium gekühlter K. mit Graphit als Moderator. Die Verwendung von Natrium als Wärmeträger mit hohem Siedepunkt ermöglicht es, die in einem Reaktor anfallende Wärme bei möglichst hohen Temperaturen abzuführen und dabei dickwandige Druckgefäße zu vermeiden; als Kühlmittel für den Sekundärkreislauf wird in den meisten Fällen gleichfalls Natrium verwendet. Da Natrium im Vergleich zu Moderatorstoffen einen relativ großen Einfangsquerschnitt für Neutronen hat, müssen bes. Vorkehrungen gegen ein Abfließen des Natriums aus dem Reaktorkern getroffen werden, um eine plötzl. Verstärkung der Kernkettenreaktion zu vermeiden.

Brutreaktoren (Brüter): Die Tatsache, daß bei der Kernspaltung durch ein Neutron jeweils mehr als ein neues Neutron freigesetzt wird, ermöglicht nicht nur die Aufrechterhaltung einer Kernkettenreaktion, sondern unter bestimmten Bedingungen auch das sog. Brüten von neuem spaltbarem Material: es wird dadurch mehr spaltbares Material erzeugt als gleichzeitig zur Energieerzeugung verbraucht wird. Für diesen Prozeß eignen sich das Uranisotop U 238 und das Thoriumisotop Th 232. Beim Uran-Plutonium-Brutprozeß oder -Zyklus bewirken bei der Spaltung des U 235 entstehende Neutronen die Umwandlung von U-238-Kernen in spaltbare Pu-239-Kerne **(schneller Brutreaktor).** Beim Thorium-Uran-Zyklus (Th-U-Zyklus) bewirken die bei der Kernspaltung von U-235-Kernen entstehenden Neutronen eine Umwandlung von Th-232-Kernen in spaltbare U-233-Kerne **(thermischer Brutreaktor).** Alle schnellen Brutreaktoren verwenden Natrium als Kühlmittel, daher **schnelle natriumgekühlte Reaktoren** (Abk. SNR). Bekannte Reaktoren dieses Typs sind der „Phénix" (250 MW) und der „Superphénix" (1 200 MW) in Frankreich sowie der dt. SNR-300 in Kalkar, der für eine elektr. Leistung von rd. 300 MW ausgelegt ist.

Forschungsreaktoren sind K. kleiner Leistung, die nicht zur Energieerzeugung genutzt werden. Man verwendet sie zur Ausbildung, zur K.entwicklung und als Strahlenquellen. Bei K., die als Strahlenquelle dienen, wendet man die vom Reaktorkern ausgehende Neutronen- und Gammastrahlung zur Bestrahlung von Substanzen, zur Prüfung von Materialien und Bauelementen und zu physikalischen Untersuchungen an. Als Forschungsreaktoren werden u. a. homogene K. **(Flüssigkeitsreaktoren)** verwendet, die im Prinzip dem Druckwasserreaktor entsprechen, nur mit dem Unterschied, daß der Spaltstoff (Uranylnitrat, Uranylsulfat u. a.) direkt im Kühlmittel gelöst ist; über eine Nebenleitung wird die Spaltstofflösung während des Betriebes laufend regeneriert, d. h., die Spaltprodukte und die Produkte der Radiolyse werden abgezogen (dadurch kann der Spaltstoff gut ausgenutzt werden). K. dieses Typs verwendet man als **Impulsreaktoren,** d. h., man erzeugt mit ihnen Leistungsimpulse (Dauer einige Millisekunden) im Abstand von Minuten, indem man bei Dauerleistung mit Druckluft in ganz kurzer Zeit einen Steuerstab aus dem Reaktorkern schießt, wodurch der Reaktor prompt-überkrit. wird.

Sicherheitsvorkehrungen bei Kernkraftwerken: Die bei der Nutzung der Kernenergie unvermeidl. Strahlengefährdung macht umfängl. Maßnahmen des Strahlenschutzes notwendig. Deshalb sind K. mit mehreren Schutzhüllen versehen. Jede K.anlage ist außerdem zum Schutz vor Betriebsunfällen mit umfangreichen techn. Sicherheitseinrichtungen versehen, die bei schwerwiegenden Störungen für die Schnellabschaltung des Reaktors sorgen. - Bei der Planung, dem Bau und der Inbetriebnahme wird durch ein kompliziertes Genehmigungsverfahren sichergestellt, daß die Sicherheitsvorkehrungen ausreichend vorhanden, eingehalten und funktionstüchtig sind. An diesem Genehmigungsverfahren sind in der BR Deutschland neben den Behörden des Bundes und der Länder u. a. die Reaktorsicherheitskommission (RSK), der Technische Überwachungsverein (TÜV) und das Institut für Reaktorsicherheit (IRS) beteiligt. - Abb. S. 302.

Wiederaufbereitung (Wiederaufarbeitung): Für die Rückgewinnung des noch spaltbaren Materials, bes. des Uranisotops U 235 und des Plutoniumisotops Pu 239, aus den abgebrannten Brennelementen von Kernreaktoren unter gleichzeitiger Abtrennung der bei den Kernspaltungen entstandenen hochradioaktiven Spaltprodukte sind spezielle Anlagen erforderl., in denen die Brennelemente verarbeitet werden können, ohne daß radioaktive Strahlung nach außen gelangt. Vor dem Transport in die Wiederaufbereitungsanlage werden die abgebrannten Brennelemente zunächst zw. 100 und 200 Tage in einem Wasserbecken gelagert, bis die Strahlung der kurzlebigen Spaltprodukte abgeklungen ist. In der

Kernresonanzspektroskopie

Anlage gelangen sie durch eine automat. Transportanlage in die sog. heiße Zelle, in der man sie mit Hilfe von ferngesteuerten Maschinen in die einzelnen Brennstäbe zerlegt, die dann in etwa 5 cm lange Stücke zerschnitten werden. Diese Stücke werden anschließend mit kochender Salpetersäure behandelt, wobei der Inhalt der Brennstäbe aufgelöst wird, während die Ummantelungsstücke zurückbleiben. Aus den erhaltenen Lösungen werden das Uran u. das Plutonium durch zahlr. hintereinandergeschaltete Extraktionsprozesse, meist mit einem Gemisch von Tri-n-butylphosphat (TBP) und Kerosin, isoliert und von den Lösungen der Spaltprodukte abgetrennt. Die erhaltenen Uran- bzw. Plutoniumkonzentrate werden zur Herstellung neuer Brennelemente (bzw. von Atomwaffen) verwendet. Die Konzentrate der Spaltprodukte hingegen müssen zunächst mehrere Jahre (bis zum Abklingen der stärksten Radioaktivität) unter kontrollierten Bedingungen (Kühlung) gelagert werden, bevor sie einer Endlagerung (↑ radioaktiver Abfall) zugeführt werden können. - Anfängl. nur für die Gewinnung von Plutonium für die Atomwaffenfertigung vorgesehen, wird die Wiederaufbereitung heute als erster und unverzichtbarer Schritt einer „Entsorgung" angesehen. Da sich bei der Wiederaufbereitung der Brennelemente viele techn. Schwierigkeiten ergaben, die noch nicht befriedigend gelöst werden konnten, und da beim Betrieb der Anlagen zahlr. Sicherheitsmaßnahmen erforderl. sind, wurden Wiederaufbereitungsanlagen bisher weltweit nur in sehr geringer Zahl errichtet u. längere Zeit betrieben. Der Hauptteil der abgebrannten Brennelemente wird z. Z. noch in eigens konstruierten Wasserbecken gelagert.

📖 *Ziegler, A.: Lehrb. der Reaktortechnik. Bln. u. a. 1983–85. 3 Bde. - Emmendörfer, D./Höker, K. H.: Theorie der Kernreaktoren. Bd. 1 Mhm. u. a. ²1985. - Lederer, B. J./Wildberg, D. W.: Reaktorhdb. Mchn. 1980. - Smidt, D.: Reaktorsicherheitstechnik. Bln. u. a. 1979. - Smidt, D.: Reaktortechnik. Karlsruhe ²1976. 2 Bde. - Oldekop, W.: Einf. in die K.technik u. Kernkraftwerkstechnik. Mchn. 1975. 2 Bde. -* ↑ *auch Kernenergie.*

Kernresonanzspektroskopie, svw. ↑ Atomstrahlresonanzmethode.

Kernsatz, wesentl., wichtiger Satz; Satz, der das Wesentliche (z. B. einer bestimmten Lehre, eines bestimmten Gedankenzusammenhangs) zum Inhalt hat.

◆ in der *Sprachwiss.* ein Satz mit einfacher Struktur, der Grundlage für die Ableitung anderer (komplexerer) Satzstrukturen und Sätze ist.

Kernschleifen, svw. ↑ Chromosomen.

Kerndorfer Höhe (poln. Dylewska Góra), mit 313 m höchste Erhebung des Preuß. Höhenrückens und Ostpreußens, 45 km sw. von Allenstein, Polen▼.

Kernseife ↑ Seifen.

Kernspaltung, die Zerlegung eines Kernes mit hoher Nukleonenzahl in zwei Kerne mittlerer Nukleonenzahl. Da die Kernbindungsenergie eines schweren Kernes kleiner ist als die Summe der Bindungsenergien der Spaltkerne mit mittlerer Nukleonenzahl, wird bei einer K. stets Energie frei. Eine K. erreicht man durch Beschießen eines schweren Kernes mit Neutronen, Deuteronen, Alphateilchen oder auch mit energiereichen Gammastrahlen. Bei sehr schweren Kernen kann eine K. auch ohne äußere Einwirkung eintreten; man spricht dann von einer *spontanen Kernspaltung* bzw. *Spontanspaltung.* Die Spaltproduktkerne sind meist radioaktiv, da sie im allg. einen erhebl. Neutronenüberschuß besitzen, den sie durch mehrfache β-Emission (↑ Betazerfall) ausgleichen. Spaltbar sind alle schweren Kerne, deren Kernladungs- bzw. Ordnungszahl >77 ist, also z. B. Platin-, Gold-, Quecksilber-, Blei-, Wismut- und Thoriumkerne. Am bedeutsamsten sind aber die K. von Kernen der Uranisotope U 233 und U 235 sowie des Plutoniumisotops Pu 239, da sie bereits durch therm. Neutronen (kinet. Energie <1 eV) ausgelöst werden können *(therm. K.)* und bes. große Energietönungen besitzen. Weil dabei mehr Neutronen frei werden, als für die K. selbst verbraucht werden, sind die Voraussetzungen für eine ↑ Kernkettenreaktion gegeben: diese wird steuerbar, weil die Neutronen im allg. nicht sofort frei werden, sondern zum Teil erst nach einigen Sekunden (sog. *verzögerte Neutronen*). Dies ermöglicht die Ausnutzung der therm. K. zur Gewinnung von Kernenergie in therm. Kernreaktoren.

Kernspektroskopie, Teilgebiet der *Kernphysik,* dessen Aufgabe die Ermittlung

Kernspaltung in Form einer Kernkettenreaktion

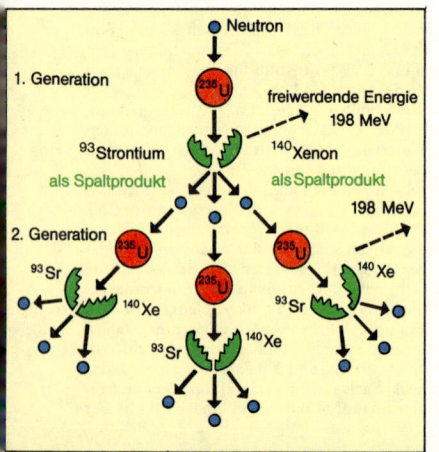

- Neutron
- 1. Generation — ²³⁵U — freiwerdende Energie 198 MeV
- ⁹³Strontium als Spaltprodukt
- ¹⁴⁰Xenon als Spaltprodukt
- 198 MeV
- 2. Generation — ²³⁵U, ²³⁵U
- ⁹³Sr, ¹⁴⁰Xe, ¹⁴⁰Xe, ⁹³Sr, ⁹³Sr, ¹⁴⁰Xe

des Termschemas der Kernniveaus der Atomkerne (einschließlich der verschiedenen Eigenschaften der Kerne in diesen Zuständen) ist und das sich mit der Untersuchung des Energiespektrums der Kernstrahlung (**Kernspektrum**) bzw. der bei Kernreaktionen auftretenden Teilchen befaßt.

Kernspin, der Gesamtdrehimpuls (↑ Spin) eines Atomkerns.

Kernspindel (Kernteilungsspindel, Spindelapparat), die spindelartige Anordnung der Kernspindelfasern (Mikrotubuli) in der Zelle während der Kernteilung. Die K. verbindet die Zentromeren der Chromosomen und die Zentriolen (bzw. vergleichbare Strukturen) oder/und auch letztere direkt miteinander. Die K. bewirkt die Bewegungen der Chromosomen und die Verteilung der Chromosomenspalthälften.

Kernspinresonanz, svw. ↑ Kerninduktion.

Kernspintomographie, der Computertomographie (↑ Röntgenuntersuchung) ähnl., aber mit Hochfrequenz- statt Röntgenstrahlen arbeitendes medizin. Untersuchungsverfahren, das die ↑ Kerninduktion und die Mittel der ↑ NMR-Spektroskopie ausnutzt. Die K. ermöglicht insbes. die Darstellung von Weichteilstrukturen des menschl. Körpers auf dem Bildschirm.

Kernspurplatte, mit einer bes. silberhalogenidhaltigen photograph. Emulsion *(Kernspuremulsion)* beschichtete photograph. Platte zur Sichtbarmachung der Bahnen elektr. geladener atomarer Teilchen. Durch Ionisation entstehen längs der Teilchenbahn aus den Silbersalzen der Emulsion Silberkörner, die nach der Entwicklung die Bahnspur aufzeigen.

Kernstock, Ottokar, * Maribor 25. Juli 1848, † Festenburg (Steiermark) 5. Nov. 1928, östr. Dichter. - Verfaßte neben theolog. und archäolog. Schriften lyr. Gedichte, patriot. Lieder und Balladen; Verf. der östr. Bundeshymne der Jahre 1934–38.

Kernstrahlung, die von radioaktiven Stoffen ausgesandten Alpha-, Beta- und Gammastrahlen sowie die bei der Kernspaltung auftretende Neutronenstrahlung.

Kerntechnik, moderner Teilbereich der Technik, der die prakt. Nutzbarmachung der Kernenergie und die Anwendung von Radionukliden umfaßt. Zur K. gehören Aufgaben, die den Entwurf, die Konstruktion, den Bau und die Arbeitsweise von Anlagen betreffen, in denen Kernreaktionen oder die dazu notwendigen Materialien eine wesentl. Rolle spielen. In erster Linie befaßt sich die K. mit der Entwicklung, dem Bau und dem Betrieb von Kernreaktoren und Kernkraftwerken sowie allen damit zusammenhängenden Problemen: Entwicklung von automat. Kontroll-, Bedienungs- und Sicherheitseinrichtungen, Gewinnung, Verarbeitung und Wiederaufbereitung von Kernbrennstoffen, Produktion und Gewinnung von Radionukliden, Beseitigung radioaktiver Abfälle sowie Bau von Strahlenschutzanlagen.

Kernteilung, die meist zu einer ↑ Zellteilung führende Teilung des Zellkerns in zwei (oder mehrere) Tochterkerne. Dem Verlauf nach sind zu unterscheiden: direkte K. (↑ Amitose); indirekte K. (↑ Mitose, ↑ Meiose).

Kernteilungsspindel, svw. ↑ Kernspindel.

Kernverdampfung ↑ Kernexplosion.

Kernverschmelzung, in der *Biologie* die Vereinigung von Zellkernen, entweder als Verschmelzung zweier gleichwertiger generativer Kerne bei der ↑ Befruchtung, als Verschmelzung zweier oder mehrerer gleicher Kerne von vegetativen Zellen (z. B. bei der Bildung des sekundären Embryosackkerns der höheren Pflanzen) oder als (experimentelle) Verschmelzung zweier oder mehrerer ungleicher vegetativer, meist aus Zellkulturen verschiedener Arten (z. B. von Maus und Mensch) gewonnener Kerne unter Bildung eines Zellkernverbandes.
◆ in der *Kernphysik* ↑ Kernfusion.

Kernwaffen ↑ ABC-Waffen.

Kernwaffensperrvertrag, svw. ↑ Atomwaffensperrvertrag.

Kernwüste ↑ Wüste.

Kernzertrümmerung ↑ Kernexplosion.

Kerosin [griech.], ein Erdölraffinat mit dem Siedebereich 175–288 °C und der Dichte um 0,76 g/cm^3; wird v. a. als Treibstoff für Turboluftstrahltriebwerke und Raketen verwendet.

Kerouac, Jack [engl. 'kɛrʊæk], * Lowell (Mass.) 13. März 1922, † Saint Petersburg (Fla.) 21. Okt. 1969, amerikan. Schriftsteller. - Einer der Hauptvertreter der Beat generation; gibt v. a. in seinem Hauptwerk, dem lyr.-ep. Roman „Unterwegs" (1957) der Suche nach neuen Lebenswerten in dynam., oft dem Slang nahestehender Sprache Ausdruck. - *Weitere Werke:* Mexico City blues (Ged., 1958), Gammler, Zen und hohe Berge (R., 1959), Engel, Kif und neue Länder (R., 1960), Satori in Paris (R., 1966), Die Verblendung des Duluoz (autobiograph. Bericht, 1968).

Kérouané [frz. kerwa'ne], Ort in Guinea, 130 km ssö. von Kankan, 2 500 E. Wsw. von K., bei **Banankoro,** Diamantengewinnung. Östl. von K. die Ruinen der Festung **Tata de Samory** (1889 erbaut, 1892/93 zerstört).

Kerpen, Stadt am Westrand der Ville, NRW, 90 m ü. d. M., 55 100 E; Braunkohlenbergbau; Steinzeugind. - Im 9. Jh. als Königshof zuerst genannt. Seit der Mitte des 1282 zu Brabant gehörenden Burg K. entstand eine Siedlung, deren Stadtrecht 1600 (erneut 1939) bestätigt wurde. 1712–94/1801 war K. eine Reichsgrafschaft der Grafen von Schaesberg. - Die Pfarrkirche (13. und 15. Jh.) wurde nach Kriegszerstörungen erneuert.

Kerr, Alfred, urspr. A. Kempner (bis 1911), * Breslau 25. Dez. 1867, † Hamburg 12. Okt. 1948, dt. Schriftsteller und Theaterkritiker. - Veröffentlichte etwa ab 1890 Theaterkritiken und Essays; 1912–15 Mitarbeiter und Hg. der avantgardist. Zeitschrift „Pan"; forderte lange vor 1933 in Rundfunkbeiträgen (gesammelt u. d. T. „Die Diktatur des Hausknechts", 1934) zur Einigung der Linken gegen den NS auf; 1933 wurden seine Bücher verboten und verbrannt; emigrierte danach über Prag, Lugano und Paris nach London („Ich kam nach England", aus dem Nachlaß, 1978); Mitarbeit an Emigrantenzeitschriften, nach 1945 an Zeitungen in Westdeutschland. Für K. gab es neben Epik, Lyrik und Dramatik eine vierte literar. Grundgattung: die Kritik. Er förderte H. Ibsen und G. Hauptmann und bekämpfte H. Sudermann und B. Brecht. - *Weitere Werke:* Gesammelte Schriften in zwei Reihen. 1. Die Welt im Drama (1917), 2. Die Welt im Licht (1920), Caprichos (1926).

K., Deborah [engl. kɑː, kɔː], * Helensburgh bei Glasgow 30. Sept. 1921, brit. Schauspielerin. - Seit 1960 ∞ mit dem schweizer. Schriftsteller B. Viertel; lebt heute in der Schweiz; bed. Charakterdarstellerin, v. a. in der Interpretation moral. Stärke und zurückhaltender Leidenschaft. - *Filme:* Verdammt in alle Ewigkeit (1953), Der König und ich (1956), Anders als die anderen (1957), Bonjour Tristesse (1958), Die Nacht des Leguan (1964), Das Arrangement (1970).

K., John [engl. kɑː, kɔː], * Ardrossan (Schottland) 17. Dez. 1824, † Glasgow 18. Aug. 1907, brit. Physiker. - Mathematiklehrer in Glasgow; entdeckte den magnetoopt. und den elektroopt. ↑ Kerr-Effekt.

Kerr-Effekt [kɛr, engl. kɑː, kɔː; nach J. Kerr] (elektroopt. Kerr-Effekt), Bez. für die Erscheinung, daß bestimmte Flüssigkeiten, Gase oder durchsichtige feste Körper unter der Einwirkung eines elektr. Feldes ↑ Doppelbrechung zeigen. Da der K.-E. auch bei sehr rasch wechselnden Feldstärken prakt. trägheitslos eintritt, wird er in der sog. *Kerr-Zelle* zur Umwandlung von elektr. Spannungsschwankungen in Lichtintensitätsschwankungen (z. B. in der Tonfilm- und Fernsehtechnik) ausgenutzt.

Kerr-Effekt. Kerr-Zelle K zwischen Polarisator P und Analysator A (Q Lichtquelle, L₁ und L₂ Linsen, S Auffangschirm)

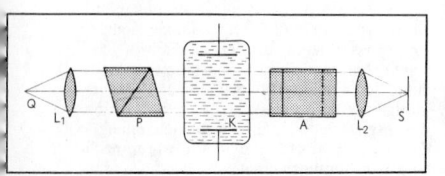

Kerry Gft. in SW-Irland, 4701 km², 122 800 E (1981), Verwaltungssitz Tralee. - Im frühen MA gehörte K. zum Kgr. Munster, Mitte des 13. Jh. wurde die Gft. K. gebildet.

Kerschensteiner, Georg, * München 29. Juli 1854, † ebd. 15. Jan. 1932, dt. Pädagoge. - 1895–1909 Stadtschulrat und ab 1920 Prof. an der Univ. München; 1912–19 Reichstagsabgeordneter für die Fortschrittl. Volkspartei. K. begann 1900–06 mit der Reorganisation der Münchner Fortbildungsschulen zu fachl. gegliederten Berufsschulen und der Einrichtung des ↑ Arbeitsunterrichts in der Volksschule. Arbeitsunterricht, bzw. Arbeitsschule wird für K. method. Prinzip, d. h. er sieht die Grundlage allen Lernens in der Selbsttätigkeit. K. betont die staatsbürgerl. Erziehung und sieht die Aufnahme der Kulturgüter an Entwicklungsstufen gebunden. - *Werke:* Der Begriff der staatsbürgerl. Erziehung (1910), Der Begriff der Arbeitsschule (1912), Wesen und Wert des naturwiss. Unterrichts (1914), Grundaxiom des Bildungsprozesses und seine Folgerungen für die Schulorganisation (1917), Die Seele des Erziehers und das Problem der Lehrerbildung (1921), Theorie der Bildung (1926).

Kerspestausee ↑ Stauseen (Übersicht).

Kersten, männl. Vorname, niederdt. Form von Christian. - ↑ auch Karsten.

Kerstin, weibl. Vorname, Nebenform von Kristina († Christine).

Kersting, Georg Friedrich, * Güstrow 31. Okt. 1785, † Meißen 1. Juli 1847, dt. Maler. - Studierte an der Akad. in Kopenhagen. In Dresden gehörte er dem Kreis um C. D. Friedrich an, malte v. a. Innenräume mit Personen. Ab 1818 leitete er die Malerabteilung der Meißner Porzellanmanufaktur. - Abb. Bd. 3, S. 227.

Kertész [ungar. ˈkɛrteːʃ], André, * Budapest 2. Juli 1894, † New York 27. Sept. 1985, amerikan. Photograph östr. Herkunft. - 1925–28 als Bildreporter internat. Zeitungen in Paris; seit 1936 in den USA. Bekannt durch seine atyp. Aufnahmen des Alltagslebens und grotesker Situationen. Veröffentlichte u. a. „Washington Square" (1975).

K., István, * Budapest 28. Aug. 1929, † Kfar Saba (Israel) 16. April 1973 (ertrunken), dt. Dirigent ungar. Herkunft. - 1958–64 Generalmusikdirektor in Augsburg, seit 1964 in Köln; 1965–68 Chefdirigent des London Symphony Orchestra; vielbeschäftigter Gastdirigent.

Kertsch, sowjet. Hafenstadt auf der Halbinsel K. im O der Krim, Ukrain. SSR, 166 000 E. Forschungsinst. für Seefischerei und Ozeanographie; Theater, histor.-archäolog. Museum; Eisenerzkombinat, Schiffsreparaturen, Röhren-, Glaswerk; Fischverarbeitung. Eisenbahnfähre über die Straße von Kertsch. - Gegr. im 6. Jh. v. Chr. als griech. Kolonie **Pantikapaion (Panticapaeum);** nach 480 v. Chr. Hauptstadt des Bosporan. Rei-

Kesselfallenblumen

ches; 1774 Rußland angeschlossen; im Krimkrieg (1855) zerstört. - Von der antiken Stadt blieben Gräber erhalten (z. T. mit gemalten Darstellungen parth. Reiterkämpfe), Reste von Terrassenanlagen und Häusern.

Kertsch, Halbinsel, hügelige Halbinsel im O der ↑ Krim.

Kertsch, Straße von (im Altertum Kimmerischer Bosporus) ↑ Asowsches Meer.

Kerulen, Fluß im O der Mongol. VR und in N-China, entspringt auf der SO-Abdachung des Kenteigebirges, mündet in den Süßwassersee Hulun Nor, 1 254 km lang.

Kerygma [griech. „das durch den Herold (kḗryx) Ausgerufene, Bekanntmachung"], Bez. für die urchristl. Verkündigung, die Predigt Jesu und die Predigt der urchristl. Gemeinde über Jesus Christus, das Evangelium; inhaltl. von der Nähe des Reiches Gottes bestimmt und durch Jesu Verhalten als Zuwendung Gottes zu den Armen, Entrechteten und Sündern ausgelegt, was im K. der urchristl. Gemeinde als die Offenbarung Gottes gedeutet wird, die Umkehr (Buße) und Glauben fordert. Die dialekt. Theologie und v. a. R. Bultmann haben von hier aus eine Theologie des Wortes Gottes („K.*theologie*") entworfen, die ihre Aufgabe in der Predigt als der jeweils aktuellen und konkreten Verkündigung des Heilshandelns Gottes in Jesus sah.

Kerze, Beleuchtungsmittel aus Paraffin, Stearin, Talg, Wachs u. a. mit einem aus imprägnierten Baumwollfäden geflochtenen Docht. Die als Brennstoff dienende K.masse (meist $^2/_3$ Paraffin, $^1/_3$ Stearin) enthält zusätzl. Härtungsmittel und Trübungs- bzw. Farbstoffe; die Dochte werden zur Erhöhung ihrer Brennbarkeit mit einer Lösung von Bor- und Schwefelsäure gebeizt. K. brennen mit offener Flamme, die v. a. durch verdampfende K.substanz gespeist wird; der Docht saugt dabei durch seine Kapillarwirkung die verflüssigte K.substanz empor. - K. werden heute meist in sog. K.gußmaschinen gegossen, mitunter auch noch von Hand hergestellt (gezogen).
Geschichte: Die K. geht offenbar auf die Etrusker zurück, von denen die Römer sie übernahmen; im MA verdrängte die K. im westeurop. Raum die Fackel bei der Innenbeleuchtung der Häuser. Stearin-K. wurden erstmals 1818 von H. Braconnot und M. E. Chevreul hergestellt; ein verbessertes Verfahren entwickelte 1831 A. de Milly unter Ausnutzung der billigen Verseifung der Fette mit Kalk und Zersetzung der Kalkseife mit Schwefelsäure. Nach Entdeckung des Paraffins stellte 1837 E. Sellique erstmals Paraffin-K. her.
In den kath., oriental. und vielen ev. Kirchen stehen K. in Zusammenhang mit der Lichtsymbolik. Die K. wurde zunächst im christl. Totenkult heimisch und an den Gräbern, bes. der Märtyrer, später auch nach dem Einzug in die Kirche am Altar niedergestellt.

◆ in Verbrennungsmotoren die ↑ Zündkerze bzw. die ↑ Glühkerze.
◆ im *Turnen* volkstüml. Bez. für ↑ Nackenstand; bei *Ballspielen* Bez. für einen senkrecht hochgeschlagenen Ball.

Kerzenbaum (Parmentiera cerifera), ausgedehnte Wälder bildendes Bignoniengewächs in Panama; Strauch oder kleiner Baum mit dreizähligen Blättern und am Stamm stehenden, glockigen Blüten; Früchte gelb, bis meterlang, kerzenähnl. (Viehfutter).

Kerzenkohle, svw. ↑ Kännelkohle.

Kerzennußbaum ↑ Lackbaum.

Keschan, svw. Kaschan († Orientteppiche, Übersicht).

Kescher (Käscher, Ketscher, Kätscher) [niederdt.], um einen Ring mit Griff gespanntes Netz zum Fangen von Fischen, Krebsen, Insekten u. a.

Kessel, Barney [engl. ˈkɛsəl], * Muskogee (Okl.) 17. Okt. 1923, amerikan. Jazzmusiker. - Gilt als einer der bedeutendsten Gitarristen des Modern Jazz mit bes. Betonung der rhythm. Akzente.

K., Joseph [frz. kɛˈsɛl], * Clara (Argentinien) 10. Febr. 1898, † Avernes (Val-d'Oise) 23. Juli 1979, frz. Schriftsteller russ. Abstammung. - Verf. z. T. reportageartiger Abenteuer- und Reisebücher, daneben moderner Gesellschafts- und Familienromane, z. B. „La Belle de Jour - Die Schöne des Tages" (1929), „Patricia und der Löwe" (1958), „Die Steppenreiter" (1967).

K., Martin [--], * Plauen 14. April 1901, dt. Schriftsteller. - Zeitkrit. Moralist, Essayist, Erzähler und Lyriker mit Vorliebe für kleinere Formen, z. B. in seinen Großstadtgedichten „Gebändigte Kurven" (1925), dem satir.-moralist. Roman „Herrn Brechers Fiasko" (1932) und seinen Aphorismen „Gegengabe" (1960); auch Essays („Ehrfurcht und Gelächter", 1974).

Kessel [zu lat. catillus „kleine Schüssel"], zum Erhitzen oder Verdampfen von Flüssigkeiten verwendetes Gefäß. Metall-K. werden aus Blechen getrieben, gepreßt oder zusammengeschweißt.
◆ auf allen Seiten durch Erhöhungen begrenzte rundl. Vertiefung der Erdoberfläche.
◆ wm. Bez. für: 1. das Lager einer Rotte von Wildschweinen; 2. an verschiedenen Raum in jedem Erdbau (bes. von Fuchs und Dachs); 3. den kreisförmigen Raum, der von Schützen und Treibern bei einer K.jagd umschlossen wird.

Kesseldrucktränkung (Druckimprägnierung), meistverwendetes Holzschutzverfahren, bei dem Imprägnierflüssigkeit (z. T. Teeröl) unter Druck in die Oberfläche gepreßt wird.

Kesselfallenblumen (Gleitfallenblumen), Bez. für Blüten und Blütenstände (z. B. des Aronstabs), die zu kesselartigen Fallen umgebildet sind, in denen die bestäubenden

311

Kesselfleisch

Insekten gefangengehalten werden, bis die Bestäubung vollzogen ist.
Kesselfleisch, svw. ↑Wellfleisch.
Kesselmundstück, kesselförmig gearbeitetes Mundstück bei Horn- und Trompeteninstrumenten.
Kesselofen ↑Schmelzöfen.
Kesselring, Albert, * Marktsteft bei Kitzingen 30. Nov. 1885, † Bad Nauheim 16. Juli 1960, dt. Generalfeldmarschall (seit 1940). - Befehligte im 2. Weltkrieg die Luftflotten 1 (Polenfeldzug) und 2 (West- und Ostfeldzug); 1941–43 und ab März 1945 Oberbefehlshaber West, 1943–45 Südwest; 1947 wegen der ihm zur Last gelegten Erschießung italien. Geiseln von einem brit. Gericht zum Tode verurteilt, zu lebenslängl. Haft begnadigt, 1952 freigelassen.
Kesselstein, steinartiger Belag aus unlösl. Erdalkalisalzen, insbes. Calciumcarbonat und -sulfat, der sich beim Erhitzen und Verdampfen von hartem Wasser an den Wänden von Kesseln, Rohren u. a. bildet. Der Ansatz von K. erhöht den Energieverbrauch beim Erwärmen und kann durch entsprechende Wasseraufbereitung (insbes. durch Ionenaustauscher) mehr oder weniger verhindert werden. Die Beseitigung von K. (**Entkalkung**) erfolgt durch Behandeln mit verdünnter Säure, bei Kochgefäßen z. B. durch Kochen mit 5 %igem Essig.
Kesselwagen, Eisenbahngüterwagen zur Beförderung von Gasen, Flüssigkeiten (z. B. Öl) oder pulverförmigen Stoffen.
Kesser, Hermann, eigtl. H. Kaeser-Kesser, * München 4. Aug. 1880, † Basel 4. April 1952, dt. Schriftsteller. - 1933 Emigration; vom Expressionismus ausgehender Erzähler („Die Stunde des Martin Jochner", R., 1917), Dramatiker („Summa Summarum, Tragikomödie, 1920) und Essayist; kämpfte für soziale und pazifist. Ideen.
Keßler, Harry Graf, * Paris 23. Mai 1868, † Lyon 30. Nov. 1937, dt. Schriftsteller. - Schrieb ab 1895 (Mithg. ab 1896) für die Zeitschrift „Pan" Kritiken und Aufsätze; seit 1902 in Weimar. Mitarbeiter H. von Hofmannsthals beim Libretto der „Josephslegende", des „Rosenkavaliers" und bei „Cristinas Heimreise". 1912 Gründer der Cranach-Presse; 1918–21 Gesandter in Polen; Mgl. der Dt. Friedensgesellschaft; engagierter Verfechter der Völkerbundidee.
Kesten, Hermann, * Nürnberg 28. Jan. 1900, dt. Schriftsteller. - Galt vor 1933 bes. mit den Romanen „Josef sucht die Freiheit" (1927), „Glückl. Menschen" (1931), „Der Scharlatan" (1932) als einer der wichtigsten Vertreter der Neuen Sachlichkeit; danach wurden seine Bücher verboten und verbrannt; ab 1933 im Exil in Amsterdam und den USA, wo er amerikan. Staatsbürger wurde. 1957–77 in Rom, lebt heute in Basel; war 1972–75 Präs. des PEN-Zentrums der BR Deutschland. Seine Romane und Novellen enthalten Gesellschaftskritik und satir. Zeitdiagnose und sind Bekenntnisse zu Humanität und Freiheit („Die Kinder von Gernika" R., 1939); auch Essayist, Übersetzer, Kritiker und Herausgeber. - *Weitere Werke:* Der Gerechte (R., 1934), Die fremden Götter (R., 1949), Ein Sohn des Glücks (R., 1955), Die Abenteuer eines Moralisten (R., 1961), Die Zeit der Narren (R., 1966), Ein Mann von sechzig Jahren (R., 1972), Ich bin der ich bin (Ged., 1974), Der Freund im Schrank (Nov., 1983).
Kestner, Georg August, * Hannover 28. Nov. 1777, † Rom 5. März 1853, dt. Diplomat. - Einer der Initiatoren der Gründung des Dt. Archäolog. Instituts in Rom (1829). Seine Kunstsammlung wurde zum Grundstock des *Kestner-Museums* in Hannover.
Keszthely [ungar. ˈkɛsthɛj], ungar. Stadt am W-Ende des Plattensees, 21 000 E. Landw. Hochschule, Plattenseemuseum. - Neben bed. Funden aus der mittleren Bronzezeit reiche Gräberfelder der Völkerwanderungszeit. Sie wurden namengebend für die awar. **Keszthelykultur** (ab 6. Jh.). - Die got. Franziskanerkirche wurde 1747 barock umgebaut; spätbarokkes Rathaus (1790).
Ketakaviar [russ./türk.] ↑Kaviar.
Ketale [Kw.], ↑Acetale von Ketonen.
Ketchikan [engl. ˈkɛtʃɪkæn], Hafenstadt in SO-Alaska, auf Revillagigedo Island des Alexander Archipelago, 7 500 E. Ethnolog. Museum; Fischkonserven- und Gefrierfischherstellung, Zellstoffind.; wichtigster Fischereihafen Alaskas.
Ketchup (Catchup) [ˈkɛtʃap; malai.-engl.], dickflüssige Würzsoße, außer Tomaten-K. z. B. Pilz-K., Curry-Ketchup.
Ketel, Cornelis, * Gouda 18. März 1548, † Amsterdam 8. Aug. 1616, niederl. Maler. - War in Delft, Frankr. und 1574–81 in England; manierist. Bildnisse, Schützenstücke: „Kompagnie des Hauptmanns D. J. Rosecrans und des Leutnants Pauw" (1588; Amsterdam, Rijksmuseum).
Ketene [lat.], Gruppe äußerst reaktionsfähiger, unbeständiger organischer Verbindungen mit der Gruppe $>C=C=O$. Zu den K. zählt das Kohlensuboxid und das *Keten,* $CH_2=C=O$, ein farbloses, sehr giftiges Gas von stechendem Geruch.
Ketimine [Kw.] ↑Imine.
Ketjap Benteng [ˈkɛtʃap; indones.] (Ketjap Bentang) ↑Sojasoße.
Keto- [lat.], Bez. der chem. Nomenklatur, kennzeichnend für organ. Verbindungen, die Ketogruppen (↑Carbonylgruppe) enthalten.
Ketobernsteinsäure, svw. ↑Oxalessigsäure.
Ketocarbonsäuren, svw. ↑Ketosäuren.
Keto-Enol-Tautomerie (Enol-Keto-Tautomerie), bes. häufig vorkommende Form der ↑Tautomerie. Tritt bei Verbindungen auf, bei denen [eine oder mehrere] Hydroxylgrup-

pen an ungesättigte Kohlenstoffatome gebunden sind oder bei denen eine Ketogruppe in Nachbarschaft zu einer Methylengruppe steht; hier stellt sich ein Gleichgewicht zw. einer Keto- und einer Enolform ein:

$$-CO-CH_2- \rightleftharpoons -C(OH)=CH-$$

Ketogruppe, svw. ↑Carbonylgruppe.
Ketohexokinase (ATP-Ketose-Transphosphatase), zu den ↑Kinasen zählendes Enzym, das die Anlagerung eines Phosphatrests an Ketosen (z. B. Fructose) bewirkt.
Ketole [Kw.] ↑Ketonalkohole.
Ketomalonsäure, svw. ↑Mesoxalsäure.
Ketonalkohole (Hydroxyketone), Ketone, die eine *(Ketole)* oder mehrere Hydroxylgruppen enthalten.
Ketone [lat.], organ. Verbindungen, die als charakterist. Gruppe die ↑Carbonylgruppe (Keto-, Oxogruppe) enthalten, allg. Formel: R_1-CO-R_2 (R_1, R_2: Alkyl- oder Arylreste). Nach der chem. Nomenklatur werden die K. durch die Endung -on gekennzeichnet. Diketone enthalten zwei Carbonylgruppen im Molekül. Die niederen aliphat. K. (↑Aceton) sind mit Wasser mischbare Flüssigkeiten, die höheren K. wenig wasserlösl. kristalline Stoffe. K. kommen in der Natur in Form von Hormonen, Terpenketonen (↑Kampfer), in äther. Ölen und als Stoffwechselzwischenprodukte (↑Ketonkörper) vor. Die Herstellung der K. erfolgt meist durch katalyt. Dehydrierung sekundärer Alkohole oder techn. durch Oxidation von Alkanen mit Sauerstoff. K. werden wegen ihrer geringen Reaktivität als Lösungsmittel in der organ. Chemie verwendet, durch Polykondensation entstehen aus K. farblose, lichtechte *Ketonharze.*
Ketonkörper, in Körperflüssigkeiten vorkommende, Ketogruppen enthaltende Stoffwechselprodukte wie Acetessigsäure und Aceton, die bei Hunger und bestimmten Erkrankungen (z. B. Diabetes) vermehrt im Blut auftreten *(Ketose, Ketosis, Ketonämie).*
Ketonurie [lat./griech.], svw. Acetonurie (↑Aceton).
Ketosäuren (Ketocarbonsäuren, Oxocarbonsäuren), organ. Säuren, die Ketogruppen, $>C=O$ und Säuregruppen, $-COOH$ enthalten. Bei α-K. (z. B. ↑Brenztraubensäure) sind Keto- und Säuregruppe benachbart, bei β-K. (z. B. ↑Acetessigsäure) liegt eine CH_2-Gruppe, bei γ-K. (z. B. ↑Lävulinsäure) liegen zwei CH_2-Gruppen usw. dazwischen.
Ketosen [lat.] (Ketozucker) ↑Monosaccharide.
Ketrzyn [poln. 'kentʃin] ↑Rastenburg.
Ketsch [engl.], zweimastiges Segelschiff (auch größere Segeljacht) mit einem kleineren Mast (Besan[mast]) am Heck, der (im Unterschied zur Yawl) *vor* dem Ruder steht.
Kettatlas, Gewebe in ↑Atlasbindung; hat auf der rechten Seite (Warenseite, Schauseite) mehr Ketthoch- als Kettiefgänge.

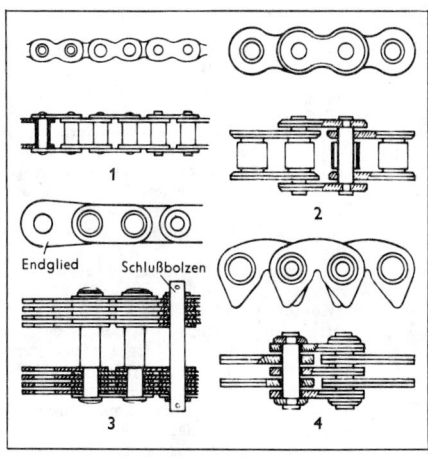

Kette (oben jeweils Seitenansicht, darunter Aufsicht). 1 Hülsenkette, 2 Rollenkette, 3 Gall-Kette, 4 Zahnkette

Kettbaum (Kettenbaum), Bez. für den zylindr. Aufwickelkörper für die Kettfäden am Webstuhl. Das Aufwickeln der Kettfäden auf den K. wird als Aufbäumen, Kettbäumen, Bildung des K. oder Bäumen bezeichnet.
Kette [zu lat. catena mit gleicher Bed.], Schmuck, der aus ineinander greifenden Gliedern oder aufgereihten Perlen, Schmucksteinen usw. besteht; meist um Hals und Handgelenke, auch um Hüfte und Fußgelenke getragen.
◆ im *Maschinenbau:* aus einzelnen Gliedern zusammengesetztes Zug- oder Treiborgan. Man unterscheidet *Rundglieder-K.,* deren Einzelglieder bewegl. ineinandergreifen und für schwerste Beanspruchungen (z. B. als Anker-K. oder als Bagger-K.) mit zusätzl. Gliedstegen *(Steg-K.)* versehen sind sowie *Gelenk-K.* bzw. *Laschen-K.,* deren Einzelglieder durch eingesteckte Bolzen gelenkig miteinander verbunden sind. Letztere werden eingeteilt in *Last-K.* und *Treib-K.* mit den Ausführungsformen: *Gall-K.* bzw. *Bolzen-K.* (Laschen sitzen auf Bolzen; geeignet zum Anheben von Lasten), *Hülsen-K.* bzw. *Buchsen-K.* (Laschen sitzen auf Hülsen, in denen sich Bolzen drehen), *Rollen-K.* (zur Verminderung der Reibung ist über die Bolzen der Hülsen-K. noch eine lose Rolle geschoben) und *Zahn-K.* (Laschen besitzen Zähne, die in Kettenräder eingreifen). *Raupen-K.* oder *Gleis-K.* für die Fahrwerke von [geländegängigen] Förder- und Gleiskettenfahrzeugen bestehen aus Laschen mit Platten, die gelenkig durch Bolzen verbunden sind.
◆ in der *Textiltechnik* die im fertigen Gewebe in Längsrichtung verlaufenden Kettfäden.

Ketteler, Wilhelm Emmanuel Frhr. von, * Münster (Westf.) 25. Dez. 1811, † Burghausen (Landkr. Altötting) 13. Juli 1877, dt. kath. Bischof. - Jurist; 1850 Bischof von Mainz; Mgl. der Frankfurter Nationalversammlung; Gegner des Staatskirchentums in Hessen und führend im bad. Kirchenstreit; vertrat auf dem 1. Vatikan. Konzil die Inopportunität der Verkündigung des Unfehlbarkeitsdogmas. 1871/72 MdR; einer der kirchl. Vorkämpfer im Kulturkampf und einer der Begründer kath. Sozialpolitik (↑ auch Arbeitervereine).

Kettenantrieb ↑ Getriebe (Zugmittelgetriebe).

Kettenarbeitsverträge, mehrere befristete Arbeitsverhältnisse zw. demselben Arbeitgeber und Arbeitnehmer werden derart aneinandergereiht, daß mit Ablauf der jeweils vorgesehenen Frist das Arbeitsverhältnis ohne ordentliche Kündigung automatisch endet. K. sind nur dann zulässig, wenn hierfür im Einzelfall besondere sachl. oder soziale Gründe bestehen (z. B. Saison, Aushilfsarbeitsverhältnis). Ist das nicht der Fall, so gilt die Befristung als nicht erfolgt und somit kommt der Kündigungsschutz wie bei unbefristeten Arbeitsverhältnissen voll zur Geltung.

Kettenbaum, svw. ↑ Kettbaum.

Kettenbriefe, Briefe mit einem kurzen Gebet, Segensspruch u. a., die urspr. anonym versandt und von jedem Empfänger mehrfach abgeschrieben und weitergeschickt wurden; in gewissen Formen strafbar.

Kettenbruch, ein Bruch, dessen Nenner eine Summe aus einer ganzen Zahl und einem Bruch ist, dessen Nenner wiederum eine Summe aus einer ganzen Zahl und einem Bruch ist usw.; häufig bezeichnet man auch die Summe aus einer ganzen Zahl und einem derartigen Bruch als K., d. h. einen Ausdruck der Form

$$b_0 + \cfrac{a_1}{b_1 + \cfrac{a_2}{b_2 + \cfrac{a_3}{b_3 + \cdots}}}$$

Jede rationale Zahl läßt sich als ein endlicher (d. h. abbrechender) K. entwickeln. Auch irrationale Zahlen lassen sich als K. entwickeln, allerdings bricht die Entwicklung dann nicht ab. Umgekehrt stellt jeder nicht abbrechende K. eine irrationale Zahl dar.

Kettenbrücke ↑ Brücken (Stahlbrücken).
Kettenfahrzeug, svw. ↑ Gleiskettenfahrzeug.
Kettenförderer ↑ Fördermittel.
Kettengebirge ↑ Gebirge.
Kettengetriebe ↑ Getriebe.
Kettengewirke ↑ Maschenwaren.
Kettenhemd ↑ Rüstung.
Kettenjura ↑ Jura.
Kettenlinie (Seilkurve), eine parabelähnl., transzendente Kurve, die ein in zwei Punkten befestigtes, vollkommen biegsames, homogenes, schweres Seil bildet. Bei der Rotation wird ein ↑ Katenoid erzeugt.

Kettenmärchen ↑ Märchen.

Kettenmoleküle (Fadenmoleküle, Linearmoleküle), aus einer Vielzahl von untereinander gleichen oder verschiedenen Grundmolekülen aufgebaute polymere ↑ Makromoleküle, z. B. Kautschuk, Zellulose, Polybutadien, Polyäthylen.

Kettennatter ↑ Zornnattern.

Kettenreaktion, in der *Chemie* (insbes. in der ↑ Reaktionskinetik) Bez. für eine Folge sich viele Male hintereinander wiederholender gleicher Einzelreaktionen, bei der instabile Zwischenprodukte, K.träger, auftreten (Radikale bei *Radikal-K.*, Ionen bei *Ionen-K.*), die an den einzelnen K.schritten teilnehmen und ständig wieder zurückgebildet werden. Eine K. besteht aus *Start-, Wachstums-* und *Abbruchreaktion*. Die Anzahl der Wiederholungen der Wachstumsreaktion kann sehr groß werden (bei der Chlorknallgasreaktion bis zu $3 \cdot 10^6$). Beispiel einer K. ist die bei Einstrahlung von Licht der Energie $h \cdot v$ (h Plancksches Wirkungsquantum, v Lichtfrequenz) einsetzende Chlorknallgasreaktion mit folgenden Reaktionsschritten:

$Cl_2 + hv$	$\rightarrow Cl^{\cdot} + Cl^{\cdot}$		Startreaktion
$Cl^{\cdot} + H_2$	$\rightarrow HCl + H^{\cdot}$		}Wachstumsreaktion
$H^{\cdot} + Cl_2$	$\rightarrow HCl + Cl^{\cdot}$		
$H^{\cdot} + Cl^{\cdot}$	$\rightarrow HCl$		}Abbruchreaktion
$2H^{\cdot} + 2Cl^{\cdot}$	$\rightarrow H_2 + Cl_2$		

◆ in der *Kernphysik* svw. ↑ Kernkettenreaktion.

Kettenreim, 1. äußerer K. (auch Terzinenreim): Endreime mit der Reimstellung aba/bcb/... (z. B. Dante, „Divina Commedia"); 2. innerer K.: nach einem bestimmten Schema wechselnder Reim zw. Wörtern im Versinnern und dem Versende.

Kettensäge ↑ Säge.

Kettenstich (Kettelstich), eine Stichbildung durch Fadenverschlingung, ähnl. wie beim Stricken oder Häkeln. Die K.nähte sind sehr elast. und können auf Zug beansprucht werden.

Kettenstopper, Bestandteil der Ankereinrichtung von Schiffen, der zum Festhalten der Ankerkette dient; durch Spindelbetätigung werden einige Kettenglieder zwischen zwei Backen festgeklemmt.

Kettenviper ↑ Vipern.

Kettenware, svw. Kettengewirke (↑ Maschenware).

Kettenwürmer (Microstomum), Gatt. von Süß- und Meeresgewässer bewohnenden Strudelwürmern, die durch unvollständige Querteilungen bis 1,5 cm lange Tierketten (maximal 16 Individuen) bilden können.

Kettering, Charles, * Ashland County (Ohio) 29. Aug. 1876, † Dayton (Ohio) 25. Nov. 1958, amerikan. Ingenieur. - K. erfand u. a. Batteriezündung, elektr. Anlasser (Starter) und (synthet.) Benzinherstellungsverfahren („Bleibenzin").

Kettfaden (Kettgarn), in Geweben der Faden in Längsrichtung (Kettrichtung); im Ggs. zum Schußfaden meist härter gedreht (höhere Festigkeit). - ↑auch Bindungslehre.

Kettwig ↑Essen.

Ketzer, urspr. (seit dem 13. Jh.) Bez. für die Katharer, später gleichbed. mit Häretiker.

Ketzertaufstreit, Bez. für den Streit (2./3. Jh.) um die Gültigkeit der in einer häret. oder schismat. Gemeinde gespendeten Taufe. Weite Kirchengebiete (z. B. Rom) erkannten die Gültigkeit der Ketzertaufe an, während andere Kirchen (bes. Nordafrika) auf der Wiederholung der Taufe im Falle einer Konversion bestanden; theolog. endgültig erst auf dem 4. Laterankonzil (1215) zugunsten der Ketzertaufe entschieden.

Ketzerverfolgung ↑Inquisition.

Keuchhusten (Stickhusten, blauer Husten, Pertussis, Tussis convulsiva, Tussis suffocativa), äußerst ansteckende, akute Infektionskrankheit bes. von Kleinkindern, für die krampfhafte, stoßartige Hustenattacken mit typ. ziehendem Einatmungsgeräusch (Keuchen) und Hervorwürgen von Schleim, nicht selten auch Erbrechen am Ende eines Hustenanfalls bezeichnend sind. Erreger des K. ist das Bakterium Bordetella pertussis, dessen *Übertragung* durch Tröpfcheninfektion erfolgt. K. hinterläßt eine langdauernde Immunität; da die Antikörper von der Mutter nicht auf das Kind übertragen werden, sind bereits Säuglinge für K. empfänglich. Der K. dauert im allgemeinen 6–8 (auch bis 10) Wochen und verläuft in *drei Stadien:* 1. katarrhal. Stadium, 2. Krampfstadium, 3. Stadium decrementi (Abklingphase). Nach einer Inkubationszeit von 7–14 Tagen, während sich der Erreger in den Schleimhäuten der oberen Atemwege (Nasen-Rachen-Raum, Luftröhre, Bronchialtrakt) ausbreitet, beginnt die Erkrankung mit uncharakterist. Katarrh der oberen Luftwege; Appetitlosigkeit, Schnupfen, Tränenfluß, trockener Husten (nachts stärker als tagsüber), selten Fieber. Nach 10–14 Tagen wird der Husten typ. krampfartig und tritt anfallsweise (bes. in der Nacht) auf, wobei 10–15 Hustenstöße rasch und ohne Einatmung aufeinanderfolgen. Häufig wird dabei die Zunge vorgestreckt, und es besteht Erstickungsgefühl. Nach 3–5 Wochen lassen Zahl und Schwere der Anfälle allmählich. nach. - Beim Säugling verläuft der K. oft atypisch; gehäufte Niesattacken stellen nicht selten ein Äquivalent für die Hustenattacken der älteren Kinder dar. Bedrohl. ist v.a. der Stimmritzenkrampf, der u. U. Erstickungsanfälle mit Bewußtlosigkeit und Krämpfen (↑Asphyxie) auslöst, sowie die Neigung zur K.-Lungenentzündung. Säuglinge und Kleinkinder unter zwei Jahren sind bes. gefährdet und sollten gegen K. geimpft werden. Die *aktive Schutzimpfung* gegen K. wird gewöhnl. vor Ablauf des 3. Lebensmonats durchgeführt. *Passive Schutzimpfung* mit K.hyperimmunserum ist bei Säuglingen und bes. geschwächten (z. B. tuberkulosekranken) Kindern ratsam, die Kontakt mit K.kranken hatten. Die Freiluftbehandlung des K. beugt der K.-Lungenentzündung vor und mildert den Hustenreiz; besteht kein Fieber, so ist auch keine Bettruhe erforderlich. - Die Nahrung wird in Form kalorienreicher, häufiger kleiner Mahlzeiten gegeben, möglichst nach einem Anfall. - Zentraldämpfende Mittel (z. B. niedrige Barbituratdosen), bei älteren Kindern Kodein, wirken beruhigend bzw. mindern den Hustenreiz. Bei Säuglingen und Kleinkindern werden außerdem Breitbandantibiotika gegeben, die bei älteren Kindern nur im Falle von Komplikationen üblich sind.

Keukenhof [niederl. 'kø:kənhɔf], niederl. Blumenpark im Tulpenzuchtgebiet zw. Haarlem und Leiden, in dem die jährliche Landesblumenausstellung stattfindet.

Keuladerfarn, svw. ↑Cheilanthes.

Keule [zu mittelhochdt. kiule, eigtl. „Gebogenes"], Hieb- oder Wurfwaffe, meist aus Holz, z. T. mit einem Stein-, seltener Metall- oder Knochenkopf versehen.
◆ zu den Handgeräten gehörendes turner. Gerät, das in der rhythm. und künstler. Gymnastik verwendet wird.
◆ Oberschenkel beim größeren Geflügel, Wild und kleineren Schlachtvieh.

Keulenbärlapp (Kolbenbärlapp, Hexenkraut, Schlangenmoos, Lycopodium clavatum), weltweit verbreitetes Bärlappgewächs, zerstreut vorkommend auf Heiden, in trockenem Nadel- und Mischwald; geschützt; gabelig verzweigte, kriechende, spiralig beblätterte Sprosse; Sporophylle in keulenartigen Ständen zu 2–3 auf langen Stielen.

Keulenbaum (Känguruhbaum, Kasuarine, Casuarina), einzige Gatt. der Kasuarinengewächse mit rd. 40 Arten, meist in Australien und Neukaledonien, wenige Arten im Malaiischen Archipel; immergrüne Bäume und Sträucher mit schuppenförmigen Blättern. Mehrere Arten, v.a. die raschwüchsige **Strandkasuarine** (Casuarina equisetifolia) mit dünnen, überhängenden, hellgrünen Zweigen werden zur Befestigung sandiger Küsten angepflanzt.

Keulenblattwespen, svw. ↑Keulhornblattwespen.

Keulenkäfer (Clavigeridae), mit über 100 Arten weltweit verbreitete Fam. 2–3 mm langer, meist rot- bis dunkelbrauner Käfer; ↑Ameisengäste mit keulenförmigem Körper, langem Kopf und stark verkürzten Flügeldecken; Haarbüschel der freien Hinterleibssegmente sondern aromat. Stoffe ab, die von den Wirtsameisen aufgeschleckt werden; in M-Europa zwei Arten, darunter der **Rotbraune Keulenkäfer** (Claviger testaceus).

Keulenlilie

Keulenlilie (Cordyline), Gatt. der Liliengewächse mit rd. 20 Arten v. a. in Asien, Afrika und Australien; Bäume, Sträucher oder Halbsträucher mit schwertförmigen, zu einem dichten Schopf zusammenstehenden Blättern; Blüten in reichverzweigten Rispen. Mehrere Arten werden im Gewächshaus, Wintergarten- oder als Zimmerpflanzen kultiviert.

Keulenpilz (Ziegenbart, Korallenpilz, Clavaria), Gatt. der Ständerpilzfam. Keulenschwämme (Clavariaceae) mit rd. 150 Arten; mit wenigen, weichfleischigen Zweigen; bekannte Art ↑ Hahnenkamm.

Keulenvers (Rhopalikos, rhopal. Vers), Sonderform des Hexameters. Der K. setzt sich aus 5 Wörtern zusammen, deren Silbenzahl gegenüber dem vorangehenden Wort stets um eine Silbe zunimmt.

Keulhornblattwespen (Keulenblattwespen, Knopfhornblattwespen, Cimbicidae), hauptsächl. holarkt. verbreitete, in M-Europa durch rd. 25 6–28 mm lange Arten vertretene Fam. der ↑ Pflanzenwespen mit großem, dickem, manchmal metall. blauem oder schwarzem Körper und knopf- bis keulenförmig verstärkten Fühlerenden; Hinterleib seitl. scharf gekantet.

Keun, Irmgard, * Berlin 6. Febr. 1910, † Köln 5. Mai 1982, dt. Schriftstellerin. - 1935 Emigration, 1940 Rückkehr nach Deutschland (bis 1945 illegal); schrieb u. a. erfolgreiche Unterhaltungsromane, z.T. mit scharfer satir. und gesellschaftskrit. Tendenz, z.B. „Das kunstseidene Mädchen" (1932), „Das Mädchen, mit dem die Kinder nicht verkehren durften" (1936), „Bilder und Gedichte aus der Emigration" (1947).

Keuper [von L. von Buch geprägt nach der oberfränk. Bez. für Sandstein], Abteilung der Trias (↑ Geologie, Formationstabelle).

Keuschheit [letztl. zu lat. conscius „mitwissend", (dann:) „der christl. Lehre bewußt"], sexuelle Enthaltsamkeit. Zeitweilige oder vollkommene Enthaltung vom Sexualleben spielt in vielen Religionen eine entscheidende Rolle. Absolute K. kann zu gesellschaftl. Sonderformen führen (Mönchtum). - Temporäre K. wird häufig bei der Vorbereitung und Begegnung mit dem Sakralen geübt. Die christl. Vorstellung von der K. ist stark vom Manichäismus geprägt.

Keuschheitsgürtel (Florentiner Gürtel), mit einem Schloß versehener Metallgürtel, der mit einem Steg die Genitalien bedeckte und bei Abwesenheit des Mannes die Keuschheit der Ehefrau sichern sollte. Erstmals Anfang des 15. Jh. für Florentinerinnen erwähnt.

Keuschlamm, svw. ↑ Mönchspfeffer.

Kevelaer [ˈkeːvəlaːr], Stadt 38 km nw. von Krefeld, NRW, 30 m ü. d. M., 21 900 E. Museum für Niederrhein. Volkskunde; Wallfahrtsort seit 1642. Für das Gnadenbild, ein Antwerpener Kupferstich (1640) der sog. Luxemburger Muttergottes, wurde 1654 eine sechseckige barocke Gnadenkapelle errichtet; neugot. Wallfahrtskirche Sankt Maria (1858–64).

Kevlar Ⓦ, Aramidfaser mit extrem hoher Zugfestigkeit; u. a. für Spezialgewebe und in Verbundwerkstoffen verwendet.

Kew Gardens [engl. ˈkjuː ˈɡɑːdnz], 1759 auf Initiative von Prinzessin Augusta (Mutter von Georg III.) unter chin. Einfluß gegr. Garten im Londoner Stadtbezirk Richmond upon Thames; seit 1841 als botan. Garten in staatl. Besitz. Auf dem etwa 120 ha großen Gelände werden rd. 25 000 Arten und Varietäten kultiviert; bed. Bibliothek.

Key, Ellen [schwed. kɛj], * Sundshom (Småland) 11. Dez. 1849, † Strand am Vättersee 25. April 1926, schwed. Reformpädagogin. - 1878–98 Lehrerin; 1883–1903 Dozentin am Arbeiterinstitut Stockholm. Der Titel ihres in zahlr. Auflagen erschienenen Hauptwerks „Das Jh. des Kindes" (1900) wurde zum Schlagwort einer Epoche pädagog. Bestrebungen, die im Sinne Rousseaus ein natürl. Wachsenlassen ermöglichen wollten.

K., Francis Scott [engl. kiː], * Frederick County (= Carroll County, Md.) 1. Aug. 1779, † Baltimore 11. Jan. 1843, amerikan. Lyriker. - Verf. des 1931 zur Nationalhymne der USA erklärten Gedichts „The star-spangled banner" (1814).

K., Lieven de [niederl. kɛj], * Gent um 1560, † Haarlem 17. Juli 1627, niederl. Baumeister. - 1580–90 in London; ab 1593 Stadtbaumeister in Haarlem. Hauptwerke sind die Fassade des Leidener Rathauses (1594) und die Fleischhalle in Haarlem (1601–03).

Keynes, John Maynard, Baron K. of Tilton (seit 1942) [engl. kɛɪnz], * Cambridge 5. Juni 1883, † Firle (Sussex) 21. April 1946, brit. Nationalökonom. - Prof. in Cambridge (ab 1920; Mgl. des Lehrkörpers bereits ab 1909); Delegationsführer des brit. Schatzamtes bei der Friedenskonferenz in Paris 1919. Konnte sich mit seinen (niedrigeren) Vorstellungen über die Deutschland aufzuerlegenden Reparationen nicht durchsetzen und trat von diesem Amt zurück. Seinen Standpunkt legte er in der Schrift „Die wirtsch. Folgen des Friedensvertrages" (1919) dar. In den folgenden Jahren konzentrierte sich K. neben seiner polit. Tätigkeit für die Liberale Partei, deren Programm er stark beeinflußte, v. a. auf Fragen der Geldtheorie („Vom Gelde", 2 Bde., 1930) und das zunehmende Problem der Arbeitslosigkeit, zu dessen Lösung er staatl. Interventionen für erforderlich hielt („Das Ende des Laissez-faire", 1926). Unter dem Eindruck der Weltwirtschaftskrise gelangte er zu der Auffassung, daß die Grundlagen der bisherigen ökonom. Theorie in Frage zu stellen seien. Sein in diesem Sinne erarbeitetes Hauptwerk „Allg. Theorie der Beschäftigung, des Zinses und des Geldes" (1936) löste eine lang anhaltende heftige Diskussion aus und ließ K. zum Begründer einer eigenen Richtung der Nationalökonomie, des ↑ Keynesianismus werden. Ab 1941 war K. an den Planungen einer internat. wirtsch. Neuordnung maßgeblich beteiligt, konnte jedoch seine Vorstellungen auf den Konferenzen von Bretton Woods und Savannah nicht durchsetzen.

◻ *Vomfelde, W.: Abschied von K.? Antwort auf die monetarist. neoklass. Gegenrevolution. Ffm. 1985. - Patinkin, D.: Die Geldlehre von J. M. K. Mchn. 1979.*

Keynesianismus, die von J. M., Baron Keynes of Tilton v. a. in seinem Hauptwerk „Allg. Theorie der Beschäftigung, des Zinses und des Geldes" (1936) entwickelte, von seinen Anhängern weiter ausgebaute ökon. Theorie. Wesentl. Kennzeichen des K. sind: 1. In (Wieder-)Anknüpfung an die klass. Nationalökonomie werden der ökonom. Analyse Gesamtgrößen des wirtsch. Kreislaufs zugrunde gelegt; 2. im Gegensatz zur Klassik und v. a. zu J. B. Say geht der K. nicht von der harmon. Vorstellung einer Beseitigung von Störungen des Wirtschaftsablaufs durch die „Selbstheilungskräfte" der Wirtschaft, insbes. nicht von der automat. Herbeiführung eines Zustands der Vollbeschäftigung aus, sondern begreift ein wirtsch. Gleichgewicht mit Vollbeschäftigung lediglich als einen Sonderfall der mögl. Gleichgewichtszustände; 3. die Geldtheorie des K. leitet ein Zusammenhang zw. monetärem und güterwirtsch. Bereich ab, unterscheidet sich damit von den bis dahin vorherrschenden Auffassungen einer (güterwirtsch.) „Neutralität" des Geldes; 4. der K. bezieht in seine Analyse auch psycholog. Annahmen über das wirtsch. Verhalten und seine Bestimmungsgründe ein, führt entsprechend in die Theorie Begriffe ein wie den „Hang zum Verbrauch", die „Liquiditätspräferenz", die ihrerseits von einem „Vorsichts-" und einem „Spekulationsmotiv" bestimmt wird, und die „Erwartungen", womit zugleich auch die Vorstellungen der Wirtschaftssubjekte über die Zukunft als ein Bestimmungsgrund für das wirtsch. Verhalten in der Gegenwart einbezogen werden; 5. der K. geht aus von einer Abhängigkeit der Konsumausgaben vom Einkommen, der Investitionen vom Zinssatz, der Geldnachfrage von Einkommen und Zinssatz und konstruiert auf dieser Grundlage einen Zusammenhang zw. Geldmenge, Zinssatz, Investitionen, Einkommen und Beschäftigung.

Der K. war von Anfang an in dem Sinne auf die Praxis ausgerichtet, daß er die theoret. Grundlage für eine staatl. Wirtschaftspolitik liefern wollte, die nicht nur durch die (zur Bekämpfung einer Depression als untauglich angesehene) Geldpolitik, sondern v. a. durch öffentl. Nachfrage zum Ausgleich einer ungenügenden effektiven Nachfrage der Privaten - gegebenenfalls auch durch Haushaltsdefizite („deficit spending") - den Wirtschaftsprozeß beeinflussen sollte. Innerhalb der Nationalökonomie errang der K. rasch so große Bed., daß sogar von einer „keynesian. Revolution" gesprochen wurde. Heute in seiner Bed. teilweise durch andere Theorien, wie z. B. die neuere Quantitätstheorie zurückgedrängt, spielen auf dem K. basierende Theorien dennoch eine große Rolle, so etwa bei dem Gewerkschaften der sog. „Links-K.", der das Erfordernis der Erhöhung der effektiven Nachfrage v. a. durch höhere Reallöhne, aber auch durch staatl. Sozialleistungen in den Vordergrund stellt.

◻ *Der K. Hg. v. G. Bombach u. a. Bln. u. a. 1981-84. 5 Bde.*

Keyser [niederl. 'kɛjsər], Hendrick de, * Utrecht 15. Mai 1565, † Amsterdam 15. Mai 1621, niederl. Baumeister und Bildhauer. - Vater von Thomas de K.; seit 1595 in Amsterdam nachweisbar, wo er u. a. als erste ref. Kirche der Niederlande die klassizist. Zuiderkerk (1603-14), nach dem Vorbild der Londoner die Börse (1608-11, mit Dekor im Florisstil) und später die Westerkerk (1620 ff.) erbaute. Frühbarockes Grabmal Wilhelms I. von Oranien (1614 ff., Delft, Nieuwe Kerk).

K., Thomas de, * Amsterdam 1596 oder 1597, ◻ ebd. 7. Juni 1667, niederl. Maler. - Sohn von Hendrick de K.; vor Rembrandt führender Porträtmaler, v. a. Familienbilder sowie die „Anatomie des Dr. Sebastian Egbertsz. de Vry" (1619; Amsterdam, Rijksmuseum); nach 14jähriger Pause malte er seit 1654 kleine Reiterbildnisse.

Keyserling, Eduard Graf von, * Schloß Paddern (Kurland) 14. oder 15. Mai 1855, † München 28. Sept. 1918, dt. Schriftsteller. - Lebte ab 1899 in München; freier Schriftsteller, befreundet mit Wedekind und L. Andreas-Salomé; ab 1907 erblindet, starb in Einsamkeit. Schildert in seiner impressionist. Prosa die kurländ. und die untergehende Welt des balt. Adels, v. a. in den Romanen „Dumala" (1908), „Wellen" (1911) und „Abendl. Häuser" (1914).

K., Hermann Graf, * Könno (Livland) 20. Juli 1880, † Innsbruck 26. April 1946, dt. Philosoph. - Neffe von Eduard Graf von K.; gründete 1920 in Darmstadt die „Schule der Weisheit", in der er den Ggs. zw. Rationalismus und Irrationalismus zu überwinden und kultur- und religionspsycholog. den den Kulturen und Religionen inhärenten „Sinn" zu erkennen suchte.

Key West [engl. 'ki: 'wɛst], südlichste Stadt der USA, in Florida, auf K. W. Island, der westlichsten Insel der Florida Keys, 23 000 E. Fischereihafen und Seebad. - Die Insel war bis zur Besiedlung 1822 ein Piratenschlupfwinkel.

Kežmarok [slowak. 'kɛʒmarɔk] (dt. Käsmark), Stadt im östl. Vorland der Hohen Tatra, ČSSR, 626 m ü. d. M., 18 600 E. Museum;

Zentrum eines Zuckerrübenanbaugebiets; Textilind. - K. wurde 1190 von dt. Einwanderern gegr. und 1380 zur königl. Stadt erhoben. Hauptort der freien Zipser Städte, 1440 Sitz des Grafen der Zipser Sachsen. Durch den Vertrag von Trianon (1920) fiel K. von Ungarn an die Tschechoslowakei. - Spätgot. Pfarrkirche (15. Jh.); Alte ev. Kirche (Holzkirche; 18. Jh.; jetzt Museum); das Alte Rathaus (1461) wurde 1799 umgestaltet; Schloß (15. und 17. Jh.).

Kfz, Abk. für: **Kraftfahrzeug.**

kg, Einheitenzeichen für ↑Kilogramm.

KGB, Abk. für russ.: **K**omitet **g**ossudarstwennoi **b**esopasnosti „Komitee für Staatssicherheit", der sowjet. Geheimdienst, übernahm 1954 die Funktion der ↑GPU; dem Innenministerium eingegliedert; sucht die Herrschaft der KPdSU v. a. innerhalb der UdSSR zu sichern; überwacht die sowjet. Grenzen sowie das wirtschaftl. und kulturelle Leben, besetzt wichtige Stellen des Partei- und Staatsapparates (auch diplomat. Vertretungen im Ausland) sowie der Armee, der Gewerkschaften und Jugendorganisationen. Neben der Spionage sucht der KGB die Entwicklung in anderen Ländern im Sinn der sowjet. Führung zu lenken.

K-Gruppen, Sammelbez. für polit. Gruppen v. a. in den 1960er und 70er Jahren, die sich zu einem maoist. orientierten Marxismus-Leninismus bekannten: **KBW** (Abk. für „Kommunist. Bund Westdeutschlands", inzwischen aufgelöst; aus ihm ging der „Bund Westdeutscher Kommunisten" **[BWK]** hervor), **KB** (Abk. für „Kommunist. Bund"), **KPD** (Abk. für „Kommunist. Partei Deutschlands", inzwischen aufgelöst), **KPD/ML** (Abk. für „Kommunist. Partei Deutschlands/Marxisten-Leninisten"; heute zur „Vereinigten Sozialist. Partei" **[VSP]**, **KABD** (Abk. für „Kommunist. Arbeiterbund Deutschlands", seit 1982 „Marxist.-Leninist. Partei Deutschlands" **[MLPD]**). Gemeinsam ist diesen Gruppierungen das Ziel, die bürgerl. Gesellschaft durch bewaffneten Kampf zu beseitigen.

kgV, Abk. für: ↑**kleinstes gemeinsames Vielfaches.**

Kha, Sammelbez. für ethn. und sprachl. nicht einheitl. Bergstämme in Laos und Kambodscha.

Khaiberpaß, Paß mit großer strateg. und polit. Bed. zw. Afghanistan und Pakistan; Länge der eigtl. Paßstraße zw. Jamrud (Pakistan) und Dakka (Afghanistan) 53 km; Paßhöhe in 1 072 m ü. d. M. in Pakistan (10 km vor der Grenze gegen Afghanistan).

Khajuraho [kadʒʊˈrɑːho], ind. Dorf im Bundesstaat Madhya Pradesh. K. war das religiöse Zentrum der Tschandelladyn.; zw. 950 und 1050 entstanden angebl. 56 hinduist. und dschainist. Tempel, von denen etwa 25 erhalten sind, u. a. der Kandarija-Mahadeo-Tempel (1002).

Khaki [zu pers. khak „Staub, Erde"], Bez. für staub- oder erdfarbene *(khakifarbene)* Gewebe in Köper- oder Atlasbindung, die v. a. als Militärtuch [für Tropenuniformen] verwendet werden.

Khalkha ↑mongolische Sprachen.

Khama, Sir (seit 1966) Seretse, *in Botswana 1. Juli 1921, †Gaborone 13. Juli 1980, Politiker in Botswana. - Wurde 1965 Min. präs. von Betschuanaland; seit der Unabhängigkeit der Republik Botswana (1966) Staatspräsident.

Khan [türk.] (Chan), mongol. Fürstentitel. In den muslim. Nachfolgestaaten des Mongolenreichs in Z-Asien wurde K. der Titel der regierenden Fürsten; das Ft. ist das **Khanat.** In Persien ist K. ein Titel hoher Würdenträger des Staates.

Khaprakäfer [Hindi/dt.] (Trogoderma granarium), 2–3 mm langer, schwarzbrauner Speckkäfer in Indien, nach Europa eingeschleppt; mit rotbraunen Querbinden auf den Flügeldecken; Vorratsschädling bes. an Getreide und Hülsenfrüchten.

Kharoschthischrift [Sanskrit/dt.], eine der ↑indischen Schriften; wurde in NW-Indien von 3. Jh. v. Chr. bis ins 3./4. Jh. n. Chr. und in Ostturkestan verwendet.

Khartum [ˈkartʊm, karˈtuːm], Hauptstadt der Republik Sudan, am Zusammenfluß von Blauem und Weißem Nil, 378 m ü. d. M., 476 200 E. Verwaltungssitz der Prov. K., Kulturzentrum des Landes mit Univ. (gegr. 1956), Zweig der Univ. Kairo (gegr. 1955), techn. Inst., College für freie und angewandte Kunst; Sudanmuseum, Fernsehsender. Standort von Textilfabriken, pharmazeut. und Reifenrunderneuerungswerke u. a., Herstellung von Aluminiumwaren, Haushaltsgeräten, Waschmitteln und Seife; Baumwollauktionen. Verkehrszentrum mit je einer Straßenbrücke über den Weißen und Blauen Nil, Eisenbahnendpunkt, Schiffahrt auf dem Weißen und Blauen Nil, internat. ✈. - 1820 von den Ägyptern als Militärlager gegr., ab 1830 Hauptstadt des ägypt. Sudan. 1885 belagerte, eroberte und zerstörte der Mahdi K.; Kitchener ließ die Stadt 1898 wieder aufbauen.

Khartum-Nord [ˈkartʊm, karˈtuːm], nördl. Nachbarstadt von Khartum, am rechten Ufer des Blauen Nil, Republik Sudan, 341 100 E. Ind.zentrum; Werftanlagen; Straßen- und Eisenbahnbrücke über den Blauen Nil, Brücke über den Nil nach Omdurman.

Khartweli ↑Georgier.

Khedive (Chediw, Chedive) [pers.-türk.], 1867–1914 Titel der Vizekönige von Ägypten.

Khémisset, Hauptstadt der marokkan. Prov. K., 50 km westl. von Meknès, 447 m ü. d. M., 58 900 E. Landw. Handelszentrum.

Khieu Samphan, *in der Prov. Svay Rieng 27. Juli 1931, kambodschan. Politiker. - 1962 Staatssekretär für Handel; schloß sich nach 1967 den Roten Khmer an; wurde nach dem Sturz Norodom Sihanuks 1970 stellv. Min.präs. und Verteidigungsmin. in der Gegenreg., die 1975 die Macht in ganz Kambodscha übernahm; 1976-79 Staatspräs.; seit Juni 1982 Vizepräs. der Exilreg. Sihanuks.

Khmer, staatstragendes, paläomongolides Volk in Kambodscha; ihre Sprache gehört zu den Mon-Khmer-Sprachen.

Khmerkatze, Rasse langhaariger Hauskatzen in der Färbung von Siamkatzen.

Khnopff, Fernand [frz. knɔpf], * Grembergen bei Dendermonde 12. Sept. 1858, † Brüssel 12. Nov. 1921, belg. Maler und Graphiker. - Neben Ensor Hauptvertreter des belg. Symbolismus; den engl. Präraffaeliten und G. Moreau verpflichtet.

Khoi-San, eine der 4 afrikan. Sprachfamilien mit den Untergruppen Sandawe, Hadza (Hatsa) und südafrikan. K.-S. (Buschmannund Hottentottensprache). Charakterist. ist das Vorkommen von Schnalzlauten. Die Sprecherzahl nimmt ständig ab (heute etwa 70 000).

Khoisanide, zusammenfassende Bez. für Hottentotten (Khoi-Khoin) und Buschmänner (San), die zahlr. rass. und kulturelle Gemeinsamkeiten haben.

Khomeini, Ruhollah ↑Chomaini, Ruhollah.

Khond, braunhäutiger weddider Volksstamm im Bergland von Orissa, Indien; sprechen Kui, eine drawid. Sprache.

Khon Kaen, Stadt in NO-Thailand, auf dem Khoratplateau, 28 500 E. Hauptstadt des Verw.-Geb. K. Univ. (gegr. 1964), thailänd.-dt. Technikum; Zentrum eines Agrargebiets; Bahnstation, ✈.

Khorana, Har Gobind, * Raipur 9. Jan. 1922, amerikan. Biochemiker ind. Herkunft. - Prof. in Madison (Wis.); K. gelang es erstmals, Polynukleotide mit bekannter Basensequenz zu synthetisieren. Mit Hilfe dieser Polynukleotide konnte K. im genet. Code alle Codons den Aminosäuren zuordnen und zeigen, daß ein Codon jeweils drei Nukleinbasen enthält. 1968 erhielt K. (zus. mit M. Nirenberg und R. Holley) den Nobelpreis für Physiologie oder Medizin.

Khoratplateau, Landschaft in NO-Thailand, ein nach O sanft abgedachtes, flachwelliges Plateau, das nach W und S in etwa 1 000 m hohen Steilstufen abfällt. Die höchste Erhebung liegt mit 1 328 m im SW. Der Mekong umfließt das K. im N und O und trennt es vom Bergland von Laos. Während die Gebirgsränder trop. Regenwald tragen, ist das K. außerhalb des meist flußnahen Kulturlandes von lichtem, laubabwerfendem Trokkenwald bedeckt, durchsetzt von Savannenflächen und Grasland.

Khouribga, Hauptstadt der marokkan. Prov. K., 105 km sö. von Casablanca, 800 m ü.d.M., 127 200 E. Zentrum des bedeutendsten Phosphatbergbaugebiets Marokkos.

Khubilai (Kubilai, Kublai), * 1215, † Daidu (Peking) 1294, mongol. Großkhan (seit 1260), als **Shih Tsu** Kaiser von China (seit 1280). - Enkel Dschingis-Khans, dehnte die mongol. Herrschaft auf ganz China und auf Hinterindien aus.

Khulna, Stadt im Ganges-Brahmaputra-Mündungsdelta, Bangladesch, 623 200 E. Verwaltungssitz eines Distr.; bed. Wirtschafts- und Verkehrszentrum; Verarbeitung landw. Produkte, Schiffswerft, Eisenbahnreparaturwerkstätten, Jute- und Fischmarkt.

Khun, Béla, ungar. Politiker, ↑Kun, Béla.

Khur (Ghorkhar, Equus hemionus khur), ind. Unterart des ↑Halbesels mit rötlichgelber Ober- und weißl. Unterseite; weitgehend ausgerottet.

kHz, Einheitenzeichen für Kilohertz (↑Hertz).

Kialingkiang (Jialingjiang) [chin. dzjalɪŋdzjaŋ], linker Nebenfluß des Jangtsekiang, entspringt in den westlichsten Ausläufern des Tsinglingschan, mündet bei Tschungking, etwa 1 000 km lang.

Kiamusze (Jiamusi) [dzjamusɨ], chin. Stadt am unteren Sungari, 250 000 E. Bed. als Umschlagplatz für Kohle und Holz und als Ind.standort; Bahnstation.

Kiang [tibet.] [chin. dzjaŋɕi], Prov. in SO-China, 164 800 km², 33,2 Mill. E (1982), Hauptstadt Nantschang. K. wird von einem zentralen Tiefland eingenommen, umrahmt von Bergländern mit Ausnahme des N, wo die Prov. sich zum Jangtsekiangtal hin öffnet. Das subtrop. Klima erlaubt zwei Reisernten im Jahr. Außerdem werden Baumwolle, Zuckerrohr, Tabak, Tee, Ramie und Zitrusfrüchte angebaut. Wichtigste Bodenschätze sind Kohle, Wolframerz und Kaolin.

Kiangsu (Jiangsu) [chin. dzjaŋsu], Prov. in O-China, 103 000 km², 61 Mill. E (1982), Hauptstadt Nanking. K. erstreckt sich in dem von zahlr. Flüssen, künstl. Kanälen und Seen durchsetzten Tieflandgebiet an den Unterläufen von Jangtsekiang und Hwaiho. Feuchtwarmes Klima erlaubt zwei Ernten im Jahr (Naßreis, Weizen, Kauliang, Hirse, Baumwolle, Mais, Sojabohnen, Süßkartoffeln); bed. Seidenraupenzucht. Neben Textil- und Nahrungsmittelind. Maschinenbau, Kfz.- und chem. Ind. Im Binnenschiffsverkehr spielt die Prov. im O-W- (Jangtsekiang) und N-S-Verkehr (Kaiserkanal) eine bed. Rolle.

Kiaulehn, Walther, Pseud. Lehnau, * Berlin 4. Juli 1900, † München 7. Dez. 1968, dt. Schriftsteller. - Verfasser populärer, anschaul. geschriebener, z. T. kulturhistor. Unterhaltungsliteratur, u. a. „Lehnaus Trostfibel und Gelächterbuch" (1932), „Lesebuch für Lächler" (Essays, 1938), „Berlin, Schicksal einer Weltstadt" (1958), Mein Freund der Verleger. Ernst Rowohlt und seine Zeit (1967).

Kiautschou [chin. ˈdzjaʊdʒɔʊ], ehem. dt.

Kibaki

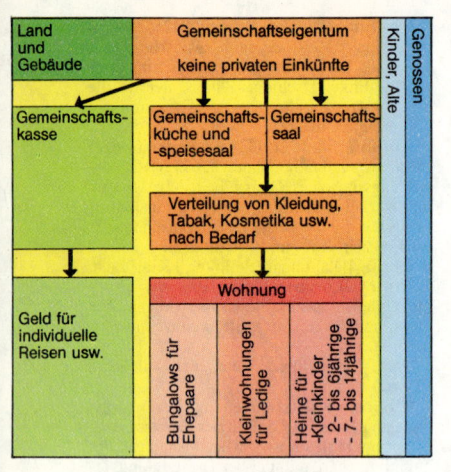

Kibbuz. Private und kollektive Einrichtungen

Pachtgebiet an der S-Küste der Halbinsel Schantung, China.

Kibaki, Mwai, * Othaya 1931, kenian. Politiker. - Wirtschaftswissenschaftler; seit 1963 Mitglied des Parlaments; 1966–69 Min. für Handel und Ind., seit 1969 Finanzmin. und 1970–78 gleichzeitig Min. für Wirtschaftsplanung sowie 1978/79 Innenmin.; seit 1978 Vizepräs. von Kenia.

Kibbuz [hebr., eigtl. „Versammlung, Gemeinschaft"] (Mrz. Kibbuzim), ländl. Siedlung in Israel, in der kollektive Wirtschafts- und Lebensweise herrschen. Die Einkünfte werden zentral gemäß den Bedürfnissen des Betriebes und der Mgl. ausgegeben; urspr. reiner Landw.betrieb, heute z. T. mit Ind.betrieben und Touristenheimen. Der erste K. wurde 1909 im Jordantal gegründet.

Kibo ↑ Kilimandscharo.

Kichererbse [lat./dt.] (Cicer), Gatt. der Schmetterlingsblütler mit 15–20 Arten im Mittelmeergebiet bis Z-Asien und W-Sibirien; einjährige oder ausdauernde Kräuter oder Halbsträucher mit gefiederten Blättern. Die wirtsch. wichtigste Art ist *Cicer arietinum*, deren Samen wie Erbsen als Gemüse gegessen werden.

Kickdown [engl. 'kɪkdaʊn, eigtl. „Niedertreten"], bei Kfz. mit automat. Getriebe das vollständige Durchtreten des Gaspedals. Dadurch wird bes. zum starken Beschleunigen beim Überholen und Zurückschalten in den nächst tieferen Gang erreicht; das [automat.] Hochschalten erfolgt erst in der Nähe der zulässigen Motorhöchstdrehzahl.

kicken [engl.], [abwertend gebraucht] für: Fußball spielen; **Kick**: Tritt, Stoß (beim Fußballspielen); **Kicker**: Fußballspieler.

Kickstarter [engl.], fußbetätigte mechan. Vorrichtung zum Anwerfen von Motorrädern.

Kidde, Harald [dän. 'kiðə], * Vejle 14. Aug. 1878, † Kopenhagen 23. Nov. 1918, dän. Dichter. - Schrieb skept., schwermütige Romane, weltanschaul. von Kierkegaard, stilist. von P. Jacobsen, J. Jørgensen und der dän. Romantik beeinflußt, u. a. „Der Held" (1912).

Kiderlen-Waechter, Alfred von ['vɛç...], * Stuttgart 10. Juli 1852, † ebd. 30. Dez. 1912, dt. Politiker. - Ab 1879 im auswärtigen Dienst; 1908 stellv., 1910 Staatssekretär des Auswärtigen Amtes; suchte zeitweilig Annäherung an die Westmächte, zeichnete aber auch verantwortl. für die zur 2. Marokkokrise führende Prestigepolitik.

Kidnapping [engl. 'kɪdnæpɪŋ „Kindesraub"], verbreiteter Begriff aus der amerikan. Kriminologie (v. a. nach dem K. an dem Kind von C. Lindbergh), der die gewaltsame oder listige Entführung eines Menschen, ursprüngl. in erster Linie eines Kindes († auch Kindesentziehung) zum Zwecke der Erpressung bezeichnet. Bei Frauen ↑ auch Entführung. - ↑ auch Menschenraub, ↑ Luftpiraterie.

Kidron (Vulgata: Cedron), Bachtal zw. Jerusalem und Gethsemane (Ölberg); der Bach mündet ins Tote Meer (Joh. 18, 1). Bereits z. Z. der Könige (10.–6. Jh.) Begräbnisstätte.

Kiebitz (Vanellus vanellus), etwa 32 cm großer Regenpfeifer, v. a. auf Mooren, feuchten Wiesen und Äckern Eurasiens; oberseits schwarz, metall. grün und violett schimmernd, mit weißen Wangen und schwarzer Haube; unterseits v. T. schwarz (Hals), z. T. weiß (Bauch); Bodennest mit vier olivfarbenen, schwarz gefleckten Eiern. - In der altägypt. Religion ist der K. ein Symbol der menschl. Seele.

Kiechle, Ignaz, * Reinharts (= Kempten) 23. Febr. 1930, dt. Politiker (CSU). - Landwirt; seit 1969 MdB; seit 1983 Bundesmin. für Ernährung, Landw. und Forsten.

Kiefer (Pinus), Gatt. der K.gewächse mit mehr als 80 Arten auf der N-Halbkugel, im S bis M-Amerika, N-Afrika und Indonesien; meist immergrüne Bäume mit nadelförmigen Blättern; ♂ Blüten achselständig, ährig gehäuft, ♀ Blüten in Zapfen mit holzigen Zapfenschuppen; Samen meist geflügelt. - Zahlr. Arten der K. sind wichtige Waldbildner und von erhebl. wirtsch. Bed. (Holz, Terpentin, Kolophonium). Eine große Zahl von Arten und Sorten findet als Zierbäume und Ziersträucher Verwendung. Wichtigste europ. Arten sind: **Waldkiefer** (Gemeine K., Föhre, Sand-K., Pinus sylvestris), bis 50 m hoch, Nadeln zu zweien am Kurztrieb, 5–7 cm lang, häufig gedreht; Zapfen 5–8 cm lang. **Strandkiefer** (Pinus pinaster), 20–30 m hoch, im Mittelmeergebiet bis Griechenland und an der

Kieferfühler

frz., span. und portugies. Atlantikküste; Borke dick, rotbraun, rissig; Nadeln zu zweien, 10–20 cm lang; Zapfen hellbraun und glänzend. **Schwarzkiefer** (Pinus nigra), 20–40 m hoch, in den Gebirgen S- und O-Europas und W-Asiens; Rinde schwarzgrau, Nadeln paarweise zusammenstehend, dunkelgrün, 8–15 cm lang; Zapfen ei- bis kegelförmig; hat mehrere geograph. Varietäten, u. a. Pyrenäen-Schwarzkiefer, Krimkiefer und Östr. Schwarzkiefer. **Rumelische Kiefer** (Mazedon. K., Pinus peuce), 10–20 m hoch, in S-Jugoslawien, Albanien und Griechenland; Nadeln dreijährig, an den Triebenden pinselartig gehäuft, 7–10 cm lang. **Pinie** (Nuß-K., Pinus pinea), 15–25 m hoch, im Mittelmeergebiet; mit schirmähnl. Krone; Nadeln paarweise zusammenstehend, 10–15 cm lang, leicht gedreht; Zapfen eiförmig bis fast kugelig; Samen (Pignolen, Pinienüsse) eßbar. ↑Arve, ↑Aleppokiefer, ↑Bergkiefer. Häufig als Zierbäume gepflanzte oder forstl. kultivierte außereurop. Arten sind: **Tränenkiefer** (Pinus griffithii), bis 50 m hoch, im Himajala; **Weymouthskiefer** (Strobe, Pinus strobus), 25–50 m hoch, im östl. N-Amerika; **Grannenkiefer** (Fuchsschwanz-K., Pinus aristata), bis 18 m hoch, in den USA; erreichen ein Alter von über 4 000 Jahren und sind somit die ältesten Bäume der Erde. Die wirtschaftl. wichtigste Art ist die 15–30 m hohe **Karibische Kiefer** (Pinus caribaea), die auf den Westind. Inseln und an den Küsten von M-Amerika wächst; Nadeln meist zu dreien, 15–25 cm lang, Zapfen kegelförmig, 5–10 cm lang, 2–3 cm breit; in M-Europa nicht winterhart.
Geschichte: Die K. wird in der Literatur bis etwa 1800 häufig mit Tanne und Fichte verwechselt. Harz, Pech und Terpentin wurden in der griech. und röm. Antike wahrscheinl. auch aus K.arten gewonnen. Das Harz diente u. a. zur Konservierung des Weins (Rezinawein).

Kiefer, bei wirbellosen Tieren aus harter Kutikula (z. B. Chitin) bestehende Bildungen in der Mundregion, die der Nahrungsaufnahme dienen; Gliederfüßer haben umgebildete Gliedmaßen als K. (↑ Mundgliedmaßen). Bei Seeigeln wird das K.gerüst durch die ↑Laterne des Aristoteles gebildet. Bei den Wirbeltieren gehört der K. zum knöchernen Anteil der K. zum Kopfskelett und ist (als K.*bogen*, Mandibularbogen) stammesgeschichtl. aus einem (oder zwei) Paar der vorderen Kiemenbögen hervorgegangen. Bei den Säugetieren (einschließl. Mensch) bildet sich ein sekundäres K.gelenk aus. Die Elemente des primären K.gelenks bekommen im Mittelohr als Gehörknöchelchen eine neue Funktion. - Die Kiefer der Vögel sind zu einem zahnlosen, hornüberzogenen Schnabel geworden, sonst tragen die K. der Wirbeltiere meist Zähne. Beim Menschen ist der *Oberkiefer* (Oberkieferbein, Maxillare) mit eingeschobenem ↑Zwischenkieferknochen fest mit dem Gesichtsschädel verwachsen und bestimmt durch seine Form, Größe und Stellung die Gesichtsform mit. In seinem halbellipt. Zahnbogen befinden sich die Zahnfächer (Alveolen) zur Aufnahme der Zähne. Im Ggs. zum Oberkiefer ist der *Unterkiefer* (Unterkieferbein, Mandibula) gelenkig mit dem Schädel verbunden. Er wird durch eine kräftige Kaumuskulatur bewegt. Sein Zahnbogen hat die gleiche Form wie der Oberkiefer.

Kieferanomalien (Bißanomalien, Dysgnathien), Abweichungen von der normalen Bißstellung beider Kiefer zueinander und damit Fehlstellung der Zahnbögen und -reihen. Eine angeborene Mißbildung ist die **Kieferspalte** (Gnathoschisis), eine Spaltbildung im Bereich des zweiten Schneidezahns. Andere K. sind z. T. auf Vererbung, z. T. auf Umweltfaktoren (Karies) bzw. schlechte Gewohnheiten (Fingerlutschen, Lippenbeißen) zurückzuführen. Auch der vorzeitige Verlust der Milchzähne ist eine der Ursachen, weil sich dann die Nachbarzähne in den freigewordenen Raum schieben. Bei Abweichungen der Bißstellung in Längsrichtung unterscheidet man die **Prognathie** (Vorstehen des Oberkiefers) und die **Progenie** (Vorstehen des Unterkiefers). Abweichungen der Bißstellung in senkrechter Richtung sind Deckbiß und offener Biß. Beim **Deckbiß** sind die oberen Frontzähne nach innen geneigt und überdecken die unteren zum großen Teil oder vollständig. Die unteren Schneidezähne sind dabei häufig zungenwärts geneigt. Beim **offenen Biß** finden die oberen und unteren Schneidezähne keinen Kontakt untereinander. Anlagebedingt ist der **Schmalkiefer**, bei dem die Seitenzahngruppen zu nahe an der Mittellinie stehen. Beim **Kreuzbiß** überkreuzen sich beide Zahnreihen (anstatt daß die obere die untere übergreift); Ursache ist fast immer ein (im Verhältnis zum Unterkiefer) zu enger Oberkiefer.

Kieferbruch (Kieferfraktur), Bruch der Ober- oder (mehr als doppelt so häufig) der Unterkieferknochen. Es bestehen Schwellung, Schmerzhaftigkeit und abnorme Beweglichkeit. Nach Diagnose im Röntgenbild erfolgt die Bruchversorgung durch Wiedereinrichtung und Schienungsbehandlung. Die erste Hilfe besteht in Ruhigstellung und Beseitigung eventueller Atembehinderungen.

Kieferfische (Opisthognathidae), Fam. 10–20 cm langer, trop. Meeresfische mit langer Rückenflosse, großem Kopf und riesigem Maul; meist Flachwasserbewohner, die in den Sand bis 1 m lange, senkrechte Röhren bauen, in die sie bei Gefahr (mit dem Schwanz voran) flüchten.

Kieferfraktur, svw. ↑Kieferbruch.

Kieferfühler (Chelizeren), erstes, zum Oberkiefer umgewandeltes Gliedmaßenpaar der Fühlerlosen; dienen zum Festhalten und Zerzupfen der Beutetiere bzw. zu deren An-

Kieferhöhle

stechen und Aussaugen (Milben) oder zum Einspritzen von Gift (Spinnen), auch als Spinnorgan (Afterskorpione).

Kieferhöhle ↑Nasennebenhöhlen.

Kieferhöhlenentzündung ↑Nasennebenhöhlenentzündung.

Kieferklemme, Unfähigkeit, den Mund (die Zahnreihen) zu öffnen, mit entsprechender Störung des Sprechens und Kauens. Ursachen: Verletzungen, Entzündungen, Krämpfe (Wundstarrkrampf, Tetanie, Epilepsie). - ↑auch Kiefersperre.

Kieferläuse, svw. ↑Federlinge.

Kieferlose, (Agnatha) Überklasse im Wasser lebender, fischähnl. Wirbeltiere; älteste und ursprünglichste Wirbeltiergruppe; keine Kieferbildungen, weil kein Gesichtsschädel ausgebildet; heute existiert nur noch die Klasse ↑Rundmäuler.
◆ svw. ↑Amandibulaten.

Kieferluxation ↑Kiefersperre.

Kiefermäuler (Gnathostomata), Überklasse der Wirbeltiere, deren Mundöffnung von gegeneinander bewegl., meist bezahnten Skelettbögen umgeben ist (Ober- und Unterkiefer); mit wohlentwickeltem Gesichtsschädel und (mit Ausnahme der Fische) zwei Paar (wenigstens embryonal angelegten) Extremitäten (Lurche, Kriechtiere, Vögel, Säugetiere).

Kieferneule (Forleule, Panolis flammea), fast 4 cm spannender, im Frühjahr fliegender Eulenfalter in Kiefernwäldern M- und O-Europas; Vorderflügel rotbraun, mit weißl. Flekken; Hinterflügel grau; Raupen grün, weiß längsgestreift, fressen an Kiefernnadeln.

Kieferngewächse (Pinaceae), größte Fam. der Nadelhölzer mit neun Gatt. auf der gesamten Nordhalbkugel. Wichtigste Gatt. sind Fichte, Hemlocktanne, Lärche, Kiefer, Pseudotsuga und Tanne.

Kiefernharze ↑Terpentin.

Kiefernkreuzschnabel (Loxia pytyopsittacus), mit Schwanz etwa 17 cm großer Finkenvogel, v. a. in Kiefernwäldern N-Europas; unterscheidet sich von dem sonst sehr ähnl. (doch etwas kleineren) ↑Fichtenkreuzschnabel bes. durch einen kräftigeren Schnabel; frißt v. a. Kiefernsamen.

Kiefernrüßler (Hylobius), Gatt. meist brauner bis rostroter Rüsselkäfer in Europa, N-Amerika und Japan mit unter einheim., 7–17 mm großen Arten mit gelbl. Flecken oder quergestellten Fleckenreihen; Imagines schädl. durch Nadel- und Rindenfraß an jungen Kiefern, Fichten u. a. Am bekanntesten ist der **Große Fichtenrüsselkäfer** (Hylobius abietis).

Kiefernsaateule (Scotia vestigialis), 3–4 cm spannender Eulenfalter, v. a. in Sand- und Heidegebieten Europas und W-Sibiriens; mit grauen, kontrastreich schwarz gezeichneten Vorderflügeln und bräunlichgrauen Hinterflügeln.

Kiefernschwärmer, svw. ↑Tannenpfeil.

Kiefernspanner (Bupalus piniarius), Spannerart, v. a. in Kiefernwäldern Europas und Sibiriens; 3–4 cm Flügelspannweite; ♂ mit schwarzbraunen, an der Basis weißgelb gefleckten, ♀ mit dunkelbraunen, gelbbraun gefleckten Flügeln; Raupe grün mit weißl. Längsstreifen, frißt Kiefernnadeln.

Kiefernspinner (Fichtenspinner, Dendrolimus pini), bis 9 cm spannender Nachtfalter (Fam. Glucken), v. a. in trockenen Kiefernwäldern Europas und O-Asiens; Vorderflügel grau bis braunrot mit weißem Mittelpunkt und einer breiten Querbinde; Hinterflügel einfarbig graubraun. Die bis 8 cm lange Raupe frißt an Kiefernnadeln.

Kieferntriebwickler (Rhyaciona buoliana), Forstschädling aus der Fam. der Wickler; kleiner Schmetterling mit ziegelroten Vorderflügeln und braunen Hinterflügeln; Raupe frißt im Frühjahr an jungen Kieferntrieben.

Kieferspalte ↑Kieferanomalien.

Kiefersperre, Unfähigkeit, die Zahnreihen zu schließen; am häufigsten bei beidseitiger Verrenkung des Kiefergelenks *(Kieferverrenkung, Kieferluxation)*, schlag-bzw. unfallbedingt oder infolge schlaffer Gelenkkapsel bzw. übermäßiger Öffnung des Mundes. - ↑auch Kieferklemme.

Kiel, Hauptstadt von Schl.-H., am W-Ende der Kieler Förde, 248 300 E. Sitz der Landesbehörden und eines ev.-luth. Bischofs; Univ. (gegr. 1665), Marineakad., PH, Bundesanstalt für Milchforschung, Staatl. Vogelschutzwarte; Kunsthalle, Museen, 3 Theater; botan. Garten. Nach dem 2. Weltkrieg Wiederaufbau einer v. a. durch Schiffbau und dessen Zulieferanten geprägten Ind.; See- und Süßwasserfischmarkt; Fischkonservenind.; mehrere Häfen, Marinestützpunkt. Fähr- und Frachtverkehr nach Skandinavien. Im N des Stadtgebiets liegt die östl. Einfahrt des Nord-Ostsee-Kanals. Jährl. Segelregatta (↑Kieler Woche).

Geschichte: Zw. 1233 und 1242 von Graf Adolf IV. von Holstein gegr. (1242 lüb. Stadtrecht), trotz Mitgliedschaft in der Hanse als Handelsplatz unbed., erlangte erst im 15. Jh. Bed. als Geldumschlagplatz. 1665 gründete Herzog Christian Albrecht von Gottorf die Univ.; 1773 kam die Stadt an den dän. König. Der Ausbau des innerdän. Verkehrssystems führte zu einem Aufschwung des Handels. 1866 ging K. mit Holstein an Preußen über. 1867 wurde K. Kriegshafen des neugegr. Norddt. Bundes, 1871 dt. Reichskriegshafen. - Im Kieler Frieden (14. Jan. 1814), in den Befreiungskriegen von Schweden und Großbrit. Dänemark aufgezwungen, mußte dieses der antinapoleon. Koalition beitreten und große Territorialverluste hinnehmen.

Bauten: Nach Zerstörungen im 2. Weltkrieg wiederaufgebaut bzw. erhalten: got. Nikolaikirche (13. und 14. Jh.), westl. Kreuzgangflügel

und Refektorium des ehem. Franziskanerklosters (1240–46). 1961–65 wurde das Kulturzentrum Kieler Schloß aufgebaut. Alte Univ.-bibliothek (1881–84), Rathaus (1907–11), Arbeitsamt (1928/29), Mensa und Studentenhaus der Univ. (1963–66); Skulptur des „Geistkämpfers" (1927/28) von E. Barlach.
📖 *Gloy, A.: Aus Kiels Vergangenheit u. Gegenwart, Ffm. Nachdr. 1979. - Jensen, J.: Seestadt K. Neumünster ²1978.*

Kiel, unterer, mittschiffs verlaufender Längsverband eines Bootes oder Schiffes; als Balken-K. (Holz- oder Stahlbalken, aus dem Boden herausragend), Flach-K. (verstärkter Plattengang, eben) oder Flossen-K. (bei Segeljachten). Ein Schlinger-K. ist ein an der Kimm des Bodens angeschweißtes, abstehendes Profileisen zur Schlingerdämpfung.
♦ ↑ Vogelfeder.

Kielbogen ↑ Bogen.

Kielboot, Segeljacht mit festem Kiel; entweder mit Ballast ausgefüllter Teil des Rumpfes (Flossenkiel) oder Schwert mit angehängtem Ballastwulst.

Kielce [poln. 'kjɛltsɛ], poln. Stadt am W-Rand des Kielcer Berglandes, 275 m ü. d. M., 197 000 E. Hauptstadt der Verw.-Geb. K.; kath. Bischofssitz; Bergakad.; PH, Museen; Theater. Zentrum der Elektroind. und des Maschinenbaues. - Erstmals 1084 gen., 1384 Magdeburger Stadtrecht. Im 16. Jh. Beginn des Bergbaus. - Die Kathedrale wurde im 16. und 17. Jh. mehrmals umgebaut, frühbarokker Bischofspalast (17. Jh.).

Kielcer Bergland [poln. 'kjɛltsɛ] ↑ Kleinpolnisches Berg- und Hügelland.

Kiel des Schiffes ↑ Sternbilder (Übersicht).

Kielechsen ↑ Eidechsen.

Kieler Bucht, flache Bucht an der Fördenküste der sw. Ostsee, zw. der Halbinsel Schwansen im NW und der Insel Fehmarn im SO; greift mit der **Eckernförder Bucht,** der **Hohwachter Bucht** und der **Kieler Förde** bis 17 km tief in das Land ein; Off-shore-Erdölbohrungen.

Kieler Friede ↑ Kiel (Geschichte).

Kieler Woche, traditionelle, seit 1882 alljährl. im Juni stattfindende Segelregattagroßveranstaltung mit kulturellem Rahmenprogramm.

Kielflügel, svw. ↑ Cembalo.

Kielfüßer, svw. ↑ Kielschnecken.

kielholen, seemänn. für: 1. ein Boot durch Ziehen am Mast so krängen, daß der Bootsboden untersucht und an ihm (bzw. am Masttop) etwas repariert werden kann; 2. einen Mann an einer langen Leine quer unter dem Schiff durchziehen; eine oft tödl. endende Disziplinarstrafe in der Seefahrt früherer Jahrhunderte.

Kieling, Wolfgang, * Berlin 16. März 1924, † Hamburg 7. Okt. 1985, dt. Schauspieler. - Seit 1936 beim Film, seit 1941 auch Bühnenengagements. Arbeitete 1955/56 bei der DEFA; 1953–65 ∞ mit G. Uhlen. Seit 1957 in der BR Deutschland (Film- und Bühnenverpflichtungen), die er 1968 aus Protest gegen die damalige innenpolit. Ereignisse und die Vietnampolitik der USA wieder verließ; endgültige Rückkehr 1970; wurde bes. bekannt durch seine expressive Spielweise, v. a. in Literaturverfilmungen wie „Die Physiker" (1971, F. Dürrenmatt), „Der eingebildete Kranke" (1976, Molière).

Kielinstrumente, Tasteninstrumente, bei denen die Saiten mit Hilfe von mechan. bewegten Kielen (Federkielen, später Leder, Kunststoff) angerissen werden. K. sind Virginal, Spinett, Cembalo, Klavicitherium.

Kielland, Alexander L[ange] [norweg. 'çɛlan], * Stavanger 18. Febr. 1849, † Bergen 6. April 1906, norweg. Schriftsteller. - Wandte sich gegen soziale Mißverhältnisse und Heuchelei innerhalb von Kirche und Gesellschaft. - *Werke:* Garman & Worse (R., 1880), Else (E., 1881), Gift (R., 1883), Jakob (R., 1891).

Kiellinie, Formation eines Schiffsverbands, bei der die Schiffe in Kursrichtung hintereinander fahren (vom 17. Jh. bis zum 1. Weltkrieg wichtigste Gefechtsformation).

Kielschnecken (Kielfüßer, Atlantoidea, Heteropoda), Überfam. bis über 50 cm langer Vorderkiemer in trop. und subtrop. Meeren; Körper langgestreckt; Kriechsohle zu seitl. zusammengedrückter Ruderflosse mit Saugnapf umgebildet; Gehäuse dünn bis völlig rückgebildet.

Kielschwert, eine durch den Kiel ins Wasser ragende Platte bei Segelbooten, meist heraßlaßbar (fierbar) als Klappschwert; zur Verringerung der Abdrift und zur Beeinflussung des Ruderdrucks.

Kielwasser, durch die Fahrt und die Schraube(n) eines Schiffes in Bewegung gebrachtes Wasser, das hinter dem Schiff lange sichtbar ist.

Kiemen [niederdt. Form von Kimme, eigtl. „Einschnitt, Kerbe"] (Branchien), Atmungsorgane von Tieren, die im Wasser leben. Meist sind sie stark mit Blut bzw. Körperflüssigkeit versorgte oder von Tracheen *(Tracheenkiemen;* bei vielen Insektenlarven) durchzogene dünnhäutige Ausstülpungen der Körperwand (äußere Kiemen) oder der Schleimhaut des Vorderdarms (innere Kiemen). Letztere sind von einer Hautfalte bzw. einem Kiemendeckel (bei Knochenfischen) geschützt. Zur Vergrößerung ihrer Oberfläche sind die K. stark gegliedert. - Bei den Weichtieren liegen sie in der Mantelhöhle und sind unterschiedl. ausgebildet: **Fadenkiemen,** mit langen fadenförmigen Anhängen; kommen bei verschiedenen Muschelgruppen, bes. bei ↑ Fadenkiemern, vor. Aus ihnen gehen die **Blattkiemen** mit zahlr. blättchenförmigen Lamellen hervor. Sie sind charakterist. für

Kiemenbögen

die Muschelordnung ↑Blattkiemer. Federartig sind die **Fiederkiemen**, z. B. bei den Nußmuscheln. Durch Rückbildung einer Fiederblättchenreihe kommt es zur Ausbildung von **Kammkiemen** (bei vielen Schnecken). - Manteltiere, Lanzettfischchen und Fische haben einen von Kiemenspalten durchbrochenen Vorderdarm, den sog. *Kiemendarm*. Bei Manteltieren ist dieser zu einem gitterartig durchbrochenen *Kiemenkorb* erweitert. - Die K. der Fische werden durch ein knorpeliges oder knöchernes K.skelett, die ↑Kiemenbögen, gestützt.

Kiemenbögen (Viszeralbögen, Schlundbögen), in wechselnder Anzahl vorkommende, paarige, die Kiemen der primär im Wasser lebenden Wirbeltiere stützende, urspr. knorpelige, bei der stammesgeschichtl. Höherentwicklung der Tiere verknöcherte Spangen (Bögen) des Kiemendarms. Auch bei den auf dem Land lebenden Wirbeltieren bleiben die K. (wenn auch stark reduziert) erhalten, ändern aber ihre Lage, Gestalt und Funktion (werden z. B. zu Gehörknöchelchen, Kieferknochen, zum Zungenbein).

Kiemenfußkrebse (Kiemenfüße, Anostraca), Überordnung der Blattfußkrebse mit rd. 175 bis etwa 10 cm langen Arten in stehenden Binnengewässern; Körper langgestreckt, ohne Chitinpanzer, mit meist elf Paaren abgeflachter Blattbeine, die der Fortbewegung, der Ernährung und der Atmung dienen (Kiemenanhänge). Die Tiere schwimmen mit nach unten gekehrtem Rücken.

Kiemenschwänze (Fischläuse, Branchiura), Unterklasse der Krebse mit der einzigen Fam. ↑Karpfläuse.

Kienholz, Edward, * Fairfield (Wash.) 23. Okt. 1927, amerikan. Bildhauer. - Schlagkräftige zeitkrit. Environments, z. B. über die Problematik der Neger in den USA.

Kienholz (Kien) [zu althochdt. chien „abgespaltenes Holzstück"], Kiefernholz, das bes. durch Reibung, Druck und Pilzbefall stark verharzt ist. Von K. abgespaltene Späne (**Kienspäne**) dienten früher als Fackeln.

Kiental-Konferenz ↑Zimmerwalder Konferenz.

Kienzl, Wilhelm, * Waizenkirchen (Oberösterreich) 17. Jan. 1857, † Wien 3. Okt. 1941, östr. Komponist. - Bed. Vertreter der spätromant. Volksoper (u. a. „Der Evangelimann", 1895; „Der Kuhreigen", 1911), daneben Orchester-, Kammer-, Klaviermusik, Lieder.

Kiep, Walther Leisler, * Hamburg 5. Jan. 1925, dt. Politiker. - Seit 1961 Mgl. der CDU, seit 1971 deren Schatzmeister, 1965–76 und 1980–82 MdB; 1976–80 niedersächs. Finanzmin.; im Juni und Dez. 1982 erfolgloser CDU-Spitzenkandidat bei den Hamburger Bürgerschaftswahlen.

Kiepenheuer, Karl-Otto, * Weimar 10. Nov. 1910, † Ensenada (Mexiko) 23. Mai 1975, dt. Astrophysiker. - Begründer und Direktor des Fraunhofer-Instituts für Sonnenforschung in Freiburg i. Br.; entwickelte 1936 die Vorstellung „eingefrorener" solarer bzw. interplanetarer Magnetfelder. 1946 entdeckte er die langsame Korpuskularstrahlung der Sonne.

Kiepenheuer & Witsch, Verlag ↑Verlage (Übersicht).

Kiepura, Jan [poln. kjɛ'pura], * Sosnowiec 16. Mai 1902, † Harrison (N. Y.) 15. Aug. 1966, poln. Sänger (Tenor). - Feierte glänzende Erfolge an der Wiener Staatsoper und gastierte an den großen Opernhäusern Europas, N- und S-Amerikas. Bes. populär wurde er durch sein Auftreten in Operetten und Musikfilmen.

Kierkegaard, Søren ['kırkəgart; dän. 'kɛrgəgɔːr], * Kopenhagen 5. Mai 1813, † ebd. 11. Nov. 1855, dän. Theologe, Schriftsteller und Philosoph. - 1830–41 Studium der Theologie und Philosophie, 1841 Magister und Prediger in Kopenhagen. Sein radikaler Individualismus ließ K. im gleichen Jahr seine Verlobung auflösen und jegl. berufl. Tätigkeit ablehnen. Er lebte seitdem als Schriftsteller von ererbtem Vermögen. - Nahezu das gesamte Werk ist in bewußter Anlehnung an Sokrates in Dialogform und - um die Unmöglichkeit einer direkten Mitteilung von objektiver, allg. gültiger Wahrheit zu unterstreichen - zudem unter einer Vielzahl von Pseudonymen erschienen. Zentral in diesem Werk und wirkungsgeschichtl. von weittragender Bed. sind die Begriffe Existenz und Angst, denen die der Freiheit und Entscheidung zugeordnet sind. Existenz (↑auch Existenzphilosophie) ist für K. das „Selbst", ein „Verhältnis, das sich zu sich selbst verhält". Sie ist ein Prozeß, ein Werden des je einzelnen in der Zeit, eine Folge der Lebensmomente, in denen der Mensch die Synthese aus Unendlichkeit und Endlichkeit herzustellen sucht. Dieser Prozeß vollzieht sich in drei „Stadien des Lebens", und zwar jeweils in einem „Sprung", einer qualitativen Veränderung. Im *ästhet.* Stadium, das passiv-sinnl. ist, gerät der einzelne in die Verzweiflung, weil die „Synthese" nicht erreicht werden kann, und gelangt so zu dem *eth.* Stadium, das durch aktives Handeln, durch die radikale Entscheidung („Entweder-Oder") gekennzeichnet ist. Die sich dabei einstellende Angst, vor der freien Wahl der Möglichkeiten allein zu sein, macht die Grenzen der Freiheit erneut sichtbar und führt schließl. - im *religiösen* Stadium - zu der Erfahrung, daß endgültiger Aufstieg aus der Angst und der Verzweiflung allein durch die Gnade Gottes mögl. ist. Diese wesentl. christl. Existenzdeutung brachte K. in ihrer subjektivist.-individualist. Radikalität in scharfen Ggs. zur dän. luth. Kirche und letztl. zur Ablehnung von Kirche überhaupt, die ja behauptet, in ihren Dogmen ein geschlossenes System objektiver und absoluter Wahrheit

Kieserit

zu besitzen. Für K. aber ist absolute Transzendenz allein Gott vorbehalten - ein Gedanke, der später wesentl. zur Entstehung der ↑dialektischen Theologie beitrug.
Werke: Entweder-Oder (1843), Die Wiederholung (1843), Furcht und Zittern (1843), Philosoph. Bissen (1844), Der Begriff der Angst (1844), Die Krankheit zum Tode (1849), Einübung im Christentum (1850).
□ *Hochenbleicher-Schwarz, A.: Das Existenzproblem bei J. G. Fichte u. S. K. Königstein i. Ts. 1984. - Ringleben, J.: Aneignung. Die spekulative Theologie S. K. Bln. 1983.*

Kies, Lockergestein aus abgerundeten Gesteinsbrocken.

Kiesabbrand, überwiegend oxid. Rückstände nach dem ↑Rösten sulfid. Erze.

Kiese, chem. einfach zusammengesetzte, meist sulfid. oder arsenige Erzminerale von größerer Härte als Blenden und Glanze, aber schlechter Spaltbarkeit, mit starkem Metallglanz und lichten Farben (gelb, rötl., weiß, lichtgrau). Die größte Verbreitung besitzt der *Eisenkies*, FeS_2, der kub. als *Pyrit* bzw. rhomb. als *Markasit* auftritt. Durch teilweisen oder völligen Ersatz des Eisens durch Nickel, Mangan, Platin, Ruthenium und Kobalt bzw. des Schwefels durch Arsen oder Antimon entstehen die dem Pyrit analogen kub. K. *Bravoit, Gersdorffit, Hauerit, Kobaltglanz, Laurit, Sperrylith* und *Ullmannit*; in ähnl. Weise ergeben sich die dem Markasit analogen rhomb. K. *Cooperit, Löllingit* und die Mischkristalle von *Arsenkies* und *Glaukodot.* Weitere K. sind *Chloanthit* und *Speiskobalt* (wichtige Kobalt- und Nickelerze), *Magnetkies, Rotnickelkies, Breithauptit* (NiSb), *Maucherit* und *Millerit* sowie die verschiedenen *Kobaltnickelkiese.* Wichtige Kupfererze sind *Kupferkies* und *Bornit*; gleiche Struktur wie der Kupferkies besitzt der *Zinnkies.* Unter der Bez. *Silberkiese* werden seltene Silbererze, wie *Sternbergit* ($AgFe_2S_3$) und *Argentopyrit* ($AgFe_3S_5$), zusammengefaßt.

Kiesel, (Kieselstein) kleines Geröll aus Quarz oder quarzreichem Gestein.
◆ in der *Chemie* veraltete Bez. für elementares Silicium, die jedoch noch in vielen Verbindungsnamen enthalten ist (z. B. Kieselsäuren, Kieselgel).

Kieselalgen (Diatomeen, Diatomeae), Ordnung der Goldbraunen Algen (nach der neueren botan. Systematik auch Klasse der Algen [Bacillariophyceae]); mikroskop. kleine, einzellige Algen des Süß- und Meerwassers; Chromatophoren meist braun gefärbt; Zellen haben einen schachtelartig zusammenpassenden, zweiteiligen Panzer aus Kieselsäure. Man unterscheidet zwei Hauptgruppen: 1. *Zentrale K.* mit kreisförmigen Schalen; unbeweglich. 2. *Pennale K.* mit staboder schiffchenförmigen Schalen; beweglich. - Fossile Lager von K. liefern die techn. vielfältig verwendete ↑Kieselgur.

Kieselerde, ältere Bez. für Mineralien, die sich durch ihren Quarzgehalt zur Glasbereitung eignen.

Kieselfluorwasserstoffsäure (Hexafluorokieselsäure, Fluor[o]kieselsäure, Kieselflußsäure, Siliciumfluorwasserstoffsäure), $H_2[SiF_6]$, eine nur in wäßriger Lösung existierende, starke Mineralsäure, wirkt desinfizierend. Ihre Salze sind die ↑Fluate.

Kieselgalmei, svw. ↑Hemimorphit.

Kieselgel (Kieselsäuregel, Silicagel), fast reine, amorphe Kieselsäure mit bestimmtem Wassergehalt; wegen zahlreicher ultramikroskop. Poren als Adsorptionsmittel für Gase, Dämpfe und Flüssigkeiten geeignet.

Kieselglas, svw. ↑Quarzglas.

Kieselgur (Infusorienerde, Diatomeenerde, Bergmehl), v. a. aus Siliciumdioxid, SiO_2, bestehendes Süßwassersediment, das im Tertiär aus den Kieselsäuregerüsten der Infusorien (Aufgußtierchen) und Diatomeen (Kieselalgen) entstanden ist. Vielfache Verwendungsmöglichkeiten als Filter- und Absorptionsmaterial, Katalysator, Füllstoff.

Kieselgut, svw. ↑Quarzgut.

Kieselmalachit, svw. ↑Chrysokoll.

Kieselsäuregel, svw. ↑Kieselgel.

Kieselsäuren, Sammelbez. für die Sauerstoffsäuren des ↑Siliciums, die in der Natur nur in Form ihrer Salze, die Silicate, vorkommen und aus diesen durch Ansäuern hergestellt werden. Die am einfachsten gebaute K. ist die nur kurzzeitig beständige *Mono-* oder *Ortho-K.*, H_4SiO_4, die unter fortschreitendem Wasseraustritt (Kondensation) in komplizierte Polymere übergeht, die als *Poly-* bzw. *Meta-K.* bezeichnet werden und die Zusammensetzung $H_{2n+2}Si_nO_{3n+1}$ bzw. $(H_2SiO_3)_n$ besitzen. Beim Überschreiten eines bestimmten Kondensationsgrades können aus den kolloidal gelösten K. stark wasserhaltige, gallertige K. (Kieselgel) und als Endstufe der Kondensation Siliciumdioxid, das in der Natur u. a. als Quarz vorkommt, entstehen.

Kieselschiefer, dichtes, hartes Sedimentgestein, grau bis schwärzl., meist gebändert, aus verfestigtem Radiolarienschlamm entstanden.

Kieselschwämme (Silicispongiae), Klasse überwiegend meerbewohnender Schwämme mit aus Kieselsäure bestehenden Skeletelementen (Skleriten); zu ihnen gehören u. a. Glasschwämme, Bohrschwämme, Badeschwamm und Süßwasserschwämme.

Kieselsinter, kieselige Ausscheidung an heißen Quellen und Geysiren.

Kieselzinkerz, svw. ↑Hemimorphit.

Kieserit [nach dem dt. Naturforscher D. G. Kieser, *1779, †1862], techn. wichtiges Kalisalz, chemische Zusammensetzung $MgSO_4 \cdot H_2O$, Mohshärte 3,5, Dichte 2,57 g/cm³; Vorkommen in Form farbloser, weißer oder gelbl., pyramidenförmiger Kristalle in Salzlagerstätten.

Kieseritzky, Ingomar von, * Dresden 21. Febr. 1944, dt. Schriftsteller. - Urspr. Buchhändler; schafft in seiner Erzählung „Ossip und Sobolev oder Die Melancholie" (1968) sowie den Romanen „Tief oben" (1970) und „Das eine wie das andere" (1971) eine traumhaft-phantast. Welt, in der kaum vorstellbare Personen in absurden Situationen dargestellt werden. - *Weitere Werke:* Liebes-Paare: Expertengespräche (1973), Trägheit oder Szenen aus der Vita Activa (1978), Obsession. Ein Liebesfall (E., 1984).

Kiesewetter, Knut, * Stettin 13. Sept. 1941, dt. Sänger und Liedermacher. - Bedeutendster dt. Jazzsänger der 1960er Jahre; textet und komponiert seit Mitte der 1970er Jahre eigene (sozialkrit.) Lieder; auch bekannter Interpret fries. Volkslieder.

K., Raphael Georg, Edler von Wiesenbrunn, * Holleschau (Mähren) 29. Aug. 1773, † Baden bei Wien 1. Jan. 1850, östr. Musikforscher. - Schrieb u. a. „Geschichte der europ.-abendländ. oder unsrer heutigen Musik" (1834).

Kiesinger, Kurt Georg, * Ebingen (= Albstadt) 6. April 1904, dt. Politiker. - 1940-45 wiss. Hilfsarbeiter und stellv. Leiter der Rundfunkabteilung im Auswärtigen Amt; wurde 1948 Landesgeschäftsführer der CDU Württemberg-Hohenzollern, 1950 Mgl. des geschäftsführenden Vorstands der CDU. 1949-80 MdB (Unterbrechung 1958-69). 1958-66 Min.präs. von Baden-Württemberg; 1966-69 Bundeskanzler der großen Koalition; wegen seiner Mitgliedschaft in der NSDAP (1933-45) und seiner Tätigkeit im Dritten Reich in der Öffentlichkeit z. T. kritisiert; förderte die Außenpolitik eine vorsichtige Neuorientierung der Ostpolitik. War um Überwindung der Rezession, Verabschiedung der Notstandsgesetze sowie Reformen des Strafrechts und der Sozialpolitik bemüht; 1967-71 Bundesvors. der CDU. - † 9. März 1988.

Kieswüste ↑ Serir.

Kiew ['kiːɛf], Hauptstadt der Ukrain. SSR und des Gebiets K., am Dnjepr, 183 m ü. d. M., 2,45 Mill. E. Eines der größten Ind.- und Kulturzentren der UdSSR. Sitz eines russ.-orth. Metropoliten. Univ. (1834 gegr.), zahlr. Hochschulen, Akademie der Wiss. der Ukrain. SSR, Museen; Planetarium; Theater; botan. Garten, Zoo; Filmstudios, Fernsehsender. Führend ist der Maschinen- und Gerätebau, daneben Nahrungsmittel-, Textil-, Baustoff-, chem. Ind. und Schiffbau. Den Hafen von K. können kleinere Seeschiffe erreichen; ⚒.
Geschichte: Das Gebiet des heutigen K. war schon in prähistor. Zeit besiedelt. Im 8. und 9.Jh. befanden sich auf dem Stadtgebiet drei poljan. Siedlungen. Der histor. Kern, aus dem sich K. entwickelte, lag auf dem äußersten Ausläufer des Hochplateaus über dem Dnjepr, östl. der Sophienkathedrale. Diese Siedlung ging um 880 in den Besitz des Nowgoroder Fürsten Oleg über, der sie zur fürstl. Residenz erhob. Der eigentl. Ausbau der Stadt begann unter dem 988 zum Christentum übergetretenen Fürsten Wladimir I., Kiew wurde polit. und kultureller Mittelpunkt des Reiches. Der Zerfall des Reichs, die Zerstörung der Stadt durch die Mongolen (1240) und der Niedergang des Dnjeprhandels hemmten die Entwicklung. 1362 wurde K. von dem litauischen Fürsten Olgerd erobert und nach der Verbindung Litauens mit Polen (1569) Verwaltungszentrum der Woiwodschaft Kiew. 1667 wurde K. Hauptstadt eines unter russ. Schutz stehenden halbautonomen Kosakenstaats, 1793 Hauptstadt eines russ. Gouvernements. Während des 1. Weltkriegs war K. 1918 in der Hand dt. Truppen, in den Revolutionswirren wechselte es mehrmals den Besitzer, im Juni 1920 wurde es endgültig sowjet.; 1928 Hauptstadt der Ukrain. SSR an Stelle von Charkow. Im 2. Weltkrieg war K. von Sept. 1941 bis Nov. 1943 von dt. Truppen besetzt; die schweren Kriegsschäden wurden behoben.
Bauten: U. a. Sophienkathedrale (11. Jh., 1240 zerstört, barocker Wiederaufbau) mit zahlr. Kuppeln sowie Mosaiken und Fresken und Glockenturm. Klosterkirche Sankt Michael mit dem goldenen Dach (um 1108), barocke Andreaskathedrale (1747-52).

Kiewer Höhlenkloster ['kiːɛf], ältestes russ. Kloster (gegr. 1051), geht zurück auf von Eremiten bewohnte Höhlen in der Nähe von Kiew; von hier aus Christianisierung Rußlands und Schaffung einer eigenständigen russ.-christl. Kultur; Blüte im 11./12. Jh. Das K. H. ist seit 1926 Museum.

Kiez [slaw.], Bez. für früh-ma. zeilen- oder straßendorfartige Siedlungen im brandenburg., mecklenburg. und Posener Raum mit starkem slaw. Bev.anteil nahe einer dt. Burg oder am Rande dt. Dörfer. - Manche Kieze wurden zu Vorstädten; danach regionale, bes. berlin. Bez. für Stadtteile.

Kiewer Reich ['kiːɛf], erste Territorialherrschaftsbildung auf russ. Boden, an deren Entstehen im 9. und in der 1. Hälfte des 10. Jh. v. a. die slawisierten waräg. Gefolgsherren und ostslaw. Stämme beteiligt waren. Blütezeit unter den Großfürsten Wladimir I. (978-1015) und Jaroslaw Mudry (1019-54), danach rascher Zerfall.

Kigali, Hauptstadt von Rwanda, im Zentrum des Landes, 1540 m ü. d. M., 156 700 E. Sitz eines kath. Erzbischofs; Militärschule; Rundfunkgerätefabrik; ⚒.

Kigeziberglandh, zerschnittenes Hochland in SW-Uganda, Teilstück der östl. Randschwelle des Zentralafrikan. Grabens, 1800 bis 2500 m ü. d. M.

Kigoma, Regionshauptstadt in Tansania, 773 m ü. d. M., 50 000 E. Kath. Bischofssitz; meteorolog. Station; Endpunkt der Bahnlinie von Daressalam, Hafen am Tanganjikasee.

Kijonaga, Torii, * Uraga bei Jokohama 1752 (?), † Edo (= Tokio) 28. Juni 1815, jap. Maler und Holzschnittmeister. - Klassiker des ↑ Ukijo-E; prägte den schlanken, überlangen Frauentypus.

Kijonobu, Torii, * Osaka 1664, † Edo (= Tokio) 1729, jap. Holzschnittmeister. - Gründer der Torii-Künstlersippe; Plakate und Schauspielerbilder (Kabukispieler).

Kikinda, jugoslaw. Stadt im Banat, 41 000 E. Grenzstation; Ziegelei, eisenschaffende Ind., Pkw-Montagewerk. - 1416 erstmals erwähnt.

Kikutake, Kujonori, * Kurume 1. April 1928, jap. Architekt. - Neben Entwürfen gigant. Großstadtarchitekturen (schwimmende Ozeanstadt „Unabara", deren Wohntürme ins Wasser hinabhängen) baute er Wohnhochhäuser, kulturelle und soziale öffentl. Gebäude und den Izumoschrein in Tokio (1963).

Kikuyu, Bantuvolk in Z-Kenia, Träger des Mau-Mau-Aufstandes.

Kilch ↑ Felchen.

Kildare [engl. kɪl'dɛə], ostir. Stadt in der Gft. K., 5 000 E. Anglikan. Bischofssitz. Zentrum der ir. Pferdezucht. - K. geht auf ein um 490 von der hl. Brigid gegr. Kloster zurück; erhielt Ende des 17. Jh. Stadtrecht. - Kathedrale (13., 15. und 17. Jh.); Ruinen eines Karmeliterklosters (13. Jh.) und einer Burg (12. Jh.).

Kilian, hl., † Würzburg um 689, ir. Wanderbischof, Missionar und Märtyrer. - Patron des Bistums Würzburg, wo er 680 missionierte. - Fest: 8. Juli.

Kilikien, histor. Landschaft in S-Anatolien, von Kap Anamur im W bis zum Golf von Iskenderun im O. - Vom 16.-13. Jh. Teil des Hethiterreiches. Zum Perserreich gehörte K. zuerst als Vasallenstaat unter einheim. Königen, später (um 400) als Satrapie. Als Seeräuberzentrum gefürchtet; bereits um 102 von den Römern als Provinz eingerichtet (endgültige Unterwerfung jedoch erst 67 v. Chr. durch Pompejus). Als byzantin. Reichsgebiet wurde K. 613 n. Chr. von den Persern und 710/711 von den Arabern besetzt; 1129-37 bestand ein unabhängiges kleinarmen. Ft., nach neuer byzantin. Herrschaft ab 1198 das Kgr. Kleinarmenien; 1352 von Mamelucken, 1522 von Osmanen erobert.

Kilikischer Taurus ↑ Taurus.

Kilimandscharo, höchstes Bergmassiv Afrikas (Vulkan), in NO-Tansania; seine drei Gipfel erheben sich 4 000 m (**Shira**), 5 270 m (**Mawensi**) und 5 895 m hoch (der vergletscherte **Kibo**). - Erstbesteigung 1889 von Hans Meyer und L. Purtscheller.

Kilkenny [engl. kɪl'kɛnɪ], Stadt in SO-Irland, am Nore, 9 500 E. Verwaltungssitz der Gft. K., anglikan. und kath. Bischofssitz; Colleges; Bibliothek. Handelszentrum. - Neben dem alten K. (**Irishtown**), der Hauptstadt des Königreichs Ossory, gründeten Anglonormannen Anfang des 13. Jh. **Englishtown**; beide wurden erst 1843 vereinigt. K. spielte in den langen Auseinandersetzungen zw. Iren und Engländern eine bed. Rolle. - Kathedrale Saint Canice (12., 14./15. Jh.); Kirchen Saint John und Saint Mary (13. Jh.), Ruinen eines Franziskanerklosters (gegr. 1234); Burg (12./13. Jh.).

Killmayer, Wilhelm, * München 21. Aug. 1927, dt. Komponist. - Schüler von C. Orff; vornehml. vokal bestimmtes Werk bei strenger Bindung an die Tonalität, u. a. Ballettoper „La buffonata" (1961), musikal. Posse „Yolimba, oder die Grenzen der Magie" (1964).

Killy, Walther ['kɪlɪ], * 26. Aug. 1917, dt. Literaturwissenschaftler. - 1956 Prof. in Berlin, seit 1961 in Göttingen, seit 1971 in Bern. Zahlr. Untersuchungen zur neueren dt. Literatur, v. a. zur Lyrik, u. a. „Elemente der Lyrik" (1972). Hg. der histor.-krit. Edition der Werke G. Trakls (1969; mit H. Szklenar), Hg. von „Zeichen der Zeit. Ein dt. Lesebuch" (4 Bde., 1958-62).

Kilo... [frz., zu griech. chílioi „tausend"], Vorsatzzeichen k, Vorsatz vor Einheiten, der das 1 000fache der betreffenden Einheit bezeichnet, z. B. 1 kg (Kilogramm) = 1 000 g.

Kilobit ↑ Bit.

Kilobyte ↑ Byte.

Kilogramm, Einheitenzeichen kg, SI-Einheit der Masse. 1 kg ist die Masse des internat. Kilogrammprototyps (eines in Sèvres bei Paris aufbewahrten Platin-Iridium-Körpers). 1 Gramm (g) = $^{1}/_{1000}$ kg.

Kilohertz, Einheitenzeichen kHz, das 1 000fache der Einheit ↑ Hertz.

Kilometergeld, Geldbetrag, der für einen (im dienstl. Auftrag) mit eigenem Fahrzeug zurückgelegten Weg pro gefahrenem Kilometer erstattet wird. Eine solche Fahrtkostenerstattung steht z. B. Beamten und Zeugen zu. - Im Steuerrecht gelten Aufwendungen des Arbeitnehmers für Fahrten zw. Wohnung und Arbeitsstätte mit eigenem Kfz als ↑ Werbungskosten.

Kilopond, Einheitenzeichen kp, Einheit der Kraft (im amtl. und geschäftl. Verkehr in der BR Deutschland gesetzl. nicht mehr zulässig); definiert als das Gewicht einer Masse von 1 Kilogramm bei der Normalfallbeschleunigung (↑ Fall): 1 kp = 1 000 p (Pond) = 9,80665 N (Newton).

Kilopondmeter (Meterkilopond), Einheitenzeichen kpm oder mkp, Einheit der Energie bzw. des Drehmomentes (im amtl. und geschäftl. Verkehr in der BR Deutschland gesetzl. nicht mehr zulässig): 1 kpm = 9,80665 Nm (Newtonmeter) = 9,80665 J.

Kilotonne, Einheitenzeichen kt, das 1 000fache der Masseneinheit ↑ Tonne; in der Form kt TNT (Kilotonnen Trinitrotoluol) zur Angabe der Sprengwirkung von Kernwaffen.

Kilowatt, Einheitenzeichen kW, das 1 000fache der Leistungseinheit ↑ Watt.

Kilowattstunde, Einheitenzeichen kWh, Einheit der Energie, v. a. in der Elektrotechnik. 1 kWh = 3,6·10⁶ Ws (Wattsekunden) = 3,6 MJ (Megajoule). Der Verbrauch elektr. Energie wird in kWh gemessen. Eine 100-Watt-Glühbirne verbraucht in 10 Std. 1 kWh.

Kilpatrick, William Heard [engl. kɪlˈpætrɪk], *White Plains (Ga.) 20. Nov. 1871, †New York 13. Febr. 1965, amerikan. Pädagoge. - Mitarbeiter und Interpret J. Deweys, mit dem er ab 1919 die Idee des „Projektplans" entwickelte, eine Gruppenpädagogik; der Lernprozeß soll über Eigeninitiative der Schüler auf der Grundlage von Kooperation erfolgen.

Kilpinen, Yrjö, *Helsinki 4. Febr. 1892, †ebd. 2. März 1959, finn. Komponist. - Komponierte etwa 700 Lieder, oft in Zyklen, auf finn., schwed. und dt. Texte, u. a. 64 „Kanteletar-lauluja" (1953/54).

Kilt [engl.], seit dem 17. Jh. zur schott. Hochlandtracht gehörender, knielanger Faltenrock aus festem Wollstoff mit Überkarc; auch von Männern getragen.

Kiltgang [oberdt., eigtl. „Abendgang"] ↑ Fensterln.

Kimberley [engl. ˈkɪmbəlɪ], Stadt in der nö. Kapprovinz, Republik Südafrika, 1 223 m ü. d. M., 144900 E. Anglikan. und kath. Bischofssitz; techn. College; Museum, Bibliothek; Zentrum der Diamantengewinnung. - 1871 nach Diamantenfunden gegr. Aus dem sog. **Big Hole** (K. Open Mine), dem größten von Menschenhand geschaffenen „Kraterloch" (1 072 m tief, 456 m Durchmesser), wurden 1871-1914 (Schließung der Mine) 25,4 Mill. t Kimberlit mit 14,5 Mill. Karat Diamanten gefördert.

K., kanad. Bergbaustadt in den Selkirk Mountains, 1 160 m ü. d. M., 7 100 E. Zentrum eines wichtigen Blei-Zink-Erz-Abbaugebiets.

Kimberleyplateau [engl. ˈkɪmbəlɪplatoː], Landschaft im nördl. Westaustralien, zw. Joseph-Bonaparte-Golf und Großer Sandwüste, von Flüssen stark zerschnitten; im Mount Ord bis 936 m hoch. Überwiegend Savanne; Bauxit-, Eisenerz- und Goldvorkommen.

Kimberlit [nach der südafrikan. Stadt Kimberley], Diamanten enthaltendes Tiefengestein, das in engen Eruptionsschloten (Pipes) gefördert wurde. Das in frischem Zustand bläul.-grünl. Gestein (**Blue ground**) verwittert zu gelbl. **Yellow ground.**

Kimbern, german. Volksstamm in NW-Jütland, der auf seinen Zügen nach S mehrfach röm. Heere besiegte (u. a. bei Noreia), bis er, nach anfängl. Erfolgen in Oberitalien, am 30. Juli 101 v. Chr. von den Römern bei Vercellae (= Vercelli) geschlagen wurde.

Kimbundu, Bantuvolk in N-Angola, östl. von Luanda bis an den Cuando; v. a. Waldland- und Savannenpflanzer sowie Handwerker (v. a. Schmiede).

Kimchi, Josef Ben Isaak, *in Spanien um 1105, †Narbonne um 1170, Grammatiker und Bibelexeget. - Verfaßte die erste in hebr. Sprache geschriebene hebr. Grammatik („Sefer Zikkaron" [„Gedenkbuch"]), außerdem Kommentare zu den bibl. Büchern Pentateuch, Propheten, Sprüche und Hiob. Sein Sohn, *David Ben Josef K.* (*um 1160, †1235), schrieb neben exeget. Werken eine hebr. Grammatik mit Wörterbuch.

Kim Dae Jung (korean. Kim Tae-chung), *auf Haei-Do 1925, südkorean. Politiker. - Wurde 1967 Parlamentsabg. der oppositionellen Neuen Demokrat. Partei und war 1971 Präsidentschaftskandidat. Verfolgung und Unterdrückung durch die Regierung kulminierten in dem Todesurteil von 1980, das nur wegen internat. Proteste nicht vollstreckt wurde. Nach Exil in den USA konnte K. D. J. 1985 nach Korea zurückkehren. Vors. der Partei für Frieden und Demokratie; kandidierte 1987 erfolglos bei den Präsidentschaftswahlen.

Kim Il Sung [korean. kim il saŋ], *bei Pjongjang 15. April 1912, nordkorean. Politiker. - Emigrierte während der jap. Kolonialherrschaft in die Mandschurei, kämpfte mit einer chin. Partisanentruppe gegen die Japaner. 1945 1. Sekretär der KP Koreas, 1946 Vors. der nordkorean. kommunist. Arbeiterpartei. 1948-72 Min.präs. der Demokrat. VR Korea, seit 1972 Staatspräsident.

Kimm, sichtbare Horizontlinie, Linie der scheinbaren Berührung von Meer und Himmel.
◆ (Kimmung) im *Schiffbau* der gekrümmte Teil der Außenhaut zw. flachem Boden und Seite.

Kimme, dreieckiger, halbrunder oder rechteckiger Ausschnitt im hinteren Visierteil, v. a. bei Handfeuerwaffen. - ↑ auch Korn.

Kimmerier, wahrscheinl. aus südruss. indigenen, thrak. und iran. Volkselementen ab 1600 v. Chr. in S-Rußland und der Ukraine entstandenes indoiranisches Reitervolk. Sein westl. Teil zog nach Makedonien, N-Italien, in das Gebiet des heutigen Bayern und ins Rheintal; der östl. Zweig überschritt den Kaukasus und wanderte nach W; um 600 verschwanden die K. aus der Geschichte.

Kimmerischer Bosporus, antike Bez. der Straße von Kertsch (↑Asowsches Meer).

Kimmung ↑Luftspiegelung.

Kimon, *um 510, †vor Kition (Zypern) 450, athen. Politiker. - Sohn des Miltiades; trug entscheidend zur Schaffung und Stärkung des Att.-Del. Seebundes bei (478 als Stratege mit Pausanias Eroberung des Bosporus, um 466 [465 ?] Doppelsieg am Eurymedon). Zeitweise verbannt (461-457); fiel beim Versuch, Zypern zu erobern.

Kimonischer Friede ↑Kalliasfriede.

Kimono [jap. „Gewand"], traditionelles jap. Obergewand aus 40 cm breiten Stoffbahnen, mit weiten Ärmeln, vorn übereinandergeschlagen und mit einem breiten Gürtel (**Obi**) zusammengehalten.

Kina, Gouvernementshauptstadt in Oberägypten, am rechten Nilufer, 69 000 E. Inst. für Bergbau der Ashar-Univ. Kairo; Handelszentrum.

Kinabalu, mit 4 101 m höchster Berg Borneos, in Sabah, Ostmalaysia.

Kinasen [griech.] (Transphosphatasen), zu den Transferasen gehörende Enzyme, die einen Phosphatrest des Adenosintriphosphats auf andere Verbindungen übertragen; v. a. für den Kohlenhydratstoffwechsel wichtig.

kinästhetische Empfindungen [griech./dt.] (Kinästhesie, Bewegungsempfindungen), die Fähigkeit bes. bei Wirbeltieren (einschließl. Mensch), die Lage und Bewegungsrichtung von Körperteilen zueinander und in bezug zur Umwelt unbewußt-reflektor. zu kontrollieren und zu steuern.

Kinau, Hans, dt. Schriftsteller, ↑Fock, Gorch.

K., Rudolf, * Finkenwerder (= Hamburg) 23. März 1887, † Hamburg 19. Nov. 1975, dt. Schriftsteller. - Bruder von Gorch Fock; Verf. humorvoller, realist. Skizzen, Erzählungen und Romane aus dem Leben der Finkenwerder Bevölkerung.

Kind, Johann Friedrich, * Leipzig 4. März 1768, † Dresden 25. Juni 1843, dt. Schriftsteller. - Schrieb u. a. die Libretti zu C. M. von Webers Oper „Der Freischütz" (1821) und zu K. Kreutzers Oper „Das Nachtlager von Granada" (1834).

Kind, der Mensch in der Alters- und Entwicklungsphase der Kindheit. Im allg. unterscheidet man zw. *Neugeborenem* (von der Geburt bis zum 10. Lebenstag), *Säugling* (im 1. Lebensjahr), *Kleinstkind* (im 2. Lebensjahr), *Kleinkind* (2.–6. Lebensjahr) und *Schulkind* (7.–14. Lebensjahr).

Körperl. Entwicklung: Die relativ schnelle Zunahme von Körperlänge und -gewicht, wie sie auch für die Fetalzeit charakterist. ist, setzt sich auch im 1. Lebensjahr fort. Erst danach findet eine langsamere Längen- und Gewichtszunahme statt, die in der Pubertätszeit noch einmal eine Beschleunigung erfährt. Während der gesamten Wachstumszeit sind starke individuelle Unterschiede zu beobachten, und zwar nicht nur im Wachstumserfolg, sondern auch im Wachstumstempo und -rhythmus. Um zu beurteilen, inwieweit ein K. seiner Altersgruppe entspricht, werden sog. Normtabellen aufgestellt. Da die einzelnen Körperabschnitte ein unterschiedl. Wachstum zeigen, kommt es im Verlauf der gesamten Entwicklungszeit zu Proportionsverschiebungen. V. a. nimmt die relative Kopfhöhe ab, die relative Beinlänge dagegen zu. - Da das Wachstum nach der Geburt nicht gleichmäßig verläuft, sondern in Schüben, können bestimmte Entwicklungsphasen definiert werden. Nach C. H. Stratz sind dies: Streckung (6. bis 7., 12. bis 15. Lebensjahr) und Fülle (Breitenentwicklung). W. Zeller unterscheidet einen ersten Gestaltwandel zw. dem 5. und 7. Lebensjahr (Übergang von der rundl. Kleinkindform in die schlankere Schulkindform) und einen zweiten im 11. (bei Mädchen) bzw. 12. (bei Jungen) Lebensjahrs.

Seel.-geistige Entwicklung: In den ersten beiden Monaten nach der Geburt richtet sich das Verhalten des K. ausschließl. nach stammesgeschichtl. ererbten Programmierungen. Bis zum 18. Lebensmonat entwickelt sich die individuelle Bindung an die Hauptbezugsperson. Diesem Abschnitt, von B. Hassenstein als sensible Phase bezeichnet, schließt sich die Phase der Lernbereitschaft an (neugieriges Erkunden, Spielen, Nachahmen). Das K. übernimmt in seinem Verhalten die menschl. Besonderheiten wie aufrechte Körperhaltung und artikulierte Sprache. Im 2. Lebensjahr beginnt es sein subjektives Verhältnis zur Umwelt und erste persönl. Stellungnahmen auszubilden. Die Tendenz zu überwiegend realist.-objektivem und sozialem Verhalten wird im 5.–8. Lebensjahr erkennbar. Der letzte K.heitsabschnitt ist v. a. durch eine Zunahme der Selbständigkeit des K. geprägt.

Im **Recht** gelten als K. (unabhängig vom Alter) folgende Verwandte ersten Grades: 1. die leibl. (natürl.) K. (Söhne und Töchter); 2. die als ehel. geltenden K. eines Mannes (Scheinvater), der die Ehelichkeit nicht oder nicht wirksam angefochten hat; 3. Adoptiv-K. (↑Annahme als Kind). - Die K. zählen zu dem

Kimono auf einem Farbholzschnitt von Horunobu (3. Viertel des 18. Jh.)

Kindbett

Kreis der Abkömmlinge und der Angehörigen. Nach der Abstammung (von einem miteinander verheirateten oder nicht verheirateten Erzeugerpaar) unterscheidet man zw. ehel. und nichtehel. Kindern. K. haben ein Recht auf angemessenen Unterhalt einschl. der Kosten einer angemessenen Vorbildung zu einem Beruf und die Pflicht, in Hauswesen und Geschäft in einer Kräften und Lebensstellung, d. h. v. a. Alter und Gesundheit entsprechenden Weise, Dienste zu leisten, solange sie dem elterl. Hausstand angehören und von den Eltern erzogen oder unterhalten werden. - ↑ auch elterliche Sorge.
Nach *östr. Recht* gelten als K. die unmittelbaren Nachkommen eines Elternpaares (Abkömmlinge ersten Grades). - Im *schweizer. Recht* gilt im wesentl. dem dt. Recht Entsprechendes.
Im *Strafrecht:* Kinder (zur Tatzeit noch nicht vierzehnjährige) sind strafrechtl. für ihre Taten nicht verantwortl. (§ 19 StGB).
📖 *Freud, A.: Wege u. Irrwege in der Kinderentwicklung.* Neuausg. Ffm. 1987. - *Hassenstein, B.: Verhaltensbiologie des K.* Mchn. ³1980. - *Remplein, H.: Die seel. Entwicklung des Menschen im Kindes- u. Jugendalter.* Mchn. u. Basel ¹⁷1971. - *Fürstenau, P.: Soziologie der K.heit.* Hdbg. 1967.

Kindbett, svw. ↑ Wochenbett.
Kindbettfieber ↑ Wochenbettfieber.
Kindchenschema, Bez. für eine Reihe von Schlüsselreizen, die im menschl. (und wahrscheinl. auch im tier.) Verhalten den Mechanismus für Brutpflege auslösen; z. B. große Augen, volle Wangen, rundl. Körperformen, betonter Hirnschädel.
Kinderarbeit, im Rahmen der merkantilist. Arbeitspolitik des 17./18. Jh. eingeführte, im 19. Jh. fortgesetzte und verstärkte Beschäftigung von Kindern in Arbeits- und „Zuchthäusern", später auch in Manufaktur- und Industriebetrieben (↑ auch Pauperismus).
In der BR Deutschland ist die Beschäftigung von Kindern, die noch nicht vierzehn Jahre

Kinderarbeit. Arbeitssaal einer Papierfabrik in Aschaffenburg (1858)

alt sind oder zum Besuch einer Schule mit Vollunterricht verpflichtet sind, gemäß JugendarbeitsschutzG verboten.
Kinderdörfer, Einrichtungen zur ständigen Betreuung und Erziehung von elternlosen oder verlassenen Kindern in familienähnl. Hausgemeinschaften. Nach Anfängen schon im 19. Jh. (J. H. Wicherns „Rauhes Haus" in Hamburg, 1833) nahm die Kinderdorfbewegung nach dem 2. Weltkrieg einen großen Aufschwung. Bedeutendste Organisation ist der von H. Gmeiner initiierte Verein **SOS-Kinderdorf e. V.,** der 1986 in der BR Deutschland 12, weltweit etwa 260 K. und zahlr. Folgeeinrichtungen wie Jugendwohngemeinschaften und Werkstätten unterhält.
Kindergarten, sozialpädagog. Einrichtung für Kinder von 3-6 Jahren bzw. bis zur Einschulung, mit halb- oder ganztägiger Betreuung (**Kindertagesstätte**). Die K.pädagogik wurde von F. ↑ Fröbel auf der freien Entfaltung der Spiel- und Entdeckungsfähigkeit des Kindes begründet. Der K. hat familienergänzende Funktion, er soll Kindern v. a. durch Selbsttätigkeit Hilfen zur Lebensbewältigung und zum Erkennen von Lebenszusammenhängen geben. Die diesen Prozeß störenden Faktoren (Leistungsdruck, Verschulung) sollten deshalb ferngehalten werden. Im Mittelpunkt der pädagog. Arbeit stehen soziale Erziehung und Umweltbegegnung, unerläßl. ist auch die Zusammenarbeit mit den Eltern. Nach dem Subsidiaritätsprinzip haben K. meist private Träger (v. a. Kirchen, Wohlfahrtsorganisationen, seit Ende der 1960er Jahre auch Elternvereinigungen). Die Anzahl der K. war in den 1960er und Anfang der 70er Jahre völlig unzureichend (1965 für 33 % der Kinder, 1972 für 44 %), nur auf Grund der niedrigen Geburtenrate reicht heute i. d. R. das Angebot an K.plätzen aus. V. a. seit den 1960er Jahren wurden Inhalte und Praxis der K.pädagogik, auch ihre von privaten Trägern bestimmte weltanschaul. Ausrichtung kritisiert; dies führte zuerst zu verstärktem Engagement der Gemeinden, weltanschaul. neutrale K. einzurichten, dann auch zur Eigeninitiative von Eltern, die, meist in ehemaligen Ladenlokalen, bewußt ein Konzept nicht-autoritärer Erziehung erprobten (**Kinderladen**).
Sonderkindergärten betreuen und fördern behinderte Kinder. **Schulkindergärten** sind sozialpädagog. Einrichtungen für schulpflichtige, aber noch nicht schulfähige Kinder (6-7jährige) innerhalb von Schulen. Sie haben eine nacherziehende, z. T. auch diagnost. und heilpädagog.-therapeut. Aufgabe und sollen die Kinder zur Schulfähigkeit führen.
Kindergeld, staatl. Maßnahme des Familienlastenausgleichs. Das K. wird von der Bundesanstalt für Arbeit (als **Kindergeldkasse**) aus Bundesmitteln gezahlt. K. kann für Kinder bis zur Vollendung des 25. Lebensjahres

gezahlt werden, falls sich diese noch in der Ausbildung befinden. Als Kinder gelten ehel., für ehel. erklärte, als Kind aufgenommene und nichtehel. Kinder, in den Haushalt aufgenommene Stiefkinder, Pflegekinder, Enkel und Geschwister.
Die ersten sog. **Familienausgleichskassen** wurden 1918 in Frankr. eingerichtet; solche Kassen waren in der Form von Körperschaften des öffentl. Rechts von 1954 bis zum Inkrafttreten des Bundeskindergeldgesetzes vom 14. 4. 1964 bei den Berufsgenossenschaften errichtet.

Kindergottesdienst (Kinderkirche), kindgemäße Form des christl. Gottesdienstes; geht zurück auf die 1785 von R. Raikes gegr. ↑Sonntagsschule; K. war zunächst Unterweisung in bibl. Geschichte, Katechismus und Kirchenliedern; in neuerer Zeit eher als die sonntägl. gottesdienstl. Versammlung der Kindergemeinde verstanden.

Kinderheilkunde (Pädiatrie), Spezialfach der Humanmedizin, das durch Fachärzte für K. (**Pädiater**) vertreten wird. Die K. beschäftigt sich mit der Erkennung und Behandlung, auch Vorbeugung der körperl. und seel. Erkrankungen von Kindern bis zum Ende des Grundschulalters. Spezialgebiete sind z. B. Kinderchirurgie, Kinderneurologie und Kinderpsychiatrie.

Kinderheime, Anstalten zur Unterbringung und Betreuung von Klein- und Schulkindern: Erholungsheime, Waisenhäuser, Heime für geistig oder körperl. Behinderte sowie für Fürsorgezöglinge. Einrichtungen für Kinder, die nachts zu ihren Familien zurückkehren, heißen **Kindertagesheime** oder **Kindertagesstätten.**

Kinderhort ↑Hort.

Kinderkirche, svw. ↑Kindergottesdienst.

Kinderkrankheiten, Krankheiten, die vorwiegend oder ausschließl. im Kindesalter auftreten. Als K. i. e. S. werden bestimmte Infektionskrankheiten wie Diphtherie, Keuchhusten, Masern, Mumps, Röteln, Scharlach und Windpocken bezeichnet. Diese K. sind äußerst ansteckend, so daß meist schon der erste Kontakt zur Erkrankung führt; andererseits hinterlassen sie meist eine lebenslange Immunität. - Die Gruppe der *nichtinfektiösen* K. ist auf den hohen Stoffumsatz des wachsenden kindl. Organismus und seinen hohen Wasser- und Mineralstoffbedarf zurückzuführen. Ernährungsstörungen (Erbrechen, Durchfälle, Dyspepsien) führen daher bes. beim Säugling und Kleinkind relativ rasch zu tiefgreifenden Störungen. Zur ↑Rachitis kommt es, wenn der hohe Bedarf an Calcium (30–50 mg pro Tag) und Phosphat (1–2 mg pro Tag) sowie an Vitamin D während des schnellen Knochenwachstums im Kleinkindalter und in der Pubertät nicht gedeckt werden kann. - Als Anpassungsschwierigkeiten des kindl. Organismus an das extrauterine Leben werden erhöhte Empfindlichkeit gegenüber Temperaturschwankungen, Anfälligkeit für katarrhal. Entzündungen, größere Empfindlichkeit der noch zarten Haut sowie eine erhöhte Krampfbereitschaft angesehen.
Beckmann, R., u. a.: Kinderheilkunde. Hg. v. *E. Grundler u. G. Seige.* Stg. ⁵1980. - K. Hg. v. *G.-A. v. Harnack.* Bln. u. a. ⁶1984.

Kinderkreuzzug ↑Kreuzzüge.

Kinderladen ↑Kindergarten.

Kinderlähmung (spinale K., Poliomyelitis, Polio, Heine-Medin-Krankheit), meldepflichtige, durch Tröpfchen- oder Kotinfektion übertragene akute Viruserkrankung der grauen Rückenmarksubstanz, seltener des Gehirns mit (irreparablen) Lähmungen, bes. von Kindern im 2.–4. Lebensjahr. Die Inkubationszeit beträgt 4–10 Tage. Akute Erkrankungen und latente Infektionen hinterlassen dauernde Immunität gegen den betreffenden Virustyp. Seit Einführung der prophylakt. Schutzimpfung mit abgetöteten Viren (↑Salk-Impfung) und der ↑Sabin-Schluckimpfung sind die Erkrankungsziffern ständig zurückgegangen. Die Krankheit beginnt uncharakterist. (grippeartig) mit Fieber, Kopfschmerzen, Entzündung der Nasen-Rachen-Schleimhaut, trockenem Husten, häufig auch mit Gliederschmerzen oder mit Erbrechen und Durchfall. Während dieser ersten infektiösen Phase (24–72 Stunden) erfolgt die Vermehrung und Ausbreitung der Viren im Organismus. Die K. kann nach dieser Phase unerkannt ausheilen. Nur in etwa 10–20 % der Erkrankungsfälle kündigt sich die Beteiligung des Zentralnervensystems durch neurolog. Zeichen wie starke Kopfschmerzen, Nackensteifigkeit, Überempfindlichkeit der Haut, Muskelschmerzen und Muskelschwäche sowie durch Reflexübererregbarkeit und seitenungleiche Sehnenreflexe an. - Nach einem meist kurzen fieberfreien Intervall setzt plötzl. die 2. Phase (paralyt. Phase, Lähmungsphase) mit schlaffen Lähmungen ein; dabei sind v. a. die Lähmung der Atemmuskulatur und die Schädigung des Atemzentrums im verlängerten Mark sehr gefährlich. In der 3. Phase (Reparationsphase) bilden sich die Lähmungen allmähl. mehr oder weniger zurück. Der endgültige Zustand (Wachstumshemmungen, Kontrakturen, Gelenkfehlstellungen) ist oft erst nach 1 bis 2 Jahren abzusehen. Eine spezif. Behandlung der K. ist nicht bekannt.

Kinderlied ↑Lied.

Kindermann, Heinz, * Wien 8. Okt. 1894, † ebd. 3. Okt. 1985, östr. Theaterwissenschaftler. - Seine vor 1945 erschienenen literaturwiss. Arbeiten waren der nationalsozialist. Ideologie verhaftet. Seinen Ruf als führender Theaterwissenschaftler erwarb er sich v. a. durch die Veröffentlichung einer „Theatergeschichte der Goethezeit" (1948) und der „Theatergeschichte Europas" (1957 ff.).

Kinderpsychologie (Kindespsycholo-

gie), Teilgebiet der Psychologie, das sich mit dem Verhalten und der seel.-geistigen Entwicklung des Kindes befaßt.
Kinderspielplatz ↑ Spielplatz.
Kindertagesheime ↑ Kinderheime.
Kindertagesstätten ↑ Kinderheime.
Kinder- und Jugendliteratur, i. e. S. Sammelbez. für die gesamte Produktion bildl.-literar. Werke sowohl für Kinder (ab Vorschulalter) als auch für schulentlassene, in Lehre oder Ausbildung befindliche, bis etwa 16 Jahre alte Jugendliche; i. w. S. (dann auch **Kinder-** und **Jugendlektüre** gen.) alle Schriften, die von diesen Altersgruppen konsumiert werden, ohne speziell für sie verfertigt zu sein. K.- u. J. soll v. a. dem jeweiligen Auffassungsvermögen des kindl. oder jugendl. Betrachters, Lesers oder Hörers entsprechen, die Entfaltung der persönl. Eigenart fördern sowie die Einsicht in die jeweiligen Gesellschaftsordnungen und deren Probleme wecken. Nach Motiven unterscheidet man u. a. Umweltbuch, Problembuch, Abenteuerbuch, phantast. Buch, Sachbuch. Inhaltl. umfaßt die K.- u. J. sowohl Belletristik wie Märchen, Legende, Schwank, Volks-, Götter- und Heldensagen, Jugenderzählungen und -roman, Kinderreim, -vers und -gedicht, Volkslied und Lyrik sowie Puppenspiel, Kinder- und Jugendtheater, als auch Populärwissenschaftliches (Reise- und Forschungsbücher), Tier- und Jagdgeschichten, Biographien, Arbeits- und Bastelbücher, Aufklärungsschriften und Lexika.
Entwicklung: Schon in der griech. und röm. Antike gab es didakt. Bearbeitungen von Homers „Ilias". Während des gesamten MA dienten Äsops Fabeln als K.- u. J., speziell als Schullektüre. Seit dem 18. Jh., beginnend mit J. H. Campes Umarbeitung von D. Defoes „Robinson Crusoe" (1719), wurden v. a. erzählende Werke der Weltliteratur in speziellen Jugendausgaben verlegt, z. B. J. F. Coopers Lederstrumpferzählungen, J. Swifts „Gullivers Reisen", M. de Cervantes Saavedras „Don Quijote", Grimmelshausens „Simplicius Simplicissimus" und H. Melvilles „Moby Dick". Viele Strömungen der K.- u. J. entstanden im 19. Jh.: W. Scott schuf mit „Ivanhoe" (1819) die bis heute beliebte Form der erzählten Geschichte; A. von Chamisso, E. T. A. Hoffmann und später H. C. Andersen führten die phantast. Erzählung ein. Kindergedichte schrieben v. a. H. Hoffmann und Hoffmann von Fallersleben. Ebenfalls zu Beginn des 19. Jh. wurde durch die Romantiker die Volksliteratur für die K.- u. J. erschlossen; Kinderreime, Volkslieder, Märchen, Legenden, Volksbücher, Sagen, Schelmengeschichten („Till Eulenspiegel") wurden neu erzählt und illustriert. Zu Beginn des 20. Jh. wurde die Umwelterzählung entwickelt; kindl. Helden, die ihre Probleme selbst in die Hand nehmen, wurden in der dt.sprachigen K.- u. J. zum erstenmal von F. Molnár („Die Jungens von der Paulstraße", 1907) und E. Kästner („Emil und die Detektive", 1928) vorgestellt. Nach dem 2. Weltkrieg fanden die phantast.-abenteuerl., utop. Erzählung, das jugendl. populärwiss. Sachbuch und die Comics weite Verbreitung. Zunehmende Bed. gewinnt neuerdings das realist.-zeitgemäße Problembuch mit bisher gemiedenen Themen wie Sexualität, Umweltschutz, Drogenprobleme, Jugendstrafvollzug, körperl. und geistig Behinderte, Rocker, Wohngemeinschaft, Jugendarbeitslosigkeit, Arbeitswelt und Probleme der sog. „Dritten Welt".
Förderung: Verschiedene private bzw. staatl. Institutionen und Organisationen haben es sich zur Aufgabe gemacht, anspruchsvolle K.- u. J. auf nat. und internat. Ebene zu fördern. In der BR Deutschland sind das u. a. die *Internat. Jugendbibliothek* in München, der *Arbeitskreis „Das gute Jugendbuch" e. V.* im Börsenverein des Dt. Buchhandels und der *Arbeitskreis für Jugendliteratur* in München, der jährl. den vom Bundesmin. für Jugend, Familie, Frauen und Gesundheit gestifteten *Dt. Jugendliteraturpreis* vergibt. Dieser Arbeitskreis ist Mgl. des *Internat. Kuratoriums für das Jugendbuch* in Zürich, dem z. Z. Organisationen aus 39 Ländern angehören; er verleiht alle 2 Jahre die *Hans-Christian-Andersen-Medaille,* den wichtigsten internat. Jugendbuchpreis, seit 1966 auch an Illustratoren. Auf seine Anregung hin wird seit 1966 jährl. am 2. April (Geburtstag H. C. Andersens), der *Internat. Kinderbuchtag* begangen.
📖 *K.- u. J.* Hg. v. G. Haas. Stg. ³1984. - Maier, Karl E.: *Jugendliteratur.* Bad Heilbrunn ⁸1980. - Krüger, A.: *Die erzählende K.- u. J. im Wandel.* Ffm. u. Aarau 1980. - *Lex. der K.- u. J.* Hg. v. K. Doderer. Weinheim ¹⁻²1977–82. 3 Bde. u. Reg.-Bd.
Kinder- und Jugendpsychiatrie ↑ Psychiatrie.
Kinder- und Jugendtheater, Sammelbez. für alle Formen der Bühnenkunst, bei der Text und Musik sowie mim.-gest. Geschehen unter Kindern, von Erwachsenen für Kinder oder mit Kindern zu spontanen oder geprobten Aufführungen gelangen. Das Kindertheater von Erwachsenen für Kinder läßt sich seit etwa dem Schuldrama des 16./17. Jh. mit Höhepunkt in der Aufklärung nachweisen; im 19. Jh. ohne große Bed. (Laienspiel, Kasperltheater, dramatisierte Weihnachtsmärchen; neue Blütezeit nach der Oktoberrevolution in Sowjetrußland, wo 1918 das erste K.- u. J. gegr. wurde (heute existieren in der UdSSR über 45 Bühnen); in den USA wurde 1921 das erste K.- u. J. eröffnet (etwa 1500 Theater beschäftigen sich heute mit Kinder- und Jugendaufführungen); in Deutschland wurde 1923 das Berliner „Theater der höheren Schulen" eröffnet. In der DDR existieren z. Z. 4 K.- u. J.; in der BR Deutschland zählen

zu den selbständigen K.- u. J. u. a. „Münchner Märchenbühne", „Jugendtheater Kiel", „Berliner Kindertheater", „Theater für Kinder" in Hamburg und Hannover, „Theater der Jugend" in Unna, München und Bonn, „Grips Theater", „Rote Grütze", „Birne" und „Hoffmans Comic Teater" in Berlin (West), „Off-Off-Theater" in München und „Ömmes und Oimel" in Remlingen. - Je nach Thematik und Aufführungsstil sind unterschiedl. Stücktypen bekannt: das *Aufklärungstheater* will Einsicht in gesellschaftl. Verhältnisse vermitteln und zur polit. Kritik anregen; das v. a. in England entwickelte *Aufregungstheater* vermittelt bes. Spaß und Bewegung; das *Bildertheater* schafft Identifikations- und Projektionsmöglichkeiten v. a. in szen. Bildern; im *Titeltheater* werden meist weitverbreitete Märchen, Kinder- oder Jugendbücher dramatisiert.
📖 *Jugendtheater - Theater für alle.* Hg. v. R. Dringenberg u. S. Krause. Braunschweig 1983. - Bauer, K. W.: *Emanzipator. Kindertheater.* Mchn. 1980.

Kindesentführung, svw. ↑Kindesentziehung.

Kindesentziehung (Kindesraub, Kindesentführung), Tatbestand des StGB, der das elterl. oder sonstige familienrechtl. Erziehungsrecht schützt. Mit Freiheitsstrafe bis zu fünf Jahren oder mit Geldstrafe, in bes. schweren Fällen mit Freiheitsstrafe bis zu zehn Jahren, wird gemäß § 235 StGB bestraft, wer eine Person unter 18 Jahren durch List, Drohung oder Gewalt ihren Eltern, ihrem Vormund oder ihrem Pfleger entzieht. Die Tat kann auch von einem Elternteil gegenüber dem anderen begangen werden. - Eine Kindesentführung in erpresser. Absicht wird auch **Kidnapping** genannt.
Nach *östr. Recht* ist die *Kindesentführung* ein Sonderfall des Verbrechens der öffentl. Gewalttätigkeit durch Entführung.
Gemäß Art. 185 des *schweizer. StGB* macht sich strafbar, wer ein Kind unter 16 Jahren entführt, um aus dem Kind Gewinn zu ziehen oder um ein Lösegeld zu erlangen oder um es zur Unzucht zu mißbrauchen oder mißbrauchen zu lassen. Nach Art. 220 StGB macht sich strafbar, wer eine unmündige Person dem Inhaber der elterl. oder vormundschaftl. Gewalt entzieht oder vorenthält.

Kindesmißhandlung ↑Körperverletzung.

Kindesraub, svw. ↑Kindesentziehung.

Kindheitsevangelien, apokryphe Sammlungen von märchenartigen Erzählungen über Geburt, Kindheit und früheste Jugend Jesu mit apologet. Intention; älteste K. sind das Protoevangelium des Jakobus und die Kindheitserzählung des Thomas (2. Jh.).

Kindi, Al (Alkindus), Jaakub Ibn Ishak, * Basra um 800, † Bagdad 870, arab. Philosoph. - Führte die Philosophie in den Islam ein, indem er eine Synthese schuf zw. koran. Theologie und griech. Philosophie; bed. Übersetzungen und Kommentare zu Aristoteles.

Kindia, Bez.hauptstadt in Guinea, 400 m ü. d. M., 80 000 E. Sitz des Regionalministers für Unterguinea; landw. Versuchsstation; Obstkonservenherstellung; Bahnstation. 6 km nö. von K., in **Pastoria,** Institut Pasteur zur Bekämpfung der Tropenkrankheiten.

Kindler Verlag GmbH ↑Verlage (Übersicht).

Kindsbewegungen, die etwa von der 16. Schwangerschaftswoche an wahrnehmbaren Bewegungen des Kindes in der Gebärmutter.

Kindschaftssachen, Rechtsstreitigkeiten zwecks 1. Feststellung, daß bzw. den Parteien ein Eltern-Kind-Verhältnis besteht oder nicht besteht, 2. Ehelichkeitsanfechtung, 3. Anfechtung eines Vaterschaftsanerkenntnisses, 4. Feststellung, daß der einen Partei über die andere die elterl. Sorge zu- oder nicht zusteht.

Kindslage (Fruchtlage, Geburtslage), die Lage der Frucht in der Gebärmutter. Man unterscheidet Gerad- oder Längslagen (rd. 99 %) und Quer- oder Schräglagen. Die für den Geburtsverlauf entscheidenden K. werden nach dem bei der Geburt vorangehenden Kindsteil benannt, z. B. die ↑Hinterhauptslage (rd. 94 %).

Kindspech (Darmpech, Mekonium), schwarzgrünl., pastenartiger Dickdarminhalt des Neugeborenen.

Kinemathek [griech.] (Cinemathek, Filmothek), Archiv zur Filmgeschichte, das Filme, techn. Apparate, Drehbücher, Sekundärliteratur und Anschauungsmaterial enthält. - ↑auch Filmarchiv.

Kinematik [zu griech. *kínēma* „Bewegung"] (Bewegungslehre), Lehre von den Bewegungen. Die K. beschränkt sich auf die rein geomet. Beschreibung der Bewegungsverhältnisse; die die Bewegungen verursachenden Kräfte bleiben unberücksichtigt. Das wichtigste Anwendungsgebiet der techn. K. ist die Getriebelehre.

kinematische Zähigkeit ↑Viskosität.

Kinematographen [griech.-frz.], Bez. für die ältesten Apparate zur Aufnahme und Wiedergabe bewegter Bilder.

Kinematographie [griech.-frz.], Gesamtheit der Verfahren zur [photograph.] Aufnahme und Wiedergabe von Bewegungsabläufen; innerhalb der Filmtechnik Sammelbegriff für die physiolog., opt. und gerätetechn. Grundlagen der Aufnahme und Wiedergabe von [Ton]filmen.

Kinese (Kinesis) [griech. „Bewegung"], durch einen Umweltreiz (z. B. Wärme, Feuchtigkeit) hervorgerufene Steigerung der Bewegungsaktivität von Tieren.

Kinetik [zu griech. kinētikós „die Bewegung betreffend"], Teilgebiet der *Mechanik;* die Lehre von den Bewegungen [physikal. Systeme] unter dem Einfluß innerer oder äußerer Kräfte (im Ggs. zur ↑Statik).
♦ in der *Chemie* svw. ↑Reaktionskinetik.

kinetische Energie (Bewegungsenergie, Wucht), Formelzeichen E_k, diejenige mechan. Energie, die ein Körper auf Grund seiner Bewegung besitzt. Für die k. E. E_k eines Körpers, der nur eine fortschreitende Bewegung *(Translationsbewegung)* ausführt, gilt die Beziehung: $E_k = \frac{1}{2} m v^2$ (*m* Masse des Körpers, *v* Geschwindigkeit des Körpers). Vollführt ein Körper nur eine Drehbewegung *(Rotationsbewegung)*, dann gilt für seine k. E. *(Rotationsenergie)* die Beziehung: $E_k = \frac{1}{2} J \omega^2$ (*J* Trägheitsmoment bezügl. der Drehachse, ω Winkelgeschwindigkeit). Vollführt ein Körper gleichzeitig eine Translations- und eine Rotationsbewegung, dann ist seine k. E. gleich der Summe aus der Translationsenergie und der Rotationsenergie.

kinetische Gastheorie, Betrachtungsweise und Berechnungsart der Eigenschaften und Gesetzmäßigkeiten eines Gases mit Hilfe der Bewegungsvorgänge seiner Moleküle. Die k. G. geht von der folgenden Modellvorstellung aus: Die Moleküle eines Gases sind ständig in ungeordneter, nur statist. erfaßbarer Bewegung. Zw. zwei Zusammenstößen bewegen sie sich unabhängig voneinander, gleichförmig und geradlinig, ohne eine bestimmte Richtung zu bevorzugen. Sie üben keine Kräfte aufeinander aus, solange sie sich nicht berühren. Der Zusammenstoß der Moleküle untereinander und mit der Gefäßwand gehorcht den Gesetzen des elast. Stoßes. Als Folgerung dieser Betrachtungsweise ergeben sich u. a. Zusammenhänge zw. den Zustandsgrößen Druck, Temperatur und Volumen eines Gases und der mittleren kinet. Energie seiner Moleküle. So wird z. B. der Zusammenhang zw. Gastemperatur *T* und Gasdruck *p* und der mittleren kinet. Energie $\bar{\varepsilon}$ der Gasmoleküle beschrieben durch die Beziehungen $\bar{\varepsilon} = \frac{3}{2} kT$ (*k* ↑Boltzmann-Konstante) bzw. $p = \frac{2}{3} n\bar{\varepsilon}$ (*n* Anzahl der Gasmoleküle).

kinetische Kunst, Richtung der zeitgenöss. Kunst, die durch bewegl. oder magnet. bzw. elektr. bewegte Objekte, z. T. unter Einbeziehung von Lichtspielen und -spiegelungen (**kinetische Lichtkunst**) ein opt. variiertes Erscheinungsbild, das sich in der Zeit vollzieht, erzeugt. Vorläufer sind die Konstruktivisten, u. a. M. Duchamp, L. Moholy-Nagy, N. Gabo. Zahlr. Vertreter, u. a. Larry Bell, M. Boto, P. Bury, A. Calder, V. M. Chryssa, Dan Flavin, R. Lippold, Len Lye, L. Nusberg, G. Rickey, N. Schoeffer, W. Takis, J. Tinguely; dt. Vertreter sind u. a. H. Mack, G. Uecker, H. Goepfert, H. Kramer, A. Luther.

Kinetose [griech.], svw. ↑Bewegungskrankheit.

King [engl. kıŋ], James, *Dodge City (Kans.) 22. Mai 1928, amerikan. Sänger (Heldentenor). - Kam 1962 an die Dt. Oper Berlin; gefeierter Gast berühmter Opernhäuser (New York, Mailand, Wien, London u. a.) sowie der Salzburger und Bayreuther Festspiele.

K., Martin Luther, *Atlanta (Ga.) 15. Jan. 1929, †Memphis (Tenn.) 4. April 1968 (ermordet), amerikan. Bürgerrechtler und Baptistenpfarrer. - Trat seit Mitte der 1950er Jahre als Kämpfer der Bürgerrechtsbewegung in den USA hervor und begr. verschiedene Vereinigungen zur Förderung der friedl. Rassenintegration; im Verlauf der von ihm eingeleiteten Ungehorsamkeitskampagne der Gewaltlosigkeit zur systemat. Verletzung des Rassentrennungsgesetzes des Südens wiederholt inhaftiert; seit 1957 Vors. der Bewegung für den gewaltlosen Widerstand gegen Diskriminierung und Rassenhetze „Southern Christian Leadership Conference" (SCLC); erreichte 1956 die Aufhebung der Rassenschranke in den öffentl. Verkehrsmitteln von Montgomery (Ala.); sah sich seit 1964 zunehmend von der militanten Bewegung unter den Schwarzen († auch Black power) in Bedrängnis gebracht; erhielt 1964 den Friedensnobelpreis; fiel nach erfolglosen Mordanschlägen einem Attentat zum Opfer. - *Werke:* Kraft zum Lieben (1963), Warum wir nicht warten können (1964), Aufruf zum zivilen Ungehorsam (1968).

⌑ *Oates, St. B.:* M. L. K. Dt. Übers. Hamb. 1984. - *Presler, G.:* M. L. K. Rbk. 1984. - *Hetmann, F.:* M. L. K. Hamb. 1979.

K., Riley B[lues] B[oy], *Itta Bena (Miss.) 16. Sept. 1925, amerikan. Jazzmusiker (Gitarrist und Sänger). - Hatte als einer der besten Blues- und Rhythm-and-Blues-Gitarristen nachhaltigen Einfluß v. a. auf die Rockmusik.

K., William Lyon Mackenzie ↑Mackenzie King, William Lyon.

King Crimson [engl. 'krımsn], 1969 gegr. brit. Rockmusikgruppe um den Gitarristen R. Fripp (*1946); ihre Musik verschmolz Elemente der klass. Musik, des Free Jazz und des Rhythm and Blues mit den surrealist. Texten von P. Sinfield zu einer Art sinfon. Rockmusik.

King Kong, Gestalt von Horrorfilmen (Riesenaffe, der eine weiße Frau entführt und auf dem Empire State Building erschossen wird). Nach dem ersten Film „K. K. und die weiße Frau" (1933, Remake 1976) folgten „Panik um K. K." (1949) und „Konga" (1961).

Kingisepp (früher dt. Arensburg), Stadt an der S-Küste der Insel Ösel, Estn. SSR, 12 000 E. See- und Schlammbad; Fisch-, Fleisch-, Milchkombinat. - Deutschordensritterhaus (14. Jh.).

King-size [engl. 'kıŋ 'saız, eigtl. „Königsformat"], aus dem Amerikan. übernommener Begriff zur Bez. der bes. („königl.") Größe bestimmter Waren (insbes. Filterzigaretten).

Kingsley, Charles [engl. 'kıŋzlı], * Holne (Devon) 12. Juni 1819, † Eversley (Hampshire) 23. Jan. 1875, engl. Schriftsteller. - Seit 1844 Pfarrer; 1860–69 Prof. für neuere Geschichte in Cambridge. Nahm unter dem Pseud. Parson Lot zu sozialen Problemen Stellung; auch seine Romane, bes. sein Hauptwerk, der histor. Roman „Hypatia" (1852), enthalten christl.-soziales Gedankengut; daneben auch Lyrik und Kinderbücher.

King's Lynn [engl. 'kıŋz 'lın], engl. Hafen- und Marktstadt in den Fens, Gft. Norfolk, 33 300 E. Fischereimuseum, Kunstgalerie; Nahrungsmittel- u. a. Ind.; Fährverkehr nach Hamburg. - Sächs. Gründung, 1204 Stadtrecht.

Kingston [engl. 'kıŋstən], kanad. Stadt am Ausfluß des Sankt-Lorenz-Stroms aus dem Ontariosee, 59 000 E. Sitz eines kath. Erzbischofs und eines anglikan. Bischofs; Univ. (gegr. 1841), königl. Militärakad.; Museum. Wichtiger Ind.standort, Hafen. - 1782 von Loyalisten an der Stelle des Fort Frontenac (1673) gegr., wurde 1838 Town und 1846 City; 1841–44 Hauptstadt des vereinigten Kanada. Das 1832 erbaute und 1890 verlassene Fort Henry wurde 1939 restauriert und zum National Historic Site erhoben.

K., Hauptstadt und Haupthafen von Jamaika, im O der S-Küste, 662 500 E. Sitz eines kath. Erzbischofs und eines anglikan. Bischofs; Univ. (seit 1962), Fachschule für Kunst und Technik, Theater; botan. Garten, Zoo. K. ist das wichtigste Ind.zentrum der Insel mit Stahlwerk, Erdölraffinerie, Düngemittelfabrik, Nahrungs- und Genußmittel- u. a. Ind.; internat. ✈. - Gegr. 1692 nach Zerstörung von ↑Port Royal; 1907 durch Erdbeben und Feuer weitgehend zerstört.

Kingston upon Hull [engl. 'kıŋstən ə'pɔn 'hʌl] ↑Hull.

Kingtehchen (Jingdezhen) [chin. dzıŋdʌdʒən], chin. Stadt am Changkiang, einem Zufluß des Poyang Hu, 150 000 E. Keramikmuseum; Zentrum der Porzellanherstellung in China.

Kin<u>i</u>ne [griech.], Sammelbez. für biogene, aus Aminosäuren zusammengesetzte, v. a. bewegungsregulator. wirkende Substanzen bei Tieren und beim Menschen. K. wirken blutdrucksenkend und bewirken eine Kontraktion der Bronchial-, Darm- und Gebärmuttermuskulatur. - ↑auch Zytokinine.

Kinkaju [indian.-frz.] ↑Wickelbären.

Kinks, The [engl. ðə 'kıŋkz], 1964 gegr. brit. Rockmusikgruppe um den Gitarristen, Keyboardspieler und Texter R. Davies (* 1944); ging aus der Amateurband „The Ravens" hervor; begann mit Hard Rock, bezog dann unterschiedlichstes Musikmaterial in die Komposition ein; oft gesellschaftskrit. Themen.

Kinn (Mentum), beim Menschen durch die Bildung eines rundl. Knochenvorsprungs vorn an der Vereinigungsstelle beider Unterkieferknochenhälften bedingter, bei den verschiedenen Rassen und Individuen unterschiedl. stark ausgeprägter Gesichtsvor-

Kinetische Kunst. Nicolas Schoeffer, Spatio-dynamische Plastik. Paris, Musée National d'Art Moderne

Kinnhaken

sprung unterhalb der Unterlippe; beim Frühmenschen noch nicht ausgebildet.

Kinnhaken, beim Boxen gegen die Kinnspitze des Gegners geführter Haken, der durch eine Erschütterung des verlängerten Marks (↑ Gehirn) zu [kurzfristiger] Bewußtlosigkeit und damit zum Niederschlag sowie zur Beendigung des Kampfes führen kann.

Kino [Kw. für Kinematograph], Raum, Gebäude, in dem vor einem Publikum Filme gezeigt werden (Lichtspieltheater); auch Bez. für die Filmvorführung selbst sowie für den Film als Medium („das K. der 30er Jahre").

Kinsey, Alfred Charles [engl. 'kɪnzɪ], * Hoboken (N. J.) 23. Juni 1894, † Bloomington (Ind.) 25. Aug. 1956, amerikan. Zoologe und Sexualforscher. - Prof. an der Univ. von Indiana. Arbeitete urspr. über Insekten, widmete sich ab 1938 ausschließl. der Erforschung sexuellen Verhaltens. Unter seiner Leitung enstand der **Kinsey-Report,** eine durch Befragung von rd. 20 000 Amerikanern ermittelte und anschließend statist. ausgewertete Datensammlung über das geschlechtl. Verhalten des Menschen („Das sexuelle Verhalten des Mannes", 1948; „Das sexuelle Verhalten der Frau", 1953).

Kinshasa [kɪnˈʃaːza] (früher Léopoldville), Hauptstadt von Zaïre, am linken Ufer des unteren Kongo, 307 m ü. d. M., 2,7 Mill. E. Administrativer, wirtschaftl. und kultureller Mittelpunkt der Republik, Verwaltungssitz der Prov. K., kath. Erzbischofssitz; Univ. (gegr. 1954), Verwaltungsschule, Schule für Post- und Fernmeldewesen, Kunstakad., Goethe-Inst.; Nationalarchiv, ethnolog. Museum, botan. Garten, Zoo. Nahrungsmittel- und Textilind., Kfz.montage; Verkehrsknotenpunkt mit Hafen am Ende der Schiffahrt auf dem Kongo und anschließender Eisenbahnlinie zum Überseehafen Matadi; Fähre nach Brazzaville; internat. ✈. - 1881 von Sir Henry Morton Stanley gegründet; seit 1923 Hauptstadt.

Kinski, Klaus, eigtl. Nikolaus Nakszynski, * Zoppot 18. Okt. 1926, dt. Schauspieler. - Erster großer Erfolg in der Frauenrolle von J. Cocteaus Einakter „Die menschl. Stimme" (1951); 1953–60 in Berlin als faszinierender und exzentr. Rezitator mit Gedichten von Villon, Rimbaud u. a.; Bühnenengagements in München, Wien und Berlin (West); als Filmschauspieler zunächst eingesetzt als Schurke, Schizophrener, Killer und Krimineller in „Edgar-Wallace-Krimis" und Italowestern. Aus der Zusammenarbeit mit W. Herzog stammen die internat. stark beachteten Filme „Aguirre, der Zorn Gottes" (1973) und „Nosferatu - Phantom der Nacht" (1979); spielte 1985 in „Kommando Leopard".

K. Nastassja, * Berlin (West) 24. Jan. 1961, dt. Filmschauspielerin. - Tochter von Klaus K.; spielte in „Einer mit Herz" (1982), „Frühlingssinfonie" (1982), „Katzenmenschen" (1982), „Paris, Texas" (1984), „Marias Lover" (1984).

Kinsky [...ki], Georg, * Marienwerder (Westpreußen) 29. Sept. 1882, † Berlin 7. April 1951, dt. Musikforscher. - Sein Hauptwerk ist das von H. Halm beendete themat.-bibliograph. Verzeichnis „Das Werk Beethovens" (1955).

Kinzig, rechter Nebenfluß des Untermains, entspringt zw. Vogelsberg und Rhön, mündet bei Hanau am Main, 82 km lang. **K.,** rechter Nebenfluß des Rheins, entspringt bei Freudenstadt im Schwarzwald, mündet unterhalb von Kehl, 95 km lang.

Kiosk [pers.-türk.-frz.], in der islam. Baukunst ein pavillonartiges Gartenhaus, in Europa mit Aufblühen der Gartenkunst im 17./18. Jh. übernommen. - Heute Verkaufshäuschen (u. a. für Zeitungen, Getränke, Süßigkeiten). Bevorzugte Standorte sind belebte Straßen, Plätze und Ausflugsziele.

Kioto, jap. Stadt auf Z-Hondo, 1,47 Mill. E. Verwaltungssitz der Präfektur K.; mehrere Univ., Hochschule für Pharmazie, Kunsthochschule, Textilfachschule; Museen, Bibliotheken; botan. Garten; bed. Standort der Elektro- und Elektronikind., außerdem feinmechan., opt. u. a. Ind., handwerkl. werden Seidenstoffe, Lampen, Lacke, Puppen und Porzellanwaren hergestellt; Pendlerwohngemeinde von Osaka.

Geschichte: 794 unter dem Namen **Heiankio** als Hauptstadt (formell bis 1869) gegr.; nach chin. Vorbild als Rechteck geplant, im N lag der alte Kaiserpalast. K. soll schon 818 etwa 500 000 E gehabt haben. Um 1180 verlagerte sich das polit. Gewicht nach Kamakura, während K. kaiserl. Residenz und kultureller Mittelpunkt blieb. Sank v. a. ab Mitte 15. Jh. zu einem regionalen Verwaltungszentrum herab, übernahm statt polit. zunehmend wirtsch. Funktionen. Anfang des 15. Jh. erkämpfte sich die Bürgerschaft unter Führung der Kaufleute die Selbstverwaltung. Im 16. Jh. zus. mit Osaka Zentrum der neuen bürgerl. Kultur.

Bauten: Das Stadtbild wird geprägt durch zahlr. buddhist. Tempel, Schintoschreine und Paläste, u. a. Daigoschipagode (951), Tschionin der Dschodosekte (1234, heutige Bauten v. a. 1633–39), Goldener Pavillon (1395, 1955 wiederhergestellt), Silberner Pavillon (1482) mit Garten (1485), der Nischi-Hongandschi (17. Jh.), der Kijomisu-dera (798, 1633 wiederaufgebaut), der Kaiserpalast (1856 im alten Stil wiederhergestellt), der Nidschopalast (1602 bis 1620/40), der Heianschrein (1895), Repräsentative Internationale Konferenzhalle (1966).

Kiowa [engl. 'kaɪəwɛɪ], Prärieindianerstamm in Kansas, USA; Bisonjäger mit charakterist. Prärekultur. Verbündeten sich mit den Comanche, in deren Gebiet sie abgedrängt worden waren.

Kipferl (Kipfel), östr., bayr. Bez. für Hörnchen.

Kipling, Rudyard, *Bombay 30. Dez. 1865, † London 18. Jan. 1936, engl. Schriftsteller. - Kam mit sechs Jahren nach England, kehrte 1882 nach Indien zurück, seit 1896 in England; erhielt 1907 den Nobelpreis für Literatur. K. begann mit Gedichten, er beherrschte aber v. a. die Form der knappen, lakon. Kurzgeschichte mit dynam. Handlung und prägnanter Skizzierung und Typisierung; emphat. Vertreter des Imperialismus (Kolonisation als Kulturtat). Seine kraftvollen Romane und Erzählungen, v. a. die Tiergeschichten aus dem Dschungel, waren sehr erfolgreich.
Werke: Schlichte Geschichten aus Indien (Kurzgeschichten, 1888), Balladen aus dem Biwak (Ged., 1892), Im Dschungel (Tiergeschichten, 1894, dt. 1907 u. d. T. Das Dschungelbuch), Das neue Dschungelbuch (1895), Kim (R., 1901).

Kippe, ein Platz, an dem [Boden]material an- oder aufgeschüttet wird (z. B. der Abraum in leeren Teilen eines Tagebaus). Als *Müll-K.* bezeichnet man einen Ablagerungsplatz für Müll (Mülldeponie).
◆ im *Turnen* Grundübung an Reck, Barren, Ringen und im Bodenturnen; eine ruckartige Aufwärtsbewegung mit in der Hüfte abgeknicktem Körper und gestreckten Armen in den Stütz oder in den Stand.

Kippenberg, Anton, *Bremen 22. Mai 1874, † Luzern 21. Sept. 1950, dt. Verleger. - Leitete ab 1905 den Insel-Verlag und förderte zahlr. zeitgenöss. Autoren. Bed. Goethesammlung (heute im Goethemuseum Düsseldorf), die er durch den „Katalog der Sammlung K." (1913) und das Jahrbuch der Sammlung K." (1921-35) erschloß; 1938-50 Präs. der Goethe-Gesellschaft. Auch Schriftsteller („Geschichten aus einer alten Hansestadt", 1933, ³1976).

Kipper (K.fahrzeug, Kippwagen), Straßen- oder Schienenfahrzeug zur Beförderung von schüttbaren Gütern, das mit einer Einrichtung zur Schrägstellung (Kippen) des Transportraums ausgerüstet ist. Zum Transport von Erd- und Gesteinsmaterial werden häufig **Muldenkipper** verwendet (Kippaufbau bis über das Fahrerhaus reichend, Schrägfläche anstelle einer hinteren Bordwand).

Kipper und Wipper, urspr. Spekulanten, die „kippten und wippten", d. h. mittels Münzwaage übergewichtige (daher im Zeitalter des Realwertprinzips überwertige) Münzen aussonderten, um sie mit Edelmetallgewinn einzuschmelzen; dann auch solche, die mit gleichem Ziel vollwertige Geldsorten gegen unterwertige „aufwechselten". Beides galt als verbrecher. Münzverschlechterung und geschah in Deutschland zunehmend seit etwa 1590. Unmittelbare Folge des „Kippens" war das Verschwinden der vollwertigen Geldes vom Markt (auch durch Hortung) und zunehmende Inflation, v. a. zu Beginn des Dreißigjährigen Krieges (sog. *1. Kipperzeit,* 1619–22) und nochmals in den Kriegen des späten 17. Jh. (sog. *2. Kipperzeit,* etwa 1675–95). Gegenmaßnahmen waren u. a. Geldreform, verschärfte Sorgfalt bei der Justierung und gewaltsame Aufhebung von Heckenmünzen.

Kippgenerator, gleichstromgespeistes, mit einer Kippschaltung versehenes elektr. Gerät zur Erzeugung von Kippspannungen und -strömen bzw. Kippschwingungen. Der *astabile K.* mit einer astabilen Kippschaltung wechselt zeitl. period. zw. seinen beiden mögl. Zuständen; er erzeugt Impulsfolgen mit gleichen oder ungleichen Zeitspannen für beide (abrupt wechselnden) Zustände oder aber eine Ausgangsspannung mit sägezahnartigem Verlauf (**Sägezahngenerator**). - K. bestehen mit einer Reihenschaltung zu einem Widerstand und einem Wagnerschen Hammer oder anderen mechan. bewegten Teilen; heute enthalten sie meist Schaltanordnungen mit Glimmstrecken oder Elektronenröhren bzw. Transistoren sowie zusätzl. Kondensatoren; diese werden von der Spannungsquelle aufgeladen, zünden entweder eine Glimmstrecke (über die sie sich entladen) oder sperren kurzzeitig einen Transistor bzw. eine Röhre.

Kipphardt, Heinar, *Heidersdorf (Schlesien) 8. März 1922, † Angelsbruck (Landkr. Erding) 18. Nov. 1982, dt. Schriftsteller. - 1951–59 [Chef]dramaturg am Dt. Theater in Berlin (Ost). 1970/71 Chefdramaturg der Kammerspiele München. Verfasser von Gedichten, Erzählungen, Hör- und Fernsehspielen und v. a. von Dramen, in denen er sich vorzugsweise mit Stoffen aus der Kriegs- und Nachkriegszeit auseinandersetzt.
Werke: Shakespeare dringend gesucht (Lsp., 1954), Der Hund des Generals (Schsp., 1962), Die Ganovenfresse (En., 1964), In der Sache J. Robert Oppenheimer (Schsp., 1964), Joel Brand (Schsp., 1965), Die Soldaten (Schsp. nach J. M. R. Lenz, 1968), März (R., 1976), Bruder Eichmann (Stück, UA 1983).

Kippmoment, Bez. für das zum Kippen eines Körpers mindestens erforderl. Drehmoment.

Kippschaltung, allg. eine elektr. oder elektron. Schaltung, deren Ausgangssignal sich abhängig von den Schaltungseigenschaften selbst oder von einem Steuersignal am Eingang sprunghaft oder nach einer bestimmten Zeitfunktion zw. zwei Werten ändert; man unterscheidet: *monostabile K.* mit nur einem stabilen Zustand, in den sie von selbst immer wieder zurückkehrt; *bistabile K.* mit zwei mögl. stabilen Zuständen (Beispiel Flip-Flop); *astabile K.* ohne stabilen Zustand, die ein nur von den Schaltungseigenschaften abhängiges Ausgangssignal erzeugt. - I. e. S. versteht man unter K. jede zur Erzeugung von Kippschwingungen verwendete elektron. Schaltung, die erst nach Überschreiten eines bestimmten Schwellenwerts der Eingangs-

Kippscher Apparat

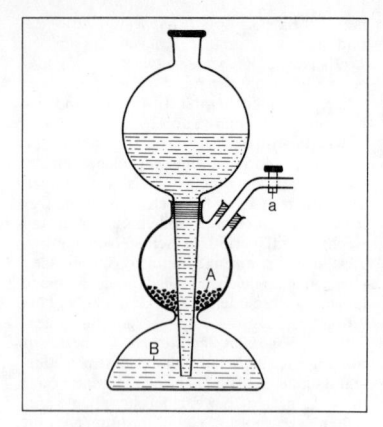

Kippscher Apparat. Beim Öffnen des Hahnes a entweicht Luft, so daß der Flüssigkeitsspiegel B ansteigen kann. Durch Kontakt der Flüssigkeit mit dem Festkörper A wird Gas erzeugt, das nach Schließen des Hahns a auf den Flüssigkeitsspiegel B einen Druck erzeugt, der zum Zurückweichen der Flüssigkeit führt, bis diese keinen Kontakt mit dem Festkörper mehr besitzt

spannung anspricht; ein zweites elektron. Bauelement (Elektronenröhre oder Transistor) übernimmt dann die Stromführung.

Kippscher Apparat (Kippscher Gasentwickler) [nach dem niederl. Apotheker J. P. Kipp, * 1808, † 1864], Laborgerät zur Gewinnung von Gasen durch Umsetzung von Feststoffen mit Flüssigkeiten, z. B. zur Gewinnung von Schwefelwasserstoff durch Reaktion von Eisensulfid und Salzsäure.

Kippschwingungen, durch Kippgeneratoren erzeugte Schwingungen mit sägezahnförmigem Verlauf (**Sägezahnschwingungen**), allgemeiner mit einem Verlauf, der selbst oder in seiner ersten Ableitung nach der Zeit Sprungstellen aufweist. K. haben v. a. in der Elektrotechnik große Bedeutung, z. B. zur Ablenkung des Elektronenstrahls in Kathodenstrahloszillographen.

Kiprenski, Orest Adamowitsch, * Gut Neschinskaja (Gebiet Leningrad) 24. März 1782, † Rom 17. Okt. 1836, russ. Maler. - Bed. Porträtist, dessen unmittelbare Kunst nach 1816 meist von klassizist. Elementen überdeckt wird; u. a. „Puschkin" (1827; Moskau, Tretjakow-Galerie).

Kiprianu, Spiros, * Limassol 28. Okt. 1932, griech.-zypr. Politiker. - Rechtsanwalt; Vertrauter und (ab 1952) Mitarbeiter von Erzbischof Makarios III.; 1960–72 Außenmin.; baute die linksgerichtete „Demokrat. Front" (später „Demokrat. Partei") zur Unterstützung der Politik von Makarios auf; nach dessen Tod 1977–88 Staatspräs. (von den türk. Zyprern nicht anerkannt).

Kiptschakisch, zu der NW-Gruppe der Turksprachen gehörende Sprache.

Kirchdorf an der Krems, Bez.hauptstadt in Oberösterreich, 45 km ssw. von Linz, 500 m ü. d. M., 3 800 E. Bundeshandelsakad. und Bundeshandelsschule; Zementwerk,

Kirche [zu griech. kyriakón „das zum Herrn (griech. kýrios) gehörige (Haus)"], als „Gotteshaus" das der christl. Gottesverehrung geweihte Gebäude, dann Bez. für die organisierte Gestalt christl. Religionsgemeinschaften. - *Religionssoziolog.* sind K. (im Unterschied zu den ↑Sekten) durch folgende Merkmale gekennzeichnet: 1. durch interne Rollendifferenzierung (Amtsträger und Laien); 2. durch den rationalen Charakter ihrer Organisation; 3. durch religiöse Sozialisierung des Individuums während seines ganzen Lebens; 4. durch universalen Geltungsanspruch: K. verstehen sich als Organisationsmöglichkeit jedes Individuums; die in den K. herrschenden Normen werden damit als grundsätzl. allgemeingültig betrachtet. Da K.-mgl. und Staatsbürger i. d. R. ident. sind, ist das Verhältnis von ↑Staat und Kirche nicht unproblematisch.

Im *N. T.:* Eine christl. Kirche tritt zuerst in der palästin. Urgemeinde in Erscheinung. Es ist umstritten, inwieweit die Entstehung einer christl. Gemeinde mit dem geschichtl. Jesus in Zusammenhang steht; die bewußte Gründung einer neuen Gemeinde durch Jesus ist sehr fragl. Sicher ist, daß sich sehr bald nach der Kreuzigung Jesu auf Grund der Ostererfahrung persönl. Jünger Jesu im Glauben an den Auferstandenen zu Gebet und Mahlfeier zusammenschlossen; sobald der Brauch der Taufe und die Erfahrung des endzeitl. Gottesgeistes (Pfingstereignis) aufkamen, war die vom Judentum sich abgrenzende „K." vorhanden, die sich jedoch erst bei der Bildung christl. Gemeinden im außerpalästin. Bereich aus ehem. Heiden vollends von der Synagoge löste. Während in frühen Schichten des N. T. (Paulus) die K. als der eine Leib Christi unter ihrem Herrn und Haupt Christus erscheint, der in den lokalen Gemeinden repräsentiert und nur in verschiedenen, aber gleichwertigen Funktionen seiner Mgl. organisiert ist, zeigen spätere Schriften (Matth., Eph., Pastoralbriefe) den Beginn einer Entwicklung, die zur Ausbildung fester kirchl. Ämter, zum Zurücktreten des Wissens um die Vorläufigkeit der K. und zu Spekulationen über ihre Ewigkeit führten; doch findet sich auch gerade in der Spätzeit im Johannesevangelium eine K.vorstellung, die ganz auf äußere Formen verzichtet, so daß die verschiedensten Formen christl. Gemeinschaften im Lauf der K.geschichte ihre Begründung im N. T. finden konnten.

Im *kath. Verständnis* ist K. von Christus gewollt und daher originale Setzung Gottes. Als „Gemeinschaft der Heiligen" ist sie zunächst durch die Teilhabe an den hl. Wirklichkeiten (Christus, Sakrament, Wort) charakterisiert. Die im Lauf der Geschichte zunehmende Etablierung der K. als Institution führte zu einem triumphalist. Selbstverständnis der K. als „Reich Gottes auf Erden", das erst vom 2. Vatikan. Konzil durch das Bild der K. als „Volk Gottes" theolog. und ökumen. korrigiert wurde: K. ist nicht Reich Gottes, sondern lebt von der Hoffnung auf dessen eschatolog. Verwirklichung (↑ auch katholische Kirche).

Im *ev. Verständnis* ist K. theolog. gesehen eine „verborgene", „geistl." Größe (Ecclesia invisibilis, spiritualis), da die Mitgliedschaft allein durch die - institutionell nicht erfaßbare - Rechtfertigung begründet wird. Soziolog. gesehen ist K. (Ecclesia externa) immer dort, wo „Wort und Sakrament" recht verwaltet werden. Beide Betrachtungsweisen sind dialekt. miteinander verbunden. K. ist immer Tat Gottes: Durch das Wirken des Hl. Geistes in der Predigt des Evangeliums Jesu Christi erbaut Gott die K., d. h. die gemeinsame Kirche an jedem Ort, so daß Jesus, der auferstandene Christus, in Predigt und Sakrament als ihr Grund gegenwärtig ist. Die K. versteht sich als Leib Christi, sie ist Christus, als Gemeinde existierend, die in der Hoffnung auf die noch nicht eingetretene endgültige Vollendung lebt. - Zur interkonfessionellen Problematik des K.begriffs ↑ Ökumenismus.

📖 *Ratzinger, J.: K. heute. Aschaffenburg ²1985. - Küng, H.: Was ist K.? Gütersloh ³1980. - Marsch, W.-D.: Institution im Übergang. Gött. 1970. - Rendtorff, T.: K. u. Theologie. Gütersloh 1966.* - ↑ auch katholische Kirche, ↑ Evangelische Kirche in Deutschland.

Kirche des Reiches Gottes (Menschenfreundliches Werk, Menschenfreundliche Versammlung, Menschenfreunde, Kleine Herde), 1919 von den früheren Zeugen Jehovas F. L. Alexandre Freytag (*1870, †1947) in Cartigny bei Genf gegr. christl. religiöse Gruppe, nach deren zentralen Glauben die Überwindung der phys. Todes durch in der Nachfolge Christi erlangte Sündlosigkeit mögl. ist; der dennoch eintretende Tod gilt als freiwilliges Sühneopfer; heute (1986) insgesamt etwa 15 000 (BR Deutschland etwa 2500) Zugehörige.

Kirche Jesu Christi der Heiligen der letzten Tage ↑ Mormonen.

Kirchenamt, nach *röm.-kath. Verständnis* jede nach kirchenrechtl. Normen geregelte Institution innerhalb der Jurisdiktionshierarchie, die entweder auf göttl. (Papst- und Bischofsamt) oder auf kirchl. Einsetzung (alle anderen Kirchenämter) beruht. - Zum *reformator. Verständnis* ↑ Amt.

Kirchenaustritt, die Trennung eines Bürgers von der Kirche bzw. Religionsgemeinschaft, deren Mitglied er ist. Die rechtl. Möglichkeit des K. ergibt sich notwendig aus dem religiös neutralen Charakter des Staates und der in der Verfassung (bzw. dem Grundgesetz) verankerten Glaubens- und Gewissensfreiheit. Historisch gehen die Regelungen des K. v. a. auf den Kulturkampf zurück. In der BR Deutschland ist der K. landeskirchenrechtl. verschieden geregelt. Allgemein gilt, daß der K. ab dem Erreichen der sog. *Religionsmündigkeit*, d. h. der Vollendung des 14. Lebensjahres, möglich ist und vor einer staatl. Stelle (z. B. Amtsgericht, Standesamt) erklärt werden muß. Unterschiede bestehen v. a. darin, daß der K. teils sofort mit der Erklärung (z. B. in Bayern), teils erst nach einer sog. *Reuefrist* von 1–3 Monaten (z. B. in Baden-Württemberg) wirksam wird. Die Zahl der K. nahm in der zweiten Hälfte der 1960er Jahre und nochmals um 1974 in einem für die Kirchen beunruhigendem Maße zu. - ↑ auch Kirchenmitgliedschaft.

Austritte aus der „Evangel. Kirche in Deutschland" (EKD) und der Röm.-Kath. Kirche

	EKD		RK	
	Anzahl	%	Anzahl	%
1966	38 213	0,13	22 043	0,08
1970	189 134	0,65	69 455	0,2
1972	139 818	0,49	53 829	0,2
1974	216 217	0,79	83 172	0,3
1976	128 394	0,48	69 370	0,26
1978	109 797	0,41	52 273	0,2
1980	119 814	0,46	66 438	0,25
1984	127 002	0,43	54 962	0,21

Quelle: Statist. Jb. für die BR Deutschland, Jahrgänge 1969, 1972–86

Kirchenbann, Besserungsstrafe in der kath. Kirche, die in der ↑ Exkommunikation aus der kirchl. Gemeinschaft besteht.

Kirchenbau, dem Gottesdienst bzw. der Kultausübung dienender Bau. Man unterscheidet nach Funktion und Rang Bischofskirchen (Dom und Münster bzw. Kathedrale), Pfarr-, Kloster-, Wallfahrts-, Taufkirchen, Kapellen, Oratorien u. a. Der K. hat seine Hauptformen der Spätantike entlehnt. Wichtigste Grundrißform ist ein gerichteter **Langbau** (Rechteckbau), ein- oder mehrschiffig, mit zumeist hervortretendem Chor (meist im Osten). Er wird häufig durch ein oder zwei Querhäuser (mit Chor) bereichert; dazu treten Türme oder Turmgruppen (Ein- und Zweiturmfassaden, Vierungstürme) sowie Vorhallen, Unterkirchen oder Krypten. Der über diesem Grundriß errichtete Baukörper ist entweder eine Saalkirche, eine ↑ Basilika oder eine ↑ Hallenkirche. Der Grundriß des 2. Haupttypus, des **Zentralbaus**, zeigt einen

Kirchenbaulast

beherrschenden, zentralen Raum, um den sich Teilräume gleichmäßig gruppieren. Der mitunter mehrgeschossige Aufbau ist oft von einer Kuppel geschlossen. Daneben bestehen Kombinationen aus den beiden Haupttypen; bes. im Barock gelangen Verschmelzung von Langhaus und Zentralraum. Der K. der Gegenwart hat außer zahlr. Varianten der histor. Bautypen auch Trapez- und Parabelformen in den Grundriß aufgenommen sowie stumpfwinkelig aneinanderstoßende Formen und Kreissegmente damit verbunden. Im Extremfall sind geometr. Grundformen aufgegeben (Ronchamp). Ebenso vielgestaltig ist der Aufbau, wobei häufig die traditionellen Fenster durch Fensterbänder, Glas- oder Betonglaswände ersetzt sind.

📖 *Schnell, H.: Der K. des 20. Jh. in Deutschland. Mchn. u. Zürich 1973.* - *Dehio, G./Bezold, G. v.: Die kirchl. Baukunst des Abendlandes. Stg. 1884–1901. 2 Textbde., 5 Tafelbde. Nachdr. Hildesheim 1967.*

Kirchenbaulast, ↑ Baulast.

Kirchenbücher, von den Pfarrgemeinden geführte Bücher über Taufe, Konfirmation (oder Firmung), Eheschließung, Tod und Begräbnis der Gemeindeglieder.

Kirchenfabrik ↑ Kirchenstiftung.

Kirchengebote, in der röm.-kath. Kirche i. w. S. alle Normen des Kirchenrechts, i. e. S. die fünf K.: Feiertagsheiligung, Meßbesuch, Fasttage, jährl. Beichte und Osterkommunion.

Kirchengemeinde ↑ Gemeinde.

Kirchengemeinderat, für die kath. Kirche ↑ Pfarrgemeinderat, für die ev. Kirchen ↑ Gemeindekirchenrat.

Kirchengeschichte, Bez. für die histor. Entwicklung der christl. Kirche[n] sowie für die theolog. Disziplin, die deren Erforschung betreibt. Anfang, Ziel, Begriff und Kriterien zur Beurteilung der K. gewinnen die Kirchen aus dem Glauben. K. ist also dogmat. zu verstehen als die mit Jesus Christus und der Urgemeinde beginnende Geschichte der Institution Kirche bzw. der christl. Glaubensgemeinschaft und der Verwirklichung ihres Verkündigungsauftrags bis zu ihrer Vollendung in der mit dem Jüngsten Gericht verbundenen Wiederkunft Christi. Die K. übernimmt ihre Periodisierung in *alte, mittlere* und *neuere* K. sowie die Methoden der empir. Tatsachenerhebung (nicht deren Bewertung) von der profanen Geschichtswiss. Je nach dem bes. Aspekt, unter dem die K. die Entwicklung kirchl. (christl.) Lebens betrachtet, gliedert sie sich in eine Vielzahl von Einzeldisziplinen: Papstgeschichte, Reformationsgeschichte, Missionsgeschichte, Geschichte des kirchl. Rechts, der Institutionen, der christl. Spiritualität u. a.

Kirchengeschichtsschreibung, Bez. für die schriftl. Darstellung der ↑ Kirchengeschichte, die krit. Reflexion der Kirche über ihre histor. Entwicklung. Hauptthematik der K. ist seit ihrem Beginn mit der Apostelgeschichte die Darstellung der Wirkungen des Evangeliums in der Welt in polit., soziolog. und kultureller Hinsicht. Prot. und kath. K. bemühen sich heute um eine gemeinsame Zielsetzung der K.: das verantwortl., ökumen. Handeln der Kirchen und der einzelnen Christen in der Geschichte aufzuzeigen und gleichzeitig anzuregen.

Kirchengewalt, die der Kirche zukommende bes. geistl. Vollmacht, von Jesus Christus übertragen, von Vollmachtsträgern ausgeübt. Man unterscheidet zw. „potestas ordinis" (in *kath.* Kirchenrecht: Weihevollmacht; im *reformator.* Verständnis: Verwaltung von Wort und Sakrament im Rahmen des „allg. Priestertums") und „potestas iurisdictionis" (Jurisdiktionsvollmacht: ↑ Amt, ↑ Kirchenamt).

Kirchengliedschaft, svw. ↑ Kirchenmitgliedschaft.

Kirchenjahr, Bez. für die Gesamtheit der auf ein Jahr verteilten, jährl. wiederkehrenden kirchl. Feste (seit dem 16. Jh.). Da der Liturgie selbst die Vorstellung des Jahres als einer geschlossenen Größe fremd ist, kennt sie keinen eigtl. Anfang des K.; histor. hat sich (im Abendland) der 1. Adventssonntag als Beginn des K. durchgesetzt. Grundlage des K. ist das allwöchentl. Gedächtnis am Rahmen des Todes und der Auferstehung Christi am Sonntag, dem Herrentag, dessen Feier auf die allerersten Anfänge des Christentums zurückgeht. Seit dem 2. Jh. wird das Osterfest zusätzl. als Jahrgedächtnis begangen, das im 3. Jh. zu einem 50tägigen Osterfestkreis ausgedehnt wurde. Im Kampf gegen die heidn. Feste der Wintersonnenwende wurden im 3./4. Jh. Weihnachten und Epiphanie als Jahrgedächtnis des Kommens Jesu eingeführt, wobei im Abendland ein eigener Weihnachtsfestkreis beigegeben wurde. - Die Unterschiede zw. den christl. Konfessionen bezügl. des K. sind gering.

Kirchenkampf, Bez. für die Auseinandersetzungen zw. den christl. Kirchen und dem NS, die zugleich für den Protestantismus innerkirchl. theolog. Ggs. zur Voraussetzung und Konsequenz hatten. Basis für die Auseinandersetzungen war die z. T. von den Kirchen verkannte, schon früh vorhandene antichristl. Grundhaltung des NS und seiner führenden Vertreter, die ein völk.-german., neuheidn. ausgerichtetes Staatskirchentum anstrebten. - Der Konflikt zw. ev. Kirche und Staat und innerhalb der ev. Kirche brach offen aus, als Hitler sich mit dem Eingreifen in die Kirchenwahlen vom Juli 1933 eindeutig mit den Zielen der Dt. Christen (DC) identifizierte. Im Zuge der Gegenmaßnahmen innerhalb der ev. Kirche bildete sich 1933/34 die Bekennende Kirche heraus. Der Kampf erreichte nach dem Niedergang der DC, dem Scheitern des staatl. Bemühens, von „oben" den Kirchenstreit beizulegen und die Spaltung des Dt. Ev. Kirchenbundes (DEK) zu überwinden, seinen Höhepunkt 1937 mit dem Versuch des Staates, sich des Verwaltungsapparats des DEK zu bemächtigen. - Auf die Maßnahmen des NS-Staats gegen die kath. Kirche (trotz der Regelung ihrer Beziehung im Reichskonkordat vom 20. Juli 1933) reagierte diese 1937 mit der vom dt. Episkopat mitverfaßten Enzyklika „Mit brennender Sorge". - Aus beiden Kirchen gingen trotz der Pressionen durch antikirchl. Maßnahmen (u. a. Verhaftungen und Verbote kirchl. Organisationen) zahlr. Persönlichkeiten des Widerstands hervor.

📖 Siegele-Wenschkewitz, L.: *Nationalsozialismus u. Kirchen. Religionspolitik v. Partei u. Staat bis 1935.* Düss. 1974. - Boyens, A.: *K. u. Ökumene 1939–1945.* Mchn. 1973.

Kirchenlatein, bes. Form des Lat. als Amtssprache der kath. Kirche für offizielle Verlautbarungen und die Liturgie (hier stark rückgängig).

Kirchenlehen, im MA das zu Lehen gegebene Kirchengut (Grundbesitz oder Herrschaftsrechte); im Hl. Röm. Reich, bes. seit dem Investiturstreit, wurde das Reichskirchengut reichslehnbarer Besitz der geistl. Fürsten; im Reichsdeputationshauptschluß 1803 völlig beseitigt.

Kirchenlehrer, in der kath. Kirche (seit der Spätantike) Bez. für bed. theolog. Lehrer. Als Merkmale für alle K. gelten Rechtgläubigkeit, Heiligkeit des Lebens, hervorragende Gelehrtheit und ausdrückl. kirchl. Ernennung. Papst Paul VI. ernannte erstmals Frauen zu Kirchenlehrerinnen: Theresia von Ávila und Katharina von Siena.

Kirchenlied, das von der Gemeinde im christl. Gottesdienst gesungene stroph. volkssprachl. ↑Lied mit z. T. liturg. Funktion.

Kirchenmitgliedschaft (Kirchengliedschaft), Bez. für die (v. a. rechtl.) Zugehörigkeit zur Kirche Jesu Christi, die je nach dem Selbstverständnis der einzelnen christl. Kirchen in Inhalt und Reichweite verschieden verstanden wird. Voraussetzungen für die K. sind nach *kath. Kirchenrecht:* Taufe, Einheit in den Sakramenten und mit der kirchl. Hierarchie; nach *ev. Kirchenrecht:* Taufe, ev. Bekenntnis und Zugehörigkeit zu einer Landeskirche. Mit der K. sind bestimmte Rechte und Pflichten (z. B. Zahlung der Kirchensteuer) verbunden.

Kirchenmusik, die für den christl. Gottesdienst bestimmte liturg. und außerliturg. Musik in ihrer Bindung an den Kirchenraum (im Ggs. zur geistl. Musik). Sie bekundet sich in den Formen liturg. Gesangs, des Kirchenlieds (↑Lied), vokaler und instrumentaler Mehrstimmigkeit wie auch reiner Instrumentalmusik (↑Orgelmusik). Ihre Geschichte prägte die Entwicklung der abendländ. Musik über ein Jt. lang. - Die nur in literar. Zeugnissen faßbare Tradition der ↑frühchristlichen Musik war die Grundlage des ↑Gregorianischen Gesangs, der um 600 eine verbindl. Neuordnung erhielt und seither in der kath. K. eine erstrangige Stellung einnimmt. An ihn gebunden waren seit dem ausgehenden 10. Jh. (mit Ausnahme des ↑Conductus) die Formen früher Mehrstimmigkeit, von denen ↑Organum und ↑Motette größte Bed. erlangten. Das 14. Jh. brachte die ersten bekannten vollständigen Kompositionen des Ordinarium missae (Kyrie, Gloria, Credo, Sanctus, Agnus Dei). ↑Messe und Motette sind die dominierenden Formen der K. im 15. Jh., wobei sich das künstler. Schwergewicht seit etwa 1450 von Italien und Frankr. in den burgund.-niederl. Kulturkreis verschiebt. Im Schaffen der führenden Musiker (u. a. J. Dunstable, G. Dufay, J. Ockeghem, J. Obrecht, P. de La Rue, Josquin Desprez) stehen an Zahl

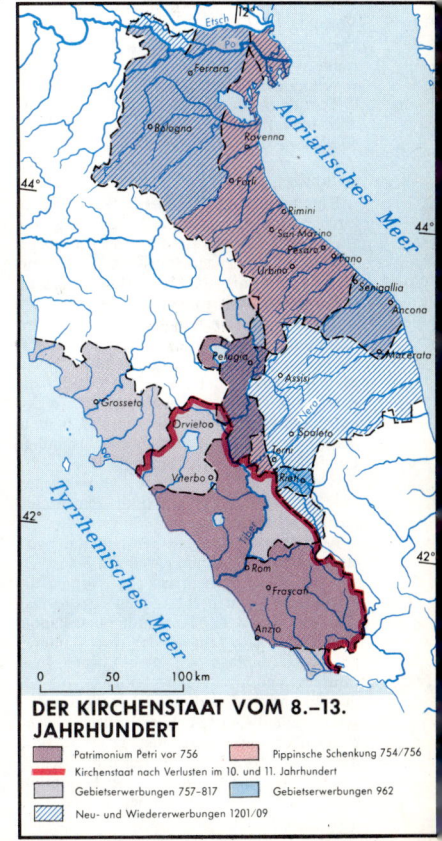

Kirchenmusik

DER KIRCHENSTAAT VOM 8.–13. JAHRHUNDERT

- Patrimonium Petri vor 756
- Pippinsche Schenkung 754/756
- Kirchenstaat nach Verlusten im 10. und 11. Jahrhundert
- Gebietserwerbungen 757–817
- Gebietserwerbungen 962
- Neu- und Wiedererwerbungen 1201/09

Kirchenmusikschulen

wie an Bed. die Werke der K. an erster Stelle. Mit dem Wirken A. Willaerts in Venedig kündigt sich eine Schwerpunktverlagerung nach Italien an (A. und G. Gabrieli, Palestrina, Lasso). - 1524 beginnt mit J. Walters „Geystlichem gesangk Buchleyn" die bes. für Deutschland bed. Tradition der ev. Kirchenmusik. In ihren wechselnden Formen und Stilen steht, analog zum Gregorian. Gesang der K., der Choral im Mittelpunkt. Dem neuen Stil des 17. Jh. (↑ Barock [Musik]) sind neben den überkommenen auch neue Formen verbunden: Kantate, geistl. Konzert, Oratorium, Passion. Der ästhet.-klanglichen Entfaltung der K. im kath. Süden steht im prot. Deutschland (v. a. bei H. Schütz, D. Buxtehude, J. S. Bach) wie auch in Frankr. eine bewußte Bindung an das Wort im Vordergrund. Das Vordringen von Elementen aus Oper und Konzertmusik kennzeichnet die K. des 18. Jh. und der Klassik ebenso wie die Werke des 19. Jh. Die Reaktion auf solche „Veräußerlichung" der K. war noch im 19. wie auch im 20. Jh. ein Rückgriff auf „gültige" histor. Vorbilder. Die Einbeziehung von Jazz, elektron., Beat- und Popmusik in den Kirchenraum muß in Parallele zur allgemeinen Entwicklung der Musik gesehen werden.

📖 *Bernsdorff-Engelbrecht, C.: Gesch. der ev. K. Wilhelmshaven 1980. 2 Bde. - Scharnagl, A.: Einf. in die kath. K. Wilhelmshaven 1980. Hdb. der dt. ev. K. Hg. v. K. Ameln u. a. Gött.* [1-2] *1976-85. 3 Bde.*

Kirchenmusikschulen, selbständige kirchl. Schulen, z. T. im Hochschulrang, die wie die kirchenmusikal. Abteilungen an staatl. Musikhochschulen eine musikal. Fachausbildung in gottesdienstl. Ausrichtung anbieten.

Kirchenpatron ↑ Patron.

Kirchenprovinz, in der *kath. Kirche* mit bestimmten Rechten ausgestattete Zusammenfassung mehrerer Bistümer unter einem Metropoliten. In der *ev. Kirche* Bez. für die den preuß. Provinzen entsprechenden regionalen Verwaltungseinheiten der Ev. Kirche der Altpreuß. Union. Seit 1945 selbständige Landeskirchen innerhalb der EKD.

Kirchenrat, in einigen ev. Landeskirchen übl. Amtstitel für hauptamtl. Pfarrer im Dienst der Landeskirche.

Kirchenrecht, 1. die Gesamtheit der von einer Kirche, von ihrem jeweiligen Selbstverständnis abhängigen, erlassenen Normen, die das kirchl. Gemeinschaftsleben regeln. Das *röm.-kath.* [lat.] K. (Jus canonicum, kanon. Recht) wurde 1917 im ↑ Codex Iuris Canonici auf der Grundlage v. a. des ↑ Corpus Juris Canonici und kirchl. Gewohnheitsrechts kodifiziert und seitdem durch die neuere Gesetzgebung ständig fortgebildet. In den *ev. Kirchen* bilden die Vorschriften der Bibel, v. a. des N. T. (göttl. Recht), die Bekenntnisschriften und die Grundordnungen der Landeskirchen und ihrer Zusammenschlüsse die Grundlage des K. für Kirchengesetze und kirchl. Verordnungen; 2. Bez. für die theolog. Disziplin, die die kirchl. Rechtsordnung wiss. behandelt (Kanonistik).

Kirchenregiment (Ordo ecclesiasticus), in den Bekenntnisschriften der Kirchen der Reformation Bez. für die geistl. Kirchenleitung mittels Wort- und Sakramentsverwaltung. - ↑ dagegen landesherrliches Kirchenregiment.

Kirchenschatz (Thesaurus ecclesiae) ↑ Ablaß.

Kirchenschriftsteller, Bez. für Verfasser theolog. Schriften des kirchl. Altertums, denen das Merkmal der Rechtgläubigkeit nicht zuerkannt werden konnte, die aber doch wichtige Zeugen für die Erfassung altkirchl. Lebens und Lehrens sind.

Kirchenslawisch, Sammelbegriff für jene Kultsprache der orthodoxen Slawen, die sich aus dem ↑ Altkirchenslawischen des 9.–11. Jh. entwickelte. Das K. war Bibel- und Liturgiesprache, weitgehend auch die Literatursprache der Ostslawen, Bulgaren und Serben und stellt das wesentl. übernationale Kommunikationsmittel der orthodoxen Slawenwelt im MA dar. Bei den Russen im 18. Jh., bei Serben und Bulgaren im Laufe des 19. Jh. wurden gegen das K. nat. Literatursprachen gebildet, die sich bewußt von kirchenslaw. Elementen freizumachen versuchten.

Kirchensonate ↑ Sonate, ↑ Triosonate.

Kirchenstaat (italien. Stato della Chiesa), ehem. Herrschaftsgebiet des Papsttums in M-Italien, dessen Kern das sich seit dem 4. Jh. entwickelnde **Patrimonium Petri** (Bez. seit dem 6. Jh.) bildete. Den Päpsten als Bischöfen Roms und Herren des Grundbesitzes der röm. Kirche (vorwiegend in S-Italien und Sizilien) fielen seit der Völkerwanderung immer mehr öffentl. Aufgaben zu, doch erkannten sie bis Ende des 8. Jh. die byzantin. Oberhoheit an; das Gebiet um Rom bildete einen byzantin. Verwaltungsbezirk (Dukat). Die Expansion des Langobardenreichs bewog Papst Stephan II. zum Bündnis mit dem Fränk. Reich. Als Gegenleistung für die kirchl. Legitimierung der Karolinger erwarb er 754/756 durch die Pippinische Schenkung Teile des von den Langobarden eroberten röm.-byzantin. Gebiets. Nach der Einigung von 781/787 zw. Karl d. Gr. und Papst Hadrian I. umfaßte der K. den Dukat von Rom, das Exarchat Ravenna, die Pentapolis, S-Tuszien, die Sabina u. a. Die Befreiung des Papsttums vom Einfluß des röm. Adels durch die otton. Kaiser rettete den K., führte aber zu Konflikten zw. Papsttum und Kaisertum. Mit dem Sturz der Staufer (1266/68) war die Gefahr der Umklammerung des K. gebannt und die kaiserl. Oberhoheit hinfällig, doch geriet der K. erneut in Gefahr durch das Avignon. Exil (1309–76/77). Erst nach

der Überwindung des Abendländ. Schismas (1417) wurden die Renaissancepäpste endgültig zu Herren des K., gefährdeten dessen Bestand jedoch durch ihren Nepotismus. Papst Julius II. eroberte verlorene Gebiete zurück, erweiterte den K. um Parma und Piacenza (1545 wieder verloren) und gestaltete ihn zu einem zentralist. organisierten Staatswesen um. 1598 bzw. 1631 kamen Ferrara und Urbino hinzu. Der Versuch einer selbständigen Außenpolitik des Papsttums seit der Mitte des 15. Jh. hingegen scheiterte. Der K. wurde wie die übrigen italien. Staaten bis Ende des 18. Jh. abhängig von den um die Vorherrschaft in Italien ringenden Großmächten. Als Folge der napoleon. Expansion wurde der 1797 schon durch Gebietsabtretungen an die Zisalpin. Republik verkleinerte K. 1798 zur Röm. Republik erklärt und 1809 in das Kgr. Italien eingegliedert, 1815 fast vollständig wiedererrichtet, 1860 auf das einstige Patrimonium Petri reduziert und 1870 dem italien. Nationalstaat einverleibt. Die Lösung der dadurch entstandenen ↑Römischen Frage erfolgte durch die ↑Lateranverträge 1929 (Schaffung der ↑Vatikanstadt). - Karte S. 341.
📖 *Partner, P.: The lands of St. Peter. The Papal State in the Middle Ages and the early Renaissance. Berkeley (Calif.) 1972. - Fuhrmann, H.: Quellen zur Entstehung des K. Gött. 1968.*

Kirchensteuer, von Kirchen erhobene, von staatl. Behörden (Finanzämtern) eingezogene Abgabe der Kirchenmitglieder. Rechtl. Grundlage ist die Bestimmung der Reichsverfassung von 1919, wonach Religionsgesellschaften, die Körperschaften des öffentl. Rechts sind, berechtigt sind, auf Grund der bürgerl. Steuerlisten Steuern zu erheben, da diese Bestimmung nach Art. 140 GG Bestandteil des GG ist. Damit verleiht der Staat sein hoheitl. Steuererhebungsrecht den Religionsgesellschaften. Die Kritiker dieser Regelung fordern dagegen, daß die Kirchen entsprechend ihrem Selbstverständnis ein freies, von staatl. Mitwirkung freies Beitragssystem suchen sollten, wie es ähnlich bei den sog. Freikirchen, die nicht Körperschaften des öffentl. Rechts sind, der Fall ist. Beiträge zu diesen Freikirchen können in bestimmtem Umfang - wie auch die K. - als Sonderausgaben von der Einkommensteuer abgesetzt werden.
Der *Steuerpflicht* können nur Kirchenmitglieder unterliegen. Bei sog. *glaubensverschiedenen Ehen* (nur ein Ehepartner ist Mitglied einer steuerberechtigten Religionsgesellschaft) kann entsprechend (und entgegen früheren Regelungen) nur das Kirchenmitglied zur K. herangezogen werden. Bei einer Mitgliedschaft in verschiedenen steuerberechtigten Religionsgesellschaften dagegen, den sog. *konfessionsverschiedenen Ehen*, kann nach wie vor der Halbteilungsgrundsatz angewandt werden, nach dem jedem Ehepartner die Hälfte der Summe der Steuerschulden beider Ehepartner zugerechnet wird; dies gilt jedoch nur dann, wenn keine getrennte Steuerveranlagung (bzw.'kein getrennter Lohnsteuerjahresausgleich) vorgenommen wird.
Erhoben wird die K. als Zuschlag zur Einkommen- bzw. Lohnsteuer in Höhe von 8–10 %. Andere Formen wie z. B. die Anknüpfung an Grund- oder Gewerbesteuer sind kaum noch von Bedeutung. Die erforderl. Eintragung des Bekenntnisses in die Lohnsteuerkarte gilt trotz des verfassungsmäßigen Rechts, die religiöse Überzeugung zu verschweigen, ebenso nach einem Urteil des Bundesfinanzhofes als verfassungsgemäß wie die Verpflichtung der Arbeitgeber zur Mitwirkung im Lohnabzugsverfahren. - Tab. S. 344.
📖 *Giloy, K.: K.recht u. K.praxis in den Bundesländern. Wsb. ²1983.*

Kirchenstiftung (Kirchenfabrik, Kirchenvermögen, Fabrikgut, Fabrica ecclesiae), Bez. für das einer örtl. Kirche gehörende Vermögen, das zum Unterhalt von Kirchenbau und Gottesdienst vom Kirchenvorstand verwaltet wird.

Kirchenstrafen, Strafen, die die kath. Kirche als Besserungs- bzw. Beugestrafen oder als Sühn- bzw. Vergeltungsstrafen (Vindikativstrafen) über Kirchenangehörige verhängt, die eine Norm des kirchl. Strafrechts schuldhaft übertreten haben. In den *ev.* Kirchen ↑Kirchenzucht.

Kirchentag ↑Deutscher Evangelischer Kirchentag, ↑Katholikentag.

Kirchentonarten (Kirchentöne, Modi, Toni), die mittelalterl. Tonskalen mit Oktavumfang, die weder erhöhte noch erniedrigte Stufen verwenden und in entscheidenden Punkten mit der Ordnung des byzantin. ↑Oktoechos übereinstimmen. Von den Tonleitern des Dur-Moll-Systems sind diese Skalen insofern unterschieden, als sie auf typ. und sich zunehmend verfestigende Melodieformeln zurückgehen. Für ihre von der Tonhöhe weitgehend unabhängige Ordnung ist bei wechseln-

KIRCHENTONARTEN			
Name	Finalis	Tonumfang	Repercussio
1. Dorisch	d	$d-d^1$	$d-a$
2. Hypodorisch	d	$A-a$	$d-f$
3. Phrygisch	e	$e-e^1$	$e-c^1$
4. Hypophrygische	e	$H-h$	$e-a$
5. Lydisch	f	$f-f^1$	$f-c^1$
6. Hypolydisch	f	$c-c^1$	$f-a$
7. Mixolydisch	g	$g-g^1$	$g-d^1$
8. Hypomixolydisch	g	$d-d^1$	$g-c^1$
9. Äolisch	a	$a-a^1$	$a-e$
10. Hypoäolisch	a	$e-e^1$	$a-c$
11. Ionisch	c^1	c^1-c^2	c^1-g^1
12. Hypoionisch	c^1	$g-g^1$	$c-e^1$

dem Ausgangston die Folge von Ganz- und Halbtönen maßgebend. Über die Zugehörigkeit einer Melodie zu einer der K. entscheiden: der Schlußton (Finalis), der in der Melodie überwiegend verwendete Tonumfang und der bes. in der Psalmodie hervortretende Deklamationston, der mit der Finalis ein für das Melodienmodell maßgebendes Intervall (Repercussio) bildet. Während die ma. Musiktheorie von acht K. ausgeht, erweiterte Glarean (1547) sie durch Hinzufügung des äol. (dazu hypoäol.) und des ion. Modus (dazu hypoion.) auf die Zwölfzahl. Im ausgehenden 17. Jh. vollzog sich die schon im 16. Jh. einsetzende Ablösung der K. durch die Dur-Moll-Tonalität, doch fanden sie neue Verwendung in historisierenden Bestrebungen des 19. und 20. Jh.
📖 *Meier, Bernhard: Die Tonarten der klass. Vokalpolyphonie. Utrecht 1974. - Kupper, H.: Statist. Unterss. zur Modusstruktur der Gregorianik. Regensb. 1970.*

Kirchenväter, frühchristl. (bis zum 7./8. Jh.) Schriftsteller, die in der Kirche als verbindl. Lehrzeugen gelten; die Erforschung ihrer Lehre geschieht in der ↑ Patristik.

Kirchenverfassung, Bez. für die Grundordnung (Gesetz), nach der eine Kirche lebt, sowie (inhaltl.) für die Gesamtheit der die kirchl. Gemeinschaftsordnung grundlegend prägenden, schriftl. fixierten Normen. - Die *röm.-kath. Kirche* hat keine formale Verfassung, jedoch Verfassungsnormen, die im Codex Iuris Canonici, in den Dokumenten des 2. Vatikan. Konzils und in den nachkonziliaren Rechtsnormen enthalten sind. Diese Normen zeigen die Strukturelemente der K.: das hierarch. Grundprinzip (↑ Hierarchie), das synodale Grundprinzip (↑ Bischof) und das ↑ Territorialprinzip. - In den *reformator. Kirchen* wurden Fragen der K. vom ↑ landesherrlichen Kirchenregiment geregelt. Seit dessen Abschaffung (1918) sind die ev. [Landes]kirchen als Körperschaften des öffentl. Rechts in die staatl. Ordnung eingegliedert, und ihre verfassungsrechtl. Bestimmungen regeln - außer der Feststellung des Bekenntnisstandes im Vorspruch - v. a. den organisationsrechtl. Bereich, d. h. die Kompetenzen der verschiedenen Rechtsträger im dreistufigen Aufbau der Landeskirchen: auf der Gemeindeebene, im Kirchenkreis und in der Gesamtkirche (↑ auch Grundordnung).

Kirchenverträge, vertragl. Abmachungen zw. Staat und Kirche zur Regelung der wechselseitigen Zuständigkeiten; im *kath. Kirchenrecht* ↑ Konkordat; im *ev. Kirchenrecht* in der BR Deutschland zw. den einzelnen Ländern und Landeskirchen geschlossen.

Kirchenvisitation ↑ Visitation.

Kirchenvorstand, in den Kirchenverfassungen offizielle Bez. für das mit den Leitungs- und Verwaltungsaufgaben einer Kirchengemeinde betraute Kollegialorgan in den *ev. Landeskirchen.* In der *kath. Kirche* Verwaltungsorgan für das Kirchenvermögen.

Kirchenzucht (Kirchendisziplin), kirchl. Maßnahmen zum Schutz der kirchl. Ordnung; in der *kath. Kirche* ↑ Kirchenstrafen; in den *ev. Kirchen* unterschiedl. Maßnahmen (z. B. Verweigerung von Taufe, Abendmahl, Begräbnis).

Kircher, Athanasius, * Geisa bei Fulda 2. Mai 1602, † Rom 27. Nov. 1680, dt. Jesuit (seit 1618) und Universalgelehrter. - Prof. für Mathematik, Philosophie und orientalische Sprachen in Würzburg und Rom; später v. a. Hieroglyphenforscher und Archäologe, Verfasser musiktheoret. Schriften; beschrieb die Laterna magica.

Kirche und Staat ↑ Staat und Kirche.
Kirche und Synagoge ↑ Ecclesia und Synagoge.

Kirche unter dem Kreuz, Bez. für die dt. ev. Kirche am Niederrhein, eine luth.-ref. Mischform mit spezif. presbyterialsynodaler Tradition, die 1835 in der rhein.-westfäl. Kirchenordnung verankert wurde.

Kirche von England ↑ anglikanische Kirche.

Kirche von Irland, prot. Kirche Irlands, der ↑ Anglikanischen Kirchengemeinschaft angeschlossen.

Kirche von Südindien, Zusammenschluß der episkopalen, presbyterian. und kongregationalist. Gruppen zur Kirchenunion der K. v. S. (am 27. Sept. 1947), die 1977 mit der Bildung einer eigenen Kirchenordnung vollendet werden sollte; die Diskussion um diese Kirchenordnung ist (1979) noch nicht abgeschlossen.

Kirchhain, ehem. selbständige Stadt, seit 1950 Teil von ↑ Doberlug-Kirchhain, DDR.
K., hess. Stadt, 10 km onö. von Marburg, 219 m ü. d. M., 15 400 E. Wirtsch. Mittelpunkt des Amöneburger Beckens. - Die Landgrafen von Hessen bauten neben dem Dorf 1344 eine Burg als Gegengewicht zur Amöneburg

Kirchensteuern und Kirchgeld in der BR Deutschland (Nettoaufkommen in 1 000 DM)		
	EKD	RK
1974	4 014 243	3 480 915
1975	3 470 603	2 919 153
1976	3 834 646	3 327 291
1977	4 208 875	3 702 365
1978	4 296 342	3 726 993
1979	4 443 203	3 892 882
1980	4 850 350	4 485 106
1981	4 828 863	4 589 583
1982	4 958 378	4 839 267
1983	5 067 997	5 003 869
1984	5 107 230	5 110 145
1985	5 567 119	5 695 256

kirchliche Hochschulen

der Erzbischöfe von Mainz; 1352 erstmals als Stadt genannt. - Die got. Stadtkirche wurde 1666-69 und 1929/30 umgestaltet. Spätgot. Fachwerkrathaus (15. Jh.), Reste der Stadtbefestigung.

Kirchheimbolanden, Krst. am NO-Fuß des Donnersberges, Rhld.-Pf., 269 m ü. d. M., 6100 E. Verwaltungssitz des Donnersbergkreises; Maschinenfabriken, Fahrzeugbau, Schuhfabrik; Pendlerwohnort. - 714 erstmals gen., erhielt 1368 Stadtrecht. 1544-1794/1801 Sitz der Linie Nassau-Weilburg. - Ev. Pfarrkirche Sankt Paul (1739-44) mit barocker Orgel (sog. Mozartorgel). Reste der ma. Stadtbefestigung; ehem. Schloß (1738-40; nur der Ostflügel ist verändert erhalten).

Kirchheim unter Teck, Stadt im Vorland der Schwäb. Alb, Bad.-Württ., 311 m ü. d. M., 32 600 E. Eisengießerei, Maschinenfabriken, Elektro-, Textil-, Papier- u. a. Ind. - 960 erstmals erwähnt, zw. 1220 und 1230 von den Herzögen von Teck als Stadt neu gegr. - Spätgot. ev. Pfarrkirche (Langhaus um 1400); das Schloß (1538-56; jetzt Museum) bildet die sw. Ecke der z. T. erhaltenen Stadtbefestigung; barockes Rathaus (18. Jh.).

Kirchhoff, Adolf, * Berlin 26. Jan. 1826, † ebd. 27. Febr. 1908, dt. klass. Philologe. - Ab 1865 Prof. in Berlin; veröffentlichte griech. Textausgaben von Homer, Euripides, Plotin u. a.; bed. Forschungen zur Epigraphik; „Die umbr. Sprachdenkmäler" (1849-51, mit T. Aufrecht), „Das goth. Runenalphabet" (1851).
K., Gustav Robert, * Königsberg (Pr) 12. März 1824, † Berlin 17. Okt. 1887, dt. Physiker. - Prof. in Breslau, Heidelberg und Berlin. Stellte die † Kirchhoffschen Regeln der Stromverzweigung auf. Gemeinsam mit R. Bunsen entwickelte er die Spektralanalyse, die zur Entdeckung der Elemente Cäsium und Rubidium führte. K. gab eine Erklärung der Fraunhoferschen Linien im Sonnenspektrum, stellte ein nach ihm benanntes Strahlungsgesetz auf u. formulierte eine Theorie der Lichtbeugung. Außerdem arbeitete er über Probleme der Wärmeleitung und der Theorie der Schwingungen sowie auf dem Gebiete der Hydrodynamik.

Kirchhoffsche Regeln, von G. R. Kirchhoff aufgestellte Regeln zur Berechnung der Strom- und Spannungsverhältnisse in elektr. Leitersystemen: 1. Die **Knotenregel:** Die Summe der Stromstärken der ankommenden Ströme ist in jedem Punkt des Leitersystems gleich der Summe der Stromstärken der abfließenden Ströme. 2. Die **Maschenregel:** In jedem (beliebig herausgegriffenen) in sich geschlossenen Teil des Leitersystems ist die Summe der Teilspannungen gleich der Summe der Leerlaufspannungen in dieser geschlossenen Masche enthaltenen Stromquellen. Die K. R. sind v. a. bei der Hintereinanderschaltung bzw. Parallelschaltung von elektr. Bauelementen von Bedeutung.

Kirchhoffsches Gesetz, (Kirchhoffsches Strahlungsgesetz) von G. R. Kirchhoff 1859 aufgefundene Gesetzmäßigkeit der Wärmestrahlung; sie besagt, daß ein „leuchtender" Körper eine Strahlung (z. B. Licht einer bestimmten Wellenlänge) um so besser aussendet (emittiert), je besser er die gleiche Strahlung absorbiert.
♦ in der *Thermodynamik* und in der *physikal. Chemie* Bez. für ein 1858 von G. R. Kirchhoff aufgestelltes Gesetz über die Temperaturabhängigkeit der Reaktionswärme einer chem. Reaktion: Die Änderung der Reaktionswärme mit der Temperatur ist gleich der Differenz der Molwärmen von End- und Ausgangsprodukten.

Kirchhundem, Gemeinde im Rothaargebirge, NRW, 544 m ü. d. M., 11 600 E. Landeslehranstalt für Fischerei; Forstbaumschulen. Fremdenverkehr; Hochwildschutzpark. - Neugot. Pfarrkirche (20. Jh.) mit barocker Orgel (1701/02), Fachwerkhäuser (v. a. frühes 19. Jh.). Im Ortsteil **Oberhundem** spätbarocke Pfarrkirche (1769-71); Schloß Adolfsburg (1677 ff.).

kirchliche Feiertage † Feiertage.

kirchliche Gerichtsbarkeit, Ausübung der rechtsprechenden Gewalt durch kirchl. Institutionen. In den *ev. Kirchen* umfaßt die k. G. nach 1945 die Zweige der Verwaltungsgerichtsbarkeit und der Disziplinargerichtsbarkeit sowie die gerichtl. Wahrnehmung schiedsgerichtl. und gutachterl. Sonderfunktionen. Die *röm.-kath. Kirche* besitzt eine eingehend normierte ordentl. k. G. im Codex Iuris Canonici.

kirchliche Hochschulen, kircheneigene Hochschulen zur Ausbildung ihrer Geistlichen, z. T. auch von Laien in den kirchl. und weltl. Disziplinen.
Die ältesten k. H. sind die 10 päpstl. Univ. in Rom, am bedeutendsten die 1551 gegr. und von den Jesuiten geführte **Gregoriana.** Zu den Atenei Romani (Röm. [kirchl.] Hochschulen) gehören außerdem vier päpstl. Spezialhochschulen (Pontificio Istituto). Die bekanntesten kath. Univ. sind in Löwen, Mailand, Paris, Tokio und Washington. Alle kath. k. H. sind der Studienkongregation in Rom unterstellt. In der BR Deutschland bestehen philosoph.-theolog. Hochschulen in Bamberg, Frankfurt am Main, Fulda, Königstein i. Ts., Passau und Benediktbeuren (Hochschule der Salesianer); theolog. Fakultäten in Paderborn und Trier, eine Hochschule für Philosophie in München und eine Kath. Universität in Eichstätt.
Die älteste ev. k. H. ist die Kirchl. Hochschule Bethel (gegr. 1905). Die Kirchl. Hochschule in Berlin und die Kirchl. Hochschule Wuppertal wurden 1935 von der Bekennenden Kirche als „Hochschulen für reformator. Theologie" gegr. Nach dem 2. Weltkrieg entstanden die Augustana-Gesamthochschule

345

kirchliche Jurisdiktion

Neuendettelsau (gegr. 1947) im Landkreis Ansbach sowie die Luth. Theolog. Hochschule Oberursel (Taunus), seit 1950 als k. H. anerkannt, getragen von der Selbständigen Ev.-Luth. Kirche. Ein Studium an diesen Hochschulen wird im allg. bis zu einer Dauer von vier Semestern auf das Theologiestudium angerechnet.

kirchliche Jurisdiktion ↑ Jurisdiktion.

kirchliche Lehrgewalt ↑ Lehramt.

kirchliche Öffentlichkeitsarbeit, Gesamtheit der Aktivitäten mit denen die christl. Kirchen publizist. in Erscheinung treten, v. a. durch institutionelle Selbstdarstellung und Vertrauenswerbung. Zur k. Ö. formulierte 1963 das 2. Vatikan. Konzil in Rom Leitgedanken für die kath. Kirche, 1968 der Ökumen. Rat der Kirchen in Uppsala allg. Empfehlungen für die ev. Kirchen. Die großen ev. Kirchen und Weltbünde unterhalten internat. Pressedienste und ökumen. Zeitschriften und koordinieren ihre Rundfunkarbeit in der „World Association for Christian Communication", die kath. Kirche in der „Päpstl. Kommission für die soziale Kommunikation", dem „Informationsbüro" im vatikan. Staatssekretariat, dem „Pressesaal" des Hl. Stuhls und internat. Organisationen („Union Catholique Internationale de la Presse", „UNDA" (für Hörfunk und Fernsehen), „Organisation Catholique International du Cinéma". Die Öffentlichkeitsarbeit der Ev. Kirche in Deutschland (EKD) wird durch verschiedene Organisationen koordiniert, u. a. „Kammer der Ev. Kirche in Deutschland für publizist. Arbeit", „Gemeinschaftswerk der Ev. Publizistik e. V.", „Fernsehbeauftragter der Ev. Kirche in Deutschland". Die einzelnen Landeskirchen unterhalten Presseverbände, Referenten und Beauftragte für Hörfunk und Fernsehen sowie Filmstellen. Als führende Gremien der kath. Kirche in der BR Deutschland und in Berlin (West) hat die Dt. Bischofskonferenz eine „Kommission für Publizistik" und das Zentralkomitee der dt. Katholiken einen „Beirat für Publizistik" eingerichtet. Der dt. Episkopat trägt mit Hilfe von Diözesanbeauftragten, die ihre Arbeit regional in „Sender-Arbeitsgemeinschaften" (SAG) koordinieren, die „Kath. Rundfunkarbeit in Deutschland" (KRD) und die „Kath. Fernseharbeit in Deutschland" (KFD); die einzelnen Bistümer unterhalten eigene Pressestellen bzw. -referenten. Weitere kath. Organisationen für Medienarbeit in der BR Deutschland: „Kath. Institut für Medienforschung e. V.", „Kirchl. Hauptstelle für Bild- und Filmarbeit e. V." (KHBF), „Kath. Filmkommission für Deutschland", „Kath. Film- und Fernsehliga".

kirchliches Begräbnis, christl. Gottesdienst bei der Bestattung eines Verstorbenen (im Normalfall Erdbestattung); kann unter bestimmten Voraussetzungen (z. B. nach Selbstmord) verweigert werden.

kirchliche Schulen, Sammelbegriff für Privatschulen, als deren jurist. Träger die kath. Bistümer, Diözesen, Ordensgemeinschaften bzw. die ev. Landeskirchen sowie Stiftungen, Vereine usw. fungieren. Neben Schulen des mittleren und höheren Schulwesens sind es berufsbildende Einrichtungen, wie Fachoberschulen für Erzieherinnen (Kindergärtnerinnen), Berufsfachschulen, Haushaltungsschulen und Lehrwerkstätten.

kirchliches Lehramt ↑ Lehramt.

Kirchlich-soziale Konferenz ↑ Evangelisch-sozialer Kongreß.

Kirchner, Ernst Ludwig, * Aschaffenburg 6. Mai 1880, † Frauenkirch bei Davos 15. Juni 1938 (Selbstmord), dt. Maler und Graphiker. - Mitbegr. der ↑ „Brücke" in Verbindung mit Heckel und Schmidt-Rottluff. Das Frühwerk ist vom Neoimpressionismus beeinflußt. 1911 Übersiedlung nach Berlin; zugleich mit der themat. Konzentration auf das Großstadtleben (Straßen- und Varietészenen) vollzieht K. einen stilist. Wandel zu einem von hekt. Dynamik geprägten expressionist. Stil. 1917 Übersiedlung nach Davos, danach vornehml. Gebirgslandschaften in großflächiger Monumentalisierung. Das Spätwerk der 1930er Jahre steht unter Einfluß von Picasso; Ornamentalisierung der figuralen Kompositionen und Abgrenzung homogener Farbflächen. Bed. Zeichnungen und Aquarelle. Wichtig als bahnbrechender Graphiker des dt. Expressionismus, v. a. Holzschnitte und Lithographien, auch graph. Buchillustrationen (G. Heym: „Umbra Vitae" mit 47 Holzschnitten, 1924); auch bildhauer. Arbeiten in Holz (Figuren). - Abb. Bd. 4, S. 68; Bd. 6, S. 299.

Kirchschläger, Rudolf, * Obermühl im Mühlviertel 20. März 1915, östr. Politiker. - 1962–67 stellv. Generalsekretär für Auswärtige Angelegenheiten; 1963–66 Kabinettsdirektor des Außenmin.; 1967–70 Gesandter in Prag; 1970–74 Außenmin.; 1974 wurde der parteilose K. als Kandidat der SPÖ zum Bundespräs. gewählt, 1980(-86) wiedergewählt.

Kirchspiel [zu mittelhochdt. kir(ch)spel, eigtl. „Kirchenpredigt" (zu spel „Rede")] (Kirchensprengel), svw. ↑ Pfarrbezirk.

Kirchweih (niederdt. Kirmes [„Kirchmesse"], fränk. Kirbe, Kirwe, Kerb; schweizerdt. Chilbi; östr.-bair. Kirta [„Kirchtag"]), Fest zur Erinnerung an die Kirchweihe, das häufig mit dem Fest des Kirchenpatrons zusammenfällt. Heute ein überwiegend weltl. Fest mit Krammärkten, Schaustellern, Fahrgeschäften u. a. im Gefolge der liturg. Feier. Die meisten K.termine wurden in den Herbst auf die Zeit nach der Ernte verlegt.

Kirchweihe, in der christl. Liturgie die feierl. Handlung, mit der eine Kirche ihrer Bestimmung übergeben wird. Mit der Ausweitung des Märtyrerkultes wurde es seit dem

4. Jh. übl. und seit dem 8. Jh. obligator., in den Gemeindekirchen in oder unter dem Altar Reliquien zu bergen. Durch Aufnahme gall. Elemente in die röm. Liturgie entstand um 1000 der komplizierte K.ritus des *Pontificale Romanum*. Seit seiner Vereinfachung 1961 besteht er aus Reinigung der Kirche und ihres Altars durch Besprengung mit Weihwasser, Inbesitznahme durch kreuzförmige Niederschrift des griech. und lat. Alphabetes mit Asche auf den Kirchenboden, Beisetzung der Reliquien im Altargrab, Salbung der Kirche und des Altars mit geweihtem Salböl sowie dem Hochgebet; vollendet wird sie durch die erste Eucharistiefeier. - Im *ev. Verständnis* ist K. die vom Gebet begleitete Ingebrauchnahme einer Kirche durch einen ersten Gottesdienst.

Kirejewski, Iwan Wassiljewitsch, * Moskau 22. März 1806, † Petersburg 11. Juni 1856, russ. Philosoph. - Neben Chomjakow bed. Theoretiker und Kulturphilosoph der Slawophilen; versuchte - von Schelling beeinflußt - den Gegensatz von Glaube und Verstand des europ. Rationalismus durch eine Synthese zw. den ostkirchl. Denktraditionen und moderner Wiss. zu überwinden.

Kirgisen, Turkvolk in Mittelasien (UdSSR, China, nö. Afghanistan). Urspr. Hirtennomaden, heute z. T. Ackerbauern.

Kirgisensteppe, Bez. für die Steppen-, Halbwüsten- und Wüstengebiete der Kasach. SSR.

Kirgisien ↑ Kirgisische SSR.

Kirgisisch (Karakirgisisch, Burutisch), zur nw. Gruppe gehörende Turksprache, die in der Kirgis. SSR und angrenzenden Gebieten von etwa 1,4 Mill. Menschen gesprochen wird. Seit 1940 in kyrill. Schrift geschrieben.

Kirgisischer Alatau (Alexandergebirge), 375 km langer, bis 4 875 m hoher, z. T. vergletscherter Gebirgszug im Tienschan, südl. der Sandwüste Mujunkum. Der Kamm des W-Teils bildet die Grenze zw. Kirgis. und Kasach. SSR.

Kirgisische SSR (Kirgisistan, Kirgisien), Unionsrepublik der UdSSR in Mittelasien, 198 500 km², 3,98 Mill. E (1985), Hauptstadt Frunse.
Landesnatur: Fast ganz Kirgisistan gehört zum Gebirgssytem des Tienschan, dessen höchste Erhebungen im NO der Republik liegen: Chan-Tengri (6 995 m) und Pik Pobeda (7 439 m). Für den zentralen Tienschan sind ausgedehnte „Syrten" (annähernd ebene Kältewüsten) in Höhen zw. 3 000 und 4 000 m charakterist.; sie werden durch Beweidung genutzt. Das Klima ist auf Grund der Lage im Zentrum des euras. Kontinents ausgeprägt kontinental und trocken. Bis 1 500 m herrschen Wüsten, Halbwüsten, Gras- und Buschsteppen vor; ein großer Teil dieser Region wird mittels künstl. Bewässerung landw. genutzt. Zw. 1 500 und 4 000 m gibt es trockne Bergsteppen, die mit zunehmender Höhe in Wiesensteppen, subalpine und alpine Wiesen übergehen. Für den S sind Nußbaumwälder charakteristisch.
Bevölkerung, Wirtschaft, Verkehr: In der K. SSR leben Kirgisen, Russen, Usbeken, Ukrainer, Deutsche, Tataren, Kasachen, Tadschiken u. a.; Kirgisisch und Russisch sind Amtssprachen. Über 70% der Bev. wohnen in drei eng begrenzten Gebieten: in der Umgebung von Frunse im äußersten N, im Talastal im äußersten NW und entlang der um das Ferganabecken verlaufenden Republikgrenze im SW. Die K. SSR verfügt über 10 Hochschulen. Rd. 85% der landw. Nutzfläche sind Weiden und Wiesen. Gehalten werden v. a. Schafe, daneben auch Rinder, Schweine, Ziegen und Geflügel. Angebaut werden Getreide, Futterpflanzen, Baumwolle, Zuckerrüben, Tabak, Mohn, Kartoffeln und Gemüse. Bodenschätze finden sich v. a. in der Randzone des Ferganabeckens mit Kohle-, Erdöl-, Erdgasvorkommen, den größten Quecksilber- und Antimonlagerstätten der UdSSR sowie im Issykkulgebiet, ebenfalls mit Kohle und Erzen. Die Ind. konzentriert sich auf das Tschutal (v. a. Metallind., Maschinenbau, Textil- und Nahrungsmittelind.) und die kirgis. Randzone des Ferganabeckens mit den Schwerpunkten Frunse und Osch. Das Straßennetz ist 28 300 km lang; die wichtigsten Straßen sind die von Frunse nach Osch, von Osch nach Chorog (Pamir) und die Ringstraße um den Issykkul. Der Flugverkehr spielt eine große Rolle für den Personenverkehr, in schwer zugängl. Gegenden auch für den Gütertransport.
Geschichte: Nach der Teilnahme Kirgisistans am Mittelasiat. Aufstand gegen Rußland (1916) und der Oktoberrevolution wurde in Kirgisistan die Sowjetmacht im Laufe der ersten Hälfte des Jahres 1918 errichtet. 1918 wurde die Turkestan. Autonome Sozialist. Sowjetrepublik ausgerufen (innerhalb der RSFSR), zu der Kirgisistan bis 1924 gehörte. Die Kämpfe mit den Truppen Koltschaks zogen sich bis zum Sommer 1922 hin. Im Okt. 1924 wurde das Karakirgis. Autonome Gebiet gebildet, das 1925 in Kirgis. Autonomes Gebiet umbenannt, 1926 zur Kirgis. ASSR wurde und 1936 in eine Unionsrepublik umgewandelt wurde. - ↑ auch Turkestan.

Kirgisistan ↑ Kirgisische SSR.

Kiribati

[engl. kiːriˈbaːtiː], Republik im sw. Pazifik, zw. 4° 43′ n. Br. und 10° 30′ s. Br. sowie 169° 32′ ö. L. und 150° w. L. **Staatsgebiet:** Umfaßt die Gilbertinseln, Ocean Island, die Phönixinseln Christmas Island und weitere sieben der Line Islands. **Fläche:** 728 km². **Bevölkerung:** 64 000 E (1980), 87,9 E/km². **Hauptstadt:** Bairiki (auf Tarawa). **Verwaltungsgliederung:** Inselrat auf jeder bewohnten Insel

Kirin

Amtssprache: Gilbertesisch und Englisch. **Nationalfeiertag:** 12. Juli (Unabhängigkeitstag). **Währung:** Austral. Dollar. **Internat. Mitgliedschaften:** Commonwealth, GATT. **Zeitzone:** MEZ +11 Std.

Landesnatur: Außer Ocean Island (bis 81 m ü. d. M.) sind alle übrigen niedrige Koralleninseln und -eilande, die i. d. R. nur 1–3 m über Fluthöhe liegen. - Die zentralen Gilbertinseln, die Phönixinseln, die nördl. Line Islands und Ocean Island liegen in der trockenen Äquatorialzone mit starken Schwankungen der jährl. Regenmengen. - Auf den meisten Inseln sind Kokospalme und Schraubenbaum vertreten.
Bevölkerung: Über 80% sind Mikronesier, daneben gibt es polynes., europ. und chin. Minderheiten. Rd. 92% der überwiegend christl. Gesamtbev. leben auf den Gilbertinseln. Schulpflicht besteht für Kinder zw. 6 und 16 Jahren.
Wirtschaft: Der Eigenversorgung dienen Taro, Bananen, Papaya- und Brotfrüchte, Schweine- und Geflügelhaltung sowie Fischfang. Wichtigster Wirtschaftszweig ist die Kopragewinnung. Der Phosphatbergbau wurde 1979 nach Erschöpfung der Vorräte eingestellt.
Außenhandel: Ausgeführt werden Kopra und Fischereiprodukte, eingeführt Lebensmittel, Baumwollwaren, industrielle Fertigwaren. Wichtigste Partner sind Australien, Großbrit., Fidschi und Japan.
Verkehr: Das Gesamtstraßennetz ist etwa 640 km lang. Die wichtigsten Überseehäfen befinden sich auf Ocean Island und Betio. Der internat. Flughafen liegt auf Tarawa, mehrere Inseln haben Landeplätze. Nat. Fluggesellschaft ist die Air Tungaru.
Geschichte: Die Gilbertinseln wurden 1765/88 entdeckt und gehörten seit 1892 zu dem brit. Protektorat (seit 1916 Kolonie) Gilbert and Ellice Islands; 1941–43 von Japan besetzt. Nachdem 1976 die Ellice-Inseln als separates von einem brit. Kommissar verwaltetes Territorium unter dem Namen ↑Tuvalu (unabhängig seit 1. Okt. 1978) abgetrennt worden waren, verblieben die übrigen Inseln zunächst als **Gilbert Islands Colony** unter der Verwaltung eines brit. Gouverneurs. Nach schwierigen Verhandlungen, in denen schließl. die Zugehörigkeit von Ocean Island (dessen Bewohner für sich die Unabhängigkeit forderten) zu dem neuen Staat bestätigt wurde, wurden die Gilbertinseln am 12. Juli 1979 unter dem Namen K. unabhängige Republik im Rahmen des Commonwealth. 1985 schloß K. mit der Sowjetunion ein Fischereiabkommen. Letzte Parlamentswahlen 1987.
Politisches System: Nach der Verfassung vom 12. Juli 1978 ist K. eine präsidiale Republik *Staatsoberhaupt* und Chef der *Exekutive* ist der Präs. (seit 1979 I. T. Tabai), der direkt vom Volk gewählt wird. Das Kabinett (Präs., Vizepräs., Generalstaatsanwalt und weitere Min.) ist dem Parlament (39 auf 4 Jahre gewählte Mgl. sowie ein ernanntes Mgl. für Ocean Island) verantwortl., das die *Legislative* innehat. Als einzige *Partei* existiert bislang die 1985 gegr. Christian Democratic Party. Der *Gewerkschaftsbund* hat rd. 2100 Mgl. An der Spitze des *Gerichtswesens* steht der Hohe Gerichtshof von K., dessen Mgl. vom Präs. ernannt werden.

Kirin (Jilin) [chin. dziliⁿ], chin. Stadt am Sungari, 720 000 E. Nach Errichtung mehrerer Kraftwerke Ansiedlung von Ind.betrieben mit hohem Energiebedarf; Bahn- und Fernstraßenknotenpunkt.

K., Prov. in NO-China, Mandschurei, grenzt im O an die Demokrat. VR Korea, 187000 km², 22,5 Mill. E (1982), Hauptstadt Tschangtschun. Die Prov. hat Anteil am zentralen Tiefland der Mandschurei und am waldreichen ostmandschur. Bergland (bis 2744 m hoch). Im W bilden Teile des Großen Chingan den Abschluß. Hauptfluß der Prov. ist der Sungari. Angebaut werden Sojabohnen, Kauliang, Mais, Weizen, Reis, Hirse und Zuckerrüben. Im Bergland dominiert die Holzwirtschaft. K. ist reich an Bodenschätzen, u. a. Kohle, Eisen-, Kupfer-, Blei-, Zink-, Silber- und Golderze. Verkehrsmäßig ist die Prov. durch Eisenbahn und Straße gut erschlossen.

Kirkcaldy [engl. kəˈkɔːdi], schott. Hafen- und Ind.stadt am N-Ufer des Firth of Forth, Region Fife, 46 300 E. Museum und Kunstgalerie; bed. Linoleumherstellung, metallverarbeitende, Textil- u. a. Ind. - Seit 1940 Stadt.

Kirke ↑Circe.

Kirkenes [norweg. ˌçirkənɛːs], Ort in der Gemeinde Sør-Varanger in NO-Norwegen, nahe der russ. Grenze; Endpunkt der Hurtigroute. Entstand als Verschiffungshafen für das 10 km südl. geförderte Eisenerz, das in K. auf 65–67% Fe-Gehalt konzentriert wird. - 1944 völlig zerstört, modern wiederaufgebaut.

Kirkpatrick, Ralph [engl. kəːkˈpætrɪk], * Leominster (Mass.) 10. Juni 1911, † Guilford (Conn.) 13. April 1984, amerikan. Cembalist. - Bed. Interpret barocker und zeitgenöss. Musik; seit 1956 Prof. an der Yale University (Conn.); Hg. von Urtextausgaben.

Kirkuk, Stadt in N-Irak, 208 000 E. Hauptstadt des Verw.-Geb. Tamin; chaldäischer Erzbischofssitz; Zentrum der sich 100 km nach NW und nach SO erstreckenden Erdölfelder; Erdölraffinerie, Werk zur Herstellung reinen Schwefels. K. liegt an der Eisenbahn Bagdad–Irbil; ✈.

Kirkwall [engl. ˈkəːkwɔːl], schott. Hafenstadt an der NO-Küste der Insel Mainland, 4800 E. Sitz des Verw.-Geb. (Islands Area) Orkney; Woll- und Leinenind, Bootsbau, Whiskybrennereien; ✈. - Im MA Sitz der Bischöfe und Grafen von Orkney. Es erhielt 1486/1661 Stadtrecht. - Ehem. Kathedrale (12.–16. Jh.), Ruinen des ma. bischöfl. und des fürstl. Palastes (um 1600).

Kirlian-Photographie [nach dem sowjet. Naturwissenschaftler Semjon D. Kirlian, *1938], photograph. Aufzeichnung von Entladungsspuren nach Art der Lichtenbergschen „Gleitentladungen" (1774); von einem Tesla-Generator erzeugte hochfrequente (100 kHz) Hochspannung läßt von menschl. Körperteilen (z. B. Fingerkuppen), Naturobjekten o. ä. Koronaentladungen unmittelbar auf photograph. Material übertreten, wobei je nach der vorhandenen Leitfähigkeit unterschiedl. Entladungsfiguren erscheinen; ob sich diese Figuren zu diagnost. Zwecken in der Medizin heranziehen lassen, ist umstritten. - Abb. S. 350.

Kirman, svw. Kerman, ↑Orientteppiche (Übersicht).

Kirmes ↑Kirchweih.

Kirn, Stadt an der Nahe, Rhld.-Pf., etwa 200 m ü. d. M., 8 900 E. Lederwarenfabriken, Kunststoffverarbeitung, Sperrholzplatten- u. a. Ind.betriebe. - 841 erstmals erwähnt; seit 1857 Stadt. - Barockes Rathaus (ehem. Piaristenkloster, 18. Jh.), Ruine der ma. Kyrburg.

Kirne [zu mundartl. kirnen „buttern"], heiz- und kühlbarer Rührapparat zur Herstellung einer dauerhaften Emulsion bei der Margarinefabrikation.

Kirow, Sergei Mironowitsch [russ. 'kirɐf], eigtl. S. M. Kostrikow, * Urschum (Gebiet Kirow) 27. März 1886, †Leningrad 1. Dez. 1934 (ermordet), sowjet. Politiker. - 1922 Mgl. des ZK der KPdSU, 1926 Parteisekretär von Leningrad, 1930 Mgl. des Politbüros, 1934 Sekretär des ZK; enger Mitarbeiter Stalins; seine vielleicht von Stalin und dem NKWD gebilligte Ermordung durch einen Studenten löste die „Große Säuberung" (1935–38) aus.

Kirow [russ. 'kirɐf] (bis 1780 Chlynow, bis 1934 Wjatka), sowjet. Gebietshauptstadt im europ. Teil der RSFSR, 407 000 E. PH, landw. und polytechn. Hochschule, Kunst-, Heimatmuseum; Fernsehsender; metallverarbeitende, chem. u. a. Ind., Musikinstrumentenbau, Spitzenklöppelei; Hafen, Bahnknotenpunkt, ✈. - Ende des 12. Jh. gegründet.

Kirowabad [russ. kirɐva'bat] (bis 1804 und 1918–35 Gandscha, 1804–1918 Jelisawetpol), sowjet. Stadt am N-Rand des Kleinen Kaukasus, Aserbaidschan. SSR, 257 000 E. Landwirtsch. Hochschule, PH; nach Baku wichtigstes Ind.zentrum der Aserbaidschan. SSR; bed. v. a. Textil- und Nahrungsmittelind. sowie Weinkellereien. - K. ging aus der im 5./6. Jh. n. Chr. gegr. Stadt Gandscha (Ganja) hervor, die bis zu ihrer Zerstörung durch die Mongolen 1231 oder 1235 eines der bedeutendsten Handels- und Kulturzentren Transkaukasiens war. Die Stadt wurde an der heutigen Stelle wieder aufgebaut, war im 18. Jh. Hauptstadt eines Khanats, wurde 1804 an Rußland angeschlossen (Jelisawetpol)

und 1868 zur Hauptstadt eines Gouvernements erhoben. - Mausoleum Imansade (14. Jh.), Karawanserei (frühes 18. Jh.). Im Ruinenfeld des freigelegten Gandscha dominiert die mächtige Zitadelle. Die Stadtmauer ist eines der besten Beispiele ma. Wehrbaus.

Kirowakan [russ. kirɐva'kan] (bis 1935 Karaklis), sowjet. Stadt im Hochland von Armenien, 1 350 m ü. d. M., 162 000 E. PH; bed. sind chem. Ind., Maschinenbau und Textilindustrie.

Kirowograd [russ. kirɐva'grat] (bis 1939 Jelisawetgrad), sowjet. Gebietshauptstadt in der Ukrain. SSR, am oberen Ingul, 224 000 E. PH, Hochschule für Landmaschinenbau, Theater, Philharmonie; Metallverarbeitung u. a. Ind. - 1754 als Festung gegr.; seit Mitte des 18. Jh. im russ. Staatsverband.

Kirsch, Rainer, * Döbeln 17. Juli 1934, dt. Schriftsteller. - 1958–68 ∞ mit Sarah K. Schreibt krit. Gedichte, Erzählungen, Dramen, Hörspiele, Kinderbücher: „Amt des Dichters" (Prosa, 1979), „Sauna oder Die fernwirkende Trübung" (E., 1985).

K., Sarah, * Limlingerode (Harz) 16. April 1935, dt. Lyrikerin; siedelte 1977 nach Berlin (West) über. - Nach persönl. gehaltenen, z. T. idyll. Gedichten wandte sie sich zeit- und sozialkrit. Themen zu; auch Erzählungen und Kinderbücher.

Werke: Gespräch mit dem Saurier (Ged., 1965; mit Rainer Kirsch), Landaufenthalt (Ged., 1967), Die Pantherfrau (En., 1973), Zaubersprüche (1973), Es war dieser merkwürdige Sommer (Ged., 1974), Rückenwind (Ged., 1977), Irrstern (Prosa, 1986).

Kirschbaum ↑Hölzer (Übersicht).

Kirschblütenmotte (Argyresthia ephippiella), etwa 12 mm spannende Silbermotte mit vorwiegend rotbraunen, gefransten Flügeln; Larve bläul. bis grün, wird durch Blütenfraß an Kirschbäumen schädlich.

Kirsche [zu griech.-lat. cerasus „Kirschbaum"] (Kirschbaum), zusammenfassende Bez. für mehrere zur Gatt. Prunus zählende Steinobstgehölze, v. a. Süßkirsche und Sauerkirsche, sowie für deren Früchte.

Kirschkernbeißer (Kernbeißer, Coccothraustes coccothraustes), mit Schwanz fast 18 cm großer, vorwiegend dunkel- und hellbrauner Finkenvogel in NW-Afrika und großer Teile Eurasiens; mit mächtigem Kegelschnabel, grauem Nackenring und breiter, weißl. Querbinde auf den blauschwarzen Flügeln; ernährt sich vorwiegend von Samen, wobei er Kerne von Kirschen und Pflaumen aufknackt.

Kirschlorbeer (Lorbeerkirsche, Prunus laurocerasus), Rosengewächs der Gatt. Prunus aus SO-Europa und Kleinasien; immergrüner Strauch oder kleiner Baum; Blätter lederartig, glänzend; Blüten weiß, in aufrechten, 5–12 cm langen Trauben; Früchte schwarzrot.

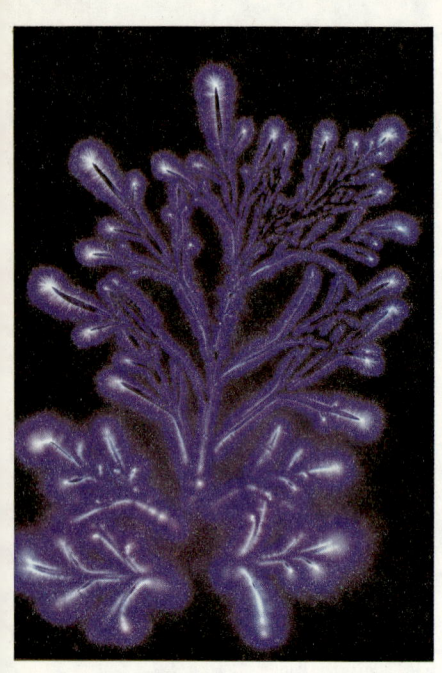

Kirlian-Photographie. Aufnahme eines Margeritensprosses

Kirschon, Wladimir Michailowitsch, * Naltschik 19. Aug. 1902, † 28. Juli 1938, russ.-sowjet. Dramatiker. - Wurde als Trotzkist inhaftiert und hingerichtet; 1957 rehabilitiert; nahm in Dramen zu aktuellen Problemen satirisch Stellung.

Kirschstein, Leonore, * Stettin 29. März 1933, dt. Sängerin (lyr. Sopran). - Seit 1968 Mgl. der Bayer. Staatsoper München. Gastiert als Opern- und Konzertsängerin im In- und Ausland.

Kirschwasser, Branntwein aus vergorener Kirschmaische. Alkoholgehalt 38 bis über 50 Vol.-%.

Kirst, Hans Hellmut, * Osterode i. Ostpr. 5. Dez. 1914, dt. Schriftsteller. - Erfolgreicher Verfasser von zeitbezogenen Romanen in einem dem Geschmack eines breiten Publikums entgegenkommenden Stil; u. a. „Nullacht/fünfzehn" (R.-Trilogie, 1954/55), „Die Nacht der Generale" (R., 1962), „Nullacht/fünfzehn heute" (R., 1963), „Alles hat seinen Preis" (R., 1974), „Nullacht/fünfzehn in der Partei" (R., 1978). - † 23. Febr. 1989.

Kirsten, weibl. Vorname, niederdt. Form von Christine.

Kiruna, nördlichste Großgemeinde Schwedens, zu Füßen der Erzberge Luossavaara und Kirunavaara, 27 800 E. Geophysikal. Inst.; Zentrum des schwed. Eisenerzabbaus. Bau von Förderausrüstungen; ⚐. - 1899 gegr., 1948 zur Stadt erhoben. In der Gemeinde K. befindet sich (seit 1966) die Raketenabschußbasis der ESRO.

Kirunavaara, Berg bei Kiruna mit dem größten bekannten Vorkommen von Magneteisenstein der Erde, der früher über, heute unter Tage abgebaut wird.

Kisangani (früher Stanleyville), Prov.-hauptstadt in Zaïre, an beiden Ufern des Kongo, 428 m ü. d. M., 339 000 E. Kath. Bischofssitz; Univ. (gegr. 1963), Institut Pasteur, Regionalmuseum; Nahrungsmittel-, Textil-, Pharma- und Autoreifenind.; Umschlagplatz am Beginn der Schiffahrt auf dem Kongo, Endpunkt der Eisenbahnlinie von Ubundu; ⚐. - 1898 gegründet.

Kisch, Egon Erwin, * Prag 29. April 1885, † ebd. 31. März 1948, tschech. Journalist und Schriftsteller. - Dt.-jüd. Abstammung; Reporter in Prag, Berlin und Wien; emigrierte 1933; Teilnahme am Span. Bürgerkrieg, 1940–46 in Mexiko, ab 1946 in Prag; schrieb in dt. Sprache; erhob die Reportage zu literar. Rang; u. a. „Der rasende Reporter" (Reportagen, 1925), „Zaren, Popen, Bolschewiken" (Bericht, 1927), „Abenteuer in fünf Kontinenten" (Bericht, 1936).

Kisch, altoriental. Stadt 20 km östl. von Babylon (heute Ruinenhügel Tall Al Uhaimir). Die Dyn. der „Könige von K." galt als „erste Dyn. nach der Sintflut" und beherrschte im 27./26. Jh. N-Babylonien.

Kischinjow, Hauptstadt der Moldauischen SSR, am Byk, 605 000 E. Univ. (gegr. 1945), Hochschulen, Akad. der Wiss. der Moldauischen SSR; Museen, Theater, Philharmonie. Weinkellerei, Obst- und Gemüsekonservenind., Tabak-, Textil-, metallverarbeitende und Baustoffind.; ⚐. - 1420 erstmals erwähnt, im 16. Jh. durch Osmanen erobert und zerstört, 1812 an Rußland, ab 1873 Verwaltungszentrum Bessarabiens.

Kisfaludy, Károly [ungar. 'kiʃfɔludi], * Tét 5. Febr. 1788, † Pest (= Budapest) 21. Nov. 1830, ungar. Dichter. - Schrieb histor.-patriot. Dramen und glänzende, bühnenwirksame Lustspiele, daneben einige Novellen, Balladen und volkstüml. Lieder; Führer der ungar. Romantik.

Kishon, Ephraim [ki'ʃɔn], * Budapest 23. Aug. 1924, israel. Schriftsteller und Journalist. - Seit 1949 in Israel; Verfasser von Theaterstücken, Romanen („Der Fuchs im Hühnerstall", 1969), Hörspielen, Filmdrehbüchern und v. a. von Satiren über das heutige Israel; u. a. „Drehn Sie sich um, Frau Lot" (1962), „Arche Noah, Touristenklasse" (1963), „Der seekranke Walfisch oder Ein Israeli auf Reisen" (1965), „Wie unfair, David" (1967), „Salomos Urteil, zweite Instanz" (1972), „Kein Applaus für Podmanitzki" (1973),

„Kein Öl, Moses?" (1974), „Mein Freund Jossele u. a. Satiren" (1977), „Abraham kann nichts dafür. Neue Satiren" (dt. 1984).

Kislew [hebr.], Name des 3. Monats des jüd. Jahres.

Kislowodsk [russ. kisla'vɔtsk], sowjet. Stadt am N-Abfall des Großen Kaukasus, RSFSR, 720–1060 m ü. d. M., 102 000 E. Bed. Heilbad, Museum; Mineralwasserabfüllung.

Kismet [arab.-türk.], im volkstüml. Islam der Türkei Bez. für das unabänderl. von Gott verhängte Schicksal.

Kissenlava ↑Lava.

Kissingen, Bad ↑Bad Kissingen.

Kissinger, Henry Alfred ['kɪsɪŋər, engl. 'kɪsɪndʒə], * Fürth 27. Mai 1923, amerikan. Politikwissenschaftler und Politiker dt. Herkunft. - Emigrierte 1938 mit seinen Eltern in die USA, lehrte seit 1952 an der Harvard University und war als polit. Berater für Eisenhower, Rockefeller und J. F. Kennedy tätig; seit 1969 als Sonderberater Präs. Nixons für Fragen der nat. Sicherheit einflußreich; bereitete eine amerikan.-chin. Annäherung vor, förderte die Entspannungspolitik gegenüber der UdSSR und schuf diplomat. die Voraussetzung für den amerikan. Rückzug aus Vietnam (Friedensnobelpreis 1973). Erreichte als Außenmin. 1973–77 im Zusammenspiel mit der UdSSR eine Beendigung des 4. Israel.-Arab. Krieges und Ansätze zu einer Friedensregelung in Nahost.

Kissling, Richard, * Wolfwil (Kanton Solothurn) 15. April 1848, † Zürich 19. Juli 1919, schweizer. Bildhauer. - Schuf populäre Denkmäler in der Schweiz, u. a. Tell-Denkmal (1895) in Altdorf (UR).

Kissoide ↑Zissoide.

Kisuaheli (Kiswahili) ↑Swahili.

Kiswa [arab.], die schwarze Verkleidung der Kaaba in Mekka.

Kitakiuschu [jap. kiˈtakjuːʃuː], jap. Hafenstadt an der N-Küste Kiuschus, gebildet 1963 durch Zusammenschluß von 5 Städten; 1,07 Mill. E. TH; K. ist einer der wichtigsten Standorte der jap. Eisen- und Stahlind. (v. a. im Stadtteil **Jahata**); im Stadtteil **Tobata** Hochseefischerei- und Erzhafen. Wichtigster Hafen (Sitz von Agenturen und Reedereien) ist der Stadtteil **Modschi**.

Kitan (Qidan [chin. tʃidan], Kitai), Randvolk Chinas, vermutl. mongol. Herkunft; trat seit 468 n. Chr. in Erscheinung; unter Apaoki (872–916) entstand in N-China, der Mandschurei und der östl. Mongolei das kulturell und militär. bed. **Liao-Staat**, der das Reich der Sung bedrohte, von dem er 1125 vernichtet wurde.

Kitasato, Schibasaburo, * Oguni (Präfektur Kumamoto) 20. Dez. 1856, † Nakanodscho (Präfektur Gumma) 13. Juni 1931, jap. Bakteriologe. – Schüler und Mitarbeiter R. Kochs in Berlin; züchtete erstmals den Tetanusbazillus in Reinkultur (1889). Mit E. von Behring entdeckte er die Diphtherie- und Tetanusantitoxine (1890) und schuf damit die Grundlagen der Serumtherapie. Fand 1894 den Pestbazillus, 1898 entdeckte er den Erreger der Ruhr.

Kitchener, Horatio Herbert [engl. 'kɪtʃɪnə], Earl (seit 1914) K. of Khartoum and of Broome, * Listowel bei Tralee 24. Juni 1850, † vor den Orkneyinseln 5. Juni 1916, brit. Feldmarschall (seit 1909). - Kolonialoffizier in der ägypt. Armee; warf als deren Oberbefehlshaber (ab 1892) den Mahdi-Aufstand nieder, zwang in der Faschodakrise die Franzosen zum Abzug. 1911–14 Generalkonsul in Ägypten, organisierte als Kriegsmin. zu Beginn des 1. Weltkrieges 70 neue Heeresdivisionen; ertrank bei einer militärdiplomat. Rußlandreise 1916.

Kitchener [engl. 'kɪtʃɪnə], kanad. Stadt 90 km wsw. von Toronto, 141 400 E. Hochschule der Mennoniten, Kunstakad.; Bibliotheken, Theater; Herstellung von Kfz., Radio- und Fernsehgeräten, Gummiwaren u. a. - Um 1800 durch deutschsprachige Mennoniten gegr., 1916 zu Ehren des brit. Feldmarschalls in K. umbenannt.

Kithara [griech.], ein seit dem 7. Jh. v. Chr. belegtes Saiteninstrument, gehört zur Familie der Leiern. Die K. wurde offenbar schon im Altertum nicht eindeutig von der Lyra unterschieden, doch galt die Bez. K. wohl v. a. dem Instrument, dessen Jocharme unmittelbar in den hölzernen Schallkörper übergingen; mit sieben Saiten, die mit den Fingern oder mit Plektron gezupft wurden.

Kithira [neugriech. 'kiθira], bis 500 m hohe griech. Insel vor der SO-Spitze der Peloponnes, 278 km².

Kition, ehem. wichtigste Stadt der S-Küste Zyperns (sw. des heutigen Larnaka); Heimat Zenons, des Begründers der Stoa.

Kitsch [wohl zu mundartl. kitschen „streichen, schmieren"], Erscheinungsform des Pseudokünstlerischen; massenhaft fabrizierter Kunstersatz; im weitesten Sinne charakterisiert durch ästhet. unbegründete, unangemessene [formale] Bewältigung eines [Schein]gehalts, Mangel an Originalität, billige Imitation, scheinbare Volkstümlichkeit. Die Definition von K. sollte jedoch nicht einfach von der formalen Beschaffenheit der Objekte her bestimmt sein, sondern auch von der Einstellung und Beziehung des Benutzers zu ihm; demnach sind K.objekte Fetisch unreflektierter Idealität bzw. Sentimentalität von Scheinwirklichkeit (z. B. der privaten Idylle einer heilen Welt, der raffinierten Märchenwelt der Illustrierten) und häufig eines atavist. Fühlens. K.objekte haben Ritualwert (u. a. Abzeichen, Kleidungsstücke, Maskottchen, Gartenzwerge) bzw. einen mehr oder weniger prakt. oder auch ausgefallenen Gebrauchswert, jedoch in einer Gestaltung oder mit Zutaten, die mit ihrer eigtl. Funktion nichts zu tun haben (u. a. Kerze in Milchflaschenform, Kaffeetasse mit Papstbild). - Der Begriff K. tauchte zur Gründerzeit (nach 1870) zuerst im Münchner Kunsthandel auf und bedeutete drittklass. Kunst, gekennzeichnet durch die völlig unzureichende Wiedergabe und willkürl. Reduktion bzw. Hervorhebung von formalen wie inhaltl. Gestaltungskriterien künstler. Originale. Eine vergleichbare Erscheinung ist die Übernahme des Milieus großbürgerl. Romane in die Trivial- und Kolportageliteratur oder die kalkulierte Verflachung von Gefühlen (Liebe, Heimweh, Verlassenheit) zu bloßer Rührseligkeit in Schlager und Heimatlied. - Die heutige K.industrie (geschätzter Umsatz in der BR Deutschland rd. 2 Mrd. DM) entnimmt ihre Muster kaum mehr künstler. Arbeit, vielmehr tradierter Volkskunst und dem Starkult in Politik, kirchl. Leben, Unterhaltungsmusik, Film und Sport.

📖 *K. Soziale u. polit. Aspekte einer Geschmacksfrage. Hg. v. H. Pross. Mchn. 1985. - Criegern, A. v./Kattenstroth, C.: K. u. Kunst. Ravensburg 1977. - Erhard, E.-O.: Pop, K., Concept-Art. Ravensburg 1977. - Giesz, L.: Phänomenologie des K. Mchn.* ²*1971.*

Kitt, Eartha, * North (S. C.) 26. Jan. 1928, amerikan. Sängerin, Tänzerin und Schauspielerin. - Feierte als Showsängerin internat. Erfolge in Musikrevuen, Filmen und Fernsehshows. Autobiographie: „Thursday's child" (1956).

Kittchen, seit dem 19. Jh. belegte, aus der Gaunersprache stammende Bez. für „Gefängnis".

Kitte [zu althochdt. quiti, eigtl. „Harz"], plast. bis zähflüssige Stoffe zum Ausfüllen von Fugen, Löchern, Unebenheiten u. a. *(Dichtungs-K., Ausgleichsmassen)* oder Verbinden von starren Gegenständen *(Klebkitte).* K. bestehen aus mindestens zwei Komponenten, nämlich einem flüssigen Träger, in dem eine oder mehrere weitere Substanzen suspendiert oder gelöst sind. Das Aushärten der K. erfolgt entweder durch Verdunsten dieses Trägers (**Abdunstkitt**) oder durch eine chem. Reaktion der suspendierten Komponente[n] mit dem Träger bzw. untereinander (**Reaktionskitt**). Schon lange bekannt ist der **Glaserkitt**, eine Mischung aus Leinölfirnis und Schlämmkreide. Relativ neu sind dagegen Lösungen von Kunstharzen, z. B. Epoxidkitte.

Kittel, Bruno, * Forsthaus Entenbruch bei Posen 26. Mai 1870, † Wassenberg bei Mönchengladbach 10. März 1948, dt. Chordirigent. - 1901-14 Direktor des Brandenburg., 1936-45 des ehem. Sternschen Konservatoriums in Berlin.

K., Gerhard, * Breslau 23. Sept. 1888, † Tübingen 11. Juli 1948, dt. ev. Theologe. - Widmete sich u. a. judaist. Studien. Bed. sein „Theolog. Wörterbuch zum N. T." (9 Bde., 1933-73). Verhalf durch seine Mitarbeit an den „Forschungen zur Judenfrage" dem nat.-soz. Antisemitismus zu einem Schein von Wissenschaftlichkeit.

Kittel, lose fallendes Kleidungsstück, sowohl durchgeknöpft, als auch mit nur wenigen Knöpfen am Halsausschnitt; vielfach als Berufskleidung.
♦ süddt. svw. Jacke.

Kittikachorn, Thanom, * Prov. Tak 11. Aug. 1911, thailänd. General und Politiker. - 1958 Min.präs. und Verteidigungsmin., 1959-63 stellv. Min.präs.; wurde im Dez. 1963 erneut Min.präs., mußte als Folge innenpolit. Unruhen im Okt. 1973 zurücktreten.

Kitty [engl. ˈkɪtɪ], aus dem Engl. übernommener weibl. Vorname, Koseform von Katherine (Catherine).

Kitwe, Stadt im Kupfergürtel von Sambia, 1350 m ü. d. M., 314800 E. Technikum. Wirtsch. Zentrum des Kupfergürtels; Bahnstation, ✈. - Gegr. 1936 als Bergbausiedlung.

Kitz, wm. Bez. für das junge Reh-, Stein- oder Gamswild im ersten Lebensjahr.

Kitzbühel [...byːəl], östr. Bez.hauptstadt in Tirol, am N-Fuß der Kitzbüheler Alpen, 762-1 800 m ü. d. M., 8 000 E. Bekleidungsind., Filmherstellung; bed. Wintersportort, Sessel- und Schlepplifte, Bergbahnen auf Kitzbüheler Horn, Hahnenkamm und Bichlalm; Kurort mit Eisen- und Moorbad. - 1165 erstmals gen., 1271 durch Herzog Ludwig II. von Bayern zur Stadt erhoben (Münchner Recht); 1504 zu Tirol. - Spätgot. Pfarrkirche (1435-1506; Innenraum barock umgestaltet), zweigeschossige, barockisierte Liebfrauenkirche (14. und 15.Jh.); die got. Stadtkirche Sankt Katharina (14. Jh.) ist heute Kriegergedächtnisstätte.

Kitzbüheler Alpen [...byːələr], Teil der Ostalpen, zw. Zillertal und Zeller See, im Kreuzjoch 2559 m hoch.

Kitzingen, Krst. am Main, Bay., 205 m ü. d. M., 20500 E. Lehr- und Versuchsanstalt für Geflügelzucht; Rebveredelungsanstalt; wirtsch. Mittelpunkt des agrar. Umlands und eines ausgedehnten Weinbaugebiets. - K. wurde als planmäßige, rechteckige Anlage im 12./13.Jh. zur Sicherung des Mainübergangs errichtet. - Spätgot. Pfarrkirche Sankt Johann Baptist (15. Jh.), barocke prot. Pfarrkirche (17.Jh.), Renaissancerathaus (16. Jh.), Teile der ma. Stadtummauerung mit Falterturm; in K.-Etwashausen Hl.-Kreuz-Kapelle (18. Jh.).

K., Landkr. in Bayern.

Kitzler (Klitoris, Clitoris), das dem Penis homologe, jedoch sehr viel kleinere, aus dem ↑ Geschlechtshöcker hervorgegangene, schwellfähige Geschlechtsglied der ♀ Säugetiere. Beim Menschen besteht der K. (als wichtigste erogene Zone) aus zwei Schwellkörpern und der Eichel. Die Vorhaut wird durch die zusammenstoßenden kleinen Schamlippen gebildet.

Kiu [jap.], Schülergrad in verschiedenen

Budosportarten; es gibt 6 Grade, die zum Tragen des zugeordneten Gürtels berechtigen (vom 6. bis 1. in den Farben gelb, orange, grün, blau, braun und schwarz).

Kiudo [jap.], Kunst des Bogenschießens; Budosportart als Weg zur Selbstüberwindung; mehr kontemplative als sportl. Konzentrationsübung.

Kiukiang (Jiujiang) [chin. dzjoudzjaŋ], chin. Stadt am unteren Jangtsekiang, 80 000 E. Handels- und Verarbeitungszentrum für Reis, Tee und Baumwolle; Eisenbahnendpunkt, Flußhafen.

Kiuschu, südwestlichste und drittgrößte der vier jap. Hauptinseln, 42 129 km² (mit Nebeninseln), 12,96 Mill. E. Bis 1 788 m hohe Berg- und Hügelländer nehmen den größten Teil der Insel ein. Von den z. T. stark gegliederten Küsten reichen Ebenen in das Inselinnere hinein. Das Klima ist mild und niederschlagsreich mit Taifunen. K. ist reich an Kohlenvorkommen, Grundlage für die Ind.-region um Kitakiuschu und Fukuoka. Agrar. geprägt sind das Innere sowie der S; neben dem Anbau von Tabak und Obst hat die Rinderhaltung Bedeutung. K. ist mit Hondo durch einen Eisenbahn- und einen Straßentunnel sowie durch eine Brücke verbunden.

Kivi, Aleksis, eigtl. A. Stenvall, * Nurmijärvi 10. Okt. 1834, † Tuusula 31. Dez. 1872, finn. Schriftsteller. - Leitete die moderne Literatur in finn. Sprache ein, deren erster Dramatiker und bed. Romancier er ist; u. a. „Die Heideschuster" (Kom., 1864) und sein Hauptwerk „Die sieben Brüder" (R., 1870).

Kiwifrucht [engl./dt.] (Chin. Stachelbeere), Bez. für die eßbare Frucht des Chin. Strahlengriffels, bis mehr als 8 cm groß, rostbraun, behaart; Fruchtfleisch grün, glasig, saftig, säuerlich.

Kiwis [polynesisch] (Schnepfenstrauße, Apterygidae), Fam. bis 35 cm hoher, flugunfähiger, nachtaktiver Laufvögel mit 3 Arten in den Wäldern Neuseelands; mit graubraunem Gefieder, kräftigen Beinen und langem, schnepfenartigem Schnabel.

Kiwusee, See im Zentralafrikan. Graben (Zaïre und Rwanda, 1 460 m ü. d. M., 2 650 km², über 80 m tief.

Kızılırmak [türk. kiˈzɯlɯrˌmak „Roter Fluß"] (in der Antike **Halys**), längster Fluß der Türkei, entspringt wnw. von Erzincan, mündet bei Bafra ins Schwarze Meer, 1 151 km lang, nicht schiffbar.

Kjær, Nils [norweg. çæːr], * Holmestrand 11. Sept. 1870, † Son 9. Febr. 1924, norweg. Dramatiker. - Beeinflußt von Strindberg, schrieb er v. a. bühnenwirksame Komödien und zeitkrit., soziale Satiren; daneben Essays.

Kjellén, Rudolf [schwed. tçɛˈleːn], * Torsö (= Mariestad) 13. Juni 1864, † Uppsala 14. Nov. 1922, schwed. Politiker und Staatsrechtler. - Mgl. des schwed. Reichstages 1905–17; prägte den Begriff und entwickelte die Lehre von der Geopolitik in Fortführung der polit. Geographie F. Ratzels.

Kjui, Zesar Antonowitsch (Caesar A. Cui), * Wilna 18. Jan. 1835, † Petrograd 26. März 1918, russ. Komponist. - Kam durch Balakirew zur „Gruppe der 5". Seine Kompositionen (u. a. mehrere Opern, Orchester-, Kammer- und Klaviermusik sowie etwa 200 Lieder) zeigen Einflüsse Schumanns.

Kjustendil, Hauptstadt des bulgar. Verw.-Geb. K., im Becken der oberen Struma, 500 m ü. d. M., 54 700 E. Forschungsinst. für Obstbau; Theater; Kurort mit über 40 Mineralquellen, Mittelpunkt des größten bulgar. Obstbaugebiets. - K. geht auf das röm. **Pautalia** zurück. - Moschee (1575; heute Museum), Wehr und Wohnturm (15./16. Jh.).

Klabautermann [niederdt., wohl zu ↑ kalfatern] (Kalfatermann) im Volksglauben ein Schiffskobold, der Schiffe begleitet und durch sein Klopfen zur Ausbesserung der hölzernen Schiffswand mahnt oder auch den Untergang des Schiffes anzeigt.

Kläber, Kurt, dt. Schriftsteller, ↑ Held, Kurt.

Klaberjas (Klaberias), Kartenspiel poln. Herkunft, gespielt mit Pikettkarten (32 Blatt), meistens zw. drei Spielern, dem ↑ Schafkopf ähnlich.

Klabund, eigtl. Alfred Henschke, * Crossen/Oder 4. Nov. 1890, † Davos 14. Aug. 1928, dt. Schriftsteller. - Sein in gespannt-rastloser Arbeit entstandenes, stilist. zw. Impressionismus und Expressionismus angesiedeltes, formenreiches Werk (u. a. von F. Villon ausgehende Lyrik, expressionist., teils autobiograph. Kurzromane) wurde wegen erot. und pazifist. Komponenten häufig polem. angegriffen; unbestritten seine Leistung als einfühlender Nachdichter fernöstl. Lyrik nach dt., engl. und frz. Übersetzungen: aus dem Chin. „Dumpfe Trommeln und berauschtes Gong" (1915), „Li taipe" (1916), aus dem Jap. „Die Geisha O-sen" (1918) und aus dem Pers. „Das Sinngedicht des pers. Zeltmachers" (1917), „Der Feueranbeter" (1919). Am bekanntesten seine Nachgestaltung des chin. Dramas „Der Kreidekreis" (1925).

Kladde [niederdt., eigtl. „Schmutz"], [Schmier]heft für eine erste flüchtige Niederschrift; Konzept; kaufmänn.: Buch für vorläufige Eintragungen.

Kladderadatsch, 1848–1944 in Berlin herausgegebenes polit.-satir. nat. ausgerichtetes Wochenblatt; erlangte Bed. insbes. zur Zeit Bismarcks, dessen Politik die K. unterstützte.

Kladno, Stadt 25 km westl. von Prag, ČSSR, 384 m ü. d. M., 72 600 E. Steinkohlenvorkommen, Standort eines Hütten- und Stahlwerks. - 1318 erstmals erwähnt.

Kladruber, seit 1562 in Kladrub (= Kladruby) bei Teplice gezüchtete Rasse großer

Klaffmuscheln

(Widerrist 170–190 cm) und eleganter Pferde.
Klaffmuscheln (Mya), Gatt. der Muscheln in nördl. Meeren; mit eiförmigen, an beiden Körperenden auseinanderklaffenden Schalen. In der Nord- und Ostsee kommt bes. die **Sandklaffmuschel** (Sandmuschel, Strandauster, Mya arenaria; 10–13 cm lange, bräunl. Schalen) vor.

Klafki, Wolfgang, *Angerburg 1. Sept. 1927, dt. Erziehungswissenschaftler. - Prof. in Marburg; neben theoret. Grundlagenarbeiten stark engagiert in der Reformdiskussion über das dt. Bildungswesen. - *Werke:* Das pädagog. Problem des Elementaren und die Theorie der kategorialen Bildung (1959). Studien zur Bildungstheorie und Didaktik (1963). Aspekte krit.-konstruktiver Erziehungswiss. Gesammelte Beiträge zur Theorie-Praxis-Diskussion (1976). Geisteswiss. Pädagogik (1987).

Klafter [zu althochdt. klaftra, eigtl. „Armspanne"], (Längen-K.) alte dt. Längeneinheit, entsprach meist 6 Fuß (etwa 1,70–2 m).
◆ (Quadrat-K.) alte dt. Flächeneinheit, entsprach etwa 2,5–6 m².
◆ alte dt. Raumeinheit für Brennholz; entsprach meist 90–150 Kubikfuß (etwa 2–3,50 m³ [Raummeter, Ster]).

Klage, Prozeßhandlung, durch die der Kläger sich an das Gericht und gegen den Beklagten richtet. Die Art der K. hängt von der Art des Anspruchs und von der Verfahrensart ab (↑Klagearten). Die K. wird erhoben, indem der Kläger beim zuständigen Gericht Klageantrag stellt (↑Klageschrift). Mit der K.erhebung tritt, wenn die K. zulässig ist, Rechtshängigkeit ein; danach ist eine ↑Klageänderung nur noch in bestimmten Fällen möglich. - Der Beklagte muß sich auf die K. einlassen (↑Einlassung); erkennt er den vom Kläger geltend gemachten Anspruch nicht an, hat er ↑Klageabweisung zu beantragen und diese zu begründen. - Zur Verbindung mehrerer Ansprüche gegen denselben Beklagten oder gegen mehrere Beklagte ↑Klagenhäufung. - Erhebt der Beklagte im selben Verfahren seinerseits K. gegen den Kläger, spricht man von **Wider-** oder **Gegenklage.** Diese wird grundsätzl. wie die K. behandelt; jedoch muß ein [rechtl.] Zusammenhang mit der K. bestehen. - Zur öffentl. K. im Strafprozeß ↑Anklage.

Klage, Die, mhd. Dichtung, vermutl. Anfang des 13.Jh. in Bayern entstanden; zus. mit dem „Nibelungenlied" als eine Art Anhang überliefert.

Klageabweisung, gerichtl. Entscheidung, durch die die vom Kläger erhobene Klage ganz oder teilweise zurückgewiesen wird. Die K. erfolgt entweder wegen Unzulässigkeit der Klage als **Prozeßabweisung** oder wegen Unbegründetheit des geltend gemachten Anspruchs als **Sachabweisung.**

Klageänderung, Abänderung einer bei Gericht eingegangenen Klage durch Veränderung des Klagegrundes oder/und des Klageantrags. Im Zivilprozeßrecht ist nach Rechtshängigkeit die Möglichkeit der K. eingeschränkt; in der Revisionsinstanz ist sie ausgeschlossen. Entsprechendes gilt im Verwaltungsstreitverfahren. - Im Strafprozeßrecht kann eine Änderung der Anklage nur in Form der **Nachtragsanklage** als Erweiterung der Anklage in der Hauptverhandlung auf weitere Straftaten des Angeklagten erfolgen.

Klageantrag ↑Klageschrift.

Klagearten, nach Verfahrensart und Art des Begehrens unterschiedene Arten der Klage. Im *Zivilverfahren* sind möglich: Leistungsklage, Gestaltungsklage und subsidiär Feststellungsklage. Im *Strafverfahren* erhebt der Staatsanwalt die öffentl. Klage (↑Anklage). Bei bestimmten Delikten kann der Verletzte Privatklage erheben. Wichtiger ist die Unterscheidung zwischen Anfechtungsklage, Verpflichtungsklage und schlichter Leistungsklage.

Klageerhebung, prozessualer Vorgang, durch den das Urteilsverfahren in Gang gesetzt und die Rechtshängigkeit ausgelöst wird. - Im *Zivil-* und im *Arbeitsgerichtsverfahren* erfolgt die K. in zwei Abschnitten: 1. die Einreichung der ↑Klageschrift bei Gericht, 2. die Zustellung der Klageschrift an den Beklagten. Beim Amtsgericht kann die Klage auch mündl. zu Protokoll der Geschäftsstelle eingereicht werden. - Im *Verwaltungs-, Finanz-* und *Sozialstreitverfahren* genügt zur K. die Einreichung einer Klageschrift oder eine Erklärung zu Protokoll der Geschäftsstelle.

Klagegrund ↑Klageschrift.

Klagelieder Jeremias (Vulgata: Threni, Lamentationes), Buch des alttestamentl. Kanons. In den fünf Liedern wird das Ende Judas und die Zerstörung Jerusalems beklagt.

Klagemauer, Teil der westl. Mauer des Tempelplatzes in Jerusalem; 48 m lang und 18 m hoch; die untersten fünf Steinlagen gehören zum herodian. Tempel, darüber vier aus der röm. und 15 aus der arab. Periode, unter dem Boden weitere 19 Lagen; Stätte jüd. Gebets.

Klagenfurt, Landeshauptstadt des östr. Bundeslandes Kärnten, östl. des Wörther Sees, 446 m ü.d.M., 87 300 E. Verwaltungs-, Kultur- und Wirtschaftszentrum Kärntens. Sitz des kath. Bischofs der Diözese Gurk, aller Landesbehörden; Hochschule für Bildungswiss., Inst. für angewandte Pflanzensoziologie, Inst. für bergmänn. Betriebs- und Arbeitsforschung, landw.-chem. Versuchsanstalt, Konservatorium, Priesterseminar, Landesmuseum mit Freilichtmuseum am Kreuzbergl, Bergbaumuseum, botan. Garten; Stadttheater, Volkssternwarte. Führend sind Metallverarbeitung, Leder-, Elektro-, Nahrungs- und Genußmittel-, Bau-, Textilind.

und Maschinenbau, Bahn- und Straßenknotenpunkt, ⚒. - Der Markt **Chlagenfuurt** wird zw. 1193/99 gen.; vor 1279 wurde als Konkurrenz zum bamberg. Villach daneben eine neue Stadt gegr., eine der wenigen herzogl. Städte Kärntens. 1514 durch Feuer zerstört, schenkte Kaiser Maximilian I. 1518 sie den Ständen Kärntens (bis 1848 in deren Besitz), die sich verpflichteten, daraus die stärkste Festung des Landes zu machen. 1543–91 als Landeshauptstadt ausgebaut. Die Befestigungen wurden 1810 von den Franzosen gesprengt. - Zahlr. Kirchen, u. a. Domkirche (16. Jh.), Stadtpfarrkirche (17. Jh.); Landhaus (16. Jh.; heute Sitz der Landesregierung mit Renaissancearkadenhof u. Wappensaal. In der Altstadt Adelspaläste (16.–18. Jh., mit Laubenhöfen); Lindwurmbrunnen (17. Jh.).

Klagenfurter Becken, größtes inneralpines Senkungsfeld der Ostalpen, zw. Gurktaler Alpen und Karawanken, durchschnittl. 450 m ü. d. M., 75 km lang, 20–30 km breit, von Drau, Gurk und Glan durchflossen, mit Wörther und Ossiacher See.

Klagenhäufung (Klagenverbindung), Verbindung mehrerer Ansprüche des Klägers (**Anspruchshäufung**) gegen den Beklagten in einer Klage (objektive K.) sowie Klage mehrerer oder gegen mehrere (subjektive Klagenhäufung). Die *objektive* K. liegt im Belieben des Klägers, setzt für alle Ansprüche die gleiche Prozeßart in Betracht kommt. Die K. kann kumulativ erfolgen, so daß über alle Klageanträge entschieden werden muß, oder eventualiter (auch hilfsweise), so daß über einen weiteren Antrag nur entschieden werden kann, wenn der vorhergehende abgewiesen wird. Bei der *subjektiven* K. bildet die Personenmehrheit je nachdem, ob sie auf der Kläger- oder Beklagtenseite steht, eine aktive oder passive **Streitgenossenschaft.** Bei der einfachen Streitgenossenschaft liegt ledigl. die äußere Zusammenfassung mehrerer Prozesse vor. Jeder Streitgenosse ist unabhängig. Bei der notwendigen (besonderen, qualifizierten) Streitgenossenschaft hingegen kann gegenüber allen Streitgenossen nur eine einheitl. Entscheidung ergehen.

Klages, Ludwig, * Hannover 10. Dez. 1872, † Kilchberg (ZH) 29. Juli 1956, dt. Philosoph und Psychologe. - Chemiker; gründete 1905 in München ein privates Seminar für Ausdruckskunde (1919 Verlegung nach Kilchberg). Von einer biozentr. Anthropologie ausgehend, vertrat K. die These einer ursprüngl. Leib-Seele-Einheit, die durch den hinzugekommenen Intellekt gestört werde („Der Geist als Widersacher der Seele", 1929–33). Auf dieser These basiert auch seine psycholog. Arbeit über Ausdruckskunde und Graphologie („Handschrift und Charakter", 1917). Durch irrationale Tendenzen seiner Philosophie wirkte K. direkt auf den Nationalsozialismus.

Klageschrift, förmlicher, bei Gericht einzureichender Schriftsatz, durch dessen Zustellung i. d. R. die Klageerhebung erfolgt. Eine K. muß unbedingt enthalten: 1. die Bez. der Parteien und des Gerichts, 2. alle zur Begründung erforderl. Tatsachen (**Klagegrund**) sowie ein bestimmtes Begehren (**Klageantrag**). Klagegrund und Klageantrag bezeichnen den Streitgegenstand. Das Gericht darf nicht über den Klageantrag hinausgehen.

Klaj, Johann [klaɪ], d. J., latinisiert Clajus, * Meißen 1616, † Kitzingen 1656, dt. Dichter. - Gründete mit Harsdörffer 1644 den Nürnberger Dichterkreis („Pegnitzschäfer"); schrieb Andachts- und Kirchenlieder, Weihnachts-, Passions- und Auferstehungsspiele; bed. als Wegbereiter des Oratoriums.

Klamauk, im 20. Jh. in Berlin aufgekommener Ausdruck für Lärm, Krach, Reklamewirbel.

Klamm, Gebirgsschlucht mit stellenweise überhängenden Wänden.

Klammeraffen (Ateles), Gatt. 30–60 cm langer (mit Greifschwanz bis 1,5 m messender) Kapuzineraffenartiger mit 4 Arten in den Wäldern M- und S-Amerikas; Kopf relativ klein, mit unbehaartem, dunklem oder fleischfarbenem Gesicht; Gliedmaßen sehr lang und dünn; können sich mit dem Greifschwanz allein oder mit einer einzigen Extremität festklammern. Zu den K. gehört u. a. der **Schwarze Klammeraffe** (Koata, Ateles paniscus; fast 60 cm lang; schwarz mit hellem oder dunklem Gesicht) im nördl. S-Amerika.

Klammerdarstellung, in der Sprachwiss. Möglichkeit der Darstellung der Konstituentenstruktur von Sätzen oder Satzteilen. Die K. kann mögl. Doppeldeutigkeiten zeigen, z. B.: [junge [Schweine und Ziegen]] — [[junge Schweine] und Ziegen]. Bei indizierter Klammerung werden die grammat. Kategorien der Konstituenten angegeben, z. B.: $_S[_{NP}[_{ART}$ Der$]_{ART}$ $[_N$ Student$]_N]_{NP}$ $[_{VP}[_V$ arbeitet$]_V$ $[_{PP}[_{P}$in$]_P$ $[_{NP}[_{ART}$der$]_{ART}$ $[_N$ Bibliothek$]_N]_{NP}]_{PP}]_{VP}]_S$ (Erklärung der Symbole ↑ Konstituentenanalyse).

Klammern, paarweise angeordnete Schriftzeichen in verschiedenen Formen (rund: ( ), eckig: [ ], spitz: ⟨ ⟩), die jeweils am Anfang und Ende einer Einschließung stehen.

Klamotte [aus der Gaunersprache, eigtl. „zerbrochener Mauerstein", „wertloser Gegenstand"], umgangssprachl. 1. (Mrz.) schäbige Kleidung, wertloser Kram; 2. derber Schwank ohne bes. Niveau; altes, in Vergessenheit geratenes, anspruchsloses Theaterstück.

Klampe [niederdt. „Klammer, Haken"] (Beleg-K.), Vorrichtung auf Schiffen zum Belegen (Festmachen) von Tauen oder Leinen; meist in Form eines kleinen Ambosses.

Klampfe, svw. ↑Gitarre.

Klan (Clan) [engl., zu gäl. clann „Abkömmling"], völkerkundl. Bez. für eine Bev.-gruppe, die ihre Abstammung von einem nicht realen, oft einem myth. Totemwesen ableitet.

Klang, ein Gemisch aus Tönen, bei dem die Frequenzen der einzelnen Töne ganzzahlige Vielfache (*Obertöne*) der Frequenzen des tiefsten im K. vorhandenen Tones (*Grundton*) sind. Die Anzahl und Stärke der wahrnehmbaren Obertöne gibt jedem K. eine charakterist. **Klangfarbe.** Die Zerlegung eines K. zur Ermittlung von Frequenz und Stärke der einzelnen Teiltöne ist Aufgabe der **Klanganalyse.** Sie erfolgt zumeist auf elektroakust. Wege. Die Aufzeichnung des Ergebnisses einer Klanganalyse in einem Frequenz-Tonstärke-Diagramm heißt **Klangspektrum.**

Klangfiguren, svw. ↑Chladni-Figuren.

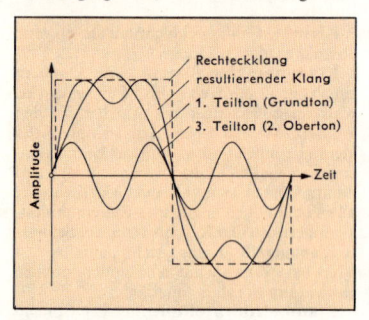

Klangsynthese. Zusammensetzung eines Klangs aus Sinustönen

Klangsynthese, Verfahren zum Aufbau künstl. Klänge aus willkürl. wählbaren Komponenten; die K. ist eine durch die Möglichkeiten der Elektronik entstandene Kunstform in der zeitgenöss. Musik und beruht auf der Erkenntnis, daß alle Schallvorgänge aus überlagerten harmon. Schwingungen aufgebaut sind. Mit Hilfe elektron. Technik gelingt es, mit Tongeneratoren erzeugte Wechselspannungen beliebiger Frequenz, Intensität und Dauer in Mischpulten zu überlagern, zu modulieren und nach Verstärkung über Lautsprecher als Klang hörbar zu machen. Die sich daraus ergebenden Möglichkeiten sind prakt. unbegrenzt. Die K. befreit den Komponisten von Beschränkungen durch die Eigenheiten traditioneller Musikinstrumente und erschließt ihm neue Klangbereiche, die mit herkömml. Instrumenten nicht nutzbar waren. Eine aus synthet. Klängen aufgebaute elektron. Komposition erhält ihre endgültige Form vom Komponisten. - ↑auch elektronische Musik.

Klapheck, Konrad, *Düsseldorf 10. Febr. 1935, dt. Maler. - Setzt Elemente aus der Technik und Maschinenwelt zu bildl. Metaphern menschl. Verhaltens und allg. Vorstellungen des Lebens um. U. a. „Der Diktator" (1967; Köln, Wallraf-Richartz-Museum).

Klapka, György [ungar. 'klɔpkɔ], *Temesvar (= Timişoara) 7. April 1820, †Budapest 17. Mai 1892, ungar. Revolutionsgeneral. - Offizier der Wiener ungar. Leibgarde, organisierte 1848 den Székler Landsturm und führte im Frühjahr 1849 die oberungar. Revolutionsarmee.

Klappaltar, kleiner tragbarer Flügelaltar, zwei- oder dreiteilig, u. a. als Hausaltar, uspr. als Aufsatz für Tragaltäre, aus Elfenbein, metallgetriebenen oder emaillierten Platten auf Holzkern oder gemalten Tafeln.

Klappbrücke, Eisenbahn- oder Straßenbrücke, bei der ein Fahrbahnabschnitt zw. zwei Pfeilern hochklappbar ist; bei der *Doppel-K.* ist die Fahrbahn in der Mitte geteilt (z. B. Tower Bridge London, 1894). K. über Hafeneinfahrten oder Wasserwegen ermöglichen Schiffen mit hohen Aufbauten die Durchfahrt.

Klappen, plattenförmige, um eine in der Plattenebene liegende Achse drehbare Absperrorgane, z. B. Drosselklappe.
◆ bei Flugzeugen am Tragflügel und am Leitwerk angebrachte, [profilierte] verstellbare Flächen zur Auftriebserhöhung (Nasen-K., Lande-K.) und in Form von Hinterkanten-K. (Ruder) zur Steuerung.
◆ in der *Anatomie* ↑Valva, ↑Valvula.
◆ bei *Blasinstrumenten* die von den Fingern des Spielers bewegten Verschlußdeckel der Tonlöcher.

Klappenhorn, Blechblasinstrument mit meist fünf bis sieben Klappen; neben dem Waldhorn mit Klappen (Amorschall) v. a. das Bügelhorn mit Klappen (Kenthorn, Ophikleide), v. a. im 19. Jh. beliebt.

Klappenschrank, Teil einer Anlage zur Handvermittlung von Telefongesprächen; im K. ist jedem Fernsprechapparat ein Relais zugeordnet, das beim Anruf eine die Teilnehmernummer verdeckende Klappe herunterfallen läßt.

Klappentext, im Buchwesen der meist auf der vorderen und hinteren Klappe des [Schutz]umschlages gedruckte Werbetext für das betreffende Buch.

Klappenwehr ↑Wehre.

Klapperschlangen (Crotalus), Gatt. 0,6–2,5 m langer, meist kontrastreich gezeichneter Grubenottern mit rd. 25 Arten, v. a. in trockenen Landschaften Amerikas; lebendgebärende, meist auch für den Menschen gefährl. Giftschlangen mit harten, trockenen, lose miteinander verbundenen Hornringen (Rassel, Klapper) am Schwanzende, die bei der Häutung nicht abgeworfen werden, so daß sich die Rassel bei jeder Häutung um ein Glied vermehrt. Durch rasch vibrierende Bewegungen des Schwanzendes erzeugen die K. mit der Rassel ein hell zischelndes, durchdrin-

Kläranlage

gendes Geräusch. K. ernähren sich überwiegend von Säugetieren. Bekannte Arten: **Seitenwinder** (Gehörnte K., Crotalus cerastes), bis 75 cm lang, in Sandwüsten des sw. N-Amerikas; Grundfärbung hellgrau, hellbraun mit dunklen Flecken; bewegen sich mit großer Schnelligkeit durch Seitenwinden (seitl., fast sprungartiges Gleiten durch S-förmige Bewegungen des Körpers) fort. **Prärieklapperschlange** (Crotalus viridis), bis 1,6 m lang; Färbung gelbl. bis olivgrün oder schwärzl., mit Längsreihen brauner bis schwarzer Flekken. **Texasklapperschlange** (Crotalus atrox), bis 2 m lang, graubraun, mit dunkelbrauner Rhombenzeichnung, Schwanz schwarz-weiß geringelt. **Waldklapperschlange** (Crotalus horridus), bis rd. 1,5 m lang; oberseits gelbl. oder bräunl. mit dunkelbraunen bis schwärzlichen Querbändern. **Schauerklapperschlange** (Schreckens-K., Trop. K., Cascaval, Crotalus durissus), bis 2 m lang, in S-Amerika; überwiegend braun, mit dunkleren, hell gesäumten Rautenflecken.

Klappertopf (Rhinanthus), Gatt. der Rachenblütler mit rd. 40 Arten auf der N-Halbkugel; Blattgrün enthaltende Halbschmarotzer an Wurzeln v. a. von Wiesenpflanzen; Samen in reifen Früchten lose, beim Schütteln klappernd. In Deutschland kommen fünf Arten vor, u. a. **Zottiger Klappertopf** (Rhinanthus alectorolophus), 10–80 cm hoch, mit bis 2 cm langen hellgelben Blüten und der **Kleine Klappertopf** (Rhinanthus minor), bis 50 cm hoch, bis 12 mm große, gelbe und bräunl. Blüten.

Klapphornverse, Scherzverse nach dem urspr. von den Göttinger Universitätsnotar Daniel stammenden Muster: „Zwei Knaben gingen durch das Korn, – der andere blies das Klappenhorn, – er konnt' es zwar nicht ordentlich blasen, – doch blies er's wenigstens einigermaßen"; erschienen erstmals 1878 in den Münchener „Fliegenden Blättern"; zahlreiche Nachahmungen.

Klapprad, Bauform des †Fahrrads, dessen bes. kleiner Rahmen (z. B. zum Transport im Kofferraum eines Kfz.) zusammengeklappt (mittels Scharnier) oder zerlegt (Steckverbindung) werden kann; Sattel und Lenker sind höhenverstellbar.

Klappschildkröten (Klappbrustschildkröten, Kinosternon), Gatt. 10–20 cm langer, meist bräunlicher bis schwärzlicher Schlammschildkröten mit rd. 20 Arten oder an Süßgewässern der USA sowie M- und S-Amerikas; Bauchpanzer mit bewegl. Vorder- und Hinterlappen, die beim Hochklappen die Panzeröffnungen mehr oder minder vollständig verschließen können; Rückenpanzer häufig gekielt. Am weitesten verbreitet ist die bis 20 cm lange **Skorpionsklappschildkröte** (Kinosternon scorpioides) mit oberseits braunem, unterseits gelbl. Panzer.

Klaproth, Martin Heinrich, * Wernigerode 1. Dez. 1743, † Berlin 1. Jan. 1817, dt. Chemiker. - 1792 Prof. in Berlin. K. gilt als der führende Analytiker seiner Zeit; entdeckte mehrere neue Elemente, u. a. 1789 Zirkonium, Uran, 1795 Titan (unabhängig von W. Gregor), 1797 Chrom (unabhängig von N. L. Vauquelin).

Klara (Clara), weibl. Vorname lat. Ursprungs, eigtl. „die Leuchtende, Berühmte". Italien. Form Chiara, frz. Claire, engl. Clare und Claire.

Klara von Assisi, hl., * Assisi 1194, † ebd. 11. Aug. 1253, italien. Ordensgründerin. - Die junge Adlige schloß sich Franz von Assisi an, der sie 1212 zur Mitberg. seines Zweiten Ordens († Klarissen) bestellte. 1253 bestätigte Papst Innozenz IV. ihre Ordensregel. Fest: 11. (früher 12.) August.

Kläranlage, Anlage zur Reinigung von Abwasser, in der mechan. Verfahren mit chem. oder biolog. Prozessen kombiniert werden. Ein teilweises Entfernen von Trübungen und Schmutzstoffen erfolgt in den ohne mechan. Räumeinrichtungen arbeitenden *Klärbrunnen,* eine vollständige Reinigung in Klärfaulbecken oder Faulkammer-K. **Mechanische Verfahren:** Rechen mit einem lichten Durchgang von 50 mm (Grobrechen) bis 10 mm (Feinrechen) halten Grobstoffe zurück. **Siebanlagen** mit drehbaren Scheibensieben oder bewegtem Siebband und feststehendem Abstreifer halten mittelgrobe Stoffe zurück (Maschenweite 1 bis 5 mm). Im **Sandfang** werden Körner von 0,1–0,3 mm abgeschieden. Aufschwimmende Stoffe (Öle, Fette und Benzine) entfernt man im **Ölabscheider** *(Fett-, Benzinabscheider),* dessen Zulauf so ausgebildet sein muß, daß sich auf der gesamten Breite ein gleichmäßiger Durchfluß ergibt; die Schwimmschicht wird abgeschöpft oder über eine Rinne in eine Sammelgrube abgeführt. Die im Abwasser noch vorhandenen Sinkstoffe werden infolge langer Verweilzeit und geringer Fließgeschwindigkeit in den Absetzbecken abgeschieden und bilden den **Klärschlamm.** Die **Absetzbecken** sind längsdurchflossene Erd- oder Betonbecken oder radial durchflossene Rundbecken. Zu den Klärbrunnen zählen der **Dortmundbrunnen,** ein Rundbecken mit zentralem Einlauf, radialem Überlauf und trichterförmig geneigtem Boden (der in der Trichterspitze abgesetzte Schlamm wird über ein Tauchrohr herausgedrückt) und der **Emscherbrunnen,** ein zweistöckiges Absetzbecken, bei dem der Schlamm über den schrägen Boden in darunter befindl. Schlammräume sinkt, wo er ausfault. **Chemische Verfahren** dienen der Entfernung gelöster, feinstverteilter oder in kolloidaler Form anfallender Stoffe, die nachmals nicht geklärt werden können. Als *Fällungsmittel* werden z. B. Kalkhydrat, Natronlauge oder Eisensalze verwendet; organ. Kolloide

357

Klarapfel

oder kolloidale Stoffe werden durch Zugabe von **Flockungsmitteln** (z. B. Eisen(III)-hydroxid) adsorptiv gebunden. An die chem. Behandlung (häufig unter Sauerstoffzufuhr) schließt sich eine mechan. Reinigungsstufe zur Entfernung der ausgefällten und ausgeflockten Verunreinigungen an. Für die Erhaltung der Lebewesen und Mikroorganismen darf der pH-Wert des in den Vorfluter eingeleiteten, gereinigten Abwassers nur zw. 6 und 8,5 liegen; saure oder alkal. Abwässer müssen neutral eingestellt werden. Ind.abwässer (insbes. aus galvan. Betrieben), die die Lebensvorgänge in biolog. K. abtöten würden, müssen vorher entgiftet werden; Cyanide werden mit Hypochloriten oder Chlorgas, Chromsalze z. B. mit Natriumsulfit unschädl. gemacht. Neuerdings leitet man galvan. Abwässer über Ionenaustauscher. **Biologische Verfahren:** Vor allem kommunale Abwässer werden nach der mechan. Reinigung mit biolog. Verfahren von organ. Verunreinigungen befreit. Beim **Belebtschlammverfahren** wird das vorgereinigte Abwasser mit Frischschlamm geimpft, der den aeroben Abbau organ. Verunreinigungen beschleunigt. Dazu wird in sog. **Belebungsbecken** Luft in das Abwasser eingeleitet; die aeroben Organismen bilden dann flockenartige, im Abwasser schwebende Kolonien, den *belebten Schlamm:* dieser wird im Nachklärbecken abgetrennt, während der noch 90 bis 95 % Wasser enthaltende Überschußschlamm in mechan. Eindickern, Filtern oder Zentrifugen in Trockenbeeten bzw. Trocknern getrocknet oder kompostiert bzw. verbrannt wird. Häufig wird er in **Faulräumen** (**Faulkammern**) verfault, wobei durch Gärung verwertbares Methan *(Biogas)* entsteht. Ausgefaulter Schlamm läßt sich als Dünger verwenden. - Abb. Bd. I, S. 59.

Lehr- u. Hdb. der Abwassertechnik. Bln. ²1973–78, 3 Bde. - ↑ auch Abwasser.

Klarapfel ↑ Äpfel (Übersicht).

Klären, allg. das Beseitigen von Verunreinigungen aus flüssigen Substanzen durch Absetzen (Sedimentieren), durch Filtration oder Zentrifugieren. I. e. S. die bei der Abwasserreinigung (↑ Abwasser) und Wasseraufbereitung vorgenommene Beseitigung der im Wasser suspendierten Sink- und Schwebestoffteilchen durch Sedimentation.

klarieren [zu lat. clarare „deutl. machen"], svw. die Zollfragen erledigen.

Klarinette [italien.-frz., zu lat. clarus „klar, hell tönend"], Holzblasinstrument mit einfachem Rohrblatt und zylindr. Röhre. Das Rohrblatt ist mit einer Metallzwinge an den schräg abgeflachten Schnabel geschraubt. Nach dem Schnabel folgen als Teile der Röhre die Birne, das Ober-, das Unter- und das Schallstück; das Material der Röhre ist meist Grenadillholz. Beim Überblasen entstehen infolge der zylindr. Röhre und des aufschlagenden Rohrblatts nur die ungeradzahligen Naturtöne, und zwar zunächst die Duodezime. Die K. dt. Systems hat zur Veränderung der Tonhöhe in der Regel 22 Klappen und fünf Ringe. Am gebräuchlichsten ist die B-Stimmung, daneben sind Instrumente in A- und C-Stimmung verbreitet. Ferner gibt es tiefere K., z. B. das ↑ Bassetthorn (Hauptstimmung F), die Baßklarinette (Hauptstimmung B), die Kontrabaß-K. (Hauptstimmung Es) sowie höhere K., u. a. in D und Es. - Die eigtl. K. ist seit 1707 belegt; sie diente anfängl. u. a. als Trompetenersatz und hatte nur zwei Klappen; den grundlegenden Schritt zu dem modernen dt. System tat I. Müller (* 1786, † 1854) um 1810. Die Franzosen H. E. Klosé (* 1808, † 1880) und L. A. Buffet übertrugen dann 1839 den Klappenmechanismus von T. Boehm auf die Klarinette.

Klarissa (Clarissa, Clarisse), weibl. Vorname, Weiterbildung von Klara.

Klarissen (Klarissinnen; lat. Ordo Sanctae Clarae, Abk. OSCl), Bez. für den Zweiten Orden des hl. Franz von Assisi, den er 1212 mit Klara von Assisi gründete. Der Orden breitete sich rasch aus. 1263 bestätigte Papst Urban IV. eine Regelerleichterung, die den K.klöstern Besitz gestattete. Klöster dieser Observanz bilden den eigenen Ordenszweig der *Urbanistinnen.* Die K. leben in strenger Klausur ohne Außentätigkeit (ausgenommen die Urbanistinnen, die in Schulen tätig sind). Die einzelnen Klöster (etwa 675 mit 15 000 Schwestern) sind auf nat. Ebene in Föderationen zusammengeschlossen.

Klarschiff, an Bord von Kriegsschiffen die Gefechtsbereitschaft bzw. der Befehl, diese herzustellen.

Klärschlamm ↑ Kläranlage.

Klarschriftleser, Eingabegerät für eine Datenverarbeitungsanlage, das Eingabedaten in einer für den Menschen direkt lesbaren, aber trotzdem maschinell abtastbaren Form verarbeitet. *Magnet. K.* tasten mit magnet. Tinte angebrachte, genormte Schriftzeichen oder zus. mit gewöhnl. Schriftzeichen aufgebrachte magnet. Codierungen ab. *Opt. K.* verarbeiten genormte Schriftzeichen.

Klasen, Karl, * Hamburg 23. April 1909, dt. Bankfachmann. - 1948 Präs. der Landeszentralbank in Hamburg, ab 1952 Vorstandsmitglied der Norddt. Bank ebd., 1969–77 Präs. der Dt. Bundesbank.

Klasse [lat.], (Classis) in der *biolog. Systematik* Bez. für eine taxonom. Einheit zw. Stamm und Ordnung.

♦ in den *Sozialwiss.* unterschiedl. definierter Begriff zur Bez. einer Bev.gruppierung mit allen Angehörigen gemeinsamer ökonom. und sozialer Lage und/oder den damit verbundenen sozialen und polit. Interessen, heute weitgehend durch den Begriff der Schicht (↑ Schichtung) abgelöst.

Von zentraler Bed. ist der Begriff der K. nach wie vor im *Marxismus.* Nach Lenin sind K.

"Gruppen von Menschen, von denen die eine sich die Arbeit einer anderen aneignen kann infolge der Verschiedenheit ihres Platzes in einem bestimmten System der gesellschaftl. Wirklichkeit", d. h. v. a. infolge der Verfügbarkeit bzw. Nichtverfügbarkeit über die Produktionsmittel. Daraus folgt die Unvermeidlichkeit des **Klassenkampfes** in jeder Gesellschaft, die durch das Bestehen von antagonist., d. h. in unversöhnl. Interessengegensatz zueinander stehenden, K. (im Kapitalismus z. B. Bourgeoisie und Proletariat) bestimmt ist **(Klassengesellschaft)**. Der K.kampf, als *ökonom. Kampf* um die materielle Lebenslage v. a. über die Gewerkschaften, als *ideolog. Kampf* gegen die bürgerl. Ideologie, als *polit. Kampf*, wird in den unterschiedlichsten Formen (z. B. Wahlen, parlamentar. Arbeit, Demonstrationen, polit. Streiks, Generalstreiks, bewaffneter Kampf) mit dem Ziel geführt, die Staatsmacht zu erobern. Nach dem (histor. gesetzmäßigen und deshalb unvermeidl.) Erreichen dieses Ziels entsteht dann eine durch gesellschaftl. Eigentum an den Produktionsmitteln gekennzeichnete **klassenlose Gesellschaft** des Sozialismus/Kommunismus.

Der von Marx noch als selbstverständl. vorausgesetzte Zusammenhang zw. der Zugehörigkeit zu einer bestimmte Klasse, der **Klassenlage**, und einer entsprechenden (kollektiven) Wahrnehmung der gesellschaftl. Situation und der ökonom. wie polit. Interessen, dem **Klassenbewußtsein**, wurde bereits durch Lenin in Frage gestellt. Nach Lenin entwickelt die Arbeiterklasse von sich aus ledigl. ein „trade-unionist." (gewerkschaftl.) Bewußtsein, das (polit.) K.bewußtsein müsse jedoch von außen in die Arbeiterklasse hineingetragen werden († auch Proletariat).

Die Kritik an der marxist. Auffassung des K.begriffs bezieht sich heute v. a. auf die zunehmende Differenzierung der sozialen Struktur, z. B. durch die relative Zunahme der Angestellten gegenüber den Arbeitern und die Übertragung von Kapitalfunktionen auf Manager, so daß die schlichte Einteilung in „zwei sich feindl. gegenüberstehenden Lager" dieser gesellschaftl. Wirklichkeit nicht gerecht werde.

📖 *Klassen in der europ. Sozialgesch.* Hg. v. H. U. Wehler. Gött. 1979. - Mauke, M.: *Die K.theorie v. Marx u. Engels.* Köln ⁵1977. - Röder, H.: *Abschied vom K.begriff?* Opladen 1972.

◆ (Schulkasse) als Jahrgangs-K. aus annähernd gleich alten, gleich vorgebildeten und gleich lernfähigen Schülern bestehend, die ein für alle verbindl. Lernprogramm absolvieren. In den Gesamtschulen gibt es in der Sekundarstufe keine festen K. mehr, da die Schüler einer Jahrgangsklasse nicht alle an denselben Kursen teilnehmen.

◆ (log. K.) Grundbegriff der Grundlagenforschung, insbes. in der Logik. Eine K. von Gegenständen kann bei endl. Anzahl explizit definiert werden, indem man mit Konstanten Systeme bildet und vereinbart, daß Systeme als gleich gelten, wenn sie sich nur in Anordnung oder durch Wiederholung ihrer Glieder unterscheiden. K. entstehen durch Abstraktion aus Systemen.

◆ in der *Mathematik* Bez. für: 1. die in einigen axiomat. Mengenlehren vorgenommene Verallgemeinerung des Begriffs Menge; 2. jede Teilmenge eines Systems von elementfremden Teilmengen, in das eine vorgegebene Menge M so zerlegt ist, daß jedes ihrer Elemente zu genau einer dieser Teilmengen gehört; man spricht dann von einer *Zerlegung* der Menge M in K. oder von einer *K.einteilung* von M (z. B. in Äquivalenzklassen).

Klassem [lat.], in der Sprachwiss. ein semant. Merkmal, das in einer ganzen Gruppe von Wörtern funktioniert (Inhaltsmerkmal allgemeingültiger Art), z. B. bei Substantiven „Lebewesen" oder „Sachen".

Klassement [klas(ə)'mã:; lat.-frz.], Einteilung, Ordnung; Rangliste, Reihenfolge (im Sport).

Klassenbewußtsein † Klasse.
Klassengesellschaft † Klasse.
Klassenlage † Klasse.
Klassenlehrer, Lehrer bzw. Lehrerin, der über die Aufgabe als Fachlehrer hinaus für die pädagog. Führung und organisator. Betreuung einer Schulklasse verantwortlich ist.

Klassenlogik † Logik.
klassenlose Gesellschaft † Klasse.
Klassensprachen, Sprachen, deren Substantive in mindestens 4 grammat. gekennzeichnete Untergruppen (Klassen) geteilt werden (z. B. Klassen für Menschen, Tiere, Großes, Kleines usw.). Oft werden vom Nomen abhängige Redeteile (Adjektive, Pronomina) mit einer Kennsilbe versehen, die große Ähnlichkeit mit dem Klassenzeichen des Nomens hat oder mit ihm ident. ist. Bekannte K. sind die Bantusprachen († Bantu) und Sprachfamilien des westafrikan. Bereichs.

Klassenwahlsystem, Bez. für ein allg. aber ungleiches Wahlsystem, das verschiedene Klassen der Bevölkerung eine abgestufte ungleiche Erfolgschance bei polit. Wahlen zuteilt. Das K. war in den meisten konstitutionellen Verfassungen des 19. Jh. verankert, bekannt ist v. a. das preuß. † Dreiklassenwahlrecht.

Klassifikation [lat.] (Klassifizierung), allg. eine systemat. Einteilung oder Einordnung von Begriffen, Gegenständen, Erscheinungen u. a. in Klassen (Gruppen) [und Unterklassen (Untergruppen) usw.], die jeweils durch bestimmte Merkmale charakterisiert sind; z. B. † Dezimalklassifikation, K. der Fixsterne (nach Spektralklassen).

◆ in der *Sprachwiss.* das Verfahren, mit dem durch Feststellung gemeinsamer charakterist.

Klassifikationsgesellschaften

Züge sprachl. Erscheinungen das phonolog., morpholog., syntakt. und semant. System einer Sprache erarbeitet wird.

Klassifikationsgesellschaften, private (behördl. anerkannte) oder staatl. Institutionen, die Konstruktion, Ausrüstungs- und Erhaltungszustand eines Schiffes beurteilen und im Schiffsklasseattest beurkunden; dieses ist Grundlage für Befrachter und Versicherer. Bed. K.: Lloyd's Register of shipping (Großbrit.), German. Lloyd (BR Deutschland), Bureau Veritas (Frankr.), American Bureau of Shipping (USA).

klassifikatorisches Verwandtschaftssystem [lat./dt.] ↑Verwandtschaftssystem.

Klassik [zu lat. classicus „die (ersten) Bürgerklassen betreffend, (übertragen:) ersten Ranges, mustergültig"], Bez. für eine geistesgeschichtl. Epoche, die von nachfolgenden, oft epigonalen Zeiten als vorbildhaft, normbildend, kanon. anerkannt wird. In diesem normativen Sinne wurde schon in der röm. Antike die griech. Literatur und Kunst respektiert. In der Renaissance verstand man unter K. einerseits die gesamte griech.-röm. Antike, andererseits deren Höhepunkte, im griech. Altertum die perikleische Epoche, im röm. Altertum die Zeit der Goldenen Latinität (↑ auch Klassizismus). In der Neuzeit wird K. allg. verwendet für die geistig-wesenhaften Kulminationen einer kulturgeschichtl. Entwicklung, z. B. ↑Weimarer Klassik. - ↑ auch klassisch.

◆ in der *Musik* 1. Wertbez. für höchste Vollendung musikal. Gestaltung; 2. Stilbez. für die Epoche Haydns, Mozarts und Beethovens, in der auf der Basis neuentwickelter, im wesentl. instrumentaler Formen, v. a. der Sonatensatzform, und durch Gestaltungsprinzipien, wie leichte Verständlichkeit, Liedhaftigkeit und Einfachheit der kompositor. Anlage, Gestalt und Gehalt der Musik zu vollkommener Einheit gebracht sind.

◆ svw. ↑klassische Nationalökonomie.

Klassiker [lat.], Verfasser oder Schöpfer eines als klassisch angesehenen dichter., künstler. oder wissenschaftl. Werkes.

klassisch, als „civis classicus" wurde in Rom der Angehörige der höchsten Vermögensklasse („classis prima") bezeichnet; „classicus" nahm dabei die Bed. „erstklassig" an und wurde auch auf andere Bereiche übertragen. Im 18. Jh. wird der Begriff erstmals in dt. Sprache, als „k.", für vorbildhafte antike Schriftsteller gebraucht, dann auch für Meister und Meisterwerke der dt. Sprache. Der Begriff k. wird heute in vierfacher, sich z. T. überlagernder Bed. verwendet: 1. histor. im Sinne von antikisch, bezogen auf antike Autoren und Künstler, weiter auf die antiken Sprachen (Griech., Lat.) und auf die Wiss., die sich mit der Literatur der Antike beschäftigt, die k. Philologie; 2. analog normativ für erstklassige, auf Grund bestimmter Normen den antiken Klassikern gleichgestellte neuzeitl. Autoren und Künstler; 3. als Stilbegriff in der Bed. von harmon., maßvoll, vollendet; 4. in allg. Sinne von mustergültig, vorbildhaft, überragend auch auf nichtliterar. Bereiche übertragen: z. B. k. Profil, k. Beispiel, k. Mechanik.

klassische Junktorenlogik ↑Logik.

klassische Musik, in Abgrenzung zur Unterhaltungsmusik Bez. für die sog. ernste Musik.

klassische Nationalökonomie (Klassik), Bez. für eine im 18. Jh./19. Jh. v. a. von brit. Nationalökonomen begründete ökonom. Lehre, deren Hauptkennzeichen die Auffassung ist, durch die autonome Verfolgung der Privatinteressen werde zugleich und automat. der Wohlstand der Nation gemehrt. Am Anfang der k. N. steht das Werk von A. ↑Smith. Weitere bedeutende Vertreter sind D. Ricardo, J. B. Say und F. Bastiat. Die unter dem Eindruck der industriellen Revolution entstandenen k. N. nimmt eine Position des wirtsch. Liberalismus ein, nach der dem Staat lediglich die Aufgabe zufällt, Ordnungs- und Schutzfunktionen auszuüben (z. B. Herstellung und Garantie der Rechtssicherheit) und die Möglichkeiten des einzelnen übersteigende Aufgaben wahrzunehmen (Verkehrswege, Unterricht etc). Eine darüber hinausgehende Wirtschaftspolitik des Staates ist abzulehnen, da ja durch die freie Konkurrenz Preise, Beschäftigung, Einkommen bzw. Produktion und Verteilung sowie Konsum, Sparen und Investition in ein natürl. Gleichgewicht gebracht werden.

Diese Annahme der automat. Herstellung eines wirtschaftl. Gleichgewichts bei Vollbeschäftigung war Hauptkritikpunkt für J. M. Keynes (↑ Keynesianismus), der alle Vertreter einer solchen Auffassung der k. N. zurechnet. Nach einem engeren Begriff von k. N. ist ihr letzter Vertreter bereits J. S. Mill, der das Bestehen einer natürl. harmon. Ordnung zumindest teilweise bezweifelte und staatl. Maßnahmen zur Milderung der Einkommensunterschiede für erforderl. hielt. - Als **Neoklassiker** werden heute Nationalökonomen bezeichnet, die sich um eine Synthese zw. der k. N. und dem Keynesianismus bemühen.

klassische Philologie (Altphilologie), Wiss. von den alten Sprachen (Griech. und Lateinisch) und ihrer Literaturen. - Zur Geschichte ↑ Philologie.

klassische Quantorenlogik ↑Logik.